U0129210

陳福成 主編

文學叢刊

臺灣大學退休人員聯誼會會務通訊

文史哲出版社印行

國家圖書館出版品預行編目資料

臺灣大學退休人員聯誼會會務通訊 /
陳福成主編. -- 初版 --臺北市：
文史哲，民 103.06
　頁；　公分（文學叢刊；324）
ISBN 978-986-314-187-7（平裝）

1.國立臺灣大學退休人員聯誼會

527.85　　　　　　　　　　103011116

文　學　叢　刊　324

臺灣大學退休人員聯誼會會務通訊

主　編　者：陳　　　　福　　　　成
出　版　者：文　史　哲　出　版　社
　　　　　　http://www.lapen.com.tw
　　　　　　e-mail：lapen@ms74.hinet.net
登記證字號：行政院新聞局版臺業字五三三七號
發　行　人：彭　　　　正　　　　雄
發　行　所：文　史　哲　出　版　社
印　刷　者：文　史　哲　出　版　社
　　　　　　臺北市羅斯福路一段七十二巷四號
　　　　　　郵政劃撥帳號：一六一八○一七五
　　　　　　電話886-2-23511028・傳真886-2-23965656

定價新臺幣一○○○元

中華民國一○三年（2014）六月初版
中華民國一○三年（2014）十一月增訂再版

感謝贊助、補助本書出版
經費徵信芳名錄

國際崇她社台北一社社長鄭雅文小姐　　　　　　　貳萬元整

文史哲出版社發行人彭正雄先生　　　　　　　　　陸仟元整

國立臺灣大學總務處（總務長王根樹教授）　　　　伍萬元整

國立臺灣大學文康活動委員會（主任委員江簡富教授）參萬元整

國立臺灣大學退休人員聯誼會會員陳昌枏先生　　　貳仟元整

國立臺灣大學退休人員聯誼會會員吳信義先生　　　壹仟元整

國立臺灣大學退休人員聯誼會會員楊長基先生　　　壹仟元整

國立臺灣大學退休人員聯誼會理事吳元俊（俊歌）先生　壹仟元整

國立臺灣大學退休人員聯誼會會員陳美枝小姐　　　壹仟元整

國立臺灣大學退休人員聯誼會會員無名氏先生　　　伍仟元整

國立臺灣大學退休人員聯誼會第九屆理事長陳福成　陸仟元整

國立臺灣大學退休人員聯誼會會員高閩生先生　　　壹仟元整

台中市市民張冬隆先生　　　　　　　　　　　　　貳仟元整

台中市創世基金會志工陳鳳嬌小姐　　　　　　　　貳仟元整

台中市宏道老人基金會志工陳秀梅小姐　　　　　　貳仟元整

臺灣大學退休人員聯誼會
第 九 屆 理 事 長　　陳福成 率全體會員致謝

楊校長序

　　本校退休人員聯誼會（簡稱「退聯會」），是教職員工文康活動推行委員會所屬三十五個分會之一，都是為維護本校教職員工身心建康，加強推行教職員工文康活動而成立之社團。

　　退聯會成立於民國八十五年，十七年來已歷宣家驊理事長、方祖達理事長、楊建澤理事長、沙依仁理事長、丁一倪理事長，到現在是第九屆的理事長陳福成。

　　今（民 103）年五月二十二日，我應陳理事長邀請，參加由退聯會主辦，教聯會和職工會協辦的「千歲宴」活動，看到出席千歲宴的八十歲以上退休長者仍散發出炯炯有神的智慧之光並侃侃而談，一起觀賞本校社團表演，實深受感動。

　　日前陳理事長來訪，帶來一本厚達七百多頁的《臺灣大學退休人員聯誼會會務通訊》，該書是退聯會歷年來所刊出《會訊》的合編，內容是這十多年來所有會員活動的部份記錄，包括有些資料係為本校建校以來的軼事記載，也算是本校校史重要的旁註。

　　期望退聯會能夠藉由《會務通訊》之出版繼往開來、再接再厲，大家共襄盛舉，一起推動更多有益身心之活動，提升生命的美好，造福更多的退休人員。

國立臺灣大學校長　**楊泮池**

關於《臺大退聯會會訊》合集出版說明

第九屆理事長　陳福成

　　臺灣大學退休人員聯誼會（以下本書簡稱「退聯會」），成立於民國八十五年十二月廿八日，並經學校核備在案，首任理事長民國八十六年元月一日開始，經宣家驊理事長（第一、二屆）、方祖達理事長（第三屆）、楊建澤理事長（第四屆）、沙依仁理事長（第五、六屆）、丁一倪理事長（第七、八屆），弟於民國一○二年元月一日接任第九屆理事長（交接是元月廿二日），成立至今（民103）已十七年。

　　在歷任理事長率各屆副理事長、理監事、各組長，用心辛勤耕耘，不間斷經之營之，至今會員已達七百人；多年來理監事和各組長以做志工的精神，爲退休會員承辦各項活動，本人代表全體會員致上一份真誠的感謝。

　　所有退聯會歷屆各組長承辦、推動的各項工作，均彙整在每年發行四期的《會務通訊》中，並寄給所有會員。惟本《會訊》並非正式出版品，極易散失，各級圖書館亦不典藏，讓人有「歷

史盡成灰」的感覺。

　　每一期會訊都代表本會會員走過的「腳印」，是我們人生的一部份，這個大時代、大歷史中的「小歷史」；但也是本會每個會員的「大歷史」，人生苦短，生命可貴，勿使我們走過的腳印、珍貴的史料，如灰煙散滅，故出版本書。再者，會訊是許多台大人退休的共同回憶，吾人珍藏這份美的記憶，直到永久！

　　感謝校長楊泮池教授在百忙中，為本書提序，增添光彩並為本會會員鼓舞；感謝所有補、贊助的單位和個人，使本書順利出版。

　　各期會訊之能完成整編，首要感謝黃存仁理事完成全部會訊掃描工作，讓本會節省許多成本並感謝本會第九屆理監事、各組長多方配合，始竟其功，敬請全體會員批評指教，不勝馨香期盼。

陳福成　誌於臺大退聯會　二〇一四年四月

臺灣大學退休人員聯誼會會務通訊

目　　次

感謝贊助、補助本書出版經費徵信芳名錄…………………1

楊校長序………………………………………………………3

關於《臺大退聯會會訊》合集出版說明……………………5

圖　片…………………………………………………………11

會務通訊第 1 期………………………………………………27

會務通訊第 2 期………………………………………………32

會務通訊第 3 期………………………………………………37

會務通訊第 4 期………………………………………………45

會務通訊第 5 期………………………………………………50

會務通訊第 6 期………………………………………………53

會務通訊第 7 期………………………………………………60

會務通訊第 8 期………………………………………………64

會務通訊第 9 期………………………………………………70

會務通訊第 10 期……………………………………………73

會務通訊第 11 期……………………………………………84

會務通訊第 12 期……………………………………………88

會務通訊第 13 期⋯⋯⋯⋯⋯⋯⋯⋯⋯⋯⋯⋯⋯⋯⋯⋯98

會務通訊第 14 期⋯⋯⋯⋯⋯⋯⋯⋯⋯⋯⋯⋯⋯⋯⋯101

會務通訊第 15 期⋯⋯⋯⋯⋯⋯⋯⋯⋯⋯⋯⋯⋯⋯⋯105

會務通訊第 16 期⋯⋯⋯⋯⋯⋯⋯⋯⋯⋯⋯⋯⋯⋯⋯111

會務通訊第 17 期⋯⋯⋯⋯⋯⋯⋯⋯⋯⋯⋯⋯⋯⋯⋯119

會務通訊第 18 期⋯⋯⋯⋯⋯⋯⋯⋯⋯⋯⋯⋯⋯⋯⋯123

會務通訊第 19 期⋯⋯⋯⋯⋯⋯⋯⋯⋯⋯⋯⋯⋯⋯⋯130

會務通訊第 20 期⋯⋯⋯⋯⋯⋯⋯⋯⋯⋯⋯⋯⋯⋯⋯139

會務通訊第 21 期⋯⋯⋯⋯⋯⋯⋯⋯⋯⋯⋯⋯⋯⋯⋯146

會務通訊第 22 期⋯⋯⋯⋯⋯⋯⋯⋯⋯⋯⋯⋯⋯⋯⋯153

會務通訊第 23 期⋯⋯⋯⋯⋯⋯⋯⋯⋯⋯⋯⋯⋯⋯⋯159

會務通訊第 24 期⋯⋯⋯⋯⋯⋯⋯⋯⋯⋯⋯⋯⋯⋯⋯167

會務通訊第 25 期⋯⋯⋯⋯⋯⋯⋯⋯⋯⋯⋯⋯⋯⋯⋯182

會務通訊第 26 期⋯⋯⋯⋯⋯⋯⋯⋯⋯⋯⋯⋯⋯⋯⋯206

會務通訊第 27 期⋯⋯⋯⋯⋯⋯⋯⋯⋯⋯⋯⋯⋯⋯⋯214

會務通訊第 28 期⋯⋯⋯⋯⋯⋯⋯⋯⋯⋯⋯⋯⋯⋯⋯226

會務通訊第 29 期⋯⋯⋯⋯⋯⋯⋯⋯⋯⋯⋯⋯⋯⋯⋯234

會務通訊第 30 期⋯⋯⋯⋯⋯⋯⋯⋯⋯⋯⋯⋯⋯⋯⋯246

會務通訊第 31 期⋯⋯⋯⋯⋯⋯⋯⋯⋯⋯⋯⋯⋯⋯⋯252

會務通訊第 32 期⋯⋯⋯⋯⋯⋯⋯⋯⋯⋯⋯⋯⋯⋯⋯268

會務通訊第 33 期⋯⋯⋯⋯⋯⋯⋯⋯⋯⋯⋯⋯⋯⋯⋯280

會務通訊第 34 期⋯⋯⋯⋯⋯⋯⋯⋯⋯⋯⋯⋯⋯⋯⋯290

會務通訊第 35 期⋯⋯⋯⋯⋯⋯⋯⋯⋯⋯⋯⋯⋯⋯⋯301

會務通訊第 36 期⋯⋯⋯⋯⋯⋯⋯⋯⋯⋯⋯⋯⋯⋯⋯308

會務通訊第 37 期⋯⋯⋯⋯⋯⋯⋯⋯⋯⋯⋯⋯⋯⋯⋯315

會務通訊第 38 期⋯⋯⋯⋯⋯⋯⋯⋯⋯⋯⋯⋯⋯⋯⋯326

會務通訊第 39 期⋯⋯⋯⋯⋯⋯⋯⋯⋯⋯⋯⋯⋯⋯⋯336

會務通訊第 40 期⋯⋯⋯⋯⋯⋯⋯⋯⋯⋯⋯⋯⋯⋯⋯348

會務通訊第 41 期⋯⋯⋯⋯⋯⋯⋯⋯⋯⋯⋯⋯⋯⋯⋯364

會務通訊第 42 期⋯⋯⋯⋯⋯⋯⋯⋯⋯⋯⋯⋯⋯⋯⋯368

會務通訊第 43 期⋯⋯⋯⋯⋯⋯⋯⋯⋯⋯⋯⋯⋯⋯⋯381

會務通訊第 44 期⋯⋯⋯⋯⋯⋯⋯⋯⋯⋯⋯⋯⋯⋯⋯391

會務通訊第 45 期⋯⋯⋯⋯⋯⋯⋯⋯⋯⋯⋯⋯⋯⋯⋯398

會務通訊第 46 期⋯⋯⋯⋯⋯⋯⋯⋯⋯⋯⋯⋯⋯⋯⋯412

會務通訊第 47 期⋯⋯⋯⋯⋯⋯⋯⋯⋯⋯⋯⋯⋯⋯⋯426

會務通訊第 48 期⋯⋯⋯⋯⋯⋯⋯⋯⋯⋯⋯⋯⋯⋯⋯443

會務通訊第 49 期⋯⋯⋯⋯⋯⋯⋯⋯⋯⋯⋯⋯⋯⋯⋯460

會務通訊第 50 期⋯⋯⋯⋯⋯⋯⋯⋯⋯⋯⋯⋯⋯⋯⋯480

會務通訊第 51 期⋯⋯⋯⋯⋯⋯⋯⋯⋯⋯⋯⋯⋯⋯⋯502

會務通訊第 52 期⋯⋯⋯⋯⋯⋯⋯⋯⋯⋯⋯⋯⋯⋯⋯522

會務通訊第 53 期⋯⋯⋯⋯⋯⋯⋯⋯⋯⋯⋯⋯⋯⋯⋯549

會務通訊第 54 期⋯⋯⋯⋯⋯⋯⋯⋯⋯⋯⋯⋯⋯⋯⋯608

會務通訊第 55 期⋯⋯⋯⋯⋯⋯⋯⋯⋯⋯⋯⋯⋯⋯⋯627

會務通訊第 56 期⋯⋯⋯⋯⋯⋯⋯⋯⋯⋯⋯⋯⋯⋯⋯643

會務通訊第 57 期⋯⋯⋯⋯⋯⋯⋯⋯⋯⋯⋯⋯⋯⋯⋯670

會務通訊第 58 期⋯⋯⋯⋯⋯⋯⋯⋯⋯⋯⋯⋯⋯⋯⋯676

會務通訊第 59 期⋯⋯⋯⋯⋯⋯⋯⋯⋯⋯⋯⋯⋯⋯⋯717

會務通訊第 60 期⋯⋯⋯⋯⋯⋯⋯⋯⋯⋯⋯⋯⋯⋯⋯741

會務通訊第 61 期⋯⋯⋯⋯⋯⋯⋯⋯⋯⋯⋯⋯⋯⋯⋯758

會務通訊第 62 期⋯⋯⋯⋯⋯⋯⋯⋯⋯⋯⋯⋯⋯⋯⋯770

會務通訊第 63 期⋯⋯⋯⋯⋯⋯⋯⋯⋯⋯⋯⋯⋯⋯784
會務通訊第 64 期⋯⋯⋯⋯⋯⋯⋯⋯⋯⋯⋯⋯⋯⋯800

2014 年 5 月 22 日「千歲宴」，校長楊泮池教授（正中黑西裝）
親臨參加，並與退休長者、工作人員合影留念（台大文康室）

千歲宴（2014 年 5 月 22 日文康室）之一：校長楊泮池（正中）與參加長者和工作人員合照。

民國 85 年 12 月 28 日，退聯會成立，創會理事長宣家驊將軍致詞。

成立大會中，孫震校長致詞。

創會的元老們，右起：王本源、方祖達、宣家驊、陳美枝。

會員大會一景

創會週年慶，孫震校長來祝賀致詞，左是虞兆中校長。

左起：主秘彭振剛、孫校長、宣理事長。

左起：彭振剛、孫校長、陳美枝。

會員報到

右是第五、六任理事長沙依仁教授。

陳維昭校長在會員大會致詞，左是秦亞平組長。

民國 102 年 12 月 3 日會員大會，現任理事長
陳福成與歷屆理事長、會員合照。

102 年 12 月 3 日會員大會，主秘林達德教授（左）代表校長致詞。

左一是陳國華教授、右前是范信之、宣理事長。

民國 102 年 12 月 3 日會員大會，會員組組長陳志恆小姐
做會務報告，左是創會理事長宣家驊將軍。

102 會員大會一景。

102 會員大會一景。

102 會員大會一景。

千歲宴之二：左起：教聯會理事長游若篍教授、職工會理事長楊華洲
秘書、校長楊泮池教授、退聯會理事長陳福成先生。

2014 年 3 月 10 日教聯會、職工會和退聯會合辦演講會，邀請台北市教育局長林奕華（中間紅衣）來演講，攝於校本部第一會議室。

組團參加反毒活動，2012 年 10 月 15 日（本校一活會議廳內）。

「臺大退聯會」和「臺大逸仙學會」有極高的重疊性，逸仙
100 年會員大會，與會者都是本會會員。

2012 年文康晚會，退聯會組合唱團參加。

沙依仁理事長率退聯會同仁出遊，2007 年新社古堡。

坐者左起：第三任理事長方祖達，第五、六任理事長沙依仁，活動組長關麗蘇；站者左起：第四任理事長楊建澤、會員吳信義，副理事長何憲武，會員吳元俊，第九任理事長陳福成。　　2012.09.04

左起：副理事長許文富、理事長沙依仁、副校長包宗和、主秘傅立成、教務長蔣丙煌。2007年12月5日會員大會。

左起：柯金生、阮志豐、王本源會員。

左是宣理事長、右是方理事長，右二是徐玉標教授。

發行者：國立臺灣大學退休人員聯誼會

會 務 通 訊

第一期　　　　　　　　中華民國八十六年十月十日

❋漫談退休人員聯誼會❋　　理事長　宣家驊

我們的工作伙伴

台大退休人員聯誼會自從去年十二月底在眾多同仁的催促、期盼和努力下，終於孕育誕生。成立大會當天，除了通過組織章程和選出首屆理監事，並討論未來工作方向，陳校長及多位一級主管亦都蒞會指導和鼓勵，整個過程充滿著喜悅與歡欣。在第一次理監事聯席會議中，本人與彭振剛先生承蒙大家的抬愛和期許，分別當選正、副理事長，從此接下了二年任期的會務重任，然而一切都要從無到有，從頭做起。

為了做事，先要有人，在現有的會員中我們敦請了萬能先生為秘書組組長，方祖達教授為活動組組長，李學勇教授為服務組組長他們都具有最高的工作熱忱，作毫無條件的奉獻，希望能為退休聯誼會及各位會員提供最佳服務。其後由於工作量增加，又增聘徐玉標教授與王本源先生加入活動組，沙依仁教授及車化祥先生加入服務組，以上都是本會工作幹部的最佳拍檔。

關於會址問題

有了工作夥伴，接著面臨的則是會址問題。退休聯誼會與教師聯誼會或職聯會情形不同，因為他們都是現職人員，每日處在校，可以利用現有工作環境辦事，而我們卻都閒居在家，分散各地，如果沒有一個固定場所，工作人員無法聚會商討會務，而各會員更無法與本會取得連繫，建立向心。本人及萬能先生曾多次向陳總務長反映，尋求協助，而結果卻是一次又一次的等待，直到今年四月，終於在自強活動委員會主任委員黃啓顯教授的大力支持下，慨允將農化新館地下室B02金石書畫分會辦公室暫借本會共同使用，在此，本人也由衷地代表本會向黃主任委員致上最高謝忱。因此本會終於獲得一時棲身之地，多項工作也因此得以次第展開，此項雪中送炭，彌足珍惜。至於本會申請撥用正式會址一案，目前還留待學校空間使用及分配委員會統一檢討中，結果如何又將是漫長的等待。

會員通信聯誼

有了臨時會址，本會雖曾立即設置了名牌及路標，卻貿然暴露了黑戶身份，最後不得不匆匆卸牌，為此，曾有會員因找不到我們而有所指摘，我們也只好婉言解釋，求取諒解。由於是臨時寄居，申請學校裝設校內分機未獲同意，會員間的連絡極為不便，不得已改請學校准予由本會自費裝設電信局自動電話，一俟完成，會員如有垂詢或指教，都可來電連絡。此外，本會又在學校文書組收發室設有專用信箱，各位會員如有信函或文件可郵寄本會或直接投遞收發室轉交，都很方便。這次又更進一步，嘗試發行會務通訊，希望每隔一段時間，不定期將會務活動綜合通報給各位會員，效果如何，有待觀察。

會員人數的擴大

去年年底本會籌備期間，由於人力及資訊不足，當時未能全面告知全體退休同仁，僅藉由少數朋友相互通報，致成立大會當天，會員人數僅達一二六人，隨後陸續增加，目前已達二一五人，惟依據本校

八十六學年教職員名錄登載之退休人員共一二〇〇餘人，因此本會會員人數應該還有相當大的成長空間，希望藉由本會的努力及拜託各位會員大力推薦，期使本會陣容日益茁壯。

活動的策畫與推展

今年上半年本會由於會址未獲解決，多項工作幾乎陷於停滯，到了六月我們終於發出了第一份會員活動意願調查表，希望藉以了解各位會員的喜好與意向，感謝大家的熱烈響應，回收情形相當滿意，本會活動也因此有了依循方向，接著就是如何著手進行，我們的原則是：人多的先辦，能辦的就辦，儘量由本會自辦，初期必要時可與學校或校外社團合辦，一俟本會會員達到相當規模，各項活動本會都將自己辦理。在此，本人懇切拜託各位會員踴躍參加本會的活動，雖然你事先並未填表表達對某項活動的意願，但只要你來電話報名，我們還是歡迎的。你的參與就是給與我們最大的鼓勵，當然，我們也不會以此為滿足，今後還將陸續辦理問卷調查與訪問，藉著雙向的溝通，讓推出的活動最能符合你的期望。

會員的權利與福利

本會設立的宗旨除了藉由活動的舉辦，達到聯誼的目的，另一大功能在維護會員的權利和謀求會員的福利。服務組依據會員的個別反映，已陸續爭取了幾項福利優惠措施，有的則還在辦理中。由於此一工作頗費時間，一時成效尚未顯現，除了希望會員同仁耐心等待，並盼你多給我們提供意見。

期　望

時間過得真快，本會成立至今已過九個月，上半年著實浪費不少時光，下半年正急起直追，但願不要在年終將屆，對各位交了白卷，辜負了各位的付託和期望，幸好我們還有最有智慧和熱忱的理監事陣容，由於他們的指導和監督，定時聚會，共獻良策，得使本會工作已粗具規模，相信再假以時日，當能日益精進。

最後，本人再次盼望本會各項工作必須經由各位的意見提供和積極參與，才不至使本會活動流於形式，退休的人是老人，但辦事的精神和參與的熱度可是要相對提升。久未見面了，在此敬祝各位會友身體健康，萬事如意。

＊秘書組工作概況＊　　萬　能　組　長

秘書組的工作說句不愛聽的話，形同一個雜貨店，各色各樣的東西都要準備，並要配合活動、服務兩組的業務，群策群力，任勞任怨，好讓我們的顧客很樂意的接受批評與指教，能使本會蒸蒸日上，發揮團隊精神與力量。

謹將近來所做的事情臚列於後：

一、本會辦公室現與自強活動委員分會合用，位於農化二館地下室Ｂ０２，密不透風，雖有冷氣機乙座，但謹能輸送微小冷風，現已函請校方予以維修，不知等待何時。

二、校方不予裝設校內分機，本會已於十月三日完成自費裝置電信局電話。

三、辦公室原來廣闊不堪的天花板經已全部換新。

四、到目前為止同意入會者共二六八人，其中未繳費者五三人。另有退休者一〇四〇人尚未入會，擬準備近期內分批邀請入會。

五、辦妥入會者，已將其個人資料輸入電腦存檔，以備查詢及管理。

六、本會會員那廉君、劉鼎方、沈彬南三位先後逝世，經由本會分別致送輓聯外，並由彭副理事長振剛、宣理事長家驊分別主祭，沈彬南喪禮日期適宣、彭二位另有要事，由秘書組萬能代理主祭，以表哀悼。

七、經費方面除洪先生移交新台幣肆萬壹仟陸佰柒拾貳元整外，本人經手收入新台幣貳萬捌佰元整，又郵票肆佰肆元整，總計新台幣陸萬貳仟肆佰柒拾貳元整，總支出貳萬參仟陸拾元整，尚餘參萬玖仟肆佰壹拾貳元整。

《活動組工作概況》　　方祖達　組長

本聯誼會雖然去年底已成立，但因尋找會址費時，延至今年六月初才得到本校金石書畫分會同意，合用農化新館ＢＯ２室為辦公室，會務始得展開，活動組遂於六月中旬發出「會員活動項目及意願參加之調查表」，結果約有半數會員繳回回函，其後續有寄回者，經本組統計各會員樂意參加活動項目如下：

省內觀光者七〇人，外地（外國及大陸）觀光者五三人，市郊遠足者五三人，學術講演者四二人，金石書畫班二二人，太極拳班二二人，象棋二〇人，乒乓球二〇人，歌詠一五人，攝影、圍棋、麻將各一〇人，香功或長生拳各一〇人，其他如國劇、橋牌、舞蹈、拋球及琴藝等各在五～一〇人。

雖然到目前為止，各位會員寄回之調查表仍未收齊，有鑑於本會活動推展之需要，本活動組經會務議決，依登記參加人數較多之項目逐一展開推動，其辦理之經過摘要如下，如有欲參加者請來報名，以便推薦，或存檔有待通知。

學術演講會：八月二十七日上午九時在校本部第一會議室舉辦第一次演講會，敬請沙依仁教授主講「中老年人的生活規劃與心理調適」雖時達暑假，但聽講者眾，發言踴躍，並有摸彩助興，輕鬆愉快。第二次於九月十八日上午九時半在中華路一段五三號四樓舉行，與樂群養生聯誼會合辦，敬請孫安迪教授主講「免疫革命，

從防癌談起」。

省內觀光活動：預定十一月下旬到明德水庫觀光，當日往返。

金石書畫班：商請「台大教職員工自強活動金石書畫分會」接納本會之會員參與，但因班址場地有限，請先分機電話二四四三或二〇六五聯絡。

太極拳班：已於九月一日舉辦一次座談會，決定通知參加者可就近社區報名，例如在校總區文學院前之太極拳班，可向該班柯啟華先生報名，時間在每日早晨六時二十分至七時半，又如本校新生大樓前，每日上午五時半至六時二十分，向方祖達先生報名，或在中正紀念堂大台前，每日上午六時半向周崇德先生報名，練太極拳必須有恆心，是中、老年人最好之保健運動。

歌詠班：有興趣參加歌詠的會員已洽「台大教職員工合唱團」合辦，練唱時間在每週一、四中午十二時半至下午二時，地點在學生活動中心二樓２０２室。

象棋班：第一次座談會已於九月十五日上午在本會召開，決定每週五上午九時在本會聚會，其他時間歡迎各別前來，有興趣象棋對弈者，請多來參與。

活動組應推行之活動工作甚多，雖受經費及時間或人力之限制，但在各位會員之熱心參與，理監事會議之督導下，各項活動當可選擇順利推行，也希望各位會員提供意見，不斷改進。

☺老人健康十則☺

一、少肉多菜　　　六、少怒多笑
二、少鹽多醋　　　七、少言多行
三、少糖多果　　　八、少慾多施
四、少食多嚼　　　九、少衣多浴
五、少煩多眠　　　十、少車多步

◎服務組工作概況◎　　　　李學勇　組長

一、陽明山台大招待所學校原已訂每週四供退休員工登記使用。日前因校方精簡工友，無服務人員，曾暫停開放，現已恢復正常作業，有意借用者請向總務處洽辦。

二、福華台大福利餐廳，已洽妥退休員工比照在職員工同等優待。

三、鹿鳴堂（原僑光堂）餐廳，也可比照在職員工同等優待。

四、溪頭實驗林森林遊樂區優待辦法：

　　1、超過65歲退休員工，免收門票，65歲以下者購優待門票。

　　2、住宿費用比照在職員工，假日九折，非假日五折。

五、員工消費合作社社員，退休前已入社者，社籍仍繼續有效。

六、附屬醫院健康檢查優待辦法，仍積極洽商中。

七、退休員工眷屬，希望能比照在職人員准予辦理游泳證，本會曾於86.6.17致函體育室極力爭取，經提共同教育委員會討論，原則同意開放，但收費標準過高，本會仍繼續爭取調降。

八、校區附近特約商店及餐廳，正洽商中，希能比照在職員工。

九、本組已敦請社會系退休教授沙依仁女士及人事室退休同仁車化祥先生協助辦理服務工作。各位退休同仁如有需要或建議，請就近聯絡為禱。

　　沙教授　電話：（02）931-4506

　　車先生　電話：（02）394-6067

※理監事會動態※

　　第一屆理監事第四次會議於九月廿七日在校總區第一會議室舉行，除聽取上次會議決議事項共五案之執行情形報告外，由各工作組長提出報告及檢討（詳如會務通訊），接著討論提案有三，均獲通過。

（一）章程修訂案—增列：名譽理事長、名譽理事、顧問、各種委員會及工作組人員。最後再提會員大會討論。

（二）會員證樣式及使用規定—即可招商承印，年底前製發完畢。

（三）各單位聯絡人設置區分—如另表所列。

　　最後，在臨時動議中，與會同仁關切陽明山招待所因缺少工友而暫停開放及單身宿舍缺少工友，亦未裝設住戶對講機等問題，決議由服務組協調總務處解決，必要時由本會正式去函建議。

《旅　遊　預　告》

　　本聯誼會預定在十一月下旬舉辦一次省內旅遊觀光活動，先赴苗栗明德水庫遊湖，再往卓蘭鎮參觀果園，回程經大湖、公館，參拜法雲寺，完成一整天的快樂遊山玩水的健身活動及與老朋友的相聚。希望本會各位會員及眷屬踴躍報名參加。十一月十日逕止報名。報名電話：3695692本會辦公室。

❀現代生活十則❀

一、嘴巴甜一點　　　　六、理由少一點

二、腦筋活一點　　　　七、肚量大一點

三、行動快一點　　　　八、脾氣小一點

四、效率高一點　　　　九、說話輕一點

五、做事多一點　　　　十、微笑多一點

單位連絡人區分表（至 86 年 12 月底止）

行　政　單　位	會員人數	連　絡　人	電　　　　　話
秘書室	3		
教務處	10	曾廣財	3637623
學務處	6	劉祥銘	3514924
總務處	59	陳汝淦	3630017
		邱清波	8921071
會計室	3		
人事室	1		
軍訓室	24	蔣賢燦	9342925
		歐陽儒驥	7321752
圖書館	17	王鴻龍	3635298
文學院	8	周崇德	3634072
理學院	13	李學勇	3637893
法學院	18	王本源	9313928
醫學院	12	黃秀實	7354921
工學院	8	楊維楨	3917618
農學院	31	郭寶章	7355633
管理學院	2		
夜間部	1		
附屬醫院	（1）	併入醫學院	
實驗林	（1）	併入農學院	
農試場	（4）	併入農學院	
家畜醫院	（3）	併入農學院	
陳列館	（2）	併入農學院	

附記：未設連絡人者，由本會秘書組直接連絡。

發行者：國立臺灣大學退休人員聯誼會

會 務 通 訊

第二期　　　　　　　　　中華民國八十六年十二月二十六日

◇ 編者的話 ◇

很高興會務通訊第二期在各種條件都不充分的情況下，再次與各位見面。本期內容大致是這樣安排的。為了配合年終會員大會的召開，我們將工作檢討報告全部收錄在這裡，以減免大會行政事務的負荷，對不克出席大會的會員也可藉此瞭解會務狀況。其次是社會系退休教授沙依仁女士曾於八月二十七日以「中老年人的生涯規劃與心理調適」為題，對本會會員演講，一般反應極為良好。為服務當天未能參加之會眾，特將該演講內容精簡刊出。再就是會員鄭義峰先生於本會成立大會當天獵得許多幀珍貴照片，並予放大贈送本會，除表示衷心感謝外，特將鄭先生對本會鼓勵的原函加以刊登報導，以彰顯會員對本會的回響。

※※退休聯誼會滿周歲※※
◎宣家驊◎

光陰似箭，時光快速溜過，其對退休人員來說，感受尤其深刻。記得去年十二月二十八日本會在眾所期盼下隆重誕生，如今已匆匆渡過一年，惟因初創，各項客觀條件均感缺乏，一切從無到有，從頭做起，所幸我們的工作夥伴都能共體時艱，以最大的工作熱忱克服有限的物質環境，每日到會奉獻時間和智慧，做全職的義工，其辛苦奮鬥的過程，已在上期通訊中大致向各位報告過，此處不再贅述。大體來說，退聯會由於全體會員的關心和鼓勵，加上工作同仁的共同努力，我們已「粗具規模」，接著將「整裝待發」了。

創會初期，由於對退休人員的資訊不足，未能全面邀請退休人員入會，殊為遺憾與抱歉，為彌補此一缺失，我們曾先後作過三次努力，六月間對有意入會但未完成手續者分別正式函告，八月間對退休工友致函告知，十一月更對尚未入會之退休教職員一千餘人全面發函，誠摯邀請加入本會，當然我們會尊重各當事人之個別情況與意願，絕不勉強。迄至十二月二十日為止，正式會員由成立當天的 126 人現已達到 230 人，一年間成長了百分之九十，此一現象仍在持續增加中。在近期入會同仁中，最為感人的是八十四歲的李瑞宣先生，他行動不便，還遠自桃園拜託友人駕車親自來校辦理入會手續。還有八十歲以上的陳金鉤先生、關名洲先生和施德足先生也都辦妥入會，此外前工學院院長翁通楹教授與日文系翁蘇倩卿教授夫婦連袂入會，都甚為難得。以上事例說明各當事人克服萬難親自參與本會活動，乃係由於其畢生奉獻台大所產生的感情和對退休聯誼會的支持和期望，區區數百元會費實不足計較，凡此均對我們給予莫大鼓勵，從而也引發了我們另一個工作方向。

關於各項活動的舉辦，先前我們曾作過意願調查，再依此結果逐項推出，惟或因會員住地分散，或因行動不便，或因時間未能配合，以致除了對演講及旅遊兩項較有興趣外，其他項目則多反應冷淡。（活動組方祖達教授工作報告另有詳細說明）　今後我們對舉辦聯誼活動已大致掌握了方向，而設備要再充實，內容要更精緻，並求趣味性，以達到共同參與的目標。有關八十七年各項活動初步規劃如工作預定表（另表），屆時歡迎各位即早報名，踴躍參加。

八十六年四月行政院通函各機關學校有關公教人員文康活動實施要點，內容略有修正，其中明文規定「文康活動以現職員工為原則。但機關得視活動性質邀請眷屬及退休員工自費參加。」本案經校長指示，本校退休人員明年自強活動仍將繼續舉辦，惟自強活動委員會為兼顧上級法令，退休人員是否仍照往例免費參加，尚在進一步研究中。本會特先為報導。因此，本會今後對會員各項活動當更予加強，以彌補上述情況之不足。

本會正式會址雖曾多次向總務長申請，迄今尚未解決，目前仍將暫借用農化二館地下室二號室，電話號碼為 **23935692**，明年我們會再充實休閒書報設備，惟因工作人員均為義工，以致每日上午九至十二時歡迎各位來會小敘洽談，其餘時間留給家人，情非得已，尚請共同見諒與配合。

秘書組工作報告　　萬　能

一、首先代表本會義務工作人員謝謝蕭富美教授、鄭錫範主任等鼓勵的話，內心感覺到無限的欣慰。

二、秘書組形同雜工一樣，見事做事，能使工作完成，不辜負會員們的期望，更要使會員們個個滿意，所以這樣一來，我們義務工作者要任勞任怨，埋頭苦幹，忍辱負重，求其工作能順利完成，使會務日臻發展。

三、會員證式樣經理監事審議通過後，旋即分別發函通知會員將個人出生年月日、身份證字號、照片等資料，並貼郵資信封，將資料填齊寄回本會，俾便製作。但有缺照片或無身份證號碼，亦有不回信者，使我們義務工作者感覺不便利，不能圓滿完成。

四、經費方面，由余挺先生協助幫忙記帳，並經第五次理監事聯席會議審查，於本年會員大會時另行報告。

五、除加入本會為會員二百三十人外，尚有乙千多人未加入本會，曾專案將組織章程、聯絡人名單、理監事名單等資料，分函個別通知，至今為止僅十餘人加入，我們不能強制執行，以寬大的心包容對方，以無比的睿智解決問題，最重要的是，我們聯誼會要以屹立在風雨中的毅力能站立起來，劈開老而無用的舊觀念舊思想。

一年來活動組工作概況
方祖達

本聯誼會於今年六月始借得農化新館 B02 辦公室，活動組工作才得以展開。首先發出「會員活動項目及意願參加調查表」，截至目前已絡續收回一百四十多份，估計二次徵求會員後，將有二百多人參與各項活動，茲將參與會員之活動項目統計如次：

省內觀光者 93 人，外地（外國及大陸）觀光者 71 人，市郊遠足者 57 人，學術演講者 50 人、金石書畫班 24 人、太極拳班 23 人、象棋 21 人、乒乓球 20 人、攝影、圍棋、麻將各 15 人，香功或長生學各 11 人，其他如國劇、橋牌、舞蹈、槌球及琴藝等各 5 至 10 人。

學術演講會：八月二十七日上午九時在校第一會議室舉辦第一次演講會，敦請沙依仁教授主講「中老年人的生涯規劃與心理調適」，時逢暑假，但聽講者眾，且發問踴躍，會終又有摸彩助興，輕鬆愉快。第二次於九月十八日上午九時半假北市中華路一段五十三號四樓舉行，是與樂群養生聯誼會合辦，敦請孫安迪教授主講『免疫革命—從防癌談起』。本會會員亦有多人前往參加及踴躍發問，對養生之認識，頗有心得。

省內觀光旅遊：十一月二十五日舉辦第一次赴苗栗縣明德水庫旅遊，計有 48 人參加，由宣理事長領隊，當日 7 時半自校門口出發，車直開到苗栗縣頭份鎮明德水庫，由該水庫管理委員會派專人接待，先聽簡報，瞭解水庫功能，湖邊欣賞風光，再下船遊湖，湖光明媚，盡收眼底，美不勝收。隨後開車到五穀休息站用午餐，再到卓蘭鎮，由鎮農會派員引導參觀楊桃果園，看那滿園樹上高掛著鮮黃的楊桃結實累累，大家興緻採摘，稱重計價包裝，隨車帶回。車再開往大湖，眼看沿途草莓開著白花，惜來得早些，草莓未紅。再北到公館鄉農會產品展示中心，遂即北返。一路上各位會員都以愛好歌唱助興，其樂融融。回本校解散時在六時。這次旅遊，參加的會員都覺得還滿不錯，更希望以後多舉辦些旅遊活動。

金石書畫班：已商請『台大教職員工自強活動金石書畫分會』接納本會之會員參與。由於班址場地有限，對書畫有興趣的會員可於開班時直接向該會或本組洽詢。本班已敦請名花鳥畫家林經易先生指導，每星期四舉辦一次，對習畫有興趣會員歡迎參加。

太極拳班：於八月初召集參加會員舉辦一次座談會，可由本組代為介紹師資，如在校總區文學院前之太極拳班，時間在每日早晨六時二十分至七時半，由本會柯啓華先生主持，又更早的一班在早晨五時二十分至六時在新生大樓前由方祖達主持，另有一班在中正紀念堂大台前，每日早晨六時半由本會周崇德先生主持。練太極有益身心健康，但必須有恆心勤練，公認是中、老年人最好之保健運動。

歌詠班：已洽商『台大教職員工合唱團』，可直接或由本組代為報名，練唱時間在每週一及週四十二時半至十四時，地點在學生活動中心二樓 202 室。

象棋、圍棋及橋牌班：各已舉辦過一次座談會，暫定於每週五上午在本會辦公室，歡迎自由參加。凡我會員對這些益智活動有興趣者很多，希望會員常來參加。

香功、氣功及長生學班：各班均限於場地，但可代為介紹在校內或校外定時練習，如香功班可於每日早晨六時十分至七時在本校醉月湖草坪上練習。氣功班及長生學均有定期舉辦，有興趣參加會員可來本會洽詢。

麻將班：已召集一次座談會。與會者均同意組成家庭麻將班，凡有興趣會員請向本組洽詢，初學者本組可提供麻將遊戲手冊參考。提供老年人做適當又輕鬆的益智活動。

其他各項活動如攝影、國劇、琴藝、舞蹈及槌球等，因登記參加的會員人數較少，尚未召開座談會，深表遺憾，也希望對上列各種活動有基礎者，請主動駕臨本組主持或參與，或再等待適當時機展開活動。

回顧一年多以來，本聯誼會所舉辦之各種活動，雖然頗受到經費、場地、時間或人力之種種限制，實際上自今年六月始覺得會址，本組多項活動才能正式展開，但至今仍有部份會員未寄回各種活動項目意願參加的調查表。就已填寄回之調查表中，發現多位會員填有興趣參加項目不夠認真，甚至有全程參加者，當各項活動發函通知來參與時卻又不來出席。當然有些會員可能因本身種種原因而未能出席，也未能有機會對本組提供善意之改進的建言。本組初辦各種活動，在徵詢意見之設計可能不夠周密，希望各位會員多提供改進高見，使未來能辦得更好，由於你們的熱心參與，本會才能活潑起來。本組承本會理、監事之督導，熱心的會員協助，本組工作始得順利進行，至表感謝！

服務組工作報告　　　　李學勇

一、特約商店的洽談工作本組已與教授聯誼會及職員聯誼會商安，安排時間一一拜訪，以重點式推動，每一行業初期先選一家較具規模者簽約，必須使消費量擴大，業者有利潤，本案才得有成效，爾後再逐步擴大。

二、台大醫院對退休人員門診自付額較前略有增加問題，本組已注意及此，將近期拜訪醫院瞭解，連同體檢優惠問題一併洽商爭取。至於就醫證每年複查蓋章，造成不便與不必要，將前往人事室瞭解，尋求改善。

三、陽明山招待所已重新開放，歡迎退休同仁於每週二、四前往總務處事務組洽借使用，讓溫泉帶來暖冬和健康。

四、單身宿舍缺少工友照顧及管理，經反映總務處，據事務組答稱，全校工友從 800 餘人減少為 400 餘人，各宿舍工友全面裁撤乃屬不得已之通案，遺留問題諸如管理、清潔、裝對講機，及自治互助事項，宜由各舍區組成管理委員會，藉由自己的力量解決問題，如有困難再找保管組、營繕組、事務組分別尋求協助。

中老年人的生涯規劃與心理調適　＊沙依仁＊

一、緒言

台灣地區自從民國八十二年進入高齡社會以來，老年人口急劇增多，問題日趨嚴重。由於國民平均壽命延長，將來公教人員退休後可能會存活二十年以上，這樣漫長的歲月必須作妥善的生涯規劃，而且有些項目應在中年期開始規劃，方能更完美。

二、生涯規劃的項目及內涵

（一）充實經濟　在退休前八至十年增加儲蓄額，目標為新台幣伍佰萬元。理財方法：開源節流、訂定每年儲蓄額，三分法理財包括定存、不動產、基金（或保險）各乙份。

（二）保健　從飲食、運動、心理及情緒安定、精神愉快多方面進行。

（三）再就業或休閒　中年期先訂定計劃，退休後究竟要再就業、做志工或是從事休閒娛樂。若要再就業，退休前應參加職業教育或職業訓練項目，退休後即可照計劃實施。

（四）居住方式　老人最好居住在家庭內，住安養機構是不得已的補救措施不能代替家。居家究竟與子孫同住成為三代同堂家庭、還是老夫婦同住、或獨居？雖然老夫婦不能完全作主，也要事先妥善規劃作準備。

（五）家人及人際關係　老夫婦、親子、姻親、戚友、鄰居均宜維持和睦關係。老人與子媳相處應有技巧，互相適應。

（六）社會參與　退休後應該繼續參加社會活動。社會活動的種類很多，諸如政黨、宗教、文教、社會公益等，老人可自己選擇加入那些團體，並參與其活動。

三、中老年人的心理及情緒狀況

（一）心理老化　六十歲以上的人可能心理老化，自覺不中用了、思想消極、心情鬱悶，使身體更衰退。老人應該做到人老心不老，方能延緩衰退及老化。

（二）情緒高漲　中老年人在更年期、或剛退休、以及遭到意外或不幸都會情緒高漲，例如焦慮、恐懼、憤怒等，影響身體更衰退。古人云：『怒傷肝、悲傷肺、煩傷胃、憂傷脾、喜傷心』老人情緒平和方能增福添壽。

四、中老年人心理調適技巧

（一）中年人必須學會的四個調適技巧：

1、工作方面　從前靠體力或敏捷度，現在必須改靠智慧的工作。2、夫妻關係從前注重性能力，中老年期應注重精神之愛、手足之情。3、人際關係　中老年人會遭到家人、親友的喪亡，感情的投注應結交新朋友，有新的支持系統。4、價值觀及行為　應該避免僵化、固執，設法接受新觀念，跟得上時代。

（二）消除緊張焦慮的策略：1、幻想放鬆法　設法不想引起你焦慮的事，將思想移開十至十五分鐘，幻想到令人心曠神怡之事。2、做大肌肉運動如散步、打球、游泳等。3、做自己喜歡的事，例如聽音樂、參與宗教活動或旅遊等。

（三）消除不愉快及高漲情緒策略：有人遇到小挫折就不勝煩惱、憤怒、焦慮、甚至想自殺。如何使這些人能改變自己，最重要的是改變對『那件事』的想法。例如某人即將退休，他的想法若是：『我完了，馬上變無業遊民去等死啦。』立即會引身心衰退、對家人發脾氣，妨礙到家庭生活。倘若他改變想法：『退休後正好發展事業的第二春。』他設立了一個目標，參加職業訓練，他的情緒平和、生活愉快，前後判若兩人。

（四）養病技巧：照江萬暄醫師的方法，病人要笑口常開，比更嚴重病患，自己還是很好的。心情要安定、求生意志強。

（五）矯治退休不適應者之技巧：凡是退休後悶在家中，不出外活動，或者對家人發怒。矯治方法：配偶或家人誘導他建立一個良好的興趣，或找一點事做，即可改善。

（六）預防老年癡呆症的方法：多走路、多動腦、多練習手指的靈活度、不用鋁鍋燒飯煮菜。

（七）改善骨質疏鬆的方法，多吃含鈣食物、多散步及運動。加強腿骨的氣功，先做拉氣法：雙手掌相對置胸前、兩掌間相距十公分，向左右拉開再合攏，做五十次以上，然後以雙掌置髖骨（骨盆最寬處），由下向上劃圈做二十至三十分鐘，每次須做到腿骨至足底湧泉穴發麻、或發熱才有效。

（八）消除啤酒肚之氣功：先做拉氣法五十次以上，然後以雙掌並排至下巴下（頸部）、手心在內指尖向上、慢慢移至腹部再向左右分開，重複做此動作二十至三十分鐘，須做到腹部有氣感，愈轉愈緊才有效。

退休時代來臨　　△鄭義峰

　　人生不離四大要事，即生、老、病、死。中國文化，重視養生送死。所謂積穀防饑，養子防老。五代同堂，守望相助。社會演進，從農耕進入工商，從工商進入科技，大家庭進入小家庭，從小家庭進入單親，從單親演化複製。四大要事，退休後獨佔三大要事，即老、病、死問題。

　　國立台灣大學退休人員聯誼會，於民國八十五年十二月三十日成立。筆者從籌備到成立，一路參與，目睹發起人堅忍不拔，熱心人員捨命協助，暨首屆理監事精心策劃，才有今日規模。接到第一期台大退休人員聯誼會通訊，各組工作，對退休人員保健、休閒、娛樂，及病故協助的處理，正向老、病、死三大目標，精美規劃，勇往邁進。筆者於成立大會時，攝得數幀大會照片，特放大兩張，敬贈聯誼會留存紀念。並向首屆理監事會，及各組工作同志與全體義工人員辛勞，表達最高敬意。

大家恭賀新年好！

☆八十七年重大工作預定表☆

1 月　擬定工作計劃
　　　乒乓球友誼賽
2 月　農曆新春團拜（配合學校辦理）
　　　象棋友誼賽
3 月　學術演講會—飲食與營養
　　　太極拳示範觀摩
　　　理監事聯席會議
4 月　參觀本校花卉館
　　　省內旅遊—台灣北部
5 月　協辦退休人員自強活動
　　　橋牌友誼賽
6 月　長生學研習
　　　書畫作品觀摩
　　　理監事聯席會議
7 月　學術演講會—法律
　　　琴藝班座談會
8 月　社團訪問—大安長青會
　　　圍棋友誼賽
9 月　國外旅遊—紐、澳
　　　理監事聯席會議
10 月　學術演講會—醫藥
　　　攝影作品觀摩
11 月　省內旅遊—台灣東海岸
　　　校區參觀（配合校慶）
12 月　理監事聯席會議
　　　會員大會及改選

附記：本表所列項目為初步預計，確定後再刊載會務通訊，各會員如有興趣參加，屆時請提早與本會連絡洽詢，本會不再個別通知。

中華民國八十七年三月十五日出刊

會 務 通 訊
第 三 期

發行者:臺灣大學退休人員聯誼會

❋ 編者的話 ❋:

各位會友:

　　第三期會務通訊又如期送到你的手裡了，這份刊物編排不算美觀，內容也不夠精彩，但卻是最真實的報導。本通訊是本會與會員間的主要溝通管道，各位可藉此得悉最近的會務動態，當然，我們也歡迎各位會員來稿，發表你的新作，談談你的感想和期望。

　　八十六年會員大會是本會的年度大事，時間已過了兩個月，本期通訊就以此為主題，作為大會特刊。另外，最新會員狀況及活動預告，想必也是各位所關心的。

　　本期通訊委請會員組王鴻龍先生主持編務，歡迎各位看過本通訊後，多多提供編輯方面的意見。

❋ 週年慶--大會記錄 ❋

一，時間:八十六年十二月二十六日
二，地點:校總區行政大樓第一會議室
三，主席:宣家驊
四，記錄:蘇鳳皋
　　　　出席人數:95人 請假56人，
五，主席致詞:

　　　　各位同仁，今天是我們退休人員聯誼會成立週年的慶祝大會，非常難得的邀請三位曾經領導過我們的校長蒞臨指導，閻校長無法確定是否會來，現已有兩位校長到場，本次會議現在正式開始。先請兩位校長跟我們講話。

六，虞校長兆中致詞

主席，孫校長，各位同仁:

　　在座好多同仁久違了，我跟很多同仁分別十三年又四個月，今天看到各位非常高興，各位看到我的身體還不錯嘛，托福了。有一件事情向各位報告，我的健保卡到現在還沒有開張，過了八十歲啦，我對自己身體的要求不是很高，有些小病也不必太在意，所以沒有開張，不過我的耳朵聾得很厲害，現在跟主席講話，這樣的距離勉強可以，跟孫校長講話沒有問題，各位如果跟我講話耳朵就不行了。

　　有一個很有趣的事情，很多醫學院的同仁看到我的耳朵聾，都沒有要我去配助聽器，所以我也一直沒有這個行動，雖不方便，倒也習慣了。我身體還可以，就是這樣子，多年來，我早上做四十分鐘的運動，從扳手開始，到跑步終了，十幾個動作，雖不成章法，但歸納有兩種基本動作，一個是「扭」，各個地方的扭，扭對內臟我想有幫助，一個是「拉」，各種方向的拉，拉對肌肉骨骼也有幫助。還有我腦中所想的都是愉快的事情，在學校工作了那麼多年，同仁實在非常可愛，想到我在學校中的種種情形，滿懷感激，非常愉快，所以我在這裡有兩句話貢獻給各位，「多運動」「少煩惱」，注意自己的身體，這個最重要，今天見到各位非常高興，謝謝各位。

七，孫校長 震致詞

主席，虞校長，各位老朋友：

今天在這裡跟各位見面，非常高興，我記得以前常在這裡，每隔幾個月就要送別退休的同事，我都是講他們一生最精華的時光是為國家工作，為社會工作，為別人工作，很少為自己工作，只有退休後是為自己工作。

我是在八十四年二月因為學校借調期滿，從學校辭職，八十五年六月政府改組，我從政府退休，從民國四十六年我擔任臺大助教開始，我服務公職已三十九年，現在回想起來，已經四十多年，雖然我已從母校辭職，從政府退休，但我現在還擔任財團法人工業技術研究院董事長的職務。

工業技術研究院是滿大的，對國家也滿重要，它是民國六十二年孫運璿先生擔任經濟部長的時候所倡設的，其任務是幫助產業界，一個是研究發展，將技術移轉給企業界，另一個是幫助企業界提升他們的生產技術。因為院本部在新竹，平常大家努力工作，故而默默無聞，很多人都不知道工研院是怎麼回事，常把工業技術研究院跟基隆路上的工業技術學院放在一起，所以很多人以為我在臺大退休了，到工業技術學院去教書，很多人都叫我「孫院長」，我也就將錯就錯，因為我一生換過很多工作，就是沒有做過院長，雖然是假的，我也覺得非常好。

虞校長比我年長，我還沒有到虞校長那個階段，但他那兩樣事情我真是不能比，他的健保卡還沒有開張，我已換了多少張，老校長實在比我健康，他說耳朵聽不見，我不知道是真是假，我非常羨慕，前兩天蔣經國文教基金會開董事會，前美國駐華代表丁大衛先生為該基金駐華府主任，他也來開會，他很早就耳朵聽不見了，他喜歡聽的每一句話都聽到了，不喜歡的他就聽不見了，孔子說：「六十而耳順」，我想大概就是這個意思吧

。聽得順耳的就聽到了，不順耳的就不要聽到。虞校長真的很幸運，我常常感覺，各位老朋友，你們在各地旅行，在汽車站，火車站或飛機上，人們不停地在講話，請問各位聽到了幾句，不要說用英文講的聽不到幾句，就是用中文講的我們又能聽到了幾句，所以我得到個結論，就是語言百分之九十五都是沒有用的，聽到或沒有聽到都不要緊，只有那關鍵的一兩句，能聽到就很好了。

虞校長剛才告訴我們分享他的健康秘密，一個是多運動，一個是少煩惱，我只做了一半，我是完全沒有運動，難怪我不斷地使用健保卡，但是少煩惱我是做到了，我覺得一切都很好，一生最快樂最精華的時光都在臺灣大學，今天在這裡跟各位見面，外面陽光這麼樣的美好，好像知道我們在這裡聚會，我感到特別高興，祝福各位身體健康，新年即將來到，祝福各位未來一年身體更健康，闔府平安，萬事如意，謝謝大家。

主席：

謝謝兩位校長對我們的鼓勵，他們能在百忙中來此，這是我們的榮幸，我們非常高興。不過，我們不敢佔用他們太多的時間，現在我們一起恭送兩位校長，並祝福他們新年快樂，萬事如意！

虞校長再次囑咐：「以後如有聯誼活動，不要忘記通知我。」

八，會務報告：

(一)主席報告：

各位女士，各位先生，時間過得真快，記得去年十二月二十八日我們在此舉行成立大會，今天是二十六日，差兩天滿一年，也是週年慶的日子，謝謝各位抽空來參加，今天大會沒有安排太多的議程，主要著眼是我們會務推展一定要知道各位的想法，希

望聯誼會要做的是什麼，所以今天會議的重點是聽取各位的指教。

去年前半年因辦公室問題未曾解決，會務一直未有進展，後半年有了棲身之所後，工作才得以展開。過去一年，我們雖曾作過努力，但對各位來說，也許未盡滿意，未來的一年，希望由於各位的指教，工作才有方向。在這裡我要感謝會本部的幾位工作夥伴，諸如：秘書組組長萬　能先生，活動組組長方祖達教授，服務組組長李學勇教授，以及其他幾位幹部，我們都是做義工的，另外還有一些人是義工的義工，他們也常抽空到會辦公室來幫忙，我常講，大家的事要靠大家來做，希望各位到校總區時，順便來辦公室小坐，將你們的希望和見聞告訴我們。

平常我們的運作，是根據本會章程組成理監事會議，每三個月開會一次，所有重大工作事　先送理監事會討論，事後再提會報告並接受撿討，在此我也要對各位理監事共同策劃和參與本會會務表示謝意。

(二)各組工作報告：

活動組組長方祖達

本人過去擔任教授職務，對辦活動沒有經驗，此次受託接任活動組長一職深為惶恐，所幸有理事會督促和幾位會員的指導，勉強已作了一年，個人感到非常愉快。許多退休同仁常到辦公室來聊天，談談要做的工作，今年我首先設計了活動意願調查表，根據參加人數的多少，分批舉行座談會，具体規劃各項活動的做法。過去一年舉辦了兩次演講會。大家對省內觀光旅遊興趣很高，此次是到"明德水庫"和"卓蘭觀光果園"，因為初次辦理恐怕經驗不足，照顧不週，所以只接納一部車四十五人，一般反應頗為熱烈，以後我們還會陸續舉辦，下年度已草擬了一份活動項目預定表，希望各位多多參與和指教

，我年紀已很大了，想不到還有這個機會跟各位服務，希望各位多來參加活動。

服務組組長李學勇：

各位同仁，我的年紀不算大，在座比我大的還很多，說起來我還是小老弟，本人擔任服務組組長實在很抱歉，沒有做多少事，同時因為退而不休，還有幾門課，以致在服務方面做得不夠好，事實上各位理監事和坐在我們這一排位子上的全部都是服務的，服務組的工作不是我一個人做，關於這一點我也就稍感安慰。

會務通訊中所提到的工作只有幾件，不知道還有那些具體項目需要我們來服務，希望各位能夠提出來，我們願竭力而為。

秘書組組長萬　能

1.因為剛才送兩位校長上車，所以遲至現在才報告。

2.除了會務通訊所提到的工作以外，相信各位都能瞭解本會的狀況和遭遇的問題，秘書組的工作甚為瑣碎，在此不再贅述。

3.希望各位同仁團結一致，大家要有向心力，退休人員聯誼會一定要站起來。

監事主席報告：

(羅聯添教授請假，由李常聲教授代為報告)

1.年度收支帳目相符，惟非消耗性物品應列冊移交。

2.非常謝謝理事會同仁，創業維艱，他們在最困難的狀況都能忍辱負重，協調合作，也希望大家多貢獻力量，團結一致，使本會日益壯大。

副理事長彭振剛先生因感冒僅向同仁問候致意。

主席：

　　以上報告內容都很簡要，在此尚有幾點補充：

　　1.本次會議並未準備書面報告資料，但以上各項報告內容均刊載於第二期會務通訊中，如此一方面可減輕人力物力的負擔，一方面可於會議後寄發未出席同仁，使其亦能瞭解會務狀況。

　　2.到目前為止本會會員人數為230人，記得去年本會成立時為126人，一年中已成長了百分之九十，台大全部退休人員約一千四百人，也就是說還有很多人尚未入會，去年我們實作了三次努力，分批函告全體退休同仁，各位如有機會請廣為宣導，歡迎加入本會。

　　3.關於辦公室問題，目前是借用一處臨時場所，正式會址要留待總務處統一分配。

　　4.在經費收支方面，第一年每人繳交入會及年會費各貳百元，以後每年僅繳年會費，也就是說以後每年會費收入將減少，不過我們會對有限的經費樽節使用。本會很多行政事務都是靠私人交情請人幫忙，人力方面則靠有限的幾位義工同仁支持，所以工作難以盡善盡美，尚請各位加以體諒，我的意思不是要向各位訴苦叫窮講困難，重要的是希望各位多給我們提供意見，並參與我們的活動，這樣整個會務就會活潑起來了，對尚未入會的人來說，參加的意願自然就提高了。

　　現在就請各位針對以上報告提出詢問及自由發言。

　　<u>無人發言。</u>

九，提案討論

（一）第一案：本會章程修訂案

1.第六條，增列：

　　理事會得聘請名譽理事長一人，名譽理事，顧問各若干人，其聘期與理事\監事之任期同。

決議：

　　名譽理事長去除一人之限制，修正通過。

2.第八條，修正：

　　理事會下設秘書，會員，活動，服務，總務等五組，各組置組長一人，工作人員若干人，由理事長提名，經理事會通過聘任之。各組之工作項目如下：

　　一，秘書組：

　　　　辦理會議，文書等相關事宜。

　　二，會員組：

　　　　辦理會員入會，會籍管理，會務通訊，會員聯繫等相關事宜。

　　三，活動組：

　　　　辦理參觀，訪問，座談，講座，及社會服務活動等相關事宜。

　　四，服務組：

　　　　辦理急難，疾病之濟助事項，及維護會員權益等相關事宜。

　　五，總務組：

　　　　辦理財務，事務等相關事宜。

決議：

通過。

（二），第二案：本會八十六年（迄至十一月底為止）財務報告案，已先送經監事會審查。（詳見另表）

　　決議：

　　通過，追認。

十，臨時動議：

　　劉祥銘教授：

（一）類似聯誼活動，每年再增加一至兩次，大家多見見面。

（二），今天與會人數較去年大會為少，究其原因是開會通知未收到，或因年邁記憶不佳而忘記了，建議爾後在開會前一日再以電話提示一下。

主席說明：

　　增加聚會次數必須要有主題，並考慮效果，因而增加人力物力負擔也是必然的，但同仁參加的意願尤其要考慮，本次會議之前，我們曾作過意願調查，回函確定參加者有124人，肯定不來的有56人，另外有50人根本未作回應，今天實際到會的為95人，與肯定參加的數字還差29人，加上不回函的共79人，此一現象對承辦聚會的人來說實在是一大難題，希望會員以後能明確告示參加意願。可能的話，我們在會前再以電話連絡。

　　余　挺先生：

　　建議會員年會費增加100或200元。

　　談漢清先生：

（一）、退休人員車輛進入校總區甚為不便。

（二）、年會費應調高至300元。

（三）、本會應提供義工人員之中午便當。

　　劉祥銘教授：

　　增加會費應考慮各人經濟狀況，本會經費如有不足，可考慮選擇會員樂捐。

　　陳汝淦先生：

　　可協調自強活動委員會每年編列年度預算時，將本會所需預算一併列入申請，如有困難本人願向教育部有關單位遊說爭取。

　　主席綜合說明：

　　（一）、增加會費固屬好事，但數目要定得恰當，不可因而影響會員入會意願，本案留待理監事會議充分討論後，再提下次大會決定。

　　（二）、退休人員車輛如屬洽公，可在校門口換証進入，本會亦可蓋章証明。

　　（三）、今年十月本會曾致函自強活動委員會，請其分配若干經費支援本會，亦獲黃主任委員同意協助，惟當接獲行政院改變退休人員參加單位自強活動之政策後，即告變卦，原有的免費參加已難維持，再要增加年度預算實不可能。

　　（四）、各位所提之寶貴意見，我們會慎重處理，爭取自強活動經費一案確是好事，會後本人願陪同陳汝淦先生前往教育部向有關單位爭取。今天大會到此為止，　祝大家身体健康，新年快樂。

　　　　＊　＊　＊　＊

會 員 動 態

　　一，八十六年會員大會當天，本會會員共230人，迄至八十七年二月底為止，會員人數為296人，短短兩個月就增加了66人。！

　　二，本校附設醫院在四年多前就成立了「退休同仁聯誼會」，現有會員二百餘人，這是本會的「姊妹會」，但在會齡上卻是本會的老大哥。今年二月中旬該會會長陳東初先生和總幹事曾燕青先生專程來會拜訪，彼此瞭解會務狀況，表達了兩會今後合作意願，陳會長為方便他們的會員加入本會，免除各別往返的辛勞，特別代為辦理集体報名，連同原先個別加入的，醫學院退休同仁參加本會的已有46人。

　　三，為配合本會章程的修訂，理事會現設有五個工作組，其人事異動如下：

秘書組:組長萬　能先生

會員組:組長徐玉標教授

　　　　王鴻龍先生

活動組:組長方祖達教授

　　　　王本源先生

服務組:組長路統信先生

　　　　車化祥先生

總務組:組長鍾鼎文先生

　　　　余　挺先生

　　四，本會施嘉昌教授日前捐贈私人藏書十餘冊，提供會員閱讀，施教授嘉行善事，特予報導，並祈產生拋磚引玉的效果。

國立臺灣大學退休人員聯誼會 86 年度收支結算表

（迄至 86.11.30 止）

收　入：		支　出：	
1. 八十六年結餘	41.672	1. 會議餐點	9.080
2. 八十六年年會費及會費	25.200	2. 購　　置	14.137
3. 旅遊結餘	351	3. 文　　具	8.496
		4. 郵　　費	7.486
		5. 獎　　品	2.996
		6. 雜　　支	3.342
合　計：	67.223		45.537

✿ 收支兩抵結餘：21.686 元

審查意見：

　　　1. 購置部份非消耗性器材，請建立檔案以便日後交接。

　　　2. 收支結餘相符。

✝✝　✝✝　✝✝

大會花絮

一、大會籌備期間，舉凡資料準備\場地洽借\會議通知\出席調查\會場
佈置等工作甚為龐雜而繁瑣，但在秘書組萬　能組長一人獨撐大局的
情況下，一切進行順利，圓滿完成，萬組長埋頭苦幹犧牲奉獻的工作
精神，深獲會員們的敬佩和稱道。

二、會員陳黃快治女士民國五年出生，現年九十一歲，依然體格健朗，
精神奕奕，當天由其女兒陳琤琤女士（亦為本會會員）陪同，全程出席
本次大會，甚為難得，理事長特別為她佩帶胸花，表示祝賀，全体與
會會員均報以熱烈掌聲。

三、大會會期適值新年，校長陳維昭博士，特以本校校園景觀精美月曆，
致贈出席大會會員每人一份，這真是最有意義的禮物。

會員心聲

八十六年會員大會前，本會曾致函各會員，調查出席意願，並廣徵會員意見，經統計共有十八位於回函中道出他們的心聲，我們在此除表示衷心感謝外，並將就所提寶貴意見納入工作計劃中付諸執行，庶不負各位殷切期望。

❈ ❈　　❈ ❈　　❈ ❈

吳琴萱：感謝各位義工繼續努力！

吳普炎：祝本會團結和協力。

蔡　新：謝謝工作同仁的辛勞。

蘇振明：建議宣家驊先生連任會長。

范信之：請多辦旅遊活動，費用無妨從寬，如有節餘充當基金，即可藉此安排大家到戶外走走，一方面陶冶身心，另一方面交換生活經驗，豈不一舉數得，對各位的辛勞至爲感佩，謝謝。

鄭錫範：謝謝各位的努力，希望繼續更臻完善。

薛修玉：請協調人事室發公教退休人員購買証，以便購買公教福利品之用。

蔡凌功：1. 各位幹部諸公任勞任怨，爲退休會服務，甚爲感佩。
2. 請多舉辦各項活動，以帶動退休人員活力，永保健康。

鄭義峰：每年向人事單位取得新退人員資料，主動函請入會，妥爲運用新退人員人力資源爲本會服務。

黃香江：希望本會能健全發展，並爲退休同仁謀福利。

蕭富美：大家辛苦了，謝謝。

車化祥：1. 本人對指派工作，不是不願來替同仁服務，而是應先規定在一週內到辦公室幾天，有規定才好按時到校服務。
2. 建議在下年度內多派每組服務人員，並安排上班日期（1.3.5. 或 2.4.6.）凡是輪到上班時間自會按時到校服務。

王　忠：1. 諸君的熱誠服務，在這向你們致謝。
2. 所有的計劃活動我都盡力的支持。

林　輝：1. 對退休人員希望多辦短程旅遊，一則大家多聚會，又可增加活動，身心都有幫助。
2. 與學校自強活動配合，經費來源，必要時參加人員付費若干。

楊承祖：主持會務同仁熱心出力可感，謹致佩謝。

況精華：多辦戶外活動。

朱慧生：諸位負責辦事人員，熱誠服務退休人員的精神，本人衷心感謝，敬祝諸位健康快樂。

蕭添壽：照顧退休人員及配偶，都能合法參加本校游泳池。

品刷印

國立臺灣大學退休人員聯誼會
106 台北市羅斯福路四段一號
電話：(02)2369-5692

旅遊快報

一、時間：本會九月二十四日（星期五）即將舉辦旅遊活動。

二、地點：小小烏來——小烏來——國家級風景區（桃園縣）。

三、內容：小小烏來——小烏來——國家級遊人小烏來天空步道，世界各地名勝風光、風動石（桃園縣）。

四、報名：自報名起至九月二十一日止（包括車資及世界各地名勝風光）好看精彩，名額有限，報名請攜會員證先到樓下802會員聯誼室報到。

五、費用：每人三百元（包括車資、活動、電動遊樂設施、門票、午餐）。

本次活動預計九月○日總公室十二日至十日包括車資，名額化報費請攜會員證三餐另，名額化報。

歡迎踴躍報名參加。

本次活動自報名起到九月二十一日止，先報到先報名先後到樓下802先報到室，額滿為止。

中華民國八十七年六月十五日出刊

會 務 通 訊
第 四 期
發行者：臺灣大學退休人員聯誼會

❀ 編者的話 ❀：

各位會友，你好！

　　相隔三個月，第四期會務通訊又與你見面了，本期內容有健保收費方面的採訪和春季旅遊的報導，相信不管你曾否經歷或參與過，都會是你感到興趣的話題。理監事會議責司指導和監督會務運作，因此重大決議也有必要向各位報告。當然，各位最關心的是最近有什麼旅遊活動，那麼就請你慢慢地看，仔細地去找了。

理監事會議決議案　87.3.27

第一案

案由：八十七年工作組人員聘任案

說明：

1. 依本會新訂章程第八條規定，理事會設有五個工作組，其人選由理事長提名，經理事會通過聘任之。
2. 八十七年遴聘人員如下，任期一年。
   秘書組：組長萬　能先生
   會員組：組長徐玉標教授　王鴻龍先生
   活動組：組長方祖達教授　王本源先生
   服務組：組長路統信先生　車化祥先生
   總務組：組長鍾鼎文先生　余　挺先生

決議：同意聘任(追認)

第二案

案由：八十七年一至三月新會員入會申請案

說明：

1. 依本會章程第二條規定：本校「退休之教職員工得申請經理/監事會議通過為本會會員」。
2. 一至三月共有黃非宜等申請加入本會，經會員組審查其資格尚無不合，為爭取時效，已先行辦理入會手續。
3. 申請入會同仁共68人，請予復審。

決議：同意黃非宜等68人之入會申請。爾後均準此方式辦理。

第三案

案由：八十七年各單位連絡人聘任案

說明：

1. 八十六年各單位連絡人區分已付諸實施，各連絡人熱心負責，協助連繫會員，推展會務，值得肯定。
2. 列表當時會員人數219人，迄今年二月底止會員人數已達296人，為使本案能繼續有效運作，連絡人區分宜作若干調整。

決議：同意聘任(詳見另表)

第四案

案由:會員會費是否調整

說明:

1. 本會章程第十七條規定「會員入會費及年會費,金額暫定為入會費200元,年會費200元」。

2. 八十六年會員大會曾同仁建議會費應予提高,以應會務必要之需。

3. 目前因有新會員入會,經費樽節開支,尚能支應。

決議:就下列兩案提會員大會議決。

1. 入會費不變,年會費調高為300元。

2. 維持現狀,暫不調高。

單位連絡人區分表(至87年12月止)

行政單位	會員人數	連絡人	電話
秘書室	2		
教務處	11	曾廣財	23637623
學務處	8	劉祥銘	23514924
總務處	69	陳汝淦	23630017
		邱清波	28921071
會計室	3		
人事室	2		
軍訓室	26	蔣賢燦	29342925
		歐陽儒驥	27321752
圖書館	20	王鴻龍	23635298
文學院	10	周崇德	23634072
理學院	17	李學勇	23637893
法學院	19	王本源	29313928
醫學院	15	黃秀實	27354921
工學院	10	楊維楨	23917618
農學院	36	郭寶章	27355633
管理學院	3		
夜間部	1		
附屬醫院	40	曾燕青	29342254
實驗林	(1)	併入農學院	
農試場	(4)	併入農學院	
家畜醫院	(5)	併入農學院	
陳列館	(2)	併入農學院	

附記:未設連絡人者,由本會會員組直接連絡。

旅遊活動預告

本會秋季省內旅遊,擬於今年八月中旬前往宜蘭太平山,作兩天一夜山林之旅。第一天沿濱海公路前往太平山避暑,夜宿太平山莊,次晨去翠峰湖觀日出,做森林浴,再轉往仁澤泡溫泉。

本次旅遊確定日期,行程和費用,待詳細瞭解估算後再函告通知,歡迎各位會員屆時踴躍參加!

★ 台大醫院門診漲價了嗎? ★

退休同仁多次向本會反映,自去年起,不論是去台大醫院或校總區保健中心看病,收費均較往年爲高,早期就診,優待後大部份同仁都不必再繳費,而現在看病,優待後還要繳 150 元。前後相較,顯然現在看病貴了,難道台大醫院漲價了嗎? 本會秉持關心退休同仁福利和退休同仁生活的態度,最近由宣理事長和路組長分別訪問了台大醫院和中央健保局相關人士,深入瞭解問題癥結所在,得到結論是這樣的:

在未實施全民健保制度之前,退休同仁前往台大醫院就診,由於當事人具有公保,勞保,或眷屬等不同身份,其付費也各有差異,基本上醫院對教職員工本人的掛號費是不收的,其餘的診療,醫藥材料等費用因爲可以向各公務保單位請款給付,所以同仁大體上是完全免費,除非因就診科別的不同,不屬公勞保給付範圍,方有部份付費的情形。自從實施全民健保以後,依據全民健保法第 33 條第二項規定,被保險人在就醫時必須自行負擔部份醫療費用。其目的是要被保險對象有效利用醫療資源,避免醫療浪費,並促使就診者自我節制就醫行爲。

目前有關台大醫院對本校退休同仁就醫優待的說明如下:

1. 依照現行的 "台大就醫優待收費標準"。本校退休人員及其配偶與本校編制內員工及其眷屬同屬 B 類,亦即所享有之優待完全相同。

2. 依照優待收費標準,掛號費全免,其他各項醫療費用有各種折扣優待。惟門診和急診,以及住院等三項"部份負擔",均依健保規定繳費,不再優待。

因"部份負擔"費用,是要向中央健康保險局全額報繳的。

3. 至於全民健保門診部份負擔的規定說明如下:

一,平常一般門診:

前往健保特約醫療院所就醫時,除了掛號費外,每次需要自付部分負擔費用如下:

①前往特約診所或地區醫院就醫,部分負擔金額是 50 元;如果有需要到區域醫院或醫學中心就醫,區域醫院部分負擔金額是 100 元,醫學中心是 150 元。

②中醫和牙醫門診,不論醫療院所層級,部分負擔都是 50 元。

※ 同一療程,除了第一次治療需要部分負擔外,後續療程都免除負擔。

二,急診:

急診的部分負擔金額,包括給藥,處置,撿查或撿驗等醫療服務在內,在特約診所或地區醫院每次需自付 150 元,在區域醫院每次需自付 210 元,在醫學中心每次需自付 420 元。

(詳見附表)

**台大醫院是屬於醫學中心層級,因此門診部分負擔費用也是最高的。 經過以上說明,退休同仁看病優待少了,是實施健保必須繳交部分負擔的結果,同時醫院本身也要講求績效成本,才會有以上的決定,不過台大醫院已經瞭解到同仁對這方面的意見反映,院方願在今後能力許可,再給予本校同仁更大的優惠。(服務組供稿)

❖ 春季旅遊紀實 ❖

本會八十七年春季旅遊已於四月二十四日舉行，地點是小烏來和小人國，共有八十四人參加，恰好是上次往苗栗明德水庫的二倍，這正表示本會會員對出外旅遊的興趣和支持。

此次小烏來及小人國一日遊，時逢晚春，天氣晴朗，我們分乘兩輛遊覽車，於早晨七點十分自本校大門口出發，走北二高，先到桃園復興鄉小烏來風景特定區，時間是上午九點五十分，簡單地辦好入區手續，承蒙該管理處之優待，只酌收二輛遊覽車的停車費外，會員門票全部免費，這也許是對我們台大退休人員之禮遇吧！

下車後，大家略做休息，即由我們的宣理事長擔任臨時嚮導，先到觀瀑台瞭望清新秀麗的瀑潭與峽谷風光，再沿著步道下走十來分鐘，就看到好幾丈高的大瀑布了，經過鋼架的步道和吊橋，到達瀑布的溪底，大夥兒站在橫跨溪流的橋上，一覽整個瀑布的全貌，因為瀑布直瀉下來的沖激，及三面環山地形因素，自然在此瀑布底形成了十分濕潤而涼爽的空氣，這也可能引致許多遊客在此流連忘返，或築灶烤肉的興趣了，我們這一群雖然都沒有準備要烤肉燒食，多是拍照留念，再慢慢地走向另一美景"風動石"。

風動石有二條路可到達，一條是走原路，再由停車場下石階沿溪走向約十分鐘可到，另一條路是左走，沿山坡漫步約二十五分鐘也可到達。風動石高約五公尺，底部只以一小點接觸地面，卻支撐二十餘噸的重量，頗令人稱奇。龍鳳谷瀑布位居深山幽林之中，需由小烏來瀑布之前叉路直行而去，路程約十分鐘，但路況不佳，僅腳力較佳的可以

前往，瀑布分為上下二層，綿延流長，秀麗纖雅，平時遊客甚少，但十分清幽。

我們事前原定十一時上車，準備離開此風景區，但有幾位同仁因走錯了回路，延至十一點半始開車，前往龍潭鄉小人國鄰近餐廳用午餐，每十人一桌，共開九席，十個大菜，大家吃得十分高興，一掃上午的疲困，下午一時半抵小人國，全部也以半票優待價進入。小人國創辦雖有三十多年的歷史，但因他們經營得法，目前規模已非昔日可比。

小人國主要的設施，除了原先所佈置的國內各地名勝古蹟，歷史性紀念館及各種交通—海陸空的縮影外，新增了許多歐·美·亞各洲景觀區，例如法國的沙特爾教堂，日本大阪城，大陸佛宮寺釋迦塔，又增加了萬里長城。遊樂設施有台灣民俗技藝劇場，兒童天地，室內樂園，西部遊樂區，更有許多電動的設施，例如雲霄飛車，採礦列車，荷蘭風琴馬車，狂飆幽浮，碰碰車，太空小火車，超級龍捲風，地心之旅等都是以往沒有的，所以小人國的娛樂設施是多樣的，尤其是適合兒童或親子遊玩的好去處，好樂園。無論是遊樂設施，餐飲部份，百貨部份，及新增的樂園部份，都有小火車不斷地往返輸送遊客，全部遊樂區設施都不另收費用，所以一次收取較多的門票（全票480元，半票250元）也是應該的，合理的，如果帶著小孩在園內逛個一天，也夠合算，比較國內各地的風景區或遊樂區，小人國是夠水準的了。

由於小人國可以遊玩的地方範圍夠廣，我們的會員採取自由活動，各取所需，也各盡所能，下午四點半，大家都能準時上車，在風和日麗的春天裡，我們沿著北二高於下午五點半返抵本校大門口，順利結束了本次歡樂而圓滿的春季旅遊。（活動組供稿）

本校/運動/休閒場所退休人員收費一覽表

1. 游泳池：一季　本人 600 元　眷屬 600 元　　直系親屬 5.000 元
2. 網球場：一季　本人 600 元　眷屬 600 元　　直系親屬 2.000 元
3. 台大實驗林　溪頭遊樂區：
   　　一. 門票：65 歲以上免費, 64 歲以下 8 折
   　　二. 住宿：非假日 5 折, 假日 9 折
   ※ 實驗林另有：
   　　　　鳳凰茶園賓館, 和社森林教育中心, 住宿優待辦法與溪頭遊樂區同。
4. 陽明山招待所：
   　　時間：每週二, 四歡迎退休人員登記使用
   　　費用：小房間 200 元　大房間 400 元

歡迎退休人員多加運用，促進身心健康。

※　　※　　※　　※

全民健保門診費用部分負擔金額一覽表

醫療機構級別	一般門診	牙醫	中醫	急診
基層醫療單位	50	50	50	150
地區醫院	50	50	50	150
區域醫院	100	50	50	210
醫學中心	150	50	50	420

※ 自八十六年五月一日起實施

※　　※　　※　　※

代　　啟

台灣大學校友聯絡室誠徵義工

　　台灣大學校友聯絡室誠徵義工，協助校友聯絡業務，主要工作為信件資料裝寄，工作時間彈性，無給職，意者請電本會：萬　能組長。

中華民國八十七年九月二十五日出刊

會務通訊
第五期

發行者：臺灣大學退休人員聯誼會

❀ 編者的話 ❀

各位會友，你好!

　會務通訊第五期的出刊，較預定時間晚了一些，非常抱歉! 原因是要配合本月份秋季旅遊活動的報導，而今年的會員大會將在十二月底召開，同時還要改選下屆理/監事，重新組織本會的核心班子，相關的資訊本期通訊也有簡要的報導! 此外，為了回應會友對旅遊活動的期望，今年最後一次的目標選擇台灣的後山—花東地區，預計名額有限，望你捷足先登。

✝ 敬悼 萬 能先生 ✝

　本會前理事萬 能先生因腦溢血突於87年7月20日病逝於台大醫院，享年79歲，萬先生生前同鄉好友特組成治喪委員會，敦請前校長孫 震先生擔任主任委員，協助家屬處理治喪事宜。8月6日在台北市第二殯儀館舉行公祭，儀式隆重，備極哀榮，身後靈骨在富德靈骨塔安厝。

　萬 能先生於民國48年畢業於本校農藝學系，隨即留校長期擔任教務工作，80年2月在家畜醫院秘書任內屆齡退休，在校服務長達30餘年。

　本會籌組之初，萬 能先生為主要發起人之一，積極推動創會工作，屆本會成立高票當選第一屆理事，並兼任秘書組組長，平日待人誠懇坦率，熱心助人，每日必按時到會，風雨無阻，與校內各行政單位勤於協調，為本會獲得支援不少，此次驟爾去逝，同仁等頓失典範，哀悼良深，謹以此文向各會友報導，並誌哀思。
(服務組供稿)

理監事會議決議案　　87.06.20.

第一案

案由:四至六月新會員林阿旺等17人入會申請案

說明:經會員組初審其資格尚無不合。

決議:同意入會。

第二案

案由:會員入會及會籍處理作業要點案

說明:

　本會會章第二條規定:「國立臺灣大學退休之教職員工得申請經理/監事會議通過為本會會員，會員須按會章繳納會費。」

但對會員及欠繳會費之處理，未有明確規定。

決議:有關會員個人權益問題，必須於會章中明定，其餘業務性工作委請理事會酌情辦理。

第三案

案由:八十七年尚未繳納年會費人員處理案

說明:八十七年尚未繳納會費人員迄今尚有58人，此對會務運作頗有影響。

辦法:俟會章明定後再為處理。

會員大會及理監事改選

時光飛逝，本會成立將屆兩年，預訂今年十二月底召開會員大會，依照會章規定，現任理監事任期屆滿必須改選，為了籌備上述的會員大會和理監事改選，本會工作同仁現在積極展開各項先期工作，九月份的理/監事會議也將就此廣泛討論，期能辦理一次圓滿的盛會。一旦計劃成熟，我們會儘快將相關事項奉告各位會友，並竭誠邀請你的光臨。

理/監事會為本會重要組織，負責指導及監督各項會務的運作，理事十五人及監事五人經由會員大會選舉產生，再相互推舉理事長及監事主席，因此本次改選大會，歡迎你踴躍推薦肯為本會熱心服務，犧牲奉獻的會友，挺身而出，爭取提名及當選，實現你的理想，為退休同仁謀求更多更好的福利，有關提名及選舉辦法一俟理監事會議通過，我們會儘快通知各位。

至於五個工作組的人事，隨著理事長的更動，屆時也要重新改組，期望經過上述人事的更替，各項會務也因而帶來一番新的面貌，因此，如果你對本會有任何理想或期望，都要透過你所推薦的人選去為你實現。請珍惜你神聖的一票，託付你理想的人。

(秘書組供稿)

＊ 太平山旅遊紀實 ＊

本會八十七年秋季旅遊於九月十日至十一日舉行。地點是太平山和仁澤，位於宜蘭縣西南方大同鄉內山區。參加會友有八十八人，比上次小烏來和小人國多了四人。這正表示會員們對本會旅遊活動的興趣和支持。

此次太平山/仁澤之旅為二天一宿，是屬於中程的旅遊。時逢初秋，天高氣爽。是日早晨七時，共乘兩輛遊覽車，自本校大門口出發，走北濱公路，進入東北角海岸國家風景特定區，我們在福隆管理處休息，並欣賞多媒體簡報，再往南行入宜蘭山區，在牛鬥海鮮餐廳用午餐，約下午一半逕往太平山，沿途經過白嶺巨木，見晴觀景台等景點，可惜因霧氣太重，視線不佳，故未作停留，車行約一小時多，沿途可見到一片翠綠，由海拔五百公尺的闊葉林，至二千公尺的針葉林，這中間的區內道路迂迴曲折，山越高路越險，蒼松檜柏間襯著迷茫的濃霧，空氣清新，風景怡人。四時許我們安抵太平山莊，辦妥住宿手續，分配住房。我們這一群愛好自然的退休老人，雖然乘坐一天的車也不覺得太累，大家呼吸高山的新鮮空氣，喝喝茶，聊聊天，欣賞風景，太平山莊的下午籠罩著雲霧，略帶寒意，不過大家都披上厚衣，另有一番心曠神怡的涼爽感覺。六時晚餐並登記次日早晨往翠峰湖的人數，雖然每人再追加二百元車資，但樂意參加的人約佔全體人數的三分之二。這一個夜晚大家都要早睡，兩人一室，每人一床厚棉被，這一夜大家都睡的好甜，絕對用不著開冷氣!

第二天早晨四點半晨喚，五時正大家在山莊廣場集合，我們共乘六輛十人座小巴士，此時氣溫僅攝氏十五度，在夜色茫茫，山路寬窄不一的蜿蜒開往翠峰湖，先到觀景台等待看日出，但因濃霧迷茫，約等了二十分鐘仍看不到日出的景象。我們只好繼續前往全省面積最大的高山湖泊翠峰湖，中途遇到道路坍方，約經十分鐘的整理方得通過，六時二十分，抵達翠峰湖停車場，下了車沿步道走到觀景台，遠遠只可隱約眺望到霧中翠峰湖的輪廓，據云爲了生態保育的理由，即使是晴朗的天氣，也不讓遊客下到湖邊去，這樣實在不能滿足遠來遊客的慾望。雖然我們都希望趕快雲消霧散，可立刻看到翠峰湖的真實面貌，但因行程匆匆，不能久等，只好帶著遺憾的心情，向著幻想中美麗的翠峰湖說拜拜了。

上午八時用完早餐，略爲休息，收拾行李，完成退房手續，我們坐上蹦蹦車，車廂搖晃，車聲隆隆，慢速開行過險峻的山腰軌道，約十五分鐘到達終點站，大家沿步道走到遊樂區，原先以爲可看到三疊瀑布，但據指示牌告示，要到瀑布區往返路程需走三箇鐘頭，爲了要趕搭十一時的回程車，我們只有在遊樂區玩玩，做點森林浴，再坐蹦蹦車回到太平山莊。

自太平山莊往仁澤雖是下山，也走了一小時多的車程，十二時半到達仁澤用午餐，此時仁澤氣溫約近三十度，飯後大家自由活動。仁澤舊稱"燒水"，以溫泉聞名，水質清澈無味，屬弱鹼性碳酸泉，山莊內水溫達攝氏七十度，可以淋浴，也可煮蛋，大家玩得都很盡興。園區海拔五百公尺，山巒青翠，多望溪曲流穿越，對岸森林樂園內步道蜿蜒清幽，是森林浴好去處，不過入口處宣示區內潛有毒蛇黃蜂出沒，於是大家也不敢冒險前往。

下午二時左右，我們離開了仁澤順道前往宜蘭參觀「橘之鄉」品嚐蜜餞和金柑蜜茶，聽簡報，順便採購一些名產帶回家，約三時半上車，沿北宜公路，一路行車順暢，在坪林稍作休息，回到台大解散的時間已近六時了。

此次二日一宿太平山之旅，適逢初秋時分，天氣晴朗，去時走過仁濱公路，沿途風景秀麗悅目，到了太平山本有許多可看的美麗風景點，惜因山區雲霧太重，也可能是因行程安排不夠精密，在時間不允許的情況下，不能如願以償，尤其大家興趣很高地花錢起早坐小巴士去看日出及欣賞翠峰湖景色，實在感到遺憾，但能親身體會北部一千九百公尺高山清新涼爽的氣息不無收獲。這次旅遊活動途中，翁檔夫人不慎跌傷膝蓋，不得不中途離開，送羅東醫院緊急處理，當晚轉往台大醫院，幸好傷勢不重，正逐漸康復中，我們也都感到放心。(活動組供稿)

旅遊活動預告

本會冬季國內旅遊，訂於今年十一月十七日至十九日前往台灣後山—花東地區，三天兩夜，欣賞美好的大自然風光。第一天自台北沿蘇花公路，遊花東縱谷，夜宿台東知本溫泉區。第二天沿海岸線，遊三仙台，八仙洞，和南寺等地，夜宿花蓮市。第三天前往太魯閣國家公園，欣賞燕子口，九曲洞，青蛙石等地的綺麗風光，當晚返回台北。

本次行程爲台灣本島最佳自然景觀和最具觀光價值的地區，十一月東南部氣候宜人，大好風景一覽無遺，預定四十五個名額，保證二人一房，一人一床，不爬山，全程費用每人約四千二百元，十月十二日至二十日接受報名，歡迎會友踴躍參加。

中華民國八十八年元月十五日出刊

會 務 通 訊
第 六 期

發行者：臺灣大學退休人員聯誼會

❋ 編者的話 ❋

一元復始，萬象更新。1999 年新時序到來，已卯兔年春節又將屆臨，祝願各位會員在新的一年裡，生涯規劃，健康愉快，萬事吉迪，生活更有意義。

隨著新一年的開始，本會第二屆理\監事選出，理監事會及各組工作人員業已展開工作。竭誠歡迎各位會友對會務發展隨時提供高見，有暇返校來會交談聯誼，參與各項活動。

"會務通訊"為本會會員聯誼園地，也盼望各位踴躍來稿，發表新作，暢談退休生活感想和期望，並對通訊的編印提出改進意見。

最後再次祝福大家，在新的一年裡，身體健康，精神愉悅，事事稱心如意。

八十七年會員大會會議記錄

時　間：八十七年十二月二十二日上午十時
地　點：校總區第一會議室
主　席：宣理事長家驊　　記　錄：范信之
主席報告：

一、各位女士 各位先生，台灣大學退休人員聯誼會八十七年會員大會現在正式開始。 本會的會員總人數是三百三十六人，依照本會章程規定，大會出席人數達四分之一即可開

會，現在出席人數已達 160 餘人，宣佈開會。

二、我們原邀請校長、副校長、總務長及上級指導員出席大會。副校長另有會議不克出席，現在請校長、總務長及上級指導員致詞。

陳校長維昭：

一、各位先進過去在學校服務，少則二三十年，多者四五十年，有很多還是我的老師，過去對學校的奉獻很多，所以我們退休人員聯誼會成立之初，我就非常高興與支持，今天看到大家團聚一堂，內心更是快慰。

二、學校新近啓用的圖書館，總經費約十二億元，較之清大，交大圖書館建築費不算多，但建築品質，設備，規模等都非常先進，更超越很多，這都是各位先進及在校同仁的規劃，設計，監工的成果，其他還有許多建築工程正在施工中，尤其體育館總經費亦約十二億多，完工後爲一多用途建築，必將爲本校增加實用效果。

三、各位退休前爲學校奉獻多年，希望退休同仁繼續關懷學校，歡迎各位先進不時回到學校，給學校更多指導，謝謝大家，祝大家健康，愉快。

趙總務長永茂

一、關於貴會會址問題，現已獲得初步解決，就在僑光堂一樓，進大門左側，房間稍小了一點，很不好意思，近日即可裝修撥用。

二、校園發展，現正依既訂計劃實施中，目前已完工啓用者有圖書館，生命科學館，地震研究中心，及學生第二活動中心等，正在興工中的有體育館，化學館，藥學大樓等工程，預計三兩年後，房舍使用空間擴大，屆時貴會會址將作更妥善之安排。

三、未來校園遠景將更完美，清靜，歡迎各位前輩及先進時常回來看看，休閒及指導。

上級指導員－人事室代表：

一、很榮幸代表人事室參加會員大會，看到各位長輩身體健康，精神愉快，個人至感高興。

二、本校對退休人員一向十分重視，人事室有責任也有義務對各位關懷與照顧，如有需要請與人事室連絡。

三、人事室希望充分與貴會溝通，也非常樂意配合貴會爲大家服務。

會務報告：

一、主席報告：

1. 本會依章程規定運作，一切尙稱順利，現有會員三三六人，今天尙有未曾入會而來參加會議者，大會至爲歡迎，請稍後再辦理入會手續。

2. 本會會址已有初步結果，確定位於僑光堂一樓，希望盡快裝修，於農曆年前搬遷。

3. 部分會員反映未曾收到開會通知或會務通訊，其中或因地址變更，或因郵遞有誤，會後將予更正。

4. 本會工作人員全爲義務服務，雖然盡心盡力在做，但仍有許多不週之處，請多見諒，謝謝各位合作。

二、會員組徐組長玉標報告：

1. 徐組長因另有會議，由方教授代爲報告。

2. 本校退休教職員工，依八十六年底資料統計，已有1,482人，惜殊少聯絡，迄今參加本會者僅336人，佔全部退休人員23%，今後歡迎各單位退休人員入會。

3. 各單位入會人數統計資料參見另表。

三、活動組方組長祖達報告：

1. 本會八十六年曾發出會員活動意願調查表，亦依意願調查舉辦多項活動，惜因缺乏場地，或設備不足，參加會員意願不高。

2. 八十七年先後舉辦了三次旅遊活動，參加人數頗爲踴躍，雖然辦理未能盡善盡美，但也獲得許多寶貴經驗，對以後的活動有很多助益，不週之處請多包涵。

3. 八十七年十二月再次發出活動意願調查表，回收調查表計132件，經統計參觀旅遊者居首位，次爲學術演講，再次爲健身活動，益智活動參加人數不多。

四、服務組路組長統信報告：

1. 本組工作目標，即爲所有關在本校享有的福利權益，退休同仁與在校同仁享有同等之優待，此一目標已大致達成，未能如願者，將繼續爭取。

2. 因限於經費及人力，未能爲會友做更廣泛的服務，尙請鑒諒指教。

五、意見詢答：

童逸修會員：員工消費合作社社員，按規定在辦理退休手續時已繳回社籍卡，是否可回復社籍？

服務組答：退休時繳回合作社社員証，同時退還股金辦理退股，因此已無享有

股息股利之權利，但仍可憑退休証或購買証享有購物之權利。

六,監事會羅主席聯添報告:

1. 本會經費收支決算帳目清楚。
2. 本會經費收支結存相符。
3. 非消費性物品,電話機,計算機等已經建冊列管。
4. 經費結算參見另表。

提案討論:

第一案

案由:請審議本會八十七年經費收支決算案

決議:帳目清楚,結存相符,同意通過備查。

第二案

案由:會員會費是否調整案

說明:一,本會章程第十七條規定「會員入會費及年會費,金額暫定爲入會費200元;年會費200元」。

二,86年會員大會曾有同仁建議會費酌予調高,以應會務之需。

三,目前會員人數雖有336人,但實際繳費者約270人,全年可用經費有限,必須仰賴額外補助,並樽節開支,勉可支應,會務基金則無法籌集。

辦法:修訂章程第十七條

一,入會費不變,年會費調整爲300元。
二,入會費及年會費各調整爲300元,並自89年起實施。
三,維持現狀,暫不調整。

決議:通過「入會費及年會費各調整爲300元」,並自89年起實施。

第三案:

案由:請學校將退休人員之三節禮金直接劃撥至個人郵局帳戶案。

說明:一,學校爲關懷退休人員生活,每年三節均致贈禮金,以郵政禮券寄發。

二,若家中無人收信達兩次,則須親至郵局取信,對部份體弱或行動不便者,頗感不便,而接獲禮券又必須向郵局兌換現金;也增添一層手續。

三,如能將上述禮金直接劃撥至個人郵局帳戶,則當事人可視需要自行提取運用,相信學校及個人雙方均感便捷。

辦法:建議學校將退休人員之三節禮金直接劃撥至個人郵局帳戶,原有通知信函仍照舊辦理。

決議:建議學校參考。

意見詢答:

田福濮會員:本人自台大退休,業已27年,從未聽說有三節慰問金一事,是疏漏?還是其他原因。

宣理事長答:田先生乃軍職退休,一切福利慨由國防部辦理,此項三節禮金,僅限於公教退休人員享有。

第四案:

案由:國立台灣大學退休人員聯誼會監事選舉實施要點案,(經87年9月30日第一屆理監事第八次會議修正通過)。

一,依據:依本會章程第五條及第十條規定,理事會設理事十五人,候補理事五人,監事會設監事五人,候補監事二人,由會員大會選舉產生之,其任期爲二年,連選得連任。

二,候選人之產生:

1. 經理監事會推薦現任理監事爲候選人。
2. 凡已繳納當年會費之會員,申請登記爲候選人。
3. 改選大會當天到會之會員均列爲候選人

三,選票:由理事會秘書組準備,理事與監事選票分別製作,並經監選人員蓋章有爲效。

四.實施程序:

1.會員憑會員証領取　選票,每人兩種選票各領一張。

2.採無記名連記法:理事選票每人可選八人,監事選票每人可選二人,圈選人數可少不可多,否則視為廢票。

3.監票:由大會推薦二人為監票員,負責監督選票之分發,投開票及確認圈選之有效性。

4.投開票:理事與監事之選舉分別設置投票箱,投票完畢立即當場開票,並依各候選人得票之多寡決定當選或候補,本項工作由大會推舉唱票及計票各二人執行之,

決議:原案准予核備,並自本次大會實施。

第五案:

案由:會員欠繳會費之處理案

說明:一,本會章程第二條規定「國立台灣大學退休之教職員工得申請經理監事會議通過為本會會員,會員須按會章繳納會費」。

二,現行會章對會員欠繳會費及退會情事,未有明確之規定。

三,87年尚有58人未繳年費,本會曾以三次書面通知,均未獲回應,另有個別會員向本會表示有退會之意願。

辦法:增列章程第二條第二款:「會員如欠繳會費,則暫停其當年之權利,其欠費累計達三年者,停止其會籍」(並非連續三年)。

決議:通過同意增列章程第二條第二款。

第二屆理監事名錄

職稱	姓名	職稱	姓名	職稱	姓名
理事長	宣家驊	理事	李學勇	監事主席	路統信
副理事	方祖達	理事	鍾鼎父	監事	蔣賢燦
理事	林參	理事	劉祥銘	監事	鄧華
理事	土本源	理事	車化祥	監事	周駿富
理事	郭寶章	理事	高萬成	監事	吳琴萱
理事	陳汝淦	理事	王鴻龍		
理事	歐陽儒驥	理事	曾燕青		
理事	曾廣財				

附記: 一,本屆任期自88年1月1日起至89年12月31日止,為期兩年。

二,監事羅聯添教授當選後請辭,由吳琴萱會友依序遞補。

新任理事會工作人員名錄

秘書組組長 - 范信之先生

會員組組長 - 車化祥先生　　王鴻龍先生

活動組組長 - 方祖達教授　　王本源先生

服務組組長 - 蕭富美教授　　楊建澤教授

總務組組長 - 鍾鼎文先生　　夏良玉先生

本會會員人數

本校已退休之教職員工，根據86年底資料統計，已有1,482人，可惜平日殊少聯絡，彼此起居狀況無從獲悉，偶有事故，也不能互相扶持。自本會成立以後，各單位退休人員逐漸踴躍參加，迄87年11月底止，入會人數已達336人，佔全部退休人數23%，各單位入會人數統計如下：

單　　位	退休人數	入會人數	入會百分比
秘　書　室	11	2	18%
教　務　處	31	12	38%
學生事務處	146	37	25%
總　務　處	368	77	21%
會　計　室	13	3	23%
人　事　室	7	2	28%
圖　書　館	52	20	38%
文　學　院	78	11	14%
理　學　院	67	18	27%
法　學　院	55	20	36%
醫　學　院	139	13	9%
工　學　院	67	11	16%
農　學　院	142	45	31%
管　理　學　院	11	4	36%
公共衛生學院	2	0	0
夜　間　部	2	1	50%
附　設　醫　院	291	60	21%
總　　計	1482	336	23%

各單位中，加入人數最多者為總務處員工達77人，其次為附設醫院有60人，再次為農學院45人，軍訓室也有37人之多。若以參加人數百分比而言，各單位多在20~40%之間，其中以教務處，圖書館，法學院諸單位較高，在38%左右，醫學院，文學院及工學院較低，不及20%。

另外感到遺憾的，現有會員336人中，有劉鼎方、陳黃快治、蒯通林、萬能等四位已不幸過世，本會為了對他們的尊崇與懷念，會永遠保留他們的會籍。

答 覆 會 友 建 議

姓　　　　名	會　員　建　議	本　會　處　理　意　見
033 鄭義峰	剛退休有專長教授副教授高職人員，鼓勵擔任理監事，推動會務。	主意甚佳，惟本會係以教職員工等組成，凡對會務熱心且意願為會員服務者，均歡迎透過選舉程序擔任理監事。
053 任啓邦	學法輪功止是現在學長生的大好機會	留供本會參考。
070 邱德本	會員之間婚喪喜慶可由聯誼會函知各位會員自由參加，以資增加會員之人際熱忱。	婚喪喜慶原則上以由當事人視彼此情誼程度，決定是否邀請，如會員有此方面之需要，本會亦願提供必要之協助。
118 周駿富	無論國內或國外，凡我未曾遊歷過者都有興趣，但最好以一週時間為限。	本會參考，遇有合適行程當再邀請 貴會友同遊。
133 蕭富美	擬請成立區(里)為單位，協助70歲以上退休教職員之生活照顧(指無子女照顧者)義工隊。辦法:1.先統計人數(急需者優先)，2.徵召志工人員。	本案關懷老人之美意至為良善，建議人現為本會服務組長，正可視本會能力，協助政府及社會公益團體逐步進行。
146 林　　輝	旅遊方面以本省風景區兩三天為宜，使年紀較長者能接受，亦可減輕承辦者負擔。	本會參考。
155 戴文鎮	本會所寄發的信息是我至好的精神食糧，所以特別換用我的新地址，讓我能分享到貴會所寄發的信息，謝謝萬千!	謝謝 貴會友的鼓勵，新地址已遵照更正，今後應不致再有郵寄不到的困擾。
174 施嘉昌	希望全日開放辦公室	謝謝 貴會友對本會的期望，目前工作人員尚感不足，爾後俟會員活動需要時再為全日開放。
226 施德足	一，貴會各項建議敬表熱烈支持。 二，本人年紀大，體力較差，但多項旅遊活動盼時常取得聯絡，視體力情況再作決定	本會參考，遇有輕鬆行程當會邀請 貴會友。

245 沈永紹	如能多發簡訊更佳	本會正嘗試朝此方向努力。
270 江靜珍	會員會費是否可改爲永久會員費，一次繳清。	事實上有此需要，本屆理監事會議將予討論細節，再提會員大會議決。
278 林廖雪	多爭取與學校員工同等福利。	此與本會的目標一致，本會將隨時留意，並盼各會員遇有問題即時反映本會。
297 江桓沖	本校爲台灣最高學府，退休人員多是優秀者，建議退休人員在當義工方面可在活動中心設點，以便與在校生有機會聯繫，作經驗及創意的傳承。	本案主意甚佳，惟執行時需視學校的需要而定，本會再爲配合。
328 許素絹	只要對身心健康活動都可。	本會參考

小啓：本會每日上班時間爲上午 90:30-12:00，敬請各位會友留意。

國立臺灣大學退休人員聯誼會八十七年經費收支決算表
86.11.30～～～87.12.15

收入			支出			結存
摘要	金額		摘要	金額		
1. 上期結存	21686		1. 會議餐點	22900		
2. 逸仙學會補助二筆	10000		2. 物品購置	6929		
3. 年會費及會費	55500		3. 文具	1725		
4. 旅遊活動結餘三筆	29037		4. 郵資	5737		
			5. 電話費	7128		
			6. 加班費	3300		
			7. 雜支	6741		
合計	116223			54460		61763

附記：
1、本會固定資產另建冊列管
2、結存現金現存華南銀行活儲戶
3、結存款包含87年會員大會餐金及摸彩獎品尚待支付

審查意見

一　收購耐性物品如電話機、計算等經
　　遠冊到管

二　帳目清楚　　　　　　　羅聯添　　12.9

三　收支結存相符　　　　　郭　　　　黃智榮

-7-

中華民國八十八年四月十五日出刊

會 務 通 訊
第 七 期

發行者:國立台灣大學退休人員聯誼會

會 址:舟山路鹿鳴堂一樓

電 話: 2369-5692 校內分機:

❀ 我們終於有"殼"了 ❀

本會自八十五年底成立,諸多待辦工作中,首要而急切的就是「會址」問題,除了多方接洽和拜託外,八十六年六月曾正式呈文學校請求解決,案經陳總務長批交校園校舍空間分配小組討論,此後就一直未見下文,幾經摧詢亦無結果,兩年來我們過的是寄人籬下與黑戶的生活。

到了八十七年下半年事情有了轉機,首先是總務長換成趙永茂教授接任,再就是校園校舍空間分配小組終於在十一月九日召開會議,本會會址也列入議程,由於本案在眾多重大議案中,實在是小事一樁,各委請討論結果是委請總務長就可用空間檢討分配,事情就這樣輕輕鬆鬆搞定了,真是謝天謝地!

現在我們的會址是在舟山路上的鹿鳴堂(原僑光堂)一樓,與教師協會共同使用,空間雖不算寬廣,但勉強可以夠用,重要的是真正屬於自己的「窩」。學校不僅整修房子,裝了電話,其他設備 也都盡可能給予支援,預定四月十九日我們就可遷入新址,繼續為各位服務。

☆ 會 員 現 況 ☆

迄至 88 年四月 15 日止,本校退休教職員工,申請參加本會者,計有彭振剛等 349 人 其中有劉鼎ぉ,陳黃快治,蒯通林,萬 能等四位先後病故,現在實有會員 345 人,詳如下列統計表。

現有會員統計表

單 位	人 數	備 註
秘 書 室	2	
教 務 處	12	
學 務 處	9	
總 務 處	79	
會 計 處	3	內 1 人病故
人 事 室	2	
軍 訓 室	31	
圖 書 館	20	內 1 人病故
文 學 院	11	
理 學 院	19	
法 學 院	20	
醫 學 院	14	
工 學 院	11	

單　位	人　數	備　註
農　學　院	33	內1人病故
管　理　學　院	4	
夜　間　部	1	
附　設　醫　院	64	
實　驗　林	3	
農　試　場	4	
家　畜　醫　院	5	內1人病故
陳　列　館	2	
合　　計	349	內共4人病故

☆☆ 理監事會動態 ☆☆

本會第二屆理監事第二次會議已於88.3.26舉行完畢,當日出席者計有理監事及工作組人員共19人,除聽取各項工作報告外,並進行下列三案討論,經廣泛交換意見後,均獲通過本刊特予報導。

第一案:同意87.10-88.3.余素婉等17人申請入會。

第二案:自八十九年起,本會同意設置「永久會員」,普通會員年會費300元,永久會員於入會時一次繳交3000元,此後終身不再繳費。本案將俟年終會員大會討論通過後實施。

第三案:通過本會八十八年工作計劃(詳情如下)。

88年秘書組工作計劃

一、每季末召開理監事聯席會議
二、年終召開會員大會
三、每季初發行「會務通訊」
四、清理公文及信件檔案

88年會員組工作計劃

一、校正現有會員會籍資料,更新電腦檔案。
二、對87年退休教職員工寄發入會邀請函。
三、將本會簡介及入會資料寄放人事室,商請於員工退休時代為轉發。
四、調整「分區連絡人」,使其更具有應有之功能。

88年服務組工作計劃

一、整理各會員之「生日排行榜」,按月寄送生日卡,重陽節對高齡會員寄贈賀卡,並設置各學院志工協助推展「敬老關懷」事宜(如打電話問候)。
二、推動本會與學校附近商店合契「特約商店」,本案已委請林參會員接洽中,本校員生消費合作社已與20家商店訂有優惠合約,一俟辦妥,會員可憑證享有消費優惠。
三、積極關注並爭取本會會員之相關福利與權益等。最近曾致函學校轉請台大醫院給予本校退休同仁與台大醫院退休同仁相等之就醫優待。

88年總務組工作計劃

一、完成新辦公室之規劃與搬遷。
二、整理庫存物品。
三、提供會員便捷安適之工作環境。
四、隨時保持最新之財務狀況。

88年活動組工作計劃

季別	預定時間	活　動　內　容
春季	3月18日	三峽,鶯歌一日遊,內容:寺廟參拜及陶瓷器製作觀摩(已舉行)。
	4月16及 18日	乒乓球友誼比賽。

季 別	預定時間	活　動　內　容
夏 季	5月7日	台北市政參觀一日遊。
	6月17-18日	烏山頭及曾文水庫二日遊（名額四十名）。
	6月30日	卡拉OK歌唱座談會。
	8月10日	太極拳觀摩會。
秋 季	9月7日-15日	中國大陸西南風景區旅遊及昆明世界園藝博覽會參觀。
	9月24日	卡拉OK歌唱會。
	10月1日及20日	象棋友誼賽。
	11月15日	台大校園參觀(配合校慶返校聯誼)。
	11月23日至26日	沙巴四日遊,海陸景觀及海底動物園遊覽
	12月16日	園藝觀摩。

附記：對上列各項活動有興趣的會員,現在就請向本組登記,以便統計人數進行籌備,每次活動如未達到基本人數則暫緩舉辦。

※ 會費收支情形 ※

一、87年

(一)應繳費人數 331人

(二)已繳費人數 286人

(三)未繳費人數 45人

二、88年

(一)應繳費人數 343人(不含已故及停權共6人)。

(二)已繳費人數 262人(含郵政劃撥42人)。

(三)尚未繳費人數 81人。

三、迄88.4.15止結存會費 54,666

四、尚未繳費者,請儘早辦理繳交,以盡會員基本義務。

◆ 三峽,鶯歌旅遊紀實 ◆

開春以來,本會春季第一次省內旅遊已於三月十八日舉行,地點在三峽和鶯歌,參加會員六十八人,分二車前往,是日上午七點三十分自本校大門口出發,車自景美交流道入北二高到三峽,車程不到三十分鐘,下車後走過七福橋即到祖師廟,該廟指派一位解說員為我們簡介：清水祖師俗名陳昭應,曾追隨宋丞相文天祥舉義勤王抵抗元兵,後隱居於福建安溪, 明初敕封建廟,故稱清水祖師,三峽祖師廟歷 經三度重建,由藝術家李梅樹窮其一生精力規劃,以我國傳統古法建造,彫刻之美聞名遐邇,故有「東方藝術殿堂」之稱。

逗留約一小時後,乘車到鶯歌,經過大庭廣和台階,進入雄偉的行天宮(關帝廟),神壇前供奉的香客絡繹不絕,香火至為鼎盛。十時半開車往鶯歌鎮參觀台華陶瓷公司,亦稱「鶯歌故宮」,該公司向以生產製造高級陶瓷聞名中外,由呂經理指派該公司男女二位解說員,介紹「故宮」三層樓的陶瓷展覽場,各樣各色陶瓷藝術品琳瑯悅目,例如十八羅漢,水滸傳108位英雄好漢,維妙維肖,在三樓另設有彩繪教室,讓有興趣繪畫,題字留念的顧客盡情創作,我們這一行逗留約一小時結束參觀。

中午我們在「龍水魚」餐廳用餐,稍作休息,車開到旭順磁器公司的工廠參觀,由林老闆親自引導介紹家用各種陶瓷器之機器生產流程,據說陶土是由日本進口,製造過程採用自動化打坯成型,上釉,窯燒等一貫作業,雖然參觀時間只需約20分鐘,但使我們對日用之陶瓷製作有一完整之認識與瞭解,臨走時林老闆還盛情贈送每人一個咖啡杯,也可充做我們這次鶯歌

旅遊的小小留念。

　最後我們就在鶯歌鎮文化路自由參觀陶瓷器販賣店，大碗小碗，茶壺茶杯，盡情選購，下午四時二十分，大家乘車沿原路回台大，結束了一天的快樂旅遊，互道珍重再見。

【 老年保健三字經 】

常運動，勤思考，既強身，又健腦。　　高蛋白，營養好，粗雜糧，不可少。

習書畫，種花草，多動手，精神好。　　菸酒戒，辛辣少，血壓平，腸胃保。

樂棋藝，養魚鳥，廣交友，減煩腦。　　不諱病，診治早，預防多，病痛少。

講衛生，常洗澡，室通風，勤打掃。　　保健操，不可少，堅持久，能防老。

不偏食，不過飽，蔬菜多，鹽糖少。　　三字經，力不小，廣宣傳，眾知曉。

-4-

印刷品

　　收件人：

寄件人：國立台灣大學退休人員聯誼會
　　　　北市羅斯福路四段一號 106
　　　　電話：(02)2369-5692

中華民國八十八年七月十五日出刊

會務通訊
第 八 期

發行者:國立台灣大學退休人員聯誼會
會　址:舟山路 243 號鹿鳴堂一樓
電　話:23695692　　校內分機 3856
Fax-23648970

❀ 會員動態 ❀

八十八年四月十五日當時會員人數爲 345 人，三個月來，本會曾針對 87 年退休員工分別發出 101 封信函，邀請該等同仁參加本會，迄至七月十五日止，本會現在會員 364，增加了 19 人。

❀ 活動報導 ❀

一、卡拉 OK 聯誼

本會首次舉辦"卡拉 OK"聯誼會是在八十八年七月十日假大安區國民活動中心舉行，計出席對卡拉 OK 歌唱有興趣會員十四人及眷屬三人，於下午三點開始，由出席會員自由點歌演唱，各位會員無論是歌喉或是台風都夠水準，國語，台語，日語，甚至英語歌曲都有，大家很踴躍點歌演唱，和樂一堂，有些參加會員還自帶錄影帶來助興，座談會由宣理事長主持，經出席全體會員討論，都認爲此次"卡拉 OK"活動應繼續舉行，在組成小組之前，大家屬意由本會先做籌備工作，希望向校方借用本會現址"鹿鳴堂'一間，並由參加本活動各位會員以認股辦法合購""卡拉 OK"設備一套，如此可經常使用，希望本會會員對本項活動有興趣或願贊助者多予支持，本次活動得到大學里里長(亦是本會會員)高萬成先生之協助，在此亦表感謝!

二、太極拳練功

本會前曾報導過，爲便於會員練習太極拳之場所計有:中正紀念堂(本會會員周崇德先生指導)，新生大樓前及文學院前(本會會員柯啓華先生指導)等三處，由於校總區附近教職員居住人數較多，時段合適，且交通方便，目前以文學院大樓前之教學情況較具規模，本刊特予簡要介紹，以饗同好。

柯啓華老師得鄭曼青先生真傳，已在文學院前教授太極拳三十年，前後學生約三百餘人，目前每天早晨六時十分至七時二十分在該地教學，學生人數約三十至五十人之間，男女老少均有，其中甚至遠自木柵或民生社區搭車趕來的，首先是團體練習，共有二十七式及一０八式，大家跟隨老師做，動作認真，毫不含糊，然後老師再針對新來同學或動作不夠正確者，進行個別指導，有時候也教一些推手，散手....等，柯老師教學熱心，動作標準，不收學費，經過幾個月，學生都能駕輕就熟，體會其中奧秘，不僅培養了良好的運動習慣，更因此調整了體質，達到健身目的。各位會員或你的友人，如果對太極拳有興趣，這裡絕對值得你來。

三、國劇清唱

本會會員前中文系龍宇純教授夫婦等喜好國劇同仁，目前每週二下午固定在鹿鳴堂本會辦公室有清唱活動，由陳舜政教授操琴，特此向愛好此道者報導，歡迎按時前來，欣賞觀摩，過一過京戲癮。

四、關於活動通知與報名手續

據部份會員反映，本會舉辦旅遊活動，他們都未曾接獲通知，經查上述人員年初辦理活動意願問卷調查時，並未填寫旅遊活動之意願，而本會於舉辦活動前，係依每次活動性質，針對有參與旅遊意願之會員發出通知，並非普遍通知全體會員，以免浪費人力與物力，當然我們會儘量配合每期會訊的出刊時間，適時加以全面報導。

當會員得知旅遊訊息而有意參加者，請儘早先以電話向活動組方教授聯絡預約登記，然後再按指定時間來會報名及繳費，由於每次名額不多，且按報名先後安排車位，故報名時間事不宜遲，一經報名儘量不退，以免增加作業困擾，尚請大家共同體諒與配合。如果　貴會友當初忘了填寫旅遊意願，請電話向活動組補行登記。

※嘉南平原逍遙遊記實※

本會夏季旅遊已於六月十五日至十七日舉辦嘉南平原三天二夜之逍遙遊，計參加會員暨眷屬共四十五人，敦請本會施嘉昌教授領隊，施教授現為嘉南農田水利會之會務委員，第一天早晨自台大校門口出發，沿北二高直達新營，轉往全省最具規模之南鯤鯓名刹大廟，該處除了宏偉的寺廟聳立外，並有廣闊的花木庭園，我們一行人逗留一小時後離開，午餐後往烏山頭水庫，聽取嘉南農田水利會烏山頭風景管理所之簡報後，繼續參觀宏偉的大壩，溢洪道，

送水站，天壇等烏山頭風光及水庫設施，當晚進駐烏山頭國民旅舍。

次日早晨大家沿大壩步行到水庫登船處，由管理所主任親自接待遊湖解說，一小時的遊湖覷見湖面蜿蜒曲折，湖水清澈可鑑，岸上多是竹林，迎風搖曳，映影隨浪漂瀠，炎夏季節有此涼爽景緻，實一樂也。早餐後車開往曾文水庫，略事遊覽，午餐後，車經楠栖至玉井，沿途見到結實累累的芒果樹，番石榴及荔枝樹，當車開到玉井市區，更看到滿街都在賣水果，我們全車人都下來，就近走到水果集貨場，全市場盡是各式各樣的芒果，愛文、海頓、土芒果及最近幾年新改良的品種金香，亦稱 ”台灣一號”，種芒果據稱是由愛文和土芒果雜交出來的，果型肉質細膩，種核小，又香又甜，大家看得眼花撩亂，爭相挑揀，最後我們都大量採購，安放在車廂裡，散發出濃烈的芒果香味，令人垂涎欲滴。下午轉到台南市，參觀”赤崁樓”和”安平古堡”兩處古蹟，晚上住在台南市勞工育樂中心。

第三天傍晚回程，上午前往位於烏樹林的台灣糖業公司所屬的精緻農業發展中心，實際上是台灣蝴蝶蘭的研究及發展中心，先由該中心副主任許聰輝先生接待，引導我們參觀蝴蝶蘭生產過程:從培養劑的製備、接種、育苗、溫室栽培、空調管理等一系列作業，也帶領我們參觀品種保存區，如何做授粉及受精工作，知道了所謂”桂子蘭孫”的傳宗接代的神秘。離開烏樹林，車繼續北行，順道到彰化田尾，參觀路邊花園，見識了許多奇花異卉，中午在台中午餐後，經北二高直達本校大門口，各自帶著愉快的心情，提著香噴噴芒果回家。

★ 服務工作 ★

1. 本會自五月份起按時寄送會員生日卡，以示祝賀。
2. 對年長體弱之教職員工會員，以不定期致電問侯，關懷其生活起居。
3. 本校消費合作社原以教職員生之社員名義，與學校附近商店共21家簽訂特約優惠，經本會爭取，同意退休人員聯誼會會員亦可憑會員證享受同等優惠，且特約商店增加為29家(詳如另表)。
4. 台大醫院及校總區保健中心之收費標準校總區保健中心：免掛號費，但需自付健保門診費部份負擔金額50元(診所)台大附設醫院：免掛號費，但需自付健保門診費部份負擔金額150元(教學中心) (牙科門診均需自付50元)
5. 本校陽明山招待所每週二及四提供退休同仁前往洗溫泉，住宿，請事先向事務組登記繳費，洽借使用之。

八十八年八月一日起全民健康保險實施門診加收部分負擔一覽表

	醫療院所不分層級	藥費	藥費部分負擔（20%）	免自行負擔	
藥品部分負擔		100 元以下	0 元	1.藥品費用100元以下之處方 2.慢性病連續處方箋(慢性病、開藥二十八天以上且分次調劑) 3.牙醫門診診療服務 4.門診論病例計酬項目 5.六歲以下兒童就醫，採簡表申報者	左列三項共同免自行負擔對象： 1.全民健康保險法第三十六條規定免自行部分負擔者，如重大傷病、分娩、預防保健等 2.至山地離島地區院所門診者 3.榮民及低收入戶 4.急診
		101-200 元	20 元		
		201-300 元	40 元		
		301-400 元	60 元		
		401-500 元	80 元		
		500 元以上	100 元		
門診高診次 部分負擔	今年就診次數	第 49 次 (健保 I 卡)	第 157 次 (健保 AA 卡)	兒童健康手冊使用者	
	明年起就診次數	第 25 次 (健保 E 卡)	第 157 次 (健保 AA 卡)		
	加收部分負擔	50 元	100 元		
復健 部分負擔	1.復健物理治療(含中醫傷科)同一療程(可做六次)，每次簡單或中度治療均收取門診部分負擔費用，惟只收一次掛號費。 2.同療程第一次收該層級部分負擔(醫學中心 150 元、區域醫院 100 元、地區醫院及基層診所 50 元)。 3.同療程第二次至第六次每次均收取 50 元(各層級均相同)。			實施中度-複雜治療(實施中度治療項目三項以上，且合計時間超過 50 分鐘，如肌肉電刺激等十四項)、複雜治療(限復健專科醫師處方，治療專業人員親自實施，如平衡訓練等七項)	

【 老年保健三字經 】

常運動，勤思考，既強身，又健腦。　　高蛋白，營養好，粗雜糧，不可少。

習書畫，種花草，多動手，精神好。　　菸酒戒，辛辣少，血壓平，腸胃保。

樂棋藝，養魚鳥，廣交友，減煩惱。　　不諱病，診治早，預防多，病痛少。

講衛生，常洗澡，室通風，勤打掃。　　保健操，不可少，堅持久，能防老。

不偏食，不過飽，蔬菜多，鹽糖少。　　三字經，力不小，廣宣傳，眾知曉。

台大員生消費合作社暨台大退休人員聯誼會合辦公館附近特約商店一覽表
88年6月

編號	公司（商店）名稱	地址	聯絡人及電話	享受消費折數	備考
1	甲子園體育用品社	新生南路三段48號	黃文德 02-23623943	85折	詳情請逕洽各商家
2	大聲公股份有限公司	新生南路三段68號	劉望郁 02-23623187	點菜用餐9折，未滿百元者優待5元（週六、日除外）	
3	福樂24小時餐飲	新生南路三段88號	陸德華 02-23627775	9折	
4	21世紀西式餐廳	新生南路三段112號	葉俊修 02-23639110	9折（特價、外送除外）	
5	百全圖書公司	新生南路三段94巷5號	廖榮德 02-23638398	圖書8.5折，其他9折	其他含電腦、工具、教科書
6	寶島鐘錶公司	羅斯福路三段274號	胡才 02-23671455	換電池5折，不二價商品除外，有優待	
7	貝詩純剪派	羅斯福路三段279號	劉愛麗 02-23632412	剪8折，燙7折	
8	易牙居點心坊	羅斯福路三段286巷16號	林志成 02-23678218	招待甜點	
9	世紀西點麵包坊	羅斯福路三段287號	張金德 02-23626688	西點、麵包9折，生日蛋糕8折，外送9折	
10	蘿貝莎髮藝	羅斯福路三段312號B1	施秀華 02-23652838	85折	
11	英吉利眼鏡公司	羅斯福路三段314號	劉俊良 02-23678833	7折	
12	綠精靈休閒食品	羅斯福路三段316巷2號	張佩渝 02-23647115	9折（散裝食品）	
13	普吉島泡沫紅茶店	羅斯福路三段333巷10號	彭志強 02-23661890	9折	
14	年青人眼鏡量飯店	羅斯福路四段2號	陳慶義 02-23688094	5折	
15	大學鐘錶刻印行	羅斯福路四段4號	鄧斯恩 02-23682847	9折（特價品除外）	
16	博士眼鏡公司	羅斯福路四段18號	洪秋蓮 02-23659955	正常折數後9折（藥水成本價）	
17	宏宇租車公司	羅斯福路五段95-1號	吳德青 02-29347417	9折	
18	鄺妍精品屋	復興南路二段151巷3號	李貴美 02-23254347	6.5至8折	
19	德綠皮鞋服飾店	復興南路二段192號	張貴桃 02-27058209	6.5至9折	

20	日　　　康 運 動 世 界	復興南路二段 6號 新生南路三段 84-4號	劉 建 宏 02-27369466	未打折商品8折, 已折扣再降5%,特價 品除外	
21	張 　媽 　媽 專 業 租 屋	仁愛路二段 68號3樓	蔡 奇 勳 02-23955050	8折	
22	景 儷 圖 書 文具禮品公司	羅斯福路三段 277號B1	陳 秋 鐘 02-23623923	文具85折,字典9折	
23	好 朋 友 攝 影 社	新生南路三段 110號	廖 先 生 02-23631204	拍黑白、彩色 人像有優待	
24	柯 達 飛 影 彩 色	羅斯福路三段 254號	許 國 賓 02-23682170	沖洗3×5或4×6打95折 拍照8折,其餘再議	
25	廣 茂 光 學 眼 鏡 公 司	羅斯福路三段 291號	王 正 修 02-23636385	配眼鏡6折至5折	
26	郭 元 益 食 品 公 司	羅斯福路三段	張 先 生	門市糕餅9折,蛋糕 8折,喜餅＄12000元 以上8折優待	
27	百 　　　樂 牛 排 西 餐	新生南路三段 84號	謝 先 生 02-23635981	9折	
28	紐 約 客 咖 啡 牛 排	羅斯福路三段 333巷18號	翁 經 理 23698685	訂席、用餐、壽星9折	
29	慧　　　沅 攝 影 器 才	新生南路三段 105號 台大店	何 彥 勳 02-23684842	拍照送8張彩色8張黑白 立取不加價器材95折 刷卡不加價(軟片除 外)電腦檔案輸出8折	

1. 86年已洽之特約商店另有:
   (1) 福華台大福利餐廳
   (2) 鹿名堂餐廳
2. 本校實驗林所屬溪頭森林遊樂區、鳳凰茶園、和社森林教育中心等三處休閒遊樂區之住宿優待 辦法:
   (1) 65歲以上免門票
   (2) 65歲以下購優待門票
   (3) 住宿比照在職員工,假日9折、非假日5折

☐
☐
☐

印刷品　國立台灣大學退休人員聯誼會
地址：台北市舟山路二四三號
電話：23695692 校內分機：3856
Fax:23648970

旅　遊　通　報

　　本會八十八年秋季旅遊預定九月六日組團出發，赴大陸雲南省參訪石林，九鄉，大理，麗江等地的錦繡河山，其中包括完整一天參觀昆明世界園藝博覽會。本案委由高原旅行社承辦，行程共九天，費用約 26,500 元，詳細行程正安排中，特先期向各會員通報，有意參加者請於本(七)月底以前向本會活動組登記，以便統計人數與旅行社進一步洽談旅遊細節。

中華民國八十八年十月十五日出刊

會務通訊
第 九 期

發行者:國立台灣大學退休人員聯誼會
會　址:台北市舟山路 243 號鹿鳴堂一樓
電　話:23695692 校內分機 3856 Fax-23648970

❀ 會員動態 ❀

一、迄至 88 年 10 月 8 日止,冊列會員共 372
　　人,其中已有 5 人病故,實有會員 367 人。
二、原圖書館退休同仁陳鳳祥女士不幸於 88 年
　　5 月 3 日病逝。
三、會員組目前工作除繼續辦理新會員招募和
　　入會,並經常更新會員資料,以保持正確
　　與完整。

※理監事會動態※

　　本會第二屆理監事第四次聯席會議已於 88 年
10 月 2 日召開,除聽取各組之工作報告外,理
監事們曾熱烈討論如何更進一步推展各項活動,
並獲致多項具體結論,此外並通過兩項提案:

一、案由:88 年 6 至 9 月新會員李昭明等 7 人
　　　　　申請入會案。
　　決議:通過。
二、案由:羅金源會員建議制訂「台灣大學退休
　　　　　人員就醫優待辦法」。
　　決議:衡量台大醫院之性質、人力、資源及
　　　　　現行就醫優待標準,羅先生所提諸項
　　　　　建議,台大醫院恐難以採行,因此本
　　　　　案暫為保留,並另函回覆羅先生。

★ 服務訊息 ★

1.按時寄發會員生日卡,以示祝賀。
2.位於本市中山堂對面永綏街 8 號(電話
　2311-1525)之「遠東聯合診所」係台大醫
　院醫療聯盟機構,以超越大醫院之服務
　水準,提供與台大醫院相同等級之醫療
　照護。科別包括:骨科、內、外科、小
　兒科、皮膚科、婦產科,耳鼻喉科,眼
　科、牙科等。健康檢查費(當日)15000 元,
　優惠本會會員八折。門診時間:
　　　上午 09:00 - 12:00
　　　下午 02:00 - 05:00
　　　夜間 05:30 - 08:00
　(週六下午、週日及國定假日休診)
3.位於本市福州街 14 號(電話 2395-6755)
　之「郵政醫院」與台大醫院建教合作,特
　聘台大主治醫師看診。初診掛號費 150
　元,優惠年長者(70 歲以上)只收 80 元,
　複診費 100 元,年長者 50 元,歡迎各會
　員多加利用(另收健保局規定之部份負擔
　費用)。門診時間:
　　　上午:08:30 - 12:00
　　　下午:02:00 - 05:30
　　　夜間:06:00 - 10:00

❃大陸雲南旅遊紀實❃

本會秋季旅遊於今年九月六日至十四日舉行，計參加會員及眷屬共30人，遠赴中國大陸雲南省，旅遊景點主要在昆明、麗江和大理三地，雲南高原四季如春，氣候宜人，風景秀麗，文化古蹟尤多，也是我們此次遠地旅遊之最佳選擇。茲就此次旅遊實況報導如次：

第一天上午11時半，由高原旅行社派車接送我們到桃園中正國際機場，搭乘豪華客機經澳門轉機飛往素有春城之稱的雲南省會昆明市，出關後天色已晚，直接趕車前往品嚐雲南著名的風味餐"過橋米線"熱湯拌涼菜，別有特色，宵夜後前往翠湖大飯店休息。

第二天早餐後，前往距昆明90公里的九鄉，中途大夥兒在路邊採購大批水果，水蜜桃、梨、石榴，又大又甜，尤其價格便宜。接著來到新開發的國家級九鄉風景名勝區，全景為一大型鐘乳石山洞，現已呈現出一疊虹橋景區，有白象洞、神女宮、雌雄瀑布和大型石礫群構成的神田景區，洞中瀑布落差達30公尺，聲勢如雷貫耳，斷魂橋令人心驚動魄，最後出蝙蝠洞再搭纜車下山。下午繼續驅車前往「石林」本晚投宿石林大酒店。

第三天早餐後，遊覽國際知名的自然風景區，沿途奇石雄偉壯麗、石筍、石柱宛如置身迷宮，區內小徑迂迴，到處小橋流水，較為出名的有獅子嶺峰池、蓮花峰、愛情海、幸福湖等，我們都登上觀景台，覽視四周，奇峰異石，盡收眼底。目前因雲南舉辦大型國際博覽會，旅遊地區的大事整頓，因此石林風景區維護工作表現極佳，綠地花木襯托其間，益增許多秀麗，此較往年大有進步。晚餐後自昆明搭機前往雲南西北部有「東方瑞士」之稱的麗江。

第四天早餐後，參觀麗江大硯古城，此城始建於宋末元初，以不築城牆馳名，我們一行人走訪以

「小橋流水人家」為特色的主要街道和四方街廣場，接著乘車前往白沙，參觀足可比美敦煌的壁畫，中午在甘海子用餐，餐後很多團員就地騎馬或犛牛，隨後前往中國七大喇嘛寺之一的玉峰寺，寺內一株茶花高三米，寬四米，俗稱「萬朵茶花一樹開」可惜因花季已過，連一個苞都未見到，最後前往海拔5.596公尺的玉龍雪山，過白水河後，改乘纜車上山，再沿著原始森林中的小徑走約一小時，眼前出現一片寬闊美麗的草坪，這裡就是海拔3200米的雲杉坪，從此可盡情欣賞玉龍雪山的美景。山頂終年積雪，山區景色宜人，晚間我們更難得的欣賞了中國唯一僅存的納西族東巴古樂演奏和歌舞表演，當晚仍宿麗江。本日旅遊行程緊湊而豐富，加上導遊阿芳小姐的精彩解說，令人讚賞。而那鮮豔奪目帶有披星戴月涵意的納西族姑娘服飾打扮，更予人印象深刻。

第五天上午參觀俗稱黑龍潭的玉泉公園，此處湖水清澈如鏡，倒映玉龍雪峰，園內綠樹成蔭，樓台巧佈，游魚如織，景色極為秀麗，接著又參觀了東巴博物館，此地收藏了極為珍貴的東巴文物和被譽為「活著象形文字」的東巴經書真蹟。下午車行二百餘公里，來到大理，先到旅館稍事休息，隨即搭乘纜車登上蒼山，一覽大理和洱海的全貌，晚間則欣賞了白族迎賓的三道茶歌舞表演。

第六天早餐後，驅車前往古絲綢南路重鎮的大理古城，為明洪武年間所建，此地街道寬闊而整潔，並有洋人街，但予人感覺商業氣息太重而古意不足。接著前往歷史悠久結構精巧堅固的白塔建築崇聖寺三塔，及喜州的標準白族建築董家大院，下午再往洱海公園，部份團員還登山遠眺，可惜因時間不足，未能

乘船遊覽洱海，但大理的「下關風、上關花、蒼山雪、洱海月」，已給我們留下深刻印象，當晚搭機返回昆明。

第七天早餐後，前往參觀位於昆明東北部，佔地面積218公頃以「人與自然」為主題的世界園藝博覽會，其展覽內容主要包括園林、花卉、庭園、綠地及與此相關的先進農業技術和成果，博覽會以室外庭園、植物花卉展場和室內園藝品展示的形式為主，國際館約有20多國展示其園品及文化特色，如福建省所佈置的是以仙人掌為場景鬧出笑話來。不過整個展區規劃和設計倒也值得一看，離開園博會場，前往參觀昆明古蹟之一的金殿，傳說為吳三桂所建，主殿係青銅鑄造耀眼奪目，因而得名，晚上自費參觀雲南少數民族歌舞秀「彩雲南現」，夜宿翠湖大飯店。

第八天早餐後驅車前往西山森林公園，參觀位於山腰上之華亭寺，寺內有天王殿，大雄寶殿，觀音樓、雨花台等，隨後通過一條在峭壁人工鑿成的棧道，抵達「一躍龍門，身價百倍」的西山龍門，可惜陰天視線不佳未能盡覽滇池之美，然後乘小火車下山，午餐後前往參觀唐代所建，氣勢雄偉，富麗堂皇的「圓通寺」和大觀公園，大觀樓為清康熙年間所建，富麗而端莊，樓上有清代名士孫髯翁所題之180字長聯，氣勢磅礴，名滿天下。晚餐後前往機場，轉赴澳門，夜宿君怡大飯店，時已深夜。

第九天早餐後，未及一睹澳門風采和特色，便整理行裝搭乘澳航班機返回台北，結束這次豐富而難忘的雲南之行。

會務簡訊

1. 九二一大地震，中部地區受創嚴重，本會服務組蕭富美教授為關心家住台中南投縣市會員及其家人之安全，特自九月二十二日起利用白天甚至晚上，分別以電話連絡，所幸均平安無事，因此我們感到非常欣慰。

2. 本會會員有興趣參加卡拉OK聯誼活動者現有27人，十月十一日下午於本會辦公室聚會，除各自一展歌喉外，為期能經常活動，經交換意見後，獲致以下幾項結論：
   (一)在本會辦公室舉行為原則。
   (二)參加會員每人繳交1500元設備費，繳費後本人即享有永久參加本活動之權利。
   (三)俟選出小組長後，另行制定活動細節，包括練唱時間及每月次數。
   (四)會員本人及配偶如有意者，請向活動組報名。

3. 本會自農化館地下一樓遷至鹿鳴堂以來，辦公環境改善甚多，無論用水、空氣及聚會場所均較以往寬暢及方便，歡迎各位同仁多來聚會利用。

4. 本會年度會費收入狀況表列如下：

會費收入狀況	87 年度	88 年度
應繳會費人數	331 人	364 人
已繳會費人數	288 人	294 人
欠繳會費人數	43 人	70 人
說　　　明	1. 以上統計數字不含已故及停權者 6 人 2. 迄 8 月底，結存會費：161,372 元整 （含自強活動補助費 115,345 元）	

中華民國八十九年元月十五日出刊

會務通訊

第十期

發行者：國立台灣大學退休人員聯誼會

會　址：台北市舟山路 243 號鹿鳴堂一樓

電　話：23695692 校內分機 3856　Fax-23648970

❉ 編者的話 ❉

各位會友，大家好！

經過漫長時間的焦慮和期待，我們終於平安地進入 2000 年的千禧年，一切都是那麼順利而美好，每個人繼續安享平靜的生活，各位退休同仁何其有幸，都能健康而快樂地跨越兩個世紀，原來人們對電腦科技的恐懼，事實証明還是人定勝天，今後我們還要更廣泛運用電腦，當然我們退休同仁的生活也是與它戚戚相關的。

本會八十八年會員大會已於十二月十九日順利舉行完畢，原先回函要參加的會員有 180 位，而當天實際到會的有 168 位，第一會議室已是座無虛席，雖然如此，但仍有將近半數會員未能出席本次大會，殊為可惜，因此本期會訊特以大會內容為重點，加以報導，以服務全體會員。

最後本會敬祝各位會友千禧年身体健康，萬事如意。

❀ 八十八年會員大會記錄 ❀

時間：八十八年十二月二十九日九時三十分

地點：校總區第一會議室

出席：共 168 人（如簽到簿）

主席：宣理事長家驊　記錄：范信之

主席致詞：

各位同仁老友，此刻在此見面，倍感快慰和溫馨，開會時間已到，目前出席人數已超過 100 人的法定人數，其餘會員仍在陸續報到中，現在我宣佈大會開始。

今天的會議，也是我們告別 1999 年，迎接 2000 年的來臨，在此祝福大家身体健康，萬事如意。我們預計十一時大會結束，接著還有專題演講和摸彩活動助興。

上級指導員台大人事室程婉青組長致詞：

今天非常高興與大家見面，也祝福大家身体健康，精神愉快，我們非常慶幸，大家能有這個退休後的聯誼組織，非但可以聯絡感情，也可以交換退休後生活經驗，真是大家的福氣，我想我有必要在這裡提供幾件大家關心的事情：

1. 本校退休人員旅遊活動，將在明年恢復，預定就在明春舉辦，屆時一定儘早通知各位報名參加。

2. 退休人員年終獎金及慰問金事宜，人事室正在作業中，預計明年元月二十五日前即可撥入各位帳戶。

3. 關於年終獎金之計算方式，是依各位退休時的底薪為基礎，隨待遇而調整，再乘以 1.5 個月而計算。

各位有任何疑問歡迎來人事室或電話查詢，我們一定竭為大家服務，在此預祝大會成功，謝謝各位。

-1-

會務報告：

理事長報告：

本次大會因沒有改選，所以未邀請貴賓參加，會後就本會能力所及舉辦小型摸彩助興，在此我們特別要感謝各位理監事及會務同仁一年來的指導及辛勞。本會現有會員374人，回函不克出席本次大會者40餘人，除權及亡故者10人，尚未回函或表示意見者約160人，預估出席本次大會人員將可達180人上下。一年來會務推展狀況有以下幾點說明：

一、成長與發展：

本會於85年12月成立，當時會員126人，至今屆滿三年，會員人數已達375人（含過世及停權者），會員成長了三倍，本會組織由最初的秘書、活動、服務三組，擴增為目前的秘書、會員、活動、服務、總務等五組，加以兩屆理監事熱心的工作指導，與理事會工作組人事的不斷更新，日益強化了本會的組織功能。

二、會址搬遷：

本會成立之初，即以尋找會址為首要工作，經過半年的努力，始得借新農化館地下室一隅，作為臨時棲身之所，然該處空氣欠佳，會員來訪不便，經向學校爭取，歷時一年半，在現任趙總務長大力支持下，終於在今年四月搬入現址，地方雖小，但勉可接受。

三、發行會務通訊：

本會會員人數雖近400人，但由於個人交通、體能及其他私人因素，能經常參加本會各項活動者不及百人，為使全體會員均能瞭解本會運作狀況，並增進與會員間之聯繫，本會雖在人力、物力、財力均感不足的情況下，每季仍勉力出刊會務通訊一期，但有待加強之處仍多。

四、活動漸趨充實：

本會會員參與各項活動以旅遊最有興趣，因此本會活動組亦以此為主要之工作目標。經三年之經驗累積，全省北中南東部均有我們的足跡，今年更以九天時間造訪大陸雲南西北地區，每次旅遊，會員均能熱烈參與，並通力合作。此外，我們也經常舉辦象棋、乒乓、卡拉OK等活動，提供會員休閒聯誼活動

五、關懷會員生活：

本會為校內聯誼性社團，無法如地方政府具有充足的人力與資源，用以照顧年老及無依民眾，故對會員之服務工作多有限制，僅能在有限的條件下，嘗試針對有特殊需要之會員表達本會之關懷，至於有關全體會員之福利與權益事項，本會當然視其為工作重點。

六、廣闢財源：

為顧及退休人員之經濟能力，本會一貫採行低會費政策，然巧婦難為無米之炊，推展工作又必須經費支援，故本會除自辦旅遊活動可獲少數結餘款項外，必要時亦向會外爭取可能之補助，自89年起，會費已作小幅調整，相信其對本會財務具有很大幫助。

秘書組范信之組長報告：

1.本會第二屆理監事會成立以來，共計召開聯席會議五次，討論及決議提案七件，對會務推行及督導貢獻良多。

2.秘書組配合各組工作需要，先後行文台大醫院，爭取比照台大醫院退休同仁優待，向自強活動委員會及逸仙學會爭取經費補助，要求人事室將本會資訊刊載於台大教職員錄內，以便對外聯絡等事宜。

3.響應學校封閉舟山路及臨近巷道，向台北市政府行文表示支持意見，並蒙市政府回函列入重要考量之意見。

會員組車化祥組長報告：

1.會員人數迄至前(87)年12月底止，會員人數為336人。88年內先後三次函邀該年新

退休人員入會，共發信一百三十餘封，一年來共入會 38 人，與 87 年相比，本年入會人數較少。

2.本校已退休之教職員工人數約兩千人，且服務單位亦多，在職時如無業務往來，很難相互認識與瞭解，退休後，散居各地相見機會更少，就是住在同一社區，或是同一宿舍，亦是甚少往來，自從本會成立以後，各單位退休人員如能時來參與本會各項活動，可有助於友誼之增進。

3.本會會員、教職員工及男性、女性資料統計（如附件一）。

活動組方祖達組長報告：

回顧這一年來活動組的工作，實在做的不夠多，會員參加各項活動中，仍以旅遊的較多，春季的旅遊是 88 年 3 月 18 日鶯歌、三峽一日遊，參加會員 68 人，第二次旅遊是在 88 年 6 月 15 日至 17 日，嘉南平原三日遊，參加會員及眷屬 45 人，第三次秋季旅遊是在 88 年 9 月 6 日至 14 日的雲南省風景區觀光、麗江的玉龍雪山、納西族的文化古蹟、大理古城、九鄉及石林風景區、昆明的世界園藝博覽會等。其他活動雖然列出有益智活動的象棋、圍棋及橋牌，自由參加的會員登記雖在 20 人以內，但經常來下象棋對奕者不多，圍棋及橋牌亦因人數太少，只能做不定時的自由組合練習，健身活動方面如乒乓球及太極拳經常都會有會員參與，氣功，香功及長生學方面則以介紹校內或校外活動團體參加，藝文活動以卡拉 OK 參加的會員最為踴躍，對卡拉 OK 練唱有興趣的登記會員目前已達 43 人，已完成報名而來參加的會員也達 17 人，可說已經組成了本會 " 卡拉 OK 班"，目前暫訂每週一下午 2-5 時在本會聚會，希望有興趣的會員來參加，總之，本會所舉辦的任何活動，如無會員踴躍的參與是辦不

成的，希望各位會員與本會聯繫，來參與本會所舉辦對身心有益的各種活動。

八十九年預定之活動計劃如下表所列：

季別	月　份	活　動　項　目
春 季	1 月 2 月 3 月	圍棋座談會 卡拉 OK 聯歡會-元宵節 象棋友誼賽 春季旅遊－沙巴
夏 季	4 月 5 月 6 月	校園參觀-花卉園藝 夏季旅遊-蘭陽地區 乒乓球友誼賽 攝影講座
秋 季	7 月 8 月 9 月	太極拳講座及示範 秋季旅遊-中國東北地區 老人保健演講及座談 市政參觀
多 季	10 月 11 月 12 月	省內旅遊-東北角風景區 校園巡禮-校慶回校參觀 卡拉 OK 聯歡會-聖誕節 多季旅遊-紐西蘭及澳洲

服務組蕭富美組長報告：

1.對八十歲以上年長体弱者之教職員工，予以不定期致電請安，或親訪慰問探視，目前年長者共計 22 位，除聯絡不上的一位外，重病者一位，微恙者 8 位，健談者 12 位。

2.整理各會員之「生日排行榜」，自 88 年 5 月份開始按月寄發生日卡，以示敬賀（其間收到不少溫馨的回應與鼓勵，謝謝）。

3.推動本會與學校附近商店合契「特約商店」共34家，另外介紹學校附近之醫療診所，如：「遠東聯合診所」永綏街8號，「郵政醫院」福州街14號，「書田泌尿、眼科診所」建國南路2段278號，「黃禎憲皮膚科」師大路77號，「大學眼科診所」新生南路3段54之3號1樓。

4.積極關注並爭取本會會員之相關福利與權益等。

【附一】原國軍817醫院(基隆路3段155巷57號)經校方爭取收回後，將之改名為「台大醫院公館院區」，計劃自89年2月21日開辦門診。診別包括內科、外科、皮膚科、婦產科、骨科、耳鼻喉科、家醫科、眼科、小兒科等。（摘自89年1月出刊：「台大校友雙月刊」第8頁）

【附二】會員任啓邦先生於89年1月3日來函介紹學習法輪功之心得，茲將原函照登，以饋各會員(見另頁)。

總務組鍾鼎文組長報告：

1.本會會址由新農化館地下室遷至目前舟山路鹿鳴堂(原僑光堂)內，無論交通環境寬度光線均較以前為佳，現更增添卡拉OK設備乙套，歡迎諸位光臨同樂。

2.本年度增添設備，計有電視機乙台，卡拉OK乙套，傳真機乙台等，以提供會員活動及行政作業之需。

3.年內會費計收繳298人，尚有69人欠繳，已寄出劃撥單繼續催繳中。

4.本(88)年度經費收支情形如決算表，提會審議。

提案討論：

第一案：

案由：本會88年經費收支決算，提會審議案。

說明：1.本次決算自87年12月15日至88年12月15日止為年度決算日程。

　　　2.本次決算表已經12月18日理監事聯席會議審查，並由諸位監事簽註會審意見。

　　　3.八十八年度收支決算表(如附件二)。

辦法：擬請審議通過，列檔備查。

決議：通過，准予備查。

第二案：

案由：本會是否增設「永久會員」案。

說明：1.87年會員大會時，曾有會員建議本會可增設「永久會員」，以減低會員每年繳費之不便，與簡化收費作業之行政負荷。

　　　2.據瞭解，台大醫院退休同仁聯誼會設有「永久會員」之規定，普通會員年會費200元，永久會員於入會時一次繳足2000元，爾後永久不再繳費，其他一撅社團或學會亦有「永久會員」或「終身會員」之制度。

　　　3.設置永久會員不僅可簡化每年收費作業，且大額會費孳息亦可移做會務經費之收入，惟一旦永久會員人數居於多數，而新會員人數逐漸減少時，則每年會費收入將隨之降低，如此亦將影響會務之推展，此為決定是否設置之另一考慮。

　　　4.本案經88年3月26日，本會第二屆理監事第二次聯席會議決議：

-4-

「同意設置永久會員制度，原案提送會
員大會通過後實施」。

辦法：1.本案是否設置永久會員？如同意
設置，則修訂本會章程第七章第十
四條之一為：「會員入會會費及年
費，金額暫訂為入會費 300 元，年
會費 300 元，永久會員於入會時一
次繳交 3000 元，其後終生不再繳
費，中途不得要求退費」。

2.本案於會員大會通過後，自 89
年起實施。

決議：同意設置永久會員，原有會員如轉換
為永久會員，其收費與權利亦同。

臨時動議：

第一案：

六十五歲退休參加為本會永久會員，繳交
3000 元很合適，但入會已多年，是否可依年
歲繳交？或分階段繳交，如 65-70 歲為一階段
，70-80 為一階段，80 歲以上為一階段，以上
各階段繳交之永久會費酌予寬減，是否可行？
請予考量。

決議： 案經討論認為過於複雜難於採行。

第二案：

明年學校將恢復退休人員旅遊活動，屆時可
能對本會所舉辦之活動不再補助，希望本會繼
續爭取，最好能爭取到學校年度預算，專款補
助本會，另可否向中央或救國團等公益團体申
請補助？

決議： 本案由本會參考研辦。

專題演講： 特請中華民國老人醫學會秘書長
，台大醫院家醫部李醫師世代主
講－談退化與保健。(記錄見後)

談退化與保健 －方祖達教授記要

老化是人生必經之路，首先要暸解老化之
由來，老化現象是漸進的，也是累積的，探
究其發生的原因，可分為內因和外因，內因
即是受到基因的關係，每個人有二十多萬基
因，而其中有老化基因和抗老化基因。

老化基因很複雜，都是由蛋白質所組成，
但不能光用抗氧化劑來控制，外在的原因，
如受到環境的影響，外因如聲、光、溫度、
高山、海底等的不同，有關老化現象與影響
健康的因素，世界各國研究最多的如美國，
歐州各國及日本，茲將影響老化的成因分述
如下：

一、年齡：年齡愈大較易老化，這是無法
改變的事實

二、行為：抽香煙，香煙中含有 4200 種化
合物會損害人體趨向老化，所以最好不要抽
煙，也不要二手煙，另一種影響的行為是喝
酒，二者不但影響老化之加速發生，且對心
臟跳動也很有影響。

三、血壓：成人的正常血壓是維持高壓
120，低壓在 80，若超過 140 的高壓，或低
於 60 的低壓，都稱為患有血壓症，必須請
教醫生，做治療及防止的工作，血壓上升影
響心臟及血液流動，年紀愈大，收縮壓及伸
展壓也漸高。

四、膽固醇：每個人都應該維持一定的
範圍，最好不要超過 200 或 220，依各人的
體質而定，至今仍不能有硬性的規定，因為
一百年前與今不同，由於生活習慣改變，膽
固醇在血液中含量隨年齡增長而增加，不過
依調查結果顯示，年齡高到六十歲以上，以
後則不會再上升，但因膽固醇含量若比一般

人高出五倍則應注意了。

五、尿酸：尿酸也是新陳代謝方面的不調和，或因飲食不當所引起的一種疾病，過量的蛋白質在人體內代謝不良，則排泄到尿液中，常見的，是豆類或其加工品代謝不良所引起的例子最為普遍，人之老化，因代謝器官或分解酵素不足所致。

一個人自出生至老，那些器官老化最快？在保健的立場上，美國、法國及日本對老化的研究最多，台灣醫學方面幾乎沒有人去研究，茲將文獻所得之有關資料列述如下：

一、癡呆症：老化會將腦細胞老化，二十歲以上的人，每日死去的腦細胞也有幾萬個，但是一個人腦細胞有幾億個，不太受到影響，好多人年齡高達八十歲以上也不會癡呆。

二、記憶：老人的記憶會減退，但久事可記，近事易忘，一個人年齡到 37-38 歲，記憶力就開始衰退，所以讀書要趁年青，七十歲開始對事物的判斷也會漸漸衰退。

三、肺臟：肺臟的結構與功能隨年齡而老化。

四、心臟：只有心臟病，而不稱為老化，如用心電圖或掃描去探測，如登高山、寒冷、提重物可能發現心臟有毛病。

五、骨質疏鬆：骨質疏鬆症並不是老人才會發生，三十五歲以後漸老化，就開始鈣質流失或吸收不良，女性比男性大六倍，這是因為女性停經後最常發生的，停經前只比男性多二倍，雖然補充可有些功效，但若是受遺傳的關係，則很難控制，一般認為在二倍半以上才為骨質疏鬆症，黃種人比白種人慢發生，如多補充維他命 E 或鈣可以減輕，但鈣吃太多也不好。

六、肌肉：老化肌肉最常見的毛病如腰酸背痛，減少或防止的方法：就是不可拿提重物，

仰睡時腳要墊高，坐姿也有關係。

七、腎臟：腎臟是排泄系統的重要器官，腎臟的衰退只是一種疾病，一般人要到七十以後才有老化的現象。

八、肝臟：肝的老化會隨年齡而不同，肝臟佔體重 2.0 至 2.5%，亂吃藥或不適當的補品均有毒肝臟。

九、胰臟：胰臟老化不太受年齡所影響。

十、血糖：正常的人每十年含量會相差 1% 是正常的，飲食過量會增加血糖含量，正常的計算法是年齡加 100，如 60 歲的人血糖為 160，70 歲的人為 170。

影響健康的基本因素可以由四方面來說明：四分之一是基因，也可以說是受遺傳因子所決定。四分之一是受環境所影響。四分之一是受生活形態所影響，例如抽煙、喝酒、吃檳榔等不良習慣。另四分之一是依醫療所決定，除了這些因素以外，健康亦隨年齡、心跳所影響，所以老年人應多做深呼吸，多睡眠可減少心跳，血壓及膽固醇保持適當。人是有規律性生活的有機體，有時也需要調節一下精神的生活，例如旅行對健康有益，老年人不可過量飲酒，酒中唯一的好東西是含有維他命 B2 外，有害的成份很多。平時應多喝水，多喝水好處多多，平時也要過輕鬆一些的生活，例如常會見老朋友，玩玩琴、棋、書、畫、或打打小麻將，就不會感到寂寞無聊了，今已到公元 2000 年，台灣地區六十五歲以上人口將達全部人口 8.4%，大約有二百萬人，所以銀髮族所面臨的問題，亦是社會整體發展所應納入考量的。

人事異動：

　　本會服務組組長蕭富美教授自八十八年元月接任該職一年來，多方設想如何為會員謀求最好的服務，但因受本會人力與財力所限，很多構想一直停留在思考階段，儘管如此，蕭教授仍全心投入會務工作，除了辦妥特約商店，寄發生日卡，提供醫療資訊，並以電話關懷年長會員生活，依需要進一步作居家訪問，以上工作看似簡單，但卻繁瑣而頗費時間，甚至還要利用晚間或假日去辦，蕭教授體諒本會經費的拮据，其中全部花費都是她自費負擔的。蕭教授在會裡專心任事。熱忱待人，並多方協助同仁，已為我們樹立了良好典範。

　　蕭教授近因胃疾不適，已謙辭服務組長一職，以便能專心調養，對於蕭教授的離去，吾人雖有不捨，但必須尊重，在此祝福她早日康復。至於新人選已徵得另一會員王本源先生同意自89年起繼任，王先生一向熱心會務，並為本會現任理事，相信一定能在現有良好基礎上更上一層，請各位會員拭目以待。

任起邦先生來函

各位同仁您好：

　　我是總務處小職員，退休二十八年，八十五歲了，下面我想報告一下：我雖進入風燭殘年，除三年多沒上過醫院外，還能自己照料自己。因為我已經在學法輪功。台灣法輪功有個學會，理事長張清溪，是台大經濟系教授。他的同事葉淑貞，劉鶯釧都是法輪功弟子。開始都是為了治病，漸漸才知道法輪功不是一般的氣功，是什麼呢？它是有史以來，惟一不收學費，肯將宇宙人生真象，公開傳出的大法。它告訴有緣人，做人的目的是什麼，怎樣才能返本歸真，怎樣才能澈底解決長久的問題。當然，很多人會以為它是神話。不錯，它是神話，但有太多的弟子，包括大陸海外各國許多科學家作證，不是騙人的。即如九二一大地震，張清溪教授的妹妹張雪卿，住在南投縣國姓鄉南港村，房子毫髮無傷，書架上的法輪功書和用品，都沒有掉下來，她練法輪功才一年而已。能說不是神話嗎？卻有張雪卿女士的學法心得報告作證（詳見88年12月出刊之"法輪大法在台灣"）。我想，我既知道這些消息，不報告一下也不大好，故略呈一二如上，專此敬頌鈞安

小職員任啟邦謹上
八九、一、三

請注意不可在法輪佛法系列書籍上寫字、畫線、圈點
法輪修煉大法台灣煉功點(含集體學法地點、九天集體學法煉功班)

1999.3.12 修訂

台北區

區	地點	聯絡人	電話	時間
	台北輔導站	黃春梅 張慈心	(H)28716143 (O)25781515轉239	
中正區	中正紀念堂國家音樂廳 (大中至正門進入後左轉)	林丰卿 夏惠霞 陳懷玉	(H)23676165 (H)23634791 (H)86606386	每日上午 7:30-8:30 煉功 每月第三個週日上午 7:30-11:00 集體煉功學法
	中正紀念堂國家戲劇院 (面對音樂廳)	曾慈玲	(H)23945426	每週一.三.五.六上午 6:00-8:30 煉功
	杭州南路	曾慈玲 劉秀卿	(H)23945426 (O)23255823轉305	每週一.三.五晚上 7:20-10:00 煉功
	銅山街 (台大法學院附近)	葉淑貞 劉鶯釧 陳秀鳳	(O)23519641轉470 (O)23519641轉535 (O)23519641轉331	九天集體學法煉功班:每單月下旬開班 每週二.四(假日除外)午 12:20-2:20 煉功 每週六下午 1:00-4:00 學法(逢假日改為 上午 9:00-12:00)
	重慶南路一段	胡乃文	(H)27667701 (O)23413383	每週三晚上 7:00-9:30 學法
萬華區	新和國小天門內川堂 (西藏路 125 巷 31 號)	蔡守仁 梁子復	(O)22518965 0933-733625 (O)23082145	每日上午 5:00-7:00 煉功 每週一至週五下午 4:00-5:00 學法煉功 在二樓川堂與蔡守仁聯絡
	雙園街 49 巷	李玉瑛	(O)23067708 (H)23061504	每週五晚上 10:00-11:30 學法
中山區	榮星花園(由建國北路 入口進入、游泳池旁)	洪吉弘	(O)27625555轉8700 (H)27173643 0938-009143	每月第一個週日上午 7:30-11:00 集體煉功學法
	伊通公園入口處右側 (南京東路、伊通街口)	董思理	(O)25711648	每日中午 1:00-2:00 或下午 6:00-7:00 煉功
大同區	錦西公園籃球場 (雙蓮國小對面)	吳碧霞 劉晚晴	(H)25575036 (H)25535143 (O)27010792	每日上午 6:00-8:00 煉功
松山區	黃埔新村 (民權東路三段 191 巷 33 號)	洪月秀	(H)27173643	九天集體學法煉功班:每月一日至九日 每日上午 6:00-8:00 煉功
	黃埔新村	洪吉弘	(O)27625555轉8700 (H)27173643 0938-009143	每週四晚上 7:30-9:30 學法 每週日下午 1:30-5:00 學法
	黃埔新村	萬守遠	(H)29272558	每週三上午 10:00-12:00 學法
	新東公園 (民生東路五段·撫遠街口)	廖晚嵐 黃明勝	(O)27667668轉280 (O)27667668轉282	每週一至週五上午 6:30-8:30 煉功
	民生公園	鍾兆勤	(O)27468115 (H)27637102	每日上午 5:30-7:00 煉功
	敦化公園 (八德路三段 12 巷)	陳馨琳	(O)25781515轉453	每日上午 7:30-8:30 煉功
	新東街 20 巷	同上		九天集體學法煉功班:每月中旬開班
	市立體育場跑道邊	周怡秀 呂秋妹	(H)27727100 (H)27817028	每週一至週六上午 6:00-8:00 煉功
	松河街	江如慈	(H)27636315 (H)27614585	每週二下午 1:30-4:00 學法 每週五晚上 7:30-9:30 學法

附表一

國立台灣大學退休人員聯誼會88年經費收支決算表
87.12.15—88.12.15

收　入		金　額	支　出		金　額	結　存
	項　　目	金　額		項　　目	金　額	
1	上年結存	61763	1	會議餐金	20680	
2	上年利息	1357	2	設備購置	78054	
3	本年利息	964	3	辦公文具	5865	
4	入會費	7600	4	發函郵資	7626	
5	年會費	59400	5	電話費	8616	
6	三峽旅遊結餘	1154	6	行政雜支	14736	
7	嘉南旅遊結餘	8175	7	會議場地清潔	2900	
8	自強活動會補助	115345	8	上屆大會摸彩	35150	
9	卡拉OK暫收	19500				
合計		275258			173627	101631
附 記	1.新購置設備已登列財產管理卡。 2.卡拉OK收費仍在進行中。 3.結存款存入校總區華南分行154-20-0141901帳戶。					

審核意見

本會經費年度收支相符

謝謝會務同仁一年來的辛勞.

路統信

88年12月18日.

周駿富　　　　鄧
吳嘉光　　　　　雨

附件二
89.01.10 製表

本會會員人數統計表

單位 ＼ 人數區別	教			職			工			合　計			備　註
	男	女	計	男	女	計	男	女	計	男	女	計	
秘　書　室				1	1	2				1	1	2	
教　務　處				9	2	11				9	2	11	
學生事務處	3		3	4	2	6				7	2	9	
總　務　處				27	2	29	53	5	58	81	7	88	內工男2人病故
會　計　室				2	1	3				2	1	3	內男1人病故
人　事　室				1	1	2				1	1	2	
圖　書　館				6	16	22				6	16	22	內女2人病故
軍　訓　室	26	5	31							26	5	31	
文　學　院	10	4	14	2	1	3				12	5	17	
理　學　院	7	1	8	10	1	11				17	2	19	
法　學　院	4	4	8	7	4	11	4		4	15	8	23	
醫　學　院	2		2	11	1		1		1	14		15	
工　學　院	7		7	3	1	4	1		1	11	1	12	
農　學　院	21		21	8	3	11	2		2	31	3	34	內男職1人病故
管理學院	3		3	1		1				4		4	
夜　間　部				1		1				1		1	
附設醫院				23	34	57	4	3	7	27	37	64	
實驗林管處				3		3				3		3	
農業實驗場				5		5				5		5	
家畜醫院				4	2	6				4	2	6	內男1人病故
農業陳列館				3		3				3		3	
總　　計	83	14	97	131	72	203	66	8	74	281	94	375	含男5人女2人病故

附註：1、本表人數係計算至88年12月25日止。

2、本表人數內病故者應予扣除，計職員病故者男性3人，女性2人，工友男性2人，共7人外，實有會員368人。

3、教職員工之比例，分別為：教師佔全部會員 26.28%，職員佔全部會員 53.26%，工友（含技工）佔全部會員百分之 19.44%，另以男、女會員之比例，分別為：男性會員 275 人，佔全部會員 75.5%，女性會員 92 人，佔全部會員 24.5%。

恭賀新禧

萬事如意

新春快樂

闔府安康

理 事 長　宣家驊

監事主席　路統信　　暨全體理監事　同鞠躬

中華民國八十九年四月十五日出刊

會務通訊

第十一期

發行者：國立台灣大學退休人員聯誼會
會　址：台北市舟山路 243 號鹿鳴堂一樓
電　話：23695692 校內分機 3856　Fax-23648970

❋會員動態❋

一、本會自八十八年會員大會通過設立永久會員制度後，迄今已有林天賜、白淑卿、周謙介、陳振榮、盧惠英、吳鴻榜等6位普通會員轉為永久會員，另有新入會為永久會員者，有紀昭雄、林振乾、彭爭之、胡　湘、王文英、李瑞妹、謝陳阿銀、黃添枝、高哲彥等9位，短短一季時光，合計已有 15 位永久會員，由此足以証明會員大會作了一項正確決定，而會員對本會之永續發展也給予高度支持與肯定。

二、本會會員鄭錫範先生於 89 年 2 月·5 日在大陸家中病故，朱仲輝先生於 89 年 2 月 3 日在家中病故，一時之間，又失去了兩位我們的好朋友，殊感婉惜，另方面也要提醒大家平日對自己的養生保健更要格外的用心和留意（迄今為止，本會會員已有 9 人病故）。

三、為繼續招募新會員，本會依據 89 年 1 至 3 月新退休之教職員工人事資料，於 3 月 10 日分別以專函將相關資料共 54 份寄送，熱忱邀請彼等加入本會。

四、迄至 89 年 3 月底為止，本會會員扣除病故 9 人外，實有會員 380 人。

❋服務工作❋

一、服務組王本源組長自二月份到會服務，一切尚在學習中，原有和本會特約商店、診所等措施請多加利用，每月賀（生日）卡，仍將延續按月寄發。

二、本校台大醫院公館分院，已於本（3）月 6 日開放對外服務，該分院門診時間表如附件提供各位會員參考。

三、服務組對於 80 歲以上會員之服務，經常以電話慰問，會員如有需要服務之處，請電話通知，服務組願以全力為你效勞。不周之處也請多指教。

❋活動報導❋

一、本會第一屆會員象棋友誼賽，參加比賽會員共 12 人，自 89 年 2 月 18 日開始，先在本會召開座談會，抽籤決定號次，組別及比賽日程，經過初賽、複賽、決賽，至 3 月 13 日結束，冠、亞軍分別由方祖達及鍾鼎文兩位會員獲得，並頒獎鼓勵，希望本會象棋社早日成立，也歡迎本會會員多多參與象棋益智活動。

二、本會夏季活動預告如下，歡迎會員即早報名，踴躍參加(詳見另頁)。

-1-

※總務工作※

一、二月份本會撙節各項行政開支，購置影
印機乙台，解決了行政作業之不便與急
需。

二、會員繳費蓋章存在以下不便：

1. 目前除永久會員不再繳年費外，其他各
會員每年均需繳交年會費。

2. 繳費時間，除平時在辦公室辦理外，其
他大多數都集中在每年底及會員大會中
，或前或後繳交，繳費後還需在會員證
背面蓋章。

3. 無論在大會中繳費或蓋章，需得排隊辦
理，形成擁濟，影響秩序及會議進行。

4. 如繳費未蓋章者，事後還需專程來辦公
室補蓋，徒勞往返。

5. 每一會員證在蓋滿六年後，必須繳交照
片，重新換證，增加大家麻煩。

6. 建議從下年度起，繳交年費後，不必再
在會員證後面蓋章，以減少行動不便之
老會員排隊蓋章之苦，也免除六年後重
新繳照片換證之煩，且使日後一證到底
，一勞永逸。本案已提請 3 月 31 日理
監事聯席會討論通過。

三、收繳會費情形：（至 89 年 3 月 31 日止）

1. 本(89)年會費：

a. 實有會員人數—380 人，含永久會員
15 人。

b. 已繳會費人數—278 人，含劃撥繳費者
157 人。

c. 未繳會費人數—102 人，含三年未繳者
28 人。

2. 87、88 年補繳會費：

a. 87 年補繳者五人。

b. 88 年補繳者九人。

3. 目前經費餘額共計 106279 元，含會務基
金(永久會員會費)45000 元。

※理監事會議動態※

本會第二屆第六次理監事聯席會議於 89.3.31
舉行，除聽取理監事會各組工作報告，及理監
事對推展會務多所建言外，會中討論通過三項
議案：

一、姜學武先生等 15 人入會申請，符合章
程規定，同意入會。

二、取消會員繳費後另在會員証背面蓋章
措施，簡化行政作業。

三、通過第三屆理監事選舉實施要點及作
業流程，以利改選作業順利進行。

※沙巴旅遊記要※

本會春季旅遊—沙巴五日遊，已於 3 月 23 日
至 27 日舉行，計參加會員及眷屬 21 人，由大
普旅行社負責安排行程。首日搭乘遠東航空班
機直飛東馬的亞庇，再專車到沙巴北部的神山
國家公園，神山標高為 4100 公尺，猶如置身於
雲海中。當晚住宿禪園。次日晨步行登叢林棧
道及在高空架設的樹頂吊橋，回程享受露天溫
泉，下午參觀神山公園及蘭花園，此地有世界
最大的蕨類和世界最小的蘭花(小如米粒)，隨
後順道參觀果菜市場，品嚐當地的熱帶水果，
可惜品質較台灣生產的大為遜色，晚間住宿五
星級麥哲倫大飯店。第三天早晨搭乘飛快艇前
往馬奴甘島海洋生態保護區，享受餵魚的樂趣，
接著前往沙比島浮潛，悠游於熱帶海洋中，讓
五光十色的熱帶魚展現在眼前，中午在海灘林
下饗用 BAR、B、Q，下午改住臨近海灘的佳
藍汝萊飯店。第四天上午展開紅樹林之旅，之
前大家做了水上活動，包括雙人腳踏船，獨木
舟和香蕉船，再搭快艇巡視紅樹林生態區，原
來這些所謂胎生植物種類很多，例如紅茄多，
五梨膠，水筆仔等，其汁液可供染布，故稱紅
樹林，水筆仔和台灣淡水的水筆仔相同，五梨
膠的果長約二尺，其芽帽大如核桃，可作口笛

-2-

吹玩。巴夭族的住家全部架設在水上，以捕魚爲生。雖然在遊艇上我門也曾拋下四個誘捕紅鱘的鐵線籃，等待回程打撈時，卻空無一物，原來這只是象徵性的示範而已。最後一天上午參觀了清真寺、普陀寺、沙巴基金大廈、博物館、及升旗山，午後大家懷著輕鬆愉快的心情，搭乘遠航客機於 21 點返抵台北，結束了愉快的沙巴之旅。

本會夏季活動表

日　期	項　　目	說　　　　明	報　　名
4 月 25 日	校園花卉巡禮	1.0900 在台大校門口廣場集合。 2.參觀總圖書館、花卉館及溫室，歡迎愛好花草園藝之會員及眷屬前來觀摩。 3.預定上午 11：30 前結束。	請於 4 月 20 日前以電話報名。
5 月 8-9 日	北海岸巡禮	1.分兩梯次。 2.全部活動由「金寶山文化觀光公司」安排及提供。 3.詳見活動簡章。	1.即日起至 4 月 30 日止以電話報名。來會報名更好。 2.65 歲以上繳 50 元，65 歲以下繳 90 元，於上車時繳交。
5 月 24-5 日	蘭陽二日遊	1.第一日：五峰旗瀑布、羅東運動公園、國立傳統藝術中心，夜宿冬山河。 第二天：冬山河親水公園，宜蘭養鴨中心，橘之鄉，獅子博物館。 2.詳細行程及費用於報名時提供。	1.名額限 40 人。 2.請在四月 30 日前來會親自報名，歡迎攜眷及好友參加。
6 月上旬	乒乓球友誼賽	1.在新農化館地下室舉行。 2.視參加人數多寡，再決定比賽方式及日程。	5 月 21 日前以電話報名。
6 月下旬	攝影講座	1.敦請名師擔任講座。 2.介紹旅遊攝影技術。	5 月 31 日前以電話報名。

※本會電話：2369-5692(每天上午 9 點半至 12 點)

台大醫院公館分院門診時間表

診別	科　別	門診代碼	週期一	週期二	週期三	週期四	週期五
上							
第一診	外　科	13301	湯月碧	李世仁	侯勝茂	楊鴻珠	黃寶雲
第二診	骨　科	13701					
第三診	耳鼻喉科	13902	顏自佑	許顯祖			
第四診	兒　科	14304	呂俊毅	呂　立	呂	李東明	黃川民
第五診	內　科	13105	楊思銘	陳源平	李嘉信	吳造中	吳明賢
第六診	婦產科	13506					
第七診	皮膚科	14106					
第八診	家庭醫學部	14507	陳柏輝	呂碧隆	李世代	王維倜	陳麗絲
下							
第一診	外　科	13401	江清泉	蔡瑞章	洪啟仁	張金堅	林明燦
第二診	耳鼻喉科	13801					
第三診	眼　科	14002		劉嗣傳			
第四診	小兒科	14404	周介仁	胡務亮	黃銅烽	林昌平	
第五診	泌尿科	15004	陳浮			陳建五	闕士堤
第六診	內　科	13205	林鑑堂	陳俊賢	楊洋池		李宣達
第七診	復健科	13606	陳新安	陳思原			張道迎
第八診	內　科	13207			曾騰孝	李宣達	
午							
第七診	皮膚科	14207		陳衍良			黃瑞仁
第八診	健康諮詢						

國立台灣大學
台北市舟山路三號
校內分機：3856
電話：23695692
Fax:23648970

退休人員聯誼會

王本源先生

台北市七堵溪口街
一○七巷一弄三號

、117

中華民國八十九年七月十五日出刊

會務通訊
第十二期

發行者：國立台灣大學退休人員聯誼會
會　　址：台北市舟山路 243 號鹿鳴堂一樓
電　　話：23695692 校內分機 3856　**Fax**-23648970

❋會員動態❋

一、本會迄至八十九年六月三十日止，在籍
會員人數為 396 人，扣除病故 10 人後，實
有會員 386 人。

二、本會第十一期會訊時(89.04.15)永久會員
為 15 人。後有新近入會為永久會員者：有
葉許麗玉女士、王正宣先生、陳春花女士
等三人，暨原有會員轉換為永久會員者：
有陳振洪先生、鄭大平先生、蔡凌功先生、
劉輝清先生等 4 人，現有永久會員 22 人。

三、本會會員高萬成先生，不幸於 89.04.2
病故。 高先生於本校退休後，擔任台北
市大安區大學里里長，熱心服務里民，舉
辦多種公益活動，甚為里民所稱讚與愛戴。
辭世後里民們為感念其公德，特舉辦追
思音樂會，本會除感惋惜外，並永懷追思。

四、本會會員兼理事及太極拳老師柯故華先
生於春節後赴大陸旅遊，返台後身體突感
不適，在家中昏迷，經送台大醫院緊急處
理，疑為中風及肺炎，時過數月，歷經台
大、三總等大醫院診治，仍未見起色，現
已轉往新店某私人養護中心靜養，本會同
仁除表關切外，衷心祝福柯先生早日康復。

五、本會預訂於本(七)月底分別向本校人事
室及事務組索取本年八月份退休教職員工

資料，以便函邀各退休同仁加入本會

❋活動報導❋
一、校園花卉巡禮

　　晚春四月是台灣一年四季中最宜人的和煦
氣候，也是台大杜鵑花綻放的時節，本會舉
辦一次校園花卉巡禮，雖然欲參加的人數報
名時有 30 人，但實際來的卻只有 20 人，四
月二十五日上午九時，大家在校門口集合，
沿著椰林大道走到新建的總圖書館，由該館
派員引導參觀解說，大家看到廣闊的樓館，
計地下一層，地上三層，圖書、期刊、雜誌
陳列在各層櫥架及櫃台上，各層樓之閱覽廳，
均有高級的檜木桌椅排設，讓人感到十分舒
適，每層均設有電腦查考書目，十分方便，
最後由林副館長引導到三樓介紹許多珍貴的
藏書，因為時間有限，我們約停留 30 分鐘就
離開了圖書館，到園藝系參觀花卉館，由李
哖教授親自接待，先在她的研究室用茶，由
她介紹台大園藝系花卉研究室的設立經過，
雖然該研究室佔地不大，但從地下室到三樓，
處處可看到各種花卉及觀賞植物，佈置得十
分幽美雅緻，盡可代表台大花卉館的特色，
館前是一片花壇及蔭棚，蔭棚內仍開著許多
如蝴蝶蘭等花卉，我們於 11 時正離開轉往園

-1-

藝系另一個花卉溫室，那是坐落在舟山路旁，即在台大新建生命科學館的後面，此一片廣闊的溫室，也稱爲荷蘭溫室，計有六大間 500 坪，地上部份建築材料均由荷蘭溫室建造商承建，無論是調節室內溫度、光線，或是自動噴藥、施肥，都由電腦自動控制，許多盆栽的花卉，如蝴蝶蘭都置放在可移動的台架上，由水冷及抽風設備使室內空氣流動，調節溫室內對植物生長最適合的溫度，並可排除室內各種病菌，這種十年前首創溫室設備，已証明可以在炎夏的台灣，也能使許多有價值的園藝花卉找到最好的生存空間，據稱如台糖公司大規模培養蝴蝶蘭生產也採用了這種電腦管制的溫室，發揮了很大的功能，我們參觀後也認識了一些花卉產業化的進步情形，12 時前結束了這一次值得回味的校園花卉巡禮。

台大圖書館藏書豐富，本會會員如果要至總圖書館閱覽或借書，可攜帶本校退休証及照片前來該館辦理借書証，即可隨時來館利用各種書刊及設備。

二、乒乓球友誼賽

乒乓球是屬於老少咸宜的最好的室內運動之一，本會舉辦會員第一次乒乓球友誼賽，曾發函給有興趣的會員二十多人，於六月十二日在本會會址座談，可能是天氣太熱，來會報到的人寥寥無幾，乃改爲六月二十一日上午再來會座談，結果來了六人，分爲三組，由抽籤決定分組對決，比賽地點在本校農化新館地下室舉行，初賽結果由鍾健夫、施嘉昌及紀昭雄三位會員獲勝，由於鍾先生係台大全校乒乓球比賽冠軍，所以他自動謙讓棄權，於是由施、紀二位擇日舉行冠亞軍比賽，並請

鍾先生擔任顧問及裁判。

三、攝影講座

攝影講座也是本會成立之後初次舉行的，依據會員參與活動意願調查表，約有三十人對此有興趣，經發函邀請並以電話再聯絡，決定能參加會員也有二十人左右，時間擇定在七月五日上午，講座特請台北市攝影協會監事兼攝影研習班副主任黃　旅小姐擔任。　演講主題爲旅遊攝影，並介紹一般攝影器材與光景之運用，當天講演內容精彩，尤其實用，與會人員獲益良多。

四、太極拳講座

太極拳是中、老年人至好的健身運動，本會會員樂此運動者大有人在，有些會員在自己庭院練拳，有的會員參加太極拳班，由老師指導，會員互相切磋，久而久之，使身心運氣自如。本會近台大校區的會員，早上六　時二十分開始在台大文學院前廣場練拳，也有二年多了，原指導老師柯啓華先生預定爲本會主持講座及示範，最近不幸中風，我們衷心爲他禱告，望他早日康復，本次太極拳講座另邀請適當人士主持，時間及地點尚待決定。

五、秋季旅遊——中國東北地區

本會秋季旅遊活動大陸東北之旅，經參攷各種行程及配合大陸飛機班次，決定委託嘉航旅行社負責辦理，其行程特色是以欣賞名勝長白山及鏡泊湖爲主題，順道進入俄國海參崴，一睹異國風情。活動全程自八月二十一日至三十日共十天，團費每人 41,500 元，包括小費、證簽費、機場接送及平安保險等，截至本刊發稿日止，本次旅遊已組團 36 人，將如期成行。

六、金寶山參觀

金寶山文化觀光事業機構邀請本會同仁及眷屬前往參觀位於金山的墓區，由於墓園規劃具

-2-

有公園與藝術特色，負有盛名，因此參加人員特別踴躍，總共有 129 人分為三個梯次於 5 月 8、9 及 23 日前往，並順道參觀北投垃圾焚化爐有 40 層樓高的大煙囪觀景台，飽覽關渡平原的風光。

※蘭陽之旅紀要※

五月的太陽不算酷熱，颱風也還沒到，這正是外出旅遊的大好時光，本會夏季旅遊活動選在五月二十四至二十五日至蘭陽平原作兩天的知性之旅。當活動行程決定以後，就陸續接到不少會員來電洽詢活動細節，或來會辦理報名，最多的時候曾達到 40 人，後來有人因事退出，截至出發前一天尚有 22 人完成報名，可是當天早上七時在校門口集合出發時，臨時又有兩位遲到而沒有趕上車，因此這次旅遊實際參加的共 20 人。人數雖少，但活動內容並未因此而遜色，相反地，由於各受訪單位的熱忱接待與安排，無論導覽與解說都能盡心盡力，參訪會員咸感獲益匪淺。

旅遊首日，大夥兒搭乘中型巴士經北宜公路東行，沿途空氣清新，風景宜人，九時半抵達宜蘭的第一站，參觀縣旅遊服務中心，透過多媒體簡介和各項圖片的介紹，使我們大致瞭解宜蘭縣觀光旅遊的全貌，以及縣內各鄉鎮人文、觀光、地理等資訊，充分展現了他們在這方面的規劃與用心。接著就近前往五峰旗瀑布由上而下，共分三層，全長約 300 公尺，我們除了有幾位因腳力不好未能上山外，其餘都能拾級而上，走到第二層瀑布頂部，觀賞激流而下的勝景，另外有五、六人腳程較快，走到第一層瀑布，眼前所呈又是另一番景象，因受時間所限，大家匆匆下山。

上午十一時，我們旅遊的第二站是造訪宜蘭酒廠，該廠始創於民國前 2 年，至今已有

91 年，為目前尚存歷史最久的酒廠。宜蘭酒廠原以生產米酒及紅露酒為主，後又生產太白酒及米酒頭，近來更推出宜蘭特有的樽藏金棗酒及由陳立夫先生提供配方的永康酒，透過酒廠李先生的引導解說在展示館聽到詳細的介紹，另外也參觀了生產線的製酒實際作業，由於大家品嚐了香醇而道地的美酒，臨走就少不了要帶幾瓶回家與好朋友共享了。

午餐就在礁溪解決，餐後未作停留，立即驅車前往羅東運動公園，這裡相信很多人都曾來過，但都是自由參觀，走馬看花，這一次由園方派員專責導覽解說，全程花了兩個多小時作有系統的介紹，有關公園各地方的規劃與功能，有些地方更是我們從不知道的。

羅東運動公園於民國八十五年三月開放啟用，佔地 47 公頃，以創造自然舒適的休閒活動空間為主要訴求，在景觀設計上，綜合了宜蘭地區的歷史、風土與人文特色，譬如：蘭陽泉以青龍迴旋劈裂大地為湧泉濫觴，將蘭陽泉之源起增添些許浪漫的神秘色彩；對於園區的東南西北四個方位則分別以青龍、白虎、玄武、朱雀四種顏色加以區別；又以圓潤的卵石排列成柔和的波浪弧線，象徵濱臨太平洋的花東海岸，更難能可貴的是園區內開闢了多處淺灘小溪，提供孩童親水活動，接近自然，以及給青少年活動的多項運動設施，園區除游泳池和網球場以外，其餘場所都是不收費的，宜蘭縣政府在地方經費不甚充足的情況下，仍能提供民眾如此良好的休閒環境，值得鼓勵，當然我們這群外來訪客也連帶受惠。

遊罷羅東運動公園已近傍晚，直接開車前往緊鄰冬山河的親水大飯店休息。冬山河以往每年泛濫成災，自民國 76 年開始整治，於中段建成親水公園，83 年完成啟用，提供人們一個親水戲水的環境，旅社位於鄉野，空氣清新，格外寧靜，晚餐後有人散步走進冬山河親水

公園，太陽已落，但天色未暗，此時遊客稀少，河道中尚有龍舟操練，往返競渡，這番悠閒與往日大白天的熱鬧景像顯然不同，此地晚上六時以後和早上七時以前都不收門票，因此第二天一大早，我們又有人散步入園，當然這又是一種享受。親水大飯店為增進旅遊樂趣，在晚間還提供旅客搓湯圓，自煮宵夜的活動，頗受大家歡迎，這也是值得一提的。

旅遊次日早餐後，首先前往距親水公園不遠的台灣省畜產試驗所宜蘭分所，也就是一般人通稱的養鴨研究中心，此地為台灣地區專門負責鴨子品種改良及鴨肉加工系列產品的研發與推廣單位，工作人員大多為台大出身，我們先聽取了多媒体簡報，然後由康先生引導至展示館，藉由各種圖片和模型進一步介紹該分所的工作狀況和研究成果，大家都聽得津津有味，可惜因恐鴨群傳染流感，而未能讓我們親訪鴨舍，一睹生動活潑的鴨世界。

十時許離開養鴨研究中心，轉往壯圍鄉農會所輔導的新南哈密瓜休閒農業區，深入田野，此地區以洋香瓜為主，有壯元、世紀、新蜜……等品種，哈蜜瓜則是經由新疆的品種加以改良的，其較新的方法是採用Ａ字架種植，每株只留兩粒瓜果，以提高品質，不過我們雖看到了很多瓜果，但因採收季節未到，既吃不著，也買不到，殊為可惜，大家只有抱著不捨的心情離去，但已學到了一些辨認洋香瓜和哈蜜瓜的方法。

午餐後車往北行，首先到礁溪鄉溫泉蔬菜專業區參觀，由鄉農會推廣組吳先生引導解說，由於本地區地下水為38度的溫泉，加上農民對種植方法的不斷改良，不論空心菜、絲瓜、茭白筍、蕃茄、青蔥等的品質都特別的好，甚至還打出品牌銷往外地，據說此地一分地種植空心菜一年的收成可到達60萬元，真讓我們難以置信。離開礁溪鄉前，農會李淑芳總幹事還特地派人送來本地特產溫泉空心菜，每人一大包，禮物不輕，情意更深。

旅遊最後一站是前往河東堂唯一以獅子為主題的文物博物館，這是由高建文先生私人珍藏了二十餘年各類獅子造型共兩千餘件的中國本土文物，材質有玉石、木竹、陶瓷、金銀、牙骨以及刺繡等，其涵蓋的年代，上起漢唐、綿延宋、元、明、清、直至現代，是欣賞及研究獅子文物的絕佳地方。該館位於北關海潮公園旁，是一棟四層樓的建築，灰牆紅瓦，室內窗明几淨，戶外則規劃了中式庭園，小橋流水，頗富情趣，我們在此看了形形色色的獅子文物，大家都驚嘆於創辦人收藏興趣之高，毅力之強，惜因時間所限，大家未能一一仔細觀賞，也許這是下一次造訪而作的暖身。

這次兩天的宜蘭之旅，有別於以往的遊山玩水，而是經由有系統的介紹，使我們更進一步地瞭解到有關宜蘭的點點滴滴，大家都感到不虛此行，為了答謝各受訪單位的熱忱接待與導覽解說，本會特於事後一一致函申謝，為本次活動劃下完美的句點。

❋權益與福利❋

有關本校　退休人員已有之權益與福利措施再次彙集如下，提供各位會員參考。

一、就醫方面：

1.退休人員可憑証件至人事室辦理「就醫証」，以憑享受台大醫院就醫之各項優待，但每年七月須攜帶戶口名簿至人事室三組辦理校正。

2.在台大醫院就診免付掛號費，但需自付健保門診部份負擔150元，在校總區保健中

心就診免付掛號費，但需自付健保門診費部份負擔50元。

3.台大醫院公館院區已於三月六日開放對外服務，地點在基隆路三段155巷，原國軍817醫院之舊址，其醫療水準與收費與台大醫院相同。

4.依台大醫院88年1月通過之就醫優待收費標準，本校退休之教職員工及其配偶均列為「B」類身份，可享有診療與病房費70%-80%之優待。

二、體育運動方面：

1.網球場收費：退休人員本人每季均為600元，眷屬2000元。

2.游泳池收費：退休人員本人每季均為600元，眷屬3500元。

三、餐飲方面：

福華台大福利餐廳及鹿鳴堂蘇杭餐廳對退休人員憑証免收服務費。

四、實驗林溪頭遊樂區、鳳凰茶園及和社教育中心等三處優待為：

1.65歲以上免門票65歲以下購優待票。

2.住宿假日9折，非假日5折。

五、本校陽明山招待所每週二及週四，提供退休同仁住宿及洗溫泉，請事先向事務組繳費洽借。

六、本校消費合作社與公館附近29家商店完成特約商店之簽約，本會會員可憑証前往消費享有不同之折扣優。(名單詳見88.7.15會務通訊第八期)

✼認識槌球✼

槌球(Gate Ball)這幾年來漸漸地在台灣各地盛行和普及，成為一種新興高尚的休閒運動。溯其本源，其原名為(CROQUET)於十三世紀時興起於法國，是當時宮廷及貴族家庭所作的一種消遣遊戲，後因戰亂而沉寂了一段時間，到了十六世紀再度風行，十七世紀時傳至英國，同時也逐漸盛行於歐洲鄰近各國以及英國各殖民地，並列入第二及第三屆奧運比賽項目。

當時(CROQUET)槌球遊戲的比賽場地是在較寬廣的草地上設置相隔3至5公尺共十一個球門，其兩端豎立一支折返柱與一支終點柱，比賽時，通常以一對一或二對二雙打進行，也可以三組同時進行，各取一個球從開球線輪流以木槌交替打出自己的木球，依次通過球門，碰觸折返柱，再依次通過球門返回碰觸終點柱為結束，勝負依打出最少桿者為勝。

後來各地遊戲規則不斷演變，其比賽方式也由當時要求競賽者必須穿著整齊的紳士風度，而使槌球遊戲逐漸平民化。

1945年日本於二次大戰戰敗後，社會經濟蕭條，當時有在北海道的鈴木和伸先生觀察到美軍家屬大人與小孩一起玩(CROQUET)槌球遊戲，乃積極推廣此項運動，改進活動方式，制定比賽規則，並同時命名為(GATE BALL)門球，我國稱為槌球。

經過改良後的槌球運動，融合了馬球，巧固球，高爾夫球和撞球等的好處，既可以在碧綠如茵的草坪上輕鬆打球，運動並不激烈，更不具有任何危險性，廣泛受到兒童婦女和社區活動喜愛，根據醫學界的研究報告，更鼓勵老人家參加此項活動，目前在日本已經擁有六、七百萬槌球人口，成為最普遍的運動項目。

台灣的槌球運動大約是在1980年間自日本引進，後經社會人士大力推展，各地乃紛紛成立槌球組織，1980年成立中華民國槌球協會1994年調整組織，同時更改名稱為中華長青槌球協會。

現行所用之槌球場地為15x 20公尺之

長方形平坦草坪，場上設置 3 個球門及一個終點柱，每個球隊由五名先發球員及二名替補球員所組成，球隊可設一名專任教練，擊球的用具有球桿(每人一支，材質不限)球(樹脂製成，紅白各五個，編有號碼)，每隊球員使用打擊或閃擊方法，依序將自己的球通過三個球門(各得一分)，再碰觸到終點柱(得二分)，經過三十分鐘的比賽，最後視各隊所得總分之多寡而決定勝負。

　　槌球比賽除了努力使自己以最少桿數得分還要運用機智和團隊合作的戰術不讓對方有得分的機會，並盡量幫助自隊球友得分，這就要運用閃擊的技巧，將自隊的他球送至最有利的位置，或將他隊的他球打擊出界外，這就格外增添了比賽的趣味和變化了。

　　槌球運動可以在運動和比賽的過程中，透過禮貌、和諧、團結、交流的表現，達到健康長壽、幸福的目標。本會同仁及眷屬如對此項活動具有興趣，並能按時來校練習者，可與本會連絡，如人數達到十五人以上，則本會將以具體行動來推廣此一活動，將向校方洽借場地，籌措設備，聘請教練等，讓會員們的退休生活增添活力，進而達到健康快樂的境地。

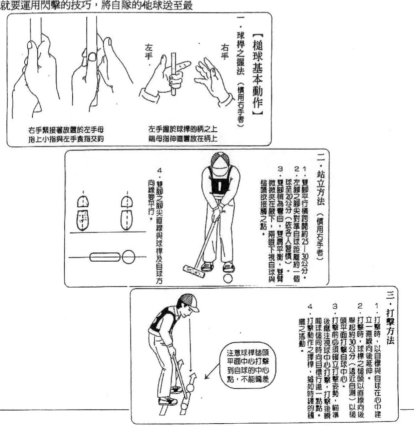

健康長壽功法

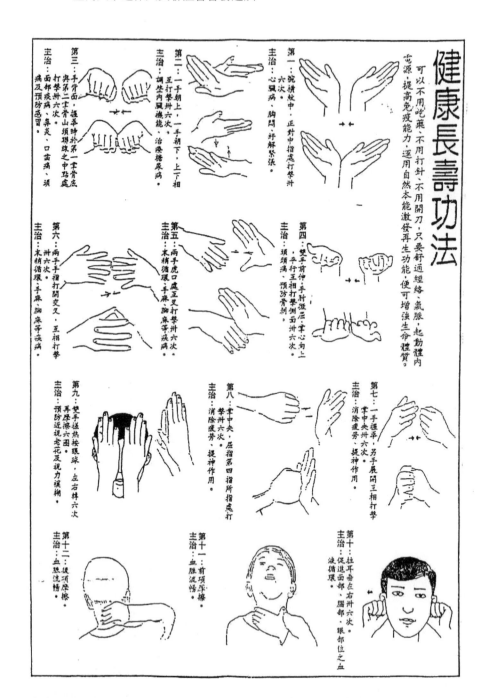

可以不用吃藥、不用打針、不用開刀，只要舒通經絡、氣脈，起動體內電源，提高免疫能力，運用自然本能激發再生功能，使可增強生命體質。

第一：搓揩紋中，正對中指打擊卅六次。
主治：心臟病、胸悶、肝解緊張。

第二：一手朝上，一手朝下，上下相互打擊卅六次。
主治：調整內臟機能，治療糖尿病。

第三：手背面，捶拳捶於第一掌骨底與第二掌骨山頭珊瑚珠之中點處，打擊卅六次。
主治：面部疾病、鼻炎、口齒病、頭痛及預防感冒。

第四：雙手前伸，手肘微屈，掌心向上，平行互相打擊卅六次，五卅六次。
主治：頭頸痛、預防骨刺。

第五：兩手虎口處互叉打擊卅六次。
主治：末梢循環，手麻、腳麻等疾病。

第六：兩手手指打開交叉，互相打擊卅六次。
主治：末梢循環、手麻、腳麻等疾病。

第七：一手握拳，另手展開互相打擊卅六次。
主治：消除疲勞、提神作用。

第八：掌中央，屈指第四指所指處打擊卅六次。
主治：消除疲勞、提神作用。

第九：雙手搓熱按眼球，再搓源六圈，左右探六次
主治：預防近視老花及視力模糊。

第十：拉耳垂左右卅六次。
主治：促進面部、腦部、眼部位之血液循環。

第十一：前項摩擦。
主治：血脈流暢。

第十二：健項摩擦
主治：血脈流暢

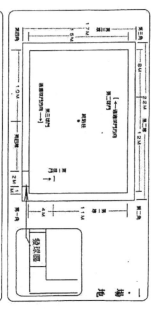

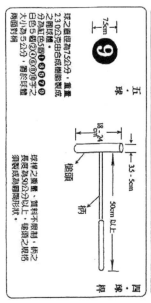

印刷品

國立台灣大學退休人員聯誼會
地址：台北市舟山路二四三號
校內分機：3856
電話：23695692
Fax：23648970

中華民國八十九年十月十五日出刊

會 務 通 訊

第 十 三 期

發行者：國立台灣大學退休人員聯誼會

會　　址：台北市舟山路 243 號鹿鳴堂一樓

電　　話：23695692 校內分機 3856　Fax-23648970

※理事會工作※

一、秘書組：

（一）本會理事高萬成先生不幸因病去逝，
依本會章程規定，應由候補理事依序遞
補。黃秀寶先生為本屆第一順位候補理
事，業於七月六日專函奉達，改任為正
額理事，並請撥冗指導會務。

（二）秘書組依照本會第六次理監事會決議
，積極籌備 89 會員大會事宜，初步規
劃訂於 12 月 16 日召開會員大會，同
時改選第三屆理監事，12 月 23 日選舉
理事長、副事理長及監事主席。

二、會員組：

（一）迄至八十九年九月三十日為止，本會
在籍會員共 407 人，扣除病故 10 人，
停權（因連續三年未繳會費或當事人請
求）29 人，實有會員 368 人。

（二）六月三十日時永久會員人數為 22 人，
七至九月入會新會員 11 人中，有楊瓈陞
、孫 琛、吳銘塘、宋永義、呂秀雄、
王文男等六位申請為永久會員，因此迄
今至九月底為止， 本會永久會員共 28
人。

三、活動組：

（一）七月五日舉辦攝影講座，邀請台北市
攝影協會監事黃 旅女士主講，參加會

員 28 人，講演內容豐富，除了介紹各
種攝影器材，取景要點、攝影技術、配
合時空應具備之條件外，並展示她多年
來許多精彩的作品，大家交換拍照心得
，二小時的座談收穫頗豐。

（二）秋季旅遊已於今年 8 月 21 日至 30 日
舉行，計參加會員及其親友有 37 人之
多，主要旅遊地點在東北長白山、鏡泊
湖及海參崴等地，由於行程安排欠佳，
頗覺辛苦。但比較大陸與俄屬海參崴二
地區，興衰至為明顯。（詳請參閱另文）

（三）冬季本省旅遊訂於十月二十四日舉辦
北海岸一日遊，包括淡水紅毛城、富貴
角、石門洞、十八王公廟、金山海濱公
園等，回程由陽金公路返台北。(詳見
行程表)

（四）本會冬季紐澳之旅，詳情說明如下：

1.澳洲及紐西蘭同為大洋洲之大型島國，
地廣人稀，但風景宜人，自然景觀極
為豐富，惟距台灣較遠，飛機航程在
七小時以上，本會選擇兩國旅遊一次
完成之主要攷慮在於：既然該兩國都
極有旅遊價值，何不一次解決，否則
要再次忍受長途飛行之苦，而來回機票
錢也很可觀。當然，紐澳同遊需時十
五天，對某些會員來說，可能有所不

-1-

便，而費用較高也要攷慮，不過我們的建議是乘著体能狀況尙佳，把握機會，趕快收拾背包啓程吧！

2. 此次紐澳之旅已委託某旅行社策劃，預訂十一月二十九日出發，十二月十三日返台(因十六日要召開會員大會)，旅遊地區計有：東澳及紐西蘭南北兩島，各主要城市及重要景點均包括在內。

3. 初估團費每人約七萬元(包含小費約3000元、兩國簽證約2000餘元、機場接送及旅行平安險等)。

4. 各位會員如有意前往，歡迎來電索取行程表，並邀約親朋好友結伴同行，十一月十日前完成報名。

※理監事改選※

依據本會章程規定，本(第二)屆理監事兩年任期至八十九年底屆滿，爲應選務工作之需要，本屆理監事於89年3月31日第六次聯席會議中通過「第三屆理監事選舉實施要點」，並於9月29日第八次聯席會議中通過推薦現任理監事及工作人員爲候選人，另受理會員三人連署推薦爲候選人，及會員自由圈選。當第三屆理監事改選產生後，將改選新任理事長、副理事長及監事主席。

有關理監事選舉實施要點除於本期會訊中公佈外，請各位會員就你所熟識會員朋友中物色具有服務熱忱，肯爲本會貢獻心力者，相約三位會員連署，推薦其爲下屆理監事之候選人，但請注意，第一、必須先徵得被推荐人之同意，第二、每位會員祇能連署理監事候選人各一人，超過者無效。第三、現任理監事及工作人員請勿再推薦爲候選人。所需之連署書隨本期會訊寄奉，請踴躍推荐按時寄返本會。

有關全部理監事之候選人名單，本會將於年底會員大會前公佈，以供會員選賢與能。

【🚌】校內停車簡訊

校總區附近舟山路、基隆路四段144巷、三段156巷及長興街部份現有巷道，已於89年8月5日起封閉，劃爲校地，我退休同仁如需駕汽車進入校內，須先至校警隊辦理臨時停車証，並購買停車票，計時收費。至於來往上述地點之機車，即日起向校警隊申請免費停車証，否則機車禁止進入校園停放。

※秋季旅遊紀實※

東北長白山、鏡泊湖、海參崴十日遊

本會秋季旅遊選定東北十日遊，已於今年八月二十一日至三十日舉行。參加會員及其親友共三十七人，由嘉航旅行社承辦，茲將旅遊經過及觀感記述如次：

第一天早晨四點半，大家在台大校門口集合，由旅行社徐金霞小姐領隊，專車直達桃園機場，於八時及九時分兩批搭乘華航班機到香港，等到下午一時半，轉搭大陸北方航空公司班機到瀋陽，已是下午五時多，再驅車到餐廳用晚餐，沿途所見盡是廣闊的田野，遍佈金黃的水稻、玉米，高粱及大豆，進入市區見到整齊而寬敞的街道及現代化的建築房屋，不愧是一現代化的大都市，晚餐享用頗富盛名的老邊餃子宴，菜餚有四冷四熱，還有十三種口味的餃子，夜宿香格里拉酒店。

第二天早餐後前往故宮，這是清太祖努爾哈赤和皇太極的皇宮，建於1625年，是中國現存僅次於北京故宮的最完整的宮廷建築。接著再往少帥府參觀，從而瞭解到東北軍閥張作霖是如何起家以及其子張學良繼承其父親軍權，續看九一八事變陳列館，也報導了張學良因愛國心切而引起西安事變的始末。下午參觀皇太極及孝端皇后的陵墓，此北陵

佔地遼闊，建築壯觀，爲清初三陵中規模最大而最完整的一座。晚餐後，前往凱來夜總會觀賞歌舞節目，這是一處露天的舞台，不過節目平淡，引不起我們銀髮族的興趣，晚十一時許搭機前往延吉市，住開元酒店休息。

第三天早餐後，六時半分乘兩部車前往長白山，途中午餐，到達入山口後，換小型車沿著蜿蜒的登山路，約三十分鐘即達長白山，下車後大家依著斜坡而上，非常幸運而難得的終於看到了天池，由於只有三十分鐘的停留，於是趕快選擇地點拍照留念，然後再搭原車下山，換車後，前往參觀垂直觀景瀑布，溫泉及小天池等名勝景點，晚餐後住進長白山下國際觀光飯店，當天雖然坐了一上午的車，但當到達長白山上，看到了天池，大家都覺得十分興奮，因爲有些人來了幾次長白山卻無緣看到天池，今天晴朗而溫暖的天氣，看到這麼多的好風景，大家也都入夜好眠了。

第四天早餐後，前往參觀東北熊樂園，看那原是凶猛的黑熊，卻被人們飼養後，變成了賺錢的商品，熊膽原是名貴的中藥之一，在東北地區飼養黑熊，也是吸引觀光客的一個特色，接著又經過了養鹿場，然後沿著圖門江北行，這也是中國與北韓的天然國界，兩國國土相隔數百公尺，對岸北韓的農作物與火車站清晰可見，抵達琿春晚餐已經晚很了。

第五天早餐後搭車前往琿春港口，先辦理俄羅斯的入境，前後經過了五道關卡煩雜的驗證。由於俄羅斯旅館分配每團只有三十個床位，所以本團只好將九位團員分出來加入別團，而我們二十八位團員則擠在一部老爺車上，沿途顛簸了二個小時才到港口，再乘船航行約二個多小時，抵達海參崴已是黃昏時刻，晚餐後住進港灣賓館大家經過一整天的折騰，已經是精疲力盡。

第六天早餐後，由當地俄羅斯導遊引領搭車遊覽金號角灣，眺望港灣風景，海參崴原爲一軍港，兼具備商港及漁港，上午參觀中央廣場，C-56潛艇(二次大戰時的海上英雄)勝利廣場，接著遊覽普林莫里博物館，館外臨海就是炮台，看到一大堆觀光客正等待午時鳴炮，據說這是海參崴經俄人統治後一個傳統的習俗，午餐在海參崴火車站用餐，然後在此內外參觀。此處建築頗富歷史性，完工於1911年，爲標準俄羅斯風格，晚上部份團員去看脫衣秀。

第七天適逢星期天，俄羅斯公家機關不辦公，連海關人員也放假，我們不得不在海參崴多停留一天，上午大家先參觀東正教堂，接著前往中央廣場，購買當地百貨及紀念品，下午搭船遊覽海參崴海港，而後又到二道子市場及海濱浴場溜躂。

第八天爲了趕出關，凌晨三點就起床，天未亮大家就用早餐，搭船又乘車，提早趕到出關邊防，雖然我們上午十點就到達，但因人多車多，需排隊等候，約費了近二小時才輪到辦理出關手續，旋即搭車回琿春旅館，領回寄存的大件行李，用完晚餐，繼續北行，前往敦化，雖然已是晚上八點多，導遊仍帶領我們去參觀世界佛教最具規模，但尚未完工的正覺寺，抵達後大家在昏暗的寺廟中摸索，但難窺其全貌。據云，這是由一華僑獨資捐獻五百萬美元建造此寺，實際上還要花費不貲，餘款仍在繼續籌募中，寺中特別奉立了六面千手觀音最爲偉大，離開正覺寺，在敦化用完晚餐已是十時半，接著趕路前往鏡泊湖，抵達鏡泊湖警官賓館，已是凌晨二點多了，倉促進房休息，回想今天一整天，從早到晚，整整二十四小時都

在趕路，除了身體的疲勞，連帶旅遊心情也起了很大的負面影響。

第九天，早餐後搭艇遊鏡泊湖，湖光山色，盡收眼底，雖有「北國風光勝江南」的八景，或許是因為這幾天旅途困頓，所以大家欣賞也不太起勁，遊完湖，搭車前往牡丹江，順道參觀唐朝渤海國遺跡興隆市，沿途車子兩度爆胎，到達牡丹江午餐後，改換一輛大型觀光巴士，繼續往北行，前往哈爾濱市，還好一路天氣晴朗，水泥車道平直，道路兩旁栽植草花，新鮮悅目，又是大平原，水稻、玉米、大豆、高粱、滿地黃金，由此可知黑龍江省不但是工業礦業重地，也是農產極豐富的省份，車到了哈爾濱市郊，開始塞車，到達車站已是八點多了，因所乘來的是長途巴士，這時必須將行李搬下，改由當地遊覽車接運，先到餐廳用膳，旅行社給我們訂好三桌東北特別著名的「飛龍宴」，包括熊掌、猴頭蕈、飛龍鳥火鍋及許多餐點，由於大家乘了一整天車太疲乏了，再好的菜好像也提不起什麼好感。近十一時住進一家規模宏偉的新世界酒店。

第十天早餐後，參觀哈爾濱市北端的斯大林公園，此園位於松花江南岸，立有防洪紀念碑，公園旁是一大市場，因為要趕快去機場，所以附近許多名勝如太陽島，聖索菲亞大教堂等也都不能去了，乘了約四十五分車到達機場，辦好出境手續，搭上北方航空公司十一時十分班機，下午四時左右到香港，在機場又是停留了四個鐘頭，才分兩批轉乘華航班機回台灣，由桃園機場搭車回台北已是晚上十一時，終於結束這一趟東北之旅。

回憶這一次的旅遊是相當的辛苦，尤其對對我們這一批台大退休的高齡團員來說，長途乘車趕路更是勞頓，旅程的前半段，尚稱

順利而圓滿，但自從在海參崴耽誤了一天，後面的旅程就嚴重縮水變質，推究原因是主辦的嘉航旅行社嚴重失職，如果說他們對這一條旅遊路線沒有經驗，一點也不為過，其最大的錯誤地方是未能事先掌握到海參崴週日不通關，卻貿然前往，何況採用海路自琿春到海參崴搭車坐船約五個鐘頭，驗關又要排隊等候及五次檢查，花了約二小時，可以說整整花去兩天的時間在往返的旅程上，頗不值得，更使得後面多處景點因時間不夠而未能前往，更是一大損失。

如果嘉航旅行社事先確知海參崴週日不通關，則可以改變整個行程計劃；安排先到哈爾濱，再往南到牡丹江鏡泊湖，利用第三天的時間到琿春，星期四到海參崴，星期五就可以回來了，如此就不會遇到週日不能出關的麻煩，如果週六自琿春往長白山，可以用三天的時間很輕鬆的玩，最後一天到瀋陽參觀後回國。這種行程難道嘉航旅行社事前真的不知道安排嗎？事實上，我們大家在海參崴四天三夜，吃不好，睡不好，又耽擱了東北地區許多預定要遊覽的風景都沒有時間看，這種損失是嘉航之過，我們全體團員一致對嘉航縮水行程加以譴責！在此本會要安排這次旅遊造成的缺失，除了要深入檢討，並敬請各位團員宥諒。

各位會友：

　　十二月十六日會員大會將選舉新任理監事，煩請踴躍推荐候選人，按時寄回連署書。

謝謝

國立台灣大學退休人員聯誼會第三屆理監事選舉實施要點
89 年 3 月 31 日第二屆理監事第六次會議通過

一、依據：

依本會章程第五條及第十條規定：理事會設理事 15 人，候補理事 5 人；監事會設監事 5 人，候補監事 2 人；由會員大會選舉產生之，其任期為二年，連選得連任。

二、候選人之產生：

1、經理監事會議推薦現任理監事及工作人員為候選人。

2、經會員 3 人連署某會員為候選人，但每一會員僅限就理、監事候選人各連署 1 人。

3、除上述候選人外，會員自由圈選。

候選人或連署人必須已完成繳納當年會費之基本義務。

三、推薦與登記日期：

候選人之推薦與連署於 89 年 11 月底前完成登記，以利選務作業。

四、票選由秘書組準備，理事與監事選票分別製作，並經加蓋本會戳記為有效。

五、實施程序：

1、領票：會員憑會員證親自領取選票，每人兩種選票各領一張，並不得委託投票。

2、圈票：採無記名連記法，理事選票每人可選 8 人，監事選票每人可選 2 人，圈選人數可少不可多，否則視為廢票。

3、監票：由大會推薦 2 人為監票員，負責監督選票之分發，投開票及確認圈選之有效性。

4、投開票：理事與監事選舉分別設置投票箱，投票完畢立即當場開票，並依各候選人得票之多寡決定當選或候補，本項工作由大會推舉唱票及計票各 2 人執行之。

六、理事長及監事主席之選舉俟理監事選舉完成後，另訂時間舉行。

中華民國九十年三月三十日出刊

會 務 通 訊

第 十 四 期

發行者：國立台灣大學退休人員聯誼會

會　址：台北市舟山路 243 號鹿鳴堂一樓

電　話：23695692 校內分機 3856　Fax: 23648970

＊會務動態＊

各位會友，大家好！

本會八十九年會員大會已順利舉行完畢，當天出席會員計 186 人，大會於八十九年十二月十九日上午九時至十二時假校總區第一會議室舉行由宣家驊理事長主持，先由上級指導林主任致詞，再由宣理事長及各工作組做會務報告，報告內容均詳列於大會手冊，感謝全體會員熱心參加與對本會之支持，使會務得以順利進行，繼由監事會主席路統信先生報告審查本會一年來之經費收支相符，代表大家向工作人員致謝！

提案討論部分只有一案，即八十九年經費收支決算案，經決議通過，並列檔備查。

臨時動議，宣理事長提案為答謝全體理監事及工作人員任職均屆滿二年，由大會備有紀念狀及紀念品致送，聊表慰問，由路監事主席代表接受，通過。由陳汝淦會員提案，大會備紀念品致送給即將卸任之宣理事長，以示四年來他對本會之辛勞及貢獻，大家鼓掌通過。

第三屆理監事選舉投、開票、統計結果：理事當選人：方祖達、車化祥、王本源、路統信、鍾鼎文、林參、曾廣財、郭寶章、陳汝淦、李學勇、范信元、吳銘塘、黃秀寶、曾燕青、劉祥銘，候補理事：賴春壽、許進

鏘、孫蓓蒂、宋永義、謝美蓉，監事當選人：宣家驊、蔣賢燦、鄧華、鄭義峰、周駿富、候補監事：歐陽儒驥，並決議於十二月二十六日召開新、舊任理監事聯席會議，在投、開票期間分送餐盒，大家聚集一堂並摸彩助興，氣氛至為熱鬧。

第三屆第一次理監事聯席會議於八十九年十二月二十六假校內鹿鳴堂會議室召開，由理事及監事當選人互選而產生理事長、副理事長及監事主席，開票結果，方祖達教授當選為理事長；路統信先生為副理事長；監事主席由宣家驊先生當選。會後新舊任理事長辦理移交工作，各組的工作仍由原任各組的組長繼續擔任，所以移交工作十分順利，並請路副理事長兼任活動組組長，所有本會之財物均列冊保管完成，旋於三月十六日舉行第三屆第二次理監事聯席會議，由出席各位理監事提供九十年一年之會務計畫，並當場由方理事長致贈一方「創會成功，領導有方」獎牌給前任宣家驊理事長，全體理監事鼓掌致敬。

＊各組工作報告＊

一、秘書組：范信之組長

1. 秘書組依往例規劃本年理監事聯席會議時程，預定每季召開會議一次，年終

召開會員大會一次。

2. 會務通訊為本會與會員間之溝通橋樑，除提供會員動態，服務資訊及活動報導外，並配合理監事聯席會議之召開，使會員充分了解本會之現況，積極參與本會各項活動；預計每三個月發行一期。

二、會員組：車化祥組長

1. 迄至九十年三月六日止本會在籍會員共為 414 人，其中扣除病故者 12 人及停權者 31 人後，實有會員 371 人，內永久會員 60 人。

2. 新進會員之動態：新入會會員(415)繆龍驤教授，(416)劉秀美女士，(417)陳惠蘭女士等三人均為永久會員，現有會員共為 374 人，內永久會員增至 63 人。

三、活動組：路統信組長

1. 近期活動通告

(1)北海岸及陽明書屋一日遊（由金寶山公司主辦）

日期：4 月 19 日及 20 日兩梯次，每次45 人。

費用：只交平安保險費 50 元，車資、午餐免費。

報名：即日起，4 月 13 日截止。

(2)健康講座（由慢性病關懷聯誼會主辦）

講題：如何留住青春，遠離病痛。

主講人：黃國晉醫師（台大醫學院講師，家庭醫學博士）

時間：4 月 14 日（星期六）上午 9：30

地點：台北市基隆路四段 140 號台大園產加工館（台灣科技大學斜對面）。

(3)本會預定 5 月上旬舉辦〝江南美食之

旅〞，有意願參加者請預先來電話登記，並留意本會通告。

(4)尚未填送〝參與活動意願表〞的會員，請補送，以免影響個人權宜，用本會舉辦之各項活動通知函，依據其調查表，製作名冊寄發。

以上第 A 及 B 項，因時間急迫不另函通知。

2. 本會九十年度預定辦理各活動計畫：

2 月	太極拳講座及示範（每週二次，全年舉行）
	卡拉 OK 聯歡（週一、五下午 2－5 時）。
3 月	金門旅遊（3 月 12－14 日已舉辦，順利完成）。
	養生講座（樂群養生會主辦）
4 月	健康講座（即請電話 23695692 報名參加）
	北海岸及陽明書屋一日遊（即請報名，額滿為止）
5 月	江南美食之旅
	攝影講座
6 月	台大山地梅峰農場之旅
	健康講座
7 月	象棋友誼賽
	圍棋友誼賽
8 月	乒乓球友誼賽
	太極拳講座成果展示
9 月	渤海灣齊魯文化之旅（大連及山東省）
	養生講座
10 月	東南亞旅遊（峇里島、越南、汶萊、沙勞越等擇一路線）
11 月	園藝花卉參觀
	配合校慶各項活動，校園巡禮
12 月	卡加 OK 聯歡，祝賀新年
	養生講座

四、**服務組：王本源組長**

1. 依往例寄給會員之賀生卡，計元月份 32 份，二月份 37 份，三月份 42 份，以表敬賀。
2. 國營中央信託局來函：辦理公教人員獨享消費性優貸款，利率為月息 6.3%，分 5－7 年還清，最高可貸 100 萬元，快速低利息，免保人，凡欲貸者請電 02-8282-4988 廖文華小姐洽。

3. 對八十歲以上年長會員，予以不定期致電請安問候，又如會員有需要本會服務組幫忙的事情請來電告知。

四、**總務組：鍾鼎文組長**

1. 經新舊任理事長辦理本會財物移交完成，本會現有之財物均分別列冊保管。
2. 本會經常會務經費 240,170 元，其中含公務基金 162,000 元，但未列入本會年會所開支之經費。

❈ 春季金門優質之旅 ❈

本會舉辦春季金門優質之旅，已於今年三月十二至十四日舉行，三天兩夜，每人 4200 元包括小費在內，計參加會員及眷屬親友 65 人，是日上午七時在松山機場集合，但因天氣影響，延至九時起飛，經過 50 分鐘，抵達金門尚義機場，由金環球旅行社二位導遊分二輛車前往金門國家公園，大家略做參觀及休息，因當年金門是戰地，如經國先生所表：「天下決沒有打不敗的敵人，只怕自己沒有志氣，決沒有衝不破的難關，只怕自己沒有勇氣，決沒有做不成的事業，只怕自己沒有學問，亦決沒有不能完成的任務，只怕自己沒有決心。」由這幾句嘉言，曾勉勵我們如何走向成功之路。11 時車開到瓊林戰鬥坑道，這是當時戰地老百姓自己奮力掘成的地下坑道，由此可見當時軍民合作抗敵的決心，經由導遊介紹金門面積約 180 平方公里，人口 45000 人，但多往外地謀生，實際住民約 3 萬多人，接著參觀莒光樓，午餐後前往馬山觀測站，此地退潮時距大陸角嶼僅 2100 公尺，用望遠鏡也可看到大、小嶝諸島，隨後到達金門民俗文化村，此為清末旅日僑領王氏父子建造，全部房舍均採閩南傳統二進式建築共十八棟，依山面海，氣勢壯觀。車續往南行，到達 823 戰史館，民國 47 年 8 月 23 日，中共開始向大、小金門島共打了 58 萬發砲彈，當時我方軍民死傷亦十分慘重，趙家驤、吉星文、章傑三位將軍亦在當天犧牲了，館內許多圖片呈現出當時砲戰之慘烈，傍晚時分，車開到海濱公園大家漫步在和煦的夕陽下，晚風也輕輕的吹向我們，精神舒暢不覺旅途辛勞，晚餐是八菜一湯，加上半瓶高粱酒，吃的大家喜笑顏開。晚上住宿皇鼎大飯店，分發房間後，大家都睡得香甜。

第二天早餐後，先到金門高粱酒新廠參觀，再到專售店選購，原來高粱酒分頭鍋二鍋及三鍋三種蒸餾等級，又依貯藏年份分暫做為售價標準，之後車開到浯州陶藝館，參觀館內各種作品，最具特色的算是金門的保護神風師爺上午 8：40 至 9：20 到達翟山坑道，往地下道坡走約 5 分鐘，再沿坑道向東走約百餘公尺，見到洞口折回，本坑道水清澈，寬約十餘公尺，由此可見當年服役的阿兵哥工作是何等的努力與辛苦！接下來赴金寧鄉參觀馬家麵線工廠，除了品嚐其調理美味的麵點外，大家選購了許多麵線，調味醬和麻油，隨後車往水頭碼頭，經約 10 分鐘的渡船到達小金門巡禮，進入湖井頭戰史館，眺望廈門島，也拜訪紀念抗日死守長城殉難七烈士的「八達樓子」及位於島南的烈女廟，午餐後參觀紅高粱竹葉貢糖總工廠，品嚐了各種口味的貢糖，大家對此馳名遠播的金門貢糖頗有興趣，所以訂購的人也不少，由於時間有限，我們回到大金門島車開到太武山入口處，已是下午 3：40，約有

－3－

半數的會員及會友徒步登上金門最高峰的太武山，經過鄭成功奕棋處，到達"勿忘在莒"石碑，最後到海印寺，沿途風景秀麗，氣候涼爽，大家照相攝影留念。回到山口已是下午4點半了，返抵金城參觀金合利製刀廠，現場看到由砲彈殼製成菜刀的過程，原來一個鋼砲殼可製造64把菜刀，晚餐後仍返回皇鼎大飯店休息。

第三天早晨大家自行前往金門國家公園散步，早餐後首先參觀金城鎮的菜市場，又看到邱良功母節孝牌坊，及金門國家公園博物館，館內許多展示設施均十分美好，二層樓內所設置的透光廚窗，布置各種鳥類及生態海景，比擬自然。再北行到古寧頭戰史館，由導遊王淑芝小姐，解說古寧頭保衛戰的經過，古寧頭大捷，關係到數十年來的台澎金馬的安全，其中以李光前團長的勇敢犧牲最為壯烈，所以我們都到李光前的將軍廟去參拜，對這位英雄致最大的敬意。由於時近中午，我們趕到金門航空站，搭上12：10立榮班機，回到台北松山機場，大家互道再見，結束了此次愉快的金門優質之旅！

✱ 編後話 ✱

進入二十一世紀的我們，都覺得很慶幸，本會成立至今已四年餘，深得校方之認定與支持，各位會員之熱心參與，才能夠使本會依原來之意旨為我們這一群已退休之台大人互相聯繫，辦理各項活動及服務，以增進大家身心健康，同時要感謝辦理會務之各位義工，熱心的努力貢獻。今後更盼各位會員多多參與各項活動，並時賜教言！謝謝！！

理事長
方祖達　敬啟

印刷品

地址：國立台灣大學退休人員聯誼會　台北市舟山路二段四號
電話：23695692　校內分機：3856
Fax：23864897O

中華民國九十年六月三十日出刊

會 務 通 訊

第 十 五 期

發行者：國立台灣大學退休人員聯誼會
會　　址：台北市舟山路243號鹿鳴堂一樓
電　　話：23695692 校內分機：3856　Fax：23648970

會 務 動 態

一、本會第三屆第三次理，監事聯席會議，已於90年6月13日假校總區鹿鳴堂會議室順利召開，當天雖高溫難耐，但出席理監事至為踴躍，對會務之推行及指導供獻良多。

二、本會迄今在籍會員共計420人，扣除病故者14人及停權者31人外，實際會員375人，內含永久會員66人。本會另發函新近退休人員，邀請踴躍參加本會。

三、本會第一、二兩季共舉辦旅遊活動四次，分別為3月12日至14日「金門優質之旅」，三天兩夜，參加人數共計65人。4月19日及20日，分兩梯次赴「北海岸及陽明書屋」參觀，參加人數八十餘人。5月15日至21日舉辦「江南美食」七日遊，參加人數34人。6月19及20日舉辦「台大梅峰農場之旅」參加人數44人。以上活動都極為順遂愉快，期盼而後之旅遊活動，更加充實完美。

四、本會於4月16日舉辦保健講座，請台大醫院張國晉醫師主講「青春不老，遠離慢性病」，聽講人數約35人。又於5月25日邀請旅美中醫博士王嘯平主講「一指刀法治療軟組織損傷」約50多人參加聽講，會後並作實地示範，深得參加者讚賞。

五、本會成立以來，舉辦之各項活動都很有成效，但歷次理監事聯席會議，與會委員一再建議請多舉辦旅遊活動，藉以調節身心，增加情誼，希望借校訊或其他期刊廣為發佈，使大家不要錯過參加機會。本次會務通訊，將再次詳列本年度各項活動，請大家預作規劃，早作選擇，踴躍參加。

六、本會期盼多舉辦講座活動，但事前最讓本會擔憂的，是無法控制前來聽講人數，深恐參加人數太少，非但影響本會聲響，對講師亦甚不敬。但最近二次講座活動，參加人數意外踴躍，由此經驗告訴我們，除了事前多作宣導外，講師身份及講題都很有關係，日後應多作考量。

七、本會依往例，寄給會員生日賀卡，計4月份26份、5月份36份、6月份24份，除祝賀生日快樂外，也聊表本會之關懷，頗獲會員之好評。

八、台北市政府成立「市民醫療保健網」市民可找到全市醫療院所，門診時間，掛號系統，各科別電話，各科診所預約情形，地址、位置、交通、各醫院特色及專業、收費等保健資訊。網址：www. Healthcity . Net. tw. 請會員參考利用。

九、本會日常經費收支，量入爲出，除了設法開源節流外，盡量能省即省，因此日常經費運作頗爲順遂，近因開創永久會員制度，所繳交之永久會費，均以專戶存儲，作爲本會基金，除孳息外，不予動支。

十、本會理監事聯席會議時，有委員表示：我等一生奉獻心力給台大，退休後未見學校對我等有何特別優遇與照顧，現職人員遲早也都要步我後塵，何不多爲我等設想，希望向學校爭取經費補助，以及擴大辦公休閒場地，使我退休人員亦稍感溫馨，學校何樂而不爲呢？本會將把握時機，向學校反應爭取。

九十年度下半年活動預報

茲將本會九十年度預定舉辦之各項活動，再次列於後，請各位會友及早選擇參加，亦可來會先行登記，俾便統計策劃，日後舉辦時再作詳細說明及確認。

時　間	活　動　項　目
七月	1.象棋友誼賽（即請報名） 2.圍棋友誼賽
八月	太極拳講座成果展示
九月	1.齊魯文化之旅 2.養生講座
十月	東南亞旅遊(峇里島 越南 汶萊 沙勞越等擇一路線)
十一月	1.園藝花卉參觀 2.校慶校園巡禮
十二月	1.卡拉 OK 聯歡祝賀新年 2.養生講座

山東半島齊魯文化之旅
特別通告

本會預定暑假過後於九月中旬，舉辦山東半島之旅行程：

青島、威海、煙台、大連、旅順、蓬萊、濰坊、泰山、曲阜、濟南。(8～9 日)

有意參加者即日起開始登記。
歡迎踴躍參加。
電話登記預定：**23695692**

江南美食報導

本會所舉辦的夏季旅遊——江南美食七日遊，已於今年五月十五日至二十一日舉行，共有會員及親友三十四人參加，由百聖旅遊公司承辦，茲將其旅遊行程及參觀經過記述如下：

第一天：

早晨四時五十分自台大校門口搭旅行車直駛至桃園國際機場，由百聖公司林銘訓領隊，辦理出關手續，於上午七時搭乘國泰班機到達香港，於上午十時半換港龍公司班機抵達上海虹橋機場，由地陪小余介紹上海市之發展近況，開車約一時到豫園參觀，沿途看到上海市到處都是摩天大樓林立，縱橫的快速公路橋樑交錯，一路上車輛擁擠，但街路頗爲清潔，新的上海市包括嘉定及浦東等新開發區，總面積六千平方公里，人口1350 萬人，每平方公里平均二萬人。當地的上海人平均月收入二千人民幣，但外來的勞工包括餐廳工人只有五

百元，浦東是一新興區，有五百多幢大建築物，如東方明珠高 468 公尺，亞洲第一高，世界第三高，舊市區優浦東除楊浦大橋外，尚有通過黃浦江地下的隧道。豫園為一古老庭園，古色古香，回到光大大飯店晚餐後，夜遊黃浦外灘夜色十分壯觀，也到蘇州河上的外白渡橋，約九時半回旅館休息。

第二天：

早餐後參觀玉佛寺，於明朝時自緬甸引進的大玉佛及小臥佛二尊，約一小時後，車沿滬寧高速路西向約二小時到鎮江市，午餐後參觀江天禪寺（即白蛇傳中的金山寺），寺後有一七峰亭，旁有龍爪槐和百年胡桃老樹，廣玉蘭等花木。車續行至南京城，參觀長江大橋後在唐宮酒店用餐"江南美食"，夜遊夫子廟。

第三天：

上午參觀中山陵，是偉大的國父孫中山先生的陵園，規模壯觀，自園門進入可見到兩旁栽植銀杏樹、雪松、水杉、懸鈴木、蔥鬱綠樹間，寬廣中道有 392 級石階，走到最後看到國父陵寢仰臥的石膏像，遺體則安葬五公尺下。後到中華門參觀南京古城牆遺址，城門共三重，二旁為守衛兵士往返通道，中午用餐在夫子廟貴賓樓享用秦淮小吃，共十六道菜肴，並有音樂及歌舞助興，下午一時三十分離開南京。車行通過長江大橋，這座大橋長 4 公里，上層通汽車，下層通火車，為早年國人自己設計及建造成功的，深為外國人所讚賞，到楊州參觀以栽植竹子著稱的個園，隨後到大明寺，此寺是唐朝鑑真和尚六次東渡日本傳教成功。為日本佛教傳入的始祖，寺大，有棲靈寶塔，塔高九層，相當雄偉，隨後往瘦西湖遊覽，個園是明代黃氏所

建的壽芝園，後以袁枚詩 "月映竹成千個字" 句，改稱個園，其特色是有春、夏、秋、多各景，均以竹為主體。瘦西湖相當優美，湖雖不大，可遊湖，如蕭亭、熙春台、迎春閣等各景，留有唐代杜牧詩 "青山隱隱水迢迢，秋盡江南草木凋，二十四橋明月夜，玉人何處教吹簫" 另有五星橋、白塔、蓮花橋、釣魚台、紅橋孵鴨等景點，楊州市面積 4800 平方公里，人口約 50 萬人，已有 500 年歷史，參觀瘦西湖後，我們便驅車前往楊州大學對面的嘉年華餐廳用餐，餐後回到京華酒店休息。

第四天：

楊州到無錫約 2 小時車程，要經過高速公路江陰大橋，此橋為去年完工通車，較南京長江大橋更為壯觀。到無錫先參觀 "蠡園" 及龜頭渚等江南古園林，在太湖旁，並設有湖邊旅館及餐廳，蠡園亦為太湖石堆堆砌而成，規模頗大，較特殊的有洗耳井、湖心亭等景點，故有一晴紅煙綠水樹之美。午餐後遊覽錫惠公園及寄園參觀俗稱" 天下第二泉 "的惠山泉，並到養珠館參觀無核珍珠之養殖及加工情形，養殖約 3 年的一個蚌，剖開出有七粒珍珠。無錫市現有人口 450 萬人，晚餐在古羅馬大酒店，吃乾隆宴，住宿黃金海岸酒店。

第五天：

早餐後前往蘇州市，全市面積 483 平方公里，人口 480 萬，農業很發達，有 "蘇無熟天下足" 之稱蠶絲工業佔全國 60％，也是十大米市之一，首先參觀獅子林，園林十分優雅，係名建築師貝聿明祖父設先所建，再往參觀拙政園，為明代王獻臣所建，由當時才子文徵明所設計，假山亭樹十分優美，而後參觀蠶絲第一廠，明瞭蠶絲之加工過程，高級的

蠶絲被深得遊客所喜愛,下午四時半到聞名的寒山寺遊覽,寺並不大,但有佛塔,普賢寶塔和鐘樓而著名,唐代詩人張繼所提七言詩「月落烏啼霜滿天,江楓漁火對愁眠,姑蘇城外寒山寺,夜半鐘聲到客船」。其中江楓是指江村橋與楓橋兩橋,這首詩爲唐後許多書法家提字石刻的懷念表情之依據。世人曾稱贊之名言爲「十年舊約江南夢,獨聽寒山夜半鐘」,可見寒山寺是何等地馳名,夜宿蘇州中心大酒店。

第六天:

從蘇州到杭州可以沿蘇杭高速公路約 3 小時可達,途經嘉善縣西塘鎮,再往杭州。西塘是保留古文化之一的小鎮,向有水鄉古鎮之稱,在靜怡軒做一天西塘人,坐船遊河午餐後車東行,經過盛產杭菊的余杭到杭州市。沿途看到市街整齊,馬路清潔,許多民宅也更新,房屋高閣林立,自成一特別景觀,到達杭州區參觀靈隱寺(又稱雲林禪寺),寺廟宏偉,樹林茂盛,大雄寶殿前長著高高的銀杏樹,更感到佛寺的壯嚴肅穆,在寺門外的天外天飯店晚餐,夜宿浙江大酒店。

第七天:

早餐後先到虎跑參觀天下第二泉的虎跑泉,上午九時半車到西湖遊覽,搭船沿湖繞行一週約四十分鐘,因爲霧氣漂散,視線不良,西湖十景可見翠堤春曉、南屏晚鐘、柳浪聞鶯、花港觀雨、三潭印月、平湖秋月、斷橋賞雪、雷峰西眺。之後參拜岳王廟,是奉祀南宋民族英雄岳飛的,正殿有岳飛塑像,殿前有跪狀的秦檜和其妻子,左邊有當時審判岳飛定罪的二臣,岳飛死於 1142 年,1162 年得以平反,後人紀念岳飛的忠勇,並以「天下太平文官不愛錢,

武官不惜死」爲勉勵官員。我們在參觀岳飛提詞的「滿江紅」時,大家均肅立齊聲高唱,頗有一翻愛國豪情,杭州市也變大了,原有全市面積 680 平方公里,今包括了余杭市、蕭山、建德、富陽等縣,已有 3080 平方公里,西及千島湖,人口也自 170 萬增至 372 萬,成爲浙江省政治、交通、文化等中心。午餐後驅車前往機場,搭乘港龍客機,經香港回台北已是晚上十一時了。

回顧這一次「江南美食」七日仲夏之旅,時間緊湊,但均能依計劃景點遊覽完畢,一方面靠天公作美,天氣晴朗,一方面靠導遊及領隊行程安排順暢,這對我們這一群上了年紀的會員及親友,在體力及精神上均表現很好,也給我們又一次遠途旅遊的信心增加不少!

山地農場旅遊記實

本會夏季旅遊除了在五月分舉辦江南美食七日遊外,於六月十九及二十兩天,赴本校山地農場參觀旅遊,茲將行程記述如下:

第一天:

早上七時在校門口上車,共有會員及眷屬或親友 44 人參加,租用欣欣客運專車,沿北二高公路在關西休息站稍做休息後,直達埔里鎮先參觀公賣局的浦里酒廠,聽了簡報及評酒,才知道這個主釀造紹興酒的酒廠,於九、二一大地震時曾遭受重大的破壞及燃燒,經近二年來之整建,已恢復了舊觀,當日中午我們就看到各地方來的訪客絡續不絕來

參觀，如其入門處所書"會名國際酒香客，坐落浦城意更長"對聯所描述。十二時半，在埔里鎮金都餐廳午餐，豐盛的埔里名菜，讓我們飽餐滿意。車繼續經霧社往本校春陽分場，這個分場是專門經營各種蔬菜及花卉的育苗，可以看到一幢幢一排排的蓬架苗床，由該場邱主任介紹自動播種及覆土機的示範操作，讓我們也知道農業經營的機械化，自動化，我們在雨中參觀了各種蔬菜的育苗過程，才知道經營園藝的苦與樂。看看雲厚霧濃的天氣，我們便直接到我們的梅峰山地農場，安頓了住宿，已是近黃昏時候，晚餐後，讓大家早些休息，就先去聽簡報，由梁技士主講，以幻燈片說明台大建立此農場之宗旨，經過約五十年來之努力，才達到台灣高山園藝之試驗研究環境，，讓學農科的學生得有學習的機會，這個農場共有面積一千餘公頃，多為原始森林，已開墾為果樹園及觀賞植物園及苗圃的有九十公頃左右，包括在霧社的春陽，約有二十公頃的蔬菜育苗區。再介紹這個區的生態，有許多珍貴又美麗可愛的小鳥，也有奇花异卉的香花艷卉。約經一小時的簡報，大家因為坐了一天的車有些困盹，七時半就回到客房休息了，在整個雨聲中漸入了夢鄉。

第二天：

早晨，天未亮，就有幾位在宿舍前走廊練功，做體操或打太極拳，約六時左右，大家都睡足起床了，這時雨也漸停了，三五成群在山坡小徑上散步，呼吸新鮮的空氣，七時正用早餐，饅頭、稀粥、配著多種小菜，雖不是美食，大家也吃得津津有味。八時，由該場盧小姐帶領我們看各種花卉園藝，如插花用的黃海芋、野薑香、高山百合等而後參觀果園，大家看到好幾公頃的桃園，在依附棚架上桃樹，結果累累，大家競相拍照留念，又看到杏子及李子，大家要流口水似的讚美不已。九時半，我們搬著一匣匣的水蜜桃上車，與盧小姐道別再見聲中下山了，先在清境農場路邊停留一下，有些會員隨興買些水蜜桃等特產，這時清朗的天空，可以清晰看到奇萊山，約經一小時到埔里，仍然在金都餐廳用午餐，菜色比昨天更豐富，並由服務生介紹各盤當地的名菜，如石蓮花瓣、薑花嫩蕾、甘蔗嫩心、百香果盤，都是別地方嘗不到的菜肴，經過埔里鎮時也下車，拍照台灣地理中心的紀念碑，隨後近草屯鎮，下車拍到被九、二一地震破壞後的九九峰，再繼續車開到石岡，在石岡大壩前拍照留念。原來計劃回程時到卓蘭採果，經農會推廣組人員解釋，此時非產期而作罷。我們沿北二高速公路到本校大門口，才六時多，下車後，每人帶著一匣水蜜桃說再見，也結束了這一次二天一夜的山地之旅。

回顧這一趟旅遊，可以輕輕鬆鬆欣賞高山的景緻，雖然坐了二天的車，但是大家都精神十足，一路上有多位獻唱卡拉OK，增添了許多旅遊的情趣，大家快快樂樂的旅遊，平平安安的回家，感覺還值得啦！

下列各位會員請來本會繳九十年會費

劉文焯	林洪曾	黃千訓	尚慶和	曾金龍	陳燦煌
林秀峰	吳碧分	賴秋霞	許山	余挺	楊碧杏
趙希傑	陳正芳	丁碧雲	王振傑	王禹甸	涂淑珠
蔡昭陽	寇龍華	馬雩	孟澤義	袁祖誥	黃非宜
簡孝賢	黃崧耀	周白蓮	徐先堯	陳東初	曾家珍
周雙富	謝美巧	江靜珍	林昭陽	馬靜波	曾燕青
呂劉貞霞	林廖雪	陳樂民	李淑玉	舒巧英	嚴永玖
李球妹	劉海龍	陳雲中	林爲禎	廖澄子	張規子
周三田	孫彭聲	許培禮	李文節	謝美雅	蔡玲吟
王美雪	詹爲政	胡基峻	許文富	朱榮茂	向玉川
李本鵬	朱鈞				

印刷品

國立台灣大學退休人員聯誼會
地址：台北市舟山路二四期三號
電話：23695692 校內分機‧3856
Fax:23648970

90·9·4

中華民國九十年九月三十日出刊

會 務 通 訊

第 十 六 期

發行者：國立台灣大學退休人員聯誼會
會　址：台北市舟山路 243 號鹿鳴堂一樓
電　話：23695692 校內分機：3856　Fax：23648970

會務動態

一、本會第三屆第四次理、監事聯席會議，已於 90 年 9 月 26 日假校總區鹿鳴堂會議室順利召開，當天適逢利奇馬颱風來襲，室外風雨逐漸增強，理監事中，除有三位因事請假外，全員到齊，對會務的推行與奉獻，由此可見，至為敬佩。

二、本會於本（90）年 7 月下旬，分別向人事室及事務組承辦本校退休業務人員，取得本校上半年，奉准退休人員名單乙份，並於 8 月中旬分別致函邀請其及早來會辦理登記為會員手續，迄今已有多位同仁辦妥登記，成為本會新會員。

三、本會活動組，於今年 7 月至 9 月先後舉辦之活動，計有大連都市綠化及山東齊魯文化之旅，前後共計 10 天行程包括遼東半島及山東半島各景點，詳細見聞專文報導於後。另舉辦象棋友誼賽，現已進入決賽階段。圍棋友誼賽，惜因報名人數過少，以致不克舉辦，此外舉辦養生保健講座，由樂群養生會主辦講題 "現代人的食療與養生" 敬請楊薇醫師主講，於 9 月 12 日假市立圖書館舉行，本會會友多人參加。

四、本會依往例，寄發會友生日賀卡，計七月份 20 份，八月份 28 份，九月份 33 份，代表本會聊表賀誠。

五、本會總務組負責日常經費之收支採購等業務，並充分支援各類型活動，在節儉共濟的原則下，非但收支平衡，且多有節餘蓄存，詳細帳目，容年終結算，再行表列公告。

六、本次理監事會議，通過歡迎劉朝鑫、張水清、陳福來、陳坤河、林義男等各位先生及翁文女士為本會會友。請大家告訴大家對本校已退休而尚未參加本會之教職員工，請及早來會辦理入會事宜，共享退休後之美好生活。

七、本會舉辦之各類型活動，仍以旅遊活動最具成效，非但參加人數眾多，且已建立良好信譽，並深獲參加同仁之肯定，但經檢討歷年所舉辦之活動，組團人數之多寡，與路線景點之選擇，氣候治安之良莠，以及消費支出之高低都有密切之關係，因此我們想請各位會友，就個人見聞，或親身經驗，提供我們國內外各旅遊路線及景點，俾便我們安排下年度旅遊活動之參考。

八、本會舉辦之旅遊活動，一向以安全第一為考量，價廉物美為條件，您我都是退休的老人了，比不上精力旺盛的青壯年，參加一般旅行團，由於體力不繼，行動緩慢，對別人是種拖累，

甚至於有不被尊重的感覺，但本會會友，源出一系，互相關照，彼此體諒，就沒有以上的顧慮了，因此，忠告大家何不珍惜現在，把握時光，參加我們的旅遊活動，此乃我退休人員之一大快事也。

九、本會辦公時間為每週星期一至星期五上午 9:30 至 12 時，每天都有志工輪值，歡迎各位常來會小聚品茶，下棋或聊天，我們的辦公室沒有一般辦公室的刻核嚴肅，只有歡笑或交換生活經驗，尤其本會購置有完整的卡拉 OK 設備，國台語及外語哥曲數千首，每週三及週五下午二時開放，歡迎您來會一展歌喉，舒暢心身，豈不快哉！

十、本會成立以來，未得學校及任何單位之經費補助，工作同仁亦全為無給職之志工，絕未支領一文薪酬及車馬費，所憑藉的就是公益、熱心與奉獻，您我都是七十上下的老人了，工作效率也許較差，但熱誠經驗不落人後，服務若有不週之處尚請大家多體諒與鼓勵，同時歡迎我退休人員，一起來參加我們的志工行列，共創美好人生。

九十年度第四季活動預報

茲將本會九十年度第四季預定舉辦之各項活動表列於后，請各位會友及早選擇參加，亦可來會先行登記俾便統計策劃。

時　間	活　動　項　目
十月	東南亞旅遊（峇里島、越南、汶萊、沙勞越等擇一路線）
十一月	1. 園藝花卉參觀 2. 校慶校園巡禮
十二月	1. 卡拉 OK 聯歡祝賀新年 2. 養生講座、大會年會

山東及遼東半島旅遊記　方祖達

期待已久之山東及遼東半島之旅，終於在今年九月七日成行，是日上午十時半由長漢旅行社派專車接送，自本校大門口上車，由該旅行社王董事長親自領隊，共計二十位本會會員參加，經中山高速公路四十分鐘到達桃園國際機場，於下午 1：15 搭國泰 CX-511 班機往香港，再由中國航空 CA-106 直飛大連，旋由專車接往中山大酒店，晚餐後即住房休息。

第二天，早餐後搭車前往旅順參觀，由導遊袁小姐引導，行車約一小時先參觀日俄戰爭時期的監獄，獄內遺留各式牢房、刑具、絞刑房、驗屍間、裝屍桶等陳列慘狀、令人毛骨悚然，亦恨那列強侵略者之野蠻種種，可見東北三省近百餘年來人民所遭遇之壓迫及犧牲之慘痛！車再往旅順軍港參觀，號稱世界第三大軍港之一，港內廣闊，水深 12 公尺，為全年不凍港，除航空母艦外，所有軍艦均可停泊，回程時途經新海灣廣場，廣場面積十七萬平方公尺，可容納 30～40 萬人集會，灣旁築一大平台形如開放的書，對邊立有華表高柱，刻有九龍，廣場中間有一長噴水池，每池有五座乘以九池的大長池，靠山旁可見有台資興建的許許多多高大的公寓建築物。

午餐由大連市觀光局設宴款待，由孫市長及王處長親自接待並致贈大連市綠化及旅遊資料及大連市徽刺槐花紀念章，佳肴美酒，大家吃得津津有味。下午至火車站前地下街走走，又因大家興趣缺缺，只好回酒店休息，五時半大家又搭車前往虎山灣參觀，也是大連港灣之一的遊覽廣場，涼爽的氣候，大家拍照留念，旋即到附近用火鍋晚餐，每人 48 元人民幣，約為台北

自助火鍋的半價。七時半即回酒店休息。

　　整天搭車在大連市及旅順港區參觀，雖然有點累，但大連的確是一個十分現代化的著名大都市，她曾經歷近二百年來日、俄的侵淫，但近十多年來不斷整理、建設，的確已經是世界上最美麗的大都市之一，全市 243 萬平方公里、535 萬人口，市區有綠地 8.5 平方公里，有高聳直立的刺槐花燈 419 座，每座上掛 12 層共 120 盞水銀燈，夜間明亮照在清潔的街道和兩旁的綠地和西式的建築物，顯得十分柔和舒適，為 1993 年被選為世界最衛生的大都市一點也不為過。大連市的工業區設在離市區一百公里外，這樣才不會污染到市區的環境。大連是全國三分之二石油輸出地，也是全國三分之二火車頭蒸汽機的製造生產地。重要的玻璃生產地，水晶、玉及飾金的產地，觀光業是最重要的無煙工業，市區的建築物可見到許多歐式的建築物，有哥德式、文藝復興式及羅馬式各種建築物，大連出產海鮮如海參、鮑魚等珍品，水果主產桃、蘋果和李等價廉味美。全市有大專院校 26 所，高科技教育受到特別重視，教師薪資已大為提高，並可低價購得新建之宿舍，這些都是可為吾人對教育改革的借鏡。

　　第三天，早餐後，車直駛至大連港，八時四十五分搭乘「飛漁輪快船」前往山東半島的煙台，於正午抵達後，先用午餐，再乘車西行至「蓬萊仙閣」花去一時二十分鐘行七十公里到達「蓬萊仙閣」位於山東半島北端，也是渤海和黃海之會流海灣，雖然依傳說八仙在此集體渡海逍遙遊玩而得名，仙閣就在海沿高築。山上建有聖母媽祖廟及龍王廟，而蓬萊閣亦因此與中國之岳陽樓、黃鶴樓及騰王閣號稱大四

名樓。並在此觀賞前不久出現海上的海市蜃樓錄影。明代時因矮寇入侵，後由明朝名將戚繼光將其掃平，並在此地建立高聳的城牆及炮台，均留此遺址並有戚繼光立姿塑像，供後人憑弔。車駛回至煙台市中心已是晚上七時，晚餐後回太平洋酒店休息。

　　第四天，早餐後搭乘專車參觀毓璜頂公園，據稱是煙台最古老的公園，車到達園門外，依石板路及石階在濃密的樹蔭下走上，有觀海台、玉皇廟、媽祖宮及海龍王廟，廟宇多以石磚建成，據云是中國元朝時代創建的，此公園面積不大，依小山坡而建，看到路邊打掃樹葉的衛生人員卻是身著時摩、足履高跟的年輕小姐，猜想此種維護公園清潔的工作，可能是工作輕鬆待遇不薄的好差事！接下我們續往遊覽煙台公園，有燈塔、放煙火台等建築物，約四十分鐘後，我們便沿煙威公路直往威海市，在抱海大酒店用一豐盛之海鮮午餐。再住入威海衛大廈，下午一時，車開往威海遊船碼頭，本欲搭乘遊船至劉公島遊覽，但因風浪太大，全天航運停駛，我們只好到附近逛韓貨販賣街，不論是男女老幼服裝、雜用品、釣具、各種妝飾品等，貨色多、售價低，但是對我們這一批年紀較大的男女來說，能光顧成交的不多，約在下午二時半，我們就回酒店休息了。六時在二樓用餐，希望翌日上午風浪較平時再能往劉公島一遊。

　　第五天，天公作美，衛海天氣晴朗，海上風平浪靜。早餐後，我們便搭渡船到劉公島參觀，劉公島本來是劉邦起義時受挫於此島避難，但如今卻是紀念清末北洋海軍戰敗的歷史記載。1860 年英國入侵中國開始，鴉片戰爭，清廷失敗後，由當時清朝大官張之洞、李鴻章和左宗棠等創設北

洋海軍，派遣第一批留德學習海軍，如丁汝昌、薩鎮冰等均是。1888 年成立了北洋海軍，艦艇自 25 艘增至 43 艘，北洋艦隊於是組成為當時世界第四大海軍實力，但後來因清廷不再支持軍費，因被慈禧皇太后移此款去建頤和園，致影響中國海軍短缺經費建軍失敗，1895 年中日發生甲午戰爭，北洋艦隊在衛海衛一戰被日本擊敗，當時丁汝昌提督為總指揮，在其主力艦定遠艦上被日軍魚雷擊中，丁汝昌即在此劉公島海役殉難，據云是當時李鴻章主和，將假軍情報影響北洋艦隊之抗日戰爭，後人為了紀念丁汝昌將軍之英勇抗日而殉難，在劉公島設立紀念館，供遊人參觀，也列為日本侵華之歷史佐證。

午餐後，驅車往青島，全程高速公路約三小時半到達，經過市區見到紅瓦綠樹、碧海藍天的美麗青島，全市面積約一萬平方公里，人口 750 萬人，分七個區，市區人口 210 萬，建市於 1891 年一百多年來不斷建設成了今日一重要之經濟、商業、交通及旅遊之大都市，市區因不同年代建設不同格式之建築物，有德、日等遺留之舊址，及高聳現代之摩天大樓，也有新加坡投資之養生公寓，並配合 2008 年北京舉辦之奧林匹克世運會水上之運動村。抵達青島後我們先遊覽小魚山公園，園並不大，但建築相當雅緻，如觀濤亭上可一覽青島之四方景觀。後往棧橋遊覽，讓我們久坐車的雙腿舒暢、舒暢！晚餐享用風味餐，暢飲著名的青島啤酒，回到匯泉王朝酒店休息。

第六天，早餐後，於九時正到達小青島，是一個由人工構築的堤路聯接，島上面積約 1.2 平方公里，沿島四周有環島道路通行，有前德國經營青島之歷史照片及青島百年來之發展介紹照片，最後可在展覽室看到藝術之人像照片，約在上午十時到達八大關遊覽，每一條街用中國八個關名命名，如山海關、嘉峪關、居庸關等。每一條街二旁各植不同之行道樹，如法國梧桐、松、柏、銀杏、榆等，八大關為高級住宅區，安靜的住家及療養好地方。十一時半用午餐，即驅車前往崂山，位於青島市之東北部，全境由花崗岩構成，岩石裸露，只有松樹可在石隙間長出，我們驅車約半小時上山，途經沿海邊之公路，看到有青蛙石、龍潭瀑布，進入三清宮前經過二旁有竹林之石板路，在蒼松檜柏等高大的樹蔭下進入前三清宮，內供奉天、地、水三大神，係堯、舜、禹古代人物，宮前有一巨石，前有千年老榆樹，亦稱龍年榆，巨石上刻有逢遷（仙）橋，是宋代年間留存至今，在右向的山上另有一座宮殿，供奉玉清、太清及上清三神，即供奉伏羲、神農等，再左邊一偏殿供奉關公及岳飛神位。前三清宮有左右各一株銀杏，均為雄樹，在後三清宮前有一株 2000 前的圓柏。宮殿有一對聯：〝先天生溯閣中古燈傳極本無極；為道法祖仰雲除三台鼎崿玄之又玄〞。據稱是明代一高明道士，在此修行，得到皇家之重視，於萬曆十三年間，敕封此地為道教之聖地，原有之海印寺只有留立碑以證。後三清宮東側為東華殿為女子求夫之神，西側為西華殿為求得子之神，二殿間之庭院上有一棵柏樹和凌霄樹之合抱樹稱火老少配，凌霄樹正在開花著，亦顯得婀娜多姿，回程時到一療養院做一次腳底按摩，坐定後，我們每人由一位按摩師做約 20 分鐘之按摩，先是以 20 種中藥粉泡成之 50～60℃ 熱水浸泡約 10 分鐘，按摩後雙腳感覺輕鬆多了，五時車到海邊音樂廣場，是休憩極好的地方，有一水泥鋼琴及貝多芬雕塑。六時正即在廣場北之維也納大酒店用晚餐，海鮮佳餚配合青島啤酒，大家食得高興，並為同伴中范先生慶祝生日快樂，使一天勞頓的旅遊

全消了。

第七天，早餐後自青島前往淄博，到臨淄約開車三小時半到達，先參觀中國古車博物館，介紹中國古代各種車輛改進之圖文與樣本，也是齊魯文化的一特色，臨淄爲周朝姜太公之封地，後被田氏所篡，此地爲農業區，大平原產各種作物，多季田間設置擋風土牆之柵架，可以生產蔬菜，供應北方大都市，亦爲增加農民收入、繁榮農村之一大措施。在齊都大酒店午餐後，繼續參觀博物館東周殉馬坑，坑內有殉馬 600 餘匹，挖掘供覽示的 120 匹，據係齊國國君齊景公墓地所發現。

第八天，早餐後自臨淄開約二小時半到達泰安，中間車駛至淄博市附近登上黃河堤岸，看到黃色泥水的黃河，讓未曾看到黃河的我們，覺得很高興，在泰山附近必須換當地小客車開到泰山纜車站，再乘坐纜車直達泰山巔上約十五分鐘到南天門，遊覽天街、玉皇頂，用以祭祀玉皇大帝，廟中大香爐及銅鐘上掛滿了許願的神袋香牌，觀日亭、望河亭等美不勝收，沿原路回到泰安。先參觀木魚石製品，再遊覽岱廟，是我國三大祭祀之一，爲宋代修建，距今約一千年，奉祀泰山神（黃飛虎將軍），廟宇廣大，內有古柏，爲歷代帝王祭祀泰山之地，品茶後，晚餐享用泰安風味餐——豆腐宴，再回到泰山華僑大廈休息。

第九天，早餐後，驅車向西行，經濟南東境再向南行直往曲阜市，是以彎彎曲曲之高崗而得名，上午八時半開始進入孔府遊覽，府宅大大小小共有五百多間。孔子父名衍聖公，曾任魯國武官，孔武有力之蘇連和六十二歲才娶十八歲女子爲妻，孔子誕生時因形貌十分醜惡，傳說被遺棄於山野，當其母尋獲時，見其稚子受虎乳，扇以鷹羽，神話矣！二歲喪父、十八歲母

歿。孔子十六歲通經書，十七歲問學於老子。孔子主張以仁義道德治國，曾向周王建議，未果，便周遊列國，但仍得不到諸侯之採納，最後回到魯國設壇講學，有弟子三千，其中有七十二賢士，如顏回、子思、子貢、子路等，孔子晚年作春秋、左傳，他的弟子編成論語。於公元前 475 年，歿時七十二歲，雖然後來被尊爲國學大師，但秦始皇下令剷除儒學，遂有焚書坑儒之恐怖發生，西漢時才有孔府〝魯牆〞發現全套孔子之全部著作，所謂〝魯牆藏書〞即爲後代所稱羨。漢代如董仲舒向漢帝建言，以儒家之治國而廢諸子百家，獨尊孔之說，從此歷代帝王均以孔學治國，並不斷尊孔，建立孔府、孔廟及孔林。遊覽孔廟，看到金壁輝煌各幢廟宇，尤其高大雄偉之大成殿等大建築物間仍存活千百年之松柏蒼青，杏壇前之銀杏等樹，顯現出孔廟之神聖。午餐孔府家宴，再繼續遊覽孔林，即孔家歷代之墓地，佔地二百萬平方公尺，共有墳墓十萬多座。下午四時驅車往濟南，參觀豹突泉，見到大門內之太古石之龜石像，園內有多處湧泉，如天下第一泉，柳絮泉、漱玉泉，一代文人李清照紀念館等都十分引人入勝之處，接著到大明湖遊覽，大明湖湖面廣闊，湖水清澈，四面荷花三面柳，一城山色半城湖，更現出幽靜安祥。晚餐即在大明湖畔享用山東魯菜風味餐。八時前到大廣場地下大賣場後，即回到金都大酒店休息。

第十天，早晨五時正自酒店驅車約經四十分鐘直達濟南機場，搭上中國航空班機飛往香港，再轉搭泰航班機於下午三時五十分抵達桃園中正機場，再乘專車返回台大校門前，大家互祝平安、快樂回家，結束此次山東及遼東半島之十天旅遊。

難忘西藏行　　宣家驊

九十年八月十三日，當我們班機降落在貢嘎機場時，就告訴我那嚮往已久的西藏之旅終於實現了。對六十八歲的我來說，此行實屬不易。回台後，遵方理事長之囑，透過會訊將心得向各位會員報告。

此次西藏之旅是選擇自成都機場空中往返的路線，行程包含藏南的山南，後藏的江孜、日喀則，以及拉薩等精華地區，全程共十天，實際在西藏共停留七天半。前往西藏如採陸路可循青藏公路（西寧－格爾木－拉薩，1907 公里，平均海拔 4000 公尺以上）、渝藏公路（成都至拉薩 2330 公里）、滇藏公路（下關至芒康 800 公里）或新藏公路（葉城至普蘭 1455 公里，途中要翻越五座 5000 公尺以上之高山）。由於陸路難行，時生障礙，且每條陸路所經之處多爲荒漠，甚少人煙，飲食住宿條件特差，恐不適合中老齡人旅行。

八月十三日早晨四時半起床，六時四十八分自成都起飛，八時三十五分抵拉薩的貢嘎機場，住進山南賓館，原本計畫是整個下午休息，以便身體能適應高山環境，但導遊深恐次日行程太緊，路程遙遠，而在抵藏當日下午即展開參訪活動，首站到藏王群墓，是安葬歷代藏王和大臣的地方，距今一千三百多年，隨後轉往雍布拉康，這是第一代吐蕃贊普所建的王宮，雖然僅是距地面二、三十公尺的小山丘，可是這裡海拔是 3800 公尺。對我們這些初抵西藏的人來說，爬起坡來，我們都感到心悸、口乾、頭痛、腿軟，只是每個人的程度不同，明顯的體會到高山反應的滋味。

十四日搭乘渡船經一小時，橫渡瓦魯藏布江，參觀在公元八世紀中葉由藏王赤松德贊興建的桑耶寺，主體建築採漢、藏、印度三種風格，這也是在藏傳佛教中的第一座佛、法、僧俱全的寺廟，午飯後乘船返回山南，續往昌珠寺，此爲西藏歷史上第一座佛殿，建於公元七世紀，相傳松贊干布和文成公主曾在此居住，此殿懸有一幅由三萬多顆珍珠綴成的白度母唐卡，成爲鎮寺之寶。

十五日從山南前往後藏，到江孜 340 公里，全程大部份爲山路，九彎十八拐，路幅狹窄，雖是乘車卻不好受，而且途中還要經過兩處海拔在 5000 公尺左右的山口，生理的挑戰感覺尤深，好在沿途景色宜人，並有海拔 4441 公尺的高山湖泊－羊卓雍錯，面積約 700 餘平方公里，得此眼福，雖是長途跋涉也絕對值得，當晚宿江孜飯店。

十六日上午參觀位於江孜的白居寺，公元 1418 年由法王熱丹貢桑和一世班禪共同創建，塔高 42 公尺，共 14 層，76 個佛殿，小大佛像超過萬座，故亦稱十萬佛塔。在江孜我們遠眺了位於宗山的藏民抗英戰場遺址，由於正值整修，暫停開放，只能從遠處一覽。隨後乘車前往日喀則，雖然路程不足 90 公里，但因修路，車子要從鄉間小道且穿過數個藏族村落，經五個多小時約在下午四時許到達。我們參觀了札什倫布寺，此寺始建於 1447 年，爲歷代班禪喇嘛之駐錫地。此寺規模甚大，共有四個札倉、64 個康村、56 座經堂、236 間房屋，現有僧侶超過 5000 人，寺內供奉世界最大的鎏金強巴佛銅像，高 26 公尺，共用紫銅 23 萬多斤，黃金 5700 餘兩。傍晚參觀日喀則的自由市場，藉以瞭解藏胞生活狀況。

十七日離開日喀則，前往拉薩，路程 280 公里，沿著瓦魯藏布江和年楚河的北岸走，全是柏油路，一路上空氣清新，景色宜人，大夥兒談笑風生，似乎也忘卻了前幾天的旅途辛勞。下午距離拉薩約 40 餘公里的路旁山壁上，雕塑著一尊釋迦牟尼大佛像，另外還有三尊小佛像，甚為醒目，原來這裡就是聶唐大佛，離開這裡接著前往西藏博物館，這裡收藏了很多西藏早期的歷史文物和藏傳佛教寶物，而早期藏民生活用品，也是值得一看的。透過這些陳列物的介紹，使我們對西藏有了更完整的瞭解。

十八日在拉薩的活動內容非常充實，上午趕早班避免擁擠，趁著一般遊客尚未來到之前，我們第一個就來到布達拉宮，該宮始建於公元七世紀的松贊干布時期，至十七世紀五世達賴喇嘛再加重建，成為歷代達賴喇嘛的駐錫地和政教活動中心。宮的主體結構是中間的紅宮乃供奉佛神和舉行宗教儀式所用，而右側的白宮則是達賴喇嘛生活和辦公的所在。布宮主樓 13 層，高 45 公尺，是世界上海拔最高、規模最大，最完整的古代宮堡式建築群。面積約 12 萬平方公尺，是代表西藏的象徵。宮內珍藏大量佛像、壁畫、經典、珠寶等文物，是藏族文化藝術的瑰寶。已被聯合國列入世界文化遺產名錄。我們參觀布宮足足用了三個小時。下午接著參觀大昭寺，該寺始建於唐貞觀 21 年（公元 647 年），是由文成公主根據天文地理測定吐蕃地區地形像似仰臥的羅剎女，為了安定地方，乃選定其心臟位置建寺鎮伏。主殿樓高四層，一樓供奉由文成公主自長安請來的十二歲釋迦牟尼量身鎏金銅像，在藏傳佛教信徒

心言中，具有至高無上的地位，人人都要來此膜拜獻禮，而達賴喇嘛或班禪喇嘛的轉世靈童需要金瓶掣簽時，也是在這尊佛像前舉行的，所以信徒們均視此寺為聖地。參觀完大昭寺，今天的輕鬆節目就是逛八角街。這是圍繞著大昭寺的街道，有商場和連綿不絕販賣多種紀念品的攤販，所有物品都可大膽還價，甚至有些東西最後以一成的價格成交。上車時大家對這次活動都大呼過癮，算起來，今天一整天都在走路，可苦了這一雙腿了。

十九日參觀拉薩的雪頓節，亦名酸奶節，是西藏的重要節日之一。亦為本次旅遊活動的高潮，早上五時起床，六時出發，乘車至哲蚌寺旁的山上佔領有利位置，等到日出上演展大佛的節目。首先由數十個僧人扛著二、三十公尺長寬的釋迦牟尼佛像地毯唐卡，走向山坡下，然後由位在山上的僧人徐徐向上拉起，隨著大佛像逐漸的展現，頓時鐘鼓齊鳴，鼓號大作，數萬名信徒人人雙手合十，或向空中拋擲五彩紙塊，更有人擠到佛像前面呈獻現哈達，或頓首膜拜，企求加持，整個場面幾近沸騰。參觀了晒大佛後，接著去哲蚌寺，該寺創建於 1446 年，鼎盛時期僧侶超過萬人，寺內供有明代及清代木刻版大藏經各一部，以及康熙年間用金針繡寫的甘珠爾經一部，甚為珍貴，此寺與大昭寺相同的是都有金頂耀眼，內供眾多不同的佛像，因受時間所限，未及詳細參觀，下午來到羅布林卡，這是達賴喇嘛的夏宮，全為園林佈置，本來雪頓節的藏戲要在這裡表演，卻因故改在明天，我們未能欣賞，乃再度返回八角街逛街，二十日返回成都稍事休息，二十一日結束全部西藏之旅，帶

著疲憊，而又興奮的心情回到家中。

　　總結來說，西藏是個神秘又陌生的地方，無論種族、語言、文字、生活習慣均與我們完全不同，是個值得探索的地方，但如果要去，必須能克服生理上的不適應，同時在出發之前必須多做功課，使能對西藏一般情況，尤其藏傳佛教的歷史與內涵稍有瞭解，才不致屆時走馬看花，索然無味，回來後腦子裡仍然一片空白。

＊編後話＊

　　本會本期會訊，原定九十年九月底出刊，但因受納利和利奇馬二個強烈秋颱之影響，致出刊日期稍後延緩一星期，敬請各位會員原諒，本會活動期適逢暑期，多數會員或出國探親旅遊，所以本會只舉辦一次遼東和山東半島十日旅遊和象棋友誼賽外，其他活動亦較少舉行，本會前理事長宣家驊先生新近有"西藏探秘"之旅，願將其見聞向本會各位會員報告，誠屬難得。

印刷品

國立臺灣大學退休人員聯誼會

地址‥台北市青田街二十四號　校內分機‥3856

電話‥2369-5692

Fax-2364-8970

中華民國九十年九月三十日出刊

會務通訊

第十七期

發行者：國立台灣大學退休人員聯誼會
會　址：台北市舟山路 243 號鹿鳴堂一樓
電　話：23695692 校內分機：3856　Fax：23648970

會務動態

一、本會第三屆第五次理、監事聯席會議已於 90 年 12 月 5 日，假校總區鹿鳴堂會議室召開，會中主要議題為報告 90 年會員大會籌備情形，以及討論例行會務。

二、本次理監事會議，通過歡迎黃啓方、俞寬賜、傅祖慶等三位先生為本會會友，同時會員組再次發函邀請本年度退休同仁，及早來會辦理入會手續，共享退休後之美好生活。

三、本校自強活動委員會，所舉辦之各項活動，退休人員及眷屬原享有參加之權宜，但近有傳言，改制後的文康活動委員會，將修訂規定退休人員除本人外，將取消眷屬參加之資格，本會即將努力爭取至少保留夫妻結伴參加之權宜。

四、本會原屬聯誼性質，提供我退休人員來會小聚、聊天、閒談，藉以交換生活經驗，下棋，卡拉 OK，期便舒展心身，但限於本會場地過於狹小，擺設七張辦公桌椅後，已少迴旋餘地，理監事會決議，責請方理事長祖達及宣監事主席家驊，積極向有關單位爭取，期望分配到較大

五、九十年會員大會，已於 12 月 26 日上午 9 時 30 分在校總區行政大樓第一會議室順利召開，出席會員共計 180 餘人，久別老友，歡聚一堂，談心敘舊，氣氛融和，真是任何議場所少有的景像。

六、台大人事室林主任南榮，為大會上級指導員，蒞會致詞，簡錄於下：大家早安，今天能與各位長輩見面，感到十分榮幸，台大之有今天的成就與進步，都是各位先進各項服務，最後祝各位身體健康、精神愉快。

七、本會在籍會員，目前已達 434 人，永久會員也增加到 95 人，近來又有很多新退休同仁來會加入我們的行列，大家都是台大人，也都認同本會的組織及宗旨，期望本會能有更進一步的發展。

八、本會現有工作人員共計七人，均為無任何酬勞之志工，辦公時間為：每周一至週五上午 9:30 至 12 時，每天都有人員輪值，歡迎各位來會洽詢或小憩。

九、本會九十年度經費收支決算，業經監事會於 12 月 20 日召開會議，專案審

退休人員有個溫馨舒適的休閒場所。

1

核，並提報會員大會審議，大會決議："通過審查，列檔備查"。

十、本會舉辦之各類型活動甚多，但仍以旅遊活動參加人數最多，且已建立良好信譽，並深獲參加同仁之肯定，為了辦好下年度旅遊活動，活動組已先後在理監事聯席會議及九十年會員大會，提出專案，請各位同仁就個人經驗或見聞，提供旅遊景點及路線，俾供安排活動時之參考。

十一、九十一年各季旅遊活動，業經活動組排妥時程，表列公告於後，請大家早作選擇及安排，並請及早來會登記，俾便規劃作業，本會為了節省時間及郵寄手續，自本年起，所有本會各種所安排之活動，均刊載於每季之期刊中，即請各位會員注意各種活動之時間，極早來會報名參加，恕不另函告；每次旅遊參加人數若是不足基本組團，本會會另電話告知。

十二、本會已購置一套卡拉OK習唱設備約七萬多元，經一年多試辦，現有會員二十多人參加，每星期三及五下午2～5時為練唱時間，希望對此有興趣會員，前來報名參加，一次繳納1500元即為永久贊助會員。

表一　九十一年度活動預報表

月份	活動項目或旅遊地點	報名時間	備註
1	知性之旅一日遊	21～25日	
2	印尼巴里島五日遊	1～15日	
3	健康講座		未定
4	越南之旅	1～15日	
5	溪頭二日遊	1～15日	
6	江南千島湖、黃山		未定
7	中原古都文化之旅		
8	象棋、圍棋比賽		
9	關島之旅		未定
10	九賽溝及張家界		未定
11	墾丁海博館		未定
12	卡拉OK聯歡		

十三、九十年度經費收入決算如下表：

表二　國立台灣大學退休人員聯誼會九十年度經費收支決算表

（自 89 年 1 月 24 日至 90 年 12 月 10 日）

	收　入			支　出		結存
	項　目	金額(元)		項　目	金額(元)	(元)
1	89 年度結存移交款（註1）	240,170	1	大會及理監事會議餐盒	28,770	
2	本年度參加永久會員19人	57,000	2	89 年度大會摸彩獎品	15,000	
			3	90 年度辦公文具	10,278	
3	本年度常年會費	9,600	4	寄印會訊等費用	14,932	
4	新加入會員入會費	1,200	5	電話及電傳費	5,953	
5	繳納卡拉OK費	1,500	6	會訊打字及行政雜支	52,650	
6	紐澳旅遊結餘款	7,000	7	大會及各次理監事會議場地清潔費	2,500	
7	江南美食旅遊結餘款	36,600	8	卡拉OK修理費	1,000	
8	台灣台大山地農場旅遊結餘款	9,290				
9	山東及遼東半島旅遊結餘款	17,700				
10	金門旅遊結餘款	16,800				
						(註2)
合計		396,860			131,083	265,777

註：1.89 年度結存款中包括永久會費 165,000 元，90 年度常年會費 66,900 元。
　　2.結存款中包括永久會員費 77 人x3000 元＝231,000 元存入華南銀行。

本會活動通告（1～6月）

1. 元月 29 日（星期一）慈恩園，木柵深坑舊街，一日遊。免費參加，供應午餐。但須繳平安保險費 50 元，即日起報名。此項活動由慈恩園紀念館主辦。歡迎參加（每梯次 15～18 人。梯次不限）。

2. 2 月下旬舉辦峇里島（印尼）五日遊。即日起開始報名（行程、費用、出發日期等詳情與旅行社洽定後另行通知）。

3. 4 月舉辦越南之旅，6 月江南美食之旅，

5月溪頭二日遊。以上三項活動，如有意願參加者，即日起開始登記（詳情與旅行社洽定後另外通知報名）。

4. 卡拉 OK 歡唱，每週三及五下午 2～5 時聚會，有意參加者歡迎隨時入會。

5. 太極拳健身活動，每週一、三日上午 8：00～9：00 練功，歡迎隨時報名參加。

6. 3 月中本會參與樂群養生會之健康講座活動屆時請注意本會公佈欄之通告海報。

▸▸▸ 編後語 ◂◂◂

　　本期會訊，原定90年12月底前發刊，但因會員大會召開在即眾多資訊有待刊載故需延至今出刊。

印刷品

國立台灣大學退休人員聯誼會
校內分機：3856
電話：2369-5692
Fax-2364-8971
地址：台北市舟山路三號

中華民國九十一年三月三十日出刊

會 務 通 訊

第 十 八 期

發行者：國立台灣大學退休人員聯誼會
會　址：台北市舟山路243號鹿鳴堂一樓
電　話：23695692 校內分機：3856　Fax：23648970

會務動態

一、本會理監事聯席會議，每三個月召開一次，第三屆第六次會議，已於91年3月13日假校總區鹿鳴堂會議室舉行，出席踴躍，發言熱烈，對本會未來之發展、會務之推行貢獻良多。

二、本次理監事會議，通過歡迎梁木清、李秀芝、陳許初枝、黃柯碧蓮、高來有、高清等六人為本會會友。本會在籍會員人數已達442人，其中申請改列為永久會員者，也高達107人。

三、本校現職人員，每年分兩梯次於寒暑假辦理退休，許多位新近退休人員，對本會之宗旨、組織及活動內容，由於以往未曾留意，以致至今尚感陌生，特擬書函介紹本會現況，分寄新近退休人員，邀請其參加我們的行列，共享美好人生，近日內必將有新會員來會登記。

四、日前曾有傳言，學校辦理之文康活動，將修改規定，退休人員除本人外，將取消眷屬參加之資格。案經本會討論後，決議應先查明傳言何來？再爭取眷屬參加之權宜。本會透過各種管道，查證傳言不實，規定沒有任何改變，即退休人員除本人外，眷屬以一人為限，且應繳費。

五、本會於理監事聯席會議時，曾有委員提議，請學校對退休人員使用體育設備時比照在職人員收取管理費，案經本會於91年元月9日行文本校共同教育委員會及體育室陳述上情，於元月23日獲得函覆如下：(1)體育各項場地在訂定收費標準時，已考量到退休人員的福利，對曾奉獻本校之退休人員，將視同在職人員予以優待。(2)目前各場地收費，退休人員均比照在職人員收費，退休人員眷屬亦比照在職人員眷屬收費，當無收費過高情形。

六、本會元月30日行文總務長及營繕組，申請分配較大房舍，俾便本會辦公及活動案，案經學校於2月20日回函如下：貴會申請「吳修齊先生紀念館」場地空間乙節，因該館本校已規劃既定用途，無法提供貴會使用，尚請見諒。未來若有適當空間可供分配時，將整體考量並通知貴會依程序提出申請。

七、本會會計業務原屬總務組下，但因本會工作人員皆為志工，除每週三全員到齊外，平時輪流值班，業務推行頗為不便，尤其本會會計業務較為繁雜

1

而特殊，單就收繳會費而言，統計及收繳會費工作頗為繁重，為使運作順暢，權責專一，有單獨成立會計組之必要，案經本次理監事聯席會議通過，單獨成立會計組，且商請徐玉標教授兼任組長，並將提報下次會員大會再作討論。

八、本會已於元月 29 日及 30 日舉辦兩梯次慈恩園知性之旅，參加人數共計三十餘人，頗為成功，日後如有會友願意參加，滿 15 人即可舉辦一次。

九、本會太極拳健身班，已開班滿一週年，每週一、三上午 8 時至 9 時，在鹿鳴堂練功，一年來從無間斷，參加練功會友均感對健身助益匪淺，歡迎新拳友參加，一起練功養生、健身。

十、卡拉 OK 歌唱班，每週三、五下午，在鹿鳴堂舉行，多以國台語老歌為主，自由選唱，歡迎有興趣之歌友一同參加。

十一、本會已於 3 月 4 日舉辦巴里島之旅，前後共計六天，報名參加者 32 人已圓滿愉快返台，旅遊見聞報導於後。

十二、本會與樂群養生聯誼會合辦健康講座，邀請作家吳東權先生主講，講題為 "養生十六平台"，已於 3 月 14 日假北市中山南路 11 號 1 樓舉行，本會多位會友參加聽講。

十三、本會舉辦之旅遊活動，頗具成效，亦深獲參加會友之肯定，日前有會友建議：應收集每次旅遊活動之照片，利用年會時展出以饗同好。

十四、本會理監事聯席會議時，曾有委員提供意見：希望舉辦旅遊活動時，對國內外及景點之選擇，應有所調配，對旅遊日程之長短，亦應多作考量，因本會會友年歲多已偏高，長程及長日程之旅遊，對我等來說不能不作妥善之考量，國外長時程旅遊，每年舉辦二至三次即可，國內短時程旅遊，每年舉辦三至四次亦不為多，兩天一夜或三天兩夜者最為恰當，本會承辦同仁，正向此目標策劃中，歡迎會友提供高見。

十五、依本會章程第二條規定，會員須繳納會費，如欠繳會費，則暫停其當年之權利，其欠費累計達三年者，停止其會籍。本會成立迄今，確有極少數會員有欠繳會費之情形，逕查多半因瑣事牽累，或一時疏忽所致。本次理監事聯席會議，曾提專案討論，經會議決議：欠繳會費一年者，第二年起寄發補繳通知書，或利用會務通訊、設計通知欄，個別通知其補繳會費，欠費若逾三年者即逕予停權之處理，是故自本期會務通訊中即附寄簡函，個別通知補繳會費。

≫ 旅遊資訊 ≪

時間	活動項目	備　註
四月	越南之旅	1.開始報名 2.已報名 25 位
五月	溪頭二日遊	1.開始報名 2.已報名 20 位
六月	上海、杭州 千島湖、 黃山之旅	1.開始報名 2.旅程規劃中
七月	中原古都 文化之旅	1.開始報名 2.旅程規劃中

▶▶▶ 特別通知 ◀◀◀

本會定於四月 20～28 日舉辦越南旅遊活動，迄今報名已達二十五人。歡迎會友及在職同仁報名參加。此次活動地區包含南北越各景點，共計九天，團費 23000 元整。（包括導遊、司機小費、保險、簽證、機場接送各項費用在內）

本校新建綜合體育館各項設施收費標準，我退休人員及眷屬均與在職人員完全相同，茲將各單項價目表列於下，提供會友參考利用。

對象	項　目	溫水游泳池	重量訓練室	羽球場	壁球室	桌球室
教職	半年費	2500	1250	1500	1250	750
	年　費	4500	2250	2700	2250	1350
	月　費	625	350	場／時	場／時	場／時
	單　次	120	80	250	150	100
	對象說明	1.本校教職員工　2.編制內專任研究人員＊兼任教師　3.專任約聘僱人員　　4.退休人員				
眷屬	半年費	4000	2000	2400	2000	1200
	年費	7200	3600	4320	3600	2160
	月費	1000	500	場／時	場／時	場／時
	單次	200	140	300	180	120
	對象說明	1.本校附屬單位人員　2.教職員工、編制內專任研究人員　3.專任約聘僱人員　4.退休人員之配偶、直系親屬　5.及未滿二十歲之直系卑親屬				

巴里島旅遊記—— 印尼婆羅摩火山·里島六日遊

方祖達

第一天：三月四日上午九時半，我們在台大校門口集合，由台航旅行社，鄭立仁領隊，搭上大全德遊覽車準十時開往桃園機場，十時半到達，

32 位團員的行李辦理托運，下午一時45 分搭乘國泰 CX511 班機經香港轉搭 CX781，到印尼爪哇的泗水機場已是下午七時四十五分，出關後再搭當地遊覽車往泗水市郊用晚餐，21:10 車開至往火山腳下的一家大婆羅飯店，已是晚上十一時了，大家拖著疲乏的身體進房休息。

第二天：清晨三時叫醒，3:15 在大

廳集合用了簡餐：麵包和茶或咖啡，準 3:30 分搭小型車在黑暗夜裡駛往婆羅摩火山附近一處乘馬場，這時大家穿上厚衣服，每人一馬往火山口出發，有的搭小吉普車上山，或徒步上山，在黑暗夜裡登上火山口，已是 5:30，再努力爬上 280 石級攻頂，天漸亮了，東方現出紅霞，因為我們已經登上 2300 公尺高的婆羅摩火山口，觀望四週風景，誠如一幅美麗的圖畫，山南深處仍不斷噴出含硫磺味的蒸氣，迷濛整個山頭，火山四週山腰，處處是白雲裊裊，形成一層層薄絲織成的白紗，加上四週都是青山簇簇，又是許多人馬雜處，大家高興拍照留念，六時多太陽昇起，我們又騎馬或搭車返回乘馬場，再搭車回到旅館，已是上午 7:30，用了一頓豐富的早餐，各自回房盥洗後，躺在軟綿綿的床上，呼呼大睡，至 10:00 交出行李後出來欣賞外面的風景，10:30 才依依不捨地離開了這座美妙的火山。約經二小時車程到達泗水市區，泗水因四面環海而得名，而當地以傳說白鯊和鱷魚而得名 Surabaya，為僅次於雅加達之印尼第二大都市，人口 300 萬人，90％人民信奉回教，華人只佔 5％，多為經營商業，1997 年發生排華暴動，多數華人遷離，影響泗水經濟大為衰退。

先參觀印尼國家動物園，其特色是養有大蜥蜴、天堂島和紅毛猩猩，時管理員牽出一隻瘦小的紅毛猩猩，供大家拍照。時為 13:30，用了午餐，到一家百貨公司 shopping，農產品和衣料都較便宜，如黑糖每公斤合台幣 10 元，白米 5 元，每一元台幣折合印尼盾 300 元，台幣也可流通。17:30 晚餐，車開往泗水機場，19:10 飛行約半小時，便到了峇里島，首府登巴沙機場。晚餐後，我們進住附近一家五星級大飯店 Patra Jasa 的確是一家大而高級的旅館，擁有 500 多間的四戶一幢的房間，各幢間有寬敞的聯絡道路和庭園花木佈置，室內設備齊全，有客廳、作業室、臥室及盥洗室、空調、電視、電壺、茶具，樣樣俱全，給我們五天住宿的大享受。

第三天：早晨 8:30 車開往巴都布蘭，約一小時到達，先觀賞當地多彩多姿的巴龍舞及傳統獅子舞和劍舞表演，這裡是一幢可容納 3－4 百人梯式大廳，前面為一戲台，其左邊為一打擊樂器的樂隊台，約有 20 人打擊銅鏈於鋼條組成的琴鍵上，配合鼓聲，為舞蹈配合的音樂，表演內容為巴里島印度教傳說中有一位國王無子嗣，求神仙賜子，但必須答應將來歸依的故事，因後來皇室悔約，雙方發生戰爭，最後還是由賢明達理的王子願意履行前約，以真理克復了邪惡的一個八幕劇的故事，演唱約一小時。10:35 開車到馬斯的 "木雕之村"，參觀當地精巧的手工木雕作品，琳瑯精緻的各種木雕，大型的如佛像、女神、駿馬，小的如各種動物，件件如生，隨後參觀當地的美術館，介紹當地不同年代不同藝術家的作品及藝術風格，中午時分車開約一小時半到達北部高原湖光山色的金塔馬泥火山口，一邊享受一頓豐富的印尼風味餐，一邊眺望有峇里島富士山之稱的巴多火山美景。

餐後前往參觀十一世紀的聖泉廟，池中不斷湧出泉水，池水清澈可鑑，魚兒在水草中游來游去，據云此泉水有神奇療效。17:30 參觀天堂鳥園，觀賞當地出產的稀有鳥類，如天堂鳥、鸚鵡和八哥等，但遇到大雨，園路多積水，使遊客掃興，應速做排水設施，車開回到市區，用過晚餐，再逛附近一超市，大家買些禮品及水果，回到旅社已是 8:30，各自回房休息。

第四天：全天做海上活動旅遊，可以選擇參加豪華的愛之船或是參加泛舟。我們多為年長的團員，所以選擇了自費之愛之船活動和花瓣浴按摩，早餐後車往南行到 Benua 碼頭，搭上巴里海二號船，三層可容納三百多人，船底成倒凹字型，當日氣候溫和多雲，船開至到半島頂端的龜島附近，換好泳衣，坐上香蕉船，由拖艇繞海一週，相當刺激，再自由做浮潛活動，接著下半潛水艇，在海中繞約半小時，在艇窗前可以明晰看到海底珊瑚怪石，各種大小魚，十分有趣。10:30 又分批搭上小艇駛往另一小島，上有淡水游泳池，我們入池游泳並玩水上排球活動，至 12:30 船開回巴里海二號船，享用一頓豐盛的自助餐，船開回 Benua 碼頭，再搭我們的旅行車前往目前巴里島最熱門的花瓣浴傳統按摩，二人一間，先用草藥水淨足，再躺在床上，由熟練技術的女按摩師做全身按摩，先用藥草水及松節油、香精水擦身，熱水沖洗，擦乾後，又用牛奶塗抹全身，並用塑膠布包裹約十多分鐘，再用熱水沖洗，又做全身揉擦藥草水，熱水沖洗後，則

躺在花瓣藥草，花精等之浴池中泡約二十分鐘，擦乾後，躺在按摩床上從腳到頭做全身按摩，全程約三十分鐘，再用熱水沖洗，則完成全程，喝一杯熱薑茶感輕鬆許多，也算是享受一次所謂〝SPA〞了。用過晚餐便回旅館休息了。

第五天：早餐後，8:30 車開到峇里島負盛名之海灘休閒地－南灣－白色的沙灘、碧藍的海水，在此搭乘玻璃底船，欣賞海底美麗的珊瑚礁及各種熱帶魚，成群斑花彩鱗的魚群，被我們餵食麵包，爭食的活躍在船旁陣陣而過，之後我們又乘搭小汽艇約半小時到海龜島，此處專供觀光而設之鬥雞場活動，又有蟒蛇、小彌猴、海龜及大蜥蜴，供人們挽玩拍照。大家在這裡大食椰子，很便宜一個才合台幣25 元，我們停留約半小時，便搭原船回到南灣。

午餐後，我們便往阿拉斯格拉頓猴園參觀，這時下了毛毛雨，但仍有許多野生猴子前來討食，有人餵牠花生，看牠們靈敏活潑，跟人們前後左右，剝開花生的動作十分輕快。我們又看到成群的大蝙蝠倒吊在樹棺，一點也不怕雨淋，有時看到牠們一隻隻飛翔在空中如同猛鷹。接著我們來到位於峇里島西南海邊印度洋岸的丹拿樂，參觀聞名中外的海神廟，周圍海浪洶湧，終年累月的沖刷侵蝕，該地逐和陸地分離，變成一個孤島，現在修築波堤，我們只能遠眺，北岸有一凸出之巨石伸入海中，中央成一大洞，形成如桂林的象鼻山，但也受猛浪不斷衝擊，看那怒湧海浪的衝擊形

成的浪花雷動，別有一番奇觀，停留約一小時回到停車場，車駛往旅館途中，順便下車拍攝戰神挽弓射箭的大雕像，再到一家高級特產店，如海參、燕窩、鮑魚以及各種糖果製品，雨也停了，大家大包小包提上車，高高興興到一家大餐廳用晚餐，這是本團旅遊峇里島最後一道晚宴，有魚、蝦、蟹、龍蝦等大餐，喝到鳳梨或酪梨的果汁，19:20 回到旅館休息。

第六天：是自由活動及回程的時間，除了大家可以睡大頭覺外，更可自由在大飯店附近海邊散步、拍照留念，在陽光普照的椰林下，腳踏著軟綿的沙礫散步，陣陣的海風迎面吹拂，又聽那波濤的拍拍聲，一隻隻小船在海中搖幌，構成一幅美麗的熱帶風情畫，有令人心曠神怡，久久難忘的感覺。

12:20 離開大飯店，直接到飯店用過午餐，到登巴沙機場，搭乘國泰 CX784 班機 15:15 飛至香港是 19:45，再自香港轉機，搭乘國泰 CX408 班機於 21:35 飛到桃園國際機場已是晚上十一時了，出關並不檢查行李，搭上大全德遊覽車到台大校門口已是凌晨 1:30，才結束這次快樂的峇里島六日遊。☺

印刷品

國立台灣大學退休人員聯誼會
地址：台北市舟山路二四三號
電話：2369-5692 校內分機：3856
Fax-2364-8971

南北越 9 日遊

第一日 台北-胡志明市　　　　　　　　　　　BL-693　19:45/22:15

　　集合於中正機場，搭乘直航班機飛往胡志明市(越南共和國經濟文化中心)，抵達後由本公司導遊接往餐廳享用簡便宵夜，隨後辦理住宿手續。

第二日 胡志明市-古芝-頭頓

　　早上前往位於胡志明市市郊約 75 公里之越戰遺跡"古芝地道"參觀，您可親身体驗戰爭之艱苦與恐怖地道縱橫全長約 200 公里，俗稱「越共總部」。午餐後前往位於胡志明市南方約 120 公里之經濟特區-「頭頓市」，為昔日越戰時美軍渡假勝地，沿途可欣賞純樸的田園風光及品嚐當地時節水果。晚上享用海鮮大餐，餐後自由活動。

第三日 頭頓-胡志明市

　　早餐後，登上耶穌山俯瞰頭頓市景，櫃前往有東方夏威夷之美稱的頭頓海灘，自由在海灘漫步，隨後參觀鯨魚廟、五邦天后宮、十八米觀音寺，午餐後返回胡市，安排市區觀光，及參觀越南聞名的特產、手工藝品店。晚餐後自由活動，可自由前往夜總會歡唱，享受歌舞昇平之南國夜生活。

第四日 胡志明市-美拖-胡志明市

　　早餐後前往胡志明市南方 75 公里，以稻米、水果盛名之美拖市，乘船暢遊湄公河，穿梭於水椰林之間。在果園內品嚐越南熱帶當季的水果，隨後參觀蜜蜂島，下午返回胡志明市。晚餐享用於西貢河舫上，欣賞歌舞表演及觀賞西貢河夜景。

第五日 胡志明市-河內-下龍灣　　　　　　　BL-792　08:30/10:30

　　上午搭機前往越南首都-河內。抵達後享用午餐，餐後專車前往位於距離河內 180 公里，享有世界八大奇景之一美稱的「下龍灣」，沿途可瀏覽純樸的農村生活及牛羊群集的農村景觀；抵達後享用晚餐，並辦理住宿手續。

第六日 下龍灣-河內

　　早餐後乘船出海遊覽下龍灣---由 3000 多座小島，佇立在 1500 公里的海面上，形成壯觀的石林，在這些由石灰岩所形成的島嶼，經過風化和海浪侵蝕後，形成許多天然洞穴及鐘乳石洞奇景。午餐於船上享用海鮮餐，下午搭車返回河內市。晚餐後自由活動。

第七日 河內

　　早餐後參觀巴亭廣場、胡志明陵寢(逢週一、五休館)、故居及一柱廟、胡志明紀念館。午餐後參觀西湖、還劍湖、及河內著名藝品中心，購買紀念品或自由閒逛河內三十六條古街。晚餐後返回飯店休息。

第八日 河內-胡志明市　　　　　　　　　　BL-793　11:30/13:30

　　早餐後專車前往河內機場，搭機返回胡志明市，午餐後安排市區觀光，參觀法式建築的市政廳及具有歐洲哥德式建築的西貢百年紅色大教堂、郵政局，隨後參觀美軍罪惡館，晚餐後自由活動。

第九日 胡志明市-台北　　　　　　　　　　BL-692　14:30/18:45

　　早上市區觀光，參觀華人區及百年歷史的媽祖廟，午後整理行李搭機返回台北溫暖的家，結束此愉快的南國之行。

　　---以上行程僅供參考，以當地導遊安排為準---

使用飯店： <u>胡市</u>：AMARA　<u>頭頓</u>：森美、頭頓　<u>河內</u>：首都花園　<u>下龍灣</u>：工園

行程特色：1.飯店內享用早餐　2.送下龍灣遊船及海鮮餐　3.贈送美拖行程　4.湄公河遊船
　　　　　5.夜遊西貢河晚餐　6.送蜜汁烤乳豬　7.送清涼椰子水　8.送歐式自助餐
　　　　　9.送越南風味餐　10.送越南斗笠　11.送團體照片　12.全程八菜一湯

VL 越南假期 :02-2512 2277

團費：每人 23000元 包括簽証費、小費、接送机場費

中華民國九十一年七月十日出刊

會　務　通　訊

第　十　九　期

發行者：國立台灣大學退休人員聯誼會

會　址：台北市舟山路 243 號鹿鳴堂一樓

電　話：23695692 校內分機：3856　Fax：23648970

會務動態

一、本會第三屆第七次理監事聯席會議已於 91 年 6 月 19 日假校總區鹿鳴堂會議室召開，出席理監事至為踴躍，討論議案多件，對本會未來之發展，會務之推行，貢獻良多。

二、本次理監事聯席會議，通過歡迎沈品瑤等 13 人為本會會員，本會在籍會員已達 449 人，扣除他遷、停權及其他因素外，實際會員 389 人，其中永久會員人數已增至 113 人。

三、本會發行之會務通訊，原依例於每季季末出刊，但為配合理監事聯席會議之召開，以及旅遊活動之資訊報導，出刊日期稍作調整。

四、本年度第二季本會所舉辦之旅遊活動簡介於下：

1.四月份南北越九日遊，2.五月份溪頭生態之旅二日遊，3.六月份杭州、千島湖及黃山之八日遊，以上旅遊經過，請見本通訊各旅遊記實。

五、本會 6 月 10 日應樂群養生聯誼會之邀，假北市中山南路 11 號 1 樓舉辦養生講座，由成和平醫師主講「身心保健面面觀」，本會多位會員前往聽講。

六、本會依往例，對會員華誕之日，及時寄發生日賀卡，計 4 月份 26 份，5 月份 35 份，6 月份 28 份，計 89 份，聊表祝賀之誠。

七、本會檢討以往所寄出之生日卡稍嫌粗俗，決定將賀卡改為賀函，另行設計印製。

八、邱松振會員不幸於上月病故，本會收到訃文後，深為哀悼，方理事長親往祭致，並致送奠儀致意，又悉楊環陞會員亦於日前病逝，同仁深表哀悼。

九、本會會員都是上了年紀的人，老人養生保健，必須提高警覺，生活習慣力求規律條理，有病盡快求醫，運動乃為強身之本，願大家共勉之，茲將田福溁會員增訂之「老人養生保健三字經」複印寄 贈，俾便大家參考實行。

十、本會現有辦公房舍，實在過於狹小，擺設辦公椅棹後，已少迴旋空間，今年元月份，曾正式向校方行文申請分配較大房舍，俾便本會辦公及活動，案經學校於二月份回函：「未來若有適當空間可供分配時，將整體考量，並通知貴會依程序提出申請」。

近來依據校務通訊報導，鹿鳴堂將規劃餐飲中心，屆時本會可能勢必搬遷他處，又舟山路原國立編譯館及原委會，學校均已收回整修中，若能及早申請爭取一間較大房舍，乃本會所祈求，或就在鹿鳴堂交換一較大房舍，亦為我們所希望。

本次理監事聯席會議時，共同推荐陳汝淦、李學勇及林參三位理事，協同方理事長祖達，共同奔走爭取，也歡迎本會會員共同努力！

本年度第三季活動資訊

中原古都－－平遙古城文化之旅：

本會原定秋季舉辦「中原古都」之旅，但因報名人數不多，無法成團，現有登山會張鴻春教授等有意籌組「中原古都－－平遙古城」之旅，行程包括：山西太原、平遙古城、臨汾堯都、洪洞大槐樹尋根、壺口瀑布、運城關廟、河南三門峽水利工程、焦作雲台山大瀑布、林州紅旗渠、鄭州黃河遊覽區、安陽殷墟、太行山、開封宋都、龍庭、鐵塔、相國寺、清明上河園等景點。有意參加以上旅遊行程者，請與本會聯絡，每週1～5，上午9：30～12：00，電話：23695692，校內分機：3856。

棋 類 比 賽

七月至八月暑假期間，本會依往例舉辦象棋、圍棋比賽，即日起歡迎報名，參加人數超過五人，即安排賽程，進行比賽。

＊南北越旅遊記要＊　方祖達

本會91年第二次國外旅遊，已於4月20日至28日順利完成，參加團員及其親朋好友共計33人，由越鈴旅行社承辦，茲將九天的行程記要闡述如下：

第一天，4月20日下午4：20自台大校門口出發，專車至桃園中正國際機場，開始辦理登記及行李托運手續，7：45登機，8：20起飛，飛行三小時十五分，平穩到達胡志明市機場，出關時間為當地11：20。車開至附近一家餐廳吃宵夜，是一種越南風味餐，河粉、牛肉或雞肉，加入新鮮的九層塔、香茅苣及魚腥草別有一番風味，12：20到一家高級的大飯店（Amara）住宿。

第二天，早餐後，前往胡志明市南方75公里，以稻米、水果盛名的美拖市，沿途由越南導遊畢漢源講解越南概況，越南為中南半島上一窄長的國家，東南濱海，約有三千多公里的海岸線，面積約大於台灣七倍，人口7800萬人，全國分61個省市、40多個民族，以京族最大。

以前華僑約佔全國人口之8%，自越共統一後，大多數原來富裕的華人，多逃亡海外，目前約佔5%，以廣東、福建、潮州及海南島來的華人為主，美拖以稻米、水果盛名，乘船暢遊湄公河，穿越於水椰林之間，水椰即產在湄公河下游的龍、麟、龜、鳳四大島，水道兩邊水椰葉似一般椰子樹，但是自水中伸長出來，十分堅硬，可供建材之用，果實如林投果，可食、涼性。我們所乘的遊船，到蜜蜂島灣時，改坐每船7人的小船，縱走水椰林之溝渠，約半小時到該島～休息站，我們品嚐蜂蜜茶，之前我們亦到達泰山島，亦有水果島之稱，我們就在一農家果園，品嚐多種熱帶水果，有鳳梨、木瓜、人心果、香蕉、紅龍果及芒果等，下午回到胡志明市參拜頗具歷史性之媽祖廟。

第三天，即4月22日早餐後，車開往離胡志明市75公里，越戰遺跡之〝古芝

地道〞參觀，先聽簡報，瞭解越戰時越共如何構築叢林地道，再到現場親身體驗當年參戰之艱苦與恐怖，地道深約 3～4 公尺，坑道高度僅 90～100 公分，分三層縱橫共長達 250 公里；我們進入地道，必須俯身爬行，只走了約 30～40 公尺，出來時就感到渾身不適。我們再沿叢林走去，沿途看到各種恐怖的機關陷阱，偽裝得天衣無縫，讓人難以察覺，並配合當時暗佈的地雷等設施，越戰時以此打擊美軍十分慘重，參觀約 1.5 小時將出口時，也品嚐到戰時越共維生的簡餐，如吃的是樹薯，沾著鹽巴，配茶水充飢。隨後回到胡志明市，到一家叫做巴黎庭院餐廳享用一頓豐盛的午餐。下午 2 時多，我們各帶著簡單的手提行李，車南向開到離此 120 公里的頭頓，是一經濟特區，也是昔日美軍在越戰時之度假勝地，沿途看到純樸的田園風光，途中我們停車在一個大水果攤，品嚐各種熱帶水果，如椰子、芒果、榴槤等，也看到道路二旁許多養殖場、紅樹林及果園等，我們到頭頓後港，住進一家叫做森美（Sum my）的新建大飯店，在夕陽及海風陣陣撲面下，享受熱帶海景之特別舒適風光。

　　第四天，大家都睡足了一夜。清晨，太陽剛從海平面上昇起，我們已雙雙對對在海風拂面的沙灘上散步，呼吸新鮮的空氣。早餐後，車約行走十多分鐘到達耶穌山下，大家高興地登山，俯瞰頭頓風景，山並不高，約二百公尺，均為石階，好走，大家拍照留念，看到三面環海，使人心曠神怡。下山後，車開往

有東方夏威夷之稱的頭頓沿海地帶，並參觀鯨魚廟、五邦天后宮、十八米觀音寺、呂洞賓廟，其中以胖觀音最為別緻。在海邊一家叫做福祿宮海鮮餐廳吃了一頓豐盛的午餐，便開車返胡志明市，安排市區觀光及參觀越南聞名之手工藝之特產店，晚餐在西貢河遊船上，這是本團旅行社特別安排的一次海上餐宴，船沿西貢河開行，經過的兩岸盡是燈火燦爛，覽紅燈閃爍的夜總會及遊船，昔日之一小巴黎重現在眼前，大家在船上享用海鮮火鍋餐，佳餚配上美酒，大家一高興，自動哼出情歌來，也合唱了幾首愛國歌曲，歡樂氣氛到達了極點，大家高興之餘，也賞給伙計些小費，略表謝意。二小時的海宴結束後，車返飯店途中，大街上的交通已順暢得多，不像來時的擁擠不堪，原來下午五時前後是公務員、店員及工人的下班時間，機車及腳踏車隊塞滿全市，還好有紅綠燈及交通公安人員指揮，人頭鑽動，卻未發生事故，也可以看到越南人的守法精神，回到飯店已是晚上九時，是休息的好時候了。

　　第五天，六時叫醒，六時半用餐，七時開車前往機場，搭上 8:30～10:30 的飛機到達河內機場，隨即在河內市午餐。1:30 車往東開至距河內市 180 公里，享有世界八大奇景之一美稱的〝下龍灣〞，沿途瀏覽北越純樸的農村及一片碧綠廣大稻田的景象，中途至一家陶瓷器店參觀休息，於下午 4:15 到達公園旅社，面對下龍灣海洋，海風習習，十分涼爽。晚餐後，大家去觀賞在皇家蘭園的表演

節目，看到越南民俗的歌舞，美妙典雅的各種舞姿和越南特色的音樂，有人也和舞者合影留念，惜時間嫌短，只有 30 分鐘便結束了。接著去看鬥雞，短短十多分鐘，則見紅、白二隻公雞，打鬥得頭破血流、羽毛散落滿場，十分慘酷。接下去觀賞水上木偶戲，先是三通古樂演奏，接著在一個大水池上表演各種玩偶遊戲，如海上釣魚，蛟龍戲水及談情說愛等表演，精彩值回 NT$250 的門票，至十時多，回旅館休息。

第六天，用過早餐，到下龍灣碼頭，則見大批人群排隊上船，約有數十艘遊船接待，我們 8:20 搭上船，船艙內排列左右二排共 8 張桌子，可容納 34 人的座位，艙頂除了駕駛室外，也可供人眺望，海風吹拂在 25℃ 的艙內觀望海景頗感舒適，面臨海上大小島嶼星羅棋佈，各式各樣山姿層層疊疊好看極了。船航行約一小時，我們登上一座小島，走進一個叫做天空洞的洞穴，原來是一個很大的鐘乳石大洞窟，沿著迴巡的石階上下前進，俯仰奇特的鐘乳石，堪比桂林的蘆笛岩還要壯觀，出洞後又登上船，繼續欣賞海上景色，約在上午 11:30 船又靠上一座叫做滴山的山峰，是一座聳立約二百多公尺的海島，我們團中有四男二女老將登上峰頂，眺望四周各式各樣的海中山巒，躺臥在碧藍的海面上，好看極了，我們拍照留念，又匆匆沿著百多級的石階下山，回到船上，享用一頓海上海鮮大餐，配上虎牌啤酒，又是一次豐盛的午餐，這時船上一位女販，排出各式各樣的服飾，養珠及芝麻薄餅，你買我買，歡喜就好，在海灣上常有販賣水果水販船靠近來招生意，椰子、香蕉、山祝、芒果任君挑選，大家買來互相請客，品嚐熱帶佳果，高興之餘，大家齊哼名歌小調，歡樂融融！2:30 登上下龍灣之一處碼頭，走進比台北萬華攤販小街都不如的小街，號稱爲中越邊界農產交易的免稅市集，很令人失望，每人還得付給台幣一百元做爲遊船的加班費，這種導遊的騙術也被我們拆穿了。回到船上繼續欣賞海景，3:30 車沿原路回河內市，晚餐後回旅館休息。

第七天，8:30 車開到河內市巴亭廣場，參觀胡志明故居和一支柱廟、陵寢爲一石塊砌成，對面是越共黨部，後面有一片公園，並有一幢接待外賓的橘色宮廷，公園內的林木高大、綠地、花壇和縱橫步道頗具氣魄，之後導遊要我們付出約台幣 125 元，每人乘坐一輛三輪車，漫遊河內 36 條老街，我們都覺毫無意義，又上了一次導遊的當。午餐後回旅館休息，享受一個午睡。3:00 前往參觀文廟，表示早期越南已有尊孔的中國文化，大門稱奎文閣，對聯是 "熙朝粉飾隆文治，傑閣珍藏集大觀"，表達越南一千多年前已接受中國文化的歷史記載，廟內二旁豎立刻有歷代考取進士芳名石碑，門旁亦有對聯 "科甲中來名不朽，宮墻堂外通彌尊"。共有四進建築物，後堂有打擊樂隊演奏，增加莊嚴氣氛，再到河內市最大的湖泊，東部稱竹白湖，西方爲大西湖，但不能與杭州的西湖並論，岸旁樹木扶疏板凳可供青年男女談情，最後我們又到還劍湖，傳說

古時李來國王在此湖中由神龜獻一寶劍，國王以此劍戰勝強敵後，重遊此湖歸還寶劍而得名。5:30 到一家珠寶及傢俱店參觀休息，6:00 到中國大酒樓晚餐後，回旅館休息。

第八天，8:30 車又開到胡志明陵寢紀念館，大家排隊魚貫進入，看到胡氏遺容，慈祥的躺在玻璃棺內，供人憑弔。11:30 到達河內機場，在機上用餐，1:30 到達胡志明市，再次午餐，隨後到越戰博物館參觀，看到美軍遺留下的坦克車，加農炮、飛機，和各種大小未爆炸的炸彈，展覽室中，看到越戰時種種死傷的慘狀，犧牲是那麼的慘重，越南是統一了，但解放已二十多年來，越南經濟衰退，人民生活痛苦，更盼望這塊資源豐富的地方，能在和平中求進步，如再有機會來越南，期盼能見到新的面貌，3:40 參觀紅教堂及百年郵電局，並參觀優美的漆板畫工場，有興趣者也買了幾幅。5:30 回到 Amara 大飯店休息，7:30 車開往西貢河碼頭，登上一艘三層大餐廳的遊船，用了一頓豐盛的海上晚宴，在樂隊伴奏中有歌舞助興，並為我們二位四月份生日的團員準備生日蛋糕，在唱生日快樂歌切蛋糕時達到最高潮，隨後大家一邊吃豐盛的晚餐和蛋糕，也隨著樂隊輕唱流行歌曲，欣賞西貢河二岸閃爍的霓虹燈夜景，至 9:30 才乘車回到旅館休息。

第九天，早餐後，我們到蓮潭遊樂公園玩，是一個規模頗大的公園，坐上單軌車繞園一週可以鳥瞰全貌，在公園裡有十幾對結婚的新郎和新娘正在拍照，

原來許多台灣青年到越南娶妻，近五年來已達數萬人，所以在機場上可以看到許許多多越南新娘（指少婦）抱幼兒省親的約佔四分之一的乘客，隨後車到機場，搭乘太平洋航空公司班機，於 18:15 到達桃園機場，20:30 回到台大校門口，在大家互道再見聲中，結束這次快樂的越南之旅。

旅越感想

越南古稱安南，在我國唐宋時代曾設郡於此，明清時代亦來朝貢。清末，法國人東渡經商，發現越南地肥物豐，1858 年派兵入侵，時阮氏王朝曾求助清廷，1878 年中法戰爭，劉永福率軍抵抗，但清廷仍與法國求和，准許法國通商並賠款，至此越南被法國統治，直至二次大戰，日軍驅走法國勢力而取代之，日本戰敗投降，由美國軍隊進駐，並扶植保大國王成立共和國。1945 年阮必成出來抗拒美國統治而宣佈獨立，但失敗而逃亡國外成立流亡政府，並以其救命恩人之名，改自己名曰胡志明。在此 1911 年至 1941 年之長期流亡，1945 年領導越共與南越對峙，與南越簽訂所謂＂巴黎和約＂。南越由保大國王的首相吳廷琰自立為總統，但因與美國政府不和，在美國甘乃迪總統主持下，於 1965 年被槍殺，而由美國支持的軍人阮文紹及阮高奇為正副總統，從此南北越戰爭不斷，1975 年 10 月 6 日阮文紹下野，由楊文明繼任，但因美軍對抗越共失利，美國國內民意厭戰，時美國總統尼克森與越共求和，於是南越遂

被越共全面佔領，越南於 1975 年 4 月 30 日統一。翻開近百年來越南歷史，因不斷內戰人民飽受戰爭的摧殘而遭遇種種艱辛，原可在此天然資料豐富的土地上過著美好的幸福生活，而因戰亂使許多人民不僅是流離顛沛，活命在生死掙扎的邊緣，如今是和平了，越南政府亦於七年前開放了，政治也鬆綁了，在振興經濟的努力下，景氣已漸恢復生活亦多改善，善良的越南人，我們祝福你們將要過著富裕快樂的生活！

溪頭二日遊記要 方祖達

91 年本會夏季國內旅遊，已於 5 月 23～24 日舉行，計參加會員及親屬好友共 45 人，行程路錢由本會活動組預先擬訂策劃，其中包括參觀國立台灣工藝研究所及特有生物研究保育中心，溪頭台大實驗林管理處，均先函告。

5 月 23 日午上 7：30 在本校大門口集合上車，時下大雨，大家仍然高興出發，*沿途我們開著電視機，點歌唱卡拉 OK，多少可以解除一些悶氣，因為外面下著滿大的雨。沿北二高速公路南行至 11：00 到達手工藝研究所，由該所陳列館呂明燦先生接待，先做簡報，再自四樓、三樓、二樓參觀，獲知台灣光復後工藝逐漸發展，民國 43 年在草屯現址成立南投工藝研究班，至 62 年由當時台灣省謝東閔主席推動各種手工藝研究改良，以輔導業者改進品質，增進產銷能力。民國 88 年改為國立，並附設 "台北工藝設計中心"，"鶯歌陶瓷技術輔導中心" 及 "苗栗陶瓷技術輔導中心"。展示內容包括：竹籐、木材、石材、陶瓷、玻璃、珠寶、金屬、染織、玩具與玩偶，觀光紀念品等十類，該所多位高級主管多是台大校友，談論時倍加親切，臨別時並致贈每人一份匣裝二個精美之茶杯，留做紀念。車開往埔里金都餐廳用午餐。品嘗當地如竹筍、金針、河蝦、溪魚等葷素菜食，大家吃得津津有味。12：40 車開至日月潭，沿途可見去年 921 地震及歐利颱風引起大量土石流破壞之遺址，15：00 車抵集集鎮，參觀台灣特有生物研究中心，由該中心黃、翁二位解說員引導參觀，在高大的陳列館中陳列各種生態園區，人類與各種生物共存及對破壞自然的種種景象，如何保護台灣特有之動植物，均有很好的立體景觀及圖表列示，在一小時多的快速參觀，只能體會到我們所生活的台灣是多麼可愛，養育多麼珍貴的各種動、植物，讓我們如何來保護與利用！這是一個規模宏偉研究台灣探索自然愛護自然的科學館，大家都企望有再來參觀的必要，也謝謝他們細心為我們解說，並免購門票而親切為我們服務！

18：10 到溪頭遊樂區大門口，只見大門深鎖，見無一人，我們只好退出，另路車開往餐廳、旅社，原來自 921 地震及颱風施虐後，溪頭遊樂已停業年餘，本校實驗林溪頭遊樂才於今年三月部份開放，所以遊客很少，我們進住漢光樓，每間二人，共住入 23 間，6：30 到餐廳用晚餐，四棹加上素食一棹，九菜二湯，大家也食得高興，在涼爽的夜晚，做一個甜密的夢。

早晨陽光才微微照亮，大家都在廣場或附近林道上走動，打拳的打拳，跌腿的跌腿，呼吸新鮮的空氣，覺得好舒暢，7：30 用早餐，中西式餐點都有，麵包，牛乳，豆漿，包子，稀飯及各種餐餚，大家又食得很高興。上午是自由活動時間，成群結隊或是夫妻成雙成對走向林間，神木、大

學池、銀杏林都是走向的目的地，走向神木的原來步道，卻因受天災破壞而封閉，我們只好沿路標，繞著大馬路，大約走了一個多小時才看到神木，旁邊的告示牌說明，神木已有 2800 年的年齡了，可能是台灣最老的神木了。

我們就在附近一處略作休息，看到告示，此處標高為 1890 公尺，要往大學池，約有 2 公里的路程，走著下山的步道，有些路面被泥沙掩蓋，或有些步道流著水，這都是災後尚未復建的情形，對年老或腳力較差的遊客有些小困難。11：00 我們這一群到達大學池，走上竹橋，也到咖啡屋喝一杯咖啡，再回到漢光樓，收拾了行李往餐廳用餐，12：30 上車，往北行，看到沿途都有受土石流破壞的可怕險象，巨大的滾石散落二旁，整排房屋倒在路邊，以往人煙稠密的繁華，如今不再。車自芬園進入高速公路，出東勢交流道至卓蘭，再沿台三線駛到路標 138.06 處，見到我們要去參觀的劉姓觀光果園的園主，他開著車引著我們，又走了四公里的彎曲山路，到達已是下午 3：30 了，入園採果者付 100 元門票，給一根採果袋和一個提筒，走入果園，看到斜坡上加州密桃，紅紅的一串串掛在樹上，園主告訴我們那幾棵桃子是甜的，可以自由採摘，我們很高興採著，也可以先品嚐一下鮮果的滋味，約費了半小時，大家將採下的桃子去過榜，每斤 50 元，還算合理，又可品嚐醃漬過的桃子，也有人買些老薑母，大家高興帶著上車，車往北行進入北二高，再出景美交流道，到達校門口時已是 19：30，大家提自己的東西，互祝再見，回到自己溫暖的家，也完滿結束這一次旅遊！

杭州、瑤琳仙境、千島湖、黃山、花山謎窟八日遊

方祖達

期待已久的黃山、千島湖等旅遊活動，終於今年六月二十五日至七月二日舉行，茲將八日旅遊經過略記如次：

第一天，上午十時在台大門口集合，前往桃園中正機場，辦理出境手續，於下午 2：10 搭乘復興航空 GE371 班機，於 3：40 到達澳門機場，由導遊蔣小姐帶領我們辦理出境，到珠海站入境，改由導遊鄧敏生小姐帶領我們參觀白蓮洞，內有濟公塑像、觀音佛像、關聖廟等，約 5：00 車開到珠海一家餐廳用晚餐。6：00 車東行經中山、番禺至廣州市、沿岸看到珠江三角洲的碧綠農田和多條河川入海到廣大的牡蠣田，是廣東南海魚米之鄉，出產各種蔬果供應當地及澳門外，並供應廣東各大城市。經過翠亨村，是國父孫中山先生的故鄉，7：50 到廣州珀爾酒店休息。

第二天，用了簡餐 6：20 上車，開往白雲機場下午 1：50 到達杭州蕭山機場，往西湖遊覽，途經田野，看到經營苗木的農民住洋房，享受頗具水準的生活，所以這個區域人民生活富裕，單是生產苗木收入就有 2～3 億人民幣，杭州山青水秀、人才薈萃，是歷史上名都，馬哥孛羅初來杭州，即讚美杭州是世界上最美麗的都市，杭州面積 49 平方公里，人口六百多萬，分六個區。而西湖的景色更是四季迷人；春天柳發芽、桃花開，夏天垂柳、荷花盛開，秋天丹桂飄香，冬天雪景迷人，西湖 18 景名聞天下。我們坐上遊艇，繞湖一週，什麼平湖秋月、蘇堤春曉、三潭印月等景點都

拍照留念。11：00參觀靈隱寺，先進入岩洞，有濟生和尚、一線天等，再進入寺內的大雄寶殿，堂宇雄偉，殿前有古代吳越王時以大理石砌成的八角九層經塔一對，前殿有五百羅漢塑像。接著前往參謁民族英雄岳王廟，墓前跪著奸臣秦檜夫婦鐵塑像、王俊及万俁等鐵像，遭人唾棄。在大家齊唱「滿江紅」後離去，晚餐享用山外山風味餐，有叫化童雞、東坡燜肉、乾炸茄泥及龍井蝦仁等，再去參觀杭州大廣場及百貨公司，約8：00車開到金山大飯店，進房休息。

第三天，早餐後，9：00到杭州繅絲工廠參觀，知道蠶的一生過程及抽絲剝繭的經過，大家也購了幾床絲被。10：15離開，車行一小時到瑤琳仙境，參觀龍洞，看哪偉大的洞內各種鐘乳石，鬼斧神功，千萬年的石洞，盡收眼底，如蓮花廳、獅象迎賓、鯉魚跳龍門、銀河飛瀑、瀛洲華表、涼樓玉宇、珍寶宮、靈芝仙山、仙樂廳、紫竹林、龍宮殿、武陵村、三十三重天、玉柱擎天、盆雲、瑤琳玉峰，約一小時出洞，經過盧錦縣天母溪，用了午餐。下午4：20到淳安縣，住在外高橋大飯店已是下午5：00，晚餐中也嚐到千島湖的鮮魚豆腐大餐。

第四天，早餐後，7：00出發，約半小時搭船上艙，導遊金小姐道別，由史導遊隨船服務，看到千島湖清澈的湖水，分佈許許多多的島嶼、山林旅行社林銘訓領隊帶來大批零食。花生、李子、香蕉、礦泉水供應，我們一面欣賞湖光山色，一面哼著老歌，真是快樂無比，好像又回到年輕的時代了。9：00上駝鳥島，看到各種鴕鳥，

再上纜車到梅峰，在觀景台拍照，下山後上船繼續遊湖，11：00享用一頓湖魚大餐，11：40船經一座未完工的南浦橋，這時下了一陣雨，放晴後，湖上濃霧茫茫，另有一翻景色。到了安徽境內的千島湖完全變了樣，也可能是大雨沖刷下來的雨水帶著紅泥，湖水是土紅色的，並漂浮著大量的垃圾，真是不堪忍睹，勉強急水行舟至下午2：40再行70公里到達黃山深度碼頭。安徽人口六千多萬，鳳陽是經濟最早開發的地區，1667年成為徽州，胡適、陶行知均為皖東人，故有「昔日黃山是吾師，今日黃山是吾友」。1999年黃山被登錄為世界名山，據云開山始祖是普門和尚，建山建寺建小路，黃山以三奇四絕的奇屏鳳彩名冠於世，全是大自然的傑作，劈地摩天的奇峰、玲瓏剔透的怪石、變化無窮的雲海、千奇百怪的蒼松，構成了無窮無盡的神奇美景，它的偉、奇、幻、險的景色真令人叫絕，徐霞客形容黃山是「五嶽歸來不看山，黃山歸來不看嶽」，因此在1979年鄧小平登黃山時已是79歲高齡，不但稱讚黃山，且預言是當地人民生財的地區，1997年江澤民來黃山積極建設黃山。我們在石緣樓用了一頓烏筍晚餐，6：40位在桃源賓館。

第五天，7：00出發，約行二小時車程到北站，坐太平纜車上山，本來南站的纜車故障未修好，使我們損失二小時遊山的時間，那是一條設有六個柱座的索道，長3709公尺，車廂可容納101人，單程行程約十分鐘，是德國西門子公司出品，安全可靠。可遠眺光明頂，近瞰九龍峰，上覽雲天霧海、下拾阡陌平川、值回票價。出站往西

走，到西山，看到將軍石，團結松、仙履靴等名勝，遠眺飛來石，走約一小時到北海賓館，稍做休息，取出簡單行李，11：15用餐，12：30出發，途旁有連理松、小平台、臥雲峰、迎客松、黑虎松。2：45到達光明頂，上有氣象台，向南看到鯉魚峰，背上青蛙石，左邊即是蓮花峰，這時霧氣騰昇，蓮花峰時現時隱。4：40走完全程，回往西北行，走到飛來石，大家在此休息，拍照，再往東行，經過西海賓館，再東走回到北海賓館。洗澡、休息，6：00用晚餐，7：00我們和幾位同行女士一起唱歌、聊天，至8：45各自回房休息。

第六天，早餐後，我們於8：00背著簡單旅行袋，準備下山，先往西行到排雲亭，再到太平索道丹霞站，9：00上纜車眺覽從海拔2000公尺於十分鐘內下達松谷庵站，看到奇山、怪石、時晴時霧，在纜車中如騰雲駕霧之仙境中，真是好看極了。我們的車已在站上等候，約二小時車程回到屯溪即黃山市，所有房屋都是採用白壁馬頭牆的樓房建築，為有名的徽式建築。11：30參觀黃山文物中心，12：30用午餐，1：30車開到宏村，2：30參觀汪家古厝，為1131年開戶，由地理師花去十年勘察，做出牛形建造，最盛時有300戶住民，先看到一大水池，植有花荷，是牛肚位置，進入小路，旁為溪流水溝，流入各戶之天井底下，所以夏涼多暖，再往北看到一水池是牛胃，而主屋有許多木雕陳設很有氣魄，為當時大富豪才擁有此古色七彩的大宅第，如今列為保護古蹟，但我們旅遊客多不太欣賞，3：40車開往黃山市，宿黃山國際大飯店。

第七天，7：35出發，車開到花山迷窟參觀，在信安溪旁下車，走過吊橋、到對岸洞口。1979年發現，1999年清理洞內泥沙碎石後，才發現共有36個洞窟，最大的洞約有一萬平房公尺，至今無法證明開鑿此洞內石材的用途，是否供屯兵、貯糧或闢為地下宮殿？我們由當地韋姓導遊，引導參觀2號洞、31號洞，看到石洞被採出的石材形成深達百公尺的巨大洞窟，有留下巨柱及水池，我們走約一小時多出洞，回到黃山市區，11：10用午餐，即往黃山機場，於12：55起飛，至2：40到達廣州白雲機場，時下大雨，出機場搭車回到珠海約2.5小時車程，到珠海已是下午5：55，先停留海邊拍照，再到餐廳用晚餐，初次嘗到駱駝肉，我們這一桌喝了四瓶啤酒，回到珠海國際會議中心五星級大酒店休息。

第八天，8：00上車，約10分鐘到達景山，坐纜車上山，觀珠海海邊風景，約半小時到珠海珍珠店參觀，好幾位團員買了珍珠項鍊、苗條浴精及耳環等，10：10到達出境站拱門大廳，因站內電腦故障，出境手續緩慢，後來電腦恢復工作，我們在11：45出拱北邊境，驅車到澳門，乘上復興GE354班機到達桃園機場，領到行李箱，順利入境，再搭車回到台大校門口，大家互道再見，回到溫暖的家。

回顧這一次黃山等八日之旅，組團經過許多波折，但終於成團如期舉行，一面要感謝參加旅行各位團員之通力合作，一面要感謝山林旅行社林領隊之熱心及深切的服務與照料，使我們八天的旅遊感到很舒適很愉快，本人代表本會致謝！

中華民國九十一年十月五日出刊

會 務 通 訊

第 二 十 期

發行者：國立台灣大學退休人員聯誼會
會　址：台北市舟山路 243 號鹿鳴堂一樓
電　話：23695692 校內分機：3856　Fax：23648970

會務動態

一、第三屆第八次理監事聯席會議，已於 91 年 9 月 25 日假鹿鳴堂順利召開。本次會議討論提案多件，尤其有關政府擬調降公教人員退休優惠存款利息事宜，因事關我退休人員本身權益，發言至為踴躍。

二、本次理監事聯席會議，通過歡迎鄭雪玫等十三人為本會會員。迄至本(91)年 9 月 25 日止，本會在籍會員共計 461 人，扣除病故者 20 人、他遷或停權及退會者 46 人，實際會員 395 人，內含永久會員 122 人。

三、會員鄭德祥原係停權，現於本(91)年 5 月，親自來會交繳會費，且申請加入為永久會員，恢復會員一切權益。實際多數停權之會員，多因一時疏忽，或他遷外地，或行動不便，以致連年欠繳會費而有停權之處理，我們建議會員，不如一次交繳三千元，成為永久會員，免除交繳會費之麻煩，豈不更好。

四、會員黃春江於本(91)年 7 月 13 日來函告稱：因年紀大有病，近又行動不便，聲稱自 92 年退會。

五、會員吳恪元、楊璟陞、郭潤澤、曹睿奇等四人，分別於 90 年 12 月 13 日、91 年 3 月 25 日、91 年 8 月 1 日、91 年 8 月 28 日，不幸病逝，本會深表哀傷。

六、本會於本(91)年 7 月中旬，分別向人事室及事務組承辦本校退休業務人員，取得本校下半年奉准退休人員名單乙份，並於 8 月 5 日分別致函邀請其參加本會為會員，迄今已有十多位同仁來會辦理入會成為本會新會員。

七、本年度象棋比賽已於八月份舉行，本會依據會員活動意願調查表，排定比賽日程，通知 22 位會友與賽，歷經初賽、複賽及決賽，比賽結果，冠軍方祖

達、亞單徐玉標，本會將於今年年會時頒獎給優勝人員。

八、暑假期間，本會會友多個別出國旅遊或大陸探親，故本會在這炎炎夏日僅舉辦室內活動，如象棋比賽、卡拉 OK 練唱以及太極拳演練等活動。加上受華航空難事件之影響，參加意願不高，故而暫停舉辦旅遊活動。

九、本年度第四季（10、11、12月）擬舉辦之旅遊活動如下：

1. 泰國普吉島及泰北清邁之旅，預定於 10 月下旬舉行，有意願參加者，即日起，請以電話報名。詳細資訊請看〝活動快訊欄〞。

2. 國內旅遊，預定於 11 月或稍後舉行。原則是兩天一夜，最長三天兩夜，地點尚未確定。請大家提供旅遊路線及景點，俾便參考選擇。

十、本會依往例寄發會員生日賀卡，本季共計 88 份，分別為：7 月 22 份、8 月 29 份、9 月 37 份，代表本會聊表賀忱。

十一、中華民國自然療法協會擬在本會舉辦講習會，主題為：遠離打針及吃藥的療法，由邱文憲專家主講，時間暫訂於 91 年 10 月 15 日上午，請會員踴躍參加，詳細資訊請看〝活動快訊欄〞。

十二、台大醫院再三來函，希望轉告同仁及會友，請大家盡量利用公館分院看病，醫療水準絕無差別，如有必要轉診至院本部，療程也極為方便，請大家多多利用。

十三、本會曾於第五及第七次理監事聯席會議時，討論爭取較大房舍，俾便辦公及活動案，經方理事長祖達，協同陳汝淦、李學勇及林參三位理事，多方協調奔走，得知學校已暫緩將鹿鳴堂規劃為餐飲中心。待學校收回國立編譯館及原子能委員會房舍後，再作整體規劃，並應允屆時對本會之申請案，將予慎重考慮。

十四、本校何主任秘書，日前拜訪本會，並以正式函請本會組織志工服務隊為校服務，由於本校校園遼闊，院、所、系單位眾多，外來訪客多不得其門而入，又無從查詢，造成莫大之困擾。秘書室有見於此，乃有成立志工服務隊之構想。有見於本會會員全為退休之教職員工，對學校之環境至為了解，若能擔任是項接待指引工作，必能發揮事半功倍之效果，案經理監事會討論後，決議請方

理事長祖達，先與學校溝通協調，確定服務方式、辦公場地、上班時間及權利義務等細節後，再通知會友，徵求有意願者報名參加。

十五、近來媒體多有報導，政府擬調降公教退休人員優惠存款利息事件，將直接影響我退休人員之生活。本次理監事會議，特別為此提案討論，是否應有所反應，以確保我既有之權益。會中發言踴躍，情緒也頗為激動，最後決議：請李學勇理事，提供其對本案之研究書面資料，俾便本會採取因應之道。又中華民國全國退休人員聯合會，乃全國退休人員之合法社團組織，本會應與其取得連絡，了解該會對本案之態度及作為，必要時採取一致行動。

活動快報

一、醫療講座：

　1.中華民國自然療法協會與本會合辦。

　2.主題：遠離打針及吃藥的療法。

　3.講師：邱文憲先生。

　4.時間：91 年 10 月 15 日上午 10～12 時。

　5.地點：台北市舟山路 243 號鹿

鳴堂，歡迎會友踴躍參加。

二、泰國普吉島及泰北清邁之旅：

　1.時間：10 月 21 日～28 日或 10 月 23 日～30 日（擇一出團）共計八天。

　2.團費：25000 元（含導遊費行李小費及機場接送等）

　3.報名：即日起辦公室登記報名，或以電話報名。

　4.本會電話：(02)23695692

　　　　　　校內分機：3856

　　傳真：(02)23648970

三、國內旅遊：

　1.時間：預定 11 月中、下旬。

　2.地點：請大家提供路線及景點。

　3.旅程：預定一日遊或兩天一夜為原則。

請大家來打太極拳

方祖達

太極拳是我國最傳統的國術之一，有恆的練習，對健康身體，延年益壽是被公認最有效的一種健身運動，筆者打太極拳已逾二十三年，深感其功效無以可比，願以過去打太極拳的經驗，將最普遍曾由教育部倡議的六十四拳勢闡述於下，供本會各位會員參考，如有筆誤之處，仍祈多予指正，謝謝！

太極拳六十四拳勢動作說明

太極起勢	端立姿態。
聚氣沉身	慢慢吸一口氣後，身體往下蹲。
端背靈圓	雙臂向外圓伸退近肚前。
右腳分開	右腳向右移出一步。
左腳擺正	左腳尖向前，與右足平行，手指向下，成騎馬步。
身手上升	雙手慢慢向上提升，配合吸氣，身體同時升起。
身手下沉	雙手和身體同時呼氣降成蹲狀。
右攪雀尾	起身往右轉（向東90°），右腳尖收靠左足前，左掌向下，右掌向上成抱瓜狀。
右掤、攔、擠、按	雙手向右掤出去，抱瓜倒置，雙手向後履回，雙手成十字形向前擠出，摸右手背，雙手縮回成推狀向前推按。
左掤、攔、擠、按	先做左攪雀尾動作，轉身向左（向西·180°），收左足尖在右足前，再同上做掤、攔、擠、按動作。
右踩、捌、肘、靠	轉身向東北，收左腳、出右腳，右手向東北方向下踩，收左腳又出左腳，雙手反向左捌，又向左執右肘，再向左靠。
左踩、捌、肘、靠	起身轉向西北，出左腳，左手下踩，再同上使捌、肘、靠動作。
右單鞭	身體立起，左手伸出，手掌成貂手，右腳向東移一步，身轉正。
右提手上勢	收回左手及左腳，再向東（右）伸出，左右手成交叉之觭角。

右白鶴亮翅	左腳退後，轉身向正北，右手舉起，掌心向外，左足尖著地，右腳負重坐實。
左單鞭	身體立起，右手伸出成貂手，左腳向西移一步，身轉正。
左提手上勢	收回右手及右腳，再向西（左）伸出，左右手成交叉之觭角。
左白鶴亮翅	右腳退後，轉身向後南方，左手舉起，掌心向外，右足尖著地，左腳負重坐實。
右摟膝拗步	轉身向北方，右腳伸到東北，右手摟膝，左手按掌，左腳向前一步，右手按掌，左手摟膝。
右搬攔捶	身體往下坐，提右手及右腳打一小圈圈，出左腳及右掌，再縮回雙手又再推出。
左摟膝拗步	轉身向南方，左腳伸到西南，左手摟膝，右手按掌，右腳向前一步，左手按掌，右手摟膝。
左搬攔捶	身體往下坐，提左手及左腳打一小圈圈，出右腳及左掌，再縮回雙手又再推出（這個動作又稱為如封似閉）。
右十字手	右腳後退一步，身轉向北方，身體往下坐成騎馬步，再上升，右手在外，左手在內，抱在胸前成十字，雙膝略彎。
右抱虎歸山	身體轉向東方，右腳移東一步，右手外抱，打出左掌，這時右手旋成貂手，身體轉向西方。
左抱虎歸山	左手外抱，打出右掌，這時左手旋成貂手，身體轉向東北，右腳在前，雙手成觭角。
倒攆猴	左腳向左移半部，雙手左右伸直，面東，再退左手及左腳面西，右腳退後一步，右手心向上放在腰際。
右海底針	左足放回半步，二臂下垂，左指尖指近左足尖。右扇通背，左扇通背（出右手及右腳，再出左手及左腳）。
右轉身劈鎚	身轉向南方，收右腳，同時打出右手。
緊臨猴	身轉向東方，雙手向南北伸出，收右腳向後退一步，左手伸出南方，左腳出一步，右手向北。右手及右腳向前走一步，左手放在腰際。

左海底針	左腳向前半步，身體彎下，雙手下垂右手指指向右足尖，再做左扇通背和右扇通背動作（即出左足及左手，又再出右手及右腳）。
左轉身劈錘	身轉向北方，收右手打出左掌，轉向西方，收右腳。
右雲手	右腳橫向北一步，右手心向下，左手心向上如抱瓜狀，收左腳，瓜倒置，如此動作共重複三次。
右及左分腳	身體下蹲，雙手展開，身體立起踢右腳，轉向南方，身體下蹲，雙手展開，身體立起左腳，踢左腳。
左雲手	身轉向東，雙手抱瓜，左腳分開，收右腳，瓜倒置，如此動作共重複三次。
右及左分腳	身轉向南，走一步，蹲身、雙手展開，身體立起為右分腳，向東，蹲身，雙手展開，身體立起為左分腳。
野馬分鬃	右腳靠近左腳又分開，同時雙手做剪刀式，又收左腳靠近右腳又分開，雙手反向做剪刀式，又收右腳靠近左腳又分開，同時做剪刀式。
回身蹬腳	收右腳，身體蹲下，又起立，雙手展開，踢右腳，向後轉向西方，身體蹲下，又起立，雙手展開，左蹬腳。
左掤、攦、擠、按	身體轉向南，做左掤、攦、擠、按動作。
右單鞭下勢	身體轉向北方，出右腳一步及右手成單鞭，右手向後再繞右足尖回來，身體也跟著移左再移右靠。
右金雞獨立	收左腳，舉手至頭齊，再提起右腳及右手。
左金雞獨立	先做左單鞭下勢動作，再收右腳，舉手至頭齊，再提起左腳及左手，再放下。
打虎勢	左手及左腳放下後，仍然面北，右腳右移一步，右手壓掌，左手壓掌在下，作打虎勢，再將右腳，移至左腳左邊，而左腳移西一步，雙手交換成打虎勢。
左踩、捌、肘、靠	轉向西南，出左腳及伸出左手下踩，再做捌、肘、靠動作。
玉女穿梭	身向西北方，左腳向前一步，右腳也向前一步，重身在前，右手心向外舉在額前，左手向前推出，稱為玉女穿梭(一)、收左腳及右手，轉向西南，左手心向外舉在額前，右手向前推出曰(二)，右腳倒插，身轉向東南

方，右手心向外舉在額前，左手向前推出曰(三)，身轉向東北方，左手心向外，舉在額前，右手向前推出曰(四)。

左十字手	收左腳及右腳面北，手心向內，左手在外，右手在內放在胸前成十字手。
右掤、攦、擠、按	向北出右腳做出掤、攦、擠、按動作。
雙風貫耳	收右腳又出右腳，兩手左右開弓，兩掌成拳，虎口相對曰雙風貫耳、兩手內翻，身體轉向南方出右腳，雙手左右開弓，虎口相對曰後雙風貫耳。
回身蹬腳	出右腳，右手舉起，掌心向內，左手按在右腋下，身轉向北方，提起右腳，雙手舉起展開曰右回身蹬腳。右腳踏地，出左腳一步，左手舉起，右手按在左腋下，身轉向南方，提起左腳，雙手舉起展開曰左回身蹬腳。
右踩、捌、肘、靠	左腳著地、雙手打圈，身轉向東北方，出右腳，右手下踩，再完成捌、肘及靠動作。
左上步七星	身體下蹲，轉向西方，收左腳又出左腳，右手撐錘，收右腳，再出右腳一步，身體起立，雙掌交叉在胸前，曰上步七星。
左退步跨虎	身體蹲下，右手舉起，左手下壓。
左轉身擺蓮	身體立起，右手在上，左手在下抱瓜狀，身手右轉一圈，托右背，踢右腳，用右手拍右小腿，再抱瓜。
右上步七星	身體轉向東方，蹲下，左手撐錘，收右腳，再出右腳一步，身體起立，雙手掌交叉在胸前，曰右上步七星。
右退步跨虎	身體蹲下，左手舉起，右手下壓。
右轉身擺蓮	身體立起，左手在上，右手在下，抱瓜狀，身手左轉一圈，托左背，踢左腳，用左手拍左小腿，再抱瓜。
復太極	左腳退後一步，轉身向北，雙手下垂，身手下沈，又立起，交叉後又放下，收右腳。

祝您身體健康！

中華民國九十二年一月十五日出刊

會 務 通 訊

第 二 十 一 期

發行者：國立台灣大學退休人員聯誼會
會　址：台北市舟山路 243 號鹿鳴堂一樓
電　話：23695692 校內分機：3856　Fax：23648970

會員大會

一、九十一年會員大會，已於 12 月 25
　　日假校總區行政大樓第一會議室召
　　開，當天雖氣溫稍低，但出席會友
　　至為踴躍，整個會場非但座無虛
　　席，後到者以不斷增加座椅應急，
　　老友相聚，倍感溫馨。

二、何主任秘書憲武致詞：
　　本人於今年八月一日始接任主任秘
　　書職務非常高興有機會來參加這次
　　大會，算起來我也年逾六十了，希
　　望日後也來參加這個大家庭。
　　關於學校擬籌組志工服務隊事宜，
　　起因於校園遼闊，院、所、系單位
　　眾多，外來訪客查不便，乃有成立
　　志工隊之構想，學校除擬訂服務辦
　　法外，並徵詢各單位之需求，茲將
　　各項資料提供貴會希望作作研議，
　　歡迎退休人員多多協助。最後敬祝
　　各位先進身體健康、新年快樂。

三、人事室林主任南榮致詞：
　　各位老前輩大家好！今天很榮幸來

參加大會，首先祝各位平安、幸福。
學校就是一個大家庭，台大之所以
有今天的成就，全是各位前輩的努
力與奉獻，人事室願為各位服務，
不論什麼時間、什麼事情，各位如
有任何需要，人事室願為各位效
勞，希望未來的一年，各位更美滿！
更健康！更幸福！

四、教師會丁會長－倪致詞：
　　今天能參加貴會年會，倍感親切，
　　由於貴我兩會同在一個辦公室辦
　　公，平時就水乳交融，今天能親眼
　　目睹貴會召開年會，出席之踴躍，
　　場面之盛大，與本會相較，真是不
　　可同日而語，足見貴會會友都具備
　　旺盛的向心力，很為貴會慶幸，在
　　此祝福大家新春愉快、萬事如意。

五、文康委員會羅主任委員漢強致詞：
　　文康委員會乃承辦全校教職員工之
　　文康活動，其性質與貴會主旨相
　　同，僅只有在職與退休之別，今後
　　希望充分配合，共同為我教職員工
　　之文康服務，最後祝賀大家永遠健

1

康、幸福。

六、會務報告：

1.方理事長祖達報告：

(1)成長與發展

　本會於六年前成立，會員 126 人，經過六年來，會員已達 466 人，成長 3.7 倍，本會組織目前有秘書、會員、活動、服務、總務及會計等六個組，分別擔任本會有關工作，由於歷屆理監事熱心指導，與本會工作同仁的奉獻與努力，日益強化了本會的組織功能。

(2)發行會務通訊

　本會會員眾多，由於個人體能、交通及其他私人因素，能經常參加本會各項活動者尚不及半數，為使各位會員均能瞭解本會運作狀況，增進與會員間之聯繫，每季均能如期刊出會務通訊一期，提供會員最新資訊。

(3)活動更加充實

　本會會員參與各項活動仍以旅遊興趣較濃，本年度本會共舉辦多次國內外旅遊活動，其他如象棋、太極拳及卡拉 OK 等，亦是經常的活動，各種有益身心健康的活動，亦希望會員多予參加。

(4)關懷會員生活

　本會會員眾多，深感聯繫不易，

如會員有需要本會協助者，請隨時告知本會，以便提供必要之服務，如老人健保、醫療常識等。又如退休人員優惠存款爭取保留事，本會亦多方探討了解，向各位會員報告。

(5)與校方互動

　本會辦公場所窄小，多次向校方申請較大房舍，俾便辦公及活動。又因本會亦附屬校內組織，希望校方准予參加，學校文康活動及經費補助，學校擬成立志工服務隊，亦徵求本會會員參加，待有關細則公布後，希望本會會員多予參加。

2.宣監事主席家驊報告：

(1)監事會共有監事五人，按時參加理監事聯席會議，很了解會務推行的情形，一年來會務發展甚為快速，稱得上有聲有色，但我們也未曾放棄監督的責任。

(2)監事會於91年12月11日審核通過91年度經費收支決算書，在會計組的財務報告中，可以明顯的看出，本會會費收支的情形，除一般會員會費外，永久會員會費定期蓄存，未便動用，以致捉襟見肘，幸賴舉辦旅遊活動，如稍有結餘藉以彌補會費之不足，真是省吃節用，用心良苦。

(3)本會舉辦之各項活動，無論球類、

棋類、太極拳、卡拉 OK 或旅遊活動，能夠經常參加者，人數仍然嫌少，歡迎各位走出戶外，多多參加各項活動，非但藉以調節身心，亦將有利於健康。

七、選舉第四屆理監事：

1. 依本會章程規定：本會設理事會，負責會務之規劃與執行。設監事會，負責監督會務及財務執行。

2. 理事會設理事十五人、候補理事五人。監事會設監事五人、候補監事二人，均由大會選舉產生之，任期二年，連選得連任。

3. 本年度第四屆理監事改選，除原任理監事爲當然候選人外，由理監事及會員共同推薦四十四人爲候選人，會員自由圈選之。

4. 大會於 12 月 25 日投開票結果：方祖達等二十人當選爲理事及候補理事，蕭富美等七人當選爲監事及候補監事，當選名單另列於後。

八、大會於投票結束後，立即進行開票作業，同時分送餐盒進餐，並有摸彩助興，至此圓滿散會。

第四屆理監事第一次聯席會議

一、第四屆理監事第一次聯席會議，於 92 年 1 月 8 日假鹿鳴堂會議室召開，出席新當選理監事十八人，會議主旨在互選理事長、副理事長及監事主席。

二、依本會章程規定：理事長及副理事長由理事互選產生之，監事主席由監事互選產生之，均連選得連任一次。

三、選舉結果：

理事會：

理事長：楊建澤　副理事長：宣家驊

理　事：方祖達、車化祥、王木源、路統信、沙依仁、李學勇、林　參、林添丁、曾廣財、謝美蓉、徐玉標、鍾鼎文、康有德。

候補理事：夏良玉、范信之、孫蓓蒂、陳汝淦、許文富。

監事會：

監事主席：蔣賢燦

監　事：蕭富美、鄧　華、翁　文、張甘妹

候補監事：鄭義峰、朱　鈞

活動快報

冬季台灣中南部旅遊記實

方祖達

本會冬季省內旅遊，已於今年十一月二十五日及二十六日舉行，茲將旅遊經過記述如下：

第一天，早上 7:30 自台大校門口廣場集合，乘坐天星遊覽車由第二高速公路南下，先到苗栗交流道休息 15 分鐘，再南行下二林交流道，約 12 時在二林用午餐，再南行出新營交流道到烏樹林台糖蝴蝶蘭發展中心，約在下午 2 時，由該中心許聰輝主任引導參觀並解說，許主任係台大園藝學系 74 年畢業，即來台糖從事蝴蝶蘭栽培生產，篳路藍縷，經多年來努力經營，已成為台灣蝴蝶蘭生產領導者，年出口約數千萬美金，值得驕傲。

我們先參觀種苗培養室，滿室各層各架上排置無數培養種苗，每一個三角瓶中的培養劑上長滿千百株的幼苗，經 1～2 個月後，移植入較大的培養瓶中，再經過 1～2 個月又移植至更大的培養瓶中，待苗長出約 4 片葉片時，取出移植到小塑膠鉢內，根部包著混有營養液的水苔，則可移置到大溫室的盆架上，以後幾個月也隨著苗的長大而移植至大鉢內，一般自播種至抽穗約需一年六個月至二年，好像一個嬰孩長大到大人一樣，要小心培養，才能壯大，我們看到好幾大幢連續式的蘭花溫室，據稱約有一萬坪的面積，雖然是生產淡季，我們仍然看到萬紫千紅的美艷蝴蝶蘭開著，除蝴蝶蘭外，還有石斛蘭和拖鞋蘭，形形色色真是好看極了。我們也看到供育種的蘭花蒴果，每一顆蒴果含有千萬的種子，種子的細小，用肉眼幾乎難以識別，育種、培養、移植、施肥、防病蟲害、溫室管理都是要高度技術和細心管理才能成功，由台糖公司發展出優良的蝴蝶蘭，再引導花農生產，台灣今日能被世人稱為是蝴蝶蘭生產王國實非偶然！

我們離開烏樹林，經過嘉義到雲林的斗六，再轉入古坑劍湖山渡假大飯店已是下午五時，分配住房後，大家稍做休息，於六時用晚餐，餐點及服務都很好，可達五星飯店的水準，晚餐後，我們便到遊樂區去散步，並免費優待到園外園去欣賞許多表演節目，先進入彩虹劇場，約一小時舞蹈表演，全是由俄羅斯七名男女演員表演各種舞秀，包括來自台北的國小學生約有數百人來觀賞，接著到震憾劇場，接受震盪坐椅的緊張刺激。再看到雷射光舞秀，參觀博物館已是晚上十時多了，有些團員還去欣賞巨無霸劇場的表演。

第二天早晨，我們又到後山去散步或運動，七時用自助早餐，大家再到園外園去散步，沿路看到遠近風景，花木扶疏，蜿蜒步道走得輕鬆愉快，我們於上午十時離開劍湖山、車北行，先到彰化的田尾花卉街遊覽，也順便買到自己喜歡的盆花，再往西螺鎮休息，並採購到全省聞名的醬油膏及肉餅等，車到台中市國立自然博物館已是下午 2:20，由該館張解說員帶領我們參觀，先是看到在大廳中央置有一座中國古代計時的設備，叫做水運時計儀，好像時鐘中的大齒輪，由水流動至磅秤上累積記錄，隨後我們參觀台灣南族的生活模式，如九族文化村樣的高山同胞祖先居住及生活方式，如豐年祭、娶妻等。離開博物館，看到路旁設立一座玻璃的回流設備，是利用滴水及虹吸原理來計時，看到左邊盛滿 3 個大瓶，右邊盛滿 4.5 小瓶的藍色水，即表示現在正是下午 3 時 45 分，我們上車北行，經中山高速公路回台北已是下午 6:20，一路上大家在車內，齊唱卡拉 OK，車到台大校門口，大家互道再見，回到自己溫暖的家！

這次旅遊共有 32 人參加，又逢多雲及晴天，初冬的氣候宜人，沿途大家都高興唱歌，又住進五星級的大飯店，無論是遊覽及餐宿尚可滿意，本會也謝謝各位會員及親友的參加。

養生講座
——遠離打針及吃藥的療法

本會於 91 年 10 月 15 日上午 10～12 時在台北市舟山路 243 號鹿鳴堂會議廳舉辦秋季養生講座，由中華民國自然療法學會第三醫學研究中心練鳳美講師主講，計出席會員及親友三十人，茲將其講述要點摘錄如下：

（一）人體之構造與穴道：人體由頭、軀幹和四肢所組成，五臟或五官器官若有任何病變，均可由外觀或由穴道測試出來，今舉數例說明：

肝臟是人體代謝最重要的器官，但肝並無神經組織，有病也不會感覺，肝功能差，會變青，淡青色已表示肝不好。膽不好，可自眼睛呈出黃色表示出來，肝和膽不很健康時，亦可自大姆指出現白色條紋，這時就要多休息，肝和腎都沒有神經，所以腎有毛病亦不會疼痛，但可由穴道來測試。

市售各種保肝劑，也不可隨便服用，應該由飲食即食補來調養，多吃魚類的蛋白質、淡水的蜆、鮮奶和蔬菜如黃瓜、苦瓜、或海帶，如果自己按穴道來測試，可以用右手的大姆指和食指，按住右手的食指和中指間的穴道，若感覺壓時有痛感，就表示不太健康，為了改善血液循環，減輕肝的負擔，每天早

上做一次指壓運動，一按一放，約做 5 分鐘，使血液循環流暢，則可減輕負擔。又如頭痛，可用食指按下太陽穴，即在我們眉毛末端下的太陽穴一按一放，同樣做此動作 5 分鐘，則可減輕至不痛。又如有人鼻子過敏的人，尤其常會打噴嚏的人，每天早上起床後，用食指按著鼻孔左右兩邊，一按一放 5 分鐘，一樣可以達到控制的效果。

患有高血壓的人，也可用自然療法來減輕血壓升高的危險，可以在頸部喉結的兩旁，用大姆指按穴道，早、晚各做一次，每次做 5 分鐘。

膀胱結石是相當痛苦的病，現在的醫學已不用開刀取石，可用高週波震盪器將結石打碎排除。由這許多例子則知人體的 36 個穴道是控制健康的所在，古代有武功的俠客多知道，用穴道來控制人體。現代的人，由於工作繁忙，生活失調，或是精神萎凋，罹患憂鬱的人愈來愈多，依榮民總醫院復健科的調查報告，每五個少年則有一人患憂鬱症，患者的內分泌失調，精緒低落，則應由第三醫學來配合治療。腳底反射區按摩也是第三醫學的一種，它能造福更多的醫治病患，至於腎臟的保健，可在男性的肚臍下 4 根手指處按穴道處用指壓法做 5 分鐘，女性要在肚臍下 2 根手指處的穴道做同樣的指壓，也可由男女或二人互動。

(二)腳底按摩的功能：腳底有 36 個血液流行通過的穴道，現在來介紹最近開發出的一種奈米生物科技，主要在協助血液循環流暢，其具有六大功能：搥打、敲擊、揉奈、指壓、追拿和循環，對人體五臟六腑任何疾病都有治療功用，也可舒解、減少緊張。使用時白天用陽極電子電池，晚上用陰極，每次做一個動作 20 分鐘會自動停止，一次做完動作，要喝溫開水 300cc，可以排除體內的廢氣，這種腳底按摩器所用的能源採用 3 伏特的乾電池，操作及應注意事項可參照該說明書，因文長恕不在此重述。如有需要，請與本會洽購。

活動快報

一、本會 92 年旅遊活動，擬擴大舉辦，包括歐、亞、美三大洲及兩岸各地，茲將旅遊時季及地點預告如下：
春季：台灣環島及綠島六日旅遊。
　　　泰國普吉島五日遊
夏季：九寨溝及張家界八至九日遊
　　　西歐及英國十日遊
秋季：美西及夏威夷七日遊
　　　福建武夷山六日遊
冬季：日本北海道五日遊
　　　海南島及港澳七日遊
請各位會員攜眷及親友踴躍參加，

並注意組團及出發日期。

二、太極拳練習：本會舉辦太極拳練習已整整二年了，歡迎本會會員及眷屬前來參加，練拳時間是每星期一及三上午 8-9 時，地點在本會址旁台大鹿鳴公園。

三、卡拉ＯＫ練唱：本會擁有一組高級卡拉ＯＫ設備，並擬擴大練唱房間，歡迎會員報名參加，會員及配偶一次交費 1500 元，終身享用。

四、棋社包括象棋、圍棋和橋牌，歡迎來會參加。

五、書畫活動，可與校內書社及畫會合作舉辦，本會可代為報名。

六、志工隊：本校委托本會代徵退休人員來校擔任志工，地點在總辦公廳中央大門右室，每週二小時以上固定時間上班，替來賓指引訪問地點，為無給職，但學校供給茶水及報章雜誌，到年節另有獎償，希望本會會員熱心來會報名：電話 2369-5692 每日上午 9:30～12:00。

編後話

本會刊自創刊至今已出刊 21 期，除了報道本會會務、各種活動，提供校內外有關信息，並為會員爭取應有的權益，更希望能多為會員服務，讓大家走出來，參加各種活動，以舒展身心，有益健康。我們都是終身為台大貢獻心力，更希望大家在退休後，仍能保持健康，頤養天年，但本刊限於人力及物力不足之處難免，亦望各位先進時賜建言，以匡不逮。

中華民國九十二年三月三十日出刊

會　務　通　訊

第　二　十　二　期

發行者：國立台灣大學退休人員聯誼會
會　址：台北市舟山路 243 號鹿鳴堂一樓
電　話：23695692 校內分機：3856　Fax：23648970

會務動態

一、第四屆第二次理監事聯席會議，已於 92 年 3 月 18 日假校總區鹿鳴堂會議室順利召開，出席理監事至為踴躍，討論議案多件，對本會未來發展及會務之推行貢獻良多。

二、本屆理監事改選後，隨即將新當選理事長、副理事長、監事主席及理、監事名單，以專函呈報學校及人事室備查。

三、理事會部分工作組組長，因個人因素請辭，經理事長情商吳主任教官元俊接任活動組長，沙教授依仁接任服務組長，謝女士美蓉接任會計組長，分別交接，並順利展開工作。

四、本會於本(92)年 2 月份，向學校人事室及事務組承辦退休業務人員，取得近半年奉准退休同事資料乙份，並於 2 月 21 日發函邀請其參加本會為會員，迄今已有十餘位辦妥入會手續，對尚未入會同仁，歡迎隨時來會辦理入會事宜。

五、本次理監事聯席會議，通過歡迎王慶平、陳金鳳、林徐蘭香、陳紘美、林文雄、林仁壽、何鎧光、夏麗月、周羅通、邱德次、陳天豪、周香梅、蕭正山、高秀清等十四人為本會會員。

六、會員周白蓮、車化祥、孫韶梅、廖澄子、盧廣緒、陳雪嬌、俞寬賜、嚴永玖、鄭雪玫、連興潮等十人，申請改為永久會員。

七、迄至本(92)年 3 月 18 日止，本會在籍會員共計 480 人，扣除病故者 21 人，他遷或停權及退會者 69 人外，實際會員 390 人，內含永久會員 145 人。

八、本年度第一季旅遊活動，原訂於 3 月 23 日至普吉島作五日遊，後因此景點許多會友多已遊過，加上美伊開戰不確定因素影響，以致報名參加人數不足以組團，決定取消。

九、第二季旅遊活動，已確定將於五月下旬舉辦張家界、九寨溝十日遊，

現已開始報名，迄今已有 16 位會員報名參加。六月下旬將舉辦高棉吳哥窟六日遊，或西歐五國九日遊，以上活動將於本期「旅遊快訊」欄詳細報導，歡迎有興趣會友（含眷屬親友）先報名預約，將視參與人數狀況，再作細部規劃，並個別另行通知預約會友。

十、第三季及第四季旅遊活動，正在斟酌策劃中，依據以往經驗，旅遊之景點、路線、天候、日程及團費，是決定參加與否的基本要件，期盼各位提供經驗及資訊，俾便早作安排，並於會訊刊載，通知會友選擇參加，本會亦歡迎眷屬親友報名，共襄盛舉。

十一、本會依往例寄發會友生日賀卡，分別為 2 月 35 份，3 月 42 份，共計 77 份，聊表賀忱，恭祝各位壽星健康快樂，萬事如意。

十二、本會於四年前購買小型影印機乙台，因使用過於頻繁，日來已達不堪使用的狀況，經原經銷商檢查後，必須更換部分零組件，雖開價甚高，但因有實際需要，現已維修完竣，一切恢復正常。

十三、理監事會改選完畢後，會計組亦於元月十五日辦理財務交接，並立即展開常態工作，迄至現今，本會

銀行定期存款共四筆，金額 412,603 元，現金存款 39,401 元。今後每半年結算一次，並向理監事會提出報告。

快訊

歡迎返校擔任志工！

　　國立台灣大學為提昇服務水準，為校外人士來校洽公提供導引與解說服務，初期以行政大樓聯合服務中心為首站，爾後再視成效逐步擴及其他處所。

　　凡本校退休之教職員工，具服務熱忱，能提供部份時間回饋學校者，歡迎向退休聯誼會辦公室或學校秘書室李仕德專員辦理登記，協調安排志工工作，每週不限次數，但每次以二小時為原則，工作時間即學校上班時間，時段自選。

　　本項工作因屬義務性質，且為試辦，有關福利與獎勵等措施學校當視實施成效再檢討辦理。

旅遊活動報導

正當大地春回萬象更新的旅遊最佳季節,本會預定五月下旬前往大陸九寨溝與張家界兩地,六月下旬前往西歐五國或柬埔寨的吳哥窟,茲將相關資訊先期摘要報導,名額有限,歡迎有意前往者即日來會報名登記,以便安排行程。

一、九寨溝與張家界十日遊:

九寨溝位於四川省北部南坪縣境內,海拔 2000-4000 公尺,相傳當地有九個藏族村寨,加上幾條溪流,所以人稱九寨溝。九寨溝主要景觀有翠海、飛瀑、彩林、雲煙、雪峰及藏民村寨六個部份,大部份分布在總長約 60 公里的樹正、日則、則查窪三條主溝。距離九寨溝不遠處,另有一處黃龍景區,它是一條長約 7-8 公里的黃色石灰華溝谷。黃龍溝的奇妙之處是溝底的巖石顏色黃澄澄的,晶瑩光滑,類似石灰岩熔洞中的鍾乳石巖石順著山溝起伏,從頂端到溝口,呈現一系列的池、澤、灘組成的巖溶水文景觀,猶如一條黃龍盤旋而下,溝內 3400 多個梯狀池群,一層層一圈圈緊密相扣,在陽光下絢麗迷人。九寨溝與黃龍兩處都是以保存著原始的自然景色而各具媚力,同樣是以湖、溪、潭、泊為主,山、水、樹、石並茂,目前兩地都已列入中國境內的「世界遺產」——自然景觀。人稱九寨溝為童話世界,黃龍為瑤池仙境。

張家界位於湖南西部,1982 年成為中國第一個國家森林公園,屬於武陵源的一部份。張家界以巖稱奇,整個風景區內山峰連綿起伏,地形地貌極為雄奇,峰巒之中,山泉和溪流匯成琵琶溪、花溪、金鞭溪、沙刀溪等溪流,成為一道獨特的風景線。張家界的主要景點有黃石寨、天子山、金鞭溪等,另外索溪峪地區還有西海、十里畫廊、寶峰湖、黃龍等景點。武陵源也已列入中國境內的「世界遺產」。

以往要去九寨溝或張家界必須經由四川成都或湖南長沙進入,每邊約為七至八天,目前由於張家界機場業已通航,本會特選兩處勝景一次遊完的行程,請有意遊山玩水的會友勿失良機,本次活動預計 32 個名額,目前已有十六人完成報名,歡迎同好從速卡位。

二、西歐五國九日遊:

本會預定六月下旬利用九天時間辦理西歐之旅,選擇法國、盧森堡、德

國、比利時及荷蘭，由於可用時間有
限，只能就各該地區作重點遊覽，在法
國巴黎，可以參觀羅浮宮、艾菲爾鐵
塔、聖母院、拿破崙陵寢、凱旋門等景
點；在盧森堡將參觀由紅色岩石所建成
的火車站、憲法廣場、大公宮殿和古堡
等地；在德國的工業大城法蘭克福，將
搭乘萊茵河遊船瀏覽兩岸綺麗風光，在
享受完一頓豐富的德國豬腳以後，再前
往科隆，參觀建築宏偉的大教堂和內外
古雅精緻的雕像和繪畫。到達比利時的
工業大城市布魯塞爾，要參觀原子模
型、尿尿小童、作家雨果筆下所稱歐洲
最美麗的廣場；最後到達荷蘭首都阿姆
斯特丹，要乘玻璃船遊運河，並參觀玻
璃吊橋，在民俗村參觀乳酪、木鞋、鑽
石等工廠，還有風車和水壩廣場，尤其
著名的紅燈區，更有值得一看的櫥窗女
郎。本行程預計有十六個名額。

三、吳哥窟（高棉微笑）六日遊：

　　柬埔寨位於中南半島南部，早在中
國秦漢時期稱為「真臘」，其首都就在
西北部的「吳哥」，從西元九到十四世
紀是吳哥文化的鼎盛時期，當時所謂的
高棉帝國，包括現在的泰北、寮國、高
棉和越南南部的廣大疆域。十四世紀遷
都到金邊，到十六世紀方使用柬埔寨這
個國名，1863 年到 1953 年淪為法國的
殖民地。

　　柬埔寨是個古老而神秘的國家，她
擁有與中國一樣的帝國王朝、璀璨文化
和壯麗的建築，這裡的古建築群與中國
的長城、埃及的金字塔、印度的泰姬瑪
哈陵等等，並列為世界七大奇景。

　　吳哥窟的主要景點有三：第一是小
吳哥，它是高棉有史以來最雄偉的都
城，從 1113-1150 年共花了 30 年的時
間建成，其中心塔高有 65 公尺，絕對
可與歐洲的著名教堂齊美，也是著名影
星張曼玉和梁朝偉曾在此拍攝電影「夕
陽」的場景。第二是大吳哥，它是一座
由 3 公里見方，四週由寬達 190 公尺的
護域河所包圍的古城，其中巴戎廟裡供
奉的是觀世音，廟裡共有 54 座佛塔，
每座塔上都有四面佛像，個個面帶微
笑，當你站在多達 216 個佛面下，一定
會被如此神聖壯觀的場面感動不已。第
三是女皇宮，它的建築和雕刻具有「吳
哥藝術之鑽」的美譽，這裡供奉的是印
度教的濕婆神，另外還有塔布倫廟，此
處自十二世紀起就被千年古樹與巨石
盤結，也是電影「古墓奇兵」中傳說的
「光的魔三角」之所在地，看了以後，
讓你不得不讚嘆大自然力量的神奇。

　　吳哥窟六日遊當然不止以上三處
景點，預定名額十六人，保証讓你看了
以後值回票價。

保健駐顏養生茶

一、黃耆棗茶：

組成：生黃耆 20 公克、大棗 10 公克。

功效：補氣生陽、固表止汗、健脾養血。

製法：水 150 公撮，煮 20 分鐘。

二、枸杞五味茶：

組成：枸杞子 3 公克，五味子 3 公克。

功效：補肝腎，益精血。

製作：以熱水沖泡。

三、美顏茶：

組成：麥多 20 公克、黃精 15 公克、黃耆 10 公克、首烏 10 公克。

功效：潤肺益精、補氣益色。

製作：為粗末，取 6 公克以濾紙包裝熱開水沖泡。

四、美聲茶：

組成：麥多 10 公克、北五味 5 公克、人參鬚 3 公克，黨參 6 公克。

功效：益氣血、潤肺益喉。

製作：為粗末，取 6 公克以濾紙包裝熱開水沖泡。

五、明目茶：

組成：菊花 3 公克、枸杞 10 公克、黃耆 8 公克、綠茶 3 公克。

功效：保肝、清虛熱、明目保眼。

製作：黃耆先剪粗末，再以熱開水沖泡，可重複沖泡至味淡為止，代茶飲。

六、消脂茶：

組成：焦山楂 20 公克，綠茶 3 公克。

功效：消脂解毒。

製作：焦山楂以水 500 公撮煮 10 分鐘去渣，再加入綠茶分三次服。

七、元氣茶：

組成：黃耆 1 錢、西洋參 1 錢、玫瑰花 9-15 朵、枸杞 3 錢、綠茶 1 包(2-3 天份)。

功效：補元氣、養陰血、疏肝解鬱、解毒抗癌。此外秋天容易口乾舌燥者加桑葉或薄荷半錢。冬天容易怕冷者加桂圓 3-5 片或紫蘇半錢。

製法：①將黃耆及西洋參切成薄碎片，全部藥材分為 2-3 份，每次取一份加 250 公撮沸水沖泡 20 分鐘，最後加入 3-5 朵玫瑰花及綠茶包，待香味一出，即可去除綠茶，代茶飲用。②加適量水，熬煮 45 分鐘至 1 小時，即可代茶飲用。

附註：①以上一至六種養生茶是林以嵩董事長所提供，林先生對於養生保建經多年之研究，頗具心得，常應聘爲相關社團作專題講座。第七種元氣茶係莊雅惠中醫師所提供，莊醫師現任台北市婦幼綜合醫院主治醫師。她天天喝元氣茶，四十多歲的她，看起來只有二十多歲。由此領悟這類保健駐顏養生茶要時常喝才能功效卓著，假如僅是偶然喝喝則不易達到祛病保健的效果。

②感謝沙依仁教授提供資料。

☺☻♥☺♥☺☻♥☺☻♥☺☻♥☺☻♥☺☻♥☺☻♥☺☻♥☺♥☺♥☺☻♥☺♥♥

成立月下老人服務組

本會理事方祖達教授及新任楊理事長建澤教授深感到爲了服務會員，擬增設眷屬婚姻介紹服務組，並敦聘本會新會員劉清榕教授爲顧問，協助本會會員及本校教職員工之眷屬子女或孫輩之婚姻撮和，安排尋求理想對象，做爲終身之伴侶。

本會鑒於國內因經濟及社會之變遷，許多青年男女或因工作忙碌，或因生活環境關係，雖已長大成人，但常因缺乏社交，尋求佳偶，不易達成，孤男寡女亦隨歲月流逝未能適時成婚。本會爲了協助會員及本校同仁眷屬後輩選擇佳偶，新成立婚姻介紹服務業務，由本會服務組組長沙依仁教授主持，聘請劉清榕教授爲顧問，凡本會會員或本校同仁子女孫輩或親朋好友，有意擇偶者，請來本會踴躍登記，並附送其學經歷，家庭背景資料及生活照片，本會當保密代爲安排介紹，願有情人終成眷屬！

中華民國九十二年六月三十日出刊

會 務 通 訊

第 二 十 三 期

發行者：國立台灣大學退休人員聯誼會
會　址：台北市舟山路 243 號鹿鳴堂一樓
電　話：23695692 校內分機：3856　Fax：23648970

會務動態

一、本會因受 SARS 疫情影響，於 4 月 29 日工作會報時決議：為了安全起見，五月份暫停輪值一個月，工作同仁視實際需要，個別到會處理業務，自本(六)月份起，一切恢復正常。

二、第四屆第三次理監事聯席會議，已於六月十七日假校總區鹿鳴堂會議室順利召開，SARS 疫情雖未全部解除，但出席理監事除了翁文監事因故未能出席外，其他全員到齊，實在難能可貴，足見各位理監事對會務之關懷與支持，在此再申謝忱。

三、本次理監事聯席會議，通過歡迎林高寶蓮、楊蔡喜惠二位為普通會員，陳希煌、蕭玉珍、劉清榕、李哞、孫啟璟等五人為本會永久會員。

四、會員沙依仁申請改為永久會員。

五、迄至本(92)年 6 月 17 日止，本會在籍會員共計 487 人，扣除病故者 24 人，他遷或停權及退會者 69 人外，實際會員 394 人，內含永久會員 151 人。

六、會員孟澤義先生，不幸於 89 年 11 月 12 日病故；張炳燭先生，不幸於 91 年 11 月 4 日病故；姜學武先生，不幸於 92 年 1 月 23 日病故；以上三位會友，係本會以電話連絡時，由其家屬證實，方始知曉，本會深表哀悼，特此提出報告。

七、今年五月份由於 SARS 疫情持續蔓延，本會原訂的多項旅遊活動，計有：五月下旬前往九寨溝及張家界，報名人數已有 18 人，並洽妥旅行社，成行在即；六月下旬前往西歐五國或吳哥窟，不少會友前來探詢行程；都因受疫情的影響而未能成行。

八、六月上旬依衛生署評估：台灣疫

情已獲得有效控制，六月十八日WHO已將台灣由SARS旅遊警示區中除名，預計大陸及港澳地區也即將解禁，國內旅遊業、航空業也都恢復運作，本會將鼓勵大家走出戶外、疏解壓力，擬自第三季恢復旅遊活動。

九、依據以往經驗，旅遊活動之選擇：景點、路線、天候、日程及團費是決定參加與否的基本考量。為此特別於本次理監事聯席會議提案討論，藉以集思廣益，共襄盛舉，我們也非常歡迎會友提供經驗及高見，俾便日後策劃旅遊活動時參攷。

十、本會第三季旅遊活動，已由承辦工作人員規劃完竣，關〝旅遊活動預告〞專欄報導於後，各位會友可依個人興趣選擇參加，報名人數如超過16人，即可組團成行，可親自來會報名，亦可以電話報名，可選擇一項或多項報名，經本會統計後，再個別通知來會辦理手續及繳費。

十一、學校擬籌組志工服務隊，情商本會大力協助，案經本會理監事聯席會議多次討論後，決議應予充分配合及支援，並將相關資訊刊載於本會第二十二期會務通訊中，徵募會友參加，目前在楊理事長建澤親身參與及號召下，已有周士傑、林添丁、鄭展堂、路統信、劉秀美、林徐蘭香、夏麗月及吳元俊等會友熱情參與，已於92年6月9日展開服務工作，茲將志工服務隊相關要點報導於後，歡迎有心、有閒，樂在服務的伙伴們，踴躍報名參加，共同來耕耘這塊志工服務的美好園地。

十二、本會當月壽星寄發生日賀卡，時有壽星回函或以電話致謝，相互關懷，倍感溫馨，本季四月份寄發28份、五月份36份、六月份28份，共計92份，敬祝各位壽星健康長壽，萬事如意。

十三、本會新創月下老人專線服務，迄今已有三位小姐登記，均是高學歷、品貌俱佳，也許是受疫情影響，本會停止辦公一個月，至今尚未有男士報名參加，希望有了窈窕淑女，還要有君子好逑，才能有情人終成眷屬，共同建立幸福美滿的家庭。是項服務工作，由本會服

務組長沙教授依仁主持，並聘請會友劉清榕教授為顧問，凡本會會友或本校同仁子女或親朋好友，有意擇偶，請來本會踴躍登記，詳細資訊，請查閱本會第二十二期會務通訊。

旅遊活動預告

預期 SARS 疫情可在八月以前可獲得全面控制，台灣已於 6 月 18 日被 WHO 宣佈解除旅遊警示區，大陸及港澳地區亦將於稍後解除，因此本會特推出今年第三季多項旅遊活動，鼓勵會友背起行囊，走出戶外，疏解積壓多日的悶氣，如有意參加下列旅遊活動，請及早來會報名，以便安排行程，如人數不足 16 人，則取消該項活動。

一、七月份活動：

1.大溪一日遊：預定 92 年 7 月 22 日（星期二）8:00 時由台大出發，經北二高到大溪，漫步百吉林蔭步道，遊逛慈湖、頭寮山光水色，中午在大溪阿麗小館用餐，餐後大溪公園、老街巡禮，全程以悠閒漫步為主，隨心隨性，老少皆宜，17:00 時前返回台大結束行程。

※每人 600 元，含專車去回、平安保險、中餐。

2.天祥二日遊：預定 92 年 7 月 24 日（星期四）至 25 日（星期五），24 日 7:30 時由台大出發，經蘇花公路探訪太魯閣國家公園，夜宿退輔會天祥谷園山莊（雖無高級飯店之豪華熱鬧，但較之露營方便、閒適、安全，簡單寧靜中仰望滿天星斗，更添野趣），漫步白楊步道、文山溫泉泡湯置身群山溪谷中，靜心體享自然天籟與山水交融，悠閒自在，老少咸宜。預定 25 日晚 20:00 時前返回台北。

※每人 3000 元，含專車去回、平安保險、二日一宿五餐。

以上兩行程名額均以一車為限（25-35 人），請先電話報名，俾便辦理保險事宜，並於 7 月 15 日前繳費確定。詳細行程請洽詢本會活動組。

3.南瀛之旅：景點包括：白河賞蓮、七股鹽田、左鎮月世界、菜寮化石館、玉井嘗芒果、奇美博物館及隆田酒廠等地，探索台南縣之美，預定二天一夜，夜宿走馬瀨農場。

二、八月份活動：

1.吳哥窟探秘：預定八月上旬，詳情已於上期會務通訊中介紹過，此為世界七大奇景之一，絕對值得一遊。

2.前進龜山島：預定八月中旬，龜山島屹立於太平洋，爲宜蘭縣天然地標，島上有自十八世紀起即有人居住，1997 年起列爲軍事管制區，居民集體遷至頭城仁澤社區，2000 年正式開放限量登島觀光，龜山島海域爲台灣三大漁場之一，是鯨、豚迴游必經之路，島上景色幽靜，擁有龜山八景，難得有人親見。本次活動預計搭乘快艇，環島觀光及賞鯨，並親自登島一探究竟，中午在頭城漁港享用海鮮大餐，相信此行必能帶您美滿回憶，惟登島須於一個月前提出申請，凡欲參加者，務必在七月十日前完成報名。

3.張家界及九寨溝十日遊：預定在八月下旬，以上兩大景點爲世界遺產自然景觀一次遊完，詳情已於上期會務通訊中介紹過，且已有十多人完成報名，歡迎有意者結伴同行。

4.全國教師生命教育研習營：92年 8 月 21 日（星期四）至 8 月 25 日（星期一）五天四夜，由教育部指導，南華大學及國際佛光會中華總會主辦，在高雄縣大樹鄉佛光山辦理研習。歡迎本校教職同仁（含退休人員）參加（不限宗教信仰）研習費用每人 1,000 元（含美味舒適的食宿，如搭乘來回專車交通費另計約 800 元），可藉此機緣參訪星雲大師創立的佛光山寺與人間佛教的志業，短期體驗快樂自在的叢林清規生活，協助參與開創生命教育的宏觀願景，實踐關愛生命的樂觀生活。

有興趣參與的本校退休同仁請於 7 月底前，先以電話向本會登記洽詢，俾專人爲您服務辦理報名手續或提供相關資訊。

三、九月份活動：

1.客家文化之旅：預定於九月上旬，包括三義木雕、火炎山自然景觀、新中國城遊樂世界、苑裡草編及華陶窯等，中午享用客家美食，如時間許可，順道前往卓蘭採果。

2.武夷山七日遊：預定九月中旬，福建武夷山是中國的歷史文化名山，1999 年已列爲世界遺產名錄，武夷山方圓六十公里，爲典型的丹霞地貌，人們用「三三、六六、九九」來形容武夷山的山與水，「三」是指九曲溪，「六六」是指三十六座山峰，「九九」是指有命名的九十九座奇岩，也就是描述一條九曲溪，環繞著三十六座秀拔奇偉的山峰而流，構成了「碧水丹山」交相輝映的美麗畫卷。此行除盡覽武夷山風景區的山與水之外，並前往福州探古、湄州敬香，還要參觀廈門市及鼓浪嶼，與金門一水之隔的另

一個世界，這裡有與台灣相近的語言和風俗習慣，也是我們大多數人的尋根之旅，預定全程七天。

徵募校園志工服務隊

一、服務地點：校總區行政大樓入口處，聯合服務中心。

二、服務時間：週一至週五，分上午9～11時，下午14～16時兩個時段。

三、服務項目：來賓之接待、引導及諮詢工作。

四、報名地點：秘書室李仕德專員，電話：2363-1361。或洽本會值班人員。

五、我退休同仁，可利用個人方便時間，選擇上午或下午任一時段，亦可選擇上下午兩個時段，每週不限次數，但每次以二個小時為原則。

六、學校另僱用有專職工讀生駐守辦公室。

七、歡迎會友踴躍報名參加，本項工作因屬義務性質，且為試辦，有關福利與獎勵等措施，學校將視實際成效再檢討辦理。

增強免疫、預防SARS中藥方

藥材：土茯苓、牛蒡子、黃耆、黃芩、薄荷、桑葉、防風、連翹各六克，其中黃耆可增加為十二克，另外可加六克紅棗，十克野菊花改善口感。

做法：除了薄荷，將各種藥材先浸泡半小時，置入砂鍋，加三碗水，淹過藥材約一至二公分，小火慢熬剩一碗的量，起鍋前五分鐘加入薄荷，一次喝完，一服藥可煮三次。

高齡者的保健食物　沙依仁

據台閩地區人口統計，在民國九十年六十五歲以上的老人已超過一百九十七萬人。其中有一種或數種長期疾病的老人約佔 70%，完全健康者僅佔 30%。照上述比率計算，在民國九十年台閩地區罹病老人佔一百三十七萬多人。他們長期使用醫療資源，不僅個人焦慮及痛苦，社會也會耗費大量人力、物資、設備來照護他們，造成經濟方面的損害。如何使這些資深國民健康快樂、頤養天年？這是當前醫療界及社工界努力的重要課題。但是由於老年病患人數的激增，據林萬億教授的推估，在民國九十七年我國久病或失能老人需要照顧者將達三十六萬人，其中需要長期照護者約在六

萬五仟人到十二萬人之譜，屆時醫護、社工人員以及病患家屬都將無法負擔。看來只有老人自己努力防病保健才是上策。

老人最容易罹患的長期疾病諸如癌症、心血管疾病，（包括心肌梗塞、高血壓、中風後遺症、血管硬化或破裂），免疫能力的衰退，導致因素很多，其中尤以淋巴細胞或巨噬細胞缺少，或功能減弱最為顯著。在這種情形下，病原體侵入人體不會被吞噬、在體內或製造出抗體，因此就罹病了。此外體內自由基的增加使不正常的細胞愈來愈多，人體就日益衰老。老化的導致因素很多除飲食外，舉凡起居作息、運動等以達到身體方面的保健，另外心理及社會調適也要正常，方能達到真正的健康、心情開朗，社會上還有一些知交的親友彼此互助合作，才能稱為愉悅成功的老人。因為篇幅有限，本文只能從保健飲食談起，將來有機會再續談心理及社會方面的調適。

老人特殊的飲食保健包括：

一、增強免疫力　孫安迪教授所提倡的安迪湯在台灣已有許多人在飲用，材料包括：黃芪四錢、枸杞、紅棗各三錢，以上是每人一天的份量，以兩飯碗的水煮成一飯碗半的湯當天喝完，亦可一次煮數天的份量放冰箱冷藏，這種免疫湯是溫性，倘若是熱體的人長期飲用比較容易過熱。所以隔一段時間就改用五行蔬菜湯，這種湯是涼性。材料包括：白蘿蔔一個或半個、白蘿蔔葉等量、胡蘿蔔一條、牛蒡一支、香菇八朵，煮一鍋湯，當茶飲。目前市場上已買得到包裝好的蔬菜湯，和茶包差不多，可以隨時沖泡。依照林璧鳳教授表示營養素缺乏會降低免疫的能力，包括缺乏蛋白質、維生素A、C、和鋅、鎂、鐵。鋅主要的來源是海鮮類、鎂主要來源是葉綠素，此外食油應該攝取低油量，否則會抑制免疫反應。此外人參及當歸亦有增強免疫力的功用。

二、消除自由基　依照林松齡教授的研究應多吃生蒜可以消除自由基。此外大蒜的功能還有很多諸如防癌、預防心血管疾病。

三、使血管軟化　多吃遠洋深海的魚類可以使血管軟化諸如沙汀魚、鱈魚、秋刀魚等。

四、防癌　薏仁製成保健食品可以防癌。此外薏仁還具有抗氧化、抗過敏、免疫調節、調節血脂、調節血糖、腸道生理調節、內分泌調節、抗突變、抑制腫瘤等作用。但是孕婦卻不可吃薏仁。除了薏仁以外蕃茄、花椰菜、大白菜、香菇等也有防癌作用。

介紹數種保健滋補的食品及藥材

(一)哈士蟆（雪哈膏）　蛋白質及賀爾蒙均豐富，其療效爲健脾胃、滋陰，可加冰糖蒸。

(二)淮山藥　療效：補虛、補中益氣、長肌肉，久服耳聰目明。山藥粥：以山藥 30 克加米 180 克煮粥，可降血壓。

(三)胡桃肉　補腎、溫肺、潤腸，可治尿道結石、通便，有降血壓、治中耳炎，習慣性便秘的作用。可在臨睡前吃 4 到 5 顆對於腎虛、頻尿、臟躁病亦有療效。

(四)白木耳　男性較易生痔瘡可多食白木耳。此外，白木耳具抗凝血作用可防治心臟及腦血管疾病，高血壓、血管硬化。白木耳可煮甜湯，亦可煮鹹湯或白木耳粥，價格更低廉的黑木耳亦有類似的療效。兩者可以配合煮成雙耳羹，白木耳養陰生津、黑木耳補氣健脾，二者相配，冰糖調合氣血雙補。（雙耳羹係參閱沈立言教授的著作：食物之性味功能）

(五)黑芝麻　療效：補肝腎、潤五臟、長肌肉、益腦、髓、腦血不足者尤其有效。吃法：以黑芝麻 15 克加白米煮粥，但是大便稀薄者不宜食黑芝麻，可改吃淮山藥。

(六)白果（銀杏）　療效：歛肺氣、定喘咳、止帶濁（婦女白帶）、縮小便、治哮喘、痰嗽、遺尿、小便頻數。白果含有微量的毒素，所以不能多吃。一天吃的數量不能超過 30～40 顆。

(七)百合　療效：潤肺、清心、安神、止咳、治腳氣浮腫。百合與龍眼肉配合服食，可治肺熱咳嗽、乾咳、久咳或痰中有血、煩躁不安。

(八)草決明　療效：降血壓、通大便、治便秘，以五錢草決明煮水喝。

(九)馬蹄（荸薺）　療效：消甲狀腺腫大，肝病患者可將馬蹄生吃。

(十)西洋參　療效：血壓低的人，或流虛汗的人，每次吃一錢。倘若切片加水煮，則需用 2～3 錢。

(十一)石斛、人參、天麻各二錢加水煮

湯喝，可預防老人痴呆症。（以上參考張成國教授的演講）

(十二)海參　療效：營養高、高蛋白、低膽固醇、低脂肪、對高血壓、肝炎患者有特殊功效。

(十三)鮑魚　療效：平肝、明目、可治眼酸澀（鮑魚加枸杞子燉湯）。

(十四)其他　紫丹參可治心肌梗塞，仙楂促進血液循環、綠豆清熱解毒。

食物烹調宜多注意，油炸食物宜少食，否則容易上火，龍眼、荔枝亦不可吃過量，否則不僅容易上火，而且腸胃消化吸收不了，形成積聚。（以上參考林昭庚博士的演講）

煮菜宜少放鹽，據學者研究我國國民食鹽攝取量比外國人高六倍。此外任何菜肴不要放味精，否則積在體內排不出去。各位上餐廳吃酒席，回家後常口乾喝大量開水或茶，就因為菜肴中都放味精。因此建議各位少上餐廳吃飯，常吃自家煮的食物，較能延年益壽。

中華民國九十二年九月三十日出刊

會 務 通 訊

第 二 十 四 期

發行者：國立台灣大學退休人員聯誼會
會　址：台北市舟山路 243 號鹿鳴堂一樓
電　話：23695692 校內分機：3856　Fax：23648970

會務動態

一、第四屆第四次理監事聯席會議，已於 9 月 5 日假校總區鹿鳴堂會議室召開，本次會議之所以提前召開，其目的在配合九月份有多項旅遊活動，同時也期盼本會會訊於月底前能如期發刊，會議當天，雖時值中秋，但秋老虎發威，氣溫高達 32℃，除有兩位理監事請假外，其餘全數出席，非常感謝各位理監事對會務的關懷與支持。

二、本次理監事會議，通過歡迎鮑亦興等三人之入會申請案。原會員朱榮茂、吳信義，已繳交會費，申請改變為永久會員。

三、本會重要資訊及活動，多投稿校訊刊登，有時可能受版面及時間限制，或有未能及時刊出，經楊理事長建澤及沙組長依仁奔走協調後，校刊編輯概允充分支援，尤其七月九日發行之 711 期校刊，闢三個專欄報導本會實況及活動，讓本會同仁至為振奮與感謝。

四、本會於七月底分別向學校人事室及事務組承辦退休業務人員取得本(92)年 1 月至 10 月奉准退休同仁名單乙份，並於 8 月 29 日發函邀請其前來參加本會為會員，共計發函 64 件。

五、迄至本(92)年 9 月 5 日止，本會在籍會員共計 490 人，扣除病故者 24 人，他遷或停權及退會者 69 人外，實際會員 397 人，內含永久會員 155 人。

六、本會本年度第一季因理監事會改選及交接事故，未能及早擬訂各項旅遊活動，第二季雖擬舉辦之活動很多，但因受 SARS 疫情影響被迫全部停辦，第三季雖疫情解除，一切恢復正常，但會友們心理上尚有顧慮，以致報名參加者不甚踴躍，甚至因報名人數不足而停辦，期盼第四季能恢復以往之盛況。

七、茲將本會第三季所舉辦之活動報導於下：

1. 大溪一日遊：原訂 7 月 22 日舉行。
天祥二日遊：原訂於 7 月 24 日舉

1

行，以上均因報名人數不足而停辦。

2.南瀛之旅：為國內二天一夜之行程，報名人數25人，於7月29日順利成行，大家玩得都很愉快，旅遊記實，刊載於後。

3.九寨溝及張家界十一日遊：參加人數22人，於8月10日出發，20日平安返抵家門，見聞極廣，收穫亦多，詳細遊程請方教授祖達為文報導於後。

4.龜山島賞鯨活動：原訂8月20日出發報名人數已達30餘人，惜於臨出發前得到通知，因島上碼頭施工而關閉，雖獲延期，又因颱風而無法成行，本會決定明年及早擇期申辦。

5.佛光山生命教育研習營：本會會員一行七人，於8月21日在楊理事長建澤率領下參加全程活動，非常成功圓滿。

6.吳哥窟探秘活動：原訂8月下旬舉辦，因報名人數不足而停辦。

7.苗栗客家文化之旅：訂於9月9日舉行，參加人數21人，一日旅程，愉快結束返家。

8.武夷山七日遊：於9月23日出發，報名人數22人，成行在即，旅遊見聞，已情商本會宣副理事長家驊撰寫，將刊載於下期會訊。

八、本會第四季旅遊活動，已由承辦工作人員規劃完竣，並經理監事會討論，闢「旅遊活動預告」專欄報導

於後，各位會友可依個人體能及興趣選擇參加，凡報名人數達到16人，即可組團成行，可親自來會報名，亦可以電話報名，可選擇一項或多項報名，經本會統計後，再個別通知來會辦理手續及繳費。

九、本會支援學校組織之志工服務隊，現已展開服務，一切步入常軌，頗獲各方好評，惟人數尚感不足，歡迎我退休同仁，踴躍報名參加，報名地點除本會外，可向學校秘書室洽詢。

十、本會依往例寄發會友當月壽星賀卡，計七月份28份、八月份18份、九月份28份，共計74份，敬祝各位壽星健康長壽，萬事順遂。

十一、關於本會成立月下老人專線，惜登記申請者並不算多，而且有女多於男之趨勢，目前已有多位適婚者正在進行中，希望各位會友家中如有未婚子女，或親友中有此需求者，請多引介來會登記，本會慎重考量各項條件，從中安排撮合，希望天下有情人終成眷屬。

十二、有關媒體報導：政府將檢討收回各國立大學眷舍土地事件，引起很大風波，本會十分關心我退休人員眷舍土地之權益問題，此項風波之前因後果，以及相關新聞，多刊載於八月下旬各大報紙，本會為使會友了解實情，特別將其過程系統整

理，俾便會友關注未來之發展。

1. 台大總務處於八月二十六日邀集配住學校宿舍之教職員，舉辦說明會，指出：

行政院「國家資產經營管理委員會」已訂定檢討收回國立大學經管宿舍土地政策，規定凡未經該管委會通過准許學校留用之土地，將被收回拍賣或利用，此將嚴重影響台大長遠之發展。

近日又再函令各機關學校於95年底前收回全部眷屬宿舍，將對現住戶產生巨大之衝擊。

與會同仁聞知後紛表不平，一致認為絕對不能接受。

2. 按74年修訂之眷屬宿舍事務管理規則，明訂：在72年5月1日前配住眷舍者，暫時續住至國家或學校有需要騰空標售、現狀標售、改建拆除，已建議售等情況為止。

3. 8月27日各大媒體對台大同仁的反彈紛紛加以報導，而各國立大學與政府相關部門也頻頻接觸，謀求因應之道。

行政院人事行政局長李逸洋於當天記者會指稱：「根據現行辦法，眷舍住戶本人與配偶死亡，子女未成年可續住，或子女成年但身心障礙者也可續住，為兼顧人道關懷，增列在92年8月27日前，住戶本人與配偶名下沒有房子者，可續住到眷舍處理前」。

4. 8月28日教育部邀請眷舍數最多的台大、政大、興大之校長與人事行政局會商，會中達成共識：「校內土地與校外之文教用地不收回」，老教授與遺眷可續住下去，但96年起才搬離眷舍者，將無法獲得搬遷補償費。（指位於校外之眷舍）人事行政局公務人員住宅及福利委員會工程管理組指稱：只有在都市土地內住宅區、商業區、工業區都市土地中甲、乙、丙、丁種建築用地的眷舍才需檢討，校方若有土地使用計畫，可提出保留申請，不需保留者才需強制搬遷。

5. 9月2日行政院長游錫堃接見大專院校協會7位國立大學校長，協會理事長政大校長鄭瑞成提出三個底線：(1)希望在大學永續發展原則下，維持大學的人事、財產自主權，(2)希望政府採公教分離的立場處理大學眷舍，(3)希望尊重大學為主軸，由教育部審查高等教育學校所提校地使用計畫。但游揆反對檢討期限拉長及公教分離的處理原則。

6. 台大校訊92年9月10日出版之第715號校刊首面亦有詳細報導。

十三、特約商店介紹：蒙多布諾義麵舖於92年9月6日開張，地點本市新生南路三段76巷5號，本會會員可憑會員證九折優惠。

第四季旅遊活動預告

一、十月份活動：

1.北海一日逍遙遊：預定十月上旬舉辦，不搭遊覽車，全程自由行，首先乘坐捷運至關渡站，參觀 2003 年花卉藝術節展覽，再轉乘接駁公車至淡水河左岸，參觀十三行遺址博物館，這裡有系統的展示了本地先民的生活狀況，而館址建築和附近環境規劃也極為出色。另外，在室外廣場還可欣賞到「太陽祭」的活動，介紹原居民所流傳的神話故事。接著乘渡船到淡水，在漁人碼頭改乘「藍色公路」的觀光遊艇，從海上遠眺北海海岸的美麗風光，到達台灣最北端的富貴角以後，就在富基漁港享用百分之百的海鮮大餐，餐後原船返回淡水老街，各自在渡船頭品嚐傳統小吃或採購淡水特產，滿載而歸。

2.韓國賞楓五日遊：預定十月中旬舉辦，大韓民國位於亞洲東北部，是與中國大陸相連接，由北向南伸展的半島國家，二次大戰後，以北緯 38 度線區分為南韓與北韓，本次旅遊選擇南韓。韓國國土約 70%為水地或丘陵地帶，東北部地勢陡峭崎嶇，西南部則為一望無際的平原，韓國屬大陸氣候型，四季分明，韓國早期的民族文化深受中國影響，另外，由於地緣關係韓國也擁有為數眾多的中國北方華僑移民。

韓國的旅遊地區大多集中於漢城、釜山和濟州島，漢城自 1394 年被李氏朝鮮定為國都後，一直都是韓國的京畿之地，所以漢城地區古蹟勝景最多，1988 年因舉辦奧運，更加速了城市現代化，而儕身為世界十大都市之一，對各旅遊景點的規劃則更見其大手筆。本次旅遊係以漢城為重點，時值深秋，當然賞楓更是主要目的，景點包括：1392 年創建的景福宮、總統府、青瓦台、世界第七大遊樂區－－愛寶樂園、南怡島遊湖、汽車博物館、秋芳洞、華克山莊、韓國民俗村，最不能省略的是東大門批發市場，此地範圍甚廣，貨品繁多，讓大家享盡採購的樂趣。因為季節因素，本次行程不包含濟州島，以免壓縮了漢城主要景點的遊覽。有意參加的會友，務必要在十月五日前完成報名。

3.金寶山文化藝術之旅一日遊：預定於 1021(二)、1028(二)舉辦二個梯次。（可重複報名）

行程概為：台北→金寶山→千佛石窟→鄧麗君紀念公園→朱銘美術館（第一梯次）。中山樓及林語堂故居（第二梯次）。

每梯次 40 人，額滿為止。活動全程參加人員僅報名時繳個人平安保險費 50 元，另門票自費，其餘車資、午餐免費。

二、十一月份活動：

1.雲林風采二日遊：預定十一月上旬

4

舉辦，雲林是一個典型的農業縣，也一直以農漁產業聞名全台，草嶺風景區早已是國內的著名休憩景點，但在九二一大地震受創後，已經重新規劃，並結合鄰近的石壁、樟湖風景區、草山休憩區、及荷苞山咖啡遊憩區，已經具有相當的規模，成為中部地區新興的旅遊線，加上附近的鴕鳥養殖場及八色鳥生態村，更增添了雲林旅遊的特色，此外，雲林縣早已聞名的北港朝天宮和西螺大橋與七崁傳統文化，也都是令人回味的，自從加入了 WTO 以後，本土農業明顯受到影響，也因而逐漸轉型向休閒農業發展，本次旅遊安排二天一夜，就是要去一探究竟，更是要以具體行動表示，對台灣農業的支持與鼓勵，希望有志同仁共襄盛舉。

2.沖繩四日遊：預定十一月中旬舉辦，沖繩亦稱琉球，位於台灣的東北方，為日本最南端的群島，享有「東方夏威夷」的美譽，距離台灣僅有 75 分鐘的飛行航程，沖繩是由 160 多個大小島嶼所組成，那霸為其中一大城市，沖繩除了有碧海藍天及由美麗的珊瑚礁所構成世界聞名的七色海和潔白星沙，更保有自然生態之美，與特殊人文藝術氣息，經過他們的精心規劃，現在已經成為老少咸宜令人響往的旅遊勝地。

本次旅遊重點包括：號稱世界第一的「美之海水族館」，海洋博物紀念公園（世博會場）、東海第一的鐘乳石洞－玉泉洞、琉球國王村、東南植物樂園和藥草園，還有鳳梨園和仙人掌園，另外還要乘坐海底觀賞船，欣賞五彩的珊瑚和熱帶魚群，全程不安排水上活動，也不爬山，歡迎年長會友結伴放心來暢遊。

三、十二月份活動：

海南島五日遊：預定十二月上旬舉辦，本月份因年終將屆，為免影響會員大會的籌備，只推出一項旅遊活動，即有「南海之珠」美譽的海南島，海南島位於中國大陸廣東省南端的雷州半島對岸，面積三萬二千多平方公里，比台灣稍小，中共最近在雷州半島至海南島間建設鐵路，以加速此地之發展。早期海南島為一農業省，經過改革開放後，十幾年來的開發，現在已成為夠標準的旅遊勝地。海南島的最大城市為海口市，也是海南島的政、經、文化、交通的中心，北宋蘇東坡曾流浪到此，清代 1889 年曾建有紀念唐代有名宰相季德裕等五人的海南第一樓，瓊台書院建於 1710 年，也是「梁山伯與祝英台」的學堂。島之中央有五指山，標高 1897 公尺，島的南端是三亞市，一望全是白色石頭建造的房屋，充滿異國情調，附近海岸有一巨石，刻有「天涯」、「海角」的大字，蘇東坡看過此美麗的海岸後，稱其為「中天一色」，現在此地遍佈現

代化的飯店和旅遊設施，三亞不僅擁有細嫩柔白的長灘，清澈無比的水質，還有超純的空氣，1999 年聯合國環境保護組織對全球 158 個城市空氣品質調查結果，三亞市名列世界第二（僅次於古巴首都），三亞市附近還有大東海和西島兩地，都是新近開發的景點，各式各樣的水上活動，絕對不輸給普吉島或芭達亞。除了水上活動，附近還有南山文化旅遊區，佔地約 57 平方公里，包含南山佛教文化苑和南山大小洞天風景區，此處曾率先在中國實行 ISOI4001 環境管理認證，成為全國首批 4A 旅遊景區，南山地區居民平均壽命為 74.7 歲，真是名符其實的「壽比南山」。另外，海南島遍地種植椰子，海鮮品質優良，水晶也是當地特產，三亞機場附近的水晶文化館頗值得一看。總結海南島旅遊全程五天，由於它的地理位置緯度較台灣更為南方，所以四季如春，雖是十二月，仍是適宜旅遊的季節。

四、以上各項旅遊活動，自即日起接受報名，凡本會會友，或會友親朋好友，以及本校在職同仁亦在歡迎之列，一旦報名人數達到 16 人，即可組團成行，經本會總計人數後，再個別通知來會辦理手續及繳交團費，請盡快登記報名。

南瀛之旅紀實　宣家驊

經歷了 SARS 兩個多月的陰霾，現在終於雨過天青，本會各項旅遊活動已恢復舉辦，藉以調劑眾會友的身心。七月份推出 「發現南瀛之美」活動，地點選在台南縣境內幾處著名的風景區及具有文化特色的地方，兩天一夜的行程，適合舉家或結伴同遊。

七月二十九日早上七時四十分遊覽車從台大校門口出發，搭乘了二十五位團員，沿著北二高、中山高、中二高及南二高等國道南下，由於車內座位寬敞，窗外景色宜人，一路上大家說說唱唱，於十二時半，來到台南縣大甲鄉林鳳營享用具本地特色風味餐－－蓮花養生大餐，九菜一湯完全以蓮為素材調配，包含荷葉、荷花、蓮子、荷莖、蓮藕等，甚至連飲料都是由蓮子及蓮藕製成，這一餐菜色不算豪華，但卻讓我們開了眼界。

餐後就近前往隆田酒廠參觀，這裡是以生產二鍋頭、白頭和米酒為主的酒廠，大家在此只淺嘗了一點餐後酒以後就離去，前往走馬瀨農場趕上三點正演出的烏克蘭舞蹈特技表演，短短三十分鐘的演出，東歐妞兒美妙的身裁和精湛的演技，連連獲得觀眾的掌聲。隨後各自進入獨棟小木屋休息，而大部份團員則不願放棄這難得的機會，跟隨導遊小姐在園區內散步賞景。

走馬瀨濃場是由台南縣農會所經營的綜合性觀光農場，位置接近玉井鄉及北門至玉井的東西向快速道路，場區面

積達 120 公頃，其中 40 公頃爲紐西蘭風情的牧野草原，另外規劃 330 餘項遊樂設施，諸如：露營區、滑草場、戲水世界、高空小火車、協力車場、保種動物園、本土藥草苗圃、綜合遊樂場、農業館……等，我們一行人花了一個半小時走訪了大部份設施，還有人租了二人協力車兜風，晚餐後也有人前往戲水區游泳和 SPA 按摩，盡情享受休閒的樂趣。

第二天清晨，大家尤其不捨這美好的景色，踩著涼爽的晨曦，各自在園區內散步，呼吸那與台北截然不同的新鮮空氣，心情因而格外開朗。早餐是農場提供的中式餐點，其中較特別的是「牧草饅頭」，它是抹茶淺綠色、香軟可口，可算是此行的另一特色。

早餐後的首站是前往玉井鄉農會的芒果產業文化資訊館參觀，玉井鄉盛產各種芒果，享有「芒果之鄉」的美譽，玉井鄉農會爲了提昇芒果產業文化，使一般社會大眾更瞭解玉井芒果產業形成之始末及農民栽培芒果過程之苦辛，逐籌建芒果產業文化資訊館，這裡透過圖片和實物的展示，詳細地介紹了台灣芒果栽培的歷史、玉井芒果產業的發展，從而讓我們清楚地認識到各種芒果的外型、特性及多種食用方法，市面上常見的愛文、金煌、海頓、凱特、台農一號，這裡全都有系統地介紹，尤其近年新改良上市的「黑香」品種，超甜奇香，更讓我們增長了見聞。隨後我們趨車前往集貨市場，實際參觀交易的情況，並針對自己的喜好，大事出價選購，總結我們的戰果是遊覽車下層的行李箱，全部被芒果、芋頭、鳳梨、芭樂塞滿了。

離開了玉井，就近前往菜寮化石館參觀，這裡收藏品以在菜寮溪發掘的動物化石爲主，諸如左鎮人化石、犀牛、象、鱷魚、鹿、魚貝類化石等供我們瞭解到菜寮溪早期海陸生物的演化變遷，在此館的近鄰，我們又順道參觀了自然史教育館，這裡主要展示平埔族先民生活的一部份，透過此項參觀也爲本次旅遊活動增添一些學術氣息。

離開菜寮，接著趨車前往林鳳營，這裡與白河地區相仿，到處都是蓮花池，我們選擇了「蓮花世界」園區，購買門票入內參觀，首先由專人介紹蓮與荷生態，「蓮」區分爲「睡蓮」與「荷蓮」兩大類。葉浮水面，葉有缺口，花無蓮蓬頭無藕的是「睡蓮」，而與此相反的則「荷蓮」，蓮花種類不下 300 餘種，在這裡我們看到的有大王蓮，葉面貼於水面，是盆狀，據說最大的直徑可達 2.8 公尺，可載重 80 公斤，而最小的蓮花直徑只有 0.5 公分，這裡展示了各式各樣的蓮花，有紅、有白、有黑、有紫，另外還見識了「吸金璧」和「蓮花神石」，一個多小時的見聞，真是不虛此行。

中午先在七股用完海鮮午餐，然後前往瀉湖，遠望大片已經荒廢鹽田和登上號稱「台灣的長白山」的鹽山，因為季節關係，此行未能看到黑面琵鷺，且因時間不多，未能搭乘膠筏一遊瀉湖或在鹽池內泡浴，體驗漂浮的感受，倒是對台灣三百三十八年的晒鹽史，如今已畫下句點，我們都作了最佳見證，那白皚皚的大片鹽田和鹽民的摻著汗水和淚水辛勤奮鬥的悲觀歲月，如今一切都成追懷。

兩天的台南之旅匆匆度過，回程大夥兒一路歡唱，一路歡笑，印證了對此次活動的回應，相約下次還要同遊，最後在龍潭用完客家風味的晚餐，於八點半鐘回台大校門口，大家互道再見。

佛光山研習活動紀要

吳元俊

本會會員一行七人，於 8 月 21 日在楊理事長建澤率領下，清晨自台北搭專車南下，中午抵高雄縣大樹鄉佛光山，參加由教育部指導，南華大學、國際佛光會中華總會主辦的「全國教師生命教育研習營」，由各級學校熱愛生命、探索人生、重視生命的教職人員（含退休）四百餘人參加。

參加教育研習營提供教職同仁，持續的專業進修，不只為耕耘個人的生命，豐富個人的生活，在面對生活與信仰，

做智慧抉擇的同時，也引導教師們對生命、對心靈的進一步省思。

在經過五天的研習後，與會同仁均感不虛此行，滿載而歸，同時對星雲大師開創佛光山人間佛教道場，弘法五大洲，建立人間淨土的文化、教育、慈善志業，有更深刻的認識與了解，除可短期學習、體驗、觀察叢林清規生活，與佛光人：「給人信心、給人希望、給人歡喜、給人方便」的信條，及捨與給的人間修行，同仁印象深刻，同時研習內容對協助教化青年學子及本身面對生命的正知、正見助益良多，深表感佩之餘，特推薦我台大同仁，不限宗教信仰，爾後能把握機緣參與研習。

本次研習有緣在佛光山雲居樓同寢室之楊建澤、吳信義、吳元俊及黃憲弍（前成功、明倫高中教師）等四人，在閱讀富多元智慧與新知報導之人間福報後，認同該報人間關懷、傳遞福報之理念，可譽為報紙媒體之清流，可讀性高。特合訂 8 個月（自 92 年 9 月 1 日至 93 年 4 月 30 日）人間福報與本會結緣，歡迎本會同仁來退休人員聯誼會時能共享福報。

九寨溝、黃龍、張家界旅遊記實

方祖達

九寨溝、黃龍及張家界之旅，終於在今年 8 月 10 日至 20 日成行。中國有 31 處風景名勝區列入聯合國教科文組織

認定的世界自然文化遺產。我們此行遊覽了四處：九寨溝、黃龍、張家界和二王廟都江堰，前三處屬於自然遺產，後者屬文化遺產。我們一團共 23 人由山林旅行社林銘訓先生帶團，在 10 日上午 11 時自台大校門口上車，先到埔心用午餐，再到桃園機場搭乘國泰班機於下午 4 時抵達香港機場，轉乘中國南方班機，於 20:50 到達成都機場。出關後又到餐廳用餐，住入新華國際大飯店已是晚上 11 時多了。領隊請大家吃又香又甜的大水蜜桃。所以大家還不覺得太疲倦。

第二天參觀位於成都和新都間的熊貓繁殖保育中心，由導遊小魏沿途介紹成都；看到市街廣闊、整齊清潔，原是蜀漢首都。今是中國西部工商業及交通重鎮，為開發大西部的樞紐。我們先入熊貓繁殖基地。原來熊貓被稱為稀奇動物，因其每天要吃 20 公斤左右的竹子、腸短、齒銳利、大便多。因為竹子的營養成分低。平時是獨居生活，每年交配成功率只有 10%，如今用試管繁殖，使原來僅有 200 隻，繁殖達到 1200 隻，這是基地的一大貢獻。在圍溝內的熊貓，步履蹣跚，懶洋洋躺著啃竹葉，可愛極了。我們也看到小熊貓，也有稀珍動物金絲狗或稱九節狼，適合高海拔生活，以竹筍、草根和果實等食物維生，壽命約 15 年。

次日參觀三星堆博物館，亦稱三星堆文化，位於鴨子河旁，1929 年被發現。這裡展出許多五千年前的各樣古物，如通天神樹、玉器、銅器，彰顯我國古代的文化遺物。部份展品曾在去年運來台北歷史博物館展出，引起很大的轟動。午餐後到樟潼參觀文曲星廟，奉祀文昌帝君和關聖帝君。也步行到瓦口關張飛廟，在綿陽用晚餐，住在長虹大酒店。綿陽是四川先進科技發展基地。為了預防高山的氧氣稀薄，大家在此購買藏藥"紅景天"和氧氣筒備用。

第三天八時出發，約一小時到江油休息。江油是唐代詩仙李白的故居。9:50 上九環公路上山，在蜿蜒曲折的山路上行車約二小時到平武縣用午餐。3:11 到達海拔 4000 公尺以上的杜鵑山休息拍照。經過高山峻嶺可看到 5000 公尺的高峰。6:10 到溝口，看到碧綠的翡翠河。7:30 用晚餐，住入金龍漁館酒店。

第四天，全天在遊覽九寨溝風景區。全區面積 620 平方公里，相傳由九個藏族寨子合稱九寨溝。是一個動美與靜美相結合的旅遊勝地。景點主要分布在樹正、日則及則查洼三個溝。四週峰巒起伏，山坡上是茂密的原始雲杉林，形成樹海。九寨溝是大自然的傑作，山間層巒峰迭，記錄了大自然的滄桑變遷，串珠狀的海子則是泥石流和水川作用的結果；層層瀑布則是歷次造山運動所構成。九寨溝於 1984 年設立管理局。1996 年被聯合國教科組織審定為世界自然

造產。年平均雨量 552 毫米，8 月份平均氣溫為 17℃，冬天最低溫至 −25℃。我們是轉乘區內綠環保車進入遊覽。先到火葉寨，經過蘆葦海、火花海、人面石、臥龍海、樹正瀑布、老虎海、犀牛海、諾日朗瀑布。因為居住在九寨溝的藏人從來沒有看到真正的大海洋，所以他們都稱呼這些溪流湖泊為海子。到諾日朗後分為左右兩路，我們上午車走左路，約半小時到達長海和五彩海，海拔高達 3103 公尺，天空下著毛毛雨，的確有些寒意。長海面積較大，水清可鑑，看到對岸的雲杉林在水中的倒影，十分幽美。五彩海因水底高低及泥土色彩不同，映出不同色彩而得名。車走回過了平安橋，開始走右路繼續看風景，沿日則溝北上，先到天鵝海，再回頭看箭竹海的倒影。在熊貓海停留片刻，有人前往看瀑布，水中有高山裸鯉，無魚鱗，重不到半斤。午餐後經過五花海、孔雀河灘，在珍珠灘停留拍照。珍珠灘是在一緩坡上，面積廣大是諾日朗瀑布的源流，風景十分壯闊秀麗：樹在水中生，水在林間流，人在林中走。再往下沿步道走約 15 分鐘，到諾日朗瀑布左岸，瀑布寬約 320 公尺，水聲如雷般轟動，勢如萬馬奔騰，可與美加交界的尼加拉瓜瀑布媲美，極為壯觀。再往瀑布下方走，又到了犀牛海，面積 20 萬平方公尺，深 15 公尺。再往南行經過老虎海，樹正瀑布亦屬斷層瀑布，臥龍海

是水底隆起一條如巨龍的黃色泥土，在清澈的透明湖中形成臥龍狀。最後經過一片長滿蘆葦的湖澤稱為蘆葦海。下午 4 時車到九寨溝文化村。休息、購物、拍照，然後搭乘原車回程。九寨溝的土質多含各種礦物質，故可形成不同水色，也供給樹木養分，使植物能在水中生長。在整天看到的各種景點，個人還是以珍珠灘和諾日朗瀑布最為壯觀。

九寨溝是在 1970 年代被發現，成立林業局，砍伐大量森林，1978 年政府才注意到開發旅遊業，1985 年開放旅遊，初期管理未上軌道，人為破壞難免。如今正在修築示範生態道路，注意環保、川九機場亦即將啟用。九寨溝生態保護區的流動廁所，排泄污物全部由馬桶內墊之塑膠袋收納，運往區外處理，在區內則污物不落地，絲毫不能污染水質，自然潔淨值得示範借鏡。

第五天，早餐後於 7:30 離開酒店。車往黃龍山出發，亦稱為臥龍山。8:00 到藏納區，是藏人早年生活之地，產黃金、紅寶石，以畜牧為生，產牦牛。車往山上爬行，9:40 到雪山樑子的貢嘎山，高海拔 4250 公尺，我們下車短暫停留，已感到高山氣候的威力。也看到遠處的最高峰雪寶頂海拔 5880 公尺。10:30 到達黃龍山風景區：是一座寬數十丈至半公里，長達 10 公里，坡度在 10~20 度左右，是由黃黏土堆積成大小不同的如梯田般的階梯，清澈的水由山

頂源頭不斷往下流，有二條步道可以上下山。我們自左道上，每走約 15～20 分鐘就有一景點，供人拍照，共有九個主要景點，如五彩池、爭艷池、浴仙池、明鏡倒映等。步道都很好走，以石塊設階，以木板為道，上面還舖設金屬網，雖然有的只用黃土也不會滑。我們一群自由上山，沿途拍照，最後可達黃龍古寺。受時間限制，最後趕回餐廳已是下午一時了。

黃龍山風景太美妙和太壯觀了。水在山上一波一節往前下流，若是晴天有陽光照射，宛如一條金龍。一池池、一波波的水如龍鱗令人嘆為觀止。黃龍山位於松潘縣東北 56 公里，海拔 4200 公尺，因奇特的鈣質地貌，豁然出現一道長約 10 公里，寬半公里的乳黃山坡，山坡上層層疊疊美似瑤台的千百級台階，形成了 3400 多塊彩池，好似龍鱗閃爍生輝，有如進入圖畫之中，恰如景觀所介紹。午餐後已是下午 2 時，為了要開 5 小時車下山到茂縣休息，從這裡岷江的發源地，經過雙子湖及十分峻險的海子山。此地據稱在 1932 年發生過大地震，是羌族居住地，主產花椒。車自高山蜿蜒繞山沿岷江而下，果然在下午 7 時到達茂縣，住進茂縣貴賓樓，大家經過一整天的奔波趕路，很快就睡入夢鄉了。

第六天，自茂縣繼續開車下山，放棄到臥龍去參觀大熊貓館。順道到一家漢藥展示館參觀，什麼天麻、川貝、冬蟲夏草均為當地名產，雖經漢藥師把脈，大家都不感興趣。至上午 10 時又到映秀參觀水晶及玉器店。午餐後 12:50 到達青城山。是由 19 座山圍成，有 36 峰、72 洞、108 景。主峰海拔 1600 公尺，我們由建福宮經遊人接待中心，再走到月城湖，坐船渡湖，再乘坐 15 分鐘的纜車，往上走到上清宮，是奉祀老子。至 4:10 沿原路回到車上，直往都江堰。住入二王廟賓館，算是市郊一個環境幽靜，是座有三大幢西式建築的旅館，除餐廳外還有娛樂廳，晚間由林領隊做東，我們約半團愛歌唱的在此唱卡啦 OK，各展歌喉，十分高興，再回房入夢。

第七天，早餐後車開往都江堰，先參拜都江堰建造人李冰父子廟，再沿步道一層層下山到堰旁。岷江水流入成都平原前，將水由分流堤分為外江和內江。內江水中所夾雜的泥沙則在飛沙堰中沈澱下來，再由保坪口排出外江。如此內江的水才流到成都平原供農田灌溉。當豐水期時，岷江十分之六的水流入外江，十分之四的水流入內江，這樣，成都平原都不致受泛濫之災。這是利用江水依 90 度湍流折回的水文原理而設計的分水堤。當岷江在枯水期時，十分之六水流入內江，十分之四的水流入外江，這樣成都平原就不缺灌溉水了。

李冰父子是戰國時代的人，距今已二

千多年，其對水利工程上的貢獻馳名中外。在當時要堵住江中水流的工具是用木柱做成馬槎，用竹皮包紮石頭做成竹籠，則可有效控制水位，如今當然可用鋼筋水泥築成堤閘了。我們都走過內江橋到堰上拍照，看到分水堤的魚嘴，工程實在偉大。9:30 離開都江堰往成都市。午餐後參觀杜甫草堂，門庭廣闊，花木扶疏，在塑像館有對聯為證：「草堂留後世，詩聖著千秋」及「荒江結屋公千古，異代升堂宗兩賢」。是紀念宋代的黃庭堅和陸游。2:20 到中國北京實用堂藥廠參觀，專售各種膏藥之類。3:35 到青平宮，也是道教創始人李耳的老子廟。4:20 到一間茶館品嚐各種名茶，計有高山茶、銀牡丹，奇珍及蘭貴人等四種，也看到一些茶藝，如韓信點兵、關公尋城、遊山玩水及蜻蜓點水等沖泡步驟。晚餐後觀川劇及變臉秀。7:30 進入劇場，8:00 開演，計有木偶、手影、滾燈及變臉等劇目，內容確實很精彩。

第八天，9:00 訪武侯祠，實際上是紀念三國時代蜀漢英雄。一進門即可見到漢昭烈帝劉備殿，有對聯：合祖孫父子兄弟君臣，輔翼在人綱，百代存亡爭正統；歷齊楚幽燕越吳秦蜀，艱難留廟祀，一堂上下共千秋。武侯祠有趙藩書聯：「能攻心則反側自消自古知兵非好戰，不審勢即寬嚴皆誤後來治蜀要深思」。證如今日之時事，亦正是如此，值得深思。劉備雖稱英明，但因關羽之死，報仇心切，不聽孔明聯吳抗魏政策，伐吳而大敗，也遺憾終身。走進第二殿是武侯祠，供奉諸葛孔明塑像、杜甫詩有「承相祠堂何處尋，錦官城外柏森森」之句，可見當年庭園柏樹茂密之情境。再進去是結義堂，展示桃園三結義的情節。左側是劉備墓，繞行一周 200 公尺，最後面是三國時代的文物陳列室。11:10 參觀成都一家養珠中心。午餐在欽善養生餐廳用藥膳，也飲藥酒，並贈藥包。1:45 進入成都望江樓公園，亦是薛濤紀念公園，有聯曰：此女校書舊日枇杷門巷，為古天府第一郊外公園。面積廣大，亭閣、小橋流水、花木扶疏，剛好又是第十屆竹文化節展覽期間，展出許多精緻大型竹藝品如九龍壁、竹畫、三國故事竹畫。竹畫全長 300 公尺，可算是世界第一長卷竹畫。園內有唐代才女詩人薛濤的紀念館及其塑像，薛濤井及一座古色古香的望江樓。岷江的內江即在旁，景色宜人，適逢拍攝電影。

要搭機前往張家界的時間還早，我們就在成都市鬧區逛街，天氣悶熱，大家就躲進一家麥當勞避熱，由林領隊請吃冰淇淋和飲料。聽到飛張家界的班機會誤點遲到，我們就早先到新華國際酒店用晚餐。20:30 到機場，經再三詢問，才知道班機一延再延，大家只好留在機場內等待，最後才知道班機要 23:30 到達，我們終於上了飛機，機上的乘客只

有我們這一群和 2～3 位客人，好像是專為我們去張家界的包機。近 1:00 到達，由龔姓導遊引導我們住入祥龍大酒店。張家界是湖南省西北部一朵絢麗的風景奇葩，因其獨特的石英砂岩峰林地貌和保存完好的原始森林生態環境，被列入世界自然遺產名錄，也是最早成立的第一座國家森林公園，首批國家 4A 級景區，1979 年文學家沈從文及吳中倫教授首先披露張家界之美。1982 年國務院始在此設立國家森林公園。張家界市現今包括桑植及慈利二個縣和武陵源及永定二個區。

第九天，早上九時出發，10:40 進入公園。門票每張 160 元，入口都要按指紋核對。走了一段路，遙望四周都是岩石林立。往黃石寨方向走，據云此地是漢張良隱居處，再乘園內車，改乘 10 分鐘纜車，俯視沿線都是水杉和鵝掌秋樹林。海拔 1300 公尺，先到五指峰觀景台，再上六奇閣拍照，又登上摘星台，於 12:50 坐纜車下山。午餐後 2:40 到母子情深山頭。下午步行遊金鞭溪沿岸風光。金鞭溪曲折宛轉，隨山而流，兩岸峭壁刀仞，心曠神怡之心油然而生。景觀如師徒取經、劈山救母、臘燭峰、長壽泉、文星岩（形如魯迅側面）、雙龜探溪和秀才藏書等。6:20 到武陵源，住在天子大酒店。

第十天，上午九時遊寶峰湖，位於半山腰，是一座罕見的高峽平湖，被譽為人間瑤池。碧水浮空，水面 20 公頃，深 72 公尺，湖長 2.5 公里。四面奇峰環繞，湖光山色，秀美異常。我們搭船遊湖，並有土家族女唱情歌享客。據云該族男方以歌傳情，自由戀愛。若合意則先訪男方家境，然後擇定婚期，娶親哭嫁，還有搶坐床頭等習俗流行至今。近中午到一家錦泰玉器店參觀。由旅緬華僑岩龍老板親自接待。午餐後車開往十里畫廊，一路行駛經過三個隧道，於 2:30 到達，乘坐單軌車沿山間溪谷進入。由導遊沿途介紹各個景點，如老人迎賓、項王觀書、海螺出水、群鼠觀天、採樣老人、三女背嬰等，3:20 離開。車程約十分鐘就到達天子山登山口，6 人一車的纜車登上天子山，再搭巴士遊山。下車走約一小時，看到賀龍銅像，左右二峰有御筆峰和仙女捧花。又到天子閣登樓賞景，於下午 5 時搭車回到天子大酒店已是 18:30 了。

第十一天，九時出發，遊覽張家界四大景區之一的黃龍洞。號稱 "中華最佳洞府"。洞內分兩層旱洞和兩層水洞，水陸並連，形成一庫、二河、三瀑、四潭、十三廳、九十六廊，以及十幾座山峰，上千百玉池，實是不可思議。1983 年才被傳開。1984 年開放遊覽。洞內層層階梯步道，都有護欄；全程 2.5 公里，要花二小時多才能走完。沿途都有導遊小姐解說。中途並有搭乘小汽船在洞內河道遊覽，全程約 800 公尺，約花 8 分

鐘走了一圈。洞內的鐘乳石千姿百態；有高達數丈的在五光十彩的電光照明下更顯得雄偉壯觀。他如龍王殿、龍女談情、猴子迎賓、百猴聚會等。午餐後參觀一家湘繡館，在回程路上看到百丈巖。2:30 參觀白羊古剎，是佛、道二教並列的寺廟。左為普光禪寺，進廳有風調雨順四位塑像。大殿恭奉釋迦牟尼佛、藥仙佛和阿彌陀佛。後為觀音菩薩和 18 羅漢。右為道教廟堂，有老子三真和關公神像。在出口處有休息聽歌廳。由兩位女士對唱各種歌曲。一人兼打蝴蝶琴。我們也點"小城故事"、"吃醋"和"甜蜜蜜"等歌曲。因為天熱，大家提到到祥龍大酒店休息。並於晚餐前，大家合唱幾首流行歌曲，也可舒解一些疲勞。用餐畢驅車到達張家界機場正值夕陽西下，可遠眺天門山之天門洞，數年前有飛機穿越大門之特技表演在此舉行，一時造成轟動。現今張家界歡迎遊客之巨幅海報，就是採用飛機飛越天門剎那之照片作為主題。19:25 搭乘班機到香港，再轉搭國泰 22:25 班機回到桃園機場，再乘車到台北市已是 8 月 21 日早晨二點鐘了。就此也結束這一次又辛苦又興奮的平安旅遊。

附言：本文承路統信、宣家驊及范信之諸先生斧正，又蒙劉緯世先生提供七言詩四首，在此一併致謝。

九寨溝一

九寨溝中海子多，犀牛老虎靜無波；
千軍萬馬珍珠瀑，盆景灘將國畫羅。

遊黃龍一

真個黃龍吐水奇，漫山滾滾疊千池；
壯觀泉瀑層層美，奮力登高樂不疲。

走金鞭漢

幽峽金鞭溪水長，連峰夾岸樹蒼蒼；
沿溪遊覽塵囂遠，問客何須趕路忙。

黃龍洞一

神奇巨大黃龍洞，百萬雄師駐有空；
上下層層皆妙境，遊人在內走迷宮。

客家文化之旅紀要

九月九日客家文化之旅原有 22 人報名，當天有一人臨時不適，未能參加，其餘 21 人於七時半在台大校門口集合出發，遊覽車順利於十時到達后里火炎山台灣少林寺遊樂區，園區範圍超過 120 公頃，規劃有很多遊樂設施。由於表演的時間尚早，大家先在園區內四處閒逛，大多集中於供奉達摩佛祖和財神爺的大殿樓上，裡面陳列了大約數百尊大型木雕，有觀世音、達摩、彌勒、關公、羅漢、八仙等佛像，也有來自各地的陶、銅精品，甚為珍貴，十時卅分表演節目開始，主要是少林寺派下僧人的中國功夫及特技表演，其中有幾項節目是利用鐵架和支桿，進行高達四層樓的

高空特技，僧人技藝高超，觀眾緊險萬分，每一段落均能博得熱烈掌聲，其中並穿插有四川的變臉秀和魔術表演，也都獲得激賞，本團團員對於此一景點的安排成表值回票價。

中午在三義享用傳統客家風味餐，然後信步在街上參觀了木雕店內陳列的作品，並藉以疏活筋骨，然後趨車前往憑吊龍騰斷橋，這是經民國廿四年四月廿一日三義大地震所震毀的鐵路橋樑，七八節高大的紅磚殘破橋墩說明了當時地震的威力。接著前往台灣縱貫鐵路最高點的勝興車站，這裡標高達 402 公尺，且因坡度較大，影響了火車的行車速度和班車密度，鐵路局在七十七年開闢新線通車後，將后里至三義間的舊山線予以廢止，於是引發了很多懷舊的人潮，相繼前來重新認識這位昔日被人忽略的老朋友，這座建於民前五年的木造車站，雖然不再擔負其運輸功能，卻帶動了當地的繁榮，假日人潮車陣不斷，我們一行也是慕名而來，湊上一腳。

離開勝興，接著前往位於苗栗公館的功勳窯文化村參觀，這裡據說是台灣唯一生產生活陶具供銷歐洲及日本的公司，也是唯一保有隧道窯的工廠，經過主人有系統地介紹了陶具生產的一貫作業流程，並看到琳瑯滿目的生活陶器用品，此地並附設有很多農特產品的展售攤位，團員們少不得又慷慨解囊，為

台灣逐漸蛻變的經濟，略盡棉薄之力。

最後原定要去新屋向陽農場觀賞向日葵花海及蓮荷，可惜到了那裡才知道已經全部採收休耕，頗為掃興。當時由於天色已晚，理事長特慰勉大家，到大溪吃晚飯，回程的路上，大家盡情歡唱、齊聲歡笑，到了台北已是晚上八點半鐘。

徵募校園志工

台大志工服務隊已於 92 年 6 月 9 日成立，並在聯合服務中心展開服務工作，歡迎有愛心、有熱誠，有興趣且樂在服務的本校退休伙伴，踴躍報名參加，共同來耕耘這志工服務的美好園地。

1.服務地點：校總區行政大樓入口處，聯合服務中心。

2.服務時間：週一至週五，分上午 9 至 11 時，下午 14 至 16 時兩個時段。（暑假期間彈性調整）

3.服務項目：師生來賓之接待、引導及諮詢服務工作。

本校退休同仁，請利用個人方便之時段，每週抽出 2 至 4 小時（1 至 2 個時段）來參與服務。報名請洽秘書室李仕德專員，電話：23631361 或洽本校退休人員聯誼會值班人員登記。退休人員聯誼會位於鹿鳴堂一樓。

電話：23695692。

中華民國九十三年元月十五日出刊

會　務　通　訊

第　二　十　五　期

發行者：國立台灣大學退休人員聯誼會
會　　址：台北市舟山路 243 號鹿鳴堂一樓
電　　話：23695692 校內分機：3856　Fax：23648970

會員大會

一、九十二年會員大會，已於十二月
　　三十日假校總區行政大樓第一會議
　　室召開，會前寄發開會通知書，兼
　　附寄參加大會意願調查卡乙份，回
　　收意願卡僅 150 餘份，但實際出席
　　會友 180 餘人，整個會場非但座無
　　虛席，後到者以不斷增加座椅應
　　急，噓寒問暖之聲，不絕於耳，真
　　是老友相聚，倍感溫馨。

二、何主任秘書憲武致詞：

　　　各位先進大家好！很愉快來參加
　　大會，稱我是上級長官，實在不敢
　　當，能與大家相聚已是很榮幸的
　　了，現在有兩件事情向各位報告：
　　首先向各位報告的是，各位關心的
　　退休宿舍收回問題，日前學校已得
　　到政府通知，此事已經院會通過，
　　不會收回，事情已成過去，請大家
　　安心。其次是政府將準備動用五百
　　億元經費，作為提升我國大學在國
　　際大學的地位，到目前為止，台大
　　在世界大學的排名是 190 名，我們
　　希望爭取充分經費，能在短期間內

攀登於前 100 名之列，今後我們將
全力以赴，尚請各位先進，多多給
予精神支援。

三、林主任南榮致詞：

　　各位老前輩大家好，今天看到各
位身體都這麼健壯，內心非常高
興，台大之有今天的歷史及成就，
都是各位前輩的努力及貢獻，明年
就是個人退休之年，我亦將加入這
個大家庭，坐在各位的行列裏共享
大家庭的溫暖。人事室願為大家服
務，無論有什麼問題，或有什麼需
要，人事室願為大家效勞，在此祝
福大家更健康，更幸福。

四、楊理事長建澤報告：

　　各位會友大家好！本會自創立以
來，已歷七載，在前兩位理事長，
及各位理監事、志工幹部及會友同
仁的共同努力下，已奠立了良好的
基礎，入會會員已達五百人。本人
於年初接任後不久，即遭受 SARS
的侵襲，致本會停止活動達三個月
之久。挨疫情解除後，本會立即展
開各項活動，自九月以後，已依預
期計劃進行，在此特別感謝各位工

作伙伴以及會員同仁們的鼎力支
持。

在會務方面，各組對於工作的推
動都很努力，合作無間，因此績效
良好。本屆值得一提的是在服務組
下成立了「月下老人專線」服務，
目前已略具基礎，並正在進行配對
中，希望明年更有所成。由活動組
推動的校園志工服務隊也已正式成
軍，對母校稍有回饋，希望有更多
同仁加入此項行列。

本會會員已突破 500 人，扣除永
久會員約 170 人外，其餘會員必須
每年個別繳交會費，以郵政劃撥繳
交，或親自到會繳交，因此時常在
無意中而漏交，以致造成工作人員
許多額外負擔，所以我們希望大家
盡量變更為永久會員，一次繳費終
生享用。

本會所舉辦的各項旅遊活動，頗
能獲得參加者的信賴，尤其活動後
的紀實報導均如期刊載於會訊上，
供同仁們欣賞及參與者回味，謹此
感謝各位撰述同仁惠賜鴻文的辛
勞。

此次大會的摸彩禮品，部分由本
屆理監事及工作人員提供，在此也
要向各位奉獻者敬致謝忱。最後，
敬祝大家猴年行大運，健康快樂。

五、蔣監事主席賢燦報告：

1.理監事會議進行順利，委員出席
極為踴躍，除策劃督促會務外，
並研究擴大服務範圍，頗具成
效。

2.活動組舉辦各項活動不遺餘力，
旅遊活動每有結餘經費，藉以補
助會費之不足，助益良多。

3.年度收支帳冊，已經監事會審查
完畢，大家的評語是「開源節流，
涓滴歸公，收支相符，難能可
貴」。

六、本次年會，事前曾函邀教師會丁理
事長一倪、文康活動推行委員會羅
主委漢強及職工委員會童主委敏惠
蒞會指導，惜丁理事長及羅主委均
因上課關係，而不克蒞會，但對本
會均有期勉及祝福。

七、本次大會討論提案兩件，通過 92 年
度經費收支決算，呼籲會友參加學
校志工服務隊。大會於十一時結
束，隨即進行摸彩及午餐，大家相
約明年再會。

會務動態

一、本會第四屆理監事會成立於 92 年 1
月 8 日迄今已召開五次理監事聯席
會議，討論提案十三件，對會務的
督導與推行貢獻良多。

二、本校依規定屆齡退休集中在寒暑假
辦理，是故本會於每年二月及八月
先後發函各奉准退休的教職員工，
邀請參加我們的行列，本年度已有
34 人完成入會手續。

三、本會迄至本(92)年 12 月 9 日，在籍

會員已突破 500 人，扣除往生者 26 人，遷居國外及中南部或因特別事故而停權者 87 人，實際會員 387 人，內含永久會員 170 人。

四、本會發行的會務通訊，每三個月發刊一期，從未中斷，至今已發行 24 期，為配合年終大會之召開，第 25 期預定於元月上旬出刊，期盼提供會友最新的資訊與活動概況，同時歡迎會友踴躍投稿及贊助。

五、92 年第一、二季因受美伊戰爭及 SARS 疫情影響，許多活動被迫停辦，但自第三季起先後舉辦了國內旅遊5次，大陸3次及國外2次，參加人數共計 194 人。

六、本會每月寄發會友生日賀卡，代表本會敬致賀忱及祝福。第一季1至3月 108 份，第二季4至6月 95 份，第三季7至9月 94 份，第四季10至12月 99 份，全年共計 396 份。

七、本會「月下老人專線」，成立將近半年，目前到會申請者逐漸增多，而且有女多於男的趨勢，經服務組沙教授依仁仔細評估後再作適當安排，目前已有多件案例正在進行中。我們深盼會友中，有適婚子女者或親友中有此需求者，來會洽詢登記，本會將盡力撮合，希望天下有情人終成眷屬。

八、本會場地過於狹小，以致各類型活動無法施展，確屬美中不足，本會隔壁為校長會客室，多年來少見使用，希望爭取由本會保管使用，學校一旦有需，本會負責清潔備用，希望盡力爭取，期盼美夢成真。

九、本會於 92 年 10 月 9 日發函台大總務處爭取本會會友比照本校教職員工生地下及室外停車場辦法，申請停車優待，此案迄今尚在進行中。

十、本會申請加入「台大教職員工文康活動推行委員會」，特別於 92 年 12 月 23 日發函該會，陳述本會的組織，宗旨及目標，以及本會成立雖向學校備案核定，但多年來始終有缺少歸屬的感慨，實際上台大文康活動推行委員會，與本會的宗旨及目標完全相同，僅只在成員方面有「在職」與「退休」的區別，必然你我們都是台大人，原本都屬於一個家庭，故我們深切期盼加入該會，成為該會屬下一個成員，共享大家庭的溫暖。

九十三年第一季活動預告

一、元月份：由於適逢春節年假，不擬舉辦旅遊活動，福祝大家新春愉快，闔府安康。

二月份：

1.佛光山全國教師生命教育研習營：預定 2 月 1 日至 4 日，食宿活動費 1000 元，往返交通費 800 元。

2.慈濟寒假大專教師靜思研習營：預定 2 月 6 日至 8 日，食宿活動費 1300 元。

大溪一日逍遙遊：預定於 2 月 24
日舉辦。

三月份：

1.全校運動大會：

時間：3 月 27 日(六)—3 月 28 日
(日)

地點：校總區體育場

組別：退休人員活動組

2.太魯閣國家公園自助旅遊：

時間：三月下旬，非假日舉辦

日程：2～3 日採自助旅遊方式

二、以上各項活動，有興趣參加者，請
來會或以電話登記，本會承辦人員
將個別與您連絡，如您有其他旅遊
活動建議，歡迎您隨時提供。

徵募校園志工

台大志工服務隊已於 92 年 6 月 9 日
成立，並在聯合服務中心展開服務工
作，歡迎有愛心、有熱誠，有興趣且樂
在服務的本校退休伙伴，踴躍報名參
加，共同來耕耘這志工服務的美好園
地。

1.服務地點：校總區行政大樓入口
處，聯合服務中心。

2.服務時間：週一至週五，分上午 9 至
11 時，下午 2 至 4 時兩個時段。

3.服務項目：師生來賓之接待、引導
及諮詢服務工作。

本校退休同仁，請利用個人方便之
時段，每週抽出 2 至 4 小時（1 至 2 個
時段）來參與服務。報名請洽秘書室李

仕德專員（電話：23631361），或洽本
校退休人員聯誼會值班人員登記。

電話：23695692。

帶您認識內八段錦按摩法

資料來源：陳立夫先生著作「我怎麼
會活到一百歲」一書。實際享年一○三歲
的陳立夫先生，養生之道為世人津津樂
道，據瞭解其養生方法之一～內八段錦
按摩法對預防疾病具相當功效，謹提供
按摩方法如下：「內八段錦」按摩法之動
作為：

一、頭部：

1.以兩手蓋住耳朵，再以食指中指
打擊腦後百下。

2.以雙手食指及中指，在兩方太陽
穴摩擦百下。

二、眼部：以兩手蓋住兩眼，左右移動
百下。

二、耳部：

1.以兩手蓋住兩耳，開開關關百
次。

2.以兩手食指按住兩小耳朵，上下
百次。

3.以食指插入耳孔轉旋百次。

四、鼻部：以兩食指在鼻子兩邊上下摩
擦百下。

五、胸部及腹部：

1.以右手轉圈在右胸部，同時左手
轉圈在腹部一百次。

2.以左手轉圈在左胸部，以右手轉
圈在腹部一百次。

六、腰部：以左右兩手同時上下摩擦腰部共一百次。

七、腿部與腳部：

　1.以雙手摩擦左右兩大腿及小腿各一百次。

　2.以右手摩擦左腳心，以左手摩擦右腳心各一百次。

八、睪丸部：

　1.以兩手摩擦睪丸兩邊一百次。

　2.以兩手搓陰莖一百次。

會務快報

本會於 92 年 12 月 23 日發函台大教職員工文康活動推行委員會，申請加入該會。適逢該會於 12 月 31 日召開年終大會。本會楊理事長建澤，獲得該會羅主任委員漢強邀請列席該會說明，俾便審議及表決。本案經該會慎重討論後，一致表決通過歡迎本會加入他們的行列，共同享受大家庭的溫暖。日內即可能收到正式公函，確定申請案順利成功。

旅遊記實

武夷山、福州、廈門七日遊

宣家驊

本會會友一行十六人於九月廿三日六時二十分在台大校門口集合出發，搭乘九時二十分的長榮航空，經澳門轉機，下午三時抵達長樂機場，距離福州市區還有六十公里，再經一小時車程，到達市區隨即展開一連七天的旅遊活動。

福州較為著名的有「三山」、「二塔」、「一江」，所謂三山係指屏山、烏山和於山，故人稱福州為三山，所謂二塔係指烏山和於山上各有一塔，一黑一白，所謂一江係指貫穿福州市的閩江。我們抵達市區後第一站，先到西湖公園參觀，這裡是杭州西湖的縮小版，但景色則遠遜於杭州，接著前往於山風景區參觀白塔，原名定光寺，建於唐天后二年，可稱得上是古蹟，此地另有戚公祠和戚繼光當年的點兵台，由於天色漸晚，無法再行參觀其他景點，乃趨車前往用餐，晚間投宿溫泉大飯店。福州因位近閩南，得台商投資開發之利，因此桑拿、酒樓和夜總會是全市最多的行業。據說福州還有三寶，那就是壽山石，脫胎漆器和牛角梳。

九月廿四日早餐後，乘車前往市東的鼓山，因山上有巨石如鼓而得名，山中有湧泉市、羅漢岩及白雲洞等景點，我們一行祗參觀了湧泉寺，該寺始建於唐建中四年，進得山門，牌坊兩邊的題字是：「淨地何須掃、空門不用關」，橫聯正面是萬福來朝，背面是回頭是岸，踏進廟門，迎面供的是彌勒佛像，背面當然就是韋馱菩薩，不過他持的金鋼杵是橫置在手臂上的，這代表該寺對過路僧人留宿也留餐，如果是指著地下就代表留餐不留宿，而指向天際則餐宿皆不留。湧泉寺現存大殿、天王殿及鐘鼓樓等建築，相傳湧泉寺有「三鐵」和「三寶」，一鐵是位於庭院內的四百年鐵樹，

以稱千年鐵樹，二鐵是位於天王殿內的鐵木神案（雞絲木製），遇水則沉、遇火不著、遇陰則濕，三鐵是位於廚房內的幾口大鐵鍋，人稱千僧鍋，每鍋可煮 500 斤大米。而三寶中的一寶是大殿上方康熙皇帝御賜的湧泉市扁額，二寶是殿前的兩座千佛陶塔，每座塔上都有 1048 尊佛像，三寶是在藏經閣裡收藏的血書佛經，閣內並陳列有佛牙舍利供人瞻仰。單是湧泉寺就讓我們耗掉將近兩個小時，上午十一時我們來到林則徐紀念館，因徐為福州人，除了路上有他的高大塑像，紀念館中展示了他的出生地和禁煙反毒所引發的鴉片戰爭經過，這裡也是福州市對民眾的政治理論、禁毒和治安的教育基地，在這裡我們同時欣賞了福建茗茶的茶道表演，午飯後，搭乘 1239 的旅遊專列火車，經六小時於晚間抵達素有「奇秀甲於東南」之稱的武夷山市。

九月廿五日早餐後，前往九曲碼頭，搭乘古樸竹筏，六人一筏，三排併坐篙夫一前一後，順流而下，蜿蜒曲折，溪流不深，清可見底，沿溪欣賞 36 峰、99 岩、108 景，俗稱「三三秀水清如玉，六六奇峰翠插天」，一路上篙夫不時以恢諧的順口溜介紹兩岸的奇岩、巨峰，其中二曲的玉女峰最秀麗，三石併立，篙夫形容說：大姊愛插花，二姊愛抹粧，三妹愛風流，至於六曲的天遊峰則最為雄偉，在三曲我們曾見到危崖峭壁上留有 3000 多年前古越人所架設的「架壑船」和懸棺。

九曲溪景區面積 8.5 平方公里，是武夷山風景中最奇特、最集中的精華所在，水上遊程共用了一個半小時，大家都覺得新鮮而有趣，遊罷九曲溪，接著來到朱熹紀念館，這裡原是祭祀武夷君的所在，最近才改建為紀念館，以追念這位曾在武夷山居住過五十多年的大文學家和教育家，可惜館內尚在施工，未能入內參觀，只好在仿宋古街上欣賞店家所陳列的文化工藝產品。

上午是溯溪，下午就登山，我們團員八人因體能因素，留在茶園品茗和觀賞編鐘古樂表演，另外八人則隨響導攀登天遊峰，天遊峰景區面積四平方公里，我們購妥門票後入園，經前山的路上山，共 838 級台階，大部份是在原石上鑿出來的，首先到達「雲窩」，雲窩有大小洞穴十餘處，多日清晨常有雲霧飄繞，故名雲窩。我們踏上山路，經過一處山隙，只能容許一人通過，而且坡度很陡，這裡名叫「小一線天」，接著來到「茶洞」，傳說神仙送的第一顆茶樹就種在這裡，故名茶洞，此地環境幽深絕塵，古代都有人在此隱居，現在望江樓遺址上建有望仙亭，再往上走就是隱屏峰和接筍峰，由於山路陡峭，平均在 45 度以上，而且頂著大太陽上山，沿途不長一樹，所以攀登起來就格外辛苦，無暇觀景，埋頭上行，接著來到晒布岩，這裡是景區中最大的岩石，遠望猶如神斧劈過的碩大屏風，岩壁上佈滿千百條筆直的流水軌跡，形似仙人晒布，故名

「晒布岩」，繼續上行，全程經過一個半小時，最後來到天遊峰，此處巍然高聳，如在清晨或雨後，可觀看到雲海，置身其中猶如在天上遨遊，故名「天遊峰」，在峰頂一覽台遠眺，九曲山水盡收眼底，峰頂還有天遊閣，亦稱彭祖廟，上書「遨遊霄漢」，四個大字，除了彭祖，左右另有他的二子，彭武和彭夷，父子三尊佛像併在一處受人供奉，我們在此小憩片刻，拍照留念，再經由後山的路下山，石板路約有二千多級，路程稍遠但較平緩，大約四十分鐘就回到入口處，疏了一口氣，終於完成了一椿心願。下山以後大家又被安排到一處茶莊，品嚐武夷岩茶，結果還是有人又再次破費。

九月廿六日上午前往位於武夷山北部的天心景區，沿著章堂澗溪谷前進，首先在入口處看到一尊由巨石雕刻的彌勒佛像，高 19 米，背後另有巨石形似濟公帽，據說是由一位台商捐獻的，再向前走，看見丹霞障下石縫中立著幾根木棍，原來這是通往天車架樓閣的秘境，是清咸豐年間崇安富紳為躲避太平軍而營建的，再往前走，左邊山上有幾處崖刻，其中有宋范仲淹的詩句曰：「年年春自東南來建溪先暖水微開，溪邊奇茗冠天下，武夷仙人從古栽」。另有一處刻的是「晚甘候」三字，是清朝閩北人蔣蘅用以形容武夷名茶的隱語，由於草書變體太甚，不易辨識，還真難倒了眾人，最後購票進入一處茶園，原來這裡就是武

夷名茶「大紅袍」的生長地，它就生長在九龍窠岩邊上，此茶名氣很大，但茶樹卻不起眼，據導遊介紹，大紅袍距今已350 年歷史，目前僅有四棵，年產量不過七、八兩，每逢清明前後抽出紫紅色的芽尖，故名大紅袍，現已列為國家保護級的珍品，茶葉一經製成，立即上繳中央，市面上一般所喝的大紅袍，其實是接枝後的品種，俗稱二紅袍。武夷茶好，其實和地理環境有關，一是氣候因素，武夷山長年潮濕，雲霧也多，加上峽谷地形，日照時間有限，一天之中氣溫變化不大，最適合茶葉的生長；另一是地質因素，武夷山多由火山礫岩、紅砂岩及頁岩所組成，生長茶樹每多上品。我們雖無福喝到正宗的大紅袍，但能親眼睹它的風采，倒也不虛此行。下午自武夷山搭乘旅遊專列車火返回福州，再經一個多小時的汽車，到達蒲田，此地自古學風鼎盛，文才輩出，且因 產荔枝有名，故亦稱荔城，如今拜改革開放之賜，又有人稱其為電子城或鞋子城。

九月廿七日自蒲田文甲碼頭登船，約 15 分鐘抵湄州島參拜名聞中外的「媽祖廟」，相傳這裡供奉的是「大媽」，經清雍正皇帝頒旨封為「天后」，整個廟區包括：大牌坊、山門、聖旨牌坊、太子殿、天后宮、朝天閣、梳粧樓、升天樓和媽祖文化園區，香火鼎盛，遊人不絕，當天巧遇台灣西螺敬香團來此，六十多人浩浩蕩蕩，天后宮並派出陣仗迎

7

送，場面隆重而熱烈，在天后宮門柱上有一付對聯，右為「齊齊齊齊齊齊齊齊齊戒」（第二、四、七、八、十字唸齋），左為「朝朝朝朝朝朝朝朝朝音」（第二、四、七、八、十字唸潮），頗為有趣，在山門旁邊立有十幾面石碑，上面刻有捐款者的芳名，此正印證了「人不好名者鮮矣」這句話，而此地的聖旨門廣場據說是大甲鎮瀾宮所捐贈的，經過二個多小時的參訪，原船返回文甲，飯後轉往泉州。

下午首站拜訪泉州的「天后宮」，這裡供奉的是「二媽」，（三媽在彰化鹿港）距今約807年，殿前聯曰：「晉水溯源流泉鹿人文同弌脉，湄州傳靈蹟閩台香火竝千秌」，這說明了閩台之間的歷史淵源，密不可分，此外，台灣味丹企業副董楊欽清先生在此捐贈「閩台源」展覽館，展示他私人收藏閩台兩地的許多生活文化物品，頗有看頭。接著前往開元寺，是1300年前唐武則天時期所建，寺內殿閣壇塔佈局嚴整，正殿有百根圓柱，供奉五尊大佛，並有彩繪廿四飛天樂地，寺內有老桑兩株，樹齡超過該寺，在紫云大殿兩側建有東西兩塔，各五層，東塔名鎮國塔，高45米，西塔名仁壽塔，高48米，兩塔雖經長期風雨侵襲，仍不傾斜變形，充分表現了宋代石構建築的高度成就，這也是我國石構建築的瑰寶。

接著前往位於清源山下的老君岩，現存露天的老君造像是由天然岩石雕刻而成，高五、六米，充分表現了和藹慈祥的神態，乃宋代石刻之巨作，兩側並有十八方石碑刻，有趙孟頫手書的道德經，稱得上是經、書、刻三絕，在進門前立有「青牛西去，紫氣東來」的石刻，正是李耳老君的最佳寫照。本日下午最後一站是到泉州海上交通博物館參觀，泉州自古就是南方重要海口，鄭和七下南洋就是自此出發，這裡展出了古今中外各式各樣的船隻模型和鄭和出海宣揚國威的史蹟。

九月廿八日早餐後前往參觀泉州的一寶－－洛陽橋（另一寶為開元寺的東西塔），此橋長846米，寬7米，始建於北宋皇祐五年（1053年）由蔡襄太守督建，為時六年，此橋特色為面對上游的橋墩呈稜形，用以化解洪水之衝擊，面對下游則呈平面方形，易於施工，全部橋墩均以巨石坎接，橋面石板最長達四米，試想以當時之工業技術完成此一艱鉅工程誠屬不易。看完洛陽橋便趨車經高速路前往廈門。

到達集美大約是十時二十分，但見路面廣闊平直，兩側高樓林立，東側是集美學村所在，四十多年前廈門人用肩挑手推，削平山頭，建成了一條2000多米的集美海堤，從此廈門島變成了半島，也帶動了集美地區的開發，1912年新加坡僑領陳嘉庚先生先後在集美地區創辦了30多所學校，全部建築幾乎是紅磚、白石、琉璃瓦的中西結合體，其中15層高的南薰樓為主要象徵，現在的集

美大學已可與廈門大學相比美，爲了紀念陳嘉庚，基金會在原「鼈王宮」舊址上闢建爲「鼈園」，園區包括藝術長廊、墓園和解放紀念碑三部份，其中藝術長廊於 1960 年建成，兩側牆壁上坎有中國古代歷史和近代史蹟故事的浮雕石刻數十幅，全部使用水磨青斗石鏤刻而成，爲時十年，手工之精，維妙維肖。至於墓園，後有壁碑，佈滿陳的一生奮鬥事蹟，也是青斗石刻，墓前則有一座重檐歇山式石亭，碑與亭之間有石屏半翕，墓蓋爲龜殼八卦，亦爲青斗石砌成，光可鑑人。墓後的解放紀念碑則爲毛澤東親題，高 28 米。園的四周石欄也全是石雕，山川草木、鳥獸、歷史人物各有所呈置，雕工之細，集惠安石雕之大全。目前連接集美與廈門的孔道有廈門大橋、鷹廈大橋和海滄大橋，加上鷹廈鐵路貫通其間，使得廈門經濟特區的發展一日千里。

廈門號稱有八大景，其中最大的景觀就是鼓浪嶼，小島面積不到二平方公里，卻居住了一萬六千多人，島上有三大特色，一是各國房舍爭奇鬥艷，像是萬國建築博覽會，二是島上嚴禁一切機動車輛，除了消防車、垃圾車，只有人力板車，最近才開放使用電動的 6～9 人座觀光汽車，三是遍地琴聲，鋼琴甚爲普遍，這裡曾出過多位音樂家，因此鼓浪嶼亦稱「琴島」。我們乘坐 24 小時連續往返的交通船登上小島，乘坐環島行駛的電動小汽車，首站停靠菽莊花園，

這是板橋林家花園園主林本源之子林爾嘉先生投資興建的海上林園，由於採用藏景、借景等巧妙手法，利用天然地形，借山藏海，構思考奪天工，四十四橋婉蜒入海，行走其上，如履波踏浪，有一巨石，其形如鼓，曰鼓浪石，夜半至此潮音如鼓。接著參觀鋼琴博物館，共有二棟建築，收藏了胡友義先生的七十架古老名牌鋼琴，最老的一架製造於 1801 年。返回廈門在國貿會館小憩，晚上享用豐富的海鮮大餐。

九月廿九日上午參觀廈門的佛教古刹南普陀寺，該寺位於五老峰南麓，始建於唐代，現在的建築乃清代遺物，寺內有天王殿、伽藍殿、地藏殿、大雄寶殿、大悲殿、藏經閣等主要建築，依山呈梯次佈局，藏經閣珍藏著緬甸玉佛和大量經書，其中日本大藏經和明代大藏經最爲珍貴，在藏經閣後方有多處摩崖石刻，其中有一巨石上面鐫刻著一個四米多高的「佛」字，粗獷豪放，剛勁有力，是清代僧人所書。寺後的五老峰巍然高聳，寺前則有魚池、荷池及兩座白色尖塔，景色分外宜人，旁邊則爲閩南佛學院，創辦於 1925 年，在佛教界享有盛譽。

接著前往環海公路，遙望金廈海峽對岸的小金門和大膽島，二者雖近在眼前，惜因上午背光，未能清楚看見島上景物，倒是這邊高聳的鐵架上掛著「一國兩制統一中國」的斗大紅字標語，甚爲搶眼，其實是向大膽島上的「三民主義統一

中國」互別苗頭，站在這裡可用中華電信的系統，以手機直撥國內長途電話，這也是另一型態的「統一」。

參觀至此，全部旅遊活動已告結束，我們於十七時搭機離廈，中轉澳門，廿一時抵達中正機場，承山林旅行社的體貼，特別安排兩輛中型巴士，分送每一位團員直達家門，圓滿而愉快地完成此次八閩之行。

韓國賞楓五日遊

宣家驊

本會會友一行十五人於十月二十日組團前往韓國漢城至大田間中北部地區，作五天賞楓之旅，此時正是當地秋高氣爽、風和日麗的旅遊旺季，各地山頂枝頭都已呈現鵝黃或粉紫色彩，距嫣紅大約還要一個星期，但此番盛景已令我們驚艷而興奮不已，此外韓國的風土民情也讓我們留下深刻印象，茲就旅遊所見報導如下。

行程概要

十月二十日搭乘泰航 1305 班機，經兩個半小時飛行，1540 抵達仁川國際機場，時差一小時，再經約二個小時的車程，於當地時間十九時抵漢城市區，進用韓式火鍋簡餐後，前往東大門批發市場參觀，由於市場範圍甚廣，交通複雜，我們僅在一棟十層樓的貿易商內停了一個半小時，除了見識一下韓式的服飾商品外，也許此地消費族群多為年輕人，因此我們不作任何採購，便回假日大飯店休息。

二十一日晨氣溫雖達攝氏六度，但並不感覺很冷，早餐後前往「愛寶樂園」，這是一處類似美國迪士尼樂園，結合了休閒、娛樂、教育與文化的國際性渡假勝地，具有二十四年歷史，團費中已包含入園門票及五項遊樂券，因此 我們乘坐纜車上下，可惜當時適逢雨霧，未能盡覽全園景色，另外參加三項活動，其一是欣賞 3D 動畫電影，除了座椅會隨著劇情搖幌擺動外，另外身歷聲的動畫有時會沖到觀眾的眼前，甚至還有噴水、吹氣、聲爆等驚奇效果。第二項是乘坐密閉大客車進入野生動物園，觀看獅子、老虎、棕熊和長頸鹿，其中較特別的是獅虎合作生出的產物，外形像獅子，身上卻有虎的斑紋。其三是乘坐六人座的圓形浮舟，隨著水道的激流，任意漂浮碰撞，水花四濺，刺激過癮，這就是「加勒比海灣」。遊罷以後大家在園內閒逛拍照，或採購紀念品，盡情享受了來韓第一項遊樂行程。中午享用韓國烤肉，肉質鮮美，拌料及配菜精緻，四人一組盤坐在地板上，靠著矮桌子用餐，別有一番風情。

午後續往「相洙香草世界」，這裡是由一位園藝專家在過去三十年裡，經過對香草長達十五年的潛心研究而成立的，園區佔地約二萬坪，總計約 550 餘種香草，諸如迷迭香、薰衣草、鼠尾草、百里香、薄荷等，從久遠的醫藥歷史證明，香草是人類抵禦疾病最珍貴的

植物，而且對抗衰老更能提供人類長壽的希望。所以西方人用 Health（健康）Eating（吃）Refresh（舒服）Beautful（美麗）這個字的字首組合為 HERB。作為對香草的代表。我們在這裡試飲了香草茶，女士們則採購了一些面霜油精等美容產品。晚間在位於德裕國家公園附近的茂朱小鎮享用韓式火鍋，這是以土雞肉為主體的清爽餐食，配上韓國真露清酒，這一餐讓大家感到遍體舒暢，晚間投宿在茂朱渡假村，這裡是韓式的渡假旅館，房間很大，有大小床各一，兼有廚房設備，地板下並有暖坑通過，以便冬天滑雪季節取暖，可惜當天到達時間很晚，第二天又要趕其他行程，因此附近的九千洞溪谷景點無暇顧及，頗為遺憾。

廿二日在渡假村享用西式早餐後，前往以險峻著稱的「大屯山國家公園」，此地以四季景色各異，且奇岩怪石眾多而聞名，我們首先搭乘可容 26 人的大型「龍門纜車」來到觀景台，然後拾級而上，當天雖然是星期三，但本地登山客相當多，加上好幾個旅行團，所以顯得特別擁擠，到達「金剛排云橋」時，大家更是排隊取景拍照，要將那滿山遍野的彩楓奇岩留下紀念，同行的洪教授更是老當益壯，勇冠三軍，一人獨闖「風雲階梯」，登上海拔 878 公尺的摩天台，贏得大家的喝采。當天遊客雖多，但沿途未見任何垃圾，可見民眾重視環保。中午就在山下餐廳享用石鍋伴飯，也就是在白飯上蓋著豆芽、蛋和肉片等菜料，因

係使用滾燙的石鍋盛裝，所以底部會有一層鍋巴，風味獨特可口。飯後趨車前往大田，參觀 2002 年世界杯足球賽的露天球場，一次容納四萬多人，可在七分鐘內同時進場完畢，這是全國九個球場之一，據說漢城的最大，一次可容十萬人，我們參觀後的感覺是韓國為舉辦國際性比賽而大手筆地興建了這麼多大型場館，魄力令人欽佩，但比賽以後，這些建物卻空盪盪地養蚊子未免可惜，這種情形如在國內，恐怕又將成為施政的箭靶了。接著前往大田樂天百貨公司，樓高八層，頗具規模，貨品中下，但不便宜，購買的人也不多。晚間抵達溫陽，吃了一餐很差勁的中式晚餐，住進溫泉大飯店，少數團員房間內竟然沒有浴缸，當然溫泉也泡不成了。

廿三日早餐後，離開溫陽，九時許抵達水原，參觀「韓國民俗村」，此地集韓國古代各道（省）的農家、民宅、寺院、市場、兩班（貴族）住宅及官廳等大小約 200 餘棟建築，完美而逼真地呈現了朝鮮時代舊有的面貌，村內有工匠作現場手工藝表演並有竹藝、木工等十五個工房，每天都有傳統婚禮儀式和農樂演奏，在這裡可以親眼看到當年韓國人民的生活文化，當天我們還碰到拍攝韓劇的外景隊和大批中小學生來此作校外教學，這裡確實是很具規模的民族文化教育環境，在此停留約一個半小時，未能盡覽各項場景，接著趕路來到「華城」，乃擁有 100 萬人口的京畿道道政廳

11

所在地，繞城建築的石城和土城總長 5.5 公里，壯麗的樓門、拱形的華虹門，優雅的訪花隨柳亭等顯示了朝鮮王朝時代的建築水準，登上西將台，可俯瞰市區全景，此地已被列為世界文化遺產。中午回到漢城，享用久負盛名的韓國蔘雞湯，一人一份，砂鍋內一只全雞（成長 21 天的童子雞），肚子裡塞了糯米，外加高麗參、紅棗，燉得爛透，氣味清香，加上小菜數碟，蔘酒一杯，這一餐真讓大家有滿足感。

下午繼續參觀「南山公園」，附近有漢城電視塔、南山圖書館、熱帶植物園，和曾經擊斃伊藤博文的安重根烈士紀念館，林木繁茂，環境寧靜，是漢城人民休憩的好地方。接著參觀南山韓屋村，這裡曾是朝鮮時代風景最優美的地方，樹林、小溪、亭閣，營造了傳統亭院，從四大貴族到一般平民家庭生活方式一一呈現眼前，駙馬爺及皇室親家也都住在這裡，居室男女有別，但都整潔高雅。接著前往「華克山莊」，這是一座依傍漢江建於山崗上的喜來登五星級國際連鎖飯店，內設賭場，規模不大，內有輪盤、廿一點、吃角子老虎、比大小等玩法，由於空氣混濁，我們進場看了一會兒就都出來了，免稅商店雖區分有外來品和本地貨兩部分，但卻引起不了我們的興趣，終於等到五時半進入秀場，自費 50 美元欣賞以鼓樂為主的韓國傳統歌舞和西洋冰上舞蹈與魔術表演，前者演出賣力，後者技巧精湛，咸認值

回票價。晚餐在中式自助餐廳食用，由於數個旅遊團同時到達，以致擁擠不堪，未能靜心用餐，晚間投宿在漢江河畔的伊利諾依大飯店。

廿四日為旅遊最後一天，行程頗為緊湊，晨間氣溫攝氏 5 度，早餐後首站前往青瓦台，亦即韓國的總統府，我們在路邊未能清楚看到它的面貌，只是在一處圓環拍照，然後前往國立民俗博物館，位於景福宮後方內側，用以展示韓國傳統生活文化，共分為飲食、起居、工藝、服飾、宗教、技能、娛樂、社會文化等十五個展覽室，並以栩栩如生的臘像作展示，顯得格外生動有趣，館內一共展出了四千三百件文物，而館藏更高達兩萬餘件，數量之豐，內容之精，著實令人讚賞。接著沿著小路進入景福宮，此地範圍甚廣，宮殿亦多，我們先經過慶會樓，這是一棟兩層式的水樹、池水清澈、楊柳拂地，乃是宮裡喜慶聚會的地方，再往前走，經過千秋殿，據說世宗道王曾在這裡發明韓國文字，最後來到勤政殿，這裡是皇帝上朝及舉行即位大典的地方，它是韓國最大的木構建築，周圍廂廊環繞，極為莊嚴肅穆，我們在此參觀同時巧遇古裝宮廷衛士換崗表演，動作古雅，頗為新奇，在它的後方則是思政殿，這是皇帝退朝後在此思考國家大事的地方。由於時間所限，其他還有昌德宮、德壽宮、昌慶宮等建築我們都未能一睹芳澤。接著前往所有旅遊團都不可少的「人蔘公賣局」和「紫

水晶公司」，由於他們的鼓吹宣傳，少不了還是有人光顧破費。吃完午餐來到「新村街」，新村是主導韓國大學最新文化潮流的地區，這附近密集著延世、西江、梨花等大學。新村街就是針對大學生和年輕人為對象而開設了很多服飾和餐飲商店，就如同台北的公館和士林地區一般的熙攘熱鬧，但對我們這群銀髮族來說，好像都與我們互不相關。旅遊最後一站是導遊帶我們到機場附近的一家特產店，讓大家採購一些泡菜和特產品，結果價格卻比外面的高出很多，於是大家看了一下就走人，還好在機場免稅店還是搜括了一些，以免空留遺憾。1730準時起飛，離開仁川，於台北時間 1900安抵中正機場，山林旅行社安排兩部巴士分送每位團員回到溫暖的家，圓滿完成這次賞楓之旅。

一般見聞

韓國四千七百萬人口，其中約四分之一居住在漢城及其附近，因此而產生的居住、交通、停車等問題，一如其他各國大都市一樣嚴重，韓國平均每三個人就有一部汽車，其密度之高可以想見，但在路上所呈現的是繁而不亂，一般駕駛都能遵守交通規則，展現了現代國民的行為標準。路上難得見到一部腳踏車。

韓國人喜好面子，飲食不一定講究，但衣著必然光鮮，雖然沒有住房，但汽車一定要買，分期付款甚為普遍。韓國人很愛國，大部份人都買國產車，

所有媒體廣告不用漢字，中老年人尤其對日本頗不友善。去韓國旅遊普遍使用韓幣，台幣與韓幣匯率約為一元比三百五十元，只有大公司才可使用信用卡，一般物價大致與台灣差不多，本國中低檔物品則較為便宜。

為了適應冬季寒冷的氣候，韓國泡菜文化甚為興盛，種類不下十幾種，一日三餐、大宴小酌，幾乎都離不開泡菜，各家製作的口味也各不相同，顏色雖紅但並不很辣，甚至在國立民俗博物館裡都闢有專區，介紹泡菜的製作過程。

韓國人尚有重男輕女的觀念，家中如生了男孩，就在門外掛一串辣椒，生女孩則掛松枝，此時外人均不方便前往探訪，必須等過了廿一天才可以迎客。

韓國人喜愛運動，冬季滑雪，其他季節則爬山，遍及各年齡層，球類運動也很普遍。

韓國高等教育很普及，但大專畢業後的就業率僅百分之四十，小學就開始教英文各級學校甚至社會各階層均重視英文及電腦，農村女孩大多走向都市發展，以致形成農村男子的婚姻問題，就如同台灣一樣，娶了很多外籍新娘，也因而造成了不少家庭適應問題和悲劇。

韓國歷來深受中國儒家思想的影響，講求敬老尊賢，也有過農曆中秋和春節的習俗，此時必須全家團聚，歡樂一堂，成為一年中的盛事。

現在的韓國人普遍認同的三位民族

英雄，第一是世宗道王，因他發明了韓國的文字，造就了歷史文化；第二是李舜臣將軍，因他領軍抵禦倭寇，使國家免於被侵略；第三是朴正熙總統，因他竭立排除外力的反對，充實軍備，發展科技，使國家奠立了現代化的深厚基礎。

金寶山暨北海岸知性之旅（一）

沙依仁

本會與金寶山文化觀光事業股份有限公司合作舉辦了兩梯次的金寶山暨北海岸知性之旅，第一梯次共三十五位本校退休人員及螢橋國中教師參加。於92年10月21日上午8:30出發，在遊覽車上一路歡唱到金山，參與者個個心情愉快，經過一小時左右的車程到金寶山，車上遠望金寶山像一座充滿藝術氣氛的花園，墓園設計新穎、建築宏偉、管理及保養均佳，到達後先聽簡報，然後分組參觀，先到千佛石窟，看到雕刻的大小佛像千百座，容貌神態各不同。進入鄧麗君紀念公園（筠園），欣賞佇立在園中鄧麗君的雕像以及花木扶疏的美景。墓上聖母石雕伸展雙臂永遠保護著她，墓園有自動播放鄧麗君歌曲的設備，使她的倩影、歌聲永留人間。參觀金寶塔時，使我們既驚訝又欣慰的是靈位的價格相當合理，明王樓地下層的骨灰塔單人式最低價新台幣壹拾萬元，生前選位預訂八折優待連管理費（只須繳一次）共計壹拾萬伍仟元，最華貴的連理樓五樓雙人式塔位七十二萬元，生前預訂打折加管理費共計壹佰零柒萬陸仟元，就可解決夫妻兩人生後的一切費用，土葬的價格是四坪單穴連建築費壹佰玖拾萬元，外加管理費。如此合理的價格，一般公教退休人員都負擔得起，與原本想像中金寶山的靈位和穴位一定很貴是不正確的。

現代的新觀念，老人應將自己的後事都安排好，包括殯葬及靈位等，免得子孫為此事煩惱。這種新觀念，已逐漸為大眾所接受。此外值得一提的是金寶山事業集團創辦人曹日章總裁以無比的遠見及毅力在五十多年前創辦了金寶山，當初篳路藍縷，幾乎賠盡家財，迄今卻成為全世界十大名墓園之一。最近金寶山事業集團又成立了「生命禮儀服務」就是將殮、殯、葬一元化的整體服務，使生命契約更加完備。

參觀完畢，在金寶山新成立的中餐廳用餐，享用了一頓豐富的午餐，略為休息後，乘車赴朱銘美術館參觀。

朱銘美術館離金寶山不遠，進入金山後大約十分鐘車程就到達。我們在下午一時四十分進入會議室聽簡報，該館建立在民國八十八年九月。建館的動機，原先是為放置朱銘的作品，因為當時朱銘已是國際馳名的雕刻家，作品堆積極多，後來想要推廣藝術教育，提升文化水準，所以建立該館，在建館過程中也是歷盡艱辛。當時為了節省建館經費，借了二台舊推土機整地。那兩台舊推土機時常損壞需要修理，費時十二年

才把地整好，後來將這兩台壞機器放在館內陳列，作爲紀念。

談及朱銘大師的家庭背景及學習雕刻的經歷：他在 1938 年生於苗栗縣通霄鎮一個多子女的清寒家庭，他是最幼子（第十一位孩子），母親生他時已四十歲，沒有奶，朱銘靠著六歲的姊姊背負著，走遍村里鄰居家討奶喝，如此才得以存活，父親早逝，靠寡母編草蓆維生，爲扶養十一位子女，慈母勤奮工作、日夜辛勞，所以她的三寶是手爐、濃茶及薑湯。在美術館戶外有一座慈母碑的木雕，清楚描繪出慈母的辛勞及家人合作奮鬥的過程。朱銘十五歲時經親戚介紹跟從木雕師父學雕佛像及木雕，後來拜李金川爲師學木雕，最後跟楊英風大師學習西洋雕刻，改變雕刻路線，比較西化才會馳名國際。在金寶山存放著一座朱銘的早年木雕作品，工極細，與目前他所用的一刀雕法的太極系列等有很大的差異。

參觀的過程中，我們看到天鵝池中的假天鵝和真天鵝乍見之下很難分辨真假。太極系列中打太極拳的石雕人，好似功力很深，氣勢磅礴。走近慈母碑仔細看慈母的臉，與朱銘的容貌相似，雖然是一刀工法，可是粗中有細，可以看出朱銘雕刻的功力。

走近美術館本館在高處遙望，只見美術館外參觀者男男女女正在排隊，走近一看不是參觀者而是雕刻的人像，進入館內看見橙子上坐滿了雕刻的人，個個栩栩如生。

朱銘之子朱雋也是雕刻長才，戶外展覽場約有一小半的面積劃分爲朱雋館，其中以水泥瓦舖設的一條道路以及拉鏈系列也很精彩。此外朱銘在運動廣場內展出跳傘者及運動者，採用不銹鋼材料另有一種風格。下午四時半參觀完畢乘遊覽車返回台北，兩次的參觀均由金寶山黃麗娟小姐帶隊，親切的服務，美妙的歌聲（金寶山歌后）使參觀者深深感謝也留下深刻的印象。

金寶山知性之旅（二）

吳元俊

於92.10.28(二)上午0800出發，一行5人由前主任祕書彭振剛先生率領下及黃麗娟小姐親自駕駛小客車及導覽，參訪金寶山千佛石窟及鄧麗君墓園，中午餐後即往陽明山中山樓參訪，在導覽小姐親切引導下，了解中山樓爲傳統中國宮殿式建築，古色古香，雄偉壯觀，因建於硫磺坑上方，故結構與內部裝潢皆非常有特色，從三樓圓廳往外看，青龍白虎，果然是個好風水，隨後順道再參觀位於仰德大道上的林語堂故居後，在夕陽時分踏上歸途，順利完成一次豐盈的知性之旅。

沖繩四天逍遙遊

方祖達

久待的琉球之旅，終於在今年 11 月 10 日至 13 日成行，是由台航旅行社承

辦，本會會員及會員親友計有 20 人參加，旅遊行程安排適當，頗得大家讚賞，茲將四日遊覽經過報導如次。

第一天：早晨 5：30 在台大校門口搭遊覽車，約經 40 分鐘抵達桃園中正機場，我們魚貫進入大廳，由台航公司游小姐領隊，辦好出境手續，於 8：10 登機，9：35 到達那霸機場，那霸天氣晴朗，氣溫達 30℃，由於受海洋氣候影響，比台北高約 10℃ 之多，也是我們預想不到的好天氣。

我們順利辦好出關手續，由當地華裔小吳率領導遊，講述琉球之種種，希望我們能順利享受一次愉快的旅遊。10：30 搭上迎河潛艇出海，我們坐在船艙底層觀看海中各種魚類和珊瑚礁，其中以魚身藍白相間條紋的雀鯛成群結隊在海中迴游，頗為可愛。11：00 回航，也是當地時間中午 12 時，我們先到一家滿漢樓中國料理店，享受一頓豐盛的火鍋餐，下午 1：20 參觀當地八大神宮之首的波上宮，首先要瞭解一些相關的歷史，原來琉球早先的文化是由中國輸入，並向中國滿清政府進貢，但在 1871 年琉球一批船隻為了避免颱風襲擊，在台灣屏東上岸，卻被台灣人打死，琉球政府則向中國滿清政府交涉，請求賠償，但遭到中國政府以“化外之區”為由而拒絕，於是琉球政府改向日本求助，當時正值日本明治維新時期，日本國力強盛，乃派兵攻打台灣，幸得英法兩國出面干涉，台灣才不被日軍佔領，

結果中國賠償 40 萬兩，台灣賠償 10 萬兩，其後日本乘機吞併了琉球，設立沖繩縣，與日本 47 個地方政府並列。

日本為了要統治琉球，於是引進了日本的宗教和文化，崇拜的是太陽神，信徒要祈求平安都以此波上宮為奉祀的主神，結婚生子保平安亦來此主廟答謝，故有七五三之神碑告示，凡是七歲以下小孩都得來此祈福保平安，廟前有一座台灣人紀念台，並不是紀念台灣人，而是紀念琉球人被台灣人所殺害的“牡丹事件”，碑上刻的是“台灣遭害之墓”。

琉球人也不忘本，早在 1648 年就設有講道廳，名曰護國寺，旁立地藏王菩薩神像，是為往生者在九泉下求得超度，再往坡下走，則是孔子廟，據云在我國明朝時期，琉球派遣 36 人來中國求學，他們回來後則在那霸建立孔子廟，左側建有觀世音菩薩及關帝君二個小廟，在孔廟左上坡則立二個石碑，一個是紀念蔡溫留學中國回到琉球為宰相，另一個是紀念程順則自中國引進許多種農作物，其中如甘藷曾為琉球飢荒時之救命作物，今以碑文為證：蔡溫具志頭親方文若頌德碑，程順則名護親方寵文頌德碑。接下我們去遊覽當地最具盛名的福州園，是一個面積 8500 平方公尺的中國式庭園，1992 年 9 月，琉球那霸市和福州市締結為姊妹市，園內可見到相同於福州市名勝如于山、鳥山、屏山、白塔、烏塔等，栽植許多熱帶奇花異草

及果樹，也有小橋瀑布等令人忘憂的景觀。福州園建設相當清幽可愛，雖無許多樓台亭榭，但園內花木扶疏，池塘潔淨，小山流水，倒是一個幽靜休憩的好公園，出園門見到門上有謝冰心女作家的提字，園內休憩廳上刻有"海濱鄒魯"亦可知曾有福建莆田文化的參考留念。

出園後車開到那霸西門町的國際大道，全長約二公里，有四家百貨店，三條通大型購物區，我們就在下午 3:00 至 5:20 自由逛街，我們走進三條購物街，街道上面覆蓋透光的厚塑膠板，店舖排列百貨，應有盡有，走累了，我們就進入一家咖啡廳休息。5：30我們在中國餐廳享用一頓火鍋大餐，7:：00 回到旅館休息。

第二天早餐後於 8：45 出發，車北行約經 40 分鐘到達沖繩中部美軍駐防基地，至今仍有駐防美軍三萬人，日本有此美國駐軍，則不必花費巨額的國防費用，美軍在此所用水電及電話費全免，地主也可獲得駐地的地租，平均每年可收租約 500 萬日元，相當於一名中學教師的年薪，並可有就業的機會，琉球群島共有面積 2252 平方公里，相當於台灣的 17.38%，人口 133 萬為台灣的 5.78%，那霸市人口 38 萬，全縣經濟以觀光業為主要收入，日本政府每年資助琉球 600 億日元，特別列有發展建設和旅遊業的補助 200 億日元，那霸市政府也十分努力配合，對發展當地旅遊業不遺餘力，所以境內建設及環境清潔均被肯定，市內水溝可以養魚，即為其特色，台灣目前旅居球琉人數約有三千多人，初期來此者以菜刀、剪刀及甘蔗刀為業。

10 時參觀位於沖繩市北方的東南植物樂園，該園分為左右兩部份，東園栽植各種熱帶樹林，例如椰子、香蕉、柚子、人心果、可可、楊桃等，又有大型棚架的溫室栽培各種花卉，九重葛亦稱三葉花正在盛開，大家也都駐足拍照留念，西園是利用一片山坡地，園內舖設寬敞的道路，且有聯結巴士爬行給年長遊客方便不少，此園經過十多年的經營管理，樹木多已長大多姿，例如具有熱帶特色的酒瓶椰子、林投樹、檳榔、阿波羅等都已亭亭玉立，蜿蜒的步道沿途都栽植花卉，池塘間跨著小橋，池中餵養錦鯉，增添遊客更多樂趣，據導遊解說，此園建造的主人，是來自台灣的花蓮李姓商人來此興建投資，歸化後娶沖繩女子為妻，育有一女，後因財力不濟，則將此園捐獻給沖繩政府，成為當地最具盛名的東南植物園。11：00 上車，沿高速公路北行 57 公里，經過金武水庫到一家日式餐廳，享用一餐豐富的日式料理。12：40 車往西行，參觀號稱世界最大的海洋博物館，當地稱為海洋博公園，據云此園是 1970 年所創建，又於 2000 年擴建，做為日本政府召開世界八大工業國領袖的會所，由於日本政府巨額的投資，使此園耳目一新。我們先

依坡度進入海洋水族館，先看到各種海洋生物：海膽、海星、海龜，各種魚類均收入眼底，最下層是一個巨大的水族廳，用塑膠透明玻璃做為圍牆，可以清析看到水中各類魚成群結隊迴游，其中最受人注目的是二條長約 4 公尺的豆腐鯊，幾條巨大的魟魚，展開雙邊翼鰭在水中翱翔，一陣陣的魚群也隨著供氧的氣泡起舞，真是壯觀，也令遊客駐足觀看，流連忘返。走出大廳最後看到二隻海牛又見到海龜，便到海豚表演場，在熟練的訓練師引導下，大小七隻海豚表演各種有趣動作，博得大家拍手讚美，可惜表演時間只有短短十分鐘，感到未能盡興而歸。7:00 晚餐後住在恩納村的一家度假旅館 ONNA MARINE VIEW，房間寬敞清潔設備完整，感到舒適。

第三天早餐後於 8：20 離開海洋皇宮休假中心旅館，我們仍然和來自宜蘭教師基金會旅行團聯合乘車同遊，據吳導遊介紹，沖繩島位於北緯 28 度，東經 127 度，屬海洋性氣候，適合發展觀光休憩，故有東方夏威夷之稱。沖繩島主要觀光地在中及南部，東北部為農業區，主產甘蔗及疏菜，適合老人生活，在思納村亦稱女人村，只讓婦女下海抓海蛇，供烘乾製成藥酒，為當地特產之一。車經石村市，可見到荷蘭風車在發電，但和荷蘭風車的功用在抽出低地海水之用不同，這裡生活程度頗高，三房二廳房屋售價約千萬元台幣。行車一小時，到達守禮社館。10：00 參觀沖繩舊

皇宮，在守禮門前，見到穿和服打扮的美艷女優在招呼遊客，同她拍照一次給日幣 500 元，租穿和服 1000 元，我們沿坡路而上，先看到御嶽石門，屋脊橫樑兩端塑出鯉魚，表示跳龍門之意，此石門已被列入世界文化遺產古跡。進入歡會門，上刻有 "漏刻" 橫匾，原來是用為計時，再進入廣福殿門，為王宮前庭院，供獻歌舞場所，左側留有監獄遺址，再上面是正殿，為琉球球王接見中國使者之所。對面則為替日本辦事的地方，球琉王朝於 1429 年建立，1879 年滅亡，共傳 29 代共 550 年，據云當年日本首相豐臣秀吉曾與琉球王協定相約攻打朝鮮，各負擔半數軍費，但攻打失敗，琉球王爽約，引起仇恨，1609 年日本攻下琉球，琉球王國亡。琉球本為中國保護國，兩國互派使臣互送貢品，先因牡丹事件而轉向日本求援，結果引狼入室，時值滿清政府腐敗，又是日本明治維新時期，琉球因此被日本佔領，琉球人久受中國文化影響，至今仍然保持許多中國習俗，在歷史上也有許多事例記載。

二次世界大戰時，由於日本偷襲美國夏威夷的珍珠港，引起美國參戰，在太平洋激烈戰爭時，日軍節節敗退，1945 年 4 月美軍攻打琉球，40 萬人登陸，6 月 23 日佔領琉球，姬及百合二所女子中學師生二百多人自殺，醫院醫生率領護士共 45 人逃入 L 型大坑洞內避難，不肯出來投降，結果被美軍炸死，

只有 5 人幸免於難。我們到這裏參觀姬百合紀念館，也看到現場有紀念塔及石碑等記載事蹟，如果當時日本知道大勢已去，肯出面與美國等協約國投降，則不致遭原子彈的攻擊，也就沒有廣島 14 萬人和長崎 7 萬人成為冤魂。球琉人在紀念館前栽植刺桐、櫻花和相思樹，也是聊表紀念之意。中午享用一頓日式料理午餐，1：45 進入玉泉洞遊覽，這個鐘乳石洞在 1970 年發現，號稱 5 公里長，實際供參觀的路線只有 1.2 公里，洞內走道鋪設寬敞安全，道路並有電燈及護欄，各段都有指標告示，依序是：赤麗峰、化石廣場、魔人之森、黃金之盃，走完全程約 25 分鐘，不能和桂林的蘆笛岩，更不能和張家界的黃龍洞相比。當然在琉球也算是一處好景點。

出洞後，我們繼續參觀習見琉球工藝、手藝、民藝傳統的藝能場，有製陶瓷場、玻璃工廠、製酒場、製黑糖工場、王朝時代的織布染布工場、古代的木屋、朝貢船、熱帶果樹園，在製酒場我們看到烘乾箱中的海蛇。3：00 觀賞真人現場表演"傳統大鼓隊"民俗豐年祭舞，青年男女以鼓舞為主，配合演奏弦歌、擷挱，頗能代表琉球之古風文化，共表演 15 分鐘。下午 4：00 導遊帶領我們去一家免稅藥舖，自由購買西藥及補藥，但價格並不便宜，我們車開回到那霸市。6：30 在滿漢樓享用一頓豐盛的火鍋大餐。7：30 回到新都心旅館休息。

第四天上午 7：00 用早餐，9：30 上車，前往那霸國際機場，搭乘華航 CT121 班機，於 11：15 起飛，到達台灣桃園中正機場已是台灣當地時間 11：45，再搭遊覽巴士回到台北，大家互道再見，回到自己溫暖的家。

海南島六日遊

方祖達

第一天（12 月 14 日）清晨 5：20，我們一團 25 人帶著行李到台大校門口集合，5：30 上車，在本會楊理事長建澤歡送祝福聲中，車開往桃園中正國際機場，進入候機大廳，由高原旅行社李碧華小姐領隊，先辦理出關手續，於 8：20 搭乘長榮航空公司 BR851 班機，到達香港是 10：05，馬上辦理轉機手續，於上午 10：55 搭乘中國南方航空公司 CZ3078 班機，於 12 時正抵達海南島的海口美蘭國際機場，出關後驅車前往參觀海南第一樓，建於清康熙 44 年（1705 年），包括學圃園、觀線堂、蘇公詞、浮栗泉及洞酌亭等景物，由當地導遊小韋介紹，據云海南島在西漢時已開始建為州府，距今已有二千多年，民國成立海口市，學圃園今為海南瓊台師院。蘇公詞是紀念宋朝蘇東坡被貶在此謫居四年（1097～1100）貢獻海南的事蹟如講學明道、培育人才，為中原文化的傳播和文化教育事業的發展，並教化如何耕地、釀酒、開井及建築等。在大門上寫"瓊台勝境"，在前排著門當戶對石雕。五公詞

正在重建，是紀念唐宋時代被貶來此五位大臣，他們是後唐李德裕，是晚唐振興的功臣，安史之亂公元 881 年被流放海南，居二年後卒。第二位是南宋李綱，只在海南 11 天就被召回。第三位是趙鼎，是岳飛的老師。第四位李光被貶在海南 11 年後卒。第五位胡銓，因彈刻秦檜被貶在海南八年後被召回中原。這幾位唐宋大臣先後被放逐於此，對發展海南文化及生產都有其貢獻。浮栗泉是北宋紹經四年（1097）蘇東坡指示鑿井的雙泉，洞酌亭內懸掛許多古今名人的詩辭名言，現仍在修建中。搜書院是一幢老舊的二層樓房和前庭，魁星樓內立著在此最早設堂講學的焦英漢進士的石雕，有對聯「樹老花偏嫩，春融枝亦樛」，在庭之左右立二尊名雕，左為講學謝寶老師，右為張岳崧探花，據云當年海南鎮台的小姐放風箏的故事，就是引述搜書院當時一段姻緣，後世將此故事編成著名的粵劇──文淵閣大學士槐樹頌。6：30 住進寰島泰得酒店，並享用一頓豐盛的自助晚餐。

　第二天早餐後，驅車前往參觀亞洲論談永久會址及中美撞機事件的博鰲市，我們先搭乘快艇前往玉帶灘，欣賞三江入海之壯麗景色，在灘之兩側，一邊是風平浪靜，一邊是波濤洶湧，這裡就是萬泉河的奇特風光，據導遊云：海南省簡稱「瓊」，西瀕北部灣與越南遙遙相望，北隔瓊州海峽與廣東省相鄰，轄海南島和西沙、中沙、南沙等島嶼及其海域。全省面積3.4萬平方公里，人口約八百萬人，主要有漢、黎、苗、壯等民族。省會海口市在島北，而另一省轄市三亞市在南端。境內主要河流有南渡江、昌化江和萬泉河，年平均溫度 22～26℃，降雨量 1500～2000 公厘，屬熱帶季風氣候。五指山位於島中央，高 1394 公尺。有東、西、中三條高速公路，交通十分便利。島北部全是火山岩，公路經過地段可看到石頭凸出、空心，耕地少，居民也少，感覺很淒涼，島內礦產蘊藏十分豐富，名貴的黃金、藍寶石、貓眼石、水晶等均是，鐵礦含鐵高達 50%，中國大陸和日本均來取材，亦產石油及天然氣，香港所用的天然氣均由海中管路輸送，我們在東線高速公路上亦可窺見。上午 10：20 參觀遍植數十種熱帶果樹及經濟作物的興隆熱帶植物園，依據科學性、知識性、趣味性、區域性做了合理佈局。海南有 4600 種植物，中國以雲南 12000 種植物居冠，此園係 1951─1957 年由馬來西亞華僑引進各種熱帶水果及橡膠，沿路可看到圓葉朱蕉、神祕果、美洲蘇鐵、樺樹楠、小葉榕、假檳榔、紅檳榔、海棗、馬拉巴栗（發財樹）、三角椰、狐尾椰、紅刺露兜、腺葉野櫻、短穗魚尾葵等。下午3：00 離開，前往陵水縣南灣猴島，沿途可見到中國最大珍珠養殖地。我們乘纜車約 15 分鐘經過二個山頭到南灣猴島，野生獼猴是群居生活，1967 年剛開發初期只有 130 隻猴，經過 36 年已達 300 隻，

母猴於每年 12 月發情，一年產一胎，由母猴帶小猴，二歲後自由活動，七歲成年，每年選猴王一次。我們個別先和小猴拍照，再看猴子表演，由馴猴師指揮，讓大小猴表演各種動作，不聽指揮則受鞭打。5：30 乘纜車回程。這是中國目前最長的一條跨海纜車，彷彿一條凌空的彩鍊，將新村港和南灣猴島連接在一起，纜車上可看到滿目青山、碧水、沙灘、椰林，構成一幅絕妙的圖畫。接著前往海南島最南端美麗的三亞市，隨後參觀久負成名的南海珍寶“珍珠文化館”，晚宴後安排住入三亞果喜酒店。

第三天早餐後 8：30 出發，車開到鳳凰鎮，參觀水晶等展示廳，係國家礦務局經營開發，先由軍方開採，剩下的礦物區再包給地方政府或包給商家。我們先聽解說員介紹水晶之加工流程：磨、雕、裝，並有真假水晶的判定方法，好的水晶是摸觸涼、發亮、重、並有七彩光。水晶、瑪瑙和玉均屬二氧化鈦（Sior）成分，參觀約半小時離開。車開到三亞往西島的碼頭，坐遊艇約十分鐘上岸，看到一座巨大的鸚鵡螺雕塑，我們開始自由活動。整個西島遍植椰樹，我們有的乘坐玻璃船探視珊瑚礁狀況，船繞了島的一圈約 50 分鐘，看不到什麼東西，卻花去人民幣 130 元，有嘆被上當的感覺。回到西島大家拍照，也有人躺在吊網上休息，近中午時分，全團人在島上餐廳享用一頓海鮮大餐，有龍蝦、海鰻、海膽、魚、蝦、蟹等，吃得大家笑哈哈。這個西島休憩遊樂區，原來是來自台灣嘉義蔡姓商人所經營的。此島的海域是國家珊瑚礁自然保護區，四季如春、風景秀麗、空氣清新，海水清澈見底，自費項目包括各種水上活動，有水上摩托車、滑水、升空拖曳傘船，海底潛探等。回程安排遊覽三亞鹿回頭風情園，園內佔地 210 畝，依山傍海，綠樹環抱，風光秀麗，拍照餵鹿，欣賞黎族人的歌舞，可領略濃郁的民族風情，之後前往觀賞模特兒走台秀並參觀絲被的製作過程，晚上在大東海邊餐廳享用豐盛的晚宴。7：00 回到三亞果喜酒店休息。

第四天早餐時，導遊宣佈上午有空檔的時間，願意自費前往南山佛教聖地參觀或往天涯海角遊覽，引起大家議論，結果有八位團員留在酒店，其餘的則由導遊帶領到南山。南山位於三亞市西南海邊，約有 22 公里路程，那兒有大小洞天、山景、海景及各種形形色色的怪石，我們看到“壽比南山”的不老松，外形好像是經過千年不垂的枯老樹幹，卻仍然長出一叢叢的尖葉。也看到小花龍血樹，內可提出雲南白藥的止血成分。據云海南有藍天、綠地、白沙、空氣、陽光等五寶，所以人的壽命長居全國之冠，南山村 80 歲以上有百人，且有高齡百餘歲者。到達大小洞天，走下坡約百餘公尺，則見椰林美麗海景，令人心胸開朗，見到一處巨大海螺狀石，稱為小洞天，走進此螺旋石洞內也覺得

好玩。再沿海岸前進，可見到各種石頭景觀，再沿石級步道走過的景點有小月灣、鑒真沐海、靈應泉、試劍峰，南極壽谷、石松、不老松園、仙桃石、孔雀石、壽字碑，在大岩石壁上有江澤民於1993年4月17日親筆提字"碧海連天遠，瓊崖盡是春。"據云這裏的不老松已有5600年，另一石壁上刻有莊子"不材之木"的提字；莊子行于山中，見大木，枝葉盛茂，伐木者止其旁而不取，問其故，曰：無所可用。莊子曰：此木不材得終其天年，入以無為而成其有力。這就是莊子主張無為的名言。不老松屬龍舌蘭科，與許多仙人掌有此血緣，回程我們到酒店接八位團員上車，午餐後車沿東線高速公路往東北行，下午2：50參觀海南地質博物館，先由解說員介紹各種礦石，如瑪瑙、金沙石、祖母綠、紅寶石、石榴石、紫晶、澳玉、鑽石、翡翠、貓眼石、藍寶石、橄欖石。據稱在1977年在山東省發現一顆世界最大的鑽石重137.26克拉。石雕的貔貅亦稱四不像，是人們以為聚財進寶的象形吉祥物。之後，車繼續向東北行，於下午3：50到達白石嶺風景區，亦稱龍頭山，位於瓊海市西南面，海拔328公尺，佔地16.2平方公里，距東線高速公路3公里，為絕世僅有的海島邊緣民族土人部落聚集地。我們排隊乘坐索道纜車上山，到站後由導覽解說員引導，注意與土人接觸應注意事項。黑皮膚的土著族，身手嬌健，能在樹間拉繩

往返遊蕩，以泥土和樹葉為主食。我們以拍口音表示友善歡迎，臉上塗點黃泥，手拿一枝竹子，一面上山一面用竹子打著路旁設置的信號，即在小坑洋鐵蓋中央上懸一鉛線，輕敲它則發出叮噹聲音，行約十分鐘，看到以竹篾等編成的住屋，分酋長、新娘房、寡婦房和一般住屋。又看到木柱架設的高門檻，要徵婚的少女應在檻上靜坐約一星期，等待男士前來求婚的也需坐上七天，才可以下來正式結婚，因為山路崎嶇，我們只望到對山上有龍形雕像。5：30我們看完土人表演，沿原路回到纜車站，又是一大群遊客排隊等待乘坐纜車下山。車北行約20分鐘到達官塘溫泉旅遊區，晚餐後，住進官塘溫泉渡假中心，聽說也是台灣人投資經營的，此休閒中心擁有舉世聞名的極佳溫泉池，計分大中小深淺不同的硫磺水溫泉池，水溫水質均佳，是我們泡過最好的溫泉。

第五天早餐後8：30車往北行，約經1.5小時回到海口市，接著向西開到秀英區，參觀秀英炮台，公元1888年兩廣總督張之洞花了27萬兩白銀，建立五座由德國克魯伯兵工廠建造的大炮，與當時中國廣東虎門炮台、上海吳淞炮台、天津太沽口炮台齊名，中日甲午戰爭時曾抵抗日軍獲得勝利，也曾經打過法國軍艦。據瓊山縣誌建11海防記載，此秀英炮台共有五座，有振威、定西、拱北、鎮東及振武。(1)振威炮台佔地60多畝，可旋轉360度，駐兵66人和彈藥

庫，1934 年才加上掩蓋，旋轉縮小爲100 度。(2)定西炮台直徑 24 公分，射程1.5 公里。(3)拱北炮台爲總指揮台，1887～1893 年建立，1939 年被日本佔領，只用過 53 天。(4)鎮東炮台現只留下大炮的底座。(5)振武炮台，炮筒長 3 公尺，可旋轉 360 度。這個秀英炮台曾爲抗拒列強侵略，立下汗馬功勞，今只留下遺蹟聊供吾人憑弔。

下午 2：30 車開往粵海鐵路南港遊覽區，看火車如何坐船過海，這是中國第一條跨海鐵路。跨海渡輪有1號及2號二艘，由上海江南造船廠建造，重1.1萬公噸，船長163公尺，每艘造價人民幣2億元，船艙分上下三層，下層可容貨運火車40列或客車18節，中層可容納大型汽車貨車60輛，上層爲客艙可載容千餘人。海南島多春季節大量供應中國北方新鮮蔬果，即由此渡輪火車運送，年出貨達 120 萬噸，由此可見此項設施對產業偉大的貢獻。3：30車開回市區，車停在海口一家最大的購物中心，讓大家高興地採購自己喜歡的加工食品，帶回酒店已是下午5：30，休息至7：00享用一頓豐盛的晚餐。

第六天早晨六時起床，整理行李送至大廳，6：30上車直往海口美蘭國際機場，搭乘中國南方航空 CZ3077 班機，8：45 起飛到達香港時間是 9：55，在機場休息至12：30搭乘長榮航空 BR866 班機，於 12：50 起飛到中正機場是下午2：20，辦理出關手續，回到台北溫暖的

家已是 15：10，就此結束這一次愉快的海南之旅。（本文承宣副理事長家驊修正，謝謝）

附海南十八怪彥語

臭水溝裡洗白菜	文昌小孩頭半塊
老太婆爬樹比猴快	三隻蚊子一盤菜
三隻老鼠一麻袋	三條螞蝗纏腰帶
海南姑娘醜八怪	大姑娘抱著娃娃談戀愛
樹根長在樹皮外	整族姑娘拉尿不解褲腰帶
柚木樹葉當被蓋	牛比警察還厲害
牛車爬湯比火車快	母豬上街過禮拜
四季衣服同穿戴	短衫穿在長衫外
穿鞋腳跟露在外	海南草帽當鍋蓋

活動消息

本會將於今年（民國九十三年）春季舉辦美容氣功教學新服務項目，由本會服務組長沙依仁教授親自傳授該項功法。學費及講義費全部免費。
美容氣功可促進臉部、耳部及手部諸穴位之氣血循環，並強化腎臟及肝臟功能以達美容並健身之目的。
服務對象包括本會會員、本校教職員工（在職者），月下老人婚姻介紹專線申請者。

有意學習者可於週一至週五上午9:30 至 11:30 向本會（本市舟山路二四三號鹿鳴堂一樓）報名或電話連絡2369-5692，以便準備講義。教學日期、地點：分兩班教學，第一班係在二月十七日（星期二）十八日（星期三）上午 7:30 至 8:00 舉行，第二班係在四月十三日（星期二）十四日（星期三）

上午 7:30 至 8:00 舉行。兩次即可學會全部功法，本課程授課地點：在鹿鳴堂旁鹿鳴廣場舉行，倘若下雨改在鹿鳴堂一樓舉行。

會員大會捐獻摸彩品芳名錄

陳校長維昭	暖風爐
丁理事長一倪	檯燈
宣副理事長家驊	小皮夾
方理事組產	簽名筆、玻璃杯
王理事本源	廚房三寶、隨身聽
曾理事廣財	現金壹仟元、香皂
林理事參	高級原子筆、護髮乳
	吉利水果叉、玻璃碗
	沐浴鹽、藍莓羊乳片
	環保包、聖誕 CD 卡
	陶藝品
路理事統信	手提包
徐理事玉標	領帶 領帶夾
車理事化祥	巧巧杯、鋼杯、登山水杯
謝理事美蓉	大磁盤、保溫鋼杯、磁盤碗、電動壓汁機、鏡鐘
沙理事依仁	洋酒
	新光三越禮券(500 元)
康理事有德	花瓶
李理事學勇	茶具
范理事信之	小禮品
蔣監事主席賢燦	保溫杯
蕭監事富美	茶葉、廚房組具、精美藝術蠟燭、雙層糖果盒、香皂、玻璃裝飾檯
鄧監事華	果汁機
	郵政禮券(600 元)
翁監事文	碗具、袋子、保溫杯
	水果盒、小壺、
林徐蘭香	牛皮紙袋

九十二年會員大會 承蒙惠賜現金、禮券、及禮品等供大會摸彩，謹此 敬致謝忱。

中華民國九十三年三月二十三日出刊

會 務 通 訊

第 二 十 六 期

發行者：國立台灣大學退休人員聯誼會
會　址：台北市舟山路 243 號鹿鳴堂一樓
電　話：23695692 校內分機：3856　Fax：23648970

會務動態

一、第四屆第六次理監事聯席會議，已於3月9日假校總區鹿鳴堂會議室順利召開，出席理監事至為踴躍，會中討論議案多件，大家期盼今後在會務方面有更多構想及創新，藉以增進我退休人員身心健康及生活情趣為目的。

二、本會迄至本 (93) 年 3 月 9 日，在籍會員共計 508 人，扣除病故者 26 人，他遷或停權者 87 人，實際會員 395 人，內含永久會員 185 人。

三、本次理監事會議，通過歡迎陳富美、江永棉、萬瑞霞、陳新翼、張克振、余業璇、林麗珠、彭奕象等八人申請入會案。

四、原為一般會員，申請變更為永久會員者，計有郭維謀、楊建澤、蕭富美、胡迺兆、陳雲中、周崇德、夏良玉、張德英、王明聰等九人。

五、93 年第一季活動概要：

※全國教師生命教育研習，於2月1日至5日舉辦，參加會友6人。

※寒假大專教師靜思研習營，於2月6日至8日舉辦，參加會友6人。

※美容氣功教學，於2月17日至18日舉辦，參加會友35人。

※大溪一日逍遙遊，於 2 月 24 日舉辦，參加會友 9 人。

※彰化花卉博覽會二日遊，於 2 月 27 日至 28 日舉辦，參加會友 34 人。

六、本校校運會，將於3月27日至28日舉行，設有老人田徑項目，歡迎我退休人員參加，有興趣者，請至辦公室報名。

七、天祥、太魯閣國家公園三日遊，將於本月下旬辦理，此為本季最後一個旅遊活動，報名人數雖不多，將採自助方式舉辦，預定月底成行。

八、本會依往例，寄發會友當月壽星賀卡，計元月份33份，二月份39份，三月份45份，共計 117 份，敬祝各位壽星健康長壽，萬事順遂。

九、本會月下老人婚姻介紹專線，成立以來，前來報名應徵者已有五十多人，目前經正式介紹，正在交往中的有七對，尚有男性 4 人，女性 36 人，正在等待機會中，我們將根據雙方條件，期望都能找到合適對象。

十、至今等待介紹的四位男性中，職業方面，一位內科總醫師，一位博士班學生兼講師，一位工程師，一位在美商公司任職。而 36 位等待介紹的女性中，年齡方面：27～35 歲者

1

23 人、36～40 歲者 10 人、40 歲以上者 3 人。學歷方面：專科 5 人、學士 15 人、碩士 11 人、博士 5 人。職業方面：法官 1 人、書記官 1 人、助理 2 人、副教授 1 人、助理教授 1 人、教官及中學教師 7 人、學術研究 4 人、醫師及醫技 2 人、公務員 4 人、職員 7 人、博士學生 1 人。

十一、根據現有經驗，介紹未能成功的因素很多，包括：過份挑剔、年齡過大或尚在求學、宗教信仰不同、身高不能配合、家庭因素等等。綜合以上所述，男女申請人數、教育、職業成就，相差懸殊，我們歡迎各位會友家中有成年子弟或親朋好友中有男性成年子弟者，多多推介申請。

十二、美容氣功教學，由沙依仁教授主持，第一班已在 2 月 17 日、18 日上午 7：30～8：30 舉行，共有 40 多人參加，教導五個防老穴道指壓法及加強腿骨力量的氣功。方祖達教授亦教導「五禽戲」手法。第二班沙教授因事延期至 4 月 17 日、18 日上午 7：30～8：30 在鹿鳴堂舉行，將增加多種實用功法，歡迎會友踴躍參加。

十三、本會會友吳信義、吳元俊、楊建澤三人繼續合訂人間福報一年（93.5～94.4），歡迎會友來會閱覽。

好消息(一)

本會獲允加入台大教職員工文康活動推行委員會

本會的正式名銜為「台大教職員工退休人員聯誼會」，其宗旨在於增進我退休人員身心健康及生活情趣生活為目的。學校亦有一個類似單位，其正式名銜為「台大教職員工文康活動推行委員會」，其宗旨亦在增進在職人員身心健康及生活情趣為目的。兩者的服務對象都是台大人僅只有在職與退休的區別。但文康委員會是學校的正式組織，學校給予充分的資源與照顧，可舉辦許多文康活動，例如書法社、繪畫社、韻律社、登山社等等，但本會在缺乏經費人手不足的情況下，真是心有餘而力不足。

因此我們期盼參加台大教職員工文康活動推行委員會，成為該會屬下的一個分會，共享學校對教職員工的照顧與輔導，如此一來我就可以推薦及介紹我們的會友參加文康委員會屬下的各項活動，以及得到許多幫助，這是我們多年來的期望。

92 年 12 月 23 日，本會正式發函台大教職員工文康活動推行委員會，陳述本會的組織、宗旨及目標，希望加入該會，我們都是台大人，原本就屬於一個家庭，何不共享大家的溫暖與輔導？適逢該會召開委員會議，本會楊理事長建澤受邀列席陳述，案經該會慎重討論後，一致通過本會之申請案，實為本會期待已久的一大喜訊。93 年 2 月 3 日再發函依該會規定，陳送成立分會申請表、組織章程及會員名冊各乙份，日內可望有更進一步的好消息。

好消息(二)

本會如願爭取到較大活動場地

本會成立已邁入第八個年頭，現有會員人數已突破五百人，且在繼續增長中。本會會員皆我台大退休之教職員工，都是一生奉獻給台大，曾經參與學校各階層工作，在職時的職務，上至學務長、總務長、院長、系主任、教授等比比皆是，乃至於主任秘書、總教官、行政主管、組員到工友無所不有，而今溶為一體，有若家人，人雖退休了，但仍心繫台大，並以台大人為榮。是故本會已成為退休人員資訊與聯誼的中心，也是與學校間意見反映及溝通的橋樑。

無奈本會現有辦公場地，位於鹿鳴堂一樓，且與教師會共處一室，面積不足十坪，擺設七套辦公桌椅後，已少迴旋餘地，三五會友來訪，幾乎坐立難容，多年來我們幾次申請分配較大房舍，但都未能如願。

本會辦公室隔壁有一間校長會客室，但多年來少見使用，空置實在可惜，於是我們於 93 年 2 月 3 日行文台大總務處，希望學校概允由本會借用及保管該會議室，學校任何時間一旦有需要，本會負責清潔備用。

案經楊理事長建澤建議，親自攜文面見陳總務長，動之以情，說之以理，希望為我退休人員爭取到一間日後回校時的落腳之地。

本會終於在 2 月 27 日接獲台大總務處回函，同意本會借用及保管該會議室，對本會來說真是夢想成真，天大的喜訊。

該會客室面積數倍於本會現有場地，內部陳設：沙發桌椅齊全，照明燈光亮麗，四壁懸掛布幔，地毯柔和舒適，稱得上高格調設施。

本會正在規劃，如何充分利用現有設備，除定期舉辦各類型活動外，我們歡迎各會友來會小聚，大家在生活上交換心得，精神上得到寄託，活動中舒展身心，這就是本會成立宗旨及目的。

好消息(三)

本會發起成立銀髮族的快樂學習教室

宗旨：

我們要時刻關心我們自己的身心健康與生活品質。

我們要時刻奮勉我們自己的生命規劃與理想實現。

我們要爭取時間，學習新知、趕上時代，貢獻自己，造福人群。

主旨：

讓銀髮族的朋友多一次聯誼與學習的機會。

時間：

每週六下午 1：30～3：30 為活動時間。

地點：

台北市八德路三段社會教育館二樓。

學習項目：

歌唱、欣賞世界名家演出、保健、養生、醫藥、旅遊、美容等。

活動費用：

每人每次出席費 NT$100 元，備作茶水、伴奏、講義、場租、CD、VCD等購買及主講人車馬費開支。

發起人：

大學退休教授聯誼會會長王忠志教授

國防資源研究所所長解宏賓教授

前台大文學院院長朱炎教授

台大退休人員聯誼會理事長楊建澤教授

退伍軍人協會副理事長唐繽敏中將
中國經濟文化發展協會會長林竹松先生
華僑大學客座教授吳儀教授

空中大學人文學系劉鵬佛副教授
聯絡電話：H：2935-8205（晚）
手機：0937-018351（劉副教授）

日　期		項　　目	行　程　概　要
四月	14 日出發	日本賞櫻五日遊	四月中旬日本京都地區櫻花盛開，本活動另參訪大阪、神戶、關西地區精華景點旅遊，每人約 27,800 元。
	20 日	竹東地區採筍一日遊	四月份為桂竹筍之盛產期，本活動將赴竹東地區農家現採，再行加工食用，每人約 1,250 元。
	21 日出發	中原古都八至十日遊	本活動地區包含北京、鄭州、洛陽、開封，主要景點為賞牡丹、嵩山少林寺、龍門石窟、三門峽、太行山……等風光，每人約 33,000～37,000 元。
五月	上旬	浙江山水八日遊	行程包括：溫州、臨海、寧波、奉化、普陀山、紹興、杭州、烏鎮及上海等地，欣賞詩情畫意的江南風光。
	中旬	本省環島四日遊	以東海岸為主，經花蓮、台東、綠島，再轉往高雄縣的美濃、山地地區參觀客家風情及原住民部落。
	20 至 22 日	小琉球深度之旅三日遊	本活動將卦屏東東港、小琉球、林邊、高雄、嘉義中埔、雲林古坑等地區深度體驗休閒農業，每人約 5,600 元，名額限 30 員。
	下旬	美西九日遊	洛杉磯的迪士尼樂園、拉斯維加斯、鬼城、胡佛水壩、大峽谷、優勝美地國家公園，回程可在夏威夷停留一天參觀。
六月	上旬	泰北風情五日遊	清邁─大象訓練營、美人村、長頸族村、蘭花園。清萊─美斯樂、金三角、少數民族、漫遊湄公河。
	中旬	龜山島賞鯨及登島	搭乘遊艇環繞龜山島觀光並觀賞鯨豚生態，最後登島參觀龜島八景。
	下旬	絲路精華十二日遊	西安至烏魯木齊搭乘豪華旅遊列車，至景點再以汽車接送，安全舒適。

　　各位會友如有意參加上列活動，請自即日起來會報名或洽詢詳情，以便約集基本人數即可組團，選擇旅行社安排詳細行程。本會舉辦旅遊活動內容精彩，氣氛融洽，歡迎結伴參加。

旅遊活動記實

參加全國教師生命研習營暨慈濟大專教師靜思研習營──心得分享

吳信義　吳元俊

　　二○○四年第十一期全國教師生命教育研習營於台北縣三峽佛光山金光明寺舉行。我們六位台大退休聯誼會的同仁於二月一日中午完成報到。這是由教育部指導，國際佛光會中華總會、南華大學主辦，人間福報、人間文教基金會協辦，一年寒暑假兩次的研習營。雖然此次時間只安排四天三夜，但研習營的課

4

程是多采多姿，充實又有內涵。在始業典禮中，由國際佛光會中華總會副會長趙麗雲博士為我們介紹生命教育在目前社會教育的重要，並為我們探討如何建構和諧的兩性關係，特別強調人人要重視健康、要終身學習，要營建家庭和諧及兩性關係。談到兩性和諧秘笈是主觀意識能欣賞、彼此雙方都能包容性別差異，夫妻及親子關係相處能忍一句、饒一著、耐一時、退一步、笑一笑，就能相愛一生。真是發人深省，可以提供大家做為座右銘。人間生活禪由慧昭法師開示，他說動靜之間皆有禪，道由心悟。不妄念－－善護念清靜心－－無信心。常覺－－無往身心。他說一般人常喜歡在人我之間的是非打轉，煩惱是來至於不覺。覺有兩個涵意。一是正知：高度的警覺性、控制EQ。二是正見：正確的觀念，般若正見，才能培養IQ。無名煩惱是一時的，人的情緒也是一時的，千萬不要因為一時的情緒衝動而釀成錯誤。現代人的情緒管理課程由慧僧法師開示，他說了一句發人深省的話是：面帶微笑上課的老師學生記憶比較深。人生不幸的事像一把刀，他可以為我們所用，也可以傷害到自己，看你是抓到刀柄還是刀刃。他引用達賴喇嘛的一句話說：快樂也是學佛的目的，我們是為歡喜而來到人間的。第二天的課程永富法師在梵唄賞析中，介紹人間佛教注重現實的生活。見證法喜安樂、永斷煩惱，無明當下。讓我們瞭解梵唄唱誦的目的，是為了收攝、專注人的情志和心意，主要在於達到清心寡慾和明心見

性的境界。現代化的佛教音樂，實際上是為了配合現代客觀環境因素下所倡導的法門，也為淨心心靈提供適當的途徑，因為現代人的生活忙碌緊張，心靈無所依靠，往往會迷失自己，只有藉著佛教純淨的音樂，方能真正傳達佛法崇高的意境，滋潤眾生的心靈。生態與環保，由陳隆陞講師介紹，他以生態保育投影片，介紹環境與人的生活息息相關，經由教育來淨化人心，實現人間淨土。我們只有一個地球，人類對生態與環保應為後世子子孫孫保留一塊淨土，也是人間佛教的提倡。鄭石岩教授介紹生命教育的內涵與教學，他幽默風趣的表達出，生命教育的活動、成長、實現以及生命的倫理、生命的快樂、生命的意義。認知生命教育是終身教育，活到老學到老，它是一切教育的核心，它必須結合家庭、學校、社會才能落實做好。第三天的課程由永有法師與趙翠慧講師為我們談到瀕死經驗，尋找生命的智慧，兩位法師的開示，介紹我們瀕死經驗的書籍，啟發死亡認知的正確觀念，早上醒來，想想自己在充實藍光的環境裡（宇宙裡）第一個深呼吸，請自己信賴的人（神）信仰的人在你旁邊，慈悲回向所有的人，如實看待生命的起承轉合。生命的智慧在於歡喜結緣，輕鬆自在、活在當下。人生的學程才能圓滿。第四天的綜合座談，由各組推派代表，報告心得分享，以及各組推出的聯誼活動，雖然時間有限，但各組別出心裁的認真演出，確實達到寓教於樂的目的。結業典禮由總會長吳伯雄先生蒞臨致

詞，他以感恩的心，希望與會老師將存好心、說好話、做好事的人間佛法，宣揚出來。願以本小組演出的詩詞做一總結：金光明寺擁翠山，菩提樹下結善緣，福祿壽禧隨君行，身心自在大圓滿。

慈濟大專教師靜思研習營在花蓮慈濟靜思精舍舉行，本會參加同仁：理事長楊建澤教授、吳元俊、吳信義、葉雪娥等四位在北區慈濟教師聯誼會大專組連絡人金晉卿師姐的熱心安排，於二月六日中午抵花蓮，慈濟志工服務老師在火車站引導我們一百多位老師坐乘專車，乘到慈濟靜思精舍，陸續完成報到。台大工學院教授吳聰能師兄先前一天報到，擔任小組長。此次研習為期三天二夜，課程安排緊湊，內容豐富，充滿智慧與大愛，可說是步步踏實，分秒不空過，毫無冷場，在親歷實務的師兄師姐及草根菩提的現身說法與慈濟人善待招呼下，參加成員雖來自不同學校，也有一些不同宗教信仰者，仍然在研習過程中如同歷經一場心靈洗禮，點滴在心頭，感動不已，對慈濟人在證嚴上人感召下營造的慈濟世界，散播大愛於世間，慈濟四大志業八大腳步，有了更深一層的認識與了解，也看到了未來的希望，都覺得不虛此行。如人飲水，冷暖自知，也盼我從事教育之學校同仁有機緣也能參與研習，親身體會，對輔導學生及人文教學成效定有助益。

在慈濟靜思營也巧遇我台大退休同仁，海洋研究所江永棉名譽教授，平日也熱心參與慈濟志工，在理事長楊教授邀請下也即加入本會，或許爾後可邀其現身說法分享我退休同仁。

因篇幅有限，感動無窮，就此打住，如有意參加研習者，可先來本會向活動組登記，以便即時提供相關訊息，一定可以滿載而歸。

大溪一日遊

沙依仁

這次大溪之旅，參與者僅九人，不必乘遊覽車，本會活動組吳組長元俊商請劉鵬佛會員及吳信義會員負責開車，參與者分乘兩輛轎車前往，吳組長乘坐吳先生座車，沿途以手機連絡劉先生座車以免迷路。我們於二月二十四日上午八時半出發，經安坑交流道上北二高，於十時十分抵達大溪鎮。先遊覽大溪橋，這是一座步行的橋樑，兩年前曾經損壞，經過整修於92年底修復、煥然一新、古色古香，兩旁護欄，類似古代風火牆的建築，橋面兩旁間隔一段距離就設長凳，供遊客休憩並觀賞景色。此橋的修建費將近新台幣一億元，橋中段有建物，頂是圓的，有二根大柱支撐，一根柱子造價三千萬元，因此大溪橋花費在支柱的價格就要六千萬元。

橫貫大漢溪的橋樑除大溪橋外另有二座橋，一座是武嶺橋，可通往和平老街、普濟堂等景點，另一座是崁津大橋右端可通往中正理工學院，左端可通往武德殿、蔣公紀念堂、中正公園等景點。在和煦的陽光下，我們在大溪橋上步行、談笑，頓覺心曠神怡，遠眺大漢溪岸邊的地層，由於土石變化分成很整

齊的三層，位於最底層的河階台地上是
月眉純農業地區。第二層是都會所在
地。最高層是特定農業區，大溪橋參觀
完畢，我們乘車赴百吉隧道，開始在百
吉林蔭步道步行，這步道是很平坦整潔
的柏油路面，樹木茂盛環境清靜，我們
一方面是享受森林浴，一方面享用水
果、餅乾，沒有多久已經到達終點，乃
驅車前往復興路上的阿麗湖南小館午
餐，到達飯店已經是下午一時十分了。
這家餐館雖然不豪華，卻是窗明几淨，
一千八百元一桌的合菜，菜色多，而且
不油膩，大家飽餐之後繼續往中正公園
等景點遊覽，步行至山上找到適當地點
由本人帶領練習美容氣功，吳組長邀請
在場遊客們一齊練功，參與的遊客獲得
這種難得的機會十分欣喜。練完美容氣
功，大家興趣很濃，本人繼續教加強腿
骨力量的氣功，長途旅行消除時差的氣
功，以及指壓五個防老穴道：合谷、曲
池、中脘、足三里，以及湧泉的方法，
練功完畢轉往中正公園，經過武德殿，
該建築係日式房屋，於一九三五年落
成，作為民眾修心習武之用，我們因時
間所限，無暇進入參觀，直接到中正公
園賞櫻花，並看到先總統　蔣公紀念
堂。這是一座平房在日據時代是公會
堂，政府遷台灣後改為總統行館、蔣公
逝世後改為紀念堂，開放供民眾參觀。
當日下午天氣逐漸轉陰、氣溫下降、頓
覺衣衫單薄，為恐著涼，乃結束行程乘
車返回，於下午四時三十分抵達台北。

花博會及溫泉泡湯二日遊

方祖達

本會舉辦的 2004 花卉博覽會與溫泉泡
湯之旅，計參加會員及親友 34 人，由楊
建澤理事長率領於 2 月 27 日和 28 日成
行。這次旅遊是台北市農會協辦，也順
道參觀在中興新村的國史館台灣文獻
館，白河關子嶺的碧雲寺及水火同源等
風景區。回北前還參觀嘉義中埔的彥廷
黑木耳生產，行程輕鬆有趣，收穫良
多，茲將二日行程記要闡述如下：

第一天，上午 7：35 搭上和泰旅行大
巴士自台大大門口出發，沿北二高快速
公路南行，沿途陽光普照，風光秀麗，
中途在苗栗西湖休息站停留 15 分鐘，這
個新設立的休息站規模頗大，惜未完
工，庭園及管理亦待改善。再往南行，
於 10：35 到達位於彰化溪州的花博會會
場，由該會指派導遊解說員，引導我們
依園區導覽圖詳細解說，全園面積達 26
公頃，原為台灣糖業公司溪州糖廠所
有，由彰化縣政府主辦，協辦單位為彰
化縣各鄉鎮市公所，各級農會及各花卉
園藝產業團體，非假日門票 200 元。

我們自入口進入，看到玫瑰廣場，栽
植許多各色的玫瑰品種，往左邊看是一
片風之草原，再前方就是綠意池，為全
場的中心，又長又大的池，佈置許多夜
裡可以發亮的水柱噴泉。進入彰化庭
園，迎面就是一棵可愛的迎客榕，特別
伸出一枝如長臂樣，表示歡迎之意，樹
立著台灣土肉桂、印度紫桐、桃花心
木、雞冠刺桐。並以一串紅、矮牽牛和
金蓮花為花檀，配置得不錯，我們經過
"花精靈影像館"，進入由孟宗竹架成

的 "風之廊道"，出了廊道，沿路左邊是一片精緻花圃，植著各種花木如火葉亭、斑葉月桃、扁柏、千歲樹、薰衣草、蝶形醉葉花、銀葉菊、福祿考、矮牽牛、繁星花、緬梔花、眷春菊、錦葵。右邊可見到大學庭園、鬱金香花田、台灣原生樹種步道、日光花園和荷蘭小館，這裡栽植各種花木如石竹、菊花、香冠柏、白鶴芋、香水金露花、池的近端，設有人造水母燈柱，草坪上立著一座高 20 公尺的長頸鹿。轉回路旁栽植許多嘉寶果，枝幹上都滿開著花，結成果，大小形狀如葡萄，故亦稱爲葡萄樹。經過舒壓庭園，植滿一串紅和矮牽牛，道旁立許多矮石碑，如唐杜甫的客至 "花徑不曾緣客掃，蓬門今始爲君開"；民國來叔同的 "晚風柳聲殘，夕陽山外山" 沿路二旁栽植粉萼鼠尾草和美女櫻，再往回路走，有兒童庭園、熱帶庭園和歐洲庭園，在舒野庭園有 "辦公室無國界" 及內方外圓的設計形象，再經過許願池、罈牆，則到花仙子廣場，這時正是中午 12 時正，解說員和我們道別，我們就到嘗味世界去用午餐，一大排的攤位，各種餐點應有盡有，任君選擇，我們用了午餐要出場前，剛好在花仙子廣場要開演，我們進場，欣賞二節花仙子的卡通影片，什麼鳳蝶的一生，蜂蝶起舞，好看極了，12：30 我們走出會場，上車前往中興新村，13：45 到達國史館台灣文獻館。

全館計有三大館，分別是史蹟大樓、文物大樓和文獻大樓。由一位陳姓退休的小學校長引導我們參觀，並沿途解說，先參觀史蹟大樓，一樓大廳有台灣地圖模型，清楚顯示台灣全島的地形、地勢。後面是原住民展示室，呈現台灣史前文化。二樓是荷、西、鄭氏王朝時期展示室：17 世紀中葉以來，荷蘭人、西班牙人各懷不同目的統治台灣，以至鄭成功驅逐荷蘭人。及日後在台灣本地的農業屯墾，海外貿易、行政設置等經營建設，奠下台灣日後的發展基礎。清領台灣時期展示室，是指清康熙 22 年（1683）閏六月，鄭克塽降清，將台灣納入中國版圖，其後至甲午戰敗割台，這段二百餘年的歷史是清領時期展示室的主題，三樓是日治時期暨光復後展示室，清光緒 20 年（1894）甲午戰爭後，依馬關條約，割讓台灣，台灣民主國的成立，抗日事件，殖民政策，皇民化運動等。1945 年二次大戰結束，日本投降，台灣回歸中國，台灣各項政經建設，涵蓋政治、經濟、文化、社會、外交、軍事等各層面事蹟，由宏觀角度介紹歷史人物，以達見賢思齊，匡正人心的效果。

以前台灣原住民被稱爲生番，後來稱爲平埔族，再有熟番如邵族，全省的原住民有泰雅、賽夏、阿美、布農、邵族、鄒族、排灣、魯凱、卑南、雅美等，很多族群都向埔里爲集中地。先後來台的有閩南人、客家人和其他省的，在清治時期台灣設有巡撫爲最高行政機關，地方政府如淡水廳後爲台北府、彰化、諸羅後爲嘉義縣、鳳山縣後爲高雄縣，來台工作主要是開圳、農墾，來台首次考取進士的有嘉義王得祿，爲一品

中華民國九十三年六月二十八日出刊

會 務 通 訊

第 二 十 七 期

發行者：國立台灣大學退休人員聯誼會
會　址：台北市舟山路 243 號鹿鳴堂一樓
電　話：23695692 校內分機：3856　Fax：23648970

會務動態

一、第四屆第七次理監事聯席會議，已於六月八日假校總區行政大樓第一會議室召開，出席理監事至為踴躍，會中討論議案多件，非常感謝各位理監事對會務的關懷與支持。

二、本年度第二季旅遊活動，因受大選影響，大家情緒低迷，預定活動乏人問津，希望第三季能恢復正常，活動組精心規劃了各梯次活動，將刊載於第 27 期會務通訊，是故本次會議提前召開，期盼及早發刊，以便會友選擇參加。

三、本次理監事會議，通過歡迎陳梅燕、胡耀恆、陳淑花、詹麗華、馮秋錦、陳天香、陳次雲等七人申請入會案，會員白明原為一般會員，現已變更為永久會員。

四、本會迄至 93 年 6 月 8 日，在籍會員共計 515 人，扣除病故者 26 人，他遷或停權及退會者 87 人，實際會員 402 人，內含永久會員 191 人。

五、本校 93 年度運動大會，於 3 月 27、28 日假校總區舉行，本會第一次組隊參加，成果豐碩，榮獲銀髮組前三名，獲頒獎狀、獎牌、獎品者計有 25 人次。明年校運會希望我退休同仁踴躍參與各項活動，即日起可預先來會登錄預約，以免向隅，俾便屆時通知參與盛會。

六、本年度第二季旅遊活動，因受各項因素影響，大陸及國外旅遊，均因報名人數不足而未成行，唯國內旅遊活動頗受青睞，其活動概要如下：

1. 美容氣功教學：4 月 17 日，18 日上午 07:30-08:30 在鹿鳴堂舉行，由沙依仁教授指導，參加會友 10 餘人。

2. 4 月 20 日竹東採筍一日遊，參加會員 20 餘人。

3. 5 月 20～22 日小琉球三日遊，參加會友 14 人。

1

4. 6 月 14～18 日花東縱谷、綠島、新南橫五日遊，報名會友已達 38 人。

七、本年度第三季旅遊活動，闢專欄報導於後，請會友及早選擇，報名參加。

八、擴大招募校園志工：
本會成立校園志工服務隊，現有成員 12 員，每人每週依各人方便時段（2 小時）參與本校聯合服務中心的服務工作，享受志願服務的樂趣，歡迎我退休同仁回到校園，隨時加入服務的行列，有興趣者請向本會活動組登記。

九、本會例行活動：
- ■ 太極拳同好每週（一）、（三）07:30-08:30 在鹿鳴廣場活動。
- ■ 卡拉 OK 歌唱聯誼每週（一）、（三）、（五）下午 14:00-16:00 在本會聯誼廳活動。
- ■ 各項棋類活動於上班日上午 10:00-11:30 在本會辦公室。
以上活動均歡迎我退休同仁擇您所好，主動前來參與。

十、本會會訊預定每年 1、4、7、10 月 1 日前出刊，將闢會員專欄提共會員，資訊傳播，知識分享，成果發表，意見交流的園地。歡迎我退休同仁踴躍賜稿，請於每期會訊出刊前 30 天將文稿送本會，每則除會員介紹基本資料外，內容言簡意賅，以不超過 300 字為原則，如有較長著述內容，可以附件形式於每月聯誼日公告，陳列或印發參與會友參考。

十一、依往例寄發會友生日賀卡，計四月份 26 份，五月份 35 份，六月份 29 份，共計 90 份，敬祝各位壽星，生日快樂、萬事如意。

十二、月下老人婚姻介紹，正在持續進行中，年齡在三十左右的男性及女性，交友容易成功（正在進行中），女性高學歷職位者，年齡多在三十五歲以上，多數輕視男性，男性亦認為對方年齡太大，因此雙方都不願進行，至今無法撮合。

十三、本會第一次參加「台大教職員工文康活動推行委員會」93 年度第一次委員會議，特別備妥本會組織章程及會員名冊，由楊理事長建澤攜帶出席，以便因應參加該會臨時需要，並備妥本會第 26 期會務通訊分送與會委員閱覽，氣氛愉悅一切順利。

十四、本會已正式成為台大教職員工文康推行委員會第 25 個成員單位，今後退休人員與在職人員一視同仁，共同享受學校的關懷與照顧，對本會今後的發展將很有幫助，希望日後與學校建立起更

親密的關係。

十五、校總區鹿鳴堂校長會客室，經核定交由本會保管使用，爲了維護該室高格調設備，特別訂定管理使用辦法一種，本會或會員使用，需先登記備查，校內其他單位借用，須由秘書室核定，通知本會借用。

十六、楊理事長建澤代表本會參加「銀髮族學習教室」爲發起人，該組織爲各校退休教授及社團負責人共同組成，其宗旨在提供銀髮族朋友學習及聯誼的機會。但本會在參加時即特別聲明，我們不參加政治活動。

十七、本會爲促進聯誼，將試辦於本年八月份起訂每月第一個星期二爲聯誼日，當天上午10:00-11:30，歡迎會員先進前來本會聯誼廳聚會交誼，本會將提供近期之校訊、人間福報、書報雜誌及各項活動公告資訊，也歡迎發表個人研習成果或分享各人專業、讀書、研究、保健、修身、旅

遊……等心得，請先於當日09:40向本會提供簡要資訊或登記，俾便安排發言次序，每人每次發言以 5 分鐘爲原則，如專題演講報告則以20分鐘爲一單元，可視發言人數、內容、主題、由會場主持人彈性適度控制時間，以達學習、分享、互動之聯誼效果。爾後視試辦實施狀況及會友參與情形，再研訂較適當之運作規則。本年日期爲：8 月 3 日、9 月 7 日、10 月 5 日、11 月 2 日、12 月 7 日每星期二上午，歡迎大家屆時踴躍前來共襄盛會。

十八、國外及大陸旅遊活動，由於變數較多，活動組暫不主動安排，如有會友多人主動表示有興趣之遊點、行程、日期等，本會可協助規畫、公告、召募會友參加。期望以有興趣之會員參與主導之遊程，更能吸引大家參與，也盼有興趣國外或大陸旅遊之會員，前來本會登錄期望之時、地、旅程以利協助、聯繫及安排。

第三季（七、八、九月）旅遊活動預告

日　期		項　目	活　動　概　要
七月	28日 （三）	休閒農業體驗活動 三灣梨之旅一日遊	07:15快樂出發→苗栗三灣鄉參觀苦茶油加工廠，品嚐點心，挖綠竹筍（可帶回）→美味午餐（水梨、綠竹筍料理＋客家菜）→造訪梨園品嚐正宗三灣梨→採哈密瓜、有機蔬菜→滿載而歸。 請於7月15日前登記報名，限額40員，額滿截止，每人1,050元。
八月	11日 （三） │ 14日 （六）	全國教師生命教育 研習營 四天三夜	由南華大學及國際佛光會中華總會主辦，在高雄縣大樹鄉佛光山辦理研習。歡迎本校教職同仁（含退休人員）參加（不限宗教信仰），研習費每人1,000元（含美味舒適的食宿，如搭乘來回專車交通費另計約800元），除充實生命教育教學智能外，可藉此機緣參訪星雲大師創立的佛光山寺與人間佛教的志業，短期體驗快樂自在的叢林清規生活，協助參與開創生命教育的宏觀願景，實踐關愛生命的樂觀生活。有興趣參與的本校退休（在職）同仁請於7月28日前，向本會登記洽詢，俾專人為您服務辦理報名手續或提供相關資訊。
八月	28日 （六） │ 29日 （日）	雪霸國家公園 觀霧生態精緻二日遊	第一天07:45快樂出發（搭乘19人座遊覽車），前往雲的故鄉觀霧，欣賞巨木林道自然原野風光，夜宿休閒農場（海拔約1600m），夜觀星斗，傾聽大自然的聲音。第二天→觀霧遊憩區遠眺聖稜線→榛山森林浴步道（山容壯麗、觀賞雲海、聆聽鳥語）→美味午餐→清泉風景區（可自備泳衣帽，自費泡湯）→有機農園參觀品嚐健康蔬果。請於7月28日前登記報名，限額19員額滿截止，每人3,350元（四人房）—3,650元（二人房）。

4

九月	23日 （四） ｜ 25日 （六）	山林綠野 自由行二日或三日 遊	本活動開放會友登記並參與研討有興趣之遊程，訂於九月份聯誼日9月7日（二）11:00在本會聯誼廳召開行前研討會，名額暫訂30員，歡迎呼朋引伴，預先登記並準備有興趣之遊程，提供研討。

＊各位會友如有意參加上述活動，請即日起儘早來會登記、報名或洽詢詳情，以免向隅。

旅遊活動紀實

竹東尖石採桂竹筍、山藥、有機蔬菜及桑椹一日遊　　　　　方祖達

　　本會今年初夏竹東之旅於四月二十日舉行，是參加台北市農會協辦的，於上午 8:05 自台大辛亥路大門前搭乘和泰遊覽車，經安坑交流道沿北二高公路南行。中途在關西休息站稍做休息，再自竹東交流道出口，到內灣已是上午 10 時，由市農會江玄湖先生帶領大家到尖石山採桂竹筍。

　　下車沿一條小山路走入竹林區，那是約有 45 度的斜坡上，長出密密麻麻的老、中、青 的桂竹，我們散開必須奮力往上爬，看到褐色的筍就用腳揣下，再用手壓斷，放入預先分發給我們的提袋內，斜坡大不好爬，必須抓住竹幹，一步步往上爬，要做到眼到、腳到、手到，才能夠順利採到竹筍，每人可以帶 5 斤走，但除去筍頭及筍籜後，多採不到那麼多了，花了約一小時，大家走回上車，經過尖石橋，看到溪埔上立著一塊扁形的尖石高約 2～3 丈，過了橋又看到溪旁許多

崖石，有的形如青蛙及蝌蚪。車停在溪邊，我們走了一段田埂，就到採山藥區，那是一片山藥田，地上部的山藥都已經砍除，只見到田裡佈滿片片的塑膠管，由領隊示範採摘，用雙手拉起露出畦面的半片的管子，同時帶上許多形如大姆指粗細的山藥根，言明每台斤售價40元，有興趣者各帶了 3～4 條上車，結果也沒有農民來過磅，後來由江領隊在車上隨便請大家給點錢意思意思，這時近中午，天氣炎熱，領隊發給大家一些麵包吐司，到溪流旁去餵魚，看到水中溪哥仔魚的搶食，也覺到有趣，車開回路約 5 分鐘，停在路邊，大家走到有機蔬菜栽培區，規定每人可以進入黃瓜區採摘一台斤帶回家，超重的部份則稱重計費，每斤 40 元，又開放採甜椒、萵苣（大陸妹）、青江菜及白菜，過磅計價後大家魚貫上車，車下行約 10 分鐘到一家叫做竹葉堂餐廳用午餐，10 人一桌，先喝用山藥打汁的飲料，以竹筍為主的風味餐，配合許多山豬肉、鱒魚、甜椒等有機蔬菜，吃得大家滿

意。餐後準備竹笛的自製工作，也讓大家回憶童年的一點小玩意兒。餐廳內也販售各種雪糕，材料有山藥、芋頭、甘藷、石蓮等，每盒 12 包，售價 100 元，共買 10 盒送一盒，喜歡的人買些帶回家或送給親友，也算是促銷農產品的一種方式。

下午 2:45 車沿原路下來約半小時到一個桑園，每人領到一個塑膠碗及蓋，規定每人可以自己採摘一碗，多則按重計價，1 斤 100 元。我們下車後看到約 2 分地上栽植約 40 株的桑樹，每株都結果累累，我曾經看到的桑樹都沒有像這裡的結果多，桑樹品種好，經整枝的枝條下垂到地面，形如八腳的鱆魚，那鮮紅夾著紫黑的桑椹，長滿整株樹上，好看極了。大家高興採摘紫黑的桑果，任君嚐食。我採得最多，準備帶回家做果醬，那已是下午 4:00 了，車沿北二高走，中途在龍潭休息站休息 30 分鐘，到台北已是下午 6:15 了。

小琉球三日遊記要

謝美蓉

93 年 5 月 20 日　星期四　雨

從早就一直下著雨，大概是下雨的關係，所以。7:10 才出發。經北二高→中二高→南二高，除了上休息站唱歌外，一路衝到高雄縣斜張橋下用午餐，餐後經高屏溪大橋到東港搭下午

2:00 的船，行駛 25 分鐘到達小琉球。

剛上岸時是陰天，先到椰林度假村放好行李後於 3:10 出發到威尼斯海灘，體驗神奇海洋潮間帶日落大道及海底生物，數以萬計的海膽、海參、陽隧足、寶螺，結果遇上傾盆大雨，風雨交加，像颱風似的好恐怖。什麼都沒有看到好可惜喔！我們這一群是雨神，給島上帶來甘露，我們却泡湯了；逛街、吃小吃攤、看夜景都不能進行，只好回屋看電視。

小琉球是台灣許多離島中唯一屬珊瑚礁地形的島嶼，受太平洋黑潮的影響，海水清澈，漁產甚為豐富。總面積 6.8 平方公里，周長 12 公里，島上景點由一條環島公路串連而成。全鄉分八村，人口近一萬三千人。年平均溫度為 25℃，水電交通十分便利，70%以捕魚為業，小琉球是全世界三大珊瑚島之一。

小琉球有 4 所小學，一所國中，如果要繼續升學就要到台灣本島上高中，否則就必須上船謀生。小琉球有三多，老人、小孩、廟宇多。

珊瑚可分為石頭珊瑚及瑪瑙珊瑚。珊瑚到底是植物還是動物，從生物學的觀點來看，珊瑚是動物。水流強勁的海域通常是珊瑚生長良好的區域。

珊瑚生長時，會分泌碳酸鈣，形成鈣質骨骼，經年累月後珊瑚群體內的骨骼累積量是相當可觀的。解說員撿

了幾塊珊瑚如有腦紋珊瑚、軸孔珊瑚、菊石珊瑚、微孔珊瑚，唯一可以活動不固定的珊瑚名叫蕈珊瑚，讓我們觀賞。小琉球海域是盛產鮪魚及櫻花蝦，珊瑚。東港每年舉辦鮪魚季，魚貨都是小琉球供應，漁民辛苦捕抓的。

※星沙：瓶內裝的是珊瑚卵，亦是小琉球的特產。據說在滿月時捧在手心許願，是會實現的。

93 年 5 月 21 日　星期五　晴→雨

真感謝老天爺終於給我們機會，在風和日曬下，補了些昨日的缺憾，在半天的時光內，島上、海上各轉一周。

在島上，我們去了山豬溝、原始林步道。除了木樁步道，沒有多餘的人工開發。但是陽光從葉縫中散落下來，讓人有如置身於幻境中。雀榕樹的氣根環抱著珊瑚岩。美麗、潔白毛西蕃蓮是小琉球特種花，台灣沒有。接著巡禮了厚石珊瑚礁裙→爬山虎→老鼠石→望海觀音石→紅番石。海上巡禮搭乘水晶號觀光船，欣賞成群飛魚躍出海面，很像蜻蜓，很壯觀。因為漲潮的關係，而看不到海龜浮出水面吐氣的景觀。暢遊魅力十足的小琉球環島海岸風光，海上箱網萬魚鑽動，餵魚秀海麗。遊小琉球地標花瓶石→烏鬼洞→天台觀日亭→白燈塔→美人洞→龍蝦洞→大福漁港→中奧沙灘等等。

環海一周後上岸稍作休息，到漁會採買當地名產後於 12 點坐上交通船回東港進午餐。

本來有沙窯烤雞，因前天下雨，故無法實現。臨時改為參觀東港風情藝術展。進了東港區「漁業文化展示館」好不容易請到魚博士陳先生，為我們解說有關漁業的知識，有圖片及影片欣賞，及如何吃魚、螃蟹，鮮度辨識，很深度幽默的訴說。還給我們發卷考試呢，使我們受惠良多。

還參觀了石班魚養殖，接著就到林邊蓮霧園，此時是蓮霧末段期，雖然很大粒，但已不太甜。吃過晚餐後，直接回高雄住宿，在回程中又開始下雨，所以只好早睡早起了。

93 年 5 月 22 日　星期六　晴

用過早餐，早上 8 點出發往台北的路上走，在回程中第一站就到了嘉義中埔的彥廷農場，參觀靈芝栽培場。在無污染有機環控栽培下，將靈芝的品質推向國際化的標準。當我們要進入菇舍時，必須通過隔離空氣門〈阻絕場外空氣進入〉及緩衝門〈以降低雜菌的污染機會〉。馬上進入眼前是非常多的鹿角靈芝及如意靈芝。場主除了告訴我們靈芝如何栽種及有機環控栽培場內的條件，裝置與設備。這是很專業的課題，我無法詳述。當我們參觀完畢後，每人都抱回靈芝太空包兩包。

午餐後，直達古坑加比山〈十一石休閒農園〉。親自體驗古法製作咖啡豆，享受下午茶〈品嘗咖啡、咖啡凍、咖啡糕及餅乾水果〉，下午 3 點結束。搭車往回家的路上走，車上用便當，快快樂樂的回到溫暖的家。

花東縱谷、綠島、新南橫風景及環島五日遊　方祖達

本會今年夏季國內旅遊已於六月十四日至十八日舉行，原定出發日期則因受康森颱風的過境影響而改期，所以在組團上頗費週章，幸好本會會員及親友踴躍參加，才得順利出遊，茲將五天旅遊簡記如次：

第一天（6 月 14 日）：上午 7：30 在台大校門口集合，因一團員遲到，延至 8：20 出發，那是一個風和日曬的早晨，在龍貓巴士公司遊覽車廖司機及簡導遊小姐陪同，沿濱海公路直駛到東北海邊風景區鼻頭角小憩，中午到蘇澳上淳海鮮餐廳用餐，再沿蘇花公路到清水斷崖稍作休息又到七星潭風景區，停留約 30 分鐘，這裡原有七個潭，因闢為花蓮機場被填平了，只剩下一潭留在花蓮師院內。這裡是一片廣大海邊遊憩區，面對海洋，右靠機場，設立幾座亭子及洗手間。4：00 離開，車行 35 分鐘參觀慈濟精舍，所有建築物是灰白色的樓房，在靜思精舍，由一師姐引導參觀和解說，提唱大家要時時刻刻做環保工作，就是積

善，如院內一棵 31 年前被砍斷的樹能以愛護之心照顧活到現在，提唱大家用環保碗筷，也看到慈濟做許多國內、外的醫護及救濟的善事，如"一燈能除千年暗，一智能減萬年愚"。點亮心燈就是要"口說好話，心存善良"這也是慈濟的名言。5:30 到南濱公園參觀，6:30 晚餐，住入花蓮國廣興大飯店，晚上我們去逛街，想買些水果要來回走約一小時才能夠找到夜市，可見花蓮還是一個開發中的都市。

第二天（6 月 15 日）：早晨七點上車，早餐後，行車約 1 小時到新光兆豐休閒農場參觀，是一個面積 70 公頃的農場，門票每人 150 元，整個園路設計如一貝字形，進入大門便是歐式花園也是接客中心，每半小時則有遊園小火車供遊客到各景點參觀。由左邊進入順序可見到藥用植物區、玫瑰園、造林區、牧草區、乳牛區、放牧區、觀光果園區，水生植物生態區、右邊有釣魚池、鳥類繁殖區、牧草區、動物區有鹿苑、猴島、駝鳥園、迷你馬等，近出口處有侏羅紀公園，在四季湖附近設有水果試食處，提供的果品有黃皮小蕃茄和厚皮柑，所以這是一個結合農、林、畜牧、觀光、鳥園之綜合性休閒農場，大家競拍照，約 11：30 離開，車到添丁菜園享用土產午餐，隨即沿山線公路到台東富岡漁港碼頭搭船，乘風破浪前往綠島，因為天氣晴朗，所以風平浪靜，約花費 45

分鐘抵達南寮碼頭，先到綠島遊客中心欣賞綠島影片介紹，住宿在海貝飯店，晚餐後，大家沿機場旁逛街，上堤坐在椅橙上，眺望大海清風徐來，別有清涼感覺。回到飯店，沐浴後躺在床上，很快就入夢了。

第三天（6月16日）：報名參加浮潛的共 14 人，每人費用是 350 元，不參加的人可以睡覺或自由活動，我們參加的早晨 6:00 就起床，6:20 由浮潛教練開車來接送我們，先到他們店裡換裝，穿上浮潛的裝備。衣褲和鞋子都是不透水的厚橡膠做成的，胸前有浮氣袋，頭頂扣住一個呼吸氣管，穿好裝備，車開約 5 分鐘到南寮石朗浮潛區，由教練教導我們如何浮潛，帶上的面罩，先摘 1～2 片藤葉，將眼鏡擦亮，教我們利用著呼吸管，用嘴銜住它，只用口呼吸，鼻子被封在面套內，若不小心流入海水，可以仰頭，開放出來，再罩上，又教我們如何浮潛，兩手抓住救生圈，跟著教練，浮在水面，一步一趨地跟著浮游，頭伏在水面，則可看到海裡的景觀，我們 12 人分做二隊，由教練在前面拉著救生圈繩子前進，教練腳上穿著泳樂在前頭游，我們手扶救生圈跟著前進，從淺海游進較深的海面，看到海中各形各色的魚兒和珊瑚，更看到一條黑白相間的海蛇，我們游約半小時，便游回到原地，二位沒有下來浮潛的女士只在岸上玩。我們上岸在涼亭上集

合，由教練開車帶回到公司，特地在公司前拍照，個人和團體都拍，以資留念。8:10 回到飯店沖洗，換衣服，即可用早餐。9:00 上環島遊覽車，開始各景點拍照，據云，綠島面積有 16 平方公里，四週為黝黑的火成岩構成，遠望露出橙紅的泥土如燒過的一般故名火燒島。全島有居民 2800 人，設有一所國中，二所國小，遠看到的白色燈塔，據云是 1937 年美國一隻輪船在此觸礁，全部被島上人救起，為了感謝島人，美國政府在此建立此燈塔，以資紀念。車往東行，先下車參觀人權紀念園區，看到許多台灣人民受到白色恐佈的迫害，和為台灣人民爭民主自由的奮鬥照片和事蹟，立在海中的將軍石和牛頭山、樓門岩。也參觀了技能訓練所和觀音洞，往南行，爬上小長城，見到睡美人岩和哈巴狗岩，再往南行可見到孔子岩、駝鳥岩，在朝日海底溫泉休息，拍照，向西行經過馬蹄橋潛水區，石朗潛水區，回到南寮漁港已是中午時間，用過午餐，回旅館收拾行李，下午 1:20 到碼頭搭船，2:10 到達台東富岡漁港，乘原車北行，3:10 至 4:50 參觀關山親水公園，公園佔地面積 32 公頃，耗資三億多台幣籌建，分動態和靜態二個親水區，自入口廣場便可見到中央噴水廣場，經過拱門到划船區，眺望樓可一覽動態區景觀，靜態親水區有人工造景，觀景亭、觀星台可眺望方圓百里，賞鳥

屋，人工湖曲橋可觀賞魚兒在水中悠游，植物花草樹木100多種，是戶外教學最好場所及生態島。3:40車到號稱小野柳的海濱公園欣賞海岩奇石，6:50到亞灣溫泉飯店用晚餐，大家換上泳裝去泡溫泉，有些較年青團員去游泳，將一天身體的辛苦疲倦拋掉，回到房間去做一個美夢。

第四天（6月17日）：7:30在亞灣飯店用早餐。8:00上車走南橫公路，是一條繞著高山深谷十分險峻的車道，沿途欣賞南橫公路風光美景。9:35經過約長400公尺的新霞隧道，車繼續蜿蜒上山，怕有落石有點擔心。10分鐘後出松濤隧道，左邊是深谷，對面是高山，落差達500公尺左右，十分壯觀，再往上爬行又過了一個更長的嘉寶隧道，10:00到霧鹿稍作休息，並走過一個吊橋，有的人再上步道往上走，這裡標高1073公尺，覺得很涼爽，經過利稻隧道一號及二號。11:00到利稻部落休息，在陳大姐店品嚐花生糖、酥餅及醃製竹筍等加工品，各人都買了許多產品。11:30午餐吃到炸新鮮香菇、土雞及草魚，還有山地蔬菜，約12:10再上車，繼續爬山，1:45到埡口高2722公尺，這條公路較為夾窄，幸好我們的龍貓巴士司機駕車經驗豐富，行車十分平穩，抵達大關山隧道前下車休息，拍照，由海端至此60公里，卻要車行4小時，由此可見行程困難！通過了隧道，開始往下爬行，立見雲霧

迷濛，車只能緩慢往下爬行。4:45在梅山休息後，繼續下山，約一小時到新寶來，住進新寶來溫泉渡假村。晚餐後有些團員出來自由活動，這個溫泉渡假村位於荖濃溪畔，有廣闊的庭園，配置許多建築物如露天及室內溫泉、咖啡廣場、六角涼亭、八仙石像、茶藝館內有卡拉OK廳、餐廳、泳池、花園步道、旅館及停車場，小吊橋，小橋流水應有盡有，可說是一個不錯的高山渡假好去處，不過，我們所住的房間差了一點。

第五天（6月18日）：早餐後7:40自新寶來車開到茂林風景區，先聽30分鐘簡報，從簡短的影片中茂林國家風景區位於濁口溪（老濃溪支流）大津橋東側，為魯凱族的重要居住地，沿溪分別有茂林村、萬山村和多納村三個部落，而新寶來區是布農族的居住地。沿線由下而上依次有遊客服務中心、紫蝶谷、情人谷、藍水潭、美雅谷、龍頭山、多納溫泉等多處遊憩據點。我們的車沿路由下而上，沿途看到高山深谷，也看到龍頭山、蛇頭山和多納吊橋，這座吊橋據稱是國內最長又最高的，我們為了愛看，車特別開到橋端，讓大家拍照留念，由於時間關係，我們都不去過橋，之前我們到多納村，拜訪原住民的石板屋，經過一個國民學校，正在舉行畢業典禮，據云小學畢業生有16人，幼稚園有10人，我們就在無圍牆的禮堂前觀

看，每位畢業生都帶著母親上台，用國語、山地語和英語做簡短的自我介紹及將來的志向，別具學生的語言特色，上車前，大家圍著攤位購買烤山豬肉，當大家上車後，車內散出烤肉香味。1:15 享用午餐，車自南二高由里港轉入，2:20 直往台南玉井杜果批發市場選購 15 籃的杜果，重約近 500 台斤，分發給各位喜歡杜果的同車團員，到達大溪富鑫餐廳享用一頓豐富的晚餐。車到達台大大門口已是 8:15 了，大家提著行李和杜果，高興地互道再見，回到自由安暖的家。

退休生涯之規劃與實施

沙依仁

一、退休生涯規劃之重要性

(一)國民平均壽命逐年延長、退休後存活期間越來越久，平均會超過二十年，倘若這段漫長的歲月毫無規劃，都在閒蕩中度過，成為依賴人口，不啻是浪費生命。

(二)學者們研究退休人員若無所從事，終日懶散，會使身體及智力大幅度退化，不久要靠家人或外勞照顧，免不了遭受照顧者的疏待或虐待，命運就很悲慘。

(三)政治應及早規劃應用老年人力參與國家建設及經濟發展，據經建會的推估在民國 125 年台閩地區將有 520 萬老人，每一百個工作人員要負擔扶養 33 名老人，29 名未成年人，屆時可能退休金大量縮減、經濟衰

退，全體國民生活拮据。綜上所述，政府宜未雨綢繆，鼓勵並培訓老年人才，以促進老人福祉及國家發展。

(四)當前科學發達時代，無論辦大小事情必須經過規劃，方能達到目標，增進效率。

二、應規劃的工作項目

(一)保健防老的計劃　包括身體健康、心理及情緒安定、以及社會調適良好三個工作項目，三方面都良好才能延緩老化、保持健康。

(二)經濟安全的計劃　據學者指出有月退休金可領的老人要確保經濟安全，必須在退休前每人儲足新台幣柒佰萬元，方可足敷老年生活所需。倘若沒有退休金可領，每人應儲足新台幣壹仟伍百萬元方可生活，老人至極老邁階段支出愈多，主要是支付醫療及介護者的費用，退休後的理財方針最主要求穩（保本），並且要學會能開源節流、勤儉持家，每月至少尚能儲蓄收入額的 20%至 30%。

(三)社會從事計劃　退休後切不可終日在家無所從事，倘若閒蕩懶散，身體及智力衰退非常快速，不久就成為行動不便或失智症，退休人員可以選擇再就業、或做志工、或學習知識、技藝、或參加旅遊活動，總之要做一個承擔角色的人，才會在工作及學習中得到自我實現。據英

國學者一項長達 25 年縱貫式研究發現社會地位及成就方面的微小差異，對人的壽命及健康產生深遠的影響。社經地位愈高者、愈成功者比一般人更健康長壽。

㈣促進人際關係計劃老人不能缺乏親情，尤其是配偶之愛、子孫的敬愛，除家庭關係和諧外，最好能加入本校退休人員聯誼會等社團，老朋友時常晤聚，一同參加活動，會使心情愉悅、安定，延緩老化。

三、退休生涯規劃之實施

工作人員在退休前即使知道退休生涯規劃有四大項目要準備，可能尚缺乏這方面知識與技巧，因此中央及地方政府每年都舉辦屆齡退休老人研習營。據本校工作人員告知因為政府機關通知舉辦時間過於急迫，而且當時教職員尚未退休有課業及工作負擔，所以本校參加者廖廖無幾，不如改在剛退休加入社團（例如退休人員聯誼會）後由社團辦理，參與率較高。不少有成功經驗的退休學者不但學識浩瀚，而且有寶貴的親身經歷，由他們來談防老，也許更有效率。

獲得有關的學識及技能之後，老人所規劃的退休生活必能更適合自己、更有效率，應該逐步切實實施，以期能獲得彩霞滿天，健康幸福的晚年生活。

中華民國九十三年九月二十二日出刊

會 務 通 訊

第 二 十 八 期

發行者：國立台灣大學退休人員聯誼會
會　址：台北市舟山路 243 號鹿鳴堂一樓
電　話：23695692 校內分機：3856　Fax：23648970

會務動態

一、第四屆理監事會第八次聯席會議，已於九月七日假校總區行政大樓第一次會議室召開，出席理監事十八位，由於討論議案較多，會議延續到十二時半方始結束。

二、本次理監事會議，通過歡迎卉湘、徐國雄、楊長基、謝朝富、逢廣華曾瓊華等六人入會案，以上六位會友皆申請為永久會員。

三、本校屆齡退休人員，多集中於寒暑假辦理退休手續，本會事前均寄發邀請函，邀請其參加本會。為方便作業起見本次理監事會決議：申請入會者，請攜帶邀請函或本校退休的證明文件，辦理入會手續，藉以識別身份，方便作業。

四、本會章程暨理監事選舉辦法，為因應實際需要，部分條款亟需修訂，因此本次理監事會議，經慎重討論後，通過修訂本會章程及理監事會選舉辦法各壹件，其中本會章程，尚有待提請會員大會通過後實施。

五、迄至本（93）年 9 月 7 日，本會在籍會員共計 521 人，扣除病故者 27 人，他遷或停權及退會者 87 人，實際會員 407 人，內含永久會員 197 人。

六、會員施德足先生，不幸於本（93）年 7 月 7 日病逝，本會深表哀傷，除致送花籃外，楊理事長建澤代表本會親往祭悼。

七、本會第三季活動概要：

1. 7 月 28 日三灣梨之旅一日遊，參加會友 44 人。

2. 8 月 11～14 日全國教師生命教育研習營，參加會友 9 人。

3. 8 月 28～29 日雪霸國家公園二日遊，因颱風路斷而停辦。

4. 本會創設之「聯誼日」活動，於八月三日上午舉行，參加會友 15 人，活動熱烈。現因會址即將搬遷即日起暫停辦理。但仍歡迎會友隨時主動涖會聯誼。

第四季（10～12 月）活動，容後闢專欄報導，歡迎會友選擇參加。

八、本季寄發會員生日賀卡，7 月份 21 份、8 月份 31 份、9 月份 45 份，共計 97 份，代表本會敬祝各位壽星身體健康，萬事如意。

九、本會月下老人婚姻介紹活動，正在持續進行中，現在有兩種情況，有待各位會友關心支援：

(甲) 新申請者都是女性，毫無男性申請，因此業務甚難進行。

(乙) 已進行者有二對，很有成功希望，但是今年是孤鸞年，可能還要稍待時日，才有好消息。

十、本會會址鹿鳴堂，現在學校將收回整棟大樓，另作規劃使用，業已通知本會搬遷，現正尋覓適當房舍，作爲本會會址。在林理事參大力協助下，近日可能有所決定，我們希望覓得一個交通方便、空間夠大的房舍，作爲本會會址，更希望此次搬遷，能夠一勞永逸。

十一、本會會址即將搬遷，新會址一旦有所確定，將以專函通知各位會友，同時自即日起，本會原舉辦之聯誼日活動停止辦理。

十二、九十三年度會員大會，已確定於12月8日（星期三）假校總區行政大樓第一會議室召開，預定11月下旬寄發開會邀請函，請會友預留時間，屆時出席爲盼，參加大會固然隆重，老友相聚乃人生一大樂事也。

十三、本會年度會員大會，將改選理監事，茲將新修正通過之理監事選舉辦法刊登於後，會友可連署推薦理監事候選人；但須於11月20日前，將連署書送（或寄）交本會，俾便行政作業及印製選票。

十四、爲提高會員之參與感，加強充實本會之各項活動，誠徵志願服務之活動組志工數名，參與本會各項活動之策劃、帶領及推動。本會各會員先進可就有興趣之活動領域認領參與規劃或提供卓見，熱誠歡迎主動加入服務會友的行列。請各會員先進把聯誼會當作自己的大家庭，活動組會務推動有賴大家的關心與主動參與。

國立台灣大學
退休人員聯誼會理監事選舉辦法

89年3月3日第二屆理監事會第六次會議通過
93年9月7日第四屆理監事會第八次會議修正通過

一、依據：

依本會章程第五條及第十條規定：理事會設理事十五人，候補理事五人，監事會設監事五人，候補監事二人，由會員大會選舉產生之，其任期二年，連選得連任。

二、候選人之產生：

1. 現任理監事爲當然候選人。

2. 經理監事會推薦現任工作人員及會員爲候選人。

3. 會員大會連署推薦，但須於選舉當年十一月二十日前，完成連署登記。

4. 選票預留若干名額，由出席大會人員自由填選。

附註：1.候選人及連署人，必須完

成當年會費繳納之基本義務。

2.候選人須有三人簽名連署。

三、選票出秘書組準備，理事與監事選票分別製作，並加蓋本會戳記為有效。

四、實施程序：

1.領票：會員憑會員證親自領取選票，每人兩種選票，各領一張，不得委託投票。

2.圈票：採無記名連計法，理事選票每人可圈選六人，監事選票每人可圈選二人，圈選人數可少不可多，否則視為廢票。

3.監票：由大會推薦二人為監票員，負責監督選票之分發、投票及確認圈選之有效性。

4.投開票：理事及監事分別設置投票箱，投票完畢立即當場開票，並依各候選人得票之多寡，決定當選或候補，本項工作由大會推舉唱票及計票各四人執行之。

五、理事長及監事主席之選舉，俟理監事選舉完畢後，另訂時間互選之。

六、本辦法有未盡事宜由理監事會議修正之。

本會第四季（十、十一、十二月）活動預告

日期		項目	活動概要
十月	26日 (二)	基隆古蹟，北海風光一日遊	0730 台大出發→基隆情人湖、古砲台、中正公園、海門天險→碧沙漁港享用午餐→北海風光→野柳風景區（可自費觀賞海洋世界表演團體票每人 300 元）在野柳享用海鮮晚餐→一路歡唱回台北快樂的回到溫暖的家。 請於 10 月 15 日前登記報名，限額 40 員，額滿截止，每人 800 元（含午、晚餐，不含海洋世界門票）。
十一月	30日 (二)	台北華城半日遊	1010 由本會出發→1045 新店市公所捷運站出口會合→1100 搭車到台北華城參訪（含午餐聯誼）預定 1530 返回台大。 請於 11 月 9 日前登記報名，限額 20 員額滿截止，每人暫收 200 元。
十二月	8日 (三)	本年度會員大會並改選理監事	0900 報到聯誼，0930 開會，地點在本校第一會議室。 請各位會員先進，務必撥冗前來蒞臨盛會，為會務發展提出建言，並選出理想的理監事，更歡迎主動參與投入服務的行列。

旅遊活動紀實

三灣梨園、花露花卉農場之旅

沙依仁

本會於本年七月初推出三灣之旅一日遊，消息公佈後反應頗為熱烈，報名人數超出預期，不久就額滿還有不少人列為候補。本會歷任理事長為感謝各位參與者的盛情支持，表示務必要做到盡善盡美，讓全體參與者都滿意。原本三灣之旅是本會加入農會所籌備的旅遊，費用每人一〇五〇元，主要的目的在促銷農產品，除三灣梨之外，還有挖綠竹筍、拔有機蔬菜等項目。鑑於水災之後，農產品受損價格貴，而品質差，可能會影響參與者的滿意度。方前理事長乃與熊貓公司商議另訂旅遊計劃，不僅遊覽的景點增多，另增一餐晚餐，而且還每人退費二百五十元，鑑於如此優惠乃決定採用此案，由本會主辦。

在七月廿八日上午七時三十分，本團順利出發，熊貓公司派了一輛新遊覽車有四十三個座位。參與者到了四十四位。楊理事長乃讓出車位與司機同坐順利的解決了問題。9:30到達苗栗縣三灣鄉北埔村下林坪1鄰14號張班長所經營的梨園，請來一位農會的謝先生講解三灣梨發展的經過。梨園運來一貨車三灣梨都搶購一空。三灣梨是一種高接梨，味甜汁多、品質佳，除品嘗、購買三灣梨外，我們並參觀梨園。參觀完畢，轉赴苗栗享用客家風味午餐，然後參觀苗栗五穀文化村功薰窯。到達時已經下午一時左右，除了看陶器的製作及成品外，還可購買農產品、亦供應簡單的餐飲。當時下了一陣大雷雨，但是並沒有損害到大家的遊興，功薰窯的特點是陶瓷器的種類、色澤年年翻新。此次引人注目的成品是擺飾用的公雞，色澤鮮艷，據說可以珍藏百年以上色彩不變，可作為傳家之寶。農產品方面以梅乾菜最價廉物美五十元買一大包。

參觀完畢乘車赴大湖參觀苗栗縣大湖地區農會農村休閒酒莊，地址為苗栗縣大湖鄉富興村八寮灣2-4號。該酒莊主要的產品包括：湖莓戀（草莓酒）、陶然紅（李子酒）、四種口味的冰淇淋、蛋糕、果醬、布丁、果凍等。製作過程完全機械化、清潔衛生。我們都品嘗了草莓酒、草莓醋、蛋糕、酒莊的設備除釀酒部門，銷售部門外，尚有草莓園等可供觀賞、休憩之用。最引人注目的是牆上漆上一幅大地圖，遊客看了就不致於迷路了。隨後本團乘車經台3線赴卓蘭鎮西坪里西坪43-3號花露花卉休閒農場。場主係在民國88年當選為十大傑出青年農民的陳基能先生。該農場佔地面積極廣，花卉種類多、景色優美，窗明几淨。置身其中令人心曠神怡。農場的服務項目包括賞花、休閒、品茗、開會、教學、用膳。出產最多的是聖誕紅及薰衣草盆栽。各式草花盆栽每盆僅售十元。本人選購十五盆裝滿一紙箱，隨即登車轉赴三義鄉參觀木雕。抵達三義，本人利用片刻空

暇，傳授團友們瘦身（消除啤酒肚）、豐胸、加強髖骨及腿骨力量的氣功、並複習美容氣功，參與學習者有二十多位，練習完畢參觀三義老街木雕店，購買一些價廉實用的木製品，然後轉赴大溪享用活魚晚餐，包括活魚三吃、醉雞等，八菜一湯及水果，大家飽餐一頓，一路歡唱回台北，到達台北，已是晚上九時四十分了。

檢討這次三灣之旅有下列特色：1.參觀景點之多創一日遊的紀錄，當天我們在苗栗十八個鄉鎮中遊了五個鄉鎮的景點，幾乎是苗栗縣著名的景點都遊過了。2.收費低廉，每人八百元，吃二餐、遊五個景點。大家覺得很值得。3.人氣旺，這次參與者極多，是最近兩年來難得見到的好現象，而且大家興緻極高。旅途中又有歌王歌后們獻唱，更加添歡愉的氣氛。本會今後當更仔細的規劃，多辦幾次令人滿意的旅遊活動以促進聯誼的功能。

參加「全國教師生命研習營」紀行

陳福成

壹、前言－－緣起

第十二期「全國教師生命教育研習營」於本（93 年）8 月 11 日到 14 日，在高雄佛光山舉行，由南華大學和國際佛光會中華總會主辦，教育部為指導單位。本校參加人員有吳元俊、張美香、林泗濱、王文雄、路統信、葉雪娥、蔡玲吟、吳信義和陳福成（筆者）等共九人。

這是一場豐富生命教育的饗宴，教我們這些教育工作者，如何在這個顛覆與變局的社會中，怎樣教育這些新世代的學子們，並把自己的角色調在最適中的定位上。簡述研習內容，與大家分享並供參考。

貳、出發，找尋生命的春天（第一天）

八月十一日上午七點我們從台北出發，到佛光山已是下午一點多，辦完報到手續就開始第一天課程，「建立生命的春天」，由慧傳法師講授，身為一個教育工作者，首先得「找到」生命的春天，面對各式各樣，千奇百怪的孩子們，固然是「有好有壞」，但基本上每個生命是獨立的個體－－都是一個美麗的春天。

有些時候，老師會碰到「壞學生」，但其實是我們尚未找到孩子的春天。例如，也許老師們會碰到下列各型的學生：見賢思齊型、孺子可教型、不打不成器型、頑石點頭型和死不悔改型等。能教到前兩種學生，是老師們的福氣；碰到後二種可能就頭痛了。特別是碰到「頑石」，死不認錯，永不悔改，常叫身為老師的難為，氣的跳腳要拿出「不打不成器」的老辦法。

面對這些難教化的學生，慧傳法師從「緣」的觀點，提出三個教化方向。(一)只問耕耘，不問收獲；(二)另覓因緣，教育子弟；(三)因緣成熟，自然會改。

我想，在教育的過程中，用打、用罵、用強求，如何能讓孩子產生「變化氣質、提高素質」的結果？可能達不成教育目的，反而增加「負作用」吧！「緣」的觀點可以解決這些大難題，從

「緣」我們可以找到生命的春天。

談到「緣」，我們常說「隨緣隨緣」，似乎有些消極，這是對緣的誤解。星雲大師開示此二字時說，「隨緣不是隨波逐流，更不是趨炎附勢，在隨緣中要記住應有的操守和原則，隨緣就是由智慧產生的方便，也就是般若。」

所以，從「緣」出發，但能惜緣，珍惜結緣，轉隨緣爲隨願，以願力來莊嚴國土，成就大眾，當然也能成就孩子們——不論是良才或頑石。

參、生命藝術與自然生態教育（第二天）

自古以來，人和自然的關係有兩種觀點。第一種是人與自然合一或和諧的，如「天人合一」觀，這是中國文化的觀點。第二種人與自然是對立，甚至是對決局面的，所以人要征服自然，這是西方觀點。

近現代以來，西方觀點已逐漸「驗證」其錯誤，乃有生態受到嚴重破壞，社會發展趨向「叢林化」，弱肉強食，生命失去喜悅和美感。如何重新找回人與自然的和諧，如常法師講授「生命藝術之美」，陳進發講授的「自然生態教育」，是第二天課程的重點。

「生命藝術之美」，從五個層面的經營深耕，可以做到圓滿，(一)正當正常的工作；(二)歡喜付出的人生；(三)宗教信仰的生活；(四)興趣培養的生活；(五)生命分享的喜悅。一個人的生命若能從這五個層面來豐富化，進而能專能深，就必然能散發藝術的美感，徹底去除人性中那些黑暗、貪婪、佔有等慾望，淨化心靈，淨化這個世界。

須要注意的是，這五項是有先後順序的。人要先有正當正常的工作，才會遠離邪魔歪道，接著能付出、肯付出，才能與別人分享（用反面說法，別人才願意接受你的分享。）別人也才願意主動和你分享。

「自然生態教育」看在培養對自然生態環境的親近習性，強化對自然生態的觀察力，觀察要深入，而不只在表象打轉，才能感受到生命的意義。爲了能對自然生態產生感動，我們觀賞「雪霸國家公園生態攝影」，一幕幕熟悉的場景從我眼前跳過，大霸尖山、玉山圓柏、白木林、武陵盛景、七家灣溪、櫻花鉤吻鮭、台灣彌猴……。

第二天的晚課，佛光山宗長心定和尚以「心靈 DNA」爲一天的課程做總結，謂人的基因會遺傳，這是肉體方便；但心靈也會遺傳，這就是「相由心生」的道理。人的思想正確，行爲也會正確，對眾生便有利益；反之，思想錯誤，行爲也會錯誤，對眾生便不利。相同的道理，人爲善，就會有善果。

肆、現代社會的困境與新社會觀（第三天）

假如人類社會不啓動工業革命的列車，不要走上現代化的道路，假如我們現在仍保持在農業社會，也許我們就不必來佛光山，或許根本就沒有佛光山了，因爲世界沒有那麼多罪惡。

然而，終究只是一種假設，甚至連「假設」都不能成立，因其不能驗證。世界還是無情地走到二十一世紀，科學和宗教（佛）都告訴我們，一切的物質、事物、星球等，最後都趨向毀壞、腐敗、滅亡，只是我們的大限到了沒有？

該是沒有吧！否則我們爲何還在佛光山禮佛呢？大限雖未到，但大難徵候卻已示現，這是現代社會的困境。人類能否突破解決這些困境尚未可知，我們碰上了，第三天的課程中，柴松林教授告訴大家如何面對這種「新社會」，可歸納十大項。

(一)這是變動快速的世界，五年超過以往五十年的變。

(二)老人社會來了，老人愈來愈多，年青人愈來愈少。

(三)以後的人沒有親戚，孤獨一人的活著。

(四)新人類是高等寄生族，永遠長不大的成人。

(五)家的功能愈來愈少，依賴政府高，不滿也升高。

(六)離婚率再攀新高，婚姻的穩定性喪失。

(七)性別解放，兩性日趨平等。

(八)各種疏離感日趨嚴重，貧富差距愈來愈大。

(九)地球環境受到的破壞還會再嚴重。

(十)環境愈壞，社會愈亂，大家想休息：休閒時代。

看樣子，最壞的時代也還有一絲希望。昨日，陳進發教授講「自然生態教育」，我中意一句話「在自然中尋找生命的出口」。我又記起「侏羅紀公園」電影最後一句道白：「生物最後會自己找到他的出口」。

願我佛慈悲，讓大家找到「出口」時，都仍是快樂自在的「一種生物」，且能順利成功的出口。

接著，滿謙法師以自己學習成長的經驗，闡述自我教育的重要，佛教修行教育是「自覺－－覺他－－覺行圓滿」的過程。相信，人的學習成長，人能開創多大的事業，自我教育是起點，也是動力。

覺培法師「展開書‧展開生命」的課程，告訴大家「讀書、學習、開展生命」的第一步是「傾聽」。而正確的傾聽態度是以對方爲主要核心，以不帶成見去聽，用生命感受去聽，再整理歸納並回應。錯誤的聽包含部份選擇性的聽，負面解讀性的聽，只說不聽和只聽不說都是。

面對人生要培養實力(10力)：「閱讀學習、處眾協調、策劃執行、情緒管理、分析整合、解決問題、組織管理、樂觀贊美、反省自覺、開發資源」等。

伍、發現生命意義（第四天）－－代結語－－歸程

生命的意義是甚麼？生命有沒有意義？想必全世界六十多億人口中，永遠不會有統一的答案。德蕾沙修女爲甚麼把自己弄成一無所有，去幫助那些「窮人中的窮人」。星雲大師爲何十二歲出家？他爲何不坐下來享受榮華

富貴？他為何在幾近八十高齡仍在「雲水三千」？

　　而人間衛視新聞主播楊玉欣小姐，以一個殘障者的身軀，用她的行為：布施、行善、幫助弱小族群……她雖身體行動不方便，並不減少對人群，對社會的愛心，仍在積極努力，完成各項她所想要完成的工作。如此，便成就了她自己－－自我實現；也成就了眾生，普渡眾生。

　　現在，我已經不必在此為「生命的意義」，用文字來下定義。因為我們在星雲大師、楊玉欣小姐，還有這幾天在佛光山上所接觸到的高僧師父的身上，看到了生命的意義，我們以此典範來教育我們的子弟。

演講會快訊通告

　　本會與台北市福建工專校友會及樂群養生聯誼會合辦「養生保健講座」，特訂93年9月30日（週四）上午九時十分至十一時，假本市中山南路十一號一樓（國民黨中央黨部一〇一室交誼廳─景福門正對面）舉行，講題：銀髮族文明慢性疾病預防」─附帶做若干健康動作，主講人：中華民國自然療法學會預防醫學研究委員會陳美仁老師（女），會員中如有興趣者歡迎（免費免訂位）前往聽講，（本會不另行個別通知）。

中華民國九十三年十二月三十一日出刊

會　務　通　訊

第　二　十　九　期

發行者：國立台灣大學退休人員聯誼會
會　址：台北市羅斯福路四段一號國立台灣大學
電　話：23695692 校內分機：　　　Fax：23648970

會務動態

一、九十三年會員大會，已於十二月八日假校總區行政大樓第一會議室召開，會前寄發開會通知書，兼附寄參加大會意願調查卡一份，俾便準備大會時之座椅、資料及午餐，回收意願卡140份，僅109人確定參加大會，但會議當天出席會友達168人，致使工作人員手忙腳亂不得不採取應變措施，最後，整個會場座無虛席，噓寒問暖之聲，不絕於耳，真是老友相聚，倍感溫馨。

二、會前我們曾函邀各級長官及貴賓蒞會指導，到會者有何主任秘書憲武，人事室江主任元秋，文康會羅主委漢強、教聯會連理事長雙嘉。教師會丁理事長一倪，親自到會致賀，並贈送摸彩禮品，因須上課而未克參加大會。各位長官及貴賓，分別致詞如下：

三、台灣大學教職員工文康推行委員會，羅主任委員漢強致詞：（羅主委因須趕去上課，所以請羅主任提前致詞）：

各位退休的先進老師們：大家早。主席邀請我參加大會，感到非常榮幸，主席稱我是貴賓，其實不是，文康會和大家都是一家人，一家人團聚一堂，非常高興，文康會也是為大家服務的，其目的是在促進大家生活的樂趣，為使會務能更成長發達，我們歡迎退休後參加這個大家庭，個人將來也要退休，我也會加入退休會，祝大家身體健康萬事如意。

四、何主任秘書憲武致詞：

楊理事長、各位先進，非常高興來參加大會的聯誼活動，剛剛羅教授說：他退休後要來參加退休會，本人也是一樣，也要來參加。此外今天我要代表學校及秘書室，特別要向退休會致謝，感謝退休會支援學校成立的聯合服務中心，退休會組成了志工隊，在楊理事長帶領下，擔負起聯合服務中心的工作，雖然也有校外人士有意參加，但我們未作考慮，因為我們感覺到本校退休人員，對學校有更深的認識及情感，對工作更有幫助。退休會今後舉辦任何活動，需要學校幫助時，學校一定盡力協助，最後祝大家

身體健康，事事如意，謝謝大家。

五、人事室江主任元秋致詞：

楊理事長、各位先進大家好，很高興受邀來參加大會，祝大會圓滿成功。也感謝大家對人事業務的支持及配合，今天站在人事業務的立場，有兩點資訊向各位提出報告：

1. 行政院人事行政局，爲了加強照護退休人員，特別於該局網站（網址：http://ca2.www.cpa.gov.tw/oldweb/retire/retire01.html），增設「退休人員服務專區」，供退休人員瀏覽運用，內容包括：退休給予照護、退休金的計算、休閒旅遊、志願服務、終身健保、醫療保健、社會服務等等希望各位多多利用。

2. 爲配合台灣地區與大陸地區關係條例之修訂，訂定「支領月退休給予之學校教職員，赴大陸長期居住、改領、停領及恢復退休給與處理辦法」一種，簡言之，上述退休人員，赴大陸長期居住，一年如超過 183 天者，就要停止月退休給予，待回台後再申請恢復給與，盼退休同仁要特別注意規定。

六、教聯會連理事長雙喜致詞：

楊理事長、何主任秘書、羅主委、江主任、各位先進大家好，今天很愉快受邀參加大會，教聯會是學校、教師聯誼溝通的組合，組織發展到今天，在聯誼方面，由於人手不足，實在並無什麼成果，溝通方面也僅限於行政與教學。就如何主任秘書及羅主任委員所說，我們都是一家人，都是大家庭的一員，希望退休會在聯誼活動方面，多給我們支援，我們的會址在工學院綜合大樓四樓 442 室，今後希望多加連繫，最後祝大家身體健康萬事如意。

七、楊理事長建澤報告：

各位會友們：大家好！

本會自創立以來，已歷八年，入會會員達 525 人。本屆兩年任期即將結束，期間，第一年雖遭受 SARS 的侵襲，第二年又逢颱風及大水災害，但在大家的努力下，本會的各項會務，仍能順利推動。在此特別感謝各位志工伙伴、理監事以及會員同工們的鼎力支持。在會務方面，各組對於工作的推動，都很努力，合作無間，因此績效良好。本屆值得一提的是在服務組下新成立了「月下老人專線服務」，目前已略具基礎，今後還要靠大家的幫忙。由活動組推動的校園志工服務隊，也推展的很順利，今後將繼續進行。更值得報告者，本會已順利成爲本校「教職員工文康活動推行委員會」下的一個分會，並可享受某些「分會」的活動優惠。會費方面，永久會員的比率大幅提升，減輕不少收費負擔。兩年來本會所舉辦的各項旅遊活動，大部分都順利成行。活動後的詳細報導，均如期刊載於會訊上，供同仁欣賞，謹此感謝各位撰述同仁義務惠賜鴻文。此次大會的摸彩品，部分仍由理監事所提供，在此也要向各位奉獻者敬致謝忱。最後祝大家，新年事事如意、健康快樂。

八、監事主席蔣賢燦報告：

各位會友大家好！有關監事工作有二點報告：

1. 理監事會議，每季召開一次，必要時召開臨時會議，每次會議均有提案討論及會務檢討，各組工作的推動盡其所能的執行，成效甚佳，每季舉辦國內外旅遊多次，視參加人數多寡而決定，每次活動後撰寫旅遊紀實、報導景點、旅遊心得，隨會務通訊發佈，提供各位欣賞，使大家有身歷其境的感受。

2. 有關經費收支，經五位監事共同審查，做到了量入為出，節約使用，到93年10月31日止，定期存款為512,603元，現金結存130,168元，供本次大會及下季使用。收支相符，涓滴歸公，備極辛勞，堪予嘉勉。

九、本次大會討論提案兩件：

1. 通過93年經費收支決算案。

2. 通過本會組織章程修訂案。

十、大會於十時二十分舉行第五屆理監事改選投票活動。理事部分：依規定提名候選人28人，另預留空白欄二欄，供會友臨時填選，當天實際候選人為31人，選出理事15人。監事部分：依規定提名候選人10人，另預留空白欄一欄，供會友臨時填選，實際候選人為11人，選出監事5人。有關選舉結果，另闢專欄報導於后。

十一、大會於十一時一方面進行開票作業一方面分送飯盒進餐，並同時進行摸彩活動，大家歡聚一堂，談笑敘舊，握別預約來年再會，圓滿完成了九十三年會員大會。

第五屆理監事會選舉結果報導

一、說明：

1. 選舉理事長、副理事長：

(1) 依本會組織章程第四章第五條規定：理事會置理事十五人，候補理事五人，由會員大會選舉產生之，任期二年，連選得連任。

(2) 同章第六條規定：理事會置理事長一人，綜理會務，對外代表本會。並置副理事長一人，襄助理事長處理會務，理事長及副理事長互選產生之，連選得連任一次。

2. 選舉監事主席：

(1) 依本會組織章程第五章第九條規定，本會設置監事會，負責監督會務及財務之執行。

(2) 監事會置監事五人，候補監事二人，由會員大會選舉產生之，任期二年，連選得連任。

(3) 同章第十一條規定：監事會置監事主席一人，由監事互選產生之，連選得連任一次。

二、會員大會結束，理監事當選人亦立即揭曉，特別於十二月十日發函各當選人，訂於十二月二十二日，假校總區行政大樓第一會議室，召開第五屆第一次理監事聯席會議，主旨在改選理事長、副理事長及監事主席。

三、茲將選舉結果公告於後：

理事長：沙依仁

副理事長：許文富

理事：方祖達、宣家驊、車化祥
　　　吳元俊、王本源、林添丁
　　　謝美蓉、李學勇、朱　鈞
　　　路統信、夏良玉、鍾鼎文
　　　陳汝淦
候補理事：林參、李常聲、范信之
　　　　　曾廣財、康有德
監事主席：張甘妹
監事：楊建澤、蕭富美、陳雪嬌
　　　劉秀美
候補監事：林徐蘭香、鄧華
四、第五屆理監事任期：自民國94年1月1日至95年12月31日，即日起辦理交接事宜。

本會喬遷新會址

本校進修推廣部右側後棟植研大樓2樓204室。

會務動態

一、本會第四屆理監事會，成立於92年1月8日，兩年來召開八次理監事聯席會議，討論議案24件，其中修訂理監事選舉辦法及本會組織章程各一件，對會務的督導與推行貢獻良多。

二、本會於93年度，先後發函台大總務處爭取借用鹿鳴堂校長會客室，作為本會活動場地，獲得圓滿結果。另發函「台大教職員工文康推行委員會」，爭取成為該會成員之一，希望獲得與在職人員相同的福利與地位，結果如願以償。

三、九十三年度會員大會，預定將改選理、監事，加上本會會址即將於年底前搬遷，是故自十月初即展開大會籌備工作，必須及早洽借場地，寄發開會通知，函邀首長蒞會指導，編製大會手冊等許多文書作業，而今會議能順利圓滿召開，感謝大家通力合作。

四、本會發行的會務通訊，每三個月發刊一期，未曾中斷，迄今已發行28期，第29期預定於93年元月下旬出刊，期盼提供會友最新資訊與活動概況，同時歡迎會友踴躍投稿贊助。

五、本校依規定屆齡退休及合於退休條件之教職員工，多集中於每年二月及八月辦理退休手續，本會向人事室及事務組取得人事資料後，發函邀請其參加我們的行列，本年度已有26人完成入會申請。

六、本會迄至93年12月8日，在籍會員人數為526人，扣除往生者29人，遷居國外及中南部，或因其他特別事故而停權者87人外，實際會員人數416人，內含永久會員203人。

七、本年度大陸及國外旅遊活動，因受各項因素影響，報名人數不足，均未成行，國內旅遊除受颱風影響外，餘都順利成行。

八、本會備有完善的卡拉OK設備，象棋、圍棋一應俱全，並有太極拳活動，歡迎會友選擇參加。

九、本會已成立校園志工服務隊，現有成員14人，每人每週依個人方便抽出2小時，參加本校聯合服務工作，享受志願服務的樂趣，歡迎會友參加我們的行列。

十、本會各項活動均以非營利為目的，參與服務人員均為志工性質，為提高會

員之參與感，加強本活動效能，誠徵活動組志工數位，共同參與活動之策劃事宜。

十一、93 年度共寄發會友生日賀卡 381 份，敬祝各位壽星生日快樂、萬事如意。依統計：第一季（1～3 月份）寄發 121 份，第二季（4～6 月份）寄發 90 份，第三季（7～9 月份）寄發 69 份，第四季（10～12 月份）寄發 101 份。

十二、本會「月下老人，婚姻介紹服務」，由服務組沙依仁教授主持，服務概況報導如下：

1.申請人數：男性18人，女性86人，共計104人。

2.全年介紹了 45 對，現有 9 對正在進行中，其中有 3 對很有成功希望。

3.成敗因素檢討：

(1)男性申請人中，已有 8 人退出，其退出原因爲：本人並無意願，多爲父母代爲報名參加，其他原因爲經濟狀況欠佳，或有不良嗜好，或因填報資料不實等因素。

(2)女性申請人中，已有 6 人退出，其退出原因爲：本人並無意願，尚需繼續深造，此外系因年齡過大，或相貌較差，或要求條件過高等因素。

(3)男女申請人之特質：男性的擇偶觀點是：希望年輕、貌美、願做家事、肯生孩子，而且學歷不要超過自己。女性一般較男性優秀，學經歷都勝過男性，擇偶條件是：學經歷應相當，年齡不要太大，而且要有風趣及幽默感，這是很多男性所缺乏的，所以很難配成對。

十三、本會成立已邁入第九個年頭了，經歷任理事長、理監事及工作同仁的努力下，從無到有，現已頗具規模，茲因鹿鳴堂學校將另作規劃使用，已通知本會搬遷。因此，總務組除積極準備召開 93 年度會員大會外，最重要的工作就是會址搬遷事宜。

十四、本會經費來源有限，完全依賴會友所繳之會費支應，會費之收繳，分爲常年會費，每人每年 300 元，及永久會員會費一次繳交 3,000 元，而後享受終生免繳會費之方便。此外本會經常舉辦旅遊活動，如稍有結餘，納入公款，藉以彌補經費之不足，在此情況下，初步結算，尚可收支平衡。

十五、本會永久會員人數已達 203 人，所繳交之永久會員會費，累積之金額頗巨，加上歷屆結餘，一併存入銀行孳息備用。

十六、本會財務支出，其項目多爲文具紙張費，電話郵資費，會務通訊印刷費及器材維修費，尤其每年大會時，餐盒費、摸彩獎品等費用爲支出的主要項目。

十七、資深會員陳金鈞老先生仙逝，享年九十三，本會致送輓聯，並由新任理事長沙依仁教授將於 12 月 31 日上午前往第二殯儀館前三山善社致祭。

九十四年度活動預報

九十四年第一季（一、二、三月）活動預告

	日　期	項　目	活動概要
元月 二月	29日(六)起 1日(二)止	全國教師生命教育研習營 四天三夜	由教育部指導，佛光人文社會學院及國際佛光會中華總會主辦，在佛光人文社會學院（宜蘭礁溪）辦理研習。歡迎本校在職及退休之教職同仁參加（不限宗教信仰），研習費每人1,000元（含食宿）。可充實生命教育教學智能，體驗多元智慧學習，協助參與開創生命教育的宏觀願景，實踐關愛生命的樂觀生活。有興趣參與同仁請於元月十日前，向本會登記洽詢。
元月 二月	31日(一)起 2日(三)止	慈濟大專教師靜思營 三天二夜	由慈濟教師聯誼會承辦，在花蓮新城靜思精舍辦理研習。歡迎本校在職及退休之教職同仁參加（不限宗教信仰），研習費每人1,300元（含食宿）。可研習體驗慈濟人文與教育願景，了解靜思語教學及生命教育的努力與成果，深刻了解慈濟人奉獻心力與時間，為淨化人心、祥和社會而共同努力。有興參與同仁，請即（元月五日前）向本會洽詢，或逕洽(03)8266779-258陳詩評小姐洽詢。
三月	26日(六) 27日(日)	台大全校運動會	本校每年均舉辦全校運動大會，區分有學生組及男、女教職員工組（依年齡分組），有多元的競賽項目，歡迎本校退休同仁參與各項競賽活動，本會於93年3月第一次組隊參加，許多都是第一次參加運動大會，活力十足，成果豐碩，本會秉持「年齡不是問題、體力不是障礙，參與就是活力，活動帶來健康」在安全、趣味、快樂的原則下量力參與，不要懷疑您的活動潛能，只要能動有興趣，請走出來踴躍參與，即日起可來本會洽詢預約登錄參與，並開始您健康快樂的活動規劃。

＊ 94 年春季旅遊活動預告 ＊

擬 往 旅 遊 地 點	參攷費用	旅行社	接洽電話
香格里拉樂園客家文化(94 年 2 月底)	400 元	Cota 導遊	037-562-216 0800-502-288
金門、廈門、泉州、湄州、武夷山之旅 6 日	19,000 元	萬吉旅遊	2556-0204
南非、史瓦濟蘭 10 天	65,800 元	東南旅行社	2521-8066
夢幻之旅神奇貴州 16 天	37,900 元	大全旅行社	2389-1490
下龍吳哥窟 7 天	26,800 元	新里程旅遊	2592-6889
馬尼拉、格蘭地島渡假村 4 日遊	1,650 起×6	大英旅行社	2567-1268

演講紀實
銀髮族文明慢性疾病預防

江才承先生演講

沙依仁記錄

本演講會由樂群養生聯誼會、台大退休人員聯誼會、福建工專校友會、中國國民黨台北市大安區黨部大學里分部合辦，財團法人昌盛教育基金會、小水滴快樂健康家族協辦，於 93 年 9 月 30 日上午 9 時 10 分至 11 時 15 分在中山南路十一號國民黨中央黨部一樓 101 交誼廳舉行，由李錦華女士主持。

在該演講會開始前，首先由創始會會長李煥明先生報告會務及財務，強調「樂群養生聯誼會」已屆十二年，財務均由會員熱心自由奉獻，盼繼續支持。旋即敦請江才承先生演講。

江先生表示長期失眠會引起神經失調，產生負面反應，白天瞌睡，夜晚睡不著。

另一種是過勞現象，過勞死這名詞是在二十多年前日本人所創造的，意指長期過度勞動，超出個人體能所能負擔的範圍，因此發生猝死或病死等情況。換言之，工作時間過長，血管壁累積沉澱物發生血栓。不久以前我國一位著名的企業家英年早逝。他是一位工作狂，每天長時間工作，睡眠不滿四小時，死後解剖發現其頸動脈內累積白色半透明、粥狀的凝固物，因此發生梗塞。

在內臟疾病方面，胃臟及腸的肌肉，反應快速有病變容易察覺。而肝臟及腎肌肉反應遲鈍，倘若發生病變不容易發覺。

我國乳癌罹患率逐漸升高。乳癌與便秘有極深的關係。乳癌患者中約 80% 的人有便秘的習慣。這些患者的腸部長時間有宿便累積。這些累積物使腸溫升高，宿便變成水泥一般覆蓋大腸絨毛，經過淋巴腺上升至乳房，逐漸形成乳癌。

此外失眠與便秘形成交互影響。腸部宿便累積及脹氣會導致失眠。失眠的人多數罹患便秘。

排尿器官功能不好，或長期憋尿，使尿酸流到血液。在男女兩性中以女性罹患尿道炎或腎臟病變的人數較多於男性，因為女性的膀胱較小，比較容易引起憋尿。另外工作性質久坐不能離座者如司機，經常長期憋尿很容易罹患尿毒症，最後只可

長期洗腎。

骨質疏鬆症，中年及老年人骨中的鈣逐漸流失，使骨骼變薄、不密實、骨骼有空洞。骨骼有病不能做太激烈的運動，否則容易發炎，成為五十肩、網球肘或手腕病痛等。

老人不能久坐或久站。長時間坐著不動容易導致靜脈曲張、或靜脈剝離。

養生之道在於氣血循環通順，否則血管末稍會出現病變，常做拍手功，可改善此情況。

人老腳先衰，有些人吹冷風就會引起腳抽筋，可常走健康步道，或常做腳底按摩，可保健康。腳底按摩使表皮及真皮皮下組織產生脈衝，促使內臟組織產生迂迴響應，會改善血液循環，強化內臟，使人體恢復健康。

旅遊記實
內蒙古草原記遊

路統信

幼年讀古代蒙古民謠《敕勒歌》：

敕勒川，陰山下，
天似穹廬，籠罩四野。
天蒼蒼，野茫茫，
風吹草低見牛羊。

遊牧民族昂揚、樂觀、豪放的天性，令人精神振奮。一望無際廣矛遼闊的大草原風光，更是令人嚮往。2004 年金秋時節，內蒙古旅遊歸來，應理事長楊建澤教授之約，撰寫內蒙古旅遊見聞，與會友分享，並請指教。

內蒙古自治區成立於 1947 年 5 月 1 日。面積 118.3 萬平方公里，約為台灣省面積的 32 倍。人口 2,396 萬，與台澎金馬地區人口數相近而稍多。有蒙古族、漢族、回族、滿族、朝鮮族、鄂溫克、鄂倫春、達斡爾等民族。內蒙古高原沙漠、草原廣布，海拔大多在 1,000 公尺上下，起伏和緩，大部地區是水草豐美的牧場。位於內蒙中部的陰山山脈，海拔 1,500～2,000 公尺，由狼山和大青山組成。南坡以斷層臨接黃河流域的河套平原，是土地肥沃豐美的農業區。賀蘭山位在西部與寧夏回族自治區交界處，海拔高 3,556 公尺，是全區的最高峰。在一般人心目中，內蒙古只有沙漠、草原、蒙古包。很少人會想到，內蒙古也有豐富的森林資源。在內蒙古高原東部邊緣的大興安嶺山地，森林茂密，是重要林區之一。北部的敏河中游，更有面積廣達 48 萬公頃的大興安嶺自然保護區。礦產主要有煤、鐵、稀土元素、鹼、芒硝等。包鋼為全國最大鋼鐵聯合企業之一，煤炭、林產、畜產品加工則為主要工業。故有“東林、西鋼、南糧、北牧，遍地黑金”之說。東林是指大興安嶺林區的森林資源，西鋼指包頭鋼鐵工業，南糧為河套豐富的農產，包括：玉米、大麥、小麥、喬麥、莜麥、粟、黍等糧食作物，及胡麻、甜菜、文冠果等經濟作物，肉蓯蓉、甘草、麻黃等藥用植物；北牧指大草原的畜牧業，黑金是煤鐵礦藏豐富，遍布各地。

內蒙古自治區土地面積遼闊，全區轄 5 地級市，15 縣級市、17 縣、49 旗、3 自治旗；於 7 盟設立行政公署。在短短一周的行程中，只就大青山南麓的土默川平原及河套鄂爾多斯高原走馬觀花式的遊覽。

9 月 21 日抵達內蒙古首府呼和浩特市，走出機場即見廣闊的廣場，車行進入市區，道路寬闊，行道樹及綠地規畫整

齊。呼市是內蒙政經文化中心，亦為歷史名城（舊稱歸綏），"呼和浩特"蒙語意為"青色之城"，故有"青城"之稱。我們住宿的賓悅大酒店，位於昭烏達路，適與內蒙古農業大學為鄰，次晨早起，我曾到校園健走，繞行校區一周，順便也參觀了各系所大樓建築。校區面積廣闊，花木扶疏，校樹蔥鬱，設施完善。農大原為農牧學院，以畜牧獸醫專業為主，附設有獸醫院及乳品加工研究中心。近年合併內蒙古林學院，升格為農業大學。校內有規模宏大的體育館和游泳池。可見其對師生健身鍛鍊體育活動之重視。

呼和浩特樹木園在農業大學附近，到達呼市當日下午步行前往參觀。樹木園創建於1956年，隸屬於內蒙古林業科學院。園區面積26頃，其中展覽區18.7公頃，苗圃實驗區1.3公頃，員工生活區6公頃。展覽區分為：裸子植物區、被子植物區、旱生植物區、水生植物區及溫室等五部份。主要是蒐集三北（東北、華北、西北）地區野生喬灌木樹種及珍稀瀕危樹種。並引進國內經濟樹種，馴化栽培，以為防護林栽植及環境綠美化之用。同時和為三北半乾旱地區樹木種質資源一大保存基地。園內現有樹木（包括灌木）約近500種。耐寒、耐旱樹種60餘種，闊葉樹類以檉柳（*Tamarix*）、錦雞兒（*Caragana*）兩屬種類較多。闊葉樹類以楊屬（*Populus*）、榆屬（*Ulmus*）、枸子屬（*Cotoneaster*，薔薇科）、丁香屬（*Syringa*）、白蠟屬（*Fxaxinus*）、忍冬屬（*Lonicera*）、李屬（*Prunus*)等為主要屬。針葉樹類以雪嶺雲杉（*Picea schrenkiana*，產於西北地區）、紅皮雲杉（*P. koraiensis* 屬；產東北）、川西雲杉（*P. balfouriana*，產西南）、歐洲雲杉（*P.pabies*）等雲杉屬樹木。豐富的雲杉屬樹種的蒐集，是呼和浩特樹木園的一大特色。松屬樹木主要有華山松（*Pinus armandi*）、白皮松（*P.bungeana*）、西伯利亞紅松（*P. sibirica*）、樟子松（*P.sylvestris* var. mongolica）等。落葉松屬則有長白落葉松（*Laxix olgensis*）、西伯利亞落葉松（*L. sibirica*）及歐洲落葉松（*L. decidua*）等。

前往呼和浩特樹木園參觀，正值園區大事整建，新建巍峨大門，排水系統及行政、研究樓建築工程，正在進行，暫不對外開放。僅由舊大門進入作局部參觀。新建築及各項設施完成後，將成為內蒙古地區森林植物及生態教育的一處研究及推廣教育中心。

陰山南坡的植被種類成分，森林植物與華北山地森林近似，也有灌叢及草原。鄂爾多斯高原因受長期剝蝕和沙層堆積，很少有地帶性的植被出現，僅有以半灌木菊科蒿屬（*Artemisia*）為主的沙生植被廣泛分布。

22日乘車赴希拉穆仁草原。由呼市經武川縣到希拉穆仁90公里，是內蒙著名草原景區之一。在行車途中沿途觀賞自然景色，偶見有來自興安林區的運材卡車，滿載針葉樹原木由對向駛過。中午抵達希拉穆仁住進景區蒙古包，蒙古包為水泥建築，包內有浴廁設施，以太陽能熱水器供應熱水。二人一包住宿。草原蒙古包的形式頗似森林遊樂區的小木屋。午餐後向北到附近的草原觀看蒙古族騎馬及摔跤表演，沙漠中騎馬、騎駱駝等活動。登敖包山，訪問牧民家，品嘗奶茶，觀看草原羊群暮歸及落日景觀。晚間有蒙古歌舞表演及篝火晚會。因草原日夜溫差甚大，夜晚氣溫突降，提前回蒙古包就寢，未參加觀

看表演活動。由此再向東方距呼市 127 公里處有灰騰錫勒草原灰騰梁避暑旅遊區，海拔 2,000 公尺，高原上有一大片綠草地，布滿野花，形成「天然大花園」景觀。可惜我們此行未能將此處排入行程。

23 日由草原回到呼市，再經呼包高速公路前往包頭。兩市距離 150 公里，交通快速便利。行車到達土默特右旗即已進入包頭市轄區。順道轉往美岱召鎮參觀美岱召。美岱召建於 16 世紀中葉，是喇嘛教的弘法聖地，為一寺廟建築群，包括大雄寶殿、乃瓊廟、福爺殿、萬福殿、八角廟、琉璃殿、達賴廟、太后廟等。寺內後方有八駿馬巨型白玉石雕塑及巨型敕勒川說明碑刻，四周築有 4 公尺高有垛口的城牆，又有城樓、角樓。佔地面積 4 公頃。是一處亟具歷史價的漠南蒙古文化古蹟。

包頭是蒙古語包克圖（Baotou），意即「有鹿的地方」。昔時大青山麓常有野鹿群出沒，因而得名。現在的包頭則為全國重要鋼鐵工業基地之一，故有「草原鋼城」之稱。

包頭市包括昆都倫區、青山區、東河區、郊區等四區，石拐、白雲二礦區，固陽縣，土默特右旗，達爾罕、茂明安聯合旗等三農牧業縣旗。全面積 9,991 平方公里，市區面積 2,512 平方公里。昆區為包頭行政中樞，市政府所在地，市府前有廣大花園廣場。我們住宿的包頭賓館距廣場不遠，晨間來此健走練功，空氣清新。東河區為舊城區，早期此地水陸交通便利，經貿市場繁榮，有「塞外通衢」之稱。

包頭北依大青山，南臨黃河。過黃河大橋，向南到土默特右旗即為「後套平原」，昔時稱「黃河百害，只富一套」，修渠引黃河水灌溉，平疇沃野千里，這裡是內蒙重要農業區，有十三鄉為商品糧生產基地。又有「葵花之鄉」、「糖鄉」之稱，葵瓜子榨葵花油，製糖原料甜菜產量豐富。糧食作物中的莜麥是內蒙古的特產。莜麥又稱裸燕麥或青稞麥。為野燕麥的亞種，學名 Avena fatua L. ampl. Subsp. nodipilosa Malz，莜麥粉可製做各種麵食，耐肌、營養價值高，是現代人的健康食品。市街飯館招牌見有莜麵字樣，普遍食用。

響沙灣位於鄂爾多斯境內、庫布齊沙漠邊緣。自包頭市過黃河大橋南行約 40 公里。響沙灣大駱駝沙漠，西側的銀肯響沙，海拔 1,150 公尺，是全國三大響沙之一，坡度陡峭，是滑沙運動的極佳場所。也可由此騎駱駝深入庫布齊沙漠。我們於寒風細雨中乘纜車進入景區，徒步登上沙丘溜覽一周。眺望浩瀚無垠的沙漠景色。

午餐後繼續南行百餘公里，抵達鄂爾多斯市，鄂爾多斯市因位於鄂爾多斯高原而命名。原稱東勝市（因有東勝煤田而得名），是內蒙古伊克昭盟行政公署所在地。近年工商業發展迅速，高樓大廈建築興起，街道寬廣。市容一片欣欣向榮景象。我們住宿的東勝大酒店就在左鄰另建一座較原大樓更大的建築物，業已竣工，正裝修內部，準備升級擴展經營。

25 日上午乘車往伊金霍洛旗阿騰席勒鎮成吉思汗陵參觀。陵區佔地寬廣，主建築為三座相連的蒙古包式紀念堂，穹廬藍黃琉璃頂，白牆朱門。紀念堂正面為高達五公尺的成吉思汗塑像。兩側廂房則為歷史文物陳列室和展覽室。進陵區大門引導兩側及四周綠樹成蔭。是國家 4A 級旅遊景區。當日下午回返呼和浩特市。

26 日全日遊程有四處：王昭君墓、內

蒙古博物館、清代將軍衙署和五塔寺。

昭君墓位於呼和浩特市南郊，大黑河南岸約 9 公里處，入口石坊橫額上刻「青塚」。塚高 33 公尺，為一夯築的土丘，拾階而上，丘頂平坦，建有昭君亭。登高遠眺陰山，俯瞰後套平原，氣象萬千 。

「青塚擁黛」為呼和浩特八景之一。在昭君公園巧遇台大森林系教授姚榮鼎博士伉儷，隨南投竹山內蒙旅遊團來此遊覽，意外的相遇交談甚歡。王昭君為中國古代四大美女之一，漢元帝時以和平使者下嫁匈奴首領呼韓諧單于，成為民族和睦的象徵。

內蒙古博物館位於呼市中山東路，收藏展出自然歷史、人類歷史、近代出土的蒙古文物及民族文化史。並有當地出土的巨大恐龍、古猛瑪象化石展出。

清代將軍衙署位於呼和浩特舊歸綏城中心鼓樓西。清代為鞏固西北邊防，於乾隆四年（1739）建新城，屯駐滿州八旗官兵。將軍衙署是以清朝一品封疆大吏衙署規模興建，佔地面積 1.5 萬平方公尺。1949 年前曾為綏遠省政府官署。現列為古蹟，陳列展出相關歷史文物資料。衙署各進庭院，多古老名貴花木紫丁香（Syringa oblata）。

五塔寺位於呼市舊城區（玉泉區）五塔寺後街南，距將軍衙署很近。寺內的「金剛座舍利寶塔」，始建於清雍正五年（1727），塔高 16.5 公尺，建築仿印度佛陀伽耶式。在金剛座塔頂建立五座舍利塔，舍利塔玲瓏有致，塔身雕塑佛像一千五百餘尊，故又有「千佛塔」之稱。佛經中金剛界有：佛部、金剛部、寶部、蓮花部及羯磨部五部。五塔象徵了五部。塔內有雕刻的蒙古文字天文圖，內容標示出 28

星宿，270 星座及 1550 餘顆星。並有 12 生肖及 24 節氣等。塔外牆有梵、藏、蒙三種文字刻寫的金剛經。是一座技藝精湛的宗教藝術建築巨作。五塔寺院內兩座涼棚架上爬滿蛇爪藤，眾多細長的蛇瓜下垂，引人注目。

七天中部內蒙之旅，至此結束，遊程匆促，由於時間關係，尚有多處景區未及排入遊程。未能排入行程的著名景區包括呼和浩特大召、清真大寺、萬部華嚴經塔、席力圖召以及包頭市石拐區的五當召等。有待再度來內蒙遊覽。大召蒙古語稱伊克召、伊克為大，召即廟，意即大廟。漢語稱無量寺。建於明萬曆七年（1579）。寺中三絕為銀佛、龍雕及壁畫。

清真大寺建於清康熙 32 年（1693），位於呼市舊城北門外的回民區，是這一帶最具規模的清真寺。

萬部華嚴經塔，俗稱白塔，原為遼代豐州城內大明寺的藏經塔，七層寶塔高55.5 公尺，「白塔聳光」為呼市八景之一。

席力圖召又稱延壽寺。明萬曆 13 年（1585）為達賴三世前來呼和浩特而建。

五當召位於包頭市區東北約90 公里的陰山深處。建於清康熙年間，有 270 餘年。為仿西藏札什倫布寺建築，為中國三大喇嘛廟之一。漢名廣覺寺。五當在蒙語中為柳樹。廟建於柳蔭深處的五當溝，因而得名。藏名巴達格爾，意為白蓮。五當召規模宏大，由陵、三府、六殿、二塔、一座博物館和喇嘛房等四十餘間組成。供奉金、銀、銅木各種材質的佛像一千五百餘尊，保存有各型彩色壁畫，皆為雕刻及繪畫藝術文物瑰寶。內蒙古五當召，青海塔爾寺、西藏布達拉宮，並稱中國三大喇

嘸廟。

會員大會捐獻摸彩品芳名錄

何主任秘書憲武	電熱鍋
丁理事長一倪	燉鍋
佛陀教育基金會	「護生月曆」
宣副理事長家驊	電火鍋
方理事祖達	烤麵包機
沙理事依仁	誠品圖書禮券 (1,000 元)
王理事本源	測光器　電蚊拍
曾理事廣財	現金 2,000 元
林理事參	電熱板　「永保健康」
路理事統信	公事包
徐理事玉標	茶壺
車理事化祥	電毯　香皂
謝理事美蓉	茶葉
蔣監事主席賢燦	泰國瓷盤
翁監事文	磁碗盤　玻璃盤
鄧監事華	水晶飾品
蕭監事富美	微波爐用蒸籠
	不銹鋼保溫瓶
	齊白石福壽杯
	彩砂保溫杯
	A4 感熱記錄紙 (傳真紙)
范組長信之	餐具
劉秀美女士	登山用背袋

　　九十三年會員大會承蒙惠賜現金、禮券及禮品等供大會摸彩，謹此敬致謝忱。

中華民國九十四年三月三十一日出刊

會務通訊

第 三 十 期

發行者：國立台灣大學退休人員聯誼會
會　址：台北市羅斯福路四段一號國立台灣大學
　　　　舊植研所二樓
電　話：23695692　Fax：23648970

會務動態

一、本會第五屆理監事會第二次聯席會議，已於三月十五日假校總區第一會議室召開，天候雖然很冷，但出席委員至為踴躍，會中討論議案多件，對會務的推行與督導貢獻良多，非常感謝各位理監事的關懷與支持。

二、本次理監事會議，通過歡迎陳子章、林猛玄、洪惠王、洪瑞婉、曾紫瓊、鍾張鶯喬、李魁、李清榮、季培元、王正一、陳碧玲、陳成、楊喜秀等十三人之入會案。

三、本會於（94）年1月底，分別向本校人事室及事務組承辦退休業務人員，取得奉准退休人員資料一份，共計43人，本會於94年2月15日，分別發函邀請其參加本會，現已有十餘人來會辦妥入會手續，後續尚有多人正在洽辦中。

四、會員楊文愷先生（92年3月8日）、呂芳勝先生（93年10月20日）、傅祖慶先生（93年11月20日）、

陳金鈞先生（93年12月6日）等四人，不幸先後病逝，本會深表哀傷，除致送輓幛外，分別由楊前理事長建澤及沙理事長親往祭悼。

五、會員蕭明輝、林阿旺因常住國外，申請退會外，另有會員劉曼莉、黃旅、范光清、楊明郡、蔣紀人、羅聯添、林君澤、楊昭義、徐祥瑞、黃永傅、陳月英、楊紹等，黃瑞明、陳生文、朱成奎等15人，因連續三年（91年～93年）未交繳會費，依規定以停權處理，以上共計17人，提會報告。

六、迄至本（94）年3月8日止，在籍會員共計534人，扣除病故者31人，他遷或停權及退會者104人外，實際會員399人，內含永久會員217人。

七、會員蔡燕、涂淑姝、康有德、任啟邦、陳淑純、劉顯如等6人，變更為永久會員。

八、本季寄發生日賀卡：一月份31份，

二月份 38 份，三月份 43 份，共計 112 份，代表本會敬賀各位壽星身體健康萬事如意。

九、本會辦公室，已搬遷至校總區植研大樓二樓 204 室，位於原國立編譯館對面較原來鹿鳴堂辦公室寬敞許多，總務組除佈置場地外，已安裝好電話機及冷氣機，歡迎會友來會參觀。

十、本會為因應實際需要，特別以理事長沙依仁為戶名，在郵局開設劃撥帳戶，帳號為：01846127 號，專供會友交繳會費，劃撥交款之用，請各位多多利用以免為繳會費而來回奔波。

本會開辦個人及家庭諮商服務

本會定於本（94）年 4 月 1 日起，開始舉辦個人及家庭諮商服務，服務對象包括本會會員，在職教職員工。舉凡個人或家人，因病、意外事件，或特殊問題需要尋求社會服務者，請與本會理事長沙依仁教授連絡。服務時間：每週一上午九時半至十一時半。服務地點：本校植研大樓二樓 204 室，本會辦公室。連絡電話：2369-5692。

開創「老照片、說故事」專欄

為使會友對本會有參與感及懷舊心緒，從下一期會訊（第 31 期，預定六月底前出刊）起，開闢「老照片、說故事」專欄，有意投稿之會友，可提供本校早期的人、事、物，或具有地理環境典故的老照片，並附三百至五百字之說明，以激起會員對本校早期的懷舊及向心力。照片及稿件一經採用，當致贈紀念品一份為酬。歡迎各位會員踴躍投稿。

九十四年第二季旅遊活動預報

(1)四月份：中原古都及牡丹花會八日遊定於四月十六日起程，費用貳萬玖仟元左右。活動概要：主要行程包括鄭州、開封、洛陽三大古都。洛陽每年四月都會舉辦牡丹花盛會遊人如織。其他景點尚有：包公祠、清明上河圖、主題樂園、殷墟甲骨文、紅旗渠運河、太行山大峽谷、武術發源地的少林寺、龍門石窟、搭船遊黃河中段三門峽。此一行程為熱門路線，絕對值得一遊。

(2)五月份第一個活動為五月五日三峽大板根森林溫泉一日遊。

(3)五月份第二次活動為五月十九。日大溪花海農場、保健植物園、大溪金興蘭園、角板山公園等一日遊。

(4)六月份浙江名山名水十日遊

活動概要東南第一名山雁蕩山、天台山、蔣公故鄉奉化、中國四大佛教名山普陀寺，此外到寧波、紹興、杭州及上海一遊，預計六月中旬出發。

以上各旅遊景點，自即日起開始報名，中原之旅報名至四月四日截止，參

加人數達到十六人之組團標準，本會即通知登記會友來會領取詳細資料及繳費，若人數不足則停辦，歡迎會友邀約親朋好友一同出遊共襄盛舉。

演講活動

（一）本會與台北市福建工專台灣校友會合辦演講會定於本年四月八日（星期五）上午九時三十分至十一時半在台北市中山南路十一號中國國民黨中央黨部二樓 201 室舉行：演講人鮑冠歐先生，講題淺談節稅與財產管理。此系免費活動，歡迎本會理監事及會員參與聽講。

（二）台大農業陳列館舉辦 "阿祖的生活"，介紹台灣民俗植物特展及 "大地風采" 自 3/17 至 4/15，又逢台大杜鵑花盛開季節，希望本會會員回來母校參觀。

敦聘

宣家驊、方祖達、楊建澤三位前任理事長為本會榮譽理事

本會之成立，可能是開創各級學校退休教職員工聯誼組織的先例，而今轉眼即將十週年，歷任理事長付出心力與體力，奔走策劃，呼籲號召，使本會從一無所有，而到今天成為頗具規模與地位的單位，為我退休人員爭取到許許多多的權益及福利，也為在職人員開創美

好未來，倍極辛勞，功不可沒，應贈予「榮譽理事」榮銜，以示尊榮。

依本會組織章程第四章第六條規定，理事會得聘請名譽理事長一人、名譽理事、顧問若干人。本次理監事聯席會議通過，敦聘本會第一、二屆理事長宣家驊、第三屆理事長方祖達、第四屆理事長楊建澤為榮譽理事，同時通過：是項聘任無任期限制，今後凡退職理事長均聘為榮譽理事，並參加理監事會議，提供建言，督促會務。此項決議如與組織章程不符時，得修訂章程。

附件一、旅遊記實

新竹十八尖山及苗栗香格里拉樂園一日遊

方祖達、沙依仁

本會新春國內首次旅遊已於二月十五日（農曆正月初七）順利舉行參加會員及親友 43 人，大家快樂地遊玩一天。

當日天氣晴朗，風和日麗，早晨 7:40 在本校大門口上車，沿中山高南下，先在中壢站休息，再到新竹市，沿光復路轉學府路至博愛路下車，10:00 走進十八尖山公園遊覽一小時，該公園是一個平緩的山坡地，佔地面積廣，園內樹木茂盛。道路平坦，路旁種植各種花草，環境清雅。據說假日遊客極多，道路常會擁塞。我們很幸運，當日遊客不多，可以漫步園區，充分攝取芬多精。在入口的路旁有三個攤販賣水果及

花生等農產品。公園內道路兩旁有石凳，在小丘上設有多座亭子，供遊客休憩。本團大多數團員都繞公園一周走遍全園，僅有少數幾位年長或腳力欠佳者沒有走遍，他們走走停停，至少已走了半程，陸續回到車上。上午 11:00 開車前往香格里拉樂園，經過頭份交流道、談文等地到達苗栗縣造橋鄉豐湖村乳姑山 15-3 號香格里拉樂園。該樂園成立於民國七十九年，面積有三十多公頃，由一位財團負責人張銘仁所創建的。我們於 11:45 到達，購買門票稍作休息，於 12:10 進入餐廳享用客家餐，用餐畢休息時間由沙依仁示範預防高血壓及加強腿骨功能的功法，由於動作簡單，大家都學會了。稍後該園工作人員帶我們參觀汽車博物館。場外空地上放置了古董火車模型。室內放了二十七輛古董車。最古老的車是在 1912 年製造的，有一種是 BMW 前身的老車，車門開在車頭，引擎放在車後，也有頂上有布蓬的。這些車每小時大致只可走 40 公里。也有車身外裝置踏腳板，行進都市必須有一人站在踏腳板上揮紅旗以示警，將速度減慢到每小時只走 20 公里。1936 年製造的賓士 500 型的開蓬跑車，在 1936 年值台幣 30 萬元，當時台灣的一幢房屋約值台幣 1 仟元。這輛古董車現值 4,500 萬元。又看到車箱較車身長的克來士勒 GM 型跑車，時速每小時 450 公里，為當年希特勒的座車，其他展示的車每隔 5～10 年就有新樣式的產品，該園這些古董車價值昂貴，為何這個樂園願意作這項投資？原來是樂園的園主有購買古董車的癖好。這是香格里拉樂園最寶貴的珍藏，也讓遊客認識一下世界汽車發展史。

參觀完畢，解說員請我們沿路標指示自由參觀，到下午二時回到演藝廳看表演。因為時間匆促，大家快步走，不久就走散了，分成幾個團體各走不同的路，都沒有看完所有的景點，有一個團體參觀了客都大花園種植了多種草花鮮艷悅目。蓮花池，有一個池塘養了錦鯉和大草魚，另一池塘內有鵝、鴨等家禽。稍後到達客家庄，客家文物館陳列了水車、木床、竹製器皿、木櫃及桌椅、農具等，還有客家名人照片包括國父孫中山先生及當代客籍政府官員。有些資料是聯合大學提供的。趕到演藝廳的途中經過觀音亭，只見一座白色巨大的觀音佛像聳起在小丘上，但並無宗教膜拜的設備。另一組參觀了生態教育館、親子樂園、路邊有好幾株粗大的茄苳老樹，再來過一段山坡路看到了客家甕牆和客家庄，回程經過桐花山莊，該山莊有客戶，4 人房每晚 3600 元，6 人房每晚亦是 3,600 元，限於時間未及參觀。各組陸續回到客家演藝廳，有舞台及觀眾席，表演從 2:10 分開始由大陸客家文化藝工隊表演客家歌舞。該表演稱為「梅來梅影客家美女歌舞」由六位客

家女藝人二位男藝人組成，其中一位身材高大的男藝人扮成女性，演員身穿色澤鮮艷的服式，道具以紙糊的小獅子及龍為主，配合音樂翩翩起舞，劇情詼諧引起觀眾歡笑。雖然並無特殊驚險或優異的才藝，但已達成增加年節歡愉氣氛的功效。2:50 表演結束，我們回到迎賓樓，也可上樓參觀各式客家住屋標本及生活文化。休息至 3:30 上車，走二高回台北。經關西休息站休息 15 分鐘。5:30 到達新店下交流道。

此次旅遊去程，回程都開放卡拉OK 歡唱。多位歌藝精湛的男女點歌獻唱，一路歌聲嘹亮、悅耳動聽。其中年齡最長現年 87 歲的黃漢丁老先生也點唱兩首歌，依然字正腔圓，中氣十足，博得聽眾掌聲。

到達新店之後，沿途大家陸續下車互道再見。6:00 到達台大校門前，已是華燈初上，大家高高興興結束一天快樂的旅程，回到自己溫暖的家。

附件二、記參加 2005 年全國教師生命教育研習營

徐松梅

正月上旬剛過，外子在台大教職員退休聯誼會通訊上看到一則消息，說佛光人文社會學院主辦一個「2005 年全國教師生命教育研習營」，時間是正月廿九日至二月一日四天，地點在礁溪該校校園，費用則僅需報名費一千元，報名到正月廿日截止，問我想不想參加。礁溪我們曾小住過，我仍記得當地的溫泉和鮮美可口的空心菜，便欣然贊成。外子和退休會連絡後，熱心的吳元俊先生很快就把報名表寄來。外子填完表後，看見表上有主辦單位聯絡人妙紀法師的電話，就順便撥了一個電話去查詢。不料法師說他們僅錄取一百五十人，現在已經額滿了。我們雖然有點失望，但因原本就沒有參加的計畫，因此並不在意。不料兩天後法師給我一個電話，說我們被錄取了，這回有點喜出望外。

正月廿九日中午到達礁溪火車站，正在四顧尋覓佛光人文社會學院校車時，見一身穿黃色背心之中年婦人迎面匆匆向我們奔來，詢問之下果然是該校此次研習營的義工。她極為親切和藹地帶著眾人上車，直赴雲來集——學生宿舍——地下一樓齋堂用午餐。

進到宿舍便分男眾，女眾，各自領取住宿房間鑰匙牌號，分別尋找住房去也。回顧同行老伴一眼，竟找不到，想來他已自尋住房去了。真正如課程表上所說的「萬緣放下」，腦中頓時浮起楊絳散文作品中「孟婆茶」之情景。多年相聚，終須一別。

當日下午三點十分開始在雲起樓，該校的國際會議廳，聽課研習。從雲來集到雲起樓，即從小山半山腰到山頂，慢慢走約需一刻鐘。但路並不是崎嶇不平的羊腸小徑，而是平坦寬闊大馬路邊

的人行道。路旁裁種了很多好花好樹，既富變化，又有統一整齊之美。沿路我們可以在山嵐薄霧之後，隱約看見校園中其他建築，難怪每棟大樓都有一個雲字，真的名副其實。連續三天，我們每天生活規律正常，早晨五點半起床，做佛光健身操，按時進食上課，晚上十時就寢，宛如回到中學住宿時代。我們住宿的地方是學生宿舍，爲了充分利用空間，床鋪都設在書桌頂上。睡覺時你必須從一張像雲梯一般，畢直的小木梯爬上去。這對懼高或不善攀登的人構成一個問題。次日我聽有些學員說，她們不敢爬上去睡在鳥巢裡，乾脆打地鋪過夜。

授課的法師皆各有所長，講課生動活潑，妙趣橫生。課堂中自始至終暴笑之聲不斷，又間雜著歌唱聲，不像是我所熟悉的上課的樣子。這種上課的方式給我一種啓示——是不是我去給學生講課時也該唱幾首歌？這樣子教學可以活潑一點。

法師中令我印象最深刻的是妙日法師演講「從六祖壇經談無住心的生活。」我一直不暸解禪宗「棒喝」是什麼樣的一種啓發方式。妙日法師在演講一開始便實際使用了喝字的訣竅。我在她一聲大喝之中，頓悟如何從自我人生某些困境中走出來，一時乃覺身心自在，了無牽掛。真個是弘一法師在涅槃前所寫的心境——「悲欣交集。」再就是釋慧昭法師演講「人間生活禪。」法師講述條理清晰，邏輯推演順暢，所舉實例皆平易可應用在日常生活中。他還教學員們坐禪方法及坐禪時應注意的重點，特別提醒呼吸時，呼吸的氣是長是短，自己心中要明明白白，清清楚楚。我覺得這「清楚明白」四字也可以用在處世做人上面。

二月一日晨在結業典禮上，慧昭法師在臨別簡短的贈言中猶殷殷提醒大家說，人生的逆境及順境都會過去，最應把握的是當下，善護清淨之心。雖非耳提面命，諄諄告誡，但其慈悲渡人的心願溢於言表，殊可感念。

最令我心儀是妙紀法師。她看起來非常年輕，可是處理整個研習營的報名，報到，住宿及課程說明，負責週全，幾近毫無差錯，令人激賞。她的模樣使我想起金庸笑傲江湖中的儀琳小師父。在這裡我要特別謝謝妙紀師父及吳元俊先生的熱心協助使我們得以順利成行。

二月一日結營典禮後眾學員搭車離開校區去參觀佛光在宜蘭縣的其他成就。離營時山上寒氣襲人，氣溫降在攝氏十度左右。趙寧校長率法師，義工，學生列隊歡送，一時離情依依，感人至深。只剩一句佛號，阿彌陀佛，可表感謝之忱。

之後我們在宜蘭參觀了仁愛之家，蘭陽別院，及人文國小。其各自的成就

中華民國九十四年六月三十一日出刊

會 務 通 訊

第 三 十 一 期

發行者：國立台灣大學退休人員聯誼會
會　址：台北市羅斯福路四段一號國立台灣大學
　　　　舊植研所二樓
電　話：23695692　　Fax：23648970

會務動態

一、第五屆理監事第三次聯席會議，已於六月十四日假校總區行政大樓第一會議室召開，天候雖然很熱，但出席委員十分踴躍，由於討論議案不多，會議於中午十二時結束。

二、本會辦公室已搬遷至校總區植研大樓二樓第 204 室，較鹿鳴堂辦公室寬敞許多，但位置較為偏僻，為便於尋找，已於室外安裝好標示牌一面，歡迎會友來會參觀。

三、本會尚感到美中不足者，為尚缺少一較大場所，作為會友日常到會聊天、下棋、卡拉 OK 等休閒活動，此一期望尚待各位理監事努力爭取，俾便活動之推行。

四、本會理監事聯席會議會場，多年來均借用行政大樓第一會議室內小會議室開會，感到非常方便與舒適，但會場座椅於年前更換為大型沙發椅，圓週僅可放置十九張座椅而本會開會時，成員為二十三人，每次開會必須加添座椅，因而顯得特別擁擠，曾考慮借用第三會議室，但第三會議室在三樓必須步行上下樓梯，可能很不方便，經理事長裁定，仍然安排在第一會議室，稍感擁擠，敬請原諒。

五、迄至本(94)年 6 月 14 日止，在籍會員共計 537 人，扣除病故者 31 人，他遷或停權及退會者 105 人，實際會員 401 人，內含永久會員 221 人。

六、會員丁碧雲教授，本年度會費已交繳完畢，但日前特別口頭聲明因年事已高，行動不便，向本會提出退會申請，特此提會報備。會員林模教授變更為永久會員。

七、本年度第二季寄發會員生日賀卡，計 4 月份 26 份，5 月份 36 份，6 月份 29 份，共計 91 份，代表本會敬祝各位壽星身體健康，萬事如意。

八、本會經費來源有限，除收繳會員會費外，近年來方始爭取到本校文康推行委員會少許經費補助，94年度

1

起補助費增多，一年之金額尚不足，但對本會已大有助益，此外，我們也舉辦許多活動，如稍有節餘，亦均納入會務運用。

九、本會會員總人數 401 人，其中永久會員高達 221 人，佔總人數半數以上，永久會員每人交繳 3000 元會費，總數相當可觀，連同本會歷年結餘款，共計陸拾餘萬元，以定期存款方式存入銀行，以其孳息支援會務開支。

十、每年 11 月 15 日為本校校慶，尤其今年為六十大慶，全校將擴大慶祝，承辦單位希望我退休人員，亦能提供才藝節目助興，共襄盛舉。在此我們呼籲各位會友，如有興趣提供節目請來會報名，亦可推薦會友報名，本會電話為：2369-5692，每週一至週五，上午9:30～11:30 辦公室均有值班人員接待。

十一、九十四年第二季已辦旅遊參觀講演等活動包括：

　　1.講演：淺談節稅與財富管理由鮑冠歐先生主講於四月八日上午舉行參加者共八十餘人。

　　2.參觀蓬萊陵園本會會員及眷屬一行共十五人於四月二十六日上午8：30 至下午 2：30 舉行。

　　3.中原古都少林寺太行山八日遊於四月十六日至廿三日舉行，參加

者本會會員及親友共廿七人。

　　4.三峽大板根森林溫泉渡假村一日遊，於 5 月 5 日舉行參加者共四十二人。

十二、本校運動大會，已於 94 年 3 月26～27 日舉行完畢，本會秉持「安全、活力、健康、快樂」之考量下，計有 27 位退休人員報名組隊參加教職員組各項競賽，結果成果豐碩，統計獲得前三名之獎牌、獎狀、獎品者有 37 人次，可說到場參加者，人人歡愉，都很有成就感。建議明年校運會增設「長青組」，歡迎本會會友及早練習，即日起可來會登錄，以便來年校運前通知您參加，祝福您開創健康快樂的人生。

九十四年第三季旅遊活動預報

1.七月十二日（星期二）觀音賞蓮一日遊

　　活動概要：新屋蓮園吳厝楊家莊蓮花大餐

　　青林農場　永安漁港

　　費用：新台幣：陸佰伍拾元（午餐蓮花宴三千元一桌）

2.八月二日（星期二）：彰化山海二日遊：

　　第一日：八卦山、鹿港小鎮（夜宿香客大樓）

　　第二日：王功漁港、溪湖糖廠、田尾

花園。

費用：新台幣：壹仟玖佰元。

3.九月份：泰國風景六日遊

活動概要：曼谷、芭達雅等名勝古蹟。

甲、洽請富昇旅行社承辦：0800-777-616。

乙、旅費：約捌仟元左右。

丙、每週一、三、五長榮航空直飛。

丁、待登記人數合於組團，再洽詳細行程。

4.教師生命教育研習營：

活動概要：

甲、日期：8月13日（星期六）至16日（星期二），四天三夜。

乙、主辦單位：教育部、南華大學、佛光會等單位。

丙、地點：高雄佛光山。

丁、歡迎本校在職及退休之教職同仁參加，不限宗教信仰。

戊、研習費用：每人1000元（含食、宿、教材費）。

己、研習課程：以「親子教育」為主，從情緒談到家庭與人生，親子溝通的藝術心理輔導，發揮創意等（詳細內容，請電洽吳元俊先生，0963-152-115）。

庚、報名時間：即日起至7月8日止。

辛、報名地點：本會活動組。

5.氣功教學：本會將於本年8月9日起

舉辦氣功教學，凡本會會員、眷屬以及本校教職員工均可參加，本教學活動免收學費，由本會理事長沙依仁教授親自傳授。氣功功法係吸收能量及發放能量，學會後手掌勞宮穴及腳底湧泉穴能吸收能量（吸氣）、手掌勞宮穴能發放能量（發功），以達到強身保健延緩老化的功效，欲參加者每週一至週五上午9：30至11：30請到本會辦公室（本校植研所二樓204室）報名。

6.本會將於本年九月（94學年度第一學期）起推出長青學苑課程，現已籌備開設者包括：1.謝美蓉理事之中國結——基本結，2.劉鵬佛組長之近代史——談古說今，其他技藝及語文課程正在籌組中，有意學習者請到本會辦公室報名或電23695692洽詢。

附件一　講演記實

淺談節稅與財富管理

鮑冠歐主講
沙依仁紀錄

此次演講由本會主辦，樂群養生協會協辦於民國94年4月8日上午9:30至12:00，在本市中山南路11號國民黨中央黨部201會議室舉行，參與聽講者共計八十多人，使整個會議室座無虛席，盛況空前。鮑冠歐先生為鐵路局、中油公司、台電公司、中央信託局等機構之財稅或理財顧問，對

於節稅及相關法律相當熟悉，以下是其演講內容。

一、淺談節稅

(一) 前言

1. 為誰辛苦為誰忙　一般而論 25 歲～35 歲為自己的成長及事業而奮鬥，35 歲～45 歲為成家立業、養育子女而努力，45 歲～60 為退休預作準備。將以上歸納起來其實一生都為稅忙。

2. 租稅規劃的影響　適當的規劃……0%稅率，不會規劃……100%稅率，錯誤的規劃……200%稅率。

(二) 個人應繳稅的種類包括綜合所得稅、贈與稅及遺產稅。其中贈與稅的免稅額是每年一百萬元。遺產稅的扣除額較為複雜，列舉如下：已故者的遺產總額扣除：1.個人七百萬元，2.喪葬費扣一百萬元，3.有配偶者扣四百萬元，4.有子女者，成年子女(二十歲及以上)每人扣四十萬元，未成年子女從現齡至成年期每年每人扣四十萬元，諸如有一位十歲兒子就可扣除四百萬元。5.死亡前最後一次患病之醫藥費可檢據實報實銷。6.身故者生前欠款可列舉扣除。扣除後之餘款為遺產淨額，必須依比率繳遺產稅。至於綜合所得稅除收入極少者外免報稅，

軍教免報稅外，其餘的民眾均必須申報。

(三) 個人及家庭做資產配置最重要的課題是將應稅放到免稅，財富對我們來說可分為動產及不動產，對國稅局來說只看是應稅或免稅，所以應作這樣的規劃。

(四) 國稅局查稅的目標　近年來個人的財產已經總歸戶在電腦內存檔，國稅局用電腦追逃漏稅，效果極佳。往生者除戶後一星期至十天，其家屬就會收到財產歸戶清冊連私房錢也查得出。最近來國稅局成立「追追追查稅專線」其追查的目標包括：1.未成年人及成年人突然巨額增加財富。2.老人突然巨額減少財富。3.個人名下有三筆以上之不動產。4.個人名下擁有兩千萬以上之動產。5.個人有賓士等品牌昂貴轎車。

(五) 繳遺產稅的原因：1.生前沒有做好租稅規劃。2.不想太早把財產分給子女。3.自願繳遺產稅。

(六) 有關遺產稅及贈與稅繳付的法律規定：1.關於遺產稅死後六個月內應該申報，否則國稅局罰一至三倍。2.在遺產稅未繳清前不可處分財產，否則處有期徒刑一年。3.不要急急辦除戶，應先查點遺產，計算出繳遺產稅的數額，可能還能辦一些補救措施以減少遺產

稅。4.財產贈與必須贈與者與接受者雙方同意。5.借用人頭贈與，借用者處五年有期徒刑，被借用者處三年有期徒刑。

二、財富管理

(一)人生三大課題：如何創造財富？如何累積財富？如何延續財富？打破富不過三代的迷思，讓您的財富延續世世代代。

(二)為高資產族群規劃：隱藏財富；遞延負債；不列入遺產總額，應將有形資產變為無形資產；將支出變回存款可將每月應繳的水電瓦斯等費用，以多一倍金額存入銀行，由於資金及利息的累積，若干年後可以變成一筆財富，用作補充退休金的不足，或者將來免繳水電瓦斯費。

鮑先生表示他將免費為本會會員及聽講者服務，各位如對節稅及財富管理有任何疑義請洽其免費諮詢服務專線：0925870707。

附件二　旅遊紀實之一

中原古都少林寺太行山八日遊

宜家驊

四月十六日本會會員及親友共廿七人同行，前往中國大陸河南省，歷時八天，進行了一次歷史文化和美麗河山的知性之旅。

上古時期，神州大地分為九州，河南屬豫州，居九州之中，故被周公稱為「天下之中」，因此，河南又有「中州」和「中原」的稱號。

要想大略瞭解河南，歸納起來它有五大旅遊特點。就是：古、河、拳、根、花。

所謂「古」，傳說黃帝曾在鄭州附近的新鄭古城建都，從夏、商、周開始，先後有二十幾個朝代的二百多位帝王建都或遷都於此。所謂「河」，指的是黃河，黃河是中華民族的搖籃，也是中華文化的發源地。所謂「拳」，少林武術是中國功夫的代表，它發源於中嶽嵩山的少林寺，而蜚聲國際的太極拳，則發源於溫縣陳家溝，所以說河南是中國功夫的搖籃。所謂「根」，當今中國一百個大姓中，有七十三個源出於河南，炎帝的故鄉都在淮陽，黃帝的故里在新鄭，中國歷史上很多聖賢著名文學家及武將的故里都在河南，所以河南也是眾姓尋根的地方。所謂「花」，指的是牡丹花和菊花，每年四月下旬是洛陽的牡丹花會，滿城百花齊放，觀者如潮，到了金秋十月，則是開封的菊花花會，同樣吸引了全國愛花者的目光，使古城倍增風采，現在就依旅遊行程的先後，簡略報導所見所聞。

四月十六日上午搭機到香港，轉搭飛翼船到深圳，再轉飛機到河南省

的省會鄭州，抵達時已是晚上。

　　四月十七日的旅遊景點全部集中在開封，上午首站前往「清明上河園」，這個以宋代張擇端名畫「清明上河圖」為藍本的大型宋代民谷風情主題樂園，於 1997 年開放，占地 150 畝，園區按照原圖布局，集中展現諸如酒樓、茶樓、當舖、汴繡、官瓷、年畫製作，算命、雜耍、彩搏、鬥雞等京都風情，我們參觀了整個園區，同時也欣賞到包公審案、楊志賣刀、王員外招親、民俗婚禮等節目表演，只因當天適逢星期假日，遊客人山人海，以致無法盡情欣賞，匆匆趕往附近的「龍亭公園」。

　　龍亭為北宋和金的皇宮遺址，現存龍亭大殿建於清康熙、雍正年間，大殿氣勢雄偉，立於十三米高的巨大磚石台基上，有 72 級石階直達高台，石階中央嵌有雕龍石壁、龍亭大殿殿頂全部用黃色琉璃瓦覆蓋，殿角飛檐凌空，直插雲天，大殿外可倚欄遠眺，開封市容盡收眼底，龍亭前面有兩個大湖，東為潘家湖，西為楊家湖，傳說這裡乃是潘仁美和楊業兩家的故居，因為潘仁美是奸臣，所以湖水經常混濁，而楊業一門忠烈，所以湖水永遠清澈。

　　離開龍亭，我們乘車瀏覽了「宋都御街」，這條御街於 1988 年建成，全長 400 米，雖不及古御街十公里長，但其氣勢和規模卻甚為少見。街道兩側店舖接連，其匾額、楹聯、幌子、字號均取自宋史記載，古色古香，街首第一家酒樓，傳曾是李師師藝會情公子的地方。

　　接著來到「山陜甘會館」參觀，會館於清乾隆 47 年由居住在開封的山西、陝西及甘肅的富商們集資興建，作為同鄉聚會場所，現存建築僅存關帝廟部分。由照壁、戲樓、鐘鼓樓、牌坊、正殿和東西配殿等組成，在會館前方，有一座以雕磚砌成的照壁，正面雕刻有線條細緻的人物和花鳥，背面中央則為二龍戲「珠」的浮雕圖案，代表「蜘蛛結網」、四通八達的含意，照壁右側更立了一具三米高的大算盤，代表著商人精於算計，另外最值得仔細欣賞的是會館內建築上的雕飾圖案，無論磚碉、木雕或石雕，都極為細膩逼真，將佛教故事和傳奇人物刻劃得維妙維肖，甚具藝術價值。

　　午後首站參觀「鐵塔公園」，鐵塔始建於北宋皇祐元年（公元 1049 年），平面呈八角形，塔高 55 米，共十三層，由於塔的外壁鑲嵌著 50 餘種花紋和圖案的琉璃磚，呈深褐色，故被人稱為鐵塔。鐵塔原名開寶寺塔，建築造型優美壯觀，結構堅固，由於黃河泛濫、塔基現已埋於地下，但塔身外部的琉璃磚雕有坐佛、飛天、伎樂、麒麟、花卉等圖案，則神態生

動，雕工精細，爲宋代磚雕藝術的佳作。另外鐵塔自第二層起每層都開窗，但明窗則每層不同，目的在避免風力過強，造成塔身傾斜，900 年來塔身至今仍巍峨聳立，充分證明了它的設計科學性，也因此擁有「天下第一塔」的美名。

接著參觀「大相國寺」，相國寺原是戰國時代魏國公子信陵君的故宅，北齊天寶六年（公元 555 年）在此修建建國寺。此後，唐睿宗爲紀念他由相王繼承皇位，改名爲相國寺，並御筆題額，明末被洪水沖毀，1766 年重建，目前建築多爲清代風格，在相國寺中有兩件國寶級的文物，極爲珍貴，其一是八角殿內一座四面千手千眼觀世音佛像，高 7 米，全身貼金，相傳係用一棵巨大的銀杏樹雕刻而成；另一寶物是在鐘樓內存有一口清代巨鐘，高約 4 米，重萬餘斤，故有「相國霜鐘」之名，列汴京八景之一。

來到開封，重頭戲就是拜訪「開封府」，開封簡稱「汴」，爲中國七大古都之一，也是中國七朝古都，其中北宋曾歷經九帝共 168 年，盛極一時。開封府位於包公東湖北岸，爲北宋京都官吏行政和司法的衙署，被譽爲天下首府，史料記載北宋開封共有 183 位府尹，其中尤以包公爲人正直、鐵面無私而爲世人稱道，因此我們參觀重點就在包公祠。包公是開封府的第

93 任府尹，任期共一年四個月，在「開封府題名記碑」上，刻有包拯名字的位置已被人們摸出一道很深的凹溝，可見他在世人心中的印象。現在我們所見到的包公祠是 1987 年完工的，祠分三進，祠的大門、二門、大殿、二殿、東西配殿、照壁、碑亭等，均掛有匾額楹聯，寓意深長，如東殿門兩側楹聯爲「啓正門群奸喪膽，斷關節萬姓開顏」，橫額是「鐵面無私」。大殿門外之一巨石，上刻「爾俸爾祿、民脂民膏、下民易虐、上天難欺」，東西配殿陳列著龍頭鍘、虎頭鍘、狗頭鍘等三口銅鍘刀，令人見了不寒而慄。在這裡我們還參觀了一場以宋家軍抵抗外敵的武打表演。

晚間投宿在開封天中大酒店，鄰近鼓樓夜市，晚飯後，部份團員閒逛夜市，只見人流熙攘，路邊滿是設攤，各式小吃各具風味，只是我們對衛生保健深具戒心，況且晚餐才過，大家只是見識一下而已。

四月十八日早餐後，乘車前往登封縣，200 多公里約三小時路程，快到嵩山之前，先參觀了一場武術表演，算是參訪少林寺的暖身。真正的景點是飯後參觀「少林寺」。少林寺建於北魏太和 19 年（公元 495 年），創始人是印度高僧跋陀，因菩提達摩曾修禪於此，因此少林寺被奉爲中國佛教禪宗的祖庭。少林武術原是僧人健

身和自衛之用，而在唐初秦王李世民討伐王世聰的征戰中，少林寺武僧十三人勤王有功，乃特許少林寺容養僧兵，可開殺戒，至明朝少林寺僧兵更多次應詔出戰，征伐倭寇，因此，少林寺乃博得「天下第一名刹」的稱號。現存少林寺占地約 9000 坪，建築結構自山門到千佛殿共七進，寺內翠柏蒼鬱，紅牆飛檐。少林寺山門兩側立有石坊，東面題有「祖源諦本」，西面則是「跋陀開創」，進入山門，東側就是碑廊，共有歷代碑石 200 多面，都極有研究價值。

第二進是天王殿，殿前兩側為哼哈二將，殿後塑有四大金剛，殿外院子裡長有七棵銀杏樹，其中一棵因為從不結果，被人稱為羅漢樹，這些銀杏樹都與少林寺的建築同齡。

第三進是大雄寶殿，這是少林寺的正殿，也是最大的建築，殿堂中央懸掛著清康熙皇帝親筆書寫的「寶樹荷蓮」匾額，殿內供奉的是釋迦牟尼佛、藥師佛和阿彌陀佛等三世佛，而在屏障後面則供奉有觀世音菩薩，兩側矗立著十八羅漢塑像。

第四進是藏經閣，是高僧講經說道和研究經書的地方，原保存有自元、明、清三代的珍貴經書 5000 餘卷，以及少林拳譜秘笈等，不料於 1928 年被軍閥石友三縱火，法堂及經書全毀，現建築乃 1993 年重建，其匾額為趙樸初先生所題，有趣的是藏經閣的藏字竟然少了左半邊，隱喻的意思是這裡的藏經已經不完整了。

第五進是方丈室，乃方丈起居及理事之所，清乾隆 15 年，乾隆皇帝遊少林寺，曾在此留宿，所以這裡又稱「龍庭」或「行宮」。

第六進是立雪亭，又名達摩亭，是為了紀念二祖「慧可」不畏嚴寒，立雪明志，苦心等侯達摩祖師，甚至斷臂求法，終能獲得衣缽真傳，目前殿內除供奉達摩祖師銅像，並有二祖慧可、三祖僧燦、四祖道信和五祖弘忍的泥塑像。

第七進是千佛殿，因為裡面供奉的是毗羅遮那佛，故又稱「毗羅殿」，殿外高掛「西方聖人」匾額，殿內牆上的壁畫主題是「五百羅漢朝毗羅」，生動呈現少林寺和尚練功習武的畫面，在地面上更奇特地呈現有四十八個凹陷坑洞，據說是多年武僧門下的「站樁坑」。

看完少林寺的主體建築，接著步行來到西側的「塔林」，乃是少林寺歷代住持和尚和高僧的墓地，這些佛塔形態各異，有圓形、四角、六角、柱體、錐體，現存有自唐貞元七年（公元 791 年）至清嘉慶八年（公元 1803 年）各朝代的磚、石基塔 240 餘座，在此我們見到一種「普塔」，是為眾多僧人合葬的，另外還有剛剛完工的「壽

塔」，是某個在世的人爲其身後的預作準備的。

離開少林寺，我們又乘車趕往洛陽，洛陽位於河南省西北部的伊洛盆地，居「洛河之陽」，故名洛陽，它是中國歷代建都最早、時間最長、朝代最多的一座古都，自夏代起歷時共十幾個朝代，共 1529 年，所以此地文物古蹟舉世聞名，被稱爲「九朝古都」。據說洛陽有「三絕一寶」，那三絕是牡丹花、水席和龍門石窟，一寶就是唐三彩。

到了洛陽已是下午四點多鐘，首先趕去「白馬寺」，該寺始建於東漢明帝永平十一年（公元 68 年），據傳說，明帝有一天夢見一個金人飛到殿前，醒來便請群臣解夢，近臣傅毅稟告皇上，這就是佛。明帝好佛，便派秦景等 12 人西行取經，途經大月支國巧遇攝摩騰和竺法蘭二位印度高僧，於是以白馬馱著佛經和佛像，一同返回洛陽。第 2 年，漢明帝下令按照印度佛教寺院的式樣建寺，並命名爲白馬寺，乃中國第一座佛寺，目前我們所見的則爲明清兩代的建築。寺前現有一壯碩的石雕白馬，是宋代作品。在寺內東側有一碑亭，立於明至順 4 年（公元 1333 年），碑文記載有關白馬寺的創建沿革。

趁著天色將晚，我們趕快來到白馬寺斜對面的「神州牡丹園」，欣賞全國聞名的洛陽牡丹花。洛陽牡丹甲天下，自隋朝開始，洛陽便大量種植，至唐代進入繁盛時期，宋代已成爲全國栽培中心，歐陽修曾有「洛陽地脈花最宜，牡丹尤爲天下奇」的名句。洛陽牡丹爲花中之王，花朵碩大，花容艷麗，每年 4 月 15 日至 25 日洛陽都舉辦牡丹花會，本會此次旅遊恭逢其盛。洛陽牡丹品種繁多，有一株開兩種顏色花朵的「二喬」，有在陽光下閃爍似絨的黑牡丹「煙絨紫」，還有「葛巾紫」、「白雪塔」、「胡紅」等 9 個色系 580 餘個品種。

晚餐在洛陽沒有吃到著名的水席，而是吃的半水席。「水席」主要原料有山藥、蘿蔔和白菜，以酸辣爲調味特色，烹調出湯水豐盛的主菜，通常水席有四個步驟，一是八個涼菜，二是十二道熱菜，三是四道壓桌菜，四是四道精點，我們所享用的半水席，顧名思義，全部菜肴只有一半，不過上菜的速度，則是如行雲流水一般，讓人應接不暇，飯後大家對半水席的評論並不很高。

四月十九日上午參觀「龍門石窟」，龍門位於洛陽南 12 公里處，龍門山與香山兩山對峙，形同一座門闕，伊水穿流北去，所以古時稱此地爲「伊闕」。龍門石窟始鑿於北魏孝文帝遷都洛陽（公元 494 年）前後，歷經東西魏、北齊、北周、隋、唐，再延

續至宋朝，連續大規模營造達 400 多年，密布於伊水東西兩山的峭壁上，全長一公里，現共存佛洞、佛龕 2345個，佛塔40多座，佛像10萬多尊，與山西大同雲岡石窟、甘肅敦煌萬高窟石窟並稱爲「中國古代三大佛教石庫藝術寶庫」，2000 年被列爲世界遺產名錄。現存石窟文物多集中於龍門山，現就參觀次序一一介紹：

潛溪寺，又名齋跋堂，開鑿於初唐（公元 200 年），因寺下方有泉水流過，故名，洞中刻有一佛、二弟子、二菩薩和二天王，一佛爲阿彌陀佛，而菩薩則造形敦厚，天王則身穿甲冑，腳踏鬼怪，橫眉豎目、英勇威武。

賓陽洞，該洞有三窟，開鑿時間達 24 年，洞中佛像體現了北魏、隋唐等不同時代的藝術風格，中洞正壁刻主像釋迦牟尼，其左手屈三指，食指朝下，意示地獄，而右手掌心朝外，意味普渡生進入極樂世界，左右兩邊立有弟子迦葉、阿難和菩薩文殊、普賢，佛與菩薩面相清秀，目大頸平衣錦紋理周密刻劃，有明顯西域藝術特色。窟頂則雕有細緻的蓮花寶蓋，以及十個迎風起舞的飛天仙女，在洞口還有唐代宰相書法家褚遂良的碑銘。

摩崖三佛，這是武則天時期開鑿的大佛龕，包含阿彌陀佛、釋迦牟尼佛和彌勒佛等三世佛像，但工程因故中斷，殘留的僅爲半成品。

萬佛洞，此洞建成於唐永隆元年（公元 680 年），由於洞內南北壁上有將近15000 個小佛像，每尊高僅 1吋，或幾公分，故名萬佛洞，正壁的阿彌陀佛端坐於束腰八角蓮花寶座上，束腰處有四力士，肩托仰蓮，後壁刻有蓮花 54 枝，每枝花上又坐著一位菩薩或供養人，壁頂上綜雕伎樂人個個婀娜多姿，生動逼真，洞口南上還有一座觀音菩薩像，右手執麈尾，左手持淨瓶，體態圓潤，姿勢優雅。

蓮花洞，此洞建於北魏晚期，也許是洞頂雕刻著一朵大蓮花特別醒目故名，洞內佛像臉手多遭損壞，在洞外左方壁上刻有「伊闕」二字，故又名伊闕洞。

奉先寺，這是龍門石窟中最精采、最壯觀的一個石窟，此洞開鑿於唐代武則天時期，歷時 3 年，石窟正中的盧舍那佛坐像爲龍門石窟最大佛像，身高 17.14 米，頭高 4米，耳長 1.9 米，造型豐滿、儀表堂皇，旁邊還有二弟子形態溫順虔誠，二菩薩和善開朗，二天王魁梧剛勁，二力士威武雄壯，整個雕塑群 11 座塑像佈局嚴謹，不論形象、表情和雕刻技巧，均表露出唐代藝術特點，其中尤以盧舍那佛像衣披裟

裟，面形豐滿，兩耳下垂，嘴角微翹，眼神低視，一副安詳親切的神譜，因此，自古就傳說是工匠們領了武則天的厚重賞金，特地將武則天的相貌和氣度與佛像完美地融為一體，當地人更稱此為武則天像。

藥方洞，此洞開鑿於北魏孝明帝晚期，因其在入口的兩側的石壁上刻有關於醫藥方面和多種疾病的藥方而得名，是研究中國古代醫藥的珍貴史料。

古陽洞，此洞開鑿於魏孝文帝時（公元493年），乃是龍門石窟中開鑿最早的一個，全部龍門石窟中的造像題記總約3600品，其中最優秀的「龍門二十品」中有十九品集中在古陽洞，洞內的小佛龕和碑刻題記，描繪了釋迦牟尼從出生到成佛的全部過程。

接著散步越過漫水橋，到達伊河對岸的香山，此時回顧龍門石窟群可真是精美壯觀，而兩岸風光更是明媚動人。走到盡頭就是香山寺，此寺建於北魏（公元516年）規模不大，但也有五進，緊密錯落在小山坡上，比較特別的是此地有一座乾隆皇帝的坐像碑亭和蔣公的行館，這是在民國廿五年西安事變前，由河南省主席為蔣公五十歲生日的祝壽而建成的，蔣公曾在此住過36天。

離開龍門，接著來到關林，相傳三國時期，孫權擒殺關羽後，把關羽人頭送到洛陽曹操處，曹操認為關羽乃忠義之士，於是刻沈香木為關羽身，以王侯禮將關羽埋葬。民間流傳著關羽「頭枕洛陽，身在當陽，魂歸故里」之說，現存關林中建築有關羽廟和墓，為明代萬歷24年所建，五進院落、三重大殿、有趣的是在關林的庭院長著兩棵奇特的樹，其一是一顆樹幹上面分出三個樹枝，象徵著桃園三結義的情份，另一棵樹則是樹皮呈螺旋狀扶搖而上，象徵著關羽的忠魂升天。

參觀完關林，乘車返回鄭州，等待明天參觀黃河遊覽區。

鄭州的旅遊特點有六：一是「中」，它的地理位置是在中原的正中間，東為開封，南為信陽，西有洛陽，北有安陽。二是「通」，鄭州對外交通四通八達，鐵路京廣線與隴海線在此交匯，航空與全國三十幾個城市相通，公路交通更是密如蛛網，107和310國通過境內。三是「綠」，鄭州市內綠化覆蓋率達35％，又有「中國綠城」之稱。四是「古」，鄭州早在3500年前，就是商王朝的都城，其後夏、商、管、鄭、韓也曾在此為都，在這裡留有眾多的名勝古蹟。五是「新」，鄭州自古頻遭黃河水患，以致經濟發展緩慢，惟自京廣和隴海鐵路相繼貫

通境內，成為全國重要交通樞紐，1954 年河南省會更由洛陽遷來鄭州，目前鄭州已成為河南省的政治、經濟、文化中心。六是「商」，鄭州曾是商王朝的都邑，市內至今仍留有 3000 多年前的商城遺址，另外鄭州的商業發達，由於對外交通便捷，因此鄭州也就成為各類貨物的集散地。

五月二十日天晴無風，果然是遊覽黃河的好天氣，這裡的旅遊口號說：「不登長城非好漢，不遊黃河心不甘」，今日早餐後我們乘車直奔鄭州西北 30 公里處的「黃河遊覽區」，整個遊覽區橫跨嶽山和邙山，這裡原本是黃沙滾滾的荒涼世界，直到 1970 年開始才規劃為景區，目前在嶽山上建了極目閣，山腳下有一座母親哺育孩子的塑像，象徵著黃河──母親河是中華民族文化的搖籃，在山上還建有一座大禹塑像和興建中的一百五十公尺高的炎黃二帝的巨像，由於時間所限，我們直接搭氣墊船遊河，這種結合飛機、汽車和輪船三種性能的交通工具，每艘可載 35 人，當我們登船坐定後，鼓風機開始將船逐漸抬高至 80 公分，然後緩緩離岸，駛入沼澤地，再逐漸投入黃河的懷抱，當船進入黃河水域那一剎那，每個人的心情都顯得興奮而激動，本來在大家的記憶中黃河是淤積難行的，然而我們的氣墊船卻完成了以往所不可能的任務，船行約 20 分鐘，來到黃河中下游的分界點，此地名桃花峪，氣墊船駛入沙洲，我們也一一下船，踏上黃河中間的沙洲，欣賞附近風光，向南望去，邙山有一峽谷，在山頂上立有兩個巨大標牌，寫著「鴻溝」，這是當年楚漢相爭，劉邦和項羽兩軍對峙的地方，最後以鴻溝為界，中分天下，這也是中國象棋盤上「楚河漢界」的來由。我們在沙洲上散步，導遊帶我們走到一處稱「牛皮墊」的地方，幾個人用力往地上踏跳，不久就感到地面鬆軟，進而逐漸呈現龜裂下陷，大家都感到有趣。遊罷黃河，接著趕往河南北方的焦作市修武縣去遊覽「雲台山風景區」。

雲台山舊名覆釜山，地處河南與山西的邊境，主峰 1308 公尺，景區面積 190 平方公里，是集世界地質公園、國家重點風景名勝區、國家森林公園於一身的著名景區，相傳漢獻帝曾在此避暑，更有「竹林七賢」隱居的遺跡，唐代大詩人王維曾在此吟詩再有「每逢佳節倍思親」的佳句。由於團員平均年長，旅遊時間有限，加下兩季尚未來臨，要想參觀落差 314 米的雲台大瀑布實不可能，於是我們選擇了潭瀑峽的小

寨溝，以兩個小時登山健行，欣賞路途十步一潭，五步一瀑的美好景色，當晚投宿安陽賓館已是時近七點多了。

安陽是河南省最北部的一座城市，也是中國歷史上的七大古都之一，從上古時代三皇五帝的顓頊帝嚳建都安陽，到商王盤庚遷殷，這裡已是四千多年的名城。

五月二十一日早餐後前往林州市，參觀知名的人工天河「紅旗渠」，首先來到紀念館瞭解整個工程的概況，根據記載，林州地區經多乾旱，民生凋弊，1960 年 2 月起，林州投入30萬民工，以 10 年時間，逢山鑿洞，遇溝搭橋，使用最原始的方法，一錘一鏟日以繼夜，就這樣總共跨越了 1250 座山頭，穿越了 180 個山洞，完成了一條長 1500 公里的渠道，全部施工造成的土方，如以 2 米乘 3 米的體積長度，可北自哈爾濱，南達廣州。人民以最原始的方法，打道太行山，從山西省將漳水和濁水引來林州，使大地獲得灌溉，人民生活獲得改善。這是二十世紀中國的一項偉大水利工程，離開紀念館後，我們到實地去參觀，沿著渠道，經過鷹嘴山、虎口崖、一線天，向上是懸崖峭壁，向下是萬丈深淵，到了青年洞更是一項艱巨工程，它全長 616 米，當年

由 300 位青年以半年時間將隧道打通，如今不但成為引水幹渠，更可乘快艇往返航行。團員們看了此項工程，無不驚呼感嘆中國人的刻苦犯難精神。

離開紅旗渠，前往「太行山大峽谷」，大峽谷自北西南共分八個景區，這裡群山環繞、山巒疊嶂，桃花谷是太行山大峽谷中最精彩的一段，長 7 公里，寬 200 米，谷內有黃龍潭、飛龍峽、二龍戲珠瀑、九連瀑和桃花洞等景點，是一個以「山、谷、潭、澗」為特色的自然景區，我們沿著窄小的步道前行，在黃龍潭的下方有一塊「琴台石」，據說姜子牙曾來此席坐彈琴，從黃龍潭經含珠、二龍戲珠、九連瀑這一段完全是深、寬十幾米不及四米的峽谷，沿著峭壁用粗鋼筋架了一條寬僅能容一人通過的棧道，走在上面驚險萬分，我們大多數人依導遊要求，在抵達含珠處即改道折返。回程途中又在峽谷的豬叫石景區停留，登山參觀滴水觀音像，回到林州又是晚飯時刻了。

五月二十二日參觀「殷墟」，殷墟博物苑位於安陽市西北小屯，因其坐落於「殷墟宮殿區」而得名。據史冊記載，公元前 14 世紀，商王盤庚從山東遷來北蒙（今安陽小屯一帶）曰殷，至紂滅亡，共經歷 38 代 12 王，

建都共 255 年，史稱殷都、殷商。公元前 11 世紀，周武王伐紂滅商，殷被夷為墟，故稱殷墟。清光緒 25 年（公元 1899 年）經考古挖出當時的宮殿區遺跡和殷王族陵墓，並發現了中國最古老的文字「甲骨文」以及古世界最大，重達 875 公斤的司母戊大方鼎青銅器。整個博物苑建於公元 1987 年，苑內區分甲骨文展廳和車馬坑遺址展示廳，另外在室外還有甲骨文碑林區。在苑區的西南角，則為中國歷史上第一位女將軍巾幗英雄——婦好之墓，婦好為第二十三代商王武丁的妻子，她不僅參贊國政，還多次率軍參戰，也主持祭祀，可謂地位崇高而深得武丁喜愛，故於死後被安葬在距王宮不遠處建予一座大墓和廟堂。

下午來到「羑里城」，羑里城位於湯陰縣城北 2 公里處，是中國有文字記載的第一座國家監獄，也是「易經」的發祥地。商紂王為恐姬昌反叛他，藉故將其囚禁在羑里城共七年，姬昌在極端惡劣的環境裡，潛心研究，將伏羲先天八卦改良為後天八卦，並推演為六十四卦，384 爻。這就「文王拘而演周易」的故事由來。後來姬昌的兒子發（周武王）伐紂滅殷，建立周朝，追封姬昌為文王，這座「文王廟」一進門就看到一座高八米的花崗岩文王塑像，

大殿位於城之中央，內供文王鍛銅塑像，大殿西側有一「演易台」，相傳是文王當年推演太極始創易經的地方。在大殿後方建有一座現代化的八卦陣迷宮，供遊人嬉戲闖關。在演易台後側有一土塚，名為「吐兒塚」，相傳周文王在羑里演易時，殷紂王殘忍地將其長子伯邑殺害做成肉餅，逼其吞食，周文王明知是親生骨肉，卻強忍悲痛將其吞下，事後再到演易台後方吐出，後人在此堆起一座土堆，取名吐兒塚。晚上又三度返回鄭州。

五月二十三日早餐後，我們還參觀了鄭州市的「商城遺址」，這是商朝遺留下來的土城牆，現僅高三米多，但試想時隔三千多年，幾過多少次洪患和風吹雨打，至今猶能一窺原貌，實屬不易。參觀至此本會的中原古都之旅算是全部結束，中午搭機經由香港返台，到達台大門口已是晚上九時三十分了。

附錄三　旅遊記實之三

三峽大板根森林溫泉渡假村一日遊

沙依仁

此次旅遊於本年 5 月 5 日（星期四）舉行，上午 8:00 在本校大門口報到，參加會員及親友共 42 人，於 8:20 乘坐天星公司遊覽車出發，據 5 月 4 日的氣象預報，5 日是雨天，托全體參與者

之福，當日居然是陽光普照的好天氣，大家歡欣鼓舞，心情愉悅。9:20到達三峽，參觀祖師廟及老街。該廟創建於清乾隆34年（公元一七六九年），歷經三度重建。第三次重建始於民國三十六年由名畫家李梅樹親自主持，以傳統古法建造，殿內的木雕、石刻、銅雕及銅鑄均極精細。李梅樹先生貢獻其半生之歲月從事祖師廟之重建，於一九八三年逝世。迄今經歷五十餘年，重建工程仍在繼續中。

祖師廟供奉之神，姓陳名昭應河南開封人，祖師本忠孝報國的信念，投效武軍南征北伐，雖其本身未能復國，但有恆教育子孫雪恥復國，其子孫投效朱元璋滅元。明太祖時敕封香田，興建廟宇，此為祖師廟之由來。觀賞該廟之雕刻包括歷史人物、民間小說、西遊記、封神榜之內容，還有于右任、賈景德、閻錫山等名人撰寫的對聯石刻，所以該廟為一座代表中國文化的藝術館。我們因限於時間不及仔細觀賞，轉赴中山路十八號三峽歷史文物館參觀。該館一樓正在展覽黃源龍及其學生的粉彩畫。二樓上最引人注目的展覽品是一個直徑八尺四寸的巨大竹篩，該鎮鎮民張文忠先生四代輕營竹編業，特編製巨大竹篩贈該館，被視為鎮館之寶。其他展出之古蹟包括：三峽老街之照片、三峽開關的歷史。其中最重要的兩項：1.在

清康熙二十四年，（公元一六八六年）泉州人陳瑜到三峽開墾，2.清同治十二年（公元一八七四年）馬偕牧師到三角湧（三峽的古名）講道。離開該館，我們匆匆趕路，走過古色古香的長福橋，回到遊覽車上已是10:40，這時柯碧蓮女士及黃雪梅女士買了三峽特產金牛角及蜜錢請大家享用，走了那麼多路，有點餓了，對於這及時的補給敬致謝忱。我們在11:20到達大板根森林溫泉渡假村。該村座落在三峽鎮插角里插角80號。我們先到薰風大廳的相思廳休息片刻，享用五二五○元一桌的龍蝦盛宴席開四桌，共有十二道名菜，菜肴量多、食材新鮮、烹調得宜。在台北市八千元一桌的酒席沒有這裡的好。而且吃了這種宴席可以免收門票（每張票二百五十元），很合算。大家吃得很滿意。用餐畢開始遊覽大板根渡假村，從薰風大樓往上沿山路登山，其設施依次序包括露天溫泉SPA風呂，便利商店樓上是椰林茶趣。左邊是圓型劇場及烤肉區，右邊是瞭望台。繼續登山到達皇太子行館，館旁種植四季桂。左邊是一環登山步道入口，走該步道來回時間約30分鐘。在二環登山步道附近的設施有觀景餐廳、觀景風呂及套房。左邊有芬多精套房，走二環登山步道來回約需90分鐘。到三環登山步道附近，因路線偏遠，且地勢陡峭，多處設有標

示，「若罹患心血管疾病、高血壓、或體力較差者；欲前往遊覽，請結伴同行。」走三環登山步道來回約 120 分鐘，附近的設施有小木屋、吊床、及青少年遊樂設備。我們四十二人中有少數人遊遍全程。另有幾位去 SPA，其餘多數沒有走遍。因為登山步道石級排列不規則，級距高低不一致，兩旁並未裝扶手，為安全起見，六、七位好友，坐在林蔭深處的石凳上談天，極富詩情畫意。另外有些人回到薰風大樓咖啡廳、喝咖啡，或者泡一壺茶，三五好友茶敘，也是一種不錯的享受。到 17:00 我們陸續回到遊覽車上啓程回台北，於 18:20 到達台大校門口結束一天愉快的旅程。

醫藥新知

腿部血管阻塞之預防及治療

沙依仁

中老年人因為長期缺少運動，腿部血管容易阻塞或者血液循環不暢即使在夏季腳底仍舊是冷的，倘若是糖尿病者腿部血管阻塞，血流不暢，腿容易發生潰爛，致有截肢的危險，預防的方法 1.每日散步半小時以上，而且要跨大步快步走；2.按摩腿部從大腿根部（接近臀部）按摩至腳底湧泉穴，再由湧泉穴按摩至大腿；3.從足踝至湧泉穴來回按摩；3.兩足相對互相按摩湧泉穴，每日早晚做，亦可在床上做，治療的方法：必要時可在阻塞的部位裝導管，引導其血流暢通。

10667 台北市復興南路二段二二七巷六弄十四號二樓

林　徐蘭香　先生　469

國立台灣大學退休人員聯誼會
地址：台北市羅斯福路四段一號（台灣大學）
電話：2369-5692　　Fax:2364-8970

印刷品

```
中華民國九十四年九月三十日出刊
會　務　通　訊
第　三　十　二　期
發行者：國立台灣大學退休人員聯誼會
會　　址：台北市羅斯福路四段一號國立台灣大學
　　　　　舊植研所二樓
電　　話：23695692　　Fax：23648970
```

會務動態

一、本會第五屆第四次理監事聯席會議，已於九月十三日假北市福州街中華民國合作事業協會三樓會議室召開，除兩位理事請假外，其餘全員出席，由於討論議案後，會議於中午十二時前結束。

二、本次會議場地，由許副理事長文富安排，會後許副理事長作東假天然台湘菜館，邀宴全體理監事及工作人員，賓主把酒歡聚，於下午二時許結束。

三、本會於 94 年 7 月底，分別向學校人事室及事務組承辦退休業務人員，取得退休人員資料一份，共計 91 人，並於 8 月 1 日分別發函，邀請其參加本會，現已有多人來會辦理手續中。

四、迄至 94 年 8 月 31 日止，本會在籍會員共 545 人，扣除病故者 31 人，他遷或停權及退會者 108 人，實際會員 406 人，內含永久會員 229 人。

五、本次理監事聯席會議，通過歡迎游鈴月、陳汝勳、林碧媛、戴芬芝、陳明珠、葉重康、林慶文、鄭永孝、楊彩玉、張逸琳等十位女士、先生為本會會員，另潘明風先生變更為永久會員。

六、本會於三十一期會務通訊上，開創「老照片，說故事」專欄活動，其目的在激發會友對本校早期的懷舊及向心力，僅有路統信先生之校園滄桑 60 年刊載在本期會外，請各位先進會友踴躍投稿，甚至不限內容，無論生活經驗、社會小品，旅遊記實等，都十分歡迎，藉以充實會訊內容，增加可看度。

七、會員李敏達教授、趙蕃娟女士、劉育雄先生等三人，分別繳交所欠會費後，特別聲明，因年事已高，行動不便，向本會提出退會申請，特此提案報備。

八、本會依例寄發會友生日賀卡，七月份寄出三十份、八月份二十一份、九月二十九份，共計八十份。代表本會敬祝各位壽星身體健康，萬事如意。

九、本會多年來一直缺少一較大場所，作為會友聚會活動場地，現經沙理事長協同劉組長鵬佛向學務處第二學生活動中心爭取，現經該中心同意，在 94 學年度一學期每星期二中午 12:00～13:00，免費使用第二活動中心五樓排練室 C，本會正籌劃舉辦各項活動，

歡迎會友踴躍參加。

十、本會所舉辦之太極拳及氣功教練班，活動日程如下，歡迎會友選擇參加：

1. 太極拳班：指導老師：方祖達教授。活動期間：每週一、三，上午 8:30～9:30。活動地點：鹿鳴堂右側廣場。

2. 氣功班：指導老師：沙依仁教授。活動期間：每週二，上午 8:30～9:30。活動地點：生命科學館前廣場

十一、今年十一月十五日，欣逢本校成立六十週年校慶，全校將擴大舉行各項慶祝活動，校友會亦將號召全球校友回校慶祝，校內各社團競相舉辦各種活動。本會除方前理事長祖達等表演五禽戲運動外，沙理事長依仁表演美容氣功，此外慶祝單位又規劃了一個展覽桌位，作為展出本會資料，會友五年內近著或代表作，書畫及各種藝品及中國結等。會友如有成品參展者，請於十一月十一日前送交本會辦公室，以便展出。此外本會還設置了一個攤位，將製作中西美點，以及書籍等義賣，希望各位踴躍購買，共襄盛舉。

十二、近年來台灣地區罹患失智症及憂鬱症的老人很多，幾乎以倍數增加，政府鼓勵民間社團，多舉辦老人教育及訓練。本會亦將響應開辦，初步規劃開辦中國結、民間才藝、談古說今等等，會友如有特殊才藝，願意開課擔任師資者，本會非常歡迎，此項活動將酌收費用，作為材料開支，詳細情形正規劃中。

十三、本校教授聯誼會發起，成立「台大托老所」，本會、教師會及職工聯誼會均表贊同，正共同參與籌辦中。托老所又稱「老人日間照顧所」，係收托六十五歲以上老人，這些老人多是初階失智，或心神喪失，或行動不便，家中缺人照顧者，可於上午送到托老所，與所內老人共同參與休閒活動，或輔導訓練，中午在所內午餐，飯後午睡，參加娛樂活動並吃點心，至傍晚由子媳接回，或包租計程車送回，收費每月約一萬元至一萬伍仟元左右，比雇用外勞節省一倍。現正與學校洽房舍中，未來如果開辦，本會會員及在職教職員的父母有此需要者，都可登記受託。如果有此需要，請到本校聯合服務中心登記。

十四、本校今年度全校運動大會，本會報名參加者有三十多人，男女都有，其中不乏當年田徑校隊代表，但體育組將本會成員編入在職教職員組，年齡相差過於懸殊，競賽甚為不妥，如鼓勵退休老人亦能多多運動，本會計劃行文體育組，請在田徑項目中，增設「長青組」鼓勵七十五歲以上會員參加。

十五、本季理監事聯席會議後，許副理事長文富假天然台湘菜館，邀宴全體理監事及工作人員，席開兩桌，大家無拘無束，談笑風生，尤其許副理事長風趣幽默，但言談間頗具醒世哲理，他告知大家，幸福人生要俱備四力，那就是(1)體力，(2)家力，(3)友力，(4)財力。他解釋說：健康是幸福人生第一要素，沒有健康，就沒有體力，也就沒有幸福，家庭和樂是幸福的源泉，朋友往來是精神生活的支柱，缺乏財力，幸福無從立足，就此在年輕時就得從早規劃。

他又提醒大家，退休後要注重四樂，那就是(1)助人為樂，(2)知足常樂，(3)三代同堂天倫樂，(4)自得其樂。他的解釋是：人生都不是十全十美的，有些時候或多或少需要別人幫助，能夠幫助別人乃人生一樂也。天下事千奇百怪，人比人又氣死人，何不知足常樂呢？三代同堂兒孫繞膝最樂，但今天的社會及居住環境三代同堂多很難做到，改為三代同鄉或同一社區，也就達到三代同堂之樂了，最後是自得其樂，那就是在身體健康許可下，盡量滿足自己，也就達到自得其樂了。

十六、本會於今年第二季時，曾規劃舉辦三次旅遊活動，但因颱風及其他因素影響，泰國旅遊因報名人數不足而停辦。今後多辦國內短期行程者，以一至二日為原則，至於國外旅遊依彈性辦理。

九十四年第四季旅遊活動報導

一、黃金的故鄉一日遊：

時間：十月廿二日（星期六）

景點：九份昇平戲院、基山街小吃、風箏博物館、山城午餐。金瓜石太子賓館、黃金神社、本山五坑、黃金瀑布、黃金博物館、勸濟堂、水南洞、陰陽海。

說明：1.因山路狹窄租用 25 人中型巴士最好，43 人之大型車亦可，報名請早。2.勸濟堂有東南亞最大的關帝君銅像高35尺、重20噸。3.本行程在體驗採金人之生活，並見識創金氏紀錄 220 公斤重的純金金磚，並嘗試以兩指夾起 12.5 公斤重的金條。

團費：每人約 800 元（含車資、午餐保險等）

即日起接受報名請至本會或電話報名2369-5692 均可。

二、新埔客家農家巡禮：

時間：十一月五日（星期六）

活動概要：1.福祥多肉植物：有六千多種多肉植物及蘭花。2.陳家農場、客家米食、自然生態培育。3.金漢柿餅園區、寶石觀光果園。

團費：每人約 700 元（含車資、午餐、保險等）

三、泰國清邁、清萊六日遊：

時間：十二月上旬

景點：佛教聖地雙龍市、大象學校、猴子學校、野味夜市、皇后御花園、泰可素遺跡、長頸族、美斯樂基地、美人村等。

說明：1.由台北直飛泰北清邁，不經曼谷轉機，節省行程。2.六天行程較五天行程豐富很多，但費用相差有限。3.清邁為古代南娜王朝之文化、宗教、政治中心，值得一遊。

團費：每人約 20000 元，待登記人數合於組團，再詳洽行程及費用。

九十四學年度第一期教學活動

一、中國結教學班謝美容老師：教學內容：教導做基本結 10 種；學程：兩個半月；時間：每星期二下午 1:30～3:30；地點：本會辦公室；收費：學費加材料費共 1500 元。

二、談古說今班劉鵬佛老師：教學內容：談論古代的歷史、人物以及當代的大事；學程：兩個半月；時間：每星期六上午 9:30～11:30；地點：本會辦公室（植研所大樓二樓）；收費：學費1000 元。

即日起接受報名，請至本會辦公室報

3

名，學員無論是本會會員或非會員均可，年齡不拘（成年至老年均收）額滿即通知開課。

附件一　老照片說故事專欄：路統信

今年是台大成立一甲子，60 周年慶讓我們回顧早年台大校園的情景。圖為校門及門前廣場：1945 年台灣光復，台大成立，第一任校長羅宗洛教授，到校視事後校門門額上原來的「台北帝國大學」刻石取下，冠上「國立台灣大學」門額，新門額是由當時的教育部長朱家驊題署，現今門額題字依舊，只是「朱家驊題」字樣已模糊不清，難以辨認了。早年校門前廣場是一片碎石舖地，雜草橫生，由來往行人，走出幾條羊腸小道，令人有荒蕪不堪之感。

附件二　旅遊紀實（一）：

秀麗浙東九日遊　　　方祖達

遊覽秀麗浙東主要景點有普陀山、天台山、雁山、仙都風景區、金華雙龍洞、東湖、魯迅故居、天一閣及梁祝公園等，雖然我們在炎夏烈日下奮力旅遊，也可供我們對這一趟所感受的留著永遠深刻的回憶。

七月一日早晨 5 時 20 分，我們一團 32 人在台大校門口上車，由山林旅行社段小姐

帶領沿中山高速公路直達中正國際機場第三航廈。辦好行李托運及出境手續，於 8 時正搭乘港龍 KA489 班機，9 時半到達香港。11 時 15 分轉機於 13 時 40 分到達浙江寧波機場，辦好入境手續，由地陪小王帶領我們搭上金龍客車往普陀山碼頭前進，15 時 30 分參觀號稱中國大佛寺的阿育王佛寺、大門上書"八吉祥地"，聯日：入不二法門永超塵劫，願大千世界共證菩薩。大雄寶殿後是慈修普渡的觀音菩薩，16 時搭車到碼頭等待乘船，這時發現我們一位老團員不見了，原來這位老先生已先錯跟別團前往，也讓大家虛驚一場。到達普陀山住入中信大酒店，黃昏的海風拂拂，感到涼快極了，用了晚餐，大家就進入房間休息了。

七月二日早餐後，車開往普陀山另外三大佛寺。7 時 35 分先到法雨禪寺。據云建於 1580 年，清雍正年間重修。在寺廟前立一座九龍石壁，此巨岩係自福建莆田運來的。又在清乾隆年間在觀世音菩薩大銅像的屋頂懸掛九龍龕。第一殿供奉彌勒大佛、二旁立四大金剛。二殿為華嚴殿。三進為大雄寶殿，供奉三大佛祖：中央是釋迦牟尼佛、右邊是消災的藥師佛、左邊是接應佛。又在三大佛祖的右邊為佛祖的老師怡證菩薩，亦稱"文珠佛"。8 時 40 分到佛頂山，走約三百公尺到慧濟寺，位於普陀山北部最高點。此寺依山勢建立，進去先後依序也是彌勒佛、大雄寶殿及觀音殿。整座普陀山面積只有 15.5 平方公里，卻有大小寺廟 1500 個。10 時 20 分到近海邊的二個禪寺，一是紫竹林禪寺，一是不肯去觀音陀，據云是一日本和尚在此托夢觀音在此現身，因而在此地建立禪寺，寺前面立一座望海亭，以資紀念。11 時到達南海觀音立像，高數丈，十分雄偉。12 時用午餐後前往普濟寺，到西山經過煉丹洞，再

爬石塔到磐陀石，是豎立在大石塊上，旁書觀音說法台，這一段行程因天氣炎熱，且多是徒峻的石塔，所以只有一半的團員前往。15 時 40 分到達碼頭準備渡船回寧波市區去。約一小時後搭上甬旺號渡船（可容納三百人）行船 70 分鐘約 28 浬到達大樹島碼頭。由於我們原乘的九龍旅行車冷氣機故障，須另派車接應。結果在炎熱的碼頭等待約一小時多，才上車。開約 90 分鐘才到達寧波市，享用寧波風味餐，又安排去逛寧波市最大的天一廣場，出來時已是晚上 9 時多，又因接送的旅行車連絡不上，等約半小時才上車。回到銀苑賓館已是 11 時，希望大家有一個甜蜜的睡眠。

七月三日，8 時餐後上車，造訪寧波市天一閣，也是中國早年最大的藏書處，是明代嘉靖年間兵部尚書范欽（1506～1585）所創建。藏書多達百萬卷，多為記載明代考舉的資料。閣的主堂庭壁上留存墨馬畫像。聯曰：為事流芳千古，良書播惠九州。藏書於一年四季均取出日晒，防止蟲霉之害，可用芸香防治。旁設一麻將紀念館，將世界各地各樣的麻將牌收集多達數百種展覽出來。院前有玩麻將的塑像，表明麻將起源在寧波，係昔日供出海捕魚者消遣用的。列有玩麻將的各種規則。聯曰：简來索去猶牛日，黎橫月落不曾知。之後驅車到奉化溪口鎮蔣氏故居，今列為紀念蔣家之甲級觀光區，介紹蔣公家世的盛衰及許多文物處所，以一小康之家的蔣介石與蔣經國父子對中國政局的影響，也值得兩岸中國人的懷念！

在溪口花園餐廳享用芋頭餐並品嚐當地生產的水蜜桃、璠桃和哈蜜瓜。13：30 車開往天台，15：50 到達中國最古老寺廟——國清寺。據云係隋代楊廣時開建，1973 年遭文化大革命摧毀，後來於 1988 年由台灣一位信徒貢獻重建，也修復了一座中國最古老的浮屠（佛塔），晚餐享用濟公宴，夜宿赤誠賓館。

七月四日，繼續遊天台的赤誠山和濟公塔院，7：40 到達，沿石級步道走約 15 分鐘到達濟公寺廟。廟中供奉三大濟公塑像外，後面立著十多尊表態不同的濟公佛像。再往上爬可到赤誠山，因天氣太熱，登上佛塔處四分之一團員在塔邊拍照留念。車沿高速公路南行約二小時到達屬於溫州市的雁蕩鎮。先到銀雁賓館休息，再到香噴噴餐廳用午餐。14 時到雁蕩風景區，步行 15 分鐘開始看到沿途各種高山奇石；如雙珠谷、鐘鼓齊鳴、老僧拜塔、雄鷹展翅、寶塔峰、靈巖禪寺。有對聯曰：一柱擎天挹秀，萬峰湧地爭妍。山鷹蕩水龍湫洞石佛百二峰，拔地凌雲海上名山稱第一。左展旗右天柱後雲數千仞神工鬼斧靈巖勝境僅無多。最後我們走到峽谷的盡頭小龍湫，乘坐約百公尺的電梯看到瀑布的原頭。下午三時半聚集好多遊客看空中彈跳表演，在一個高約三百公尺的峰頂，表演者腰懸繩索，左右盤旋緩緩下山，經過約二十多分鐘彈跳到達山下時受到觀眾拍手稱慶。雁蕩山特殊地質風景區已於今年列入世界一級地質地貌公園。由火山噴出來的岩石仍留存許多地表泡沫的痕跡。接著大家在觀看二峰頂間的通過繩索表演，再繼續走到大龍湫公園，見到高約 4～5 丈的瀑布垂直落下成一池湖水，17：40 回旅館用晚餐。18：50 導遊小姐帶領我們去看雁蕩夜景，在夜色濛濛中導遊用手電筒指示幾座山峰奇石的形像；如鷹峰展翅、美女思情、情人相會、老婆尋夫等。所謂形像三分，意像七分，像或不像也算是到此夜色中涼爽遊蕩一回，留給日後回憶。回到旅館讓走了一天的疲乏身體很快進入睡鄉。

七月五日，早餐後車南行沿高速公路約二小時到達溫州市。是浙江第三大都市，近年來工商業十分發達。我們先搭渡船遊江心嶼。十時半參觀江心寺有一對聯曰：雲朝朝朝、朝朝朝朝朝散，潮長長長，長長長長長消，十一時參觀宋文天祥紀念館，再回到市區用午餐，下午四時半到達縉雲，住進香溢大酒店。

七月六日，上午八時半到達小赤壁山下，沿石堦上山，再沿鑿開岩石的棧道行走約十多分鐘到小赤壁的仙人洞，設有供飲的泉水。每杯售價人民幣一元，卻沒有旅客光顧。回程走到甌江支流的溪邊，在赤壁大石前拍照留念。十時半到一渡船碼頭，實則是一個竹筏的簡易渡江工具。收費每人一元，搭上竹筏回到對岸，也別有一翻趣味。在鼎湖峰看到一座 170.8 公尺高的巨石，我們通過溪流，到軒轅黃帝殿去參拜。廟內豎立一尊黃帝大塑像。午餐後改搭二輛小型旅行車往金華雙龍洞，入口處有一巨石刻著朱元璋書的"龍洞勝景"。再往上行則一大片樹蔭下，許多遊客自帶草蓆在樹蔭下納涼休息。至洞口，我們四人一組，平躺在一條小船上，由鐵繩推拉小船進入黑暗的水洞，十分刺激有趣。上岸後由導遊帶領我們沿石堦介紹洞內各處景點。原來雙龍洞由外洞、內洞和耳洞組成，由外洞至內洞須經過一條長十公尺、寬三公尺的地下河水道，水道水面離地下河頂灰岩只有 0.3 公尺左右的洞隙，進內洞非臥船不可。詩曰"千尺橫梁壓水低，輕舟仰臥入回溪"的真實寫照。冰壺洞位於雙龍洞的斜上方，有地下河水道相連接。古人因其口小、肚大、形似酒壺，內有瀑布涼氣逼人故名。壺內外落差 20 多公尺的瀑布，長年如飛瀑濺玉，故詩曰：洞外煙雲膚寸合，洞中冰雪百尋飛，壺中日月憑誰

記，水自空濛雲自歸。又曰銀河倒瀉入冰壺，滿壁珠璣飛作雨，長有驚雷陣陣呼，嶔崎此景域中孤。朝真洞內有一線天等景點及深不見底的洞峽，詩曰：澗落千尋通地脈，光生一線透天門。明代名旅行家徐霞客在此考察後並寫了五千餘字的遊記。遊畢雙龍洞令人嘆為觀止，我們乘車回到國貿賓館已是下午六時多。

七月七日，早晨七時半上車，北行 1.5 小時到達浦江縣，換二輛較小旅行車到達仙都峰，是一處森林為背景的國家級風景區，上午十時開始登山，沿石堦道路走約二十分鐘可見到高約 30 公尺的濟公峰，再往上走約十分鐘看到情侶峰，好多人在此拍照留念。再往上去見到高約一百公尺的大鐘峰。上面有一涼亭，再走到望松亭，而後下山走出群峰，在出口的樹檐下稍做休息。見到拱門上刻有"雲間秀色"，旁聯曰："仙華傑出窮怪異，望之如雲浮太空"。休息時大家忙著購買當地出產的花蕈和百合。中午車往北行經一小時到義烏市，看到市街廣闊、高樓林立、環境清潔，頗有大都市之規模方範。午餐後進住銀都大酒店，讓大家好好休息，再到義烏全國出名的大賣商場，準備大逛一下，結果發現這個商場所販賣的貨品多為批發的，於是我們也提早離開。晚餐就在銀都大酒店享用一頓豐盛的中式合菜。山林旅行社還給大家加菜，包括大食西瓜和芒果。

七月八日，上午七時半車北行約二小時到達紹興市，據云秦始皇南遊時曾到會稽即今之紹興，亦是戰國時代吳越爭霸時越王句踐以臥薪嚐膽、勿忘在莒報仇復國的地方。紹興以中國第一盆景及酒罈名於世。歷史上許多名人峽事如南宋詩人陸游，近代文學大師魯迅和中共總理周恩來；美女如王昭君、西施、貂嬋和楊玉環等，革命女烈士秋瑾也

是紹興人。我們先參觀魯迅故居及紀念館，原名周樹人，先人是官宦人家，府第頗大。父伯宜 36 歲歿。事母至孝，先在壽孝天師執讀書，後留學日本，因思想左派，在文壇上極有地位，著有阿Ｑ正傳、孔乙己等書，文章中多鼓吹改革中國人的陋習及封建思想，先在國民黨政府擔任中學校長及大學教授，後參加反對聯盟，死後被中共政府推舉為中國文學之父。魯迅紀念館的堂壁上書有其流言，聯曰：運交華蓋欲何求，未敢翻身已碰頭，舊情遮顧過門市，破船載酒泛中流。橫看冷對千夫指，俯首甘為孺子牛。躲進小樓成一統，管他多夏與春秋。魯迅原配朱安，另有愛人徐廣平。接下遊沈氏園林，為紀念宋愛國詩人陸游而建。陸游（1185～1230）的詩詞均是批評當時國政，北宋因被金兵迫敗，徽、欽二帝被金人所擄，只保有南宋。

陸游的一生受到婚姻的失敗而苦痛不已，原與表妹唐琬結為夫妻，因陸母不滿，二人婚後三年未生子女，加以陸游進京考舉未中，其母迫陸游與妻離婚。後來男婚女嫁各再成家，但陸游仍與唐琬暗通款曲，被其母發現而禁止繼續往來，二人各自分開，不意十年後一日在此園中遇見，情何以堪。於是有"釵頭鳳"之對辭，其哀情相思之苦，實難以言語可表，此也是封建時代的婚姻一大悲劇。

午餐後回到越都大酒店休息，至下午三時開車約十分鐘到東湖參觀，曾是秦始皇出巡時，在此停車餵馬處。漢代起，採了無數石材鋪路、築墻建屋，成為紹興一大特色。清末陶淵明第 45 代孫出資在此重建景區，堤外為河，堤內為湖、水洞、橋、亭具全、舟楫花木、樓台皆備，宛如巧奪天工，濃縮了江南精華。山林旅行社請我們搭蓬船遊湖，三人一組，共十隻船浩浩蕩蕩魚貫遊

湖，經過仙桃、啦叭及陶公三個洞天，看到高達百公尺的石壁及經過狹窄的航線，人在船中猶如坐井觀天，又幽靜又涼爽，拍照納涼是暑夏中一大享受。五時乘車回到酒店休息，享用一頓豐盛的晚餐。

七月九日上午七時半車東往寧波，二小時後參觀位寧波西郊的梁祝文化公園。園內梁山伯廟建於東晉安帝隆安元年（西元 397年）。據史書記載，梁山伯曾任地方官，我們走進公園，先看到的是萬松書院，內有先師堂。再進入梁祝文化陳列館，在展示館中也列出在江蘇宜興和河南汝陽也有類似的梁祝紀念館，可見梁祝的愛情故事早已流傳於大江南北了。看到梁祝兩人的蝴蝶塑像，也看到二人相送時的種種比喻：如遇見樵夫、觀井拜堂及過橋等各個情景。最後面有梁祝合穴塚等文化遺址。被中國梁祝文化研究會等專家確認為梁祝故事的正宗發源地。1993年在此基礎上建立三百畝的主題公園。聯曰：同學兼同穴千秋義氣誰堪侶，殉身不殉情一片烈心獨自追。參觀約一小時多便驅車到市區，在越都大酒店用午餐。下午 2：20搭港龍航空經香港轉機到中正機場已是晚上九時了。回到台北，大家道別後各自回到溫暖的家，也結束了炎夏九天的浙東之旅。

旅遊紀實（二）

觀音賞蓮一日遊　　　　沙依仁

本會會員及眷屬 43 人於民國 94 年 7 月12 日（星期二）上午 8 時 20 分於台灣大學校門口乘遊覽車啟程，於 9 時 40 分到達新屋蓮園。該蓮園座落在桃園縣新屋鄉清華村 11 鄰4 號，電話（03）-4775228。佔地 13 公頃是新屋鄉最大的蓮園。栽種了二十多種蓮花及荷花。蓮花的顏色有粉紅、淡黃、紫色及鵝黃色等，花瓣多而細長。從前僅供觀賞用，目前有些蓮園將蓮花瓣供食用，例如辦一桌蓮

花宴。每朵蓮花開花期間僅能維持三天。白天開花，傍晚合攏。葉子浮在水面上。

荷花的顏色以粉紅色或桃紅色佔多數，白色較少。花瓣及葉均比蓮花大，形狀不同，葉柄長，超出水面，花開時花心是一個極小的蓮蓬，逐漸長大，花瓣掉落，蓮蓬成長的速度極快，大約二十多天蓮子就成熟了。荷花全株都有用，根是藕可作蔬菜及點心。葉子晒乾可作烹調材料，例如荷葉粉蒸肉是將豬肉切碎，加醃料及蒸肉粉，包在荷葉內蒸。蓮子可作點心及菜餚。剝掉蓮子的蓮蓬及藕節可作中藥材。

該園的設計參考許多國外的庭園，尤其是大陸的名園有草橋亭閣、步道、九曲橋、柳樹、池塘裡有錦鯉、泥鰍、魚、蝦，環境幽靜，小橋、流水，遊魚可數，極富詩情畫意。到此一遊感覺到人在畫中，心情無比的輕鬆愉悅。園區內除了蓮園外，另設有釣魚場、烤肉區。假日有釣蝦、抓泥鰍等活動。

我們又參觀了該園的農場，搭了高高的棚架園以鐵紗，分層種了多種蔬果、有小蕃茄、小黃瓜等。另有從外國引進新品種的檸檬，大如木瓜，覺得很驚奇。

10：20 分離開新屋蓮園到達上大蓮園，該園範圍較小僅種荷花，沒有種蓮花。荷花顏色鮮艷，花朵大，蓮子也大，是其特色。我們在 10：40 分離開上大蓮園乘車赴吳厝楊家莊農牧實驗園區，於 11：15 分到達，該園座落在桃園縣觀音鄉樹林村 2 鄰 14～2 號電話 03-4838510，成立於民國七十七年，初創期以網室栽培瓜果蔬菜，民國八十二年開始養羊，成為農牧混合經營。民國八十九年起栽種蓮花加入觀音蓮花季，目前該園經營已頗具規模，遊客日增，尤其是國民小學的校外教學。教師帶了全班學生到園區餵羊、煁窯烤肉、陶藝教室、琉璃陶板彩繪等。92 年

增加溫室立體草莓園、玫瑰園、百香果園，四季都有花果可採，項目增多，經營規劃也改變成以休閒、服務為主要目標。該園全年開放觀賞的項目：懶羊羊放牧體驗、煁窯、全羊烤肉區、瓜果、蔬菜栽培區、古早味餐廳、玻璃花房咖啡屋、水禽生態區，樂翻天童玩屋。四季活動項目：6～9 月蓮花、12～1 月挖蓮藕體驗、12～5 月草莓溫室採果、9～12 月大百香果園、9～11 月洛神花田採果。其餘香水睡蓮及溫室玫瑰園是全年都開放的。

我們在古早味餐廳用餐，享用 12 道菜的蓮花宴，並參觀園區，聽解說員說明。我們看見香水睡蓮及大王蓮。香水睡蓮及一般蓮花都是日間開花，傍晚開始合攏，一朵花開三天。大王蓮的葉子直徑有一米五，每片葉子可載重 50 公斤，二位幼童共坐在一片葉子上應該是毫無問題。葉子的邊緣有高一吋半的圍邊，因此池塘裡的魚倘若跳到大王蓮的葉子上就跳不回池塘了。我們還看到有些葉子上放了一個大塑膠盤。解說員說明有些遊客體重不輕，向大王蓮葉片上猛力坐下，很容易使葉片破損，放一個塑膠盤，一方面保護葉子不破損，另方面也保護遊客的安全。種植大王蓮需要大池塘。一株大約有十幾片葉子，每張葉子一星期就長成，大約可維持二星期，新葉再生長。每株大王蓮會開一叢花，大約數朵到十朵左右，晚間開花，我們這次沒有看到。大王蓮葉背有刺以防止水生生物去吃它。蓮花的形狀不同其花瓣亦不同。盤狀花是單瓣。碗狀花是重瓣的，杯狀花、花瓣是複瓣的。娃娃蓮的花瓣是千瓣的。

到了水禽生態區，看到大批鴨子有綠頭鴨及菜鴨在池塘裡遊，沒有看到紅面番鴨及黑面番鴨。下午 1：40 結束該園區的參觀乘

車赴觀音鄉新坡村 17 鄰 38～1 號的元音農場參觀。該農場成立於民國 87 年，初以種植藥用枸杞爲主，最近爲提升枸杞之效用，更致力於研發與生產枸杞相關之養生品。我們在 2：10 到達該園。先到農場看栽植的枸杞，然後到品茗休息區品茗。該農場爲我們泡了枸杞茶及香水蓮花茶。

這裡已經是我們參觀的第四個景點，天氣熱，大家也走累了，能夠坐下來飲清涼芳香的枸杞茶及香水蓮花茶真是一大享受。大家閒話家常，談笑風生，有些人買了盆栽的枸杞。我們又到水池邊去參觀，看到肥大的紅面番鴨及鵝群。在該農場印象最深的是老闆娘的親切及慇勤；她是一位五十多歲的婦女，她不但陪著我們到處參觀、泡茶給我們喝，而且還表示：「下次歡迎你們來要早一點通知，我們會殺鴨宰鵝燒整桌美味的客家菜來款待你們。」

雖然該農場規模不大，且遊覽時不在枸杞盛產期，由於招待周到，使我們有在盛產期重遊此地的意願。

在回程的路上，老闆娘又送我們一程，在幽靜的小徑上和我們道別。我看到路旁老樹的樹幹上長了十幾朵靈芝，十分驚喜。

4：10 我們到達永安漁港，這是觀音賞蓮的第五個景點也是最後一站了。規定停留半小時於 4：40 乘車返回。該漁港建築很現代化，設備好，規模大，分鮮魚區和熟食區兩區。鮮魚區有新鮮的魚蝦、蝦米及丁香魚，各滿滿一盤，售價每盤 100 元。熟食區，有烹調好的螺肉、烤魷魚、魚丸湯，還有許多飯店，炒海鮮每盤 100 元。售價低廉、食材新鮮，可惜因爲時間有限，不及在此地晚餐。回程恰好是下班時間，道路擁塞到達台大校門口已經是 6：10 分了。

附件三　參觀活動

蓬萊陵園參觀記　　　沙依仁

本會會員 15 人於本年四月二十六日（星期二）曾參觀位於金山鄉五河村南勢湖 74 之 9 號之蓬萊陵園，本文原應登載在上期（第 31 期）會訊，因爲稿件過多延至本期刊登。當日上午 8：30 從台灣大學門口出發，於 9：50 到達，該園原先爲國民黨經營事業，其目的爲黨員謀福利，可以購買價廉而超值的塔位，現已改爲民營，一般民眾均可購買優惠價格的塔位，我們一行進入祥雲觀參觀，該館建築宏偉，外觀與陽明山中山樓相似。每一層樓從天花板到地板，塔位排列成九格，第一、二、三、七、八、九格售價較低，每個塔位三萬元，第四、五、六格位置適中每個塔位三萬五千元，均包括永久管理費在內。我們看到這種優惠價格的塔位僅佔一小部份。其餘一般價格的塔位都在十一萬元以上。因此優惠價格的塔位比一般價格的塔位，每個可節省八萬元左右。蓬萊陵園無論土地開發、建築及使用都是合法的，有台北縣政府准於啓用的公文、建物所有權狀、及使用執照的正本及影印本爲憑。除單塔位以外尚有夫妻塔位、家族塔位，以及園區內土葬墓園，尚有不少穴位。我們參觀完畢，回到祥雲觀地下一樓用餐，餐畢略爲休息即乘車返回。

本會會員如有意前往參觀，請於週一至週五上午 9：30～11：30 到本會（本校植研所二樓）登記，由該公司派車接送參觀。

附件四　講演摘要

養生保健　　齊國力教授 演講紀錄摘要

最近北京市得兩個冠軍：一是高血壓冠軍，另一是高血脂冠軍。大陸死亡率最高的年齡是 30～50 歲的人。大多數是病死的，很少數是老死的。大陸的平均壽命現在是 67.88

歲。而日本女性的平均壽命是 87.6 歲，相差將近二十歲。聯合國提出一個口號：「千萬不要死於無知。」很多人死於無知是很冤枉呀。國際上在維多利亞開會有個宣言，包括三個里程碑：一、平衡飲食。二、有氧運動。三、心理狀態。

一、平衡飲食

國際會議上定出六種保健食品：(一)綠茶、(二)紅葡萄酒、(三)豆漿、(四)酸奶、(五)骨頭湯、(六)磨菇湯。

綠茶裡含茶坨粉是抗癌的。每天喝四杯綠茶，癌細胞就不分裂。綠茶裡含氟，它能堅固牙齒、消滅牙菌、消滅菌班。綠茶含茶甘寧，能提高血管韌性，使血管不容易破裂。

紅葡萄酒：紅葡萄的皮上含逆轉醇，它是抗衰老，也是抗氧化劑。常喝紅葡萄酒的人不得心臟病，其次它可以防止心臟的突然停搏。什麼情況下心臟可以停搏？(一)是原來有心臟病的人。(二)高血壓患者。(三)吃過多、過硬、過粘、過熱的食物可以使心臟停搏。例如吃熱的大塊年糕。紅葡萄酒還有一個作用是降血壓、降血脂。葡萄酒的用量每天不得超過 50～100 毫升，白酒每天不能超過 5～10 毫升，啤酒每天不超過 300 毫升。倘若不會喝酒的人，可以吃葡萄不吐皮一樣保健。

豆漿是大豆（黃豆）製成的，它含有至少 5 種抗癌物質，特別是飴黃酮它能預防並治療乳腺癌。豆漿還含鉀、鈣、鎂及寡糖能 100% 吸收。酸奶是維持細菌平衡的，喝酸奶可以少得病。骨頭湯裡含有琬膠是延年益壽的。磨菇能提高免疫功能。

其次說到「食」的問題　穀類、豆類、菜類，所謂亞洲金字塔最好，包括：(一)老玉米是黃金作物。它含有大量的卵磷脂、亞

油酸、穀物醇、VE，所以不發生高血壓及動脈硬化。(二)蕎麥，它有降血壓、降血脂、降血糖的作用，並含有 18% 的纖維素，吃蕎麥的人不得胃腸道病症，包括直腸癌和結腸癌。(三)薯類包括白薯、紅薯、山藥、土豆，它吸收水分、脂肪、糖類及毒素。吸收水份、潤滑腸道不得直腸癌、結腸癌，吸收脂肪、糖類不得糖尿病。吸收毒素，不得腸胃道炎，大家多吃薯類。(四)燕麥：能降血脂、降血壓、降甘油三脂。(五)小米：它能除濕、健脾、鎮靜、安眠。所以大家別服安定（安眠藥），改吃小米粥。早上一碗玉米粥，精神煥發，晚上一碗小米粥，呼呼大睡，有多好呀！

下面談到穀、豆、菜中的豆：中國人的優質蛋白普遍缺乏。大豆（黃豆）中蛋白質含量極豐富。一兩大豆的蛋白質等於二兩瘦肉，等於三兩雞蛋，等於四兩大米。而且豆漿裡有 5 種抗癌物質，特別是飴黃酮能預防、治療乳腺癌、直腸癌、結腸癌。牛奶雖好，但是亞洲黃種人有 70% 不吸收牛奶中所含的乳糖，而且牛奶裡沒有抗癌物質，所以不妨在牛奶裡加點豆漿。

現在談到穀、豆、菜中的菜：(一)胡蘿蔔，它能：1.預防並治療夜盲症，2.它是美容菜，養頭髮、養皮膚、養粘膜，3.長期吃不容易患感冒。(二)南瓜：它刺激維生素細胞，常吃不糖尿病。(三)苦瓜：能分泌胰島素物質，常吃也不得糖尿病。(四)番茄：常吃番茄不得癌症，它含有番茄素必須加溫到一定程度才出來，所以要吃番茄炒蛋，或番茄湯，生吃不抗癌。(五)大蒜：它是抗癌之王，但是必須生吃不能加溫，正確的吃法是將它切薄片放在空氣裡 15 分鐘，它和氧氣結合以後產生大蒜素，大蒜素才抗癌，除掉大蒜味可吃點山楂、花生米，再吃點好茶葉

就沒味了。(六)黑木耳：它能使血不粘稠，預防心肌梗塞，比吃阿司匹林有效，無副作用，吃阿司匹林會眼底出血。

高凝體質的人最容易心肌梗塞，那是矮、粗、胖的人，尤其是更年期婦女，血型是 AB 型的。還有脖子越短的人越容易高凝血稠。什麼情況下能避免高凝血稠？1.過年時不要大吃大喝吃得過飽。2.多喝點好茶活血化瘀。3.千萬不要生氣，生氣時血就稠。4.喝白酒也容易血稠。5.花生米不要連皮吃，花生皮沒有營養，它只能使血凝、提高血小板、止血用的，中老年人千萬不要吃花生皮。6.不能久坐，長時間看電視坐著血凝度會升高。(七)花粉：它是植物的精子，孕育著生命，營養最豐富。花粉必定要經過處理、消毒、脫敏才能用，街上賣的花粉有硬殼未能破壁處理不能用。花粉的作用：1.恢復腎功能。2.能維持腸道秩序不會得到習慣性便秘。3.使人健美、維持體型。(八)螺旋藻：它 1 克等於 1000 克各種蔬菜的綜合，營養特別豐富，營養分佈最平衡，而且是鹼性食物。8 克螺旋藻就可以維持生命 40 天。螺旋藻對於下列幾種疾病都有益處：1.心血管疾病：它能降血壓、降血脂。2.糖尿病：它能補充糖尿病患者所缺少的維生素，它的最大優點是使糖尿病人不得合併症，能跟正常人飲食一樣。螺旋藻是幹糖，常服用能補足糖尿病人缺少的能量及不能吃糖的缺點。糖尿病人血糖不穩定，用螺旋藻後可以逐漸停藥，然後逐漸停螺旋藻，最後拿飲食控制。3.胃炎、胃潰瘍：螺旋藻有葉綠素，對胃粘膜有恢復作用。4.肝炎：中國人不分餐，家人用筷子桶在一個碗裡，家人中一個人轉胺酶高，其他家人轉胺酶也高。所以每個家庭最好分餐。螺旋藻能使病毒不複製，而且大量氨基酸能使肝細胞恢復。它含膽鹼，能使肝功能恢復，提高免疫功能。5.防輻射作用：螺旋藻提純後叫藻複康，它能抗輻射、抗腫瘤、抗病毒、抗氧化，而且提高免疫能力。總之，輻射對我們影響很大，但有幾個方法可以預防：1.喝綠茶，2.吃青菜、蘿蔔，3.吃螺旋藻，4.吃藻複康。其中藻複康是最好的。根據自己的經濟條件選擇一種。輻射是每個人都會接觸到的。千萬不要把電器放在臥室內，尤其是微波爐對人類的危害最大。

談到動物性的食材，動物越小、蛋白質越好。因此吃牛肉不如吃豬肉，吃豬肉不如吃羊肉，吃羊肉不如吃雞肉。至於魚蝦類，吃魚不如吃蝦，吃兩口蝦的蛋白，比你吃一肚子牛肉的蛋白還要多。魚肉的蛋白一小時能吸收，吸收率是 100%。而牛肉蛋白 3 小時才能吸收，住在海邊吃魚的地方居民的壽命較長。特別要吃小魚小蝦要吃全魚。（連頭帶尾）因為有活性物質在小魚小蝦的頭部和腹部。

吃飯要吃 7 成飽，主副食及葷素的分配，副食 6 主食 4；粗糧 6，細糧 4：植物 6 動物 4。

二、有氧運動

中國老人習慣做晨間運動，晚上在家看電視。早上起來，人的生物鐘規律是體溫高、血壓高，而且腎上腺比晚上高出四倍。如果做激烈運動，搞長跑、爬香山，有百害而無一利，而且死亡率是很高的。我們不反對早上散步、做體操、打太極拳、練氣功。這是無可非議的，老年人的運動 20 分鐘的散步就可以了。國際上規定飯後 45 分鐘才運動。要想減肥不用運動方的法，飯前半小時到一小時吃 2 粒到 4 粒螺旋藻，食慾就減退了，但是營養不缺。建議傍晚運動。早起早睡，晚上 10 點到 10：30 睡覺，12 時至 3 時

11

是深睡狀態，4 點以後是淺睡眠，睡前洗個熱水浴，水溫 40～50 度會使睡眠質量高。關於午睡問題，倘若昨晚沒有睡好就應該午睡。午睡開始時間是午飯後半小時，以睡一小時最好。

三、心理狀態

首先談到氣質和血液：生氣時血流很慢，容易得腫瘤。避免生氣的方法：1.躲避、2.轉移：別人罵你，你裝沒聽到，去下棋、釣魚。3.釋放：別人罵你，你找知心朋友談談釋放出來，而不是去回罵別人。4.昇華：別人越說你，你越好好幹。5.控制：你怎麼罵，我不怕。

忍耐很重要，小不忍則亂大謀，忍一時風平浪靜，退一步海闊天空。歐洲有個博學經典：「難能之理宜停、難處之人宜厚、難處之事宜緩、難成之功宜智。」哲理很深，很有用。

其次談到笑。古人云：「笑一笑，十年少。笑口常開，健康常在。」笑的功能：1.不得偏頭痛及背痛。因為笑的時候微循環旺盛，通則不痛。2.對呼吸道、消化道特別好。3.促進腦下垂體產生腦內胚，它是天然麻醉劑。老太太的優點就是從年輕時喜歡笑、老年時還笑。男人就是不笑，不但不笑，他們有淚不輕彈，所以平均壽命已經比女性少了 6 年了。各位如果悲傷，眼淚必須"彈"出來。

關於吃藥，十藥九毒，我主張短、平、快，短期吃藥、吃平安藥、快速停藥。

國際會議上的結論：讓我們喝綠茶、吃大豆、睡好覺、常歡笑，大家注意平衡飲食、做有氧運動，而且注意自己的心理狀態，該哭時哭，該笑時笑，我相信一定能越過 73 歲，闖過 84 歲，90、100 歲一定會健在。

中華民國九十五年元月卅十日出刊

會 務 通 訊

第 三 十 三 期

發行者：國立台灣大學退休人員聯誼會
會　址：台北市羅斯福路四段一號國立台灣大學
　　　　菁植研所二樓
電　話：23695692　　Fax：23648970

會員大會

一、九十四年會員大會，已於十二月二十七日假校總區行政大樓，第一會議室召開，上午九時卅分準時召開。

二、會前我們於十二月十四日寄發開會通知書，附寄參加大會意願調查表乙份，期望統計出參加人數後，俾便準備座位、資料及午餐等事宜，回收確定參加大會意願者有 160 餘份，但實際出席人數達 180 餘人，整個會場座無虛席、噓寒、問暖之聲，不絕於耳，真是老友相聚，倍感溫馨。

三、會前我們曾函邀各級長官及貴賓蒞會指導，校長因重要公務不克參加外，包副校長宗和、陳副校長泰然、人事室江主任元秋等都親臨指導，好幾位長官及貴賓因需上課不克參加，但都致送花藍及禮品致賀，本會非常感謝。

四、陳副校長泰然致詞：

沙理事長、各位老師、各位老朋友大家好！今天一進入會場，看到這麼多老前輩、老朋友，內心裡就有一種溫馨的感覺，好久不見了，老朋友能透過退休聯誼會的組織，重聚一堂，互相回憶、互相關懷，實在太好了！各位雖然退休了，仍然關心台大，現在

校園基金會，正在討論一個問題，我台大退休同仁，過去一生奉獻給台大，台大方始有今天，現在年老退休了，台大應該對老人家有所關懷與照顧才對，現在正在討論成立一個「托老所」使台大退休老人，有回憶及安養的地方，希望這個單位能及早成立，最後敬祝大家身體健康、萬事如意。

五、包副校長宗和致詞：

沙理事長、各位老師大家好，非常高興來參加退休會一年一度的會員大會，深深感受到各位老師過去數十年來對台大的付出與貢獻，在座的好多位老師，都是我做學生時最敬重的老師，像沙老師就是我心目中最熱誠敬愛的老師，今天看到各位老師身體健康、談笑風生，內心十分安慰，後面的海報就寫著：「人生七十才開始，百歲壯年不是夢」，我真誠的祝福大家，長壽百歲，萬事如意。沙老師曾一再表示，希望有一個較大的活動空間，舉辦些有益身心的活動，我已向校長表示過，我們正在尋找最適當的位置，希望盡我最大的努力，促成理想的實現。

六、江人事主任元秋致詞：

沙理事長、兩位副校長、各位退休同仁

1

大家好，今天參加大會，看到各位都這麼健康、平安，佔在人事室的立場，是最為安心及快樂的了！今天參加大會，提供兩件資訊給大家知道，第一件：就是大家最關心的18％退休金收入部份，在這裡確定向各位報告，退休所得，對各位教師來說並無多大影響，影響多的是職員部分，尤其是八、九職等的職員，而又沒有兼任主管者，影響最大，詳細情形，各位可上人事室網站一查便知。第二件資訊是向各位報告，行政院人事行政局開設「銀髮公教志工」徵召計劃，凡公教退休人員，如有興趣再事公教志工者，即可報名參加，由相關單位負責媒介，請大家在人事網站一查便知。最後祝大家福體安康、萬事如意。

七、大會通過聘任榮譽理事案，提案之原由是：本會之成立，可能是開創各級學校退休教職員工聯誼織織的創例，我歷任理事長付出心力與體力，奔走策劃，使本會從一無所有，到如今成為校內頗具規模與地位的單位，為我退休人員爭取到原不可得的權益及福利，也為在職人員開創美好未來，倍極辛勞，功不可沒。依本會章程第四章第六條規定，理事會得聘任榮譽理事若干人。案經第三屆理監事聯席會議通過，敦聘第一、二屆理事長宣家驊先生第三屆理事長方祖達先生，第四屆理事長楊建澤先生為本會榮譽理事，今再提請大會通過確認，贈予以上三位前任理事長「榮譽理事」榮銜，亦示崇榮。

八、大會通過審議九十四年度經費收支決算案，該收支決算，自93年11月1日至94年11月22日為結算日程，會前經監事會議審查完畢，最後評語是：增加多

項活動，設計細密、帳目清楚、收支平衡、備極辛勞。由張甘妹等五位監事簽名，送請大會審議通過。

九、大會於十一時卅分，展開摸獎活動並分送餐盒進餐，十二時圓滿結束。

十、本會成立於民國八十六年，今年已邁入第十個年頭了，日前行政會報決議：等待明(95)年會員大會時，正好為滿十週年大慶，屆時將擴大慶祝，請大家務必要來參加。

會務動態

一、第五屆理監事聯席會議，成立於93年12月22日，一年來共計召開了五次聯席會議，討論議案九件，對會務的督導與推行，貢獻良多。

二、迄至94年11月29日止，在籍會員共計548人，扣除病故者32人，他遷或停權及退會者108人、實際會員408人，內含永久會員233人。

三、本校依規定屆齡退休及合於退休條件之教職員工，多集中於每年二月及八月辦理退休手續，有鑒於此，特別向人事室及事務組承辦業務人員，取得人事資料後，發函邀請其參加我們的行列，本年度已有三十多人完成入會申請。

四、沙理事長依仁，自九十四年元月接掌本會以來，即積極擴充並推展各項活動，目前本會經常性活動有：棋藝比賽、卡拉OK、太極拳、氣功演練，並定期舉辦國內外旅遊活動，今年又特別組隊參加了學校、運動大會、校慶園遊會等許多活動。

五、本會會友承擔學校「聯合服務中心」志工工作，為時已一年多，專門負責接待外來訪客，指引並介紹各單元概況，現

有成員十六人，每人每週依個人方便，抽出二小時值班服務，成效顯著，頗獲好評，歡迎會友參加我們的行列，享受志願服務的樂趣。

六、十一月十二日為校慶園遊會，本會設置攤位，理事長沙依仁教授，親自製作許多養生美味中西點心義賣，會計組謝美蓉組長製作許多中國結等手工藝品，並代售張念鎮教授著作的「中老年人重大疾病之預防」等書籍，義賣所得 3500 元，全數充作本會經費開支。

七、十一月五日是本校創校六十週年校慶大會，假體育館舉辦慶祝茶會，本會在會場設置展覽台，展出會友最近出版的著作，本會活動照片、手工藝品等頗獲佳評。

八、本會開辦的太極拳演訓班由方祖達教授擔任教練每週一、三、五早晨七至九時在鹿鳴堂右側廣場練拳，迄今已持續五年多了，有興趣者，歡迎報名參加。

九、本會氣功班，由現任理事長沙依仁教授擔任教練，每週二上午 8:30～9:30 在生命科學館外廣場舉行，現已完成初級氣功教學，學員都已學會吸收及發射能量的功能，現已進入高級氣功教學預定寒假中再開設初級新班，以及在職教職員工清晨班每週一上午 7:30～8:00，有意參加者請打電話：2369-5692 報名。此係免費活動請踴躍參加。

十、本會於 93 年申請加入「國立台灣大學教職員工康樂活動推行委員會」，成為該會屬下的一個分會，一年多來，由於本會表現優異，成果輝煌，蒙該會評定為積優分會，於 94 年 11 月 12 日，本校長親自頒獎鼓勵，由沙理事長代表頒獎。

十一、本會發行「會務通訊」每三個月發刊一期，未曾中斷，迄今已發行32期，第33期預定於元月上旬出刊，期盼提供會友最新資訊及活動預告，同時歡迎會友踴躍投稿老照片說故事專欄。

十二、活動組本年度所舉辦的國內、外旅遊活動八次，參加會計 255 人，參觀活動一次15人，參加演講會二次，參加人數共計 263 人，原本規劃還有鹿港二日遊、泰國風情六日遊、泰北清邁七日遊等活動，都因報名人數不足，以及因有禽流感的影響而未能成行。

十三、本會所舉辦的旅遊活動，有時常因報名人數不足而停辦，外界多有誤會，以為本會所舉辦的活動，非會友不得參加，其實不然，我們除了歡迎會友參加外，會友的親朋好友，以及在職的教職員工，我們都歡迎參加我們所舉辦的活動，希望各位會友廣為宣導。

十四、本會經費來源有限，完全依賴會友所繳交的會費支應，會費分為常年會費，每人每年交 300 元，及永久會員會費，一次繳交 3,000 元，而後享受終生免交會費之方便。本會已參加本校教職員工文康委員會每年均獲得少許經費補助。初步結算尚可收支平衡。

十五、本會永久會員人數已達 233 人，所繳的永久會員會費，已累積相當金額，加上歷屆結餘，一併存入銀行孳息備用。

十六、本會財務支出，其項目多為文具紙張費、電話郵資費、會務通訊印刷費及器材維修費，尤其每年大會時，餐會費及摸彩獎品費，為支出之主要項目。

十七、本會訂購人間福報一份由本會理事長及吳元俊、劉秀美、吳信義、徐蘭香等

理監事會員共同出資，歡迎會員們來室閱報喝茶。

九十五年春季旅遊活動報導

一、鹿港小鎮一日遊：

時間：1月17日（星期二）

行程概要：國道風光、田尾公路花園、花卉中心、午餐、鹿港小鎮、晚餐、賦歸。

二、宜蘭礁溪一日遊：

時間：2月28日（星期二）

行程概要：濱海公路風光、國立傳統藝術中心午餐、宜蘭酒廠、礁溪泡湯、晚餐、賦歸。

三、動感飛牛牧場逍遙一日遊：

時間：3月28日（星期二）

行程概要：國道風光、苗栗通宵飛牛牧場、大草原放風箏、日光浴、午餐、鮮奶凍DIY、33X餅乾、晚餐、賦歸。

四、說明：

1. 報名自即日起，至每次出發前十日截止。
2. 費用係報名人數多寡，決定承租遊覽車之大小，方可確定應繳費用。
3. 以上行程及景點，僅供參考，出發時再提供詳細行程及景點，原則只許增多景點，不可縮減。
4. 我們要求旅行社合於下列條件：
   ①應有高額保險、專業領隊人員。
   ②提供三年內新車、以安全舒適為重。
   ③隨車應有醫療設備，以策安全。
   ④車上供應熱茶、咖啡及礦泉水、紙巾等。
   ⑤活動結束後，提供每人活動照片一份。

五、報名地點：

1. 台大退休聯誼會辦公室：校總區原植研大樓二樓，辦公時間，週一至五 9:30～11:00 或電話報名：(02)2369-5692。
2. 向活動組長：徐蘭香女士報名：
   電話：(02)2732-5640
   行動：0919-922-300

六、粵北精華連州地下河、湟川小三峽八日遊

你若到過桂林、張家界、九寨溝、石林、長江三峽，你來到這裡一定會驚訝這一條旅遊路線竟然集合了如眾多的精彩美景，沿途飛瀑流泉、壯麗江水、丹霞石景、鍾乳怪石令人驚艷，更難得的是，這裡沒有熙攘的旅遊人潮，有的是靜謐安祥、純樸天真的自然山水！保證讓你不虛此行。歡迎各位會員及親朋好友踴躍前來本會報名，並領取詳細之行程內容，報名截止時間在2月底，預定出發時間3月18日（星期六）至25日，團費每人18,000元(包括一切費用)，電話：2369-5692或2362-7851（方祖達教授）。

老人教育及技藝訓練班招生

中國結教學　教師：謝美蓉組長

授課時間地點：每週二下午一時起在本會辦公室（本校植研所二樓）

報名地點：本會辦公室週一至週五 9:30～11:00

或 電話報名：(02)23695692

或 向謝組長美蓉報名

電話：27025767

九十四年會員大會

捐贈摸彩獎品芳名錄

李校長嗣涔　　茶葉禮盒壹盒

包副校長宗和　暖風機壹台

陳副校長泰然　電器一台

4

蔣教務長丙煌　電話機一台

洪總務長宏基　　　DVD 一台

人事室江主任元秋　DVD 一台

教聯會連理事長雙喜　洋酒一瓶

台大教師會丁理事長一倪　禮品一包

王鴻龍　保溫瓶1、保溫杯4

吳元俊　光筆1只、保溫杯1只

林添丁　1.紅蘋果糖果盒；2.高級藝術古典
茶壺一組；3.高露潔膏三條

劉秀美　1.紅包（1000）元；2.保溫瓶1只；
3.糖果瓶1對；4.茶杯一對；5.餅
乾盒一對

謝美容　1.手鍊2份；2.蓮花座3份；3.綠的
肥皂、沐浴乳一盒；4.陽光佛手柑
沐浴乳及洗面乳一盒；5.環保袋2
個；6.背包2個；7.指甲刀及刀子
3份；9.明信片夾1個；10.皮夾2
個；11.撲克牌2個；12.鐘1個；
13.手電筒1個

路統信　擠柳丁、泡茶器各1個；皮包1個

楊建澤‧蕭富美　1.登山用背袋3個；2.手
提包1個；3.保溫杯3個；4電動
果汁機1個

楊椿嫻（氣功班會友）　1.小熱水瓶1個；2.
咖啡杯1個；

沙依仁　1.遠東百貨提貨單1000元；2.現金
1000元分成10個紅包；3.紅葡萄
健康醋壹盒；4.新世紀第一能量水
1瓶；5.杏仁酥南瓜子酥1瓶；
6.2006年週誌1冊

車化祥　手提公務箱一個

鍾鼎文　果汁機一個

宣家驊　1.保溫瓶1；2.小背包1

范信之　登山背包1

徐蘭香　1.登山背包；2.環保杯；3.杯墊

陳雪嬌　白玉水瓶連杯

翁文　1.果汁杯乙套；2.水果杯二箇

張甘妹　1.陶瓷茶具一套；2.泡茶壺一只；3.
茶杯二隻；4.保暖杯一隻；5.茶盤
一只；6.保溫杯一只；7.馬克杯一
只；8.塑膠盒一只；9.瓷盤一隻

夏良玉　蝴蝶蘭花籃一只

劉鵬佛　茶具一套

王本源　1.禮品一件；2.集寶滿一個

老照片說故事專欄

從台大物理系文物廳揭幕談起

植物系退休教授李學勇

2005年11月21日，台大物理系文物廳
開幕，慶祝台灣第一座「高能加速器」的重
組，確是一件台灣科技史上的重要記錄，實
在值得慶祝。但是文中也不忘提到：

"二十世紀"，是科學技術的時代，同
時也是戰爭與暴力的時代。例如台灣和日
本，或者是東亞和日本，曾在二十世紀產生
了嚴重的磨擦與困難，使科學被應用到壞的
方向。回顧歷史，更顯得重要。」

這才應該是回顧歷史的最重要意義。筆
者在三十五年夏季來台時原本希望到台大來
研究。陸校長志鴻（也是邀我們來台的中央
大學老師）也曾想給我助教的職位。但是因
為當時的台大園藝系既無學生，也無教授
（僅有留用的日本教授中村三八夫），所以
經農學院處陳振鐸解釋，並婉拒之後，只好
前往農林處（農林廳的前身）報到。三十六
年（1947）228事件過後，本以社會動類，
不想留台，後經陸校長訓示，說台灣已經安
定，不必離台，叫我再到農院晉見王益滔院
長，倖蒙錄用，遂自1947年4月轉來台大擔
任園藝系助教。

當時的台大校園，因為美軍曾在椰林大道的盡頭，就是四號館右前方投下一顆炸彈。雖然由於美軍因為不必摧毀即將光復的台灣大學，僅在空地上投擲炸彈，但是還是把當時台大各大樓的玻璃全部震碎。並且破壞了地下的水電及瓦斯管線。所以在我到四號館上班時，情況真是慘不忍睹。因為電纜破裂，大樓牆壁都會漏電。所有電源都另接外線，勉強供電。

暑假裡有中學生來台大參觀，我們走到荒草遍地的文學院後方（當時工學院和化學館都尚未建造）。看到日人遺留下來的報廢戰鬥飛機，外殼尚稱完整，可能是給機械系同學利用的教材。我就替兩位高中生爬上飛機時照了下來。可以從這張照片看出日本研究戰鬥機的戰爭動機。

另一張照片是與物理系核子加速器有關的故事。因為核子加速器需要極高的電壓才能加速而擊破另一粒原子核而發生核子連鎖分裂，產生極大的能量。這是製造原子彈的基本技術。所以台大物理系的加速器必需有極高的電壓。因此就由日本軍部令台灣電力會之號台北市公館設立「高壓電研究所」，研究提高電壓的技術，並在所內建造一座高壓放電設備，以測定電壓的數值。光復後，台大物理系主任戴運規教授兼為台電的顧問，協助高壓電的研究。這裡的照片中兩個上下安排的銅球就是高壓電研究所（現已改建為「台電綜合研究所」中放電銅球的縮小模型。真正的銅球，直徑大約有 20 公尺。上下兩球的距離可以調整，以測試電子射出時的電壓。他們就利用已發展的技術，提供給台大物理系才能進行核子加速的實驗。當時世界上只有英國、美國和日本有能力進行這種實驗，以便進一步製造原子彈。所幸美

國先一步研製成功，才能使二次大戰提早在 1945 年 8 月以兩顆原子彈在日本爆炸，迫使日本在 8 月 15 日宣布無條件投降。結束了上文所提二十世紀人類的重大災難。我們現在慶祝日本人在台大研究核子加速器的成就；也要慶倖日本沒有搶先製成原子彈。假若日本因台大物理系的成就而有了超強的原子彈，現在的世界恐怕不是目前的狀態。台灣的命運和中美的關係你不知道會有什麼結局。撫今追昔，不知是喜還是悲？

附件一

黃金的故鄉一日遊　　　　沙依仁

　　金瓜石的金礦開採，對台灣的經濟發展有很大的貢獻，尤其是近年來黃金博物館的成立，大家都想拜訪這著名的黃金故鄉，瞭解其生態環境、文物、採礦的過程及礦工的辛勞。因此本會才舉辦了這次旅遊。

　　本會會員及眷屬一行共二十人於 94 年 10 月 22 日上午 8 時在台灣大學大門口乘坐小型遊覽車啓程前往瑞芳、金瓜石。到達 9 號停車場才知金瓜石在週休二日都實施交通管制，不准遊覽車前往山區，我們乃改乘接駁公車，於 9:40 到達基山老街下車。基山老街舊稱「暗街仔」共有一百多家商店，其中以飲食店較多，尤以賣芋圓、草仔粿等最多，亦有賣肉羹、雞捲、大貢丸等，除餐飲店外也有不少賣手工藝品、飾物、紀念品店，參觀完畢我們步行到豎崎街和輕便路交叉口的昇平戲院。該戲院原址在基山街市場旁，1937 年遷至現址，可容納一千多個座位，日據時代是全台灣最大的戲院，每個月有二十天演歌仔戲，另外十天放電影。1986 停業。1989 年「悲情城市」電影開拍取景在昇平戲院附近沿豎崎街直上的兩旁建物造成轟動，目前該戲院已荒廢，但是遊客們都在戲院外廣場拍照留念。我們走出豎崎街 10:25 到達風箏博物館，該館成立於 1996 年 6 月，地址爲台北縣瑞芳鎮九份頌德里坑尾巷 20 號。電話：24967709。係一幢五層樓獨立式建築物，面積約 150 坪。一、二層樓爲風箏展示館，其館樓層附設民宿、餐廳、供應和菜、咖啡、茶及飲料，並設有開會講習場所。其風箏展示主題包括：(一)國外風箏展區。(二)中國風箏展區。(三)台灣風箏展區。(四)風箏材料展區。展出各地風箏總數在二千種以上。解說員爲我們說明各類風箏，其中較有特色的包括：1.百子乘龍風箏，一個個龍頭後面拖著兩長串有兒童圖形的尾巴，每串有 50 個兒童。2.外國的風箏有：月亮風箏（菲律賓）；樹葉風箏（馬來西亞、印尼）；雙尖教堂風箏，是立體的（澳州）；浮士繪風箏（日本）；風穴風箏，這類風箏中間有個圓洞，（韓國）；蘆葦風箏（紐西蘭）；板子風箏（泰國）；降落傘風箏（德國）；大白鯊格子布風箏（美國）。3.大陸的風箏：丹頂鶴風箏；松鶴延年風箏；皮影戲風箏；五美圖風箏；沙燕風箏；這類風箏的特色：(1)會發聲：在風箏上掛響鈴；(2)會動，人像的眼瞼，動物的蚶、足會動(3)在空中演一齣戲如西遊記等。4.台灣的風箏：四線特技風箏；立體微型風箏；母龍帶七只小龍風箏等。參觀完畢我們步行至雞籠山餐廳午餐，享用一餐 12 道菜肴的午餐。用餐畢乘坐公車到金瓜石黃金博物館園區附近步行十分鐘進入園區，就看到十幾家店舖多數是餐飲店，也有藝品店等。

　　園區的範圍極大，設施尚有：

1. 遊客服務中心　過去是金瓜石名「礦山小集」資訊服務站。現在成爲提供黃金博物館園區旅遊資訊的場所，有志工提供諮詢服務並可免費索取園區地圖及活動資訊，並定時舉行免費導覽解說。

2. 環境館　本館從前爲台灣金屬礦業公司、台電公司及瑞芳風景特定區管理所辦公室。目前該館主要的業務爲介紹金瓜石地質演變的歷史及特質。一樓以展示爲主。二樓有放映室輪流放映園區簡介和導覽片。每篇放映 6 分鐘。還有大富翁遊戲區，可以瞭解金瓜石的人文生態很受小朋友的歡迎。

3. 黃金博物館　本館係三層樓建築成立於 2004 年 10 月是園區內最重要的參觀點，是將從前台灣金屬礦業公司辦公室重建而成。館外有銅沈澱池，一樓展示金瓜石黃金發現之旅，本山坑道 1～9 坑。礦脈和操礦器具等相關文物。二樓介紹黃金生活應用和黃金雕刻的藝術品。三樓係淘金體驗區，需要花費新台幣 100 元親自體驗用淘金盤淘砂金。

至於金瓜石金礦之發現始於光緒十九年，當時居民發現金瓜石露頭上有黃金礦脈，因此住民激增，紛紛來此從事淘金工作。光緒廿一年，日本侵佔台灣第二年，日本人來金瓜石從事開採金礦工作。台灣光復後成立金屬礦業公司繼續從事開採事業。三樓展出之黃金雕刻藝術品中以五百只金屬雕刻的螞蟻，以及媽祖廟會等較為精緻，最引人注目的是曾經打破金氏紀錄的 220 公斤的純金大金磚，以及 12.5 公斤的金條，遊客可試以食指及大拇指等舉起，如果成功可獲得十萬元獎金，但迄今並無一位遊客能舉起金條或金磚。在二樓出售的主題紀念品包括：黃金酒，每瓶 2080 元、黃金水每瓶 500 元、黃金香皂每塊 300 元。金箔開運包每個 100 元，金箔烤製的筷子每雙 150 元，因為售價稍高以及不太實用，所以購買者不多。

4. 太子賓館　黃金博物館參觀完畢，我們參觀了太子賓館這館是在 1922 年（大正 11 年）興建完成作為日本天皇及昭和太子來台灣視察金瓜石礦業之住所，因此又名為日皇昭和行館，佔地面積約百坪，採用上等栓木建成不用一根鐵釘。木工及雕工都極精緻。建物外有日式庭園、高爾夫練習場、弓箭場，周圍種植花木。遊客只准在庭園中眺望，不准進入室內。我們在庭園中停留片刻，即行離去。

5. 本山五坑坑道體驗　原先為本山礦體第五號坑口，在金礦開採時期礦工運輸礦產的隧道口，過去為了安全起見並未開放。黃金博物館成立後將坑道重新整修開放從坑道口進入 180 公尺的坑礦。遊客進入礦坑前必須集合，頭戴安全帽，拿派工卡並宣誓。進入礦道立即有聲控感應，講述礦工礦過程，有蠟像礦工展示當年採礦經過，並摸擬礦工在礦內工作。坑道內溫度維持在 18℃。我們魚貫進入坑道，覺得空氣不流通有窒悶之感，道路不平坦，頭戴安全帽很重。就想快點走出坑道。也就深深體會到昔日礦工開採金礦的辛勞。走出坑道步行至公車站，等候接駁公車，轉乘遊覽車返回台北。

本次旅遊由於遊覽車無法上山，造成很多不便。幸好有楊前理事長建澤及其夫人蕭富美教授之帶領及照顧，使大家快快樂樂的出遊，平平安安的回家，對於他們熱誠照顧，敬表謝忱。

附件二
新埔客家農場一日遊

本會會員及眷屬等共 42 人於 94 年 11 月 5 日上午 8 時乘天星公司遊覽車赴新竹縣新埔及九芎湖等地區遊。於 9:15 分抵達全漢柿餅教育園區參觀。該園區座落在新埔鎮旱坑里 11 鄰 27 號，創立於民國 36 年，面積有 118 公頃。園區電話：(03)58926890。至達後工作人員帶領我們至簡報室聽簡報。該園產品有三種：柿餅、柿乾及柿葉茶。年產柿餅 24 萬斤以上。柿餅的製法：每年 9～11 月將八分熟的硬柿，削皮去帶使其陰乾。柿子逐漸軟化，經過三次殺菌，使柿子不腐爛，

六、七天之後棕色的柿餅就做成了。

柿乾是柿餅再乾燥，顏色呈灰黑色，表面上有白色粉末稱爲柿霜。將白色粉末刷下來服用有止咳化痰的功效。服用五分鐘就見效。燉排骨湯放二、三個柿蒂可治理上焦及中焦之氣。將二斤雞肉燉湯放二個柿乾，使雞骨裡的鈣容易流出可治鼻子過敏。水柿泡水後就不澀。紅柿有清腸入心肺之功效。柿子不可與螃蟹及水產類食材同食，否則容易中毒。柿葉茶可以降血壓。聽完簡報後，我們參觀了做柿餅的過程。品嚐並購買柿餅及柿乾。各人喝一杯柿葉茶。9:50 離去乘車赴新埔鎮北平里 38 號福祥多肉植物園。電話(03)58883218 於 10:10 分到達。園主嚴永祥先生爲我們作簡報，基於其對多肉植物之特殊愛好，累積三十餘年的經驗，該園目前栽種了七千多種多肉植物，有八座溫室培植大小不等的仙人掌、蘆薈、石蓮花等。年產量十餘萬盆。

這些多肉植物有些僅供觀賞。另有些兼具食用及療效。例如蘆薈、石蓮葉、仙人掌的花可食。有些蘆薈有療效，將其葉片去皮加蜂蜜可治肝炎、抗輻射、退燒降火、可治腸胃病。嚴先生給胃潰瘍患者服用蘆薈葉，十天後就痊癒了。對感冒發燒亦有療效。該園所種的石蓮共有 350 種。栽種石蓮必須陽光充足。仙人掌會流白汁就有毒不可食用。嚴先生並示範蘆薈葉剝皮的方式是用刀背剝皮，不僅葉肉完整而且不會傷到手。我們試吃了生的蘆薈葉，覺得清涼潤滑很好吃。11時參觀完畢，該園送各人一盆仙人掌，乘車赴陳家農場午餐，座落在九芎湖最裡面，電話0937811956，該農場景色秀麗，餐廳的設備古色古香建物係木造房屋，牆壁及天花板上裝飾了獨角化飾品，椅子是獨木製成刻有

原住民臉譜。供應的食物以客家菜、擂茶、杵齊粑等馳名。我們享用了有十一道菜肴的午餐。雖非山珍海味，卻清淡不油膩，適合中老年人養生原則。午餐後約有一半的人登山健行。另外兩桌人擂茶、杵糕粑。擂茶的材料包括芝麻、花生、糖等。糕粑的材料是糯米飯，花生粉及糖。大家輪流做，經過一番努力後終於有美味的擂茶及糕粑可吃。這時餐廳的陳先生用竹材做了一只大鵬鳥送給本會，由我代表本會接受，返回後存放辦公室內，供大家欣賞。這時登山的會友尚未返回。有九位會友在許東明教授及林添丁理事率領下去唱卡拉 ok，一時歌聲嘹亮，氣振山河。女高音們歌聲清脆悅耳動聽。大家都被歌聲吸引來欣賞。歡唱數十分鐘後，人數到齊在 14:30 離開陳家農場轉赴位於關西鎮北山里高橋坑 6 號之關西農會仙草加工廠，於 15:00 到達。關西鎮盛產仙草，號稱爲仙草的故鄉。本次參訪適逢關西鎮公所及鎮農會主力 2005 關西仙草節（嘉年華）活動。除一系列活動外並可免費品嚐仙草飲料及仙草麻糬。該工廠的產品包括即溶仙草，仙草茶包禮盒、仙草粄條、仙草拉麵。我們參觀了仙草產品的製作，也購買了一些農產品。於15:40 登車。本會活動組徐組長建議增加參觀一個景點，大家同意。於 16:10 到達三峽參觀台北縣客家文化園區。該園區地址：三峽鎮隆恩街 239 號，電話：(02)26728996。園區建築宏偉，週六週日經常辦理各種藝文活動及展覽。櫥窗內展示的客家文物包括民移居台灣的歷程。早年的農耕用具、傢具及家庭用品等。目前所展出的「牽手一甲子，真愛比鑽石」特展。內容包括數十對結婚逾六十年恩愛夫妻的照片。左邊是郎才女貌的結婚照，右邊是老夫老妻的近照（94 年所

攝）。在經歷一甲子以上的婚姻過程中，他們甘苦與共、患難相扶持，共同經營一個美滿的家庭，令人讚佩。回顧近年來台灣離婚率快速提高，每二點八對夫妻中有一對會離婚的真是不勝感慨。倘若他們能應邀講述夫妻溝通，婚姻生活的細節，或許會使年輕人改變價值觀點，對緩和婚姻及家庭問題有助益。

感謝本會林添丁理事，為我們拍攝許多個人照及團體照，使這次旅遊留下珍貴的紀念。參觀完畢我們踏上歸途，在歡樂的歌聲中互相道別，期盼下次再相會。

10667
台北市復興南路二段三三七巷六弄十四號二樓

林徐蘭香　先生　469

印刷品

國立台灣大學退休人員聯誼會
地址：台北市羅斯福路四段一號（台灣大學）
電話：2369-5692　Fax:2364-8970

中華民國九十五年四月四日出刊

會 務 通 訊

第 三 十 四 期

發行者：國立台灣大學退休人員聯誼會
會　　址：台北市羅斯福路四段一號國立台灣大學
　　　　　舊植研所二樓
電　話：23695692　　Fax：23648970

會務動態

一、第五屆第六次理監事聯席會議，已於三月七日上午十時半，假校總區行政大樓第一會議室召開，天候好轉，氣溫上升，除有二位委員請假外，出席委員至為踴躍，由於本次會議是新春以來第一次聚會，沙理事長特別向與會同仁恭賀新禧，祝各位身體健康、萬事如意。

二、新年新願望，本會今年將繼續擴大辦理各項活動，希望提供會友養生保健的知識及運動，藉以陶冶身心及休閒娛樂技藝等，以期回饋會友的願望。本會新開辦之中國結教學課程，已於本年二月二十一日開始上課由謝美蓉組長擔任教師，有六位會友參加學習。由於謝老師技藝精湛教學認真頗得好評。本課程上課時間是每週二下午一時至四時地點在本會辦公室（舊植研所二樓）。各位會友或眷屬如有興趣，歡迎踴躍參加學習。

三、本次理監事會議通過歡迎許蕭素玉、顏玉美、史錦芳、楊秀美、鍾和玲、周泰男、陳淑愛、許雪娥、左顯琛、吳淑姿等十人之申請入會案。

四、會員張仲民原停權多年，遷居國外、日前返國後，親自到會，補繳入會費，本會立即恢復其原有會籍。

五、會員林添丁、劉鵬佛、許文富、鍾金海、吳菩炎、戴文鎮、余淑婉、路統信、王瓊瑛、何鎧光等十人，申請變更為永久會員。

六、會員薛修玉（94.8.1.）、盧惠英（94.10.28）、謝圳卿（94.12.6）、林輝（95.1.3）以上四人，先後病故，本會深表哀傷，凡通知本會者，沙理事長依仁均親往悼祭。

七、本會迄至本（95）年3月21日，在籍會員計共560人，扣除病故者35人，他遷或停權及退會者125人，實際會員400人，內含永久會員254人。

八、本會正與校內各單位合作，協力爭取成立一個「老人日間照顧中心」，現在正在進行在校內尋找一個適當

1

場地，大家希望找到一個環境清幽、交通方便而寬敞的房舍，藉以讓退休老人、在職教職員工的長輩，白天家中缺人照顧於上班時間來到中心生活，老人家們可在此休閒娛樂參與團體輔導，中心將提供餐點，醫護及社會服務人員。傍晚再由家人接回去，花費不多，解決了家有老人而缺乏照顧的困境。我們期盼這個中心，早日成為事實，這也代表了台大對本校老人的回饋及照顧。

九、自本年二月起，立法院已刪除台大醫院對全校教職員工就醫優待辦法，本校正設法予以彌補，現正在集會商討中，希望很快獲得結果。

十、依本會組織章程第二條規定：「會員如欠繳會費，其欠費累計達三年者，停止其會籍」。依以上規定，本會承辦人員，必須在三年中，不斷以書面及電話通知其補繳會費，但又始終並無回應及補繳行動，而本會仍需寄發會訊、大會通知、資訊資料等，結果均如石沈大海，實在浪費資源，空耗人力，是故，本次理監事會議，決議修訂章程為：「會員如欠繳會費一年者，於次年元月起，以書面通知其補繳，連續三次通知，而仍未繳交者，即停止其會籍，待其補繳欠繳之會費後，立即恢復其會籍。本會期望會員若地址或電話變動立即通知本會更改以免失去連絡。

十一、本會第三十三期會訊編輯後，送

請打字行打字排印，由於時間過於匆促校對疏忽，致有錯誤，深以為歉。會訊老照片說故事欄，照片為本校之校舍、環境或歷史文物以三百至五百字作說明，歡迎各位先進踴躍投稿。

十二、本會除自辦的各項活動外，今後，擴大參加學校所舉辦的各類型活動，包括新年團拜，教師節及校慶活動，園遊會等，亦將與校友會及其他社團協辦演講會、研討會，藉以充實會友的教育活動，讓大家可以獲得更多的養生保健新知。

十三、學校於今年三月十一日及十二日舉辦杜鵑花節園遊會，本會設攤義賣，提供中西養生餐點及工藝品展售，有多位會友參加，共襄盛舉，謹致謝忱。

十四、本會經費仍然很拮据，雖有基金存款，但那是本會創設的「永久會員會費制度」每人一次繳交三千元後，終生免繳會費，現在銀行存款利息低，實在入不敷出，本會舉辦的活動很多，因此開支亦很大，單就本會發行的季刊「會務通訊」，一年發行四期，外加年會會員手冊。每期印製四百五十份，打字印刷加上郵資每年支出就要五萬多元，外加會員大會摸彩獎品的支出一萬多元，由此可知本會經費的困難了。

十五、我們非常感謝學校文康推行委員會給我們的經費補助，否則我們的經費開支實在無以應對，我們期望文康會以本會舉辦的活動績效作評

估，在經費許可的情況下，略增對本會之補助。

十六、本會期望每季能辦一次座談會或研討會但是沒有經費租借場地，希望校方能提供免費借用之場地或者能撥給文康會一個三十坪左右的場地以供各分會免費借用。這是我們的期望，希望早日實現。

十七、本會舉辦粵北精華湟川小三峽八日遊，報名人數已達五十多人，已於三月十八日至廿五日辦理完畢，詳情請見旅遊記實。

九十五年第二季旅遊活動預報

一、南投九族文化村一日遊：
時間：四月二十五日（星期二）
行程概況：北二高～關西休息站～華埔公路～北二高（午餐）～九族文化村（參觀歐式宮庭花園、九族部落、山地歌舞）～晚餐～返程。

二、竹北高鐵探索館一日遊：
時間：五月十七日（星期三）
行程概況：國道風光～竹北高鐵探索館～玻璃博物館～竹東（午餐）～大聖御花園～返程。

三、東勢林場一日遊：
時間：六月十四日（星期三）
行程概況：國道風光～東勢林場森林浴～午餐～採果～返程。

備註：
1.以上行程，自即日起報名，歡迎會友及眷屬親友們踴躍參與。
2.每次行程費用，依參加人數分攤，內含車資、保險、餐費等。

3.本會如規劃長程國外旅遊活動時，將另行通知，歡迎會友、眷屬及親友報名參加。

老照片說故事專欄
台大耕耘社
路統信

台大六十年，校園故事說不完。

耕耘社是台大六十年唯一以耕作栽培生產蔬菜為宗旨的學生社團，時光迴溯到五十七年前。台大三周年校慶已過。由於國共內戰正熾，內地各省同學因戰事家庭經濟來源斷絕，生活陷入困境。一群農學院志同道合的同學，想到校園內空曠荒蕪的土地很多，何不利用空地種菜自食，乃向訓導處申請獲准成立學生社團耕耘社，並獲得傅斯年校長的鼓勵和支持。由學校供給生產工具。

最先開闢的兩個園地是在五號館與六號館之間、六號館與七號館之間兩處空地。五號館即農工館，現在的生物環境系統工程系館。六、七號館原是化學工程系館，是兩棟木造二層樓建築，現在早已改建為農學院大樓及共同教室大樓。校園景觀的滄桑變化，令人有不勝欷吁之感。

照片中是耕耘社的伙伴們，利用課餘時間到園地整地、除草、除蟲的情形。（照片見下頁）

當時同學們個人擁有照片相機的不多。這組照片是由台大攝影社社長李醒民同學拍得。攝影社的成立比耕耘社還早一年。

台大耕耘社（1949）

（路統信提供）2006 年植樹節

4

附件一

鹿港田尾公路花園一日遊

沙依仁

　　鹿港是清代台灣重要港口之一，當時福建、廣東兩省移居台灣的居民及商賈極多，多數是經此港口過來的，鎮內現存的古蹟極多。田尾是台灣著名的花卉產地。初春時節來此作懷古賞花之旅，應該是很明智的選擇。

　　本會會員及眷屬一行33人於1月24日（星期二）上午7:00乘坐遊覽車出發。於8:15到關西休息站休息15分鐘，於10:00到鹿港天后宮停車場，步行至天后宮，沿路飲食店及特產店多處在賣當地的特產蝦蛄及牛舌餅，大家因為要趕路，無暇購買。到達天后宮，看到黑臉的媽祖菩薩。據說這座媽祖神像在康熙22年（公元1683年）施琅將軍奉旨從福建湄州恭請媽祖菩薩東渡而來作為護軍之神。經過323年香火鼎盛，原來粉紅色臉的媽祖薰成了黑面菩薩。最近天后宮將媽祖菩薩鍍金成為金面菩薩，下次倘若舊地重遊，當可瞻仰媽祖金光閃閃的慈容。在天后堂的左後方（中山路民生路附近）建了一座地下二層地上十一樓的香客大樓，因限於時間僅在外面觀望未及入內參觀。天后宮的建築注重木雕及石雕，雕工極為精巧、富麗。深具中國南方寺廟的特色。參觀完畢各人拿到一張地圖，可憑喜愛及體力尋找參觀景點，然而大多數人下一個目標是龍山寺。筆者很幸運能和陳葆真教授及謝玉美女士結伴同行。否則人地生疏，按圖尋覓時間匆促，可能到不了龍山寺就必須返回了。陳教授三十年前曾到過龍山寺。雖然經過多年來的環境變遷、物換星移，她仍舊記得路線。我們沿中山路走，這是鹿港鎮的繁華地區。沿路的店舖大致都有二進房屋，店面雖不很寬但是卻很深，前進是店舖，中間是方形天井，後面一進房屋是住家，中山路店舖騎樓的地面都有一方塊彩色的圖案顯示出一句吉祥話。例如牡丹花表示富貴、玉如意表示如意。各店家選擇自己喜愛的圖案。至於店面多數已改為現代化的裝飾，只有極少數仍保持古代的建築格調如木板門、木窗等。商店規模較大的如玉珍齋不但有店舖，並且有工作場及倉庫。

　　我們在中山路上及附近看到的古蹟包括：八景中的五景 1.曲巷多情指九曲巷。2.隘門後車指械鬥時期劃清界線的特殊建築。3.宜樓掏月指九曲巷中的十宜樓。4.甕牆斜陽應用酒甕嵌成牆壁。5.興化懷古指興化人奉祀的媽祖廟興安宮。

　　十二勝中我們看到了四勝包括：1.意樓春深指位於九曲巷中的閩式別墅。2.樓井雕欄指鹿港傳統建築之方形天井。3.石碑敢當指安插在港口或岔路上用來避邪鎮煞的碑石。4.半井思源指位於瑤林街及民權路附近的半邊井，一口井分隔在牆內外兩家各用半口井。

　　我們走到中山路與三民路交界處不遠就到了龍山寺。該寺正在整修。在寺廟附近設置了修建委員會。陳教授提議從大門口進入才瞭解該寺的規模及全

貌。在正在修建的前殿上有紀載著該寺建立在清乾隆51年（公元1786年）供奉觀世音等菩薩，佔地面積一千六百多坪為台灣的一級古蹟，有台灣紫金城之稱號。據文獻的記載該寺建築氣勢雄偉，雕琢精細。寺院的結構包括廣場、山門、前庭、五門殿、戲台、八卦藻井、中庭、正殿、後殿，建物的格式係仿北宋宮殿式建築，寺內擁有全國最大的銅鐘，係在清咸豐九年所建造。可惜我們參觀時適逢該寺整修，只存後殿保持完整。將各菩薩神像都供奉在後殿，包括正中供奉觀世音菩薩，兩旁供奉藥師佛、註生娘娘、境主公、地藏王菩薩，以及多位尊者。當我跨過高高的木門檻進入後殿，立即感覺到後殿磁場氣感極強，這團氣進入腳底湧泉穴，經過胸部膻中穴，上升至頭部百會穴，然後循任脈、督脈在體內循環流轉，使全身舒暢、神清氣爽。我想多停留以便享受這舒暢的氣感。停留片刻後即隨著陳教授、謝女士匆匆離去以便及時回到遊覽車上。在體內的這團氣一直保留至次日午後才逐漸減弱消失。在沿中山路回程的途中經過三山國王廟，所謂三山國王是指廣東省揭陽縣境內的明山、獨山、中山的三位山神，以及城隍廟，因限於時間，我們僅在廟門外參觀。

12:45分在大龍港餐廳享用豐盛的午餐。

14:30到達田尾公路花園參觀，田尾鄉號稱花鄉；該鄉設有菊花生產專業區，面積120公頃，年生產菊花4千萬支外銷日本、香港等地。田尾公路花園面積有341公頃，係盆栽、苗木、花卉生產專業區，私有花園將近250家。餐飲服務業15家多數是咖啡館賣花草茶、花草冰、花餐、花酒等。我們三五成群在和煦的春風、溫暖的陽光下散步，觀賞花園內五彩繽紛的花卉，人面桃花相映紅，真是一種享受，有人選購盆栽、也有飲冰的、好友團聚閒話家常。形成一幅悠然自在的春遊圖。難得浮生半日閒大家盡情歡樂。4:30參觀完畢登上遊覽車，在車上卡拉OK歡唱歌聲嘹亮。此次歌王是吳普炎教官，歌后是徐蘭香組長，何前主秘憲武也歡唱一首，歌聲圓潤悅耳，贏得全體會友熱烈掌聲。我們在歡樂的氣氛下享用一頓更豐盛的晚餐，然後各自返回溫暖的家。

附件二

宜蘭知性之旅

謝玉美

本會會員及親朋好友一行共41人，於95年2月28日上午7:15分於本校正門口搭乘天星公司遊覽車出發，往台灣東北角海岸方向行進。車輛先走山路，經過瑞芳後便轉入台二線北部濱海公路，沿途一邊聽著專業導遊素素小姐的詳盡解說，瞭解金瓜石陰陽海之形成，福隆海水浴場沙灘來由及每年海洋音樂季盛況，當然也不忘介紹令人垂涎的福隆便當等，一邊又忙著欣賞驚濤拍岸，怪岩奇石、海蝕平台及漁港風情等因應地球億萬年來的地殼演變而蔚為特殊的自然景觀。

8:30 在福隆海水浴場旅遊中心休息片刻並活動一下筋骨。10:00 時抵達國立傳統藝術中心:該中心位於宜蘭縣五結鄉冬山河畔,與親水公園隔河相望,佔地 24 公頃,係以傳統藝術之薪傳爲首要目標。其業務範圍涵蓋傳統戲劇、音樂、工藝、舞蹈、童玩、民俗技藝等類,藉以推動各項研究、保存、傳習及展演計畫。使傳統藝術能落實到日常生活中。園區設有行政中心、傳統戲曲展演區、傳統藝術傳習區、傳統建築體驗區、傳統工藝推展區、生態景觀探索、福泰冬山厝及休息服務區等。大家逛著逛著進入戲劇館及展示館,館內陳列著皮影戲、布袋戲、歌仔戲所用之布偶、道具、服飾及竹器、漆器、織繡、交趾陶等。再來到打擊樂坊,只見一位姑娘以 4 個小皮鼓及 1 個大鼓運用其高超技巧手舞足蹈敲擊出各種曲調,真實見識到視覺與聽覺的感受。12 時離開園區。

中午在礁溪九禾餐廳享用蘭陽風味大餐。13:15 再啟程前往金身土地公廟,除拜拜頂禮並參觀其建築,藉由屋脊、柱子或台階來瞭解其所象徵意涵。

14:40,大夥來到瀰漫濃郁酒香的宜蘭酒廠,該廠以生產紅露酒、米酒、金棗酒聞名。民國 87 年底因應時代變遷與開放市場競爭壓力,於廠內成立甲子蘭酒文物館,開放民眾參觀了解台灣酒品之製作與酒文化之發展,可藉以知悉酒廠歷史沿革、酒類生產史、並展示製酒、儲酒及包裝過程。此一近百年的老酒廠保留住許多日據時代的老建築,置身其中就彷彿沉醉在飽含時代美感與人文特質的時光隧道中。一行人在品嚐金棗酒、酒醋、酒冰棒後滿足離去。

宜蘭是金橘的故鄉,於 15:30 抵達橘之鄉蜜餞形象館,人手一杯熱騰騰的香醇金棗茶,又勾起大家的購買慾望。金橘又名金棗,爲宜蘭獨特產品與李子同爲蘭陽平原名產,金橘形長皮堅,生則深綠色,熟呈金黃色,味酸甘而芳香,可製作出多種口味的成品,任君選擇。

棒啷!免費奉送烏石漁港的景點。傍晚 5 點抵達頭城鎮烏石漁港,魚貨製品多樣化,遊客可一攤接一攤的嚐鮮,港內聚集許多遊艇等待遊客出海賞鯨。

17:30 在北關梗枋漁港享用海鮮大餐,18:30 分打道回府,途經鼻頭角休息 10 分鐘,車子再循海路轉山路返回台北,20:45 分在期待再相會的歌聲中於台大校門口互道珍重,結束一天快樂的旅程。

附件三

粵北精華、湟川小三峽八日遊

方祖達

久待的廣東北部旅遊,終於今年三月十八日至二十五日舉行,參加人數 58 人,加上二位導遊,浩浩蕩蕩前往神州大陸八日遊之記實如下:

第一天:早上 7:20 在陽光普照、風光明媚的早晨車直駛到桃園中正機場,辦好出境手續,於 10:00 上機,延至 10:30 起飛,12:00 到達澳門機場,在機上也用了一頓有酒有咖啡的豐盛午餐,

澳門以前是葡萄牙的殖民地，經過約 400 年來的建設西化，繼香港之後成為東方明珠的亞洲一新城市。出關及轉進入境大陸珠海，花費約 2 小時才告完成。在關口排隊待驗證的人群如蜂湧，由於出此拱北關的時間延誤，故原定按摩的節目改為回程時補行。2:00 離開拱北口岸，我們分乘二輛車，由大陸導遊小瑜及小張兩位小姐帶領我們全程旅遊。車經過外環道路進入粵江之海之三角州，因粵江夾帶黃土入海，海水呈黃色，2:30 到達華駿酒店，享用一頓海鮮大餐。

珠江原為一漁村，經過長年經濟的不斷發展，如深圳一樣已成為中國五大經濟特區之一。一年四季如春是最好居住地區。早在 200 年前開埠，至今人口已達 130 萬人，多為外地移民。3:10 車停在路旁，前往參觀一座漁女的雕像，高 8.7 公尺，重 10 公噸，由花崗石砌成。傳說這位漁女原是海龍王的女兒，為了提防她私自離開，在其身上掛著二條項鍊，但終因她思凡而發生了一段愛情的故事，後人為了紀念在此豎立此一雕像，在其頭頂抱一顆大明珠，做為珠海的市標。拍照後車開往百年洞公園，因植蓮花又稱為百蓮洞，半山腰沿人工湖繞道上有笑佛堂、關帝廟、觀音洞，湖可遊船，旁有烤肉區等遊憩設施。

16:30 車開到圓明新園，享用一頓風味餐之後搭乘小火車到一處場面甚大的表演場，18:30 入場，先是口技表演 15 分鐘，如百鳥齊鳴、火車行駛、雞犬叫聲等，維妙維肖，掌聲不絕。19:10 開始舞台表演大清王朝戲劇，展示清代全盛時期的大型各種舞劇、演員出場 600 多人次，演出場面浩大，色彩艷麗，採用如電影的特技，娛樂性與觀賞性極高，全劇 60 分鐘，引子（鎧甲雄兵）由 16 匹騎兵繞場奔跑，分幕有江山一統、盛世風華、錦繡江南、圓明盛典、臨朝聽政、浩大壯觀的場面，令遊客如身臨其境，一睹康乾盛世不凡氣派，全程舞劇無論是服裝、舞姿、佈景、聲光、道具、設備、演員之配合演出真是可圈可點逼真優美，嘆為觀止，票價每張人民幣一百元，由旅行社贈與，看得大家高興快樂。

劇終由領隊帶往到湖對岸觀賞另一場大清海戲，也是一場極有可看性的戶外表演，看台的湖對面設施依地形排列有大橋、道路、鄉村農舍、漁村，開始許多村民在安定場中生活，農、漁、耕、讀，表示昇平時代的中國東南沿海平安生活，但不幸日本矮寇入侵，以船炮登陸攻擊鄉村，搶奪財物、焚燒民宅，殺害我同胞，當時朝廷得悉，立即派水師來拯救，在逼真的炮聲隆隆火海激戰中驅逐日船，登陸巷戰，消滅來侵矮寇。全劇 40 分鐘，21:40 回到酒店休息，做一個甜密的夢。

圓明園是仿照北京圓明園三分之一建造的，據稱花了一千萬人民幣於 1997 年開放此大型史詩（大清王朝）及夢幻水城等表演場地。

第二天：10:30 到達廣州市之北的花都市，參觀農民革命的領袖 "洪秀全故居" 也是洪秀全耕讀和從事早期革命

活動的地方，位於新華鎮大布村，占地2.5萬平方公尺，因革命失敗，該村被清廷燬滅，至辛亥革命後才恢復。1959年成立紀念館，有書房閣、私塾堂。洪氏天資穎悟，後因家貧失學，隨父兄耕種，18歲時被聘爲塾師。至今尚有一株龍眼樹，樹幹如龍形，近200年來仍苗壯開花結果，1959年革命前輩謝覺哉在建館時詠詩一首：天王理想今全現，掃盡不平才太平；留得千載龍眼樹，年年展現看分明。那次革命雖因內部分裂而失敗，但促進國父孫中山先生的辛亥革命成功。

車沿北江至小北江漁人碼頭，乘船在江上享用一頓完全道地的風味餐並觀看兩岸的天然風景。15:20車行20分鐘到太和古入口，自由上山，經過五座休息亭，到達太和殿及玉皇殿，快步者約半小時可達終點，我們這一群平均70歲的團員約有四分之一到達，約有半數爬至第五座亭，是一次很好的健身活動，19:00到達清遠市丁香花園大飯店休息。

第三天：8:30車沿北江之京珠高速公路，再轉到清新縣浸潭鎮的金龍洞，參觀1998年開放的鐘乳石洞，是一條長達3公里的地下河，10:00進洞，18～20人乘一木船，洞內由導遊小姐沿線解說，介紹形形色色的各樣鐘乳石，船行約20分鐘，上岸繼續沿石級高高低低四週的種種鐘乳石，最堪稱奇的是聚寶盆，已公認爲世界一級的，約經一小時走完全程，1:00參觀另一鐘乳石洞，稱爲九龍洞，分乘三隻木船，入洞看到透天的山石形成如台灣地圖及觀音菩薩等形狀。

在九龍鎮用午餐，13:50到英西鎮峰林走廊風景區，登石階184級到彭家祠，據云是明末清初當地一富豪娶了十八個妻妾，如今被列爲一觀光景點，由於房舍破舊、環境髒亂，實在有些勉強。14:10往連南寨，當地是三排瑤寨，先參觀他們的生活狀況。瑤胞習慣聚族而居，依山建房，房屋排排疊疊，行成山寨，謂之"瑤排"，他們保存著獨特的古樸淳厚而又瑰麗多彩的民族習性，看約20分鐘的歌舞，也略知他們未婚的男女稱爲阿貴和沙么妹，已婚者則叫做阿柄和卑，晚餐後，進入連州大廈休息。

第四天：開車約30分種到達連州市東陂鎮的嶺南第一洞河仙境，即連州地下河景區，當我們進入洞口時，仰望眼前呈現著十分遼闊的石灰岩溶洞，經地質學家分析，此溶洞因二億年前的地殼運動而形成的大岩洞。瑰麗的風光使全團的團員都嘆爲觀止。順著曲折起落的石徑邊走邊看，四面的美景接踵而來，在七色彩燈照射下，形態各異的鐘乳石變幻出萬千景象，仰望洞頂，彷彿是一個奇特的深邃的夜空，再泛舟地下河，上船可見一條暗河向山洞深處延伸，如仙如佛，神秘誘人，鐘乳垂懸，伸手可及，十分刺激，船行了1500公尺穿越了四座山峰底部。

此洞可供遊覽面積達45000平方公尺，最高地爲47.8公尺，最寬處爲53.6公尺，人在船上，船在河中，河在洞裡，沿途疑真疑幻，有穿梭時空之感。

洞內四季氣溫保持在 18℃左右，空氣清新，多暖夏涼是極難得的旅遊避暑聖地。

出洞時已是 11:00 了，回到連州大廈午餐休息。14:20 往湟川三峽，中途停車，讓大家下車競拍光斜塔，據云此塔係南北朝時，南朝梁武帝時所建，用磚砌成六面形八層的巨塔，現已向東傾斜約一公尺，近年剛修復煥然一新。15:00 車到湟川閘口，我們分乘坐三隻船沿川看風景，包括龍泉、櫻栩和羊跳三峽道，但未見所稱的三峽奇景，除了兩岸群居許多鐘乳石外，近水面的岩石多已腐蝕而脫落，許多竹林也被沖刷倒下散在水面，更看不到什麼叫飛瀑了。船在川中往返行駛約二小時，回到旅館享用一頓薑類風味餐。

第五天：8:00 車往南駛約一小時到連江水壩，下車步行過壩及一貧困的鄉村，到達另一鐘乳石洞，稱爲玉龍宮，洞口有一對聯曰：人間常云桂林好，只緣未到陽山來。此洞於 1994 年公開供人遊覽，入洞亦沿高低曲折的徑路約有數個形象美麗的鐘乳石垂下及頂上的如八仙殿、五龍洞、王母娘娘聖殿等，觀賞約 40 分鐘出洞，如以連州地下河比較，其大小恐怕不及 10 分之 1，算得上是小而美。11:00 車開往清遠市，經過山區，沿途濃霧迷濛，視線有些不到 50 公尺，幸好駕駛小心，並無大礙。14:40 車到飛來峽，是北江自江西省到南海的中途站，北江全長 480 公里，此峽壩於 1999 年全部工程完成。具有防洪、航運、發電等功能。壩長 950 公尺，用油壓機管

制閘門，上游水高可達 24 公尺，下游 11～12 公尺深，全部工程費用 53.4 億人民幣，預定 6 年建造，結果是 5 年完成，提早一年。發電機共四部購自奧地利，全年開，每分鐘可達 35000 千瓦，是長江的葛洲壩的六分之一，15:45 車開到清遠市。行車約一小時，住進丁香花園大飯店。

第六天：9:00 離開清遠市，車往南開約一小時多到達廣州市，一路下著細雨，本來要參觀中山紀念堂，因值開會，故改爲先去參觀附近的廣州市標的越秀公園，據云數百年前，廣州乾旱，農民拜天祈雨，果然有五位神仙化身爲五隻山羊，口咬稻穗投下並下及時雨，使廣州以後年年豐收，農民爲了感射這五位神仙，雕塑以五隻羊爲台的一座公園，並在台上石壁上雕刻五仙及農民慶賀的感謝狀。此公園是廣州市八景之一，接下參觀中山紀念堂，由華僑出資就在當時孫中山就任臨時大總統的原址上建造。占地面積 6.2 公頃於 1931 年完工，由原設計師呂彥直先生設計，但未建造先歿，爲紀念其具中國傳統與西方建築結構的標誌性完美，立碑表示。主體建築占地 1.2 千平方公尺，高 52 公尺，可容納 5000 人集會，可於 10 分鐘內全體出場，該館現爲集會和演出一體的重要場所。通過了 IS9001/1400 國際質量環境一體化認證，並被評爲國家 AAAA 級旅遊景點。午餐後參觀西漢南越王趙眜之墓，這座建於 2100 多年前的地下宮殿，是嶺南地區目前已知的規模最大的一座石室墓，出土隨葬品一千多

件，在館內參觀約 1 時 30 分，再回到珀麗大酒店休息，6:30 在隔壁海南沿江酒樓享用一頓豐盛的晚餐，晚間並有部份團員參加卡拉ＯＫ歡唱。

第七天：上午 8:30 車開到蓮花山古採石區參觀，時逢大雨，大家仍然前走看到一座望海觀音塑像佇立於山上，拍照留念後往前走下到一觀音閣內恭奉一千手千眼觀音神像，聯曰：二七捨身化出千千手眼救苦救難，四八成正帝三三兒容大慈大悲，一部份團員在雨中前往長約 2 公里的階梯去欣賞古採石坑區，在曲折上上下下行經許多可看的景點，有的是懸岩峭壁，有的是湖澤瀑布，也設有望景台，約走一小時，最後回到原點望海觀音塑像台前。

午餐後車開至珠海浴足中心，亦稱海景世界保健按摩中心，自浴又加按摩約二小時，雖然有的團員是初次按摩，按後均感到十分舒服，全身筋骨都被揉摩得酥鬆，每人費用是 30 元，外加小費 10 元。該中心有 200 多員工，分上下午班，這些員工多自貧苦的省市來此謀生，接下來，到一家珠寶店休息飲茶，大家品嚐好茶，也由本會購買普洱茶 5500 元，每一茶餅價台幣 100 元，分贈各位團員及隨車人員，也算是一次小贈送活動！然後到一家大餐廳享用一頓盛大晚餐，大家舉杯互祝旅途快樂，明天就要回家而珍重再見，最後大家拍攝團體照，再回到華駿酒店休息。

第八天：9:30 上車前往拱北口岸，辦理出關到轉往澳門機場共花費約一小時多的時間，在機場等待長榮飛台北的 BR802 起飛，順便也買些葡萄牙名產的蛋塔帶回家。起航時間延後約半小時，17:30 大家順利回到溫暖的家。

會員吳淑姿新著出版書名「梁山伯沒死……之後」定價每本 350 元，優待價每本 280 元，欲購者請於週一至週五上午 9:30-11:00 至本校退休人員聯誼會（本校舊植研所二樓）洽購。

養生保健 30 招

朱伯超

1	腦宜常用	16	全身常拍
2	心宜常滌	17	腰宜常搓
3	髮宜常梳	18	腹宜常繃
4	面宜常摩	19	臍宜常溫
5	目宜常運	20	肛宜常提
6	耳宜常觸	21	手宜常動
7	舌宜常捲	22	足宜常行
8	齒宜常叩	23	指常伸屈
9	津宜常咽	24	腳宜常暖
10	口宜常呵	25	膚宜常擦
11	吸宜常滿	26	便宜咬牙
12	呼宜收腹	27	合谷常掐
13	頭宜常舉	28	內關常壓
14	頸宜常伸	29	三里常按
15	胸宜常開	30	中風急救
			先刺人中
			指尖放血

中華民國九十五年七月四日出刊

會　務　通　訊

第　三　十　五　期

發行者：國立台灣大學退休人員聯誼會
會　址：台北市羅斯福路四段一號國立台灣大學
　　　　菁植研所二樓
電　話：23695692　Fax：23648970

會務動態

一、關於本會人事異動方面，活動組組長徐蘭香辭職由關麗蘇女士接任活動組組長，並經過本年6月6日舉行之五屆七次理監事聯席會議同意任用。秘書組組長范信之，因視力及聽力衰退請辭，范組長在本會任職九年餘，對會務發展貢獻良多，為其健康及安全考量，對其請辭不得不勉為同意。這類文書人才當前比較缺乏，一時找不到合適人選。其工作之文書部份，暫時由本會沙理事長依仁辦理，總務部份（借會議場地及連絡事宜）由總務組鍾組長鼎文辦理。倘若至年底尚未覓到接任人選，除年會佈置會場由全體工作同仁合辦外，掛紅布條及錄音等由吳元俊理事及劉鵬佛組長辦理，對於范組長之貢獻，本會提案經理監事聯席會議通過發給獎狀一張，俟製作完成後再致送。

二、關於會員權益之維護方面，在五月份，各報曾登載領月退俸公教退休人員之 18% 利息，降為 12%，引起會員們內心不安紛紛以電話問詢，經沙理事長向銓敘部連絡，據銓敘部官員告知「並無此事」。請各位會員安心。

三、為謀求會員們的福利，本年6月10日沙理事長偕同服務組劉鵬佛組長訪問本校周邊商店，要求他們對本會會員持會員卡來店消費請給予折扣優待。初步結果有下列商店應允優待：1.第一活動中心餐廳，本會會員持會員卡消費免服務費，倘若是宴席，除免服務費外，並奉送水果及小菜。2.鹿鳴堂內有三家商店給予優待：(1)鹿鳴宴免收一成服務費。(2)7 Eleven 給予九折優待。(3)Dear Vita 比照在職教職員的優待折扣，至於第二學生活動中心的商店已敦請本校總務處秘書兼經營管理組徐主任炳義惠予連絡，俟有結果後再行告知。

四、關於會員們都關心赴台大醫院醫病

1

醫療優惠取消乙事，李校長已請附設醫院設法謀補救，經包副校長宗和，人事室江主任元秋等與本校各相關單位承辦人員集會商討對策。最近據包副校長告知本會理事長，退休人員之優惠已恢復一部份，將來視情況許可，再行逐步恢復。謹借會訊篇幅代表本會會員向李校長、包副校長、江主任致謝忱。

五、教授聯誼會提議為照顧本校在職教職員之父母及退休教職員，設置托老所一案，推動小組召開了三次會議，目前劉召集人華昌已募到壹千萬元，擬成立基金並向學校租或借場地，俟後如有新發展，當再告知會員。

六、本會自創辦迄 95 年底剛好屆滿十年。本會創會理事長宣總教官家驊指示：「今年年會應擴大舉辦，除例行程序外可酌量增加展覽或表演，若上午的時間不夠不妨延至下午」本會將先擬互慶祝成立十週年年會程序表提下次理監事聯席會議討論，如蒙通過，立即群策群力進行籌備，以期年會辦理圓滿成功。

七、本校教職員工文康活動推行委員會已向本校租到 90 坪的場地，地點在本校新體育館二樓咖啡廳原址（原咖啡廳已歇業）。該場地必須由文康會出錢裝修，大約要花費數十萬元，然後可借給各分會使用，由於租金每月須八萬元，文康會無法獨自負擔，所以各分會要借其場地必須付費。本會原擬有免費場地使用每季辦一次座談會或演講會傳授養生保健知識，或者是退休生活的安排及適應訓練，不僅本會會員需要知曉，中年在職人員更是需要，本會所辦活動係免費服務，現文康會借場地均要收費，本會經費一向拮据，能否負擔有待提下次理監事聯席會議討論。

八、本會會員人數迄至今年 6 月 6 日，在籍會員共計 563 人，扣除病故者 36 人，他遷、停權及退會者 125 人現有實際會員 402 人（內含永久會員 258 人）。

95 年第三季 7～9 月份 旅遊活動預報

一、長庚養生文化村一日遊

時間：95 年 8 月 9 日（星期三）

行程概況：台大校門口→桃園壽山岩觀音寺→桃園龜山長庚養生文化村→村內午餐（自理）→台塑博物館→林口酒廠→賦歸

　　長庚養生文化村之旅，僅收車資、司機、導遊小費、過路費、保險費等費用花費極少。

二、東勢農場、卓蘭採果一日遊

時間：9 月 21 日（星期四）

行程概況：台大→北二高→關西休息站→東勢農場午餐，觀賞花木→卓蘭採果→苗栗客家菜晚餐→賦歸。

東勢農場之旅回程時到新竹工業區優質奈米品味生活館購買奈米藥品及產品以及團體價計費比市價至少便宜 800 元至 1 千多元，賺回旅遊費用。

以上行程，自即日起報名，歡迎會友及眷屬、親友踴躍參與，請於每週一至週五上午 9:30～11:00 或電話 2369-5692 至本會辦公室報名。

中國結教學第二期招生

本會舉辦之中國結教學第一班已經圓滿結業。由於謝老師美蓉教學認真手藝精湛頗得好評。目前中國結教學第二班招生正在接受報名，各位會員或眷屬如有意學習請於週一至週五上午 9:30～11:00 到本會辦公室報名或打電話 2369-5692 報名，上課時間地點星期二下午 1 時至 4 時在本會辦公室上課(舊植研所二樓)

老照片說故事專欄

體育運動的回顧　　張甘妹

民國十九年九月出生於屏東縣佳冬鄉，客家人，幼時遷至高雄市，小學就讀於日據時代之堀江小學校(現在之鹽埕國小)，畢業後考取高雄第一女學校，初中二年級時台灣光復，被編入高雄女子中學。從小喜好體育運動，曾獲六十公尺、一百公尺競賽之紀錄保持，民國三十七年曾代表台灣省到上海參加第七屆全國運動會。三十八年進台灣大學法律學系，大學三年級時曾獲選為第九屆青年節優秀青年代表。民國四十二年六月大學畢業，留校當助教，並赴日本東京大學法學部及慶應義塾大學研究所進修，專攻刑事法學，主要著作有犯罪學原論、刑事政策、犯罪預測等六十多種。民國八十六年二月屆齡退休，現為法律學院名譽教授。

附件一　飛牛牧場一日遊

沙依仁

三月三十日（星期四）上午 7:30 本會會員暨眷屬等共 34 人乘遊覽車赴苗栗縣通霄鎮南和里 166 號飛牛牧場作一日遊。當日天氣晴朗大家心情愉快，上車後各人自我介紹，使彼此認識。有不少會友本月 25 日剛從粵北旅遊返回，本次又參加飛牛一日遊，對其參與本會活動的熱心，敬表最誠摯的謝忱。9:15 在關西休息站停 10 分鐘，10:20 到達牧場。

成立於 1975 年當時的名稱為中部青年酪農村。經過二十年的努力經營，1995 年改名為飛牛牧場。該牧場總面積約 120 公頃，其中牧場營業面積約 50 公

頃。剛到達各人購門票後發小張兌換券至速食店兌換牛奶一瓶，大家圍坐飲奶並交談。遙望園區綠草如茵，美景如畫，我們略為休息，隨即參觀園區。一望無際的草原，還有多種奇花異木點綴，例如粉撲花開鮮紅花，水黃皮開黃色的花，菲洲鳳仙花等。我們邊走邊欣賞，不知不覺已近中午。我們走進飛牛餐廳共進午餐，雖然不是山珍海味，口味清淡，營養充足很適合中老年人享用。

午餐後大家去看乳牛，經過草原活動區、兒童遊憩場、到了乳牛生態區。飛牛牧場所養的牛是黑白相間的荷仕登牛，這種品種是產自荷蘭的牛。在牧場內的乳牛有二十多頭，但是在牧場外圍卻有四百多頭。母牛懷孕十個月生產，這些牛都是人工受孕的。乳牛一生中會懷孕七次，自從生第一胎後，懷孕期都有奶。每頭牛每天平均產奶25公斤。我們發現每頭乳牛頭上都沒有角，工作人員告知因為避免將來打架受傷，小牛在牛角尚未長出時先擦碘酒，就長不出角。此外我們又發現乳牛沒有門牙，吃草是拉著吃不能咬，這是天生如此，並未遭到人為傷害。小牛只飲母奶一星期，此後母牛的奶就給人飲用，小牛就靠人工餔乳成長。

我們走到黑山羊生態區看見幾只黑母羊帶了小黑羊，牠們的寶寶很幼小還掛著臍帶，但是身上的黑毛已經很密，好像黑絲絨。母羊一聲呼喚，小羊全部跑出來和母羊會合。看到黑羊母子樂之後，我們進入兔寶寶的家。這間房舍的一邊高處放了一排排的籠子，每籠有一只或兩只兔子，有多種顏色。較多花兔有二種以上不同顏色。這些兔子的食料並不是紅蘿蔔、或菜葉，而是吃飼料的，它們吃飽了就睡覺，一付懶洋洋的姿態。

13:30，我們回到體驗教室做鮮奶凍DIY，分成四組，前三組是十個人一組，最後一組是4個人一組，每桌有一瓦斯爐，工作人員先發給各人一份做好的牛奶果凍給大家吃。然後各組照工作人員的指示自己做，材料包括1000cc鮮牛奶、洋菜粉一茶匙(3g)、玉米粉二茶匙(6g)、砂糖2茶匙(6g)。各組照指示做好倒入十個容器中加蓋，由組長送進冷凍庫至離去時取出帶回家。做果凍每人繳費75元。果凍做完已經14:20大家繼續遊園。我們看到巴貝多黑肚綿羊正在吃草。這是一種黃褐色體形較大的綿羊，無論那一種羊懷孕期只有三個月。我們下一個目標是蝴蝶生態園區，這園區位於50公頃專業生產區的西邊邊陲。離大門口相當遠。整個蝴蝶園以紗網蓋住，門口裝布簾使蝴蝶在區內營生，不能飛出去。園中樹木花草很茂盛，五彩繽紛的花朵諸如瑪麗金、馬櫻丹等都是蝴蝶的蜜源。蝴蝶園的景色，有如暮春三月江南風光。花蝴蝶有兩種，有黑底五彩的鳳蝶，也有淺色橫條紋花蝶。我們在園中發現蝴蝶的幼蟲（毛毛蟲）、

蛹，還有兩只蝴蝶正倒掛在枝上進行交配。在園中停留片刻蝴蝶的生態過程都見到了。看畢循原路返回，因為園區相當遼闊，真是長途跋涉。看到有人躺在草原上曬太陽，相當悠閒自在。3:20 是餵小牛時間，看到草原上排隊的人群很多，就不想參加。寧可坐下來交談。4:30 集合上車，因為在園區的時間延長。大家同意不參觀亞森觀光果園，而且該園區蔬果的售價比台北市貴很多。回程時在苗栗五穀文化村停留十分鐘，有些會友購買土產。服務小組訂購了客家便當，在車上享用，菜色豐富，會友都很滿意。19:30 到達台大校門口，結束一天歡樂的旅遊。

附件二 九族文化村一日遊

沙依仁

台灣的原住民分為阿美族、排灣族、達悟族、魯凱族、布農族、鄒族、邵族、泰雅族、賽夏族等不同種族。他們的祖先可能來自東南亞，文化也與漢文化有差異，筆者對原住民生活及文化的研究頗感興趣，深切期盼參與此次文化探索之旅。

95 年 4 月 27 日（星期四）上午 7:15 本會會員及眷屬一行 39 人從台大校門口乘坐天星公司遊覽車出發 8:07 到達關西休息站休息 15 分鐘，於 10:15 分到達草屯休息站略為休息，至 11:30 到達九族文化村，該村座在南投縣魚池鄉大林村金天巷45號，面積62公頃。到達後先步行至九族水沙連的麗宮餐廳午餐，預定

從 12:30～16:30 遊園，導遊小姐簡秋月先問大家是否願意搭乘 UFO，台灣最高的自由落體總高度 85 公尺，結果大家為了安全都不願意搭乘。我們首先搭乘水沙連蒸氣小火車繞歐洲宮廷花園一周，該花園綠草如茵周邊有歐式宮廷塔狀建築華麗美觀。大家在此攝影留念，然後步行至空中纜車場搭乘空中纜車，該纜車設備豪華堅固，已超過日本一般纜車的水準而且是台灣第一座循環式輕載量空中纜車系統，到達後步行至娜魯灣劇場，大家圍坐在舞台對面的石階上，觀賞 50 分鐘的原住民歌舞，這一群年輕的原住民展現出力與美，有精緻也有粗獷，觀賞完畢，我們參觀原住民部落排灣族、阿美族等部落，看到他們有不同的房屋結構、服式、美食、音樂及生活方式，聽說有一個部落正式烤蕃薯，免費供遊客享用，大家趕到時蕃薯已吃完，下次烤蕃薯要在下午三時開始，我們計算時間不可能在此等候，乃轉赴九族廣場，祭典會所觀賞 20 分鐘原住民傳統的祭典演出。我們坐定後，祭典即將開始，看到五六個原住民少年將大頭目抬出來，繞場一周登上舞台，由大頭目主持祭典潑水給觀眾，並點燃生命之火，掃街是要掃除街上的惡靈。最後敬大頭目三杯酒第一杯酒是敬祖先的，第二杯酒祝大頭目事業有成，第三杯酒祝國泰民安，國民心想事成。祭典將辦完就開始下雨，起先是稀稀疏疏，下午三時轉為傾盆大雨，許多會員將雨傘留在

遊覽車上因為當時天氣晴朗，帶了大傘登山很不方便，筆者也是如此，此刻就受累了。這時會員們紛紛發揮愛心及互助精神有二人合撐一把傘的。也有自己穿雨衣將傘借給別人用的大家跑進一所房屋內躲雨。躲了好久，大雨依然不停，這種情況無法再觀賞任何節目，也無法在山上停留。活動組長徐蘭香找到了遊園車照料大家上車，以便轉乘遊覽車。這種遊園車雖然有頂，但兩邊卻未裝窗，風雨吹來還是全身會濕透，會友們發揮互助的美德，年輕會友撐傘幫老年會友遮雨，大家回到遊覽車上，依然快快樂樂，繼續卡拉 ok 歡唱，雖然沒有看到石音劇場的表演節目及阿拉丁廣場，大家平安也就滿意了，到達桃園大溪我們在富鑫餐廳晚餐 21:00 在期待再相會的歌聲中我們互相道別，各自回到溫暖的家。

附件三　南庄風采一日遊

沙依仁

期待已久的快樂旅遊終於又將成行，大家懷著興奮的心情登上遊覽車，老朋友相聚分外親熱。這次參加人數共計 39 人。於 6 月 22 日上午 7:30 啓程，8:35 到達寶山休息 15 分鐘。9:30 到達通霄鎮秋茂園。這是當地的孝子留日博士黃秋茂為紀念其母獨資建造了這座石雕庭院，園中有許多的石雕，但是並無一人看守。遊客可自由進出。中間有二座廟堂，中山堂及友愛堂，裡面供奉著觀世音菩薩、臥佛、彌勒佛，牆上畫著鳥和魚，園中有許多的石雕：人像包括國父、動物有牛、狗、象、獅、豹、大龜小龜，並有石桌石椅。雖然石雕的排列有些雜亂，園主興建供社會大眾觀賞休憩。這份愛心值得讚揚。10 時離開秋茂園乘車赴台鹽實業股份有限公司的通霄精鹽廠，該廠座落在苗栗縣通霄鎮內萬里 122 號，電話(037)7921221。民國 64 年完成設廠，佔地面積 8 公頃。該廠製鹽係在海底裝設水管引進海水到該廠地下水槽，經過電透析、蒸發結晶及乾燥過程製造出無碘鹽及外銷鹽，再經過加碘，製造出高級精鹽及細粒鹽。民國八十年經研發調配技術，陸續推出健康低鈉鹽、健康美味鹽、天然超鮮鹽、如意精鹽等新產品。從民國七十一年起建副產品工場之後陸續推出的副產品包括工業用及食用氯化鉀、醫療用氯化鈉、洗腎液、包裝飲用水、沐浴鹽。近年來又推出瘦身、美容、保健等新產品，我們參觀了該廠製鹽過程及自動化包裝設備，就到產品出售場所購買產品，或在大樹下圍坐吃冰棒。10:37 結束台鹽參觀登車開往南庄桂花園於 12:20 到達。桂花園係舊式的平房依山建築、庭院寬敞，在餐廳的大門上方掛著豫章堂的匾額兩旁刻著像卜美食尋我味，章明客家見襟懷。走進餐廳見到舊式的木桌木椅。菜式是道地的客家菜。頓時回到民國四十年代的時光隧道，那時筆者在苗栗縣政府擔任股長，一般民舍及餐廳的菜餚都是如此。午餐畢 13:35 開車上山

赴護魚步道。南庄鄉有一條蓬萊溪，在護魚步道的一段溪水中養殖著保育的魚類例如石鱗魚及苦花等。從步道上觀賞溪流中銀光閃閃的遊魚，是一種難得見到的美景。到達景點導遊張小姐宣布在此停留二十分鐘，十分鐘步行臨溪觀賞，十分鐘回程。由於道路崎嶇，本團年長者就不到溪邊觀賞坐在石階上休息。4:25 參觀完畢乘車下山轉赴南庄老街觀賞，老街是倚山築路，上坡下坡有如梯田，看到建築雄偉的永昌宮。初創在光緒卅一年，民國二十四年地震倒塌，四十年代在現址興建，民國七十五年重建，三層樓建築供奉著許多神及佛，正殿上供奉著三官大帝、地母娘娘、五穀大帝。此外祀奉觀音菩薩、文昌帝君、孔聖先師、天上聖母、註生娘娘、地藏王菩薩等。在永昌宮的右側有一棟日式平房建物，名為南庄郵便局，郵局已在民國 85 年遷離。現在作為「南厝文化會館」，我們入內參觀發現多數房間都展覽著南庄所出產的植物，有一間辦公室有手工藝品出售。走出郵便局並未找到老街有飲食店或土產行。只有看到古代村婦的洗衣槽，在水槽上間隔距離架設石板。走到街上傳統食品僅有粄條。我們各買一些粄條。在回程的途中我們參觀了優質奈米品味生活股份有限公司，該公司地址為新竹工業區安宅四街 1 號，電話(03)5011-8188，先聽簡報，工作人員分發小杯裝的優質奈米鈣給我們試飲，無意中我手放在紙杯上測出該藥品有較高的能量，喝完的空杯能量尚能持續一小時左右，氣功班資深學員也能測出這份能量。簡報後大家購買奈米藥品，尤其是優質奈米鈣人手一瓶，因為團購價比單獨購買每瓶便宜 800 元，所以我們相約 9 月本會舉辦之東勢農場卓蘭採果之旅將會再度到該公司購買。並一致公認參觀該公司是此次旅遊最有價值之景點，我們登車轉赴龍潭中華料理晚餐，該餐廳專辦喜筵，所以菜餚色香味俱全，大家享用了七菜一湯一點心一水果的豐盛晚餐後踏上歸途。此外值得一提的是這次在遊覽車上卡拉ok 歡唱的水準愈來愈高了，不僅是國台語歌曲，英文歌日文歌都很動聽，唱得較多的除本會活動組關麗蘇組長外，彭振剛主秘唱國台語歌曲都很擅長，中氣十足，而且所唱都是年輕人唱的歌曲，他老當益壯，退而不休，可作為老人的楷模。此外此次參加的五位年輕美女擅長唱歌、說笑，是此次的開心果。關組長首次帶隊出遊，就有很好的表現，她的負責、熱忱、和藹使大家留下深刻的印象。

此次旅遊一位女士及一位男士都將帽子遺忘在遊覽車上，請失主到本會辦公室領回。辦公室電話 2369-5692。

中華民國九十五年九月二十七日出刊

會 務 通 訊

第 三 十 六 期

發行者：國立台灣大學退休人員聯誼會
會　址：台北市羅斯福路四段一號國立台灣大學
　　　　望樂樓（舊植研所）
電　話：23695692 校內分機：　　Fax：23648970

會務動態

一、本校教職員工文康活動推行委員會已覓得適當的活動場地，地點在新體育館一樓，現在正在裝修中。因為文康會係向本校租用，每月須付本校75,000 元租金，外加清潔維護費。所以各分會向文康會借用場地，一律要付場地費。但是本年 11 月份可以供各分會試用免收場地費，這是非常難得的機會，因此本會將該月份週一到週五上午 9:00～12:00 的全部場地（包括會議室及共同空間）預借，想在這個月份辦許多事。擬辦事項包括：

(一)辦理兩項課程：1.養生保健知識及保健運動由張念鎮、朱伯超、沙依仁主講。上課時間包括 11 月 1 日、2 日、5 日、8 日、9 日、13 日、16 日、20 日、21 日、23 日、27 日、29 日上午：9:15～12:00（共 12 次 36 小時）沙依仁主講之保健運動，係美容氣功、隔空放氣初級功、高級氣功（打通任督二脈）、金剛脈動功，以及雅維雅昆巴加呼吸法。張念鎮教授精通疾病之預防及調理擅長以指壓減輕病況、朱伯超教授精通穴道及針炙，三位合作精彩可

期。因為該月份場地免費，所以凡本會會員及眷屬，及本校在職教職員工來學習均免收學費，上課地點：本校新體育館二樓文康會場地共同空間。本班只收 25 位學員，報名請於每週一至 週五上午 10:00～11:00，請電 23695692 本會辦公室登記，額滿即截止報名。2.老人理財及節稅：授課教授正在協調中，可能包括金融財稅專家、江亮演教授、及蔣與恩教授，上課時間暫定於 11 月份 2、3、6、8、10、13、17、20、23、24、27、29 日上午9:15～12:00 共 12 週 36 小時，在該場地之會議室上課，凡本會會員眷屬及在職教職員工參與學習亦免收學費，學員人數因場地較小只招收 22 名，請及早報名。

(二)聯誼活動：本會工作人員與會員聯誼定於 11 月 7 日(星期二)上午 9:30～11:00在該會場之共同空間舉行，除參觀場地外並告知租用規定，以及組織活動社或隊，如棋藝社、舞蹈社等，定期租用場地。

(三)舉辦第一場養生保健座談會定於 11 月

·1

28 日（星期二）上午 9:30 至 11:30 在該場地小會議室舉行，主題為老人身心衰退情況以及如何延緩退化。

(四)12 月份起擬每月借小會議室一次舉辦一系列之養生保健座談會。這時文康會開始收場地費，場地費由本會負擔，本會會員及眷屬仍可免費參加。12 月份座談會定於 12 日（星期二）上午 9:30～11:30 舉行主題為老人之飲食起居與保健。

(五)96 年 1 月份之座談會定於 1 月 9 日（星期二）上午 9:30～11:30 舉行主題為老人適宜之運動。

(六)96 年 2 月份之座談會定於 96 年 2 月 13 日（星期二）9:30～11:30 舉行主題為高齡者意外之預防。

舉辦四場座談會之後檢討成效，決定是否繼續舉辦，以及是否繼續免費。

二、本會會員如欲借用文康會場地作為聯誼、慶生、卡拉 OK 歡唱、下棋等活動必須透過本會申請，由使用場地之會員共同負擔場地費，按照文康會規定，臨時性活動於每月 15 日前向文康會申請，文康會於每月 22 日公布同意使用與否，使用場地的時段及地點，於申請後下一個月才能使用。

三、文康會本年度各分會評鑑本會係績優分會，補助費二萬三千五百元。

四、本會活動組關組組長蘇麗向文康會陳幹事玉雪請教如何申請文康會的旅費補助。全部過程她已經學會。此次（9 月 21 日）東勢林場之旅已蒙文康會核准。本會會員參與旅遊者，每人可獲得新台幣 400 元的補助費。請保留繳費收據，才可俟校方手續辦妥後向出

納組領款。本會將來的旅遊都可向文康會申請補助，請各會員及早報名才能獲得核准，因為必須有會員 20 人參加而且必須在出發前 15 日公告才能核准。

五、本會與文康會間將來連繫增多，蒙五屆八次理監事會核准刻製國立台灣大學教職員工文康活動推行委員會退休人員聯誼分會之印章。

六、本會業務增加多項，而工作人員反而減少，以致理事長及各組組長均增加工作量、每日忙碌異常，因此本會急徵電腦打字工作人員二名，及志工二名至三名，打字人員不必每天來上班，僅有文稿時才來服務，亦可帶回家打字。志工僅是本會的活動在體育館舉行時他來參加協助整理場地，或是在本會辦公室值班，願擔任之會員或眷屬請於週一至週五上午 10:00～11:30 打電話 23695692 與本會工作人員報名即可。

七、本會總務組長鍾鼎文組長贈本會舊電腦一架，代表本會敬致謝忱，本會正向本校計算機及網路資訊中心申請架設網路及 IP。

八、迄至 95 年 8 月 31 日本會實際會員數計 406 人，其中永久會員 262 人。

九、本會本季的旅遊活動計有 95 年 8 月 9 日長庚養生文化村一日遊及 9 月 21 日東勢林場一日遊，均已順利完成。

十、本校 61 週年校慶定於本年 11 月 15 日舉行，校方曾經召開籌備會。沙理事長代表本會參加。會中決定本會在校慶茶會場地設展覽枱一張，展出會員之著作及手工藝品，手工藝品由謝組

長美蓉提供，著作請各位會員提供，請於本年 11 月 11 日前送本會辦公室以便彙集展出。校慶當日之慶典及茶會場地均在新體育館三樓，敬請本會理監事、會員及工作同仁踴躍參加。

十一、本會十週年慶及會員大會定於十二月廿六日（星期二）上午 9:30 至 12:30 在本校第一會議室隆重舉行。本會將在會議場所設置展覽枱舉辦「十年有成」成果展覽，展出項目包括本會整套會務通訊（從創刊號到第三十六期）、會員著作、本會活動照片、書畫、手工藝品、期望各位會員如有創會至民國九十一年本會活動照片請借給本會展出，會議結束後當陸續奉還。此外，會員如有小禮物捐贈作為摸彩品，請於十二月十五日前送本會辦公室，至為感謝。

十二、本會所舉辦之中國結教學第二班招生迄今尚未額滿，欲參加者請於週一至週五上午 10:00～11:30 電話報名 Tel:23695692。

十三、本會擬設贊助會員案，本會常年會員至年邁體衰不能參加活動往往欠繳會費等候被停權。此外本年退休人員比去年減少因此會員人數將會減少，而且目前本會工作人員缺乏，影響工作之推展。擬招收本會會員之眷屬願意擔任本會工作人員或志工者為贊助會員。本提案經五屆八次理監事聯席會議通過，十二月份會員大會再提出如獲通過當即實施。

95 年第四季旅遊活動預報

一、竹北高鐵探索館一日遊

時間：10 月 26 日（星期四）

行程概要：8:00 出發→9:30～10:30 參觀高鐵館→中午客家餐廳午餐→12:30～14:00→大湖酒莊→14:30～15:30→大湖雲莊→16:00～16:40→北埔金廣福名人事蹟→16:40～18:00→關西或龍潭（晚餐）→18:00～21:00 賦歸。

二、北海一週一日遊

時間：11 月 22 日（星期三）

行程概要：8:20 出發→9:20 海洋世界館（參觀海底隧道）→10:30～11:20 海豚表演－俄羅斯高空表演→11:40～12:40 美觀園午餐→12:50～14:50 野柳公園→14:50～15:20 石門洞→16:00～17:00 漁人碼頭→17:30～18:30 淡水晚餐→19:30 回到溫暖的家。

三、公老坪（月眉糖廠）一日遊台中（豐原）

時間：12 月 20 日（星期三）

行程概要：田園知性參觀、採果樂，午餐休閒活動（動手 DIY）→月眉糖廠→晚餐，詳細行程俟排定後再公佈。

老照片說故事專欄

胡適第一次到台大演講　　路統信

胡適講演之神情　　　　傅斯年校長致詞

今年(2006)是傅斯年校長 110 歲暝誕，本期"老照片說故事"記述一段傅斯年與胡適的故事。

胡適生於 1891 年，長傅斯年五歲，於 1917 年自美返國，就任北京大學教授。傅斯年於 1913 年進入北大預科，1914 年升入本科國文門。1919 年"五四"運動，北大學生提出"內懲國賊，外抗強權"愛國口號，集會遊行示威，被推為學生領袖，擔任"遊行總指揮"。同年秋畢業，共在北大學習六年。傅斯年與胡適亦師亦友，兩人關係介乎師友之間。

傅斯年於 1949 年初來台，元月二十日接任台大第四任校長。未久胡適也因國內情勢變化，離開北平，經南京轉來台北，寄住在福州街 20 號台大校長官舍傅斯年校長家裡。經傅校長安排和台大歷史學會的邀請，胡適博士於三月二十四日來校講演，當時校總區尚無可供講演集會用的會議廳，地點只好選在文學院前棟西側二樓較大間的"第二十教室"。台大校長傅斯年陪同北大校長胡適兩位校長來到會場。由傅校長引致歡迎詞，隨即由胡適發表演講。當年台大歷史系名師雲集，且多胡適北大舊識老友。講演結束，大家更藉此機會寒暄敘舊。

照片為傅斯年校長致詞與胡適博士講演之神情。

路統信　撰文
秦維聰　提供照片
2006.9.6

附件一　長庚養生文化村一日遊

沙依仁

本年 8 月 9 日（星期三）台大校友會、台大教師會、台大教授聯誼會、中華高齡學學會，代表以及本會會員共 39 人參加本次旅遊，我們在上午八時乘坐天星公司遊覽車，於 9 時 40 分到達桃園縣竹林山觀音寺，該寺座落在台北縣林口鄉菁湖村奉祀十八手觀世音菩薩尊像，嘉慶辛酉年間（公元 1801 年）由福建省晉江縣安海龍山寺遷來台灣，迄今已經歷 205 年，其間渡過日據時代"皇民化運動"禁絕本省同胞宗教活動，企圖燒燬觀世音菩薩的暗淡歲月，民國二十八年迫於情勢該寺改建成日本風格寺廟，民國三十五年台灣光復後第二年重新改建為本國式南方傳統寺廟，巍峨壯麗，經歷半世紀以上建材逐漸腐朽，乃於民國八十九年再度重建，現主殿已落成。其餘建物包括二千五百建坪之竹林山活動中心，將於民國九十九年全部竣工。我們參觀主殿見到信徒們誦經膜拜，然後到竹林山公園遊覽。前後花園總面積二萬多坪，有二座橋，亭台供遊客休憩，花園中有虎獅豹熊等動物石雕，水池中有噴泉院內花木茂盛。最多是櫻花，其次是杜鵑花，我們在公園內略為停留觀賞風景並在竹林山公園牌樓下五個社團的代表人合影留念。隨即乘車赴長庚養生文化村於上午 10 時到達土地面積 34 公頃地址：桃園縣龜山鄉長青路 2 號。現已完成第一期建築工程。第二期工程正在興建中。我們先參觀護理之家，在大門口看到一群輪椅族，每人身邊有一位介護人。坐在輪椅上的老病人精神萎靡或者已失智，我們見到那些老人有插胃管的，有智能退化顯得很遲鈍。大家臉色凝重，進入室內見到環境優美，臥房比院內設的護理之家寬闊，致於收費八人一室的宿費，每月 3 萬 3 仟元外加介護人，

伙食費、醫療費每月至少十二萬元。住單人房的宿費，每月 7 萬 2 仟元宿費，連同其他費用，每月大致要 15 萬元以上。總之每年花費 150 萬至 180 萬元，令人咋舌，這種情形家有千萬財產，幾年之內均將用罄。因此大家的參觀心得是要將養生保健當作最重要的事。有健康的身體才有幸福的晚年生活。10:40 分我們離開護理之家到長庚養生文化村的老人公寓這是健康老人入住的地方，它與安養機構不同之處是一個一房二廳廚廁的家，有文康活動，不需要每天爲家務操勞，餐廳裡的膳食有自助餐、套餐，也有小吃，任住戶挑選。偶然想換一換口味，或大顯家調身手，也可以燒一桌菜請家人或親友，因爲自己家裡有廚房。住在那裡安全有保障有 24 小時的醫衛服務，交通有免費公車送到林口長庚醫院轉車到台北車站或台北長庚醫院，65 歲以上的老人來回僅需花費 36 元的公車費。養生村收費低廉是另一特色，14 坪房屋的保證金單人 216000 元，每月管理費 18000 元，雙人 276000 元每月管理費 23000 元，22 坪住宅，保證金單人 312000 元，雙人 372000 元每月管理費，單人 26000 元雙人 31000 元，上逑費用不包括膳費及水電在內，膳費包月每人 4000 元水電費照表付費。比起淡水的潤福五星級老人公寓廉 15 坪房屋的保證金 500 萬元 30 坪房屋的保證金 1000 萬元要便宜許多。保證金將來退住時可無息歸還。筆者最欣賞的是長庚養生村的試住規定。凡是年滿 60 歲的老人可單獨或攜眷住進養生村三天至一個月。14 坪的房屋單人每日 950 元（雙人每日 1300 元），22 坪房屋單人每日 1350 元，雙人每日 1650 元，均包括餐費在內。環境比一般

旅館好，收費低廉。本人在聽簡報時就提議降低試住者的年齡，55 歲就可試住。該村要請示上級後再答復。倘若成年子媳帶了孫兒女回國省親，家中房屋無法容納，不妨老年父母到養生村試住，二人每天只花費 1300 元包括三餐在內，家人可到養生村來團聚，餐廳膳食價格低廉可以節省不少金錢。我們在養生村午餐 70 元的餐盒附湯及水果，午餐畢參觀老人住宅及文康設施 13:10 離開養生村，13:30 到達台塑企業文物館，該館座落在桃園縣龜山鄉文化一路 529 號，電話：(03)211-8800 轉 3392，該館爲一座地下一層地上六層的建築物，台塑企業初創於民國四十三年之台灣塑膠公司，歷經半世紀以上的努力，目前該企業集團跨足石化、纖維、紡織、電子、運輸、重工、能源、汽車、生物科技等產業爲回饋社會起見，父舉辦醫藥、教育、老人住宅等社會公益事業。B1 設簡報室並展覽王永慶董事長的著作、奇木製品。1 樓係顯示台塑企業整體形象，大廳中央放置一座重達 8.5 公噸的經歷五萬年的紐西蘭貝殼杉瘿木珍寶，該巨木能量極強，沒有學過氣功的人也能感受到此能量。後方兩側掛王董事長親書十六字的經營理念「勤勞樸實止於至善，永續經營奉獻社會。」三樓展出創辦人先祖來台家族簡史、台塑企業發展簡史及經營理念。展出王董事長母親種菜、兄弟們養蠶、開米店的奮鬥史。3 樓是塑膠與纖維產業展示區。4 樓是能源與電子產業展示區。5 樓是多元化事業展示區，展出海外生產事業工務及重工事業海運及陸運事業、汽車事業、生物科技事業，以及未來發展契機。6 樓是社會回饋展示區，教育方面有長庚大學、明志科技大學、

醫療方面有長庚醫院，另有 921 地震台塑企業協助重建，以及辦理環境保護工作。14:30 離開台塑博物館到林口酒廠參觀，該廠與台塑博物館很近只需十分鐘車程，地址爲桃園龜山鄉文化一路 55 號，電話 (03)328-3001。創設於民國五年，當時稱爲台北酒廠主要產品有太白酒、米酒各種水果酒、葡萄酒、藥酒、威士忌、白蘭地、蘭姆酒、福酒、紹興酒等。近年來更開發許多特製品，紅麴類製品包括紅麴麻糬、紅麴海苔等。酒香類製品包括酒香蜂蜜蛋糕、萊姆牛軋糖、紹興酒製品包括紹興香腸、鴨翅等，清酒製品包括紅豆冰、芋頭冰等。本人買了兩瓶 91 酒精，一瓶可變成 5 瓶米酒，用很合算。大家留戀忘返等著吃紅麴麵包，16:10 回到遊覽車上歡唱了幾首歌，就到台北了。今天養生文化之旅收穫很多。另外 4 個單位的貴賓們也很滿意，大家快快樂樂各自返回溫暖的家。

附件二　東勢林場一日遊

汐依仁

本次旅遊有 43 人參加，其中有 28 人是本會會員，其次是會員眷屬及家人，遊覽車上座無虛席盛況空前。8:10 開車 9:00～9:10 在關西休息站休息，11:00 到達東勢林場，大家先下車在林場內散步，該林場座落在台中縣東勢里勢林街 6～1 號，電話 (04)25872191，總面積有 225 公頃。

當日遊客不多，林場內清靜，小雨初晴，秋高氣爽，三五好友在場內攜手步行，閒話家常，真是一種難得的享受。該林場規模大設備多，有運動中心、烤肉區、溫泉泡腳池、射箭場、露營區、製茶及泡茶場所。餐廳及住宿等設備，整個園區尚能保持原始樸實風貌，較少人工雕琢的俗氣。11:25 我們走進梅園餐廳午餐。在上菜前本人示範兩項氣功。一、五中脈法：1. 右手舉到頭部右側，經過右腦，經過左肩到達左手。2. 右手舉到頭部右側，經過右腦，左肩的一半、左胸、乳、左腿，到達左腳湧泉穴。3. 雙手舉到頭部百會穴經過身體到達會陰穴。4. 左手舉到頭部左側經過右肩的一半經過右胸、乳、右腿到達右腳湧泉穴。5. 左手舉到頭部左側經過左腦；右肩到達右手。此功法經過前身穴道，常做會強身保健。

二、加強腿骨功能的功法，常做此功法跌倒不會髖骨折斷。做法：先拉氣五十次，然後將兩手放在身體兩側骨盆（身體最寬處）在身體兩側劃圈一二百次，直到雙腿發熱或發麻爲止，每天做一次。

其次談到四物湯加一條苦瓜煮湯喝，能減輕糖尿病的病況。腎功能欠佳，中藥黃芪可以改善，或者飲安迪湯黃芪四錢、枸杞、紅棗各三錢以兩飯碗水煮成一飯碗半的湯（一人一日份）亦有效。這些保健功法及常識，獲得熱烈的回響，茲應會友要求，要在遊記上登載以免遺忘，並且囑咐，以後本會舉辦之一日遊每次都要講一些保健知識。

梅子餐廳的設備並不豪華，但是卻很文雅，壁上的對聯我抄了四句「昨夜星辰昨夜風，畫樓西畔桂香東，身無彩鳳雙飛翼，心有靈犀一點通」。

我們大家享用了梅子餐廳八菜一湯的客家菜後。繼續遊園，沿路上看到許多設備，卻缺乏充分的時間可以逐項去觀賞，我們互相親切的交談走了一段路，到亭子裡坐下討論更年期後可能身體會突變，如

何調適。討論完畢，我們走到一個泡茶賣茶的場所，這是一幢新建房屋，建築格式及設備都很現代化，我們剛坐定，服務人員就泡茶給大家喝，有兩種茶一種是枇杷膏茶，帶有甜味爽喉止咳的。另一種是烏龍茶帶有一種淡淡的清香味，令人提神醒腦，這裡的烏龍茶與市面出售的烏龍茶或茶包大不相同。我們正在口渴，忽然喝到好品質的茶有如甘霖一般，滿懷感激的心情，大家一連喝了好幾杯。有些會友購買茶葉帶回家。這時已接近上車的時間，大家步行回到遊覽車上準備到卓蘭去採果了。開車後不久導遊告知壞消息，卓蘭的果園目前已經沒有水果可採了。吳司機駕車到一家牛奶梨賣場。這種牛奶梨口感很好，與三灣梨、將軍梨口感不同。但是售價並不便廉，8個梨一盒400元。會友有買盒裝的，也有用塑膠袋裝的大約半數左右的會友都購買了。再上車，司機準備直赴桃園用晚餐。本會活動組關麗蘇組長與司機交涉一定要補足一個景點，決定順道到三義參觀木雕。會友們都同意了。補足一個景點，沒有果採之事，勉強可以擺平了。我們在途中一家樟腦公司賣場略為休息，這裡出售的產品除樟腦粉、樟腦晶，還有肥皂、苦茶油、皮蛋、梅菜等售價低廉，購買了一些。到達三義參觀了多家木雕店，產品以佛像大型桌椅等高級產品佔多數，對一般中層階級家庭並不合用，少數會友購買了汽車座墊、按摩棒等，於6:50到達桃園中華料理餐廳，彭前主秘振剛請

大家喝紅酒，彭主秘參加本會旅遊許多次不僅歌唱得好，這次還讓他破費，謹代表本會向他致謝忱。飽餐一頓豐盛的晚餐後，回到車上，大家唱卡拉OK，在歡樂的歌聲中互相道別，期待下次再相會。

本人對於沒有採到果，一直耿耿於懷，事後追問究竟什麼原因沒有果採？遊覽車公司是否應負沒有事先告知的責任？所得到的答案是因為不久以前連續颱風警報，園主怕受損害，所以提前將水果採收了。遊覽車公司並不知情，因此不應負不告知的責任。上述實情謹告知各位參與旅遊會友。

養生保健常識

健走的好處　　　　　　焦金堂

(一)健走能預防疾病　預防心臟病、降低血壓，可以減肥、控制糖尿病、對抗失眠、預防便秘、預防呼吸系統疾病、預防胃弱及胃下垂。緩解攝護腺肥大、預防老年失智症，並且有助於防癌。

(二)健走能促進身體健康　能加強循環系統機能、強化消化系統、能增強呼吸系統機能、強化神經系統、增強免疫系統、防止骨骼耗損。

(三)健走能怡情養性、延年益壽　能激發潛力、增強智慧、能平衡情緒、涵養感情、能強化思考、活潑生命。

中華民國九十六年元月卅日出刊

會 務 通 訊

第 三 十 七 期

發行者：國立台灣大學退休人員聯誼會
會　址：台北市羅斯福路四段一號國立台灣大學
　　　　望樂樓二樓
電　話：23695692　　　　Fax：23648970

會務動態

一、本會95年（十週年慶）會員大會已於95年12月26日上午9:30～12:30在校總區第一會議室舉行，出席會員共190人，會場擠滿，盛況空前。

二、在會場內辦理成果展覽，會友們的書畫掛在壁上，手工藝品掛在框架內，著作放在展覽桌上，琳瑯滿目美不勝收充分展現出會友們「老有所用」的精神。

三、95年大會的摸獎品特別豐富包括本校校長及各級長官賜贈的珍品，本會理監事及會員捐贈之禮品，謹代表本會致謝（捐贈者名錄詳見附件一）以及本會自購的禮品，抽到貴重禮品的機率較往年多。許多會友抽到現金、禮券以及珍貴禮品喜出望外。互相祝福96年豬年行大運，大家身體健康、萬事如意。

四、上級指導致詞

(一)傅主任秘書立成致詞：

今天上午校長另有公事，不克分身前來參加，要我來此代表他向各位致意。台大感謝各位退休人員將一生中最重要的青春歲月奉獻給台大，為台大努力工作，以致使台大多年一路走來更為成長壯大。今天很高興看到各位群聚一堂，在這樣的場合一起見面，感覺非常溫暖。

台大最近在各方面均很忙碌，主要在教育部的五年五百億教育預算中，台大分得一百三十億元後壓力倍增，很多建教均利用這增加的百分之三十預算來作規劃努力，因此在教學方面、基礎面等各項建設均有很大的進步，例如台大首頁、中英文、國際化都大有改善，均令台大有正面的評價，這些都是我們感到自豪的地方。

另外，校長特別要我轉達：各位退休人員如有精神、有時間，非常希望各位參加志工的行列。目前社會上有很多人（包括高中生到社會人士）均想來台大看看，以作為他們生涯規劃努力的目標。各位退休人員在台大工作二、三十年，最瞭解台大，由各位來做志工導覽工作是最合適的，希望各位當仁不讓、責無旁貸。

最後在此先向大家拜個早年，祝福大家新年快樂、萬事如意。

(二)教授聯誼會梁理事長乃匡致詞：

今天很榮幸能受到沙理事長的邀約來參加大會與各位退休人員見面，明年我將

1

退休，亦可參加各位的行列，目前教聯會與貴會關係密切，彼此之間也常有良好的互動，希望兩會今後能合作愉快，為兩會人員爭取最多的福利。最後祝福大家身體健康、心想事成。

五、本會六屆理監事及工作人員名錄

會員大會中選出理監事，在96年1月2日舉行六屆一次理監事聯席會議選舉理事長、副理事長及監事主席。結果本會理事長、副理事長及監事主席均連任一屆。

本會六屆理監事及工作人員名單如下：

名 譽 理 事	宣家驊
名 譽 理 事	方祖達
名 譽 理 事	楊建澤
理 事 長	沙依仁
副 理 事 長	許文富
理 事	夏良玉
理 事	林添丁
理 事	何憲武
理 事	吳元俊
理 事	李學勇
理 事	路統信
理 事	王本源
理 事	陳美枝
理 事	茅增榮
監 事 主 席	張甘妹
監 事	蕭富美
監 事	彭振剛
監 事	陳雪嬌
監 事	楊建澤
理事兼會員組 長	車化祥

理事兼總務組 長	鍾鼎文
理事兼會計組 長	謝美蓉
理事兼服務組 長	劉鵬佛
活 動 組 長	關麗蘇
候 補 理 事	康有德
候 補 理 事	朱 鈞
候 補 理 事	陳汝勤
候 補 監 事	許雪娥
候 補 監 事	劉秀美

六、本會新增活動預告：

(一)本會新增「評古說今」項目

主旨：為增進會友們的學識，及聯誼起見，特舉辦此項目。由徐玉標教授發起並擔任召集人，方祖達名譽理事、及路統信理事擔任副召集人。每月第二週及第四週星期二下午1:30～3:30在本會辦公室（校總區望樂樓二樓）舉行。目前已舉辦了兩場，第一場係在96年元月9日舉行，由徐玉標教授主講「北宋王朝秘聞軼事」，第二場於96年元月23日舉行由方祖達教授主講「長江三峽大壩興建之始末」。兩場演講均非常精彩，此係免費活動，各位會友若有興趣歡迎報名參加聽講或演講。現代的老人多數沒有談話的機會，成年子媳都為事業而奮鬥，沒有時間陪老年父母談話，參加此項活動會使您備感溫馨，與許多老友相敘能消除孤寂沮喪。兩場演講的摘要詳見（附件二）。

(二)本校文康活動推行委員會與本會合辦

「養生保健」講座。緣起：本校在職教職員工，以及退休人員多數缺乏養生保健的知識，以致中年罹患長期疾病者逐年

增多，退休後離不開醫藥，成為身體欠健、行動不便的比率亦很高，在職人員中有少數英年早逝的案例。本校在追求卓越的過程中必先促使員工注意保健，有了健康的身體，方能創造偉大的事業。所以此項由文康會與本會合辦「養生保健」講座，意義深長，能照顧到在職教職員工、退休人員學生及校友。

辦法：1.聘請著名醫師、學者、專家、來校演講。2.借校總區大場地。3.邀請本校在職教職員工、退休人員、並請學務處通知學生社團、校友會通知校友參加。4.請人事室將養生保健演講時數作為職員進修學分以便於職員參加聽講。5.演講內容將刊登本校校訊及本會會務通訊。

第一場演講邀請孫安迪醫師主講「免疫力及排毒力」，時間定於96年3月8日上午 9:30～11:30 在行政大樓第一會議室舉行，聽眾人數約在 130 人至 160 左右。聽眾除本會會員外還包括在職教職員工、學生及校友等。此係免費活動請本會理監事及會員踴躍參加。

七、在三十六期本會會務通訊，曾登載本會將在新體育館（文康會場地）辦理養生保健知識及保健氣功班等課程。但是目前該場地尚未修繕完畢，所以原定活動必須延期舉行，請報名會友耐心等待，俟場地修繕完畢後當個別通知立即舉辦。

八、96年第一季旅遊活動預告：
96 年 3 月 21 日（星期三）石門水庫一日遊 行程概要，8:00～8:20 台大大門口集合出發，9:40～12:0 石門水庫風景區及後山遊覽，12:00～13:30 午餐，13:30～15:30 慈湖參觀導覽，16:00～17:20 大溪老街遊覽。17:40～18:30 鶯歌石餐廳晚餐 18:30～19:00 賦歸。

九、會員福利及權益維護：

(一)關於公教退休金改革案迄今尚未定案，本會沙理事長曾至銓敘部問詢，據告知民國 85 年以前退休者不受此次改革案的影響。

(二)關於本校教職員工及退休人員醫療優惠減少案，會員詢問者名譽教授之體檢是否照舊？本會得悉仍照舊免費。至於附設醫院及公館分院掛號費昂貴一事，會員們倘若罹患微恙（非嚴重病症）可到校總區衛生保健醫療中心看病，免收掛號費。

(三)感謝本校總務處秘書兼經營管理組組長徐秉義及楊玉苓小姐，熱心為本會會員爭取購物優惠（詳見附件三、附件四）凡本會會員持會員證至表列商店消費，可享有折扣優待。

老照片說故事專欄

早年台大人的“捷運”

——萬新鐵路窄軌火車的故事

路統信

⊙早年台大校門口的景象與交通

1945 年台灣光復，11 月 15 日國立台灣大學成立。60 年前校門外是一路碎石舖地的廣場，雜草叢生，門前有一條行人走出來的羊腸小道，向前望去，隔一條街道正對面不遠處有一幢木造平房就是水源地車站站房。另有一幢房子是這一帶唯一的一家小賣店、販賣冰棒、水果，也賣點

飯、麵。當時台大對外交通兩大要道羅斯福路和新生南路兩條碎石路都還沒有命名，路兩旁大多是稻田。有黃色尖頭的市營公共汽車 1 號車，自公館開出，經台大到台北車站，是固定班次，班次稀少，公車過處塵土飛揚。過了現在的南昌街（當時稱兒玉町）才有柏油路。住校的同學們晚上想到中山堂看場電影，大多是徒步走去走回。

⊙縱貫鐵路新店線

縱貫鐵路新店線行駛窄軌小火車，自萬華到新店。又稱萬新鐵路。1921 年 4 月建成開始營運。沿線設有：堀江、馬場町（和平）、螢橋、古亭、水源地、公館、十五分（萬隆）、景美、二十張、大坪林、公學校、七張、新店等站，全長 10.7 公里，起初原是一條產業鐵路，運輸煤、茶、木材，以及稻米、糖、鹽、肥料、水泥、五金、布匹、日用品雜貨等生活物資，以貨運為主，兼營客運。後來沿線居民增多，環境變遷，客運量大增，在旅行、上學通學、上班工作、居民外出等客運方面，也發揮了很大功能。萬新鐵路線的前半到公館站，是現今的汀州路。公館過去到新店，則是現在的地下捷運線。

原來萬新鐵路沿線，自汀州街經廈門街、牯嶺街、同安街、金門街一帶，分布有多處台大校產宿舍房屋，許多台大人都以小火車作為上下班、上下課的交通工具。1949 年後學生及教職員工迅速增加。早晨 7:30 的小火車到達水源地站，上班上學上課的台大人人潮從車站邁向學校大門。走上碎石路面的椰林道。這情景和現今每天早上捷運公館站班車到站時湧出的台大人潮，頗為相似。此外假日到新店碧潭游泳、划船、岸邊茶座品茗，到烏來觀瀑布、原住民歌舞表演等休閒活動；平日學生宿舍伙食團到萬華市場採購；到萬華站轉乘縱貫線火車，都要在水源地搭乘小火車。萬新鐵路小火車可說是早年台大人的“捷運”。對台大人行的方面曾有過很大的貢獻。

1965 年由於貨運業務式微，客運則因公車路線和班次增多小火車營運績效衰退。萬新線於營運44年後，功成身退，終於在當年 3 月 24 日 10:45 客運列車停駛，3 月 25 日 3:35 貨運列車到站後宣告結束營運。軌道拆除後，修建汀州路，拓寬北新路。1999 年台北新店間捷運通車。曾為台大人作過重大貢獻的萬新鐵路，也早在人們的記憶中消失了。歲月滄桑之變，令人不勝唏噓。

當年新店線水源地車站，站房位置在台大正門對面（現羅斯福路三段 183 巷底，汀州路三段 65 號南側）圖片左邊站牌上書“地源水”箭頭指示左為古亭，右為公館。右側矮棚前吊牌上書“出口”。

停靠在水源地站的新店線列車。

（圖片取材自：台北市府都發局指導編印的〝記憶像鐵軌一樣長〞摺頁。）

附件一
95 年會員大會賜贈摸彩品名錄

李校長嗣涔　名貴茶葉壹大盒

陳副校長泰然　多蟲夏草禮盒壹大盒

包副校長宗和　電熱飲水機壹台

傅主秘立成　豆漿機壹台

蔣教務長丙煌　進口水壺一對壹大盒

馮學務長燕　電暖器壹台

洪總務長宏基　隨身碟壹盒

人事室江主任元秋　現金新台幣壹仟元

會計室黃主任日暉　禮券新台幣壹仟元

教聯會理事長暨逸仙學會會長梁乃匡　禮券壹仟元、雷射光筆 1 盒

職工聯誼會理事長童敏惠　金石堂禮券壹仟元

宣名譽理事家驊　真空防潮保鮮罐壹組、土鍋（小砂鍋 3 只、茶杯 4 只、小水瓶 2 只）

方名譽理事祖達　濾水器一具、背包 5 個、大小手提包 5 個、腳底按摩機一個

監事楊建澤教授及蕭富美教授伉儷　玻璃杯一組、保溫杯 5 個、馬克杯 1 組、運動水壺及腰包各一個

沙理事長依仁　現金貳仟元、公文包 1 個、餅乾二大盒

許副理事長文富　茶杯 3 個、烤麵包機 1 台、96 年大型水果月曆 20 本

劉秀美監事　現金貳仟元、大小茶壺各 1 只、茶杯 1 只、大相片簿 1 本

路統信理事　德國濾水壺 1 只

吳元俊理事　LED 小手電筒 1 只、運動腰包 1 個、保溫水瓶 1 個、小水壺 1 個　雙

環鎖圈 1 個

夏良玉理事　蘭花 3 盆、茶具 1 組

朱鈞理事　茶具一套

王本源理事　小收音機 1 台、酒杯 1 組、茶杯墊 1 盒

何理事憲武　油畫一幅、掛鎖匙圈箱子 1 個

林添丁理事　紫砂茶壺一套

彭振剛監事　襯衫 2 件、運動外套 1 件、領帶 5 條

陳雪嬌監事　義式餐盤組一盒、招財進寶四件

車組長化祥　吹風機一個、手電筒一個、節水龍頭一個

鍾組長鼎文　現金壹仟元

謝組長美蓉　小提包 1 個、相框 1 個、果汁機 1 個、小護士茶杯碗 1 個、望遠鏡 1 個、茶壺 1 組、沐浴乳及肥皂 1 盒、購物袋 1 個

劉組長鵬佛　沐浴乳 1 支、美國牙膏 1 支

關組長麗蘇　雪芙蘭牛乳沐浴乳 1 瓶、不鏽鋼杯 1 個、冷開水壺一只

高淑貴教授、王正一副院長伉儷　普洱茶 1 盒、茶葉 1 盒

沈世傑教授　魚類大型著作 1 冊、小型著作 2 本

郭德盛前教務長　茶葉 1 罐

汪淮教授　咖啡壺、保溫杯各 1 個、保平安瑱鍊 1 條

王祖銘主任　西裝料及洋酒共三件

鄧華股長　開罐器 1 套

王鴻龍先生　茶杯一套、茶壺一只、小熱水瓶 2 個、茶杯 8 個、大茶杯一對

黃翠容女士　手工藝品 5 件

潘淑女女士　手工藝品 4 件

附件二 評古說今

第一場

時間：96 年 1 月 9 日下午 1:30 分在本會辦公室舉行

講題：北宋王朝秘聞軼事

演講者：本項目召集人徐玉標教授

摘 要

從宋太祖趙匡胤開國「陳橋兵變」「黃袍加身」「杯酒釋兵權」開始講起，太祖暴斃及其弟太宗即位前夕「刀光斧影」的傳說成為千古之謎。楊家將一門忠烈為國捐軀，以及「狸貓換子子」之真相。宋神宗時，王安石變法其後演變成新黨與舊黨之爭。昏君宋徽宗之生平以及後來徽欽二帝囚居之慘狀。

第二場

時間：96 年 1 月 23 日下午 1:30 分在本會辦公室

講題：長江三峽大壩興建之始末

演講者：方祖達教授

摘 要

長江三峽大壩的興建工程最先倡議者是國父孫中山先生，自 1919 年他就主張興建，但是經費及技術均不足延至 1994 年開工興建，大壩工程地址，選擇宜昌市秭歸的三斗坪。工程分三期需時 17 年完成。三峽工程是全世界內河大壩最偉大的工程。興建的首要目的在防洪其對長江航運及發電均有重大貢獻。將來萬噸以上的輪船將在長江航行，供電量亦會大增，但是當三峽水庫蓄水至 175 米常水位時，將會淹沒 1084 平方公里的土地面積，淹沒區必須移民。到 2009 年移民總人口約有 113 萬人。氣溫的改變晚上會升高 1 度，白天會降 0.3 度。上述這些改變必定會對生態環境造成重大的影響，可能會影響動植物的分佈及珍稀動植物的生存。

附件三 臺灣大學退休聯誼會會員購物折扣商店

一、小福樓現有專櫃

專櫃名稱	折扣方式	備註
漢堡王	1.套餐 95 折(櫃上 10 種套餐)。 2.單點 9 折。 3.特價商品不再折扣。	專櫃廠商保留變動活動之權利
麥坎納	1.新品鞋 9 折，再折 200 元。 2.特價商品不再折扣（含舊商品）。	
7-11	1.全面 9 折（促銷不再打折）。 2.不折扣品項：免稅商品，書報，i cash，遊戲光碟，點數卡，通訊產品，代收商品。 3.特價商品不再折扣。	。
霸味美食	1.單點 9 折。 2.特價商品不再折扣。	

6

丹尼斯小廚	1.套餐 95 折，單點 9 折。 2.特價商品不再折扣。	
優美影印	1.影印 1 張 1 元。單面 A3 1.5 元 A4B4 1 元	
誠品書店	1.全面 9 折。 2.特價商品不再折扣。	

二、鹿鳴堂現有專櫃

專櫃名稱	折扣方式	備註
7-11	1.全面 9 折（促銷不再打折）。 2.不折扣品項：免稅商品，書報，i cash，遊戲光碟，點數卡，通訊產品，代收商品。 3.特價商品不再折扣。	
Dear Vita 果汁	1.套餐不折扣單點 9 折。 2.特價商品，不再折扣。	
山崎麵包	1.商品 95 折。 2.麵包（三明治）＋飲料可折 20 元，但不再 95 折。 3.特價商品不再折扣。	
羅多倫咖啡	1.套餐 95 折，單點 9 折。 2.特價商品不再折扣。	
牛筋學苑	9 折，特價商品不再折扣。	
鹿鳴宴中餐	9 折（不收服務費）。	

三、學生第二活動中心

專櫃名稱	折扣方式	備註
書芳園	出示證件 9 折優待。	

附件四

『立德台大尊賢會館』

2006～2007 年台灣大學退休聯誼會會員優惠專案

　　屬於台大人的立德台大尊賢會館提供舒適、溫馨的客房及精緻美味餐點，為回饋廣大的台灣大學退休聯誼會會員，特別提供住房及餐飲優惠！竭誠歡迎您的蒞臨，親身體驗我們貼心的服務！

房 價 表

房間型態	定價	特優惠價 95/12/1-96/2/28	淡季優惠價 96/6/16-96/8/31 96/12/19-96/12/31	旺季優惠價 96/3/1-96/6/15 96/9/1-96/12/15	房間數	床數	標準人數
高級單人房	$5,500+10%	$2,250	$2,800	$3,000	24	一大床 (200×200cm×1)	1
高級雙人房	$6,000+10%	$2,950	$3,200	$3,400	33	二小床 (130×200cm×2)	2
豪華單人房	$6,000+10%	$3,250	$3,500	$3,700	7	一大床 (200×200cm×1)	1
立德套房	$10,000+10%	$4,900	$5,150	$5,350	4	一大床+客廳 (200×200cm×1)	2
尊賢套房	$15,000+10%	$5,600	$5,850	$6,050	4	一大床+客廳 (200×200cm×1、樓中樓式客房)	2

優惠對象：台灣大學退休聯誼會會員

● 憑台灣大學退休聯誼會會員證每張證件可享有一間優惠價訂房，並需本人入住，住宿當日請提供識別證件親自辦理登記。

● 憑台灣大學退休聯誼會會員證每張證件於立德台大尊賢會館二樓 Cafe83 餐廳可享有同行二人（含本人）餐飲 95 折＋10%服務費（服務費為原價 10%）。

訂房相關規定：依房間型態住宿標準人數贈送自助式早餐

　　　　　　　加人每位每日加收$600NET（含早餐一客），不加床

　　　　　　　加床每位每日加收$800NET（含早餐一客），含加床

上列優惠有效期限 96 年 12 月 31 日止

訂房專線：02-83692858、02-23630858 分機 8820

訂位專線：02-23645319

Email：ntu@leaderhotel.com

行銷業務處　經理

方雪雲　敬上

附件五　竹北高鐵探索館一日遊

沙依仁

95 年 10 月 26 日（星期四）本會會員及眷屬共 43 人於下午 8 時在台大校門口乘天星遊覽車赴竹北高鐵探索館遊覽於上午 9:05 到達關西休息站休息十分鐘。9:15 乘車 9:30 到達竹北高鐵行動探索館。該館是用三個 40 呎貨櫃車廂改裝而成，所有展示品裝置於車廂內，它稱為行動探索館是可以由車頭運輸巡迴各縣市展覽。我們進入後分批觀賞影片，以 3D 立體小電影欣賞。然後參觀車站大廳，首先映入眼簾的

是四周壁上圖表說明高鐵的種種設施，建造過程，所設置的站。高鐵的設站目前有南港、台北、板橋、桃園、新竹、苗栗、台中、彰化、雲林、嘉義、台南、左營以及介紹其他國家的高鐵大廳內的圖片。觀賞完畢，我們步出大廳，到場外佈置的車廂模型試乘，高鐵的座位有三種不同型式，有類似飛機商務艙的座位，椅子是沙發椅，座位較大。另有一般座位椅子較硬較小，此外還有一種供身心障礙者乘坐的位子，旁邊可放一架輪椅。

參觀完畢於 10:30 乘車赴苗栗神木春（258）復古餐廳午餐。於上午 11:25 到達該餐廳座落於三義鄉廣益村廣聲新城 2 巷 30 號。電話 031-828001-2 號，供應客家名菜，我們在此享用有了八菜一湯豐盛午餐，大家很滿意。用餐畢 12:30~13:50 赴大湖酒莊參觀，我們在酒莊內品嚐草莓蛋糕及酒，該酒莊有多種甜點。草莓醬、及土產出售，大家購買了幾種物品，看到該酒莊場地寬敞，有草莓園及咖啡座，可惜當時不是草莓生產的季節看不到田間草莓結實累累的美景。

14:20~15:20 我們到達大湖雲莊參觀。座落在大湖鄉富興村水尾坪 49-2 號，Tel:037-996-916，這是一座私人經營的休閒遊憩場所，主人精心佈置莊園中的一草一木房屋結構都充滿了詩情畫意，所以又名為夢想莊園。莊園主指這是一個在雲裡、山裡、手裡、心裡被實踐出的夢想，「抬頭看天上清清的雲，身輕一圈享受山浴，手拿一匙鮮採的野味，心裡的夢想已成為呼吸中的每個氣息」，莊園內奇花異草甚多。有形狀奇特的象腳樹，類似孳薺苗的木賊草，聖誕飄雪是在聖誕節前開遍

地白花的植物，我們的去餐廳外貯立片刻，看到類似軟枝黃蟬而開紫紅色花朵的植物很奇特，天池湖有黑天鵝、綠頭鴨、及鴛鴦正在戲水。這時陽光普照，大家都心曠神怡十分舒暢，隨即我們在導遊小姐陪同下參觀園內設施，我們參觀了雲餐廳、田園咖啡屋、和風湯屋，在住宿部門方面，有類似蒙古包的太空屋，整幢屋只有一個門一扇窗。聽說內部有空調設備。溫度適宜不會悶熱，還有類似獨眼龍似的一扇圓形窗的觀星景窗套房。最令筆者吃驚的是有一間女廁所一面牆並非磚塊而是落地大玻璃裝置。對外一瞧，外面一排茂林修竹非常隱秘。因此佩服園主人具有匠心設計之才能。最令筆者興奮的是在大湖雲莊裡能和樂蘅軍教授歡聚，記得筆者大約在三十年前和她在秘書室相敍。那時我擔當關振興校長的英文幕僚，她是中文系年輕女教授對她的學識風範相當敬佩，往事如雲如煙，而今能在夢想莊園再度相逢我們的興奮快樂不言而論。

15:50 我們到達北埔，先參觀北埔，老街再想要參觀北埔一級古蹟金廣福公館，聽說金廣福館目前不開放僅能在外面觀看。幸賴姜苑枝會友的協助，請其叔母開門我們才能夠入屋內參觀，金廣福公館是清代墾拓大隘地區的一個據點，也是金廣福墾號的辦公室。進入後我們參觀古厝發現這座古厝保持相當完整是古代大家族的架構，我們在大廳前的廣場合影留念，並對姜苑枝會友致謝。17:40 我們到龍潭中華餐廳晚餐，該餐廳專辦喜筵生意鼎盛，大家享用了一頓豐盛的晚餐，於18:30 分乘車返台北，於 20:00 到達台灣大學大門口，各自返回溫暖的家。

附件六　北海一週一日遊

沙依仁

本會會員及眷屬 43 人於本年 11 月 22 日（星期三）上午 8:30 乘天星遊覽車從台大校門口出發展開一天的快樂旅程。出發時台北下著濛濛細雨於 9:30 到達野柳，天氣晴朗，大家心情愉快，到達後先購買門票進入，團體票（滿 40 人）成人 300 元老人 250 元，9:55～10:30 參觀海洋世界，此館係在地下室洞穴式的建築。在兩邊牆內設置水族箱數十個養各種珍奇魚類。外設有標示牌加以說明。筆者所記錄的魚類有：食人魚、白吻雙帶、立旗鯛魚、千手佛海葵、伊夫林駒蝦虎、圓麗魚、顯焦鯛、花園鰻、大笠鯛、海馬、綠蠵龜、玳瑁、綠海龍、白美哥、高鼻魚、螢蟲魷、單角鼻魚、裸胸魚、魔鬼簑魚、金尾漁膳、額斑刺蝶魚、口紅粗皮鯛、月斑葉鯛、吸盤魚、黑斑叉鼻魨等，另有數個水族箱除了有水以外已空無任何魚類，標示牌寫著定期保養中。我們倘未參觀完畢導遊小姐來催促我們上樓到室外觀賞海豚表演。我們到達觀賞席發現椅子是濕的，可見此地早晨下過雨的，此時已經放晴，大家額手稱慶否則陰雨綿綿就掃興了。海豚表演了各種姿勢的游泳、抱球遊、水中搖呼拉圈等，每次表演成功，工作人員會都餵食表示獎勵，接著海獅出場表演頂球，做算術，到岸上頂球以雙翼站立等。無論是海豚或海獅表演完畢工作人員都徵求五、六位觀眾上台接受海豚或海獅的接吻都圓滿成任務，可見工作人員平時訓練的辛勞。海洋生物表演完畢後接下來的重頭戲是俄羅斯高空表演由五位男士出場，池邊的設備看台的對面偏右，有約五層樓高的跳水台，對面偏左有一座九層樓高的旗桿架，頂上掛著我國國旗。最先表演默劇帶手銬的強盜被捉到了。其後陸續表演跳水，疊羅漢等。最驚險的是跳水高手從九層樓高的旗桿頂端一躍而下跳入水中，游出水面，另外三位表演者站在旗桿上不同的高度同時跳入水中，在空中彼此保持一定距離不碰撞，同時游泳上岸，這兩個危險艱難動作觀眾均報以熱烈掌聲。11:20 表演完畢，大家步行至對面美觀園海鮮餐廳午餐，該餐廳座落在台北縣萬里、野柳村港東路 155 號，電話(02) 2492-2131 大家享用了八菜一湯的海鮮餐，價廉物美，都很稱讚 12:40 分我們步出餐廳，走到海柳公園對面看到許多攤販在都在賣吻仔魚、小魚乾、蝦米等海產，價格比台北市低廉大家購買一些，我們購票進入公園。（票價每位 30 元，野柳公園內許多礁石遭海風海浪侵蝕成為許多孔孔洞洞的奇景。這裡向來就是拍照取景的絕佳地點。最著名的景點就是女王頭，據報導因為海蝕嚴重，這座女王頭礁石不久之後可能頭部斷裂，因此遊客們紛紛以此作為背景攝影留念。我們站在木橋上，以海洋為背景拍照亦是絕佳地點，野柳公園雖然臨海，但是地勢平坦很適合我們這一團中老年人健走。走累了還有石凳可坐著休息。大家邊走邊聊天，笑語盈盈，增添了不少情誼，聽到濤聲雖無錢塘江濤聲的宏偉，然而巨浪及濤聲確實使我們流連忘返。14:40 回到遊覽車上，經過石門洞看到洞內沒有什麼設備，僅是一個大大的洞穴，大家沒有興緻下車參觀。另外我們已向大珍市海鮮餐廳定晚餐的席，該餐廳生意極佳規定我們只可在 17:00 到餐廳用餐，否則要等到 19:00

才有我們的坐位，大家贊成用餐不必等到19:00，我們於15:30到達漁人碼頭參觀了設備後進入賣漁貨的商場參觀，發現鮮魚售價比台北市漁市場貴出二倍以上，明蝦一斤1.280元，花蟹一斤680元，難怪很少人問津。參觀完畢我們準時到大珍市海鮮餐廳用晚餐。該餐廳座落在淡水淡金路二段168號（北新路口），電話：(02)2620-6152-3，行動電話：0910099578，係規模極大的餐廳，備有千坪停車場。因為生意鼎盛，雇用的廚師亦多，每位廚師負責烹調一道菜，可以差不多同時上菜，不必等候

。所吃到的花蟹是活的，比美觀園餐廳更勝一等。大家吃得非常滿意。當天所吃的兩頓海鮮大餐都很清淡，並不油膩大家可以安心。晚餐畢我們回到車上開始下起濛濛細雨，大家真是幸運，遊玩的時候天公放晴，玩畢才下雨在車上卡拉OK歌聲嘹亮，雖然有些塞車，大家珍惜著我們歡聚的一分一秒，誰都不在意行車時間的長短。17:30回到台北，在期待再相會的歌聲中我們互相道別。希望在下一次旅遊中我們再度相聚。

中華民國九十六年四月十日出刊

會 務 通 訊

第 三 十 八 期

發行者：國立台灣大學退休人員聯誼會
會　址：台北市羅斯福路四段一號國立台灣大學
　　　　望樂樓二樓
電　話：23695692　　　Fax：23648970

會務動態

一、本會第六屆二次理監事會議已於本年二月二十六日，在本校第三會議室舉行。會中理事長報告本校文康會與本會合辦之養生保健講座，承蒙何理事憲武的鼎力協助首場講座邀請到本校主治醫師孫安迪博士來校演講「免疫力和排毒力」。請各位理監事屆時參加聽講。

二、當日上午 10:30 本會理監事及會員參加在第一會議室舉行的本校新春團拜及茶會。

三、當日中午 12:30 本校李嗣涔校長邀請本會會員午宴，地點在鹿鳴堂內鹿鳴宴餐廳。本會會員曾在本會 95 年年會簽名登記參加聚餐之 78 人參加。本校副校長、主任秘書及一級首長等多人參加宴會。賓主盡歡。希望本會會員將來多多參加本校的服務項目，擔當志工，為本校的發展盡一份棉力。

四、孫安迪醫師於 96 年 3 月 8 日（星期四）上午 9:30～11:30 在本校第一會議室演講免疫力和排毒力。到會聽眾非常踴躍，座無虛席。估計約有 130～140 人左右。四個協辦單位：本校教聯會、校友會、教師會、職工聯誼會均有代表參加。本校職員參加聽講者有 25 人，均登記終身學習認證。因為該場演講係養生保健講座之首場，李校長請傅主秘立成代表致詞，以表示本校照顧全校教職員工、學生、退休人員以及校友的盛意。本校在追求卓越的過程中，必定要求全校人員及退休人員都有健康的身體，才能創出偉大的事業及前程。文康會主委江簡富教授致詞說明文康會及退聯分會合辦養生保健講座的宗旨及目的。孫醫師的演講全文詳見（附件一）。

五、本會「評古說今」項目迄今又舉行三場:2 月 6 日係劉鵬佛理事兼服務組長談壽比南山之「南山」研究。3 月 6 日由鄭義峰教官談及東方龍。3 月 27 日由路統信理事談千古英烈話張巡──來自中原的神明。這三場評論的摘要詳見（附件二）。

六、本會活動預告

（一）旅遊活動

　　1.苗栗二寮神木、柿園坪金剛寺一日遊定於 96 年 4 月 19 日（星期四）

1

詳細行程：

時間	地點
8:00	台大校門口出發
9:10～9:30	關西休息站
10:20～11:00	二寮神木
11:20～12:00	柿園坪
12:20～13:10	午餐
13:40～14:10	金剛寺
14:30～15:10	農村博物館
15:30～16:30	金勇有機農場
17:20～18:20	龍潭中華餐廳晚餐
19:30	返回

2.梅縣大埔永定武夷湄州廈門之旅

第1天	台北／澳門／珠海／梅縣
第2天	梅縣／大埔／龍岩
第3天	龍岩／永定／莆田
第4天	莆田／南平／武夷山
第5天	武夷山
第6天	武夷山
第7天	武夷山／福州
第8天	福州／莆田／泉州／廈門
第9天	廈門／汕頭
第10天	汕頭／惠州／珠海
第11天	珠海／澳門／台北

報名請在周一至週五上午 9:40～11:00 電 23695692 洽關麗蘇組長

(二)評古說今

1.96年4月24日（星期二）下午1:30～3:30本會理事長沙依仁教授主講「錢思亮校長的治校理念及對本校的貢獻」。

2.96年5月8日（星期二）下午1:30～3:30由本會名譽理事方祖達教授主講世界能源紛爭。

二場活動都在本會辦公室（本校望樂樓二樓）舉行，歡迎各位會友參加聽講。

老照片說故事專欄

五十八年前的考生服務團

路統信

民國三十八學年度，台大新生入學考試，為便利遠道來校投考的考生，由各學院學生自治會生活促進會及校內社團共同組成「考生服務團。」為考生辦理住宿、伙食、交通、寄放腳踏車、選報院系指導、試題解答等事項，並出版油印快報，報導有關資訊。參與志工服務的同學近八十人。考生服務團於七月廿七日晚在食堂（今之第一會議室）大廳舉行成立大會。次日即展開工作。

這是傅斯年校長到任第一次辦理新生入學考試。報考人數較之前三年大增，校方更因人員不足，又缺少經驗，頗感吃力。在校同學自動組成考生服務團，為考生解決困難，也為學校負擔了部份工作，因此得到傅校長的大力支持與器重。

當年招生報名費訂得較往年稍高（因物價有上漲），社會輿論頗有微詞，消息見報後，傅校長從善如流，極力謀求減輕考生負擔，但因報名繳費人數已多，小額退費，甚為麻煩，遂決定在兩日考試期間，由學校供應考生早點。早點是由當時台北市最大的麵包店"掬水軒"承包製作。考生每人一份，考試當日早晨由考生服務團在各服務站發送。照片中的第一聯絡站是設在文學院西側草坪上。聯絡站帳篷背景前為舊總圖書館，後為音樂館樓。帳篷右側的大看板上書"早點發放處"。由七位志工同學在此服務。右起：郭仕

2

樵、康有德、路統信、張慶、邵正元、黃涵、于凱。七人中，健在的三人康有德、黃涵、路統信，均為台大退休人員聯誼會會員，其餘四人已作古。

歲月如流，歷經五十八年，校園往事，猶如眼前，滄桑之變，不勝令人唏吁。

民國38年暑假台大招生考試，同學們組成"考生服務團"為報考新生服務。
圖為考生服務團第一聯絡站。

附件一　免疫力和排毒力

孫安迪醫師、台大免疫學博士、台大主治醫師、上海中醫藥大學客座教授、湖北中醫學院客座教授及天津醫科大學客座教授

世界七大長壽鄉以百歲長壽人瑞著稱：

1. 巴基斯坦的罕薩
2. 厄瓜多爾的維爾卡旺巴
3. 原名香格里拉的洪札區
4. 高加索西南方的拘卓爾村
5. 格魯吉爾的阿布哈吉亞
6. 新疆的阿克蘇與和田區
7. 廣西巴馬

長壽鄉的百歲人瑞

1. 壽星多出生於農村和山區，心靜少慾。
2. 環境幽靜宜人，氣候溫和，空氣清新日照充足。空氣裡內有陰離子、陽離子，陽離子多，人很煩躁、皮膚癢、鼻塞。下雨後陰離子增多，人覺得很清爽。
3. 水質優良，大氣及河流少污染。每1公斤體重需40cc水，40公斤體重的人每日飲水1600cc，70公斤需2800cc。
4. 多食粗糧與新鮮的蔬果，。身體健康：吃喝、拉撒、睡都要很好。每天排便1～2次。便秘很麻煩，累積的毒素又吸收到體內。
5. 常年體力勞動。百歲人瑞95%做體力勞動，我們做養生功或快走流汗對身體有益。

長壽鄉人瑞之飲食共同特點（I）

1. 食不過飽：長壽鄉平均每人每日攝入熱量為一千六百大卡左右。相當於一般老年人攝入熱量的百分之七十七。食過飽、能量高轉變成自由基高。
2. 雜食：在七個長壽鄉中，有四個以玉米為主食，有六個吃粗糧，充分發揮了蛋白質的互補作用。
3. 飯食清淡：這種清淡飲食，自由基就減少，大大降低了冠心病、中風和癌症的發病率。
4. 多食蔬菜水果：萵苣、洋蔥、捲心菜、胡蘿蔔、大蒜、青蔥、蕃茄等都有抗癌力，稱為長壽的蔬果。
5. 多喝酸奶：拘卓爾村老人和可魯吉爾老人常年飲用優酪乳（酸奶），有益健康。另外，奶類也是長壽老人飲食的重點。

長壽鄉人瑞飲食共同特點（II）

總之，高纖維、低卡路里、低動物脂肪和低蛋白的自然食物，是長壽食物。反之，能量很高，自由基就高。

長壽鄉的老人沒有過肥或營養不足的象徵。這些長壽村的老人很少罹患因高卡路里，高蛋白和高脂肪而導致的文明病。

疾病的根源 I

1. 遺傳基因異常或基因破損。基因遺傳非常重要，疾病有 20000 多種，1/4 與遺傳有關，3/4 與後天環境有關。與遺傳有關的癌症約佔 15%～20%，75%～80%與環境有關。例如吃檳榔致癌。台灣的生活品質差，比日本差，日本街道乾淨，很注重環境衛生，台灣只有台北市比較清潔。香港及新加坡國民平均所得每年有 2 萬 8 千多美元，而台灣只有 1 萬 3 千多美元。同卵雙胞胎兩個都是女的，雖然一生中兩人環境有差異但死亡時間只差二歲。同卵雙胞胎兩個都是男性，死亡時間差二歲半，異卵雙胞胎男女各一，死亡時間差十二歲。

2. 自律神經失調：從這項到內分泌失調（2、3、4 項）分兩部份。能量代謝與酵素調節有關。

3. 免疫力衰退或免疫不平衡。

4. 荷爾蒙失去活性或內分泌失調。文明病壓力大內分泌就會大亂。

5. 自由基產生過多。

疾病的根源 II

6. 酶（酵素）減低或失去活性。

7. 能量不足或電位平衡失調。

8. 解毒排毒器官－肝、腎、肺日益衰弱。肝是解毒及排毒重要器官，就像交通，交通不好就會大亂，腎、肺也都是排毒出口，人體老化腎肺衰退，身體就很壞。

9. 血液循環不良。冬天會手腳冰冷。

10. 其他。

人類最早接觸的毒物，主要是動植物中的天然毒素，後來合成化學物越來越多，到 1985 年為止，全世界登記的化學物已達 700 餘萬種，常用的也有 8 萬餘種。2006 年到 2007 年全世界登記的化學物已達 1 千多萬種，常用的也超過 10 萬餘種比古代多出許多。大量化學物進入了人類生活和生產環境，使人類接觸的毒物品種和數量不斷增加。

什麼是毒？

1. 環境中一些金屬元素在較低攝入量的情況下，對人體即可產生明顯的毒性作用，如鉛、鎘、汞等，常稱之為有毒金屬。

2. 許多金屬元素，甚至包括某些必需元素，如鉻、錳、鋅、銅等攝入過量，也可對人體產生較大的毒性作用或潛在危害。鋅的攝入量夠對增強免疫力，對增強小孩的 IQ 以及防止攝護腺肥大有效。每天 10～60 毫克，不能超過 60 毫克。

什麼是毒？

攝入被有害金屬元素污染的食品，對人體可產生多方面的危害：

1. 強蓄積毒性，進入人體後排出緩慢。

2. 透過食物鏈的生物富集作用，可在生物體及人體內達到很高的濃度，可能高達其生存環境濃度的數百甚至數千倍。

3. 慢性中毒和遠期效應（如致癌、致畸、致突變作用）為主。

什麼是食物鏈的生物富集作用？無機汞在河流中有水草變成有機汞，蝦米吃水草，小魚吃蝦米，大魚吃小魚，人吃大魚。好在人是食物鏈的最後一階段。現在

禽流感尚未完全過去，偶然有極少數病例。一旦發現病人，就將當地患病的雞鴨殺掉，倘若人不是食物鏈的最後階段，一人有病就將其他的人都殺掉了。

深海魚油能軟化血管，但是海洋遭受污染的重金屬積聚在魚油內，所以美國經常在測試魚油內的重金屬不能超量。

什麼是毒？

這其中和飲食有關的毒物，包括：

1. 食品中有毒成分：有天然毒素或變質後產生的，以及爲防腐或不合格添加劑；謝深山要送我花蓮名產麻糬。問我要三天就會壞的，還是三年都不會壞的。我說要三天就會壞的，後者添加了許多防腐劑所以才會三年都不會壞。

2. 環境污染物：如生產中排放的廢氣、廢水和廢渣等污染。廢氣等進入身體會自動轉化，但轉化不良就造成很多的自由基對身體造成一連串的危害。女性在烹調時吸入過多的廢油煙，所以罹患肺癌高，男性卻因抽煙導致肺癌。抽一支煙造成千萬的自由基，平均抽一支煙會縮減五分鐘的壽命。

什麼是毒？

1. 各種污染、毒害之所以會對人體造成傷害，主要的機制就是藉著產生自由基，在體內發生連鎖反應，進而造成細胞、組織之傷害，而導致各種疾病，加速老化。

什麼是自由基？

1. 是一種生命週期非常短的分子，在其結構外圈有不成對的電子。

2. 常會掠奪其他分子所帶的電子。

3. 常破壞 DNA（去氧核糖核酸）、細胞膜、蛋白分子、脂肪分子，這些在細胞中電子分佈較多的部位。與人類最接近的動物如黑猩猩，牠有 24 對基因，人類有 23 對，牠的第 22 對基因與人類的第 21 對基因極爲接近，只差 1.5％，將來可能會進化變人。人類解碼基因可能會活到 1200 歲。

微量元素的抗毒性

1. 微量元素有彼此拮抗的作用。幾乎一些重要的有害元素的毒性，均可被硒所抑制。硒 Se 每天需要 40 微克，一毫克等於 1000 微克。

2. 硒可以拮抗汞、鉛、鎘等重金屬的毒作用。

3. 鋅可拮抗鎘的毒作用。

4. 鐵可拮抗鉛的毒性。

人類每日食物成分的分配按世界標準：蔬菜 6 分，水果 2 份，碳水化合物 1 份，蛋白質 1 份，台灣的標準是蔬菜及果共 5 份，碳水化合物 1 份，蛋白質 1 份。

三餐食量的分配：早餐 30％、中餐 40％、晚餐 30％。多吃鹼性食物以維持身體 PH 的弱鹼性 7.35，食物的酸鹼分配：酸 1、鹼 3 或 4。五穀雜糧是酸性食物。

強化解毒排毒機制

· 第 I 相主要通過氧化、還原或水解反應，增加毒物分子的極性或水溶性，同時也改變毒物分子結構上的某些功能基團，或產生新的功能基團。其結果是活化增毒，甚至可以致癌或原毒物減毒、解毒。

強化解毒排毒機制

· 第 II 相是結合反應。通過結合反應，不僅遮蓋了毒物分子上某些功能基團，因而改變其作用。而且還可改變其理化性狀和分子大小，增加水溶性，有利於排

出體外，因而多爲減毒滅活反應。

人天生不平等，有人自身解毒功能很強，吃糖或甜食不會有問題，有人解毒功能很弱不吃糖還會有問題。痛風病患不僅不能吃豆類，最不能吃的是煲湯類食物，例如煲雞湯喝半碗腳就腫起來，我喝四、五碗都沒問題，因爲我的排毒機制強。

解毒的蔬果有：1.洋蔥：顏色愈深愈好，以紫黑色的最好，其活性最高在皮，綠色、黃色的洋蔥功效次之，再次是淡綠或淡黃的洋蔥，白色的洋蔥功效更少。洋蔥抗癌抗衰老的功效極強，最好連皮吃，每天小半顆洋蔥連吃三星期，解毒能力增加二到五倍。芹菜及蔥其營養成分是葉比莖多，但是一般人把葉子丟掉僅吃莖是不識貨。2.綠花椰菜。3.白花椰菜可防癌降血壓。4.巴魯撒爾芽甘藍。5.奇異果又名彌猴桃。在十九世紀時中國以中華彌猴桃爲名，外銷紐西蘭，外國稱之爲奇異果具抗癌作用，皮將毛刷掉亦可吃。奇異果是美容果它能使頭髮烏黑明亮，皮膚有光澤滋潤。7.葡萄柚找最紅的最好，它含有大量的蕃茄紅素，類蘿蔔素，水果中以紅心西瓜含類胡蘿蔔素最高。

外在飲食：

1. 選擇好水。好的水沒有污染、餘氯、細菌；該有的礦物質要有，但沒有重金屬；好的水喝起來非常甘甜。
2. 選擇有機蔬果。有機蔬果外觀自然，無任何添加物，吸收有機環境中的完全營養，口感極佳，自然鮮甜，富含維生素、微量及常量元素、纖維素、酵素，爲能量較高的鹼性食物。

長期喝純水對身體有害，因爲：1.缺少礦物質無論是好的礦物質、壞的礦物質都沒有了。2.溶解度高，驗尿可知尿中有鈣排出，可知將體內有用的物質亦排出去了。以純水餵老鼠會餵出身體最壞的老鼠。好的水味甘，不好的水有澀、麻、苦的味覺。

江本勝「水」中文：江本勝研究出水的結構類似中文字「水」的形態。

共鳴磁場水：六角形的結晶，大約有80赫爾斯。

南極的冰：六角形的結晶，大約有90赫爾斯。

高科技小分子水

英國！E倫敦水：水質不行。

法國！E巴黎（自來水）：水質更差。

台北自來水：是翡翠水庫的水，只比上海的水好一點。

上海自來水：更糟、水結構沒有型。

日本熱門音樂：水受干擾使水分子團大亂。

西藏經文：出來的水份子很漂亮。

貝多芬〔命運交響曲〕

蕭邦〔離別曲〕：水分子有離別依依的樣子。

免疫系統對抗生物毒素

免疫系統三大功能：

1. 區別正常細胞和外來入侵物。
2. 有免疫監視能力，防止細胞變異。
3. 系統化排出入侵的病原、抗原。

免疫要求平衡。免疫能力過高或過低都不好。西醫的哲學思想是人定勝天，用類固醇等藥壓制住病原，會損害免疫能力對人體有害。中醫的哲學思想是順天應人追求天人合一的目的。這也是中華文化的

核心思想。中草藥多醣體對免疫有益。增加免疫能力的中草藥：黃芪四錢，黃芪中以北芪最大片，顏色愈黃愈好。枸杞三錢，以寧夏出產又大又紅者最好，不僅補眼而且能對肝腎好。紅棗具抗氧化能力，以河南、山東出產的金絲棗最好，果大核小。加二飯碗水煮成一飯碗或一飯碗半的湯，別人稱之為安迪湯。這是一人一天的量。

　　人類的白血球數量，正常人有五千到一萬個。撲滅侵入人體的有害細菌，白血球數量少，八成是由於營養不均衡。蛋白質不夠，白血球數就會減少，我國 SARS 流行時白血球數 7000 的人就存活了，而白血球只有 2000 的人就死了。還有巨噬細胞吞噬有害細菌極具功能。人體的新陳代謝，靠酵素來推動。

Dr. Jensen's Food Law

◎要攝取天然、完整而且沒有被污染的食物。

◎每日所攝取的各類食物，其分配比例：6份蔬菜，2份水果，1份碳水化合物，1份蛋白質。

◎食物的酸鹼度要均衡。攝取 80% 的鹼性食物，20% 的酸性食物。蔬果類屬於鹼性食物，澱粉和蛋白質屬酸性食物。

◎食物內容要多元化，要有各種不同的蔬菜、水果、澱粉和蛋白質食品。蔬果中含大量酵素。

◎食物最好生吃，以避免因烹飪而損失營養價值，尤其是酵素的破壞。食物 1/3 生食，2/3 熟食。蔬菜煮熟一般都會損失營養，只有二種例外，1. 蕃茄煮熟後效果更好。2. 胡蘿蔔煮爛其效果維持。

◎食物的攝取量要適中，避免過與不及。

◎要恪守自然法則，讓身體有充分的癒合和復原時間。

蔬果四大好處

1. 含有豐富的維生素——維生素 C 主要在各種綠葉菜，根莖類和瓜類含量次之。胡蘿蔔素在各種綠色、黃色和紅色蔬菜中含量最高；而核黃素在綠葉蔬菜中含量較多。愈綠的蔬菜核黃素含量愈高。

2. 含有豐富的無機鹽——如鉀、鎂、鈣、和鐵等大部份都由蔬菜供給。

3. 纖維素和果膠——可被腸道微生物部份分解，加速某些毒物在體內的代謝過程，減輕有毒物質對機體的損害，對預防腸癌有一定作用。

4. 某些蔬果含有大量的酶、有機酸及植物殺菌素。如蔥蒜類。

通腸利便　解毒排毒（ I ）

1. 未被吸收的食物在結腸下段受細菌作用，產生一些氣體、有機酸和胺類等人類有毒的物質，這種腸道細菌對物質的分解作用稱為「腐敗作用」。

2. 其中，蛋白質的「腐敗作用」所占的比例最大，而且產物對人體的危害性較大。

3. 在正常人體中，腐敗產物大多隨糞便排出，小量被吸收入人體後，也會在肝臟中解毒。

4 便秘時，若腐敗產物過多，而肝臟解毒功能又不完全者，吸入的毒物會引起頭暈、血壓失調等不適症狀。

通腸利便　解毒排毒（II）

1. 蘋果——蘋果中的果膠和鞣酸有收斂作用，皮可降血壓，可以將腸道內積聚的毒素和廢物排出體外。另外，蘋果中的粗纖維能鬆軟糞便，利於排泄；有機酸

也有刺激腸壁，增加蠕動的作用。

2. 番薯（最紅心的最好）──番薯含有豐富的膳食纖維和膠質類等容積性排便物質，可謂「腸道清道夫」。多吃會排氣，煮熟吃。

3. 橄欖──橄欖中的橄欖油可促進腸蠕動，以紓解便秘。

4. 苜蓿──苜蓿中含有粗纖維，幫助大便及毒素的排泄。

5. 韭菜（外號起陽草）──韭菜中含有的膳食纖維，有助於胃腸道的正常蠕動，利於消化和排便，減少有害物質對腸道黏膜的刺激損傷，預防便秘和大腸癌的發生。

6. 大白菜──大白菜含有大量粗纖維，可促進腸壁蠕動，幫助消化，防止大便乾燥，促進排便，稀釋腸道毒素。

7. 菠菜──菠菜中含有大量的植物粗纖維，具有促進腸道蠕動的作用，利於排便。

8. 杏仁──杏仁中含杏仁油，能促進胃腸蠕動，吃苦杏仁每天最多三錢，甜杏仁就沒有問題，可減少糞便與腸道的摩擦，治療便秘。

9. 荸薺──荸薺中含有粗蛋白質及澱粉，能促進大腸蠕動。

10. 南瓜──南瓜所含的甘露醇有通便功效，可減少糞便中毒素對人體的危害，有助於預防結腸癌。南瓜子含有大量的鋅對免疫很重要。南瓜子可炒熟磨成粉食用。

　　減體重食物包括：1.南瓜。2.南瓜花。3.蕃茄。4.草莓。5.大黃瓜。6.小黃瓜。7.綠花椰菜。8.白花椰花。9.木瓜。10.各類蔥蒜。

附件二　「評古說今」摘要

一、96年2月6日（星期二）下午1:30～3:30，劉鵬佛理事兼服務組長主講「壽比南山」之「南山」研究。在我國民間，恭賀中年以上人士壽慶，常說「福如東海，壽比南山」、「福如東海」之「東海」，係指中國東南沿海之海域，沒有人異議。但是壽比南山之南山，究指何處，則有許多不同意見。

　　壽比南山一詞出自「詩經」天保篇，「如月之恆，如日之升；如南山之壽，不騫不崩。如松柏之茂，無不爾或承。」一般所指的南山有下列幾種說法：一、南嶽衡山。二、終南山。三、太行山。四、另外各地命名為南山者有 1.江蘇宜興之君山。2.江蘇武進之龜山。3.安徽當塗之東的南山。4.江西鄱陽湖的南山。5.浙江金華之南的南山。

二、96年3月6日（星期二）下午1:30～3:30，鄭義峰教官主講東方龍（中國崛起）其講程摘要：

(一)地球村觀念產生始自春秋戰國時代即有天下一家思想誕生。

(二)秦統一六國後一統天下政策，才有漢唐盛世。

(三)中山先生推翻滿清建立中華民國，地球村新春秋戰國時代來臨。

(四)中華民國在新春秋戰國時代的變化。

(五)大陸成為國際共產主義實驗場。

(六)冷戰時期地球村情勢遷移，新戰國誕生。

(七)東方龍出閘，中國崛起。

路統信理事補充「龍的哲學觀念」中國哲學認爲純粹陽氣構成無窮大的天，天生萬物；龍是神秘生物，能在水陸空三維空間活動，它具有象徵天的潛能，有變化莫測，隱現無常的性格；它又可以代表天道更替，陰陽消長和人事盛衰，龍的現象有時是國家領導人的現象。

三、3月27日（星期二）下午 1:300～3:30 路統信理事主講「千古英烈話張巡」（來自中原的神明），他表示台灣、福建、河南人，在血緣上有著密不可分的關係，自西漢開始經西晉、唐，河南人口曾有四次大規模地遷徙至福建，以後又從福建數次大規模遷至台灣。先民來台墾殖，開發寶島，始有今日之繁榮。福建來台的人稱河洛人。閩南話稱爲河洛話。河洛是指河南省境內以洛陽爲中心的黃河、洛河流域。

現在台灣廟宇奉祀的神明與中原有密切關係包括保儀尊王張巡，開漳聖王陳元光，清水祖師陳照應都是香火鼎盛的神明。

保儀尊王張巡，生於唐中宗景龍三年，係鄧州南陽人開元年間進士，任清河縣令治績優異，天寶十四年安祿山反，張巡起兵勤王，詔拜御史中丞，以曉暢陣法，每戰必勝。終以賊黨勢衆，不得不退守睢陽與太守許遠會合，被圍城數月糧盡援絕，捉鼠雀充飢，其妾林夫人剖腹自盡「獻肉養軍」最後城陷被執張巡不屈而死。蒙朝廷追贈爲揚州大都督。

許遠杭州鹽官（今浙江海寧人）與張巡同歲文武兼具，安祿山叛變、玄宗派其任睢陽太守兼防禦使，履任後軍情危急適

值張巡率三千人來助，許遠自讓兵權，遭圍城數月，成陷之日與張巡同遭殺害，朝廷追封爲荊州大都督。

民間稱保儀尊王爲框公配偶神爲廷媽，可稱爲神界女權之提倡者。相傳尊王出巡，其神與必需女前男後，否則必觸神怒，此與張巡死守睢陽，其妾剖腹自盡獻肉奉軍之義行有關，後人敬仰其義行故刻意安排。

附件三　石門水庫遨遊一日遊

沙依仁

96 年 3 月 21 日（星期三）本會會員及眷屬共 43 人於上午 8:20 在台大正門口集合，乘坐天星遊覽車赴鶯歌及石門水庫等地作一日遊。是日久雨初晴大家心情開朗。9:10 到達鶯歌參觀台北縣立鶯歌陶瓷博物館。該館座落在鶯歌鎭文化路 200 號，電話 02-86772727。門票一般觀衆新台幣 100 元。因爲天星遊覽車公司並未向本會報價，本會亦未列入旅遊費用中，該項票價概由本會自行付款，不再向會員補收費用。陶瓷館係四層建築。地下一層，地上三層，一樓係諮詢服務處。多媒體視聽室及陶品店，販賣各種陶器製品。二樓 201 室展示台灣陶瓷發展的歷程。202 室展示鶯歌陶瓷發展。203 室展示史前及原住民現代陶藝。三樓展出大型本土及國際性特展，我們進門後乘電梯至三樓參觀。看到所展出的陶瓷器皿不僅是各種餐具、瓶子，還有馬桶、人像（將照片燒成陶瓷可掛在牆上）、房子（陶瓷的古厝或現代化的建築）、女裝陶瓷做成的晚禮服（長裙）供觀賞用。展品種類極多，色彩鮮艷，令人目不暇接。有些會友到一樓販賣部購

置一些小件的陶藝品作為紀念。

10:00 離開陶瓷博物館。回到車上駛向石門水庫。11 時經過石門水庫洩洪處，離洩洪處不遠，見到石門水庫之內庫。11:10 到達石門水庫下車沿水庫步行，觀賞風景，清風徐來，和煦的陽光感覺非常舒暢，大家邊走邊談天。難得浮生半日閒，有如出籠飛鳥一般興奮、快樂。

12:15 石門水庫遊畢乘車到附近的山霸王餐廳，該餐廳座落在桃園縣大溪鎮康莊路五段 82 號電話 03-388-1990，享用九菜（其中有活魚三吃）、一火鍋、一盤水果的豐盛午餐。13:30 慈湖參觀，該地湖光山色極為秀麗。類似先總統蔣公的故鄉浙江奉化，在湖中黑天鵝及白天鵝在悠遊，到達蔣公陵寢正值衛兵要交班，大家站立欣賞莊嚴的交接儀式後，排隊進入陵寢行禮。16:00～17:20 赴大溪老街遊覽，老街上有各種商店其中以賣豆乾的最多。從前是遊客必買之物，近來為了安全起見（可能有防腐劑、色素、及過量的鈉）買客減少了。我們在老街吃黑糖棒棒糖，有些是贈送的，有些是購買的，真正是返老還童了。有些會友去吃豆花。我進入公園參觀蔣公行館，見到一些舊照片，蔣公的結婚照等，蔣公的木製辦公桌有兩支毛筆掛在筆架上，這些傢具可能是從官邸搬來

的。這時我與林參會友在一起，已經找不到其他會友，我們急急趕路終於及時找到遊覽車，上車後我們增加一個景點到頭寮謁經國先總統的陵寢，因為頭寮近在咫尺，若錯過這次機會將來遷葬五指山，掃墓的機會就更少了。我們到達頭寮，衛兵亦在交接，我們進入行禮，瞻仰經國先生遺容，緬懷兩位先總統建設台灣的艱辛，石門水庫、縱貫及橫貫公路等，外加陳誠、孫運璿、李國鼎、趙耀東等長官的努力發展經濟、建設國家，使台灣的經濟發展出現了奇蹟，擢升為亞洲四小龍之首。民生樂利。迄今這份榮譽也經蕩然無存，與亞洲國家經濟發展相比，台灣已降為四小龍之末，前人努力的成果（累積的金額）也將用罄了。迄今民生困苦，全家自殺者時有所聞，能不感慨嗎？當今之計惟有族群和諧，萬眾一心團結奮鬥，方能解救目前的經濟困境及民生疾苦，挽回一些國家的聲譽。本會會員多數是 65 歲以上的資深國民，我們要注重養生，儘量維持身心健康，有餘力擔當本校志工，就是愛國愛校的表徵。

我們到大溪鎮員林路二段 195 號電話 (03)307-0950 宏友大餐廳晚餐，享用了九菜，一火鍋，一盤米苔目，一盤水果的豐盛晚宴後，啟程返回台北溫暖的家。

中華民國九十六年七月四日出刊

會務通訊

第三十九期

發行者：國立台灣大學退休人員聯誼會
會址：台北市羅斯福路四段一號國立台灣大學望樂樓二樓
電話：(02)23695692

會務動態

一、本校教職員工文康活動推行委員會與本會合辦之養生保健講座第二次演講會，承蒙何理事憲武協助邀請劉華昌醫師來校演講『預防及治療骨質疏鬆、退化性關節炎』時間為7月24日下午2～4時，在校本部第四會議室，敬請會員參加聽講。

二、本校文康會活動場地已經裝修完畢，從本年6月4日起至7月15日止係免費試用期，本會擬在此期間多多使用該場地，但是一切軟体設備(桌椅、擴音設備)尚未購置，無法使用，俟其購置完畢，本會將在該場地舉辦研討會、演講會、會友聯誼等。會員亦可組團辦理活動，例如舞蹈社、棋藝社、慶生會等。會員自辦的活動，應自付租金。文康會所定的租金價格見附件一。

三、本校『教職員工團體健康保險』經4次會議，已選定頂好經紀人股份有限公司承保，該公司對台大退休人員只保到70歲為止，凡在70歲時已保險之會員，可逐年延長至75歲為止，將來頂好在本校校本部設辦公室，上班時間都有人辦公，本會會員如欲參加投保者，屆時洽頂好公司工作人員辦理。

四、關於文書組長人選，本會已敦請前社會科學院事務組主任黃存仁先生担任。

五、本會業務擴充，新活動項目增多，其中多數與養生保健有關，許多都是免費參加的，學到這些知識，並認真實踐，確實可以延緩老化，獲得幸福健康的老年生活。可是有些會友並未參與這些活動，僅是一年參加會員大會一次，如此就錯失了很多寶貴的機會。因此，本會再次誠懇邀請會友們多參與本會活動，以便獲得更多的裨益。

六、自從本年春季以來本會會員，凡是本校附屬機構退休，參加本會旅遊不能領文康會之補助旅費，致使此四附屬機構的會員感覺受到歧視，同樣在台大工作數十年為何有差別待遇，此不合理的規定，已普遍引起來自附屬機構會員們的深度不滿，亦影響本會會務的發展，謹向本校行政長官們建議改變此項規定，恢復對本會會員中來自附屬機構退休人員之旅費補助。

七、96年第三季旅遊活動預報
　　(一)、9月18日(星期三)礁溪、宜蘭佛光山、政治紀念館、

1

戲劇館一日遊

旅遊行程：

07：40-08：00　台大門口乘車出發

08：40　　　　欣賞東北角海岸風光

09：30-10：00　大里天公廟休息

10：20-11：40　礁溪森林國家步道

12：00-12：50　午餐

13：10-14：10　宜蘭佛光山巡禮

14：30-15：30　宜蘭政治紀念館（宜蘭歷任行政首長官邸）

15：50-16：30　台灣戲劇館（歌仔戲及傀儡戲為輔）

17：20-18：10　澳底晚餐

20：00　　　　賦歸

（二）8月19日世界屋脊青藏長江三峽12日遊行程：

第一日　台北／香港／北京（成都）／西寧

第二日　西寧-青海湖-西寧

第三日　西寧-塔爾寺／青藏線

第四日　青藏高原風情遊

第五日　拉薩市區遊

第六日　拉薩-日喀則

第七日　日喀則-拉薩

第八日　拉薩／重慶

第九日　重慶-酆督-白帝城

第十日　瞿塘峽-巫峽-神農溪-西陵峽-三峽大壩船閘

第十一日　三斗坪-宜昌-武漢

第十二日　武漢／香港／台北

八、評古說今項目預告

7月10日　影響大陸變色之四大戰役，遼瀋戰役

7月31日　徐蚌會戰（淮海戰役）

8月14日　平津戰役

8月28日　渡江戰役

以上四次講演是由本會鍾鼎文組長主講，時間是下午1：30～3：

30 在本會辦公室。

九、本會沙理事長依仁教授，平日服務會員同仁親切關愛，凡是戮力不餘，以致積勞成疾，上（6）月30日因急性中風，當下急送台大醫院診療，現已轉入普通病房，爰此向會友告知。

老照片說故事欄

傅校長生平不做官　　　　路統信理事

北京大學前身是北京大學堂，在民國初年北洋政府政風敗壞，北大學生中不少是權貴紈絝子弟，進入北大，只在混張文憑，作為晉身官府的憑證。在校不守校規，在外生活糜爛。1916年蔡元培就任北大校長，力圖建立優良校風，重視道德教育。乃於1918年6月，發起成立〝進德會〞。會員中有沈兼士、胡適、朱家驊等人，傅斯年也是會員之一。

進德會會章規定會員應遵守的信條是：

甲種會員：不嫖、不賭、不納妾。

乙種會員：除甲種三項外，另加二項：不做官、不做議員。

丙種會員：除甲、乙種五項外，另加二項：不飲酒、不吃肉（即素食）。李石曾即為此階會員。

以〝進德會〞為核心，進德修業，改善校風，擴及全校師生，更進而推廣到社會。

1919年，五四運動，北京學生聯合會成立，各校學生罷課示威遊行，要求罷免曹汝霖，張宗昌，章宗祥等人，拒簽巴黎合約。傅斯年為遊行總指揮。由此更激發青年學生的愛國熱潮。

作為北大進德會創會會員的傅斯年，一生從事學術研究與教育事業。民國37年間，被選為行憲後第一屆立法委員，

2

堅辭不就。1949年元月接任台大校長，1950年底在任內逝世。實現了終身不為官的誓言。與傅斯年同為進德會會員的胡適，後來破戒為官做了駐美大使，自嘲為過河卒子。

※本期老照片說故事所採用圖片，是早年傅斯年校長的一幅素描畫像，此照片更能表現出傅校長的神韻。

傅斯年校長素描畫像

附件一

※　貳、國立臺灣大學教職員工活動中心管理作業要點　　行政會議通過

一、本要點依據本校教職員工活動中心管理辦法第七條規定訂定，凡使用本中心之單位或個人均應遵守本要點。

二、本中心空間區隔為三大部份：

（一）開放空間：適合舉辦演講、會議、歌唱、舞蹈等活動。

（二）會議室：適合舉辦小型會議。

（三）儲藏室：供各分會存放小型設備或檔案等。

三、本中心申請使用之優先順序如下：

（一）文康會所屬各分會舉辦之活動。

（二）校內各單位舉辦之活動。

（三）其他經核可之活動。

四、本中心之借用規定如下：

（一）各分會例行性活動時段，每年分三次登記：

1、第一學期上課開始第一週：登記第一學期及寒假期間之使用時段。

2、第二學期上課開始第一週：登記第二學期之使用時段。

3、第二學期上課最後一週：登記暑假期間之使用時段。

（二）臨時性活動登記：

1、各分會或各單位舉辦之臨時性活動：每月十五日以前向管委會申請下個月使用時段管委會於每月二十二日前公佈同意使用時段。

2、時段登記方式：向管委會提出申請表，網路建置完成後可上網登記，再補提申請表。

3、無法於當月十五日前預知之活動，可隨時申請，管委會盡力安排尚未使用之時段。

五、本中心使用之一般規範：

（一）活動中心內禁止抽煙、喝酒。

（二）活動完畢須將場地恢復原狀，並清除垃圾（活動中心內備有簡易打掃工具）。

（三）活動中心內除中午可在會

議室內用餐外，其餘時間
禁止在內飲食。
（四）借用單位若違反本要點，
管委會得視情節暫停其在
一定期限內的借用權利。
六、本中心時段劃分：
（一）A時段：以舉辦會議、演講、
各項非音樂或舞蹈性質之活
動為原則
A1時段：週一至週五9-12時
A2時段：週一至週五12-14時
A3時段：週一至週五14-16時
A4時段：週六9-12時
A5時段：週日9-12時
（二）B時段：以舉辦音樂或舞蹈
性質之活動為原則
B1時段：週一至週五17-22時
B2時段：週六13-17時
B3時段：週六18-22時
B4時段：週日13-17時
七、本中心收費標準(元)：

使用單位及時段 場地設備	分會使用		各單位使用	
	A時段	B時段	A時段	B時段
會議室	200	300	300	500
開放空間	300	500	600	800
開放空間及音響設備	500	700	800	1000

八、本中心繳費方式：依學校相關 規
定，至出納組繳款。
九、本要點由管委會訂定，經行政會
議通過後施行。

附件二
苗栗二寮神木、柿園坪、金剛寺一日遊
沙依仁理事長
96年4月19日（星期四）上午8時本
會會員及眷屬一行共計43人，乘天星

遊覽車從台大正門出發。9：10到達關
西休息站休息20分鐘。9：30上車駛
向景點的第一站二寮神木，途中發生遊
覽車輪胎損壞，不得不停車換輪胎，時
間耗費了一小時左右，等到修理完畢，
再登車發現路途過狹，遊覽車無法行駛，
倘若步行登山，來回費時將近二小時，
將於下午一時方可回到原地，必定會誤
了午餐時間。幾經大家商量，決定不去
二寮神木，改赴第二個景點柿園坪。車
行靠近柿園坪時，發現柿園坪很荒蕪，
詢問後才知，現時不是出產柿子的季節，
不值得遊覽，只好再改赴第三個景點金
剛寺，到達該寺，感覺四周環境清靜，
真是個修道的好所在。可惜當天寺門緊
閉，我們一行遊客僅能從小門進入，借
用其化妝室，據說大殿上供奉著妙禪法
師，由於無法進入，無緣瞻仰頗感遺憾
出寺以後，大家在寺前廣場攝影留念。
12：30我們到達北埔第一樓餐廳午餐，
該餐廳座落北埔鄉水際村麻布樹排
31-1號，係大型二層樓建物，享用豐
盛的午餐後，我們參觀了緊鄰的澎風茶
文物館，觀賞了製茶過程並品嚐澎風茶
及苦茶油，有些會員在一樓銷售中心購
買茶葉等農產品。午後1：25乘車轉往
峨嵋湖，參觀天恩彌勒佛院。該院座落
在新竹縣峨眉鄉胡光村14之1號，正
在興建一座世界最高的青銅製大彌勒
佛，總高度72公尺（約有24層樓的高
度），佛像本尊的高度有56.7公尺，其
腳下尚有8層樓高的建築物，目前尚未
完工。一般人站在佛像旁，只有大佛腳
趾頭的高度，院區的周圍建了三尊小彌
勒佛。大彌勒佛的右後方正在建一座大
道場，當我們經過已建成的教室，聽到
學員們上課誦經，瞻仰大佛莊嚴慈祥，
令人有一種安定感。期盼將來該佛院竣

工後，有機會舊地重遊。2：30登車駛向內灣。2：45到達內灣商圈。先遊內灣老街，並步行到內灣火車站參觀，大家在站前石階上合影留念。3：37到橫山民俗文物館參觀。一樓係老照片展覽，充分展現將近一世紀前的風俗民情及客家文化的勤儉樸實，例如1926年所拍攝的晴耕雨讀、慈天宮中原普渡、苗栗出磺坑油井、民間結婚儀式及葬儀、清明掃墓等。5：05分我們到達湖口鄉光復路10號的先進國際醫藥奈米技術公司參觀，先聽取簡報，然後大家爭相購買優值奈米鈣，買到的會員節省的藥錢就夠付旅費，等於出來白吃白玩一次，大家笑嘻嘻。接下來我們到龍潭中華餐廳，晚餐後返回台北。

回家之後想起此次天星遊覽車公司的疏失，活動公告所寫的活動名稱二寮神木、柿園坪、金剛寺沒有一個看到，這遊記還能寫嗎？非提出嚴重警告不可，乃以本會理事長身份電話聯絡天星遊覽車公司負責人陳麗玉女士，嚴詞訓誡一番，請其負責改善，並給其最後一次機會，再不改善本會立即更換遊覽車公司。此招果然有效，天星遊覽車公司應允車上恢復卡拉OK歡唱，行車安全更加注意。至於景點的探查，楊前理事長建澤應允代為上網查詢，必要時近程的景點，其將偕同活動組長及本人親往勘查，為求會員滿意，工作人員願意多出點力。6月28日基隆藍色公路之旅是本會自行設計的行程。午餐每桌四千元的宴席，入場卷（門票）原本每人300元，與其議價降低為200元，活動組長自己擔當導遊以便節省導遊費1500元，車上及午餐時都有卡拉OK歡唱，現報名者已經額滿，料想必有一番新氣象，使大家都滿意。

附件三

閩粵五千公里長征記實　　方祖達教授

所謂五千公里長征是指自廣東省的珠海市至福建省的武夷市。我們這一旅遊團有40人，由山林旅行社段小姐領隊，自五月十九日至二十九日共十一日的豪遊，記述如下：

第一天：台北、澳門、珠海、梅縣

早晨6時帶著愉快的心情在台大校門口上車，到達桃園機場，9：10搭上復興班機至澳門機場，出關進入澳門特區，乘車至中國的拱北海關入境，開車約10分鐘到一餐廳，享用一頓海鮮午餐。下午3：00離開珠海進入高速公路，約有700公里的車程才能到達梅縣。天雨路滑，幸有二位司機輪流駕駛，長途的奔走令人疲乏，還好大家能睡能耐。自珠江至深圳就要開車三小時，再一個小時到惠州，往東走經河源、龍川、興寧，到達梅縣已經是晚上10：10，再開往餐廳晚餐後到達富源酒店已是深夜12點了。

第二天：梅縣、大埔、龍岩

8：30出發，參觀鑄建於公元965年的千佛塔、四方鑄有250尊佛像故稱，外面是八面九層的石塔，遊客不絕於途。大寺書"慈航普渡"，聯曰：俯仰天地無掛礙去來自在，循環日月不住空運轉安閒。梅縣是梅州一小縣。上午十時車沿山區進發至永定參觀"客家圍樓"，這座最大的國寶級土樓係1995年用人民幣四百萬元修建，樓直徑51公尺，在太空上看像一朵香菇。下午3：30參觀方形的福裕樓及奎聚樓，晚上住在龍岩的中元大酒店。

第三天：龍岩、莆田

龍岩市管轄七個縣市，人口三百萬，是

礦產及綠色觀光區,也是閩西南往江西及廣東通往內地的交通要衝。上午開車往莆田約四小時到達,再向東南經茢石、忠門至莆禧,乘搭渡船至湄洲島,參拜媽祖廟。媽祖原名林默娘,於公元987年3月3日出生,9月9日升道。舊廟於文革時被燒毀,後經台胞捐獻重建成為海上的布達拉宮,香火鼎盛,來參拜的香客不絕於途,湄洲島距離台中僅72海浬。下午五時回到莆田市區,進入東方國際大酒店休息,莆田市只有莆田和仙遊二縣,二十年前人口199萬人,而今已達三百萬人,可見其工商業迅速發展之快。

第四天:莆田、南平、武夷山

今日專車前往東南奇秀的武夷山,位於福建省北部,素以獨特的〝碧水丹山〞聞名遐邇,人稱〝三十六峰真奇絕,一溪九曲碧漣漪;白雲遮眼不知處,人間仙境在武夷〞,它兼有黃山之奇,桂林之秀,泰岱之雄,華嶽之險,西湖之美。已列入世界自然與文化遺產名錄。上午七時自莆田向北行經福州至南平走高速公路歷時七小時,這條自平原至山區的新建高速公路,沿途盡是山明水秀的風景勝地,進入山區省道經建甌、建陽至武夷山已是晚上十時了。晚餐後進入觀景大酒店休息。

第五天:武夷山

今日遊覽〝雲窩天遊風景區〞,號稱武夷山水的第一勝處,雲窩奇峰峻拔,巨石參差,形成十多個幽奇的洞穴,常年雲霧繚繞,變幻莫測。從雲窩往裏走即到壁立萬仞的天遊峰,高聳于群峰之上,遊人登臨其中,有如遊邀天宮故名,不登天遊峰,不算到武夷。我們自入口後約步行二十分鐘經過九曲溪的橋面,沿小路可見到狐狸山、手掌巖、酒醰峰、

醋醰峰、仙掌峰、隱屏風、伏虎山、茶洞、清隱巖、仙女沐浴池等。走到天遊峰爬山起點的青蛙石處,我們一團有27人自石級往上爬,快腳的約半小時可爬完全程,慢爬的45分鐘也可爬到,一面爬,一面停住往後看,對面的山峰和九曲溪在雲霧中,仍可欣賞到這一幅美麗的山水風景。天遊峰上是一處賞景樓,據稱是當年蔣、宋起舞的庭院。坐轎上山的人也在此休息觀景,再自後山走回原登山處,完成此一遊〝天遊山〞的任務了。下午二時車開到〝九曲溪〞碼頭,每六人乘一竹筏,竹筏順流而下,由九曲至一曲,滿載山水水色,覽盡兩岸千峰競秀,只見竹筏時而掠過淺灘,忽又泛遊深潭,饒富妙趣,樂而忘返,沿途瀏覽玉女峰、小藏峰、虹橋板、懸棺、仙掌峰、仙釣台、三姊妹峰、小九曲、上下水龜、大王峰。號稱九曲之溪光秀色,八曲之淺灘飛渡,七曲之一瀾回峰重,六曲之空穀傳音,五曲之峰羅翠擁,四曲之溪山勝概,三曲之溪轉峰回,二曲之坐峽觀天,一曲之萬丈丹青,上岸後遊覽〝武夷宮〞位於大王峰下,供人觀賞。

第六天:武夷山

上午車開到大紅袍茶產地,我們沿一山路進入茶區,原有大紅袍茶樹生長在一塊大岩石上只有三株,自1982年鄧小平南巡時,評定此極品茶後,呼籲要有企業生產,但因環境影響茶品質關係,現在種植二代大紅袍茶樹達四公頃。在九龍茗叢園介紹育成27個品種,如白雞冠、烏龍、半天腰、金觀音等。9:30車開到武夷山天心永樂禪寺參觀。再到水濂洞入口處,步行及登石級約35分鐘,到達水濂洞,因逢枯水期不見有流泉如珠簾。我們登上洞屋,內供

奉宋代文學與理學三位先賢：劉子翬（公元1101～1147）為南宋永安人，號稱屏山先生，來此並提攜朱熹及劉甫在此講學，洞壁上書文曰：少年易老學難成，一寸光陰不可輕，未覺蓮塘春草綠，階前梧葉已秋聲。又曰：讀書為起學之本，循理為傳家之本，和順為濟家之本，勤儉為治家之本。12：00回到大酒店用午餐。14：00前往遊覽「一線天風景區」。以洞天奇觀而聞名遐邇。是一座巨大的岩壁上佈滿大大小小數百個洞穴。洞內狹窄的石級只容一人進入，肥胖的人則不可進入。洞內十分潮濕，並有世上罕見的哺乳動物白蝙蝠，抬頭仰看只有一線見天故名。曾有詩為證：洞門天造匪人為，銷鑰渾無幾許年，一字光中長不昧，眼明便可見青天。洞內黑暗，進洞前先租一手電筒助行，約20分鐘走完，出口處有竹中奇珍的四方竹。3：30車開到九曲溪的玉女峰對岸濯足，大家捲起褲管，坐在溪流旁的石板上，雙腳泡在清涼的流水中，約20分鐘後，全身都感到冰冷，走起路來特別感到輕鬆愉快。而後回到酒店休息。

第七天　武夷山、福州

為了要長途行車，早晨七時南行，經建陽、建甌到南平，穿過好幾個隧道，其中最長的隧道長達3278公尺的上洋隧道，10：15到南平市，再沿高速公路到福州市已是下午1：30了，福州市是花果魚米之鄉，歷史悠久，海運發達，全城遍植榕樹，被稱為「榕城」，且溫泉較多又稱為「溫泉城」。午餐後往高550公尺的鼓山參觀，一路車行經80多個彎盤旋而上，到達湧泉寺，寺院廣大雄偉，聯曰：歲崩巍巍千古秀，靈源湛湛萬年情。4：20離開，車往林則

徐紀念館參觀，時逢下雨，館庭積水，又不開電燈，顯然是管理欠周。林則徐1785年生於此，十年讀書，20歲中舉，27歲中進士，而後官途順利，當時為抵抗英人鴉片，引發鴉片戰爭，卻因清廷腐敗，畏外與英國訂立首次之不平等條約，賠償鉅款，且開了五口通商，並貶林則徐到新疆去任官，他在新疆亦有一番治績，為了紀念他，國家科學院以一小行星命名來紀念他。我們也在其品茶基金會停留約一小時後離開，進入五星級的阿波羅大酒店休息。

第八天：福州、泉州、廈門

福州市為福建四大平原之一，三山一水圍繞市區，三山是屏山、烏山及于山，一水是閩江，我們先到51廣場，那是毛澤東的塑像立在于山堂前，即後開車約三小時到泉州市，是對外開放港口城市，也是僑鄉。管轄七個縣市，其中如石獅、晉江、安溪鄉都是自治經濟發達區，全市有六百多萬人口，下午二時參觀開元寺，屬密宗寺廟，有東、西二塔，曾被選為全國寺廟的郵票樣式。當地陪另有介紹惠安女子的特殊服飾和結婚的風俗習慣，我們先參觀泉州交通博物館，館內排列歷代海上交通的船隻樣本，從小帆船到大帆船，而到近代的機帆船，應有盡有，由此一覽可知泉州千年來對外海上交通之盛行一斑。午餐後參觀泉州開元寺，是全國漢族地區首批佛教重點寺院。寺建於唐垂拱二年（西元686年）。寺院廣大，樹木蒼翠，寶殿有聯曰：戒是無上菩提本，佛為一切智慧燈。殿樑上設置24隻飛天鳥，為別的寺廟所無。最後面一座是弘一和尚的生平紀念館，圖文記述李叔同從技藝人物轉成和尚的歷程。下午3：30車往南行，經過同安，越過金門大橋，長達

6599公尺直往廈門市區，沿途可看到許許多多的高樓大廈和清潔美麗的市街，晚餐後參觀廈門大學，住入五星級的翔鷺大酒店。

第九天：廈門、汕頭

7：40車開往思明區輪渡碼頭，遊覽海上明珠〝鼓浪嶼〞，我們搭乘環島遊覽車，每一景點都有導遊說明並拍照留念。如海洋世界、美國領使館、別墅區、日光岩、美術學院、鼓浪石、鄭成功紀念館、福州大學廈門工藝美術學院。在走到島南之〝菽莊花園〞，那高超的建園藝術，借景取勝，是海濱公園的精品佳作〝鼓浪嶼〞再經過44橋、流枕、渡月亭之聯曰：長橋支海三千丈，明月浮雲十二欄。繞過印心石，爬上石級參觀鼓浪嶼鋼琴博物館，館門上書〝聽濤軒〞，係胡友義先生所捐贈，館內展覽各種古今中外的名琴，如名鋼琴家殷承宗所用的黃河大合唱的大鋼琴、巴士克的街頭鋼琴。1905年舒楠的二排黑白相反排列的鋼琴。馬賽爾可有機器伴照的19世紀鋼琴。鋼琴是西方家庭的一種傢俱、是一種樂器、也是人類歷史、科學、文化和勞動智慧的結晶，全館排列96隻鋼琴，包括來自北京和澳洲的大鋼琴，最後有彈琴表演，館外植有琴葉樹。11：10渡船回碼頭，車行鷺江道，是全國最美的國際馬拉松賽區，長42公里分春秋二季比賽，我們也看到對岸的大担和二担島及隱約可看到大、小金門島。12：00到星鯊魚油推廣部，並做血脂檢測。到中山公園及白鷺州公園參觀。2：20開車前往汕頭，雖然也是走高速公路，但沿途所看的多是人煙稀少的石頭山，19：50到達汕頭。享用一頓道地的潮州菜．住進四星級的龍湖酒店。

第十天：汕頭、珠海．

汕頭市包括汕南、汕陽及龍湖四區，人口493萬人，是廣東東部經濟發展區，也是韓江的入海地，軍、民二用的沈海機場，市區建立高達212公尺的廣播電台，車到龍泉巖，即在慈善園的大殿後面石壁上盤踞一條金龍故名，附近是汕頭大學，係1980由香港首富李嘉成捐助三千萬元興建的，接著到佔地八公頃的石炮台。11：10參觀清末商人陳慈黌故鄉家居，此三進九室的方形幽雅的房屋，已被列為汕頭八景之一。12：00上高速公路經東溪河橋，外汕高架橋及新津河橋向西行520公里到深圳，再經中山市到達珠海市。沿海邊的情人路，行至珠海地標的漁女像，稍做休息及拍照留念。有關南海龍王的玉女故事傳聞，恕不多述。由於趕路車程的關係，原來要往惠州遊覽西湖的行程改為在珠海按摩腳的節目，我們這一團40人走進〝泡足樂〞泡腳館，坐在三大廳的按摩椅上，由青壯的按摩男女工人，給我們做100分鐘的舒適按摩。當大家走在路上，感覺輕輕飄飄的舒服。晚餐後住進超五星級的帝濠酒店，做一個甜美的夢。

第十一天：珠海、澳門、台北

8：30車開往珠海市中心一家珠寶玉器店，一面休息品茶、一面選購，逗留約二小時，用了午餐，12：00車開到拱北關，所有大件行李都已委託貨運公司送到澳門機場，節省搬運時間及勞力。1：00搭上澳門海關至機場的車，並帶著新出爐好吃的澳門蛋塔，歡歡喜喜搭上復興GE372班機，到台大門口已是六時了，大家互道再見，攜帶豐富的行李及美好的回憶到溫暖的家。總說一句話，這次順利快樂的旅遊，應該要謝謝山林旅行社殷領隊的全程照顧及招待！

附件四

基隆藍色公路一日遊　沙依仁理事長

6月28日（星期四）又到了我們快樂出遊的日子，清晨7:30本會會員及眷屬等41人登上了遊覽車，準備出發，在車上發早餐飲料及三明治，8:10到達基隆碧砂漁港，隨即乘船遊向基隆嶼。登上遊艇穿好救生衣座定，遙看藍天碧海晴空萬里。船身平穩行駛，大家心神振奮，艇上有卡拉OK正播放著閩南語歌曲。

基隆嶼位於基隆東北方外海6公里，是基隆八景之一，也是北台灣最明顯的島嶼地標，這座美麗的火山島四周皆為峭壁，幾無平地，所以島上無居民，峭壁上覆蓋著藤蔓植物，一片青翠，據說春天時野百合盛開景色更美，9:00我們登上了基隆嶼，大家為美麗的景色所吸引，紛紛要求在島上多逗留些時間，到10:45再登船回碧砂漁港，我們沿著棧道登山，一面觀賞海景，一面察看山上景色及氣溫的變化，同時還要注意腳踏實地，不能踩空。真是目不暇接。島上迎風面很涼爽如同冷氣開放，但是日照強烈之處卻會汗流浹背，因為島上設施不足，遊客較為辛苦，建議將來在棧道較寬處釘一些木板平台，以便遊客可以坐下休息，我們在10:30左右齊集在候船的亭子內休息，但是遊客一批批的到來，約有二、三百人，我們預約的船給別的團體搶乘了，不得不與船公司交涉，終於於11:20乘船回到碧砂漁港餐廳，中午享用一餐豐盛的海鮮筵席，這是碧砂漁港1718海鮮餐廳所供應的Tel:02-24697442，食材新鮮口味甚佳，四千元一桌的午宴，在台北市六、七千元一桌都沒這樣好，大家吃的滿意，飯後卡拉OK歡唱，唱者聽者都盡歡了，

碧砂漁港自製的旗魚鬆鮭魚鬆較市價低廉，大家都購買了幾罐。14:15分登車，赴八斗子海濱公園，該公園位於基隆市中正區，係屬沙岩地質，在風雨及海浪長久的侵蝕下，海蝕地形相當奇特，是觀賞奇岩怪石的好景點，當夕陽西下會看到點點漁船，早年該公園附近是軍事重地，不開放民眾進入，近年來此地已成為觀賞夕照及海景的好地點，我們三五成群步行到該公園一面賞景一面閒話家常，極為悠閒愉快。

15:30～17:00我們遊基隆仙洞，這是天然形成海蝕洞，位於基隆西北方中山區的仙洞里，我們見到一座廟宇建在小丘上，在碑上刻著仙洞巖三個字，拾級而上進入廟宇，看見有幾尊菩薩，左轉彎後就進入仙洞，洞裡陰暗潮濕，不僅是地濕，兩旁壁濕，頂端還不停的滴水，滴到遊客的頭上，此洞約80公尺，寬窄起伏不一，有時候需側身，有時候需要蹲行，才能通過，筆者兩肩較寬，被卡住在二邊壁上，側身方可通行，因此心存恐懼未能走完全洞。離仙洞不遠，又有一處洞穴名為佛手洞，此洞較寬但較為黑暗，據說頂上石壁有一手形，故名佛手洞，因為沒有攜帶手電筒，擔心會跌倒所以也沒有走完，15:00我們登車於15:35到達台北，高高興興回到溫暖的家，結束一天精彩快樂的旅程。

附件五

『評古說今』摘要

一、錢思亮校長的治校理念及對本校的貢獻　沙依仁理事長

96年4月24日（星期二）下午1:30～3:30沙依仁理事長主講錢思亮校長的治校理念及對本校的貢獻，以下是該

文的摘要,該文全文將刊登於錢思亮博士百歲冥誕的紀念文集中。錢思亮博士浙江杭縣人,生於民前四年正月初九。

(一) 主要學經歷:民國20年畢業於清華大學化學系,民國23年6月獲得美國伊利諾大學博士學位。當時僅26歲。民國23年8月任北京大學教授,抗戰時期民國26年任國立長沙臨時大學教授(該校後遷昆明,改名為西南聯大),抗戰勝利後,重返北京大學任教,民國三十八年二月應聘國立台灣大學教授兼教務長,民國40年3月接任光復後第五屆國立台灣大學校長,在任19年3個月是台大迄目前為止任期最長的一位校長。民國53年當選中央研究院院士,民國59年6月轉任中央研究院院長,民國60年12月至民國70年6月兼任行政院原子能委員會主任委員。

(二) 特質及風範

1. 聰敏過人,有極強的記憶力,具有一目十行,過目不忘的能力。
2. 清慎勤明,無論是在台大或中研院,公文均親自核閱,處事審慎,對於校內發生的事都非常清楚。
3. 對於進用人才及升遷均做到公正公平。
4. 高風亮節清廉節儉,淡泊名利,凡是薪資以外的待遇(如特支費等)一概不領取。
5. 愛國、愛同仁及學生。
6. 終身致力於學術研究,誨人不倦。

(三) 治校理念

1. 先奠定科技基礎,在接掌台大之初,師生對科技新知,尚嫌不足,錢校長致力提升這方面的新知及技術。
2. 提升學術水準,鼓勵師生勤於進修及研究。
3. 各學院平衡發展,並無重科技而輕人文及社會科學。
4. 性別、種族、地區一律平等。
5. 與國內外大學合作,並與企業建教合作。
6. 增設系所、增建校舍、充實設備

(四) 對本校的貢獻

1. 使台大成為一流大學,其做
   (1) 遴選教師出國進修。
   (2) 聘請海外歸國學者担當教授。
   (3) 推荐畢業生出國進修等。
2. 維護台大學術自由風氣。
3. 與國內外大學校際合作成果輝煌。國外大學合作有華盛頓大學、加州大學、密西根州立大學、哥倫比亞大學、杜克大學進行學術合作、交換學生,遴選教師出國進修。與國內學術機構及大學的合作有中央研究院、國立清華、成功、交通等大學合辦數學、物理、化學、生物、工程、農業等研究中心。此外與基金會、企業合作栽培學生深造,畢業生就業。諸如哈佛燕京社、中基會、亞洲協會、福特基金會、李氏基金會等。
4. 建立教師遴聘委員會等公平公正的制度。
5. 錢校長以自己的聲望及友誼

爭取到國外基金會的補助設立系所，諸如爭取到亞洲協會的補助設立社會學系。

6. 錢校長對本校最大的貢獻是他以身教言教，潛移默化，養成台大人敦品勵學的校風，這種台大精神的永續，才是最寶貴的貢獻。

二、96 年五月八日評古說今，由方名譽理事講演，漫談"世界石油的紛爭"　　　　　　方祖達教授

（一）引言：生物得依賴能源而生存，石油已成為現代人類主要能源之一。

（二）石油的來歷：原以為是埋藏於地球生物屍骨演化而來的。今說是多種烴類（碳氫化合物），來自微生物死亡後沉澱於較深的地層，經還原的環境，使沉澱積物的有機質為食，代謝的產物為甲烷，經自然催化物的作用下，長期化學反應，生成液態烴為主，即為石油。

（三）石油的用途：除供給能源之外，更是人類生活上，食、衣、住、行密不可分的原料如合成纖維、合成橡膠、瀝青、輪胎、化工原料，其他如製造化妝品、醫藥等。

（四）石油的分佈：集中在古地質環境中，出現位置似乎非常莫測，如中東酷熱的沙漠，阿拉斯加寒冷的凍土，狂風巨浪的北海。

（五）石油開採的艱辛歷史：中東的石油開採於 1901 年，由威廉達西與伊朗王簽下合同，花了很多資金開採，即將放棄時，噴出 15 米的石油，即後在伊朗、伊拉克和土耳其都發現了大油田，二次大戰後在阿拉伯領土發展，再向波斯灣發展，中東佔全球陸地 5%，而石油儲量佔 64.2%，因開發成本低，質量好埋藏淺，每桶成本僅 3 美元，如今油價高達 20 餘倍。

（六）世界石油工業的發展與紛爭：俄羅斯的石油產量已超過美國，二次大戰時，德國進攻蘇聯目標也是在要取得巴庫油田，但失敗了。西伯利亞至遠東和薩哈林的油氣供應他國，成為各國及跨國公司間對其展開了激烈的爭奪。北海南岸荷蘭格羅寧根區巨型氣田的發現引起注意，1970 年挪威以第 33 口海上鑽到大油田。七十年代正是西方各石油消費國被輸出國石油組織所控制，至今已被鬧的油價高抬不下。亞太地區以印尼產量最多，供應中國日本印度等大國的消費，非洲的利比亞及阿爾及利亞為石油輸出國，西非及東非也開始產油，蘇丹的石油工業在中國幫助下已為輸出國，南美的主要石油輸出國是委內瑞拉巴西次之，委國聯合阿拉伯地區產油國成立"石油輸出國組織"大戰由英美油商所謂"七姊妹"使世界油價不斷地升高，二次大戰希特勒採用"閃電式"戰術入侵蘇聯，結果因天寒地凍，攻不下去也是因為缺乏石油而失敗了，日本要佔領東南亞，也因能源不繼，被美國打敗了，而伊拉克的海珊也因美國分不到新的油田而被打垮了。翻開近代的許多戰爭，不難發現多與爭取石油有關。

（七）結論：如何找到替代石油能源的事，已引起各國注意，能否降低紛爭仍成個謎。

三、本（96）年6月12日評古說今項目由徐玉標教授，講解心經的意義

（一）心經全文

般若波羅蜜多心經　唐三藏法師玄奘譯

觀自在菩薩，行深般若波羅蜜多時，照見五蘊皆空，度一切苦厄。

舍利子！色不異空 空不異色 色即是空 空即是色。

受想行識亦復如是。

舍利子！是諸法空相，不生不滅，不垢不淨，不增不減。

是故：空中無色，無受想行識， 無眼耳鼻舌身意，

無色聲香味觸法，無眼界，乃至無意識界

無無明，亦無無明盡，乃至無老死，亦無老死盡

無苦、集、滅、道， 無智亦無得。

以無所得故，菩提薩埵，依般若波羅蜜多故，

心無罣礙，無罣礙故，無有恐怖，遠離顛倒夢想，究竟涅槃

三世諸佛，依般若波羅蜜多故，得阿耨多羅三藐三菩提

故知般若波羅蜜多，是大神咒，是大明咒，是無上咒

是無等等咒，能除一切苦，真實不虛

故說般若波羅蜜多咒，即說咒曰：

羯諦‧羯諦‧波羅羯諦‧波羅僧羯諦‧菩薩婆訶

（二）名詞解釋

1、般若 ： 智慧應稱妙智慧

2、波羅密 ： 到彼岸

3、五蘊皆空 ： 五蘊是色受想行識

4、涅槃 ： 寂滅

5、得阿耨多羅三藐三菩提 ： 無上正等正覺的佛

6、羯諦 羯諦 ： 羯指『去』，諦指『真實』

7、波羅羯諦：度到彼岸去

8、波羅僧羯諦 ： 僧指『眾』表示大家一起度到彼岸

徐教授當天講解極為詳細，本次會訊稿件極多無法全文登載，如有需要者，可到本室索取其原件。

12

中華民國九十七年一月二十五日出刊

會務通訊

第四十期

發行者：國立台灣大學退休人員聯誼會
會　址：台北市羅斯福路四段一號國立台灣大學望樂樓二樓
電　話：23695692　校內分機：33669690　Fax:23648970

壹、會務動態

本會 96 年會員大會已於 96 年 12 月 25 日上午 9：30～12：00 在本校校本部第一會議室舉行，出席會員 165 人，承上級指導包副校長宗和、傅主任秘書立成、蔣教務長丙煌蒞會致詞，大會主席由沙理事長依仁擔任，三位上級指導均致詞，專題講演由方名譽理事祖達、許副理事長文富報告，會中並有摸彩活動。

一、上級指導致詞

包副校長宗和致詞：今天是一年一度的台灣大學退休人員聯誼全體會員大會，大家共聚一堂感覺非常溫馨，我在最近幾年來每年都參加會員大會，每次均感同身受。此外，也很羨慕各位同仁退休後仍然回校走走，亦可作些自己需要的事情，在此感謝沙理事長近二年來對退休同仁的照顧，如今九十六年即將結束，祝福各位同仁繼續保持身體健康，心想事成。

傅主任秘書立成致詞：今天是耶誕節，下週就是九十七年元旦，在此預祝各位同仁新年快樂、萬事如意。感謝各位同仁對本校的貢獻，也希望各位同仁常回學校看看。本校明年將過八十年校慶，目前正努力準備擴大慶祝活動，過幾天將召開籌備會議討論相關事項，本校身為龍頭大學，作為全國之表率，更要做好慶祝活動，屆時將邀請各位同仁返校參加共襄盛舉。

蔣教務長丙煌致詞：感謝各位同仁對台大的貢獻，家父今年已九十七歲，退休三十多年，因此對於退休生活頗為瞭解，如今看到各位同仁精神很好與家父一樣，內心感到欣慰，祝福大家在未來的一年，日子愈來愈好，身體也永保健康。

二、沙理事長依仁主席報告：

各位會友大家好，本會自創立迄今已歷十一年，當初篳路藍縷，備盡艱辛，經過歷任理事長、理監事共同努力，迄今已略具基礎，最近的特色是永久會員的人數年年增加，其所繳的永久會員費新台幣參仟元，按規定存放銀行定存，其次是本會為服務各位會友，陸續增加活動項目，其中多數是免費的，各位會友請選擇自己適宜的項目參加，總之，參加愈多項得益愈大。本會從民國 93 年加入本校文康活動推行委員會，成為其所屬的一個『分會』，不僅國內旅遊參加的會友可獲得40%的

旅費補助外，而且本會兩次獲頒績優分會獎，今年文康會取得本校體育館一樓的活動場地，各分會可以繳極低廉的費用，租用該場地，本會曾與中華高齡學會合辦研討會，借用該場地。97年將租用該場地，舉辦會友慶生會、棋藝比賽、養生保健講座、評古說今等活動，在舉辦前這些訊息將在本會會務通訊上預告，各位會友請多留意，以便及時參加。此外，本會會友為服務母校，在本校行政大樓一樓聯合服務中心，成立志工隊輪班，上下午各服務二小時，本校運動會本會會友成立長青組，參加運動的會友得獎者極多，以上志工服務及運動會參與，多靠吳元俊理事之安排，本人謹代表本會對吳理事之費心致謝忱。最後，敬祝大家，新年萬事如意，健康快樂。

三、各組工作報告（略）

四、**張監事主席甘妹報告：**今天很高興看到大家，尤其更感欣慰的是各位同仁大都身體健康，精神很好。以前我都在法學院工作，沙理事長也在法學院教書，許副理事長與我以前同在省政府工作，我與各位同仁均是合作愉快的。至於，本會今年的經費收支決算案，在沙理事長的領導下，謝美蓉組長的熱心負責，均沒有問題，而且結算書也於今（96）年十二月十五日業經理監事會議審查完畢，並經本人簽署完成，因此，請各位同仁放心。

五、提案討論（略）

六、專題演講

（一）演講人：方祖達教授題目：青藏鐵路青藏高原及長江三峽旅遊記實（附件一）

（二）演講人：許文富教授題目：颱風過後蔬菜價格暴漲，有沒有菜蟲哄抬價格，從中謀利？（附件二）

七、臨時動議集討論

鄭大平教官發言：

（一）建議以退休人員聯誼會名義於明年春節後舉辦一次聚餐聯誼，每位會員繳交五佰元。針對此項建議，凡是願意參加聚餐的會友，請於二月一日至二月二十二日止到本會登記並繳費五佰元，本會當立即安排。

（二）建議退休人員學習電腦，凡是有意願學習的會友，亦請電話告知，本會將聯絡電子計算機中心，告知學費、班別時間等事宜，本會電話：(02) 2369-5692 聯絡時間：週一至週五上午9：30～11：30

貳、旅遊預告

本會預計於3月5日（星期三）舉辦新寮觀瀑、林美採果一日遊活動，預定行程如下：

8：00 台大校門口出發，搭乘天星遊覽車經雪山隧道至宜蘭地區

9：30～11：00 參觀新寮瀑布

11：40～12：00 林美社區午餐享用金棗風味餐

12：55～14：30 礁溪林美國家步道

14：40～17：00 宜富金棗果園採果

17：30～18：30 礁溪晚餐

20：00 賦歸

參、老照片說故事專欄

地質學館前的化石樹　　　　路統信理事

位在鹿鳴堂西側的地質學館，是本校前身台北帝大時代的古典老建築。在當時的帝大理農學部設有地質古生物學科，已故的林朝棨教授是唯一的學生，林教授於1934年畢業後留校擔任助手，1937年赴長春任教工業大學，1939年轉赴北京，任教北平師大地質系。1945年8月日本投降台灣光復，11月15日本校成立，於理學院就原地質古生物學科改稱地質學系，即現今之地質科學系。1946年7月林朝棨教

授自北平返台，受聘於母校地質學系教授，任教 30 年，於 1977 年退休，林教授在本校任教期間，於 1963 年以研究〝台

灣第四紀地質〞發表論文，享譽學術界，在地球史上，180 萬年前地質年代是最重要的時期，1977 年爲紀念林教授榮退，地質科學系特在系館前庭栽植了兩棵紀念樹，照片中的兩棵樹，左水杉，右銀杏，銀杏和水杉都是地質時代的孑遺植物，也是一般俗稱的植物〝活化石〞。林朝棨教授的學習和研究領域是在地質古生物學科，以栽植銀杏和水杉作爲紀念，更是特別有其意義。

銀杏類起源於古生代的石炭紀，倡盛於中生代的侏羅紀，已有 1 億 7 仟萬年的悠久歷史，經過如此長久時間演化，在形態上還保有著原始的面貌，是當今最古老的孑遺植物。

水杉在地質時期上白堊紀列第三紀，曾經廣泛分佈於歐洲、亞洲和北美洲，後因受到第四紀冰川的摧殘，僅在四川及湖北一帶狹小區域殘存，鮮少人知，1944 年始在湖北利川縣磨刀溪一帶發現，當時成爲廿世紀世界植物學界的一大發現。經過採集種子送往世界各國育苗、培植，數十年後，水杉樹現已傳播到全球各地。

照片中的銀杏和水杉兩棵樹同時栽植，由於銀杏生長很慢，而水杉則是針葉樹中的速生樹種，栽植 30 年後的今日，水杉比銀杏高出了很多。（路統信撰 關麗蘇攝影）

肆、憑古說今

生物學原理對人類行爲之影响　李學勇教授

摘 要

1. 人類是動物中最具模仿能力的生物。
2. 人類常以主觀的眼光觀察動物的行爲，並且給以標語式的結論，把假象當作真象。
3. 人類常會以主觀的認知替生物的行爲尋求解釋。
4. 人類再把主觀的解釋當作自然的真理。
5. 人類又會利用這些主觀的解釋反證人類行爲的合理性。
6. 生物學家應善盡教育的責任，把真象傳播給學生和社會大眾。以匡正人類的不當行爲。

伍、旅遊記實

附件三、台大退休聯誼會宜蘭之旅～一趟溯源歷史文化的洗禮　陳福成教官
附件四、十分寮、東方農場、九份老街一日遊　沙依仁理事長
附件五、新社古堡花園、昇和菇園等一日遊　沙依仁理事長

陸、其他

附件六、96 年會員大會捐獻摸彩品芳名錄

專題演講

附件一

世界屋脊青康藏高原及長江三峽旅遊記實　　　　方祖達名譽理事

　　久待的青康藏高原及長江三峽旅遊終於成行，我們一團十九人，由行家旅行社帶領完成，自 2007 年 8 月 19 日至 30 日的 12 天密集旅遊，茲將行程記錄如下，供閣下參考。

第一天　台北、香港、北京

　　早晨 6：30 乘車到桃園機場，10：00 搭乘華航班機到香港。12：45 轉乘中國國際班機，到北京是 15：40，辦理出關手續，自京順公路經四環路，兩邊植白楊及月球紅牡丹行道樹，沿途市街廣大，高樓林立，車水馬龍，展現出繁華的北京，迎接 2008 年奧運會的來臨，我們先到王井府大街瀏覽。然後在一家叫做『鴨王餐廳』享用豐盛的晚餐；9：20 進住東方大酒店，即京瑞飯店休息。

第二天　北京、西寧、青海湖

　　早晨 8：55 搭機於 11：55 抵達青海省西寧市。由地陪帶領遊覽青海湖景區，沿途所見曠野，樹木不生；以日月山為界，前段為回族居民，以農耕種植青稞、油菜等作物，後段則為藏人畜牧區，以放牧牛羊為生。日月山海拔 3500 公尺，建有日亭及月亭，山腳立文成公主塑像，山上寒風蕭颯，我們拍照後速回車內，據云此地曾是遊人進入青康藏高原必經之地，故有『西海屏風、草原門戶』之稱。青海湖是中國最大鹹水湖，盛夏平均氣溫僅 15℃，是天然避暑聖地，故有『風吹草動見牛羊』之稱。湖面海拔 3106 公尺，水深 25 公尺，景色如畫，我們乘船遊湖約半小時，離開前到一家有藏人歌舞的餐廳用餐，然後回西寧市，進入銀龍酒店休息。

第三天　西寧、塔爾寺、青藏鐵路

　　上午由西寧向東行車約 1.5 小時，訪問藏族一支土族文化村，以了解土族文化及生活習俗，先參觀他們的歌舞表演，特別用一種叫做龍子丘的吊架，架的兩端掛著鐵鍊，男女演員拉住吊繩，下面搏動輪轉，順離心力舞動，在笙歌引導下跳個群舞，相當精彩。繼而表演土族成親習俗，邀請本團二位青壯男士，充當女婿，由登門求婚、送禮、舉行婚禮、喝交杯酒及至送入洞房，維妙逼真，獲得全場彩聲。品嚐土族簡餐後返回西寧。

　　下午參觀塔爾寺，該寺是密宗黃教的發源地，寺院廣大，我們依序參觀：供奉護法的小金瓦殿、供奉釋迦牟尼佛、長壽佛和彌樂佛的祈壽殿、敬老院、內藏千座佛雕、立 168 根柱的文殊殿，又有九及十世班禪塑像、宗喀巴佛殿、大金瓦殿、梵教法幢、彌來佛殿、九間殿及酥油花館。19：00 乘車開往一間熱帶雨林的休閒俱樂部，名為洗

三溫暖，實則燙得受不了。浴畢則至一家叫『肥牛肉』館享用涮涮鍋，20：15，大家提著行李到西寧火車站，搭乘 25T 型青藏高原火車，該車種時速每小時 84 公里，是全閉式全程行駛有氧調節。

第四天　青藏鐵路、拉薩

　　我們乘的火車是四人一間的軟舖，但仍不得安眠，只好望著窗外的當空明月，星光閃爍。6：30 天亮了，路的兩旁多為土堆或土石，遠處則是高山峻嶺。7：30 進餐車，饅頭、稀粥和四皿小菜可以飽腹。8：15 到格爾木站，大家下車拍照留念；此地海拔 2830 公尺，停留 30 分鐘後續行。經過高 3200 公尺的南山口，又經玉珠山，遠見山峰上積雪皚皚，在日光照射下襯在藍天白雲中，景色迷人。又見羊群在草原上，構成一幅美麗的圖畫，10：20 到達崑崙山高 2868 公尺，遠處在深藍天空下峰巒連綿，在這遼闊的草原上，也可見到幾輛轎車正在隱密穩閉的公路上競駛，火車到達高 6600 公尺的唐古拉山區，雖然遠山積雪，但草原上仍可見成群牛羊，從 10：00 到 12：00 因為會車關係，火車時停時動，故到達拉薩的時間略微延遲。

第五天　拉薩

　　零時到達拉薩火車站，時下大雨，大家撐傘拉著行李出站，由導遊引導上車，進入神湖酒店，這時大家都已疲乏不堪，一進房間，便上床呼呼大睡了。

　　上午 9：00 前往哲蚌寺參觀，地陪介紹西藏概況，全藏人口 260 萬人，面積 120 多萬平方公里，佔全國八分之一，降雨量 500 毫米以下。拉薩人口 26 萬，除了生產青稞（一種大麥）、牛、羊肉等少數食物外，其他多由外地輸入，所以物價比其他省份為高；夏天氣溫最高 26℃，早晚 15～16℃，日夜溫差大，氣候乾燥。藏人每天要花很多時間在膜拜，故耕作時間少。農民播種下青稞（一種大麥），但不施肥、不加管理，故收成不多。佛教在此地分為黃、紅、白、花等派系，其中以黃教最大，信徒分喇嘛、莊園和農人三級。農民的收入 70% 至 80% 要捐獻給寺廟；莊園則是將農民捐獻的錢收集後，送給寺廟的喇嘛，而喇嘛只讀經及做管理工作，不事生產。人死後亦分為天葬、火葬、水葬、地葬，只有達賴喇嘛及班禪喇嘛為陵塔葬。

哲蚌寺是黃教最大寺廟，係 1114 年修建的，下管轄七百個寺廟，共有喇嘛 12,000 人，文革後人數大減，現尚有七百餘人。下午參觀建於公元 1300 年前的大昭寺，為唐代文成公主入藏後所建。據云藏王松贊干布對公主寵愛有嘉，曾用千隻白羊填湖建成大昭寺，我們見到來朝拜的藏人擠集滿院，寺前還有許多五體投地的信徒在膜拜。

第六天　拉薩、日喀則

　　要參觀西藏拉薩的布達拉宮，必須事前預約報名登記，因為該宮限定每日參觀人數為 23,000 人，且應在一小時內參觀完畢，否則要重罰。所以全團於早晨 7：30 準時到達，經購票、驗證後進入宮內。布宮也是文成公主入藏後所建，外觀雄偉。由石級上走共五層大樓，約千間房舍，內供奉九至十三世達賴喇嘛的陵塔；是在世達賴喇嘛的寢宮，也是他政教和一的辦公場所。現在的十四世達賴喇嘛因不肯讓出政權歸中央政府，而流亡在印度。我們按次序參觀達賴喇嘛的寢宮、如來佛、釋迦牟尼佛、第六世喇嘛的陵塔、全部用黃金打造的第七世喇嘛的陵塔、正觀音菩薩塑像、第八世喇嘛陵塔（內有佛陀舍利子）、第九世喇嘛的肉身陵塔、堆廓拉康、次巴拉康、長生殿、曲生竹普。用黃金 3275 公斤打造的第五世喇嘛陵塔。陵塔的大小是依喇嘛在位時間的久長、治理的功績及財政的雄厚而定。接著參觀的行程是藏醫大學，展示各種動、植、礦物製成的成藥，專供藏人醫療之用。

　　午餐後，車往日喀則出發，1：30 沿雅魯藏布江行，兩岸水柳風景優美。中途改道前往海拔 4441 公尺高的羊湖，車行蜿蜒而上，經過好幾座高山，到達 4990 公尺的山頂，看到清澈可鑑的羊湖並拍照留念，這裡也是著名的天葬之地。驅車回到日喀則已是晚上時分。

第七天　日喀則、拉薩

　　日喀則是西藏第二大城，有五百年開放的歷史，人口五萬人，漢人居多。是班禪喇嘛故居，此地海拔 3380 公尺，依山建造三大佛寺，是屬紅派的林瑪教，尼姑較多。自左至右，先參觀舍利子塔～班禪喇嘛陵塔，文革時期被催毀的 5 至 9 世班禪的合葬處。千巴佛殿 1902 年所建，供奉彌勒佛高 4.6 公尺，用 11.5 萬公斤紅銅塑造，其所披的駕紗是用 115 噸的綢、由兩百名工匠花了近三年的時間完成，次爲十七世班禪陵塔，因其有功，中央政府曾於 1994 至 1996 年花費 6400 萬元，用黃金打造完。五世班禪喇嘛在四世班禪喇嘛的允許下，反抗達賴喇嘛的管制，對格魯教派有很大的貢獻，故其陵塔是以半金牛銀建造的，殿旁置無量壽佛。1959 年文革時期，其喇嘛人數自 5900 人減爲 1900 人，10：30 參觀完畢。自珠峰回到日喀則老街，接著到一家山東餐廳午餐。12：30 車開回到拉薩，因路險時有落石，且常發生車禍，故沿途設站檢查限速行駛，到達拉薩已是晚餐時分了。

第八天　拉薩、重慶

　　早晨 7：00 即離開神湖大酒店，爲的是要到機場去搭乘 8：55 班機到重慶。兩地相距 1520 公里，需飛行二小時到達，重慶海拔 1300 公尺，長江三峽平均高度也不超過 1500 公尺，重慶是一盆地，長江、嘉陵江及沱江匯合於此。氣候潮濕，全年多霧，是近 80 年來新開發的大城市，面積 8.2 萬平方公里，人口 3200 萬，午餐後遊覽鵝嶺公園，園內花木扶疏，是八年抗戰時期蔣介石的公館，館內展示許多戰時中、美兩國及國、共和談的照片。公園內建一座七層高樓，供遊客展望長江及嘉陵江匯流的景觀。晚餐享用重慶的麻辣火鍋及欣賞台上精彩的歌舞和特技表演。然後到洪崖洞觀看嘉陵江流入長江，清濁水匯流的景觀。20：00 開車到八號碼頭，大家拉著行李登上東方皇帝號五星級的遊輪，準備以四天三夜的時間，灠賞長江三峽建霸後的沿途景觀。

第九天　豐都、瞿塘峽

　　早晨六時遊輪啓航，8：00 在船上享用了豐富的早餐，9：30 參加安全說明會，介紹來自美、英、加、意、澳、愛爾蘭、瑞士、日本、印尼、香港、大陸及台灣兩百餘人。14：20 遊輪抵達豐都，距重慶 172 公里。登岸後乘車到鬼城。原住民都已遷移到南岸新城區。

　　入門處可見到鬼域景區示意圖。旁書『鬼城走一走，活到九十九』。由導遊沿途解說，依石級一步步走到幽冥世界。聯曰『豐都蹤跡』：『進山自有獨中樂，出門又是一重天』。再往上曰『哼哈關』，聯曰『鬼城非道非佛是千年名勝古蹟，名山無神無仙乃歷代景地』。再上走是報恩殿，聯曰『孝順公母是中華傳統美德，尊敬老人爲古國歷史文明』。旁是財神廟，聯曰『錫福是增千倍利，酬神敬獻一炷香』。對面是藥王殿，再往上走是寥陽殿。所謂過三關，最好玩是夫妻牽手順利過橋，若是跌倒則是下地獄。殿前聯曰：『聚竹黃華金靜氣，清池明月照禪心』。所供奉的是釋迦牟尼佛和臥佛，旁爲註生佛、引西佛及觀世音菩薩。再往上到五雲書院：聯曰『詩書滿牆墨客薈萃，書山無頂曲徑幽深』。門前有一亭，中間置一星辰礅，形似一石磨，有一表演勇士，能將此重 365 公斤的礅轉幾個圈，再順勢抱上磨頂，鼓掌後有人會給賞金，再走向出生入

死的雲霄保殿，聯曰『誰云不可階升入此門，便通仰見窮通帝雀』。再上是上天大帝廟。鬼門關廟前兩旁排列十種鬼的塑像：欲色鬼、財鬼、食蔓鬼、千脈鬼、疾行鬼、酒鬼、小氣鬼……等。在黃泉路上亦有聯曰『紅塵生涯本是夢，幽冥黃泉亦非真』。另有壁碑記：『忿激莫興訟，飢寒不做賊，淫爲萬惡首，孝乃百行先』。都是勸善的諺語。最後是閻羅王殿，中庭閻羅王神目炯炯，旁立判官及牛頭、馬面等鬼神，據云此廟建於公元 1600 年前，殿的左右是十八層地獄，因正在整修，未能進入參觀。盡頭是鍾馗神位，當回頭走出回生門，聯曰『黃泉路上悠哉游哉，回生門前悅兮惚兮』，回到遊輪早已全身濕透了。

第十天　奉節、巫峽、神農溪、西陵峽、三峽大壩

　　夜間行船正好眠，遊輪早晨停在奉節縣境。早餐後，大家聚在甲板上，聽著船陪介紹三國時代劉備兵敗，在白帝城托孤的故事。2003 年江水已淹至 170 公尺深，白帝城像一座孤島。但兩岸高山懸壁甚是雄偉。船經巫峽的彩虹橋，見到巫山兩岸高地建了許多新屋供原住民遷住，此段水域長 45 公里，遠望仙女峰美麗如畫，此地江水也較不懸濁，江北是生龍峰，其相連疊的山峰似一龍背也。右邊的群峰稱爲翠屏峰。居民以種植密橘、馬鈴薯及蔬菜等農業爲生，但農村經濟仍然很差，僅以醃燻肉類及蔬菜食用。繼續船行經廢食鎮，已入湖北省的宜昌市了。

　　9：20 遊神農溪，先坐中型汽船約 50 分鐘，後改乘人划小船，經鸚鵡岩、拇指老峰、鴨子嘴等地，也看到千年前的懸棺。此處水淺見底，須由船伕以繩索拉船前進。12：00 到達終點巴東縣，由導遊小姐唱巴東民謠助興，回程依原路回到遊輪午餐。下午 4：00 船到西陵峽，長 66 公里。費時 55 分鐘通過。17：15 船進入大壩，約經一小時才通過第一個閘門，每過一個閘門，需八分鐘排水 4 分鐘開關閘門，全程共需過 5道閘門；從上游江水深 157 公尺，降至下游約 50 公尺，至 20：30 全部通過。晚餐在船上享用十分豐盛的皇家宴席，席後雖然有其他的活動節目，但日間長途遊覽已感到倦意，而各自回房休息。

第十一天　三斗坪、宜昌、武漢

　　一早安排上岸參觀三峽大壩，經由模型及專人解說此多功能的大型水利工程，規模可比擬中國古代的萬里長城。壩址選擇在三斗坪的源由是長江在此處兩岸地勢高而廣大，江中有堡島可做爲中柱基地，西陵峽的中段爲花崗岩，堅實的地基可供 8 平方公里的壩址使用，大壩的三大功能是排洪、航運及發電。

　　大壩中間爲洩洪排砂，旁爲航道長 280 公尺，寬 30 公尺，深 30 公尺，每一閘門可在 30 分鐘內通過萬噸船隻，發電機組採用德國西門子、法國阿斯通及加拿大等公司產品，總發電量達 1800 萬千瓦，佔全國總發電量二十分之一。通航收入可達一億元。建壩工程全由部隊擔任，剷平此 360 萬平方公尺的大平地。走上 185 平台，可看到右邊維修機廠。建壩經費共花去 180 億人民幣，多由葛州壩支援。參觀完畢乘船前往宜昌。11：45 抵夜明珠站，參觀宜昌一家玉器、茶葉及國畫畫廊；後在清江縣用午餐。13：40 餐後參觀荊州博物館，看到鳳凰山公元前 167 年的漢墓，一具兩千年前不腐爛的全屍體，又看到各式的漆器及絲綢館。均爲公元前 475 年的文化遺物，十分珍貴。16：30 車往武漢，在新建的高速公路上行駛，經漢陽東行到漢口，享用一頓別具風味的魚宴晚餐，入住東方大酒店，已是晚上十時了。

第十二天　武漢、香港、台北

　　早餐後，搭乘中國航空班機，自漢口飛到到香港機場，在轉乘華航班機到桃園機

場，領取行李出關，再搭車回到台大校門口，互道再見，各自回到溫暖的家。

　　遊後兩點感想：一是青康藏地區地廣人稀，固然是天候及地理關係，也是藏民過份迷信宗教使然，要提高生活必須努力改革。二是青藏高原鐵路和長江三峽建壩的偉大工程之完成，是中國人的智慧加毅力的結晶，並在世上放出燦爛的光芒。

專題演講
附件二

颱風過後，蔬菜價格暴漲，有沒有菜蟲哄抬價格從中謀利？ 許文富副理事長

　　今年十月間的幾次颱風，雨量特別大，造成中南部地區農田淹水，農作物受損相當嚴重，尤其是蔬菜類。其後的幾個禮拜蔬菜價格暴漲，甘藍一公斤五、六十元，蔥一公斤三百元…民眾埋怨政府平抑價格無力，讓菜蟲任意哄抬價格，操縱市場。在輿論紛紛指責下，政府不明究竟，即派檢調單位人員到市場盤查是否有菜蟲從中撥削，其實這是不明智的作法，一般民眾這樣想，無可厚非，但掌控經濟或物價的政府部門這樣想，就顯的太幼稚了。

　　大家都知道，農產品大多是易腐品，尤其是蔬菜類為然，也就是說，蔬菜不耐儲藏，通常是越新鮮越好。為維護良好品質，在台灣各地批發市場交易的蔬菜，都是在當日清晨或前天半夜始運達，當天的進貨量僅供當天的市場需求，故供給彈性幾乎等於零；他方面蔬菜是日常生活必需品之一，人人每天都要消費，數量可少，但不能沒有，表示需求彈性也很小，是以，只要有突發性的事故發生，產地貨源減少時大消費都市就發生缺貨與價格暴漲的現象。反之，在豐收季節，到貨過多，當日無法脫售，價格立即暴跌；因之，俗語以『菜金菜土』來形容蔬菜價格有時貴得像黃金，有時卻如廢土般沒人要。

　　再說，台灣的蔬菜產量有三分之二以上是集中在彰化、雲林、嘉義、台南及屏東的五個縣，而消費地則以台北地區與鄰近的都市最多，所以台灣的蔬菜每天都從中南部朝向北部流通，表示運銷距離遠，運銷通路亦長，（如圖1）其間需要經過三四道運銷商，如此運銷成本自然增加。

　　果菜批發市場是蔬菜價格決定的樞紐場所，每天價格的高低決定於當天的到貨量與需求量；由於每天的市場需求量變動不大，所以價格的高低變動幾乎決定於到貨量的變動，依照此市場機制，蔬菜價格每天都在變動。颱風過後，產地菜園受損，供應量減少，價格自然上漲，供應量減少越多，上漲幅度也就越大，甚至為平常的數倍。基於此，我們不能輕易怪罪菜販，認為他們是菜蟲從中操縱市場剝削。根據個人多年的研究，就以台北果菜批發市場的情況來說，菜蟲很難存在，原因有四：

1. 每天在台北農產運銷公司批發市場活動的承銷人至少有一千人，採公開拍賣彼此競價採購，競爭程度相當高，很難有哄抬價格的機會。
2. 每一個承銷人每天的承銷量平均不到 1000 公斤，只佔到貨總量的 1% 左右，個人不具任何操縱市場的力量。
3. 蔬菜中的葉菜類不耐儲藏，商販不可能有囤積惜售的情事。
4. 如果有菜蟲活動，他們一定會壓低批發價格，以減輕其進貨成本，但實際上並非如此，颱風過後的批發價格也照樣上漲很多。

　　既然如此，那麼颱風過後幾天的菜價連續盤旋上升的動力來自何方，大家認為與媒體過度渲染操作與消費者之心理有關。因為媒體的誇大報導，讓大家人心惶惶，認為可能會再漲，促使其加入搶購之行列，結果市場需求增加更刺激價格上漲，其實，如果大家在此期間少吃『葉菜類』，或改吃替代品，價格即不會繼續升高，所以有人說，價格居高不下，消費者也要負一部分責任。

　　至於蔬菜批發價格暴漲，誰獲利最多？答案是沒有人獲利，但消費者受損，原因是農民收穫量大減，價格雖高其銷貨收入可能比平常少；又商販的營業額減少，價格雖高但總收入未必比平常高，只有消費者因為不能不買，只好支付較高的代價。上次颱風過後，檢調單位也到市場檢查試圖抓菜蟲，結果一個也沒抓到。

　　總之，經濟問題必須用經濟手段解決，不宜用政治力干預，即使介入也無效，這幾天蔬菜價格已大幅下跌，甘藍已下跌至三顆一百元，此即為自由市場機制運作的結果。這就是我的看法。

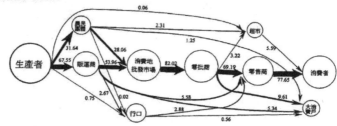

圖 1　甘藍的運銷通路

旅遊記實
附件三

台大退休聯誼會宜蘭之旅～一趟溯源歷史文化的洗禮　　陳福成教官
東北角風光、大里天公廟和佛光大學的省思

　　本會會員及眷屬共 34 人於 96 年 9 月 26 日上午 7：30 乘坐天星遊覽車從台大校門口出發，遊覽車沿著東北角海岸公路搖搖晃晃，偶而跳著酒醉的『探戈』，路況欠佳，司機卻很清醒，大家對海岸風光興趣不大，但是車內卻是很熱鬧的，大夥兒唱的不亦樂乎！喜歡飆歌的先生小姐們無不唱出他們的成名曲，博得掌聲不斷。唱罷一曲『台東人』，快把麥克風讓人，吳主任、吳教授夫婦和多位唱將，都具有歌手的水準，更值的一提的是大家快樂的心情，退休就是這樣過日子，此刻讓我們想到，台大給我們如此好的環境和條件，退聯會理事長沙依仁教授苦心經營這個屬於退休人員的『家』，多麼的令人感動！多麼的感恩！

　　中途在大里天公廟休息片刻，即刻又踏上旅程，原訂行程到礁溪林美國家步道，一探碧綠深幽的絕美景色，因時間不及，只走道步道入口，未能一睹這條『國家級』的步道，只好等下回了（諸君可曾聽過有步道是『國家級』的嗎？這條可是全省的唯一），時間關係，趕忙趕往佛光大學參訪。

　　佛光大學位於宜蘭礁溪林美村，林美俊秀地靈人傑，到達時已十一點多，該校由

蕭小姐接待解說，親切的介紹該校有多少系所及特色，依其所提供資料顯示，該校以弘揚中華文化、與國際接軌作為師生努力的目標（相信也是星雲大師的信念），例如，文學系的『總攝中國文化』，哲學系成立了『世界中國哲學研究中心』，歷史系正在規劃『第二屆東亞孔廟與儒學研討會』，人類學系目標是『有能力參與新中國文化再造的運動過程』，藝術學術研究所要『重新掌握中國藝術的詮釋主權』，而生命學研究所『研究中國傳統的『氣』與心性之學』，對於生命現象做統合的認識，達到太史公司馬遷所說的『究天人之際，道古今之變』。同時印證儒釋道三教所說『無中生有』『空中妙有』的道理。（筆者註：中國從唐朝開始推動『三教合一』，長達一千多年，使三教成為中國文化的核心價值，但中國歷史上也曾有『去中國化』的運動，如蒙古和滿人入主之初，毛澤東時期的文化大革命和現在台灣獨派執政者都是）。這種辦學精神多麼讓人敬佩，視野遼闊，不僅給我們這些退休人員再上一課，也佩服星雲大師的『藍海策略』，難怪他能聚合數百萬的人力財力和向心力，在全球成立百餘規模宏偉的道場，創建許多學校（從幼稚園到大學都有），據我所知，本校退聯會有不少人也是佛光會員，大家追隨大師身影，以期自我實現，貢獻棉薄之力，也算是對國家社會有一點貢獻，參觀了佛光大學後，我們更堅定這種信念，在學習和貢獻的道路上，我們永遠不退休。

宜蘭設治紀念館：見證宜蘭拓墾開發史

豐盛的午餐後，我們參觀位在舊城南路的『宜蘭設治紀念館』，在解說人員和史料引導下，我們一個個魚貫洄溯在歷史文化的大海洋：尋根。

隨著西元1661年（明永曆15年）6月，鄭成功收回台灣，宜蘭也同成為中國人的領土，但到1796年（嘉慶元年）10月16日，高齡66歲的吳沙率領漳、泉、粵三籍，進入宜蘭拓墾，是漢人開發宜蘭之始。1810年（嘉慶15年）台灣知府楊廷理，受命籌辦開蘭事宜，擬定『噶瑪蘭創始章程』。

1878年（光緒4年），宜蘭孔廟落成，顯示中華文化落地生根，成為人們的信念和信仰。只可惜甲午之敗，台灣割讓給倭國，1895年（光緒21年）6月22日鬼子軍隊進入宜蘭，地方義軍起而反抗，終不敵正規日軍，日人據台期間，到處屠殺台灣人民（見各種史料所述），台灣人民成了次等人種；日人又大肆搜刮資源運回日本，1915年成立『營林局』，專事大規模砍筏台灣名貴的千年檜木，運回國內供上層人士享用，至於『慰安婦』等，更是寫不完，也寫不下去的一頁悲歌，真是中華民族的不幸，未來不能再發生，炎黃子民應永銘於心。

　　『宜蘭設治紀念館』位於舊城，此館始建於 1900 年（光緒 26 年），佔地 800 坪，建築面積約 74 坪。舊城爲蘭陽平原政教中心，南門地區爲日據時期機關所在，隨著宜蘭縣政府南遷，本區舊有的舊監獄門廳、舊主秘公館、舊校長宿舍，均已重新修復，規劃成『歷史回憶空間』。保留這些歷史的目的，是提醒後世子民，國家要富強統一，不要給倭人有『再殖民』的機會。

宜蘭設治紀念館的前身，是歷任縣長官邸，也同時見證近百年來宜蘭的政治發展，1997 年 12 月 13 日由官邸整建的宜蘭設治紀念館落成啓用，繼續爲歷史當一個『永恆無言的解說員』。

台灣戲劇館：地方戲劇的寶庫

　　位於復興路上宜蘭縣立文化中心內，早期名稱『歌仔戲資料館』，1988 年正式命名爲『台灣戲劇館』，可謂地方戲劇的寶庫，館內藏品對台灣民間戲劇、地方音樂演變的保存、研究及推廣有詳盡的介紹，而以歌仔戲、傀儡戲、北管、布袋戲，爲重要的四大類。

　　小時候聽大人們稱歌仔戲叫『大戲』。文獻記載，歌仔戲源於清末民初的蘭陽平原，演化至今有多種類型，除野台式、內台化外，尚保有初期風格。館藏方面，有宜蘭萬春歌劇團、大羅泉歌劇團之戲箱，以及名藝人廖瓊枝、司馬玉嬌、許亞芬等戲服；另有歌仔戲抄本、唱片、樂器等文物。

　　台灣傀儡戲分爲南北兩大系統，南部屬大陸泉州系，分佈在台南、高雄地區，北部屬大陸漳州系，僅存三團俱在宜蘭境內，主要出現在祭煞場合。

　　北管是台灣最普遍的民間戲曲，有亂彈戲、四平戲、福祿、西皮等多種稱呼，目前宜蘭尚有數十團，館藏文物也很豐富。

　　布袋戲是台灣最流行的偶戲，蘭陽地區除民間戲班搬演外，學校社團傳承傳統布袋戲，至於館藏，有大陸漳、泉和台灣等文物。

布馬祖師爺：林榮春藝師

　　有『宜蘭布馬祖師爺』封號的林榮春，民國17年生於宜蘭，是林榮春布馬彩船歌劇團團主，也是81年薪傳獎得主，他的表演活動、文獻、文物目前均展示在台灣戲劇館3樓，期使更多人認識此項傳統藝術，林榮春主要布馬藝陣有下列五種，以圖示之：林榮春藝師的布馬藝陣，都源自中國民間歷史故事，例如，『公揹婆』源於女媧懲罰商紂王的故事，公被上的『婆』正是千年狐狸精妲己；『蛤仔』源自盤古開天時，蛤仔精和鳥精的鬥爭，『彩船陣』源自宋代宰相娶少妻故事；『打七響』出自老歌仔戲『呂蒙正打七響』，而『狀元遊街』源自唐朝張士賢中狀元的故事。

尾聲：乘著晚風唱歌回家

　　參觀完『布馬祖師爺』已是下午4點多，一天的時間內時空景物掠過，也還『春風得意馬蹄疾，一日看過長安花』，一日的歷史文化洗禮，對我們這些退休人員也是溫故與再學習的機會，真是最佳的休閒旅遊活動。

遊覽車又沿著北海岸公路繼續跳著『酒醉的探戈』，夕陽慵懶，晚風徐來，車內有的高歌、有的低頭沈思或小眠、或臨窗賞景，期待著豐盛的晚餐--基隆海產。約晚上9點，車近台北市郊，依然聽到歌聲裊裊，本來嘛！退休生活有正常的社交休閒活動，有歌聲必定是快樂的，活動組長關小姐報告下回旅遊時程，大家期待再相見，再次感謝學校舉辦這樣的活動，我們永遠樂為台大人（本文圖片引自台灣戲劇館、宜蘭設置紀念館簡介資料）。

旅遊記實
附件四

十分寮、東方農場、九份老街一日遊　　　　　　　　　　沙依仁理事長

　　本會會員39人於本（96）年10月25日（星期4）上午8：10乘天星遊覽車出發，9：10到達十分風景區，大家下車步行欣賞沿途風景，並參觀十分瀑布，該風景區位於台灣東北部石碇、瑞芳與雙溪之間，行政轄區屬於台北縣平溪鄉，其在台灣風景區中屬於瀑布溪谷型，位於基隆河的支流，由於源頭的侵蝕作用與附近地形的關係，形成許多斷層與奇岩，河水經過這裡形成許多瀑布，其中十分瀑布位於平溪鐵路大華車站與十分車站之間，瀑布的形狀像簾幕，其下方水潭極深，瀑布像千軍萬馬奔騰，傾瀉而下，瀑布的顏色更顯潔白，瀑水形成的水氣經陽光照射，呈現出一道彩虹，璀璨奪目故有彩虹淵的名稱，十分瀑岩的傾向與水流方向相反屬於逆斜層瀑布，上述的情況與北美尼加拉瀑布相似，因此贏得台灣尼加拉瀑布的美譽；離十分瀑布不遠我們又看到一處眼鏡瀑布，岩壁上左右有兩個洞形狀像眼鏡，瀑布從中間流過好像鼻樑一樣，雖然是小瀑布，因為其形狀奇特，故予以記載。在十分寮、平溪一帶，瀑布極多，其中最大的是十分瀑布。我們走過兩座吊橋，其中一座是靜安吊橋，連接十分村與南安村全長128公尺，我們走過時剛好有一團日本遊客，男中學生經過吊橋搖晃作樂，使得過橋的人都像在搖籃內，幸虧吊橋保存良好，並未有任何損壞，我們走過十分火車站，這是沿著基隆河谷走的平溪支線鐵路，從三貂嶺至青桐站，全長12.9公里，建於西元1918年，原為運煤而興建，1922年改為觀光路線，車站附近景色秀麗，映入眼簾的是瀑布、小支流、吊橋，鐵路沿線興建了許多民宅形成村落，欣賞了十分瀑布的美景。

　　回到車上駛向東方香菇、秀珍菇農場，該農場座落在平溪鄉平湖村坑頭10號，電話：24958565，十分鐘車程即到達，農場四周青山環抱，小溪上游就從農場旁流過，園主蔡明修先生精心規劃及經營，種植的農作物愈來愈多，包括香菇、秀珍菇、木耳、猴頭菇、香椿，此外又出產有機肥供應市場。該農場一片寬闊的青山綠水，夏秋兩季螢火蟲甚多，暮色蒼茫中看到螢火蟲飛舞，宛如一盞盞小燈籠。在露天咖啡座喝咖啡欣賞，別有一番樂趣，可惜我們赴該農場的季節及時間不同，無法欣賞螢火蟲或戲水、烤肉、露營等活動，聽了蔡園主的簡報，我們參觀了菇寮，看到了層層的木架子放了一包包小型膠袋，裡面放了木屑、菌種等，將來生長成各種菇、木耳等作物。有些小包裹已經長出木耳、香菇、秀珍菇等。參觀完畢我們回到餐廳，享用豐盛的午餐，菜餚都是農場的產品，飼養的肥雞做成白斬雞、豬肉燒成紅燒肉、自製的香腸、溪蝦等葷菜，蔬菜有香菇、木耳、青江菜等，辦了一桌自己農場的佳餚，大家都欽佩蔡園主

的能幹，在這個紛亂的世局中，他能夠在平溪這個山明水秀的世外桃源中，創立自己的事業，並且努力不懈的逐漸發展，真是難能可貴。我們購買了一些農產品、香菇、木耳等即乘車轉赴九份老街，於13：40到達老街後，看到附近的環境逐漸變繁榮，增加了一些新式的咖啡館及 7-11 等超商，而且基隆客運從基隆到九份、金瓜石等地的班車增加了班次，所以老街上的遊客極多，商店多數生意鼎盛，尤其是著名賣芋圓的店，時常座無虛席。一方面芋圓是這裡的名產，另一方面價格低廉，也有不少顧客購買生的芋圓回家自煮，一盒僅售 50 元。

為何命名為九份？據台北縣誌文獻資料顯示，在清朝初年當地只有九戶人家，因此每當外出市集購物或或貨船來到，每樣貨物都要備妥九份，後來九份就成為這裡的地名。清朝光緒 19 年（西元 1893 年）九份地區發現砂金，淘金與採金的人紛紛湧入此地，使得地方繁榮。台灣光復後金礦開採殆盡，1971 年結束開採，採金的人散去，九份及金瓜石一帶呈現出蕭條、衰退的容貌，近年來由於觀光產業興起，九份老街已恢復昔日的繁榮，遊客摩肩接踵，人聲鼎沸，忙碌的都市人終於找到一處可以鬆懈身心的好所在。

15：50 我們結束九份老街的遊覽，乘車赴碧砂漁港，於16：20到達漁市場，展開遊覽及採購事宜，碧砂漁港的魚貨較多，而且價格低廉，大家購買一些魚鬆、小魚干、鮮魚後，就到 988 碧海總店晚餐，該餐廳座落在基隆市北寧路 71 號 1 樓及 2 樓，電話：24698811，規模極大，菜餚可口，價格合理，所謂俗擱大碗，大家都很滿意，本日的旅遊還有的優點包括：天星遊覽車是新購的，座位較寬不擁擠，一路上卡拉 OK 歡唱歌聲嘹亮，19：30 我們回到台大，在期待再相會的歌聲中，各自回到溫暖的家。

旅遊記實
附件五

新社古堡花園、昇和菇園等一日遊　　　　　　　　　　　　沙依仁理事長

接近歲尾，工作同仁忙著辦理理監事會及會員大會事宜，並未期盼此次旅遊能夠辦成，幸賴少數會員的熱心表示，一定要成行，本會關麗蘇組長在一日之內招到 14 名會員暨眷屬參加，宣告額滿成行，大家都興高采烈，當天會員們都在八時前準時到達，沒有遲到及缺席者，堪稱效率極高。8：53～9：06 到關西休息站。10：19 到達石岡水壩，位於台中縣豐原往東勢的途中，是國人自行設計的水壩，於民國 63 年完工。當初為大甲溪之攔河壩，全長 700 公尺，是一個橫跨大甲溪的水壩，提供台中縣市民生及工業用水的主要水源區，921 地震將水壩震壞，埤豐大橋因地勢改變形成小瀑布，災後重建，水壩成為現今的風貌，水壩附近的自然景觀依舊保持完整，林相綿密，鳥類棲息其間有小白鷺、藍鷴鴣等。水壩入口處原有的鐵道已廢棄，改成東豐自行車綠廊，我們佇立在水壩旁觀賞風景，有小販賣鮮柿及柿餅，大家購買一些；10：45 離開石岡，乘車駛向新社古堡花園，於 11：20 到達，該莊園座落在台中縣新社鄉協中街 65 號，電話：(04) 25825628，進入大門即見售票亭，購買門票一般人 300 元，老人票 250 元，沿湖步行看見道路兩旁都種植花卉、灌木，我們進入六角亭餐廳二樓午餐，除素食者吃素食餐外，其餘訂了牛排套餐及豬排套餐，每客 350 元，主菜份量多，胃口小的會員尚有剩餘，飯後三五朋友結伴同遊，在和煦的陽光下散步及聊天，非常悠閒，該莊

園佔地面積極廣，相當於 37 個大安森林公園的面積，地勢較高約有海拔 500 至 860 公尺，氣候宜人，平均溫度約 23 度，莊園的建築物多數具有歐式古堡或羅馬拱柱之格式。著名的設施有湖畔遊憩區、西堤碼頭、六角亭餐廳、酒莊、古堡、樹屋、虹橋等，13：40 我們離開新社莊園。乘車駛向昇和菇園於 13：47 到達，首先參觀菇寮，由該菇園的工作人員為我們做簡報，大約有 500 坪左右的場地，只有一半在種著香菇及木耳，其餘都未使用，只見一包包的塑膠袋裏面放了木屑及菌種，平放在地上，每一袋都可用 5～7 次，但是培養出的作物，一次比一次小，最後就不能用了，必須重新栽培；所種植的作物極大的有鮑魚菇，極小的有金針菇，種類極多，參觀菇寮後轉往販賣部，該菇園請我們喝洛神茶，以及品嚐各種菇類食品，大家購買了新鮮或乾的菇、木耳、金針花以及菇類製的食品，14：28 乘車駛向花海，於 14：34 到達田尾的花海，這是農田休耕期，改種植各類草花，有四季海棠、一串紅、馬櫻丹、百合花，萬紫千紅，令人目不暇接，不過僅供參觀，無盆花出售，賞花的人及轎車極多，15：22 開車駛向石岡的客家文物館，在 921 地震時該古厝被鎮垮，災後募款重建，改為文物館展出客家衣服、種田用具如、水車、碾米機、犁、鋤頭等，家庭用品及設備如鍋碗盆灶、床等，另在一幢古厝的正廳上放置屋主祖先的畫像，穿著清朝服飾，古代還沒有照相，所以用畫像替代照片，尤其是祖先的畫像更是寶貴，古代盛行擴大家庭制度，富有家庭有一個房間專掛祖先畫像，而且依輩份排列，每年臘月掛出人像，另設供桌放置菜飯菜肴，每日更換，以示對祖先之崇敬。該戶祖先遷台灣已經歷十四世，距今已有 420 年（大約在清代雍正年間來台灣的），走出古厝看到庭園中一棵麵包樹，枝葉茂盛樹幹極粗，據說已有百餘年（一世紀以上），大門附近池塘裏錦鯉有數十條與一隻鴨子正在覓食，大家看的留戀忘返，我們於 16：08 離開文物館，因為時間尚早不到晚餐時間，所以增加一個景點，參觀三義鄉郭元益餅店的作業場，場內展示從前製餅的舊設備、爐灶、用具、模子等；看到舊式的電影放映機、留聲機，彷彿進入時光隧道，回到民國初年，參觀完畢，我們到店內購買餅、麵線等產品，18：00 我們到銅鑼鄉東山庄餐廳晚餐，享用道地的客家菜，在歸程中，卡拉 OK 歡唱很熱烈，此次旅遊之特色是參觀的景點最多，購買的農產品亦不少，大家興緻極高，回到台北已經將近 20：00。

國立台灣大學退休聯誼會
九十六年會員大會捐獻摸彩品芳名錄　　附件六

項次	捐贈禮品芳名	禮品內容	備註
1	李校長嗣涔	名貴茶葉壹大盒	
2	沙依仁理事長	禮金 1000 元、禮券 1000 元	
3	何憲武理事	禮金 1000 元	
4	黃日暉主任	禮券 1000 元	
5	包宗和副校長	微電腦電磁爐一具	
6	傅立成主秘	多功能鍋寶一個	
7	蔣丙煌教務長	電腦用 MP3 一具	
8	馮燕學務長	肌肉按摩器一台	
9	洪宏基總務長	禮金 2000 元	
10	廖麗玲主任	禮券 1000 元	人事室主任
11	郭德盛教務長	洋酒一盒(三瓶)	
12	謝美玉小姐	禮券 1000 元	
13	宣家驊名譽理事	燜燒鍋、茶杯禮盒	
14	夏良玉理事	禮金 1000 元	
15	路統信理事	登山熱水瓶、方便隨身包	
16	黃存仁組長	花瓶一對、洋酒、對筆二組	
17	賴春壽先生	茶具二組	
18	劉秀美小姐	多功能茶杯、餐盤、大毛巾	
19	劉鵬佛理事	美樂嘉清潔劑二瓶	
20	沈世傑教授	啓信封刀、耶誕卡、腳底按摩棒、老漁翁講故事書	
21	關麗蘇組長	電子電話機一具	
22	謝美蓉組長	淑女型小提包、化妝包	
23	陳明珠組長	手電筒一支	
24	車化祥理事	吹風機、香水洗髮乳	
25	洪　立教授	電動刮鬍刀、曲線杯、茶杯	
26	黃　涵教授	便當盒、不銹鋼茶杯	
27	黃銀晃先生	多彩氣氛燈、小瓷盤	
28	林添丁理事	三入三色密封罐、三入冷藏保存器	
29	王本源理事	背包、馬克杯	
30	陳雪嬌監事	鋼杯、水果盤、招財貓、水瓶	
31	蕭富美監事	削皮機、開罐器、廚房三寶、曲線杯	
32	楊建澤監事	照明警示燈、照明燈、節能手電筒	
33	方祖達名譽理事	京劇面譜、文鎮、遮陽帽、玻璃杯、自動照明計時器	

九十六年會員大會承蒙惠賜現金、禮券及禮品等供應大會摸彩，謹此敬致謝枕。

中華民國九十七年三月二十八日出刊

會 務 通 訊
第 四十一 期

發行者：國立台灣大學退休人員聯誼會
會　址：台北市羅斯福路四段一號國立台灣大學望樂樓二樓
電　話：23695692　校內分機：33669690　Fax:23648970

壹、會務動態

一、本會會員生日寄發賀函實施多年，自今（97）年起改變慶祝方式，採慶生會方式辦理，由本會出錢租借場地，讓壽星們歡聚一堂彼此聯誼，首次慶生會已於二月十九日（星期二）下午二時至四時，在新體育館一樓文康會大會場舉行，先由沙依仁理事長說明舉辦慶生會主旨、目的及活動方式，隨即唱生日快樂歌、卡拉OK歡唱、發壽桃等活動，第二次慶生會將於五月十二日(星期一)下午二至四時在原場地舉辦，屆時將邀請三、四、五月份的壽星參加。

二、本會今年首次國內旅遊已於三月五日舉辦，計有43人參加。

三、本會三辦之養生保健講座，訂於5月9日（星期五）下午三時至五時，在新體育館一樓文康會大會場舉行，邀請骨科名醫劉華昌醫師演講『退化性膝關節炎之預防及新療法』，劉華昌教授近期發表退化性關節炎再生新醫療方法，深受各界矚目，希望會友們把握機會參與聽講，也請理監事同仁大力推廣。

四、憑占說今訂於三月十一日（星期二）下午一時卅分至三時卅分，在新體育館一樓文康會大會場舉行，邀請許玉樓教授講清代十二帝，先講上集前清六帝，後清六帝留待三月十八日（星期二）再講下集，歡迎會友、理監事參加聽講。

五、本會會計組謝美蓉女士因為新添了第三代，家務忙碌辭職，本人不得不照准，工作人員職務調整，由原服務組長陳明珠女士接任會計組長，原服務組長辦理之慶生會業務，由會內其他工作人員共同分攤辦理。

貳、旅遊預告

本會旅遊活動四月十六日飛牛牧場及三義賞桐花一日遊，已有三十二人報名。日本四國、大阪、神戶、廣島等地七日遊訂於五月十八日啟程，已有十五人報名，二項旅遊活動都尚有名額，歡迎會員報名參加，請於每週一至週五上午9:30~11:30電話報名：23695692

參、老照片說故事專欄

校園裡的瑠公圳　　　　　　　　　　　　　　　　　　路統信理事

　　福建彰州人郭錫瑠早年隨父來台，初在彰化開墾，後遷居台北中崙。清乾隆五年（1740）傾全部家產，籌銀兩萬餘兩，致力開發新店溪水，匯成圳道，在大坪林築坡蓄水，歷盡艱辛，經20餘年完成灌溉渠道系統水利工程，初名金河川圳，1765年郭錫瑠逝世，後人為感念郭氏興建大圳功業，更名為瑠公圳。

　　瑠公圳灌溉農田面積1200多甲，遍及台北盆地中區及東區，包括：木柵、景美、古亭、大安、松山、中山等地，由大坪林經公館後的大安支線，由南向北貫穿校園直到辛亥路出校園。台灣光復以後，由於都市發展，農田逐步變成建築用地，高樓大廈林立，瑠公圳的灌溉功能消失，校園中現僅在農業試驗場舟山路邊的生態池和水工試驗所東側的一小段圳道遺留，作為見證歷史古蹟。

　　老照片是1949年在森林館與保健中心間的一段瑠公圳水閘前拍攝的，暑假期間，幾位不同院系的同學，閒來無事，校園漫步，在此合照。左起秦維聰（農化）、何國鐸（土木）、郭仕樵（農經）、王德春（森林）、黃雲燦（地質）、林丰卿（園藝）、路統信（森林）。

　　當時校區椰林大道盡頭南側是四號館和溫室，北側是文學院。森林館、土木系及城鄉所大樓尚未興建。照片背景遠方是機械系的實習工廠，為木造平房，正是現在總圖書館的位置，四周則是空地及稻田。（照片路統信理事提供）。

肆、憑古說今摘要

清朝十二帝　　　　　　　　　　　　　　　　　　　　徐玉標教授

　　清朝始祖原係中國東北女真部落，自努爾哈赤建立后金政權後始強大，最後統一中國（1644～1911）先後十二帝，享年268年。

這十二帝是：

（一）　努爾哈赤（1583～1626）稱帝，號太組，在位11年。

（二）　皇太極（1627～1642），在位17年，突然病逝。

（三）　順治號世祖福臨（1644～1661），在位18年。

（四）　康熙號聖祖玄燁（1662～1722），在位61年。

（五）　雍正號世宗（1722～1735），在位13年。

（六）　乾隆大帝號高宗弘歷（1736～1795），在位60年。

（七）　嘉慶號仁宗顒琰（1796～1820），在位 26 年。
（八）　道光號宣宗旻寧（1821～1850），在位 30 年。
（九）　文宗號咸豐奕詝（1851～1861），在位 11 年。
（十）　穆宗號同治載淳（1862～1874），在位 13 年。
（十一）德宗號光緒載湉（1875～1908），在位 34 年。
（十二）廢帝號宣統溥儀（1909～1911），在位 3 年。

最後四朝皇帝（自文宗至宣統）共在位 61 年，清朝遂亡。這四朝中所有促成敗亡的因素：

（一）慈禧太后專政（1860 咸豐 10 年至 1908 光緒 34 年，共 48 年）。
（二）太平天國在金田村起義至同治 3 年滅亡。
（三）捻軍反清運動。
（四）英法聯軍訂立不平等條約、北京條約、愛渾條約。
（五）宦官貪腐專橫，安德海、李蓮英。

清朝的太平盛世以康熙及乾隆二帝在位 121 年，最為著稱。他們的重要政績：

康熙二次親征解決漠北問題（漠北及蒙古）。南巡視察治黃河業務及災害，籠絡江南士大夫民心，減免苛捐雜稅、拔擢人才、任用漢人進入統治權力核心、崇尚儒家理學。

乾隆設法使農業發展工商業發達，擴疆域、固國防、提倡文化事業。

乾隆專寵大貪官和珅，而且其個性自大驕傲，採鎖國政策拒絕與英國東印度公司商業貿易，致喪國本。

自嘉慶、道光國立見衰，文宗至宣統四位皇帝在位在位年數少加上慈禧太后專政等問題，導致清朝滅亡。

伍、旅遊記實

附件一

宜蘭新寮瀑布、林美步道、金棗果園一日遊　　　　　沙依仁理事長

今年新春以來寒流一波波侵襲，陰雨綿綿，使本會的旅遊活動延擱至三月初才舉辦。首次本島旅遊活動係在三月五日舉行，報名的會員及眷屬非常踴躍，有八人列入候補名單未能補上，希望四月份飛牛牧場之旅還有機會與他們同遊，本會會員及眷屬一行 43 人於上午 8：00 在台大校門口乘天星公司遊覽車出發，駛向宜蘭新寮瀑布，於 8：47 進入雪山隧道，隧道全長 12.9 公里，通過該隧道行車時間需 11 分鐘，車行的速度係每小時 70 公里，我們在 8：58 駛離雪隧，在這段時間內會員陳新翼女士為大家做簡報，他說雪山隧道的興建因為土質是沙岩，硬度高，施工比較困難，曾經大量湧水，有一次發生嚴重坍方，將價值十億的機器都埋在地下，工程延緩，工作人員身體受損的事故。雪隧是在 95 年 6 月 15 日通車，遊覽車進隧道車行平穩，出隧道向左邊望，海面上就看到龜山島。9：30 到達新寮，大家下車走登山步道。這是去年四月由林務局羅東林管處新闢闢的步道，迄今遊客眾多，知名度扶搖直上。新寮瀑布是東山河的源頭，早期因道路崎嶇遊客罕至，步道築成之後，已成為觀光景點，風景優美，生態環境佳，沿途可見的生物有薄翅蜻蜓、鳳蝶、赤蛙、褐樹蛙、台灣紫嘯鶇、鉛色

水鴨、台灣獼猴等。步道總長度約 900 公尺，三十分鐘腳程可以走完，走進瀑布，即可聽到水聲潺潺，並且看到 250 公尺的瀑布，共有三個瀑布。11：00 新寮瀑布以參觀完畢，登車駛向林美社區，12：41 在龍之園餐廳午餐，享用八菜一湯一水果一點心的豐盛午宴。午餐完畢乘車駛向林美步道，13：21 開車，14：07 到達，此為國家級的環狀步道。寬約 3 公尺，長度有 2 公里，路面鋪碎石，平坦止滑，漫步其間到處可見野花、飛鳥、彩蝶。遠眺山巒起伏、幽谷飛瀑細柔如絲緞，發出嘩嘩的落水聲，與蟲聲、鳥語交織成一首大自然的交響樂。林美步道的地理位置是在台北縣與宜蘭縣的交界，15：50 我們離開林美步道到宜富金棗果園採果。到達果園，工作人員發給每位遊客一把剪刀合一個塑膠袋，各人可以在果園內自由採果。進入果園，我們看到金棗樹一叢叢結了金黃色的果實。平均高度約有 160 公分。因為高度適合，各人採果都很容易，不需踮腳或下蹲，有人甚至不用剪刀，用拉的就可以採到果實，但是那樣會傷果，容易腐爛，採下來的金棗不易保存。金棗是宜蘭特產，礁溪鄉是主要的產地。蘭陽平原東臨太平洋，三面環山，氣候陰濕適合金棗生長，金棗一年開花三～四次，因此產量極多。各人採果過磅計價。我返回後自製金棗餅，芳香甘甜，比市面買到的更可口。我們又到金棗園銷售部購買金棗製品並品嚐金棗茶。我們離開宜富金棗園時間尚早，本會活動組關組長建議增加一個景點五峰旗瀑布，我們到達入口的路旁就看到五峰旗瀑布的標誌牌，步道平坦行走方便，走了約半個小時，濕氣愈來愈重，道路很不好走，必須通過一座橋，我衡量體力已有力不從心之感，決定不繼續登高觀瀑布，我們慢慢走回遊覽車，17：16 到九禾餐廳晚餐，該餐館係礁溪著名的飯店，關組長事先訂了菜單，要求餐廳準備，果然菜色別緻，烹調得宜，大家很滿意。此外，還有一件事情必須感謝關組長的週到，我們這次旅遊已過金棗的盛產期，原先宜富果園計畫一次採完，經關組長事前電話叮嚀，留下一些鮮棗等我們親自來採，關組長的細心及週到是此次旅遊順利的主要因素。18：15 踏上歸途，開車返回台北，於 20：00 回到台大校門口，互相道別，各自返回溫暖的家，期待四月十六日飛牛牧場之旅在相會。

中華民國九十七年六月三十日出刊

會 務 通 訊

第 四 十 二 期

發行者：國立台灣大學退休人員聯誼會
會　址：台北市羅斯福路四段一號國立台灣大學望樂樓二樓
電　話：23695692　校內分機：33669690　Fax:23648970

壹、會務動態

一、本會97年度養生保健講座，已於5月9日（星期五）下午三時至五時，於新體育館一樓文康會大會場邀請劉華昌醫師演講，〝骨骼肌肉的健康是財富的守門神〞，聽眾有60多人，其中有本校在職人員在內，演講內容詳見附件一。

二、本會將與中華高齡協會再度合辦研討會，由中華高齡協會申請教育部補助經費，兩會之學者專家共同發表論文，研討會之主題為〝老人生涯規劃研討會〞，時間訂於本年10月21～22日舉行。另〝老人養生保健研討會〞訂於11月4～5日舉行，兩場研討會均借本校新體育館一樓文康會場地舉辦行，請各位會友撥冗參加。

三、本會為6、7、8、9月出生會員辦理慶生會，時間訂於9月9日（星期二）下午二～四時，借用新體育館一樓文康會場地舉行，此係免費活動，請各位壽星踴躍參加。

貳、旅遊預告

一、本會擬於8月份辦理大陸旅遊〝山林假期--江西精華九天走透透〞，敦請方祖達教授擔當領隊，（全程不進購物店、導遊無人頭費、無自費行程、旅遊輕鬆愉快又有尊嚴）。
預定出發日期：97年8月21日（星期四）～8月29日（星期五）回台北
團費：現金優惠價NT$29,500元（非現金價含刷卡30,000元）
活動包括下列各項：
（一）行程中之食宿及門票。
（二）各地風味餐。
（三）全程司機、導遊、領隊、行李小費。
（四）每天供應水果及礦泉水。
（五）台大至桃園國際機場來回接送。
（六）所需證件：團費不包括護照、台胞證，參加團員應自行準備。

1、護照 1200 元，請自行準備（1）身分證正本（2）2 張兩吋彩色相片大頭照，背景須為為白色（3）未過期舊護照。

2、台胞證加簽費用 600 元。

3、台胞證新辦：請自行準備（1）護照正本（2）身分證正反面影本（3）兩吋相片 1 張（2 年內）。

主要景點摘要：

◎南昌有著悠久的歷史文化，南昌建城 2200 年以來，一直都是府、州、省、道治所，人文薈萃，樓台相望，素有〝物華天寶，人杰地靈〞之美譽。〝八一南昌起義〞使她成為軍旗升起得地方，從此，〝英雄城〞美名傳遍天下。

◎廬山，又稱匡山或匡廬，隸屬於江西省九江市。傳說殷周時代有匡氏兄弟七人結廬隱居於此，后成仙而去，其所居之廬幻化為山，故而得名。位于九江市南 36 公里處，北靠長江，南傍鄱陽湖。南北長約 25 公里，東西寬約 20 公里。大部分山峰海拔在 1000 米以上，主峰漢陽峰海拔 1474 米，云中山城牯嶺鎮海拔約 1167 米，……。

◎婺源是一個山明水秀得地方，它位于江西省東北部，與安徽、浙江兩省交界，剛巧處于黃山、廬山、三清山和景德鎮旅遊金三角區域，婺源鎮建于唐朝開元 28 年（公元 740 年），境內林木蓊鬱，峰巒疊幢，峽谷深秀，溪流潺潺，奇峰、怪石、驛道、古樹、茶亭、橋樑及多個生態保護區，構成了婺源美麗的自然景觀，……。

◎龍虎山原名云錦山，是國家重點風景名勝區，位於江西省鷹潭市郊西南 20 公里處。據說東漢中葉時張天師在此煉丹，〝丹成而龍虎現，山因得名〞，龍虎山因而成為中國道教發祥地。

◎精心安排：1、三清山亞洲最長纜車上下，免去登山之苦。2、乘船遊仙水岩。3、參觀亞洲最大摩天輪。

◎全程不進購物站、導遊無人頭費、旅遊輕鬆，愉快又有尊嚴。

◎九天詳細行程內容，請到本會領取。

◎以上行程資料是山林旅行社特別優待〝台大退休人員聯誼會〞所訂定的，希望大家都能夠踴躍報名參加，並歡迎攜眷及親友一齊來，報名請電：2369-5692 本會（每日上午 8：30～11：30，至 8 月 1 日前截止）

二、北部知性之旅一日遊

　　預定出發日期：97 年 8 月 21 日（星期四）上午 7：40 在台大校門口

　　團費：每人 NT$500

　　預計行程如下：

　　07：40～08：00 台大校門口出發

　　08：00～09：00 到北投溫泉博物館途中（乘天星遊覽車）

　　09：00～10：30 北投溫泉博物館導覽

　　10：30～11：30 往金山朱銘博物館

　　11：30～13：00 在朱銘博物館午餐（自助式）

13：00～14：30 參觀朱銘博物館
15：30～16：30 參觀三芝綠道觀音廟
17：30～18：30 淡水漁人碼頭參觀
18：40～19：20 淡水紅樓餐廳晚餐

參、 老照片說故事專欄　森林系60年滄桑　　　路統信理事

原農學院森林系，現在改為生物資源暨農學院森林資源暨環境學系。

森林學系成立於1947年，到2007年，60年滄桑一甲子，森林系成立是由農化系撥出的纖維化學研究室一列平屋（即現今望樂樓庭院中的一列舊屋及樓房西側現已拆除的一棟木房屋，曾是校警隊的隊部）。

1949年傅斯年校長到任，見成立不到兩年的森林系侷促校園一角，特選在食堂南側空地，為森林系建造一列磚瓦平房。這房舍從設計施工到完成，只用了三個月的時間。38學年第一學期開學，即已遷進新舍上課。當年的食堂即現在的第一會議室，森林系新建房舍正是現在註冊組的位置。一列新屋自東往西為：教室、三間研究室、系辦公室、圖書室。屋前有一列高大的蒲葵樹，房舍看來矮小，有了新房舍總是好的。

九年後，1958年森林館四層大樓新建完成，森林系遷入新大樓，並保留了二樓的大部份作為農學院院長室、辦公室、會議室及圖書室。

農綜館大樓建成後，農學院有了永久的館舍，森林館全部歸森林系使用。森林館歷經了50年滄桑歲月，現在外觀看來也有些蒼老了。

森林系的60年滄桑

原農學院森林學系，現在的：生物資源暨農學院森林資源暨環境學系

西側由現在的信件室方向進入
（1949）

東側由現在的共同教室大樓五顆松方向的小徑進入

1949年1月20日傅斯年校長到任，見新成立的森林系侷促在校園角落，特別優先為森林系建造這一列磚造瓦平屋瓦房。位置是現在的註冊組基地，自東向西為：教室、樹木學研究室、造林研究室及實習室、森林經理研究室、系辦公室、圖書室。房子看起來矮小，有了新房子總是好的。

九年後（1968）森林館建完成，遷入新大樓。

新落成的森林館，正門前廳尚有粉刷修飾工程，未全部完工，工程鷹架尚未拆除。	新落成的森林館大樓，椰林大道向前延伸，道旁新栽的大王椰樹幼樹（1968），是當年台大的新開發區。

肆、評古說今 飲食治療及老人適宜的膳食
沙依仁理事長

時間：5月20日（星期二）下午1：30～3：30在本會辦公室發表

一、高齡者罹病情況

台灣地區自從民國六十七年代經濟發展國民生活水準提高，多數國民豐衣足食，葷菜及刺激食品如菸酒等用多了，使成年後期起罹患各種慢性疾病如高血壓、心臟病、糖尿病、腦中風、腎臟病、痛風、癌症等長期疾病極多。據筆者研究65歲以上罹病者佔69.97%。雖然最近八年來民進黨執政經濟衰退民不聊生，但病患人數不減反增，還有全家自殺者。

此外，人類出生時是鹼性體質，至成年或中老年變成酸性體質，這些人罹患長期疾病必需長期服藥，最近的研究這些人倘若能調節飲食，改變膳食習慣，就可以恢復健康。

二、飲食療法的意義及發展

飲食療法是應用食物或其他天然營養物質來保健強身和治療疾病，或促進身體康復以及延緩衰老，在預防醫學、康復醫學及老年醫學領域中佔有重要地位。

醫食同源或藥食同源是我國傳統醫學的主張，而古代西方醫學亦有同樣說法。西醫希波克拉辛表示："Food is medicine"，本草綱目將山藥、紅棗、枸杞列為藥物，它們亦是食物。食物治病的實例：筆者在民國78年罹蜂窩組織炎經西醫治療月餘未痊癒，經親友介紹莊淑旂醫師治療，她診斷本人的皮膚病，根源在腸部有積滯，主張用斷食療法，應用白蘿蔔汁、

牛蒡、檸檬煮湯飲，不可吃任何食物，經 24 小時排除積污，體重減輕 3 公斤，皮膚就痊癒了，此就是飲食療法。

現代的飲食療法不僅用食物，也應用保健食品，如台大江文章教授以薏仁製成薏而康、薏而美等保健食品。他表示保健食品的研究開發步驟，若找到的保健功效成分為一種新單體成分（New Chemical entity），則依照西藥的的開發模式繼續深入研究。（江文章，90 年）現代各種保健食品如活靈芝、蜆精等都是以食物萃取某些成分製成。此外尚有應用生機飲食改變傳統飲食習慣，以維護健康。以上我們舉了康復醫藥的實例，康復醫藥及老年醫學實施飲食治療，有醫師指導比較好，至於預防醫學，個人假如瞭解食物的性能，自己的體質，飲食習慣，就知道你平時多吃了哪些食物，或者吃錯了哪些食物，應該如何調整，經過一番調整之後，病源已經消除，個人就可以恢復健康。

預防食療的做法：

1、先瞭解食物的性（四性）寒、熱、溫、涼，還有一種食物是不冷不熱叫做平性，食物屬性之決定是以食物對身體所產生的影响來決定。

　能減輕或消除熱証的食物屬於寒涼性，例如：西瓜、梨、荸薺。能減輕或消除寒証的食物屬於溫熱性，例如陽虛怕冷可食羊肉可溫中補虛。受寒或腹中冷痛，可飲生薑黑糖水，可驅寒氣。

　溫性和熱性相似，只是程度上比較緩和，涼性和寒性相仿，也是程度上比較寒性低些。

2、再瞭解人的體質及健康狀況

　　成人多數為酸性體質、膽固醇高、血脂肪或血糖過高，這些人宜多吃蔬菜，少吃或不吃肉類、動物內臟、油炸的食物。奶油蛋糕、煙、酒、過甜、過鹹的食物，或者能改吃素食或蛋奶素（吃素食，但可以吃蛋及牛奶）更佳。台灣大學食品科技研究所許順堯教授表示吃素的人比較長壽，但是應該補充一些維他命 B12。

　　另有些人鹼性體質，食慾差，消瘦、疲倦無力、血壓低，宜服用一些補氣血之食物或藥材如紅棗、枸杞、黃耆、人蔘、當歸、桂圓，或以安迪湯當茶飲（黃耆四錢、紅棗、枸杞各三錢，兩飯碗水煮成一碗半的湯，是一人一天的份量），也可以每月吃兩次人蔘燉雞補充營養。

3、食物具有五味：酸、苦、甜、辛辣、鹹宜調和，酸味具有收斂、固澀的作用，治療虛汗、泄瀉、遺精，具酸味的食物如烏梅、山楂、李、蕃茄。

　　苦味的具有宣泄、燥濕，治療：肺氣上逆（咳嗽）喘促。具苦味的食物如：苦杏仁、苦瓜、萵苣。

　　甜味的具有和中緩急補益的作用。治療：虛症、抽筋。具甜味的食材如：蜂蜜、甘草、紅棗。

　　辛辣的食物具有行氣行血發散的作用，治療表証：氣血阻滯。如薑、辣椒、胡椒。

鹹的食物有散結軟堅的作用，能治療硬結、瘰癧。具有鹹味的食物如海帶、海蜇、海藻、干貝等。

（素問）酸味走筋絡，倘若筋引起的疾病不可多吃酸。苦味走骨骼，骨引起的疾病不可多吃苦味的食物。甜味走肉，凡是肥胖的人不可多吃甜食。鹹味走血，凡是血液有病，例如心血管疾病不可多吃鹹。

4、食物的顏色與五行及所走的內臟關係

青木入肝、黃土入脾、紅火入心、白金入肺、黑水入腎，青顏色的食物對肝有益，黃顏色的食物對脾有益，以此類推。

以上食物的四性、酸鹹、五味、五色均宜調和。飲食治療之原則：根據病〝症〞的陰陽、表裏、虛實、寒熱，給予不同的飲食治療。治療的方針：虛者補之，實者瀉之，寒者熱之，熱者寒之。

實症的人過份的熱，例如夏天中暑，或者吃了熱性的食物如麻辣鍋、羊肉爐，給他吃清涼的食物如西瓜、綠豆湯。

過份的冷，例如寒流來襲受寒的人，或者冬季裏吃冰冷壞了的食物，給他吃溫熱的食物如生薑紅糖湯、羊肉爐等。

倘若患了虛症，一種是陰虛火氣旺可用甘涼清補的方式，如用山藥、蓮子、蜂蜜、綠豆、牛奶等食物來補。另一種是陽虛不足，可用辛甘、溫補，可用羊肉、牛肉、雞、桂圓、荔枝、糯米等食物來補。

三、老人適宜的食物

成年人每日所需的營養以食物表示比較容易理解：蛋一個、肉類（無論豬牛羊雞鴨魚蝦）二兩至四兩、青菜二盤（一盤是有顏色的）、水果一個、米飯（或麵食）二～四碗、食油二湯匙。老人的食材，蔬菜水果增加，米飯、肉吃紅肉（豬、牛、羊）。有糖尿病者除了儘量少吃糖外還要大量減少飯。有許多老人經常便秘，在食材中要添加能軟化份變的物質如香蕉、蕃薯、南瓜以及纖維質如韭菜、金針菇等，總之蔬果類含七成，葷菜只佔三成。每餐七分飽，飯後百步走。

（一）增強免疫力

人類在兒少時期胸腺分泌胸腺素發揮免疫效能，使人類不易罹患疾病，至成年期胸腺逐漸萎縮、外加疾病、藥物等影響，免疫功能逐漸減弱。改善的方法除運動或練氣功外，服用增加免疫力的食材或藥材是最簡便的方法。

常用的免疫湯包括：

1. 安迪湯，以黃耆四錢、枸杞、紅棗各三錢，加兩碗水熬湯服用。這是一人一天的份量，此湯係溫性，常服會升高火氣，所以宜與另一種蔬菜湯交替服用。

2. 抗癌蔬菜湯：白蘿蔔一支或半支，白蘿蔔葉與白蘿蔔等重，紅蘿蔔一支，牛蒡半支，香菇8朵，加三倍份量的水，煮沸後轉小火，蓋鍋蓋續煮一小時，此湯係涼性，自家製作較好，可是白蘿蔔葉很難買到，

現在有製成的蔬菜湯賣，和茶包一樣，但是可能會含有少量的防腐劑。這種湯具有防癌作用。因為牛蒡中可分離出一種廣效的抗癌物質牛蒡酚。

(二)抗癌

美國防癌學會列舉防癌蔬果包括：蘋果、杏、香蕉、哈密瓜、葡萄柚、奇異果、柳橙、橘子、木瓜、番石榴、芒果、草莓、青花椰菜、甘藍、白花椰菜、芹菜、萵苣、甘藍菜、結球菜、洋蔥、馬鈴薯、菠菜、蕃茄、蕃薯。

(三)消除自由基

香椿（兼具抗癌作用）大蒜（必須生食）

1. 使血管軟化

深海魚類，諸如鱈魚、沙丁魚、秋刀魚，這些魚類雖然具有軟化血管的功效，但是所含脂肪極多，不可經常實用，以避免血管堵塞。

2. 抗氧化營養素

包括維生素A、C、E、硒、鋅等。維生素A能促進正常細胞分裂，多存在牛奶、蛋黃、肝、奶油等，維生素C多存在綠色蔬菜及柳丁、橘子、文旦、番石榴內。維生素E在植物油、種子、堅果、小麥胚芽內。硒多存在肉類、牛奶、蛋、穀類、豆類、蘑菇及大蒜。鋅多存在牡蠣、蟹、蝦以及玉米、菠菜、豌豆、黑豆、扁豆等。維生素C及E，硒及鋅都具有抑制腫瘤的作用。

3. 膠質

無論是白木耳、黑木耳、蓮子以及動物的皮都含有膠質，中藥將驢皮及龜殼熬成膏，作為冬季的補品。現代的觀念動物的膠質可能會存在血管內造成阻塞，還是將白木耳和黑木耳一同煮加上少許冰糖較好，這種甜湯叫做雙耳羹是很滋補的。

4. 乾果

老人體內油脂少就會便秘，所以每日要吃一些乾果如核桃、松子之類的乾果。

5. 五色豆

老人倘若沒有罹患痛風可以時常以綠豆、紅豆、黑豆、白豆、黃豆、交替著吃。

6. 年邁病弱老人的膳食安排

A. 少量多餐，年邁病弱老人一天應吃四餐（將點心變為一餐）
B. 食材種類多而量少，照莊淑旂醫師的研究，極老邁的人因為本元已虛，所以多種食材的營養都要攝取。她表示每天的膳食要包含24種到36種食材。筆者聽了大惑不解，不知如何烹調老人的膳食，莊醫師請本人吃早餐，一盤彩色菜（冷凍蔬菜）炒蛋，就含有六種不同的食材。所以極老邁老人的膳食製作並不困難。

-7-

7. 儘量少吃刺激性食物以及含有毒物質的食材

　　老人最好不吸菸，不酗酒，並儘量少飲咖啡。倘若年輕時有抽煙的習慣，老來易罹患呼吸道疾病如肺氣腫、氣喘等。酗酒過渡則傷肝。喝咖啡成習慣，易罹骨質疏鬆及心血管疾病，多喝柳橙汁、番石榴汁（化學合成飲料）以及汽水、可樂等易罹患心血管疾病或癌。蔬菜含過量農藥、肉類含生長激素，多吃易致癌。老人身體虛弱，吃進過多的化學物質比一般人更容易致病。如何預防（避免吃進多種有毒物質）：

（1）多吃當季廉價的蔬菜，當季盛產的蔬菜尤其是價廉的蔬菜（如夏季的空心菜、蕃薯葉，不會放很多農藥。但是菠菜、豌豆苗，卻會放極多的農藥）。

（2）不可偏食，只吃那幾種食物，經常只吃那幾種食物所含化學物質很容易達到危險劑量而致癌或其他疾病。

（3）少吃加工及製成食品，以黃豆為例，吃一顆顆的黃豆充其量吃進一些農藥而已，加工成豆腐、豆乾、豆花，又添加一些化學物質才製成的，再經過油炸等手續，成為素料行裏常見的食材，每經過一次處理就增加一些毒素。

四、 結語

　　"病從口入"有許多慢性疾病都是食物調節不良，吃出來的病。倘若能瞭解食物的性、味、酸鹹及顏色對身體發生的影响，就瞭解食物治療的要訣，自己能加以調整，免除多次醫療及服藥的機會，不僅省錢，亦減少身體受藥物的毒害。現代有不少的癌症末期病患，西藥已無法醫治，改採飲食療法（生機飲食或素食）恢復健康。

　　此外，高齡者有其特殊適宜的食物，應該適量的加以補充，80歲以上的老人食物宜切細煮軟多一些湯汁，口味清淡，少量多餐，不可吃過大、過黏、過燙的食物，以防噎致突然死亡。音樂對腸胃有益，用膳時播放音樂。食物消化吸收的功能有助益，也能增加歡愉的氣氛。

參考書目
沈立言 食物的性味功能（四性五味、升降浮沈，台北藥膳保健食品研討會論文級，民國92年 77-102頁）
莊雅蕙 食物宜榮及配位原則（同上 119-132頁）
許順羼 健康飲食與大自然

附錄
常用中藥及食物性為一覽表
清淡甘平

蘋果、葡萄、檸檬、木瓜、草莓、鳳梨、枇杷、楊桃、李子、菠菜、紅蘿蔔、筒
蒿、花椰菜、包心菜、豌豆、四季豆、花生、黑木耳、玉米、粟子、橄欖、豆漿、
白米、糙米、黃豆、黑豆、赤小豆、冰糖。
魚肉、豬肉、雞蛋、燕窩、干貝。
中藥：補氣藥：黨蔘、茯苓、山藥、黑豆。
　　　 補血藥：枸杞子。
　　　 滋陰藥：黃精。

| 寒性 |

任何瓜品、西瓜、香瓜、水梨、柚子、葡萄柚、椰子、橘子、楊桃、柿子、香蕉、
芒果、桑椹、奇異果。
黃瓜、苦瓜、空心菜、茭白筍、蘆筍、豆芽、紫菜、海帶、西洋菜、薺菜、豆豉、
荸薺、小麥、食鹽、醬油、白砂糖。
鱉、蛤蜊、蚌類。
中藥：補血藥：桑椹。
　　　 滋陰藥：麥冬、百合、玉竹。

| 涼性 |

白蘿蔔、大白菜、絲瓜、冬瓜、芹菜、菠菜、莧菜、萵苣、金針菜、茄子、菱角、
蓮藕、香菇、蘑菇、白木耳、瓢瓜、綠豆、豆腐、茶、麻油、生薑皮。
蓮霧、蕃茄、甘蔗、香瓜、柳丁、無花果、蜂蜜。
烏骨雞、鴨、蟹、蛋白、牛奶。
中藥：補氣藥：西洋蔘
　　　 滋陰藥：石斛、黃精。

| 溫性 |

大蒜、香菜、生薑、蔥、茴香、韮菜。
醋、沙茶醬。
鹿肉、牛肉、雞肉、蝦、黃鱔、淡菜、羊奶、雪蛤、海蔘。
油菜、大頭芥菜、南瓜、龍眼、荔枝、櫻桃、榴槤、番石榴、金桔、楊梅。
桃子、杏子、李子、糯米、紅糖、麥芽糖。
刺激性食物：醃製品、咖啡、咖哩、酒、菸。
中藥：補氣藥：人蔘、黃耆、紅棗、五味子、靈芝、次五加。
　　　 補血藥：熟地、當歸、何首烏、桂圓
　　　 溫陽藥：丁香、杜仲、陳皮。

| 熱性 |

胡椒、辣椒、乾薑。
羊肉
任何燻、炸、燒烤物。
中藥：溫陽藥：肉桂。

附件一
專題演講
骨骼肌肉的健康是財富的守門神　劉華昌教授主講　　　方祖達教授記錄

前言：人的健康比財富更重要，假如您有億萬元的財產，沒有健康的身體有何用！所謂生不帶來，死不帶去，所以人到老還是要保健。包括神經、肌肉、骨骼，會隨年齡的增長而退化。

五臟保健：如心跳、肺活力、肝功能、腸胃的正常消化等，內臟均應保持健康，正常人的心跳是每分鐘70下，到老年要保持更慢，如龜息大法，每分鐘降到50以下，算是長壽的基本要求。早晨到戶外做深呼吸運動，肺活力要做不斷的呼氣，使內臟都有運動的功能，做到骨骼肌肉的訓練，同時也可促進心肺運動的效果。

飲食營養的調節：飲食可調節身體應得到適量的營養分，如將每日攝取食物以圓錐形營養分配，最上端的一小段是油及脂肪類，次為瘦肉、家禽肉、魚、肉、豆類及蛋，每日約需3～7兩。再次為水果及蔬菜，最多量的是五穀類，如米、麥等碳水化合物，是易消化的熱能來源，其他如維生物及礦物質可少量的補充，應和食物同時吃下。

骨質疏鬆：人之骨節隨著年齡增長而老化，一般如頸錐、腰錐、手指、腳踝、膝蓋等關節，所以老年人最怕跌跤，或是身體重力的關係，如登山爬嶺、上下樓梯石級，如你的體重是60公斤，上升一級石級或上一步樓梯，則膝蓋承受一倍體重的壓力，走下一級，則承受2倍的壓力，從更大的石級下來，膝蓋將承受接近6倍的壓力，所以登山要十分小心膝蓋的磨損壓力，應力而為。

適當的運動：戶外運動好處多多，但在太陽下不可曬太久，否則會傷及皮膚，或因受紫外線照射，較易得到不良影響，一般以15分鐘左右即可，有利維生素D轉成為D3的結果，才得為身體所需要。飲酒總是會傷身體，少量無妨，啤酒、豆類及花生會引起痛風。大多高級的魚鰭湯不可多吃，到國外衛生環境和台灣不同的地方，常會引起肚痛和腹瀉的毛病，可預先服用〝表飛鳴〞一類的預防藥物，散步對健康有益，每人每日能走一萬步，或做各式對筋肉關節有利的柔軟體操，如太極拳、八段錦、瑜伽體操、氣功等，使全身都能有旋轉的動作，也使頸、腰、四肢調節循環呼吸，每日能夠用腳跟慢走一百步，更有助膝蓋，也可分多次走。

室內可常做的骨骼肌肉運動：一、坐在椅子上，伸腿上下運動。二、躺在地板上坐伏地挺身運動。三、做全身各部份的旋轉運動，對常見毛病的位置增加運動：如脖子前後、左右旋轉，防止久坐的腰酸背痛，如肩膀可前後手臂運動。

心理也要健康：心理不可存有疑慮或思維雜念太多，如果不能以理智釋放，可以信仰宗教如佛教、儒教、道教、基督教或回教，使心中安定。老年人對人生的看法，要體認人生是奉獻。最好要找到一些有益身心健康的活動，如閱讀、書畫、棋藝、唱歌、散步、打太極拳、練氣功、跳土風舞或擔任義工，施比受更有福。

人的生長要素（NEWSTART）是：營養（Nutrition）運動（Exercise）水（Water）陽光（Sun）溫度（Temperature）空氣（Air）休息（Rest）信仰（Trust）

結論：快樂的老人要有五個基本條件，老友、老伴、老居、老本、老健

提問：膝蓋關節退化怎麼辦？

Ans：目前科技採用切除再植入人工關節；如果年輕人運動傷害，正研發由脊椎抽出幹細胞，培養軟骨植入膝關節，已有成功案例。預防發病可吃〝維骨力〞。

附件二
陸、旅遊記實
客家油桐花季風采一日遊
沙依仁理事長

97年4月16日本會會員及眷屬43人，乘天星公司遊覽車於7：30啟程，10：05到達飛牛牧場。該牧場位於苗栗縣通宵鎮，海拔約200公尺的山坡上，佔地約50公頃，原名中部酪農村，除飼養乳牛外，並養綿羊、兔子以及蝴蝶。我們到達大門口購買門票進入，憑門票贈送一張牛奶兌換券。大家走進奶品販賣部，換一杯牛奶品嚐，濃郁的奶味足證品質極佳，隨後我們在草原上散步，在此暮春季節油桐花正盛開，潔白的花瓣鋪在綠草如茵的地面，美麗如畫。牧場四周除油桐樹外，尚有茄冬及樟樹等原生樹種，散發出陣陣清香。

走到綿羊區，一群兒童正在餵食牧草。有一部分年長的會員走累了，坐在大樹下的木凳上休息，彼此交談，我們在牧場遊玩2小時，至12：05開車駛往位於銅鑼鄉中正村12連153之1號東山庄餐廳午餐，享用8菜1湯1點心的客家菜，於13：40駛往三義，14：30到達，開始遊覽龍騰斷橋，這座橋建於1905年日據時代，應用古代的建材糯米、黑糖、磚石等建成，1935年台中關刀山大地震將該橋震毀，該斷橋又稱為魚藤坪斷橋，921大地震該斷橋再度毀損，成為殘垣，供憑弔的景觀，每逢假日遊客大量湧入，成為三義著名的觀光景點。看完斷橋我們步行到勝興車站，坐落在三義鄉勝興村，民國前五年興建迄今已102年，該車站舊名十六分驛。當初僅負責列車之交會及錯讓，民國19年才設站。勝興站標高402.236公尺，是台灣西部縱貫鐵路海拔最高的車站，該站的位置在關刀山山麓，四面環山，南北各有隧道，從勝興站到台中縣的泰安站，相距8.6公里，是西部幹線最陡峭的路段。我們到小橋流水餐廳吃活魚餐，整桌合菜共九菜一湯，外加點心及水果，大家很滿意。此次旅遊在遊覽車上卡拉OK歡唱很熱烈，大家期待6月18日宜蘭之旅再相會。

附件三
宜蘭藏酒莊、宜蘭仁山植物園一日遊
沙依仁理事長

宜蘭縣頭城鎮更新路126-50號藏酒酒莊，Tel：039-778555，四面環山，環境優美，因為水質極佳，其所釀之酒甘甜芳郁，名聞遐邇，本會會員早就想到酒莊遊覽，本次旅遊有些景點，大家都很興奮。

我們一行四十人，於97年6月18日上午8：00在台灣大學校門口乘天星遊覽車出發，經雪山隧道，於9：30抵達藏酒酒莊大門口，就看到一個造型奇特的大酒罈，莊園佔地相當遼闊，佈置成多種景點，有曲水流觴、酒窖、會議室、山林咖啡、景觀廁所、兒童遊戲區、生態探索池等，該園區鄰近山坡地，地面有高低

差距所以設置接駁車，凡年邁腳力不佳者，可坐免費接駁車遊園。在品酒、賣酒的場所，你可以免費品嚐五種不同的酒，倘若還想再飲尚可再添加，以水果釀造的酒有金棗酒、梅子酒、紅葡萄酒、白葡萄酒等。宜蘭是水質好，但水果的生產並不多，葡萄就必需從外縣市採購，所釀的酒都是濃郁甘美。遊客們多數購買了水果酒。品酒之後，園區的導遊帶大家參觀各項景點，首先參觀的是酒窖，酒窖佔地面積極廣，內有一間會議室，我們並不需要來此開會，因此沒有進去參觀，酒窖的大門非常別緻、二邊大門共排列了36個大酒罐（一扇門排18個），兩旁對聯寫著『藏香萬里聞美味、酒客芬芳醉嘉賓』，開門進入場地，寬廣別有洞天，首先映入眼簾的是許多橡木桶，也有寄多陶土的大酒罐，所謂中西合璧，其中多數是水果釀造酒，也有陳年酒如狀元紅、女兒紅，相傳古代生下子女就要釀酒放在地窖，等女兒結婚或兒子金榜題名就開罐暢飲，所以如此取名，這些酒都是以大罐存放。導遊還介紹該園區的景觀廁所，是宜蘭境內唯一有門牌號碼的景觀廁所，據說建材包括漁港的淨筒、溪流的石版、外澳的海石，打造出如此精緻的廁所，可惜我們因為時間所限，無法進入參觀。兩小時的遊園參觀時間，都耗在品酒、買酒、參觀酒窖。11：40～14：00是午餐時間，我們點了紅麴羊排、鱸魚餐等，這裡的西餐很道地，蔬果點心還可以再添加，連門票每人四百元的價位很值得。同行有一位外賓，據他估計這份午餐在美國至少要花費US$25，折合台幣約700元，所以很盼望下次還有機會再來遊覽。此外，值的一提的是，這莊園很會利用現成的材料作為建材，例如樓梯的扶手是用很粗的藤製成的、酒客的天花板用許多的寶特空瓶貼成的，不費成本但是外觀很豪華。園主除了酒莊的土地房舍外，尚有180甲周圍的山地是其自產，將來尚有許多擴展的空間，我們在14：00乘車離開酒莊駛向仁山植物園，於14：50到達，仁山植物園是宜蘭縣政府所設置的一個苗圃，位於中央山脈的最北端，冬山河上游，海拔約300公尺，面積102公頃，舊名中山苗圃又名十三分苗圃，從苗圃轉型為植物園，逐漸培育許多景觀苗木及花草，園內道路有兩種，一種為階梯式的稱為仁山步道，另一種平坦柏油路面的公路步道。現在園區大門已設置障礙機制，禁止私人車輛進入，該機制係電動的，園區的車輛可以通行無阻，參觀者多數走公路步道上山，園區有茶園、高大的油桐、泡桐、樟樹等。園區走完全程約三公里，終點是一個高高在上的景觀平台，由此觀賞，整個蘭陽平原盡收眼底，九山、冬山河、蘭陽溪口都歷歷在目，而且春夏兩季晨昏時刻是賞鳥的最佳時段。我們進入園區時天氣轉陰，有下雨的可能，因此將遊園時間縮短，另增一個景點到羅東鎮奕順軒餅店採購糕餅類的食品，該餅店規模極大，在宜蘭縣境內共有三家店面，一家在羅東，另外在宜蘭市、礁溪鄉都有店面，我們到達羅東正下著傾盆大雨，大家躲在騎樓下，等雨過了再走，過了片刻雨小了，繼續前行逛了店屋，身穿制服的售貨小姐正拖著盤等我們試吃各種餅及飲料，售價比台北便宜，大家紛紛購買，沒有人空手而回。此外，店門外有菜販賣蔥及蔬菜，蔥是當地名產，一大把80元，比起在仁山植物園外賣的品質更佳，許多遊客都買了。採購畢，我們再乘車赴礁溪鄉九禾餐廳，享受九菜二湯一水果的豐盛晚餐。該餐廳我們三月份旅遊已來用過晚餐，這次來

吃到特製的菜餚，是鐵板駝鳥肉，該店的海產特別新鮮，有魚、蝦、生魚片、檳榔蕊、燉排骨湯也特別甘甜，大家念念不忘，期盼以後再來光顧。

非常感謝本校卡拉OK分會張理事長重昭暨夫人能參加此次旅遊，使得旅途中卡拉OK歡唱更加精彩，希望本會的會員亦能多參與該會的活動，使兩會交流更加密切。更高興的提出一項令人興奮的好消息，高齡83歲的郭寶章教授，此次無論在酒莊及仁山植物園都能走完全程，使他信心恢復，寶刀未老，恭祝他松柏長青、壽比彭祖。

中華民國九十七年九月三十日出刊

會 務 通 訊
第 四十三 期

發行者：國立台灣大學退休人員聯誼會
會　址：台北市羅斯福路四段一號國立台灣大學篤樂樓二樓
電　話：23695692　校內分機：33669690　Fax:23648970

壹、會務動態

一、本會舉辦之 97 年度第三次慶生會已於 9 月 9 日下午 2 時至 4 時在臺大新體育館一樓文康會大場地舉行，參加的壽星計有 41 人，由沙理事長依仁報告舉辦慶生會的緣起及發展，然後敦請兩位退而不休的壽星彭主祕振剛、陳主任教官福成，報告其退休後的生涯規劃及就業現況，彭主祕退休後轉任文化大學主祕，年逾八旬仍身體健康。陳主任教官退伍後努力著述，現任國立空中大學兼任講師，著作數十冊，成為國內著名作家，又是佛光山的本肇法師，兩位壽星退而不休的精神，報告給各位壽星參考；繼而由沙理事長依仁報告七、八十歲老人心智衰退的情形，如健忘、寫文章忘字，彌補的方法除勤查字典、勤記記事本上的名字外，最好的方式使用你不常使用的器官，例如用左手寫字、左手吃飯，隨後，沙理事長帶領大家練李鳳山大師的甩手功，倘若每天早晨、午後、晚間各練兩千次，可以防癌、明目。隨後開放卡拉 OK 歡唱，壽星們興致極高至四點鐘仍不想離開，每位壽星領到兩個壽桃，歡喜的道別，本會下一次慶生會將於 97 年 12 月 9 日舉行，請 10、11、12 份出生的壽星踴躍參加。

二、本年 11 月 15 日是本校 80 週年校慶，這是從本校成立迄今算起的，校方歡迎八十歲以上校友參加校慶典禮及慶祝茶會，本會會友中倘有年逾八十歲在傅斯年校長及錢思亮校長任內畢業，曾在本校任教職者，希望能踴躍參加本校校慶典禮。此外，本會將在校慶茶會會場舉辦著作及藝品展，請會友提供作品，請於 11 月 12 日（星期三）前送本會辦公室，以便彙整送展。

貳、 旅遊預告

一、本會將於 10 月 22 日（星期三）舉辦中部知性之旅，赴后里中社觀光花園遊覽，參觀薩克斯風樂器工廠，午餐後赴彰濱工業區參觀白蘭氏雞精工廠、月眉糖廠及台灣玻璃廠，回程在龍潭晚餐後返回台北，現已接受報名，凡有

意參加者，請於週一至週五上午 9：30～11：30 以電話連絡 23695692 本會辦公室登記。

二、本會擬在十一月舉辦兩天一夜乘坐高鐵赴高雄及南部縣市旅遊，65 歲以上會友乘坐高鐵半價優待，非假日再打折；假如不刻意挑選座位，又有折扣優待，目前正安排行程，有意參加者可先行通知本會登記。

參、 老照片說故事專欄　六十年前的氣象館　路統信理事

1948 年 7 月來台參加台大入學考試，8 月初報名後在食堂（現在的第一會議室）內間的福利社見有校景照片一組八張出售，氣象館全景照片是其中之一。氣象館建築位在農學院農業試驗場，一幢白色的三層樓房，兀立在廣闊的田野間，炎炎夏日藍天白雲下，雅緻亮麗，猶似大農莊莊主的別墅。

當時這棟氣象館是農藝系的農業氣象研究室，農學院各系的農業氣象課，全部在這裡上課和實習，氣象學老師是蔣丙然教授。早期的氣象館四周空曠，沒有高樓建築物，氣象站的各種觀測儀器，極少受到四周環境的干擾，可以準確的測得數據資料。後來理學院的大氣科學系成立，氣象館撥交大氣系作為建系系館。

而今 60 年過去了，氣象館四周高樓建起，侷促在高樓群廈間的古老氣象館，顯得異常的矮小而蒼老。由於時空滄桑變化，氣象館已不復當年亮麗，美景難再，令人不勝唏噓之感。

肆、 旅遊記實　江西精華九日遊　　　方榮譽理事祖達

江西精華旅遊於今年八月二十一日至二十九日成行，參加團員 38 人，加上二位導遊，浩浩蕩蕩前往神州大陸旅遊，茲將其經過記實如下：

第一天：早晨 5:10 在台大校門口搭車到松山機場，7:10 搭立榮 883 班次飛往金門，一小時後到達尚義機場，於 10：30 乘坐金星號遊艇，在陽光普照的碧綠海上約一小時，到達廈門新建碼頭。入境後，由總導遊郭麗虹小姐帶領大家到一家叫做外婆家飯店午餐，接著車往西行，經跨海大橋到海滄地區，14:00 進入廈蓉高速公路，從漳州、龍岩進入長汀，這條寬敞美好的國際標準公路係前國務總理

朱鎔基以 61 億人民幣四年內興建完成，自龍岩至長汀要經過 259 個橋樑和 22 個隧道，最長的般嶺隧道長達 6.4 公里。龍岩是福建西南一大都市，以生產煙草、木材及鐵礦等出名。銀杏、紅豆杉及水杉等名貴木材均嚴禁盜伐。長汀曾列為中國最適合居主的五大山城之一，瑞金是江西五個盆地之一，亦曾是紅軍活動中心，鄧小平曾在此擔任過縣長，6:30 住進美瑞歐大飯店。

第二天：早餐後，7:00 出發，車往北行，歷五小時長途行駛，12：40 抵達道教先祖張天師府第風景區，在 40℃高溫的太陽下走了一段路，才進入其後門。此府第佔地五萬平方公尺，房屋二百多間，樓臺亭閣金碧輝煌，曲徑迴廊不計其數，府內古木參天環境優雅。進入大門上書〝嗣漢天師府〞，聯曰：〝麒麟殿上神仙客、龍虎山中宰相家〞，第二道大門上書：〝救蠱吉〞，聯曰：〝道高龍虎伏、德重鬼神欽〞。再至玉皇殿，聯曰：〝金童玉女侍九龍十二天將揚道法、暮鼓晨鐘振四海九五仙尊佛玄機〞。在張天師家居府第上書：〝相國仙府〞，聯曰：〝南國無雙地、江西第一家〞。據說張天師是漢初張良之後，更有聯曰：〝道貫古今包宇宙、法遵自然取人神〞。道教也是勸人行善，如何達到長壽之道，書有以下七訣：少言語養內氣、節色慾養精氣、薄滋味養血氣、咽津液養臟氣、莫嗔怒養肝氣、絕美食養胃氣、少思慮養心氣。壁上書乾隆皇帝養生十訣：齒常叩、津常咽、耳常彈、鼻常操、睛常遠、面常搓、足常摩、腹常旋、肢常伸、肛常提。所謂四勿：食勿言、臥勿語、飲勿醉、色勿迷。所謂三清殿指：玉清元始天尊、上清靈寶天尊及太清道德天尊。

14：30 參觀結束，回到車內倍加涼爽。15：00 遊瀘溪河的深水岩。從仙山瓊閣到竹筏碼頭，七人一筏，穿上救生衣，坐在竹椅上，每筏由二位船夫撐竹竿順流而行，約 40 分鐘到站，雖然看到兩岸石壁高懸，但無說明，故比不上武夷山九曲灣之美。上岸後在溪邊觀看〝懸棺表演〞。在高山巨石上懸下一組繩索，由一人自頂上垂下，再自山下溪旁將懸棺一具攀吊而上，以放鞭炮結束表演，再乘車約半小時到鷹潭市，住進陽光假日酒店，用過一頓豐盛晚餐，洗個澡休息，做個甜蜜的夢。

鷹潭是中國大煉銅地區，全國 60%銅的生產地在此。它地處江西省中北部，南接贛州，東通浙江，東南通福建，西接南昌至九江，是江西省的交通樞紐。江西為一內陸省份，向為中國文化薈萃之地，自漢代以來，許多名士作家在此留下很多文化遺產，但江西為何至今仍是一個經濟落後的省份呢？據云可能是受歷代兵荒馬亂的影響，如清中葉太平天國戰亂及文化大革命之破壞，故進步較晚。江西省土地面積 16.69 萬平方公里，是台灣的 4.6 倍，人口四千一百萬，公元 2000 年前只有一條高速公路，顯然是缺乏資金開發。

第三天：早餐後，車開往素有小黃山齊名的三清山，它位於上饒市北部德興市與玉山縣交界處，2007年7月7日被世界文化協會評定為文化遺跡，亦是國家重點風景名勝區，該山面積220平方公里，由玉京、玉盧及玉華三峰，如三清列坐其顛而得名。8：30車駛入富昆高速公路，經過信安大橋，10：00到三清山縣，約一小時到山腳下的三清山風景區。因為以前交通不便，且不如黃山有文人墨客為文讚美而施名中外，而三清山風景區的環山石階步道只是近年建成，如今已與黃山齊名，春蘭秋菊各有千秋，12：30到達售票處，排隊依石級到達纜車站，列隊上車，每車廂坐二人，依山勢懸岩峭壁魚貫而上，全程經過三個轉彎約40分鐘到達終點站。據云此纜車是世界第二長的，索道及車廂皆為本國製造，由奧地利技術轉移。13：20在山上用午餐。拍完全體照後，14：30開始登山，約有半數團員參加，我們走的是西海岸風景區，位於三清山西部，將自然絕景雲集的南部諸景區和人文薈萃的北部三清福地景區連在一體。沿途有花果山、猴王觀寶、觀音送子、飛仙谷等稀世奇觀，是觀看壯闊雲海、連綿群峰、恢宏晚霞和俯瞰原始森林、飛仙谷、螺絲谷、紅花油茶谷等大峽谷的最佳位置。西海岸景區步道由高空棧道構成，全長四公里架設在海拔1600餘公尺的懸崖上，是目前中國最高又最長的空中棧道。自酒店開始登山，爬上1200級石階，再向西北走約1個半小時的棧道，來到一家小店鋪時，山間雲霧濛濛，下了約一小時的大雨。還好大家都帶了雨具，不過不敢再往前進，由導遊領著大家原路折返，回到山下石階時，雨也停了，全團人員會合後走路至索道車站，乘坐纜車下山，回到三清山莊，就住在這雙溪山庄飯店，用餐時已是18：30了，今天適逢團員林烜輝先生八十大壽，山林旅行社林領隊特地備有蛋麵為他祝壽，大家合唱生日快樂歌，以表祝賀。

第四天：7：45用自助餐，8：30驅車前往號稱˝中國最美的鄉村婺源˝，先到清華鎮的彩虹橋，該橋位於浙源水和坦水的匯合處，建於北宋大中年間，南宋時期竣工。當時西邊山背出現一道亮麗的彩虹，夕陽透過雲霄，倒映水中，構成一幅美麗的山水畫因而得名。彩虹橋左岸堤邊一排棚架上植滿奇異果，亦稱獼猴桃，見到結實累累十分可愛。彩虹橋下綠水長流，設有水車磨坊，推動一組椿米坊，其旁在溪流中跨上一條石椿步道，增添許多美景。橋上設有小亭及座椅，供遊人休憩。11：40在婺源市區雲漢大酒店用合菜午餐，14：20到李坑村，首先看道路旁綠油油的田間作物，步行約十分鐘沿著小渠道參觀一個商賈人家，大門只能開在偏右方向，門前只有一階石級，這是封建時代輕商之故。再參觀一戶官宦人家，大門正向有三階石級。此村是明、清時代李姓聚集落戶於此，此地山川

秀麗，居宅沿溪流而建，依山而立，粉牆黛瓦，參差錯落。我們盡情欣賞明、清古民居、古橋、古亭、古樹等景觀。隨後遊覽許多群居村落，斜陽遠近山、林梢煙似帶、村外水如環。曲折寧靜的街道，青石鋪就的驛道、野碧風清的自然環境，遮天蔽地的古樹，造就了天人合一的古文化村落，可與雲南的麗江古街相比。村間有牌坊、中書橋、大夫第、中明亭等。15：10 大家乘坐 10 人一車的板車道出口處，再乘車去參觀樟樹公園。其中有 1200 年的樟樹王、以樹圍大而枝葉茂盛故稱。16：30 到江彎鎮，參觀蕭江宗祠，該祠係 2002 年重建，也是前總書記江澤民祖居的紀念堂。2004 年大廳落成掛〝永思堂〞，後庭院聯曰：德隆播寰區八極虹光環斗府，勳名垂青史千秋紫氣聚雲灣。17：00 上車，17：40 到茶博府酒店晚餐後休息。

第五天：早餐後，8：15 出發，經過一小時車程到景德鎮，宋景德年間開始燒製御用瓷器而得名，素有瓷都之稱。抵達後安排一個半小時欣賞各式精美的瓷器。景德鎮享有四大名貴瓷器是：青花瓷、高溫色釉、粉彩瓷及青花麒麟瓷。其它如薄胎瓷、雕塑瓷亦負盛名。再到錦繡昌南的瓷器廣場，遊客可自由選購。看到許多瓷器店鋪在打包裝箱運送到各地出售，市街的路燈也是立在瓷柱上，別有商業氣質。瓷宴午餐後，13：20 上車行約一小時到石鐘山，看鄱陽湖與長江會合處，遠望對岸東方是安徽省的宿松縣，西方是湖北省的黃梅縣，故此地是歷代兵家必爭之處。15：30 車往九江市，經過雁烈山隧道及九江大橋，見到橋下沙洲廣植棉花。九江市大平原有魚米之鄉的尊稱。經過稻米育種改良專家袁隆平研究成功將稻米育種雜交，使單位面積稻穀收成大增，如今江西是每年糧產繳納給中央唯一的省份。16：00 參觀於 1986 年重建的潯陽樓，以水滸傳之 108 條好漢的故事作為標榜。一進門則見宋公明等三位塑像立於台上，二樓是公明堂，三樓是文人墨客的詩歌字畫，四樓為觀景處，並有代為攝影兼電腦製作的作品出售。潯陽樓、岳陽樓和放鶴樓號稱長江三大名樓。名樓出名除了佔了個好地方，主要還是那些曠世名人寫出了流傳千古的好詩文，世人欣賞的琵琶行，就是白居易詩人在這潯陽樓完成的。接著到九江市區，下車步行約 200 公尺，參觀當年周瑜點將的煙水亭。由一曲橋進入，亭旁聯曰：點將快登台即令煙水蒼茫猶是吳天氣象，知音閣碩曲未識琵琶聲調能符漢代官商。所謂〝潯陽江頭夜送客〞即在此地也，是白居易司馬於公元 818 年平反後到杭州任州史之前所做的琵琶行，流傳千古，故此處立有浸月亭。19：00 到盧山區住進天地溫泉酒店。

第六天 8：30 車離開酒店，途經陶淵明塑像，約 15 分鐘下車參觀 994 年前建的觀音石橋及觀音閣。旁有一井號稱〝天下第六泉〞。橋前溪石中有一形似棺材的

白棺材石，閣門旁有聯曰：金井舊傳三峽陸，玉淵今帶五峰秋。過橋左彎為蔣中正舊賓館，門口立一蔣公肖像，大家與之拍照留念。在泉屋前亦有聯曰：觀音施智水，陸子命珍泉。路邊排列十二生肖的怪石，據中國著名李四光地質學家鑑定此處之石材屬於第四紀的水川石。10：30 車開到白鹿洞書院，係紀念中國提倡論理道德的宋代朱熹先生，為當時開堂講學的地方。此地原來是南唐時有位李渤先生隱居，並養一白鹿相隨，人稱〝白鹿先生〞。後建有朱祠，故有聯曰：十年之內有芳草，廣廈所有皆英才。詔有格言求真才正學，教無異術禮至理於常行。其教條是：父子有親、君臣有義、夫婦有別、長幼有序、朋友有信。另有五教：為學之序、修身之要、處事之要等。11：40 開車前往三石宴用午餐。大家帶著簡單行李，改搭一輛 42 人座的旅行車前往盧山，行約 40 分鐘經過 270 個彎彎曲曲的環山道路而上。先下車參觀花徑公園及白居易詩人紀念館。花徑二字是 1931 年一位山東人李氏所發現，因而建亭為念。

白居易為唐代名人，其詩作甚多，其中如琵琶行、長恨歌等詩文向為世人所讚賞，桃花詩文：人間四月芳菲盡，山寺桃花始盛開，長恨春歸無覓處，不如輕入此中來。亦為世人所稱羨。後環山依石階行走，可看到許多奇峰怪石，經過觀景平台、錦綉谷、遊仙石、仙人洞等，在觀景不行路，行路不觀景。駐足攝影，欣賞大自然的高山深谷個個美景。約一小時候到達御碑亭，有聯曰：四群雲山九江，一亭煙雨萬壑松，此係明洪武 26（1194 年）年明太祖為紀念〝神祇〞周顛所建，碑高 4 公尺，寬 1.6 公尺。

在錦綉谷順著絕壁懸垭修築的石級便道遊覽，可謂〝路盤松頂上，穿雲破霧出，天風拂衣襟，縹渺一身輕〞。谷中千岩競秀、萬壑迴縈、斷垭天成、石林挺秀、峭壁峰叢如雄獅長嘯、猛虎躍澗、捷猿攀登、仙翁盤坐，無不栩栩如生。一路景色如錦繡畫卷，令人陶醉。夜宿西湖賓館。

第七天：上午參觀美盧別墅，是 20 世紀 50 年代國共合作談判的地方，也是蔣宋度假避署的地方。美盧佔地 4928 平方公尺，主體 916 平方公尺，是歐式鐵皮屋頂的建築，老毛亦曾在此休憩及作為政治活動的地方。三層樓房掛滿許多歷史性照片，記載中國在二十世紀中葉的政治縮影。後到盧山植物園，步行約 10 分鐘到含鄱口，欲看到鄱陽湖的壯觀氣勢，但不巧天氣充滿雲霧朦濃。11：00 車下行到曾經是毛澤東的別墅，而今改為人文及地質的博物館，館內仍陳列當時毛在此召開高級幹部會議的地方及許多第四紀的盧山礦石標本。人文館內陳列當代名人的詩文，如陶淵明的詩篇：採菊東籬下，悠然見南山，結蘆在人境，而無車馬喧，問君何能爾，心遠地自偏。又如岳飛曰：溢浦盧山幾度秋，長江萬折向東流。12：37 在雲中賓館用午餐。盧山又稱〝匡山〞，隸屬九江市，原住人口 1.5

萬人·加上游離人口共 3 萬人·是中國三大避暑勝地之一·北靠長江·東臨鄱陽湖·雄奇秀拔·雲霧嬝繞·故有仙山瓊樓·雲中山鎮之稱·午餐後·車開往南昌市新市區·看到紅谷灘秋水廣場上音樂燈光噴泉引人注目·噴水池面積 1.2 萬平方公尺·是南昌市一靚麗景觀·這座位於江西省南昌贛江之濱·名為 "南昌之星"的巨大摩天輪" 高達 160 公尺·為世界第二大·南昌市人口 450 萬·市區 145 萬·行道樹均為榆樟樹·新市區靠近贛江下游·通往老市區的是八一大道·寬 60 公尺·八一大橋為索拉橋長 1351 公尺·晚餐在紅谷名家·晚上住入五星級的嘉萊特和平酒店·

第八天：早餐後·前往參觀八一紀念碑·8：46 遊覽參觀 "落霞與孤鶩齊飛·秋水共長天一色"的江南三大名樓之首的滕王閣·唐永徽四年（653 年）·唐太宗之弟滕王李元嬰任洪州都督時興建了這座樓·而王勃為這座大樓作序·更加使這座富麗堂皇大樓名滿天下而流傳千古·可見仿古商業街西側贛江·撫江浩浩匯流·遠處長天·閣高 9.5 公尺·加上基台下兩層共七層·閣台前石階 89 級·係 1989 年重陽節重建落成·東側有一荷池·並列有亭榭·景觀美麗·閣之上層書 "滕王閣"·中層書 "仁山入座"·下層書 "塊偉絕特"·進入閣門·對壁上為一雕刻圖·描述王勃在南昌見一老者的故事：老者見王勃面貌清秀為何不仕·讚其才華·四樓內三面壁上描繪南昌·廬山·至鄱陽湖一帶的風景圖·五樓有蘇東坡的提序·並以詩詠滕王閣·六樓的凌霄台是一歌舞表演場·10：30 我們都在此欣賞仕女們的美妙歌舞及國樂的精彩表演·懷古的歌舞有 "霓裳羽衣曲" 和 "春江花月夜" 等·11：10 車到附近的白花洲公園·沿一彎曲橋到湖中小島·據云是清代選才考舉的地方·湖景假山花木扶疏亦美境也·出園後在萬家燈火餐廳用午餐·15：00 車開到臨川市參觀宋代名臣王安石紀念館·庭院中立著高約丈餘的王安石塑像·碑文上曰 "天變不足畏·祖宗不足怯·人言不足恤"·係 1986 年 10 月石紹芬書·在半山堂有聯曰："天功缺算難成半·野老扶犁祇群山"·由解說員領我們上二樓·有圖文記述王氏的生平及主張變法；限於篇幅·暫不贅述·王安石字介甫·號半山·文學造詣極深·讀孟嘗君傳·是以為文變法立說·宋神宗拔他為相·他在答司馬光諫書更見其才學·在人文品格上·他飲食及待人接物處處可鑒王安石的高尚品格·他心胸開闊·磊落大度為後世所稱羨·在大庭院後有橫匾：革新鼎政·長聯：謹量千頃之陂·氣聳萬仞之壁·學集九流之粹·文起八代之衰·16：10 上車往南行·經過南城·南豐·石城·到瑞金已是晚上九時了·進入美瑞歐大飯店用餐·各自回房休息·這一段漫長的路途·因為舊公路適逢修補·故覺得有些疲乏·

第九天：早餐後·7：30 上車·自瑞金沿廈蓉高速公路走·沿途經過好多個隧道·

工程浩大，懷抱著大自然，兩旁是碧綠田野及果樹，路寬美而直，景觀十分好看。為了避免大家嗜睡，由領隊小林發起全車自我介紹及唱歌助興。自我介紹中有人幽默風趣，有的動情落淚，使人感動。歌有國、台、日、英、客語，其趣味讓人捧腹而笑。車駛到海滄，再通過跨海大橋，見到沿途建造新式住屋林立，顯示廈門的繁榮熱絡。廈門是中國經濟特區之一，同上海、大連、深圳等並稱。據導遊說，廈門政府頗能照顧市民生活，目前平均工資是每人每月1800元人民幣，也因此部分廠商不得不遷移到內地工資較便宜的地區。廈門的物價亦不斷在上漲，就是調薪也跟不上。所以政府也採取減稅政策，如房屋貸款、公車票價一票到站，夏季冷氣公車2元、他季1元。我們的車繞島一圈4500公尺。廈門已公認是世界最適人類居住的地方，也是世界環保優良的城市之一，現有市民600萬人。最後參觀鸞島禪寺及廈門大學校門。15：30沿鷺江公路到渡輪碼頭，16：30上船約一小時到金門，進入餐廳用晚餐。19：30搭乘立榮896班機，一小時後到台北松山機場，再搭車到台灣大學校門口。大家提著行李說再見，回到自己溫暖的家。

後話：這次江西九天旅遊要坐長程的車相當辛苦，但是大家玩性濃厚，七老八老的男男女女都很堅強，爬山越嶺都能堅持到底。沿途受到山林國際旅行社的熱心照顧，無限量供應各種水果及礦泉水，頓頓都有充足的酒菜，吃到個個滿意，住宿也是選擇當地最好的酒店；又有年輕導遊沿途詳細解說，妙語如珠，聽的大家好爽。大家都希望再有機會團聚觀光。

北部知性之旅一日遊　　　　　　　　　　　　　沙依仁理事長

　　本次旅遊正值辛樂克颱風過後，災區尚未修復，因此籌備事宜就先查詢各景點有無損壞，道路、橋樑是否安全？獲得正面答覆後，才決定成行，9月17日上午7：20已有不少會友在臺灣大學校門口候車，7：40天星遊覽車緩緩駛入，大家登車，計有36位會友暨眷屬參加。8：00開車駛向第一個景點，於10時到達北投溫泉博物館，座落在北投中山路二號，追溯歷史大約在西元1600年代，平埔族居住在北投一帶成立了北投社、嘰哩岸社，後來歷經西班牙人、荷蘭人與台灣居民貿易，建立了一些聚落，清代在北投開採硫磺，日據時代1913年6月台北廳仿造日本靜岡縣伊豆山溫泉的方式，興建北投溫泉公共浴場，為當時東亞最大的公共浴場，歷經時空遞嬗，逐漸荒廢。

1994年北投國小師生因鄉土教育教學，而發現這座荒廢的浴場，擬了陳情書並請地方熱心人士要求政府修復，內政部於1997年2月20日公告為三級古蹟，准予修復再利用。於1998年10月31日成立『北投溫泉博物館』，該館共上下兩層樓，入口處係二樓，管理員要求脫鞋、換鞋才能進入，以免弄髒或損壞地板，

主廳相當寬闊鋪塌塌米，供沐浴遊客休息之用，四周角落有五間展示室。展出北投的歷史、文物、產業以及北投未來的發展藍圖。一樓有大浴池（公共浴池）及羅馬式（個人）浴池，以及北投溫泉的地景，北投石的發現等。11：04 我們參觀完畢，司機劉先生建議我們先遊燭臺嶼，再到朱銘美術館，如此才順路，不必繞道，經大家同意，遊覽車向金山方向行駛，該鄉位於台北縣的北部，和西鄰的石門鄉同屬台灣的最北端，行經金山的遊客，無論從東邊的野柳方向或是從西側的石門進入金山鄉，都會被聳立在外海像一對蠟燭的燭台嶼所吸引，兩個燭台間有隙縫，在漲潮時可行一葉扁舟。燭台嶼形成的原因為地盤上升，隆起的礁岩經過長時間海浪的侵蝕，留下堅硬的部分直立於海中，成了兩根高約百尺的石柱，岩基相連，形成台灣獨特的勝景，燭台嶼上海蝕洞甚多，生態環境保存完整，海鳥棲息嶼上，每當日出日落之時，遠眺燭台嶼白浪滔滔，配合天光山色，頗為壯觀。12：03 我們離開燭台嶼駛向金山朱銘美術館，於 12：32 到達，先購買團體票每人 200 元進入，該館門票 250 元，身心障礙票每人 165 元，沒有老人票的優待。我們先到餐廳用餐，各人點了自己喜歡的種類，分別為牛肉、豬排、雞腿及養生鍋，其中養生鍋是素食。用餐畢聽簡報並開始參觀室內展示場及室外展示區，朱銘先生係苗栗縣通宵鎮人，1938 年出生，幼年家境並不好，他對雕刻藝術有興趣，而且秉賦聰穎，15 歲拜李金州為師學習木雕，早年的作品屬於我國傳統藝術的風格，30 歲拜入楊英風大師門下，修習了 8 年成為今日的雕塑大師。朱銘美術館位於台北縣金山鄉，成立於 1999 年 9 月，依山傍水，風景極佳。目前已開發的園區佔地 8 甲，朱銘當初購地的目的僅為了要存放他的大型作品，後來才決定興建一處，能展現其畢生傑作及藝術家發揮創意的園地。朱銘美術館園區規劃有服務中心、餐廳、第一展覽室、會議室、藝術表演區、朱雋區、戲水區、太極廣場、慈母碑、天鵝池、藝術長廊、運動廣場、小腳丫律動教室、親子塗鴉區、兒童藝術中心、大嘴巴兒童餐廳、第二展示室、綠方塊茶室、美術館本館。

室內展示室包括、第一展覽室、第二展覽室及美術館本館，展出雕刻作品（木雕、泥塑）。平面畫作包括油畫、水墨畫、粉畫、多媒體材料拼貼畫等，還陳列了李金川、楊英風兩位大師的作品和史料，展覽室展出各種紀念品、T恤等出售。15：45 結束朱銘美術館的參觀，登車駛向淡水緣道觀音廟，在途中看見有賣蕃薯的小販，有不少的會友下車購買，金山的蕃薯品質很好，有紅心的及黃心的兩種，但價格不便宜，50 元才買到兩個紅心蕃薯，駛向緣道的途中，司機路況不熟悉，經電話洽詢，才知道開錯方向，急急迴轉，山徑路狹至 17：15 到達緣道觀音廟，預定在該處停留至 18：00，該廟興建的緣起係佛乘宗世界弘法總會暨財團法人佛乘宗文教基金會。為成就台灣此佛教聖地，並紀念佛乘宗二代祖師緣道菩薩，

於 1997 年在淡水興建緣道觀音廟，於 2000 年竣工，該觀音廟之建築非一般廟宇的格式，而類似日本的格式，其山門以鐵木為樑柱高 750 尺，重 3500 公斤，百年不會損壞，進入山門後還要走一段長路才到達廟宇，緣道觀音廟係地下一層地上 4 層之建築，一樓參拜大廳正中供奉大自在王佛，兩旁供奉觀音、文殊、地藏、普賢四大菩薩，佛前供桌上供韋馱、伽藍二大護法菩薩，具足求財、求子、祈福、科名、顯達等功用參拜大廳右側供奉佛乘宗第二代祖師緣道菩薩，緣道觀音廟四周規劃為戶外休閒區其設施包括：臥佛弘法、三十三尊觀音石雕、修道院、森氣步道、日式庭園、水濂飛瀑、小橋流水、香草花園等景觀。我們從森氣步道走出山門，登上遊覽車駛向大珍市海鮮餐廳，享用九菜一湯一水果的豐盛晚餐，用餐畢，於 19：33 乘遊覽車返回台北，於 20：33 到達台大校門口。本次旅遊之特色有兩點：1.是鍛鍊身體的好機會參觀朱銘美術館的戶外展覽場及緣道觀音廟，大家步行很久，大約有一萬步，已達到保健的效果。2.同遊的會友及眷屬彼此親和溝通，互助合作宛如一家人。期待日後有機會再相聚。

會友溝通　　　　　　　　　　　　　　　　　沙依仁理事長

　　本會會友中大約有十多位地址變更及電話號碼更改後，忘記通知本會，致會訊收不到，會務近況，旅遊預告及其他好消息一概不知，成為失聯會友，特刊登此消息，請其於周一至週五上午 9:30 至 11:30 打電話 2369-5692，告知本會工作人員更改地址及電話號碼。

中華民國九十八年一月十五日出刊

會 務 通 訊

第 四十四 期

發行者：國立台灣大學退休人員聯誼會
會　址：台北市羅斯福路四段一號國立台灣大學望樂樓二樓
電　話：23695692　校內分機：33669690　Fax:23648970

壹、會務動態

一、本會今年蒙文康會評鑑榮獲績優分會，12月7日在文康會大場地舉行
　　頒獎，由陳副校長頒獎，本人自從擔任退聯會理事長四年以來，已領到
　　文康會頒發績優分會獎牌三次，感謝本會辦公室各位組長的辛勞，以及
　　各位理監事的督導，方有這份榮譽，應該和大家一起分享。

二、97年11月15日本校八十週年校慶，本會在新體育館一樓茶會場地辦
　　書展及藝品展，獲得來賓們鑑賞及讚許。沙理事長邀請多位八十歲以上
　　的校友參加校慶慶典，有一位曾在日據時代「台北帝大」就讀過現在已
　　經年逾九十，仍舊身強體健，見證本校今日之發展及進步。

三、本年9月26日本校國際事務處在第一會議室舉行國際學人茶會，會中
　　李校長報告校務及近年來的發展，國際事務長沈冬報告該處業務。接下
　　來輪到退聯會報告，由沙理事長做英文簡報，報告本會組織規章所辦活
　　動的種類以及本會建議外籍學人可參與本會之活動，包括旅遊、氣功、
　　太極拳，並翻譯了本會舉辦之中部知性旅遊一日遊行程，供外籍學人參
　　考，引起他們的興趣及讚賞。

四、本會會務通訊，老照片說故事專欄，由路理事統信執筆，記述本校早期
　　的發展，本校校史館視為最珍貴的史實，每篇文章及照片都予以收藏。
　　此外，本會會友在本校聯合服務中心的志工服務節省了校方的人力，對
　　本校校務推展頗有貢獻，這些項目今後應繼續舉辦及發展。

五、97年本會辦理慶生會四次祝賀會友生日，本會出資租借文康會大場地
　　舉行。
　　1、2月份　　　壽星計64名，於2月中旬辦理慶生會。
　　3、4、5月份　　壽星計94名，於5月中旬辦理慶生會。
　　6、7、8、9月份　壽星計131名，於9月下旬辦理慶生會。
　　10、11、12月份　壽星計108名，於12月中旬辦理慶生會。

六、97年辦理的旅遊活動共計8次，國內旅遊共6次，計有：
　　1、3月份　新寮觀瀑一日遊，共43人參加。
　　2、4月份　飛牛牧場一日遊，43人參加。
　　3、6月份　宜蘭藏酒庄一日遊，共40人參加。
　　4、9月份　北部知性之旅一日遊，38人參加。
　　5、10月份　中部知性之旅一日遊，41人參加。
　　6、11月份　南部高鐵、墾丁二日遊，42人參加。
97年度辦理國外旅遊共2次：
　　1、5月份　日本大阪、四國7日遊，關麗蘇組長領隊，40人參加。
　　2、8月份　江西精華九日遊，由方祖達名譽理事領隊，38人參加。

貳、97年年會實況

一、時間：97年12月23日上午9：30在校本部第一會議室召開年會，出席會員198人，盛況空前。

二、上級指導致詞

包副校長致詞：

沙理事長、許教授、彭主秘還有教務長、以及在座各位長輩、各位師長、各位同仁大家早安，今天能夠來到這裡參加大會，有兩個原因，第一是因為校長有別的行程沒辦法過來，特別指派我，來到這裡跟各位表達敬意，第二個原因，就是沙理事長特別邀我來，就算是校長沒有指派，我還是會來這裡與大家家見面的，其實，每次到退休聯誼會都感覺到特別親切，不只是因為跟各位老師很熟，退休聯誼會給我的感受就是很溫暖，退聯會對台大很多的運作，都有不可磨滅的貢獻，非常的重要，校長對退聯會也是非常的重視，在座的各位老師許多都還是退而不休，大家把許多的時間貢獻在退休聯誼會上面，我自己也將在明年，加上服兵役的兩年，年資達到25年，雖然我還不會馬上退休，但是感覺上跟退休年齡愈來愈近了，有這種感覺，所以倍感親切。

另外還有一件事要表示感謝之意，就是我們沙依仁沙老師，過去四年在退休聯誼會非常卓越的領導，我們親眼看到，退休聯誼會在沙老師及各位老師的互助之下，不斷的茁壯，像今天到會會員如此的踴躍，令我非常的感動，原來希望沙老師繼續的領導，不過，沙老師表示四年服務可以了，不再繼續，可是，也讓人依依不捨，退聯會將由其他新的老師出來帶領導，對於這四年來沙老師所做的貢獻，以及他的付出，理事長期間身體一度微恙，還好康復得很快，可以看出她對退聯會付出的辛勞，謹代表台灣大學對沙老師的付出，表示由衷的敬意和謝意。

每年的會員大會我幾乎都有參與，感謝有這個機會跟大家見面，預祝大會順利成功，也祝大家身體健康，新年到了，也祝大家新年快樂。謝謝！

蔣教務長致詞：

　　沙理事長、許董事長、彭主秘還有各位前輩，包副校長講過的本來我不再重複，不過，在這裡我還是要先跟各位拜個早年，每年都會參加這個盛會，非常的高興，包副校長比我年輕，我已經可以退休了，比較他的感覺，覺得跟各位更親近一點，我的年資已經超過 25 年，所以希望將來有更多的機會跟各位在一起，我看各位辦的活動很多，幾乎每兩個月就會有國內國外旅遊，內容都有非常的好，希望未來也能加入這個行列。謝謝！

三、　沙依仁理事長報告會務

　　各位會友大家好

　　97 年本會的工作表現相當良好，獲得獎勵及讚許的事蹟計有：

（一）本會連續獲頒本校文康會績優分會獎（民國 94 年、96 年、97 年）三次，文康會共有三十二個分會，得獎的只有五個分會，本會能夠脫穎而出獲得這份殊榮，全靠各位組長及會員之努力，尤其是活動組長關麗蘇女士的旅遊活動辦得成功，深得會員們的肯定。

（二）本會會員輪班擔任本校行政大樓聯合服務中心志工，節省校方人力及經費，獲得層峰讚許。此項服務的由來是何前主祕憲武建議，楊前理事長建澤同意才開辦的，迄今已四年餘，成效甚佳，除歸功於全體擔任志工會友外，吳理事元俊規劃及調派人員週到，更是成功的關鍵。

（三）今年秋季全球發生金融風暴，本會未受影響，永久會員的會費以定存方式存放銀行並未動用本金，有此功力全靠總務組長鍾鼎文先生、會計組長陳明珠女士，處理會務審慎儉約、精打細算，此外，會員組組長車化祥先生處理會員入會、異動登記，一絲不苟十年如一日，秘書組劉鵬佛組長、資訊組黃存仁組長對於會議的籌備、召開、記錄、資訊的處理完善，使本會會務推行順利，本人敬表謝忱。

（四）本會今後發展的方向：

　　擴大舉辦各項活動，歡迎在職教職員工及外籍教授學者參加，繼續舉辦高齡者養生保健講座及研討會，使會友們能繼續獲益，最後，敬祝　大家新年萬事如意，健康快樂。

參、　理監事選舉，

97 年 12 月 23 日上午舉行會員大會，選舉理監事，97 年 12 月 26 日上午

在第二會議室由當選之理事選舉理事長、副理事長，當選之監事選舉監事主席，本會第七屆理事會、監事會及組長之名單如下：

第七屆從民國 98 年 1 月 1 日至 99 年 12 月 31 日止

理事長：丁一倪　副理事長：何憲武

理事：許文富　夏良玉　謝美蓉　吳元俊　陳美枝　路統信　林添丁　王本源

理事兼組長：車化祥　劉鵬佛　陳明珠　黃存仁　鍾鼎文

組長：關麗蘇

監事主席：沙依仁

監事：楊建澤　彭振剛　陳雪嬌　許雪娥

候補理事：茅增榮　李學勇

候補監事：劉秀美　杜雅慧

肆、老照片說故事專欄　台大校訓探源　路統信理事

傅故校長孟真先生，1896 年 3 月 26 日出生於山東省聊城現，傅家為當地名門望族，亦為教育世家，孟真先生幼年敏而好學，二十歲讀畢十三經，十三歲在天津考入府立中學，開始接受新式教育，後入北大預科，二十歲升入北大本科國文門。二十三歲投身文學革命，創辦《新潮》雜誌。1917 年 1 月 4 日蔡元培先生就任北京大學校長，為樹立北大優良校風，特別重視道德教育，乃於 1918 年 1 月 19 日發起組織北大進德會，並發表所撰《進德會旨趣書》，傅斯年為創始會員之一，信守進德修業，勤奮學習信條。1919 年五四青年愛國運動，北京學生聯合會成立，要求罷免曹汝霖、張宗興、章宗祥等人，拒簽巴黎合約。各校學生罷課遊行示威，傅斯年擔任遊行總指揮，青年時期抱負即有強烈

的愛國之心，報國之志。此後更將弘揚中華民族的優秀文化，愛國精神與民族氣節凝聚於一生的教育事業中，並把振興中華的希望，寄望於青年一代身上。

1949 年 1 月 20 日，傅斯年接任台灣大學第四任校長，建章立制，廣聘教授，排除困難，短時間內即解決了當時最棘手的人事與經費兩大難題，建立

學術獨立自由校風，為台大奠立基礎。當年 11 月 15 日傅校長在台大成立四周年校慶大會上講話，以〝敦品力學、愛國愛人〞勗勉同學。此即台大校訓〝敦品勵學、愛國愛人〞之所由來。事實上這八個字，也正是傅斯年先生一生最真實的寫照。

敦品勵學源自北大進德會之進德修業，砥礪研習，愛國愛人則由來於五四運動之發揚愛國精神。〝敦品勵學、愛國愛人〞之理念，早在青年求學時期已潛藏於傅斯年腦海中矣。

老照片為傅斯年先生初入北大求學時與其弟傅斯巖合影（原照片存中研院史語所）

另一照片，為台大校使館正廳內傅斯年校長半身塑像，基座有閻振興校長題署〝敦品勵學、愛國愛人〞八字校訓。

附件一

伍、旅遊記實 中部知性之旅一日遊　　　　　沙依仁理事長

本會會員暨眷屬 43 人乘坐天星遊覽車，於 97 年 10 月 22 日（星期三）上午 7:30 於台灣大學正門口出發，參觀后里的中社觀光花園以及彰濱工業區的工廠，以瞭解我國工業發展的實況，順便購買一些家用必需品，8：25～8：40 在關西休息站稍作休息，9：00 到中社觀光花園，該花園位於台中縣后里鄉三豐路 469-13 號，Tel：04-5576926，佔地 6 公頃，我們購門票進入，成人票每人 100 元，老人票 60 元，園區除花卉及盆栽之外尚有烤肉區、親子植栽教育、兒童遊樂區、庭園咖啡屋、KTV、舞池等各項設施並設有簡餐部。

我們參觀園區看到多種花卉·香草植物及觀葉植物，銷售中心有各種盆栽出售，小盆栽每盆 30 元，最大型的每盆 200 元至 250 元，走到栽植區看見一片花海，萬紫千紅，印象最深刻是看到玫瑰園裏有紅、黃、紫、雙色、粉紅還有綠色的玫

瑰，這是我第一次見過的，從前曾見過黑色的玫瑰花；在花海區的路旁放了一些圓桌及小凳以便遊客休憩賞花，我們在花海田間或花橋前攝影留念，有些會員購買盆栽，有一種名為狀元紅的大盆栽每盒 250 元，現在正結了一叢叢的大紅色小果實，類似天竹子。導遊莉華小姐摘了一把，請會員們品嚐，大家感到很新奇。10：40 離開中社觀光花園，乘車赴位於后里鄉公安路 41 號的張連昌薩克斯風紀念館，Tel：04-25562363，該樂器工廠是在民國 34 年成立，迄今已經過 63 年，張先生當年製造 Saxophone 樂器並成立 Jazz Band，他花了三年半時間成功的製造出 Saxophone 樂器，從民國 37 年有一位菲律賓人購買了他的樂器，付了兩蔴袋的舊台幣，張建昌先生得到很大的鼓勵，在樂器製作方面更加精進，另方面在樂師工作上，培訓了很多后里當地的樂師，所以老一輩的電視業及演藝界人才很多都是后里人，這都是張連昌先生的貢獻，到現在張先生已經有第三代的傳人，都還是在 Saxophone 行業上，第三代四千金是演奏 Saxophone 樂隊。一把 Saxophone 樂器究竟要多少錢才能買到，我很好奇的去看標價發現，最貴的售價 6 萬 7 千元，最便宜的售價 2 萬 8 千元，多數在四萬元左右。最後，我們要求張家第三代 Saxophone 演奏望春風，大家熱烈鼓掌，才道別離開。12：30 乘遊覽車駛向台中縣沙鹿鎮明德路 376 號全福華餐廳午餐，享用八菜一湯一水果的豐盛午餐，13：14 午餐畢，乘車駛向彰濱工業區，13：52 到達彰化縣鹿港鎮彰濱工業區鹿工路 18 號白蘭氏健康博物館，白蘭氏雞精的工廠創立於 1976 年，為何要用白蘭氏的為品牌名稱？該公司有一段說明如下：19 世紀初，英國白金漢宮御廚白蘭（H. W. Brand）先生發明去油易消化的清純雞湯，給英皇喬治四世每天補充營養及活力，1835 年白蘭先生退休後，創立自己的零售店，白蘭氏雞精正式問世。1920 年代第一批白蘭氏雞精運抵亞洲，受到用戶的喜愛，成為最有效及最受歡迎的營養品。白蘭氏雞精的製作過程包括 11 個步驟：

1、 原料來源 雞隻採用水簾隔菌，電腦嚴密監控下，創造出無污染的環境中成長。
2、 鮮雞絞碎。
3、 高溫高壓隔水蒸煮。
4、 雞湯去油。
5、 真空濃縮。
6、 標準化。
7、 充填封蓋。
8、 外來物檢查。
9、 殺菌保存。
10、 光檢品管～真空檢定。
11、 包裝成品。

製作過程採取整廠自動化設備，相當精準、科學化。雞精的產品有傳統雞精、四物雞精、冬蟲夏草雞精、巴西蔴菇雞精、靈芝雞精、花旗蔘雞精。另有三種不同的兒童雞精，一種添加了維他命 B1-B2，另一種除添加維他命 B1-B2 外並且是

巧克力風味的，第三種是雞精＋枸杞子的。此外該廠的新產品蜆精，品牌名叫旭沛，是補肝的營養品，原料遠從花蓮沿海送來，製作過程相當嚴謹，預料將有良好的銷路。其他產品尚有冰糖燕窩、五味子、維他命 C 加強錠、鈣加強錠、鈣＋大豆異黃酮、葡萄糖胺、鐵＋維他命 B 群、深海魚油、葡萄子、蜂王乳、膠原蛋白等。該廠每天出產的雞精大約從 8000 至 16000 打，我們進入後每人發給一瓶雞精或蜆精品嚐，我拿到一瓶四物雞精，服用後片刻頓覺能量極強，相信對身體很有神益。我們 15：17 離開雞精博物館，15：27 到達台灣玻璃館。這館由台明將公司所創立，最近才完工，並以四面亮麗，八方驚奇，為座右銘，展示場有些區域的地板完全由玻璃製成，有一座玻璃製成的拱橋，名為夢光橋，可以供遊客行走。館內介紹分割數個主題區，鉅細靡遺，展出成品包括建材玻璃、傢俱玻璃、家飾玻璃、藝術玻璃等。在販賣部有許多小件的玻璃飾品及家用品出售，服務極為週到，16：20 我們離開玻璃廠，乘坐遊覽車駛向位於后里鄉甲后路上的月眉糖廠，我們到達時已經是 17：30，糖廠的工作人員已經下班，只有販賣部少數服務人員尚未收攤，我們只好走馬看花流覽一遍，就回遊覽車繼續行程。月眉糖廠創設於民國前 3 年，由日本人小松楠彌氏設廠，取名為『大甲製糖所』，光復後由台糖接收經營。1999 年因環境變遷停止製糖業務，轉型為觀光糖廠。月眉糖廠的景觀包括噴水池、白色小橋、牆面上彩繪舊山線風光。走過小橋及有頂棚的走廊，看牛車及古早時期的農具、花轎等，像走入了時光隧道，另一邊是展售中心，銷售台糖所有的產品，另外尚有販賣服裝、蠶絲被、農產品皮蛋、鹹蛋、枝仔冰等。糖廠中古木參天，有千年的銀杏，百年的七里香，雖然房屋較陳舊，但佔地面積相當大，比北縣所店的工業區更為廣闊，走的又累了渴，會員們買了枝仔冰解渴。18：45 到龍潭小橋流水餐廳晚餐，享受九菜一湯一水果的豐盛晚宴，包括活魚三吃，大家很滿意。

　　這次旅遊參觀了四家工廠，見證了台灣工業發展過程，參觀張連昌 Saxophone 紀念館，當初是勞力密集工業，用手工打造 Saxophone，創下基業迄今，第三代仍在此行業上。參觀白蘭氏雞精廠，親眼目睹整廠自動化製造雞精的過程，符合現代化、科學化、精準化的原則，希望我國的工業及農業，今後在研發及品管方面多下功夫，以便創造更佳的業績，帶動國家的經濟發展。

中華民國九十八年四月十四日出刊

會 務 通 訊

第 四 十 五 期

發行者：國立台灣大學退休人員聯誼會

會　址：台北市羅斯福路四段一號國立台灣大學望樂樓二樓

電　話：23695692　校內分機：33669690　Fax:23648970

壹、本會近期活動

一、大坂根一日遊

出發日期：98 年 4 月 22 日（星期三）

出發時間：上午八時整準時出發（請預留時間於七時四十分上車）

集合地點：臺灣大學正門口（羅斯福路上）

代辦費用：新台幣壹仟貳佰元正

名　　額：43 名（以一車為度，請提前報名）

　　　　　報名時間：即日起受理報名，歡迎本校在職教職員工、退休人員及外籍
教師攜眷參加，額滿為止，報名費可在車上收費或到本會報名繳費均
可。

　　　　　報名專線：23695692, 33669690 活動組長：關麗蘇小姐

行程時間：

07:30- 8:00 台大校門口集合出發

09:20-12:00 遊覽大坂根（位於"三峽"，海拔不到 300 公尺，卻擁有國家級
全臺灣唯一僅存的中低海拔原生亞熱帶雨林景觀，內有碳酸溫
泉可泡）。

12:00-14:00 歡唱卡拉 OK

14:40-15:30 參觀白雞山行修宮（當年"三峽"白雞山海二坑煤礦附近癘
疾肆虐，玄空師父慈悲請命，得關聖帝君允而修行，而得名）。

16:00-17:20 參觀鶯歌陶瓷街

17:40-18:40 晚餐

19:40　　　 回到台北溫暖的家。

備　　註：費用包括午、晚餐・車資・司機・導遊小姐小費・過路費・門票・礦
泉水・旅遊平安保險（每人新台幣 200 萬元，醫療費 20 萬元，依規定 14 歲以下，75
歲以上，保險限額為新台幣 100 萬元，醫療費 10 萬元）。

二、貴陽.黃果樹瀑布八日遊

　　貴陽.織金洞.黃果樹瀑布.夜郎洞.馬嶺河峽谷八日遊

　　主要景點：千奇百態的鐘乳石洞

　　　　　　　馬嶺河交織成群的瀑布峽谷

　　　　　　　萬蜂湖擁有奇特的島嶼和港灣

　　　　　　　亞洲最大的黃果樹瀑布

　　　　　　　千姿百態的夜郎洞

　　　　　　　風光明媚‧四季如春的貴陽市

名　　額：35 名（因時值旅遊旺季，請提早報名）

報名時間：即日起至 4 月 25 日止受理報名。

參考費用：NT$31,000 元。包括：行程食宿及門票、各地風味餐、司機‧導遊‧

　　　　　領隊‧行李小費、每天水果及礦泉水供應、臺大至機場來回接送。

　　　　　證照‧簽證費另計。

本次活動由山林旅行社負責‧預定 5/18(一)出發。歡迎本會會員、本校在職教

職員工、退休人員、外籍教師及親朋好友踴躍攜眷報名參加‧詳情請洽：

本會：方祖達教授或活動組關麗蘇組長(上午)23695692. 33669690.

山林旅行社：林銘訓先生‧段素琴小姐　25212225.(FAX)25818926

三、阿里山、奮起湖二日遊

日　　期：98 年 6 月 17 日（星期三）至 18 日（星期四）共兩天

代辦費用：住兩人房者：每人新台幣 3,000 元正（只有五間）

　　　　　住四人房者：每人新台幣 2,800 元正（每人一張床）

名　　額：43 名（以一車為度，請提前報名）

報名時間：即日起受理報名，歡迎本校在職職員工、退休人員及外籍教師攜眷參

　　　　　加，額滿為止，報名費可在車上收費或到本會報名繳費均可。

報名專線：23695692, 33669690 活動組長：關麗蘇小姐

行程時間：

第一天：98 年 6 月 17 日（星期三）

07:30- 7:50 台大校門口集合出發

11:30-12:20 遊覽獨角仙公園（位於吳鳳廟附近）

12:30-13:30 午餐

15:30-17:30 遊覽阿里山森林公園（沼平公園、蒸汽集材機、蒸汽火車頭

　　　　　　展示場、受鎮宮、姐妹潭、慈雲寺、樹靈塔、集材柱、神木

　　　　　　遺跡、高山博物館及阿里山五奇等）。

18:30-19:30 晚餐（阿里山閣飯店)夜宿阿里山閣飯店

第二天：98 年 6 月 18 日 (星期四)

04:00　晨喚

04:50-07:30　乘小火車觀日出

08:00-08:40　活力早餐

10:00-12:00　遊覽奮起湖 (因東、西、北三面環山，其形狀有如畚箕，故舊名
　　　　　　　畚箕湖，後因名字不雅，而改名為奮起湖。奮起湖位居阿里山森
　　　　　　　林鐵路中點，因湧入大批遊客，而成為阿里山的便當王國。)

12:30-13:30　午餐

15:30-16:20　參觀吳鳳廟

18:00-19:00　晚餐 (苗栗)

20:30　　　　回到台北溫暖的家

備　註：費用包括午、晚餐‧車資‧司機、導遊小姐小費‧過路費‧門
票‧礦泉水‧住宿費‧旅遊平安保險 (每人新台幣 200 萬元，醫
療費 20 萬元，依規定 14 歲以下，75 歲以上，保險限額為新台幣 100
萬元，醫療費 10 萬元)

四、免費教授養生功　歡迎踴躍參加

　　時　　間：98 年 4 月 21 日起每星期二上午 8:30-9:30

　　地　　點：望樂樓本會辦公室前空地

　　指導老師：本會前理事長沙依仁教授

五、『健康長青魅力人生』活動

　　生命的禮讚，與您相隨，銀髮生活自己作主

　　　　歡喜心，心歡喜，活得老又活得好。

　　銀髮族 FUN 起來！『玩』出閃亮樂齡人生

　　【課程目標】提供中老年人正向積極地邁向老化，以提升家庭生活的品質。

　　【指導單位】教育部

　　【主辦單位】財團法人極忠文教基金會

　　【協辦單位】國立台灣大學退休人員聯誼會

　　【活動地點】國立台灣大學小巨蛋文康活動中心

　　【報名方式】【第一梯次】台灣大學退休人員聯誼會

　　　　　　　　　聯絡電話：02-2369-5692　　傳真：02-2364-8970

　　【活動對象】年滿 55 歲以上之銀髮族群或樂於學習預見成功老化之年輕群，
　　　　　　　　每一梯次約 30 人，額滿為止。

　　【活動費用】免費

　　【課程內容及時間】

第1梯次上課日期	時　間	活動主題	活動內容	師資
5/05 (二)	9:00 ｜ 12:00	再尋快樂童心	・相見歡 ・破除對老人的刻板印象	家庭教育暨高齡教育推廣講師 陳德泉老師
5/12 (二)	9:00 ｜ 12:00	情緒大補帖	・角色澄清 ・角色的主要性 ・溝通與同理 ・情緒調整	三之三國際文教機構總編輯 林培齡老師
5/19 (二)	9:00 ｜ 12:00	樂活人生—喜樂分享	・學習與別人分享快樂，讓生命變得更豐碩	三之三國際文教機構執行長 葛　惠老師
5/26 (二)	9:00 ｜ 12:00	活出生命的色彩	・破除追逐金錢的迷思—內在省思 ・簡樸生活，豐富人生	家庭教育暨高齡教育推廣講師 沈品瑤老師
6/02 (二)	9:00 ｜ 12:00	銀髮貴人向前行	・優點大集合 ・我的未來不是夢	家庭教育暨高齡教育推廣講師 陳德泉老師

六、元氣健康養生系列免費講座

時　間	演講主題	主講人	地點/容納人數
98/04/22(星期三) 晚上 18:30～20:00	讓您成為家人的保健師（教您使用經絡儀）	羅姿麟秘書長	中華身心靈研究發展協會(30 人)
98/05/09(星期六) 下午 14:30～16:30	心血管保健與預防臨床應用	林松洲教授	台北科技大學綜合科館(180 人)
98/05/20(星期三) 晚上 18:30～20:00	營養入口　先拒毒害	許偲柔營養師	中華身心靈研究發展協會(30 人)
98/06/20(星期六) 下午 14:30～16:30	告別失眠與憂鬱	羅姿麟秘書長	台北科技大學綜合科館(180 人)
98/06/24(星期三) 晚上 18:30～20:00	如何肝之如飴	吳兆芝營養師	中華身心靈研究發展協會(30 人)

[註]1. 中華身心靈研究發展協會會議室：台北市中山北路二段45巷5號7樓

（過晶華酒店看見 LV 專櫃右轉, 從 YSL 隔壁的電梯上 7 樓）
2.台北科技大學綜合科館第二演講廳：台北市忠孝東路三段一號
【報名專線】TEL：(02) 25255063　FAX：(02) 21001039
　　　　務請電話報名, 以免如有時間及場地更改無法通知。

七、拉達克‧喀什米爾深度之旅

這是一個不同於一般旅行社所辦的旅遊

由中國第一位深入世界的著名旅行家,也是美國國家地理雜誌特約攝影馬中欣先生為退休人員量身訂做,並親自擔任嚮導帶您遨遊人間仙境

【主要景點】

印度首都新德里（總統府、國會大廈、蓮花巴哈教廟、古達明那塔、夜市）

人間仙境喀什米爾（斯里那加最高點供奉濕婆神的香卡加里亞廟、喀喇昆崙山下的空中花園、搭乘空中纜車到喀什米爾最美的地方貢瑪卡倫馬格山、搭乘希卡拉遊船遊納金湖、哈薩特巴湖及達爾湖水上市場、哈薩拉特白色清真寺、那辛花園、索納馬革黃金草原）

搭乘飛機（斯里那加→列城）觀賞喜馬拉雅山壯麗山景

列城（藏傳佛教喇嘛寺廟的大本營：摩貝克小鎮喇嘛寺、飛揚喇嘛寺、斯比錫客寺、香卡拉廟、雪伊廟、梯克錫廟、黑密斯廟、日本廟平安塔、列宮）

搭乘飛機（列城→新德里）

阿格拉（世界七大奇景之一泰姬瑪哈陵、阿克巴大帝陵、阿格拉紅堡陵、世界遺產胡瑪雲皇陵）

【時　　間】預定六、七月出發
【費　　用】12天新台幣 80,000 元, 15天新台幣 85,000 元
【名　　額】15 名
【報名時間】即日起受理報名, 歡迎本校在職教職員工、退休人員及外籍教師攜眷參加, 也歡迎推介書畫家及攝影家親友參加, 額滿為止。
【報名專線】23695692, 33669690 活動組長：關麗蘇小姐

馬中欣先生可為有意參加者找一時間介紹此行特色與風光, 再決定是否參加。

八、評古說今

主持人：徐玉標教授、方祖達教授、路統信理事

預定每半個月舉辦一次, 歡迎有意聽講及有意講給人家聽者踴躍報名參加, 待參加人數超過八人開始舉辦, 時間及地點視參加人數另行決定。

【報名專線】23695692, 33669690 活動組長：關麗蘇小姐

本會各項活動期待您的熱誠參與，也期盼您能推薦更多退休同仁加入本會！
本會電話：33669690，23695692，傳真：23648970

貳、會務報告

1. 本會英文名稱為 National Taiwan University Retiree Association.
2. 歡迎杜雅慧小姐加入本會辦公室服務團隊。(98/2)
3. 本會新增會員 (97 年 12 月 1 日至 98 年 4 月 10 日)：

編號	原服務單位	姓名	性別	備註
617	文學院	郭文夫	男	永久會員
618	醫學院	林欽塘	男	永久會員
619	總務處	陳俊宗	男	
620	理學院	吳貴美	女	永久會員
621	附設醫院	陳柑蕭	女	永久會員
622	附設醫院	郭秋香	女	永久會員
623	學務處	陳鳳娟	女	
624	管理學院	洪文湘	男	永久會員

本會現有有效會員 399 人
4. 本會永久會員施嘉昌教授公祭 (98/1/5 上午，一館大覺廳)，由本會理事許文富教授及理事長丁一倪教授代表本會前往致祭。
5. 本會第四十四期會務通訊於 98/1/15 出刊。
6. 新增會員福利：
   (1) 到「食草植物鍋」用餐 (台北市忠孝東路四段 216 巷 11 弄 10 號，TEL 02-27216856) 結帳時，告知丁一倪教授手機號碼 0933092264，可獲九折優惠。
   (2) 到捷豹量販廣場中正店 (台北市羅斯福路一段 76 號，TEL 02-3322-2037) 購買文具及電腦耗材，結帳時，告知係本會會員，可獲訂價 73 折優惠。
   (3) 海峽兩岸學術文化交流協會特約旅行社提供低於市價之小三通套票服務：請洽理事長。
   (4) 提供保單問題免費諮詢服務：各位如對保單有任何理賠問題，請撥 0936-997967，本會丁一倪教授情商英國保誠人壽經理王錦章先生，為您提供免費諮詢服務。
   (5) 提供大陸法律及智慧財產權服務：由大陸律師提供法律及專利、商標等申請服務。
7. 本會為有效維護大專院校退休同仁應有之福利和權益，與各大學退休聯誼會共同等

組「中華民國大專院校退休同仁協會」，串聯全國各大專院校退聯會，以期對考試院、立法院及政黨產生影響力，並與「全國大專教師會聯合會」（本會理事長為該會現任理事長）共同捍衛大家權益。本會第七屆第二次理監事聯席會議（98/3/3）推薦本會理事長丁一倪教授、監事會主席沙依仁教授、監事楊建澤教授、理事黃存仁主任、理事吳元俊主任教官及前理事長方祖達教授等六人代表本會為「中華民國大專院校退休同仁協會」發起人向內政部辦理立案。

8. 本會第七屆第一次理監事聯席會議（97/12/26）決議，本會為對沙前理事長四年來的奉獻，表達誠摯的敬意與謝意，致贈沙前理事長紀念品一份，惟沙前理事長堅持不收。

9. 本會第七屆第二次理監事聯席會議（98/3/3）決議，建請體育組於校運會中增列「長青組」。

10. 錢故校長思亮先生101歲誕辰紀念學術演講會（98/2/3，凝態科學研究中心暨物理系館2樓國際會議廳），由彭旭明院士主講「從分子金屬導線到分子電子器件」本會共12人參加。

11. 本會理事長代表本會參加台北市國稅局舉辦的「教育、文化、公益、慈善機關或團體稅務申報講習會」（98/4/7，下午）。

12. 本會理事長續訂「人間福報」14個月，歡迎各位到本會辦公室看報。

13. 轉知參加旅遊活動之會友參加下列免費活動：
    (1) 保健養生講座：孫安迪博士（台大醫院主治醫師，系列保健養生書籍著名作家）主講：「調整免疫從通腸利便談起」（98/3/21，台北市議會B1大禮堂）。
    (2) 本校杜鵑花節期間（98/3/1-98/3/31）舉辦之「臺大博物館群定時導覽活動」。
    (3) 本會與中華高齡學會合辦的演講會：梁懷茂教授（政戰學校前社工系主任）主講：「能量運動法」（98/4/7，本校新體育館1F文康會演講廳）
    (4) 台灣保健食品學會舉辦之免費市民保健講座：台北醫學大學林松洲教授主講：「代謝症候群之保健」（98/4/11，台北市立圖書館景新分館）

14. 轉知本會理監事參加下列活動：
    (1) 推介相關社團或基金會負責人報名參加由大陸國務院台灣事務辦公室等部委、福建省人民政府及福建省科學技術協會主辦之「海峽兩岸科技社團合作與發展交流會」（98/5/15-19，廈門市），由於台灣各界精英競相報名參加，以致多人未獲主辦單位邀請。
    (2) 報名參加本校校運會（98/3/21-22）（由吳元俊理事受理報名事宜）。
    (3) 報名參加國發院舉辦之第10期「意見領袖研習營」（98/3/24）（由吳元俊理事受理報名事宜）
    (4) 報名參加行政院人事行政局公務人員住宅及福利委員會主辦之「2009全國公教休假優遊」詳情請上Google網查閱。洽詢電話：(02)23979298分機830~833，

報名傳真：(02)23971793

15. 本會主辦之活動張貼於臺大網頁，其點閱方法如下：
進入臺大首頁→點左上方「教職員」→點右下角「文康活動公告」，即可進入「教職員工文康活動推行委員會網頁」→點左上角「活動訊息」，即可看到本會活動資訊，歡迎隨時上網點閱。

16. 本會何副理事長建議請本會會員組比對本會會員資料與本校公務通訊錄中退休教職員資料是否相符，若有不符，請告知人事室第三組，於編印今年公務通訊錄時，加以更正。各位電話及通訊地址（含五碼郵遞區號）若有變更，務請來電或傳真告知本會。

★敬請提供 E-mail 地址★

1. 本會資訊化作業正由黃存仁理事及杜雅慧小姐積極改善中。
2. 為響應「節能減碳」並快速傳達各項活動訊息，不要漏失好康活動，敬請提供 E-mail 地址，以利寄發電子郵件。請來電或傳真告知本會 E-mail 地址。

參、校園老照片說故事 消失在校園的大 TANK　　路統信理事

時光隧道回朔到 40 年前，校園沒有盛開的杜鵑花，聽不到傳鐘 21 響，看不到今日總圖和綜合體育館的宏偉建築群，這幅照片中高聳雲表的煙囪，和黑色巨大的 TANK，也可真是校園一景，在此攝影留念。

本校成立之初，三號館以及後側一直到舊基隆路（今舟山路）廣大範圍，皆屬於農業化學系。三號館樓即是農化館，館後平屋建築是農化實習工廠。（現今為經營管理組、營繕組修繕股、學生住宿服務組、信件室等單位辦公室）。背靠舟山路的望樂樓，當時是一片空地，對面 L 行的一列平房和原校警隊部，則是台北帝大時期南方資源研究所的纖維研究室，由農化系接管後二年，1947 年森林系新成立，撥交森林系做為實驗室和辦公室的館舍。

現今合作社理髮部和洗衣部一列平房，原是普通化學實驗室。農化實習工廠的規模不算大，卻附設有高聳的大煙囪和一樽巨大的瓦斯槽（TANK）。煙囪在台大成立後似乎從未用過，現今依舊高高聳立在那裡，成為校園古蹟，瓦斯槽卻早在興建推廣進修部樓房時拆除。瓦斯槽僅拆除了地上部份；地下深層不易拆解，仍有部分埋在地下。因此不能作為高樓建築基地，只好將這塊地闢為花園綠地，現在由學生社團花藝社管理，在這裡設立園圃，培育花卉苗木等觀賞植物。

兩幅照片，是在 1949 年 5 月，由台大攝影社創社社長李醒民學長（農工系 39）拍攝，照片中的黑色巨大瓦斯槽和鐵扶梯早已消失，高高的大煙囪依舊聳立，見證校園裡的滄桑變遷。

肆、旅遊記實

一、宜蘭靈鷲山一日遊

丁一倪理事長

　　98 年 3 月 26 日（星期四）本會舉辦今年第二次國內旅遊，在活動組關麗蘇組長精心策劃與安排下，共有 41 人參加，於上午八時從台大校門口搭乘遊覽車準時出發，在沿途歡唱卡拉 OK 聲中到達第一站宜蘭靈鷲山。筆者特將此次旅遊見聞記述於下，作為參加者共同回憶，也提供未參加者參考，歡迎來參加本會下次知性之旅。

　　靈鷲山並不是山名，而是佛教道場的名稱，位於福隆車站附近海拔約三百多公尺的荖蘭山上，為世界宗教博物館創辦人心道法師所創辦，祂不同於台灣其他佛門教派，蘊含著濃濃的東南亞與西藏小乘佛教色彩。在換車點分乘兩輛靈鷲山接駁小巴繼續登山，到達靈鷲山無生道場大門口停車場下車，由理事長代表大家到換證處押下身份證換取識別證通過高大的山門----天眼門進入。

　　天眼門橫樑是一對銳利的鷹眼，其特殊造型呈現出藏傳佛教的色彩，矗立兩側門柱上的石刻則為世界各大宗教的修行圖騰。「天眼」象徵「虛空之眼，佛的智慧之眼」。天眼門有引領信眾進入空性之門，進入智慧心靈殿堂之意。

　　通過天眼門後，步道一分為二，一往右側高處的觀音道場及佛塔林，一往下方的寺殿道場。導覽居士帶領我們先走往右側的觀音道場，首先映入眼簾的是哼哈二將，哼哈二將是兩位佛寺的門神俗稱，在佛教中，這兩位金剛力士，在左者叫密跡金剛，在右者叫那羅延金剛，兩者都左手執金剛杵，其不同之處在於，左像怒顏張口，以金剛杵作打物之勢；右像怒顏閉口，平托金剛杵，怒目睜視。閉口表示說話要先想一想　才說，以免出口傷人。

　　接著來到風調雨順四大天王浮雕像前，由左至右是：南方增長天王（持劍，代表「風」）；東方持國天王（拿琵琶，代表「調」）；北方多聞天王（執傘，代表「雨」）；西方廣目天王（持蛇，代表「順」），組合起來便成了「風調雨順」，所以四大天王也被稱為「風調雨順」。

　　在四大天王浮雕像中間夾著一塊十二因緣圖，十二因緣是指由"無明"到"老死"這一段過程，它包括：無明、行、識、名色、六入、觸、受、愛、取、有、生、老死，

因果相隨，三世相續而無間斷，使人流轉於輪迴而不能得出。

其核心為無明與愛（私愛、慾望），因貪、瞋、癡而生煩惱，不斷地起惑、造業、受苦，以致流轉六道，無有休止。由這塊十二因緣圖可以看出修行解脫之出口在受與愛之間，解脫受與愛的連結，可使無明覺醒，脫出十二因緣輪迴之束縛。

導覽居士告訴大家分辨石獅子公母的簡便方法，公的發號施令，所以張口者是公的，閉口者是母的。

沿途看到許多舍利塔，為佛弟子憶念阿彌陀佛在因位時為法藏菩薩而設，共有 53 座，每座塔代表一位「藥王藥上經」中所記載的在自在王佛之前的 53 位佛。塔內有佛像、舍利、經典、袈裟及心道法師斷食閉關兩年半時的毛髮。這些散佈在步道兩旁山坡上的舍利塔總稱為「多羅觀音舍利塔林」。

在走向觀音道場途中向左望去可以看到對面的狒狒山，其前端狀似金剛頭部側面，在其眼睛上面尚有一隻小猩猩。整座山則像一隻鯨魚，向前遠眺可以看到台灣東北角太平洋的景觀，在前方遠處有位於台灣最東方的三貂角燈塔及圓球形屋頂的氣象雷達站，在左前方遠處則有附近的卯澳漁港。

到了觀音道場，在其中央有一尊座南朝北高 12 公尺青銅鑄造的身著金衣黑面多羅觀音聖像。梵音「多羅」是離塵垢之意，面黑象徵為眾生除障離垢，一手向上一手向下象徵上承佛法，下接眾生到達彼岸。觀音聖像基座三面環列「圓覺經」十二菩薩像，包括文殊菩薩、普賢菩薩、毘盧舍那佛等。基座正面刻有武則天所寫的開經偈「無上甚深微妙法　百千萬劫難遭遇　我今見聞得受持　願解如來真實義」。

導覽居士教大家結手印（圓滿印）向多羅觀音三問訊，然後口唸觀世音心咒（六字大明咒）「唵嘛呢叭咪吽」順時針繞著基座到基座後方轉經輪，再回到基座正面向多羅觀音三問訊及迴向。

拜完觀音導覽居士帶大家往回走，此時向右望去，看到狒狒山第三隻狒狒，右下方則有三個半球形建築物，導覽居士告訴大家，它是心道法師於民國七十二年，在此進行兩年斷食閉關苦修的地方，稱為「法華洞窟」。心道法師在苦修中體悟到「修行離不開生活與人群」，乃於悟道出關後，創立「靈鷲山無生道場」。

此時向天眼門的右側山頂（即莣蘭山的山頂，海拔 387 公尺）望去，可看到一座高 15 公尺的十一面觀音銅像矗立於山頂，必須爬將近 300 個階梯才能到達山頂觀景台。由於時間關係放棄登山，改走往下方寺殿道場的步道。此時導覽居士指著狒狒山金剛頭部左方的石堆，問大家像不像 ET？

沿途來到閻喜堂（閻喜為西藏噶舉派祖師密勒日巴尊者之名，其二樓供有財寶天王）、知客堂（為信眾服務處，提供茶水及圖書結緣品）、華藏海（為信眾用餐住宿、聞法共修的場所）、大殿（裡面供有緬甸玉臥佛，臥佛前方有尊四面佛，四面佛為印度婆羅門教三大主神之一大梵天王），接著到剛從高雄繞境歸來的「富貴金佛」前參拜，富貴金佛高及寬都是 99 公分，代表富貴久久長長之意。

下山後，司機劉先生應關組長要求，增加一個景點到三貂角燈塔。三貂角燈塔是

台灣本島最東方的燈塔,塔高16.5公尺,它聳立在太平洋航線上為來往船隻指引方向,也是北台灣海域作業漁船的重要航行指標。在三貂角燈塔旁的觀景台不但可以看到遠方海面的龜山島,而且也是台灣本島最早可以看到日出的地方。燈塔旁另一引人注目的建築物是白色圓球屋頂的雷達站。

中午到澳底黑白毛海鮮餐廳用餐,大家對關組長在餐飲方面的用心安排讚不絕口。餐後原定前往金車蘭花園參觀,由於途中有人急需「唱歌」,又臨時就近增加一個景點**宜蘭酒廠**,酒廠賣場佔地遼闊,其中**台灣紅麴館**更具特色。

宜蘭縣礁溪鄉的金車蘭花園創設於1988年,由於宜蘭地區氣候潮濕多雨,非常適合蘭花的栽培,因此金車公司特別選擇在宜蘭設置規模龐大的蝴蝶蘭栽培場,其年產量可達一百三十萬株左右。

看完爭奇鬥艷的蘭花接著到羅東運動公園,在途中靠著司機劉先生高超的技術開大車繞小街到宜蘭地區聞名的糕餅店奕順軒試吃該店六寶:宜蘭餅牛舌餅、狀元餅禮餅、手工麻糬、鮮奶牛軋糖、特製鳳梨酥、養生桂圓蛋糕。

羅東運動公園占地47公頃,歷經7年建造,於民國85年正式開園。該園將地形景觀、植物景觀、水流景觀與運動設施結合,以水、綠、健康為園區三大主題。其中老街碼頭、人造溪流、水上舞台、濕生植物區都深具台灣本土特色及蘭陽風情。

由於比預定規劃增加兩個景點,到達礁溪湯圍溝公園已是夜幕低垂時分,公園內水岸綠化空間及涼亭充滿禪意,並設有檜木風呂泡湯及免費溫泉泡腳區,至於泡腳會不會把香港腳帶回家,則看各人造化。這次大家都很幸運,為了要趕到釣魚台餐廳用餐,只是匆匆步行穿越公園,無人下水,免去感染機率蠻大的風險。

酒足飯飽後踏上歸途,沿途繼續歡唱卡拉OK,車下北二高交流道,大家對司機劉先生、導遊林小姐及本會關組長表達感謝之意,在一片夜來香、榕樹下及期待再相會歌聲中,結束了這趟充滿歡笑的旅遊。

二、桃園一日遊 小烏來、綠光森林、角板山、大溪老街、休閒知性之旅

陳福成

2009年2月25日,已是今年苦寒之窮陰,故算是一個不冷不熱且明媚的日子,碧藍的天空,讓人心裡覺得很舒暢,退聯會何副理事長和活動組長關小姐,選了這麼的好日子,帶大家來一趟休閒知性之旅。

今日行程包含大黑松小倆口愛情館、綠光森林、角板山公園、小烏來風景區及大溪老街。沿途有司機劉先生和麗華小姐熱心服務,讓這天倍感溫馨。

大黑松小倆口愛情館、綠光森林

上午八點在台大校門口集合完畢,出發先到最近的一站,位在土城的大黑松小倆口愛情故事館。本館最早於1956年邱彭毓和女士創立大黑松牛軋糖,相信很多人都享用過。1983年邱義榮先生與夫人曾翠娜女士共同開發出小倆口喜餅新產品,並將大黑松和小倆口合而為一,讓牛軋糖與喜餅共同為很多人留下甜美的回憶。

漂亮的故事館,頂著碧藍色的天空,佈滿多彩的花朵,有紫色的窗櫺,古樸白色

的屋牆，綠野般的玫瑰花園，共構成一幅浪漫幸福的風情畫。情人在這裡享用美麗的夕陽，數著天上的星星，相看千萬遍也不厭倦。

有年青情侶，也有老夫老妻，挽手在這裡留下倩影，這是一生的回憶，可惜來去匆匆，不到一小時上車前往綠光森林。

綠光森林在桃園復興鄉霞雲村，這裡遠離都市，讓整個人沐浴在綠色的山林草原中，山坡上的綿羊安靜享用青草，給人一份閒雅、愜意和放下的感受。彷彿卸盡城市的喧嘩忙碌，綠色與芬多精給人另一種靈糧，清清幽幽，怡然自得。

原來，找尋幸福或淨心的人們，也需要一個心靈深處可以當靠岸碼頭的地方。這是心靈的加油站，加的不是汽油，是一種精神能源。我們雖是一群「退出江湖」的教職或行政人員，但面對這個價值顛覆的兩個世界（年青與年長各擁各的世界），我們勇於美化並豐富自己的世界。

角板山公園懷念兩蔣對台灣和中國的貢獻

角板山位於進入北部橫貫公路復興村內，海拔640公尺，為群山中的高台地，這裡建有兩處　蔣公行館，現已開放角板山觀光勝地，角板山公園在角板山西南側。園內古木林立，四季各有適宜觀賞景點，公園步道可下台階直抵大漢溪畔，並有吊橋連繫對岸的溪口台地。

行館左下階梯有「避難神秘隧道」已開放參觀多時，可見當年兩岸軍事情勢之緊張，如今想來，也真是無謂之爭。同是一家人，更同是中國人，在爭甚麼?徒使國家建設和人民福祉水平落後英美一百年，真是何必!

無論如何，那已是歷史了（行館有兩蔣的史實照片，本文舉數幀以悅讀者。）先總統　蔣公喜愛角板山風光，最早在民國39年到48年間，常往角板山親近山光水色，留下不少歡樂情景和回憶。

角板山行館配合　蔣公冥誕120週年紀念日，於民國95年10月30日正式開放供民眾參觀。利用現有空間架構，讓遊客從軍事、政治、親情。生活等多角度，重新認識　蔣公的家族和生活。

在國人心目中，　蔣公形象較為嚴肅，其實　蔣公與家人親密互動一如常人。蔣公與夫人有許多公開場合的合影，行館內展出多幅兩人鶼鰈情深的生活照片，夫人宋美齡女士習畫多年，繪畫不只是她生活中的調劑，更是她的興趣，　蔣公亦喜在其作畫時，於一旁觀賞或畫中題文詞。

蔣夫人身為「國母」之角色，身受全民愛戴，幾乎是一個「完美的第一夫人」形像。直到2009年的廿一新

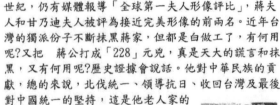

世紀，仍有媒體報導「全球第一夫人形像評比」，蔣夫人和甘乃迪夫人被評為接近完美形像的前兩名。近年台灣的獨派份子不斷抹黑蔣家，但都是白做工了，有何用呢?又把　蔣公打成「228」元兇，真是天大的謊言和抹黑，又有何用呢?歷史證據會說話。他對中華民族的貢獻，總的來說，北伐統一、領導抗日、收回台灣及最後對中國統一的堅持，這是他老人家的歷史定位，至於他埋骨何處?這是次要

問題，不重要的。孔明和鄭成功的北伐統一大業最後都失敗收場，但他們對中國統一信念的堅持，反而提高了他們的歷史定位。有智慧的人應深思其中妙道，勿在枝節上打轉自我迷惑。

角板山園區另有幾個景點，也值一看，全長一百公尺的戰備隧道是當年緊急避難和戰備指揮之用，思親亭是經國先生寫下「梅臺思親」之地，溪口吊橋是　蔣公夫婦常駐足的景點，夫妻樹是1950年夫婦二人種的榕樹，多年後兩棵合抱如夫妻姿態。

小烏來風景區和大溪老街

在泰雅族母語中，「烏來」指溫暖的泉水，故所有的溫泉都叫烏來，小烏來位於復興鄉區內，峻嶺峽谷甚多，重要景點以小烏來瀑布、龍鳳谷瀑布、風動石聞名於世。而宇內溪是小烏來瀑布上游，中於雨量豐沛，溪水流量可觀，瀑布幾乎不受四季影響。乘遊覽車在群山環繞，自遠處觀瀑布，有「瀑布之水天上來」的感覺，真是壯麗，很值得到此一遊。

小烏來瀑布分三層，屬「斷層懸谷型」瀑布，溪水自細窄如帶的峽谷頂端，突過斷層陷落形成懸崖，溪水即由左側缺口倏地直墜五十公尺下深潭，水霧向上面四方紛飛，水煙漾漾漫天漾動，近觀則驚濤駭浪，堪稱台灣的秘境奇景。

瀑布風景區旁有一四層賞瀑台，供遊客在最佳角度賞景。每年五、六月及十一月，到隔年二月也是賞季節，可同時在此享受森林浴、觀瀑和賞鳥。

深秋又是另一種不同於北方蕭瑟的感受，宇內溪兩旁鮮紅色楓葉展現了熱情，把氣氛舖陳或漫溢在溪岸，與潺潺溪水、瀑布、野草香構成絕色美景，成「色香味聲」俱全的享受。

三層瀑布中，上段僅三公尺落差，在觀瀑亭隱約可見。中段落差五十公尺，氣勢澎湃，驚天動地。下段瀑布注入下方小湖，也是壯觀。

大溪老街是台灣有名保存最好的古早街，古風樸實，見證先人開發城鎮的智慧。尤以「閩南式」建築，說明這裡的人原是中國大陸來的，兩岸是一家人。那些獨派政客硬要把兩岸血緣文化割裂，簡直是敗家子不肖子孫之惡行，天理法理都不容。

大溪的傳統美食也是有名的，退聯會成員都是「父母祖輩」人物，少不了為兒孫家人打點一些「等路」(台語發音)。每個人都提著大包小包，也是上遊覽車時很「壯觀」的場景。

「大溪山水庭園餐廳」豐富的晚餐:快樂歸航

　　出外旅遊不外吃喝玩樂，何副理事長憲武和關小姐特別用心於午晚兩餐的安排。而以晚餐在「大溪山水庭園餐廳」（在大溪鎮仁二街），最為大家樂道叫好。其餐廳內外景觀布製，自然、浪漫、寬潤，第一印象就很好，加上那一桌美食，大家猜看若在台北麗晶酒店鐵是萬元起跳。這裡兩仟伍佰元，痛快！

　　經典的菜色頗多，如「梅干扣肉」，古法燉製烹調，搭配客家傳統梅干菜，風味絕佳。「大溪山水鬥雞」，精選皮薄肉質彈性佳的大溪黃皮玉米雞，鮮嫩多汁，口感讓人難忘，還有「大溪燜筍」，為產自復興鄉春雨後竹筍，配上大溪鵝高湯，燜煮八小時，口味自然甘甜，叫人吃了更想吃。地方美食特產往往和地方「山水」有關，大溪美食（也產美女）也源自這裡的好山好水，但經營者用心也很重要。

　　一整天的行程下來，雖然有些累，但每上遊覽車大家興高彩烈的歌聲，疲勞又全部消除。筆者與車上後排座的兄姐們臨時組成「後排合唱團」，兩部合唱「晚霞滿漁船」，得不少掌聲，不亦樂乎！

　　能有此行，除感謝何副理事長和關姐，當然我們對台大存著感恩。全台可能只有台灣大學有各種文康組織，如登山會、退聯會、教聯會、職聯會等，且組織健全，運作積極熱誠，照顧在職者，也照顧退休者。

　　另一種是「眾生平等」的感受，在台大的各種文康組織活動中，不管教授、職員或工友，或各種行政工作者，勿論在職或退休，大家在一起玩樂、爬山、旅遊，和樂融融，只想到付出，無人自命「高高在上」。愈有學問的教授，反而更謙卑，怎不叫人感動！

　　在回程的遊覽車上，關姐又公布下個月的行程景點，啊！「台大退休人員聯誼會」，我們愛妳！

中華民國九十八年七月七日出刊

會 務 通 訊

第 四十六期

發行者：國立台灣大學退休人員聯誼會
會　址：台北市羅斯福路四段一號國立台灣大學望樂樓二樓
電　話：23695692　校內分機：33669690　Fax:23648970

壹、本會近期活動

一、評古說今

日期	時間	主講人	講題
7月21日（二）	10:00-11:20	徐玉標教授	典故來由追源
8月11日（二）	10:00-11:20	方祖達教授	從陳橋兵變到杯酒釋兵權
9月15日（二）	10:00-11:20	路統信理事	中華元典中的傳統養生智慧
10月13日（二）	10:00-11:20	沙依仁教授	高齡者鍛鍊健康長壽的方法
11月17日（二）	10:00-11:20	鄭義峰教官	（未定）
12月15日（二）	10:00-11:20	丁一倪教授	自由基與日常生活

地點：視參加人數另行決定。

歡迎各位理監事、全體會員及有興趣者參加。

歡迎有意聽講及有意講給人家聽者踴躍報名參加。

【人數】每次參加者，至少8人以上。

【報名專線】23695692, 33669690 本會活動組長：關麗蘇小姐

二、免費教授養生功 歡迎踴躍參加

時　間：98年4月21日起每星期二上午8:30-9:30

地　點：望樂樓本會辦公室前空地

指導老師：本會前理事長沙依仁教授

三、宜蘭礁溪大埤湖、天鵝湖一日遊

出發日期：98年9月16日（星期三）

出發時間：上午八時整準時出發（請預留時間於七時四十分上車）

集合地點：臺灣大學正門口（羅斯福路上）

代辦費用：新台幣壹仟貳佰元正

名　額：43名（以一車為度，請提前報名）

報名時間:即日起受理報名，歡迎本校在職教職員工、退休人員及外籍教師攜眷
　　　　　參加，額滿為止，報名費可在車上收費或到本會報名繳費均可。

報名專線:23695692, 33669690 活動組長: 關麗蘇小姐

行程時間:

07:40~08:00 台大校門口集合出發

09:20~10:20 "龍潭湖"不但是礁溪最大的湖泊，也是宜蘭五大名湖中面積
　　　　　　 最大的湖泊，湖面如鏡，青山倒影，景緻宜人，湖光山色，
　　　　　　 悠遠寧靜，生態豐富，可在環湖道路漫步。

10:50~11:40 陳氏鑑湖堂，是宜蘭最大的家廟，陳姓宗族的聚落中心。內
　　　　　　 有登瀛書院，為族內弟子唸書、練武的地方，並有方斤勇石。

12:00~13:00 午餐

13:00~14:30 金車威士忌酒廠，台灣第一個用正統、高科技技術方法釀威
　　　　　　 士忌的酒廠。

15:00~17:40 天鵝湖，因湖面形狀似肥胖水鴨而得名，湖長200公尺、寬
　　　　　　 400公尺，湖岸植百棵水茄苳，綠意盎然，風景清新。

18:10~19:00 晚餐

19:00 　　　回到台北溫暖的家。

備　　註:費用包括午、晚餐、車資、司機、導遊小姐小費、過路費、門票(天
鵝湖門票每人新台幣200元，且無敬老票)、礦泉水、旅遊平安保險(每人新台
幣200萬元，醫療費20萬元，依規定14歲以下、75歲以上，保險限額為新台幣100
萬元，醫療費10萬元)。

四、後慈湖、北埔綠世界一日遊

出發日期:98年10月14日(星期三)

出發時間:上午八時整準時出發(請預留時間於七時四十分上車)

集合地點:臺灣大學正門口(羅斯福路上)

代辦費用:每人新台幣1,400元(65歲以上者每人新台幣1,250元)。

名　　額:43名(以一車為度，請提前報名)

報名時間:即日起受理報名，歡迎本校在職教職員工、退休人員及外籍教師攜眷
　　　　　參加，額滿為止，報名費可在車上收費或到本會報名繳費均可。

報名專線:23695692, 33669690 活動組長: 關麗蘇小姐

行程時間:

07:40~08:00 台大校門口集合出發

09:20~12:00 "後慈湖"四面環山，景色優美，蔣公生前很喜歡到湖濱散
　　　　　　 步，有時搭竹筏在湖中賞景，至今在湖邊仍可看到當年竹筏上
　　　　　　 為他準備的藤椅。"後慈湖"因受長年管制，生態環境未遭開
　　　　　　 發破壞，周邊山林孕育了相當豐富的動植物生態，蝴蝶種類
　　　　　　 繁多，鳥況絕佳，也是賞鳥的天堂。

12:30~13:30 午餐

14：00～17：30　北埔綠世界（生態農場佔地70多公頃）為一國際級生態農場
其內主題景區有：⑴天鵝湖、⑵大探奇區、⑶水生植物公園、⑷
鳥類生態公園、⑸蝴蝶生態公園，還規劃出⑹金剛鸚鵡區、⑺
可愛動物區、⑻亞馬遜雨林區、⑼熱帶風情屋及⑽客家古厝文
物區、美食廣場、國家會議廳等共38個觀賞區。

18：00～18：50　晚餐

19：40　返回可愛溫暖的家

備　　註：費用包括午、晚餐‧車資‧司機‧導遊小姐小費‧過路費‧門票（後
慈湖門票每人新台幣 100 元，公教人員及 65 歲以上免票）（綠世界團體票每人新
台幣 315 元，65 歲以上每人新台幣 252 元）‧礦泉水‧旅遊平安保險（每人新台
幣 200 萬元，醫療費 20 萬元，依規定 14 歲以下，75 歲以上，保險限額為新台幣 100
萬元，醫療費 10 萬元）。

五、苗栗採果、九華山一日遊

出發日期：98 年 11 月 18 日（星期三）

出發時間：上午八時整準時出發（請預留時間於七時四十分上車）

集合地點：臺灣大學正門口（羅斯福路上）

代辦費用：每人新台幣 1,200 元

名　　額：43 名（以一車為度，請提前報名）

報名時間：即日起受理報名，歡迎本校在職教職員工、退休人員及外籍教師攜眷
參加，額滿為止，報名費可在車上收費或到本會報名繳費均可。

報名專線：23695692, 33669690 活動組長：關麗蘇小姐

行程時間：

07：40～08：00　台大校門口集合出發

10：00～11：30　泰安吉娃斯果園，泰安甜柿一般多分佈於後山海拔較高地區，
吉娃斯民宿位於海拔 860 公尺地帶，走進果園，遠處山峰美景
與橫龍古道躍入眼眸，居高臨下的視野讓人身心舒暢。其自
家栽種的甜柿，甜度高達 23 度，甜脆可口。因為甜柿身價嬌
貴，一般農家多不開放採果。

12：00～13：00　午餐

13：20～14：00　參觀蠶絲被工場

14：30～15：30　九華山：佛教聖地，苗栗銅鑼大興善寺於 2005 年 11 月 11 日
深夜吊載三寶佛盛況空前，在近千信眾虔誠護送下，隊伍綿
延數公里，沿途佛像臉部也有燈光投射，十分搶眼，仿佛大
佛夜行軍。大興善寺創始人信眾稱為救世師父，寺方結緣
的佛茶和平安麵，經過口耳相傳相當有名。

16：10～17：10　竹南啤酒廠位於竹南工業區內，為台灣啤酒廠中面積最廣、
設備最新、產能最大的啤酒廠，於民國 70 年開始籌劃興建，85
年 6 月全部竣工。

18：00～19：00　晚餐

20：00　返回可愛溫暖的家

備　　註：費用包括午、晚餐・車資・司機、導遊小姐小費・過路費・門票（採果門票每人新台幣 150 元）・礦泉水・住宿費・旅遊平安保險（每人新台幣 200 萬元，醫療費 20 萬元，依規定 14 歲以下，75 歲以上，保險限額為新台幣 100 萬元，醫療費 10 萬元）

六、元氣健康養生系列免費講座

時　間	演講主題	主講人	地點
98/07/12（星期日）下午 14：30～16：30	心血管保健與預防	林松洲教授	台北市議會一樓交誼廳

【報名專線】TEL：（02）25255063　FAX：（02）21001039

務請電話報名，以免如有時間及場地更改無法通知。

七、2009 海峽兩岸青年科學家論壇（山東）

本會理事長與山東省科學技術協會及香港科技協進會共同主辦：「2009 海峽兩岸青年科學家論壇」，歡迎推介相關學者報名參加。

時　　間：98 年 8 月（暫定）

地　　點：山東濟南市南郊賓館

論壇主題：新能源開發利用與可持續發展

報名資格：歡迎推介服務於科研、教育、管理及生產各界新能源開發利用領域之青年學者（45 歲以下，有傑出成就者不在此限）　報名參加。（參加人須撰寫發言論文一篇）

名　　額：台灣 8 名（額滿為止）

日　　程：8/20 全天報到
　　　　　8/21 全天論壇交流考察
　　　　　8/22 考察泰安曲阜
　　　　　8/23 考察青島（待定）
　　　　　8/24 代表返回

費　　用：台灣代表免收論壇註冊費（人民幣 600 元）及住宿費，但往返旅費自理。

學者組成：台灣 8 人，香港 8 人，大陸 20-30 人。

主辦單位：山東省科學技術協會、海峽兩岸學術文化交流協會、香港科技協進會。

這是本會理事長丁一倪教授與大陸共同為台、港、陸青年科學家搭建的交流與合作平台，請勿錯過。如有任何問題請向丁一倪教授洽詢，可電 02-23910435 或 E-mail：initing@ntu.edu.tw

八、"第二屆海峽兩岸科普研討會"歡迎投稿報名參加

由福建省科學技術協會、臺灣元智大學、《科學月刊》等單位主辦，福建省科普作家協會、漳州市科學技術協會等單位承辦的第二屆海峽兩岸科普研討會，擬於 2009 年 8 月 26～30 日（26 日報到，27～28 日參觀訪問，29 日開會，30 日離會）在福建省漳州市召開。為了開好這次研討會，現將徵集論文的有關事宜通知如下：

1・徵文內容

(1) 論文主題

　　發展科學技術 永續生命資源

(2) 論文子題

　　. 科學技術發展的現狀與趨勢
　　. 人文素質與科學技術發展
　　. 培養科技人才 促進科學技術發展
　　. 自主創新與科學技術發展
　　. 科學研究與科學普及
　　. 科學技術發展與科學技術傳播
　　. 科學技術傳播與公眾科學素養
　　. 科學技術傳播載體的功能
　　. 科學技術傳播載體的優化開發
　　. 生命資源與生態文明建設
　　. 科普資源的概念與內涵
　　. 節約能源資源 建設節約型社會
　　. 加強防災減災科普工作 強化公眾生命安全意識
　　. 挖掘和利用社會科普資源 建立科普教育基地
　　. 加強科學場館建設 豐富科普活動內容
　　. 人文精神與科普創作
　　也可圍繞主題自擬論題。

2 . 格式要求

　　每篇論文篇幅不超過6000字，並按以下順序編排：
　　文章題目
　　作者姓名
　　作者服務單位、單位地址、郵遞區號、電話
　　內容摘要
　　關鍵字
　　正文
　　參考文獻
　　作者簡介：包括姓名、性別、年齡、籍貫、服務單位、學位、專業、研究方向等(200
　　　　　　　字以內)

3 . 論文提交方法

　　請論文作者將論文用 Word 文檔錄入，A4 版面，發至 initing@ntu.edu.tw，郵件請註明
　　"科普研討會徵文"。

4 . 徵文截止時間

　　2009 年 7 月 31 日

5 . 聯繫方式

　　聯繫人：本會理事長丁一倪教授
　　電話：2396 9972, 0933-092-264,　　E-mail: initing@ntu.edu.tw

本會各項活動期待您的熱誠參與，也期盼您能推薦更多退休同仁加入本會！
本會電話：33669690, 23695692, 傳真：23648970

貳、會務報告

1. 本會英文名稱為 National Taiwan University Retiree Association. 簡稱 NTURA。
2. 本會 E mail address：nturetiree@ntu.edu.tw. 歡迎本會會友善加利用，藉以聯繫彼此訊息。
3. 感謝本會前理事長方祖達教授舉辦「貴陽、織金洞、黃果樹瀑布、夜郎洞、馬嶺河峽谷八日遊」(98/5/15-23)，除擔任領隊外，並捐贈本會新台幣三萬一千元。
4. 本會第七屆第三次理監事聯席會議已於九十八年六月九日上午假校總區第四會議室召開。會中通過陳相蘭女士、郭秋香女士、陳鳳娟女士、洪文湘教授等4人之申請入會案及本會辦公室增設檔案e化組，並聘請杜雅慈小姐擔任組長案。
5. 本會會員動態（會員組 卓化祥組長提供）
   (1) 至本 (98) 年6月9日止，在籍會員624人，扣除病故往生者51人，他遷或停權退會者178人，現有實際會員395人（內含永久會員318人，其中有12人已往生）。
   (2) 新增會員陳相蘭女士等4人。
   (3) 會員田福淼先生不幸於本(98)年3月14日病故往生，已安厝五指山國軍示範公墓忠靈殿。會員陳樂民先生據其家屬電話告知陳先生已於去(97)年8月3日病故往生。永久會員吳琴萱先生，經與其家屬電話查證，吳先生已於去(97)年9月3日病故往生，另有會員高耀爵先生已於去(97)年10月21日病故往生，以上5位往生會友，本會深表哀傷。
6. 本會第四十五期會務通訊已於98/4/14出刊，感謝本會辦公室各組組長全體動員，使編印及寄發工作得以順利完成。
7. 本會國內旅遊由活動組關組長一人包辦所有業務，在此特別感謝她的辛勞。
   本會最近舉辦了：
   (1) 大坂根一日遊 (2009，4，22)。
   (2) 阿里山、奮起湖二日遊 (2009，6，17-18)。
8. 資訊組黃組長完成本會E-mail地址、申請本會歷次理監事會會議資料建檔、本會第四十五期會務通訊及本次理監事會會議資料編印，也要特別感謝他的辛勞。
9. 本會杜雅慈小姐完成本會第四十五期會務通訊中，陳福成會友大作：「桃園一日遊 小鳥朵、綠光森林、角板山、大溪老街、休閒知性之旅」全文打字，寄發本會第四十五期會務通訊名條更新，本會部份會友E-mail地址建檔及本次理監事會議各組工作報告全文打字，謹在此對杜小姐表達誠摯的謝意。
10. 會員組卓組長隨時更新本會會員異動資料，會計組陳組長完成各項帳務工作，秘書組劉組長完成本次理監事會場地借用及開會通知寄發，總務組組長天天到辦公室值班，也在此一一表達誠摯的謝意。
11. 98/3/7本校一年一度的"杜鵑花節"開幕，舉辦一系列活動。生命科學院主辦「生物摺紙藝術節""一張紙的變變變"」活動，14日.15日及19日有摺紙藝術講座及研習。本會路統信理事代表本會參與，並應邀在農業陳列館三樓研習教室講演，主講：紙的故事—紙的發明與造紙技術演進。
12. 本校校運會 (98/3/21-22)，本會10人參加男子組鉛球、跳遠、100公尺、400公尺、1500公尺賽跑及400公尺接力賽；本會5人參加女子組鉛球、跳遠、60公尺、200公尺、1500公尺賽跑及400公尺接力賽，本會團隊精神良好，勇奪教職

員工女甲組 400 公尺接力(4 人)第一名及教職員工男甲組 400 公尺接力(4 人)第二名,分別獲頒獎狀:「本校退休人員聯誼會同仁參加 97 學年度(第 59 屆)全校運動會成績優異,特頒獎狀,以資鼓勵」。

13. 九十八年 1-4 月會員慶生會,已於 98/4/14 上午假本校校總區綜合體育館一樓文康會演講廳舉辦,共 39 人參加。在此也要感謝陳明珠組長、關麗蘇組長及杜雅慈組長等辦本次活動的辛勞。

14. 本會理事長丁一倪教授當選台灣科際整合研究會副理事長(98/4/25),本會辦公室關麗蘇組長獲聘為該會副秘書長(該會秘書長為本校國發所邱榮舉所長),本會與該會將加強合作舉辦活動。

15. 財團法人極忠文教基金會沈品瑤小姐(國發所退休)與本會合辦老人教育活動:「健康長青魅力人生」,已分別於 5/5、5/12、5/19、5/26 及 6/2 各舉辦一場,合計五場(請參看 45 期本會會務通訊)。

16. 本會與中華高齡學會合辦之系列健康講座,已於 98/5/11,假本校校總區綜合體育館一樓文康中心小會議室舉辦,由陶士珍教授主講:「養生之道」,由本會沙前理事長主持。

17. 大陸國務院台灣事務辦公室等部委、福建省人民政府及福建省科學技術協會主辦之「海峽論壇」中「海峽兩岸科技社團合作與發展交流會」(98/5/15-19,廈門市),本會丁一倪理事長及路統信理事應邀參加。

18. "第三屆台大師生金石書畫聯展"(98/5/16-30,第一學生活動中心 B1 文藝展示室)。本會方祖達前理事長、路統信理事暨郭文夫、陳雪嬌、張喜寧等諸會友均提供作品參加展出。

19. 本校教職員工文康活動推行委員會主辦,本會參與合辦之演武活動:「合氣道與健身術」已於 98/5/26,假本校校總區綜合體育館一樓文康中心舉辦,由柔術師範八段張漢東館長擔任講座。活動情形請上網點閱:

　　　　<http://www.ntuaa.ntu.edu.tw/martial_club_report20090526.htm>

20. 「胡適記念講座」專題演講(98/5/27,文學院二樓會議室),由謝明良教授主講「探索台灣出土的貿易陶瓷」,本會共 8 人參加。

21. 本會與中華高齡學會合辦之系列健康講座(第二場),已於 98/6/8,假本校校總區綜合體育館一樓文康中心小會議室舉辦,由張念鎮理事長(中華高齡學會理事長)主講:「冠心病的預防與保健」,由本會沙前理事長主持。

22. 邀請中華民國合氣道推廣訓練協進會張漢東理事長(現任臺灣省台大校友會理事長)為本會全體理監事介紹合氣道(98/6/9,校總區第四會議室)。

23. 馬中欣先生主辦之「拉達克‧喀什米爾深度之旅」已有三人報名參加。

24. 轉知參加旅遊活動之會友參加下列免費活動:
　　(1) 保健養生講座:羅姿麟秘書長主講:「讓您成為家人的保健師」(98/04/22,中華身心靈研究發展協會)。
　　(2) 保健養生講座:林松洲教授(台北醫學大學藥理學系前主任)主講:「心血管保健與預防臨床應用」(98/5/9,台北科技大學綜合科館)。
　　(3) 保健養生講座:許愊柔營養師主講:「營養入口　先拒毒害」(98/05/20,中華身心靈研究發展協會)。

(4) 保健養生講座：孫安迪博士主講：「免疫力和抗氧化力 從預防 H1N1 流感談起」(98/06/14，台北市議會地下一樓大禮堂)。

(5) 保健養生講座：羅安麟秘書長主講：「告別失眠與憂鬱」(98/06/20，台北科技大學綜合科館)。

(6) 生態人文旅遊產官學民大論壇暨研討會 (98/6/24 上午 9:00，東南科技大學中正教學大樓 11 樓 國際會議廳)。

(7) 台大校友會主辦之 2009 年 6 月份「提升生活品質」系列講座。

25. 本會擬舉辦一場養生保健演講會，由林松洲教授 (台北醫學大學肝癌權威，暢銷書「食物與癌症」作者) 主講，講題為「如何活得更健康」。確實時間尚待與林教授及職工聯誼會協調。

26. 有位會友來電表示，本會第四十五期會務通訊中，陳福成會友之大作內，對「蔣公」之看法不能接受，希望本會對來文應加審閱，並刪去不當言論，本會基於對作者言論之尊重，包容不同面向之看法，今後對來稿將加註「本文文責由作者自負，以上言論不代表本會立場」。本會歡迎會友不吝賜函指正，並來函照登。

27. 參加各項活動報名後，如果臨時不克參加，請找人遞補，以免報名費或訂金被沒收。

28. 本會主辦之活動張貼於臺大網頁，其點閱方法如下：
進入臺大首頁→點左上方「教職員」→點右下角「文康活動公告」，即可進入「教職員工文康活動推行委員會網頁」→點左上角「活動訊息」，即可看到本會活動資訊，歡迎隨時上網點閱。

29. 敬請各位會友提供 E mail 地址，以利寄發子郵件，快速告知活動訊息。截止目前僅有會友 6 人提供 E-mail 信箱。

30. 會友林泗濱教授來函針對 18% 問題提出若干建言，已將該函影本轉給全國大專教師會聯合會李威儀教授，作為其撰寫捍衛 18% 論述之參考。

31. 退休相關法令行將大幅修改，事關各位權益，敬請密切注意。

退休相關法令最新動態

一、公務人員退休法：含 18% 案 −77%~99%、八五制、調高費率至 18%，適用對象為公務人員。980417、980424、980501 三次院會一讀時均被退回程序委員會，980508 時院會以表決通過一讀付委，本會期末有可能開始審查。

二、公立學校教職員退休條例：教育部草案送至行政院，人事行政局還有意見 (尤其是八三制，人事局不贊同中小學可以較公務人員低)。行政院尚需協調。

三、公教人員保險法：黃昭順委員參考全教會所建議年金化版本，但為求可行 (不希望費率因而大漲)，提案時修正為 1.3% (每年)，和國民年金同；銓敘部則才開始在北、中、南三地辦公聽會，替代率則只有黃昭順的一半 (0.6%、0.65%、0.7%，三案擇一)，銓敘部並準備於明年初才送立院，和私校退撫條例所需配套脫節。黃昭順版排入 980522 院會一讀議程。

四、私校退撫條例：黃昭順委員參照全教會版本，提出後頗獲好評，與行政院版、鄭金鈴委員版形成競爭。法制委員會自 980422 起密集排審 (0504 第二次，0518 辦公聽會)，預計六月初可能第三度審查，全教會對各方暫提兩個解決模式，建議可擇一實施：

開始在北、中、南三地辦公聽會，替代率則只有黃昭順的一半（0.6%、0.65%、0.7%，三案擇一），銓敘部並準備到明年初才送立院，和私校退撫條例所需配套脫節。黃昭順版排入980522院會一讀議程。

四、　私校退撫條例：黃昭順委員參照全教會版本，提出後頗獲好評，與行政院版、鄭金鈴委員版形成競爭。法制委員會自980422起密集排審（0504第二次，0518辦公聽會），預計六月初可能第三度審查，全教會對各方暫提兩個解決模式，建議可擇一實施：

1. 行政院加強版（費率12%，分攤比率依鄭金鈴、黃昭版）＋私校教職員由公保轉勞保（其基金隨參加公保人數比例轉移）。

2. 黃昭順修正版（費率12%，分攤比率如前，確定給付制）＋公保年金化，每年至少1.0%以上。

保健中心整修期間醫療服務搬遷至第一學生活動中心 103 室

學務處保健中心於今年暑假期間6/22-9/13進行整棟樓的整修工程，希望整修後的保健中心能提供給全校教職員工生及眷屬們更開放的門診空間及創傷處理服務。

整修期間醫療服務調整如下：

1、 6/22-9/13門診工程期間，將暫停所有專科門診〈耳鼻喉科、眼科、皮膚科、超音波約診、牙科、婦產科〉服務。

2、 6/25-9/13門診工程期間，將在第一學生活動中心103室開設家庭醫學科門診，服務時段為：週一上午及下午，週二至週五上午。

3、 6/25-9/13門診工程期間，在第一學生活動中心103室提供緊急傷病處理服務，服務時段為：週一至週五上班時間。

保健中心預定於98年9月21日在原址恢復正常門診，整修期間諸多不便，請多多包涵。聯絡人/聯絡電話　陳立梅 3366-2165

★敬請5-8月份壽星　踴躍參加慶生會★

1. 時間： 98/8/25 上午 10 時。
2. 地點： 本校校總區綜合體育館一樓文康會演講廳。

★敬請提供 E-mail 地址★

1. 本會資訊化作業正由黃存仁理事及杜雅慧小姐積極改善中。
2. 為響應「節能減碳」並快速傳達各項活動訊息，不要漏失好康活動，敬請提供E-mail地址，以利寄發電子郵件。請來電或傳真告知本會E-mail地址。

參、校園老照片說故事 經歷戰爭年代的機械舊館　　路統信理事

台大創校 80 年

在今日校園中，有校史館、文學院等已列入古蹟保存的古典建築，也有總圖書館/綜合體育館，凝態中心大樓等現代化建築。新舊館交融，唯獨學生活動中心後側的一

棟老舊二層灰樓機械舊館，厚實堅固的四壁，灰色外牆，門窗狹小，從外表看去，猶如一座海防碉堡。孤立其間，顯得有些不協調。台大人為趕課而匆忙經過這裡，或悠閒的漫步其間，人來人往。很少人注意駐足片刻。想到為何有這樣一棟古怪的建築，孤立在校園？

台大前身台北帝大，創立於 1928 年，當時僅設文政、理農兩個學部。直到 1941 年 5 月始有工學部設立。是年 12 月 7 日，日本偷襲珍珠港，炸毀美國海軍基地，引爆二次世界大戰。新設立的工學部需興建教學館舍，但由於財力不繼，同時也為了戰時防空，免於為盟軍轟炸目標，乃選在當時校區外的郊野，建起了兩棟不顯眼的二層樓房，外表再塗以灰色，前棟是機械館，後棟為土木館。土木館早年已拆除改建為志鴻館；後棟保留至今，於機械學系及研究所遷入新建工學院大樓後，成為"機械舊館"。

回顧 1944 年 5 月 31 日，在美國軍機 B29 空襲台北的大轟炸中，舊總圖（今校史館）東側雷落彈 6 枚，彈片波及到文學院大樓的中央陽台。次年 3 月 29 日，一號館再遭襲擊，外牆鄰近的大王椰子樹幹上留下壘壘彈痕。樸實無華孤立在郊野田間的機械館，在歷次空襲台北大轟炸中，都能幸免波及，直到 1945 年 8 月，大戰結束，台灣光復。

機械舊館始建於二次世界大戰初期，經歷了戰爭年代滄桑歲月，曾在戰火陰影下走過，見證了二次世界大戰歷程，於今六十八載，跨越兩個世紀。值得留為後人憑弔，發思古之幽情。

機械舊館屋頂已經翻修，外壁也新加塗裝粉刷。唯灰牆外貌依舊。中央進門左側牆壁上，尚保留著後來設置的防空標示牌，牌上標示著：

掩蔽建築物：機械系館大樓全部
　　　　　　底層
編號：空襲避難區 E-2
說明：利用三層以上或堅固之二
　　　層建築，底層避難。戰時將用沙包堵塞門窗。

肆、旅遊記實
一、貴陽、織金洞、黃果樹瀑布、夜郎洞、馬嶺河峽谷八日遊　　方祖達前理事長

貴州是中國西南部的內陸省份，人口 3900 萬人，為台灣的 1.7 倍。土地面積 17.61 萬平方公里，是台灣的 4.9 倍。屬亞熱帶季風高原氣候：溫暖，濕潤，年平均溫度在 15 度 C 左右，空氣中含氧量很高，素有"天然空調省的美譽"。

　　貴州是著名的山地省，也是世界上喀斯特地貌分布最廣的，發育最典型的地區。它以險峻雄奇，瑰麗神秘的高原自然景觀聞名於世。這次旅遊的路線是自貴陽西到織金洞，西南行到黃果樹瀑布，再向西南到興義的夜郎洞、馬嶺河峽谷及萬峰林等名勝景地。茲將八日的行程記述如次：

第一天　5月15日上午10時半，我們一團39人(男15、女24)由山林旅行社林銘訓先生領隊，搭車到桃園機場。先到附近一餐廳用午餐，再到機場，於下午2時搭機到香港機場，再轉機到貴陽已是19：30了。由當地導帶領遊覽全程。貴陽是貴州省的政治、經濟和文化的中心，為一小山城，境內山環水繞、風光明媚、四季如春，付公車票一元可遊市區一圈約50分鐘，市中心區以中華南北路最為繁華。但飲食物價較為昂貴，夜宿嘉華酒店。

第二天　主要遊織金洞原名打雞洞，是國家級風景名勝區、國家地質公園。1994年唯一代表亞洲加入國際洞穴旅遊協會，為中國最美旅遊洞穴排名第一名。全洞長12.1公里，洞腔最寬跨度175公尺，相對高差150公尺，一般寬均在60至100公尺之間。洞內總面積70餘萬平方公尺，以大、奇、全為特點，被世界列為世界遺產古蹟。所謂"黃山歸來不看岳，織金洞外無洞天，浪懷勝代染地境，始信天宮在人間"。我們上午出發，乘車到安順市休息，讓大家品嘗來自新疆的香梨。10：00出高速公路轉往織金洞公路，沿途多是運煤炭大貨車，13：00用午餐。14：00進洞。洞內設施有石級、護欄，電光照明及路標，並有解說員沿途解說。洞內處處都有滴水，應小心路滑，宜遵守登山人的戒律：看京不走路，走路不看景，以策安全。

　　一進入廣大的織金洞，即有開展眼界驚奇的視野。沿途依指標行進，全洞共有12個大廳，塑造形形色色的鐘乳石類群百態，如石筍、石帷、石縵、十二大山、金鼠宮、廣寒宮、雲宵殿、壽星宮、捲曲石、神女宮、霸王盔、銀雨樹、螺旋樹、姐妹玉柱等157個景點。我們走了近三小時才走完全程，只能算是走馬看花。

　　織金洞的成因，據研究約二億年前，由於地殼的變遷，所謂喀斯特地質：地下岩石被水侵蝕，地殼上升、海水退出，而石灰岩在洞內所聚集的炭酸鈣水凝結，加以受到洞內氣流及溫度的影響，形成五彩繽紛、晶瑩剔透的世界。17：00出洞、先搭接駁車回到停車場，再乘車到安順已是晚上九時了，大家享用一餐王府家宴，夜宿瀑布山莊。

第三天　早餐後，9：00出發，車行約一小時到黃果樹瀑布區，先參觀百年的盆景園，排列著幾百座各種美妙多姿的盆景。有紫薇、火辣、銀杏、榕樹、杜鵑等種類，花紅葉翠相輝映，樓台亭榭布局天然，頗有貴州山野性情，園中清新淡雅，格調迴異，自有一番風味。那些紫紅色的九重葛，更是大家競相拍照的對象。我們沿著石級向前走，可聽到遠處的瀑布聲音，約下走二百多級的石階，見到巨大的瀑布，如萬馬奔騰的隆聲如雷貫耳展現在眼前，靠近急流的岸旁，若無雨具，早已全身淋濕了。大家就沿著大瀑布河岸拍照留念。那傾瀉下來巨大的洪水也急速地滾滾而流，隆隆急流聲達數公里不絕於耳。走約二小時回到原入口處，乘車去用午餐。

　　下午二時上車，開往黃果樹瀑布下游，步行約三小時，先看天星橋，整個景區

前半部分主要看山石之奇；後半部主要在看秀水之美。天星橋的樹木以榕樹為多，葉密陰濃，滿谷生風，有一株名曰美人樹，樹身高大綽約，枝葉如裙裾飄動，予人以美感。另一株被命名為"民族大家庭，那是56條粗大的氣根鑽入石縫中，形成支幹，有如中國56個少數民族大團結在一起，蔚為奇觀。水上石林景觀是河水將它圍在水中，區內水流蜿蜒曲折，石林星羅棋布，露出水面，形成奇特景觀。我們走石林區的石墩鋪成的水上踏石前進，每一踏石上均刻有年、月、日，使遊客可以對照自己的生辰。穿越石林可看到許多樹盤根其上，又有許多錯攀的藤條。最後繞過一個湖邊九曲橋到近出口的休息廳曰"天造園林"，聯曰"仰視遇山俯視綠水，汲泉煮茗聽雨敲碁"。17：20坐接駁車到停車場，晚餐後回到天瀑酒店休息。

第四天　早上8：30出發，自安順往西南行，預計興義要開車約四小時。10：40要經過金州大橋，要大家下車看景，沿橋旁欄杆小路慢慢走過去約20分鐘，見到深達一千公尺的峽谷溪流。在橋端拍照及休息約10分鐘。車經過北盤山六個隧道入貞豐縣。据云此大橋是亞洲最高又最大的鋼索大吊橋，亦稱為北盤江大橋。11：00到甘家灣大橋。下午2：00到興義(亦稱坪子盆地)，是近雲南和廣西省的一個新興都市。用過午餐，因陰雨濛濛，大家決定不去遊馬嶺河峽谷，改在飯店裏按摩二小時。年輕力壯的按摩女工，先給我們用藥草熱水泡腳，再讓我們在床上躺著，揉、摩、捶、括等樣樣熟練的動作，頗感舒服。晚餐後，大家好好入睡，做個甜蜜的夢，消除了一天長途乘車的疲勞！

第五天　8：20出發去遊萬峰林景區，離興義市七公里，是典型的喀斯特盆谷峰林地貌，由近兩萬座奇峰翠巒組成、氣勢宏大壯闊。我們在停車場換四台接駁車沿緩坡上山，每台車派一苗女扮的導遊小姐沿途解說。根據峰林的形態分為列陣峰林、寶劍峰林、郡龍峰林、羅漢峰林、疊帽峰林等五大類型。這一座座獨特的岩溶孤峰，陪襯著秀美的田園，與彎曲的河流、古樸的村寨，蒼鬱的樹林融為一體，展示出了人與大自然的高度和諧與融洽，萬峰林起起落落的山頭之美可勝過廣西桂林。興義是苗族和布依族的少數民族自治區。布依多美女，體態豐腴，勤於勞動耕作；男人多從事琴棋書畫等文化工作。興義也是一文化區，我們順便去參觀狀元府第、劉軍長文輝的故居，也看到何應欽將軍的老家。在民俗博物館中介紹苗族男女婚姻過程的習俗以他們的蘆笙節為代表，苗有小花苗和黑苗，男女如何認識談戀愛刻竹定親、嫁娶時先行丟布禮，男方以一長的藍布投給女方，做為纏腰用。哭嫁表示感激父母養育之恩。盛裝的婦女都有華麗的粧扮，頭上帶著銀飾的套裝。家庭好溫馨和睦。布依族也有他們的婚姻習俗，亦以生辰八字配對。展覽館中展出在興義掘出古代恐龍的化石。

　　興義是貴州省的糧倉。此地一千平方公里內居住一百萬布依族人，民性純樸勤勞。晚上7：30在馬嶺河餐廳用一頓布依族人的魚宴。欣賞布依的歌舞及八音演奏，依序是戀愛舞、月琴合奏、竹夾舞、大蕭合奏、六合回春、素粧打扮、布依山歌。演畢向我們敬酒，和我們合照留念，盡興而歸再回到酒店休息。

第六天　天晴，7：55車開到馬嶺河景區，為了顧到各人的不同體力，分為腳力差的和健腳的兩組。前者由林領隊帶領去乘大電梯，直接下山到終點站欣賞。後者由

導遊照顧，依高高低低的石級走完全程，當然可以欣賞許許多多的各個瀑布景區。全景路長2.5公里，約1.5小時走完。在"走路不看景、看景不走路"安全為原則。大家一面看景，一面拍照，看到峽谷二邊上的轟隆瀑流傾瀉而下及走上崎嶇的懸崖石壁，如在仙景中遊覽。看到全程十多處瀑布，大的像萬馬奔騰，小的像銀筷直落，配合那巨石綠林，處處都構成一幅幅的美麗圖像。我們走到終點站。走過二座吊橋，看到對岸石壁上又是大小瀑布傾瀉直落到河谷，美麗極了。回到終點的休息停曰"雨蕉廊"，聯曰"抬頭問晴天，何來巨斧擘地縫，凝思讀騰境能不深情贊神州"。再走上步道就是一座72公尺高的電梯。稍做休息及拍照，便乘車沿清黃高速公路向安順進發。車開約1.5小時到巴嶺用午餐。接著去遊另一大風景區夜郎洞。先到洞口碼頭，每十人坐一隻手划小船，因為是逆水行舟，進洞有些吃力，經過懸崖石壁及很多怪石檔前，繼走旱洞約20分鐘看到夜郎寶座、魔劍石、鴛鴦玉柱、水晶磨菇、夜郎寢宮等貌似的鐘乳石。夜郎洞雖然沒織金洞的規模宏大，但也有很多可觀景點，再走約一小時看到如寒江獨釣、飛龍入海、雄獅醒世、天外有天、重回人間等奇觀。15：45出洞，又走了一段路回到碼頭原點，與所有遊洞或不遊洞的團員會合，16：40上車開往安順，18：40用晚餐住入天瀑酒店。

第七天　8：00開車約一小時到達平壩縣的天龍屯堡古城。由當地解說員稱呼小娘娘帶領參觀，她以明代的服裝粧扮，說明所謂屯堡是六百年前明太祖朱元璋派兵鎮守黔南時，所留下的屯區。我們沿著石階走約十分鐘看到一株古銀杏樹，樹上綁著許多紅彩帶，是表示祈福之意。往前有一大懸石壁，再上去是財神廟及五龍洞，供奉佛祖。廟門書"清境禪院"。此天台山寺廟尚留存著當時吳三桂的朝笏、朝袍和寶劍三件遺物。下山後參觀屯堡古鎮的現址。居民有1400多戶均是安徽鳳陽漢人的遺族。婦女的粧扮也保留明代的遺風。民風悖模，以農耕為主。市街居所近似雲南的麗江及江西婺源的江灣。天台山五龍廟所遺留屯區對聯"滇唔屯甲源出洪武十四年，黔中寫泉流長華夏千秋史"足可為認證。11：10我們到一處布依族的面具歌舞劇"演兵習武"只演十分鐘就結束了，為此次參觀最短的一幕。15：30前往青岩古鎮，原為明、清時期的軍事重鎮。但經百年歷史滄桑，今僅遺留少數府院，如在此開鎮的文魁趙家，有聯為證"山川遺故宅、文史記科名"。另有一門四進士是紀念偉大教子有方的母親陳氏的宅院也。參觀完畢驅車回到貴陽已是6：30了。在嘉華酒店用一頓藥膳大餐後，各自回房休息。晚間在酒店大門外一位女團員的金項鍊被歹徒搶走，是此次黔遊的一樁憾事。

第八天　早上七時用早餐，9：00上車出發，經過貴陽市街鬧區，去參觀規模宏大，風景幽美的黔峯公園，也稱為黔靈公園。園內古木參天，植被茂密，集貴州高原靈氣於一身。山坡上生長著千種的林木、花卉和各種名貴藥材。沿山坡走約15分鐘到弘福寺，係建於明末清初，坐落於三座山峰相交會的溶岸上。為赤松祖師的道場，紀念碑文稱不二法門。聯曰"萬法規一勇猛精進成正覺、千門不二思辱禪定悟真詮"。寺院規模宏大，樹木蒼翠油綠，是民眾休憩的好去處。再沿一條路走到麒麟洞，是當年張學良將軍被軟禁的地方。山洞的左方門旁豎立一塊大石頭形似麒麟而得名。另一處稱為陽明祠，是紀念明末名儒王守仁哲學

家的書房。繼遊動物園區，在通往出園的馬路上，右邊是小山坡，許多猴子棲息在樹林中，左邊也是斜坡充塞各類樹木。一路上可見到猴子的活動。遊客應小心留意手上的食物勿被搶奪，也有遊客駐足餵牠們花生或水果。我們可以接近拍照，另有一番樂趣。甲秀樓是城南勝蹟，其涵碧亭因採用宋代蘇東坡之詩句而著名：詩曰"水從碧玉環中出，人在青蓮瓣裡行"。池水源自長江，在此南明河上有一浮玉橋銜接兩岸。橋旁的岩石牆下，有許多年輕人在那兒游泳戲水，我們走過二段攔水堤墩。出園後順路到一家超商，讓大家選購一些自己喜愛的商品。午餐後稍做休息。17：00車開到飛機場。19：10搭機到香港已是晚上9：20，在機場候機廳休息一直待到深夜零時，才搭機到桃園機場，回到台北已是5月23日晨3：00了。大家提著行李回到自己溫暖的家。有些人家在較遠的地方，山林旅行社也派專車送到家。這次旅遊由於回程班機的時間關係，大家都覺得相當疲乏。八天的長途旅遊，所看的貴州景區極美，但對年長的團員確有點累，這也算是給我們一次體力的考驗。所幸大家都平安順利通過了這次考驗，寶刀未老，值得慶賀，祝福大家永保健康。

二、旅遊 相片　　　　　　　　　　　　　　　　　關麗蘇組長提供

參加阿里山、奮起湖二日遊同仁攝於阿里山車站前

中華民國九十八年十月十三日出刊

會 務 通 訊

第 四 十 七 期

發行者：國立台灣大學退休人員聯誼會
National Taiwan University Retiree Association
會　址：台北市羅斯福路四段一號國立台灣大學望樂樓二樓
電　話：23695692　校內分機：33669690　Fax：23648970
E-mail：nturetiree@ntu.edu.tw

壹、本會近期活動

一、歡迎踴躍參加「中華民國大專院校退休同仁協會」

　　「中華民國大專院校退休同仁協會」已獲內政部准予籌組。98/9/6，假師大綜合大樓庭園餐廳召開發起人會議及第一次籌備會議，本會歷任理事長方祖達教授、楊建澤教授、沙依仁教授、丁一倪教授及黃存仁理事、吳元俊理事等六人均經本會第七屆第二次理監事聯席會議推派代表本會擔任該會發起人，該會的宗旨與任務如下：

「**宗旨**」以聯絡全國大專院校退休教職(含教官)員工等之情誼，互相關懷、傳承　　　　經驗，並與學校政府等相關單位溝通，維護退休同仁權益與尊嚴為宗旨。

「**任務**」1. 有關各校退休同仁之整合與運用事項。
　　　　2. 有關退休同仁權益與尊嚴之維護事項。
　　　　3. 有關退休同仁經驗之傳承事項。
　　　　4. 有關加強退休同仁之聯誼事項。
　　　　5. 有關與國內外相關組織交流合作事項。
　　　　6. 接受政府或其他機構委託辦理事項。
　　　　7. 與學校及政府有關機構協商退休同仁相關事項。
　　　　8. 其他關懷服務等事項。

　　該會之成立將有助於本會從校內走入校際甚至國際，發揮組織力量維護休同仁之權益與尊嚴，有意參加者請填寫後附之入會申請書，填妥請交本會關麗蘇組長收。

二、本會彭故監事振剛公祭　請踴躍參加

　　本會監事彭振剛主秘不幸於98/9/19往生，98/10/18(日)上午九時，假第二殯儀館景仰廳舉行公祭，請各位踴躍參加。

三、校慶作品、才藝展　請踴躍提供圖書及工藝作品參展

本校創校 81 年校慶籌備工作會議（98/8/19，校總區第四會議室），分配給本會的工作為配合校慶於 98/11/14 上午舉辦作品、才藝展，請本會會友共襄盛舉，踴躍提供作品參加展出，有意參展者請與本會連繫。

四、參加免費「緊急救護宣導講座」意願調查

中華民國緊急救護教育中心希望來會舉辦「緊急救護宣導講座」，課程內容如下：
(1) 哈姆立克法（食道異物哽塞）
(2) 腹式呼吸法
(3) 呼吸睡眠障礙（輕、中、重度）重度患者可申請身心障礙手冊
(4) 臨時性缺氧症狀
(5) CPR 心肺復甦術
(6) 燒燙傷急救（沖、脫、泡、蓋、送）
(7) 外傷包紮治療急救
(8) 定壓止血法

有意參加者請向本會報名，以利安排舉辦時間及地點。

五、免費教授養生功　歡迎踴躍參加

時　　間：98 年 10 月 6 日起每星期二上午 8：30-9：30
地　　點：望樂樓本會辦公室前空地
指導老師：本會前理事長沙依仁教授

六、98 年度松柏學院心智活化運動—老幹新枝　招兵買馬

一趟世代交替、傳承的學習之旅，邀請您一起來翱翔！

學生時代的孩子就像海綿一樣，正是吸取知識，拓展視野的時機；因有您的加入，將您豐富的人生經驗，傳承給新一代年輕學子，會是一堂意義非凡的課程。除此之外，也跟著孩子們一起感受青春洋溢的氣息，回到最純真的時代。誠摯地邀請您的加入！

欲加入「老幹新枝」行列，或想了解更詳細的內容，請洽：02-33668063 郭小姐。
台灣大學雲林分部　松柏學院計畫　研究助理　郭姿吟
電話：02-33668063，傳真號碼：02-23416234　。
地址：台北市中正區徐州路 17 號 632 室。
E-mail：kuotzuyin@ntu.edu.tw

七、評古說今

日期	時間	主講人	講題
10 月 13 日（二）	10：00-11：20	鄭義峰教官	牛轉乾坤論傳承與遺願
11 月 17 日（二）	10：00-11：20	沙依仁教授	高齡者鍛鍊健康長壽的方法

12月15日（二）　10：00-11：20　丁一倪教授　　自由基與日常生活
地點：視參加人數另行決定。
歡迎各位理監事、全體會員及有興趣者參加。
歡迎有意聽講及有意講給人家聽者踴躍報名參加。
【報名專線】23695692，33669690 本會活動組長：關麗蘇小姐

八、苗栗採果、九華山一日遊

出發日期：98 年 11 月 18 日(星期三)
出發時間：上午八時整準時出發（請預留時間於七時四十分上車）
集合地點：臺灣大學正門口（羅斯福路上）
代辦費用：每人新台幣 1,200 元
名　　額：尚有數個空位，有意參加者請速報名，以免向隅。
報名時間：即日起受理報名，歡迎本校在職教職員工、退休人員及外籍教師攜眷
　　　　　參加，額滿為止，報名費可在車上收費或到本會報名繳費均可。
報名專線：23695692，33669690 活動組長：　關麗蘇小姐
行程時間：
　　07：40～08：00 台大校門口集合出發
　　10：00～11：30 泰安吉娃斯果園，泰安甜柿一般多分佈於後山海拔較高地區，
　　　　　　　　　吉娃斯民宿位於海拔 860 公尺地帶，走進果園，遠處山峰美
　　　　　　　　　景與橫龍古道躍人眼眸，居高臨下的視野讓人身心舒暢。其
　　　　　　　　　自家栽種的甜柿，甜度高達 23 度，甜脆可口。因為甜柿身價
　　　　　　　　　嬌貴，一般農家多不開放採果。
　　12：00～13：00 午餐
　　13：20～14：00 參觀蠶絲被工場
　　14：30～15：30 九華山：佛教聖地，苗栗銅鑼大興善寺於 2005 年 11 月 11
　　　　　　　　　日深夜吊載三寶佛盛況空前，在近千信眾虔誠護送下，隊伍
　　　　　　　　　綿延數公里，沿途佛像臉部也有燈光投射，十分搶眼，仿佛
　　　　　　　　　大佛夜行軍。大興善寺創始人信眾尊稱為救世師父，寺方結
　　　　　　　　　緣的佛茶和平安麵，經過口耳相傳相當有名。
　　16：10～17：10 竹南啤酒廠位於竹南工業區內，為台灣啤酒廠中面積最廣、
　　　　　　　　　設備最新、產能最大的啤酒廠，於民國 70 年開始籌劃興建，
　　　　　　　　　85 年 6 月全部竣工。
　　18：00～19：00 晚餐
　　20：00　　　　 返回可愛溫暖的家
備　　註：費用包括午、晚餐‧車資‧司機‧導遊小姐小費‧過路費‧門票（
採果門票每人新台幣 150 元）‧礦泉水‧住宿費‧旅遊平安保險（每人新台幣
200 萬元，醫療費 20 萬元；依規定 14 歲以下、75 歲以上，保險限額為新台幣
100 萬元，醫療費 10 萬元）

九、系列健康講座（第七場）歡迎踴躍參加
　　時間：98/11/9 上午 9:00-11:00
　　地點：本校校總區綜合體育館一樓文康會演講廳
　　講題：從梵谷割耳事件談梅尼爾氏症的復健
　　主辦：本會與中華高齡學會合辦

十、健康99健檢　優惠至98年12月31日　請多利用
　　欲參加「健康99健檢」之同仁，請攜帶退休證明或撫卹金證書或眷屬關係
　　證明文件，並事先洽各特約院所辦理健檢預約。特約院所名單如下：
　　署立基隆醫院、署立台北醫院、財團法人天主教耕莘醫院、財團法人康寧醫院
　　、臺北縣立醫院、博仁綜合醫院、哈佛診所、署立桃園醫院、桃園敏盛綜合醫
　　院、署立竹東醫院、新中興醫院、李綜合醫院苑裡分院、財團法人為恭醫院、
　　中國醫藥大學附設醫院、署立台中醫院、財團法人仁愛綜合醫院、署立豐原醫
　　院、佑民醫療社團法人佑民醫院、財團法人天主教若瑟醫院、嘉義榮民醫院、
　　中國醫藥大學北港附設醫院、署立新營醫院、台南市立醫院、阮綜合醫療社團
　　法人阮綜合醫院、高雄市立小港醫院、高雄市立民生醫院、高雄縣立岡山醫院
　　、國軍高雄總醫院附設民眾診療服務處、署立屏東醫院、國立陽明大學附設醫
　　院、財團法人羅許基金會羅東博愛醫院、花蓮慈濟綜合醫院、署立台東醫院、

　　查詢網址：http://www.hwc.gov.tw（住福會網站）或
　　　　　　　http://eserver.hwc.gov.tw（公務福利 e 化平台網站）

十一、本會第七屆第五次理監事聯席會議預定 98/12/8（二）召開　請各位
　　　理監事預留時間

十二、本會第七屆第二次會員大會預定 98/12/29（二）召開　請預留時間

十三、本會各項活動請大家踴躍參與
　　　(1) 老照片說故事，歡迎投迎投稿。
　　　(2) 評古說今，請大家報名擔任主講人或推薦主講人。
　　　(3) 本會旅遊園地歡迎投稿。
　　　(4) 「旅遊活動」請大家提供參攷行程。

本會各項活動期待您的熱誠參與，也期盼您能推薦更多退休同仁加入本會！
本會電話：33669690，23695692，傳真：23648970
E-mail：nturetiree@ntu.edu.tw

貳、會務報告
1. 本會第七屆第四次理監事聯席會議已於九十八年九月二十九日上午假校總區第四

會議室召開。會中通過簡勝益女士、陳德誠先生、覃瑞菊女士、林良平教授、陳秀美女士、臧小青女士、詹美華教授、張碧月女士、畢萬邦教授等9人之申請入會案及彭振剛監事遺缺由第一候補監事劉秀美女士遞補案。

2. 本會會員動態（會員組 車化祥組長提供）

　　(1) 至本（98）年9月29日止，在籍會員633人，扣除病故往生者57人，他遷或停權退會者179人，現有實際會員397人（內含永久會員326人，其中有17人已往生）。

　　(2) 新增會員簡勝益女士等9人。

　　(3) 會員蘇鳳棠先生，於本（98）年7月11日來信告知本(98)年會費已劃撥入本會，並聲明退會，本會已依其意願辦理退會登記。

　　(4) 永久會員任啟邦先生不幸於本(98)年6月24日病故往生。會員曾廣財先生，經其家屬告知曾先生已於本(98)年6月24日病故往生。收到永久會員葉阿月女士之訃聞，閱後獲悉：葉女士已於本（98）年7月16日病故往生，並於本（98）年8月4日舉行家祭和公祭後發引火化，靈骨安奉台北縣新店市廣明寺。本會因收訃聞較遲兩天而誤事，深感遺憾和哀傷，並已電話向其家屬說明未能參與公祭並獲家屬鑒諒。永久會員卓觗崍先生已於去（97）年2月14日病故往生，家屬已遷往國外。永久會員彭振剛先生（現為本會監事）已於本（98）年9月19日不幸病故往生，並已確定於10月18日公祭後出殯。永久會員郭維謀先生，經其家屬電話告知郭先生已於本（98）年8月31日不幸病故往生。以上6位往生會友，本會深表哀傷。

3. 本會第四十六期會務通訊已於98/7/7出刊，感謝本會辦公室各組組長全體動員，使編印及寄發工作得以順利完成。

4. 本會國內旅遊由活動組關麗蘇組長一人包辦所有業務，在此特別感謝她的辛勞。本會最近舉辦了：

　　(1) 阿里山、奮起湖二日遊（98/6/17-18）

　　(2) 宜蘭礁溪大埤湖、天鵝湖一日遊（98/9/16）

　　(3) 後慈湖、北埔綠世界一日遊（98/10/14），已完成報名工作，由於參加人數過多，增開一部遊覽車，亦已額滿。

5. 資訊組黃存仁組長完成本會第四十六期會務通訊及理監事會會議資料編印，並隨時維護本會電腦順利運作，也要特別感謝他的辛勞。

6. 檔案e化組杜雅慧組長完成本會部份會友E-mail通訊錄建檔，並完成本會第四十七期會務通訊中，陳福成會友大作：「阿里山、奮起湖二日遊」、路統信理事大作：「校園老照片說故事」、前理事長方祖達教授大作：**「評古說今講稿摘要：從陳橋兵變到杯酒釋兵權」**及理監事會議各組工作報告全文打字，謹在此對杜組長表達誠摯的謝意。

7. 會員組車組長隨時更新本會會員異動資料，會計組陳組長完成各項帳務工作，秘書組劉組長完成歷次理監事會場地借用及開會通知寄發，總務組鍾組長天天到辦公室值班，也在此一一表達誠摯的謝意。

8. 本會與中華高齡學會合辦之系列健康講座（第四場），已於98/7/6，假本校校總區綜合體育館一樓文康會演講廳舉辦，由吳滂康教授主講：「好音樂驅逐癌細胞」。

9. 本會「評古說今」已開講：
   (1) 第一場由方祖達教授主講：從陳橋兵變到杯酒釋兵權（98/8/11）。
   (2) 第二場由徐玉標教授主講：典故來由追源（98/9/15）。
10. 九十八年 5-8 月會員慶生會，已於 98/8/25 下午，假本校校總區綜合體育館一樓文康會演講廳舉辦，共 30 人參加。本次慶生會承陳美枝理事邀請手語舞蹈家江珊珊老師帶領其舞蹈團隊共六人，以精湛之舞藝、感人之盛情，向壽星祝壽。本會致贈感謝狀向江老師及其團隊表達誠摯的謝意。在此也要感謝陳美枝理事以及陳明珠組長、關麗蘇組長及杜雅慧組長籌辦本次活動的辛勞。
11. 本校松柏學院舉辦「宜蘭樂齡遊」（98/9/4），請本會協助邀請退休同仁參加。本會關麗蘇組長及陳明珠組長應邀參加體驗。
12. 松柏學院贈送本會「松柏青春泉」季刊創刊號數冊，需要者請向關組長索閱。
13. 本會與中華高齡學會合辦之系列健康講座（第五場），已於 98/9/7，假本校校總區綜合體育館一樓文康會演講廳舉辦，由陶士君先生（南港太極拳分會會長）主講：「太極養生功」。
14. 本會監事彭振剛主秘（永久會員）不幸於 98/9/19 下午三時往生，本會理事長代表本會於 98/9/22 下午前往金甌女中討論治喪事宜，會由本校孫前校長主持，會中決定由金甌女中派員擔任總幹事，請與會各單位協助提供：
   (1) 寄發訃文名單及地址。
   (2) 與彭公有關之照片。
   (3) 可供撰寫生平事略之資料。
   　　金甌女中總機：2321-4765
   　　聯絡人：金甌女中訓導處高碧鈺小姐 2391-1573
   98/9/25(五)上午十時，假南昌路（近同安街）十普寺舉辦頭七。
   98/10/18(日)上午九時，假第二殯儀館景仰廳舉行公祭，請各位踴躍參加。
15. 本會王本源理事之母王品居士仙逝，已於 98/9/24 上午，假台北市立第二殯儀館懷源廳公祭，本會致贈輓聯以表哀悼，並由本會理事長代表本會前往致祭。
16. 本會理事丁一倪教授當選中國海峽兩岸學術文化交流協會理事長，本會前理事長楊建澤教授當選該會監事長（98/9/27），本會前理事長沙依仁教授當選該會理事（98/9/12），本會辦公室關麗蘇組長獲聘為該會會務秘書（98/9/27），本會與該會將加強合作舉辦活動。
17. 本會與中華高齡學會合辦之系列健康講座（第六場），已於 98/10/5，假本校校總區綜合體育館一樓文康會演講廳舉辦，由張念鎮教授（中華高齡學會理事長）主講：「如何預防 A 型 H1N1 新流感的發飆？」。
18. 轉知提供 e-mail 之會友參加下列免費活動：
   (1) 第二屆海峽兩岸科普研討會及科技與企業資訊化建設研討會、農業科技與生產行銷研討會、能源與計量研討會（98/8/26～30，福建省漳州市）
   (2) 本校松柏學院舉辦之宜蘭樂齡遊（98/9/4）
   (3) 本校教師會舉辦之科普演講會（98/9/12，本校校總區行政大樓第一會議室）：
   　　第一場　主講人：周　健教授（中國文化大學史學系，電視名嘴）
   　　　　講　題：世界古文明之謎

　　第二場　　主講人：陶翼煌教授（東南科技大學環境管理系，臺灣徐霞客研究會秘書長）

　　　　　　講　題：徐霞客與臺灣徐霞客研究會

　　第三場　　主講人：林松洲教授（台北醫學大學醫學系，保健、美容、肝癌等暢銷書知名作家）

　　　　　　講　題：從預防 H1N1 流感談起

　(4) 國父紀念館、臺灣徐霞客研究會及醒吾技術學院共同主辦之「中山思想暨徐霞客精神研討會」（98/9/26，國父紀念館中山講堂）。

　(5) 臺大教職員工文康活動推行委員會慶祝 81 週年校慶動態表演活動及靜態成果展（98/11/12）。

18. 本會主辦之活動張貼於臺大網頁，其點閱方法如下：

　　進入臺大首頁→點左上方「教職員」→點右下角「文康活動公告」，即可進入「教職員工文康活動推行委員會網頁」→點左上角「活動訊息」，即可看到本會活動資訊，歡迎隨時上網點閱。

19. 敬請各位會友提供 E-mail 地址，以利寄發子郵件，快速告知活動訊息。截止目前僅有會友 21 人提供 E-mail 信箱。

20. 會員電話或通訊地址如有變更，請儘速告知本會，以免失聯。

★敬請 9-12 月份壽星　踴躍參加慶生會★

1. 時間：98/12 /15 下午 2:00-4:30。
2. 地點：本校校總區綜合體育館一樓文康會演講廳。
3. 陳美枝理事將協助安排敦煌舞團前來表演。

★敬請提供 E-mail 地址★

1. 本會資訊化作業正由黃存仁理事及杜雅慧小姐積極改善中。
2. 為響應「節能減碳」並快速傳達各項活動訊息，不要漏失好康活動，敬請提供 E-mail 地址，以利寄發電子郵件。**請來電或傳真告知本會 E-mail 地址。**

★通訊地址或電話如有變更　敬請告知本會★

1. 以免錯過好「康」活動或應爭取的權益，並避免無法如期收到本會會務通訊。
2. **請來電或傳真或 E-mail 告知本會。**

貳、校園老照片說故事

老照片說故事-----台大邊陲有寶藏　　　　　　　　　　路統信理事

　　今年 6 月 17～18 日，台大退休會舉辦一次"阿里山生態之旅"，參加同仁及眷屬共 40 多人，兩日旅遊，大家快樂盡興而歸，是一次圓滿的遊程，17 日當晚，住宿阿里山山閣賓館，大廳設置有阿里山遊樂區觀光地圖，地圖上標示有一地名"對高岳"，我特別指出這是台大的轄區土地，並向在場的同仁說明。大家都感到非常驚奇。到了

識之加鞍部玉山登山口.
台灣雲杉 天然林
1966.10.

阿里山，還有台大轄區的土地。

台大實驗林管轄的土地面積 32,786 公頃，約台灣全省總面積的 1%。地跨南投縣鹿谷、水里、信義三鄉，從濁水溪南岸海拔 220 公尺至 3952 公尺玉山最高峯，海拔分布高低差達 3,700 餘公尺。林區內有亞熱帶、暖溫帶、冷溫帶、亞寒帶、寒帶五個森林植物氣候帶，植物及動物的種類豐富，是世界少有的一處學術研究教育林。

台大實驗林畫分為溪頭、清水溝、水里、內茅埔、和社、對高岳六個營林區，對高岳是其中之一。實驗林管理處設在竹山鎮，六個營林區距離竹山最近且交通最方便的營林區是溪頭和清水溝(鳳凰村)，最遠的則是對高岳與和社，是實驗林管理處轄區的邊陲。也是台大的校區邊陲。在這些邊陲高山林區，有許多自然保護區和豐富的森林資源。例如：對高岳樟樹巨木自然保護區、玉山高山生態系保護區、塔塔加雲杉保育區、東埔山紅豆杉保育林等。

塔塔加雲杉保育區位於和社營林區 33.34 林班，面積 340 公頃，海拔高 2000～2600 公尺。台灣雲杉(Picca morrisonicola)又名：玉山雲杉、白松柏、松蘿杜，產中央山脈海拔 2300～3000 公尺高地。照片是 1966 年 10 月，作者在玉山登山口塔塔加鞍部調查雲杉天然林時留影，右下角有一簡陋的玉山登山標示木牌，上書"距牌雲山莊九公

里"這裡的大片雲杉天然純林、林相優美，是塔塔加雲杉保育區的精華地帶。

四十多年前，塔塔加這一帶是鉄杉、雲杉原生林，只有攀登玉山的登山隊和林區工作人員偶而行徑這裡，平日少有人跡。後來新中橫公路開通、玉山國家公園管理處在此設立塔塔加遊憩區遊客中

心，與阿里山森林遊樂區，連結為旅遊一線，成為新的森林旅遊景點。

肆、旅遊記實

一、阿里山、奮起湖二日遊　　　台大退聯會大朋友們的遠足　　陳福成

　　2009 年的六月，仍是本校一年一度的畢業節慶。校園中，從早到晚，都有畢業的小朋友們(博、碩、學士)，在家長、朋友、同學陪伴著，在校園裡獵取最美的景點，讓這美麗而值得留念的倩影，成為一生永恆的回憶。啊！小朋友們，要珍惜，也許轉眼間，你也是退休聯誼會的大朋友了！

　　這世界就是這樣，小朋友有小朋友的功課，大朋友有大朋友的功課。這回退聯會的大朋友們有甚麼功課呢？正是理事長丁一倪教授和活動組長關麗蘇小姐，二位用愛心所策劃的「阿里山、奮起湖二日遊」，是我們大朋友們的遠足。

　　六月十七日早晨七點多，這個有近百年古蹟的「台大校門」，已零星有應屆畢業的小朋友在照相，還擺各種可愛的姿勢。同時同地點，是我們這群大朋友正有序的上遊覽車，興奮之情不亞於那些小朋友們。現在隨我按行程簡介，與未參加此行的朋友們分享。

獨角仙公園、阿里山森林公園

　　台北到嘉義，頗有一段不算短的距離，但大家覺得過的很快，兩次休息站小憩，就已快到中午，原因一是大家在車上歡唱，快樂時光過的快；二是有麗華小姐熱心、親切的服務，一下端茶來，一下泡咖啡，讓這部遊覽車像是「時光機」，瞬間到了嘉義獨角仙公園。

　　顧名思義，此處應以「獨角仙」為重頭戲，但大約快近午大夥入園時，只見園內冷冷清清，而公園內外花草青山依究自然嫵媚，不失為一處引人景觀。馬廄內幾隻還算壯碩的馬對我們的表示歡迎，大家在園內到處開逛一會兒，當成午餐前的開胃活動。獨角仙公園的冷清，可能也受到全球景氣衝擊，或我們「創造內需」努力不夠。若是，我倒為嘉義獨角仙公園請命，希望我們銀髮族和「櫻櫻美黛子」的退休族，能多利用時間來獨角仙公園，休閒和拼經濟兩得，何樂而不為呢？

　　午餐畢已快兩點，遊覽車直接開往阿里山，進住阿里山閣大飯店，晚餐前大約兩小時是遊覽阿里山森林公園的時間。阿里山應是台灣最有代表性的觀光景點，大陸同胞來台觀光首選是阿里出，然後才是其他，我得用心介紹。

　　相傳二百五十多年前，鄒（曹）族有一位酋長名叫『阿巴里』，勇敢善獵，由達邦翻山越嶺到今之阿里山打獵，常滿載而歸，就常常帶族人入山打獵，每次都豐收。族人為感念他，乃將其地名稱「阿里山」。

　　阿里山森林公園面積約一千四百公頃，是芬多精豐富的自然景觀，一行人一到便覺精神奕奕。因時間頗晚了，大家在一些重要景點攝影留念，如沼平公園、蒸汽集材機、老火車頭、受鎮宮、姐妹潭、慈雲寺、三代神木及各大小神木多株，它們在這裡

見證千年歷史發展。還真是「神」啊！

豐盛的晚餐後，只能在飯店附近的林區散散步。整座森林一片寧靜，空氣中的芬多精，還有不時傳出聲音清亮的鳥叫，給都市人來一次心靈沐浴。黑漆漆中有幾盞暗暗的路燈，照著三三兩兩閒聊旅人，以及幾雙情侶，為這靜夜再添一分美感。

神奇日出、雲海與南台九份「奮起湖」

日出向來是阿里山觀光景點中，最具吸引力的「經典」，未看日出等於未到阿里山，若是大陸同胞來台觀光，到阿里山來未看日出，也似等於未到台灣，可見得阿里山日出確有媚力。我仍帶著幾分好奇，爐管半生以來我看過最美的日出有四，玉山、大霸、南湖和天涯海角（在海南省），卻從未見過阿里山日出。

第二天（六月十八日），早晨四點，我們都在夢中被晨喚起牀，盥洗後輕裝在飯店大門集合。天氣有些冷冷的，不知從何而來竟聚起一大群人，聽口音，大約港台大陸最多，少數老外。清點人頭後，有領隊引導，眾人散步到沼平車站，不久小火車（阿里山五奇之一）來了。這種老舊、狹窄又冒著煙，走起來慢慢的，左晃右晃，發出「咔嚓、咔嚓」聲響，像是木材或金屬的斷裂聲，讓人感覺這部小火車是否下一秒就要「解體」了，而車上有數百中外慕名而來的觀光客。

天色漸亮，小火車沿著山路慢慢爬，如深山隱士老道，只顧自己在林道中蹀蹀蹀步，管他別人怎麼看。車上旅客只管賞鮮（新鮮空氣、清新美景），也就不管死活了。約莫半小時，將近五點，到了祝山車站，出站即通往各觀日出的平台，人潮已然開始蝟集。

在不同高低的海拔位置，至少有十處構建築新的觀日平台，大夥各自尋找適合自己角度的位置，架好或試用照相機。接下來是靜靜等待，等待這隻宇宙般大老母雞，即將要生下一個太陽般大的蛋蛋，等待，據聞，生蛋的時間是五點零幾分幾秒，而整個過程只有四秒鐘。

今晨，天氣晴朗，眼前不遠處有雲海一波波，如在仙境。往東看，玉山和南玉山峰清晰可見，再這可看到秀姑巒山；往北方看，郡大山、清水山和西巒大山也可望見，看來今日是看山的好天氣。

終於，老母雞似有動靜，在群山連成的稜線上，正前方一處較明亮，正是母雞生蛋處。說時遲也還快，一顆蛋蛋蹦旬一點點圓形光環，漸亮，天空曙曦很快有曚曨陽光照下，一個充滿希望的黎明無條件的獻給每一個人，隨人心意使用。

前後才約幾分鐘，天空大亮，奇怪的是旅客不約而同像一群「快閃族」，瞬間竟都不見了，湧上小火車要下山了，若要我相較玉山、南湖和大霸尖山等地的日出，雖也算「奇美」，只是少了幾分寧靜自在，人潮太多趕時間吧！

賞完日出雲海，回飯店早餐，上午約有兩小時可以徜徉在素有南台九份稱號的「奮起湖」。迷漾的小山城有許多歷史的痕跡，如鐵路便當、老街、老火車站、台灣杉環狀步道，但老街買「等路」最能吸引人。

奮起湖一奇是我們從未見過的「四方竹」，吾人走遍各地所見竹竿都是圓形，唯獨

這裡的竹竿天生是四方形，故名之「四方竹」。原產四川峨眉山，六十年前移植至此，它與一般竹在性質上也大不同，對生長氣候有選擇性，不易栽培。全台亦僅此獨有，十分珍貴。

奮起湖更好的觀光點尚有十八羅漢洞、流星巖、樹石盟、雲霧林、楓林峽和大凍山日出。尤以大凍山日出為一絕，海拔一九七六公尺，日出時間長達三分二十秒（阿里山只有四秒）。此處是南台觀日出視界最美的山峰，阿里出、玉山、大小塔山、太和、草嶺、新營、曾文水庫等勝景盡收眼底。

成仁取義吳鳳忠王祠、養生晚餐、晚安曲

午餐後的下午，有一段閒逛的時間，南部太陽會咬人，大夥正好在古色古香的吳鳳忠王祠林陰乘涼，在廟裡到處看，沉思成仁取義的故事。

阿里山忠王祠位於中埔鄉社口村，占地一甲餘，係當年吳鳳的衙門所建，又稱吳鳳廟，已列入國家三級古蹟。民國四十三年，先總統 蔣公蒞嘉，感其仁義，令縣府整修，益收化育之功。民六十八年再闢為歷史古蹟觀光區，並與曾文水庫、阿里山、瑞里連線成嘉義觀光網。

吳鳳公於清乾隆時任台灣阿里山理番通事，教化撫慰山胞，其墓原在成仁地，嗣應其後裔要求，遷葬故居竹崎鄉仁義村山麓，民國六十六年立碑紀念。有閩南建築風，地鋪石齒石、廻廊紅柱八八角庭，依山勢而走，是阿里出旅遊之中繼站。

吳鳳廟旁的中華民俗村也值一看。原名吳鳳紀念公園，區內規劃成十大主題區，有民俗博物館、閩南古厝區、水上舞台、親子樂園、蠟像館等。

吳鳳廟前庭左側也是遊人佇立沉思之處，植有菩提樹六株，經數十年成長，冠蓋枝椏交錯，相互拱抱，形如一巨樹。民國七十二年二月十四日謝副總統蒞臨觀賞，命名「牽手樹」，因民間習稱妻室為牽手，喻夫妻親愛扶持之義。

遊完吳鳳廟，即將打道北上，不知何年何月再有機緣謁奠仁者吳鳳。惟回顧這兩日阿里出地區之旅，該看的都看了。五奇（日出、雲海、晚霞、森林、小火車）。五木（紅檜、鐵杉、台灣杉、華山松、台灣扁柏），及移植台灣且僅有奮起湖才有的我國四川之寶「四方竹」。據聞，四川二寶，熊貓是動物界之寶，四方竹是植物界之寶，因地球上僅此地有，是否確實，待查。

但阿里山之美，美在四季有不同的視覺和觸覺享受，這是成為大陸觀光客首選之主因。例如現在炎炎夏季，森林中陰離子、芬多精處處瀰漫，鳥語花香，運氣好可看到冠羽畫眉和特有山椒魚，還有射干菖蒲、金錢薄荷、菊唐草等開花。而春季是櫻花季，有六種櫻花同時盛開，很是迷人，是帶情人賞花的季節。

而秋陽晚暉璀璨絢麗，雲海翻騰，海棠盛開。冬季楓紅，層層落葉繽紛，滿山楓。梅和紅榨槭，把冷冷的寒冬燒的通紅，僅眺望不遠處的中央山脈雪景，另是一片雪白的銀色世界。

退休的大朋友們！我們另三季再組團來阿里出吧！

用晚餐的地方也值得記上一筆，在大溪保健植物園（桃園縣大溪鎮員林路三段385

號），這裡也像一座中草藥植物園，實即一家容植物園、草藥園與自然景觀為一體的餐廳。內外近三千餘坪，有綠草如茵的美麗草坪，有生趣盎然的生態空間，用餐之處自然典雅，窗內窗外的翠綠用大片落地窗容為一體，心情立即得以放鬆，連血壓都得到解放而降低。

　　說到養生美饌，味美、新鮮而合養生的健康料理，真的是台北大都會找不到。特別是運用中草藥熬，煮出一道道適宜人體須要好料，讓每個人吃得飽飽，肚子圓圓，又不增加人體負擔，這種好菜那裡有？

　　吃飽喝足，踏上歸程。遊覽車的麗華小姐問大家吃的痛不痛快？眾人答曰：「好爽」，不僅每餐都吃的好，遊覽車小姐亦「秀色可餐」。

　　這一切的美好，還是要感謝台灣大學能有一個「退休人員聯誼會」這樣的組織，理事長丁教授和活動組組長關小姐的細心策劃，我們這些退休人員才能這樣快活悠閒的到處去玩。除此之外另要感謝阿里山生態解說員張若綸先生及廖錦偉技士等二位的大力協助，使我們能深入了解阿里山自然景觀生態之美。

　　寫本文時，正有新聞播報，謂「台灣大學校長李嗣涔教授輕微中風送醫…等」。以退聯會之名，祝福校長早日康復，校運昌隆，並希望校長日理萬機之外，也能常運動，為校珍重。（台大退聯會會員陳福成草於萬盛草堂。2009年夏）

二、旅遊相片

關麗蘇組長提供

參加阿里山、奮起湖二日遊同仁攝於阿里山車站前

參加阿里山、奮起湖二日遊同仁攝於奮起湖餐廳前（後排蓄長鬚者為餐廳老闆）

阿里山日出（關麗蘇攝，2009,6,18）

阿里山日出（關麗蘇攝，2009, 6, 18）

阿里山日出（關麗蘇攝，2009, 6, 18）

三、誌謝　（活動組關麗蘇組長）

這次旅遊要特別感謝：

1. 臺灣大學生農學院實驗林工作站人員為我們解說阿里山風景。
2. 廖錦偉技士協助安排公務車載送患有高山症者及年長行動不便者到休息站休息。

伍、評古說今講稿摘要

陳橋兵變與杯酒釋兵權　　　　　　　　　　　　方祖達理事

前言：唐朝末年百姓生活窮苦，兵慌馬亂、盜賊四起，公元 874 年起經過十年黃巢等之亂，雖平，但終於被後梁朱全忠篡位，約 60 年間以武力流傳梁/唐/晉/漢/周所謂的後五代。在周世宗柴榮執政時任用趙匡胤為殿前都虞侯，公元 956 年攻南唐時建立戰功，又對抗北漢時建立大功，從契丹手裡奪回燕雲地方的莫/瀛二洲，世宗欲再北上奪取幽州時突然發病，返都半個月後病逝時 39 歲，後周第三代年僅 7 歲的恭帝繼位，從北方國境傳來契丹和北漢聯軍大舉入侵急報。

陳橋兵變

恭帝派趙匡胤出戰迎敵，部隊走了一天的傍晚到達陳橋驛站駐紮，這支人數多達數萬的將兵私下秘密商議以為年幼的陛下不會承認我們的多大戰功，不如擁護都檢為皇帝才是上策。我們助其一臂之力，也是為了我們自己，也可以說為了社稷。不久這話傳入其弟趙匡義的耳裏。他立刻到趙普書記住處商議此事，認為擁立為帝並非問題，只是善後比較棘手，此時等不耐煩的將士們蜂擁而上大聲高喊"情勢緊急不要再拖延了，現在即刻宣布全軍擁戴！"趙普出面撫平群情激動的部將士卒曰：為了政局安定，防止外敵乘機入侵，諸位必須禁止部下的掠奪，才能廣收人心得到百姓的支持。這是趙匡胤親信為其奪取政權而奠基的梗概。

兵士們開始集結在驛門附近，興奮激動的諸將士卒包圍趙匡胤的露宿之處，天色未明，其弟趙匡義代表眾人的意思會見趙匡胤，他先拒絕執位之事，但眾人不管當事人的意見，開始一切行動，趙匡胤被眾人強硬地扛到門外時，諸將手持白刃並列在廣場上高喊：諸軍不能無主君，請即天子之位。這時已經有人衝向前去為他披上天子的黃袍，屯時眾人的簇擁之下騎馬遊人高呼萬歲。他大聲宣布：你們服從我的命令嗎？眾人下馬遵守指示，並宣布皇太后和天子仍然依禮向北而事，對朝廷大臣絕對不能施暴，嚴禁騷擾破壞朝廷之倉和市民之家，遵從者重賞，違者處斬，眾人謹遵命令，回到開封城，舉行後周恭帝禪位儀式，恭帝被封為鄭王，世代均受宋朝優厚的禮遇。

杯酒釋兵權

宋太祖即位後，首先要削減權臣的權力，加強君主的獨裁政權，遂於公元 961 年 7 月某日擺了一場盛大的筵席宴請禁軍將領們，正當眾人暢懷痛飲酒酣耳熱之際，屏退

在席間陪侍的侍臣和歌舞管絃的美女，向諸將領說：首先感謝諸位的協助，我才能即位稱帝，不過坐在皇帝寶座的心情並非他人從旁所看的那麼容易，我不知節度使是否比較容易勝任，一向就沒有人願意代我當天子，好讓我能高枕無憂地安睡一晚，眾人連忙追問其緣由，他說如果大家想當天子呢？馬布軍都指揮使石守信說：不知陛下有何吩咐，命既天定，誰敢抱有異心？太祖則曰：我當然知道諸位將領的忠心，但萬一你們的部下懷有異心的話，又該怎麼辦？某天突然讓你們黃袍加身，豈不是又順理成章地即位為天子呢？他們聽了這番話立刻恍然大悟，立刻跪下，齊聲稟奏：臣等願聞其詳，太祖曰：古人有言人生苦短，求富貴者無不期望自己過著自由隨心所欲的生活，子孫也不虞匱乏，諸位不如解除兵權任節度使，買良田世代給子孫，每日設宴飲酒作樂享受天年。他們所信賴的所敬仰的天子既然如此坦誠直言，又有誰敢反對！

　　眾人趨前致謝，翌日紛紛託病辭官，宋太祖滿心喜悅批准他們的辭職，使其分別轉任節度使，這就是後代著稱的"杯酒釋兵權"的故事。又一次設宴請各地的節度使，在宋太祖眼裏這批雖曾立下大功，却已年邁的武將已無多大的利用價值，他們紛紛自請解除節度使之職，告老返鄉了，奪權柄的政策就在和平的氣芬下進行成功了。

後語：宋朝共歷316年，北宋127年，南宋189年，政治採中央獨裁以考舉取才，重文輕武，武功衰退，國勢轉弱，觀念保守，朋黨傾軋，承受中國儒家治國思想，雖有諸子百家之言。併合各異族文化，開創中國的文藝復興時代，唐詩/宋詞至此已發揚至極時代，文史書畫藝人輩出。

(附件二)

中華民國大專院校退休同仁協會會員入會申請書

姓　名		性別		出生年月日		出生地	省(市)縣(市)		身分證號碼(含退休學校)	
學　歷				經　歷			現　職			
							電　話			
							手　機			
戶籍地址							E-mail			
通訊地址							會員證號			
會員類別		1.個人會員□　2.贊助會員□								
審查結果										

(發起人)

推薦人：　　　　　　(簽章)　　　　　　申請人：　　　　　　(簽章)

中　華　民　國　　　　年　　　　月　　　　日

中華民國九十八年十二月十五日出刊

會 務 通 訊

第 四 十 八 期

發行者：國立臺灣大學退休人員聯誼會
National Taiwan University Retiree Association
會　址：台北市羅斯福路四段一號國立臺灣大學望樂樓二樓
電　話：23695692　校內分機：33669690　Fax：23648970
E-mail：nturetiree@ntu.edu.tw

壹、本會九十八年度會員大會　開會通知

時　　間：民國九十八年十二月二十九日（星期二）上午9:00
地　　點：臺灣大學校總區第一會議室
議　　程：一、會員報到（9:00～9:30）
　　　　　二、宣佈開會
　　　　　三、上級指導致詞
　　　　　四、會務報告
　　　　　　　（一）主席報告
　　　　　　　（二）各組組長報告
　　　　　　　（三）監事會主席報告
　　　　　五、提案討論
　　　　　　　本會九十八年度收支決算案
　　　　　六、臨時動議及討論
　　　　　七、本校發展現況介紹（請秘書室提供資料）
　　　　　八、專題演講：氣功美容（沙依仁教授主講）
　　　　　九、摸彩及用餐（盒餐）
　　　　　十、散會
敬請踴躍出席，為了便於統計人數，以利準備摸彩品及盒餐，務請於十二月二十日前，將隨奉之明信片投郵寄回。謝謝您的合作！

貳、本會近期活動

一、歡迎踴躍參加「中華民國大專院校退休同仁協會」成立大會

時　　間：民國九十八年十二月二十六日（星期六）上午9:30
地　　點：台北市和平東路一段162號
　　　　　國立臺灣師範大學校本部第一會議室

歡迎未申請入會之各大專院校退休同仁到現場加入為會員

二、坪林低碳旅遊 本會擬組團參加

「坪林低碳旅遊」自 98 年 10 月 28 日至 99 年 6 月 16 日每週三、五辦理，98 年 10 月 24 日開始受理民眾報名，98 年 10 月 28 日啟動第 1 梯次。參加「坪林低碳旅遊」可自由向坪林低碳旅遊服務中心兌換「碳匯券」至坪林綠色店家購買低碳商品，不僅享受低碳旅遊的購物樂趣，更能創造植樹減碳愛地球的綠色環保雙贏！歡迎民眾上網報名（網址：http://www.pingling.com.tw）。

本活動接受團體報名參加，故擬組團(20 人以上)參加。

行　　程：

07:30～08:00 報到集合（在台北縣政府搭乘接駁專車）

08:00～09:00 搭乘接駁車前往坪林

09:00～16:00 坪林低碳體驗行程（專人導覽解說）

坪林老街→保坪宮→坪林石頭屋、白鷺鷥公寓→坪林舊橋→金瓜寮蕨類步道→日據時代派出所→觀賞相褒歌表演、水中螢火蟲（以上行程 20 人中型巴士接駁）

16:00～17:00 參觀坪林綠色減碳商店

17；00　　　賦歸

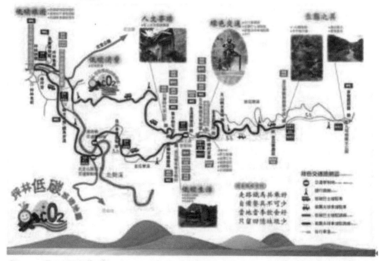

費　　用：完全免費

報名時間：即日起受理報名，歡迎本校在職教職員工、退休人員及外籍教師攜眷參加。

報名專線：星期一至星期四上午 23695692，33669690 活動組長：　關麗蘇小姐

三、溪頭、集集二日遊　歡迎踴躍報名參加

出發日期：預定 99 年 4 月舉辦

出發時間：上午八時整準時出發（請預留時間於七時四十分上車）

集合地點：臺灣大學正門口（羅斯福路上）

行　　程：

第一天：台北→水里（午餐）→車埕車站（換搭小火車）→台灣特有生物中心→
集集武昌宮→溪頭孟宗山莊（晚餐、住宿）

第二天：早餐→溪頭森林遊樂區→青年活動中心（午餐）→竹山紫南宮土地公
廟→苗栗（晚餐，客家菜）→台北

代辦費用：住 2 人房（2 小床）每人 3,100 元

　　　　　住 4 人房　　　　每人 2,750 元

報名時間：即日起受理報名，歡迎本校在職教職員工、退休人員及外籍教師攜眷
參加，額滿為止。

報名專線：星期一至星期四上午 23695692，33669690 活動組長：　關麗蘇小姐

四、山東自然文化遺產全覽八日遊　歡迎踴躍報名參加

出發日期：預定 99 年 5 月舉辦

行　　程：

第一天：台北↗青島

第二天：青島（嶗山風景區+太清宮，青島啤酒廠，車覽八大關）
🚄濟南 4.5 小時

第三天：濟南🚄曲阜🚄泰安（孔府，孔廟，孔林，岱廟）

第四天：泰安/濟南（泰山風景區含纜車，天街，碧霞祠，玉皇頂，
趵突泉）

第五天：濟南/淄博/濰坊（大明湖，齊國歷史博物館，殉馬坑，楊家
埠民俗村）

第六天：濰坊/蓬萊/煙臺（蓬萊閣+水城+古船棺，煙臺山公園）

第七天：煙臺/威海（張裕葡萄酒博物館，劉公島+甲午戰爭館，韓國
商品市場）/青島

第八天：青島/臺北（德國總督府，棧橋，小青島）

KA951 1455/1810 +CX468 1955/2140

代辦費用：大約 35,000.（因明年油價，匯率，機票價錢皆無法估價，所以誤差大）。

報名時間：即日起受理報名，歡迎本校在職教職員工、退休人員及外籍教師攜眷
參加，額滿為止。

報名專線：星期一至星期四上午 23695692，33669690 活動組長：　關麗蘇小姐

五、99 年度「評古說今」歡迎踴躍報名參加

【報名專線】23695692，33669690 活動組長：關麗蘇小姐

六、免費教授養生功 歡迎踴躍參加

時　　間：98年10月6日起每星期二上午8：30-9：30

地　　點：望樂樓本會辦公室前空地

指導老師：本會前理事長沙依仁教授

七、編輯「台灣科技界榕籍人士名錄」歡迎踴躍提供資料

　　　　本會理事長丁一倪教授（中國海峽兩岸學術文化交流協會理事長），接受福州市科學技術協會委託收集「台灣科技界福州籍人士資料」，由福州市科學技術協會編印「台灣科技界榕籍人士名錄」，歡迎踴躍提供最後一頁表格所需資料。

八、本會各項活動請大家踴躍參與

(1) 老照片說故事，歡迎投迎投稿。

(2) 評古說今，請大家報名擔任主講人或推薦主講人。

(3) 本會旅遊園地歡迎投稿。

(4) 「旅遊活動」請大家提供參攷行程。

本會各項活動期待您的熱誠參與，也期盼您能推薦更多退休同仁加入本會！

本會電話：33669690，23695692，傳真：23648970

E-mail : nturetiree@ntu.edu.tw

參、會務報告

1. 本會在各位共同努力之下，蟬聯本校教職員工文康活動推行委員會績優分會，由活動組關麗蘇組長代表本會參加頒獎典禮（98/11/12），除獲得獎牌乙座外，並獲得獎金新台幣一萬元。

2. 「中華民國大專院校退休同仁協會」98/11/14，假師大綜合大樓庭園餐廳召開第二次籌備會議，會中決定98/12/26（週六）上午10時，假台灣師大召開成立大會，本會負責選務工作，會後餐敘。目前本會會員報名參加該會者計有：楊建澤教授、沙依仁教授、丁一倪教授、鍾鼎文理事、吳元俊理事、黃存仁理事、劉顯如先生、林參先生、楊長基先生、盧文華女士、梁乃匡教授。各位有意參加者請向本會關組長索取入會申請書。

3. 本會會員動態（會員組 車化祥組長提供）

(1) 至本（98）年12月8日止，在籍會員633人，扣除病故往生者57人，他遷或停權退會者179人，現有實際會員397人（內含永久會員326人）。

(2) 從上次理監事會議迄今，會員因無變動而無增減，人數和現在相同以上報告本會備查。

4. 本會彭振剛監事（永久會員）不幸於98/9/19往生，98/10/18（日）上午九時，假第二殯儀館景仰廳舉行公祭，本會致贈輓聯以表哀悼，本會歷任理事長宣家驊、

楊建澤、丁一倪，本會組長關麗蘇，教官吳信義、吳元俊、楊長基、陳福成、陳國慶、吳普炎及陳雪嬌、許雪娥等多位會友參加公祭。

5. 本校創校 81 年校慶，本會配合校慶活動於 98/11/15 上午，假綜合體育館三樓國際會議廳，舉辦本校同仁著作及手工藝品展覽，特別感謝謝美蓉理事提供手工藝品，沙依仁前理事長、鄭義峰教官、陳福成教官、路統信理事等人提供大作參展。也要感謝陳明珠組長及關麗蘇組長犧牲假日，到會場照顧攤位，以及事務組派車協助搬運參展書籍。

6. 九十八年 9-12 月會員慶生會，於 98/12/15 (二) 下午，假本校校總區綜合體育館一樓文康會演講廳舉辦。本次慶生會承陳美枝理事邀請敦煌能量舞蹈家蔡馨儀老師帶領其舞蹈團隊 12 人前來表演，向壽星祝壽。

7. 本會第四十七期會務通訊已於 98/10/13 出刊，感謝本會辦公室各組組長全體動員，使編印及寄發工作得以順利完成。

8. 本會國內旅遊由活動組關麗蘇組長一人包辦所有業務（包括爭取教職員工本人參加者文康活動經費補助），在此特別感謝她的辛勞。
   本會最近舉辦了：
   (1) 後慈湖、北埔綠世界一日遊 (98/10/14)，由於參加人數過多，增開一部遊覽車。
   (2) 苗栗採果、九華山一日遊 (98/11/18)。

9. 資訊組黃組長完成本會會務通訊及歷次理監事會會議資料編印，會員大會手冊之設計及打字排版並隨時維護本會電腦順利運作，也要特別感謝他的辛勞。

10. 檔案 e 化組杜雅慧組長完成本會部份會友 E-mail 通訊錄建檔，截至目前為止，計有 27 位會友提供 E-mail 信箱，本會不定時寄送最新活動通知給提供 E-mail 的會友，杜組長並完成本會第四十八期會務通訊中，陳福成會友大作：「後慈湖、北埔綠世界一日遊」、路統信理事大作：「校園老照片說故事」及理監事會議各組工作報告全文打字，謹在此對杜組長表達誠摯的謝意。

11. 會員組車組長隨時更新本會會員異動資料，會計組陳組長完成各項帳務工作，秘書組劉組長完成歷次理監事會場地借用及開會通知寄發，總務組鍾組長天天到辦公室值班，也在此一一表達誠摯的謝意。

12. 本會與中華高齡學會合辦之系列健康講座（第七場），已於 98/11/9，假本校校總區綜合體育館一樓文康會演講廳舉辦，講題：「從梵谷割耳事件談梅尼爾氏症的復健」。

13. 本會「評古說今」已開講：
   (1) 第一場由方祖達教授主講：從陳橋兵變到杯酒釋兵權 (98/8/11)。
   (2) 第二場由徐玉標教授主講：典故來由追源 (98/9/15)。
   (3) 第三場由鄭義峰教官主講：牛轉乾坤論傳承與遺願 (98/10/13)。
   (4) 第四場由沙依仁教授主講：高齡者鍛鍊健康長壽的方法 (98/11/17)。
   (5) 第五場由丁一倪教授主講：自由基與日常生活 (98/12/15)。

14. 98 年度松柏學院心智活化運動－老幹新枝 招兵買馬，已刊載於本會第四十七期會務通訊。

15. 轉知提供 e-mail 之會友參加下列免費活動：

(1) 太極武藝分會開授新班
(2) 全校運動會游泳賽（98/10/17）
(3) 校園馬拉松賽（98/12/5）
(4) 臺大校史演講會（98/11/2, 11/10, 11/11, 11/12）
(5) 本校職工聯誼會舉辦之教職員工2009年秋—太平山三日遊(98/11/6～8)
(6) 本會理事許文富博士專題演講：「台灣農業轉型趨向與未來農政策略」
　　（98/11/6）
(7) 慶祝81校慶卡拉OK大賽（98/11/12）
(8) 本校文康會績優分會頒獎典禮中，動態表演活動及靜態成果展(98/11/12)
(9) 本校松柏學院舉辦之樂活新知健康講座（98/11/29, 本校集思國際會議中心
　　柏拉圖廳）：
　　主題一:健康食品真的健康嗎?（臺大食科所江文章主任）
　　主題二:銀髮族柔軟回春操（帶動唱天王戴南祥老師）
(10) 臺大校友會與臺灣銀髮族協會聯合主辦之2009年「提升生活品質」系列講
　　座，歡迎前往聽講。
(11)「穿越時空・愛上遺址」-固定遺址大坌坑、十三行現地導覽活動（98年
　　11月每週三、週六）
(12) 原貌文化協會舉辦的士林官邸導覽(98/10/17, 11/14, 12/5)、竹篙嶺古道
　　（98/11/21）、台灣百合復育說明會（98/12/19）、坪頂古圳步道(99/1/9)、
　　宜蘭賞鳥一日遊(99/1/23)。

16. 本會主辦之活動張貼於臺大網頁，其點閱方法如下：
　　進入臺大首頁→點左上方「教職員」→點右下角「文康活動公告」，即可進入「教
　　職員工文康活動推行委員會網頁」→點左上角「活動訊息」，即可看到本會活動
　　資訊，歡迎隨時上網點閱。

17. 敬請各位會友提供E-mail地址，以利寄發子郵件，快速告知活動訊息。截止目前
　　僅有會友21人提供E-mail信箱。

★敬請提供E-mail地址★

1. 本會資訊化作業正由黃存仁理事及杜雅慧小姐積極改善中。
2. 為響應「節能減碳」並快速傳達各項活動訊息，不要漏失好康活動，敬請提供
　　E-mail地址，以利寄發電子郵件。請來電或傳真告知本會E-mail地址。

★通訊地址或電話如有變更　敬請告知本會★

1. 以免錯過好「康」活動或應爭取的權益，並避免無法如期收到本會會務通訊。
2. 請來電或傳真或E-mail告知本會。

肆、校園老照片說故事

老照片說故事 --- 文學院南西角樓　　　　　　　　路統信理事

　　這是一幅1949年暑假拍攝的老照片，文學院前棟西角樓二樓是〝第20教室〞大

教室，一樓則是文學院圖書室。

照片右側穿過椰林道望過去是行政大樓，遠方是昆蟲館後的蟾蜍山，角樓後側一片草地，有些荒蕪，碎石步道右側未入鏡頭的部份，前有舊圖書館（現校史館），後有樂學館，樂學館三層樓建築在台北帝大時期，大約是文政學部的小教室和研究室。本校接收改制後空置暫未使用。二樓和三樓由校方安排幾家教職員眷屬暫住，炎炎夏日夕陽西下時分，幾位住校同學和眷屬小朋友孫小茵、韓拱辰合照留影。

註：孫小茵是訓導處生活管理組主任孫嘉時的長女，韓拱辰訓導處課外活動組韓主任的獨生女，10年後就讀外文系並當選為文學院學代會主席。

伍、旅遊記實

後慈湖、北埔綠世界台大退聯會一日遊　　　　　　　陳福成教官

台大退休人員聯誼會招牌愈來愈亮了，因為辦的活動豐富又有內容，很是吸引人，近幾回活動連在職人員也慕名參加，這次後慈湖和北埔綠世界一日遊。據活動組長關麗蘇小姐表示，名額老早被「搶報」一空，整整有兩部最大型遊覽車，可見退聯會經營的成功。

說本會吸引人另有原因，不僅活動內容多，會務也日愈豐富，以會務通訊最近的第四十七期（98年10月13日出刊）為準，有本會近期活動、會務報告、校園老照片說故事、旅遊記實、評古說今等五大部份，因本會經營的成功，本會現任理事長丁一倪教授當選「中國海峽兩岸學術文化交流協會」理事長，前理事長楊建澤教授當選該會監事長，前理事長沙依仁教授當選該會理事，活動組長關麗蘇小姐獲聘為該會會務秘書，我們退聯會全體會員也倍感榮耀，這是一點感想，回到今天的本題。後慈湖神秘。深靜湖水下可有水怪？

一如往昔，早晨八點不到，校門口的兩部遊覽車上熱鬧了起來，大家找到最適宜自己的位置，開始今天（10月14日）的一日遊，首站是後慈湖，一個半個世紀未曾面世

的神秘湖。

從台大到後慈湖不遠，加上今天星期三路況好，約一小時多便到了。後慈湖經長期管制，最近才開放參觀，四面環山，景色優美。蔣公與經國先生等家人，生前最喜歡在這裡的湖濱散步，有時搭竹筏在湖中賞景，湖邊仍可見當年蔣公坐椅，它靜靜佇立，望著湖面，看看遠山，永恒的等待、等待…等待主人再來小坐，終是「人去椅空」。造物主多麼公平公正啊！聖人、偉人、或凡人。時間到了都得走。

所幸的，有偉人加持過的椅子也並非空等待，它等到一波波遊人，投來新鮮、羨慕的眼神，因為這裡的美景與「外界」不同，由於受到嚴密保護（管制），生態環境得以保持「相對」自然狀態，免於遭到開發破壞，周邊山林孕育了相當豐富的動植物生態，蝴蝶種類繁多，鳥類尤其豐富，也算是賞鳥天堂。

但感受很深刻的，是那份幽靜神秘的氣氛，湖水深綠，深不見底，陽光照耀下，又變得深藍，這種感覺，引起大家的遐思，猜想湖底也許有甚麼「水怪」，因為神秘氣息有幾分像尼斯湖，也有點像天池。（註：中國有兩處天池，一是長白山天池，乃松花江、鴨綠江和圖門江三江之源。另一是天山天池，呈半月形，湖水清澈，晶瑩如玉、四周群山環抱，綠草如茵，繁花似錦。後慈湖在氣氛和形狀上，較像天山天池，都是半月形，當然大小不同。）

眾人聊著「後慈湖水怪」的八卦議題，就像天池或尼斯湖水怪傳聞，是永遠無法實證的事，有興趣者可到後慈湖進一步探測觀察，或許有意外收穫。

除了湖濱賞景聊水怪外，湖邊多處休息站的牆上，展示著許多蔣公與家人生前的豐功偉業，也是吸引遊人觀看的焦點，大家默默的看，心中想的無非是蔣家的功或過，中國歷史有個弔詭的問題，便是「成王敗寇」，這是未必的，通常要到「下個朝代」才有定論，這說來話長，暫且不表。

「北埔綠世界」全台最佳國際級生態觀光農場，豐盛的午餐後，我們來到新竹北埔鄉大湖村的綠世界生態觀光農場，這是今天的重頭戲，匆匆參觀完，所有人驚呼意外、意外，沒想到台灣竟有經營的如此成功、如此規模又原始自然的生態農場。凡是對台灣沒信心的人（任何方面），來參觀這個農場，必信心倍增，讓我好好介紹這個地方吧！

綠世界生態農場，位於新竹北埔，佔地七十多公頃，為一國際級之觀光農場，區分六大主題公園：天鵝湖、熱帶雨林、水生植物、鳥類生態、蝴蝶園、生物多樣性探索公園。

若要細分，有四十七個子區，如賞鳥區（有二區）、金剛鸚鵡特區、景觀廁所（有四個，神奇吧！全世界只有這裡把廁所列為參觀景點。）、可愛動物、會運動植物區、台灣原生蕨類區、世界蘭花區、台灣原生蘭區、空中植物區、香草植物區、仙人掌公園、亞馬遜雨林區、奇妙種子植物區、食蟲植物區、有毒植物區、雨林空中步道、水生植物區、蝴蝶生態園、生物多樣探索園、竹林步道區等。其他如神木、古厝餐廳、叢林咖啡、國際會議廳、美食天地、動物劇場等，也都是很吸引遊人的賞景。

今天的動物劇場是觀賞金剛鸚鵡的特技表演和算術，也甚為驚奇，主持者是一位美麗可愛的小姐，據她說鸚鵡有人類五歲時的智商，我所聽過動物智商表演，有豬演算加減乘除、牛會開平方，據說海豚能當情報員用，能演算方程式，未知真假？至少我們該悟知，人類並非是世上唯一「智慧生物」，不須驕傲。在西方極樂世界，連花草樹

木都能演述佛法，超神奇吧！

　　鳥類生態公園是模擬自然界，天然環境構思而成的鳥園，一進入叢林，上百種各式各樣的鳥就在你身邊及視線內飛翔覓食，歌聲不絕於耳，彷彿置身原始叢林。另外，從說明資料中，我們也知道了很多鳥類的「大秘密」如鳥類沒有膀胱，皮膚沒有汗腺。也沒有牙齒，杜鵑不築巢，而是把蛋產在別種鳥巢中，真是懶耶！

　　還有，鶴會跳優雅的求偶舞，老鷹會送食物給「情人」以示愛意，蜂鳥能在空中定點飛行，啄木鳥的舌頭有喙的四倍長，且平時不在嘴裡(藏在頭蓋骨內)。

　　生物多樣性探索區，乃地球上各種動植物、生物和環境構成的各種生態系統。擁有自熱帶雨林的各種動植物等物種，內容豐富，深值一看。

　　總之，綠世界適合所有大小朋友都來參觀，住台灣不到綠世界一回，如到酒家不喝酒，到茶館不飲茶，到澳門不賭一把，實在…，說不上來！

　　銀髮族的生活是以「養生」為核心思想的「吃喝玩樂、唱歌跳舞」。以追求「從心所欲不壞矩」的快樂方式。所以，今天晚餐我們又來到位於大溪員林路的「大溪保健植物園」，也是一家用心經營的養生餐廳，園長張清進先生特親自講解養生餐之料理，今天真是大豐收了。

　　遊覽車在高速公路奔馳，窗外忽明忽暗，車內早已熱鬧了起來，一曲曲動聽好唱、老歌也引起許多人的回憶，而「後排合唱團」的一首老英文歌 Sunday morning lock with the lark，I think I'll take a walk in the park，hey、hey、hey。it's a beautiful day …。真是 high 翻天了，幫助消化。末了，賦詩以誌：

感恩心情擁一天，吃喝玩樂沒得閒；
後慈湖與綠世界，內需打拼有賺錢。

　　一日遊回來，正在寫本文，十月十八日上午本會多人均隨理事長丁一倪教授，前往「二殯」參加本會監事彭振剛主秘公祭。彭公在校時，乃至退休後，甚為照料教官。但願他今後長住西方極樂世界，莫再回「六道」了。(陳福成 2009 年初冬草於萬盛山莊)

陸、活動相片

關麗蘇組長提供

本校創校 81 年校慶，本會配合校慶活動於 98/11/15 上午，假綜合體育館三樓國際會議廳，舉辦本校同仁著作及手工藝品展覽 （關麗蘇組長提供）

本會謝美蓉理事親自製作各式各樣精美手工藝品參展（關麗蘇攝，98/11/15）

參加苗栗採果、九華山一日遊同仁合影於金車威士忌酒廠前（98/11/18）（關麗蘇組長提供）

法律學系名譽教授馬漢寶校友，於校慶茶會捐贈先翁馬壽華先生書畫墨寶，由李校長接受儀式
（關麗蘇攝，98/11/15）

評古說今　「牛轉乾坤」論傳承與遺願　鄭義峰

一、前言

今年是牛年，就用中華文化「牛轉乾坤」來說明傳承與遺願。這個國人的切身問題，在座老教授，都是飽學之士、學有專精，到了老耄之年，無私無我，將一生豐富經驗、智慧、見解，在「評古說今」裡，娓娓道來，備感溫馨。感受到真正實現自我價值，尋找到寄託心靈的精神殿堂。今天輪由本人報告，深感惶恐，一介武夫（教官）。在眾多教授尊前弄斧，徒耗時間。不過生此亂世，萬里飄泊。人海浮沈、知識經驗，來自生命博門。就以「扭轉乾坤」論傳承與遺願為題，就教於各位教授方家。

二、牛轉乾坤釋義

今年「牛」年，即以扭轉乾坤為題，源自易經，其意處亂世，就要用霹靂手段、翻天覆地、撥亂反正、處理問題。華夏文化，博大精深，淵遠流長，世上從無一本書，這樣古老，影響深遠，它是經典中之經典。哲學中的哲學、智慧中的智慧。起源於伏義神農和黃帝。成熟于周文王、姜尚、周公、老子和孔子。發揚光大于張良、董仲舒、東方朔、司馬遷。自此以降，凡能翻天覆地、扭轉乾坤大人物，無不精通易經，故易經一直是儒家必修經典。唐朝宰相虞世南曾說，不讀易不可為將相。唐朝太醫學家孫思邈說，不知易，不足以言太醫。日本明治維新時，組閣原則是不知易者，不得入閣。德國哲學家黑格爾也稱，易經包括中國人的智慧，並在其自傳中，承認所創造的正、反、合辯證運輯定律，出自易經的啟發。由此可見，易經對世界的影響是如此深遠而廣泛。

在中國不單是儒家的經典，道家、兵家、農家、醫家、法家、小說家、雜家等，無不將易經思想，尊為圭臬。所以說，易經思想，貫穿中國古代所有文化，成為中國文化的樞紐與精髓。現在計算機二進階，即源自太極八掛，附圖參考。

三、中華文化，化敵為友。

中國歷代，重視歷史，與史料傳承，留下 24 史為智識寶庫，取之不盡、用之不竭。代代傳承，每逢戰亂，則人才輩出、扭轉乾坤、撥亂反正。雖歷經三次亡國、受異族入侵統治，反而接受中國文化，更加壯大。一是五胡亂華，反而將北方民族融匯在一起。宋朝亡於蒙古，卻將中華文化藉著蒙古鐵騎傳入歐洲，引領歐洲文藝復興。明末吳三桂引清兵入關，統治中國二六八年，國土增加一倍，長城內外，達成一體，滿文滿語，已消聲匿跡，完全滿化。足以說明，中華文化適合人類生存，可化敵為友，形成一體。

四、中華文化善吸收壯大

環顧世界文明古國，迄今無一存續，巴比命、埃及、印度、羅馬，都已名存實亡。不是從前埃及、從前羅馬了。只有中華文化，一脈相傳，迄今仍續，其最大特色，不但不摒斥其他文化，而且能吸收其他文化優點，更加壯大。世界上三大教派、基督教（愛人）、佛教（慈悲）、回教（殉道），傳入中國，卻被儒家（忠恕）所包融，吸收其精華「發揚光大」。在五千年歷史長河裡，從不見宗教衝突與戰爭，可為明證。是故中華文化，有其豐富內涵，早是儒家，還隱存著諸子百家，如道家、法家、陰陽家、雜家，但有了易經，揭示出諸子百家，都有他哲理存在，不管社會如何進步、科學技術如何發展，易經總有框架在滿足它、等著它。中華文化，能容納百川，其故在此。

五、中華文化尊賢爲「神」。

中華文化，歷經五千年、歷代無數英雄豪傑，對人民能造福有貢獻者，死後都封爲「神」。立祠、立廟、立宮、立堂，供奉膜拜，爲效法對象。如孔子、孟子、岳飛、關公、諸葛孔明、文天祥、史可法、觀音、媽祖，民間建廟膜拜，雖愚夫愚婦，目不識丁，都能遵行不逾。舉兩例說明，筆者在民國36年底畢業南京中訓團新聞班，三十七年一月初任西北軍三十八旅通訊連指導員，駐地山東台兒莊，該區年年兵災，運河水患，十室九空。人民掘草根維生。就在此種情況下駐地隔鄰八十歲老太太，卻替他四十出頭兒子娶媳。張羅二斗白米爲聘金。結婚當日，不辦喜宴，亦無賀客，只在門框上掛一舊紅布，橫來上三杯白酒，燒香拜天地祖先，即已成禮。據老太太告知筆者，替兒子娶媳，是她此生心願，對死去先生韓家祖先，死可瞑目矣。第二個故事，就在當年三月，筆者與丁排長同時報考特勤學校，考場設在「賈灣」軍部所在地，距台兒莊步行約三小時，上午八時考試。於是當日上午四時準備由台兒莊步行出發，原擬於上午七時半到達考場，備妥手電筒，夜間口令，不意出莊後，就在自己前線陣地上轉來轉去，找不到賈灣大路，電筒只能照明在地上，不能遠射，如被潛伏共軍發現，冷鎗打來，危及生命。路旁發現一幢民宅，即叩門問路，有一婦人在屋內答稱，家中無人，不能開門。排長知意，我們只是問路，去「賈灣」指出正確方向，婦人就在室內詳細說明，趕到試場，已過十時，參加考試人員，都已散去，我與排長，就在辦公室內補考。事後問排長，那位婦人，說家中「無人」，丁排長說：其意家中無男人，山東係孔子家鄉，不孝有三，無後爲大，及男女授受不親，已深入民間，雖愚夫愚婦，倫常觀念，終生守護。

六、中華文化絕處逢生

縱觀中國歷史，每逢國難，或生計無著，必有忠貞義士，起自民間，角逐中原，翻天覆地，扭轉乾坤，尤其改朝換代，豪傑蜂起，成者為王、敗者為寇。遠的不說，近百年歷史，就在我們面前，血淋淋演出，一

九〇〇年，八國聯軍（英、法、德、俄、美、奧、義、日）攻陷北京，焚毀圓明園，自一八四〇年鴉片戰爭迄一九〇〇年之間，中國飽受東西列強欺凌，戰亂犧牲軍民有六千萬人，處在如此惡劣情形，清末仍有不少志士仁人，挽救危局，如曾國藩、左宗棠、李鴻章、林則徐、胡林翼、康有為、梁啟超，掀起改革、變法、改造運動。但滿清政府積習已深，終告失敗。

此時只有孫中山先生，學貫東西，組黨鼓吹革命，以驅逐韃虜、恢復中華為號召。經十次失敗，武昌起義終獲成功。于一九一一年成立亞洲第一個民主共和國。但政權操在袁世凱軍閥手中，只在廣東一隅，中國版圖，仍被各國惡勢力所割據。一九一七年俄國發生共黨革命，革命領袖列寧，將馬克斯寫在紙上理論，變成實際共產主義國家，對西方資本主義國家形成嚴重威脅。當時正在進行第一次世界大戰（一九

一四—一九一八）中途退出，德國戰敗，獲勝西方，對俄國多方制裁，俄共政權，處於困境中，此時列寧光投向東方貧窮戰亂中國，只有天才列寧看出中國蘊存巨大潛力。當時即下了一個沉著冷靜結論：「自莫斯科邁向巴黎，最近之路是通過北京的」。那是說，要對抗西方列強，必須拉攏中國共同作戰，才能勝利可能。當一九一九年（民國八年）陳獨秀以及他左右毛澤東、李大釗，接受了此項禮物。二年後（一九二一）中國發生五四運動時，列寧趁機將馬列主義塞進中國。當時擔任北京大學文科學長（文學院長）陳獨秀以他左右毛澤東、李大釗，中國共產黨在浙江嘉興南湖一艘遊艇上成立。出席者，有毛澤東、陳獨秀、瞿秋白、李立山、向忠發、秦邦憲、陳紹禹、陳公博、周佛海、張國燾等十二、三人，當時並不引人注意。如今完全不同了，民國十二年，

國父主張國共合作，共產黨以個人名義加入國民黨，民國十三年（一九二四），黃埔軍校成立，俄國援助五百枝步槍。當時軍校幹部國共雙方組成。校長蔣中正、政治部主任周恩來、訓導長葉劍英、教官再榮臻，學生林彪、徐向前、羅榮桓，都是黃埔幹部或學生。但此時已是北伐軍蔣總司令合作主。民國十六年清黨，稱寧漢分裂，一般人認為共產黨在國民黨內壯大，危及國民黨生存。另一說，北伐軍到了上海，即被上海西方英、美、法及上海工商豪富所擺佈。支援北伐軍，但要求三條件（1.與俄絕交、2.消滅共產黨、3.保證條件1.信仰基督，2.與宋美齡結婚），自此反共成了國策，一直到一九四九年退守台灣，今年是二〇〇九年，整六〇年。在座諸位教授先生，這六十年在這小島，都親歷其境。個人、社會、國家、富貴、榮辱，隨其際遇浮沉。每一個遭遇遇處覺雖有不同，但都有「春江水暖鴨先知」的情懷。

七、新時代牛轉乾坤人物產生

自清末民初，中國歷史，面臨新春秋戰國時代。春秋戰國，只是國內諸侯爭霸，給予中華文化極豐富內涵。此次中國所遭遇是地球上全部列強，組成聯軍，攻打北京，焚毀圓明園，聯軍在北京城燒毀劫殺，城內水井充滿不甘受辱女屍體。還賠款四億五千萬兩白銀。（每人一兩）全國百姓民窮財貴，無以生計。在此時，絕處逢世。自有繼絕世，奇人異士、立策獻說。在民國時代，有孫中山、袁世凱、蔣中正、宋慶齡、宋美齡、胡漢民、汪精衛、孔祥熙、白崇禧、傅作義、毛澤東、周恩來、劉少奇、鄧小平、朱德、彭德懷、林彪、江青、江澤民、胡錦濤等，在文化界有康有為、梁啓超、梁漱敏、林琴南、李鴻鳴、王國維、魯迅、陳獨秀、蔡元培、郭沫若、巴金、矛盾、老舍、田漢、錢復、陳寶秋、錢穆、李濟、董作賓、于右任、溥儒、張大千、徐悲鴻等。政治界與文化界，百花齊放，百鳥爭鳴。目標一致。如何牛轉乾坤、救亡圖存。在五四運動後，三民主義與共產主義兩條路線互相競爭。

台灣科技界榕籍人士名錄

姓名		性別		出生年月		民族		籍貫	

最後畢業院校		專業		最高學歷及學位	
現任單位		職務		職稱	
通訊地址		單位電話及傳真		住家電話	
E-mail		網址		手機	

專長		得獎名稱	

本 人 簡 歷

本人研究方向、領域及研究成就簡介

中華民國九十九年三月二十三日出刊

會 務 通 訊

第 四 十 九 期

發行者：國立臺灣大學退休人員聯誼會
National Taiwan University Retiree Association
會　址：台北市羅斯福路四段一號國立臺灣大學望樂樓二樓
電　話：23695692　校內分機：33669690　Fax：23648970
E-mail：nturetiree@ntu.edu.tw

壹、本會近期活動

一、溪頭、集集二日遊　歡迎踴躍報名參加

出發日期：99 年 4 月 21 日（星期三）

出發時間：上午八時整準時出發（請預留時間於七時四十分上車）

集合地點：臺灣大學正門口（羅斯福路上）

行　程：

第一天：台北→水里(午餐)→車埕車站（換搭小火車）→台灣特有生物中心→
集集武昌宮→溪頭孟宗山莊(晚餐、住宿)

第二天：早餐→溪頭森林遊樂區→青年活動中心（午餐）→竹山紫南宮土地
公廟→苗栗(晚餐，客家菜)→台北

代辦費用：住 2 人房(2 小床)每人 3,100 元

住 4 人房每人 2,750 元

【報名專線】23695692, 33669690　活動組長：關麗蘇小姐 (星期一至星期四上午 9:00～11:00)。

備　註：費用包括午、晚餐．車資．司機、導遊小姐小費．過路費．門票．礦泉水．住
宿費．旅遊平安保險（每人新台幣 200 萬元，醫療費 20 萬元；依規定 14 歲以
下、75 歲以上，保險限額為新台幣 100 萬元，醫療費 10 萬元）

二、山東自然文化遺產全覽八日遊　歡迎踴躍報名參加

出發日期：99 年 5 月 27 日

行　程：

第一天：台北→青島

第二天：青島（嶗山風景區＋太清宮，青島啤酒廠，遊覽八大關）
🚌濟南 (4.5 小時)

第三天：濟南🚌曲阜🚌泰安 (孔府，孔廟，孔林，岱廟)

第四天：泰安🚌濟南（泰山風景區含纜車，天街，碧霞祠，玉皇頂，趵突泉）

第五天：濟南🚌淄博🚌濰坊（大明湖-搭遊船，齊國歷史博物館，殉馬坑，楊家埠民俗村）

第六天：濰坊🚌蓬萊🚌煙臺（蓬萊閣+水城+古船棺，煙臺山公園）

第七天：煙臺🚌威海（張裕葡萄酒博物館，劉公島+甲午戰爭館，韓國商品市場）

　　　　🚌青島（小魚山公園）

第八天：青島（德國總督府，棧橋，小青島）→臺北

代辦費用：33,000元（全程住宿五星級飯店，不進購物店，無自費行程）。

　　包括：行程食宿及門票、各地風味餐、司機．導遊．領隊．行李小費、每天水果及礦泉水供應、臺大至機場來回接送。

　　證照．簽證費另計。

【報名專線】23695692, 33669690　活動組長：關麗蘇小姐（星期一至星期四上午 9:00～11:00），報名時請惠繳訂金新台幣五千元。

三、免費教授氣功及複習養生保健 歡迎踴躍報名參加。

沙前理事長將自4月12日起，在體育館文康會會議室舉辦：

1. 星期一 9:00～11:00 教氣功

2. 星期二 9:00～11:00 複習養生保健（本活動與中華高齡學會合辦）

由於場地不是每星期都借得到，所以不是每星期都舉辦。第一次上課會發課程表，並贈送講義。

【報名專線】23695692, 33669690 活動組長：關麗蘇小姐

四、1～4月份慶生會 請壽星踴躍出席

1～4月份慶生會訂於98/4/13（二）下午2:00，在體育館文康會會議室舉辦，請1～4月份壽星踴躍出席。本會活動組關組長擬透過戴如松女士（本校會計室退休）邀請其弟戴南祥老師（帶動唱天王）來教大家帶動唱。

五、99年度「評古說今」歡迎踴躍報名參加

【報名專線】23695692, 33669690 活動組長：關麗蘇小姐

六、組團觀摩上海世博會 歡迎踴躍報名參加

出發日期：99年9月上旬

報　名：請來電02-23910435 或 E-mail: initing@ntu.edu.tw。

本活動與臺大教師會、臺大逸仙學會、中華民國大專教師協會、中國海峽兩岸學術文化交流協會共同主辦。

七、編輯「台灣科技界福州籍人士名錄」歡迎踴躍提供資料

請參看上期會務通訊。

八、本會各項活動請大家踴躍參與

(1) 老照片說故事，歡迎投稿。

(2) 評古說今，請大家報名擔任主講人或推薦主講人。

(3) 本會旅遊園地歡迎投稿。

(4) 「旅遊活動」請大家提供參考行程。

本會各項活動期待您的熱誠參與，也期盼您能推薦更多退休同仁加入本會！

本會電話：33669690，23695692，傳真：23648970

E-mail：nturetiree@ntu.edu.tw

貳、會務報告

1. 本會為有效維護大專院校退休同仁應有之福利和權益，與各大學退休聯誼會共同籌組「中華民國大專院校退休同仁協會」，串聯全國各大專院校退聯會，以期對考試院、立法院及政黨產生影響力，並與「全國大專教師會聯合會」（由於內政部不同意以「聯合會」名義申請立案，依內政部指示更名為「中華民國大專教師會協會」）共同捍衛大家權益。本會第七屆第二次理監事聯席會議（98/3/3）推薦本會理事長丁一倪教授、監事會主席沙依仁教授、監事楊建澤教授、理事黃存仁主任、理事吳元俊主任教官及前理事長方祖達教授等六人代表本會為「中華民國大專院校退休同仁協會」發起人向內政部辦理立案。該會已於民國九十八年十二月二十六日上午，假國立臺灣師範大學校本部第一會議室召開成立大會，該會之成立將有助於本會從校內走入校際甚至國際，發揮組織力量維護退休同仁之權益與尊嚴，目前本會會員參加該會者計有：楊建澤教授、沙依仁教授、丁一倪教授、鍾鼎文理事、吳元俊理事、黃存仁理事、劉顯如先生、林參先生、楊長基先生、盧文華女士、梁乃匡教授、鄭雪玫教授。

2. 「中華民國大專院校退休同仁協會」第一屆理監事名單如下：

理 事 長：	簡明勇（師大）		
副理事長：	丁一倪（台大）	李久先（興大）	
常務理事：	王傳達（政大）	謝欽城（屏科大）	
	吳清熊（海大）	羅士凱（成大）	
理　　事：	謝文全（師大）	王希平（師大）	鮑　麗（師大）
	黃寶鈿（師大）	韓孟君（師大）	方鉅川（師大）
	林信政（高應大）	張世賢（北大）	陳哲俊（央大）
	邱蔡賢（陽明）	鄧漢華（政大）	陳幸臣（海大）
	張一柱（海大）	吳燦郎（海大）	
候補理事：	楊長基（台大）	吳武典（師大）	盧文華（台大）
	黃存仁（台大）	孫　誠（北大）	
常務監事：	李燦榮（師大）		
監　　事：	張清郎（師大）	吳元俊（台大）	沙依仁（台大）

　　　　　　　楊建澤（台大）　　莊作權（興大）　蔡崇名（高師大）
候補監事：梁乃匡（台大）　黃存仁（台大）
秘 書 長：陳秀雄

3. 「中華民國大專教師會協會」正式成立，為全國的大專在職及退休教師發
　　聲。該會係由全國各大學教師會共同籌組，奉內政部核准籌設，結合全國
　　各大專教師會力量，共同維護大專教師權益之團體。該會於民國九十九年
　　二月二十七日上午，假台北市臺大校友會館3A會議室召開成立大會，教育
　　部政務次長林聰明教授代表教育部親臨致詞。中華民國大專院校退休同仁
　　協會理事長簡明勇教授亦應邀致詞。由於全教會大多數是中小學老師，大
　　專教師的聲音相對微弱，加上中小學的教學性質與一般大專院校有很大的
　　差異，關心的議題也不盡相同，因此才決定獨立成立大專教師會協會。成
　　立後的工作重點將包括**確保公私立教師退休權益**、改善私立大專院校教師
　　的退撫制度、參與大學法及與高等教育政策相關的法規修訂、改善教師工
　　作環境等。

4. 「中華民國大專教師會協會」第一屆理監事名單如下：
　　理 事 長：丁一倪（國立台灣大學教師會理事長）
　　常務理事：唐麗英（國立交通大學教師會常務理事，前理事長）
　　　　　　　黃維富（華夏技術學院教師會理事長）
　　　　　　　郭明政（國立政治大學教師會理事，前理事長）
　　　　　　　陳進成（國立成功大學教師會榮譽理事，前理事長）
　　理　　事：張祖亮（國立台灣大學教師會監事）
　　　　　　　王卓脩（國立政治大學教師會秘書長）
　　　　　　　趙儒民（國立成功大學教師會理事）
　　　　　　　徐光台（國立清華大學教師會理事）
　　　　　　　李威儀（國立交通大學教師會常務理事）
　　　　　　　吳忠恕（國立台灣海洋大學教師會理事長）
　　　　　　　黃德舜（國立中正大學教師會理事長）
　　　　　　　李念晨（國立勤益科技大學教師會理事長）
　　　　　　　姚承義（國立中央大學教師會理事長）
　　　　　　　開執中（國立清華大學教師會理事長）
　　常務監事：虞孝成（國立交通大學教師會理事長）
　　監　　事：陳舜芬（國立清華大學教師會理事）
　　　　　　　羅世宏（國立中正大學教師會理事）
　　　　　　　吳清在（國立成功大學教師會理事）
　　　　　　　連雙喜（國立台灣大學教師會理事）
　　秘 書 長：洪瑞雲（國立交通大學教師會理事）

5. 本會在各位共同努力之下，凝聚了各大專院校在職及退休同仁力量，
　　以確保公私立各大專院校同仁退休權益。

6. 本會會員動態
   (1) 會員組車化祥組長因年前摔傷腳骨，今後無法續為工作，車組長表示深感遺憾並請原諒！
   (2) 會員組車組長由於健康關係辭職，請大家協助物色適當繼任人選。
   (3) 本會004號沈秉乾會員由美來函表示，由於行動不便請暫停參加活動。
   (4) 會計組陳明珠組長代為報告：
       98年12月至99年3月12日新加入會員3名，目前會員總編號為636，扣除往生、停權或退會者250人，現有實際會員386人（內含永久會員311人，常年會員75人）。
   (5) 本會98年12月迄今申請入會名單如下：

編號	原服務單位	姓名	性別	備註
634	進修推廣部	秦亞平	男	永久會員　98/12入會
635	附設醫院	陳松男	男	永久會員　99/ 2入會
636	園藝系	許圳塗	男	永久會員　99/ 3入會

7. 本會第四十八期會務通訊已於98/12/15出刊，感謝本會辦公室各組組長全體動員，使編印及寄發工作得以順利完成。
8. 本會國內旅遊由活動組關麗蘇組長一人包辦所有業務（包括爭取教職員工本人參加者文康活動經費補助），在此特別感謝她的辛勞。
   本會最近舉辦了陽明山賞花一日遊（99/3/10），根據氣象預報：氣溫驟降，起初還擔心有人怕冷臨時不參加，結果大家豪情未減，熱烈參加，使此次郊遊得以如期舉辦。在陽明山國家公園管理處看完「愛上草山」，氣溫只有3℃，到了竹子湖氣溫更只剩1℃，但看到了三月飄雪，深感不虛此行，又吃到了平日須排長龍才能買到的老薑地瓜，驅走寒意，倍覺溫暖。
9. 資訊組黃組長完成本會第四十八期會務通訊及98年度會員大會會議資料之編印、沙前理事長「氣功美容」招式之拍攝（於去年會員大會播放），並隨時維護本會電腦順利運作，並更換印表機碳粉，也要特別感謝他的辛勞。
10. 本會檔案e化組杜雅慧組長完成本會部份會友E-mail通訊錄建檔，截至目前為止，計有會員38位提供E-mail信箱，本會不定時寄送最新活動通知給提供E-mail的會友，並透過網路回答會友提出的問題。杜組長並完成本會第四十九期會務通訊中，陳福成會友大作：「臺大校園古蹟憶先賢」及路統理事大作：「校園老照片說故事」全文打字，謹在此對杜組長表達誠摯的謝意。
11. 會員組車組長隨時更新本會會員異動資料，會計組陳組長完成各項帳務工作，秘書組劉組長完成本次理監事會場地借用及開會通知寄發，總務組鍾組長天天到辦公室值班，也在此一一表達誠摯的謝意。
12. 98年度松柏學院「老幹新枝」活動一與學子座談，本會推介本校農學院前院長蘇遠志教授參加（請參看專訪報導）。
13. 第二屆海峽論壇中「海峽兩岸科技與經濟論壇」，改期於2010年6月11～

15日在廈門隆重舉行，目前已報名額滿，**但仍歡迎推介中央研究院院士及大學校長參加。**

14. 本會吳元俊理事大力鼓動本會會員報名參加校運會田徑賽：
    (1) 本校校運會（99/3/15～21）本會吳元俊、陳福成、吳信義、黃存仁、張靜二、鍾鼎文、方祖達、路統信、王本源、郭文夫等10人參加男子組鉛球、跳遠、100公尺、400公尺、1500公尺賽跑及400公尺接力賽；本會許雪娥、陳梅燕、廖錦秀、安佐清、鄭美蓮等5人參加女子組鉛球、跳遠、60公尺、200公尺、1500公尺賽跑及400公尺接力賽。
    (2) 請本會向體育室建議校運會增設長青組，提高年長者參與意願，並做到安全第一、健康至上。

15. 本會理事長續訂「人間福報」贈送本會，歡迎各位到本會辦公室看報。

16. 轉知提供 e-mail 之會友參加下列活動：
    (1) 本校食品科技研究所主辦之「食品安全與風險評估研討會」（98/12/18，張榮發基金會國際會議中心1001會議廳）
    (2) 台北醫學大學林松洲教授應陶聲洋防癌基金會邀請主講：應用於癌症的輔助療法和另類療法（99/1/3，國父紀念館演講廳）。
    (3) 救國團社會研究院承辦之兩岸文化論壇『重整中華文化倫理道德』（99/1/8，台北市劍潭海外青年活動中心經國紀念堂 B1 欣悅廳）。
    (4) 本校醫學院孫安迪博士主講：免疫力和排毒力（99/1/9,台北市議會 B1 大禮堂）。
    (5) 原貌文化協會舉辦的坪頂古圳步道(99/1/9)、宜蘭賞鳥一日遊(99/1/23)。
    (6) 台北醫學大學林松洲教授應自強工業科學基金會邀請主講：頭皮照護的精油芳香療法（99/ 2/6,清華大學研發大樓）。
    (7) 本校教師會與中央研究院二二八研究增補小組合辦之「黃彰健院士與二二八研究」追思學術研討會（99/2/20，臺大社科院行政大樓第一會議室）。
    (8) 太極武藝分會開授太極拳新班（99/2/25～3/11）
    (9) 本校神經生物與認知科學研究中心主辦之「腦與心智科學的生命教育講座」（99/2/27,3/27,4/24,5/29,6/26,本校第一活動中心，7/31,本校心理系北館視聽教室）
    (10) 生耕致富系列講座（99/3/7～4/3）
    (11) 『從校史出發—校園篇』系列演講（地點：臺大校史館）
        第1場 三月八日（週一）10:00—12:00
            山地農場墾荒記／康有德主講（臺大園藝系名譽教授）
        第2場 三月十二日（週五）15:00—17:00
            臺大校園植栽環境及景觀變遷／凌德麟主講（臺大園藝系名譽教授）
    (12) 本校食品科技研究所主辦之「保健食品與痛風研討會」（99/3/12,本校集思國際會議廳)
    (13) 全校運動會（99/3/15～21）

　　　(14) 本校職工聯誼會舉辦之教職員工 2010 年冬─台南七股黑面琵鷺三日遊(99/3/19～21)
　　　(15) 台大氣功研習班（第 16 期，99/4/10～6/26，體育室陳國華教授指導）
　17. 本會主辦之活動張貼於臺大網頁，其點閱方法如下：
　　　進入臺大首頁→點左上方「教職員」→點右下角「文康活動公告」，即可進入「教職員工文康活動推行委員會網頁」→點左上角「活動訊息」，即可看到本會活動資訊，歡迎隨時上網點閱。

★敬請提供 E-mail 地址★

1. 本會資訊化作業正由黃存仁理事及杜雅慧小姐積極改善中。
2. 為響應「節能減碳」並快速傳達各項活動訊息，不要漏失好康活動，敬請提供 E-mail 地址，以利寄發電子郵件。**請來電或傳真告知本會 E-mail 地址。**

參、校園老照片說故事

老照片說故事 ──台大最早的共同科目大教室　　　　　路統信理事

進入臺大校門，椰林大道左側，舊總圖書館（今校史館）西側，農業陳列館前蒲葵道南側校園區塊的情景(1962)

　　本校提供大一新生共同必修、通識教育及全校性分班編組課程，教學上課使用的集合大教室建築，依興建年次現有新生大樓、綜合教室樓、普通教室大樓和共同科目教室大樓等四棟，由於歷年學生人數的增多，四棟教學大樓，仍顯有不足，近時又在普通教室大樓後方，原地理系館舊址新建教室大樓一棟，暫名"教學一館"預計今年十月竣工。連同前面四棟共有五棟。
　　為讓教學大樓名稱更具意義，並有利於師生辨識易記，總務處和教務處擬將五棟建築物重新統一賦予各大樓名稱，現正進行徵求命名活動。
　　在上述五棟教學大樓興建之前，最早作為全校共同科目課程教學使用的教室建築，即是老照片中位於校門內椰林大道左側，1949 年興建的兩排平房"臨時教室"。
　　本校前身的台北帝大，學制是採用講座制度，每一班級上課的學生人數不多，原

無適合大班上課的共同科目教室設置。1945年本校成立，各系新生人數增多，全校共同科目上課、急需容納百人以上上課的大教室。1949年初，傅斯年校長到任不久，隨即籌畫大教室的興建，當時因學校經費短絀，暫以節約方式興建了兩排平房六間臨時大教室，並以臨1、臨2……教室編號。

教室於暑假期間興建竣工，38學年度第一學期新生入學正式啟用，教室內的課桌椅是在木製椅右邊把手加裝一塊木板、供書寫之用，一方面為節省經費，同時也充分利用空間，教室內可以設置更多的座位。這兩排臨時教室是台大最早興建的共同科目教室，經使用十多年後，樓高五層的新生大樓建成，臨時教室始予拆除。

照片中兩排臨時教室位在校門內椰林大道左側，背後是後來興建的農業陳列館洞洞樓，東側是尚在興建中的"農經、農推"洞洞館（農業經濟系與農業推廣系於農業綜合館建成後又遷入新館，洞洞館改為文學院哲學系館）。西側原是一片小樹林，後來在這裡興建了人類學館。走道左旁還豎立著佈告欄。遠處矮牆外臨新生南路，路中央的瑠公圳大排渠道隱約可見。

臨時教室於功成身退拆除之後，這裡布置成為綠地空間，後又有人類學系館建成，與農業陳列館、哲學系館，三座洞洞館分別座落在西、北、東三面，成U字形，中央築有圓形花壇，在校園中自成格局，別有天地。

依照校園規畫方案，近期又將在這裡興建"人文大樓"。現今哲學系已先行遷往水源校區。人類學博物館遷往校史館西側。將來西、東兩座洞洞館拆除，"人文大樓"高樓聳峙，校園之內，大門左側，校史館以西的這一區塊，必又是另一番氣象。

(2010年3月)

肆、校園懷古

臺大校園古蹟憶先賢

陳福成教官

瑠公、瑠公圳與郭錫瑠

台大校園內及周邊地區，有諸多「瑠公」留下的古蹟，多數人只知瑠公圳為紀念瑠公，但不知此公為何人?來自何方?

瑠公就是郭錫瑠，名天錫，又名錫流。康熙四十四年（一七〇五年）十二月廿五日，生於福建漳州府南靖地區，（附記:前副總統呂秀蓮也是漳州南靖人，她於一九九〇年八月到南靖祖厝尋根謁祖，之後由她包兄呂傳勝律師五次率領台灣呂氏宗親代表，組團回南靖原鄉。）

瑠公幼年隨文來台，初居彰化半線（今稱八保圳）。到乾隆初年遷台北，定居中崙附近，開拓興雅莊一帶土地（今基隆路一段）。因田地須水灌溉，當時瑠公尚未開大圳之前，原有水圳只是一條小小水道，名叫「金合川圳」（按淡水廳志），居民常為爭水源而打門，郭錫瑠決定開一條大圳。但遭泰雅族人反對，多次爆發街突，死傷不輕。原住民認為違反自然且破壞祖靈，經瑠公各方奔走、溝通，工程得以順利進行。

瑠公從碧潭引水，沿新店溪設計數十里嚴密水道，從一七四〇年開工，經二十年完工，受益用水田地達一千二百多甲。但瑠公為水圳還變賣了家產，瑠公精神實在是我國秦代李冰父子在台灣的翻版。不意一七六五年八月，台北出現大颱風，以木頭建造的大圳明渠毀於一旦，瑠公見一生心血破碎，積鬱成疾身亡，年六十一歲。兩年後，其子繼承父志，復修大圳，後人為紀念瑠公父子為地方建設的努力，把這條水道命名「瑠公圳」。

　　本校運動場原地名「九汴頭」,因瑠公圳在此設有水閘,分出九道水流,灌溉大安一帶農田。民國十九年,日人闢場後,稱競技場,為台灣許多運動發祥地。
另醉月湖,原是瑠公圳的調節性湖水,新生大樓建築時切斷湖水和大圳的暗道,今女八舍及航測館原先都在水道旁,現在只見活的好好的柳樹。

運動場(民國19年)

傅鐘、傅園和傅斯年

　　傅斯年,字孟真,研究他、為他立傳的人多的是,我就不細說。民國五年,傅斯年正式成為北京大學文本科的學生,胡適之於民國六年秋天,才到北大文科當教授。他剛開始站在講壇上講課時,一顆心總是七上八下的,因為他發現台下聽講的學生中,有幾位的學問竟比他這個美國哥倫比亞的博士,還要強的多,傅斯年就是其中之一。
可見得傅斯年却非浪的虛名(他父親即清朝舉人、祖父是

傅斯校長逝世前在省參議會報告

拔貢)。他於抗戰結束後任北大代理校長,民國三十八年抵台接任台大校長,他致力於改革日式舊制,從師資之革選,教室宿舍興建,校務會議之首創、到嚴格入學考試,樹立了今日之風格。

　　光復初期,台大經費由省府供給,校長必須列席省議會。民國三十九年十二月二十日,先生出席省議會(今南海路美國文化中心)備詢,上台回答質詢後,腦溢血突發,延至晚間病逝。

　　後校務會議決以先生在校慶上之講話議題,「敦品勵學、愛國愛人」為校訓,並由兵工署將其熔鑄成傅鐘,成為台大精神象徵和自由校風的守護塔。每節上下課,傅鐘都會敲廿一響,源自傅校長名言:「一天只有廿一個小時,剩下三個小時是用來沉思的。」
傅園,原是理農學部植物標本園,至今仍種植許多珍奇植物。有一回我們「台大退聯會」宜蘭一日遊,到一農園,地陪介紹一種叫「水茄冬」植物,我回來後發現原來傅園也有。現在的傅園是傅校長的衣冠塚之處,仿希臘巴仙農神廟,營造斯年堂、水池、方尖碑,是有濃厚意義的紀念墓園。神殿中央,篆書有「傅校長斯年之墓」。

椰林大道種了很多椰樹(照八旭包人、莊秀研先生)

民國60年4月中,台大發起保衛的魚台抗議遊行,並選擇傅鐘為晚會靜坐處

　　本校古蹟甚多,如大門、椰林大道、舊總圖、文學院、行政大樓等,按本校學生會、學務處課外學生活動組所印製「台大文化導覽地圖」,剪輯部份如後以供雅賞。

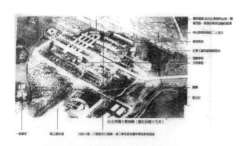

一般所知台大古蹟最多數十年至百餘年間，能有百年已算很老很古了。但我發現一處最老的，達二千一百萬年，夠老吧！現在讓我這「台大古蹟偵探」帶你參觀，就在尊賢會館旁，名「台大石」(見照片)。最早由市川雄一在一九三○年以產地「公館」命名，它是海底火山噴出的玄武岩和凝灰熔流的沉積石。

伍、活動相片

關麗蘇組長提供

本會蟬聯本校教職員工文康活動推行委員會績優分會，由活動組關麗蘇組長
代表本會參加頒獎典禮領取獎座（98/11/12）　　　　（關麗蘇組長提供）

九十八年度會員大會　　（關麗蘇攝，98/12/29，臺灣大學校總區第一會議室）

於九十八年度會員大會中，本會前理事長沙依仁教授教大家「美容氣功」
（關麗蘇攝，98/12/29，臺灣大學校總區第一會議室）

本會九十八年9-12月會員慶生會邀請敦煌能量舞蹈家蔡馨儀老師帶領其舞蹈團隊12人前來表演禪悅舞及元氣舞，向壽星祝壽（關麗蘇攝, 98/12/15）

本會前理事長沙依仁教授代表本會致贈感謝狀向敦煌能量舞蹈家蔡馨儀老師
及其團隊表達誠摯的謝意。　　　　　　　　　　　　　　（關麗蘇攝, 98/12/15）

陸、堅持所愛～「老幹新枝」活動，與學子座談

專訪台大農化系、生技系　蘇遠志名譽教授

採訪撰稿　蕭慧芬

　　相信絕大部份的人都曾經寫過這樣的作文題目：「我的志願」；然而，小時候立下的豪情壯志，
還有多少人記得？

　　我一直堅信，高一時期就應該確定自己的人生志向！不管是我自己的親身經驗、教導自己的孩
子、還是面對新世代的青年學子，我都如此堅信；因此，當何憲武教授及丁一倪教授邀請我參加「老
幹新枝」的活動，和成功高中學生面對面交流時，我二話不說，立刻答應。

　　只不過，八十歲的白髮蒼蒼面對十八歲的意氣風發，跨了三個世代的年齡鴻溝，有著太多語言與
思想上的差異；而唯一相同的是，這群年輕人對於確定志向的渴望，像極了年輕時的我。

堅持理想，成就「台灣味精之父」

　　我出生在臺灣早期著名的農產加工區雲林北港，小時候家裡開了間「農產品加工廠」，收購農民栽種的稻米、番薯、花生等等農作物加工製造大眾食品；或許是因為這樣的環境，讓我從事以來，就非常確定自己未來要走的路，也就是鑽研「改善農產品加工技術」。也因此，台灣大學農化系就成了我的第一志願。1948 年我順利進入台大農化系，四年的課程讓我發覺自己對於「微生物發酵技術」有著極大的興趣；從預備軍官役退伍後考進台灣省政府物資局服務，第一份工作負責的是調查民營糖廠以及澱粉製造廠所面臨的經營難題。兩年深入第一生產線的工作經驗，讓我更深切認知到台灣的生產技術實在過於久遠而落後；無法打破技術上的瓶頸，當然就遑論所謂的「產業升級」。於是，我決定負笈日本東京大學農化研究所進修，繼續鑽研「發酵生產學」。

　　回頭看看自己這一路走來，始終堅持著自己的理想前進，方能造就今日我的專業。

　　1950～60 年代，臺灣的味精仰賴進口的小麥粉麵筋，以酸水解法製造，因此價格十分昂貴，一兩味精相當於一斤豬肉的價錢！於是，我運用研究多年的發酵學原理，將生產蔗糖過程中所產生的大量廢糖蜜作為發酵原料，製造成味精，結果，不但大大降低了味精的生產成本，讓台灣成為味精外銷的第一大國；連帶地，也推動台灣食品加工產業的蓬勃發展。當然，最受益的還是每個人的味蕾，因為味精價格大幅下降，使得媽媽們更能烹調出美味的菜餚！有人稱我為「台灣味精之父」，不過，我最感到欣慰的是，「自己所學的，亦是自己所愛的」，而且永遠「堅持所愛」！

　　「勇於開始，堅持到底」是成功的條件，如果我在生物科技上的研究有些許成功的話，我想，這一切要歸功於我「勇於開始，堅持到底」的原則。畢竟，世界上最美好的事物，並非現在擁有什麼，而是對於未來有著怎樣的期許，並一步一步朝著自己的理想努力。所謂「築夢踏實」，此言不假。

與年輕人交流，是帖健康良藥

　　六月十二日晚上，我到成功高中與青年學子面對面，那一雙一雙大男生的眼睛盯著我，彷彿希望從我這位八十歲的老先生身上找到自己人生方向的鑰匙。而我，也竭盡所能，讓八十年來累積的人生智慧濃縮在一小時的講演中；畢竟，高中時代是確定人生方向的黃金時期，對於未來，他們應該是「無限期望」，而不是「無限迷惘」。我告訴年輕學子們，現在的社會愈來愈多元複雜。面對社會日益複雜的環境變化，專業能力需要與時俱進，同時需要懂得情緒控制，強化溝通能力，互相幫助，彼此尊重，始能發展自我的空間，助你實現人生目標。六月的夏夜，窗外依舊高溫，就如同教室裡這群高中生對於求知的熱情；而我，努力試著以個人的求學及研究經驗向青年學子證明：「知識創造經濟，如此，出路才會更寬大！」欣慰的是，演講結束後，有幾位同學私底下打電話給我，與我長聊人生志向的規劃；在他們的言談中，我看到了年輕人追求夢想的渴望。確實，教育工作者應該將自己的親身經驗傳承給年輕世代；這，是我們責無旁貸的任務。

　　曾有人戲稱，「人生有三歷：少年爭學歷，中年論經歷，老年看病歷。」年老難免失修，但若能透過社會服務來繼續學習、繼續追求新知，反而有益健康。當然啦，如果不想讓自己的病歷太過於多采多姿，或許，多跟年輕人溝通交流，是帖不錯的良藥！

蘇遠志教授簡歷

現任：國立臺灣大學名譽教授
　　　國立嘉義大學講座教授
　　　國家生技醫療產業策進會顧問
曾任：
　　　國立臺灣大學農學院院長
　　　行政院農業委員會顧問
特殊榮譽：第四屆全國十大傑出青年
　　　　　中國農業化學會學術榮譽獎
　　　　　中華民國生物產業特別貢獻獎
　　　　　經濟部大學產業經濟貢獻終身成就獎

柒、評古說今講稿

「牛轉乾坤」論傳承與遺願（下）　　　　　　　　　　鄭義峰

捌、附錄
健康長壽談養生
沙依仁教授

一、當代老年人的特徵

(一)壽命的延長　半世紀以前老人能活過七十歲已經算高壽，到現在老人退休後尚能存活二、三十年，活過一百歲的老人台灣就有一千多人，其中女性八百多人、男性三百多人，近年來成年人不婚、少子化，使老年人占總人口的比例增加。

(二)病弱衰退需要醫療及長期照護的老人，愈來愈增多，本人研究 65 歲以上老人有病的佔 69.96%，無病的佔 30.04，許多長期病患諸如高血壓、心臟病、肝病、腎臟病、中風者，終生以藥物控制，80 或 90 歲以上，需要長期照顧的人數增多，雇用外勞服侍者佔多數。

(三)家庭及社會關係逐漸萎縮，老人難免孤獨。

(四)社會未賦予老人新角色，老人福利法只規定老人可以當志工，並未規定老人退休後的就業，或延退辦法。

照以上特徵，當代老人雖然長壽者多，但健康情形並不良好，很多老者是帶病延年，醫藥不斷，必須靠別人照顧，才能存活，這樣的長壽毫無意義及尊嚴。老年期不鍛鍊就退化的實例，台大教職員退休後生活靠退休金維持，毫無困難，所以許多老人會放鬆自己不鍛鍊身體，結果身體快速退化。理學院一位退休教授每天搖椅坐坐，二年後不會走路；另一位教授沒有家屬陪伴，不出門活動，不看書本，亦無人交談，一年後就失智，可見老年期仍不能缺少鍛鍊及學習。

二、佛雷斯及克雷怕教授鍛鍊老人的理論與心得

兩位美國史丹福大學醫學院教授(Fries, James F.)(Crapo, L. M.)鑒於人類生存在世界上時間愈來愈久，但是卻不健康，許多 60 歲以上的老人體弱多病需要照護者，以及耗費大量醫療資源，使個人及社會均受到損害。兩位醫師使用多種訓練方法，延緩老人老化的時間，使大多數的老人都能過著健康幸福的生活，這種訓練方法能縮短人的衰退期，從 85-95 歲多數健康老人能得到自然的死亡。上述訓練成果使我們獲得領悟，倘若應用養生保健的新知訓練老人，當可達成健康長壽的目標。

三、老年期養生保健新知及自我鍛鍊

(一)生涯規劃：60 歲左右的老人，就應該開始規劃老年期該做甚麼事？不可以閒居等死！應考慮的：

(1)再就業、擔當志工，加入社團。

(2)老人教育：老人福利服務中心的課程，各社團及公益團體的演講是免費的。社區大學老人松年大學的課程是收費的，參加的老人以 60~70 歲佔多數。

(3)經濟安全，軍公教退休人員靠退休金生活尚無問題，倘若罹患長期疾病，醫療及照顧者費用，子女升學婚嫁、創業，以及子女要求分產，就無法應付。記得 70 年代初期中央日報副刊談及老人經濟安全，老人除退休金外應儲足 400 萬元，迄今需 800~1000 萬才足夠老年生活(包括老人的後事支付在內)，至於子女要求分產，日本的父母掌握住自己的財產，延遲分產時間，以便獲得子女的孝順，個人原本不認同，後來做了十幾年的觀察研究，發覺實際上是如此的。總之，老人應瞭解理財的方法，退休金使用得

宜，仍有結餘及儲蓄，才能獲得老年的生活安定。
(二)養生保健：
先談飲食方面--老人最好能吃糙米飯(因為白米飯是酸性食物)每天食量，飯三碗、蔬菜三碟、葷菜一碟、蛋半個、水果二~三個，老人適合的食物當以：
(1)增加免疫力：安迪湯以黃耆四錢、枸杞紅棗各三錢、加兩碗水熱湯用，這是一人一天的份量。抗癌蔬菜湯：白蘿蔔一支或半支、白蘿蔔葉(與白蘿蔔等重)、紅蘿蔔一支、牛蒡半支、香菇八朵，一鍋水煮湯。
(2)抗癌蔬菜：蘋果、杏、香蕉、奇異果、柳橙、木瓜、番石榴、青花椰菜、白花椰菜、芹菜、萵苣、甘藍菜、洋蔥、馬鈴薯、菠菜、番茄、番薯。
(3)消除自由基：香椿(兼具抗癌作用)、大蒜(必須生食)。
(4)使血管軟化：鱈魚、沙丁魚、秋刀魚這些魚脂肪太多，不可常吃，以免血管堵塞。
(5)抗氧化營養素：包括維生素A、C、E、硒、鋅等，維生素A多存在牛奶、蛋黃、肝、奶油等，維生素C多存在綠色蔬菜及水果內，維生素E在植物油種子、堅果、小麥胚芽，硒多存在肉、蛋黃、牛奶、穀、豆、蘑菇、大蒜，鋅多存在蠔、蟹蝦、玉米、菠菜、豌豆、黑豆、扁豆等。維生素C、E、硒、鋅均能抗癌。
(6)白木耳、黑木耳、蓮子含膠質，老人在冬季宜食含膠質的食材，阿膠是動物的皮製成的補藥，雖然膠質多，可能會阻塞血管，不如素料膠質，比較安全。
(7)乾果：老人體內油質少，就會便秘，每日應吃少量乾果，如核桃、南瓜子、松子。
(8)五色豆：綠豆、紅豆、黃豆、黑豆、白豆，沒有罹患痛風的者可以常吃。
(9)少吃刺激性食物、加工食品及含糖飲料。
　　飲食治療是將酸性體的中老年人變成鹼性體質，由於多吃葷食、油炸食品、煙、酒、口味重(多吃糖或鹽)，許多成年人已成酸性體質罹患癌症、高血壓、中風、糖尿病、腎臟病、心臟病、肝病等，亟應改變飲食習慣，多蔬少葷，或全素，經過一段時間病況減輕漸漸康復。參加宴會切勿酒食超量，可能會導致猝死或對身體有損害。尤其是五十歲以上的中老年人應自我節制，以保健康。
次談起居方面--
(1)睡眠：早睡早起，晚間睡足八小時，午睡半小時或一小時，晚間十一時至凌晨三時宜熟睡，此時氣血走肝經，熟眠才能養肝，失眠患者不宜常服安眠藥會上癮，而且毒性強。晚上不可思慮、煩惱，應該學習放下(把一切煩惱思慮都放開)就能熟睡。
(2)排泄：老人患便秘的比例很高，宜多吃蔬果：蘋果、奇異果、香蕉、番薯、南瓜。乾果類：核桃、芝麻有油質能潤腸，便秘者不可常服軟便藥，否則也會形成習慣性。
(3)預防意外
　i. 防跌： 這是最常發生的意外，其傷害最嚴重者會死亡或骨折，家中最容易跌倒的地方是浴廁，其次是臥室。半夜起床如廁，最好先坐床邊踏步數十次，再站起行走，就不會跌倒。廁所應裝止滑地磚，家有行動不便老人，應在室內沿動線及浴廁加裝扶手，臥床減低高度，避免跌傷。
　ii. 防噎：老人吞嚥功能減退，凡過大、過熱、過黏的食材最容易噎死，所以吃湯圓、吃年糕曾經噎死過老人，老人的食材要切細，吃飯時要有一、

二碗湯，細嚼慢嚥，才能防噎。

(4) 用藥安全：藥即是毒不可濫用，台灣最普遍濫用的藥物包括感冒藥、止痛藥、安眠藥、通便藥、各種補藥、減肥藥，長期病患經醫師診斷處方的藥物，雖不致被濫用，但長期使用副作用強，可能引發另一種病，例如中風病患服的降血壓通血管藥，長期服用可能引發心臟病。未來應發展預防醫學，多注重養生防病方為上策。

再談運動方面—老人最適宜的運動包括慢走、太極拳、氣功等，每天慢走五千至一萬步，持之以恆，可達保健強身效果。拉筋：中老年人不常運動，骨鬆筋縮，動作比年輕時遲鈍，例如蹲下困難、五十肩手舉不高，每天宜做伸展操、八段錦等予以改善，氣功、按摩使穴道及內臟加強功能，隔空放氣，使手掌勞宮穴、腳掌湧泉穴及頭頂百會穴都能吸收天地日月樹木之氣，亦能發氣給別人以改善體質，打通任督二脈及金剛脈動功加強脊椎功能，勤練呼吸法加強肺活量，已達長壽的效果。

(三)心理保健

(1) 終身教育延緩心智衰退：五、六十歲的人開始健忘(近期記憶衰退)，例如看到熟人和他打招呼，卻記不起他是誰?記不起現在要做甚麼事情?例如忘記吃藥或者忘記吃過藥了，又再吃一次，寫文章記不起一句名言，或字的寫法，這時就應參加老人教育項目;研討會聽演講，或者勤查字典。要多爭取寫文章及發表言論的機會，否則退化加速，出門行走不記得回家的路，可找警察幫忙，開了瓦斯爐忘記關、險遭火災、家人無奈將老人送進托老所，每天早晨送去，傍晚下班後接回家，這個階段再不自我訓練，就會退化成生活完全無法自理，不住在一起的子女親人都不認識，如此長壽就毫無尊嚴，毫無幸福可言。

總之在漫長的老年階段會經歷到身體機能及心智的持續退化，在退化之初就要自我警惕，參加老人教育項目學習新知、技能、自我鍛鍊，使老年階段很有一些成就，加上退休前的貢獻，才算是一個成功愉悅的老人。

(2) 情緒平和喜樂，消滅妒恨哀嘆：人類一生中會遭逢順境及逆境，所以情緒高張，喜怒哀樂很難避免，而且佛教所謂的人生四大痛苦:生老病死，老年遭逢三個所謂傷的情緒:怒傷肝、煩傷胃、喜傷心，老人情緒高張會傷身所以應學習情緒平和樂觀。

(四)精神生活：

老人應該精神有所寄託，最好有宗教信仰，老人信仰宗教有下列益處：①消減煩惱，不懼死亡。②改修脾氣。③慈悲喜捨，樂善好施。④有許多進修機會，達到老人再教育目標。⑤老少道親合辦法會，使老人有緣結識許多年輕朋友，彼此可互助合作。⑥佛教及一貫道均提倡素食，對社會之節能減碳、個人之養生保健，均有裨益。

四、健康長壽的標準

健康長壽的標準可總結為「三個不」「六個正常」和「十個得」:「三個不」是上樓胸不悶、步行氣不短、走路腿不痛;「六個正常」是體重正常、血壓正常、血糖正常、血脂症常、尿酸正常和心電圖正常;「十個得」是說得清、聽得懂、看得準、算得出、走得動、站得直、吃得下、便得暢、睡得好、想得通。老年人如果不符以上標準，就應及早去請教醫生，進行診治，無論發生任何情況，均應保持輕鬆愉快的心情，不要過度緊張。

五、結語

　　老年期是人生最後一個階段，也是最長的一個階段，約有二、三十年，在這漫長歲月中不能虛度，總是要找些事做；再就業、創業，做志工或從事社會公益事業，對個人及社會都有益處。養生保健方面應兼顧身心健康、適宜的飲食、睡眠運動、預防意外及服藥安全，老人應參加終身教育項目以延緩心智退化。同時也要訓練自己情緒平和，減少負面情緒，在精神生活方面，有宗教信仰或多研習經書，使老人健康長壽，平安喜樂的度過一生。

中華民國九十九年七月十四日出刊

會 務 通 訊
第 五 十 期

發行者：國立臺灣大學退休人員聯誼會
　　　　National Taiwan University Retiree Association
會　址：台北市羅斯福路四段一號國立臺灣大學望樂樓二樓
電　話：23695692　校內分機：33669690　Fax：23648970
E-mail：nturetiree@ntu.edu.tw

壹、本會近期活動

一、上海世博杭蘇八日遊　歡迎踴躍報名參加

　　出發日期：99 年 9 月 2 日（星期四）

　　行　　程：

第一天：桃園機場✈杭州 BR758 16:25-18:15（明清河坊一條街）
　　　　夜宿：杭州紫晶大酒店

第二天：杭州（船遊西湖、花港觀魚、靈隱寺、印象西湖表演秀）
　　　　夜宿：杭州紫晶大酒店

第三天：杭州🚌烏鎮（水鄉古鎮含遊船）🚌蘇州（蘇州博物館新館、忠王府、夜遊觀前街）
　　　　夜宿：蘇州維景國際大酒店或同等級

第四天：蘇州(獅子林、寒山寺)🚌上海（環球金融中心 94 層、乘船夜遊黃浦江、外灘，上海 ERA 時空秀）
　　　　夜宿：準★★★★★財大豪生大酒店或同等級

第五天：上海世界博覽會(全日遊)

第六天：上海世界博覽會(全日遊)

第七天：上海世界博覽會(全日遊)

第八天：上海（玉佛寺、新天地石庫門、城隍廟商圈）🚌杭州✈桃園機場 BR757 19:30-21:20

代辦費用：新台幣 39,500 元（全程住宿五星級飯店，不進購物店，無自費行程）。
　　　　　內含 200 萬旅行平安險，行李小費，司機、導遊小費，學校機場來回接送，看秀門票。(世博會內餐飲須自理)
　　　　　不含證照費
　　　　　台胞證加簽費：新台幣 600 元,新辦台胞證：新台幣 1,700 元

承辦旅行社：山林國際旅行社

報名時間：即日起受理報名，7 月 15 日截止，歡迎本校在職教職員工、退休人員攜眷參加。

【報名專線】23695692, 33669690　活動組長：關麗蘇小姐（星期一至星期四上午9:00～11:00）報名，或23627851方祖達教授

報名時請繳交訂金新台幣一萬元。

二、林口竹林寺、明德水庫、薰衣草森林一日遊　歡迎踴躍報名參加

出發日期：99年9月15日(星期三)

出發時間：上午八時整準時出發（請預留時間於七時四十分上車）

集合地點：臺灣大學正門口（羅斯福路上）

行程時間：

07：40～08：00　台大校門口集合出發

08：40～10：00　林口竹林寺（觀音寺位於林口鄉菁湖村，奉祀主神為十八手觀世音菩薩觀音寺香火鼎盛，內有竹林山寺公園，風景優美）。

10：40～11：40　義美見學館（全台少數設有博物館之企業，有美食DIY，義美歷史文物館等）。

12：00～13：00　南崁午餐

14：00～14：40　苗栗明德水庫（水庫於民國五十九年竣工，總蓄水量1,770萬立方公尺，屬於壓滾式土堤，明德水庫上有觀景台，可觀賞晨間、傍晚、夜晚月光下湖面碧波閃耀）。

14：40～16：30　薰衣草森林（由兩位女生打造的夢想咖啡屋，有環湖公路，可以欣賞明德水庫之湖景）。

18：00～18：50　五股（晚餐）。

19：30　　　　　返回可愛溫暖的家

代辦費用：每人新台幣1,000元

報名時間：即日起受理報名，歡迎本校在職教職員工、退休人員及外籍教師攜眷參加。

【報名專線】23695692, 33669690　活動組長：關麗蘇小姐（星期一至星期四上午9:00～11:00）。

備　　註：費用包括午、晚餐、車資、司機、導遊小姐小費、門票、礦泉水、旅遊平安保險（每人新台幣200萬元，醫療費20萬元；依規定14歲以下、75歲以上，保險限額為新台幣100萬元，醫療費10萬元）

三、杉林溪森林二日遊　歡迎踴躍報名參加

出發日期：99年10月12、13日（星期二、三）

出發時間：上午八時整準時出發（請預留時間於七時四十分上車）

集合地點：臺灣大學正門口（羅斯福路上）

行　　程：

第一天：

07：40～08：00　台大校門口集合出發

11：30～12：30　竹山（午餐）

12：30～14：00　往杉林溪（位於南投縣竹山鎮，跨鹿谷竹山兩鄉鎮山區，海拔 2,000 公尺）。

14：20～17：30　遊杉林溪森林遊樂區（一年四季花期不斷，著名景點：石井磯、青龍瀑布、聚英村、花卉中心、松龍瀑布，瀑布兩旁各有一石洞，名為水濂洞。杉林溪的中藥植物園由輔仁大學景觀設計系主任規劃，利用兩山谷狹長腹地。歷經 1999 年 921 大地震及 2001 年桃芝颱風重創，浴火重生）。

18：00～19：00　晚餐

第二天：

07：00　晨喚

07：30～08：20　自助式早餐

08：30～10：00　遊石井磯（杉林溪流旁）

12：30～13：20　田尾（午餐）

13：20～14：20　田尾公路花園（以春夏秋冬不同季節推出花品）

15：00～16：30　鹿港天后宮（奉祀天上聖母媽祖）

17：30～18：20　苗栗（晚餐）

20：00　　　　　返回可愛溫暖的家

代辦費用：住 2 人房（2 小床）每人 3,300 元

　　　　　住 4 人房（2 大床）每人 3,000 元

【報名專線】23695692, 33669690　活動組長：關麗蘇小姐（星期一至星期四上午 9:00～11:00）。

備　　註：費用包括午、晚餐、車資、司機、導遊小姐小費、過路費、門票、礦泉水、住宿費、旅遊平安保險（每人新台幣 200 萬元，醫療費 20 萬元；依規定 14 歲以下、75 歲以上，保險限額為新台幣 100 萬元，醫療費 10 萬元）

四、綠世界生態農場　本會會員憑會員證可享下列優惠：

1. 本人憑會員證（附照片），可同時購買入場券五張（含本人）享半票優惠。

2. 園區各商店出示會員證享九折優惠。

（此項福利係由本會理事長爭取而得）

五、免費教授氣功及複習養生保健　歡迎踴躍報名參加。

沙前理事長將自 4 月 12 日起，在體育館文康會會議室舉辦：

1. 星期一 9:00～11:00 教氣功（初級班已於 99/7/8 結束，效果 100%）氣功高級班於 99/7/15 開課（將教如何打通任督二脈、李鳳山功法及如何強化骨頭不易摔斷）

2. 星期二 9:00～11:00 複習養生保健（本活動與中華高齡學會合辦）

由於場地不是每星期都借得到，所以不是每星期都舉辦。第一次上課會發

課程表，並贈送講義。

【報名專線】23695692，33669690 活動組長：關麗蘇小姐

六、5～9 份慶生會　請壽星踴躍出席

5～9 月份慶生會訂於 99/9/21 下午 2:00，在體育館文康會會議室舉辦，敬請 5～9 月份壽星踴躍出席。

(5～8 月份慶生會原應在 8 月份舉辦，但因 8 月份適逢暑假，9 月初本會有兩團到上海看世博，9 月中本會舉辦「林口竹林寺、明德水庫、薰衣草森林一日遊」，因此推遲到 9/21 舉辦，敬請鑒諒。)

七、99 年度「評古說今」歡迎踴躍報名參加

99 年度「評古說今」，請大家踴躍報名擔任主講人或推薦主講人。

本活動由本會理事兼秘書組組長劉鵬佛教授負責規劃安排。

【報名專線】23695692，33669690 活動組長：關麗蘇小姐

八、本會各項活動請大家踴躍參與

(1) 本會會務通訊「旅遊園地」歡迎投稿。

(2) 本會會務通訊「老照片說故事」歡迎投稿。

(3) 「旅遊活動」請大家提供參效行程。

本會各項活動期待您的熱誠參與，也期盼您能推薦更多退休同仁加入本會！

本會電話：33669690，23695692，傳真：23648970

E-mail：nturetiree@ntu.edu.tw

貳、會務報告

1. 公立學校教職員退休條例正在立法院修訂中（立法院 99/7/8～13 加開臨時會，退休三法列入臨時會討論）原擬之月退休金加上公保優存月息合計的月退休所得，退休年資 25 年到 35 年，以本薪乘以二的 75%至 95%為上限，由於要求再減的呼聲甚高，可能會再下修。公保優存 18%的改革方案也將一併處理。據悉馬總統為顧及社會觀感，修法勢在必行。

2. 自去年 5 月 1 日起，公保優存 18%可選擇固定或機動利率。

3. 今年本校教職員工文康活動推行委員會將擴大舉辦慶祝校慶系列活動。本會理事長、關麗蘇組長及劉鵬佛組長被指派為籌備委員，已開過二次籌備會議。99/11/18（星期四晚上 6 點）慶祝晚會，本會將由方前理事長祖達領軍示範表演太極拳，在動態活動方面，本會將在 99/11/1～18 舉辦「生生不息—夾花生趣味比賽」，屆時尚要拜託各位理監事暫忙擔任裁判。

4. 第二屆海峽論壇中「海峽兩岸科技與經濟論壇」，於 2010 年 6 月 19～21 日

在廈門隆重舉行，本會理事長丁一倪教授率團前往參加，本校參加者計有：

(1) 蘇遠志（本校名譽教授、前農學院院長，國家生技醫療產業策進會顧問）

(2) 潘子明（本校微生物與生化學研究所所長，台灣保健食品學會理事長）

(3) 丁一倪（本校農化系兼任教授，中國海峽兩岸學術文化交流協會理事長）

(4) 汪　淮（本校森林環境暨資源學系名譽教授）

(5) 路統信（本校森林環境暨資源學系前技正，中華林學會前秘書長）

(6) 吳元俊（本校前主任教官，台北市兩岸經貿文教交流協會理事兼副總幹事）

本會理事長應邀擔任農業組主持人，路統信理事應邀提出「台灣針葉樹貴重五木」報告。

5. 上海世博蘇杭七日遊（99/9/1 出發）已報名額滿。

6. 本會會員動態

(1) 會員組車組長由於健康關係辭職，請大家協助物色適當繼任人選。

(2) 會計組陳明珠組長代為報告：

99 年 3 月 13 日至 99 年 6 月 30 日新加入會員 3 名，目前會員總編號為 639，扣除往生、停權或退會者 251 人，現有實際會員 388 人（內含永久會員 311 人，常年會員 77 人）。

(3) 本會 99 年 3 月 13 日迄今申請入會名單如下：

國立臺灣大學退休人員聯誼會 99 年 3 月 13 日迄今申請入會名單				
編號	原服務單位	姓名	性別	備　註
637	中文系	周富美	女	常年會員 99/3/30 入會
638	體育室	張子玉	女	永久會員 99/4/01 入會
639	政治系	呂亞力	男	常年會員 99/6/22 入會

7. 本會第四十九期會務通訊已於 99/3/23 出刊，感謝本會辦公室各組組長全體動員，使編印及寄發工作得以順利完成。

8. 本會國內旅遊由活動組關麗蘇組長一人包辦所有業務（包括爭取教職員工本人參加者文康活動經費補助），並辦理歷次慶生會業務在此特別感謝她的辛勞。

本會 4～6 月份舉辦了：

(1) 溪頭、集集二日遊（99/4/21～22）

(2) 山東自然文化遺產全覽八日遊（99/5/27～6/3）

(3) 宜蘭藏酒莊、松羅步道、金車蘭花園一日遊（99/6/24）

9. 資訊組黃組長完成本會第四十九期會務通訊，隨時維護本會電腦順利運作，並規劃建置本會網站及會員資料 e 化，也要特別感謝他的辛勞。

10. 本會檔案 e 化完成部份會友 E-mail 通訊錄建檔，截至目前為止，計有 40 位會友提供 E-mail 信箱，本會寄送會務通訊及不定時寄送最新活動通知給提供 E-mail 的會友，並透過網路回答會友提出的問題。杜組長並完成本會第五十期會務通訊中，陳福成會友大作：「陽明山、金山一日遊」與「健康浪漫的溪頭詩歌之旅」及路統信理事大作：「溪頭流籠腳」全文打字，謹在

此對杜組長表達誠摯的謝意。

11. 敬請各位踴躍提供 E-mail 信箱。本會將購買會籍管理軟體，繼續進行會員資料電腦建檔工作。

12. 會計組陳組長完成各項帳務工作，並暫代會員組工作，辦理會員入會，隨時更新本會會員異動資料，且辦理歷次慶生會業務，謹在此對陳組長表達誠摯的謝意。

13. 秘書組劉組長完成歷次理監事會場地借用及開會通知寄發，總務組鍾組長天天到辦公室值班，也在此一一表達誠摯的謝意。

（本會第七屆第七次理監事聯席會議場地，則是關組長借的。）

14. 轉知提供 e-mail 之會友下列活動或資訊：

(1) 中央研究院近代史研究所學術討論會：朱浤源教授主講：「戰後美國情報人員在臺活動初探：以 George H. Kerr 為中心」（99/4/8，中研院近史所檔案館一樓中型會議室）

(2) 2010 人間氣候的前世今生系列演講（99/4/10-99/6/19）

(3) 通識教育論壇「我的學思歷程」講座：
　　a. 楊洋池院長(醫學院)主講（99/4/27，臺大文學院演講廳）
　　b. 陳履安先生主講（99/5/10，臺大文學院演講廳）
　　c. 李敖先生主講（99/5/25，臺大法律學院霖澤館一樓國際會議廳）

(4) 台大職工聯誼會樂活健康管理：養生與心靈修煉　王元甫醫師、博士主講(99/4/28，台大新聞所103視聽教室）

(5) 本校圖書館活動：
　　a. 觀賞「雪季過客」電影（99/4/28，醫學院102講堂）
　　b.「牛糞傳奇」放映暨座談～一同愛惜生態，保育生物多樣性(99/4/29，臺大總圖書館B1國際會議廳）
　　c. 陳語萱小姐主講：飄洋過海讓你看：翻譯書的發掘與出版趨勢（99/5/3，臺大總圖書館4樓多媒體服務中心418室）

(6) 臺大藝術季系列活動（99/4/30-99/5/21）

(7) 臺灣大學神經科學週系列活動（99/5/6-99/5/11）

(8) 本會理事許文富博士演講：台灣農民團體(農會與農業合作社)雙軌制問題之社經分析（99/5/7，農業綜合館一樓農經研討室）

(9) 臺北市國立台灣大學校友會主辦之「春遊苗栗賞景行」（99/5/7）

(10) 孫運璿學術基金會文化系列演講：劉克襄：台灣人與自然的故事（99/5/8，台灣金融研訓院二樓菁業堂）

(11) 圖書館一樓後側沙發區全新音樂服務，命名活動（99/5/10-99/5/16）

(12) 農業經濟學系主辦系列演講會：
　　a. 高經濟價值食藥用菇—巴西蘑菇（聖保生物科技股份有限公司胡宗雄董事長主講）（99/5/14）
　　b. ECFA 介紹及對臺灣農業發展的影響（臺灣經濟研究院國際事務處吳福成副處長主講）（99/6/18）

(13) 【音樂‧講座】波光的律動—達悟族的歌樂舞蹈（99/5/19，臺大藝文中心雅頌坊）

(14) 徜徉臺大博物館群，參觀有禮活動（99/5/18-99/5/23）
　　a. 入館有禮（99/5/18-99/5/23）
　　b. 各館精彩活動
　　【校史館】「夏鑄九的臺大校園時空漫步」新書發表暨座談茶會(99/5/21,臺大校史館)
　　【昆蟲標本室】昆蟲文化—昆蟲文物與藝術特展（99/5/1-99/6/30, 臺大昆蟲標本室）
　　【農業陳列館】DIY 活動
　　　　　(1) 第一場：溫馨五月情-母親節卡片製作（99/5/1, 臺大農業陳列館3樓）
　　　　　(2) 第二場：給母親的祝福-紙花製作（99/5/15, 臺大農業陳列館3樓）
　　【地質標本館】特展活動
　　　　　(1) 肉眼看不見的世界—臺灣岩石礦物特展（99/3/14-99/9/30, 臺大地質標本館）
　　　　　(2) 莫拉克颱風地質災害特展（99/3/14-99/9/30, 臺大地質標本館）
　　【檔案展示室】花中傳騎獎不完系列活動
　　　　　(1) 台大紀念徽章收藏樂（99/3/19-99/5/22, 臺大水源校區飲水樓）
　　　　　(2) 紙雕成果展示暨校園腳踏車檔案展（99/5/24 開展, 臺大水源校區飲水樓）
(15)《夏鑄九的臺大校園時空漫步》新書發表會（99/5/21, 臺大校史館2樓）
(16) 校屬教學大樓重新命名活動(99/5/21 前上網提供意見)
(17) 臺大校友總會主辦的「**臺灣口琴樂團口琴演奏會**」（99/5/22, 臺大校友會館4樓表演廳）
(18)「原鄉到都市—原住民族城鄉資源關係」學術研討會（99/5/28, 臺大圖書館 B1國際會議廳）
(19) 面向大眾的史學：慶祝許倬雲院士八十大壽研討會（99/6/19, 洪建全教育文化基金會敏隆講堂）
(20) 台北醫學大學林松洲教授在中華民國抗衰老再生醫學研討會演講：青山常在綠水常流-抗老化及延年益壽密笈（99/6/20, 財團法人張榮發基金會國際會議中心1003講室）
(21) 教育部公務人員協會主辦之99年度「陽光健康行」（99/6/27）
(22) 臺大校友會2010年「提升生活品質」系列講座
(23) 退撫基金98年度決算
(24) 台北市國立臺灣大學校友會主辦之東北角海岸國家風景區知性之旅（99/7/3）
(25)「紀錄片攝製工作坊」系列演講（99/7/7-13）
(26) 教育部公務人員協會主辦之「坪林低碳之旅」一日遊活動
　　a. 第一梯次：7月28日（三）
　　b. 第二梯次：7月30日（五）
(27) 2010 臺大博物館群學習體驗營
　　a.【第一梯次】8月23日（星期一）
　　b.【第二梯次】8月25日（星期三）
　　c.【第三梯次】8月27日（星期五）
(28) 系列保健常識
　　a. 醫學及食物常識
　　b. 50 篇自然食療手扎
　　c. 賜命百歲七大秘訣
　　d. 健康 DIY 手冊
　　e. 穴道按摩----不花錢的養生

(29) 本會丁一倪教授所主持之「中國海峽兩岸學術文化交流協會」舉辦之各項活動歡迎參加，請上網查看，網址：http://www.sacea.org.tw

15. 本會主辦之活動張貼於臺大網頁，其點閱方法如下：
進入臺大首頁→點左上方「教職員」→點右下角「文康活動公告」，即可進入「教職員工文康活動推行委員會網頁」→點左上角「活動訊息」，即可看到本會活動資訊，歡迎隨時上網點閱。

16. 本會會員電話或通訊地址如有變更，請儘速告知本會，以免失聯。

17. 本會會員提供 E-mail 者，如有沒有收到本會寄發之好康訊息，請儘速告知本會，以便檢查電郵地址是否有誤。

★敬請提供 E-mail 地址★

1. 本會資訊化作業正由黃存仁理事及杜雅慧小姐積極改善中。
2. 為響應「節能減碳」並快速傳達各項活動訊息，不要漏失好康活動，敬請提供 E-mail 地址，以利寄發電子郵件。**請來電或傳真告知本會 E-mail 地址。**

參、校園老照片說故事

老照片說故事 ---台大溪頭流籠腳　　　　　　　　路統信理事

　　四月間，穀雨次日，本會舉辦溪頭二日遊、我隨即報名參加。行前領隊關麗蘇組長曾談及此次活動，原計畫在溪頭自然教育園區約請一位解說員，隨團講解，後以解說員須付酬，因而作罷。我當即表示願為本會同仁會友擔任志工服務，負責遊程解說。本校實驗林成立於民國38年7月1日，當年寒假我們森林系二年級的一班同學到溪頭修習「林場實習」學分，是實驗林成立第一批來此實習的學生。當時同學們每人在溪頭營林區辦公室前面的庭園栽植一株紀念樹，並在樹前插牌，書寫"○○○栽植，民國39年2月"。而今六十一年過去了，小木牌早已不見，當時栽植的小樹苗，卻已是參天大樹，鬱鬱成林。此後我又曾在實驗林工作三年餘，專事教學實習，實驗研究與推廣。規畫設立溪頭森林遊樂區計畫及針葉樹木園、台灣杉種子園、竹類標本等研究計畫，工作重點皆在溪頭，因而對營林區沿革歷史、地理位置，生態環境、遊憩設施、自然教育及造林試驗地位置等，知之較稔，園區內一草一木，皆有因緣。

　　四月廿一日晨，大伙兒齊集校門口大學廣場，八點正登車出發、經車埕車站鐵道懷古，集集參觀台灣省特有生物研究保育中心、武昌宮地震災後遺址及新建工程，竹山紫南宮。晚間抵達溪頭住宿明山飯店。

　　次日早餐畢出發，徒步遊覽自然教育園區，溪頭為大多數旅遊伙伴舊遊之地，更有人已來過多次。對神木，大學池、空中走廊等景點，皆知之熟稔，遊興正佳，極少需要導覽解說。唯有在回程行經神木道草坪區，見有樹立路旁之‘流瀧腳’解說牌，吸引了大家的興趣，需要解說，願聞其詳。暢遊歸來，找出60年前舊照片，特撰此文說明，供為參考並請指教。

　　'流浪腳'應是'流籠腳'。　流籠是山區運輸人員和物資的簡易空中索道。索道上端之設施，稱為流籠頭；下端稱為流籠腳。這裡的草坪區早年為運送木材及伐木工作者承載，曾設置有空中索道，上端通達'杉林溪'。

　　杉林溪林班生產之林產物，經由此索道輸送至溪頭，再以窄軌人力台車輸送至車軼寮(即今之廣興)，轉由機動卡車運到竹山或林內火車站。台大實驗林成立後，索道不再利用，廢置多年後拆除。近年為發展旅遊及生態教育活動，始規畫為現在的草坪區。即我們今日看到景觀。

溪頭流籠腳空中索道 (溪頭上行杉林溪) (1950/2) (臺大校史館提供)

※ 老照片攝於六十年前的 1950 年 2 月，森林系同學第一次到溪頭林場實習。流籠腳海拔 1300 公尺，空中索道設施尚保持完好。索道穿越兩側的柳杉林，上達杉林溪。全班同學們於樹木學實習完畢，在此合照。照片中約有 20 人。
　　右前一為作者、後廖日京，再後于湘文
　　左前一為游星輝(在交通部觀光局副局長任內)

空中索道載人運行

溪頭流籠腳空中索道拆除，原址景觀佈置成為青草原，一片綠地。
（關麗蘇攝，　2010/05/22）

※ 新照片攝於 2010 年 4 月 22 日 11:00，在流籠腳原址，由關麗蘇組長拍攝。對面的山凹處。即是杉
　林溪流籠頭的位置。溪頭流籠腳空中索道設施早年拆除，兩旁的柳杉林也伐除，只留下一片青青
　草原。路旁樹立一塊解說牌，讓大家回味。歲月滄桑、景觀變化，兩幀照片作了最好的說明。

照片中左為鍾鼎文組長，右為作者路統信，攝影關麗蘇組長(領隊)

肆、遊記之一

陽明山、金山一日遊   陳福成教官

「台大退聯會」目前人氣最夯的人是誰？無疑的，是關麗蘇小姐吧！她這一年所辦的活動，大概遠遠超過以前幾年的活動組長，所有活動的總和。

國內外的旅遊活動，關姊幾乎每月都有，從未間斷，而且每回都是一或兩部遊覽車，人數都達數十人。這之間有很多繁雜的行政工作，如辦理每人的旅遊保險、協調遊覽車、景點食宿安排、申請學校經費補助等等。

也因此，關姊真是很辛苦，每天都要來「上班」(無給職)，這種「虧本生意」的苦差事，天下有誰要幹？

但是犧牲奉獻的事，也未必人人「買帳」！退聯會的哥姊們大概還記得，去年(民98)的會員大會，關姊在會中有「感性的抱怨」謂如何如何！會後我安慰她說：「任何活動也不可能得到百分之百人的支持，百分百的人滿意。」。為給關姊打氣鼓舞，小弟不才，獻上讚美詩一首，題名「台大退聯會的梅花」：

活動組長關麗蘇，志工事業不馬虎；

台大校園有梅花，年年逢冬永不枯。

這回的陽明山、金山一日遊，按往例關姊也是忙了很久，行前又一一通知、叮嚀注意事項。同時她又把幾位教官都「拉來」，說讓我們兄弟一起好玩，坐位也排在一起，真是感人。果然，集合時我先就看到吳信義和吳元俊二位大兄，笑聲傳的好遠、好遠…。

這是三月十日星期三的早上八點多，遊覽車在台北市擁擠的水泥叢中，與「各類凶猛的物種」爭奪路權。當然，我們是「最大的一隻」，所以從台大校門到陽明山遊客中心，大約不到一小時。難怪很多人說「大就是美」，果然就是，大也表示優勢、資源多，故能取勝，台大之能稱「大」，也是這個道理吧！丟個議題給大家思考。

九點多在陽明山遊客中心看影片，介紹「愛上草山」，把陽明山從億萬年前至今講了一回，其實，我想每人不知來過多少回了。有心無心的看完，大家不約而同竟繞著遊客中心前庭後院走一圈，算是到了！

三三兩兩，邊走邊聊，我們是來給花看的。我們當中許多人對「走山」很有興趣，陽明山有十條步道值得走一走，如七星山、大屯山、箭竹步道、二子坪、擎天崗、石梯嶺、夢幻湖…說之不盡，夠我們磨掉全部的退休歲月，只要願意走出來，夠你玩的，別坐在客廳給電視機看，不久被看成一尊「人偶」。

走馬看花，意猶未盡，便轉往中山樓，這是火山口上的翠色寶冠，這可是國寶。是我榮民前輩紀念 國父孫中山先生百年誕辰的獻禮，人在其中，感覺完全不同了，大家一面參觀，搶著找到最好的位置，擺好國大代表的姿勢，一一拍照留念。

　　竹子湖的花海是陽明山另一特色，開車經過就常看到白花海芋織染出大塊白綠相間的拼圖，同仁三三兩兩花田間小徑散步。有老夫老妻牽手蹀躞前行，有踽踽緩步，享受這難得的幽閒、寧靜。我們這群人雖退休了，但說老亦不很老，似乎平時也還忙著很多工作，能有此行，也是不易。話頭又回到關姊，虧她細心用心安排這個行程。

　　午後的行程有三，都在金山，吾有一友也是「金山人」，但他是大陸的金山，卻也協助台北縣修「金山誌」。據友說，吾國有多處地方叫「金山」。一是江蘇省金山縣南海有金山，次為蒙古西北阿爾泰山也叫金山，三在遼北康平縣有金山，唐將薛仁貴曾在此大破高麗軍；四是江蘇鎮江西北的金山寺，最後就是我們午後的目的地台北縣金山鄉。或許人皆愛黃閃閃的金子吧！最好擁有整座金山，又能據為己有，故許多地方名叫「金山」。

　　先到的是金山青年活動中心，因時間不多，或許午後人有些昏昏欲睡，多數人在活動中心裡閒聊休息，我和少數幾位在外頭遊蕩，我只想進一步了解這地方。原來此處在民國四十九年已創建，為國內最早的青年活動中心，依山傍水、景色怡人，目前已開發多元旅遊場所，渡假、露營、溫泉、海灘活動等。多位同仁想去泡湯，但行程和時程都不能配合，看來只有擇時自己來囉！或建議退聯會組「泡湯團」。(附註：本校在陽明山有專屬「溫泉中心」，有興趣泡湯只須到事務組登記。)

　　而獅頭山三面臨海，景觀很有看頭，山頂和海岸的防岸線的防衛工事、戰堡，讓我回憶三十多年前（民67～69），我在馬祖高登當連長，地緣景觀幾乎「一模一樣」，四季都有深濃的蕭瑟感、蒼茫感。啊！那些為「反攻大陸」打拼的日子，已是生鏽的歷史了！

　　較有「人氣」的地方還是金山老街，據說清代就有，算是「古蹟老街」。這裡地方小吃、童玩、古玩、零食，如同其他觀光老街一樣，也是應有盡有。金山的名產以地瓜較富盛名，所以我們幾乎人手一袋地瓜。旅遊嘛！吃喝玩樂看，買名產也是重頭戲，每人都是大包小包的。

　　吳信義講一則「笑話」，為今天的一日遊劃下完美的句點。他說：「我們這個年紀了，白天沒鳥事，晚上鳥沒事，就是要走出來，玩的快樂，活的快樂最重要。」

　　他又補充：「活動活動，要活就要動，不動了，就…」我想，這不是笑話吧！這是「真理」，中國老祖先造字真奇妙！我們是乘著笑聲回家的。

伍、遊記之二

健康浪漫的溪頭詩歌之旅---台大退聯會老朋友們的遠足　陳福成教官

　　　台大校門口

　　　每次走到這裡歲月開始泝洄
　　　歷史走到這裡成為一塊化石
　　　時間走到這裡被絕對零度

> 瞬間凝固
>
> 歷屆畢業的學子　以及
>
> 工作的人們
>
> 你的眼眸一碰觸　是一九四九年
>
> 還是　一九二八年

　　我最近常參加學校活動，每次眼神碰觸到校門口都有那樣的感覺。「它」就像年青時吃了長生不老仙丹，從此永保當時的樣貌，不論光陰如何流逝，歷史如進演化，它都不為所動，站成一尊永恒的神祇。

　　二○一○年四月廿一和廿二日，退聯會理事長丁一倪教授和活動組長關小姐又規劃了這趟浪漫之旅，也是這些退休老朋友們的詩歌遠足。上午八點人員紛紛到齊，很快，校門口遠離了我們的視線，一部大遊覽車飛馳在高速公路上。

　　遊覽車的中前坐歌王教授們早已high翻了天，唯獨後坐沒動靜，我們正聚精會神聽哲學系的郭文夫教授講「外遇哲學」的問題。原來我國學術界數十年來，把「objective」譯成「客觀、客觀性或客體」，郭教授指稱這是不通又不懂的翻譯，更不合事實。試問「何謂客觀？」是客人的觀點？還是客家人的看法？都不通。objective的正確中譯應該是「外遇」，人處於外在世界所遇到的一切。

　　郭教授進而指出，人們常講的「外遇」，說是婚姻關係以外的不當男女關係，也是不通。外遇正解只是人在外所遇到的一切，包括男生、女生、動物或事件等。這是我近年所聽到最新的新知，若objective（外遇）中譯成立，不知「外遇」一詞英譯又如何？學術界或可研究研究。就這樣，後坐聽著郭教授談些「弔詭」之論，也是有趣，下了高速公路，車到名間鄉。

　　車過名間

> 遠遠望去，迷濛的山坡上
>
> 檳榔樹林在跳舞唱歌
>
> 風中的「採檳榔」已不歡愉
>
> 因為山坡的傷口尚未痊癒
>
> 檳榔樹抓不住山坡的心
>
> 劈腿，導至兩敗俱傷
>
> 還有很多第三者受害

　　大約十一點二十分，我們到了位於竹山社寮里的「紫南宮」（供福德正神，習稱土地公）。土地公是中國民間信仰最普遍的神，他就是炎帝神農氏十一世孫句龍，於顓頊

高陽氏時（公元前二五一四年～二四三七年），任「后土」之官，亦平定九州有功，死後食於社，也叫「社公」。千百年來，成為中華子民信仰最普遍的神。

　　社寮里的紫南宮建於乾隆十年（一七四五年），神光遠播，也成為國內遊客參拜的景點。但此處有一號稱「全亞洲最經典、雄偉的廁所」，據說耗資六千萬元興建，亦與紫南宮齊名。不同教派的遊客，不去拜土地公，也要來參觀「廁所」，真是神啊！

紫南宮

啊！住在這裡的土地爺爺

一下遊覽車我便有感覺

你以千手千眼千足千萬神奇的心

服務眾生

一曲梵音　一包香灰

便能洗淨信徒累世災苦

偶然邂逅　又發現信徒的可愛

獻建一座價值六千萬元的廁所

供養諸神　　眾生使用

　　中午我們在竹山「天野養生餐廳」享用美食，理事長常說週一到五拼經濟就靠我們銀髮族了。因此，順為這家尚稱不錯的青草藥園休閒農場做廣告，位於竹山鎮集山路二段591-2號，希望大家多去拼經濟。

　　「紅紅夕陽雖然好，可惜近黃昏，夜晚風吹著阮一陣冷酸酸，夜快車載阮離開著郎君，站車內孤單心頭亂紛紛，啊…最後的最後的火車站，到底在何方？」

　　方瑞娥唱紅這首台語歌，我始終不知道「最後的火車站」在那裡？一直以為是那對情人最後分手的地方。

　　下午二點，我們一行人就到了這個「最後的火車站」—車埕。隸屬南投縣水里鄉，聚落四週山林環抱，集集大山、萬丹山兩支山脈橫亙，有水里溪貫穿其間，風景綺麗。可惜人車冷清，景色蕭條；惟想沉浸孤獨，捕捉著桑感的人，這是個讓人沉思的地方。

車埕：最後的火車站

你是軼隱林間的詩人

就算方瑞娥把「最後的火車站」唱的紅紅

你仍很瘦

> 九二一後更瘦　且蒼白了
>
> 拼經濟的台大人一到
> 你瞬間豐腴了
> 臉上有紅光
> 但我們離去呢？

　　在車埕我們停留時間很短，因為這天非例假日，到處顯得冷清，大家下遊覽車走幾分鐘又上車了。開往不遠處的台灣蝙蝠展覽館（集集鎮民生東路），　正好碰上大雨，我們只得待在館中看各種蝙蝠。世上蝙蝠數千種，在中國文化之意涵，「蝠」和「福」同意，結合而成福壽雙全的吉祥物；反之，在西方常與黑暗、惡魔或恐怖事件相結合，這是東西方文化背景不同使然。

　　中國人的生活哲學有豐富的想像力，常用於物件圖案如蝙蝠飛翔於海上，表示「福海」之意。蝙蝠停於鍾馗持扇上，隱喻「納福」之意。而蝙蝠能為鍾馗引路驅邪除魔，妖魔都在夜間出沒危害生靈，蝙蝠晝伏夜出的自然習性，正好當鍾馗斬妖除魔的報馬仔（帶路報訊息者）。

> 蝙蝠‧蝙福
>
> 天使般吉祥福壽心靈
> 怎以魔鬼的臉孔示現
> 而人模人樣的
> 總涵孕一顆奸惡的心
> 多虧有你為鍾馗通風報信
> 斬妖除魔　人世間
> 才有福海威德的期待

　　參觀完蝙蝠館，再到不遠的「武昌宮」（集集鎮民生路），主神供奉「北極玄天上帝」。看廟內的簡介，原來是光緒廿九年（一九〇三），由祖國湖北武當山南岩宮分靈直降（台灣的神都是中國分靈來的）。可惜武昌宮被九二一地震所毀，目前仍在重建中。

　　大約晚上六點，我們到了溪頭，住進明山別館。晚餐後，外頭天氣不佳又烏七媽黑，只有在寢室聊天。我和植物系李學勇教授、軍校廿二期老大哥鍾鼎文、政戰十四期學長吳信義，四人一房，兩位大老一床，我和吳學長一牀。這晚有說不完的故事，李教授回憶抗戰時他男扮女裝演宣傳抗日話劇，勝利後他到台大時，倭國教授仍在台

大（他們不願回倭奴國），是傅斯年校長強制要他們回去的。鍾老是台大元老級教官，
吳哥是中國全民民主統一會的秘書長，我自命為「書記」，退休生活多麼精彩。

神彩。亮劍：記與三位老大哥睡了一夜

夜，阻絕一個世界

　　擴張另一個世界

把房間改裝成近代史故事屋

各自演說他的春秋大業

而長老，你氣勢依然磅礡

卻把豐功偉業總結成

臉上一抹神彩的微笑

在歷史的關鍵點上

你男扮女裝演話劇　宣傳抵抗

漢倭奴王國入侵

大業告成　你選擇來台大當書生

鍾老投身黃埔　吳哥為統一盡心力

在國家統一過程中

我們對得起炎黃老祖　對得起祖宗八代

當一切都淡出　我們的百年史

任後人如何說書

都行　只是此刻

長劍入鞘

別說我們從此再也不使兵器

為清風落葉講經說法

是亮劍的另一個境界

這夜我們把「三百零一年中國近代史」，以精彩論說（鍾鼎文今年九十歲、李學勇
八十八歲、吳信義六十五歲、我五十八歲，合計三０一歲），有此好緣共一宿，深值誌
之。但畢竟大家都有些年紀了，今日也走了不少路，大約十點多吧！全都進了柏拉圖

的「夢想國」。

第二天（四月廿二日）整個上午在溪頭林區內，早餐畢，八點多，大夥出發，起先大家聽路統信講解林區內各種植物歷史。（另註：路統信，民 16 年生，河南商丘人，民 37 年 7 月 22 日抵台，考入台大哲學系，次年轉讀森林系，一生從事林業工作，今年 83 歲。在他送我的一本自傳「滄桑歲月八十年」，內一字條寫著：「二○○八台大慶八○，走進台大六十年。一個愛國主義者的心歷路程，以熱愛祖國為榮。」多麼叫人感動！他知道他是誰？現在很多人不知道「我是誰？」路大哥給所有台大人甚麼啟示？）

不久大家走散了，便各自隨興到處觀賞，在林間漫步。重點不外空中步道、神木、大學池、大學橋等，是我們年青時共有的記憶。

溪頭，浪漫歌

咬人貓　懂得距離就是美感

厥抽嫩葉　款款起舞

微風　輕輕按臉龐

芬多精從四週溶於體內　通任督二脈

陽光　踮起跳足

伴你在小徑躇躑旋舞

光陰　停格在侏儸紀時代

邐迤一景　熱鬧了起來

小鳥來分享她的快活

彩蝶在眼前開起春季舞展

你的神思、目光　靈秀氣息

跟著起飛　都長了翅膀

你自由　翱翔

你成為穹隆宇宙中的一隻鷹

走上大學池　在深邃的綠

浣洗這數十年塵囂

清純的記憶　才沉澱

又洄游到這裡

這一路走來　生命的禮讚

短暫的浪漫之旅

是人生深深的領悟 久久的回憶

我年青時代曾與初戀情人到溪頭一遊，民六十九年與妻在此度蜜月，到今（二〇一〇年）三十年。雖年久「失憶」，但到神木、大學池、大學拱橋，埋在意識深層的回憶又被喚醒。

中午我們到一家叫「福林餐廳」用餐，很有特色，菜也不錯。進門的對聯已開始吸引遊人，「柴米油鹽醬醋茶福林挑動老饕家」，橫聯是「那能膳罷乾休」，書法氣勢亦不凡。位在鹿谷鄉興產路79之一號，大家來這裡拼經濟，享山產藥膳，一舉多得。

午餐後，大夥兒開始回程北上，沿途中前排弦歌不斷，後排聽郭教授講他的人生哲學。下午兩點車到台中南區碉塑公園，太陽很大，都在樹蔭下乘涼，十餘分鐘又上車，約下午五點，我們到新竹湖口一家奈米公司參觀，專生產各種奈米產品，據說現在只要加上「奈米」二字，石頭可當黃金賣，未知真假。

晚餐我們又到「大溪保健植物園」養生餐廳，這是我隨台大旅遊來第三次的老店，說到這家店（大溪員林路三段三八五號），凡台大人休人，口碑載道，值得一吃再吃。若有人問：「到底多好吃？」我倒反問：「花兒多美？你說我聽聽！」

這餐每個台大人都吃的肚兒圓圓，芳香留齒間，高興的上了遊覽車，一路歌唱回台北—重回人間，又入紅塵。

陸、活動相片　　　　　　　　　　　　　　關麗蘇組長提供

本會九十九年1～4月份會員慶生會邀請帶動唱天王戴南祥老師教大家
帶動唱，並向壽星祝壽　　　　　　　　　　　　（關麗蘇攝，99/4/13）

本會理事長丁一倪教授代表本會致贈感謝狀向帶動唱天王戴南祥老師
表達誠摯的謝意。（左為戴老師的姊姊戴如松女士和姊夫）
　　　　　　　　　　　　　　　　　　　　　　（關麗蘇攝，99/4/13）

參加溪頭、集集二日遊同仁合影於溪頭自然教育園區前
（關麗蘇攝，99/4/22）

參加溪頭、集集二日遊：本會何副理事長憲武伉儷（左）與會員郭文夫
教授伉儷（右）合影於車埕儲存木材的蓄水池前　（關麗蘇攝，99/4/22）

恭賀郭文夫教授榮獲在蒙古舉辦之國際桌球比賽第三名，為國爭光。

柒、評古說今講稿

「牛轉乾坤」論傳承與遺願（下）　　　　鄭義峰教官

中共建國六十年，科技已超上歐美，核彈、氫彈、航天、衛星、火箭、潛艇，已與歐美並駕齊驅。某些尖端科技，已超越美國。去年大陸，主辦奧運，取得四十一面金牌，震驚國際，再造漢唐雄風，盡雪東亞病夫恥辱。明年國際博覽會，在中國上海開幕，其規模之大，展出場地之廣，已先聲奪人。又一次宣揚中國商品之優美，傲視全球。中國已經崛起，而是以天下一家、優美文化展示給國際。當然又是一番盛況，目前有二百多所孔子學院，在世界各大學設立，研究中國，已成為風尚。目前中國大陸高速鐵路，已普遍完成，現積極建造通往歐亞、高速鐵路，從桂林有三條通過印度及新加坡，而西北也有三條鐵路通往歐州，正在積極建造中，將來歐亞大陸將要融為一體。以中國山川之美、文物之盛、廟堂之大。將要吸引世界文人雅士、工商巨賈，來參觀訪問，北京道上，不絕於途，到那時，大道之行也，天下為公，為期不遠矣！

八、傳承與遺願總結

中國文化代代傳承，先人遺願，也是以子孫相承，當生存受到威脅，則有志士仁人蜂起，救亡圖存。而以霹靂手段，扭轉乾坤。這是中華文化中傳承的本能，眼前一部現代史，即可說明一切。中國古籍經典，如易經、四書、五經、禮運大同篇，及先哲遺言，「天下興亡」，匹夫有責，岳飛滿江紅、文天祥正氣歌、諸葛亮出師表、詩人陸放翁，留下來民族感情與精神。成為民族本能。中國歷史，自秦漢以來，追求天下一家、國家統一，有十次一統，都是使用武力，秦、漢、魏、晉、隋、唐、宋、元、明、清，現在是中華民國，與中華人民共和國，前者建國迄今有九十八年，但在三十八年戰敗，退守從八年抗戰勝利，光復台灣島，剛好滿六十年，這六十年大陸崛起，科學技術已趕英超美，其財富亦傲視全球，其社會主義中國式制度，適合中華文化根源，也已是供世界資本主義國家學習改革對象。事實已極明顯，民進黨在台灣執政，二十年，想金蛇脫殼，蛻成獨立台灣國，結果政權再度輪替到國民黨，兩岸大有轉機，和平統一，似乎指日可

待。但內部矛盾、與論分歧，利害交錯，似乎要做日本與美國兒皇帝，是否又要走上歷史宿命，這要看大國包容、小國領悟了。

最後在個人方面，大都抱定「落葉歸根」的一天，都會留下遺囑或遺願，第二代把台灣當成故鄉了，最主要是傳承問題，最近報載，王永慶先生逝世，很奇怪高齡九十三歲，當代經營之神，豪富甲天下，國際著名塑膠石化王國，竟然沒有遺囑傳承，以致身後龐大財產及事業繼承發生糾紛，引起打國際財產訴訟，甚至傳言，雇黑道擺平。故臨終傳承，其重要性可知。一般凡夫俗卒，口頭留言即可，筆者是極平凡的人，但一生飄泊，而身攜兩岸，懷念慈母恩情，到了晚年，也留下「牛轉乾坤定遺願」，如附件供各先進參考。（本文內容係長期收聽曾祥鐸教授時事評論，且受教「當代中國」課程。）

（二〇〇九年一〇月一三日　于望樂樓臺大退聯會所）

東南科技大學通識教育中心林惠娟教授大作：優質深度旅遊的與實踐初探——以瑠公圳（臺大段）人文生態散步為例（發表於99/5/21社團法人臺灣徐霞客研究會舉辦之「2010徐霞客生態人文旅遊學術研討會」）

已徵得臺灣徐霞客研究會會長　陳應琛校長同意，予以全文轉載。

由於本期稿擠，將於下期刊出。一篇能勾起您懷古幽思的佳作，敬請期待！

中華民國九十九年十一月九日出刊

會 務 通 訊

第 五十一 期

發行者：國立臺灣大學退休人員聯誼會
National Taiwan University Retiree Association
會　址：台北市羅斯福路四段一號國立臺灣大學望樂樓二樓
電　話：23695692　校內分機：33669690　Fax：23648970
E-mail：nturetiree@ntu.edu.tw

壹、本會近期活動

一、東北角海岸之旅一日遊　歡迎踴躍報名參加

出發日期：99年11月25日(星期四)

出發時間：上午八時整準時出發 (請預留時間於七時四十分上車)

集合地點：臺灣大學正門口 (羅斯福路上)

代辦費用：每人新台幣 1,100 元

行程時間：

07：40～08：00　台大校門口集合出發

09：30～11：30　草嶺古道巡禮

草嶺古道芒花季活動將於10月31日至11月30日如火如荼展開,總長達8.5公里,步道沿途有許多環保及藝術裝置,這條宛如電影場景般的芒花古道,帶您踏上一次兼具 "懷舊與創新" 的驚奇旅程。

12：00～13：00　午餐

13：30～15：00　北關海潮公園

著名蘭陽八景之一,海岸線豆腐岩景色,可由不同角度觀賞岩石和大海,在浪濤拍打之下,更顯澎湃萬千,因此才有北關海潮的美名。站在觀海亭可眺望龜山島、外澳等海上景緻及北關全景。

15：30～17：30　蘭陽博物館

博物館的主體建築,透過材料的變化來展現內部空間的自明性,同時因錯位而產生之縫隙,亦可提供採光與視覺的穿透效果。建築外牆則以石材為主。

蘭陽博物館門票每人 100 元。

18：00～19：00　晚餐

20：30　　　　返回可愛溫暖的家

報名時間：即日起受理報名,歡迎本校在職教職員工、退休人員及外籍教師攜眷參加。

-1-

【報名專線】23695692, 33669690　活動組長：關麗蘇小姐（星期一至星期四上午9:00～11:00）。

備　註：費用包括午、晚餐、車資、司機、導遊小姐小費、門票、礦泉水、旅遊平安保險（每人新台幣200萬元，醫療費20萬元；依規定14歲以下、75歲以上，保險限額為新台幣100萬元，醫療費10萬元）

二、經絡急救法（中國式CPR）講授會　敬請踴躍出席

時　　間：99年11月23日（星期三）上午9:00～11:00
地　　點：臺灣大學校總區體育館文康中心交誼廳
主 講 人：劉國瑞大師
主辦單位：本會與中華高齡學學會聯合舉辦
將於會中放映影片，讓聽眾清楚瞭解各穴道正確位置，學會經絡急救法。
敬請各位踴躍參加，切勿輕易錯過此良機。

三、第七屆第九次理監事聯席會議

時間：99年12月15日（星期三）上午10:00～11:30
地點：臺灣大學校總區體育館文康中心會議室
敬請各位理監事預留時間，踴躍出席。

四、第八屆第一次會員大會　敬請踴躍出席

時間：99年12月29日（星期三）上午9:30～12:00
地點：臺灣大學校總區第一會議室
敬請各位預留時間，踴躍出席。
務請寄回出席回條，以利統計人數準備便當，未寄回回條者則請自備午餐。

五、10～12月份慶生會

時間：99年12月29日（星期三）上午9:30～12:00
地點：臺灣大學校總區第一會議室
敬請各位壽星預留時間，踴躍出席。

六、綠世界生態農場　本會會員憑會員證可享下列優惠：

1. 本人憑會員證（附照片），可同時購買入場券五張（含本人）享半票優惠。
2. 園區各商店出示會員證享九折優惠。

（此項福利係由本會理事長爭取而得）

七、福利卡　敬請踴躍預約

本會與中國海峽兩岸學術文化交流協會合作推出福利卡，爭取優良廠商折扣優惠，為會友創造福利。目前已洽妥之特約商店，憑福利卡優惠如下：

（一）東南旅行社

1、證照優惠
台胞證加簽 NT： 500元
台胞證新辦 NT：1600元
護　照 新辦 NT：1600元

2、購買小三通套票及各類票券優惠。

3、向本會報名參加東南旅行社舉辦之國內外專案旅遊優惠。

(二) 上海帝璟麗緻大酒店

　　專案住宿優惠 (詳見附件)

(三) 北京市隆安律師事務所

　　在大陸申請專利的代理費用，除官方收取的規費，如申請費、審查費無法優惠外，其餘費用可享9折優惠。

(四) 中國人壽王經理特別給予專案優惠

　　任一中國人壽保險商品，獨享有 2%～10% 的專案優惠。

(五) 好市多（COSTCO）

　　可申辦 COSTCO 商業副卡每張為 NT：500 元（限5個名額，原價每張為 NT：1,200 元）。

(六) 復興航空特價優惠

優惠項目繼續成長中（正與多家廠商洽談中），歡迎推介優良廠商加入本會特約廠商行列。有意預約福利委員會福利卡者，請惠填基本資料表，並繳交製卡工本費新台幣 150 元及相片一張。請交給本會活動組關麗蘇組長，或請郵政劃撥工本費至：

戶名：中國海峽兩岸學術文化交流協會，郵政劃撥帳號：17073278

俟預約數達150張（印刷廠最低製卡量），即正式印發福利卡。

正式發卡後，申請福利卡者，將加收卡片後製費及手續費新台幣 100 元，合計新台幣 250 元。

團結力量大！為替各位會員爭取更多的福利，歡迎邀請親友們加入預約福利卡活動！

八、99年度「評古說今」歡迎踴躍報名參加

　　99年度「評古說今」，請大家踴躍報名擔任主講人或推薦主講人。

　　本活動由本會理事兼秘書組組長劉鵬佛教授負責規劃安排。

　　【報名專線】23695692，33669690 活動組長：關麗蘇小姐

九、本會各項活動請大家踴躍參與

　　(1) 本會會務通訊「旅遊園地」歡迎投稿。

　　(2) 本會會務通訊「老照片說故事」歡迎投稿。

　　(3) 「旅遊活動」請大家提供參考行程。

本會各項活動期待您的熱誠參與，也期盼您能推薦更多退休同仁加入本會！

本會電話：33669690，23695692，傳真：23648970

E-mail：nturetiree@ntu.edu.tw

貳、會務報告

　　1. 今年本校教職員工文康活動推行委員會擴大舉辦慶祝校慶系列活動。本會丁一倪理事長、關麗蘇組長及劉鵬佛組長被指派為籌備委員，已開過五次籌備會議。99/11/18（星期四晚上6點）慶祝晚會，本會由方前理事長祖達領軍示範表演太極拳。

2. 文康會原擬舉辦五項趣味競賽，其中本會在 99/11/2 及 99/11/9 舉辦「生生不息　夾花生趣味比賽」，但因無人組隊報名參加趣味競賽，本活動停辦。

3. 海峽兩岸生命科學發展論壇及中國科學技術協會第十二屆年會，於 2010 年 10 月 30 日～11 月 2 日在福州隆重舉行，本會丁一倪教授率團前往參加，本校參加者計有：

    (1) 陳仲瑄（本校化學系兼任教授、中央研究院院士）及其夫人

    (2) 方祖達（本校園藝系名譽教授）及其夫人

    (3) 丁一倪（本校農化系兼任教授，中國海峽兩岸學術文化交流協會理事長）

    (4) 王亞男（本校森林環境暨資源學系教授，實驗林管理處處長）

    (5) 蔡明哲（本校森林環境暨資源學系教授）

    (6) 孫岩章（本校植物病理與微生物學系教授）

    (7) 蕭文偉（本校實驗林管理處研究員）

    (8) 徐源泰（本校園藝系教授）

    (9) 許　輔（本校園藝系教授）

    (10) 王明光（本校農化系教授）

4. 99 年度「評古說今」

    (1) 第一場由劉鵬佛教授主講：上海世博與世博會的歷史沿革（99/08/18，本校體育館文康活動中心會議室）

    (2) 第二場由路統信理事主講：養生保健縱橫談（99/10/26，本會辦公室）

5. 本會六～九月份慶生會已於 99/09/21 舉辦，特別感謝本會關麗蘇組長和陳明珠組長籌辦慶生會的辛勞。

6. 本會沙前理事長自 99 年 4 月 12 日起至 99 年 11 月 2 日止，在體育館文康會會議室舉辦：養生保健氣功班，免費教授養生保健氣功，分上、下學期，每學期 18 週 36 小時，合計 36 週 72 小時。上學期傳授初級功，下學期傳授高級功。

    (1) 星期一 9:00～11:00 教氣功（初級班於 99/7/8 結束，效果 100%）氣功高級班於 99/7/15 開課（傳授如何打通任督二脈、李鳳山功法及如何強化骨頭不易摔斷）。

    (2) 星期二 9:00～11:00 複習養生保健（本活動與中華高齡學會合辦）由於場地不是每星期都借得到，所以不是每星期都舉辦。第一次上課發給課程表，並贈送講義。

7. 本會與中華高齡學會共同舉辦下列「健康講座」：

    (1) 冠心病的防治，由空軍總醫院心臟科主任房同經醫師主講（99/08/14，富邦人壽會議室）

    (2) 營養醫學（不打針、不開刀新療法），由劉方欣營養師主講（99/09/07，本校體育館 2F 會議室）

    (3) 中華傳統醫學的經絡急救法，由劉國銳大師主講（99/10/12，本校體育館 1F 會議室）

8. 本會理事長代表本會參加全國 NGO 組織聯誼籌備會（99/08/25，YMCA 會議

室）。

9. 本會理事長應邀參加第八次全國教育會議（99/08/28 29，國家圖書館）。

10. 本會會員動態

(1) 會員組車組長由於健康關係辭職，請大家協助物色適當繼任人選。

(2) 會計組陳明珠組長代為報告：

99 年 7 月 1 日至 99 年 10 月 21 日新加入會員 1 名，目前會員總編號為 640，扣除往生、停權或退會者 252 人，現有實際會員 388 人（內含永久會員 310 人，常年會員 78 人）。

(3) 本會 99 年 7 月 1 日迄今申請入會名單如下：

國立臺灣大學退休人員聯誼會 99 年 7 月 1 日迄今申請入會名單				
編號	原服務單位	姓名	性別	備註
640	生命科學系	陶錫珍	女	常年會員 99/8/30 入會
	共計	1 人		

11. 本會第五十期會務通訊已於 99/7/14 出刊，感謝本會辦公室各組組長全體動員，使編印及寄發工作得以順利完成。

12. 本會國內旅遊由活動組關麗蘇組長一人包辦所有業務（包括爭取教職員工本人參加者文康活動經費補助），在此特別感謝她的辛勞。

本會 7～10 月份舉辦了：

(1) 林口竹林寺、明德水庫、薰衣草森林一日遊（99/9/15）

(2) 杉林溪森林二日遊（99/10/12～13）

(3) 上海世博蘇杭七日遊（99/9/1 出發）丁一倪教授領隊

(4) 上海世博杭蘇八日遊（99/9/2 出發）方祖達教授領隊

13. 本會陳明珠組長完成會員資料電腦建檔、黃存仁組長完成會員資料電腦建檔程式設計，謹致十二萬分的謝忱。

14. 資訊組黃組長完成本會第五十期會務通訊之編印，隨時維護本會電腦順利運作，並規劃建置本會網站，也要特別感謝他的辛勞。

15. 本會檔案 e 化組完成部份會友 E-mail 通訊錄建檔，截至目前為止，計有 44 位會友提供 E-mail 信箱，本會寄送會務通訊及不定時寄送最新活動通知給提供 E-mail 的會友，並透過網路回答會友提出的問題。 謹在此對杜組長表達誠摯的謝意。杜組長目前出國度假中，以致若干來稿未能在本期刊出，謹致歉意。

16. 會計組陳組長完成各項帳務工作，並暫代會員組工作，辦理會員入會，隨時更新本會會員異動資料，且辦理歷次慶生會業務，謹在此對陳組長表達誠摯的謝意。

17. 秘書組劉組長完成歷次理監事會場地借用及開會通知寄發，總務組鍾組長天天到辦公室值班，也在此一一表達誠摯的謝意。

18. 轉知提供 e-mail 之會友下列活動或資訊：

(1) 免費參觀花博新生園區試營運（99/10/20）
(2) 本會丁一倪教授所主持之「中國海峽兩岸學術文化交流協會」舉辦之各項活動歡迎參加，請上網查看，網址：http://www.sacea.org.tw

19. 本會主辦之活動張貼於臺大網頁，其點閱方法如下：
進入臺大首頁→點左上方「教職員」→點右下角「文康活動公告」，即可進入「教職員工文康活動推行委員會網頁」→點左上角「活動訊息」，即可看到本會活動資訊，歡迎隨時上網點閱。

20. 本會會員電話或通訊地址如有變更，請儘速告知本會，以免失聯。

21. 本會會員提供 E-mail 者，如有沒有收到本會寄發之好康訊息，請儘速告知本會，以便檢查電郵地址是否有誤。

參、遊記

宜蘭藏酒莊、松羅步道詩酒之旅　　　　　陳福成教官

心理學家說，童年的家庭生活含童年所碰到的一切事務，都會影響人們一生的行為模式。

證之在我身上，似乎是正確的。我從小被父母叔伯等長輩教導（其實是強制的），天天要寫日記，而且有一位叔叔要經常「批改」日記，每天的一篇的日記如同一篇作文，當時真是「苦不堪言」啊！在我的童年時代，父親如同「大軍閥」，孩子們只有服從、受教，乖乖地學習，從無說「不」或反抗的念頭。

也因此養成我每天寫日記、筆記，記錄行誼的習慣。說來也奇怪！竟成為一種「生活習性」，至今我仍每天大約靜靜的坐在書桌前寫東西，至少兩小時，寫一切想寫的東西，且快又準，當然不是什麼經典之作。

或許我有此習慣，才有機會成為退聯會的「書記」。六月二十四日的宜蘭藏酒莊、松羅步道詩酒之旅回來後數日，關姊要我寫一篇遊記，這是一趟詩酒之旅，若不加以記錄使成恆久記憶，真是可惜！

我們按原計畫上午八點在台大校門口集合出發，約一小時到宜蘭郊區，田園農舍景觀完全不同於台北。這真要感謝雪山隧道的開鑿，但許多環保團體仍認為開這隧道是不對的。看來對錯只有等時間判官做裁奪了。可見的未來某天，若該處的土地爺沒有大規模的反撲，或許就是對的；反之，有大規模反撲造成空前巨災，當然就是錯，未知如此推論是否合乎邏輯？言歸本題。

原先上午行程先到藏酒莊，在酒莊內午餐，下午有松羅步道和金車蘭花園。因近日常有午後雷陣雨，故上午行程先排松羅步道，午餐和下午在藏酒莊，這一日遊也以這兩處為主，餘皆走馬看花。

松羅步道位於宜蘭縣大同鄉，等級很高，稱「松羅國家步道」，單是一條步道有何能耐能是「國家級」的，定有其原因。更奇的，羅東林管處已在宜蘭縣內開闢六條「國家」級步道，最早的時候，松羅步道只是一條泰雅族人狩獵山徑，經整修而成目前很夯的觀光休閒景點，因為這裡保留雨林般的森林植被原始景觀。

現在的松羅溪和台灣地區其他溪流一樣，水量不足，遙想往昔水量充沛時有許多

叫「苦花」的魚，泰雅族人叫「蒂烈娜」，像是一個女神的名字。後因濫捕，面臨絕種危機，幸好大同鄉民及時形成自覺，從二〇〇二年七月起封溪，只隔兩年多後，松羅步道沿溪邊又能看到很多苦花魚，可惜我們沒有太多時間慢慢賞魚，且君子淑女們心也不在魚，三三兩兩閒適散步，欣賞步道溪流山景。

只是一條臨溪步道，聽起來確實沒有甚麼特色，其他地方也有很多臨溪步道，卻只有松羅步道紅得發紫，可謂國內近年來最夯的一條步道景點，親臨現場走一趟就知傳言不虛。

因為迤邐臨溪，所以松羅步道可以看到眾多濕生植物，眾多的附生植物，眾多的水濱昆蟲、鳥類，還有各種蕨類。有時還可以看到一些可食的野菜，季節性不知名的野花。

因為緊臨一條會說故事的溪，遊人行走時，隨時可以聽到各種節奏的潺潺流水演歌聲、各種曲風的唱法。有時有微風、陽光參與，人行其間，頓時感到生命有了活力，您的步伐也覺輕盈許多，看沿溪儷影雙雙，倩影二三，巧笑倩兮，便知松羅步道的功力了。

因為步道臨溪，行程中會有吊橋、竹橋、瀑布，柳暗花明又一景，使景觀多變。加上幾年封溪有成果，這裡成為最夯的「濕樂園」。

但松羅步道全長2公里，來回兩小時中，景觀最佳在後半段。所以不要走前半段就回程了，美麗的景色，稀有的朋友都在後頭，如苧麻、水冬瓜、水同木、山蘇、抽葉藤、越蘭、石藻...等濕生和附生植物到處可見，有的整群整片，嚴然大家族形成的部落，山蘇最容易聚成大面積，自然界和人類社會的共同點，大概就是物以類聚了。這些道理有時讀一輩子書，讀破萬卷，卻不一定懂，到郊外走一趟，頓然有悟。

和人類更相近的朋友，同屬動物類，有蜻蜓、無霸勾蜓、青帶鳳蝶、石牆蝶、數鳥、山頭紅、朱鸝，紛紛在此雅聚候光，但我們的時間不多，似有辜負這些「異域」朋友之盛情，賦詩一帖，以供雅賞。

松羅賞幽遇友
迤邐臨溪沿著一條幽暇曲徑
任思緒漫無目的去漂流
隨水聲迴溯前世今生
或那裡也不去
邊走邊聽苦花魚訴說她們重生的故事

沿著一曲夢徑婉娗前行　驚奇
溪淡的友誼　在此候光
水冬瓜、山蘇、⋯、蜻蜓、朱鸝、⋯
已然為生命多添一抹光彩的傳奇
在今晚的回程夢中化為一款清淡寫意

走完松羅步道已是中午，到了藏酒莊（頭城鎮更新路的一座山林中），已快一點，「大肚五臟廟」開始各種慾求。多虧活動組長關麗蘇小姐細心安排，遊覽車一到，人很快

進入酒莊，美食、套餐早已備妥迎賓。很快的，「五臟廟諸神」，於「尊俎折衝」間，滿足所要，也就安靜好一陣子，只聽到大塊剁切和窸窣咀嚼之聲。

也可以見得，古今中外在另一種「戰場」上，「尊俎折衝」完成任務，達成目標，確實是更高明、更有境界的戰略，甚至是大戰略，一種不易練成的功夫或藝術，這是題外話了，容我們先介紹藏酒莊。

台大人來藏酒莊已多次了，我是第二趟，可見這裡確實吸引人。

這家藏酒莊〈在更新路一二六-五十號〉是宜蘭第一家以綠建築概念為主軸發展的酒莊，四周環繞著青山，佔地廣闊，酒莊內有桃子林溪貫穿其中，得天獨厚的自然湧泉水質甘美，酒莊內釀造的金棗酒、梅子酒、紅白葡萄酒、…，各種酒類風味獨特，現釀自銷。其中以葡萄酒系列最有人氣，讓人不禁一杯接一杯地上癮品嚐。

藏酒莊中有山林咖啡，廳內透明玻璃與室外山景溶為一體，美景、美食、美酒加咖啡，城市那些煩囂，紅塵諸多壓力，早已離人遠去，如置身世外桃源裡的一個理想國。

午餐後，參觀酒窖，導覽員細心有趣的解說，包含中國釀酒史、酒神、酒星、酒的種類等。相傳酒神是少康（即杜康），是釀酒業的祖師，整個園區內用很多的甕做藝術陳設，形成有趣而鮮明的意象。

但最夯的是午餐後的品酒，各種梅子酒、葡萄酒、…，任您喝，有美麗的小姐一杯一杯為您斟酒，好不快活！只見熙來攘往，把酒言歡，痛快地喝。藏酒莊有風情、有境界、以詩頌之。

藏酒莊
這酒莊像是竹林七賢為逃匿
不可為的天下
在深山秘境中精心釀造的
一方理想國
古往今來的人們只有隱遁這個國度
天下才是可為的

經青山綠水沉澱的流泉
醞天地精華　釀人生理想
配以古之靈藥　今之科學技術
還有一種愛
全部封存在甕之國度
專為有緣人在此備飲

這些甕
有的仰天長嘯
想說什麼？
有的乾脆把屁股對準天
不想說了

一定有甚麼不滿

我們在藏酒莊待的時間最久，酒足飯飽後大家在園區拍照留念。園區寬廣，如生態探索、兒童遊戲區，都有特色，生態池中種滿睡蓮、布袋蓮、紫莎草，還有小魚游泳、青蛙唱歌、小鳥迎賓、騎木馬、盪鞦韆，真是不亦樂乎！我們像又回到童年。

以不捨的心情離開藏酒莊，車開向下一個目標，是金蘭花園。遽聞是金車生技北台灣最大的蘭花園，有成千上萬種的花，而我只認識一種就叫「蘭花」。

也許大家玩累了，走馬看花，意興闌珊，休息十多分鐘，大家上車準備晚餐和拼經濟。也據聞，現在銀髮族「拼經濟」在星期一到星期五，年輕人只在周六、日，言下之意，銀髮族群對台灣內需經濟貢獻很大。

果然，晚上回到台北時，每人手上大包小包的「等路」。我等，得到快樂、慢活的一天，兒孫們等到的是一串串的愛。回程吳信義學長又講一則笑話(警世之語)，他說：「別人在天堂，錢在銀行」，真是妙極了，這是說給所有人聽的。

★敬請提供 E-mail 地址★

為響應「節能減碳」並快速傳達各項活動訊息，不要漏失好康活動，敬請提供 E-mail 地址，以利寄發電子郵件。請來電或傳真告知本會 E-mail 地址。

肆、活動相片

參加宜蘭藏酒莊、松羅步道詩酒之旅同仁合影 (關麗蘇攝，99/6/24)

參加上海世博蘇杭七日遊部份同仁與世博台灣館葉總館長(右三)合影
(台灣館提供，99/9/5)

養生保健食療歌

(路統信理事提供)

生梨潤肺化痰好，蘋果止瀉營養高；

黃瓜減肥有成效，抑制癌症獼猴桃；

番茄補血助容顏，蓮藕化瘀解酒妙；

紫茄祛風通大便，韮菜補腎暖膝腰；

蘿蔔化痰消脹氣，芹菜能治血壓高；

莧菜平衡酸鹼值，補血又使痛風消；

冬瓜消腫又利尿，黑豆綠豆解毒好；

木耳抗癌素中華，香菇存酶腫瘤消；

海帶含碘散瘀結，蘑菇抑制癌細胞；

胡椒祛寒兼除溫，洋蔥薑湯治感冒；

海參蹄筋含膠質，藻類合鹼亦含膠；

益賢利腰食核桃，健胃補脾吃紅棗。

伍、轉載

東南科技大學通識教育中心林惠娟教授大作：優質深度旅遊的與實踐初探——
以瑠公圳（臺大段）人文生態散步為例（發表於99/5/21 社團法人臺灣徐霞客研究
會舉辦之「2010徐霞客生態人文旅遊學術研討會」）已徵得臺灣徐霞客研究會會長
陳應琮校長同意，予以全文轉載。

優質深度旅遊的規劃與實踐初探

——以瑠公圳(臺大段)人文生態散步為例

林惠娟

東南科技大學通識教育中心

摘要

　　瑠公圳與臺北盆地南區,尤其是新店、公館、大安、信義與古亭等地區之早期開拓有密不可分之關係,惟因都市發展迅速,工商活動、公共設施與居住用地需求日殷,農田日益萎縮,瑠公圳主圳及支流已逐漸埋沒,或加蓋成為都市排水系統的一部分而不復見,為賦予新的文化資產保護、生態環保觀念與社區營造意象精神,愛以瑠公圳歷史散步為藍圖,透過古地圖、Google地球衛星影像套疊,方志、叢書與相關研究論文汲取有用資訊,嘗試透過實地探勘,結合地景、生態、環保、古蹟、博物館與美食、散步美學等旅遊元素,創新研擬一條兼具知性及感性的優質深度旅遊散步路線,以緬懷先人篳路藍縷,以啟山林之艱苦卓絕精神。

關鍵詞:深度旅遊、散步美學、臺北學

一、前言

　　在臺北的發展過程中,艋舺(今萬華區一帶)、大稻埕(今迪化街週邊)和臺北城(今城中區)的開發故事與人文史蹟,乃係大眾所較易參與及獲得相關旅遊資訊,惟在臺北市中還有許多不為遊客甚至當地居民所習見的一面,而這些小而美的地區處處充滿生命與驚喜,且能與早期城市的開發精神及在地社區意識緊密結合,相對於那些人為雕琢,過分擁擠且相見不如懷念的庸俗觀光地標,從歷史文化及生態角度深入觀察,更富生氣與驚艷。

　　臺北最早大規模的開發始於18世紀初的陳賴章墾號。1709年渠等向清朝官方申請開發大佳臘荒埔一帶,開展了臺北盆地的開拓史。惟臺北盆地之開發,有賴於農田水利建設。臺北地區有兩次大規模的水圳修築。1724年霧裡薛圳(又名周七股圳)開始開鑿,取景美溪水,灌溉今日景美、古亭、大安至萬華一帶七百餘甲土地。1740年瑠公圳(又名金合川圳)開鑿,引新店溪水,流經今新店大坪林、公館,再分為三條圳水灌溉臺北盆地1200餘甲土地。因此在清乾隆年間,臺北盆地之開發大致完成。[24]惟因都市發展迅速,工商活動、公共設施與居住用地需求日殷,農田日益萎縮,瑠公圳主圳及支流已逐漸埋沒,或加蓋成為都市排水系統的一部分而不復見,今日可觀者,僅存新店碧潭邊瑠公公園取水口及抽水站明德路圳道、臺大農場埤池、醉月湖、新生南路瑠公圳原址紀念碑與溫州街露天圳道,以及信義區吳興街與中強公園附近露天圳道等處,惟瑠公圳與臺北盆地南區,尤其是新店、公館、大安、信義與古亭等地區之早期開拓有密不可分之關係,為賦予新的文化資產保護、生態環保觀念與社區營造意象精神,愛以瑠公圳歷史散步為藍圖,透過古地圖、Google地球衛星影像套疊,方志、叢書與相關研究論文汲取有用資訊,嘗試透過實地探勘,結合地景、生態、環保、古蹟、博物館與美食、散步美學等旅遊元素,創新研擬一條

---

[24] 河出圖社策劃。(2004)。古地圖臺北散步:1895清代臺北古城。果實出版,臺北,初版,頁10。

兼具知性及感性的優質深度旅遊散步路線，以緬懷先人篳路藍縷，以啓山林之艱苦卓絕精神。

二、深度旅遊應有的的理念與特質

(一)深度旅遊緣起於「知性之旅」：

民國 73 年大衆科學雜誌編輯委員會成員，結合一群中小學自然科老師與地學及人文史學相關領域專家學者，成立一創新深度旅遊組織，並自 75 年起接受行政院農委會之委託，與中華民國自然生態保育協會協辦知性之旅活動，並編撰保育通訊，復於國家公園學會內成立「知性之旅工作小組」，期藉由知性之旅活動之舉辦，匡正當時走馬看花之觀光心態，並培育臺灣自然生態保育之生力軍，同時於活動中加入歷史的深度與土地的意識，透過人與土地間的追本溯源，使大衆由冷漠、瞭解、關懷，進一步疼惜我們生存的這塊土地[25]。

由於此種更爲成熟之環境解說理念，不僅提供活動參與者樂山樂水之情趣，進而認知山川美景之所來，更能油然而興吾土吾民愛鄉保土之胸懷，此種「胸懷求知心、結伴山水行」的創新旅遊模式，可謂臺灣深度旅遊之濫觴。

(二)進行深度旅遊應著重「七到」

民初有名的思想家與文學家魯迅先生，曾說過讀書要有五到，惟在進行深度旅遊過程中，尚可從五官要投入外，更應擴充至腳到與心到，不僅要讀萬卷書，也要行萬里路，深信徐霞客正是「七到」的實踐典範，如此才能獲得深度旅遊的精髓：

1、眼到：深度旅遊過程中應注意認真觀察，觀微知著，並細心比較週遭環境的變異之處，此外更要多讀書，多研究史料，始不會淪於走馬看花膚淺的觀光旅遊。

2、耳到：從事深度旅遊時要打開你的耳朵，聽聽鳥叫蟲鳴，山川溪流與瀑布的流動的音律，林木小草成長的聲音，你會發現大地是有生命的活體。

3、鼻到：小草的清香、花朵的芬芳、林間的芬多精，甚至各類生物的氣息，只要你認真，皆可於深度旅遊中獲得豐盛的收穫。

4、口到：中國人旅遊離不開美食饗宴，同時在具有豐富經驗之導覽者引導下，品百草，嚐野果，亦不失爲一種深度旅遊體驗。

5、手到：觸摸與創意利用亦可擴展深度旅遊的範圍，粗糙的樹皮、涼沁的溪水、柔軟的絨毛……透過雙手的觸感，往往能提供切身更爲深刻的活動體驗。

6、腳到：避開那些人爲雕琢，過分擁擠且相見不如懷念的庸俗觀光地標，儘量利用雙腳走入荒山僻壤，從歷史文化及生態角度深入觀察，相較來去匆匆走馬看花式的觀光旅遊，當更能有所體驗。

7、心到：深度旅遊過程中全程一定要認真參與，用心觀察學習，用心思考體驗，才能由瞭解關懷，進而認真疼惜我們生存的這塊土地。

因此，深度旅遊的意義，係以多元化豐富的旅遊體驗爲旅遊標的。透過知性的解說、官能與心靈的參與式活動，進而加深旅遊體驗的一種創新旅遊模式。

(三)深度旅遊應具備的十大特質：

深度旅遊重於實踐，而非理論之探討，積多年之經驗，謹綜整深度旅遊應具備的十大特質如

---

[25] 知性之旅工作小組，(1992)，知性之旅活動手冊彙編----1885-1992，行政院農業委員會&國家公園學會，臺北，初版，首頁代序。

后：

1、**解說範圍多元性**：深度旅遊與一般大眾化的觀光旅遊不同，除了觀光景點的介紹外，更應加強深度與廣度，舉凡文化資產、生態保育、環境教育、特色美食與人文關懷等面向，均應納入解說範圍。

2、**解說時空的透通性**：平面走馬看花式的觀光旅遊已難符合民眾求知若渴的需求，因此深度旅遊更應關照解說時空的透通性，從時間軸的歷史、現況到未來發展，空間軸的地表、地下與空中的立體觀察研究，均宜涵括。

3、**解說行程的嚴謹性**：深度旅遊更重視旅遊品質的精緻化與精準化，不宜隨興，而應嚴謹為之。諸如對參與活動對象特性、季節特性、行程時間控管、路況安全掌握、氣候變化之應變等，均應於行前詳細履勘規劃，避免功虧一簣。

4、**解說內容的細緻性**：深度旅遊的範圍既然需要考慮多元化與多樣性，因此有關及時、豐富與正確解說資訊的提供、參與者官能的體驗與心靈的感應等情境，更需細緻化，俾收深刻之效果。

5、**解說過程的互動性**：深度旅遊既重知性，亦重感性及休閒性與探險性，因此解說過程中不宜完全單向陳述，必須用心設計不斷與參與者進行互動，才不會輸於枯燥乏味。

6、**解說技巧要故事化**：由於解說內容的豐富性與多元化，參與者未必具有相當之背景能於短期內充分瞭解，因此如何利用說故事的方法達到雅俗共賞產生共鳴的目標，便顯得特別重要。

7、**解說領域的延伸性**：當期深度旅遊行程結束後，並非整個活動即畫上句點，為喚起參與者的共鳴與興趣，宜設計一些適合的延伸研究課題，俾供渠等得以繼續觀察研究或深思，進而成為熱愛鄉土的種子。

8、**解說者的人文關懷**：深度旅遊的解說者不只是平鋪直敘的將景點照實呈現而已，更應在行程中納入人文關懷，使參與者感同身受，進而由瞭解、關懷進而熱愛斯土斯民。

9、**參與者的積極投入**：深度旅遊需要參與者的深度投入始能發揮其效果，因此參與者事前宜熟悉解說課題及行程，期間要不懼暑寒風雨，將長程步行甘之如飴，並親身參與體驗，始能有成。

10、**各界人士共同支持**：深度解說是一種小而美的精緻化旅遊模式，規劃甚為耗時耗費，因此需要尊重環境、愛鄉愛土的人士，甚至樂於公益贊助的機關組織及公益團體共襄盛舉，始能源遠流長，活動不輟。

三、不一樣的深度旅遊設計案例—瑠公圳（臺大段）生態人文
散步

(一)活動主旨：

瑠公圳與臺北盆地南區，尤其是新店、公館、大安、信義與古亭等地區之早期開拓有密不可分之關係，惟因都市發展迅速，工商活動、公共設施與居住用地需求日殷，農田日益萎縮，瑠公圳主圳及支流已逐漸埋沒，或加蓋成為都市排水系統的一部分而不復見，為賦予新的文化資產保護、生態環境觀念與社區營造意象精神，爰以瑠公圳歷史散步為範圍，透過古地圖、Google地球衛星影像套疊，方志、叢書與相關研究論文汲取有用資訊，嘗試透過實地探勘，結合地景、生

態、環保、古蹟、博物館與美食、散步美學等旅遊元素，創新研擬一條兼具知性及感性的優質深度旅遊散步路線，以緬懷先人篳路藍縷，以啟山林之艱苦卓絕精神。

（二）行程表：

1、集合時間與地點：99 年 6 月 00 日(星期六)上午 8 時 30 分於國立臺灣大學原舟山路入口處(銘傳國民小學旁)

2、解散地點：新生南路靠近運動場的瑠公圳原址紀念碑（預定解散時間：當日上午 11：30）

3、解說達人：○○○

4、敬請配合事項：

(1)全程步行約 5 公里，請著便鞋，攜帶遮陽帽、雨具、飲水與記錄本

(2)深度旅遊路線，請勿帶幼齡小孩參加，如需中途脫隊請告知隨隊服務志工

(3)逾時不候，務請守時

點	解說地點	解說重點
1	臺灣大學瑠公圳水源地	臺北盆地的開發過程與瑠公圳開鑿歷史及分布情形
		舟山路的過往點滴
		水源地生態觀察
2	臺大農業試驗場	設立目的與功能
		試驗田、作業標本園、蔬果探險樂園
3	示範教學農舍—綠房子	綠建築的設計原則--安全、健康、舒適、省能、環保、生態
		綠房子導覽
4	芳蘭路(基隆路三段 155 巷頭)	原有圳路支流
		墓葬區
5	交通部民用航空局飛航服務總台區域管制中心	飛航服務與飛航安全安的關係
		臺北飛航管制區
6	國定三級古蹟義芳居古厝	文化資產保存法
		義芳居的故事
7	芳蘭山莊	眷村的故事
		自來水的故事
8	臺北自來水廠	(取水、淨水、輸水、用水)
		水源意象復原
9	臺大醉月湖	生態觀察
		瑠公圳支流生態環境再造

10	溫州街 45 巷瑠公圳支流	民間參與治理與永續社區營造
11	新生南路臺大運動場邊瑠公圳遺址碑	結語(緬懷先人篳路藍縷以啓山林足跡) 如何使瑠公圳重生，塑造都市親水空間
12	解散後延伸活動	溫州街周邊特色書店 臺灣大學周邊美食圈搭新店綠捷運赴碧潭瑠公公園及取水口

(三)行程地圖：(利用 Google 地球規劃行程圖，並貼註各景點相片及說明)

(四)解說綱要：

1、臺灣大學瑠公圳水源地：

清代臺北草原上，平埔打圍自為王，

乾隆移民漸開放，漢人租地草沒邊。

郭錫瑠來遇水荒，稻田缺水無產量，

為開水圳入深山，紋面泰雅刀相向。

漢人開圳遭抵抗，血流圳頭邊拓荒，

水圳依額導水管，番刀出鞘木視斯。

雙方械鬥皆死傷，不如和親兩相歡，

瑠公圳成潤千甲，大灣殺合成大安。[26]

此首描述大安區的地名歌，完整的呈現瑠公圳興建的艱辛。

臺北盆地初期的開發，有賴於農田水利的建設，瑠公圳經過郭錫瑠、郭元芬父子兩代始完成，引新店溪水。先後以木梘(木造水橋)與溪底瓦管載水越景美溪至公館，再分為三條圳渠灌溉今日古亭、大安與信義等地區一帶 1200 餘甲良田，目前台大校園內復原所存的即為原大安段水圳。

現在我們所在之處位於臺大試驗農場旁，為瑠公圳公館水源地，目前結合都市防災、生態滯洪，利用原有的農田水圳空間，塑造一處景觀優雅的濕地環境，除調節校園水文外，更提供生物棲息與民眾環境教育的水文環境，可謂農田水圳多元化再現的典型範例。依據池邊生態解說牌，在此我們可以發現綠繡眼、喜鵲、翠鳥、樹鵲、五色鳥、攀木蜥蜴、小白鷺、蒼鷺、夜鷺、紅冠水雞、白腹秧雞、番鴨、巴西烏龜、鱉、草魚、吳郭魚、鯉魚、大肚魚、珊瑚樹、培地茅、埃及紙莎草、銅錢草、月桃、血桐、蜘蛛草、風箱樹、水柳、穗花棋盤腳、金邊黃槐等，惟外來種日益增加，對於池內生態有嚴重影響。

池旁原有一條穿越校園的道路，光復以後取名為基隆路三段，1971 年臺北市政府於其東側開闢新基隆路，始更名為舟山路，林、陳、顏、廖、王家曾是舟山路上的主要族群聚落，承蒙各該家族讓地興學，及市府協助與校內人士大力奔走，歷時 15 年，舟山路終於在 2000 年正式廢道封閉，結束長久以來舟山路兩側臺大校地因切割產生的發展失衡現象，惟亦因校園腹地過於廣

---

[26] 洪英聖，(2003)，臺北市地名探索：情歸故鄉 2，時報文化，臺北，初版，頁 168-169 大安區地名歌。

闊，車輛進入校園需要收費，且基隆路交通流量過於壅塞，亦導致周邊人車穿行不易需行繞路等負面影響[27]。

2、臺大試驗農場：

臺大試驗農場前身為臺北帝國大學(1917 年)。場本部及農藝區位於校總區之東南隅，面積 5.77 公頃；園藝區則位於蟾蜍山下芳蘭街旁，面積 3.5 公頃；畜牧區則位於基隆路三段 155 巷 55 號，面積 2 公頃。農場環境優美，生態豐富，是臺北市區內相當難得的都市農田。成立之初，係以協助校內教學、實習、試驗、研究與提供各試驗機構所需材料為主。近年來，生態教育觀念逐漸被重視；又因地點適中，交通便利資源豐富，師資優良，附近中小學皆以該農場做為生態教育的解說場所，因此將生態教育列為推廣教育之重點。

在農藝區試驗田中，依節令的不同，在這裡您可以看到各種不同的農作物，諸如：玉米、水稻、小麥、甘藷、芋頭、茶樹、咖啡樹、煙草、甘蔗、向日葵、油菜、姬百合⋯⋯等等超過百種的農作物。其他還有各種香草植物、水生植物和誘蝶植物，所以在園區內各種蝴蝶、鳥類、蛙類也常令人驚豔。

位於蟾蜍山下的園藝區生態相當豐富，除可看到一般的花卉蔬果外，亦可看到小白鷺、黑冠麻鷺在田間覓食；還有蟾蜍、蜻蜓、蛙類在這裡也相當常見，喜歡關心農場的朋友們，也可來此登記作都市農夫，享受田園之樂。

3、示範教學農舍─綠房子：

在歐美國家近代建築的設計上，出現了一種所謂「省能建築」的建造手法，也就是透過建築的空間規劃以及適當建材的搭配使用，使人們在日常生活之中可以節省下很多的能源；另還有一種建築的構法稱為「生態建築」，也就是房子的建造方法、取材必須符合環保、永續並兼顧生態平衡共存。而這樣的觀念近年來引進了臺灣地區後，被統稱為綠建築。這個「綠建築」的名稱亦在臺灣漸漸為國民所熟悉，內政部營建署也早於數年前即積極推動了綠建築規範，並訂立七大指標供業界參考。

房屋的設計方式，自然不能悖離使用者的實際需要及最原始的住宅需求：「安全、健康以及舒適」。是故綠房子在最初的規劃理念，即為結合了現代建築在生態、環保、省能上的理想，並兼顧居住者在「安全、健康以及舒適」上的需要，經由臺灣大學生環工系韓選棠教授的研究團隊及業界七十多家的營造、建材商的合作實行之下，始起造了今天的綠房子[28]。

4、芳蘭路(基隆路三段 155 巷頭)：

基隆路三段 155 巷為芳蘭街) 巷內原有三座陳姓古厝(芳蘭大厝、義芳居及玉芳居)，芳蘭地名的由來係因陳家早年在艋舺經營芳蘭記船頭行(船務貿易公司)，現僅存芳蘭地藏王廟下之義芳居[29]。由芳蘭地藏王牌樓進入後，路旁尚見壘石而成之露天駁坎，即為昔時瑠公圳支流。芳蘭居現今周邊環境，除臺大園藝試驗區及交通部民用航空局飛航服務總台區域管制中心外，環境甚為惡劣，道路系統雜亂無章，違章建築、老舊眷村與廢棄機關房舍新舊雜陳，且後方的芳蘭山猶如

---

[27] 摘自舟山路的過往點滴解說牌，位於臺大實驗農場邊原舟山路上。
[28] 國立臺灣大學生物資源及農學院附設農業實驗場官網；參考網址：
http://www.bioagri.ntu.edu.tw/farm/ntufarm/index.htm
[29] 今昔臺北─臺北老地圖散步【附圖】，大地地理別冊 009 號，大地地理，臺北，初版，大安區圖說。

濫葬崗[20]，有逾 5000 餘筆無主與需遷移墳塚，入葬年代早自清咸豐(1850)年間，令人懷疑這裡亦是美麗臺北城的市區一部分。

5、交通部民用航空局飛航服務總台區域管制中心

我國因地處東南亞及西太平洋空運要衝，故所提供之飛航服務至為重要：為使飛航本區域之國內外航空器皆能獲得安全之飛航服務，乃於民國 41 年 6 月 15 日正式成立「臺灣飛航情報區」。次年國際民航組織(簡稱 ICAO)正式將「臺灣飛航情報區」更名為「臺北飛航情報區」(簡稱 Taipei FIR)。南與「馬尼拉飛航情報區」交界，北至「仁川飛航情報區」，東接「福岡飛航情報區」，西連「香港飛航情報區」交界，其空域共約 17 萬 6 千平方浬。

目前臺北飛航情報區內計有國際航路十二條，國內航路四條，構成完整的空中航路。飛航服務總臺職掌為依據國際民航組織規定及國際標準，對飛航於臺北飛航情報區內之國內外軍民航空器提供一切有關飛航情報、飛航管制、航空氣象、航空通信、地面助導航設施等之綜合性安全服務，確保臺北飛航情報區中之飛航安全及空運便利。此處為臺北飛航區域管制中心〈TACC〉簡稱『臺北區管中心』，原址位於臺北市濱江街 362 號飛航服務總臺園區，後因航管自動化系統〈ATCAS〉的建置運作，於民國 80 年 10 月間搬遷至現址翔安大樓[31]。

6、國定三級古蹟義芳居古厝：

位於基隆路三段 155 巷 128 號，為國定第三級古蹟。義芳居古厝為臺北早期開拓者陳氏族人所建，義芳居陳氏家族，原籍屬福建省泉州府安溪縣，其屋頂燕尾起翹弧度高昂，牆面開拓石框窗，皆為安溪特色。清乾隆年間，其始祖渡海來臺開墾。先前他們已有住屋，至清光緒初年才投下鉅資，建造義芳居。這座三合院古宅為典型的臺北盆地古宅，正身入口作凹壽式，正身及護龍之牆壁皆為堅固之磚石厚牆。門窗開口較少，另在外護龍建二層樓的銃樓，備盜匪來犯時可以還擊自保。此外他的窗子多用石材，取自臺北所產砂岩，亦具地方性特色。其門額題「義芳居」落款為丙子年，據推算為清光緒二年(1876)所建。近代臺北市發展迅速，像義芳居這類清代古宅第已經愈來愈少，它對臺北之開拓有歷史見證作用[32]。

7、芳蘭山莊：

民國 38 年，中華民國南京政府在軍事上節節挫敗，終至退守臺灣島，引發一波大型移民潮，其中包括國軍部隊、政府官員及教育從業人員。民國 38 至 40 年間非正式統計的國軍部隊人數約有 60 萬人，眷屬約 15 萬人。 除了大型的軍區外，在都市周邊的非人口密集之鄉鎮，常成為佈署軍營及政府機關播遷疏散的首選之地。安頓眷屬的宿舍，如雨後春筍隨處可見，造成外省移民人口驟增。芳蘭山莊即為國防部所建的一座空軍退役員工宿舍，設立於 1973 年，當時住了七百多人，居民都是由空軍所退役下來的軍官或士官，他們所屬的單位各不相同，相同的身分，是他們都是沒有眷屬的單身伯伯[33]。這裡雖然位於繁榮的大安區一隅，身後就可見 101 大樓，然而幾十年來，時光似乎在這裡停滯了，歲月的痕跡，只有在日漸凋零的老人身上，現出孤獨、無助與遺憾的表情，幸有慈濟志工結合周遭臺大與臺北科大的同學們常往探望，帶給他們一絲溫情。

---

[30] 臺北市殯葬管理處辦理大安 9、古亭 10 公墓遷葬公告及 98 年遷葬勘估清冊。
[31] 交通部民用航空局飛航服務總台官網；參考網址：http://www.anws.gov.tw/intro/intro_6_14.php#
[32] 李乾朗，(1998/06)，臺北市古蹟簡介，臺北市政府民政局，臺北，初版，頁 184-185。
[33] 大城市小角落，(2008/08/30)，看見幸福的力量，大愛電視台首播。

8、臺北自來水廠：

　　早期農業生產以水稻為主，因此圳道埤塘等農漁業用水最為重要，而現代都市為提供潔淨衛生的飲用水，則以輸水管線供應自來水為最重要的課題。1907 年開工興建新店溪水源地工程，為北市現代化自來水事業之始。1961 年「臺北市自來水廠」更名為「臺北自來水廠」。供水區域包括臺北市及臺北縣所轄三重鎮、中和鄉、新店鎮、景美鎮、木柵鄉、士林鎮。1978 年公告劃定「新店溪青潭自來水水質水量保護區」，並陸續核定興建翡翠水庫及劃定「臺北水源特定區」，確保水源安全潔淨。

　　此處所在為長興街淨水廠，淨水場之運轉由多樣不同功能之水池及機房運作。為確保淨水場的安全及有效防止藻類滋生及餘氯損耗，民國 98 年將淨水池加蓋，並裝設『太陽光電板』，所發之電能供給管理大樓所需，多餘的電力供應廠區其他用電，達到節能減碳的目的。同時在處理自來水的過程中，將產生的水與污泥分離，水可以再利用，污泥作成淤泥餅，加工製作成磚塊，是一個完全零排放的環保淨水場[34]。

9、臺大醉月湖：

　　醉月湖為早期瑠公圳灌溉系統的坤塘。90 年初，臺灣大學宣布將復原瑠公圳流經臺灣大學的大安支線，希望塑造成為臺大的「康河」，炒熱了水圳再生的話題，醉月湖可謂臺大校園中的心臟，此處與臺大試驗農場及生命科學館邊之水源地定位不同，且鄰近車水馬龍之新生南路三段與辛亥路，你將可發現其周遭生態環境亦隨之變化，缺乏豐富性與多元性。

10、溫州街 45 巷瑠公圳支流：

　　係少數幾處未曾加蓋的圳道支流，近新生南路三段與辛亥路口之溫州街北側，水質尚稱清澈，渠內魚龜及周邊水生植物甚多，為一悠閒的都市生活空間。民國 86 年底，大學里辦公處與崔媽媽服務中心爭取到臺北市錫瑠環境綠化基金會經費補助，委請文化大學景觀建築系陳張瑞教授協助，共同推動完成「源源瑠圳水，青菁大學情——瑠公圳支流改善規劃案」。90 年初環保局因圳溝淤泥抽除恐影響鄰屋結構安全，欲簽請核准填平水圳，引發大學社區發起搶救瑠公圳支流行動，經向前馬英九市長陳情獲善意回應，交由都發局辦理地區改善計畫——發現瑠公圳之美計畫案，至 93 年 5 月 28 日終於整治完成[35]。此案也塑造一個永續社區，如何利用社區整體意識，擺脫政府權利主導建設之宿命，與地方政府合作重塑歷史地景、生態保存與社區永續發展之共存、共享、共榮之雙贏局面。

11、新生南路臺大運動場邊瑠公圳遺址碑：

　　瑠公圳建圳以來，迄今已近 270 年的歷史。全長 20 公里，昔日水岸景色，為臺北市民共同之記憶，目前位於新生南路臺大運動場邊瑠公圳原址紀念碑，即記錄著這位偉大水利專家郭錫瑠的偉大事蹟。惟因臺北都市發展迅速，工商活動、公共設施與居住用地需求日殷，農田日益萎縮，瑠公圳主圳及支流已大部埋沒，或加蓋成為都市排水系統的一部分而不復見，今日路間車水馬龍行人如織，已不復見早期楊柳拂岸，魚蝦悠遊的景色。

12、解散後延伸活動：

---

[34] 臺北自來水事業處官網：參考網址：http://www.twd.gov.tw/
[35] 呂汶珠，(2005/06)，參與治理與永續社區營造——以大學社區瑠公圳支流生態環境再造個案研究，銘傳大學公共事務學系碩士在職專班學位論文，陳欽春博士指導，臺北，頁 3。

　　(1)參觀溫州街周邊特色書店：女書店、明目書社、臺灣ㄟ店、唐山書店、結構群大陸圖書、誠品臺大店、校園書房等。

　　(2)走訪臺灣大學周邊美食圈：台一牛奶大王、鳳城燒臘粵菜、大聲公牛肉麵、大學口糯米腸包香腸、大福利排骨大王、易牙居點心坊、藍家割包、翠林越南餐廳、臺大車輪餅、龍潭豆花等。

　　(3)搭新店線捷運赴碧潭瑠公公園及瑠公圳取水口溯源：可探訪祈求施工工程平安的開天宮、瑠公公園、新店溪邊已廢棄的瑠公抽水站(取水口)、保留開發史蹟與設置瑠公祠堂的瑠公紀念大樓、與位於明德路的露天圳道等。

四、結語

　　深度旅遊的規劃設計，因需考慮解說範圍的多元性、解說時空的透通性、解說行程的嚴謹性、解說內容的細緻性、解說過程的互動性、解說技巧要故事化、解說領域的延伸性、解說者的人文關懷、參與者的積極投入與各界人士的共同支持，始克有成。

　　雖然深度旅遊規劃設計甚為耗時耗費，從經濟面的成本效益觀之或許不值，惟深度解說是一種小而美的精緻化旅遊模式，知性、感性、休閒與探險兼具，惟積沙成塔，每個參與者日後都可能成為熱愛鄉土及環境保育的種子，基於使命感，實值得各界有志之士犧牲奉獻投入此一領域，效法古時遊聖徐霞客的精神，考證史籍圖冊，親身踏勘並詳細記錄，透過深度旅遊活動之辦理，傳播愛鄉愛民與尊重土地的倫理觀念，以建立國家社會之福祉。

五、參考文獻

1. 孫喜林、榮曉華、范秋梅，（2009/01），旅遊心理學，中國旅遊，北京，初版。
2. 王明星，(2008/12)，文化旅遊_經營、體驗、方式，南開大學，天津，初版。
3. 王德勝，(2007/12)，散步美學_宗白華美學思想新探，臺灣商務印書館，臺北，初版。
4. 陳偉華，(2006/07)，大臺北地區生態旅遊之遊程規畫，國立臺北大學自然資源與環境管理研究所第12屆碩士論文，廖元勳博士指導，臺北。
5. 呂汶珠，(2005/06)，參與治理與永續社區營造----以大學社區瑠公圳支流生態環境再造個案研究，銘傳大學公共事務學系碩士在職專班學位論文，陳欽春博士指導，臺北。
6. 張廣瑞，(2004/10)，生態旅遊：理論辨析與案例研究，社會科學文獻出版社，北京，初版。
7. Robert Lanquar/黃發典，(2004/10)，觀光旅遊社會學，遠流歐洲百科文庫L4031，臺北。初版二刷。
8. 張廣瑞，(2004/03)，旅遊規劃的理論與實踐，社會科學文獻出版社，北京，初版。
9. 河出圖社，(2004)，古地圖臺北散步：1895清代臺北古城，果實出版，臺北，初版。
10. 洪英聖，(2003)，臺北市地名探索：情歸故鄉2，時報文化，臺北，初版。
11. 彭修艮、高玉，(1995/01)，旅遊美學，五南，臺北，初版。
12. 趙莒玲，(1992/06)，臺北古街之旅，臺北市政府新聞處，臺北，初版。

13. 莊永明．(1991)，臺北老街，時報文化，臺北，初版．
14. 知性之旅工作小組，(1992)，知性之旅活動手冊彙編----1885-1992，行政院農業委員會&國家公園學會．臺北，初版．
15. 臺北市瑠公農田水利會官網，參考網址：http://www.liugong.org.tw/?cat=5
16. 臺北市博愛國小，穿越歷史的瑠公圳，參考網址：
http://library.taiwanschoolnet.org/cyberfair2003/C0336100320/index.htm
瑠公圳(臺大段)復原整理規劃設計書，參考網址：http://homepage.ntu.edu.tw/~cpo/plan/921013.pdf

上海帝璟麗緻大酒店　（依五星級標準建造）

透過本會認證，並憑福利卡住宿可享下列優惠：

至 **2010/12/31** 止的優惠協議價如下：

客房類型	掛牌價	一般期間優惠價	免費優惠
雅致房	1180	480	每日 1 份自助早餐，另加早 68 元/份．
豪華房	1580	580	每日 1 份自助早餐，另加早 68 元/份．
雅致套房 (單人床)	2080	680	每日 1 份自助早餐，另加早 68 元/份．
行政商務房(單人床)	2280	780	每日 2 份自助早餐
豪華套房 (2 房 1 廳)	2880	1360	每日 2 份自助早餐
豪華套房 (3 房 1 廳)	2880	1680	每日 3 份自助早餐
行政套房 (單人床)	2580	1580	每日 2 份自助早餐，每日免費洗衣 50 元（不可累積），西餐廳免費下午茶（15：00-17：00），免費使用行政會議室 1 小時．免費使用客房迷你吧內軟飲

以上所有價格均以人民幣報價．已包含 15%的附加費．
酒店客房不得作任何形式的婚房使用．
酒店加床價格為人民幣 160 元．
在享有以上特別合約價的同時，還享有以下優惠條件：
免費使用健身中心桑拿設施；
房間內自助咖啡、茶；
房間內提供免費寬頻上網
在合約期間，如酒店推出的促銷房價低於以上協議價，本會將可適用該促銷價

中華民國一百年四月十二日出刊

會 務 通 訊
第 五十二 期

發行者：國立臺灣大學退休人員聯誼會
National Taiwan University Retiree Association
會　址：台北市羅斯福路四段一號國立臺灣大學望樂樓二樓
電　話：23695692　校內分機：33669690　Fax：23648970
E-mail：nturetiree@ntu.edu.tw

壹、本會近期活動

一、苗栗大湖採果、薑麻園步道、三義佛頂山一日遊　歡迎踴躍報名參加

出發日期：100 年 4 月 29 日（星期五）

出發時間：上午 7 時 45 分準時出發（請預留時間於 7 時 30 分開始上車）

集合地點：臺灣大學正門口（羅斯福路上）

代辦費用：每人新台幣 1,000 元

行程時間：

07：30～07：45　台大校門口集合出發

10：00～11：30　苗栗卓蘭葡萄園（品質極優、果實飽滿大顆、甜度高）
　　　　　　　　然後到大湖甜甜觀光果園採草莓（精心培育的高架草莓，
　　　　　　　　果實碩大汁多甜美，並通過吉園圃安全認證）。

12：00～13：00　菊園午餐。

13：10～15：30　薑麻園步道（薑麻園原為觀光農園區，內有健康步道、
　　　　　　　　生態池及生活空間綠美化之改造）。

15：30～16：20　三義佛頂山（道場創建於民國 91 年，風景優美，毗鄰
　　　　　　　　森林雕刻公園）。

18：00～19：00　龍潭晚餐。

20：00　　　　　返回可愛溫暖的家

報名時間：即日起受理報名，歡迎本校在職教職員工、退休人員及外籍教
　　　　　師攜眷參加。

【報名專線】23695692, 33669690　活動組長：關麗蘇小姐（星期一至星
　　　　　期四上午 9：00～11：00）。

備　註：費用包括午、晚餐、車資、司機、導遊小姐小費、門票、礦泉水、旅遊平
　　　　安保險（每人新台幣 200 萬元，醫療費 20 萬元；依規定 14 歲以下、75 歲
　　　　以上，保險限額為新台幣 100 萬元，醫療費 10 萬元）

二、評古說今系列演講：當中國統治世界　台灣往何處走　歡迎踴躍參加
　　時　間：2011 年 4 月 19 日（星期二）上午 10:00～11:30
　　地　點：臺灣大學望樂樓二樓退休人員聯誼會
　　主講人：方祖達教授

三、本會100年1～4月份慶生會　歡迎壽星踴躍參加
　　時　間：2011 年 4 月 19 日（星期二）下午 2:00～4:30
　　地　點：臺灣大學體育館一樓　文康中心交誼廳

四、福利委員會「特約優惠卡」（簡稱福利卡）即將於本週付印
　　　　本會與中國海峽兩岸學術文化交流協會合作推出福利卡，爭取優良廠
　　商折扣優惠，為會友創造福利。目前已洽妥之特約商店，憑福利卡優惠如下：
　　(一) 東南旅行社
　　　　1、證照優惠
　　　　　　台胞證加簽 NT：　500 元
　　　　　　台胞證新辦 NT：1600 元
　　　　　　護　照 新辦 NT：1600 元
　　　　2、購買小三通套票及各種票券優惠。
　　　　3、向本會報名參加東南旅行社舉辦之國內外專案旅遊優惠。
　　(二) 上海帝璟麗緻大酒店
　　　　　　專案住宿優惠，請上「海峽兩岸學術文化交流協會」網站 (網址：
　　　　　　http://www.sacea.org.tw) 查看。
　　(三) 北京市隆安律師事務所
　　　　　　在大陸申請專利的代理費用，除官方收取的規費，如申請費、審查費無法優惠外，
　　　　　　其餘費用可享 9 折優惠。
　　(四) 中國人壽王經理特別給予專案優惠
　　　　　　任一中國人壽保險商品，獨享有 2% ～10% 的專案優惠。
　　(五) 好市多（COSTCO）
　　　　　　可申辦 COSTCO 商業副卡每張為 NT：500 元（限 5 個名額，原價每張為 NT：
　　　　　　1,200 元）。
　　(六) 復興航空特價優惠
　　(七) 中華電信手機用戶及公司行號電話用戶網內專案優惠
　　　　　　加入中華電信企業用戶，使用中華電信門號之福利卡卡友可享通話費優惠。請立
　　　　　　即將自己手機及常打之親友手機號碼填入附件二 表內傳真 02-2364-8970 或親交

本會辦公室。

(八) 中信集團所屬飯店專案優惠

中信集團優惠福利卡卡友住宿中信集團所屬飯店，按房租訂價予以折扣優待如下（應中信集團要求，請勿對外公開）：

中信系列

館別	平日	旺日	假日
墾丁	肆折	伍折	柒折
高雄	雅緻單人房 NT$2,100.NET. 雅緻雙人房 NT$2,300.NET. 其他房型 伍折		
新店	雅緻單人.雙人房 NT$2,000.NET. 其他房型 柒折		
桃園	伍伍折		
中壢	陸伍折		

翰品系列

館別	平日	旺日	假日
新莊	雅緻樓層：雅緻單人房 NT$3,080.NET. 雅緻雙人房 NT$3,280.NET. 商務樓層：商務單人房 NT$3,380.NET. 商務豪華雙人房 NTS3,880.NET.		
花蓮	陸折	柒折	玖折

兆品系列

館別	平日	旺日	假日
苗栗	伍折		
嘉義	伍折		陸折
台中 (本館)	雅緻單人房 NT$2,000.NET. 雅緻雙人房 NT$2,250.NET. 其他房型 肆伍折		
台中 (新館)	經典客房 NT$2,500.NET.　　景緻客房　NTS2,750.NET. 豪華客房 NT$3,500.NET.　　豪華家庭房 NT$4,000.NET.		

(九) 華泰王子大飯店優惠福利卡卡友簽約特惠價如下：

房價：（應華泰王子大飯店要求，請勿對外公開）

房間型態	定價	簽約特惠價
標準單人房 Standard Single	NT$6,000+10%	NT$3,300+10% (含一客早餐)
行政客房 Executive Room	NT$8,500+10%	NT$4,100+10% (含一客早餐)

雅緻套房 Junior Suite	NT$9,500+10%	
商務套房 Business Suite	NT$11,000+10%	40% off +10% (含一客早餐)
行政套房 Executive Suite	NT$14,000+10%	
機場接送 Transport	(1) NT$1,200 (TOYOTA/NISSAN) /每趟/每輛 (2) NT$1,700(BENZ) /每趟/每輛	
備註事項 Remarks	*如需加訂早餐，每客價格為NT$400+10%。 *加床費用每張NT$700net。	
優惠內容 Special Offer	*免費使用專屬IP光纖高速網路(VPN) *免費使用健身房 *全館均備有免治馬桶及日式浴衣 *每房附贈迎賓點心　日文報紙、礦泉水、咖啡及茶包	

說明事項：　1. 上述報價期間為自即日起至2011年12月31日止。

2. 以上房價為單人房，每間每晚之價格。

3. 台北國際電腦展 (5月30日~6月3日) 每房/晚 加價$500net

4. 台灣半導體設備暨材料展 (9月6日~8日) 每房/晚 加價$500net

(十) 上海帝璟麗緻大酒店　(依五星級標準建造)

透過本會認證，並憑福利卡住宿可享下列優惠：

至 2011/12/31 止的優惠協議價如下：

客房類型	掛牌價	協議價	免費優惠
雅致房 (大床/雙床房)	1180	500	每日 1 份自助早餐，另加早 30 元/份。
豪華房(大床/雙床房)	1580	580	每日 1 份自助早餐，另加早 30 元/份。
雅致套房	2080	700	每日 1 份自助早餐，另加早 30 元/份。
行政商務房	2280	780	每日 2 份自助早餐
行政套房	2580	980	每日 2 份自助早餐
家庭套房 (2 室 1 廳)	2880	900	每日 2 份自助早餐
家庭套房 (3 室 1 廳)	2880	1280	每日 3 份自助早餐

以上所有價格均以人民幣報價，已包含15%的附加費。

未經酒店許可，酒店客房不得作任何形式的婚房使用。

酒店加床價格為人民幣 160 元。

早餐價格為人民幣 88 元/份。

在享有以上特別合約價的同時，還享有以下優惠條件：

免費使用健身中心桑拿等設施；

房間內自助咖啡、茶；

房間內提供免費寬頻上網

在合約期間，如酒店推出的促銷房價低於以上協議價，本會將可適用該促銷價

(十一) 台北衛星計程車隊優惠福利卡卡友，折扣如下：

A. **電話叫車或網路叫車**「日間跳錶滿 100 元全額九折、夜間加成時段跳錶車資

滿 150 元全額八折再加成收費 20 元」之現金車資優惠，惟以下用途與形態不得適用：

1. 春節期間依台北市交通局公告之費率計費，不提供任何折扣。
2. 議價：雙方採專案議定之價格（詳附件），如桃園中正機場送機服務優惠價為**現金 900 元，接機服務優惠價為現金 1100 元**，不提供折扣。
3. 送貨：用途於貨物運送時，乙方車輛採照錶收費，不提供折扣。甲方如須指定車型送貨，加收新台幣 100 元。
4. 指定台號：甲方如須指定台號派車或乘客數逾 4 人，加收新台幣 100 元。
5. 若因政府法令規定修改前述車資折扣方式，則應依政府之規定調整之。

B. **現金車資折扣計算說明：**

折扣後車資非為 5 的倍數時，均無條件進位為 5 的倍數之金額。

日間定義為當日上午 6 時至當日下午 23 時（同一日）。

夜間加成定義為當日下午 23 時至翌日上午 6 時（跨日）。

車資優惠計算方式：

若日間車資 95 元，無折扣，付款金額為 95 元。

若日間車資為 110 元（九折），折扣後為 99 元，付款金額為 100 元。

若日間車資為 160 元（九折），折扣後為 144 元，付款金額為 145 元。

若夜間車資為 145 元，（九折），折扣後為 130 元，付款金額為 130+20 元。

若夜間車資為 160 元（八折），折扣後為 128 元，付款金額為 130+20 元。

若夜間車資為 215 元（八折），折扣後為 172 元，付款金額為 175+20 元。

(十二) 目前正與雄獅旅行社洽談開放台北、台中、高雄、北京、洛杉磯等地優惠福利卡卡友。

(十三) 目前正與 SKYLARK 餐飲及媚登峰瘦身洽談優惠福利卡卡友。

　　海峽兩岸學術文化交流協會福委會不遺餘力為福委會成員創造福利，爭取優良廠商折扣優惠，惟應多數廠商要求製作福利卡，以方便區別是否為福委會成員，依協議合約給予優惠，故特別委請專業製卡公司設計福委會之**「特約優惠卡」**。目前初步設計已完成，第一批福利卡將於本週付印。

　　由於製卡費用係去年所洽談，而今年原物料價格皆上漲，本會無法吸收多出之製卡成本，因此趕得上第一批製卡者，本會會員及親友仍按原先酌收工本費新台幣 150 元/張，而趕不上第一批者，本會會員將須負擔優惠後製工本費新台幣 250 元/張，本會會員親友則需負擔新台幣 350 元/張之製卡工本費。

　　為使本會會人人都能享受到福利卡的優惠，希望各位會員多多推介優良廠商，由福委會為您爭取優惠。

如有需要請立即向本會活動組關組長申辦福利卡

五、海峽科技專家論壇. 第四屆海峽兩岸科普論壇　歡迎踴躍推介
相關學者報名參加

(1) 活動名稱：第四屆海峽兩岸科普论坛

(2) 论坛主题：兩岸携手，科普惠民。

(3) 活动时间：2011 年 6 月 11-15 日。

(4) 活动地點：厦门市某酒店（待定）

(5) 活动日程：

6 月 11 日

上午 报到

晚上 海峽论坛开幕式及综艺晚会

6 月 12 日

上午 海峽论坛大会

下午 海峽科技专家论坛·第四屆海峽兩岸科普论坛（議程詳附件四）

晚上 福建省科协举行招待宴会。

6 月 13 日

上午 第四屆海峽兩岸科普论坛

下午 参观厦门园博园

6 月 14 日

上午 参观鼓浪屿

下午 自由活動

6 月 15 日

全体代表返回

[註1] 13 日上午，除了繼續舉辦科普論壇外（兩岸合計 130 人左右），海峽科技專

家論壇還設 2 個分會場，即海峽兩岸科技社團圓桌會議（兩岸合計 100 人左右）、

海峽兩岸生物多樣性研討會（兩岸合計 70 人左右）。

[註2] 有意參加者請從速報名　額滿為止

海峽兩岸學術文化交流協會為本活動台灣主辦單位之一，分配名額：科普專家

-6-

15人，社團領袖和其他專家（可以不是生物多樣性方面的專家）5人
聯絡人：丁一倪教授　　　聯絡電話：0933-092264

六、西藏參訪團

規畫中，預定今年七月出發。

七、2011庫肯霍夫花季～荷蘭、比利時、法國、盧森堡精選之旅10天

日　　期：預定2011年9月出發（原定2011年4月中旬出發，由於中東
　　　　　爆發戰爭推遲舉辦）。

代辦費用：每人新台幣73,000元（內含機場來回接送及小費）

～ 世界上最大的庫肯霍夫(Keukenhof)鬱金香花園～

座落在麗斯的庫肯霍夫花園是荷蘭最讓人興奮而色彩繽紛的春季旅遊點，每一年，庫肯霍夫花園的春季確實給人帶來不同凡響的迷人景致；園區內佈滿迂迴曲折的道路、涓涓流水，還有鬱金香、水仙花、風信子，以及各類的球莖花。除了令人讚嘆的戶外景致，庫肯霍夫公園還有四個室內展廳，在不同的時間展示各種獨特的稀有花卉品種。庫肯霍夫花園四周環繞著種滿鬱金香和各類球莖花的花田，恰似座落在花甄中的春天花園。

行　　程：

本行程含西歐最美的河川遊船：塞納河遊船，烏特勒支舊河遊船，阿姆斯特丹運河遊船.

前往★[蒙帕納斯56層大樓](高210米)，在頂樓的觀景台，盡情觀賞巴黎美景

本行程含雙宮門票：羅浮宮+凡爾賽宮

★荷比法盧四國之旅，囊括整個西歐精華

★造訪世界三大博物館之一的羅浮宮

★象徵波旁王朝強大的權力—凡爾賽宮

★造訪有二十五位法國國王在此加冕的法國香檳之都漢斯（Reims）

★造訪素有「千堡之國」之稱的盧森堡

★布魯日古城之旅，讓您享受北方威尼斯明媚之風光與建築之美

★搭乘玻璃船遊覽阿姆斯特丹運河風光

---中式餐點食：全部七菜一湯---

●下車參觀 ◎入內參觀 ◆路過參觀

第 1 天 台北 ✈ 阿姆斯特丹 Amsterdam(荷蘭) CI065 2245/0910+1
　　　　今日齊集台灣桃園國際機場，搭機飛往荷蘭。在空服員親切的問候聲中，
　　　　抵達荷蘭第一大城—阿姆斯特丹。夜宿機上，恢復體力，準備迎接明日精
　　　　彩旅程的開始。

第 2 天 阿姆斯特丹■鹿特丹 Rotterdam ■荷蘭風車群(小孩堤防
　　　　kinderdijk)■布魯塞爾
　　　　班機於清晨抵達，出關後前往現代建築的愛好者最能恣意地遊覽鹿特丹
　　　　(Rotterdam)！早在第二次世界大戰時，鹿特丹就因遭德軍的轟炸而全毀，
　　　　鹿特丹人從瓦礫中重建起別具風格的建築，廣受世人矚目，被認為是現代
　　　　建築的實驗場。例如：靠近舊天堂(Oude Haven)附近的◆「立體方塊屋

ubicHouse)就相當值得一看，還有 Kop van Zuid 區、自 1930 年代保留到現在的 Van Nelle 工廠，以及博物館公園。鹿特丹這個城市宛如一座開放式的摩登建築博物館，讓人驚嘆各種型式的文化豐富了城市的風貌！流行的設計商店、前衛大膽的流行設計者、創新表演藝術手法…你都可以在鹿特丹找到。之後前往著名★UNESCO◎荷蘭風車群，此處為荷蘭國內唯一可以觀賞 19 座風車並列矗立的壯觀景象。(聯合國教科文組織列名世界文化遺產)。續前往歐洲之心─布魯賽爾。布魯賽爾市區觀光，造訪為比利時 1958 年萬國博覽會所建立的紀念塔●原子模型，精心設計的九個球體剛好代表當時比利時的九個省份，相當壯觀、造型又非常現代感。市區參觀世界馳名的●尿尿小童，他可是布魯塞爾最長壽市民喲~之後到達大文豪雨果譽為「歐洲最華麗的客廳」的◎黃金廣場 (聯合國教科文組織列名之世界文化遺產)，鋪設著美麗石磚的大廣場，周圍盡是文藝復興和巴洛克式的華麗建築，比利時著名的巧克力 GODIVA 總店也在這華麗的建築中，絕對是您不可不買的紀念品。

早：機上　　午：中式七菜一湯　　　　　　晚：中式七菜一湯

宿：Gresham Belson ★★★★或同級

第 3 天　布魯塞爾 Brussel ⊟ 布魯日 Brugge ⊟ 巴黎 Paris (法國)

今日專車前往比利時古都-布魯日，素有[小威尼斯]之稱的布魯日，它是近來浪漫的觀光客趨之若驚的遊覽名勝，BRUGGE 荷語為[橋]的意思，布魯日這個水上都市，就有 50 座以上的橋樑，多以哥德式或文藝復興時期的樣式為主體。您遊運河河畔，好好享受中世紀的氣氛，發思古之幽情。參觀布魯日的中心廣場-●馬克廣場，映入眼簾的是充滿哥德式建築風格的市政廳及象徵布魯日浪漫情調的●鐘樓。在廣場東側的聖血禮拜堂式布魯日最著名的教堂，堂內供奉著耶路撒冷聖地取回的基督聖血和遺物。午後前往巴黎。抵達後前往塞納河左岸，享受難得的法式清閒，悠閒點杯香濃的咖啡歐雷，欣賞街上熙攘的人潮。今晚您若想感受花都不夜城，建議您可自費觀賞紅磨坊等夜總會，欣賞世界最高水準的歌舞秀表演。

早：旅館自助式　午：海鮮淡菜盤　晚：中式七菜一湯

宿：HOLIDAY INN Noisy★★★或同級

第 4 天　巴黎～羅浮宮～塞納河遊船

今日參觀世界三大博物館之一的◎羅浮宮，欣賞羅浮三寶以及宮內珍貴的藝術收藏品，以及參觀歌德藝術最輝煌的◆聖母院。午後參觀光芒四射的花都名勝為紀念拿破崙的勝利與光榮所建的●凱旋門，及以１２條國道呈放射狀為主的●星辰廣場，您可在此體驗拿破崙的豐功偉業：此外還有●歌劇院◆協和廣場、艾菲爾鐵塔等，讓您一了花都過往和現代的豐功偉業，之後前往搭乘塞納河遊船，兩岸風光及數不盡的藝術建築盡收眼底。晚餐後可自費參觀紅磨坊夜總會，參觀歌舞表演，體會歐洲上流社會享受。

(羅浮宮逢週二休館，如遇休館或無法調整行程則改參觀凡爾賽宮)

早：旅館自助式　午：海鮮淡菜盤　晚：中式七菜一湯

宿：HOLIDAY INN Noisy★★★或同級

第 5 天　巴黎～凡爾賽宮 ⊟ 蒙帕納斯 56 層大樓 ⊟ 市區遊覽 ⊟ 百貨公司

上午專車前往◎凡爾賽宮參觀，凡爾賽宮位於巴黎西側，距離 20 公里的地方，是十七世紀初期為滿足路易十三在狩獵方面的嗜好而逐漸發展的小城。西元 1688 年在路易十四統治下，才開始著手興建正式的宮殿，用來象徵波旁王朝強大的權力。隨後特別安排前往蒙帕納斯大樓，前往第 56 層，俯瞰而下，巴黎建築盡呈現在您的眼下，之後前往老佛爺百貨也是巴黎人逛最愛的選擇之一；又或者隨意找一家咖啡廳坐下觀看往來的人群。

餐　食：早／美式　　午／中式七菜一湯　　　晚／法國田螺餐

宿：HOLIDAY INN Noisy★★★或同級

第 6 天　巴黎◎漢斯 REIMS◎盧森堡 Luxembourg

早餐後前往法國香檳之都漢斯（Reims），◎漢斯大教堂的建築及裝飾並不如想像中富麗堂皇，但是卻因為曾有二十五位法國國王在此加冕，而使大教堂成為法國人心目的聖地大教堂原址僅為小教堂，推測克勞威一世的受洗地點位於現存教堂的中央走道，現今我們所見的哥德式大教堂建築則始於十三世紀初教堂正面的左側門上，有一座微笑天使雕像，被認為是漢斯市的地標，天使的雙翼上還有戰爭時留下的彈孔。教堂內南北翼拱廊的彩繪玻璃玫瑰窗也相當值得一看，這條名為國王廊的拱廊所矗立的國王雕像，象徵著加冕的歷史意義。午餐後前往位於德法兩國要衝上的盧森堡大公國。盧森堡大公國被鄰國法國、德國和比利時包圍，是一個位於歐洲的內陸國家，也是現今歐洲大陸僅存的大公國，面積只有 25800 平方公里，盧森堡是一個山勢險峻、森林茂密的國家。綠意盎然的大地矗立著不勝枚舉的城堡，古樸的畫面令人心曠神怡。盧森堡素有「千堡之國」之稱，境內大小城鎮大多可見中古世紀的城堡建築。在滿是綠意的自然景觀中，搭配著古色古香的城堡、教堂等，常吸引無數觀光客至此流連。首都盧森堡市，橫跨其色耳河支流阿爾捷特河兩岸，河上有許多造型獨特的橋梁橫亙，其中以亞道爾夫橋最為著名。它是一座沒有支柱的圓型拱橋，站在橋上可眺望盧森堡市街景，景色遼闊。此外市區中有許多歷史悠久的中古世紀建築，如聖母院、大宮宮殿等。

早：旅館自助式　　午：中式七菜一湯　　　晚：中式七菜一湯

宿：ALVISSE PARC HOTEL 1★★★★或同級

第 7 天　盧森堡◎烏特勒支 Utercht（含船遊舊運河）◎阿姆斯特丹 Amsterdam

早餐後前往烏特勒支，雖然荷蘭許多的古城都有自己獨立的運河系統，但是烏特勒支的運河卻更充滿詩意。烏特勒支運河最大的特色在於她的碼頭，這些碼頭的水平低於一般的道路、臨水之畔，形成獨特的景觀。由運河堤防的階梯而下，站在碼頭上，遠望河流蜿蜒穿梭一座座的拱橋、古老的建築、悠揚的教堂鐘聲與綠意盎然的所構成的美景，讓人有「綠溪行、

尋桃花林」的衝動。而許多人對於她的第一印象就是她超現代感的中央火車站與 Hoog Catharijne 的購物中心。火車站與購物中心相連結，擁有 180 多家商店，可以說是荷蘭最大一座的購物中心，餐廳、流行服飾等應有盡有，烏特勒支更擁有荷蘭最高的鐘塔-「主教塔（Domtoren）」，這座鐘塔不只是烏特勒支最顯眼的地標外，更突顯了烏特勒支歷史發展與宗教的密切關係。烏特勒支原本是西元一世紀羅馬人於萊因河上建築的一個軍事堡壘，後來才發展為一個城市，之後前往荷京-阿姆斯特丹。

早：旅館自助　　　　午：中式七菜一湯　　　　晚：中式七菜一湯
宿：PARK PLAZA AMESTERDAM AIRPORT★★★★或同級

第 8 天　阿姆斯特丹⊡庫肯霍夫花園 Keukenhof ⊡船遊覽運河⊡水壩廣場（櫥窗女郎）

早餐後，前往◎庫肯霍夫公園，參觀滿園花團錦簇，舉世著稱之鬱金香花田，在此除了鬱金香之外，還有水仙、藏紅花、風信子等球根植物鮮豔地鋪滿大地，十分賞心悅目；庫肯霍夫公園每年春季開放，佔地二十八公頃的廣大公園裡樹木蒼鬱，六百多萬株的球根植物為遊客獻上花卉饗宴。隨後前往荷京，展開市區觀光：首先安排搭乘★玻璃船遊覽運河風光，映入眼簾的是阿姆斯特丹獨特的建築式樣，和美麗的歐式水上人家，並前往全世界最重要的鑽石中心之一的◎鑽石切割工廠，了解鑽石如何從平凡的石頭經過精密的切割，蛻變成為炫麗的寶石，現今荷蘭鑽石的 121 面切法，更是世界無人能及的精密技術，之後前往阿姆斯特丹市區著名的水壩廣場，欣賞◎聳立廣場中央的舊皇宮、二次世界大戰◎國家紀念碑，當然不能錯過最代表荷蘭文化的◎紅燈區囉~

早：旅館自助式　　午：中式七菜一湯　　晚：中式七菜一湯
宿：PARK PLAZA AMESTERDAM AIRPORT★★★★或同級

第 9 天　阿姆斯特丹 ✈ 台北　CI066　　1445/1300

您閒於飯店享用完早餐後，我們即將結束這 10 天的荷比盧法行程，精采豐富的歐洲文化，讓人總是意猶未盡，依依不捨的帶著我們的行囊及滿滿的回憶，前往機場辦理登機手續，揮別浪漫的歐洲，飛返可愛的家。

早：旅館自助式　　午：機上　　　晚：機上
宿：機上

第 10 天（三）　台北　13:00

今日返抵國門，相信您一定迫不及待想與家人分享這次旅程的點點滴滴，

我們也也衷心期待下次能有榮幸再帶給您更美好的旅遊生活。

報名專線：23695692，33669690 活動組長：　關麗蘇小姐

費用：每人新台幣 73,000 元
　　　　包含：1. 行程中之食宿及門票　2. 各地風味餐.　　3. 全程
　　　　　　　司機、導遊、領隊小費。　4. 台北至中正機場來回接送.

- 10 -

　　　　　5.含稅金兵險

八、100年度「評古說今」歡迎踴躍報名參加

　　100年度「評古說今」，請大家踴躍報名擔任主講人或推薦主講人。
　　本活動由本會理事兼秘書組組長劉鵬佛教授負責規劃安排。
　　【報名專線】23695692，33669690 活動組長：關麗蘇小姐

九、本會各項活動請大家踴躍參與

　　(1) 本會會務通訊「旅遊園地」歡迎投稿。
　　(2) 本會會務通訊「老照片說故事」歡迎投稿。
　　(3) 「旅遊活動」請大家提供參攷行程。

　　本會各項活動期待您的熱誠參與，也期盼您能推薦更多退休同仁加入本會！
　　本會電話：33669690，23695692，傳真：23648970
　　E-mail：nturetiree@ntu.edu.tw

貳、本會第八屆組織成員

　　理　事　長　丁一倪
　　副理事長　何憲武
　　理　　　事
　　陳明珠　陳美枝　許文富　杜雅慧　吳元俊　路統信　王本源　黃存仁
　　謝美蓉　劉鵬佛　鐘鼎文　陳福成　林添丁
　　陶錫珍（第一候補理事）　　鄭太平（第二候補理事）
　　梁乃匡（第三候補理事）
　　監事會主席　沙依仁
　　監　　　事
　　楊建澤　陳雪嬌　方祖達　許雪娥
　　劉秀美（第一候補監事）　梁乃匡（第二候補監事）

　　本會辦公室各組長名單如下：

　　活動組：關麗蘇　　　秘書組：劉鵬佛　　　資訊組：黃存仁
　　會員組：（陳明珠暫代）會計組：陳明珠　　　總務組：鐘鼎文
　　e化組：杜雅慧

叁、會務報告

1. 與中華高齡學會聯合舉辦 經絡急救法（中國式 CPR）講授會（2010/11/23，本校校總區體育館文康中心交誼廳），由劉國瑞大師主授。
2. 召開第七屆第九次理監事聯席會議（2010/12/15，本校校總區體育館文康中心交誼廳）

3. 召開第八屆第一次會員大會 (2010/12/29，本校校總區第一會議室)。

4. 舉辦 10～12 月份慶生會 (2010/12/29，本校校總區第一會議室)。

5. 有關 18 趴及教育人員退休所得替代率問題，「中華民國大專院校退休同仁協會」理事長簡明勇教授於去年本會會員大會之後，即到考試院銓敘部及行政院人事行政局拜會，爭取退休同仁權益。

6. 本會理事長丁一倪教授 (以「中華民國大專教師會協會」理事長身份) 與「中華民國大專院校退休同仁協會」理事長簡明勇教授連袂拜會教育部高教司何卓飛司長及立法院陳杰委員、洪秀柱委員、呂學樟委員、潘維剛委員及蔣乃辛委員就教育人員退休所得替代率提出具體建議：服務 25 年 77%，25 年以上每年增加 2% 至服務 35 年 97%，35 年以上每年增加 0.5% 至服務 40 年 99.5% (2011/01/04)

7. 本會理事長丁一倪教授應台北市教師會之邀請參加浙江大學退休教職員才藝訪台團一行 160 人聯誼餐會 (2011/01/06，寧園餐廳)。

8. 兩岸大學退休教職員才藝交流，陳美枝理事將協助連繫臺灣相關人士參加。

9. 召開第八屆第一次理監事聯席會議 (2011/01/10，本校校總區第四會議室)。

10. 轉知本會會友踴躍參加「錢故校長思亮先生 103 歲誕辰紀念學術演講會」，由黃俊傑教授 (本校人文社會高等研究院院長) 主講：21 世紀大學教育的新挑戰：兼論臺大精神與錢思亮先生 (2011/02/11，本校校總區第一行政大樓第一會議室)。

11. 舉辦青山常在綠水常流—退休以後的養生保健演講會，由林松洲教授 (台北醫學大學醫學系教授) 主講 (2011/02/27 本校校總區第一行政大樓第一會議室)。

12. 舉辦會員聯誼活動：

    (1) 東北角海岸之旅一日遊 (2010/11/25)，共 40 人參加。

    (2) 社子花卉廣場、十分寮瀑布一日遊 (2011/3/10)，共 40 人參加。

13. 召開第八屆第二次理監事聯席會議 (2011/03/22，本校校總區第四會議室)。

14. 本會理事長丁一倪教授參加 「100 年度台北市教師會籌組教師工會走透透」講習會 (2011/03 /26，臺北市成淵高中綜合教學大樓)

15. 本會理事長丁一倪教授參加銓敘部十八趴新改革方案講習會 (2011/3 /28，新北市政府行政大樓 5 樓會議室)

16. 本會理事長丁一倪教授參加教育部十八趴新改革方案講習會 (2011/3/31，新北市政府行政大樓 5 樓會議室) 詳細內容請上教育部網站查閱：
    https://www.retire.moe.edu.tw/dispatcher?taskid-K001&funcid-K001Bulltin&pageid-queryresult

17. 舉辦經絡急救法 (中國式 CPR) 講授會 (2011/03/29，臺灣大學校總區體育館文康中心交誼廳)，主講人：劉國瑞大師 (中國式 CPR 經絡急救法創始人，民國九十三年全國第二屆十大傑出民間療法得獎人)，並於會中放映影片，讓聽眾清楚瞭解各穴道正確位置，學會經絡急救法。

18. 舉辦.100 年度「評古說今」

    (1) 第一場由徐玉標教授主講：埃及艷后 (2011/01/18，臺灣大學校總區望樂樓 2 樓本會辦公室)

(2) 第二場由方祖達教授主講:當中國統治世界 台灣往何處走(2011/04/19,臺灣
　　大學校總區室樂樓2樓本會辦公室)

19. 福利卡卡友特別演講會因報名人數不足停辦。

20. 本會會員動態
　　會計組陳明珠組長代為報告:
　　(1)　100年1月10日至100年3月21日新加入會員1名,目前會員總編號為
　　　　641,扣除往生、停權或退會者263人,現有實際會員378人(內含永久
　　　　會員311人常年會員67人)。
　　(2)　黃銀晃永久會員不幸於100年1月10日往生,永久會員楊基庫常年會員
　　　　轉為永久會員,新加入永久會員1名,故較上次會議永久會員增加1人,
　　　　常年會員減少1人。
　　(3)　本會100年1月10日迄今申請入會名單如下:

國立臺灣大學退休人員聯誼會 100年1月10日迄今申請入會名單				
編號	原服務單位	姓名	性別	備　註
641	農藝學系	邱阿謹	女	永久會員100/1/26入會
	共計	1人		

21. 本會第五十一期會務通訊已於2010/11/09出刊,感謝本會辦公室各組組長
　　全體動員,使編印及寄發工作得以順利完成。

22. 本會國內旅遊由活動組關麗蘇組長一人包辦所有業務(包括爭取教職員工
　　本人參加者文康活動經費補助),在此特別感謝她的辛勞。
　　本會自去年11月迄今舉辦了:
　　(1) 東北角海岸之旅一日遊 (2010/11/25)
　　(2) 社子花卉廣場、十分寮瀑布一日遊 (2011/3/10)

23. 本會陳明珠組長完成會員資料電腦建檔、黃存仁組長完成會員資料電腦建檔
　　程式設計,謹致十二萬分的謝忱。

24. 資訊組黃組長完成本會第五十一期會務通訊之編印,隨時維護本會電腦順利
　　運作,並規劃建置本會網站,也要特別感謝他的辛勞。

25. 本會檔案e化組完成部份會友E-mail通訊錄建檔,截至目前為止,計有48
　　位會友提供E-mail信箱,本會寄送會務通訊及不定時寄送最新活動通知給
　　提供E-mail的會友,並透過網路回答會友提出的問題。謹在此對杜組長表
　　達誠摯的謝意。杜組長目前出國度假中,以致若干來稿未能在上期刊出,謹
　　致歉意。

26. 會計組陳組長完成各項帳務工作,並暫代會員組工作,辦理會員入會,隨時
　　更新本會會員異動資料,且辦理歷次慶生會業務,謹在此對陳組長表達誠摯
　　的謝意。

27. 秘書組劉組長完成歷次理監事會場地借用及開會通知寄發,總務組鍾組長天
　　天到辦公室值班,也在此一一表達誠摯的謝意。

28. 本會主辦之活動張貼於臺大網頁，其點閱方法如下：
    進入臺大首頁 >點左上方「教職員」>點右下角「文康活動公告」，即可進入「教職員工文康活動推行委員會網頁」→點左上角「活動訊息」，即可看到本會活動資訊，歡迎隨時上網點閱。

29. 本會會員電話或通訊地址如有變更，請儘速告知本會，以免失聯。

30. 本會會員提供 E-mail 者，如有沒有收到本會寄發之好康訊息，請儘速告知本會，以便檢查電郵地址是否有誤。

31. 轉知本會會友參加下列活動：
    (1) 台北醫學大學醫學系林松洲教授主講：「糖尿病自然療法與應用」(2011/01/08，台北市議會 B1 大禮堂)。
    (2) 中華身心靈研究發展協會舉辦之系列免費保健演講會：本校醫學院孫安迪博士主講：「調節免疫 擊退感冒」(2011/01/23，台北市議會 B1 大禮堂)。
    (3) 中央研究院 228 研究增補小組與臺大教師會合辦之「二二八研究新書發表贈送會」書名：《二二八研究的校勘學視角》—黃彰健院士追思論文集 (2011/02/26，臺大社科院第一會議室)
    (4) 本校第 61 屆全校運動大會 (2011/03/26～27)
    (5) 「中國海峽兩岸學術文化交流協會」舉辦之各項活動歡迎參加，請上網查看，網址：http://www.sacea.org.tw

肆、遊記

竹林山觀音寺、明德水庫、薰衣園掠影　　　陳福成教官

　　不知何時台灣的銀髮族群流行非假日出遊！通常週二到週四，到各觀光景點，都是退休的銀髮族，而例假日或放假的節日，都是年青族群或夫妻帶小朋友出遊，人山人海的觀光區全是年青人和小朋友。

　　這世界已然做了二區分，青壯以下活在一個世界，中老以上的耆艾等族又活在另一個世界。不同的世界如何溝通？據說只有「蟲洞」，且不管別的世界如何！台大退休會人員誼會現在也經營出很有規模的世界，在這個世界，會員玩的不亦樂乎！看文題就很吸引人。

壹、林口竹林山觀音寺

　　在我的印象中，本校登山會和退聯會的活動，常包含參拜寺廟之旅，我覺得這和年紀也有關，沒有一些人生歷練，參拜寺廟是沒有感覺的。退聯會似乎是一個很有佛緣的團體，我們常到寺廟禮佛，與菩薩接心。

　　上午八點從校門口出發，九點多就到位於台北縣林口鄉菁湖村的竹林山觀音寺。大凡有口碑廣傳，能吸引各方信眾參拜的佛寺，都經久遠歷史和眾生護持，有深厚的文化底涵。如號稱我國「第一古刹」的河南洛陽白馬寺、曾是六祖惠能駐錫的廣東韶關南華寺、達摩祖師登岸的廣州華林寺，乃至少林寺、棲霞寺…說不完的我國名寺，

都是很有來頭的。

今天我們參拜的竹林山觀音寺，奉祀十八手觀世音菩薩，也是小有來頭，且有一段大大可以稱道，深富中華民族春秋大義氣節的故事。

清喜慶六年(1801年)，由福建省晉江縣安海龍山寺，分靈大媽、二媽、三媽到台灣來，當時大坪頂地區(五湖、五坑、龜山)信徒，恭迎大媽由「大八坪位」(現改為樹林口、菁埔、太平嶺、南勢埔、大湖、台北、新莊、泰山、西盛、頂坡角、冬山、桃園、大竹、南崁、大園、外社、大南灣、小南灣、龜山、下湖，等二十坪位)輪流奉祀。日據時代日本推行「皇民化運動」，規定寺廟必需合乎日式風格，所奉祀觀世音像也必需燒掉(幸經信徒陳隆兄弟藏匿)。但寺廟興建成日式風格，信徒無力阻止。

台灣光復第二年(民國三十五年)，信徒開始共議改建本寺以合乎中國式寺廟規格。乃公推黃永茂先生任董事長，王金生先生負責策劃，三十七年再公推熱心公益的吳水先生任建設委員長，親自督工興建，三十八年工程完成。又經半個多世紀，廟貌老舊，安全堪虞。民國八十九年再開始改建，這日我們造訪仍未竣工，按簡介說明應於今(九十九年)完成。炎黃子民的民族氣節，果然不是倭寇的皇民化運動所能撼搖。「竹林山」之名，是王金生先生取蘆竹鄉的「竹」字，林口鄉的「林」字，龜山鄉的「山」字，因奉祀觀世音，故簡稱「竹林山觀音寺」。我們在這裡駐足一個多小時，參拜、拈香、觀景、攝影或樹下小憩。

貳、參觀義美博物館‧體認成功者的打拼精神

近幾年來我常想一個問題，也常當笑話、閒聊講給人聽。大約民國五十六、七年間，有三個人同時起打拼事業(設ABC三人)，經約三十五年的努力，A和B已富可敵國，事業版圖擴張至地球五大洲，而A和B仍自稱是「貧道」，A是佛光山星雲大師，乃是慈濟證嚴法師；那C就是筆者，領一點退休金過日子，能布施給人的少的可憐。C與AB為何差這麼大？其中必有「致命性、關鍵性、絕對性」天大的原因？？？？

我苦思那原因，大約五十歲出頭，我明白了，懂了，但已來不及了。只能說自己EQ及IQ都不足，先天後天更是不夠。

最近我看一則新聞，鴻海集團正在布局大陸的全球總部，現有員工九十萬人(國軍總兵力的三倍，天啊！)，要擴充到一百五十萬人，好厲害。其實郭台銘在三十多年前，比我現在還窮。

僅僅是一點看似平常的道理，星雲大師、證嚴法師和郭台銘，他們把小小一個「燒餅」，以三十多年時間做得和地球一樣大，像一個「超級大餅」。而我的餅，仍然只是個燒餅。「餅」始終做不大。對於能把「餅」做大的人，我始終投以尊敬的眼光。

退聯會今天的行程，離開竹林山觀音寺後，我們遊覽車直抵位於桃園蘆竹南工路的義美食品觀光工廠。我們不僅是參觀義美博物館，更是來認識一位能把「餅」做大的企業家，義美董事長高騰蛟先生。

　　提起義美食品，從未吃過義美餅乾的人，可能不是台灣人(可如此測驗偷渡客)。這是一家民國二十三年創立的餅店，蔣渭水在今台北市延平北路所創大安醫院舊址，就是義美食品公司創業所在。義美博物館的解說員詳述這段往事，當然特別介紹創業者的經營理念，董事長高騰蛟先生，一生堅持的信念是「做餅是老實人的行業，是良心事業」。高先生本人一生儉樸、刻苦耐勞、堅持誠信原則，他的信條是「真誠實在」，才能永續經營。聽起來似乎只是簡單的道理，大家都懂，能實踐力行者少少少。

　　看完博物館，參觀義美古董園區，原來義美枝仔冰是那樣做的，老祖先用石輪子榨甘蔗汁。大家紛紛與這些古物合影，留住歷史，現代社會的發展可能因為「失根」，所以大家愈來愈重視「根」，也常有「尋根」活動。

　　中午我們在蘆竹鄉南山路一家叫「萬翔餐廳」用餐，少不了一桌山珍海味，美食料理，吃的不亦樂乎。上午的行程雖走馬看花，但以退休誼誼會成員的人生歷練，相信是可以從「一朵花看天堂、一粒沙看世界」的。上遊覽車小睡一番，車正開往下個景點。

參、明德湖畔薰衣草咖啡香有女人夢

　　當遊覽車到達位於明德水庫旁的薰衣草園，立刻感受到不同於台北都會的浪漫驚艷，尚未入園，花香和咖啡香夾著女人的夢想故事，已然呈現在眼前。
進到這個薰衣草森林，心立即緩慢沉靜下來。一景一景，樹舞平台、水岸步道、愛情起點、香草舖子⋯是怎樣的一個愛的故事，原來林中藏有兩個女人的夢。她們向遊客這樣表述夢想。

　　兩個女生的紫色夢想⋯我們是這樣無可救藥的愛戀咖啡、愛戀旅行、愛戀流逝而過的光影與氣味，並用畫筆與音符，留住這些心情和故事⋯

　　在台北外商銀行工作了六年的詹慧君，與來自高雄的鋼琴老師林庭妃，在接觸一段很長時間西方的香藥後，一直夢想在一個可以身心安靜的地方，擁有一畝自己的薰衣草田，為了圓這樣的憧憬與追求簡單自在的生活，兩人扛著全部家當來到山很多、樹也很多的湖邊⋯。

　　好美的故事，真實的存在，走在明德水庫的湖畔小徑，坐在水岸平台賞湖光山色，台大人個個擺出最美的姿勢，也留下一則故事。

　　這湖邊平台像一座小小秘境，眺望對岸，湖水似從遠方樹林溢出，有溫和的陽光把湖面吻的漣漪瀲瀲，而樹陰處霧露瀰漫，遠處偶有不知名的鳥兒與你目光交會。這光景豈能不賦詩一首，「明德湖畔紫色夢」。
驚艷，薰衣草與湖畔交構
一幅紫色的夢
不胖、不瘦　不屬別色
這樣好，很健康

把兩個女人的唯美浪漫

祕藏於湖畔

可吸引四方追夢的人

而那明德水庫有一把年紀了

依舊不靠濃妝彰顯美感

山色青春不老

難怪秋陽秋風拂面

如春風舞

　　到了薰衣草森林咖啡館，不來一杯好咖啡，就像到酒家不喝酒，到賭場不摸一把，難不成是來「踢館」嗎？

　　坐在咖啡館三樓，幾個靠窗的好位置已有台大人，看似「櫻櫻美黛子」坐著，目光正在探詢窗外湖光山色。「提拉米蘇咖啡」香氣漫溢，對坐的關姊似乎少了十歲，果然外景會改變人的視覺和感受，也難怪情人節時浪漫的套房很夯。

　　咖啡館前是一大片薰衣草田的山坡，沿著山坡步道上小山丘，立著一棵高大的許願樹，一座戀人最愛的白色鐘塔，時時響起幸福的鐘聲。這一整個下午，數十位台大人收藏了多少美好的回憶，山光水色也因我們邂逅更添嫵媚。而那兩個女人的紫色夢想，「邂逅相遇，適我願兮。」，就把她藏在心中，當做曾經擁有的情話吧！「寄語台大退休人員聯誼會的朋友」：

我們以前用嚴肅的心情寫論文

現在隨興寫散文或新詩

別管那些框框架架了

把自己解放成沒有重量

沒有體積　只是一朵

紫色的夢，別色也行

去編織屬於自己的故事

那就是生命中最美好的詩集

不須交給出版社

你如詩的快樂微笑已自動行銷

布施給四周的人

　　向晚時分，我們又到苗栗公館參觀五穀文化村，是一座傳統農業時代的博物館。亦在當地一家「紅棗食府」享用紅棗特餐。回程北上的車內，有歌唱、有笑話、有感恩，很多人說「人生退休才開始」，一語道中真相。（台大退聯會書記陳福成2010年中秋節草於蟾蜍山下）

杉林溪 high 翻天　　　陳福成教官

　　此行最 high 的那個晚上，我隱約在外面聽到有人說：「那些老傢伙真是 high 翻天了！喂！聽說有八、九十歲的。」我正想探頭看看，誰那麼沒禮貌?竟敢稱「台大退休聯誼會杉林溪旅遊團」的銀髮好友「老傢伙」！那人已隱沒在夜色中，背後傳來快樂的笑聲。

　　當我回家後，著手寫這篇遊記時，腦中還浮現那晚大家唱歌、跳舞 high 翻天的情境。近一、兩年來退聯會出遊活動，還沒那麼 high，那麼瘋熱過呢！這回我這當書記的，得好好記錄存查，供後來的人們也感染那份快樂。

　　這次活動安排在十月十二、十三兩日，參加成員有關組長、吳教授、退聯會的美國之友 Boice Kelly 等，三十多人正好一部遊覽車。照例在校口集合，八點不到車上已坐滿了人，傳來許多問早道好的熟悉聲！

　　吱吵的聲音中，傳來有人用英文打招呼！原來是回國參加國慶大典的 Boice Kelly(中文原名丘惠珠，朋友叫她貝小姐或 Kelly)，立刻吸引大家目光。還有多位新人，吳信義主任的夫人退休了，以後有時間和我們出遊享受人生，她著一席鮮豔的紅色上衣，也很自然的吸引四周的眾生，那是奇妙的自然力量。據聞，紅色在山上最吸引虎頭蜂，在海上最吸引鯊魚，紅色的花更吸引一切眾生。

　　從台大到杉林溪有幾小時車程，除關組長，導遊儷華講解行程和重要景點介紹，車上不會寂寞，歌王吳教授、吳主任有很多拿手歌，有新有老，今天天氣又好，尤其氣氛又 high，歌聲聽起來自然引人，引你進入那首歌的時代、還有氣氛 high 的原因，是 Kelly 從美國帶來一種外層是糖，內有口香糖的棒棒糖，分發每人一支，人手一支棒棒糖，咬在嘴裡，好像又回到童年時代，紛紛拿起相機，讓「童年時光」重現眼前。哇！Kelly 真是厲害，她創造了「棒棒時光機」，瞬間帶我們回到從前。

　　Kelly 說她還有「寶物」，慢慢拿出來，她透露是一種叫「美國猪皮」和「美國人皮」的食品。她還有絕活，這趟行程可稱「Kelly 專集」，車內的熱鬧情緒，相對於車外的景色，一景一景安靜無言向後飛逝，如詩的感覺。

尋春
一路南下　前往杉林溪
打探秋風的訊息
卻一路都被春風吸引
這趟航程在過去、未來與現在間飛行
勿論季節或年代
有了 Kelly，皆如春

　　大約中午前，我們到了南投竹山工業區一家叫「藏傘閣」的觀光休閒工廠，參觀各種傘類並用午餐。台灣早年是傘的王國，但我從未見過如此多的傘種，先進科技和個人化多功能的傘，也是開了眼界。超輕傘、超短傘、自動傘、防風傘、拐杖傘、有燈傘、測紫外線傘…洋傘、竹傘、雨傘、童傘…花園傘、高爾夫傘等，有講究個別功能，有流行時尚，爭奇鬥艷，傘姿如花如美女，佩服經者(董事長叫曾漩澄，平易近人，在大廳和台大人泡茶聊天。)把一支簡單的傘，開發延伸成知識、感性和文化的小王國，他真會做「餅」，把小餅做成大餅。

　　下午三點多，我們就到了杉林溪，住進「杉林溪渡假園區」，氣溫是二十度到十五度間，最是舒適的涼意，晚餐前都是自由行，這樣好，大家在附近散步，三三兩兩，成叢成簇。

　　　最大的一簇，延著圖說，前往松瀧瀑布，沿途參觀藥花園、牡丹園，各種有名無名的草花都讓人驚艷，牡丹園中亭邊一首陸游的詩引最多人駐足，詩曰：
吾國名花天下知，園林晉日敞朱扉；
蜨穿密葉常相失，蜂戀繁香不記歸。

　　中國人真是詩的民族，花園、廁所、古宅、民居，到處有詩詞；茶壺、傘具、扇子等，都有我國名詩人佳句，旁邊另一群人佇立觀賞，也是詩，不知作者何人？

牡丹花似錦，艷華天下春；
南來參觀日，笑煞看花人。

　　松瀧瀑布有千歲了，瀑前五米的天橋為負離 SPA 最佳觀景點，石窟幽靜清涼，千年鐘乳垂掛，瀑前「龍潭」美不勝收，可惜旁邊在施工。

　　一頓豐盛的晚餐，補足了今天耗損的能源。餐後直奔早先計畫好在卡拉 OK 室開同樂會，又另備了一瓶大高粱酒助興。這晚是最夯、最 high 的一晚，能跳能唱的都展演了各自的拿手好戲，導遊儷華小姐更是酒國女皇，在場竟找不到對手可以和她一決「雌雄」。

　　是夜，我和吳普炎學長同住一房，他是我早年軍旅的老營長，如今都解甲歸田。但我們並不耕田，只把後半人生耕的有如一座仙山田園，與前半生的「金馬戰場」相較，兩個不同世界，如參商也，次日我和學長也早起散步，在林間漫行，空氣有一種誘動的吸力，只想深呼吸，那空氣亦如詩：
林間散步
靜謐的早餐
有一種感覺牽手躡腳陪你散步

她無聲無息
撫以溫柔
摸以愛憐
頓然　通體舒暢　得到解放
一隻隻慵懶的貓
吸唆著讓人青春不老的芬多精

　　早餐後休息不久，在賓館前大合照，隨即驅車踏上回程，前往田尾公路花園參觀。遊覽車上來一位大概農會的行銷者，賣苦茶油等農產品，說是景氣不佳，只好用這種方式推銷，請大家體諒。果然買氣很盛，台大人不光是自己會玩，也有為地方拼經濟的共識，都大包小包的買，也是人我共利，皆大歡喜。

　　沿途的車上Kelly展示她的團康活動媚力，她先請大家吃「美國豬皮」、「美國人皮」，說不上的好吃。接著她帶大家做一個好玩又有趣的遊戲，她先叫大家講出三個字的一句話，第二、三字相同，語言不拘，如「嬌滴滴」。大家了解，一個個接著說，「火辣辣」、「冷颼颼」、「風瀟瀟」、「香噴噴」、「白泡泡」、「ＬＫＫ」…每句一出都引起全車叫好。

　　接下來，Kelly公佈連接詞「我的屁股」，每人把這句連接詞冠於自己所說的三字上面，如「我的屁股嬌滴滴」，此話一出全車又笑翻天、於是「我的屁股火辣辣」、「我的屁股冷颼颼」、「我的屁股香噴噴」、「我的屁股白泡泡」、、、一路笑到田尾。Kelly表示，這遊戲可延伸開發，字句可改，成為更有創意的遊戲。

　　中午我們到了田尾公路花園，也在這裡的餐廳午餐。這裡我兩年前來過，廣大繁盛的花海，如身處荷蘭花園，美不勝收，但此行大家只看到一片蕭索、一景冷瑟孤寂，我以為田尾的「花園王國」結束了。我打聽附近小店，才知我們遊覽車停在「外圍」，是騎腳踏車的地方，不是賞花的地方。原來我們車停在「邊陲」地帶，好可惜！

　　午餐後，約下午三點多我們到了古城鹿港，購物、掃街、參觀台灣最老的「鹿港天后宮」。本宮創建於明朝萬曆十九年(民國前三二一年)，原廟位於現址北側，古地名「船仔頭」附近(今三條巷內)，奉祀天上聖母媽祖。清康熙二十二年(一六八三年)，施琅將軍平台時幕僚藍理恭，請湄洲開基媽祖神像，護軍渡海，事平後班師回朝之際，其族侄施啟秉等感念媽祖神靈顯赫，恩被黎庶，而懇留聖像於本宮崇祀，是為台灣供奉「湄洲開基祖廟」的天上聖母媽祖。

　　我們參觀天后宮時，在簡介資料上發現以下照片、史蹟，極有歷史意義和價值，一併列在本文以供雅賞。

　　回台北的車上，那部「忠犬小八」影片太感人，人物(是狗)場景都簡單，拍的這麼好，是導演的功力，全車的人幾乎哭成一片。也讓人了悟一切的生物，真誠才是最

無價的，只有真誠能破除物種間的距離，使不同物種真誠相愛。只可惜我們最常看到的，是很多人連小八都不如，不知那屬何樣物種？

我們一路有笑有潑回台北，最後一曲當然是「期待再相會」。到公館早已夜幕低垂，每人帶著「三大件五小件」，互道晚安中拜拜。

感謝本會從理事長到各組長，經常為大家守著這個「廟」，我們才常有饗宴之旅，享各地精美珍饈，賞各族不同佳餚，是台大人的福氣。

回來後，我以我之思維，享煮另一道文學（文字）饗宴，並有小詩佐膳，有圖照悅目賞心。「供養」台大人，給有緣無緣人品賞，願大家都平安快樂。

大正11年（1922年）霞海天后宮至灣淵祖庵遶香

霞海天后宮祖厝，坐在太師椅者為前法務部部長施啟揚之父施福應（左三），中坐者為霞海天后宮主董洋同個。

伍、教學記實

養生保健氣功班教學記實　　　　　　沙依仁教授

一、緣起

今春迄今氣候變遷極大忽冷忽熱，天災增多罹病者增多，本會會員健康情況亦比往年稍差，鑒於上述情況，本人所帶領的氣功班應擴大舉辦並增加養生保健講座，方能更有成效，因此本人自己出錢租借綜合體育館文康會會議室並印製講義，學員免收任何費用、

二、授課期間

這是一學年課程分上下學期每學期18週36小時共計36週72小時，自99年4月12日開始至99年11月2日止。

三、授課內容

上學期傳授初級功

氣功教材及內容：1、氣功美容包括：搓手、洗臉、揩拭、搓臉、揉耳、梳頭、搓頸、摩腎、摩肝2、內八段錦(陳故賁政立夫每日必練之功)包括：鳴天鼓、按摩太陽穴、耳部、眼部、鼻部按摩，按摩胸、腹、按摩腎臟、按摩腿部、按摩腳底。3、隔空放氣包括：電梯鬆靜功、捧氣入矢目穴、百會穴、抱頭太極壓入丹田，拉氣法、通手脈法、通腳脈法、採氣法、吸地氣法、五中脈法、左右崑崙、寒肩縮背等養生保健講座。

四、

(1)老人的生理及心理狀況

(2)老人的膳食及營養

(3)中老人身心靈保健

下學期傳授高級功

氣功教材及內容：1、高級氣功包括通任督二脈，金剛脈動脊椎骨運動)，維雅維雅昆巴加呼吸法。2、養生功包括(1)定靜安慮，對治：焦慮、壓力，自律神經失調情緒不穩憂鬱症；(2)端摩疏通，對治：緊張，胃潰瘍，內分泌失調、怕冷；(3)曲中求直，對治：脊椎變形，脊椎側彎骨刺，背病五十肩。(4)坐定擎天，對治：火氣大，失眠，高血壓，頭痛，牙痛；(5)卑恭伏地，對治：坐骨神經痛，骨刺，椎間盤突出(6)和合首俯，對治：開車疲勞、精神不集中，頭腦昏沉(7)天行運轉，對治：肩頸僵硬、五十肩、疲勞，容易發脾氣，(8)後顧無憂，對治：視力保健、乾眼症，飛蚊症(9)中和無偏，對治：腰痠，背痛，脊椎變形，脊椎側彎。(10)平治正行，對治：電腦肘，腕指肌腱炎疲勞，容易感冒青春痘、(11)搖擺中定，對治：經期不順、便秘、腎臟衰弱，消化不良，脹氣(12)懷抱滿足，對治：久站腿痠、小腿腫脹，膝關節退化，關節炎，坐骨神經痛。

養生保健講座：1、飲食治療及老人適宜的膳食；2、健康長壽談養生、

五. 學員：台灣大學退休人員聯誼會會員 15 人，中華高齡學學會 7 人，樂群養生聯誼會
會員 5 人共計 27 人。

六. 學習成效：經測試學員均學會吸收能量包括吸樹氣、太陽之氣、功效 100%。

七. 按摩氣功及養生功，功法都已學會，高級氣功學員已會做但不易測出是否通任督二
脈。本人鼓勵學員們平日仍要勤練以保持並增進功效。

★敬請提供 E-mail 地址★

為響應「節能減碳」並快速傳達各項活動訊息，不要漏失好康活動，敬請提供
E-mail 地址，以利寄發電子郵件。請來電或傳真告知本會 E-mail 地址。

附件一

海峽兩岸學術文化交流協會福利委員會成員基本資料表

請貼上 1 吋 照片	姓　　　　名	
	英　文　姓　名 （請與護照同）	
	出　生　日　期	西元　　　年　　　月　　　日
	身　份　證　字　號	（英文字以請大寫）
	服　務　機　關	
	單　位　與　職　稱	
通 訊 地 址		（請加註五碼郵遞區號）
聯 絡 電 話	（公）	
	（家）	
	（手機）	
	（傳真）	
E-MAIL		
推 薦 人 姓 名		（限本會會員）
會 員 編 號		（由本會福利委員會填寫）
備　　　　註		

本表填妥請 E-mail：initing@ntu.edu.tw 或送交本會辦公室

下列四項缺一不可：

相片（證照用大頭照）、英文姓名（請與護照相同）、身分證號碼、出生年月日

附件二

中華電信 MVPN 行動群組電話服務組員資料表

客戶識別碼：□□□□　申租人群首號碼：＿＿＿＿

第　　頁共　　頁

裝	拆	異動	行動電話	新專用編碼(PNP)	原專用編碼(PNP)	月租/異動費付費號碼	客戶名稱	證　號	簽章
			行動電話號碼	免填	免填	□群首□組員	要填	身分證號碼	可簽名
						□群首□組員			
						□群首□組員			
						□群首□組員			
						□群首□組員			
						□群首□組員			
						□群首□組員			
						□群首□組員			
						□群首□組員			
						□群首□組員			
						□群首□組員			
						□群首□組員			

申租人確認簽章處	申租人(公司名稱)：　中國海峽兩岸學術文化交流協會　(蓋大小章)
	公　司　統　編：＿＿＿＿＿＿＿＿
	連絡人：丁一倪　電話：＿＿＿＿＿

備註：一、專用編碼第一碼不得為0或9，預設撥叫方式：2+全碼或2+專用編碼。

二、組員須為申租人或員工租用之中華電信行動電話門號，若為員工者則員工本人需另於「中華電信 MVPN 行動群組電話服務同意書」簽章。

三、申租人應告知員工加入群組之相關規定，並確保本資料表之真實性及完整性，如因而發生任何糾紛，由申租人自行調處並負完全責任。

附件三　海峽科技專家論壇、第四屆海峽兩岸科普論壇

會議議程

一、**日期**：2011 年 6 月 12-13 日

二、**地點**：廈門市某酒店（待定）

三、**議程**：

6 月 12 日下午

1、開幕式（14:30-15:00）

　　主持人：福建省科協主席吳新濤院士

　　發言人：福建省領導致開幕詞

　　　　　　臺灣元智大學領導致詞

　　　　　　中國科協領導致詞。

2、茶歇（15:00-15:10）

3、大會報告（15:10 18:00）

　　主持人：中國科普作家協會

　　　　　　元智大學

兩岸 5 位專家報告，每位 35 分鐘（發言 30 分鐘、提問 5 分鐘）。

6 月 13 日上午

4、(1) 大會報告（08:30-11:30）

　　　　主持人：臺灣科學月刊

　　　　　　　　海峽兩岸學術文化交流協會

　　　　　　　　福建省科普作家協會

兩岸 5 位專家報告，每位 35 分鐘（發言 30 分鐘、提問 5 分鐘）。

　　會間安排茶歇。

　　(2) 壁報（11:30 12:30）

　　壁報形式：未安排大會報告的其他論文作者事先在會場內展示文章，大會報
　　告後，直接與感興趣的代表分別進行交流互動。

附件四

海峽科技专家论
第四屆海峽兩岸科普论坛
報名表

姓　名	性別	出生年月日	身份証統一編號	英文名(須與護照相同)
聯絡電話		手機及傳真	E-mail	
(O) (H)		(M) FAX		
服　務　單　位	職務或職稱		最高學歷(畢業學校及學位)	
論文題目或 專業領域				
6月13日上午 擬參加 (三擇一)	☐ 科普論壇 ☐ 海峽兩岸科技社團圓桌會議 ☐ 海峽兩岸生物多樣性研討會			
備　　註				

本表填妥請E-mail: initing@ntu.edu.tw 或 FAX 02-23511752，謝謝。

陸、活動相片

本會第七屆推動會務有功人員與蔣教務長合影　　　　(99/12/29)
站立者自左至右：陳福成教官、王本源理事、方祖達教授、蔣教務長、闕麗蘇組長、
鍾鼎文組長、杜雅慧組長、軍化祥組長、陳明珠組長、劉鵬佛組長、沙依仁教授、
路統信理事、陳美枝理事

大正11年（1922年）鹿港天后宮至湄洲進香團

湄洲天后宮潭房，坐在太師椅者為前法務部長施啟揚之父施福然（左三）。中坐者為湄洲天后宮主持澤芳師。

上圖為民國六年（1917年）台中郊區林留存恭迎全國歷史悠久之鹿港聖像

中華民國一百年七月八日出刊

會 務 通 訊
第 五 十 三 期

發行者：國立臺灣大學退休人員聯誼會
National Taiwan University Retiree Association
會　址：台北市羅斯福路四段一號國立臺灣大學望樂樓二樓
電　話：23695692　校內分機：33669690　Fax：23648970
E-mail：nturetiree@ntu.edu.tw

更正啟事

本會第五二期會務通訊第11頁
候補理事「鄭大平」名字誤植為鄭「太」平，
鄭大平：是「鄭」重祝福「大」家「平」安
　　　　不是「鄭」重祝福「太」太「平」安
謹此　向鄭大平先生表達深摯的歉意。

壹、本會近期活動

一、老人保健養生教育研討會　歡迎踴躍參加

　　時　間：2011年7月11~12日 上午9時起
　　地　點：臺大體育館1樓文康中心交誼廳會議室
　　邀請16位學者專家主講有關保健養生教育，除贈送研討手冊一本外，並贈＜健康長壽簡訊＞第34期一份。誠摯歡迎駕臨指導，並提供研討卓見。
　　本研討會係由臺灣大學退聯會、中華高齡學學會及樂群養生聯調會共同主辦。

二、評古說今系列演講：淺談什麼叫思想？思想詮釋　歡迎踴躍參加

　　時　間：2011年7月12日（星期二）上午10:00~11:30
　　地　點：臺灣大學望樂樓二樓退休人員聯誼會
　　主講人：吳信義主任教官
　　題　綱：
　　一、思想之來源。
　　二、思想之作用。
　　三、思想之特性。
　　　　1、就形象上說：思想為聽不見、看不到、摸不著的。
　　　　2、就根源上說：思想乃發於良知，成於理性。
　　　　3、就程序上說：是推理的結果。由概念判斷到推理，是一個邏輯程序。

　　4、就內涵上說：思想乃由思維而產生的意識內容的總和。

　　5、就本質上說：思想屬於精神，是無形的。國父說：主義是一種思想，一種信仰，一種力量。

　　6、就作用上說：影響思想、指導行為、創造事實、代表生命、就是力量。

　　7、就特性上說：思想有傳播性、有排他性。當然有邏輯性、經驗性它是兩者統一。

　　8、就因果上說：起因／決心／轉達／結果。

　　9、就教育上說：思想是行為之先導，行為是思想之實驗或實踐。

　　10、就功能上說：思想是生活的嚮導，行動的指針。

　　11、主觀性、客觀性：時間、空間、對象。

　　12、內生根源；良知理性。

　　　　外生根源：經驗體認。

　　　　概念／判斷／推理／系統／完全的思想。

四、結語：思想的力量，如果轉化成潛意識的思想模型，就能心想事成，總是想著開心事的人，生活中就會發生許多開心的事，總是事事擔心的人，生活中就會製造許多讓您煩心的事。正向思考的力量不可忽視。

三、本會 100 年 5～8 月份慶生會　歡迎踴躍參加

　時　間：2011 年 8 月 30 日（星期二）中午 11:30 請預留時間

　地　點：另行通知報名參加者。

　說　明：本會第八屆第三次理監事聯席會議（100/06/21）通過陳福成理事提案，改變慶生會形式，試辦聯誼餐會。餐費由參加者負擔（不限壽星參加），本會購買生日蛋糕為參加壽星慶生。由於是第一次試辦請惠填隨本之問卷，請踴躍惠賜卓見，謝謝！

四、2011 荷蘭羊角村、比利時、法國、盧森堡精選之旅 10 天

　出發日期：2011 年 9 月 7 日（星期三）

　代辦費用：每人新台幣 74,500 元（內含機場來回接送及小費）

　行　　程：（詳細行程請參看上期本會會務通訊第 7～10 頁或本期會務通訊第 41～45 頁）

　第 1 天　台北 ✈ 阿姆斯特丹 Amsterdam(荷蘭) CI065 2245/0910+1

　第 2 天　阿姆斯特丹🚌鹿特丹 Rotterdam🚌荷蘭風車群(小孩堤防 kinderdijk)🚌布魯塞爾

　第 3 天　布魯塞爾 Brussel🚌布魯日 Brugge🚌巴黎 Paris(法國)

　第 4 天　巴黎～凡爾賽宮🚌蒙帕納斯 56 層大樓🚌市區遊覽🚌百貨公司

　第 5 天　巴黎～羅浮宮～塞納河遊船

　第 6 天　巴黎🚌漢斯 REIMS🚌盧森堡 Luxembourg

　第 7 天　盧森堡🚌馬斯垂克🚌烏特勒支 Utercht(含船遊舊運河)

　第 8 天　阿姆斯特丹🚌羊角村(含遊船)🚌船遊覽運河🚌水霸廣場(櫥窗女郎)

　第 9 天　阿姆斯特丹 ✈ 台北　CI066　1355/1300

　第 10 天(三)　台北　13:00

　報名專線：23695692，33669690 活動組長：關麗蘇小姐

　報名參加者請於 7 月 20 日繳交 訂金新台幣 5,000 元(現金) 及護照影本。

　費用：每人新台幣 74,500 元

包含：1.行程中之食宿及門票　2.各地風味餐.　3.全程
　　　司機、導遊、領隊小費　4.台北至中正機場來回接送.
　　　5.含稅金兵險

五、福利委員會「特約優惠卡」（簡稱福利卡）優惠商店大幅增加、優惠項目包羅食衣住行、請隨時上網查看、以免錯失良機

本會與中國海峽兩岸學術文化交流協會合作推出福利卡，爭取優良廠商折扣優惠，由於本會不收取任何回扣，因此能為會友創造最大福利。基於上述原因，部份廠商要求優惠內容不對外公開，造成卡友不便（必須上網憑帳號及密碼進入會員專區查看）謹致歉意！

由於福利卡每50張印製一批，已申請但尚未領到福利卡之卡友，如須購買餐券，可透過本會認証，即可享受優惠。

[注意] 1. 餐券優惠售完為止。

2. 到燦坤購物結帳時須告知收款員企業會員卡號及海峽兩岸學術文化交流協會向燦坤登記之電話號碼（請上網憑帳號及密碼進入會員專區查看），並攜帶「特約優惠卡」備查（不必主動出示）。

3. 到特力屋購物結帳時須告知收款員企業會員帳號及卡號（請上網憑帳號及密碼進入會員專區查看），並攜帶「特約優惠卡」備查（不必主動出示）。

特力屋本會福利卡專屬購物週為100/9/8～14，在此期間持「特約優惠卡」+特定密碼（俟收到特力屋通之後，放在會員專區供會員下載條碼）至全國各地特力屋集團門市購物可享88折優惠。

無法上網會友可來電本會辦公室，向關組長詢問。

目前憑福利卡可享優惠之特約廠商（門市數已逾300家）請參看第26～41頁。

六、世界屋脊青藏高原鐵路之旅12日（豪華團）　歡迎報名參加
　　（青海+青藏列車西寧→拉薩軟臥+前藏+後藏+藏北+藏東南+成都）

全程下榻最頂級五星觀光飯店（除日喀則地區及林芝地區為當地最佳等級），全程午、晚餐除特殊路段外皆安排於包廂內享用，同時確保美味與衛生，讓您的西藏之旅賓至如歸，備受禮遇。

團費暫定新台幣八萬五千元，預定8月出發。

行　　程：（詳細行程請參看第45～52頁，或上「海峽兩岸學術文化交流協會」
　　　　　　網站：http://www.sacea.org.tw　查看）

　　第 1 天　桃園/香港/成都
　　第 2 天　成都/西寧－日月山－青海湖－西寧
　　第 3 天　西寧－塔爾寺－西寧－青藏鐵路　（火車軟臥4人1室）
　　第 4 天　青藏鐵路－拉薩
　　第 5 天　拉薩－布達拉宮－大昭寺－八廓街
　　第 6 天　拉薩－羊卓雍湖－遠眺卡若拉冰川－江孜－日喀則

第 7 天　日喀則－紮什倫布寺－拉薩
第 8 天　拉薩－羊八井－遠眺念青唐古喇山（長江源頭）－納木措湖－拉薩
第 9 天　拉薩－米拉山口－中流砥柱－巴松措湖－林芝
第 10 天　林芝－車遊雅魯藏布大峽谷－林芝
第 11 天　林芝/成都
第 12 天　成都/香港/桃園
　　　聯絡人：丁一倪教授　　　聯絡電話：0933-092264

七、世界屋脊青藏高原鐵路之旅 9 日（經濟團）　歡迎報名參加
　　團費暫定新台幣六萬八千九百元，預定 8 月出發。
　　　行　　　程：(詳細行程請參看網路版本期會務通訊第 52～56 頁，或上「海峽兩
　　　　　　　岸學術文化交流協會」網站：http://www.sacea.org.tw 查看)
　　第 1 天　臺北－成都（約 3.5 小時）
　　第 2 天　成都－拉薩（約 1.5 小時），拉薩（轟塘大佛、拉薩河）
　　第 3 天　拉薩（世界文化遺產－布達拉宮、大昭寺、八廓街、色拉寺）
　　第 4 天　拉薩－羊卓雍湖－遠眺卡若拉冰川－江孜（260 公里 約 6 小時）－日喀
　　　　　　則（100 公里 2.5 小時），日喀則（白居寺－十萬佛塔）
　　第 5 天　日喀則－紮什倫布寺－班禪新宮－拉薩（320 公里 6 小時）
　　第 6 天　拉薩－西寧【參考車次：N918 車次 11：20 發車／隔天 11：44 抵達西寧】拉
　　　　　　薩－當雄－那曲－安多－沱沱河－格爾木－西寧 】火車軟臥（4 人 1 室）
　　第 7 天　西寧（塔爾寺、東關清真大寺）
　　第 8 天　西寧-成都（1.5 小時），成都（春熙路步行街自由活動）
　　第 9 天　成都-台北
　　聯絡人：丁一倪教授　　　聯絡電話：0933-092264

八、100 年度「評古說今」歡迎踴躍報名參加
　　100 年度「評古說今」，請大家踴躍報名擔任主講人或推薦主講人。
　　本活動由本會理事兼秘書組組長劉鵬佛教授負責規劃安排。
　　【報名專線】23695692，33669690 活動組長：關麗蘇小姐

九、本會各項活動請大家踴躍參與
　　(1) 本會會務通訊「旅遊園地」歡迎投稿。
　　(2) 本會會務通訊「老照片說故事」歡迎投稿。
　　(3)「旅遊活動」請大家提供參考行程。

本會各項活動期待您的熱誠參與，也期盼您能推薦更多退休同仁加入本會！
本會電話：33669690，23695692，傳真：23648970
E-mail：nturetiree@ntu.edu.tw

貳、會務報告

1. 本會「99年度活動成果報告」已於五月底如期繳交，謹向關麗蘇組長及黃存仁組長表達深摯的謝意。

2. 本會與海峽兩岸學術文化交流協會合作，目前簽約優惠會員的廠商大幅增加，幾乎每天都有新的廠商加入；提供優惠之門市遍及海峽兩岸已逾300家。請上「海峽兩岸學術文化交流協會網站」查閱。網址：http://www.sacea.org.tw

3. 舉辦.100年度「評古說今」
   (1) 第一場由徐玉標教授主講：埃及艷后 (2011/01/18，臺灣大學校總區望樂樓2樓本會辦公室)
   (2) 第二場由方祖達教授主講:當中國統治世界 台灣往何處走 (2011/04/19，臺灣大學校總區望樂樓2樓本會辦公室)
   (3) 第三場由陳福成主任教官（名作家）主講：找尋理想國（新書發表），100/05/17上午，臺灣大學校總區望樂樓2樓本會辦公室)。

4. 本會100年1～4月份慶生會，已於100/04/19下午，假本校體育館一樓　文康中心交誼廳舉辦。共有30人參加。

5. 本會今年已舉辦下列會員聯誼活動：
   (1) 社子花卉廣場、十分寮瀑布一日遊 (2011/3/10)，共40人參加。
   (2) 苗栗大湖採果、薑麻園步道、三義佛頂一日遊 (100/04/29)，共42人參加。
   (3) 苗栗南庄蓬萊護魚步道、力馬工坊、劍潭古道一日遊(100/05/19)，共42人參加。
   (4) 台大山地農場(梅峰)、清境二日遊(100/07/07～08)，共42人參加。

6. 本會今年已召開下列理監事聯席會議：
   (1) 第八屆第一次理監事聯席會議 (2011/01/10，本校校總區第四會議室)。
   (2) 第八屆第二次理監事聯席會議 (2011/03/22，本校校總區第四會議室)。
   (3) 第八屆第三次理監事聯席會議 (2011/06/21，本校校總區第二會議室)。

7. 中華民國大專院校退休同仁協會第一屆第二次理監事會 (100/04/21，師範大學) 本會參加者計有：吳元俊監事、楊建澤監事、梁乃匡監事。

8. 全國NGO組織聯誼籌備會(100/04/27，YMCA會議室) 本會由沙前理事長代表參加。

9. 中華民國大專院校退休同仁協會第一屆第二次會員大會 (100/05/29，師範大學) 本會參加者計有：吳元俊監事、楊建澤監事、梁乃匡監事。(本會理事長應邀前往北京，委託楊建澤監事代表參加)。

10. 本會理事長丁一倪教授應中國科學技術協會邀請，以台灣特邀代表身分參加該會第八次全國代表大會 (100/05/26～100/05/31，北京市)。大會於5月27日上午在北京人民大會堂隆重開幕，大陸主要領導人胡錦濤、溫家寶、賈慶林、李長春、李克強、賀國強、周永康到會祝賀，習近平代表中共中央致祝詞。大陸國務院總理溫家寶就大陸科技發展問題向全體與會代表提出報告(5月28日上午，北京人民大會堂)，他強調科技發展的未來決定著中國的未來，沒有基礎和前沿領域的原始創新，科技創新就沒有根基，加快科技發展必須深化體制改革。

11. 本會與中華高齡學學會聯合舉辦健康講座(100/06/07，臺大體育館1樓文康中心交誼廳會議室)。由中華高齡學學會理事長張念鎮教授主講：「古今百歲人瑞的長壽之道」。

12. 第三屆海峽论坛、海峽科技专家论坛及第四屆海峽兩岸科普论坛（100/06/11～100/06/15，廈門市）本會共六人參加；

　林仁混（臺大醫學院生化暨分子生物研究所教授/中央研究院院士）主講：茶之保健原理：茶科學與茶文化之對談。

　蕭水銀（臺灣大學醫學院藥理研究所兼任教授/前所長）主講：從藥理觀點談養生保健的新觀念及警訊。

　汪　淮（臺灣大學森林系名譽教授）發表：臺灣森林遊樂之科普教育。

　丁一倪 理事長

　關麗蘇 組長

　陳明珠 組長

　　　　6月11日晚，第三屆海峽論壇在廈門國際會展中心由大陸政協主席賈慶林宣佈論壇開幕。以擴大民間交流、加強兩岸合作、促進共同發展」為主題的海峽論壇，是專為兩岸普通民眾而打造的交流平臺，是兩岸民眾平等參與的論壇。國民黨副主席曾永權在開幕式中致辭表示，兩岸關係已經邁向和平大道，開啟兩岸大交流、大合作、大發展的大時代。兩岸關係曾經經歷風風雨雨，我們要惜福感恩，珍惜得來不易的局面，千萬不能再走回頭路。

　　　　隨後觀賞群星雲集的「中華情海峽緣」綜藝晚會。本次晚會觀眾多達8000餘人，其中台灣嘉賓約6000人。晚會突出傳承中華文化的主題，由兩岸演員聯袂演出，節目有歌舞、魔術、雜技、戲曲、器樂和時裝秀等，還有閩南文化、媽祖文化和客家文化元素，整場晚會充滿海峽特色。主要節目如下：

　林志炫、陳思思演唱《兩岸同歌》、薩頂頂演唱《天地記》、中國雜技團表演大型雜技《騰韻頂碗》、阿寶演唱山西民歌《五哥牧羊》、小胖（台灣）演唱四川民歌《康定情歌》、阿魯阿卓演唱撒尼族民歌《遠方的客人請你留下來》、劉謙表演大型魔術《奇跡再現》、舞蹈《青花》，領舞：王亞彬、鄧麗君經典金曲聯唱。演唱者：桐瑤、劉家妏（台灣）、王靜、昆曲《牡丹亭》、兩岸少年同台pk街舞、費玉清演唱《一剪梅》、毛阿敏演唱《渴望》、河南塔溝武術學校表演《中華武術》、文麗表演蒙古族歌舞、台灣歌唱家簡文秀演唱《那魯灣》。

　　　　6月12日下午，第三屆海峽論壇主要活動之一，由中盛科協搭建的兩岸科技專業交流平臺——以"兩岸攜手，科普惠民"為主題的「海峽科技专家論壇」在廈門海峽會展中心開幕，兩岸科技界近400位專家學者、企業精英和社團領袖齊聚一堂，探尋合作共贏契機。

　　　　中盛科協書記處書記張敏在開幕式中致辭表示，期待兩岸科技界、產業界抓住"潮平風正"的歷史機遇，緊緊圍繞和平發展大局，積極開拓兩岸科技合作交流的美好願景。

　　　　兩岸科技發展各有所長，大陸擁有體系完整、人力資源豐富、攻堅能力強等優勢；臺灣則在自主創新、吸收外來技術、市場化等方面略勝一籌。臺灣中華青年交流協會創辦人李鍾桂博士希望兩岸科技界互通有無、截長補短，在互動中互助，拓展更深層次的交流。

13. 本會理事長丁一倪教授應邀參加第三屆海峽兩岸生物多樣性與森林保護文化研討會（100/06/11～100/06/16，廈門市、德化縣），並擔任研討會主持人。

14. 本會邀請本校註冊組洪泰雄主任主講：「健康瘦身代謝平衡」（100/06/21，本校校總區第二會議室）。

15. 本會楊前理事長建澤教授參加行政院衛生署主辦之「2011全國食品安全會議」（100/06/21～22，新北市新店區矽谷國際會議中心）。會中熱烈討論食品添加物的管理，有醫師建議對業者進行在職教育，達到一定學分才可換照執業；業者認為不應汙名化添加物的好處，除了建立食品履歷，政府更要落實稽查工作，才能抓出違法添加的惡行。

　　行政院吳敦義院長6月22日出席衛生署全國食品安全會議時表示，這次塑化劑污染食品的事件使MIT（台灣製造）受到非常大的震撼，他要求未來要更嚴謹地落實品管及確保食品藥物安全，以保護國人健康，讓MIT產品重現光芒。

　　吳院長指出，保障每人生命飲食安全健康，是政府責無旁貸而且不能鬆懈的天職，事件發生後，政府嚴查、嚴打、追本溯源，迅速平息震盪與衝擊，包括衛生署食品藥物管理局及檢警調同仁迅速搜索，將違法廠商起訴並求處重刑；另外，在立法院的支持下，也迅速修正「食品衛生管理法」，加重罰則，政府也善盡國際義務，向全世界16個相關國家、歐盟、世界衛生組織通報，並透過「兩岸食品安全協議」通報大陸衛生當局。

　　吳院長強調，除了徹查到底，還要建立嚴謹制度，包括在中央層級建立「行政院食品藥物安全會報」，各縣市政府也應設立食品藥物安全會報，中央與地方同心協力。另外，吳院長也指示衛生署協調各縣市政府衛生局，強化食品檢驗的必要設施，也要統合食品標章，用總標章來嚴格認證。

　　吳院長說，減碳是國際義務，很多食品都標出碳足跡，將來食品或重要產品也應該建立履歷制度，確保食品或藥物在製作過程中的安全。吳院長也呼籲大藥廠或食品廠應該建立高規格的檢驗室或化驗室，不但可對終端的產品進行出廠前的檢驗，也可以惕勵採購或管理同仁重視食品安全，並讓供貨廠商自我警覺。

　　吳院長同時肯定衛生署等部會及相關縣市政府在事件處理上充分協調，也肯定堅守崗位的工作同仁本於專業，主動積極發覺存在多年的塑化劑污染食品的事件。

該分組結論可上網查看：

http://www.fda.gov.tw/files/list/0622%E9%A3%9F%E5%93%81%E6%B7%BB%E5%8A%A0%E7%89%A9%E7%AE%A1%E7%86%A6%B9%8B%E6%94%B9%E9%9D%A9%E6%96%B9%E6%A1%88(%E5%B0%88%E5%AE%B6%E6%9C%83%E8%AD%E4%B9%8B%E7%B8%BD%E7%B5%90%E5%A0%B1%E5%91%8A).pdf

16. 本會理事長丁一倪教授應邀參加「第二屆河北文化寶島行暨經濟合作交流週開幕酒會」（100/06/23，台北國際會議中心），由河北省委付志方副書記率領河北省代表團100人來台進行合作交流。

17. 本會與中華高齡學會聯合舉辦「老人家庭教育研討會」（100/06/27～28，臺大體育館1樓文康中心交誼廳會議室）。邀請16位學者專家主講有關家庭教育，除贈送研討手冊一本外，並贈＜健康長壽簡訊＞第34期一份。

18. 本會會員動態

會計組陳明珠組長代為報告：

(1) 100 年 4 月至 5 月新加入會員 3 名，往生者 4 名，目前會員總編號為 644，扣除往生、停權或退會者 268 人，現有實際會員 376 人（內含永久會員 308 人，常年會員 68 人）。

(2) 新加入永久會員 2 名，常年會員 1 名，合計 3 名：

國立臺灣大學退休人員聯誼會　100 年 04 月迄今申請入會名單				
編號	原服務單位	姓名	性別	備　註
642	保管組	郝正先	男	永久會員
643	附設醫院	劉珠嬋	女	永久會員
644	漁科所	曾萬年	男	常年會員
	共計		3 人	

(3) 往生者：俞寬賜教授、黃涵教授、林仁壽教授、戴文鎮先生

19. 本會第五十二期會務通訊已於 2011/04/12 出刊，感謝本會辦公室各組組長全體動員，使編印及寄發工作得以順利完成。

20. 本會國內旅遊由活動組關麗蘇組長一人包辦所有業務（包括爭取教職員工本人參加者文康活動經費補助），在此特別感謝她的辛勞。

　　本會今年 11 月迄今舉辦了：

(1) 社子花卉廣場、十分寮瀑布一日遊 (2011/3/10)

(2) 苗栗大湖採果、薑麻園步道、三義佛頂一日遊 (2011/4/29)

(3) 苗栗南庄蓬萊護魚步道、力馬工坊、劍潭古道一日遊 (2011/5/19)

(4) 台大山地農場（梅峰）、清境二日遊 (2011/7/7～8)

21. 本會陳明珠組長完成會員資料電腦建檔、黃存仁組長完成會員資料電腦建檔程式設計，謹致十二萬分的謝忱。

22. 資訊組黃組長完成本會第五十二期會務通訊之編印及本會 99 年度活動成果報告光碟之錄製，規劃建置本會網站，並隨時維護本會電腦順利運作，也要特別感謝他的辛勞。

23. 檔案 e 化組杜雅慧組長完成部份會友 E-mail 通訊錄建檔，截至目前為止，計有 58 位會友提供 E-mail 信箱，本會寄送會務通訊及不定時寄送最新活動通知給提供 E-mail 的會友，透過網路回答會友提出的問題，並完成 53 期會務通訊中下列稿件打字：(1) 苗栗一日遊（陳福成理事著），(2) 社子花市．貓纜．十分瀑布一日遊（陳福成理事著），(3) 認識流蘇（關麗蘇攝），(4) 老照片說故事：洞洞館群中的兩幢將走入歷史（路統信理事著），(5) 評古說今：養生保健縱橫談（路統信理事著），謹在此對杜組長表達誠摯的謝意。

24. 會計組陳組長完成各項帳務工作，並暫代會員組工作，辦理會員入會，隨時更新本會會員異動資料，且辦理歷次慶生會業務，謹在此對陳組長表達誠摯的謝意。

25. 秘書組劉組長完成歷次理監事會場地借用、開會通知寄發及規劃辦理「評古說

　今」活動。，總務組鍾組長天天到辦公室值班，也在此一一表達誠摯的謝意。

26. 本會主辦之活動張貼於臺大網頁，其點閱方法如下：
　進入臺大首頁→點左上方「教職員」→點右下角「文康活動公告」，即可進入「教職員工文康活動推行委員會網頁」→點左上角「活動訊息」，即可看到本會活動資訊，歡迎隨時上網點閱。
27. 本會會員電話或通訊地址如有變更，請儘速告知本會，以免失聯。
28. 本會會員提供 E-mail 者，如有沒有收到本會寄發之好康訊息，請儘速告知本會，以便檢查電郵地址是否有誤。

叁、老照片說故事

洞洞館群中的兩幢將走入歷史　　路統信理事　(本文寫於洞洞館拆除前)

　走進台大校門，椰林大道左側的洞洞館群，人類學系館和哲學系館兩幢洞洞館即將拆除，改建人文大樓，保留農業陳列館，作為台大建築洞洞館的歷史見證。

　民國50年代初，中國農村復興聯合委員會和台灣省政府，為展示農村實施三七五減租及台灣光復後農業發展的成果，要興建一座永久性的展覽場館，乃商請台大提供場館建築用地，當時錢思亮校長，樂觀其成，乃由農復會撥款，在新生南路校門內右側興建了一幢非常獨特別緻的洞洞館。這就是台大的第一幢洞洞館 — 農業陳列館。

　農業陳列館是由名建築師張肇康設計建造，這幢建築的特色是：
1. 基座挑高，一樓要上台階。
2. 以兩種大小不同的琉璃筒瓦排列疊成帷幕牆。
　這就是大家稱為"洞洞館"的來由。
3. 因為建築的是農業陳列館，以綠色的小號筒瓦代表禾葉，桔黃色的大號筒瓦代表禾穗。建築外觀充滿了農產大豐收的喜悅氣息。
4. 一樓外牆退縮，二、三樓出挑，一樓四面有迴廊。
　農業陳列館是在1962年竣工建成。隨後，第二幢洞洞館。 — 農經農推館，位於陳列館東後側，在次年完成。十多年後，到1970年，第三幢洞洞館 — 人類學系館建成，三幢洞洞館分別位在北、東、西三方，組成台大洞洞館建築群，一直是著名的台大校園一景。

　1988年，農業綜合館大樓，在原有六號館的基地上建築完成，農經、農推二系遷回新館。空出的洞洞館成為哲學系館。

　現今哲學系與人類學系已先後暫遷水源校區，東、西兩幢洞洞館近期就要拆除，走入歷史，特就此短文保留記憶。

　　照片是在1963年拍攝，農推農經館初竣工，內部尚在粉飾裝潢中，筆者在此留影，四十七個年頭過去，這幢洞洞館也將走入歷史。

肆、評古說今

養生保健縱橫談　　　　　　　　　　　　　　路統信理事
(一)中國傳統養生

　　《黃帝內經》："上古之人，知其道者，法於陰陽，和於術數，飲食有節，起居有常，不妄作勞，故能行與神俱，而盡終其天年"

　　健康長壽之道，要有正確的養生保健觀，並要身體力行，堅持有恒，遵守平衡飲食，適當運動，舒解壓力，情緒平衡，夜夜好眠，遵重自然，安享天年。動物的壽命，是發育完成年齡的五倍，人發育完全的年齡是25歲，人類的壽命應為25x5=125歲。大家應以此為目標，健康的，有尊嚴的，圓滿的，快樂的享受樂令天年。

孫思邈 (581-682)《攝生詠》(唐)

　　怒甚偏傷氣，思多太損神，神虛心易役，氣弱病相因，勿使悲歡極，當令飯食均，再三防夜醉，第一戒晨嗔，夜寢鳴雷鼓，晨興漱玉津，妖神難犯已，精氣自全身，若欲無百病，常當節五辛，安神宜悅樂，惜氣保和純，壽夭休言命，修行本在人、時時遵此理，平地可朝真。

中醫四季養生歌

　　春通氣脈秋血藏，夏滋陰來冬補陽，君若依此調和養，一年四季保健康

歷代平均壽命 (年)

夏商	18	清	33
周秦	20	民國	35
漢	22	1957	57

| 唐 | 27 | 1981 | 68 |
| 宋 | 30 | 1985 | 69 |

　　性命雙修　道德為本，　窮理悟性，功法鍛鍊，身心平衡，達到最佳的愉悅境界。
通過自我調整，性命雙修，實現盡其天年的哲學與科學，此即中國傳統養生學也。

運動與腦力

1. 在進行肌肉運動時，腦細胞會處於興奮狀態、大腦皮層管理的思維部份就可得到休息、有助於紓解腦力的疲勞，恢復腦力清晰的思維。

2. 運動不僅伸展筋骨、肌肉，也能鍛鍊神經系統，增加對腦力疲勞的耐受力，此乃由於：運動加強了大腦中供應能量的高磷脂酸化合物的再化合物功能、保障大腦正常機能，使疲勞延緩出現。

3. 運動促進血液循環及呼吸，因此腦細胞可獲得更多的氧與營養物質的供應，代謝加快，腦細胞的活動更加靈活，提高工作與學習效率。

　　休閒活動可以提升明日工作的意欲和效率。

*緊張的腦力勞動，使神經細胞進到旺盛的新陳代謝，達到興奮狀態，此種精神狀態，有一定的限度、為了消除疲勞，必須讓大腦適時休息，以補充腦神經細胞消耗的能量，排除堆積廢物，使大腦恢復功能，以消除疲勞、（適當的睡眠休息）

（二）新科學養生觀

　　一個人全身細胞約有 60 兆個，每一細胞核中有 23 對，46 個染色體，35000 個遺傳因子。

　　染色體依其大小排列，最後 23 號 1 對為 XX 或 XY 決定是男或女。

　　第 4 號染色體有遺傳因子 1024 個，這其中有控制胆固醇的遺傳因子。胆固醇關係到動脈硬化，心臟病，中風。糖尿病。高血壓等疾病，若能控制胆固醇，就可避免這些疾病發生。因此，可以控制胆固醇的遺傳因子，稱為"長壽遺傳因子"。2003 年美國學者發現一種新的長壽遺傳因子，"Sir2"（Silent Information Regulator 2），已經被確認是一種長壽遺傳因子。

　　根據動物實驗結果，Sir2 可以延長動物壽命的因子。

　　人的遺傳因子中也有 Sir2 存在，類似之長壽遺傳因子，將可能陸續被發現。

人類細胞的命運有三種：

1. 死亡：細胞的死亡率隨年齡而異，青少年時少，隨年齡而增多。男 65-69 歲，女 50-54 為高峰期。

2. 老化（自然現象）

3. 變癌：細胞死亡率過了高峰期後，愈年老愈減少，至 90 歲以上遽降，長壽者較少因癌症死亡，原因即在此。高齡者約半數身體中有癌細胞，但可與其共生，大多不會因癌或其他原因死亡，而享自然天年。

　　人體中具有：監視癌細胞，抑制癌增殖，致癌死亡的能力，此有賴於"制癌遺傳因子"以"P53'"為代表。

　　"P53"存在於人體細胞內，通常為不活動的安眠狀態，當細胞之 DNA 發生變化時（受

傷異常時)即活化，以防止產生異常細胞，或致癌細胞於死亡。

美國世界癌症研究基金會 1997 年發表之防癌要點是：

1. 食物多種類，並以植物性食物為中心。
2. 保持適當體重，身體質量指數 BMI 維持在 $18.5\sim24(kg/m^2)$。
   $BMI=體重(Kg)\div身高^2(M^2)$
3. 適當運動，每日健走 1 小時，每週一次較強運動（如登山活動等）。
4. 多吃蔬果，佔熱量 7% 以上。（現今提倡的 5、7、9）
5. 殼類、豆類、根莖類，每日 $600\sim800g$。
6. 控制酒：紅酒 100ml，烈酒 25ml，啤酒 250ml。
7. 肉類 80g(二兩)以下，動物性蛋白最好是魚，雞。
8. 植物脂肪適量，控制動物脂肪食品攝取。
9. 鹽 6g 以下，調味香料用植物香莘料，少量使用。
10. 禁食黴菌污染食品。儲藏太久食品，勿食過期食品。
11. 不立即食用食品，冷藏冷凍。
12. 不食加工食品，添加物須在適當規定範圍內。
13. 不食烤焦食品
14. 少用營養食品（無必要之補品）
15. 戒烟

（三）樂活、健康、長壽

每人皆有長壽遺傳因子，健康長壽與否關鍵在於長壽遺傳因子是否活化。
長壽遺傳因子平時為靜止睡眠狀態，一定要使其活化，才能控制人體免於老化，避免糖尿病、高血壓、心臟病、癌症等生活習慣病發生。

如何促使長壽遺傳因子覺醒活化起來，是健康長壽之鑰匙。其方法很簡單，就是保健三則：

1. 平衡飲食，限制熱量。
2. 適當運動，活絡筋骨。
3. 舒解壓力，精神愉快。

何似養志于清修而炎涼不涉，樓心于淡泊而甘苦俱忘。

心情開朗，心緒平衡，心靜樂觀，性命雙修。

全身放鬆：使全身活動起來，長壽遺傳因子細胞活化起來，新的腎上腺激素產生出來。作息正常，戒烟限酒。

情緒穩定＋適當運動＋合理飲食＝健康長壽。

*1. 蔬果 5、7、9 是成年人　男每日蔬果 9 份，女 7 份，兒童 5 份。
  2. 身體質量指數(BMI)參考數值。
     身體質量指數(BMI)：
     正常範圍：$18.5\leq BMI<24(kg/m^2)$
     過重：$24\leq BMI<27(kg/m^2)$
     輕度肥胖：$27\leq BMI<30(kg/m^2)$
     中度肥胖：$30\leq BMI<35(kg/m^2)$

重度肥胖：BMI≧35(kg/m²)

體脂肪正常值：

	30歲以下	30歲以上
男	14%-20%	17%-23%
女	17%-24%	20%-27%

伍、認識校園植物

認識　流蘇　　　　　　　　　　　關麗蘇　攝

　　台大校園中，每年春季三月有"杜鵑花節" 活動，杜鵑花節前，先有璀璨的山櫻花盛開，之後又有冰清玉潔的流蘇花綻放。

　　流蘇樹(chionanthus retusa)為木犀科灌木或小喬木、枝葉四方伸展，頂生的小花，滿布樹冠，一片雪白，清麗宜人，十分可愛。

　　照片中的流蘇樹是在走進校門右側，一號館西角，時在2011年3月29日拍攝。

陸、遊記

苗栗一日遊：筧記政戰十四期參與「退聯會」之旅　　陳福成理事

　　本會幾位退休的教官（含總教官、主任教官），一向熱烈、積極的參與本會主辦的

各項活動，在我以往的「書記」職責內，已有書寫。但這回出遊，有特別來賓參加，吳信義學長邀請同是政戰十四期的同學，張代春和江奎章兩位學長參與，難得有三位政戰十四期老大哥參加台大的活動，故本文特為筆說，以誌此一聯誼綠會，與各方分享。

說到「政戰」，我得先「按關係套點交情」，我雖陸官出身，但與政戰有三重身份，我比照政戰廿一期、政戰政研所畢業，更重要我轉監察五年，幹了五年監察官。所以，我是政戰畢業生，也是政戰幹部。

話歸主題。2011年春，寶島正「虫二」之際（註），無常來個「日本大浩劫」，東京都知事石原慎太郎提出「天譴說」，慘雲疑惑也「改變了寶島的氣候」，久久沒有「虫二」的心情。

正此時，本會的「小關關」規劃這趟行程，當4月29日上午7點半，大家在校門口集合，每個人臉上報導了「寶島氣候已然改變」，天空、校園、花林，又見「虫二」！

不到八點，遊覽車上路，開向「虫二」美景。前開車不久，美麗大方的麗樺小姐為每人來一客熱騰騰的咖啡，頓時天氣更加的好。麗樺和關姊照例先報告今天的行程，主要節目有大湖採草莓、薑麻園步道、三義佛頂山。

今天的新人介紹是第一次參加本會的政戰十四期張代春學長，他報告說：「我叫張代春，張大春是我哥哥，弟弟叫張小春」這得進一步查證，倒是他介紹自己的另一半，「我太太陳鳳珠是一位畫家，在市政府教圖畫。」也叫人羨慕有位藝術家妻子。他的夫人有「鳳珠彩墨大地任我游」部落格（http://tw.myblog.yahoo.com/sinygood），趣者可自行上網欣賞圖畫的另一種「虫二」。

張代春先生的夫人陳鳳珠女士畫作　　郭文夫教授的書法（典藏於本校校史館）

台北到苗栗頗有一段路，我們在關西休息站小憩片刻。路途中當然是唱歌啦！「快樂的出航」、「真情」、「窗」、「情人」、「秋禪」、「舊情」…都讓大家回到過去，再年輕一次！而坐在最後排的，有樓將軍與夫人、張代春和江奎章二位學長及筆者，聽歌之餘，江奎章學長（自號華陽居士），帶領玩起「對對聯遊戲」，他的上聯是「天連水，水連天，不知何處是天邊？」他出示一份資料，是已做了下聯的朋友：

月印池，池印月，零悟自諳明月止。　（周蔚文老師）
地接山，山接地，莫辨那方為地角。　（代春同學）
水連天，天連水，對岸看我是天邊。　（李教授）
天是陽，地是陰，陰陽調合是太極！　（健群）
山上人，人上山，山人相比誰較高？　（華陽）

這是一種有趣的對聯遊戲，只要找到二個相對概念的單字，就可以配對出有趣的下聯，如「山與海」、「人與歌」、「統與獨」…看你發揮創意了！

快樂的時光飛快，前排在高歌，後排玩對聯遊戲或高談政戰十四期的豐功偉業，瞬間竟就到了大湖草莓園。

原先我以為這是年青媽媽帶小朋友玩的遊戲，沒想到我們這些大朋友也採的不亦樂乎！我本來不打算採的，因為回到家大多三分之二已壞（晚上證實是）。但大家都採的那麼有勁，熱呼呼的，我情不自禁的也帶了一盒，「樂翁之意不在莓」！

午餐，我們在「菊園客家庄」（大湖粟林村薑麻園13號），庄園古香古色，豐盛帶著古早記憶的客家菜，是近幾年來國內很流行的生活美學，菊園附近有唯美的古道山色、有亭台樓閣榕樹下，更有寧靜莊嚴的聖衡宮，奉祀觀音菩薩、天上聖母、神農大帝、至聖先師孔子、關聖帝君等，體現了我國自唐朝以來「三教合一」的思想信仰。

聖衡宮依山勢而建，視野廣闊，風景優美，廟堂巍峨。所以午餐後，我們在這裡留連許久，榕樹下閒聊，廟禮參拜觀禮，而我喜歡這裡的歷史和文學，我的筆記本留下宮門左右的楹聯，很有深意：

聖殿巍峨恩覃境靖三千界，
衡宮齋穆澤被民康百二卅。

聖開覺路取義行仁同登道岸邀天眷
衡渡慈航修功積德各建神勳感帝靈

聖律天下護國安民德澤興
衡平古今修宮築殿規模壯

這是聖衡宮門的楹聯，要靜下心讀才能領悟其意，宮門正前方有一亭台，大朋友們在亭中聊八卦，亭上幾個字「晨鐘警世醒神州」，落款人是「東吳大學中文系張伊堯　於一九八九夏月」。

下午二點多，我們又到了另一佛國世界，位於三義的佛頂山朝聖寺（正在整建中），由一群佛門龍象帶領居士、信眾，廣遊十方大德，共同圓滿一座淨土道場。未來可能是台灣次於佛光山、中台山、法鼓山、慈濟之後，第五個重要佛教叢林，雖尚未完成，但佔地甚廣，規模很大。

我們在園區參拜禮佛，四大天王、五大明王、藥師十二叉將、觀音菩薩…諸佛菩薩，法相莊嚴，自然散發出一種清淨心和力量。

在佛頂山停留一個多小時，我們前往下一個景點，三灣永和山水庫，中途還在三義中華樟腦博物館小停片刻，參觀和購物。

到永和山水庫已四點多，天氣有點微涼，細雨濛濛，水庫的水快沒了！但景色怡

人。尤以此刻，遊客稀少，我們是唯一的遊遊團，整個山水美景全歸本會獨佔，同仁們三三兩兩在堤頂步道、水岸散步，或涼亭中閒聊，悠閒自在得之不易，我們自然是要好好享用。

我和郭教授同行於步道，自然是要聽他講人生哲學的，此行顯大大有賺，郭教授多才多藝，他是乒乓球高手，參加過多種國際大賽。他也是業餘書法家，本會會務通訊第14頁的書法典藏在本校校史館中。

也許已近黃昏，永和山水庫益顯「虫二」情境，片刻如心靈沐浴，舒爽無比！

晚餐我們到了頭份鎮一家叫「牛欄窩」的茶館用餐，這名字很俗很土，但很夯（生意好），可見台灣人活在現代，卻心向古代，此種現象很普通。下次定要請本會的哲學家郭文夫教授，針對此一現象，剖析本質性原因，再由本書記向本會大朋友們報告。

牛欄窩吃的是豐盛的客家餐，其設施古香古色，保留許多農業時代的文化和用品，就在頭份鎮上興里水源路，很值得平時小家庭聚會。

飽餐一頓，人人吃得肚兒圓圓，鄉下七點多，天色很暗，回程的路上是歡笑歌唱的季節，那種氣氛很像春天，這才是退休人員的「春天」（筆者曾受到誤導，謂退休後要開創「第二春」，那簡直是人生的冬天，三個月我便不幹了！）

我發現本會每次的行程如詩，「好行程始終如一，吃喝玩樂我神奇；走遍台灣看虫二，播種結緣好時機。」這得感謝關姊的用心安排，難怪那位政戰十四期的老大哥江奎章（華陽居士），要稱她「小關關」，她就是這麼叫人「可愛」！

今天的行程雖結束，但政戰十四期的文字遊戲並未結束，他們還在玩，我從部落格抄下少許供大家欣賞，「復興崗上二０一一部落格」：

心隨相，相隨心，人生道路在心田。（恒宇）

你等我，我等你，天涯海角等你來。（小馬）

天降雨，氣升天，日頭眼裡沒有邊。（吉淵）

雞生蛋，蛋生雞，萬物進化有途徑。（蕭媽媽）

雲追風，風追雲，山窮之際看雲起。（JIN）

風伴雨，雨伴風，呼嘯狂舞不夜城。（信義）

雲上天，天上雲，最新科技是雲端。（育民）

手牽手，心連心，情到深處永無邊。（王化榛）

月照星，星拱月，銀河漫漫月悠悠。（鴻保）

山連峰，峰連山，峰峰相連到天邊。（金彩鳳）

在我所寫的本會多篇遊記中，本文為較特別的小品，因為也展示了政戰十四期退休人員多姿多彩的生活面，這是復興崗人文采風，與本校退和未退的朋友們共賞。

（書記　陳福成寫於二０一一年五月。蟾蜍山萬盛草堂）

小註：本文「虫二」兩字之意是「風月無邊」，這個典故用法來自我國湖南岳陽樓一塊木匾「風月無邊」四字，故事源起呂洞賓：

據說呂洞賓最喜歡岳陽樓美景，又有洞庭湖的湖光月色相伴，某次呂洞賓在岳陽樓喝得酩酊大醉，守樓老人有慧眼，深感此人不凡，請呂洞賓留字在樓上，呂仙寫「虫二」二字，並不落款，老人請他落款並解釋「虫二」何義？呂仙說：「不必，不必，五百年後，自有知者。」

此後五百年無人知「虫二」之義及何人所寫！直到五百年零一天時，有位書生到此一見，忽然

高聲叫道：「喝！好一個風月無邊！」是那位神仙呢！

「風月」二字去掉外邊，不正是「虫二」？「岳陽樓記」幾乎人人讀過，有機會本會可辦湖南之旅，到岳陽樓、洞庭湖，看「虫二」。

社子花市、貓纜、十分瀑布一日遊　　　　陳福成理事

今年的春天不再是「淡淡的三月天」，出奇的溼冷，據氣象專家說是數十年來最冷的三月。看來地球這位「強人」生病了，可能也是生氣了，大家得小心！

退聯會的朋友們，我們選在三月十日這天來個台北市郊一日遊，期待的陽光普照落空，迎來的是細雨綿綿。這一整天，傘花朵朵開，也是另一種情調。

不到八點我們在校門口集合完畢，遊覽車隨即出發，慇勤的麗樺、熱心的關姊，報告他們的例行公事。後排的我們顧著說笑，認識新朋友「華陽居士江奎章學長」，漫不經心的聽著，遊覽車不知往何處開？

不久竟停車在「北投溫泉博物館」旁，原來我們意外的到了北投，這裡不是今天的計畫內景點，雨還是下著，她就是不下大些，或許我們到的太早，博物館不開，附近徘徊流連，又到了四十多年前，我年少時曾來過的「煮溫泉蛋」的地方，現在大大的不同了。

現在確實不同了，現在有建設，有柵欄把人和熱騰騰的溫泉湖隔開，使人少了一份熱刺刺的玩興。三三兩兩，只在步道上散步、閒聊，觀熱氣鬱蒸，加上早晨的空氣新鮮，只要這一點點自在、清淨，閒適的聊著，這趟車程便值得，我們現在要的不多！

十點多我們移駕到了知名的社子花卉廣場，這裡是結合了美食、園藝、花卉的一個景觀廣場，但這珍貴的一小時我們只參觀各種奇花異草。

真的是極少見的奇花異草，有「吃素」有「吃肉」，西遊記中的「人參果」也有，觀之不盡。但我被一種號稱「地球上最強植物空氣鳳梨」所吸引，看板上的說明寫著「地球最耐旱、耐光、耐陰、耐熱、耐寒的植物，不需盆、不需土壤、不怕蚊蟲。」最適合懶人、忙人種的花。

「空氣鳳梨」取名有趣，也很漂亮(如下)，屬鳳梨科，Tillandsia屬，它還有網站，想進一步了解的人可到：http://www.wretch.cc/album/arwoo，相信可以看到更多神奇的世界！

空氣鳳梨

空氣鳳梨

在社子走馬看花不久，趕場到了貓空纜車，因非例假日人少，對我們較顯得輕鬆，沒有人擠人的壓力。貓纜營運多年了，我始終沒有「專程」去看熱鬧，這次有緣和本校退聯會來，是緣到了！

從動物園站到貓空站，全程約四公里，半個多小時，風景格外的好，茶園一帶的山區盡收眼底。長久以來，很多人問為甚麼叫「貓空」？一個有趣的說法是：「貓空無貓，故名貓空」。這說法不通，因為貓空山區只要去找，不定能找到貓。

比較實際的說法，應與地形有關，由於貓空環山，有山泉順流而下，侵蝕各類岩石，形成坑坑洞洞的「壺穴」，當地人叫「ㄋㄧㄠ ㄎㄤ」（台語），音同閩南語之「貓空」。

到了貓空站，我們四下散步，山上景觀好、人少、空氣新鮮、又到處綠油油，自然心情也爽快。

按照她的導遊計畫，我們走一條據說才完工不久的「樟樹步道」，沿路風景好，也有特殊的貓空早期農業時代的各種造景。如製炭、炒茶、養豬、土角厝、穀倉、老牛拉車等，取部份圖照以供雅賞。

早期貓空地區生活與炭窯息息相關，當年的製炭業，窯火開始燒時，二十四小時都要有人在窯邊顧火，就怕火熄了前功盡棄，又怕火太大把木材全給燒毀，以致流傳著一首有趣的諺詩：

尢額七暝火，某顧七日火，尢某七日沒作伙，二人歸腹肚全火。

更加讓人體會到製炭業的辛勞，我們沿著樟樹步道走，兩側的茶園風光、景觀水池、牛車、牛、穀倉等農村意象，我們好像又回到農村田園的時代。

當我們從貓空乘纜車下山，趕赴深坑午餐、逛老街時，已是下午了，深坑老街任何時候都是人山人海的人街，她的媚功何在？

下午的時間不多了！我們留連於台北市郊外的一處世外桃園，相信我們當中很多人來過一不止一次，又因非例假日，人少靜謐，群山翠黛，綠波水漾，純樸的小村，一一妝點在這美麗的畫中，天地更覺寬廣，這是那裡？

　　平溪鐵道、十分瀑布風景區，範圍很廣泛，鐵道就有菁桐、平溪、嶺腳、望古、十分、大華等老車站和老街；及十分瀑布、四廣潭、煤礦公園、礦坑遺址等，很多人一定去過！

　　下午下著小雨，傘花開在鐵道旁，開在潭水邊，雙雙對對，用這難得的安靜時刻，想自己的心事，或三三兩兩，聊著人家的八卦。

　　四、五點的時候，雨下個不停，我們只好都蝟集在十分瀑布旁的店家，吃些零食，聊聊是非，看瀑布自數十公尺高處傾瀉而下，洶湧壯觀，在潭中激起水花，霧宇濛濛，如夢似幻。

　　晚餐在一家叫「十分大瀑布政達餐廳」，當然又是一桌美食。原來關姊說「午晚餐、一好一差」，但我們享用的兩餐都豐盛，中午在深坑那家叫「舜德農莊休閒餐廳」料好氣氛佳，晚餐這家政達餐廳，美食外又有唱歌，這一餐怎一個「爽」字了得！

　　今天整天下著濛濛小雨，很有情調，從北投、花市、貓纜、深坑到十分瀑布，讓每個人吃香喝辣，好吃好玩，背後有辛苦的人，讓我這當「書記」的，不得不高舉右手呼喊「丁理事長萬歲！關麗蘇小姐萬歲！」

　　回程的車窗外看去「夜已深深」，可能陰雨天光線暗的關係，關姊報告未來行程，四月去採草莓，七月要到梅峰農場，大家請早報名。

　　十分回到台大很快，八點不到已置身公館不夜城，好像從一個世界瞬間轉換到另一個世界，在車上也不時聽「華陽居士江奎章學長」講道，這有助於情境轉換的順當，感謝他！（台大退休人員聯誼會書記　陳福成、記於 2010 年 3 月）

柒、活動相片

　　（本會第八屆第一次會員大會照片，上期會務通訊未及刊出，本期特予補刊）

本會與中華高齡學會合辦「養生保健」講座，台北市議員厲耿桂芳來訪並致詞

本校教職員工文康活動推行委員會頒獎暨慶祝校慶晚會(99/11/18)，本會方前
理事長祖達領軍示範表演太極拳，獲得滿堂喝采。

本會99年度會員大會（99/12/29）本校教務長蔣丙煌就授蒞會致詞

本會99年度會員大會（99/12/29）會員踴躍出席，座無虛席

本會 99 年度會員大會（99/12/29）「中華民國大專院校退休同仁協會」理事長
簡明勇教授蒞會致詞

社子花卉廣場、十分寮瀑布一日遊（100/3/10）部分參加人員合影 （左一為本
期兩篇遊記作者陳福成主任教官，左二為本會聯誼活動主辦人活動組關麗蘇組長）

苗栗大湖採果、篦麻園步道、三義佛頂一日遊 (2011/4/29) 參加人員合影

苗栗南庄蓬萊護魚步道、力馬工坊、劍潭古道一日遊 (2011/5/19) 參加人員合影

本會理事長丁一倪教授以台灣特邀代表身分應邀參加中國
科學技術協會第八次全國代表大會（100/05/26～31，北京）

本會理事長丁一倪教授率團參加第三屆海峽論壇、海峽科技專家論壇(100/06/11～
15，廈門市)。部分團員參觀台灣特色廟會合影 （自左至右：師大潘鐵君教授、
本會關麗蘇組長、陳明珠理事，100/06/11 攝於廈門市中山路步行街）。

參加第三屆海峽論壇、海峽科技專家論壇人員 觀賞群星雲集的"中華情·海峽緣"綜藝晚會

本會會員林仁混教授（臺大醫學院生化暨分子生物研究所教授/中央研究院院士）
應邀在「海峽科技專家論壇」中，作主題演講。講題為：茶之保健原理：茶科學
與茶文化之對談（100/06/12 下午，廈門海峽會議中心）。

捌、附錄　海峽福委會特約優惠一覽表

目前憑福利卡可享優惠之項目

一、餐券特惠方案

目前一般特約餐廳最多只提供 85 折優惠，而買餐券則便宜很多，尤其是直接由發券的旅行社直接將他們給其他同業價格給予我們福委會，所以喜歡美食的會友，千萬別錯過這次的餐券特惠方案。

購買方式請登入會員專區查詢，因為低於外面一般通路的價格，所以請會員務必幫忙，不要將餐券價格資訊外流給非會員之人，且必須持有特約優惠卡者，才能享有專案之優惠。已經有卡者，可以直接向發券之旅行社下訂單購買，而還在製作特約優惠卡者，必須先將您的訂單 E-MAIL 至海峽福委會（strait666@mail2000.com.tw），經蓋章認證是會員後，該訂單才會被接受。

【注意事項】

1、由於本會只負責替會員爭取最優惠的價格給會員，各位和旅行社間之交易相關事項，本會並不介入，也沒有抽取任何回扣，所以付款方式和送貨方式等事宜，還請各位自行向旅行社洽詢和付款。建議採用貨到付款。
2、每張餐券都有使用期限，各位要評估會使用的量，別因太優惠而買太多，造成用不完。

折扣優惠內容依合約不對外公開，請登入海峽兩岸學術文化交流協會會員專區查閱。

可使用餐券之主要餐廳包括：

台北君品酒店	台北 101/美麗華	台北國賓大飯店
台北亞都麗緻大飯店	台北福華大飯店	台北老爺大酒店
台北晶華酒店	六福皇宮	台北故宮晶華
泰市場	台北凱撒大飯店	台北深坑假日飯店
台北六福客棧	台北北投春天	台北美麗信花園酒店
桃園中信飯店	中壢中信飯店	新竹老爺大酒店
台中裕元花園酒店	台中日華金典	台中亞緻大飯店
台南大億麗緻酒店		
台東知本老爺酒店		

二、特約休閒遊樂

綠世界生態農場，優惠內容：
1、本人憑特約優惠卡，可同時享購買五張(含本人)半票(280 元)優惠。
2、園區各商店出示識別證享九折優惠。

三、特約糕餅

一、聖瑪莉

凡持本會福委會之特約優惠卡至全省聖瑪莉門市，購買聖瑪莉自製品系列享有 9 折優惠。PS:若有大量訂購聖瑪莉商品需求者，訂購金額超過 NT5000 元

以上者，可 MAIL 至協會信箱 strait666@mail2000.com.tw，我們會將您的
訂單轉 MAIL 給聖瑪莉總公司，將可享有更優惠的折扣。

二、依莎貝爾、皇樓、御倉屋全台門市

憑福委會之特約優惠卡，福委會會員獨享蛋糕、點心、伴手禮及喜餅禮盒專
案優惠。向台北總公司訂購另有特殊優惠，因為專案內容太優惠了，所以依
合約不對外公開，請登入會員專區查閱。

四、特約服飾

百事特（儀大公司）全省門市

百事特是一家童裝公司，其品牌童裝包括：ELLE、SNOOPY、MONTAGUT、PIPPY、FILA、
LEVI,S　KIDS、LACOSTE 和 NIKE KIDS。

優惠內容：

1、凡持福委會之特約優惠卡至全省百事特特約門市可享『Best Pals 會員卡之藍
卡』之優惠（即平日購特享 85 折，折扣期間再 9 折，服飾配件一律 9 折，但 6
折(含)以下及特價商品，恕不再折扣）。

2、持福委會之特約優惠卡消費（不限金額），即可申辦 VIP 藍卡、單次消費滿 6000
元即可申辦 VIP 紅卡。

3、會員獨享權益（申辦會員卡後可享）：
寶貝生日禮、卡友來店禮、卡友特賣會、Best Pals 活動 DM 等…

五、特約眼鏡

寶島眼鏡

持福委會之特約優惠卡至寶島眼鏡全省門市消費時，享有優惠如下：

1、一般眼鏡、太陽眼鏡 6.5 折(限配整付，特價商品除外)。兩人同行，6.5 折後
再優惠 9.5 折。

2、長戴式隱形眼鏡 8 折，附贈隱形眼鏡保養套一組。

3、驗配當季活動商品若有搭配贈品，則加送一份。

4、上列優惠，拋棄式隱形眼鏡、特價商品、特殊品牌、藥水及訂製片除外。

PS：請務必於配鏡前先出示『海峽兩岸學術文化交流協會福利委員會之特約優惠
卡』，否則當次恕無法提供優惠。

寶島眼鏡全國門市，共 280 餘家，請上網查看。

六、特約美容

媚登峰集團

1、長春藤身心健康管理中心
媚登峰集團提供 10 個免費名額，讓海峽福委會的成員免費體驗價值 NT5000
元之 BVPM 課程，想體驗的會員，動作要快，趕快 MAIL「我要免費體驗」至
協會信箱 strait666@mail2000.com.tw。

2、媚登峰
媚登峰集團提供 10 個名額，讓福委會之女性會員可以用 NT：1380 元體驗

原價 NT3800 元之巴里律疏香氛 SPA 課程。想體驗的女性會員，動作要快，
趕快 MAIL「我要 SPA 體驗」至協會信箱 strait666@mail2000.com.tw

七、特約飯店

一、華泰王子大飯店　（請參看上期本會會務通訊第 3 頁）
二、雲朗觀光飯店（中信系列、兆品系列、翰品系列、廈門中信楓悅酒店）
　　請參看上期本會會務通訊第 3 頁
三、上海帝璟麗緻大酒店　（請參看上期本會會務通訊第 4 頁）
四、台南大飯店
至 2012/06/30 止的合約優惠價如下：
本合約報價適用期間：2011/06/01~2012/06/30
（農曆春節除夕~初五級連續假期不適用）

房　型	定　價	合約優惠價（含早餐）	
商務單人房—1 大床(150x195cm)	$3,960	$2,100（1 客）/ $2,350(2 客)	
豪華單人房—1 大床(150x195cm)	$4,400	$2,500（1 客）/ $2,750(2 客)	
商務雙人房—2 小床(105x195cm)	$4,400	$2,500（2 客）	3 床$3,100（3 客）
豪華雙人房—2 中床(135x195cm)	$5,280	$3,100（2 客）	$3,800(4 客)
豪華套房—1 大床(180x195cm)	$6,050	$3,450（2 客）	

*上述價格已含稅、服務費及自助早餐(07:00~10:00)
*客房免費 ADSL 上網／房客於館內餐廳用餐享 9 折優惠(不含桌菜/特殊節日除外)
*訂房時請預先告知是海峽兩岸學術文化交流協會福利委員會人員／以上優惠價格不再與其他優惠
　專案併用
辦理住宿手續時，應出示福委會之特約優惠卡，否則得不給予任何優待。

➤ 訂房專線 Tel　(06) 223-2857 或 (06) 228-9101 ext 2410　　Fax (06) 226-8502
　地址：台南市中西區成功路 1 號

八、特約購物

A・量販型生活商店
一、好市多（COSTCO）
　　請參看上期本會會務通訊第 2 頁。
二、特力屋、HOLA 和樂家居館、HOLA CASA 名品傢俱館及 FREER 僑蒂絲寢具館
　　全省零售據點特定期間專案優惠福利卡卡友。
　　目前已敲定 9 月 8 日至 9 月 14 日給予有本會福委會之特約優惠卡者，除
　　部分規定不折扣商品外，全館 88 折之優惠。在此期間持「特約優惠卡」＋
　　特定密碼（俟收到特力屋通知後，放在會員專區供會員下載條碼）至全國各
　　地特力屋集團（包括特力屋、HOLA 家居館、HOLA CASA 名品傢俱館及 FREER
　　僑蒂絲寢具館）門市購物可享 88 折優惠。（如另有特力屋會員卡可累積愛家

紅利）

　　平日到特力屋、HOLA門市購物結帳時須告知收款員企業會員帳號及卡號
（請上網憑帳號及密碼進入會員專區查看），並攜帶「特約優惠卡」備查
（不必主動出示）可享9折優惠（但如另有特力屋會員卡不可累積愛家紅
利）。
　　無法上網會友可來電本會辦公室，向關組長詢問。

B・一般生活商店

一、金興發生活百貨（台大店）

　　憑福委會之特約優惠卡至金興發生活百貨（台大店：台大校總區郵局
3樓）可享9.5折優惠。

二、戶外玩家有限公司　野遊風 戶外休閒用品館

1. 出示福委會之特約優惠卡即可享有免費加入會員，並且立即享有會員
   價優待。
2. 來店消費除了特價品外，會員價後皆可再享有95%的優惠。
   古亭店
   地址：台北市羅斯福路2段93號　（捷運古亭站3號出口前方50公尺）
   電話：02-23657899
   中和店
   地址：新北市中和區中山路2段335號　（好市多Costco旁）
   電話：02-22490299
   三重店
   地址：新北市三重區重新路5段639號（金陵女中正對面）
   電話：02-85121882

三、台灣手工業推廣中心

　　憑福委會之特約優惠卡購物可享9折優惠（特價品、酒類、米類、法藍瓷
博物館系列商品除外）。
　　地址：台北市中正區徐州路1號　中華工藝館
　　電話：02-23933655

九、專案特約 （請參看上期本會會務通訊第2頁）

一、北京市隆安律師事務所
二、中國人壽王經理特別給予專案優惠
三、中華電信手機用戶及公司行號電話用戶網內專案優惠

十、特約餐飲

一、台北花園大酒店

1、六國餐廳（La Fusion）用餐8折貴賓優惠，服務費不打折。
（酒水飲料商品，恕不折扣）
2、六國麵包坊(La Fusion Bakery)全天候購買麵包商品85折；蛋糕商品9折。（遇到優惠時段，以最優惠方案執行）
3、六國點心坊(La Fusion Deli)全天候購買蛋糕類商品9折。
4、六國酒吧(La Fusion Bar)全面9折，服務費不打折。
5、花園日本料理(Hanazono Japanese Restaurant)享用餐95折，服務費不打折。（酒水飲料類商品，恕不折扣）
6、宴會廳宴席10桌以下桌菜(不含喜宴)免收一成服務費，並贈送自購紅酒一瓶。
地址：10065 台北市中正區中華路二段1號
TEL：（02）2314-6611

二、定食8台北南門店
憑福委會之特約優惠卡至定食8台北南門店(台北市林森南路142號2樓由羅斯福路進入)用餐，可享9折優惠。（在羅斯福路一段與林森南路地下道交叉口，從捷運中正紀念堂4號出口向南走）
TEL：（02）2356-3608

三、義式屋古拉爵新店家樂福店
憑福委會之特約優惠卡至義式屋古拉爵新店家樂福店（新北市新店區中興路三段1號7樓）用餐，可享9.5折優惠。

四、加州風洋食館（Skylark）（新店家樂福店、臺北忠孝復興店）
憑福委會之特約優惠卡至加州風洋食館（Skylark)新店家樂福店（新北市新店區中興路三段1號7樓）及臺北忠孝復興店（台北市復興南路一段103-1號1樓）用餐，均可享9.5折優惠。

五、賢夫美食（港式點心）
憑福委會之特約優惠卡至賢夫美食購買港式點心可享9折優惠。
台北市羅斯福路4段92號（水源市場1F 79號攤）
TEL：(02)2367-9233，（02）2733-5356

六、Mr.Wish 天然水果茶（信陽店）
憑福委會之特約優惠卡至信陽門市購買飲品享九折優惠。
地址：台北市中正區信陽街26-1號
TEL：（02）23711685。

七、洋旗牛排餐廳
憑福委會之特約優惠卡享餐費九折優惠。
地址：106 台北市羅斯福路三段245號2樓
TEL：（02）23672559

八、愛斯威爾義法餐坊
憑福委會之特約優惠卡享餐費九折優惠。
地址：臺北市羅斯福路三段283巷3號（台電大樓對面巷內）

TEL：02-2363 2011

九、漢威/翰威 餐飲(SUBWAY 大坪林店、七張店、萬芳店)

憑福委會之特約優惠卡享內用、外帶及外送服務九折優惠。

SUBWAY 大坪林店

地址：新北市新店區民權路 23 號（近捷運大坪林站）

TEL：02-29103228

SUBWAY 七張店

地址：新北市新店區北新路二段 152 巷 2 號 1 樓（近捷運七張站 1 號出口捷運廣場）

TEL：02-29188004

SUBWAY 萬芳店

地址：臺北市興隆路三段 79 巷 1 號 1,2 樓（近萬芳醫院）

TEL：02-29328743

十、Friday's 餐廳

下列分店自 100 年 7 月 18 日起，憑福委會之特約優惠卡可享 9 折優惠：

台北古亭店

地址：台北市羅斯福路 2 段 60 號　　TEL：(02) 2351-3579

台北重慶店

地址：台北市重慶南路 1 段 94 號　　TEL：(02)2389-3579

新竹店

地址：新竹市中華路 2 段 202 號　　TEL：(03)515-3579

高雄五福店

地址：高雄市五福三路 25 號　　　　TEL：(07)271-3579

高雄夢時代店

地址：高雄市中華五路 789 號 3 樓(夢時代購物中心 3 樓)

TEL：(07)823-3579

十一、特約 3C

一、燦坤

到燦坤購物結帳時須告知收款員企業會員卡號及海峽兩岸學術文化交流協會向燦坤登記之電話號碼　　（請上網憑帳號及密碼進入會員專區查看），並攜帶「特約優惠卡」備查（不必主動出示）可享燦坤會員價優惠。

二、良興電子資訊廣場

憑福委會之特約優惠卡至良興資訊全台服務據點消費可享會員價優惠良興資訊全台服務據點請上網查看。

十二、特約交通

台北衛星車隊（請參看上期本會會務通訊第 5 頁）

十三、特約旅行社

一、東南旅行社（請參看上期本會會務通訊第 2 頁）

二、雄獅旅行社　專案簽訂中。

★敬請提供 E-mail 地址★
為響應「節能減碳」並快速傳達各項活動訊息，不要漏失好康活動，敬請提供
E-mail 地址，以利寄發電子郵件。請來電或傳真告知本會 E-mail 地址。

本會 100 年 5～8 月份慶生會　意見調查表

本會第八屆第三次理監事聯席會議（100/06/21）通過陳福成理事提案，改變慶生
會形式，試辦聯誼餐會。餐費由參加者負擔（不限壽星參加），本會購買生日蛋糕為參加壽
生。由於是第一次試辦請惠填隨奉之問卷，請踴躍惠賜卓見，謝謝！

1. 慶生會形式，改為聯誼餐會　□同意　□維持原狀　□其他建議
2. 如果您同意慶生會形式改為聯誼餐會，則餐費希望在那個範圍：
　　□100 元以下　□100～200 元　□200～300 元　□300～400 元　□400～500 元
3. 希望用餐時段：□中午 11：30 起　　□下午 14：30 起　　□晚上 17：30 起
4. 其他建議：
本表填妥請送交或郵寄或傳真或 E-mail 本會收，謝謝！

以下僅登載於網路版

特惠餐券報價及訂購單

公司名稱	海峽兩岸學術文化交流協	連絡人	丁一倪	行動電話	0933092264
EMAIL	strait666@mail2000.con	傳真	02-235117!	電　話	02-2351175!

訂購部門		訂購人		行動電話	
電　　話	分機	傳真		EMAIL	
送貨地址					
代收轉付收據抬頭			統編		

產品兌換券	餐券效期	飯店參	優惠價	數量	合計
新上市—六福客棧—冷凍.冷藏包裝港式點心提	2011/ 12	$225	$180		
新上市—六福皇宮 漢普敦茶坊 台灣桔祥通寶鳳梨酥+關西紅茶糖禮金提貨券 http://star16776078.sg1010.myweb.hinet.net/star/star-elite.htm	2012 /04	$760	$510		
新上市—六福皇宮 漢普敦茶坊 法式膠原蛋白牛軋糖+關西紅茶糖禮金提貨券 http://star16776078.sg1010.myweb.hinet.net/star/star-elite.htm	2012/04/1	$700	$510		
台北美麗信花園酒店—九宮格點心坊$700 元內蛋 http://star16776078.sg1010.myweb.hinet.net/star/star-17	2013 /04	$700	$390		
台中亞緻大飯店—麗緻坊$680 以下蛋糕一個 http://star16776078.sg1010.myweb.hinet.net/star/star-8	2012/12/3	$680	$400		
台中裕元花園酒店—玫瑰烘焙坊 680 元內蛋糕一 http://star16776078.sg1010.myweb.hinet.net/star/star-14	2012/04/3	$680	$570		
台南大億麗緻酒店-Deli Corner 點心坊 700 元內 http://star16776078.sg1010.myweb.hinet.net/star/star-15	無使用期	$700	$580		
西式套餐-餐券名稱	餐券效期	飯店參	優惠價	數量	合計
新上市—六福皇宮 漢普敦茶坊 精緻 單人套餐券 http://star16776078.sg1010.myweb.hinet.net/star/star-elite.htm	2012 /04	$748	$510		
新上市—六福皇宮 漢普敦茶坊 頂級 單人套餐券 http://star16776078.sg1010.myweb.hinet.net/star/star-elite.htm	2012 /04	$1496	$1020		
台北國賓大飯店阿眉廳套餐券 http://star16776078.sg1010.myweb.hinet.net/star/star-2	無使用效	$539	$410		
台北六福客棧談天閣套餐券 http://star16776078.sg1010.myweb.hinet.net/star/star-21	2012/ 06	$594 每人	$870 雙人份		
美麗信花園酒店平日舒活自助沙拉吧午餐套餐券 http://star16776078.sg1010.myweb.hinet.net/star/star-17	2013 / 04	$649	$390		
台北亞都麗緻巴賽麗廳午間套餐券 http://star16776078.sg1010.myweb.hinet.net/star/star-8	2012/ 12	$638	$400		
台中亞緻異具料理午餐主菜+沙拉吧餐券 http://star16776078.sg1010.myweb.hinet.net/star/star-8	2012/ 12	$638	$400		
台中亞緻異具料理精緻午或晚間套餐券 http://star16776078.sg1010.myweb.hinet.net/star/star-8	2012/ 12	$1188	$800		
日本料理套餐-餐券名稱	餐券效期	飯店參	優惠價	數量	合計
台中裕元花園酒店風賞日式套餐券 http://star16776078.sg1010.myweb.hinet.net/star/star-14	2012/04/	$1518	$1140		
台南大億麗緻酒店竹川日本料理-平日午間套餐券 http://star16776078.sg1010.myweb.hinet.net/star/star-15	無使用效	$660	$580		

台北國賓川菜廳-巴蜀美饌套餐券 http://star16776078.sg1010.myweb.hinet.net/star/star-20	無使用效期	$825	$610 每人		
台北國賓川菜廳-川蜀風韻套餐券 http://star16776078.sg1010.myweb.hinet.net/star/star-2	無使用效期	$1650	$1220 每人		

鐵板燒套餐-餐券名稱	餐券效期	飯店參	優惠價	數量	合計
台南大億麗緻酒店竹川日本料理-樂活日式套餐券 http://star16776078.sg1010.myweb.hinet.net/star/star-15	無使用效期	$1408	$1160		
台中日華金典高第鐵板燒-商業午間套餐券 http://star16776078.sg1010.myweb.hinet.net/star/star-18	2012 / 4	$792	$570 每人		
台中日華金典高第鐵板燒-超值套餐券 http://star16776078.sg1010.myweb.hinet.net/star/star-18	2012 / 4	$1518	$1140 每人		
台中裕元花園酒店雲賞鐵板燒套餐券 http://star16776078.sg1010.myweb.hinet.net/star/star-14	2012/04/3	$2200	$1710 每人		
台南大億麗緻酒店亞洲食錦鐵板燒-時尚鐵板A http://star16776078.sg1010.myweb.hinet.net/star/star-15	無使用期	$1048 每人	$1160		
台南大億麗緻酒店亞洲食錦鐵板燒-品味鐵板B http://star16776078.sg1010.myweb.hinet.net/star/star-15	無使用期	$2068 每人	$1740		
中　　　式　　　套 http://star16776078.sg1010.myweb.hinet.net/star/star-elite.htmlhttp://star167 myweb.hinet.net/star/star-elite.html	餐券效期	飯店參	優惠價	數量	合計
台北君品酒店精緻排翅饗宴套餐券 http://star16776078.sg1010.myweb.hinet.net/star/star-palais25	2012 / 05	$2068	$950 每人		
台北凱撒大飯店王朝餐廳-主廚精選午間套餐券 http://star16776078.sg1010.myweb.hinet.net/star-1.html	2012/ 05/	$715-7	$630 每人		
台北凱撒大飯店王朝餐廳-海上鮮套餐券 http://star16776078.sg1010.myweb.hinet.net/star/star-1http:// 76078.sg1010.myweb.hinet.net/star/star-elite	2012 / 05	$1210	$945 每人		
台北福華珍珠坊-珍珠套餐券 http://star16776078.sg1010.myweb.hinet.net/star/star-11	2013 / 05	$539 每人	$410		
台北福華珍珠坊-鴻運套餐券 http://star16776078.sg1010.myweb.hinet.net/star/star-11	2013 / 05	$1087 每人	$820		

餐券名稱	餐券效期	飯店參	優惠價	數量	合計
台北國賓川菜廳-天府川麤套餐券 http://star16776078.sg1010.myweb.hinet.net/star/star-2	無使用效	$2475	$1830 每人		
台北國賓粵菜廳套餐券 http://star16776078.sg1010.myweb.hinet.net/star/star-2	無使用效	$990	$820 每人		
台北故宮晶華珠圓翠擁港式套餐券 http://star16776078.sg1010.myweb.hinet.net/star-1	2012/ 04	$495 每人	$370 每人		
台北故宮晶華韵金饌玉港式套餐券 http://star16776078.sg1010.myweb.hinet.net/star-1	2012 / 04	$990 每人	$740 每人		
台北故宮晶華玉燦珠光港式套餐券 http://star16776078.sg1010.myweb.hinet.net/star-1	2012 / 04	$1485 每人	$1110 每人		
台北福華江南春-翡翠套餐券 http://star16776078.sg1010.myweb.hinet.net/star-1	2013 / 05	$1807	$820 每人		
台北福華江南春-如意套餐券 http://star16776078.sg1010.myweb.hinet.net/star-1	2013 / 05	$1857	$1230 每人		
台北深坑假日飯店悅餐廳風味四人套餐券 http://star16776078.sg1010.myweb.hinet.net/star-1	無使用效	$439 每人	$1160 四人份		
中式套餐-餐券名稱	餐券效期	飯店參	優惠價	數量	合計
台中日華金典金圉魚翅餐廳午間套餐券 http://star16776078.sg1010.myweb.hinet.net/star-1	2012 / 4	$682	$570 每人		
台中日華金典金圉餐廳極品套餐券 http://star16776078.sg1010.myweb.hinet.net/star-1	2012 / 4	$1408 每人	$1140		
台南大億麗緻酒店尚軒中餐廳平日經典港式A套 http://star16776078.sg1010.myweb.hinet.net/star-1	無使用期	$748 每人	$580		
台南大億麗緻酒店尚軒中餐廳平日經典港式B套 http://star16776078.sg1010.myweb.hinet.net/star-1	無使用期	$1650 每人	$1160		
台南大億麗緻酒店尚軒中餐廳平日經典港式 http://star16776078.sg1010.myweb.hinet.net/star-1	無使用期	$2200 每人	$1740		
晶華軒港式美食套餐券 －新上市 http://star16776078.sg1010.myweb.hinet.net/star/star-5	2011 /12	$1180	$645		

自助式(吃到飽)下午茶券	餐券效期	飯店參考	優惠價	數量	合計
台北凱撒大飯店自助式下午茶餐券 http://star16776078.sg1010.myweb.hinet.net/star/star-	2012 / 05	$473-5? 每人	$315		
台北國賓大飯店自助式下午茶餐券 http://star16776078.sg1010.myweb.hinet.net/star-?	無使用效期	$550-6(每人	$410		
台北晶華酒店柏麗廳下午茶餐券(平日)週一~週 此餐券效期較為短暫,請衡量是否購買! http://star16776078.sg1010.myweb.hinet.net/star-?	2011/ 10 /	$539 每人	$445		
台北福華大飯店彩虹座自助式下午茶餐券 http://star16776078.sg1010.myweb.hinet.net/star-	2013 / 05	$539-6(每人	$410		

台北福華大飯店羅福宮下午茶餐券 http://star16776078.sg1010.myweb.hinet.net/star/star-	2013 / 0!	$605 每人	$410		
台北君品酒店雲軒自助式雙人下午券 平日加價$220 假日加價$330 http://star16776078.sg1010.myweb.hinet.net/star/star-palais25.htm	2012 / 0!	$858 每人	$950 雙人		
台北六福客棧自助式下午茶餐券 http://star16776078.sg1010.myweb.hinet.net/star-	2012/ 06	$352~39(每人	$290 每人		
台北深坑假日飯店自助式下午茶券(週六~週日) http://star16776078.sg1010.myweb.hinet.net/star-	無使用效	$209 每人	$290 雙人份		
台中裕元花園酒店自助式下雙人午茶券(週四~过 http://star16776078.sg1010.myweb.hinet.net/star-	2012/04/!	$528 每人	$570 雙人份		
台中日華金典酒店自助式雙人下午茶餐券 http://star16776078.sg1010.myweb.hinet.net/star-	2012 / 4	$495~52! 每人	$570 雙人份		
台中亞緻大飯店自助式下午茶單人券 http://star16776078.sg1010.myweb.hinet.net/star-	2012 /12/	$638 每人	$400 每人		
台中亞緻大飯店自助式下午茶四人券 http://star16776078.sg1010.myweb.hinet.net/star-	2012 /12/	$638 每人	$1200 四人份		
英式(套餐式)下午茶券	餐券效期	飯店參考	優惠價	數量	合計
台南大億麗緻酒店自助式下午茶券 http://star16776078.sg1010.myweb.hinet.net/star-	無使用期[	$748	$580		
台北美麗信花園酒店-盤飾點心套餐下午茶券 http://star16776078.sg1010.myweb.hinet.net/star-	2013 / 04	$495	$390		
台北亞都麗緻大飯店英式下午茶券 http://star16776078.sg1010.myweb.hinet.net/star-	2012/ 12	$462	$400		

	餐券效期	飯店參考	優惠價	數量	合計
故宮晶華多寶閣茶點集點下午茶券 http://star16776078.sg1010.myweb.hinet.net/star/star-	2012 / 04	$748	$370		
台中裕元花園酒店英式下午茶雙人券 http://star16776078.sg1010.myweb.hinet.net/star/star-	2012 / 0	$418 每人	$570 雙人份		
自助式(吃到飽)午晚餐券	餐券效期	飯店參考	優惠價	數量	合計
台北君品酒店雙人美國爐烤頂級霜降牛排"吃 新上市 http://star16776078.sg1010.myweb.hinet.net/star/star-palalssteak.html	2012/ 05	$1078~ $1298 每人	$1190 雙人份		
台北晶華酒店柏麗廳午或晚餐券(平日)週一~週 此餐券效期較為短暫,請衡量是否購買! http://star16776078.sg1010.myweb.hinet.net/star/star-	2011/11	$869~975 每人	$810		
台北101/美麗華 三燔壽喜4人份壽喜燒吃到飽 每券+$300) 此餐券效期較為短暫,請衡量是否	2011/10/	$638 每人	$1999 四人份		
泰市場自助式午或晚餐吃到飽四人同行券 http://star16776078.sg1010.myweb.hinet.net/star/star-	2012 /01	$682~$79 每人	$2150 四人份		
台北美麗信花園酒店假日自助式雙人午餐券 http://star16776078.sg1010.myweb.hinet.net/star/star-	2013/ 04	$1650 雙人份	$1170 雙人份		
台北美麗信花園酒店平日自助式雙人晚餐券(需加價$258) http://star16776078.sg1010.myweb.hinet.net/star-	2013/ 04	$1870 雙人份	$1170 雙人份		
台北福華大飯店彩虹座自助式雙人午餐券 http://star16776078.sg1010.myweb.hinet.net/star-	2013/ 05	$649~715 每人	$1230 雙人		
台北福華大飯店彩虹座自助式雙人晚餐券(需加 http://star16776078.sg1010.myweb.hinet.net/star-	2013 /05	$649~715 每人	$1230 雙人		
台北福華大飯店羅浮宮自助式雙人午餐券 http://star16776078.sg1010.myweb.hinet.net/star-	2013/ 05	$803~865	$1230 雙人		
台北福華大飯店羅浮宮自助式雙人晚餐券(需加 http://star16776078.sg1010.myweb.hinet.net/star-	2013/ 05	$935~968 每人	$1230 雙人		
台北凱撒大飯店自助式午餐券 http://star16776078.sg1010.myweb.hinet.net/star/star-	2012/ 05	$715~770	$315		
台北凱撒大飯店自助式晚餐券 http://star16776078.sg1010.myweb.hinet.net/star/star-	2012/ 05	$715~770	$630		
台北國賓大飯店明園西餐廳自助式午或晚餐券 http://star16776078.sg1010.myweb.hinet.net/star/star-	無使用期	$880~935	$820		
自助式(吃到飽)午晚餐券	餐券效期	飯店參考	優惠價	數量	合計

	餐券效期	飯店參考定價	優惠價	數量	合計
台北深坑假日飯店自助式午或晚餐券 http://star16776078.sg1010.myweb.hinet.net/star/star-1	無使用期	$427 每人	$290		
台北六福客棧自助式平假日午餐券 http://star16776078.sg1010.myweb.hinet.net/star/star-2	2012/ 06	$462-52$ 每人	$870 2人份		
台北六福客棧自助式平日晚餐券(週一~週四) http://star16776078.sg1010.myweb.hinet.net/star/star-2	2012/ 06	$528 每人	$870 2人份		
台中裕元花園酒店自助式午或晚餐券 http://star16776078.sg1010.myweb.hinet.net/star-1	2012/ 04	$748-85$	$570		
台中日華金典自助式午或晚餐券 http://star16776078.sg1010.myweb.hinet.net/star-1	2012/ 04	$647-83$	$570		
台南大億麗緻酒店自助式午或晚餐券 http://star16776078.sg1010.myweb.hinet.net/star-	無使用期	$787-90$	$580		
台北老爺大酒店 le café 咖啡廳自助式午或晚餐 http://star16776078.sg1010.myweb.hinet.ne tar-master.html	2010/10/	$858-11$ 每人	$1450 雙人份	已售	已售
新竹老爺大酒店 le café 咖啡廳自助式午或晚餐 http://star16776078.sg1010.myweb.hinet.ne tar-master.html	2010/10/	$792-90$ 每人	$1450 雙人份	已售	已售
台東知本老爺酒店那魯灣餐廳自助式午或晚餐雙 http://star16776078.sg1010.myweb.hinet.ne tar-master.html	2010/10/	$858 每人	$1450 雙人份	已售	已售
桃園中信飯店超值餐券(與中壢中信餐券通用) http://star16776078.sg1010.myweb.hinet.net/star/star-chinatrust26	2012/ 04	$528-63$	$345 每人		
中壢中信飯店超值餐券(與桃園中信餐券通用) http://star16776078.sg1010.myweb.hinet.net/star/star-chinatrust26	2012/ 04	$528-63$	$345 每人		

溫泉+餐食券	餐券效期	飯店參考定價	優惠價	數量	合計
台北北投春天溫馨券-(泡湯+下午茶)雙人餐券 http://star16776078.sg1010.myweb.hinet.net/star/star-	無使用期	$950 每人	$1350 雙人份		
台北北投春天溫馨券-(泡湯+午/晚餐)餐券 http://star16776078.sg1010.myweb.hinet.net/star/star-	無使用期	$1680 每人	$1350 每人		
以上提供之飯店定價僅為參考之用，飯店實際定價或現場售價以飯店為準，如需查詢定價或現場其他優惠，請自行向飯店查詢！			總計金額		

餐券購買方式

已領到福利卡者請上網進入，「海峽兩岸學術文化交流協會」網站登入會員專區查詢。

未領到福利卡者請洽本會。

伊莎貝爾、皇樓全省門市

北區門市

台北杭州門市：台北市杭州南路二段89號	（總公司）	(02)2396-7350
台北南京門市：台北市南京東路三段215號		(02)2718-3968
台北忠孝門市：台北市忠孝東路五段396號		(02)8789-5698
台北士林門市：台北市文林路474號		(02)2833-7076
台北板橋門市：新北市板橋區南門街43號		(02)2272-1369
台北永和門市：新北市永和區永和路一段222號		(02)2231-6738
台北三重門市：新北市三重區正義北路262號		(02)8982-4729
基隆孝二門市：基隆市孝二路50號		(02)2423-2336

桃竹苗門市

桃園中山門市：桃園市中山路128號	(03)339-5642
中壢中正門市：中壢市中正路111號	(03)427-6833
新竹中正門市：新竹市中正路165號	(03)521-0088

中區門市

台中三民門市：台中市三民路二段29-1號	(04)2221-4366
豐原中正門市：台中市豐原區中正路209號	(04)2520-5118
彰化中正門市：彰化市中正路二段134號	(04)726-2939
員林中正門市：彰化縣員林鎮中正路223號	(04)833-9662

嘉南區門市

嘉義中山門市：嘉義市中山路557號	(05)223-9992
台南中正門市：台南市中正路189號	(06)220-7575
台南東寧門市：台南市東寧路446號	(06)234-2236

高屏區門市

高雄中正門市：高雄市中正四路52號	(07)286-1888
高雄鳳山門市：高雄市鳳山區光遠路294號	(07)745-3161
屏東民生門市：屏東市民生路280號	(08)765-6280

御倉屋全省門市

北區門市

台北南京門市：台北市南京東路三段215號	(02)2718-3968
台北板橋門市：新北市板橋區南門街43號	(02)2272-1369

中區門市
台中三民門市：台中市三民路二段29-1號　　　　　　　　(04)2221-4366
高屏區門市
高雄中正門市：高雄市中正四路52號　　　　　　　　　　(07)286-1888

良興電子資訊廣場全台服務據點如下：

【台北地區】

門市名稱	電話	地址
台北光華店	(02)2393-0899	100 台北市中正區新生南路一段6號B1(國際電子廣場內)
台北市民店	(02)2357-7539	106 台北市大安區市民大道三段8號4樓58室(光華數位天地)
台北館前店	(02)2370-0188	100 台北市中正區館前路2號B1(站前NOVA賣場內B16櫃)
三重湯城店	(02)2278-4690	241 新北市三重區重新路五段609巷10號B1 P1(湯城3C賣場內)
永和樂華店	(02)2924-5199	234 新北市永和區永和路一段190號(樂華夜市口)
土城學府店	(02)2260-3687	236 新北市土城區學府路一段102號B1(廣福派出所正對面)
台北體驗館	(02)2331-0298	100 台北市中正區館前路2號3樓308室(站前NOVA賣場內)
京站體驗館	(02)2558-1511	103 台北市承德路一段1號3樓(京站時尚廣場)

【桃竹地區】

門市名稱	電話	地址
桃園復興店	(03)347-5120	330 桃園市復興路99號2樓219櫃(桃園NOVA賣場內)
桃園筆電館	(03)494-3068	330 桃園市復興路99號2樓239櫃(桃園NOVA賣場內)
中壢中正店	(03)493-4123	320 桃園縣中壢市中正路389號2樓200櫃(中壢NOVA賣場內)
中壢體驗館	(03)493-8259	320 桃園縣中壢市中正路389號2樓259櫃(中壢NOVA賣場內)
中壢筆電館	(03)494-3068	32042 桃園縣中壢市中正路389號1樓110櫃(中壢NOVA賣場內)
新竹光復店	(03)573-6564	300 新竹市東區光復路二段194巷3號2樓231櫃(新竹NOVA賣場內)
新竹體驗館	(03)573-6564	300 新竹市東區光復路二段194巷3號2樓218櫃(新竹NOVA賣場內)
新竹數位館	(03)572-5058	300 新竹市東區光復路二段194巷3號1樓141櫃(新竹NOVA賣場內)

【中彰地區】

門市名稱	電話	地址
台中英才店	(04)2329-9249	403 台中市西區英才路510號B1樓B01櫃(台中NOVA賣場內)
台中體驗館	(04)2329-3538	403 台中市西區英才路510號2樓226櫃(台中NOVA賣場內)
大里國光店	(04)2482-2823	412 台中市大里區國光路二段710號2樓(大買家2樓A3櫃)

【嘉南地區】

門市名稱	電話	地址
嘉義新榮店	(05)222-2738	600 嘉義市新榮路236號B1-B01櫃
台南北門店	(06)228-9586	701 台南市東區北門路一段250號2F-A櫃(彩虹資訊廣場內)

新增黑橋牌企業股份有限公司

憑福委會之特約優惠卡至全國黑橋牌直營門市購買黑橋自製品，
可享95折優惠。
外來品和熱食區商品恕不折扣優惠，特價品不再重複折扣。
黑橋牌台南東山專櫃不折扣。

【黑橋牌直營門市】

台北仁愛店	仁愛路四段38號	TEL：(02)27091766
台北八德店	八德路三段148號	TEL：(02)25796610
台北南京店	南京東路三段86號	TEL：(02)25075310
台北萬華店	康定路332號	TEL：(02)23029264
台北漢口店	漢口街二段9號	TEL：(02)23816878
台北永和店	永和市竹林路189號	TEL：(02)89271695
台北淡水店	淡水鎮中正路138號	TEL：(02)26268458
台北九份店	瑞芳鎮基山街84號	TEL：(02)24966184
台北士林店	中正路330號	TEL：(02)28315563

台北京站專櫃　承德路一段1號1F(台北轉運站1F) TEL：(02)25505185
台北SOGO復興櫃　忠孝東路三段300號B3 TEL：(02)27311790

台中自由店	自由路二段34號	TEL：(04)22294762
台中美村店	美村路一段42號	TEL：(04)23194561
台中大墩店	大墩路848號	TEL：(04)23202637
台南中正店	中正路220號	TEL：(06)2295248
台南公園店	公園路50號	TEL：(06)2260518
高雄中山店	中山一路40號	TEL：(07)2616278
高雄七賢店	七賢三路114號	TEL：(07)5312549
高雄三多店	三多三路211號	TEL：(07)3380717

高雄大樂民族專櫃(近結帳區)　民族一路463號　TEL：(07)3879127
高雄鳳山專櫃(家樂福B1結帳口)　鳳山市中山西路236號
　　　　　　　TEL：(07)7105525

玖、精選歐洲行

2011荷蘭羊角村、比利時、法國、盧森堡精選之旅10天
出發日期：2011年9月7日（星期三）
代辦費用：每人新台幣74,500元（內含機場來回接送及小費）
行　程：

本行程含西歐最美的河川遊船：萊納河遊船,烏特勒支舊河遊船,阿姆斯特丹運河遊船.
前往★[蒙帕納斯 56 層大樓](高 210 米)，在頂樓的觀景台，盡情觀賞巴黎美景
★安排前往馬斯垂克，此地與比、德毗鄰是荷蘭古老城市，也可以說是很【歐洲】的城市。
★羊角村有「綠色威尼斯」之稱，因為水面映射的都是一幢幢綠色小屋的倒影。這裡的屋頂都
　是由蘆葦編成，冬暖夏涼、防雨耐曬。體驗羊角村之美，當然是安排運河巡禮，乘坐平底木
　船穿梭寧謐的村落，特別安排羊角村運河遊船。
★特別安排前往烏特勒芝，此地位於荷蘭的正中心，其運河系統相較於其它古城更充滿詩意。
★荷比法盧四國之旅，囊括整個西歐精華
★造訪世界三大博物館之一的 <u>羅浮宮</u>
★象徵波旁王朝強大的權力 - <u>凡爾賽宮</u>
★造訪有二十五位法國國王在此加冕的法國<u>香檳</u>之都漢斯（Reims）
★造訪素有「千堡之國」之稱的盧森堡
★布魯日古城之旅，讓您享受北方威尼斯明媚之風光與建築之美
★搭乘玻璃船遊覽阿姆斯特丹運河風光
　---中式餐點食：全部七菜一湯---
●下車參觀 ◎入內參觀 ◆路過參觀
第 1 天 台北 ✈ 阿姆斯特丹 Amsterdam(荷蘭) CI065 2245/0910+1
　今日齊集台灣桃園國際機場，搭機飛往荷蘭。在空服員親切的問候聲中，
　抵達荷蘭第一大城─阿姆斯特丹。夜宿機上，恢復體力，準備迎接明日精
　彩旅程的開始。
第 2 天 阿姆斯特丹█鹿特丹 Rotterdam█荷蘭風車群(小孩堤防
　　　　kinderdijk)█布魯塞爾
　班機於清晨抵達，出關後前往現代建築的愛好者最能恣意地遊覽鹿特丹
　(Rotterdam)！早在第二次世界大戰時，鹿特丹就因遭德軍的轟炸而全毀，
　鹿特丹人從瓦礫中重建起別具風格的建築，廣受世人矚目，被認為是現代
　建築的實驗場。例如：靠近舊天堂(Oude Haven)附近的◆「立體方塊屋
　ubicHouse)就相當值得一看，還有 Kop van Zuid 區、自 1930 年代保留到
　現在的 Van Nelle 工廠，以及博物館公園。鹿特丹這個城市宛如一座開放
　式的摩登建築博物館，讓人驚嘆各種型式的文化豐富了城市的風貌！流行
　的設計商店、前衛大膽的流行設計者、創新表演藝術手法…你都可以在鹿
　特丹找到。之後前往著名★UNESCO◎荷蘭風車群，此處為荷蘭國內唯一可
　以觀賞 19 座風車並列蟲立的壯觀景象。(聯合國教科文組織列名世界文化
　遺產)。續前往歐洲之心─布魯賽爾。布魯賽爾市區觀光，造訪為比利時
　1958 年萬國博覽會所建立的紀念塔●原子模型，精心設計的九個球體剛好
　代表當時比利時的九個省份，相當壯觀、造型又非常現代感。市區參觀世
　界馳名的●尿尿小童，他可是布魯塞爾最長壽市民喲~之後到達大文豪雨果

譽為「歐洲最華麗的客廳」的◎黃金廣場（聯合國教科文組織列名之世界
文化遺產），鋪設著美麗石磚的大廣場，周圍盡是文藝復興和巴洛克式的華
麗建築，比利時著名的巧克力 GODIVA 總店也在這華麗的建築中，絕對是您
不可不買的紀念品。
　　早：機上　午：中式七菜一湯晚：中式七菜一湯
　　宿：Gresham Belson ★★★★或同級
第 3 天　布魯塞爾 Brussel◉布魯日 Brugge◉巴黎 Paris(法國)
　　今日專車前往比利時古都–布魯日，素有[小威尼斯]之稱的布魯日，它是
近來浪漫的觀光客趨之若鶩的遊覽名勝，BRUGGE 荷語是[橋]的意思，布
魯日這個水上都市，就有 50 座以上的橋樑，多以哥德式或文藝復興時期的
樣式為主體。您遊運河河畔，好好享受中世紀的氣氛，發思古之幽情。參觀
布魯日的中心廣場 ●馬克廣場，映入眼簾的是充滿哥德式建築風格的市政
廳及象徵布魯日浪漫情調的●鐘樓，在廣場東側的聖血禮拜堂式布魯日最
著名的教堂，堂內供奉著耶路撒冷聖地取回的基督聖血和遺物。午後前往
巴黎。抵達後前往塞納河左岸，享受難得的法式清閒，悠閒點杯香濃的咖
啡歐雷，欣賞街上熙嚷的人潮。今晚您若想感受花都不夜城，建議您可自
費觀賞紅磨坊等夜總會，欣賞世界最高水準的歌舞秀表演。
　　早：旅館自助式　午：海鮮湯菜盤　晚：中式七菜一湯
　　宿：HOLIDAY INN Noisy★★★或同級
第 4 天　巴黎～凡爾賽宮◉蒙帕納斯56層大樓◉市區遊覽◉百貨公司
　　上午專車前往◎凡爾賽宮參觀，凡爾賽宮位於巴黎西側，距離 20 公里的地
方，是十七世紀初期為滿足路易十三在狩獵方面的嗜好而逐漸發展的小
城。西元 1688 年在路易十四統治下，才開始著手興建正式的宮殿，用來象
徵波旁王朝強大的權力。隨後特別安排前往蒙帕納斯大樓，前往第 56 層，
俯瞰而下，巴黎建築盡呈現在您的眼下，之後前往老佛爺百貨也是巴黎人逛
最愛的選擇之一；又或者隨意找一家咖啡廳坐下觀看往來的人群。
　　餐食：早/美式　午/中式七菜一湯　　晚/法國田螺餐
　　宿：HOLIDAY INN Noisy★★★或同級
第 5 天　巴黎～羅浮宮～塞納河遊船
　　今日參觀世界三大博物館之一的◎羅浮宮，欣賞羅浮三寶以及宮內珍貴的
藝術收藏品，以及參觀歌德藝術最輝煌的◆聖母院。午後參觀光芒四射的
花都名勝為紀念拿破崙的勝利與光榮所建的●凱旋門，及以１２條國道呈
放射狀為主的●星辰廣場，您可在此體驗拿破崙的豐功偉業；此外還有●
歌劇院◆協和廣場、◆艾菲爾鐵塔等，讓您了解花都過往和現代的豐功偉
業，之後前往搭乘塞納河遊船，兩岸風光及數不盡的藝術建築盡收眼底，晚
餐後可自費參觀紅磨坊夜總會，參觀歌舞表演，體會歐洲上流社會享受。
（羅浮宮逢週二休館，如遇休館或無法調整行程則改參觀凡爾賽宮）
　　早：旅館自助式　午：海鮮淡菜盤　晚：中式七菜一湯
　　宿：HOLIDAY INN Noisy★★★或同級
第 6 天　巴黎◉漢斯 REIMS◉盧森堡 Luxembourg

早餐後前往法國香檳之都漢斯（Reims），◎漢斯大教堂的建築及裝飾並不如想像中富麗堂皇，但是卻因為曾有二十五位法國國王在此加冕，而使大教堂成為法國人心中目的聖地大教堂原址僅為小教堂，推測克勞威一世的受洗地點位於現存教堂的中央走道，現今我們所見的哥德式大教堂建築則始於十三世紀初教堂正面的左側門上，有一座微笑天使雕像，被認為是漢斯市的地標，天使的雙翼上還有戰爭時留下的彈孔。教堂內南北翼拱廊的彩繪玻璃玫瑰窗也相當值得一看，這條名為國王廊的拱廊所矗立的國王雕像，象徵著加冕的歷史意義。午餐後前往位於德法兩國要衝上的盧森堡大公國。盧森堡大公國被鄰國法國、德國和比利時包圍，是一個位於歐洲的內陸國家，也是現今歐洲大陸僅存的大公國，面積只有 25800 平方公里，盧森堡是一個山勢險峻、森林茂密的國家。綠意盎然的大地矗立著不勝枚舉的城堡，古樸的畫面令人心曠神怡。盧森堡素有「千堡之國」之稱，境內大小城鎮大多可見中古世紀的城堡建築。在滿是綠意的自然景觀中，搭配著古色古香的城堡、教堂等，常吸引無數觀光客至此流連。首都盧森堡市，橫跨莫色耳河支流阿爾捷特河兩岸，河上有許多造型獨特的橋梁橫亙，其中以亞道爾夫橋最為著名。它是一座沒有支柱的圓型拱橋，站在橋上可眺望盧森堡市街景，景色遼闊。此外市區中有許多歷史悠久的中古世紀建築，如聖母院、大宮宮殿等。

　　早：旅館自助式　　午：中式七菜一湯　　　晚：中式七菜一湯
　　宿：ALVISSE PARC HOTEL 1★★★★或同級

第 7 天　盧森堡⇨馬斯垂克⇨烏特勒支 Utercht(含船遊舊運河)

早餐後前往位於馬斯垂克的◎伯尼芳坦博物館位於馬斯河右岸的新城區，博物館的建築外觀相當摩登現代。館內的收藏主要分兩大部分：中世紀至 18 世紀的藝術作品與現代藝術家的作品。中世紀至 18 世紀的藝術作品包括中世紀的雕塑、義大利早期的畫作（1325-1525）與 16-17 世紀南荷蘭畫家的作品三大部分。另外，館內並收藏有馬斯垂克古代的陶器與銀器等。

　　烏特勒支運河最大的特色在於她的碼頭，這些碼頭的水平低於一般的道路、臨水之畔，形成獨特的景觀。由運河堤防的階梯而下，站在碼頭上，遠望河流蜿蜒穿梭一座的拱橋、古老的建築、悠揚的教堂鐘聲與綠意盎然的所構成的美景，讓人有「緣溪行、尋桃花林」的衝動。而許多人對於她的第一印象就是她超現代感的中央火車站與 Hoog Catharijne 的購物中心。火車站與購物中心相連結，擁有 180 多家商店，可以說是荷蘭最大一座的購物中心，餐廳、流行服飾等應有盡有，烏特勒支更擁有荷蘭最高的鐘塔—「主教塔（Domtoren）」，這座鐘塔不只是烏特勒支最顯眼的地標外，更突顯了烏特勒支歷史發展與宗教的密切關係。烏特勒支原本是西元一世紀羅馬人於萊因河上建築的一個軍事堡壘，後來才發展為一個城市，之後前往荷京-阿姆斯特丹。

　　早：旅館自助　　午：中式七菜一湯　　　晚：中式七菜一湯
　　宿：PARK PLAZA AMESTERDAM AIRPORT★★★★或同級

第 8 天　阿姆斯特丹⇨羊角村(含遊船)⇨船遊覽運河⇨水霸廣場(櫥窗女郎)

早餐後，前往◎羊角村有「綠色威尼斯」之稱，因為水面映射的都是一幢幢綠色小屋的倒影。這裡的屋頂都是由蘆葦編成，冬暖夏涼、防雨耐曬。體驗羊角村之美，當然是安排運河巡禮，乘坐平底木船穿梭寧謐的村落，特別安排羊角村運河遊船。隨後前往荷京，展開市區觀光：首先安排搭乘★玻璃船遊覽運河風光，映入眼簾的是阿姆斯特丹獨特的建築式樣，和美麗的歐式水上人家，並前往全世界最重要的鑽石中心之一的◎鑽石切割工廠，了解鑽石如何從平凡的石頭經過精密的切割，蛻變成為炫麗的寶石，現今荷蘭鑽石的121面切法，更是世界無人能及的精密技術，之後前往阿姆斯特丹市區著名的水壩廣場，欣賞◎聳立廣場中央的舊皇宮、二次世界大戰◎國家紀念碑，當然不能錯過最代表荷蘭文化的◎紅燈區囉~

　　　早：旅館自助式　　午：中式七菜一湯　　晚：中式七菜一湯

　　　宿：PARK PLAZA AMESTERDAM AIRPORT★★★或同級

第9天 阿姆斯特丹 ➜ 台北　CI066　1355/1300

您閒於飯店享用完早餐後，專車前往阿姆斯特丹觀光，先到荷蘭著名的★木鞋工廠參觀由白楊木挖空製成的荷蘭木靴，大小尺寸齊全您不但可買回去給孩子穿或送人外更可以當成花器使用，保證令您愛不釋手。

接著前往★風車村（Zaanse Schans）這裡的風車於1574年後陸續建立。而目前的風車村新建於1960年代，當地人將商店、歷史建築、農舍、風車及房子都遷移到此地，對觀光客來說是一個開放空間式的博物館村。我們即將結束這10天的荷比盧法行程，精采豐富的歐洲文化，讓人總是意猶未盡，依依不捨的帶著我們的行囊及滿滿的回憶，前往機場辦理登機手續，揮別浪漫的歐洲，飛返可愛的家。

　　　早：旅館自助式　　午：機上　　晚：機上

　　　宿：機上

第10天(三)　台北　13:00

今日返抵國門，相信您一定迫不及待想與家人分享這次旅程的點點滴滴，

我們也以衷心期待下次能有榮幸再帶給您更美好的旅遊生活。

報名專線：23695692，33669690 活動組長：關麗蘇小姐

報名參加者請於7月20日繳交 訂金新台幣5,000元(現金)及護照影本。

費用：每人新台幣74,500元

　　　包含：1.行程中之食宿及門票　2.各地風味餐. 　3. 全程

　　　　　　司機、導遊、領隊小費。　4.台北至中正機場來回接送.

　　　　　　5.含稅金兵險

拾、世界屋脊青藏高原鐵路之旅

一、世界屋脊青藏高原鐵路之旅12日(豪華團)　　歡迎報名參加

青海+青藏列車西寧→拉薩軟臥+前藏+後藏+藏北+藏東南+成都

行程特色：

1. 精心規劃最順暢的青藏鐵路行程，在高原古都西寧先停留，適應中高海拔狀況後，再搭乘最先進的高原觀光列車，經由最完整、也是最難取得的西寧/拉薩段路線軟臥列車前往西藏，自低海拔向高海拔地區依次遊覽，有效避免高原反應，讓您的入藏旅程最安心。
2. 暢遊青藏高原最著名景點，讓您擁有一次難忘的完整旅程。
   青海地區—青海湖、日月山、塔爾寺
   青藏鐵路沿線—格爾木、昆侖山口、可哥西裏、長江源、唐古喇山口、藏北草原、那曲、當雄、羊八井
   前藏地區—布達拉宮、大昭寺、八廓街
   後藏地區—羊卓雍措湖、遠眺卡若拉冰川、江孜古城、紮什倫布寺、日喀則老城區等
   藏北地區—羊八井地熱區、納木措
   藏東南地區—米拉山口、巴松措湖、車遊雅魯藏布大峽谷
3. 全程下榻最頂級五星觀光飯店（除日喀則地區及林芝地區為當地最佳等級），全程午、晚餐除特殊路段外皆安排於包廂內享用，同時確保美味與衛生，讓您的西藏之旅賓至如歸，備受禮遇。
4. 安排購物點：西寧—晶都地礦，拉薩—藏草堂、聖寶源，成都—天脈或絲綢。
5. 自費專案：洗腳按摩140RMB/人、藏族歌舞秀表演280RMB/人。
6. 贈送：紅景天一盒、每日一瓶礦泉水、拉薩段每人一瓶小氧氣瓶。

特殊注意事項：

1. 為配合布達拉宮參觀之時間，有時會調整行程之順序，敬請見諒。
2. 本行程交通、住宿、觀光點絕對以最順暢之遊程作為安排，若遇特殊狀況如塌方、路阻、車輛故障、當地政府行為、觀光點休假、住宿飯店調整及其他不可抗拒之因素，或因飛機起降的時間、轉機點、進出點調整，行程因此可能會有所更動，保有變更行程之權利，由此產生的超支費用由遊客自理。
3. 西藏旅遊屬於特種線路，景點比較分散，參團者必須具備良好的心理素質和身體素質，並作好吃苦的心理準備；因沿途海拔均在2800~3000米以上，一般遊客會出現不同程度的高原反應，如患有心臟病、高血壓、呼吸系統疾病、重感冒患者以及醫生認為不宜進高原者，不能參團。出發前半個月請儘量不要做有氧運動，以降低細胞內粒線體數量及大小，以減少細胞耗氧量。並多吃酸性食物 將血液酸鹼度調至偏酸性（缺氧時血液酸鹼度會上升）。
4. 高原天氣寒冷，早晚溫差較大，天氣變化明顯，紫外線強，請備足防寒衣物、雨具、手電筒、太陽眼鏡、防曬用品、護膚用品、護唇膏以及常用感冒、腸胃藥品，以及紅景天（藏醫認為高原胺才有效）、沁原素等抗高原反應藥品。上高原第一天及感覺身體稍有不適，特別建議勿洗熱水澡。
5. 特別叮嚀在高原地區千萬不要跑步、持重物、大舉說話、上台與少數民族共舞。
6. 沿途所經康巴藏區內，請尊重當地宗教信仰、民風民俗，請不要以城市人的心

態及標準去衡量當地條件及被騙。

青藏鐵路概況：

青藏鐵路西寧至拉薩全長 1956 公里，其中西寧至格爾木段 814 公里已於 1979 年鋪通，1984 年投入營運。於 2006 年 7 月 1 日開通的青藏鐵路格爾木至拉薩段，北起青海省格爾木市，經納赤台、五道梁、沱沱河、雁石坪、翻越唐古喇山，再經西藏自治區安多、那曲、當雄、羊八井、南至西藏自治區首府拉薩市，全長 1142 公里。列車設有高壓加氧裝置，臥車、觀光車和餐車。

行　程：

第一天　桃園/香港/成都

今日集合於機場，由領隊辦妥手續後，搭乘豪華客機飛往成都。抵達後前往下榻酒店休息，養足精神迎接明日精彩的旅程。

　　餐食：早//自理　午//自理　晚//機上輕食
　　住宿：★★★★★世紀城假日或同級

第二天　成都/西寧－日月山－青海湖－西寧

早餐之後，搭機前往西寧，後驅車前往青海湖景區。途中將首先遊覽日月山，傳說唐代文成公主遠嫁西藏，唐太宗親賜日月寶鏡一面，對鏡可見長安和親人。公主以視事為重，經過此地時將日月寶鏡擲於山上，日月山因而得名；山上建有日亭及月亭，山腳建有文成公主廟。日月山是青海農區和牧區的分界線，海拔 3520 米，是遊人進入青藏高原的必經之地，故有「西海屏風」、「草原門戶」之稱，山腳下有一條河向西流去，這就是著名的倒淌河，相傳是文成公主思鄉淚水，匯成的一條小溪。隨後抵達青海湖景區，特安排乘船遊覽青海湖。青海湖是中國最大的鹹水湖，盛夏時節平均氣溫僅 15 度，是天然的避暑勝地；湖區充滿生機，到處可見犛牛漫步，羊群吃草，構成「風吹草低見牛羊」的牧歌式圖景。青海湖是青藍色的海，湖面海拔 3106 公尺，湖水平均深度 25 公尺，藍色的湖海與藍色的天空，景色如詩如畫。

　　餐食：早//飯店餐盒　午//中式合菜　晚//肥牛火鍋風味
　　住宿：★★★★★神旺酒店或同級

第三天　西寧－塔爾寺－西寧－青藏鐵路

早餐之後，前往遊覽塔爾寺。塔爾寺是藏傳佛教六大寺院之一，相傳是黃教創始人宗喀巴的誕生地，也是密宗黃教的發源地，寺院占地 600 多畝，由山門、花寺、小金瓦殿、大金瓦殿、大經堂、九間殿、班禪行宮、酥油花院、如意八寶塔、菩提塔、僧舍等漢藏風格相結合的古建築群組成，富麗雄偉，金碧輝煌。寺中栩栩如生的酥油花，絢麗多彩的壁畫和色彩絢爛的堆繡，被譽為藝術三絕。下午返回西寧市區，後前往西寧火車站，搭乘青藏線觀光列車，它是目前全世界最先進的高原旅遊觀光列車，將安排 4 人一室的豪華軟鋪臥室，一路向西方馳騁，橫越青藏高原前往西藏政治、經濟及文化的中心，也是藏傳佛教的聖域—最美麗的日光之城拉薩。

餐食：早//飯店內享用　午//中式合菜　晚//列車上享用
住宿：高原觀光列車（軟臥四人一室）

第四天 青藏鐵路－拉薩

清晨在晨曦中醒來，我們將有一整天的時間觀賞青藏鐵路沿線多變的地貌，與令人驚艷的自然風光。本日三餐將安排在列車上享用，列車上也特別配備兩套供氧系統，一套通過混合空調系統中的空氣供氧，讓每節列車含氧量均達到83%，另一套集中供氧系統可以讓乘客通過獨立的介面直接吸氧，進而有效降低高原反應。青藏鐵路享有「天路」的美名，工程難度亦難如登天，由格爾木至拉薩段 1142公里長的鐵路，穿越昆侖山和唐古喇山，有 960 公里的路段在海拔 4000 米以上，最高部分海拔達 5072 米，穿越溼地、凍土區、高原冰川等嚴酷的地形，是中國最受全球矚目的世紀工程。沿線的主要景觀有—格爾木：昆侖山融雪沖積形成的綠洲。昆侖山口：全球最長的高原凍土隧道—全長 1686 米的昆侖山隧道。可哥西裏：全球最長的鐵路橋—全長 11.7 公里的清水河特大橋，與可哥西裏藏羚羊自然保護區。長江源：長江發源地沱沱河，與全球海拔最高的隧道—風火山隧道。唐古喇山口：西遊記中的通天河，與全球最高海拔 5072 米的唐古喇車站。藏北草原：高原明珠錯那湖與藏野驢保護區。那曲：怒江上游—黑河、羌塘草原。當雄：念青唐古喇山脈，藏北、藏南分水嶺。羊八井：羊八井地熱溫泉區。晚間抵達寬敞壯觀、充滿藏族風格的拉薩火車站，下車後前往酒店休息。

餐食：早//列車上享用　午//列車上享用　晚//中式合菜
住宿：★★★★★神湖或同級

第五天 拉薩－布達拉宮－大昭寺－八廓街

早餐後，前往參觀布達拉宮，它座落在拉薩市區西北的瑪布日山上，是一座規模宏大的宮堡式建築群。布達拉宮始建於西元 7 世紀，是藏王松贊幹布為遠嫁西藏的唐朝文成公主而建。在拉薩海拔 3700 多米的紅山上建造了 999 間房屋的宮宇，宮體主樓 13 層，高 115 米，全部為石木結構，5座宮頂覆蓋鎏金銅瓦，金光燦爛，氣勢雄偉，是藏族古建築藝術的精華，被譽為高原聖殿。布達拉宮是歷世達賴喇嘛的冬宮，也是過去西藏地方統治者政教合一的統治中心，它分為紅宮和白宮兩部分，紅宮主體建築是靈塔殿和各類佛堂，也是舉行佛事活動的場所；白宮是歷代達賴喇嘛起居及處理行政事務的場所。午餐後前往參觀大昭寺，大昭寺位於拉薩市區的東南部，是西藏地區最古老的一座仿唐式漢藏結合木結構建築。在五世達賴(1642—1682)執政的 40 餘年中，曾進行了大規模的修葺與擴建，而形成今天的規模；它同時也是西藏的佛教中心，每年都有成千上萬的教徒從千里之外的家鄉三步一叩首地走到拉薩大昭寺來朝拜釋迦牟尼，祈求降福。下午遊覽八廓街，它位於拉薩舊城區，又稱八角街，是一整片舊式的、有著濃鬱藏族生活氣息的街區，由手工打磨的石塊鋪成的街道雖不很寬，卻是拉薩每天客流量最大的地方。最初它只是一條環繞大昭寺的普通街道，後來成為朝聖者的轉經路，如今這裡已成為西藏最著名的轉經道與旅行商業中心。這裡店鋪林立，流動的貨攤超過千家，

臨街的房子幾乎都是商店，經營大小各異的轉經筒、藏袍、藏刀、生動拙樸的宗教器具等各式用品，還有從印度和尼泊爾遠道而來的各種商品，是您不可錯過的尋寶勝地。晚餐藏式風味宴。

　　餐食：早//飯店內享用　午//中式合菜　晚//藏式風味餐
　　住宿：★★★★★神湖或同級

第六天 拉薩－羊卓雍湖－遠眺卡若拉冰川－江孜－日喀則

早餐後，從拉薩啟程，翻越海拔 4900 米的岡巴拉雪山，前往世界最高的淡水湖—有「天上聖湖」美譽的羊卓雍措湖；它與納木措湖、瑪旁雍措湖並稱為西藏三大聖湖，是喜馬拉雅山北麓最大的內陸湖泊，湖光山色之美，冠絕藏南。此地海拔4441 米，景色豐富秀美，集雪山、冰川、島嶼、牧場、 農莊和溫泉等景色為一體。湖濱是優良的牧場，有許多牧群及野生動植物，周圍 5000 米海拔的山上有雪豬，草灘上偶爾會遇到野羊和狐狸。此外羊湖還有西藏最大的人工養殖漁場，以養殖高原裂腹魚、高原裸鯉為主，湖中有大小島嶼 21 個，島上生活著各種候鳥，使這裡成為西藏最大的水鳥棲息地，每到夏季，無數天鵝、沙鷗等水鳥常在湖面嬉戲。湖西還有宵金抗沙峰等三大雪峰，主峰高 7206 米，是後藏地區最重要的神山，也是西藏四大神山之一。世界上海拔最高的抽水蓄能電站—羊湖電站即座落於此。清澈的湖水，巍峨的雪山和透亮如洗的藍天融為一體，讓人如入仙境般的陶醉。續經卡若拉冰川，位於浪卡子縣和江孜縣交界處，距離江孜縣城 71公里，從羊卓雍湖出來後，跨越 4330 米的斯米拉山口後就來到了卡若拉冰川的冰舌下。冰舌前緣海拔 5560 米，觀看冰川的地方海拔約有 5400 米，山口南面6647 米的卡魯峰是年楚河和羊卓雍湖兩大水系的分水嶺，此峰周圍冰川地貌突出。卡若拉冰川在山口北面 5600 米左右的地帶，屬宵金抗沙峰冰川向南漂移後形哎的懸冰川。由於長年受公路上的車塵的覆蓋，此冰川整體呈黑白分層形態。續前往古城江孜，位於年楚河上遊的江孜平原，已有 6、7 百年的歷史。抵達後參觀白居寺，具有兩項獨一無二的特色；一是藏傳佛教寺廟群中唯一一座一寺容三派的廟宇，它原來屬於薩迦教派，後來噶當派和格魯派的勢力相繼進入，各派一度互相排斥，分庭抗禮。最後，還是互諒互讓。於是，白居寺便相容薩迦、噶當、格魯 3 個教派，因而寺內供奉及建築風格也兼收並蓄、博採眾長。二是擁有俗稱十萬佛塔的菩提塔，它是白居寺的標誌。白居寺就是因為這座佛塔才格外富有魅力。這可不是普通的佛塔！是由近百間佛堂依次重疊建起的塔，人稱「塔中有塔」。塔內佛堂、佛龕以及壁畫上的佛像總計有十萬個，因而得名十萬佛塔。江孜最享盛名，還是它作為一座「英雄城」的光榮，這裡曾有過一段可歌可泣的抵抗外侮的歷史。在江孜縣中心的山頂上，屹立著一座城堡，這便是聞名中外的宗山抗英遺址「宗山堡」。它有一個響亮的別名，叫「英雄城」。此處至今仍保留著1904 年江孜軍民保衛祖國領土的抗英炮臺。近一個世紀以前，江孜軍民在這裡譜寫了反抗外國侵略，保衛領土和主權的英雄篇章。江孜過去是西藏有名的大宗，「宗」相當於縣，江孜的「宗」又比一般的縣大。 江孜「宗堡」是江孜宗政府的所在地，也留有古代蘇毗王國的印跡。18 世紀中葉，英國東印度公司在印度站

穩了腳跟，隨即便把眼光移到了西藏。19世紀中葉，英軍在中國東南沿海發動侵華戰爭的同時，又從西南邊疆入侵西藏。1888 年，一支入侵的英軍曾在亞東挑起"隆士山戰役"。1903 年，英國著名流氓榮赫鵬率領一支軍隊，從亞東春丕穀偷偷越境，1904 年 4 月佔領了江孜。江孜軍民緊急動員起 16000 人的部隊，憑藉原始的大刀、長矛和石頭死守城堡，江孜宗山地勢高峻，為抵抗英軍，江孜軍民又在半山前崖構築炮臺和其他防禦設施。當時英軍使用新式火器向宗山猛烈進攻，江孜軍民誓死抵抗，他們拿起土槍、大刀、梭標和弓箭，堅持了 8 個月之久。後來山上彈盡糧絕，守軍與攻上宗山的英軍展開肉搏，直至跳崖犧牲。如今，在宗山的斷壁殘垣中還可以看到當年的炮臺。下午沿著藏尼公路，前往後藏地區首府─西藏第二大城日喀則。

　　餐食：早//飯店內享用　午//中式合菜　晚//中式合菜
　　住宿：★★★久木亞美酒店或同級

第七天　日喀則－紮什倫布寺－拉薩

早餐後，參觀班禪大師的靈魂安息地─黃教六大寺之一的紮什倫布寺。紮什倫布寺藏語意為「吉祥須彌山寺」，是後藏最大的一座格魯派寺廟。西元 7 世紀，松贊幹布統一西藏後，以崗巴拉山為界，將所轄地區劃分為「衛」和「藏」兩部分，山以東為衛區，也稱為「烏思」或前藏；山的西面稱藏區，也稱後藏。紮什倫布寺位於後藏首府日喀則城西的尼瑪山麓，全寺有牆垣圍繞，周長達 3000 多米，由佛殿、經堂、祀殿等組成的主建築群，聳樓疊閣，朱壁金頂；其前方的僧舍，多是二層或三層的平頂樓房，形同藏式民居，也是歷代班禪的駐錫地；黃教掌握西藏政權後，它的歷史地位僅次於布達拉宮。

　　大彌勒殿內供奉九世班禪主持鑄造的鎏金青銅彌勒坐像，是世界上最大的銅佛坐像；並朝拜十世班禪的靈塔殿，這座靈塔內存放著圓寂於 1989 年的十世班禪大師的遺體，寺內還藏有許多珍貴文物，都是研究西藏各個歷史時期政教和社會發展的無價之寶。下午參觀日喀則市北面的老城區，這裡街道整潔，民居大都為藏式建築，白牆木窗，家家門前都張貼有經文和經幡，很多門頭上還飾以牛角。這裏也有舊物市場，與拉薩八角街的感覺有點像，街上除了有各式工藝品出售，還有藏族人所需的生活用品和食品，在熱鬧的街道上，很直接就可以領略到藏族人的生活習俗。後驅車返回拉薩。

　　餐食：早//飯店內享用　午//中式合菜　晚// 中式合菜
　　住宿：★★★★★神湖或同級

第八天　拉薩－羊八井－遠眺念青唐古喇山（長江源頭）－納木措－拉薩

早餐後，前往著名的羊八井地熱區，位於拉薩市以北 90 多公里，終年從地下噴出炙熱的泉水，方圓四十平方公里被溫泉散發的熱氣包圍，滾燙的泉水和蒸汽直沖百米高空，景象十分壯觀。羊八井過去只是一塊綠草如茵的牧場，從底下汩汩冒出的熱水奔流不惜、熱氣日夜蒸騰。海拔 4300 米的羊八井盆地上，現一興起一座全新的地熱城，已經開發出地熱溫泉，此溫泉不含硫磺，溫度較高。在拉薩以北 100 公

里處，屹立著舉世聞名的念青唐古拉大雪山，北沿是納木措，山頂最高海拔 7117
米，終年白雪皚皚，雲物嫋繞，雷電交加，神秘莫測，我們可沿途遠觀。納木措湖
因為念青唐古拉的倒映而愈加美麗動人，吸引著成千上萬的信徒、香客、旅遊者前
來瞻仰朝拜，成為世界屋脊最大的宗教聖地和旅遊景觀，它位於拉薩和當雄之間，
海拔 4718 米，是世界上海拔最高的大湖，面積 1961 平方公里，是中國第二大內
陸鹹水湖。湖水清澈明淨如天，是雪峰倒影下的藍天，環礁碧影與湖岸綠茵交
織，構成一副美麗的高原圖像，長天碧水、水中游魚、空中飛鳥，水面野鴨、綠茵
羊群、點點如繁星，朵朵若雲彩，宛若人間天堂。之後返回拉薩。
　　餐食：早//飯店內享用　午//中式合菜　晚// 中式合菜
　　住宿：★★★★★神湖或同級

第九天 拉薩－米拉山口－中流砥柱－巴松措湖－林芝

早餐之後驅車沿著 318 國道前往林芝；自古以來就是入出藏重要的交通要道，連結
了四川及雲南兩省，可說是青藏鐵路開通以前西藏對外聯繫最重要的生命線之一，
自有其歷史及經濟的價值；沿途風光美麗，亦非常值得欣賞。尤其途中米拉山因其
高度（5000 多米）的屏障，形成印度洋水氣無法通過而造成山的東西兩麓大異其
趣的景觀，自有其自然及人文上重要的意涵。林芝地處藏東南雅魯藏布江下游，平
均海拔 3000 米左右，海拔最低的地方僅 900 米，氣候濕潤，景色宜人，被稱為西
藏的江南；林芝的森林原始景觀保存完好，高原挺拔的西藏古柏、喜瑪拉雅冷杉以
及百餘種杜鵑等應有盡有，素有「自然博物館」之稱，林芝地區是世界上僅存絕少
為人類所涉及的淨土之一，一直是科學考察、探險的聖地遊覽巴松措湖景區，巴松
措湖又名錯高湖，「錯高」在藏語中意為綠色的水，湖面海拔 3700 多米，形狀如
同鑲嵌在高峽深谷中的一輪新月，湖水清澈見底，四周雪山倒映其中，黃鴨、沙鷗
、白鶴等飛禽浮游湖面，透明的湖水中可見遊魚如織。巴松措湖是紅教—藏傳佛教
寧瑪派的著名神湖和聖地，雖然深藏在交通閉塞、遠離城鎮的山溝裏，但它卻以林
木繁茂和群山聳立中的一池碧水而廣為外界所知，成為林芝地區最知名的風景區之
一。湖心劃西島上有一座錯宗工巴寺，建於唐代末年，島上的礁石均被雕刻成了別緻
的動物形象以及佛像，寺廟為土木結構，上下兩層，供奉強巴佛、千手觀音和金童
玉女；傳說該島是「空心島」，即島與湖底是不相連而漂浮在湖水上的，雖然只是個
傳說，卻讓人覺得十分神奇。湖西北還有一塊巨石，大石中心有可供一人鑽過的洞，
據說能鑽此洞可消災除病。每年來此轉經觀湖的群眾非常多，湖畔四周也有不少藏族
人家。湖畔群花爛漫，萬山紅遍，層林盡染，景色宜人至極；巴松錯湖就是這樣一個
結合神奇與美麗、如詩如畫的風光，以及動人心弦傳說交織的所在。
　　餐食：早//飯店內享用　午//中式合菜　晚//中式合菜
　　住宿：★★★★東悅大酒店或風情大酒店或明珠大酒店或同級

第十天 林芝－車遊雅魯藏布大峽谷－林芝

早晨乘車前往雅魯藏布江風景區，沿途沿著米林抵達派鎮（米林藏語意為"藥洲"）。
行車至派鎮，在這裏你不僅可以欣賞到美麗的峽谷景色，暢遊中國十大峽谷之首的雅

魯藏布大峽谷壯觀的跌水，雄偉的雪山，還可以欣賞到佛掌沙丘、迎客松等自然人文奇觀。後換景區觀光車前往直白，觀賞大渡卡古堡遺址、魔心石，在大峽谷觀景台最近距離的欣賞中國十大名山之首的南迦巴瓦峰，觀賞聞名於世的雅魯藏布江一號和二號大拐彎…【雅魯藏布大峽谷旅遊區】，位於世界上海拔最高河流—雅魯藏布江中下游林芝地區，是世界上最長、最深的峽谷，流經地球上唯一一塊未被開發的處女地。峽谷全長 504.6 公里，平均深度 5000 米，極值深度 6009 米，是世界上最大的峽谷。整個峽谷地區冰川、絕壁、陡坡、泥石流和巨浪滔天的大河交錯在一起，環境十分惡劣。許多地區至今仍無人涉足，堪稱 "地球上最後的祕境"，是地質工作少有的空白區之一。【南迦巴瓦峰】海拔 7782 米，高度排在世界最高峰行列的第 15 位，也是 7000米級山峰中的最高峰。《中國國家地理雜誌》評選為中國最美山峰。它還有另一個名字 "木卓巴爾山"，藏語意為 "天上掉下來的石頭"，有 "眾山之父" 之稱。其巨大的三角形峰體終年積雪，雲霧繚繞，從不輕易露出真面目，所以它也被稱為 "羞女峰"。高山峻嶺，冰封雪凍，劈開了青藏高原與印度洋水氣交往的山地屏障，像一條長長的濕舌，向高原內部源源不斷輸送水氣，使青藏高原東南部由此成為一片綠色世界。其主峰高聳入雲，當地相傳天上的眾神時常降臨其上聚會和煨桑，那高空風造成的旗雲就是神們燃起的桑煙，據說山頂上還有神宮和通天之路，因此居住在峽谷地區的人們對這座陡峭險峻的山峰都有著無比的推崇和敬畏。

　　餐食：早//飯店內享用　午//中式合菜　晚//藏香豬風味餐
　　住宿：★★★★大峽谷酒店或東悅大酒店或風情大酒店或明珠大酒店或同級

第十一天　林芝/成都
　　早餐後，告別神祕的西藏，前往機場搭機飛往成都。抵達成都後前往錦裏一條街參觀，錦裏是西蜀歷史上最古老、最具有商業氣息的街道之一，早在秦漢、三國時期便聞名全國。今天的錦裏依託成都武侯祠，以秦漢、三國精神為靈魂，明、清風貌外表，川西民風、民俗作內容，擴大了三國文化的外延。在這條全長 350 米的街上，濃縮了成都生活的精華。與上海的新天地等省外步行街有異曲同工之妙。雖然小巧玲瓏，但體現了四川民風民俗的獨特魅力。晚餐最正宗的鴛鴦麻辣火鍋後，觀賞川劇變臉秀。

　　餐食：早//飯店內享用　午//中式合菜　晚//鴛鴦麻辣火鍋
　　住宿：★★★★★世紀城假日酒店或同級

第十二天　成都/香港/桃園
　　早餐後參觀－熊貓基地：位於北郊斧頭山側的淺丘上，距市區 15 公里，占地 540畝是大熊貓異地保護的良好場所。大熊貓是人見人愛的珍稀動物，成都所屬的崇州、都江堰、大邑、彭州、邛峽市等地均有大熊貓出沒，中國 80%以上的大熊貓分佈在四川境內；大熊貓博物館內珍貴的資料、豐富的展品舉世無雙，是認識大熊貓、回歸大自然的極佳場所，觀看熊貓逗趣可愛的千姿百態，讓人印象深刻。後整理行裝前往機場，搭機經香港返回臺北，結束此次令人難忘的世界屋脊青藏高原鐵路之旅。

　　餐食：早//飯店餐盒　午//藥膳風味　晚//機上輕食
　　住宿：★★★★★甜蜜的家

二、世界屋脊青藏高原鐵路之旅9日(經濟團)　歡迎報名參加

團費：暫定新台幣六萬八千九百元，預定8月出發。
行　　程：

航班參考

航空公司	班機	起飛機場	起飛時間	抵達機場	抵達時間
長榮航空	BR765	桃園國際機場	20:35	成都雙流國際機場	06/03 00:05
長榮航空	BR766	成都雙流國際機場	08:50	桃園國際機場	06/10 12:10

第 1 天　臺北—成都（約3.5小時）

今日準備好輕便的行李，帶著探索絕代美景的心情，集合搭機飛往中國四川省成都。成都又稱「蓉城」，於戰國時代已是蜀國的首都，歷經三國蜀漢、隋唐等朝代更迭，發展成經濟發達文化深厚繁榮的重要城市，更成為歷代固守西南的重要出口集散樞紐；更被評為「中國最佳旅遊城市」。
　　餐　食：早／敬請自理　　午／敬請自理　　晚／敬請自理
　　旅　館：　世紀城假日酒店　或　明悅大酒店　或　溫德姆大酒店

第 2 天　成都—拉薩（約1.5小時），拉薩（聶塘大佛、拉薩河）

早餐後搭機飛至雪域～西藏。到達拉薩貢嘎機場後先由當地導遊獻上藏族祝福的哈達，以示歡迎。西藏自治區位於青藏高原的主體中，平均海拔達到 4000 公尺，氣候寒冷、氣壓低、空氣稀薄、日照長，有世界第三極地之稱。拉薩市海拔 3658 公尺，地處於雅魯藏布江及其支流【拉薩河】交會處，一般俗稱『前藏』，因為他的高度與距離長久以來，一直蒙著神秘的面紗，讓外界無法真實的瞭解。從機場到拉薩市區，大約還有一個小時的車程。而【聶塘大佛】，就在路途邊的山壁上，是彩繪浮雕石刻佛像。相傳是元朝帝師八思巴所建。佛像附近掛滿了藏民拋獻的哈達，遠遠望去，頗為壯觀。接著車子順著雅魯藏布江的支流—拉薩河走，河谷兩岸偶見的藏式民居，山山相連的奇景，美不勝收。
　　餐　食：早／酒店內用　　午／中式合菜40　　晚／野山菌風味40
　　旅　館：　新鼎大酒店　或　福朋喜來登大酒店

第 3 天　拉薩（世界文化遺產—布達拉宮、大昭寺、八廓街、色拉寺）

◎【布達拉宮】它座落在拉薩市區西北的瑪布日山上，是一座規模宏大的宮堡式建築群。布達拉宮始建於西元 7 世紀，是藏王松贊幹布為遠嫁西藏的唐朝文成公主而建。在拉薩海拔 3700 多公尺的紅山上建造了 999 間房屋的宮宇，宮體主樓 13 層，高 115 公尺，全部為石木結構，5 座宮頂覆蓋鎏金銅瓦，金光燦爛，氣勢雄偉，是藏族古建築藝術的精華。被譽為高原聖殿。布達拉宮是歷世達賴喇嘛的冬宮，也是過去西藏地方統治者政教合一的統治中心，它分

為紅宮和白宮兩部分，紅宮主體建築是靈塔殿和各類佛堂，也是舉行佛 事活動的場所；白宮是歷代達賴喇嘛起居及處理行政事務的場所。

◎【大昭寺】位於拉薩市區的東南部，是西藏地區最古老的一座仿唐式漢藏結合木結構建築。在五世達賴(1642—1682)執政的40餘年中，曾進行了大規模的修葺與擴建，而形成今天的規模；它同時也是西藏的佛教中心， 每年都有成千上萬的教徒從千里之外的家鄉三步一叩首地走到拉薩大昭寺來 朝拜釋迦牟尼，祈求降福。

●【八廓街】它位於拉薩舊城區，又稱八角街，是一整片舊式的、 有著濃鬱藏族生活氣息的街區，由手工打磨的石塊鋪成的街道雖不很寬，卻是拉薩每天客流量最大的地方。最初它只是一條環繞大昭寺的普通街道，後來成為朝聖者的轉經路，如今這裡已成為西藏最著名的轉經道與旅行商業中心。這裡店舖林立，流動的貨攤超過千家，臨街的房子幾乎都是商店，經營大小各異的轉經筒、藏袍、藏刀、生動拙樸的宗教器具等各式用品，還有從印度和尼泊爾遠道而來的各種商品，是您不可錯過的尋寶勝地。

◎【色拉寺】于觀光朝佛以外最感興趣的就是看喇嘛們辯經。色拉寺的僧人們每天有一次辯經活動。辯經，是一種佛學知識的討論，也可以說是喇嘛們的一種學習方式。這是一種富于挑戰性的辯論，雙方唇槍舌劍，言詞激烈，辯論者往往借助于各種手勢來增強辯論的力度，他們或擊掌催促對方盡快回答問題，或拉動佛珠表示借助佛的力量來戰勝對方。辯論場上的熱烈氣氛使遊人也深受感染。

　　餐　食：早／酒店內用　　　午／涮羊肉風味 40　　　晚／瘋牛藏餐風味 40
　　旅　館：　　新鼎大酒店　或　福朋喜來登大酒店

第 4 天 拉薩－羊卓雍湖－遠眺卡若冰川－江孜（260 公里 約 6 小時）－日喀則（100 公里 2.5 小時），日喀則（白居寺－十萬佛塔）

●【羊卓雍錯】驅車經過了卡若拉雪山後已不遠了，西藏三大聖湖之一，湖光山色、風景如畫已無法形容她的美，太多的詞語，只會讓人覺得褻瀆了她的聖潔，在此僅能以天上仙境、人間羊卓、天上繁星、湖畔牛羊，對她作一個不完整的注解，站在山口遠眺時，被稱為天上聖湖之美譽的羊卓雍湖映入眼簾，宛如一條飄帶掛在天地之間，清澈的湖水、巍峨的雪山、如洗的藍天和朵朵白雲融為一體，秀美如畫的風景讓你陶醉於這世外桃源般之人間仙境中久久不忍離去。

●【卡若拉冰川】跨越斯米拉山口後，就可看到了冰川的冰舌從天而降，在您的眼前隨著山回路轉，時掩時現，冰舌距離遊客最近的，是世界上感覺觸手可得的冰川，讓您有一種莫名的感動。

●【白居寺】位於江孜縣城內，它是以建築風格獨特、雕塑繪畫特異著稱，舉凡寺內佛像、羅漢、壁畫、唐卡皆堪稱西藏藝術精品，寺旁的十萬佛塔，則是西

藏佛教唯一的宗教佛塔，77間佛殿中，藏有『十多萬尊佛像』，因而得名。
餐　食：早／酒店　　　內用　　　午／中式合菜40　　　晚／中式合菜40
旅　館：　　久木亞美大酒店　或　藏龍大酒店

第5天 日喀則－紫什倫布寺－班禪新宮－拉薩（320公里 6小時）

◎【扎什倫布寺】 他是『後藏』地區最大的格魯派寺廟，最初是由宗格巴大弟子，
一世達賴喇嘛創建，之後又經歷代班禪不斷修、擴建才有今日的規模，也成為歷
代班禪寓所，其內更保有四世班禪遺體，此外寺內各生僧院之牆壁上均繪有壁畫，
用筆細膩工謹色彩鮮豔奪目，寺內保存相當多的文物，是研究西藏各時期政治、
經濟、文化、社會發展的無價之寶。

◎【班禪新宮】 是西藏佛教領袖班禪宮殿之一，又名德慶格桑頗章；位於扎什倫
布以南，新宮建築富麗堂皇，十分幽雅，是避暑的好地方。宮內存放有很多西
藏歷史文物及藝術精品，尤以一幅《八思巴會見忽必烈》的壁畫最為精美。目
前是班禪大師安靈的夏宮，新宮有三道門，第一道門前簷有四根八角朱漆大柱
抵頂，門殿浮雕著凶悍不馴的野獸、騰躍欲飛的蟠龍和各種花卉圖案門壁兩側。
彩繪著卷雲、猛虎、長龍、人物和佛教故事壁畫。筆法細膩，形神俱肖。過了
第一道門便是一條幽深小徑，紅瑩碎石鋪路，白石玉塊鑲花。第二道門是一個
前庭四合院，邁進四合院，進人第三道門，便可觀賞那建築雄渾、富麗堂皇、
莊嚴肅穆的宮殿了。
餐　食：早／酒店內用　　　午／中式合菜40　　　晚／中式合菜40
旅　館：　　新鼎大酒店　或　福朋喜來登大酒店

第6天 拉薩-西寧【(參考車次:N918 車次11:20 發車／隔天11:44 抵達西寧）拉薩－當雄--那曲--安多--沱沱河－格爾木--西寧】火車軟臥(4人1室)

早餐後，在西藏聖地作最後的巡禮，前往充滿藏式風格的拉薩火車站搭乘世界
上海拔最高的鐵路工程~青藏鐵路，全長1142公里的高原鐵路，領您進入這高
原雪域的奇幻景致，沿途遊覽中國最大的地熱發電站【羊八井地熱發電站】；途
經【當雄】，窗外對的是【念青唐古拉山】，另一邊即是三大聖湖之一【納木錯】，
如一顆晶瑩的寶石鑲嵌在【羌塘草原】上，水天相容渾然一體。到了【那曲】，
仰望天際，無不慨嘆藏北高原的壯闊~風吹草低見牛羊，為大地升起無限生機。
將抵達【安多】前，海拔4500公尺面積四百多平方公尺的【錯那湖】是離列車
觀景台最近的風景，錯那湖如一面寶鏡呈現在眼前，水鳥在壺中嬉戲，牛羊群在
湖邊優閒吃草，在無眼的草原與蔚藍天際的襯托下，顯得分外美麗。地勢慢慢攀
升到【唐古喇山(5231公尺)】，是怒江、瀾滄江、長江的發源地，遙望長江的發
源地－格拉丹東冰峰，感受青藏高原的雄偉及變幻莫測的高原氣候。傍晚進入了
【沱沱河】盆地後，廣袤的【可可西里】草原即在眼前出現，幸運的話你可以遇
見正牽徙的藏羚羊、野驢等的動物足跡，過了五道梁、楚瑪爾河，穿越世界第一
高【風火山隧道】，全長1686公尺，海拔4648公尺，也是世界第一長的凍土隧
道。遠處白雲、雪山、藍天與草原的綠意，是這一路上最佳的風景寫照。穿越柴

達木盆地，觀賞盆地奇景—海市蜃樓，香日德綠洲、巴塘戈壁、雅丹地貌、沙漠旋風及落日。來到眾神居住的地方~【崑崙山】，遠觀西王母瑤池神宮、崑崙玉珠峰、西大灘冰川等，夜色中通過格爾木，隔日八點在青海的日出中，緩緩接進青海省會，於中午時間抵達西寧火車站。

　　　餐　食：早／酒店內用　　　午／火車上餐車　　　晚／火車上餐車
　　　旅　館：　火車軟臥（4人1室）

第7天 西寧（塔爾寺、東關清真大寺）

中午抵達青海省省會—西寧；古稱為湟中，是一座兩千多年歷史的古城，氣候宜人，冬暖夏涼。

◎【黃教勝地—塔爾寺】 為藏傳佛教六大寺廟之一，也是格魯教派—黃教創始人宗喀巴出家的地方，相當莊嚴、殊聖。在此我們可以看到藏傳佛教的經典建築，並觀賞漂亮的蘇油花雕塑。

◎【東關清真大寺】 是西寧市一座規模最大，保存最為完整的古代建築。是青海省目前最大的伊斯蘭教寺院，也是西北地區四大清真寺之一。

　　　餐　食：早／火車上餐車　　　午／中式合菜40　　　晚／順風肥牛火鍋40
　　　旅　館：　神旺大酒店

第8天 西寧-成都（1.5小時），成都（春熙路步行街自由活動）

●【春熙路步行街】 取老子《道德經》中：「眾人熙熙，若享太牢，若春登台」的典故得名。這裡也是中國最知名的商業街之一，除了老字號名舖眾多，也有許多時尚白領階級所喜愛買東西吃東西的聚會地點。

　　　餐　食：早／酒店內用　　　午／中式合菜40　　　晚／巴園布衣經典川菜40
　　　旅　館：　世紀城假日酒店　或　明悅大酒店　或　溫德姆大酒店

第9天 成都-台北

清晨醒來前往機場，搭機返回溫暖的家。結束這次青藏鐵路9日經典之旅。此旅程因為有您的參與而顯得更完美，期待下次的相會！

　　　餐　食：早／酒店內用或簡易餐盒　　　午／機上簡餐　　　晚／敬請自理
　聯絡人：丁一倪教授　　　聯絡電話：0933-092264

費用包含	(1) 全程經濟艙來回團體機票（圖出圖回，其餘使用細則依各航空公司之規定）。 (2) 標準客房（住宿飯店為一人一室）。 (3) 依行程表所述安排入內參觀之門票。 (4) 二地機場稅＋燃料稅。 (5) 領隊、導遊、司機小費。 (6) 行程表列安排行程。 (7) 500 萬意外責任險 ＋3 萬意外醫療險。 (8) 桃園機場定點到台北縣市的回程接機。 (9) 精美說明會手冊、專用行李牌、車牌。
費用未含	(1) 新護照申請費 NT.1,700 元。 (2) 新辦台胞證申請費 NT.1700 元；台胞證加簽費 NT.600 元。 (3) 逾重行李費。 (4) 純係私人之消費（如行李超重、飲料、酒類、洗衣、電話費等）。 (5) 飯店內之床頭小費及飯店上下行李小費。
注意事項	(1) 此報價僅適用持台灣護照者。 (2) 本公司保留因不可抗力或不可歸責之事由而行程更改之重新報價之權利。 (3) 如遇航空公司、酒店臨時價格調漲，國際油價波動及匯率的變動，本公司將適時調整團費價格，團費以正式合約為準。 (4) 以上行程僅供出發前旅客參考正確行程、航班及旅館依行前說明會資料為準。 (5) 旅客若有特殊情形及需求請先告知，以利後續作業安排。 (6) 全程不走購物站。 (7) 成行人數每國每車至少須有 16 位大人(含)以上，且人數不得低於付訂金人數之 90％。

代購大陸著名瓷器（佛像、茶具、餐具、瓶罐、掛盤、人像及各式藝術品）**有需要者請洽本會。茲舉數例如下：**

中華民國一百年十月二十日出刊

會 務 通 訊

第 五 十 四 期

發行者：國立臺灣大學退休人員聯誼會
National Taiwan University Retiree Association
會　址：台北市羅斯福路四段一號國立臺灣大學望樂樓二樓
電　話：23695692　校內分機：33669690　Fax：23648970
E-mail：nturetiree@ntu.edu.tw

恭賀本會沙前理事長參加大狀元讀經會考榮獲大狀元榮耀

壹、本會近期活動

一、 秋季苗栗南庄風采一日遊歡迎踴躍報名參加

歡迎本校在職教職員工、退休人員及外籍教師攜眷參加。

出發日期：100 年 11 月 23 日 (星期三)

出發時間：上午 8 時準時出發 (請預留時間於 7 時 30 分開始上車)

集合地點：臺灣大學正門口 (羅斯福路上)

代辦費用：每人新台幣 1,000 元

行程時間：

07：30～08：00 台大校門口集合出發。

10：00～11：00 南庄老街 (民國二十四年關刀山大地震時，南庄受創嚴重，商店住家幾乎全毀。當時庄長重建房舍時委由日人規劃設計，因而將房舍建築成兩層樓木造日式建築，目前街道上仍保有原來的建築風貌，行走其中讓人有走進時光隧道的感覺，也興起一股濃厚的懷舊風情)。

11：15～12：00 賽夏族文物館 (文物館面積共 8900 平方公尺，位於向天湖畔，一邊即為矮靈祭祭場。文物館為三層樓式建築，全館外牆以象徵賽夏民居型式的竹編包覆，入口並豎立賽夏族圖騰柱)。

12：20～13：20 南庄桂花園客家美食 (午餐)。

13：40～14：40 向天湖 (位於南庄鄉東河村，為賽夏族聚居之地，海拔 738公尺，每逢冬春之際，常霧氣瀰漫，白雲繚紗，有如人間仙境。賽夏族矮靈祭典叫做「巴斯答隘」，每兩年舉辦一次小祭，每十年舉辦一次大祭)。

15：00～17：00　蓬萊溪護魚步道 (僻處於山野之間，溪流兩側峰巒陡峭，巨石嶙峋，形成山川交錯之奇景。溪水晶瑩澄澈，從岸邊即可望見成群的魚悠游於水中)。

18：40～19：00　大溪晚餐。

20：00　　　　　返回可愛溫暖的家

報名時間：即日起受理報名，歡迎本校在職教職員工、退休人員及外籍教師攜春參加。

報名專線：星期一至星期四上午 9：00～11：30

　　　　　23695692，33669690 活動組長：關麗蘇小姐

備　　註：費用包括午、晚餐，車資，司機，導遊小姐小費，門票，礦泉水，旅遊平安保險 (每人新台幣 200 萬元，醫療費 20 萬元；依規定 14 歲以下、75 歲以上，保險限額為新台幣 100 萬元，醫療費 10 萬元)

二、評古說今系列演講：從中國大陸第一艘航空母艦　談中美軍事競賽　歡迎踴躍參加

時　　間：2011 年 10 月 26 日 (星期三) 上午 10：00～11：30

地　　點：臺灣大學校總區農化二館 5 樓第二會議室

主講人：陳定中將軍 (前內政部役政司長)

三、臺北市大專教師職業工會將辦理各種職業培訓　有意擔任講座者請向本會登記

臺北市大專教師職業工會於 100/10/11　獲台北市政府核准登記，成為全國第一個大專教師職業工會，由本會理事長擔任該會第一屆理事長。以大專教師學術專業服務社會，辦理各種職業培訓為該會主要任務之一。誠摯邀請在職及退休大專教師共襄盛舉，有意擔任講座者，請向本會登記。擔任講座者由該會按次致送演講費及車馬費，因此在職者無任何兼職問題。也歡迎推介有意願的大專教師參加 (不限本校)，登記表在最後一頁。

四、慶祝創校 83 年校慶：健康研習會 歡迎踴躍參加

時　　間：2011 年 11 月 22 日 上午 9：00～11：30

地　　點：臺大體育館 1 樓文康中心交誼廳會議室

內　　容：

1. 張念鎮教授 (中華高齡學學會理事長) 講授：健康長壽的要訣
2. 沙依仁教授 (本會前理事長) 講授：祛病延年九轉法的傳承與創新

五、慶祝創校 83 年校慶：文康晚會 歡迎踴躍參加

時　　間：2011 年 11 月 10 日 (星期四) 下午 6：00～9：00

地　點：臺大體育館1樓文康中心交誼廳
內　容：

　1.氣功分會：九州同春（元極舞）
　2.太極武藝分會：太極拳第二段
　3.太極武藝分會：太極劍
　4.舞蹈分會：國標舞-倫巴
　5.退休人員聯誼分會：吉他演奏、合唱六人組
　6.肚皮舞分會：(1) WARDA　(2) SIMONA
　7.體適能分會：?

六、本會第八屆第二次會員大會　敬請預留時間踴躍參加
　　時　間：2011年12月27日（星期二）上午 9:30～12:00
　　地　點：臺灣大學校總區第一會議室

七、本會100年9～12月份慶生會　歡迎踴躍參加
　　時　間：2011年12月27日（星期二）上午 9:30～12:00
　　地　點：臺灣大學校總區第一會議室
　　與會員大會合併舉辦。

八、會員福利大利多：中華航空專屬優惠網路購票已開通
　　本會與中國海峽兩岸學術文化交流協會合作推出福利卡，爭取優良廠商折扣優
　　惠，由於本會不收取任何回扣，因此能為會友創造最大福利。
　　海峽兩岸學術文化交流協會中華航空專屬優惠網路購票已開通，凡有海峽兩岸
　　學術文化交流協會福利委員會特約優惠卡者，可透過該會網站
　　http://www.sacea.org.tw　與華航網站購票系統連結，用滑鼠點擊華航專屬
　　優惠圖片即可進入華航給予該會之專屬網頁，以特惠價格購買任何地區出發（
　　不限台灣出發）之中華航空經濟艙個人電子機票（每筆訂位最多4人）。
　　詳情請上該會網站(http://www.sacea.org.tw)首頁左邊會員專區中「中華航空專屬
　　優惠」查看（優惠內容不對外公開，故須鍵入會員帳號及會員密碼方能查看）。

　　華航票價，敬請比價（經濟艙前段、中段、後段座位價格不同，機票可否更改
　　日期、航班，價格也不同），絕對是為會員爭取到的大福利。

九、福利委員會「特約優惠卡」(簡稱福利卡)優惠商店大幅增加、優惠項
目包羅食衣住行、請隨時上網查看、以免錯失良機

　　未辦福利卡者可上 http://www.sacea.org.tw 首頁　最新消息查閱

團結力量大！為替會員們爭取更多的福利，歡迎加入福利委員會

各項優惠陸續洽談中，敬請期待！

歡迎推介食、衣、住、行等方面優良商店加入本會特約

商店行列乙！

申辦福利卡地點: 本校望樂樓二樓　退休同仁聯誼會

專線：星期一至星期四上午 9:00～11:30

23695692,33669690 活動組長：　關麗蘇小姐　(務請先電話預約)

歡迎您　推介您用得着的優良廠商，作為特約商店。

我們的目標是讓您及您親友的福利，跨越兩岸、遍及世界。

由於福利卡每 50 張印製一批，已申請但尚未領到福利卡之卡友，如須購買
餐券及華航機票，可透過本會認証，即可享受優惠。

十、100 年度「評古說今」歡迎踴躍報名參加

　　100 年度「評古說今」，請大家踴躍報名擔任主講人或推薦主講人。

本活動由本會理事兼秘書組組長劉騰佛教授負責規劃安排。

【報名專線】23695692,33669690 活動組長：關麗蘇小姐

十一、本會各項活動請大家踴躍參與

　　(1) 本會會務通訊「旅遊園地」歡迎投稿。

　　(2) 本會會務通訊「老照片說故事」歡迎投稿。

　　(3) 「旅遊活動」請大家提供參攷行程。

本會各項活動期待您的熱誠參與，也期盼您能推薦更多退休同仁加入本會！

本會電話：33669690,23695692,傳真：23648970

E-mail : nturetiree@ntu.edu.tw

★敬請提供 E-mail 地址★

為響應「節能減碳」並快速傳達各項活動訊息，不要漏失好康活動，敬請提供
E-mail 地址，以利寄發電子郵件。請來電或傳真告知本會 E-mail 地址。

茲表列現有特約商店如下：

特約餐飲	特約食品
一、台北花園大酒店	黑橋牌企業股份有限公司
二、定食8台北南門店	**特約糕餅**
三、義式屋古拉爵新店家樂福店	一、聖瑪莉全台門市
四、加州風洋食館（Skylark）（新店家樂福店）	二、依莎貝爾、皇樓、御倉屋全台門市
五、賢夫美食（港式點心）	**餐券特惠方案　敬請勿失良機**
六、Mr.Wish 天然水果茶（信陽店）	餐券特惠方案
七、洋旗牛排餐廳（羅斯店）	**特約服飾**
八、愛斯威爾義法餐坊	百事特（儀大公司）全台門市
九、漢威/輸威 餐飲(SUBWAY 大坪林店、七張店、萬芳店)	**特約眼鏡**
十、Friday's 餐廳	寶島眼鏡全台門市
十一、御膳九日式御膳料理	
十二、池春日式涮涮鍋	
十三、璞鈺與藏擂茶、素食	
特約飯店	**特約美容**
一、華泰王子大飯店	媚登峰集團
二、雲朗觀光飯店	1、長春藤身心健康管理中心
中信系列	2、媚登峰
墾丁、高雄、新店、桃園、中壢	**特約藝術品**
兆品系列	
苗栗、嘉義、台中（本館及新館）	台灣手工業推廣中心
翰品系列	大陸藝術品
新莊、花蓮	
中信楓悅酒店（廈門）	僅服務會員，請登入會員專區查閱。
三、上海帝璟麗緻大酒店	**特約圖書文具**
四、台南大飯店	墊腳石圖書公司（許昌店）
特約一般生活商店	**特約量販型生活商店**
一、金興發生活百貨（台大店）	一、好市多（COSTCO）
二、戶外玩家有限公司　野遊風戶外休閒用品館	二、特力屋、HOLA和樂家居館、HOLA CASA名品傢俱館及FREER儷蒂絲寢具館
特約3C	

一、燦坤（全台各門市） 二、良興電子資訊廣場	新增：台東縣鹿野鄉 永安農特產展售中心
特約交通	專案特約
一、中華航空 二、復興航空 三、台北衛星車隊	一、（更新中） 二、中國人壽王經理特別給予專案優惠 三、中華電信手機用戶及公司 　行號電話用戶網內專案優惠
特約旅行社	特約休閒遊樂
東南旅行社 雄獅旅行社	綠世界生態農場

福利卡卡友，可點擊上表各項名稱　登入會員專區查閱

貳、會務報告

1. 舉辦.100 年度「評古說今」
   (1) 第一場由徐玉標教授主講：埃及艷后（2011/01/18，臺灣大學校總區望樂樓 2 樓本會辦公室）
   (2) 第二場由方祖達教授主講：當中國統治世界 台灣往何處走（2011/04/19，臺灣大學校總區望樂樓 2 樓本會辦公室）
   (3) 第三場由陳福成主任教官（名作家）主講：找尋理想國（新書發表），100/05/17 上午，臺灣大學校總區望樂樓 2 樓本會辦公室）
   (4) 第四場由華陽居士江奎章先生主講：依人相學來認識自己，100/08/10 上午，臺灣大學校總區望樂樓 2 樓本會辦公室舉辦。共有 12 人參加。
   (5) 第五場由本校植物系名師李學勇教授主講：楓槭樹之區別，100/09/20 中午，御膳九日式御膳料理餐廳）。
   (6) 第六場由陳定中將軍（前內政部役政司長）主講：從中國大陸第一艘航空母艦 談中美軍事競賽，100/10/26 上午，臺灣大學校總區第二會議室）。
2. 本會今年舉辦下列會員聯誼活動：
   (1) 社子花卉廣場、十分寮瀑布一日遊（2011/3/10），共 40 人參加。
   (2) 苗栗大湖採果、薑麻園步道、三義佛頂一日遊（100/04/ 29），共 42 人參加。
   (3) 苗栗南庄蓬萊護魚步道、力馬工坊、劍潭古道一日遊（100/05/19），共 42 人參加。
   (4) 台大山地農場（梅峰）、清境二日遊（100/07/07～08），共 42 人參加。
   (5) 2011 荷蘭羊角村、比利時、法國、盧森堡精選之旅 10 天（100/09/07～16）

共 30 人參加。

(6) 參觀新竹峨眉湖、北埔老街（100/10/05），共 34 人參加。(本活動係中華民國團結自強協會主辦，本會協辦之新竹縣政建設參觀活動)， 全部費用由主辦單位承擔，謹致謝忱！

(7) 秋季桃園、小烏來天空步道一日遊（100/10/19），共 42 人參加。

(8) 秋季苗栗南庄風采一日遊（100/11/23）。

3. 世界屋脊青藏高原鐵路之旅 12 日，因報名人數不足停辦。

4. 本會今年已召開下列理監事聯席會議:

(1) 第八屆第一次理監事聯席會議（2011/01/10，本校校總區第四會議室）。

(2) 第八屆第二次理監事聯席會議（2011/03/22，本校校總區第四會議室）。

(3) 第八屆第三次理監事聯席會議（2011/06/21，本校校總區第二會議室）。

(4) 第八屆第四次理監事聯席會議（2011/09/20，御膳九日式御膳料理餐廳）。

5. 本會與中華高齡學學會共同主辦 「老人家庭教育研討會」，已於 100/06/27～28，假本校體育館一樓文康中心交誼廳舉辦。

6. 本會與中華高齡學學會共同主辦 「老人保健養生教育研討會」，已於 100/07/11～12，假本校體育館一樓文康中心交誼廳舉辦。

分別邀請 16 位學者專家主講有關家庭教育與保健養生教育，除贈送研討手冊一本外，並贈＜健康長壽簡訊＞第 34 期一份。

7. 本會與中華高齡學學會假臺大體育館 1 樓文康中心交誼廳會議室，共同主辦系列健康講座（參加者贈送當期＜健康長壽簡訊＞一份）:

(1) 中華高齡學學會理事長張念鎮教授主講: 「古今百歲人瑞的長壽之道」(100/06/07)。

(2) 物理治療學會理事長簡文仁醫師主講: 「保健康自己來」(100/08/16)。

(3) 中華老莊學會理事長楊汝舟博士主講: 「逍遙養生功」(100/09/13)。

(4) 退役軍醫上校卓金鴻女士主講: 「漫談自然療法」(100/10/11)。

今年健康講座預定時間

12 月份 12/23（星期二）上午 9～11 時　如有變動　另行通知

8. 本會 100 年 5～8 月份慶生會，已於 100/08/30 下午，假本校體育館一樓文康中心交誼廳舉辦。(上次理監事會建議改變慶生會方式為為聯誼餐會，經意見調查結果，僅一人回函表示贊成，多人來電表示仍以原來方式舉辦為宜)。

9. 本會存放於教師會之文件及圖書已隨教師會遷至推廣進修部 307 室 (100/09/01)。

10. 特約商店特力屋及其關係企業推出海峽兩岸學術文化交流協會及大專院校教師會企業員購專案週（9/8～9/14），憑特約優惠卡及特力企業員購專案 DM 至全國各地特力屋集團（包括特力屋、HOLA 家居館、HOLA CASA 名品傢俱館及 FREER 僑蒂絲寢具館)門市購物，除部分規定不折扣商品外，可享全館 88 折起之優惠。(如另有特力屋會員卡可累積愛家紅利)。(本活動是透過海峽兩岸學術文化交流協

會福利委員會爭取到的福利）。

11. 特約商店特力屋及其關係企業推出「老師有禮」購物特惠週（9/22～9/28），憑各級學校教職識別證或活動DM，可享DM上所述之優惠。敬請隨時上網查看 **http://www.sacea.org.tw** 以免錯失良機。

12. 本校教職員工文康活動推行委員會召開慶祝創校83年校慶系列活動第一次籌備會會議（100/09/15中午）本會理事長代表本會參加。本校文康會慶祝83週年校慶晚會預定100/11/10（星期四）晚間六時舉辦。「慶祝83週年校慶活動」分為(1)分會活動及(2)文康晚會表演　兩類。分會活動（100/11/01～30）性質不限，舉凡講座、競賽、研習等皆可，經費依所提預算，酌予適度補助。每分會活動可提1～2項，文康晚會表演請踴躍參與，兩者均列入績優分會計量成績。

13. 台灣銀髮族協會主辦，本會合辦之「建國百年　反賄選!反詐騙!健康萬步行」千人健走活動，本會由吳元俊理事率領多人報名參加（100/10/01，台北自來水園區）。

14. 本會理事長丁一倪教授當選台北市大專教師職業工會理事長，本會理事陳美枝教官出任該會總幹事（100/06/08）。

15. 本會理事長丁一倪教授應邀參加「第二屆河北文化寶島行暨經濟合作交流週開幕酒會」（2011/06/23，台北國際會議中心），由河北省委付志方副書記率領河北省代表團100人來台進行合作交流。

16. 河北石家莊信息工程職業學院台灣技職教育訪問團一行15人來訪，由管理學系主任趙志恒教授擔任團長，本會理事長陪同參觀臺大校史館（2011/08/18）

17. 本會理事長丁一倪教授參加教育部「吳部長與校長、教師、家長教　育會談」（2011/08/20，教育研究院三峽總院區）。

18. 本會前理事夏良玉先生不幸於100/09/03病逝，於100/09/21上午8:40假第二殯儀館懷恩廳舉行公祭，本會依往例致送輓聯乙幅，由何副理事長率領多位理監事前往致祭。

19. 本會沙前理事長參加大狀元讀經會考（100/10/09），1,199名通過各縣市初試、複試的教師及家長齊聚一堂，在監考老師抽測下，逐字逐句背誦，會考內容涵蓋大學、中庸、論語、孟子、百孝經、金剛經、道德經等。考生中，年紀最長是已八十二歲的臺灣大學沙依仁教授，儘管行動不便，不過記憶力不輸年輕人，抽測時，不疾不徐完成背誦，獲得大狀元榮耀，精神令人感佩。行政院院長吳敦義特別到場頒獎，在百年國慶日前夕，吳院長期盼國人將博大精深的文化瑰寶，透過國際弘道傳遍全世界，讓世界各國深入了解中華文化包容、寬容的文化融合力，讓人類社會和平早日實現。

20. 轉知提供E-mail之會友參加下列資訊:
　　(1) 林松洲教授告訴您如何防護輻射
　　(2) 衛生署公告 塑化劑污染食品之處理原則

21. 轉知提供 E-mail 之會友參加下列活動:

(1) 龍應台文化基金會:思沙龍「2011 你所不知道的中國,百年思索文明的刻度」(100/5/21、5/22、5/28)。

(2) 行政院農業委員會陳武雄主任委員主講:理性與感性的抉擇 (100/05/29 上午,農業綜合館一樓農經研討室)。

(3) 台大校友會主辦之 2011 年「提升生活品質」系列講座。

(4) 從電影探尋白先勇的文學身影:影展暨演講 (孽子) (100/06/01)。

(5) 科學教育發展中心「與大師有約」系列講座(100/06/09、06/11、06/18、06/24、06/25)。

(6) 行政院原住民族委員會臺灣原住民族圖書資訊中心展覽(100/06/21~07/20)。

(7) 行政院原住民族委員會臺灣原住民族圖書資訊中心演講 (100/06/24)。

(8) 臺大校史館展覽:聯招重鎮　閉場在臺大 (100/07/04~100/08/31)。

(9) 夏日行動講堂--如何利用圖書館數位學習網自修英語 (100/07/05)。

(10) 臺灣日日新系列講座「當中藥碰上西藥:中華民國與日治台灣的衛生魔界」(100/07/08)。

(11) 金鼎獎系列講座:為押魚肉?還是雞鴨魚肉?(100/07/23)

(12) 100 年臺大有機農夫市集系列講座—「有機農產品消費者教育講座」(100/07/23、08/13、08/27、09/10)。

(13) 悠遊一夏・探索臺大—2011臺大博物館群學習體驗營(100/08/01、08/03、08/05)。

(14) 臺灣日日新系列講座「找尋民俗的密碼:金銀紙的民俗故事與信仰」(100/08/05)。

(15) 張俊宏新書《和平——中立的臺灣》新書發表會 (100/08/18)。

(16) 中華民國團結自強協會與逸仙學會共同辦理桃園縣政建設活動(大潭工業區、後慈湖,100/09/06)。

(17) 太極武藝分會太極講座(100/09/20)。

(18) 100 學年度全校運動會游泳賽及校園馬拉松賽開始報名(100/09/28)。

(19) 生命教育影展(100/10/05、10/12、10/19、10/25,本校總圖 B1 國際會議廳)。

(20) 本校校史館百匯拾遺特展—從帝大到臺大文件采風(100/10/07~101/02/27)。

(21) 抒情傳統與現代京劇　新書發表會(100/10/17 下午,臺大集思會議中心)。

(22) 戀戀火金姑　影片放映暨映後座談 (100/10/18 下午,總圖 4F 多媒體服務中心)。

(23) 《愛的代價》醫學人文電影欣賞談會(100/10/19,醫圖分館)。

(24) 本校經濟學系教授兼人文社會高等研究院副院長林建甫博士主講:ECFA 後臺灣的農業發展策略 (100/10/21 下午,農業綜合館一樓農經研討室)。

(25) 紀念先總統蔣公百歲有廿五誕辰 紀念活動 (100/10/30 上午,中正紀念堂)。

22. 本會會員動態

會計組陳明珠組長代為報告:

(1) 100 年 6 月至 8 月新加入會員 6 名，目前會員總編號為 650，扣除往生、停權及退會者 268 人，現有實際會員 382 人（內含永久會員 316 人，常年會員 66 人）。

(2) 常年會員轉入永久會員計林義男及武崇孚 2 人

(3) 新加入永久會員 6 名：

| \multicolumn{4}{國立臺灣大學退休人員聯誼會} | 100 年 05 月迄今申請入會名單 | | |
編號	原服務單位	姓名	性別	備　註
645	護理系	黃淑琴	女	永久會員
646	哲學系	黃懿梅	女	永久會員
647	體育室	方黃裕	男	永久會員
648	體育室	陳國華	男	永久會員
649	大氣系	柳中明	男	永久會員
650	生農院	魏素芬	女	永久會員
共計		6 人		

23. 本會第五十三期會務通訊已於 2011/07/08 出刊，感謝本會辦公室各組組長全體動員，使編印及寄發工作得以順利完成。

24. 本會國內旅遊由活動組關麗蘇組長一人包辦所有業務（包括爭取教職員工本人參加者文康活動經費補助），在此特別感謝她的辛勞。

本會今年 7 月迄今舉辦了：

(1) 台大山地農場（梅峰）、清境二日遊（100/07/07～08），共 42 人參加。

(2) 2011 荷蘭羊角村、比利時、法國、盧森堡精選之旅 10 天（100/09/07～16）共 30 人參加。其行程如下：

第 1 天 台北 → 阿姆斯特丹 Amsterdam(荷蘭)

第 2 天 阿姆斯特丹→鹿特丹 Rotterdam→荷蘭風車群(小孩堤防 kinderdijk)→布魯塞爾

第 3 天 布魯塞爾 Brussel→布魯日 Brugge→巴黎 Paris(法國)

第 4 天 巴黎～羅浮宮～塞納河遊船→百貨公司

第 5 天 巴黎～凡爾賽宮→蒙帕納斯 56 層大樓→市區遊覽

第 6 天 巴黎→漢斯 REIMS→盧森堡 Luxembourg

第 7 天 盧森堡→馬斯垂克→烏特勒支 Utercht (含船遊皆運河)

第 8 天 阿姆斯特丹→羊角村(含遊船)→船遊覽運河→水霸廣場(櫥窗女郎)

第 9 天 阿姆斯特丹 → 台北

第 10 天 台北

(3) 參觀新竹峨眉湖、北埔老街（100/10/05），共 34 人參加。（本活動係中華民國團結自強協會主辦，本會協辦之新竹縣政建設參觀活動），全部費用由主辦單位承擔，謹致謝忱！

(4) 秋季桃園、小烏來天空步道一日遊（100/10/19），共 42 人參加。

(5) 秋季苗栗南庄風采一日遊（100/11/23）。

25. 本會陳明珠組長完成會員資料電腦建檔、黃存仁組長完成會員資料電腦建檔程式設計，謹致十二萬分的謝忱。

26. 資訊組黃組長完成本會第五十四期會務通訊之編印及規劃建置本會網站，並隨時維護本會電腦順利運作，也要特別感謝他的辛勞。

27. 檔案 e 化組杜雅慧組長完成部份會友 E-mail 通訊錄建檔，截至目前為止，計有 68 位會友提供 E-mail 信箱，本會寄送會務通訊及不定時寄送最新活動通知給提供 E-mail 的會友，透過網路回答會友提出的問題，並完成 54 期會務通訊中：台大山地農場 梅峰 清境二日遊 稿件打字，謹在此對杜組長表達誠摯的謝意。

28. 會計組陳組長完成各項帳務工作，並暫代會員組工作，辦理會員入會，隨時更新本會會員異動資料，且辦理歷次慶生會業務，謹在此對陳組長表達誠摯的謝意。

29. 秘書組劉組長完成歷次理監事會場地借用、開會通知寄發及規劃辦理「評古說今」活動。，總務組鍾組長天天到辦公室值班，也在此一一表達誠摯的謝意。

30. 本會主辦之活動張貼於臺大網頁，其點閱方法如下：
進入臺大首頁→點左上方「教職員」→點右下角「文康活動公告」，即可進入「教職員工文康活動推行委員會網頁」→點左上角「活動訊息」，即可看到本會活動資訊，歡迎隨時上網點閱。

31. 本會會員電話或通訊地址如有變更，請儘速告知本會，以免失聯。

32. 本會會員提供 E-mail 者，如有沒有收到本會寄發之好康訊息，請儘速告知本會，以便檢查電郵地址是否有誤。

叁、遊記

台大山地農場 梅峰 清境二日遊

20110707-0708 台大山地農場(梅峰)、清境二日遊　　奎章文／信義、奎章圖

在信義兄嫂照顧下終於補位成功，擠身這次二天一夜之旅遊，七日當天六時三十分與信義兄相約在台大校門口見面，進入台大校園照了幾張相，分別在 21 響的傅鐘前、信義值班的聯合服務中心取景，一圓未進台大就讀或服務的缺憾。

準七時三十分出發，台大退休人員幾乎都是上了年紀的人，中途休息上下車，都很配合很準時，動作絕對不輸年輕人的利落，守時守法的精神，絕對優於年輕世代族群。

第一站來到中台禪寺，這座結合中西建築美的新式寺院，在惟覺老和尚發願下由規劃至完成歷時十年，造價上百億，建築非常雄偉莊嚴，主體以石材為主，象徵修行

的堅固和永恆不變，其中一樓的四大天王，高 12 米是經過美化的柱子，各位可以在照片中欣賞到中台禪寺的氣勢及宏偉。

車行一路爬坡，直上海拔 2100 公尺，面積 1409 公頃的梅峰山地農場，同行好友福成兄，網名拿破崙，學貫中西，著作高過他身高，他說每高 100 公尺，氣溫就降 0.6 度攝氏，2100 換算起來就是 21x0.6 度，溫差約 13 度，晚餐後，重頭戲開始，在解說員帶領下，打著手電筒摸黑前進山區平台，躺在工作人員帶來的軟墊上，仰觀滿天的星斗，解說員要大家先把眼睛閉上，然後由一數到五，再睜眼，星光真的明亮多了，以鐳射光束，指引大家看北斗七星，那個是牛郎星、織女星，木星、天蠍星等等，原來這些命名也是發現者自身的想像，後來的人要看懂真的不容易，好比天蠍星，要是不點出它的主結構，怎麼猜得到？男男女女大家躺在高山平台墊子上仰觀星象的體會很奇妙感覺，要親身體會才能了解。

信義、普炎、福成都是台大主任教官退休，學問高見聞廣博，四人合住一室，普炎兄歌唱極棒，天天下水游泳 38 分鐘一千公尺，日用便三次，身體保持極佳狀態，福成兄文武合一，除了著作高過身高外，武術更是了得，飛腳與眉齊金雞獨立數分鐘穩如泰山，推之不動，信義兄更是多才多藝，歌好舞佳、網球、高球、跳遠，樣樣行，爬山如山羊輕鬆飛躍，下坡更是利落如猿猴，所幸此行前我密集自我訓練 36 天，不然真的會走不下來，看到九十高齡的植物系權威教授李學勇亦步亦趨，直覺汗顏，一路上他細說楓葉，我們大大的長了不少見識，楓葉是對生的，不管它是三片或五片，所謂以葉子觀察『楓互合槭』的說法根本是錯的，一代傳一代的錯下去。

四人住一間，衛浴只有一間，我們分配好起床時間，我三點起來練功、信義兄四點起來、福成五點起來，普炎五點半起來，大家錯開起床時間，四個人都是職業軍人退伍，五點半全著裝待出發，要到八點才能進早餐，所幸福成嫂有準備每人牛蕃茄二個餅干一包充飢。

晨起氣溫極低，六點出發賞鳥去也，四人配發望眼鏡一具，只聞美妙的鳥鳴猶如『HAPPY NEW YEAR』，遍尋鳥蹤不易，解說員要大家幫忙找，真的有好多不知名的大小鳥穿梭在林間。

八時進早餐，一天只食早、午餐的我，快餓垮了。餐後在解說員帶領下，欣賞梅峰農場的水果及花草，七葉膽、水蜜桃、獼猴桃、梅子及各種花卉盡收眼底，值得一提的進口的紐西蘭奇異果及藍莓都在台大實驗農場栽培成功，解說員帶我們進入藍莓栽培區，特別提醒不可伸手摘食，福成兄運氣好，正好掉落一顆藍莓在嘴裡，有機栽培的，不用洗放心食用，直說好甜，信義兄比照辦理，口水流盡，惜藍莓偏不掉落其口中。信義嫂人比花嬌，在五色繽紛的繡球花前與另一美女福成嫂，合照畫面真美。

　　清境農場的綿羊秀，觀秀設備有些簡陋，日照高溫達三十幾度，不過表演算精彩，也不虛此行。

　　雲南擺夷料理─魯媽媽餐廳生意興隆，頗具特色；回程晚餐在苗栗陳師傅餐館用餐，客家鹹湯圓、紅燒蹄膀、糖汁烤地瓜都很道地，尤其是韭菜碗粿人人讚好，外帶回家分享的人不少，足見台大退休人員都是有情有義，有好的必定分享家人，可惜我晚餐不吃，不能一一品嚐，客家菜通常口味很重，但陳師傅餐廳，口味較淡，頗受大家好評。

　　歡樂的時光特別快，九點四十五分回到台北，大家在離情依依不捨中互道珍重，期盼下次再相聚，承辦人特別強調八月份在佛光山見

同意擔任臺北市大專教師職業工會 職業培訓講座登記表

姓名：
原任教學校名稱：　　　　　　　　　學系：　　　　　職稱：
取得最高學歷學校名稱：　　　　　　　　　　　　　　學位：
學術專長：
電話：　　　　手機：　　　　　傳真：
E-mail：

本表填妥請送交或郵寄本會辦公室或傳真 02-23648970 或 E-mail：initing@ntu.edu.tw，謝謝！

以下僅登載於網路版

本會政治立場中立　與各政黨維持友好關係　不以本會名義　參加任何特定政黨活動

本會透過 E mail 轉發之活動通知，基於讓大家有知之權利，並不過濾其政治色彩，因此勾起部分會友不愉快的回憶，謹致歉意！

台大山地農場 梅峰 清境二日遊 （照片部份）

20110707-0708 台大山地農場(梅峰)、清境二日遊　　奎章文／信義、奎章淵

中華民國一百年十二月十七日出刊

會 務 通 訊

第 五 十 五 期

發行者：國立臺灣大學退休人員聯誼會
National Taiwan University Retiree Association
會　址：台北市羅斯福路四段一號國立臺灣大學望樂樓二樓
電　話：23695692　校內分機：33669690　Fax：23648970
E-mail：nturetiree@ntu.edu.tw

熱烈歡迎呂淑貞小姐參加本會辦公室工作團隊，擔任會員組組長

壹、本會近期活動

一、本會第八屆第二次會員大會第二次通知　敬請踴躍出席
　　時　間：100 年 12 月 27 日（星期二）上午 9:30～12:00
　　地　點：臺灣大學校總區第一會議室
　　敬請各位預留時間，踴躍出席。
　　務請寄回出席回條，以利統計人數準備便當，未寄回回條者則請自備午餐。

二、本會 100 年 9～12 月份慶生會第二次通知　歡迎踴躍參加
　　時　間：100 年 12 月 27 日（星期二）上午 9:30～12:00
　　地　點：臺灣大學校總區第一會議室
　　與會員大會合併舉辦。
　　敬請各位壽星預留時間，踴躍出席。

三、評古說今系列演講：楓槭樹之區別　歡迎踴躍參加
　　時　間：2012 年 1 月 10 日（星期二）上午 10:00～11:30
　　地　點：臺灣大學校總區望樂樓 2 樓本會辦公室
　　主講人：李學勇教授（本校植物學系知名教授）

四、福利委員會「特約優惠卡」（簡稱福利卡）優惠項目包羅食衣住行、
　　請隨時上網查看、以免錯失良機
　　　　本會隨時通知提供 E-mail 者新增福利及團購服務，無 E-mail 者請隨時

上網(http://www.sacea.org.tw)查看。

　　有特約優惠卡者，請憑卡到台北市羅斯福路三段283巷5號　（台電大樓對面巷內溫州公園旁），統一企業集團聖德科斯天然有機食品臺大店 ┼ 到店消費不限金額發票，即可獲贈貴賓卡一張，立即享有85折優惠。（貴賓卡全國聖德科斯門市通用，敬請勿失良機）。

　　由於洽談特約商店每月電話費都在3,000元以上，不敷成本，將自明年一月份起調升製卡費用：會員350元/張，會員親友450元/張　（會用福利卡者每年至少可省數千至數萬元），需要者請在年底(12/31)前，到關組長處辦卡。

申辦福利卡地點：本校望樂樓二樓　退休同仁聯誼會

專線：星期一至星期四上午9:00～11:30

　　23695692，33669690 活動組長：關麗蘇小姐　（務請先電話預約）

歡迎您　推介您用得着的優良廠商，作為特約商店。

我們的目標是讓您及您親友的福利，跨越兩岸、遍及世界。

由於福利卡每50張印製一批，已申請但尚未領到福利卡之卡友，如須購買餐券及華航機票，可透過本會認証，即可享受優惠。

五、101年度「評古說今」歡迎踴躍報名參加

　　101年度「評古說今」，請大家踴躍報名擔任主講人或推薦主講人。

　　本活動由本會理事兼秘書組組長劉鵬佛教授負責規劃安排。

　　【報名專線】23695692，33669690 活動組長：關麗蘇小姐

六、本會各項活動請大家踴躍參與

　　(1) 本會會務通訊「旅遊園地」歡迎投稿。

　　(2) 本會會務通訊「老照片說故事」歡迎投稿。

　　(3) 「旅遊活動」請大家提供參攷行程。

本會各項活動期待您的熱誠參與，也期盼您能推薦更多退休同仁加入本會！

本會電話：33669690，23695692，傳真：23648970

E-mail：nturetiree@ntu.edu.tw

★敬請提供E-mail地址★

為響應「節能減碳」並快速傳達各項活動訊息，不要漏失好康活動，敬請提供E-mail地址，以利寄發電子郵件。請來電或傳真告知本會E-mail地址。

貳、會務報告

1. 今年本會在大家共同努力下，繼續當選本校教職員工文康活動推行委員會績優分會，由勞苦功高的關麗蘇組長代表本會領取琉璃獎座並致詞(100/11/10，體育館文康中心交誼廳)。除獲頒獎座外，並獲得獎金新台幣一萬元。

2. 本校教職員工文康活動推行委員會頒獎暨祝校慶晚會，本會由吳信義主任教官領軍、方祖達教授指揮表演吉他伴奏合唱六人組，獲得滿堂喝采，並獲文康會核定補助**表演治裝費**新台幣 3,600 元(實報實收)。

3. 本校創校 83 年校慶，本會配合文康活動推行委員會校慶活動於 100/11/22 上午，假綜合體館 1 樓文康中心交誼廳舉辦健康研習會，分別由：
   (1) 張念鎮教授(中華高齡學學會理事長) 講授：祛病延年九轉法的傳承與創新。
   (2) 沙依仁教授(本會前理事長)講授：新健康長壽的要訣。
   並獲文康會核定補助新台幣 6,000 元(實報實收)。

4. 本年度文康會補助本會經費新台幣 14,850 元，較去年增加 10%。

5. 舉辦.100 年度「評古說今」：
   (1) 第一場由徐玉標教授主講：埃及艷后 (100/01/18，臺灣大學校總區望樂樓 2 樓本會辦公室)。
   (2) 第二場由方祖達教授主講：當中國統治世界 台灣往何處走 (100/04/19，臺灣大學校總區望樂樓 2 樓本會辦公室)。
   (3) 第三場由陳福成主任教官(名作家)主講：找尋理想國 (新書發表)(100/05/17 上午，臺灣大學校總區望樂樓 2 樓本會辦公室)。
   (4) 第四場由洪泰雄主任(本校註冊組主任)主講：「健康瘦身代謝平衡」(100/06/21 上午，臺灣大學校總區第二會議室)。
   (5) 第五場由吳信義主任教官主講：淺談什麼叫思想？思想銓釋 (100/07/13 上午，臺灣大學校總區望樂樓 2 樓本會辦公室)。
   (6) 第六場由華陽居士江奎章先生主講：依人相學來認識自己 (100/08/10 上午，臺灣大學校總區望樂樓 2 樓本會辦公室)。
   (7) 第七場由本校植物系名師李學勇教授主講：楓槭樹之區別 (100/09/20 中午，御膳九日式御膳料理餐廳)。
   (8) 第八場由陳定中將軍(前內政部役政司長)主講：從中國大陸第一艘航空母艦談中美軍事競賽 (100/10/26 上午，臺灣大學校總區第二會議室)。
   (9) 第九場由本會路統信理事主講：水杉----植物的「活化石」樹 (100/11/21 上午，臺灣大學校總區望樂樓 2 樓本會辦公室)。
   (10) 第十場由沈世傑教授(本校動物學研究所名譽教授)主講：魚類的萬花筒世界 (100/12/12 上午，臺灣大學校總區第三會議室)。

6. 本會今年舉辦下列會員聯誼活動:
   (1) 社子花卉廣場、十分寮瀑布一日遊(2011/3/10),共 40 人參加。
   (2) 苗栗大湖採果、薑麻園步道、三義佛頂一日遊(100/04/29),共 42 人參加。
   (3) 苗栗南庄蓬萊護魚步道、力馬工坊、劍潭古道一日遊(100/05/19),共 42 人參加。
   (4) 台大山地農場(梅峰)、清境二日遊(100/07/07~08),共 42 人參加。
   (5) 2011 荷蘭羊角村、比利時、法國、盧森堡精選之旅 10 天(100/09/07~16) 共 30 人參加。
   (6) 參觀新竹峨眉湖、北埔老街(100/10/05),共 34 人參加。(本活動係中華民國團結自強協會主辦,本會協辦之新竹縣政建設參觀活動), 全部費用由主辦單位承擔,謹致謝忱!
   (7) 秋季桃園、小烏來天空步道一日遊(100/10/19),共 42 人參加。
   (8) 秋季苗栗南庄風采一日遊(100/11/23)。

7. 本會今年已召開下列理監事聯席會議:
   (1) 第八屆第一次理監事聯席會議(100/01/10,本校校總區第四會議室)。
   (2) 第八屆第二次理監事聯席會議(100/03/22,本校校總區第四會議室)。
   (3) 第八屆第三次理監事聯席會議(100/06/21,本校校總區第二會議室)。
   (4) 第八屆第四次理監事聯席會議(100/09/20,御膳九日式御膳料理餐廳)。
   (5) 第八屆第五次理監事聯席會議(100/12/12,本校校總區第三會議室)。

8. 本會與中華高齡學學會共同主辦 「老人家庭教育研討會」,已於 100/06/27~28,假本校體育館一樓文康中心交誼廳舉辦。

9. 本會與中華高齡學學會共同主辦 「老人保健養生教育研討會」,已於 100/07/11~12,假本校體育館一樓文康中心交誼廳舉辦。
   分別邀請 16 位學者專家主講有關家庭教育與保健養生教育,除贈送研討手冊一本外,並贈送<健康長壽簡訊>第 34 期一份。

10. 本會與中華高齡學學會假臺大體育館 1 樓文康中心交誼廳會議室,共同主辦系列健康講座(參加者贈送當期<健康長壽簡訊>一份):
    (1) 中華高齡學學會理事長張念鎮教授主講:「古今百歲人瑞的長壽之道」(100/06/07)。
    (2) 物理治療學會理事長簡文仁醫師主講:「保健康自己來」(100/08/16)。
    (3) 中華老莊學會理事長楊汝舟博士主講:「逍遙養生功」(100/09/13)。
    (4) 退役軍醫上校卓金鴻女士主講:「漫談自然療法」(100/10/11)。
    (5) 醫學博士毛井然教授主講:「能量醫學對美容、延年之效應」(100/1213)。

11. 下列法案近將修訂，攸關您的權益，敬請密切注意！
 (1)公立學校教職員退休條例
 (2)公教人員保險法（100/11/09 公保法大修，立院初審通過）。

12. 學界支持馬英九總統競選連任餐會（100/10/19，臺北國軍英雄館），本會共 11 人參加。

13. 本會理事長參加「NGO 組織聯誼籌備會」（100/10/27，臺北 YMCA）。

14. 紀念先總統 蔣公百歲有二十五誕辰紀念會（100/10/30，中正紀念堂），本會 共 37 人報名參加，出席者獲贈西點一盒、蔣公 玉照及墨寶複製品一幅。

15. 團結自強協會主辦之「紀念國父誕辰千人大合唱」，馬總統親臨致詞，馬總 統與吳院長並參加合唱（100/11/12，國父紀念館），本會共 8 人參加。

16. 本會理事長應邀參加「孫中山思想與全球中國人的未來」學術研討會，並擔 任論文發表會主持人。（100/11/12，國父紀念館中山講堂）。

17. 臺北市教師會主辦之「總統候選人暨臺北市立委候選人教育政策座談會」（100/ 12/10，台北市議會九樓國際會議廳），本會汪淮教授及丁一倪教授 2 人參加。

18. 轉知提供 E mail 之會友參加下列活動：
 (1)台灣銀髮族協會電子報之活動。
 (2)老神在在：行業祖師爺有拜有保庇演講會（100/10/29，傳藝文化講堂）
 (3)臺大、香港中大合辦之中醫藥研究學術交流研討會（100/10/30，臺大醫學院第 103 講堂）
 (4)第 21 屆國際快樂健行大會（100/11/12～13，臺灣戲曲學院）
 (5)從校史出發系列演講-歐素瑛教授（國史館臺灣文獻館副館長、臺大歷史學系兼任助理 教授）主講：臺北帝國大學與臺灣學研究（100/11/25，臺大校史館）
 (6)100 年歲末聯合音樂會（100/11/25，懷恩堂）

19. 本會第五十四期會務通訊已於 100/10/20 出刊，感謝本會辦公室各組組長 全體動員，使編印及寄發工作得以順利完成。

20. 本會國內外旅遊均由活動組關麗蘇組長一人包辦所有業務（包括爭取教職員工 本人參加者文康活動經費補助），在此特別感謝她的辛勞。
 本會今年舉辦了 7 次國內旅遊，1 次國外旅遊。此外，關組長尚參加本校教職 員工文康活動推行委員會頒獎慶祝校慶晚會中 「吉他伴奏合唱六人組」 等 劃及演出，並配合文康活動推行委員會校慶活動辦理「健康研習會」之一切事 務，可謂勞苦功高。

21. 本會會員動態
會計組陳明珠組長代為報告：
(1) 100 年 9 月至 11 月新加入會員 6 名，目前會員總編號為 656，扣除往生、 停權及退者 268 人，現有實際會員 388 人（內含永久會員 322 人，常 年會員 66 人）。
(2) 新加入永久會員 6 名：

國立臺灣大學退休人員聯誼會		100 年 05 月迄今申請入會名單		
編號	原服務單位	姓名	性別	備　註
651	材料科學與工程學系	黃坤祥教授	男	永久會員
652	財務金融學系	鍾以禮技士	女	永久會員
653	大氣科學系	張美麗組員	女	永久會員
654	生物產業傳播暨發展學系	賴爾柔副教授	女	永久會員
655	哲學系	陳鼓應教授	男	永久會員
656	生化科技學系	魏嘉碧技士	女	永久會員
	共計	6 人		

22. 會計組陳組長完成各項帳務工作，並暫代會員組工作，辦理會員入會，隨時更新本會會員異動資料，且辦理歷次慶生會業務，謹在此對陳組長表達誠摯的謝意。

23. 檔案 e 化組杜雅慧組長完成部份會友 E-mail 通訊錄建檔，截至目前為止，計有 68 位會友提供 E-mail 信箱，本會寄送會務通訊及不定時寄送最新活動通知給提供 E-mail 的會友，敬請各位踴躍提供 E-mail 信箱，透過網路回答會友提出的問題，並完成 55 期會務通訊中：沙前理事長大作「新健康長壽的要訣」稿件打字，謹在此對杜組長表達誠摯的謝意。

24. 本會網站已由資訊組黃存仁組長更新完成，今後由黃組長負責管理及維護，此外黃組長並隨時維護本會電腦順利運作，也要特別感謝他的辛勞。。

25. 秘書組劉組長完成歷次理監事會場地借用、開會通知寄發及規劃辦理「評古說今」活動。。總務組鍾組長天天到辦公室值班，也在此一一表達誠摯的謝意。

26. 本會會員電話或通訊地址如有變更，請儘速告知本會，以免失聯。

27. 本會會員提供 E-mail 者，如有沒有收到本會寄發之好康訊息，請儘速告知本會，以便檢查電郵地址是否有誤。

叁、會員福利 〝好康大放送〞

一、會員及親友同享會員價申辦特約優惠卡
慶祝全國唯一大專教師職業工會【臺北市大專教師職業工會】獲准登記設立至 2011 年 12 月 27 日止，一律會員價申辦福委會特約優惠卡。

二、辦卡好處多多！食衣住行連〝機票〞都有優惠
1、明年 2 月底前至聖德科斯臺大店，可消費不限金額申辦 85 折優惠卡，且 2 月底前消費滿 1 萬即可升等為 8 折卡。

2、可至海峽兩岸學術文化交流協會網站訂購華航優惠機票（不限台灣出發皆可享優惠）

3、明年參加福委會所推之 10 年一度荷蘭花卉旅遊，將可享福委會員特別優惠。

4、可參加陸續團購活動優惠。（預告：即將推出小三通套票優惠及 LED 燈泡

VS 橙燈優惠方案等）

5、優先參與福委會各項好康活動。

6、可享有簽約之特約商店折扣優惠

三、福委會限時限量團購優惠票券方案

(一) 年菜限時優惠

NO	產品名稱	定價	網站價	優惠價	數量	合計
1	【台北】過海香辣蟹·春節年菜慶團圓 （免運費） http://www.ticketgo.com.tw/ticket/index/no/1874/pid/0	3000	2650	2450		
備註	收件人：　　　　送貨地址：	電話：		送貨日期 VS 時間：		

年菜內容：

1、香辣雞(約800g)；2、佛跳牆(約1500g)；3、櫻花蝦米糕(約700g)；

4、雙黃鮮蝦球(約600g)；5、雞汁百頁包(約600g)；6、京醬雙絲(附麵皮) (約500g)；

7、福圓紅豆湯(約1200g)，餐點內容如有變動，提供等值餐點替換。

　　(二) 全省通用餐飲票券（以下請參看第14～15頁訂購單）

　　(三) 台北餐飲票券

　　(四) 台中餐飲票券

　　(五) 遊樂優惠券

　　(六) SPA 優惠券

　　(七) 泡湯優惠券

【參加團購方式】

請將訂購單於 12 月 23 日前 E-MAIL: initing@ntu.edu.tw 或 FAX:02-23648970
或送交本會辦公室。

您可選擇下列付款方式：

1、親交現金給退休會丁教授或關組長（請先來電預約）

2、郵政劃撥:帳號00166938　戶名：丁一倪

年菜冷凍宅配到府

票券統一於 12 月 27 日年會會場發放，屆時未到者請與丁教授聯繫後至退休會領取，
如需郵寄需自行負擔25元掛號費用（同時申辦福委會特約優惠卡與福利卡合併寄上
者可免負擔25元掛號費用）。

肆、活動照片

本會當選本校文康會績優分會，由關麗蘇組長代表本會領獎（100/11/10）

本校文康會頒獎暨慶祝校慶晚會，本會由方祖達教授指揮表演吉他伴奏合唱六人組（100/11/10）

參加秋季桃園、小烏來天空步道一日遊部分同仁合影於石門水庫　(100/10/19)

參加秋季苗栗南庄風采一日遊同仁合影於南庄桂花園（100/11/23）。

慶祝創校 83 年校慶本會舉辦「健康研習會」中華高齡學學會理事長張念鎮教授講授：
祛病延年九轉法的傳承與創新（100/11/22）

慶祝創校 83 年校慶本會舉辦「健康研習會」本會監事會主席沙依仁教授講授：
新健康長壽的要訣（100/11/22）

伍、慶祝創校83年校慶本會舉辦「健康研習會」講稿

健康長壽的要訣　　　沙依仁

一、前言

近年來全球暖化，極地冰融，天災人禍頻仍，導致人類的罹病率、死亡率大幅升高。本會(台灣大學退休人員聯誼分會) 亦不例外，去年一年之內，會員罹病及亡故人數顯著增加，有必要和大家和共同研習養生保健新知;期望能朝向健康百歲的標桿邁進。

二、身體保健

孫安迪醫師說:「吃、喝、拉、搬、睡都沒問題，此人身體必定健康。」

1、飲食　主食糙米飯較白米飯優，副食多蔬果，少葷食。口味清淡、少油不抽煙，少飲酒，少飲咖啡。食量七分～八分飽。每餐間隔約五小時。
早餐宜好，中餐宜飽，晚餐宜少。晚餐在下午八時前食畢，不宜再吃零食或宵夜，飲水:2000～2800cc/日 分多次飲畢。

2、排泄　排尿排便宜順暢，最好養成晨起排便的習慣，葷食者易患便秘，素食者排便較順，如有排便不順，可於有便意時拍打足三里穴，就可順利排出，老人每日排便2～3次並非不正常，不可常用軟便藥會形成習慣。

3、睡眠　每晚睡足八小時外加午睡半小時已足夠，晚十時上床早晨六時起來，晚上十一時至半夜三時應熟睡，那時候氣血走肝經，熟睡才能養肝，老人不宜久臥。孫思邈說:「久臥傷氣。」睡眠的品質宜佳。好眠的條件:(1)身體清潔(2)晚餐勿吃太飽(3)勿抽煙、酗酒，喝咖啡、濃茶(4) 睡前不可有太多思慮，煩惱、憂苦身心，要學習放下。古人養生日出而作，日入而息，夏季要晚睡早起，冬季宜早睡，晚起。就靠冬季每晚多睡一或二小時，可保來年身體健康不罹病。

4、運動　(1)吐納(呼吸)細慢、勻、長，練習鼻吸口吐，使入氣多，而出氣少，氣存丹田。(2)按摩或氣功　陳立夫資政，每日必練的內八段錦是一種按摩氣功，使他長壽活到102歲，隔空放氣氣功可以強身又可將氣傳給別人強化其身體功能。(3)健走　老人每日健走三千至五千步，可保持健康。大陸名醫齊國力表示太陽升起方可作戶外運動，因為全球空氣污濁，陽光照射方可消滅碳氣，否則過早出門運動，反而危害身體健康。

三、心理保健

1、樂觀　凡事往好的方面設想。
2、神志愉悅，情緒平和(喜怒哀樂，應漸平淡)

3、應有慈悲心、愛心、惻隱之心(要能做到慈悲喜捨)以上是心理保健應做到，可是一般人能做到的不多。在現實生活中有不少不如意或無奈，引發負面情緒，例如年輕人就業、婚姻、養育子女都不容易，老人缺人照顧可能引發焦慮、恐懼、忿怒等負面情緒。媒體報導有些更消極更黑暗之事，例如年輕男女得不到愛而殺人，老人不幸有啃老族的子或女，而慘遭謀財害命。使人間增加了殘暴及怨恨，因此心身症，精神疾病逐漸增多。如何導正人類的心理狀況使社會變祥和?(1)推廣愛心善念，濟公活佛在今年三月中旬鑒於日本災情，提出「把愛串起來」以改變現實世界。(2)個人提升休養去毛病改脾氣。(3)關心並照顧別人。如此才能將負性情緒改變為正向情緒、繼續推廣以達到世界大同的理想。

四、精神建設

　　人為活於世上要有目標，努力實踐逐步達成自己的目標。如此人生才有價值不可隨便混過一生毫無成就。為實現自己的願望，最好要有宗教信仰，靠神的力量加持，使你增加自信及力量，沖破層層難關達成你的理想，尤其到了老年，一定要求得一種信仰，才不會虛度此生。不論信那一種宗教，其信徒大致可分成兩種類型。一種只求今生福報，諸如功名利祿，不深研經典亦不渡化眾生。此種人將來仍陷入輪迴，清靜經:「流浪生死，常沉苦海，永失真道。」

　　另一種努力研究教義，實踐奉行，渡化眾生，所謂尋求超生了死的真理將來就會修成正果，回歸理天。(天國)總之，無論何種宗教，都是求道者多，成道者少，要憑自己不懈的努力，才能有所成就。

五、老人保健須知

1、勿久臥，久坐，久站，久視、久聽，多思慮
　　孫思邈:「久臥傷氣，久坐傷肉，久站傷骨。」筆者曾看台視健康節目講:久坐會罹患心臟病、中風、椎間盤突出、脊椎側彎等病，運動可逐漸改善脊椎側彎等病痛。老人打電腦、閱讀或者聽音樂切勿持續半天或整天，會傷視力、聽力，應每兩小時休息十五分鐘。

2、頭部宜涼，足部宜暖，睡覺勿張口，勿蒙頭睡。

3、要存善念、多做善事，可避免遭過凶險或意外事故。

六、疾病防治及藥物傷害

　　筆者研究的65歲以上的老人有病者佔69.97%85歲的老人患失智症者佔21%，本分會會員中，患內臟疾病、中風、洗腎者、裝心臟支架，換人工關節者，患失智者，罹患憂鬱症，燥鬱症者。最嚴重的是癌症病患經手術切除部份壞組織，還要經過化療。存活不久後又轉移到另外的臟器，再經多次手術最後就喪命了。神經外科許達夫醫師患大腸癌住院治療1/3療程，感覺到痛苦難忍，立即停止手術治療，以預防醫學方式自救，終於成功救活了自己。台大醫院李豐醫師罹患淋

巴癌經化療發現血小板劇降，她思考再經一次化療必死，乃與醫師商議停止化療，醫師不允許，她即刻離院，改吃生機飲食、素食終於恢復健康。筆者希望各位會友平日多注重養生，多閱讀醫療文獻，有足夠的學識才能自主。必要時與醫師商議以保障其生命安全。並期盼西醫們能接納中醫為病患補充營養，使罹癌者能安全渡過危險期，會友有雇外勞服侍者，自己不做任何家事，結果衰退較快，不到70歲已經亡故了。閱讀文獻發現古代長壽者半數以上是農夫，他們粗食、勞動、曬太陽、活過百歲。上述顯示適度運動對保健有益。

　　最近中研院生化所副所長陳瑞華的研究團隊，探究特別快速發展的癌症患者發現其病灶處嚴重缺氧，好細胞已消滅盡，癌細胞沒有遭到任何阻力，所以能如此快速成長。該團隊正在研究治癌的新方法。筆者向瑞華問詢，是否病患們平時缺乏運動，其生活狀況如何？尚需後續探究。

　　至於藥害的新聞100年10月13日中國時報 A6 生活新聞報導針對美、加等國3.5萬男性作研究，發現男性每天吃維他命E，攝護腺癌增加17%。美國學者指出日常飲食攝取量已足，再吃藥丸有害無益。我們日常飲食經消化吸收合成的維他命及營養素，有多餘，會排泄出去，但成藥的維他命及其他補藥，有多餘卻排不出去，留在體內致罹病。會友們不可不慎，以免費錢又傷身。至於其他常服藥的藥害，安眠藥及通便藥，常服會成習慣性，將來無法戒除。止痛藥及胃藥多服對身體有傷害。

七、結語

　　以上資訊各位長者不但要知曉，而且能實踐，並期盼大家健康長壽，安享晚年的黃金歲月。

陸、限時限量團購優惠票券訂購單

一、年菜限時優惠

NO	產品名稱	定價	網站價	優惠價	數量	合計
1	【台北】過海香辣蟹-春節年菜膳團圓(免運費) http://www.ticketgo.com.tw/ticket/index/no/1874/pid/0	3000	2650	2450		
備註	收件人：　　　　送貨地址：	電話：			送貨日期 VS 時間：	

年菜內容：
1、香辣雞(約800g)；2、佛跳牆(約1500g)；3、櫻花蝦米糕(約700g)；
4、蟹黃鮮蝦球(約600g)；5、雞汁百頁包(約600g)；6、京醬雙絲(附麵皮)(約500g)；
7、福圓紅豆湯(約1200g)。餐點內容如有變動，提供等值餐點替換。

二、全省通用餐飲票券

NO	產品名稱	定價	網站價	優惠價	數量	合計
1	【全省】古典玫瑰園-英式經典雙人下午茶套餐 http://www.ticketgo.com.tw/ticket/index/no/1789/pid/4	615	580	520		
	饌巴黎自助餐通用券(使用期限至2012/03/31) http://www.ticketgo.com.tw/ticket/index/no/987/pid/0	850	710	640		
	饌巴黎下午茶通用券(使用期限至2012/03/31) http://www.ticketgo.com.tw/ticket/index/no/988/pid/0	600	440	425		

三、台北餐飲票券

NO	產品名稱	定價	網站價	優惠價	數量	合計
1	【台北】美侖大飯店-綜合餐券(午/晚/下午茶) http://www.ticketgo.com.tw/ticket/index/no/1332/pid/0	792	605	520		
2	【台北】荷庭時尚法式鐵板燒《呈鳥專案》饗享和牛單人套 http://www.ticketgo.com.tw/ticket/index/no/1804/pid/1	1680	1049	955		
3	【台北】智園商旅-單人奢華魚翅尊榮套餐 http://www.ticketgo.com.tw/ticket/index/no/1745/pid/0	935	650	605		
4	原創花聯鍋半份+澳門骨煲半份通用餐券 http://www.ticketgo.com.tw/ticket/index/no/853/pid/0	910	850	775		
5	原創花聯鍋-【4人海陸金餐】套餐券 http://www.ticketgo.com.tw/ticket/index/no/1377/pid/0	2006	1799	1605		
6	【台北】遊牧邊疆-塞外風情雙人餐 http://www.ticketgo.com.tw/ticket/index/no/1845/pid/0	2123	999	935		
7	【台北】三國演義-烤魚精緻四人套餐 http://www.ticketgo.com.tw/ticket/index/no/1808/pid/0	1848	1200	1060		
8	【台北】瑪琪朵義式廚房-雙人主廚推薦南瓜燉飯套餐 http://www.ticketgo.com.tw/ticket/index/no/1886/pid/0	704	560	525		

四、台中餐飲票券

NO	產品名稱	定價	網站價	優惠價	數量	合計
1	【台中】金典酒店-三廳通用餐券 http://www.ticketgo.com.tw/ticket/index/no/1809/pid/1	858	630	605		

五、遊樂優惠券

NO	產品名稱	定價	網站價	優惠價	數量	合計
1	8大森林樂園-1大1小預售票 http://www.ticketgo.com.tw/ticket/index/no/596/pid/0	750	599	560		
2	8大森林樂園-2大2小全家歡樂行 http://www.ticketgo.com.tw/ticket/index/no/597/pid/0	1500	1199	1070		

六、SPA優惠券

NO	產品名稱	定價	網站價	優惠價	數量	合計
1	BEING spa-日本檜木酵素 spa http://www.ticketgo.com.tw/ticket/index/no/1448/pid/0	1400	1100	980		
2	BEING spa-精緻舒壓養生護理（50分） http://www.ticketgo.com.tw/ticket/index/no/1449/pid/0	3700	2060	1890		
3	【台北】君悅養生會館-2小時全身循環放鬆按摩券 http://www.ticketgo.com.tw/ticket/index/no/1879/pid/0	3980	1200	1040		

七、泡湯優惠券

NO	產品名稱	定價	網站價	優惠價	數量	合計
1	【烏來】春秋烏來溫泉會館-景觀湯屋雙人券 http://www.ticketgo.com.tw/ticket/index/no/1260/pid/0	1200	850	730		
2	【烏來】春秋烏來溫泉會館-大浴場單人券 http://www.ticketgo.com.tw/ticket/index/no/1263/pid/0	1000	649	555		
3	【烏來】春秋烏來溫泉會館-大浴場+下午茶單人券 http://www.ticketgo.com.tw/ticket/index/no/1263/pid/0	1200	999	890		
4	【烏來】春秋烏來溫泉會館-大浴場+套餐單人券 http://www.ticketgo.com.tw/ticket/index/no/1296/pid/0	1400	1180	1090		
5	烏來強羅SPA溫泉館-湯屋+下午茶雙人券 http://www.ticketgo.com.tw/ticket/index/no/864/pid/0	2200	999	935		
6	烏來強羅SPA溫泉館湯屋+日式季節套餐雙人券 http://www.ticketgo.com.tw/ticket/index/no/341/pid/0	2696	1899	1740		
7	【礁溪】冠翔世紀溫泉會館-溫馨精緻平日住宿券 http://www.ticketgo.com.tw/ticket/index/no/1301/pid/0	7260	3899	3400		
8	【礁溪】冠翔世紀溫泉會館-極上頂湯湯屋券 http://www.ticketgo.com.tw/ticket/index/no/1302/pid/0	1200	1099	900		
9	【礁溪】冠翔世紀溫泉會館-朝日風味晚餐券 http://www.ticketgo.com.tw/ticket/index/no/1306/pid/0	726	649	600		
10	【北投】山玥溫泉新館-蜜月湯屋雙人使用券 http://www.ticketgo.com.tw/ticket/index/no/1336/pid/0	1800	1099	990		
11	【北投】山玥溫泉新館 A1 或 A2 豪華湯屋雙人使用券 http://www.ticketgo.com.tw/ticket/index/no/1337/pid/0	5000	2999	2695		
12	【北投】山玥溫泉新館-夜景夜湯雙人券 http://www.ticketgo.com.tw/ticket/index/no/1338/pid/0	3500	3399	3180		
13	【北投】山玥溫泉新館-夜景湯屋雙人使用券 http://www.ticketgo.com.tw/ticket/index/no/1339/pid/0	2500	1699	1415		
14	【北投】山玥溫泉新館-B1豪華湯屋雙人使用券 http://www.ticketgo.com.tw/ticket/index/no/1340/pid/0	3000	1899	1700		
15	【北投】山玥溫泉新館-景觀湯屋雙人使用券 http://www.ticketgo.com.tw/ticket/index/no/1341/pid/0	2200	1499	1240		
16	【北投】山玥溫泉新館-蜜月夜湯雙人使用券 http://www.ticketgo.com.tw/ticket/index/no/1342/pid/0	2600	2499	2205		
17	【北投】山玥溫泉新館-景觀夜湯雙人使用券 http://www.ticketgo.com.tw/ticket/index/no/1343/pid/0	3000	2899	2640		
18	【全省】台灣名湯聯合泡湯通用券(4張) http://www.ticketgo.com.tw/ticket/index/no/1195/pid/0	1596	1596	1040		
19	【金山】湯語雙泉會館-日式大懷石套餐券(贈露天風呂) http://www.ticketgo.com.tw/ticket/index/no/1297/pid/0	1200	899	840		

國立臺灣大學退休人員聯誼會
第八屆第二次會員大會 出席回執

☐ 本人可以出席第八屆第二次會員大會

☐ 本人無法出席第八屆第二次會員大會

此致
國立臺灣大學退休人員聯誼會

出席者： （簽名）

日期： 年 月 日

請於 100 年 12 月 22 日前 FAX: 02-23648970 或 E-mail:nturetiree@ntu.tw
或郵寄本會收

寄件人：

收件人：

10617

臺北市羅斯福路四段一號

國立臺灣大學望樂樓 2 樓

國立臺灣大學退休人員聯誼會

中華民國一○一年四月十一日出刊

會 務 通 訊
第 五 十 六 期

發行者：國立臺灣大學退休人員聯誼會
National Taiwan University Retiree Association
會　址：台北市羅斯福路四段一號國立臺灣大學望樂樓二樓
電　話：23695692　校內分機：33669690　Fax：23648970
E-mail：nturetiree@ntu.edu.tw

　　熱烈歡迎進修推廣部許秀錦組長參加本會辦公室工作團隊。

壹、本會近期活動

一、101 年度評古說今系列演講：
第四場
時　間：2012 年 4 月 23 日（星期一）上午 10:00～11:30
地　點：臺灣大學校總區望樂樓 2 樓本會辦公室
主講人：吳信義主任教官
講　題：幸福人生
第五場
時　間：2012 年 5 月 21 日（星期一）上午 10:00～11:30
地　點：臺灣大學校總區望樂樓 2 樓本會辦公室
主講人：陳福成主任教官
講　題：我們這個時代流行音樂
歡迎踴躍參加

二、本會 101 年 1～4 月份慶生會　歡迎踴躍參加
時　間：101 年 4 月 24 日（星期二）下午 2:00～4:30
地　點：本校體育館一樓文康中心交誼廳
敬請填寫回執寄回，以利統計參加人數。
敬請各位壽星預留時間，踴躍出席。

三、第五屆海峽兩岸科普論壇　歡迎踴躍參加
時　間：101 年 5 月 11 日 ～16 日

地　　點：福建省寧德師範學院

報名方式：請惠填報名表（在第25頁），名額有限（10名），原已額滿，現有一人因故不克參加，故尚有1個名額可以遞補。

主辦單位：

大陸：中國科普作家協會、福建省科協、寧德師範學院、民進福建省委、上海市科協、山東省科協、海南省科協

臺灣：元智大學、科學月刊、台中教育大學、海峽兩岸學術文化交流協會（理事長丁一倪教授）

承辦單位：宁德师范学院、福建省闽台科技交流中心、福建省科普作家协会

論壇主題：科普與永續發展

論壇日程：

5月11日　第一天　代表報到；

　　 12日　第二天　上午，開幕式和大會報告

　　　　　　　　　下午，分組交流

　　 13日　第三天　上午，全體代表參觀師院校園，

　　　　　　　　　校園參觀結束後，大陸代表參觀上金貝畬族村（社會主義新農村），臺灣代表留下來分組與寧德師範學院師生交流，交流結束後，參觀上金貝畬族村（社會主義新農村）

　　　　　　　　　下午，全體代表考察三都澳；台灣個別老師安排作科普講座

　　 14日　第四天　上午，安排去太姥山國家地質公園

　　　　　　　　　下午，參觀核電廠

　　 15日　第五天　會議結束，代表返程。

臺灣代表在寧德下榻五星級"華爾道夫大酒店"，基本上安排2人1間，在5天活動期間住宿、伙食及往返福州（長樂機場）—寧德區間交通由大會組委會統一安排，費用由組委會承擔。

最後一個名額，請把握機會，報名參加！報名表（在第25頁）。

四、宜蘭蘇澳碧涵軒帝雉生態館一日遊　歡迎踴躍報名參加

出發日期：101年4月19日（星期四）

出發時間：0730準時出發(請預留於7時開始上車)

集合地點：台灣大學正門口（羅斯福路上）

代辦費用：每人新台幣1,300元(內含碧涵軒帝雉館門票)。

行　　程：

0700-0730　台大校門口集合出發。

0900-1100　三星田園風光（天送埤、長埤湖、泰雅美橋）

　　　　　　天送碑舊火車站：過去曾經是運送太平山木材，三星至清水湖

的中間站，昔日的鐵軌，如今已成為車站前道路。昔日的繁華區不再、剩殘破的車站軀殼，逐漸消失於歷史的洪流之中。

長埤湖：位於三星鄉的員山村，長形向湖泊、風景秀麗，景致宜人，海拔高度175至190公尺，長埤湖的水位會自動調節，長年皆不枯竭，現由宜蘭縣政府開發為觀光景點。

1100-1130 **三星青蔥文化館：**宜蘭三星的水源純淨，得天獨厚的氣候條件，讓三星地區創造出很多知名的農產。三星鄉農會為了要讓遊客瞭解到三星蔥的栽種成長過成，以及三星蔥的營養價值等，便在三星鄉農會旁，改建了一座青蔥文化館。

1145-1300 **員山八甲漁場 (午餐)** 台灣的香魚有90%的產量分佈在宜蘭、八甲香魚年產量有100公噸為90年代全國香魚產量最大的養殖場。
　　　　*午餐就在八甲漁場裡享用高級香魚大餐。

1400-1600 **碧涵軒帝雉生態館：**園主龍鷹是國內赫赫有名的鳥類及保育專家，成功復育八十多種珍禽，其中許多已是世界公認即將瀕臨絕種的鳥類，堪稱為具國際級地位的鳥類生態館

1600-1700 **宜蘭餅發明館：**蘭陽第一家"宜蘭餅"創意師傅-劉鐙徽，突破傳統的做法創出0.1公分的超薄牛舌餅，於民國90年取名"宜蘭餅"。

1730-1830 礁溪釣魚海鮮餐廳(晚餐)

-2000 返回溫暖的家。

報名時間：即日起受理報名，歡迎本校在職教職員工、退休人員及外籍教師攜眷參加。

報名專線：星期一至星期四上午0900-1130。
　　　　　23695692，33669690 活動組長：關麗蘇小姐

備註：費用包括午、晚餐、車資、司機、導遊小姐小費、門票、礦泉水、旅遊平安保險(每人新台幣200萬元、醫療費20萬元；依規定14歲以下、75歲以上，保險限額為新台幣100萬元，醫療費10萬元)

五、奧捷斯匈全覽十二日遊：城堡‧藝術‧美食‧文化遺產之旅

出發日期:101 年 06月 23 日　星期六

匈牙利～多瑙河點綴的綺麗國度

匈牙利位於歐洲大陸的中央，首都布達佩斯，充滿羅曼蒂克氣氛的多瑙河流貫市中心，大大小小的橋墩搭架其上，夜晚燈光照射下更添嫵媚。從布達城堡山向下眺望，布達佩斯的美景盡收眼底。

斯洛伐克～遺落在藍色多瑙河畔的心國家

看到的、聽到的，以品味和體驗..感受到心的國家。布拉提斯拉瓦正巧位於東歐關鍵的心臟地帶，有美麗的多瑙河圍繞著，就彷彿走入時光隧道，體驗中世紀歐洲的古典風情。

奧地利～音樂家的綠色靈感

奧地利首都維也納向有音樂之都的美譽，原因是哈布斯堡王室愛好、鼓勵音樂

的發展。來自薩爾斯堡的音樂神童－莫札特，更使得古典音樂在此茁壯，奠定
維也納在音樂世界的永恆地位。奧地利環繞阿爾卑斯山間，有高峻陡峭的山景
及寧靜的鄉間風光，喜歡歐式貴族風格的人，就不能錯過這裡。

捷克～波希米亞之靈魂，夢想捷克

捷克布拉格的美麗，並不僅在它的房舍、街道、橋樑，而是整個城市所散發出
的恬靜優美氣息。當你仔細的欣賞這城市後，你會發覺這真是個讓人著迷的城
市。美輪美奐的建築猶如動人的交響樂一般，你真正可以感受到文化與建築的
氣息、音樂與藝術的感覺。歡迎您一同來發現東歐的絕色之美。

～行程特色：

★精心安排旅遊路線，車程絕無重復，深入奧‧捷‧斯‧匈四國必訪之精華地區。
★特別造訪布達佩斯北方 11 公里的小鎮－聖坦德鎮，此地乃保留 18 世紀巴洛克時期的模樣。
★搭乘遊艇暢覽多瑙河兩岸風光，遊船穿過無數名橋，兩岸景色如詩如畫。
★參觀漁夫堡是為了紀念勇敢護衛布達城的一群漁夫所建的。
★欣賞精彩的馬術表演將，令您讚嘆不已。節目結束後團員也有機會騎上著名的匈牙利駿馬
　或坐上馬車過過癮。
★造訪捷克境內最大且風景最優美的溫泉區－卡洛威瓦麗。
★造訪捷克另一著名溫泉區，瑪麗安溫泉鎮，參觀著名的溫泉長廊。
★啤酒發源地～皮爾森參觀歷史悠久的皮爾森啤酒廠。
★前往捷德奧邊境的小鎮－克倫洛夫古城。被『聯合國教科文組織』列為人類珍貴文化資產
　名單的一員。
★暢遊奧地利風光最美的鹽湖區，覽賞絕色美景。
★參觀曾為哈布斯堡皇族夏宮的～熊布朗皇宮及御花園。
★特別安排當地特色布拉格黑光劇‧維也納音樂會。

特殊美食安排：

★全程安排豐盛的美式式早餐，享受超人一等。
★品嚐匈牙利特有的～匈牙利燉牛肉風味餐。
★特別安排品嚐特克當地著名的水果"點心 "（PALINKA）"
★在吉普賽音樂聲中品嚐匈牙利著名的～匈牙利鵝腿風味餐佐以鵝肝。
★特別安排享用當地的著名啤酒～皮爾森啤酒餐。
★特別安排中式合菜七菜一湯，有別於市場上中式合菜六菜。
★特別安排維也納下午茶於維也納咖啡館～享受音樂之都浪漫十光。

符號說明　　★表入內參觀 (含門票)　　　　　◎表下車或行車觀光

第01天　台北→維也納VIENNA(奧地利)　中華航空　CI063　2310/0630

相逢自是有緣！今日於中正機場集合，經領隊細心安排下搭乘豪華客機，於空服員的照料
下，平穩的飛行中，適度休息，夜宿機上。於次日抵達。
早餐:敬請自理　午餐:敬請自理　　晚餐:機上精緻套餐　　宿:豪華客機

第 02 天　維也那✈265km 聖坦德鎮✈25km 多瑙河遊船✈布達佩斯

班機在清晨抵達維也那，隨即專車東行穿越奧‧匈邊境，前往布達佩斯北方 11 公里的小鎮－
◎聖坦德鎮，此地乃保留 18 世紀巴洛克時期的模樣，現乃有不少藝術家居住於此，在此瀏覽
小鎮街景，並可逛逛具地方色彩的紀念品店。隨後前往匈牙利首都－布達佩斯，首先　★搭乘
遊船過多瑙河，接著前往歌星麥可傑克森拍攝 MTV 的現場，並有規模宏偉的　◎英雄紀念碑，
歷代匈牙利王加冕所在一◎馬提亞斯教堂。隨後沿著山坡小徑來到 19 世紀，為了紀念勇敢護

衛布達城的一群漁夫所建的 ★漁夫堡，而由迎廓上可眺望對岸新哥德式造型的國會大廈，晚上享用匈牙利風味餐。

早餐：機上精緻套餐　　　午餐：中式合菜七菜一湯　　　晚餐：匈牙利燉肉風味餐

宿：HOLIDAY INN 或同級

第03天　布達佩斯➡15km 特克 TOK➡227km─布拉第斯拉瓦

今晨在豐盛的早餐後，乘專車前往鄉間小鎮─特克，並造訪當地農莊，並前往★酒窖中，您將可品嚐當地著名的水果"點心"（PALINKA）"，接著欣賞精彩的★馬術表演，將令您讚嘆不已。節目結束後團員也有機會騎上著名的匈牙利俊馬或坐上馬車過過癮。午餐則在匈牙利吉普賽音樂聲中品嚐匈牙利著名的─鵝肝醬及鵝腿，餐後續驅車來到受聯合國教科文組織保護之古城─◎魯斯特 RUST，在此因長久以來鸛鳥皆到此地為巢，而使此地人家屋頂上皆有鸛鳥的巢而引為奇觀。接著前往斯洛伐克首都──布拉提斯拉瓦（Bratislava）。她是個道地的歐洲古城，舊稱普雷斯堡（Pressburg）它在西元 10 世紀左右建城，西邊緊鄰奧地利、南接匈牙利。從整個歐洲地圖來看，布拉斯拉瓦正巧位處關鍵的心臟地帶，拜美麗的多瑙河之賜，這裡不僅是斯洛伐克氣候最暖和的地區，更是往來的地理要衝，所以從 12 世紀以來，它就成為歐洲重要的戰略城市，16 至 18 世紀期間曾是匈牙利王國的首都，甚至在 1563 至 1830 年超過 250 年期間，普雷斯堡都是匈牙利王國的國王加冕城市。布拉第斯拉瓦至今仍保存著中世紀的風貌，尤其石頭小徑可充分感受到濃郁的古都氣息。首先前往 1945 年 4 月 4 日為紀念布拉斯拉瓦脫離納粹魔掌而建的廣場─◎四月四日廣場，混合歌德式建築和巴洛克式尖塔的建築物─◎舊市政府，接著前往◎城堡俯瞰多瑙河，每當夕陽西下由此眺望街景，夕陽餘暉下的布拉第斯拉瓦城顯得格外詩情畫意，更添旅遊的情趣。

早餐：飯店內美式早餐　　　午餐：匈牙利鵝腿風味餐佐以鵝肝+音樂演表演

晚餐：波西米米亞風味餐　　　宿：HOLIDAY INN 或同級

第04天　布拉第斯拉瓦➡189km 布爾諾➡208km 布拉格(捷克) (伏爾他瓦河遊船+ 黑光劇欣賞)

早餐後，專車前往捷克第二大都市─布爾諾：參觀高聳入雲之哥德式的★聖彼得保羅大教堂，以及古意盎然的史梅伯瑙堡寨。隨後驅車經美麗的波西米亞田園前往捷克第一大城，有"中世紀寶石"、"千塔之都"、"建築藝術之都"美譽的─布拉格。布拉格是許多人一生中夢想前往旅遊的地方，蜿蜒美麗的伏瓦它河穿流直貫城中，點綴兩岸景色，數百年來給予詩人、音樂家無限靈感，歌頌讚美布拉格之風光，豐富的建築風格使布拉格被冠上百塔之城的封號，從仿羅馬、哥德、文藝復興、巴洛克到新藝術風格與立體派建築一應俱全，在夕陽輝映下，讓許多建築物閃爍如金，使布拉格顯得金璧而輝煌，此城的建築風格、藝術氣質、小巷探秘、音樂表演、木偶戲與黑光劇…全球稱冠！爾後特別安排體驗布拉格之春★搭船暢遊波西米亞音樂之父史麥塔納「我的祖國」中所描述，伏爾他瓦河壯闊詩性及自然風光。今晚特別安排捷克著名的★黑光劇。其特色是將燈光和色彩作特殊處理，營造出奇幻的效果，藉由演員嫻熟多變的肢體語言，完整呈現出黑光劇的精髓所在。

早餐：飯店內美式早餐　　　午餐：NEBOZIZEK 山頂景觀餐廳　　　晚餐：中式七菜一湯+水果

宿：AMBASSY 或同級

第05天　布拉格(全日市區觀光~舊城區、城堡區、小城區、黃金小巷…)

晨曦中迎接第一道陽光落映眼簾，體驗伏爾塔瓦河上布拉格的夢幻氣息，猶如置身於時光幻影絕美的中古世紀中！觀臨地球上最精彩的百塔之城。終於見證到只有歷史才能偉大！走在中古世紀靜靜的街道上，曾經風起雲湧的歷史歲月，幻想著極盛時期萬人攢壤洶湧的繁華景象，心靈更添平靜！如一個問號般的瓦塔河貫穿布拉格，而河上最受遊客青睞的便是◎查理士橋，這座建於十四世紀，全長520公尺。雨旁豎立了30座雕像，108聖者的古橋，已然成為布拉格觀光生活的代表。接著來到老城區聳立著捷克著名宗教改革家胡斯塑像的◎老城廣場，而廣場上舊市政廳上面建於1410年的◎天文鐘則是廣場上的另一趣味所在，而◎聖尼古拉斯

教堂是布拉城巴洛克式建築的代表。午後前往古堡區展開徒步觀光，首先您將看見城堡區的焦
點★聖維特大教堂（St. Vitus's Cathedral），這座花了６００年精雕細琢的巴洛克式建築，
亦是國王加冕的地方，而城堡內亦是現在的◎總統官邸，　隨後來到卡夫卡（Franz Kafka）著
名小說《城堡》筆下的場景★黃金小巷，在此您可買到各種可愛的精巧手藝品、骨董郵票與與
卡夫卡相關的紀念品。今日晚餐特別安排有百年歷史的地窖餐廳，享用烤鴨風味餐。

早餐：飯店內美式早餐　　　午餐：中式七菜一湯+水果　　　晚餐：百年地窖烤鴨風味餐
宿：AMBASSY 或同級

第06天 布拉格☐126km 卡蘿維瓦利(溫泉區)

驅車經波西米亞田園前往捷克境內最大且風景最優美的溫泉鎮－卡蘿維瓦利，傳說中１４世紀
時神聖羅馬帝國的查理皇帝在一次巡獵時發現此地的溫泉，從此名為－查理之泉，600 多年的
歲月中，歷久而不衰，可欣賞：◎德夫札克公園、◎瑪德琳教堂及 兩座著名的泉長廊 MILL
OLONNADE&MARKEECOLONNADE，下午可多留些時間在歐洲風景最優美溫泉渡假區－卡羅維瓦里，
許多溫泉健療院、高級飯店皆沿著台伯河建起來。溫泉療效聞名吸引不少觀光客，在卡蘿維瓦
里流行兩種溫泉浴，泡溫泉一種（自費）、喝溫泉又是另一種，溫泉水蘊含二氧化碳、鈉、氯
化納及硫礦鹽，號稱飲用後［有病治病、沒病強身］買個美麗的小杯子，品飲富含不同礦物質
的溫泉水，溫泉鄉所帶來的愉悅與健康浪漫的身心，令人終生難忘！今晚夜宿於此美麗的溫泉
鄉。

早餐：飯店內美式早餐　　　午餐：波西米亞豬腳風味餐　　　晚餐：中式七菜一湯+水果
宿：PARK PUPP HOTEL 或同等級

第07天 卡蘿維瓦利☐47km 瑪麗安斯基 ☐77km 皮爾森☐159km 克倫羅夫

早餐後前往另一著名溫泉鎮，瑪麗安溫泉鎮，溫泉長廊 MZXIM GORKY COLONNADE 及公園，十字
泉亭、定時音樂噴泉。德國大詩人哥德便是於此與女伯爵於 1820 年時定情，蕭邦、華格那、
馬可吐溫等亦喜愛到此渡假，爾後前往古老的城堡飯店，置身於此飯店中時光
似乎又回到中古世紀，讓人不得不懷著中古世紀遊人的心情，更讓您在悠閒中，流連忘返。爾
後專車前往捷克啤酒發源地---皮爾森參觀歷史悠久的 ★皮爾森啤酒廠，您可一窺享譽全球之
的啤酒製造與祕。續往充滿十八世紀◎中古風味的小鎮——克倫羅夫，古代即是皇宮及軍事要塞
處處可見紅瓦、白牆，彷彿回到中古世紀忘記身處何處驅車進入捷克南波西米亞地區被伏爾塔
瓦河環繞的景點，維第洛王朝在此興建的美麗城堡，讓您如同墜入歷史歲月的時光洪流之中！
其建築、街道、教堂、要塞等散發出濃郁的古典氣息，令人發思古之幽情；首先前往★城堡，
直指天際色彩繽紛的高塔是城堡區最古老的一部分，而塔上亦有眺望小鎮全景的最佳位置，絕
對值得爬上 147 階樓梯登高眺望；喜歡間逛購物的人，可別錯過★舊城區，舊城區的巷弄中有
數不清各式各樣的商店，像是琳瑯滿目的木造玩具、晶瑩剔透的波希米亞水晶製品等，是選購
特色紀念品的好地方，巷弄裡還有幾家小書店和唱片行，書香與樂聲悠揚，穿梭其間讓人流連
忘返。在這纏綿迷人的城鎮風情，閒情踱步在舊城廣場、粉牆紅瓦小巷、石階與美麗的中庭…
如同墜入歷史歲月的時光洪流之中！

早餐：飯店內美式早餐　　　午餐：皮爾森啤酒餐　　　晚餐：波西米亞牛肉風味餐
宿：OLD INN 或同級

第08天 克倫羅夫☐145km 月湖鎮☐80km 莎姿堡

上午前往奧地利鹽湖區最美的湖區，遠眺高山群峰倒映於湖面的美麗景緻，體驗一城山色半
城湖的美好情境。首先造訪 ★月湖鎮（Mondsee）經典電影「真善美」中男女主角結婚之小
教堂，巴洛克式建築精緻之美，令您永難忘懷！爾後越過國界來到與奧地利音樂神童莫札特
的故鄉－莎姿堡，前往音樂神童阿瑪迪斯‧莫札特出生地－莎姿堡。參觀◎米拉貝爾花園，
◎莫札特故居及舊城區。

早餐：飯店內美式早餐　　　午餐：鱒魚餐風味餐　　　晚餐：中式七菜一湯+水果
宿：RENAISSANCE 或同級

第 09 天　莎姿堡 ⊞56km 奧地利湖區 ⊞260km 維也納

早餐後，安排前往★鹽洞展開一段神奇探秘之旅，您將換穿礦工所穿之工作服，乘坐小火車進入礦坑中，順著滑梯滑入礦坑底層，並由專人介紹如何將岩鹽送出礦坑，讓您體驗礦工實際工作之辛苦，嘗試體驗礦坑中木製滑梯的樂趣與乘船巡遊地下鹽湖！爾後前往猶伴在阿爾卑斯山下奧地利湖區著名的湖泊渡假勝地─◎聖沃夫岡湖 ST.WOLFGANGSEE小鎮，此小鎮位於湖泊與山巒間，美景渾然天成，令人忘卻塵囂，彷彿置身於人間天堂，其湖畔的街道上，林立著特產店、咖啡廳、及旅店等。並途經著名溫泉區◎巴德依林(BAD ISCHEL)美景渾然天成令人如身處人間天堂。

早餐：飯店內美式早餐　　　午餐：中式七菜一湯+水果　　　晚餐：中式七菜一湯+水果
宿：SCHLOSS WILHELMINENBERG 城堡飯店或同級

第 10 天　維也納(市區觀光+音樂會欣賞+下午茶)

今日欣賞這個在奧匈帝國時期最為輝煌的城市─維也納。前往由女皇瑪麗亞‧泰瑞莎所建成★熊布朗皇宮（亦稱麗泉宮 SCHLOSS CHONBRUNN因此地的一道美麗泉水而得名，及其後花園參觀。展開舊城區觀光：◎霍夫堡宮、◎國立歌劇院是文藝復興式古典的 ◎歌劇院。 西元1869年5月，歌劇院新落成時，以莫札特的歌劇「DonGiovani為揭幕曲。 西元1945年因空襲遭到破壞，西元1955年復建後，以貝多芬的「Fidelio」為開幕曲。 外觀宏偉的歌劇院內部有壁毯和以莫札特的「魔笛」為主題的壁畫裝飾，充滿華麗的氛氣。◎貝維帝爾宮位於普林茲‧歐伊根大道(Prinz Eugen-Str)旁平緩斜丘上的離宮。 分為上宮及下宮兩座巴洛克式宮殿。上宮左右對稱的外觀現為十九、二十世紀繪畫館。下宮以飾有壁畫的 MauorSaal 最為華麗壯觀，現已成為巴洛克美術館。◎國會大樓，◎市政廳及◎聖史蒂芬大教堂位於維也納市中心，原為羅馬式建築曾兩度毀於大火，十四世紀以後，將教堂改建為哥德式建築，直至十五世紀中葉才完工。十七世紀時曾遭土耳其人炮擊，第二次世界大戰中又遭聯軍轟炸破壞，戰後再度修復成為今日的規模，教堂屋頂貼滿菱形彩色琉璃瓦，尖塔高達１３７公尺是維也納的象徵。晚餐後特別安排★維也納音樂演奏會，維也納素以音樂之都著稱，聆聽音樂會已經成為當地居民的生活品質，每晚在維也納都有許多場的音樂演出，您是否一同來體驗維也納的音樂之夜。

早餐：飯店內美式早餐　　　午餐：中式七菜一湯+水果　　　晚餐：奧地利肋排餐+黑啤酒
宿：SCHLOSS WILHELMINENBERG 城堡飯店或同級

第 11 天　維也納／台北　　　CI064　1135/0605

早餐後，利用今日最後寶貴時間前往維也納森林享受森林浴，參觀以石灰岩為主要成份的地下湖，並安排◎遊船；午餐後參觀◎百水公寓，此為維也納市政府邀請百水先生來設計，建於 1977－1986 年，是維也納政府的壯舉。百水先生是一個自然主義與環保主的崇尚者，他設計沒有規則，不用尺量的建築，每一家的牆壁都不一樣，他把對自然的崇敬，落實在生活的每個角落。歡樂的好時光總是輕飄飄的溜走，浮雲遊子的心依舊浪漫，卻難捨依依不捨之情。意猶未盡的踏上歸途，飽滿的行囊中充實甜蜜的回憶取代了無數的憧憬，凝視窗外的蒼穹，心底悄悄的自己說：我會再回來。

早餐：飯店內美式早餐　　　午餐：機上精緻套餐　　　　晚餐：機上精緻套餐
宿：豪華客機

第 12 天　台北　06:05

今日飛抵桃園中正機場。抵達後團員互道珍重再見，平平安安歸向闊別多日的家園，結束充滿知性與感性的歐洲之旅。

早餐：機上精緻套餐　　　中餐：敬請自理　　　　晚餐：敬請自理
宿：溫暖的家

費用：現金優惠價 NT$109500(非現金價含刷卡 NT111,500.)
包含：1.行程中之食宿及門票　2.各地風味餐．　3.公司至中正機場來回接送．
　　　4.伍百萬履約責任險(限16-69歲)+20萬意外醫療保險全程　5.司機、
　　　導遊、領隊小費。
費用不包含：護照1600元：1.身分證正本 2.兩吋白底彩色相片大頭照2張
3.舊護照(未過期者) 4.家裡聯絡電話 5.首次出國者須附上退伍令正本

六、福利委員會「特約優惠卡」(簡稱福利卡)優惠項目包羅食衣住行、請隨時上網查看、以免錯失良機

　　本會隨時通知提供 E-mail 者新增福利及團購服務，無 E-mail 者請隨時
上網(http://www.sacea.org.tw)查看。
　　第三批福利卡即將送印，若有需要請即向本會活動組關組長申辦
申辦福利卡地點：本校望樂樓二樓　退休同仁聯誼會
專線：星期一至星期四上午9:00～11:30
　　　23695692，33669690 活動組長：　關麗蘇小姐　(務請先電話預約)
歡迎您　推介您用得著的優良廠商，作為特約商店。
我們的目標是讓您及您親友的福利，跨越兩岸、遍及世界。

由於福利卡每50張印製一批，已申請但尚未領到福利卡之卡友，如須購買
餐券及華航機票，可透過本會認証，即可享受優惠。

七、第三屆海峽論壇預計6月上旬在廈門舉辦，歡迎推介擬與福建省專案合作者參加

　　福建省科學技術協會擬在海峽論壇期間舉辦第十一屆海峽兩岸科技與經濟論壇。
今年科協舉辦的論壇注重專案合作，邀請的對象基本上是有簽約專案，敬請
各位看看是否有合適的專案，專案可以是經濟的、教育的，或其他內容。
為了推動台閩深度合作，已徵集到擬與臺灣洽談合作的項目，敬請推介合作
對象，以便合作雙方會前進行合作事宜洽商。其項目有二：
(1) 閩台漁業精深加工合作開發
　　本企業希望通過本屆海峽洽談會的平臺，找到臺灣當地的水產品精深加

工有實力的企業，特別是在經濟魚類、魚鬆加工方面有著先進技術的企
業共同合作。以填補大黃魚精深加工的空白。
(2) 百香果深加工開發合作
　　尋求有經濟及技術實力的合作方合作開發百香果果汁生產加工及百香果

果皮加工。

有意合作者，請 E-mail：initing@ntu.edu.tw 與本會聯絡。

八、101年度「評古說今」歡迎踴躍報名參加

101年度「評古說今」，請大家踴躍報名擔任主講人或推薦主講人。

本活動由本會理事兼秘書組組長劉鵬佛教授負責規劃安排。

【報名專線】23695692，33669690 活動組長：關麗蘇小姐

九、本會各項活動請大家踴躍參與

(1) 本會會務通訊「旅遊園地」歡迎投稿。

(2) 本會會務通訊「老照片說故事」歡迎投稿。

(3) 「旅遊活動」請大家提供參攷行程。

本會各項活動期待您的熱誠參與，也期盼您能推薦更多退休同仁加入本會！

本會電話：33669690，23695692，傳真：23648970

E-mail：nturetiree@ntu.edu.tw

貳、會務報告

1. 本會去年底至今年已召開下列會議：

(1) 第八屆第二次會員大會（100/12/27，校總區第一會議室）。

(2) 第八屆第六次理監事聯席會議（101/03/26，本校校總區第二會議室）。

2. 舉辦本會 100 年 9～12 月份慶生會（100/12/27，校總區第一會議室）

3. 舉辦.101年度「評古說今」：

(1) 第一場由李學勇教授主講：楓槭樹之區別（101/01/10，臺灣大學校總區第四會議室）。

(2) 第二場 對 馬總統的國是建言座談會，由方祖達教授主持（101/02/20，臺灣大學校總區望樂樓 2 樓本會辦公室）。

方祖達教授提出：「檢討大選經過及結果，兼望馬當選後創新局」報告，全文刊載於本期會務 通訊第 18～21 頁。

全部座談內容將由本會理事劉鵬佛教授記錄登載於中華湖湘文化發展協會出版之「湖南文獻」，送請 馬總統參考。

(3) 第三場由陳定中將軍（前內政部役政司司長）主講：幸福人生與幽默人生（101/ 03/26 上午，臺灣大學校總區第二會議室）。

(4) 第四場由吳信義主任教官主講：幸福人生（101/04/23 上午，臺灣大學校總區望樂樓 2 樓本會辦公室）。

(5) 第五場由陳福成主任教官主講：**我們這個時代流行音樂**(101/05/21 上午，臺灣大學校總區望樂樓2樓本會辦公室)。

4. **本會今年舉辦下列會員聯誼活動：**
   (1) 春季淡水三芝賞櫻一日遊 (101/03/07)，共42人參加。
   (2) 宜蘭蘇澳碧涵軒帝雉生態館一日遊 (101/04/ 19)。
   (3) 奧捷斯匈全覽十二日遊：城堡‧藝術‧美食‧文化遺產之旅 (101/ 06/23 出發)。
   (4) 2012 荷蘭世界園藝博覽會知性之旅 (規劃中)。

5. **本會今年與中華高齡學學會共同主辦系列健康講座：**
   (1) 第一場：吳邦新老師主講：史無前例保健理論與老年人五大慢性病 的防治方法(101/01/09 ，臺灣大學體育館一樓文康中心 交誼廳)。蔣乃辛立法委員親臨致詞。
   (2) 第二場：盧慧明整骨師主講：老年走路無力　回春保健的方法 (101/02/14 ，臺灣大學體育館一樓文康中心交誼廳)
   (3) 第三場：朱景雲博士主講：免疫力與健康長壽 (101/03/13 ，臺灣大學體育館一樓文康中心交誼廳)。

6. **參加相關活動**
   (1) 100 年 12 月 15 日本會理事長，以中華民國大專教師會協會名義發 函教育部，請教育部對各校性別平等教育委員會及性騷擾及性侵害 之組織辦法提出符合公平公正原則之具體修正建議。
   (2) 本會理事長主持中華民國大專教師會協會第一屆第三次理事、監事 會議 (101/03/04，台北拉堤極品咖啡)，會中討論退撫相關法令之 修正，包括公立學校教職員退休條例、公保優存 (18%)、公教人員 保險法、公務人員退休撫卹基金監理委員會組職條例修正草案、公 務人員退休撫卹基金管理條例修正草案等。
   (3) 本會吳元俊主任教官、楊建澤教授及丁一倪教授參加中華民國大專 院校退休同仁協會第一屆第三次理事、監事會議 (101/03/09，師 大綜合大樓地下室主廚之家)， 會中討論如何關切教育人員退休條 例案，決議組織專案小組研究之。
   (4) 本會理事長主持臺北市大專教師職業工會第一屆第四次理事會(101 /03/09，工會辦公室)，會中亦將檢討與高等教育及會員權益有關 法規之修訂 (大學法、教師法、高教資源分配、大專院校教師升等 及評估辦法、大學評鑑、公立學校教職員退休條例、公教人員保險 法、公保優存、勞基法等)列為本年度工作重點。
   (5) 本會理事長參加臺北市教師會第 10 屆第二次會員代表大會 (101/ 03/24，臺北市議會九樓國際會議廳)。
   (6) 本會理事長應邀參加國家實驗研究院科技政策研究與資訊中心「大 陸學術科技人才需求及評估計劃第三次專家會議」(2012/03/29, 科

技大樓 16 樓會議室）。

7. **轉知提供 E-mail 之會友參加下列活動：**

 (1) 中華民國各界社團 馬英九‧吳敦義之友總會成立大會（100/12/19，台北國際會議中心大會堂）。本會理事長獲聘擔任馬吳競選中華民國各界社團馬吳之友總會副總會長。

 (2) 馬吳競選全國公教警退休人員後援總會成立大會（2011/12/25，國民黨中央黨部 12 樓大禮堂），馬總統親臨致詞。

 (3) 武之璋：《原來李敖騙了你》新書發表會（2011/12/26，臺大校友會館）。

 (4) 第五屆海峽兩岸科普論壇（101/05/11—15 日，福建省寧德師範學院）。本會已報名參加者計有：楊維楨教授、路統信技正、汪淮教授、丁一倪教授。

 (5) 中央研究院近代史研究所學術討論會，本校朱浤源教授主講：五色擦撞的火花：臺灣光復初期力行民主與二二八事件（101/03/08，中央研究院近史所檔案館一樓中型會議室）。

8. 本會第五十五期會務通訊已於 100/12/17 出刊，感謝本會辦公室各組組長全體動員，使編印及寄發工作得以順利。

9. 本會國內旅遊由活動組關麗蘇組長一人包辦所有業務（包括爭取教職員工本人參加者文康活動經費補助），並辦理歷次慶生會業務，由於文康會幹事換人，增加許多報帳困難，本組今年已舉辦春季淡水三芝賞櫻一日遊（101/03/07），並將舉辦：

 (1) 宜蘭蘇澳碧涵軒帝雉生態館一日遊（101/04/19）。

 (2) 奧捷斯匈全覽十二日遊：城堡‧藝術‧美食‧文化遺產之旅(101 /06/23 出發)。

 在此特別感謝她的辛勞。

10. 本會檔案 e 化組杜雅慧組長完成部份會友 E-mail 通訊錄建檔，截至目前為止，計有 73 位會友提供 E-mail 信箱，本會寄送會務通訊及不定時寄送最新活動通知給提供 E-mail 的會友，敬請各位踴躍提供 E-mail 信箱，透過網路回答會友提出的問題，此外杜組長並完成完成 56 期會務通訊中：陳福成主任教官之大作「秋天裡的春天：苗栗南庄采風」及方祖達教授之大作「檢討大選經過及結果，兼望馬當選後創新局」稿件之打字，謹在此對杜組長表達誠摯的謝意。

11. 本會新購 HP 多功能事務機已由資訊組黃存仁組長安裝完成，本會網站由黃組長負責管理及維護，此外黃組長並隨時維護本會電腦順利運作，謹致十二萬分的謝忱。

12. 會計組陳組長完成各項帳務工作，並暫代會員組工作，辦理會員入會，隨時更新本會會員異動資料，且辦理歷次慶生會業務，謹在此對陳組長表達誠摯的謝意。

13. 秘書組劉組長完成歷次理監事會場地借用、開會通知寄發及規劃辦理「評古說今」活動。總務組鍾組長天天到辦公室值班，也在此一一表達誠摯的謝意。

14. **本會會員動態**（會計組陳明珠組長代為報告）：
   (1) 100 年 12 月至 101 年 02 月新加入會員計 1 名，目前會員總編號為 657，扣除往生、停權及退會（268 人），現有實際會員數為 389 人（內含永久會員 324 人，常年會員 65 人）。
   (2) 編號 116 陳琤琤女士由常年會員轉入永久會員。
   (3) 呂淑貞小姐原擬擔任本會會員組組長，近因 家庭關係，不克參加本會辦公室工作團隊。
   (4) 新加入永久會員 1 名：

國立臺灣大學退休人員聯誼會 100 年 12 月迄今申請入會名單				
編號	原服務單位	姓名	性別	備　註
657	社會科學院	歐陽忠惠	女	永久會員
	共計	1 人		

15. 本會會員電話或通訊地址如有變更，請儘速告知本會，以免失聯。
16. 本會會員提供 E-mail 者，如有沒有收到本會寄發之好康訊息，請儘速告知本會，以便檢查電郵地址是否有誤。

叁、福利卡新增優惠

1. 台北晶華酒店、捷絲旅（Just Sleep）、太魯閣晶英酒店（天祥晶華飯店）
2. 雄獅旅行社年度優惠方案

憑福利卡報名參加雄獅旅行社所舉辦之團體旅遊，可享下列優惠：
如雄獅旅行社對優惠對象之身份認定有疑義時，得要求會員出示身分證明證件，以供核對。
請注意：如有冒用本會福利委員會會員身份而要求雄獅旅行社給予優惠者，本會保留法律追訴權，如造成本會任何損害，本會將予以請求損害賠償。

優惠項目	優惠內容	◎ 刷卡不另加手續費。
國際機票 （不含稅）	企業戶優惠報價 （含稅）	◎ 由於促銷集市場變動性過大、折扣以開票當時而定。 ◎ 提供商務海外緊急救助電話：0800-699-996
國內外訂房 （不含稅）	網路優惠報價 （含稅）	
國內旅遊 （不含稅）	網路優惠報價 （含稅）	
國內菜餚 （不含稅）	網路優惠報價 （含稅）	

優惠項目	優惠內容	優惠說明
東南亞, 東北亞, 大陸(不含港澳地區), 太平洋小島, 印度 (不含稅金)	優惠$500元	◎ 甲方會員向乙方購買國外團體旅遊產品, 可享左列優惠。 ◎ 本優惠方案不適用於行銷特惠案, 清艙特價團與專案團體等旅遊產品。
歐洲, 亞非, 紐西蘭, 澳洲, 美, 加拿大 (不含稅金)	優惠$1000元	◎ 優惠適用於團費售價抵減, 不包含稅金(稅金=兵險費+燃油附加費+機場稅), 小費, 簽證費, 證照新辦費, 機場接送費等, 實際費用以雄獅旅遊網公告之資訊為準。 ◎ 本方案乙方將因航空公司成本調漲等因素, 減少或暫停優惠實施, 恕不另行通知。

附件1：護照與簽證報價表　　　　　　　　　　　　　報價日期：2/14

項次	國別	簽證名稱	辦證天數	簽約企業價格
1	中華民國台灣	護照	4天	1650
			3天(急)	2100
			2天(急)	2400
			1天(急)	2700
2	中國大陸	新辦台胞證	5天	1500
			4天	2300
			3天	2400
		台胞加簽三個月, 單次	5天	450
		台胞一年多次加簽	20天	2900
3	香港	電子港簽兩個月, 兩次	2天	500
		電子港簽 O.K.B 急	1天	900
		電子港簽 O.K.B 特急	1天	1100
		港簽一年多次	10天	1750
		港簽三年多次	10天	3100

備註：

1. 以上價格以新台幣計價。

2. 辦證天數、核發與否、有效期間、所需要文件等依各國辦事處為主。

報價金額已經包含成本與手續費, 如因成本調漲或調降, 雄獅旅遊得另以書面通知更新, 護照與簽證辦理成本, 請參照各國領事館官方網頁公告。

3. 其他簽證價格 依照公司網頁價格給折100元。

作業方式（報名方式、取消方式、遞送證件方式）

請上網(http://www.sacea.org.tw)查看。

★敬請提供 E-mail 地址★

為響應「節能減碳」並快速傳遞各項活動訊息, 不要漏失好康活動, 敬請提供 E-mail 地址, 以利寄發電子郵件。請來電或傳真告知本會 E-mail 地址。

臺北市大專教師職業工會提供各項服務　請多加利用
http://www.sacea.org.tw/front/bin/ptlist.phtml?Category=5534

肆、聯誼活動遊記

秋天裡的春天：苗栗南庄采風　　　陳福成

題記：民國一百年十一月二十三日，台大退休人員聯誼會苗栗南庄一日遊，
　　　詩誌之。

快樂的出航

掌門的師姊於不久前發出飛帖後

趕著時間的彩雲
一朵朵
亦有散俠的孤舟一艘艘
亦有異域飛返的天堂鳥
自八方起航
準時泊於台大校門口
說三道四的一夥夥
車上妙語歡樂不可說
不可說

向天湖、賽夏族

天湖沒有湖怪，藏有秘密
遊人都想來探底
這裡最特別的是金木水火土
都有祖靈的DNA
祖靈在湖邊森林飄渺
在子民眼眸繚繞
透過空氣、肌膚觸摸你
你是否感覺到
仰天祝窗，碧海藍天
漫步林間，明鏡清淨
畢竟向天，仰天接心最為寧靜
安靜得只剩下矮靈祭典的影子

我們像天鵝飛越湖面掠影
瞬間　劃過

南庄老街

你古早古早的時候
手挽著情人在這裡尋夢
而今，那夢早已陳舊、歸檔
或硬化成記憶的化石

走進南庄老街
記憶瞬間從化石甦醒
醒來的不是一隻長毛象
而是美美的夢
似又回到老家

南庄桂花園

遠近聞名的是桂花園
總以撲鼻的香迎賓
賓至如歸

餐後在石椅小憩
看風
風說：我太老了
看秋
秋說：想知道甚麼?問落葉
落葉說：此刻的秋無心
只有秋月春風
好讓你思念一個人

蓬萊溪賞魚步道

這裡的魚寂寞很久了
最近牠們整頓家園　盛粧打扮
邀請各方賓客
說是來賞魚
我們是首批被邀請的訪客

魚兒們準備了精彩的歌舞秀
牠們身段柔軟　謙沖可敬

時而順流下游　翩翩起舞
或一個回眸　逆游而上
引得遊客佇足　鼓掌叫好
但有人忽忽而過說沒看到魚
有人說看到魚
也看到前世今生和記憶

轉一個彎，撞見
一片秘境　是各種野花的服裝秀
有陽光在風的弦上彈奏
流星朝你鋪展開來
前面的光景
好好

永和山水庫

微涼的寒意
把詩寫在晚風中
歌，給水庫的魚兒聽

老遠聽見魚兒悄悄論辯
要唱那一首迎賓曲
省略了所有禮儀客套
晚霞以鮮明的意象陪伴每個人的腳步聲
晚風最寫意

我們輕悄悄的閒話自己的故事
也說給魚兒聽
世間的喧嘩是非或人魚之間
此刻，沒了差別對待

安靜喚醒一隻沉睡的歌
埋伏多年的記憶飄然現身
隱藏的心事頓然浮現
多年後你定會記得永和山水庫的晚風
因為風中銘記自己的夢和心事

牛欄窩

一到牛欄窩
台北就成了邊陲
這窩裡才是我們的核心
因為文明過了頭就是野蠻
我們只好遠離文明
找尋古文明
古文明在牛欄窩
窩旁的奇石古甕老茶壺演說古今史
當一桌子擺滿客家美食
才發現　每道菜都有流派
桌長喊一聲開動
每人揮動手上的倚天劍和屠龍刀
酒足飯飽　全都是贏家

最牛的是　牛欄窩的老闆
他說：米飯也可以打包

異邦與故鄉———————給kelly

異邦與故鄉距離多遠
萬重山或是一張紙
異邦四季也有冷有熱
獨缺故鄉的溫暖

大多時候太平洋的寬度很薄
再薄　再薄
比一張紙
更薄

小記：散文書寫和詩歌，在語言詞句運用上方法不同，這次本會出遊的
紀行用詩表達，請雅賞並指教。　　　　　　　　陳福成記於2011年秋。

伍、本會陳福成理事將編輯本會會史

各位如果有本會各期會務通訊請借給本會影印，以期完整周延。
請熱心會友共襄盛舉，來電與本會活動組關麗蘇組長聯繫。
02-23695692，02-33669690

陸、對　馬總統的國是建言座談會　講稿

檢討大選經過及結果，兼望馬當選後創新局

執筆人：方祖達　2012、02、19

　　世界論壇報一月十七日稱：馬英九當選後已無連任的壓力、但要名列青史，談何容易？必須拿出魄力，勇往直前，不能瞻前顧後，遲緩猶疑。 用「九二共識」為基礎，積極開拓大陸市場，爭取全球人才、資金、企業來台投資，壯大國家，讓人民都能快樂幸福，所以他的勝選連任，兩岸是關鍵，經濟求突破，提升競爭力，傾心聽民意，貫徹大改革。

　　話說台灣的政治到目前已形成了藍、綠二黨強烈對抗之局面，追溯六十多年來不斷地演變形成了難以和解的現狀，光復之初，政府缺乏對台灣民眾的瞭解，不幸發生了"二二八"事件，後形成藍綠二黨強烈的對抗。蔣經國總統晚年雖力求民主和諧，建立十大建設和還政予民，但已被那些受日本皇民化及哈日派的士紳強烈反撲，更加李登輝為政12年之護航，培養出一批法界的辯嘴，擁有一個陳水扁來使顯希望建立一個亞洲四小龍之一的工商社會，引入落後無助的政經形態，他的無能貪汙，終被人民唾棄。這種政治已將台灣經濟陷入極困難的地步，雖然四年前台灣人民覺醒，擁戴馬英九來拯救，但四年的馬執政，因缺乏政經經驗成熟的好團隊，在國內外萬變的環境中勉強蹚過，因他的清廉、謙恭、民主、愛民、誠懇等還能夠平安，並低空蹚過參選的困難，繼續四年的領導。

　　民進黨自四年前總統及立委選敗之後，黨內各派系湧出各個山頭，亦經民主方式選出形象似親新的女博士蔡英文為黨主席，也順利被綠營推選為總統的候選人，一時的形勢頗強，對馬英九的連任競選形成一大威脅。

　　自去年六月開始公佈今年一月十四日為大選投票日，藍、綠總統候選人也已底定。在這個關鍵時刻，不意間跳出來親民黨主席宋楚瑜也宣佈參選。號召其舊班底諸將在報章、電視等媒體上大力鼓吹，以他十多年前擔任台灣省省長的政績自誇，由其班底諸將大罵國民黨及馬英九總統的無能，甚至罵出"誤國決民"等不堪入耳的言詞，又在媒體上鼓吹能號召一百萬人的聯署，聲勢頗大，這種口號在台灣當今的一般民眾都心存看熱鬧似的。藍綠二黨也知道他是來攪局的。當然會影響藍票，而有利綠營，藍黨也知此惡作劇也只得忍耐等待，有待水準高的選民去做最後的評估。

　　宋邀一位醫界耆老林瑞雄教授為副手，引起許多笑話，此如他被監控

及受電磁波的干擾等。在投票前二個月，宋的聯署總數還不到三分之一。雖然也有一部份他的舊識同情他，但多以一笑置之，又如花蓮傅崑萁縣長在近投票前宣告挺馬不挺宋，讓大部份同情他的人也轉向棄宋保馬了。

蔡英文的參選經過

她是由民進黨各黨派選出來的黨主席，所以她競選總統也不得不左顧右盼去滿足黨的要求，她的選舉政見也相當混淆雜亂，從許多報端媒體的公開報導及轉述，也發現她的政見常是前後矛盾。茲列諸例如下：

1. 她既稱中華民國是流亡政府，否定這個國家，那她為何要選這流亡政府的總統呢？
2. 她既不承認"九二共識"的存在，又要一廂情願的說要維持兩岸穩定的關係，可建立可長久的互動架構。
3. 她既反對與大陸訂立 ECFA，又稱民進黨再返執政，會延續它。
4. 她向北京說她們是一個不一樣的民進黨，但她與扁、李、謝、辜獨是一合體。
5. 她退休領了 18 趴，今又欲反 18 趴，是說一套做一套嗎？
6. 她擔任行政院副院長時要核四趕工，今要改變核四不商轉，並反對在台建國光石化。
7. 所提出民進黨不分區立委名單，被外界強烈抨擊是黨內派系的分贓。
8. 她最後提名的副手是蘇嘉全，被外界批是南部的一大金牛，擁有豪華的大農舍，也佔據了農路，何來鉅大家產，月繳 67 萬的保險費！
9. 她的競選言論主張多是前後予盾，許多話多是空話，故被稱為空心菜（菜和蔡同音）。

10. 她提出台灣共識、黃金十年，無任何政策及內容，何能相信？

馬英九政府執政四年的成績

1. 開放兩岸政策，三通直航，每週直航已增至 380 次。
2. 開放陸客來台觀光，年逾 160 萬人次，近已有陸客來台自由行。
3. 簽署 ECFA 四年來台灣石斑魚出口比前成長 87 倍。
4. 國內生產毛額(GDP)成長率創近 24 年來新高，去年達 10.82%。
5. 觀光客來台人數創歷年歷史新高，去年達 556 萬餘人。
6. 外銷及出口總值亦創新高，淡季不淡。
7. 桃園機場貨運成長率為亞洲四小龍第一。
8. 民間投資增加，失業率下降，民間消費成長為近十年來新高。

9. 今年(1911)經濟總量預計達 4800 億美元,平均國民所得為 21000 美元。

10. 推動活絡外交,國人免簽證或落地簽證待遇,從扁政府時期只有 54 個國家增到目前已有 125 個。

11. 建立廉能政府,在全球 178 個國家中排名為 33 名,年年提升。

以上這些馬政府領導的四年政績均已大大提升,但是政府還是常被反對黨罵為無能,甚至被罵"誤國決民"。為何如此?其中最大的缺點就是執政黨缺乏反駁和宣導。或常是沉默或是沒有即時辯解。

馬英九總統的性格特質是清廉"多顧慮"欲做一個全民的總統,對南部民進黨執政的五個縣市,中央政府都多批給較多的補助資金,在任內遇到風災、水災、也很快治平,但這些政績都被民進黨執政的縣市佔有,也是國民黨缺乏宣傳,讓多數人民不知道。

南部有很多地下電台,常配合地方政府宣染許多攻擊或抹黑中央政府的許多不是,以其宣傳販賣各種劣質藥材獲利,與地方政府互相利用,中央政府久任其放肆,造成台灣南北文化及政經觀念的差別。

民進黨敗選的近因

蔡英文對宇昌案始終不理會也不說明,增加選民的不信任。

1. 民進黨對紅柿每斤 2 元的說法在欺騙柿農及選民。

2. 無任何證據來攻擊對方,不是抹紅就是抹黑。

3. 三隻小豬一時唱得很響,但也被認為是民脂民膏。

在投票前,美國駐台代辦宣稱台胞旅美將予免簽的優待。但民進黨要求延緩,此為何呢?即黨的利益高於國家?

投票前的國民黨的作為

號稱有百萬黨員的雄師也是最大黨的國民黨,除了四年前重還執政歡喜外,又遇到這一次艱難的競選。這半年來,藍黨上下都有些緊張,每一位,忠黨愛黨的黨員都站出來揚旗吶喊,相當緊張。

1. 黨內大動員,短短幾個月內,由黨組織領導召集基層密集開會聯繫,由縣市各區舉辦大小集會,配合總統、立法委員及黨組織三合一的佈局與宣導。

2. 充分利用各報紙、電視、電台做競選的宣傳,雖然綠黨也有同等的宣傳,藍黨以公正公開的不抹黑的有憑有據的提出討論。

3. 任由綠及橘二黨在媒體上批評或亂罵,或無事證的抹黑也不回應,或只用簡單的言語回應,目的在讓許多中間選民自己去選擇與判別。

4. 藍黨依民意為依歸，公佈出許多優秀年輕的各行不分區立委名單，讓中間選民去比較藍綠的差異。

5. 積極並平衡各縣市的地方選票，大台北及桃竹苗保持固票，中彰苗也再接再勵，南部是綠營的票倉，國民黨為了固票不再流失，不惜借用許多青年黨員去衝刺，去犧牲打。

6. 馬總統夫人周美青長期赴全省各地拜票，她的樸實、誠懇受到各地男、女、老、少的親切歡迎，是選戰的一強棒。

7. 東部花蓮有傅崑箕縣長公開挺馬，對棄宋保馬大有功效。

8. 許多公正的電視媒體，不斷宣導選舉期間的藍綠雙方的評比，每週的民調，各候選人的背景，品格，財富及得失，做為投票前的重要參考。

9. 投票前不久台灣許多大企業家如張榮發、郭台銘、尹衍樑、嚴凱泰以及王雪紅等重量級都出來表態挺藍。

10. 天佑台灣投票日無風無雨，開票統計宣告馬、吳勝選後才傾盆大雨。

　　本文不代表本會立場、文責由作者自負。

柒、限時限量團購優惠票券訂購單

限時限量搶購

本次訂購最遲請於 101 年 4 月 20 日前登記購買

訂購單填妥請以下列方式送交本會：

1. 送交本會辦公室
2. FAX：02-23648970
3. E-mail：initing@ntuedu.tw

訂購單務請註明訂購人姓名及聯絡方式。

地區	產品名稱	市價	網站價	優惠價	數量	合計
全省	21 Century 風味館-(烤全雞+香脆炸雞) 四人套餐券 http://www.ticketgo.com.tw/ticket/index/no/1443/pid/0	$790	$639	$590		
全省	21 Century 風味館-(烤半雞+香脆炸雞) 雙人套餐券 http://www.ticketgo.com.tw/ticket/index/no/1444/pid/0	$415	$355	$335		
全省	Cold Stone 酷聖石冰淇淋-OURS 酷樂桶優惠 (1 入) http://www.ticketgo.com.tw/ticket/index/no/1462/pid/0	$520	$480	$460		
全省	Cold Stone 酷聖石冰淇淋-3 人套餐(冰淇淋+脆餅+飲品) http://www.ticketgo.com.tw/ticket/index/no/1460/pid/0	$780	$695	$449		
全省	Cold Stone 酷聖石冰淇淋-OURS 酷樂桶優惠(2 入) http://www.ticketgo.com.tw/ticket/index/no/1464/pid/0	$1040	$930	$839		
全省	Cold Stone 酷聖石冰淇淋-2 人套餐(冰淇淋+脆餅+飲品) http://www.ticketgo.com.tw/ticket/index/no/1467/pid/0	$520	$475	$445		
全省	COLD STONE 酷聖石冰淇淋-6 吋經典冰淇淋蛋糕 http://www.ticketgo.com.tw/ticket/index/no/1800/pid/0	$1200	$1050	$980		

全省	COLD STONE 酷聖石冰淇淋-6吋新藝系列冰淇淋蛋糕 http://www.ticketgo.com.tw/ticket/index/no/1801/pid/0	$980	$880	$839		
北	維也納小酒館-經典雙人套餐 http://www.ticketgo.com.tw/ticket/index/no/1454/pid/0	$1640	$1390	$1185		
北	維也納小酒館-奢華四人套餐 http://www.ticketgo.com.tw/ticket/index/no/1455/pid/0	$3130	$2880	$2420		
北	三合院港式飲茶-點心任選8款下午茶券 http://www.ticketgo.com.tw/ticket/index/no/1720/pid/0	$682	$599	$575		
北	紅洋蔥牛排-海陸三響大餐套餐雙人券 http://www.ticketgo.com.tw/ticket/index/no/1163/pid/0	$1298	$1029	$955		
北	【台北】過海香辣蟹-雙人套餐券 http://www.ticketgo.com.tw/ticket/index/no/1651/pid/0	$1340	$1098	$1000		
北	【台北】巴隆歐式主題餐廳-四人百匯吃到飽通用券 http://www.ticketgo.com.tw/ticket/index/no/1056/pid/0	$1316	$899	$840		
北	【淡水】B&G德國農莊 Tea Bar-單人招牌風味主廚套餐 http://www.ticketgo.com.tw/ticket/index/no/1894/pid/0	$803	$699	$665		
北	【北投】山玥溫泉新館-蜜月湯屋雙人使用券 http://www.ticketgo.com.tw/ticket/index/no/1336/pid/0	$1800	$1099	$1055		
北	【北投】紗帽谷溫泉音樂餐廳-雙人風味火鍋贈泡湯 http://www.ticketgo.com.tw/ticket/index/no/1849/pid/0	$1045	$895	$835		
北	【基隆】海之鮮火鍋文化館-雙人豪華龍蝦海鮮套餐 http://www.ticketgo.com.tw/ticket/index/no/1586/pid/0	$2200	$1299	$1205		
中	【台中】金典酒店-三廳通用餐券 (優惠至101/10/15) http://www.ticketgo.com.tw/ticket/index/no/1809/pid/0	$858	$630	$600		

住

地區	產品名稱	市價	網站價	優惠價	數量	合計
北	泰雅達利名人套房一泊二食住宿券(99) http://www.ticketgo.com.tw/ticket/index/no/999/pid/0	$6000	$2399	$2120		
北	泰雅達利觀景套房一泊二食住宿券(99) http://www.ticketgo.com.tw/ticket/index/no/1000/pid/0	$7400	$3099	$2740		
北	泉世界溫泉會館一泊二食雙人住宿券 http://www.ticketgo.com.tw/ticket/index/no/1014/pid/0	$5800	$2799	$2440		
北	【新竹尖石】鄉川溫村-和式雙人房一泊二食 http://www.ticketgo.com.tw/ticket/index/no/1656/pid/0	$4000	$1999	$1790		
北	新大南科大飯店-精緻雙人房住宿券 http://www.ticketgo.com.tw/ticket/index/no/946/pid/0	$4500	$2600	$2330		
北	新大南科大飯店-溫馨四人房住宿券 http://www.ticketgo.com.tw/ticket/index/no/947/pid/0	$7800	$4500	$3700		
宜蘭	建築師會館-河溪樓住宿券 http://www.ticketgo.com.tw/ticket/index/no/1401/pid/0	$9800	$4700	$4055		
宜蘭	建築師會館-浮雲閣住宿券 http://www.ticketgo.com.tw/ticket/index/no/1402/pid/0	$5800	$2400	$2095		
宜蘭	建築師會館-水井軒住宿券 http://www.ticketgo.com.tw/ticket/index/no/1403/pid/0	$9200	$4250	$3680		
宜蘭	建築師會館-仰星閣住宿券 http://www.ticketgo.com.tw/ticket/index/no/1404/pid/0	$9200	$4250	$3685		
南	【墾丁】夏奇拉/緯波廊旅店-精緻四人住宿通用券 http://www.ticketgo.com.tw/ticket/index/no/1819/pid/0	$5000	$2499	$2275		

行

地區	產品名稱	市價	網站價	優惠價	數量	合計
通用券	艾維士租車《1600c.c汽車》租用一日券(2011) http://www.ticketgo.com.tw/ticket/index/no/1830/pid/0	$2200	$1699	$1550		

育樂

SPA

地區	產品名稱	市價	網站價	優惠價	數量	合計
通用券	BEING spa-LPG 纖體雕塑30分 http://www.ticketgo.com.tw/ticket/index/no/1595/pid/0	$2200	$1080	$925		
北	六星集-腳底按摩+泡腳+肩頸熱敷通用券 http://www.ticketgo.com.tw/ticket/index/no/519/pid/0	$880	$780	$729		
北	【台北】金樂足體會館-腳底按摩贈泡腳+肩頸熱敷券 http://www.ticketgo.com.tw/ticket/index/no/1900/pid/0	$800	$499	$489		
北	北妍活膚概念館-頂級駐顏專案 ADN 魚子頂級駐顏護理 http://www.ticketgo.com.tw/ticket/index/no/1901/pid/0 (優惠至 101/5/31)	$2500	$1980	$1770		
北	北妍活膚概念館-光能療癒專案 SPA 護理(50分鐘) http://www.ticketgo.com.tw/ticket/index/no/1902/pid/0 (優惠至 101/5/31)	$2800	$1680	$1509		
北	【台北】登琪爾瑞泉養生莊所-寵愛情人雙人幸福SPA180分鐘 http://www.ticketgo.com.tw/ticket/index/no/1999/pid/0	$15550	$4200	$3840		

門票

地區	產品名稱	市價	網站價	優惠價	數量	合計
北	【烏來】雲仙樂園-雙人門票券 http://www.ticketgo.com.tw/ticket/index/no/1474/pid/0	$440	$399	$369		

泡湯

地區	產品名稱	市價	網站價	優惠價	數量	合計
北	【淡水】櫻花溫泉會館-情人湯屋使用券 http://www.ticketgo.com.tw/ticket/index/no/1693/pid/0	$1200	$630	$590		
北	【北投】金都精緻溫泉飯店-親水景觀湯房平日泡湯券 http://www.ticketgo.com.tw/ticket/index/no/1582/pid/0	$1750	$980	$915		
北	9 PLUS 荷豐溫泉會館-豪華湯屋貴賓券 http://www.ticketgo.com.tw/ticket/index/no/1197/pid/0	$1600	$649	$589		
北	馥蘭朵《烏來》渡假酒店-大浴場單人券 http://www.ticketgo.com.tw/ticket/index/no/1933/pid/0	$1000	$680	$649		
北	烏來名湯溫泉會館-單人泡湯券 http://www.ticketgo.com.tw/ticket/index/no/301/pid/0	$1200	$350	$330		
北	泰雅達利溫泉會館-忘塵湯屋平日泡湯券(99) http://www.ticketgo.com.tw/ticket/index/no/1001/pid/0	$1200	$377	$350		
北	泰雅達利-忘塵湯屋假日泡湯券(99) http://www.ticketgo.com.tw/ticket/index/no/1002/pid/0	$1200	$520	$465		
北	泉世界溫泉會館雙人湯屋泡湯券 http://www.ticketgo.com.tw/ticket/index/no/1015/pid/0	$900	$488	$455		
北	水都會館-套房湯屋泡湯券(贈下午茶) http://www.ticketgo.com.tw/ticket/index/no/975/pid/0	$2500	$999	$825		
北	御溫泉會館-天悅平日泡湯券 http://www.ticketgo.com.tw/ticket/index/no/1920/pid/0	$13800	$4500	$4065		
中	【日月潭】湛岸沙蓮-遊湖(水社/伊達邵/玄光寺碼頭)雙人券 http://www.ticketgo.com.tw/ticket/index/no/1899/pid/0	$600	$289	$275		
中	【台中】日光溫泉會館-單日雙人主題湯房泡湯券 http://www.ticketgo.com.tw/ticket/index/no/1717/pid/0	$1680	$1099	$1015		

捌、活動照片

舉辦系列演講會 李學勇教授 主講：楓槭樹之區別 （101/01/10 ，臺灣大學校總區第四會議室）

舉辦系列演講會 陳定中將軍（前內政部役政司司長）主講：幸福人生與幽默人生
（101/ 03/28上午，臺灣大學校總區第二會議室），右下照片為本會陳福成理事將其大作：**今秋
六人行—鄭州山西之旅** 贈送給陳定中將軍（中），右為本會吳元俊理事。

對 馬總統的國是建言座談會，由方祖達
教授主持 (101/02/20，本會辦公室)

參加公教警後援總會感恩餐會(101/02/03，
臺北北海漁村海鮮餐廳)

第五屆海峽兩岸科普論壇 報名表

姓　名		性　別	
工作單位			
職　務		職　稱	
通訊地址		郵　編	
電　話		手　機	
E-mail		傳　真	
備　注			

本表填妥請

　E-MAIL：initing@ntu.edu.tw

　或傳真：(02) 23511752

　或郵寄：10641 台北市金華街 78 號 7F　海峽兩岸學術文化交流協會收。

國立臺灣大學退休人員聯誼會
101 年 1～4 月慶生會　出席回執

☐　本人可以出席 101 年 1～4 月慶生會

☐　本人無法出席 101 年 1～4 月慶生會

此致
國立臺灣大學退休人員聯誼會

出席者：　　　　　（簽名）

日期：　　年　月　　日

請於 101 年 4 月 18 日前 FAX: 02-23648970 或 E-mail:nturetiree@ntu.tw
或郵寄本會收

寄件人：

收件人：

10617

臺北市羅斯福路四段一號

國立臺灣大學望樂樓 2 樓

國立臺灣大學退休人員聯誼會

春季淡水三芝賞櫻一日遊（101/03/07）

春季淡水三芝賞櫻一日遊（101/03/07）

更多照片請上：邀請您觀賞 李克怡 的相簿：2012-3-7 淡水一日遊 查看

https://plus.google.com/photos/104756942535708722690/albums/5717789917382941761?authkey=CMfTiabon6HOvQE&banner=pwa
rc=pwrd1#photos/104756942535708722690/albums/5717789917382941761

中華民國一〇一年八月二十七日出刊

會務通訊
第五十七期

發行者：國立臺灣大學退休人員聯誼會
National Taiwan University Retiree Association
會　址：台北市羅斯福路四段一號國立臺灣大學室樂樓二樓
電　話：23695692　校內分機：33669690　Fax：23648970
E-mail：nturetiree@ntu.edu.tw

壹、本會近期活動

一、本會101年5～9月份慶生會　歡迎踴躍參加
　　時　間：101年9月10日（星期一）下午2:00～4:30
　　地　點：本校體育館一樓文康中心交誼廳
　　敬請填寫回執寄回，以利統計參加人數。
　　敬請各位壽星預留時間，踴躍出席。

二、花蓮兆豐農場慕谷慕魚知性二日遊　歡迎踴躍報名參加
　　出發日期：101年9月19-20日（星期三、四）
　　出發時間：0710準時出發(請預留於7時開始上車)
　　集合地點：台灣大學正門口(羅斯福路上)
　　代辦費用：四人房每人新台幣4100元，雙人房每人4700元。
　　　　　　　(內含慕谷慕魚9人坐車每人400元，自強號蘇澳火車來回票)
　　　　　　　有導覽，豐富午、晚餐。
　　　　　　　*兆豐農場內VIP車、平日優惠價1000元，4人平均分攤每人
　　　　　　　250元，需要坐車者自行付費。

　　行　　程：
　　第一天
　　0700-0710　台大校門口集合出發。　*在蘇澳換乘自強號火車。
　　0710-1200　蘇花公路風光、車上活動時間。(卡拉ok或打盹聊天)
　　1200-1230　花蓮鯉魚潭午餐、搭乘9人座車前往慕谷慕魚。
　　1300-1330　參觀慕谷慕魚旅遊中心
　　1330-1350　走揚清橋、清水溪步道賞景
　　1350-1450　前往彎月峽谷。賞魚區

1450 -1540 清水發電廠參觀
1540 -1620 鋼門山刀老街
1620 -1630 回到大巴停車處至兆豐農場
1640 -1800 兆豐農場 check in 後農場內自由活動
1800 -1900 於農場內享用高級晚餐
2000 -2300 餐後稍作休息、泡溫泉 SPA
第二天　　兆豐農場-午餐-蘇花公路-礁溪晚餐
0700 -1200 睡覺睡到自然醒，享用自助早餐，農場內自由活動
　　　　　兆豐農場占地很大，可以租借腳踏車或電動車
　　　　　園區內也有遊園車可搭乘。
1200 -1230 農場內享用午餐
1240 -1730 離開兆豐農場、沿途蘇花公路北上回台北
1730 -1820 礁溪晚餐
1820 -2000 國道五號回到台北，結束愉快的二日遊
報名時間：即日起受理報名，歡迎本校在職教職員工、退休人員及外籍教師攜眷參加。
報名專線：星期一至星期四上午 0900-1130。
　　　　　23695692, 33669690 活動組長：關麗蘇小姐
備註：費用包括午、晚餐、車資、司機、導遊小姐小費、門票、礦泉水、旅遊平安保險(每人新台幣 200 萬元、醫療費 20 萬元；依規定 14 歲以下、75 歲以上，保險限額為新台幣 100 萬元，醫療費 10 萬元)

三、第十一屆漳州市科協學術年會　歡迎推介相關學者參加

本會理事長接受福建省科學技術協會委託代邀台灣知名生態城市（田園城市）建設方面的專家參加第十一屆漳州市科協學術年會，年會以建設"田園都市、生態之城"新漳州為主題。
時間：10 月中旬
地點：福建省漳州市
臺灣專家全部落地接待，還安排 1-2 天參觀遊覽，其中只有兩位知名專家做主題報告，提供往返機票費用。
有意參加者，請與丁一倪教授聯絡 Email:initing@ntu.edu.tw，0933092264

四、張瑞圖和黃道周學術研討會　歡迎推介相關學者參加

本會理事長接受福建省國際文化經濟交流中心委託代邀台灣傑出書畫家參加今年 12 月在福建舉辦之 「張瑞圖(1570-1641)和黃道周(1585-1646)學術研討會」（會期四天）
會議主題：張瑞圖和黃道周對閩派書畫藝術的確立及發展的影響
研討內容：張瑞圖和黃道周二人的生平、書畫藝術特點比較、藝術成就、

歷史地位以及共同對閩派書畫藝術、閩台文化交流的影響。

論文徵集：面向海內外邀約，論文題目自擬，字數、插圖不限，文言文、繁
體字、英文等須自 譯配附簡體文，並須符合學術規範。所發表之
論文在會後結集正式出版。

有意參加者，請與丁一倪教授聯絡 Email:initing@ntu.edu.tw，0933092264

五、會員福利團購：中秋月餅　價格超低　勿失良機

由於本案低於外面一般通路的價格，所以請會員務必幫忙，不要將折扣資訊
外流給非會員之人。

本折扣辦法限 2012/9/6 前填寫團購單並繳款預購始為有效！

訂購折扣後滿五千五百元，可送貨市區一個點。未滿酌收 100 元運費。

※訂單修改請於出貨五日前告知！

※出貨前五日恕不接受訂單取消！(訂單取消本會將酌收行政事務費)

產品請上網查看：伊莎貝爾網址：www.isabelle.com.tw

　皇樓網址：www.emperorfood.com.tw ，團購訂單　在第25頁

　訂購單填妥請以下列方式之一送交本會：

1.送交本會辦公室或寄交本會(106 臺北市羅斯福路4段1號國立臺 灣大學
　退休人員聯誼會或農化系丁一倪教授)

2.FAX：02 23648970

3.E-mail：initing@ntu.edu.tw

六、會員福利團購：正宗麻豆文旦

　每箱 10 臺斤　新臺幣 800 元 (含運費，產地直送)

　產量有限　2012/9/2 前　繳款訂購始為有效！

　有意團購者，請與丁一倪教授聯絡 Email:initing@ntu.edu.tw，0933092264

七、福利委員會「特約優惠卡」(簡稱福利卡) 優惠項目包羅食衣住行、請隨時上網查看、以免錯失良機

　　本會隨時通知提供 E mail 者新增福利及團購服務，無 E mail 者請隨時
上網(http://www.sacea.org.tw)查看。

　　第三批福利卡已印發，未領者請即向本會活動組關組長領取。

　領取福利卡地點：本校望樂樓二樓　退休同仁聯誼會

　專線：星期一至星期四上午 9:00～11:30

　　　　23695692，33669690 活動組長：關麗蘇小姐　(務請先電話預約)

　歡迎您　推介您用得著的優良廠商，作為特約商店。

我們的目標是讓您及您親友的福利，跨越兩岸、遍及世界。

由於福利卡每50張印製一批，已申請但尚未領到福利卡之卡友，如須購買華航機票、向海霸王關係企業訂房訂餐及購買特惠票券，可透過本會認証，即可享受優惠。華航機票、及海霸王關係企業住宿、餐飲均遠低於市價，請多加利用。

八、101年度「評古說今」歡迎踴躍報名參加

101年度「評古說今」，請大家踴躍報名擔任主講人或推薦主講人。

本活動由本會理事兼秘書組組長劉鵬佛教授負責規劃安排。

【報名專線】23695692，33669690 活動組長：關麗蘇小姐

九、本會各項活動請大家踴躍參與

(1) 本會會務通訊「旅遊園地」歡迎投稿。

(2) 本會會務通訊「老照片說故事」歡迎投稿。

(3) 「旅遊活動」請大家提供參攷行程。

本會各項活動期待您的熱誠參與，也期盼您能推薦更多退休同仁加入本會！

本會電話：33669690，23695692，傳真：23648970

E-mail：nturetiree@ntu.edu.tw

貳、會務報告

1. 本會今年已召開下列會議：

(1) 第八屆第六次理監事聯席會議（101/03/26，本校校總區第二會議室）。

(2) 第八屆第七次理監事聯席會議（101/06/25，本校校總區第二會議室）。

2. 舉辦本會101年1～4月份慶生會（101/04/24，本校體育館一樓文康中心交誼廳）。

3. 舉辦101年度「評古說今」：

(1) 第一場由李學勇教授主講：楓槭樹之區別（101/01/10，臺灣大學校總區第四會議室）。

(2) 第二場 對 馬總統的國是建言座談會，由方祖達教授主持（101/02/20，臺灣大學校總區望樂樓2樓本會辦公室）。

方祖達教授提出：「檢討大選經過及結果，兼望馬當選後創新局」報告，全文刊載於本期會務 通訊第18～21頁。

全部座談內容將由本會理事劉鵬佛教授記錄登載於中華湖湘文化發展協會出版之「湖南文獻」，送請 馬總統參考。

(3) 第三場由陳定中將軍（前內政部役政司司長）主講：**幸福人生與幽默人生**（101/ 03/26，臺灣大學校總區第二會議室）。

(4) 第四場由吳信義主任教官主講：**幸福人生**（101/04/23，臺灣大學校總區望樂樓 2 樓本會辦公室）。

(5) 第五場由陳福成主任教官主講：**我們這個時代流行音樂**（101/05/21，臺灣大學校總區望樂樓 2 樓本會辦公室）。

(6) 第六場由陳福成主任教官 主講：「**我們這個時代流行音樂**」（二）（101/ 06/25，臺灣大學校總區第二會議室）。

(7) 第七場由資訊組黃存仁組長 主講：「如何上網查看本會活動資訊」（101/ 07/23，臺灣大學校總區望樂樓 2 樓本會辦公室）。

(8) 第八場由陳定中將軍 主講：「健康快樂幸福之道」（101/08/13 ，臺灣大學校總區第四會議室）。

4. **本會今年舉辦下列會員聯誼活動：**

(1) 春季淡水三芝賞櫻一日遊（101/03/07），共 42 人參加。

(2) 宜蘭蘇澳碧涵軒帝雉生態館一日遊（101/04/ 19）。

(3) 苗栗姜麻園客家大院賞桐花一日遊（101/05/16）。

(4) 奧捷斯匈全覽十二日遊：城堡‧藝術‧美食‧文化遺產之旅（101/ 06/25 出發）。

(5) 花蓮兆豐農場慕谷慕魚知性二日遊（101/09/19-20）

(6) 2012 荷蘭世界園藝博覽會知性之旅（規劃中）。

5. **本會今年與中華高齡學學會共同主辦系列健康講座：**

(1) 第一場：吳邦新老師主講：史無前例保健理論與老年人五大慢性病的防治方法（101/01/09 ，臺灣大學體育館一樓文康中心交誼廳）。蔣乃辛立法委員親臨致詞。

(2) 第二場：盧慧明整骨師主講：老年走路無力　回春保健的方法 （101/02/14 ，臺灣大學體育館一樓文康中心交誼廳）

(3) 第三場：朱景雲博士主講：免疫力與健康長壽 （101/03/13 ，臺灣大學體育館一樓文康中心交誼廳）。

(4) 第四場：張念鎮教授主講：糖尿病與食療法（101/06/11 ，臺灣大學體育館一樓文康中心交誼廳）

(5) 第五場：董延齡醫師主講：在中西醫體制廋如何選擇正確的醫療？ （101/ 07/10 ，臺灣大學體育館一樓文康中心交誼廳）。

6. **參加相關活動**

(1) 為擴大為會員提供服務能量，繼推出福利卡之後，本會理事長已在兩岸建立管道提供各項服務。並與國立臺灣藝術大學簽訂策略

聯盟協議書(101/ 06/11，臺藝大)、與福建省農業研究院臺灣農業研究中心簽訂推廣合作交流框架意向書（101/06/22，福建農科院），各相關單位都在洽談中。

(2) 在專業培訓方面，臺北市大專教師職業工會誠聘各種專業儲備師資（在台灣或大陸授課，不必是大學老師，有專長就可以）。

(3) 本會理事長應邀參加第五屆海峽兩岸科普論壇（101/05/11—15日，福建省寧德師範學院）。

(4) 本會理事長應邀參加第四屆海峽論壇及海峽科技專家論壇(101/06/16-19，廈門)。

(5) 本會理事長應邀參加第十屆6·18兩岸人才交流合作大會(101/06/20-22，福州市)。

(6) 本會理事長參加兩岸人才移動趨勢暨人才佈局策略研討會（101/07/06，文化大學推廣教育中心　國際會議廳)。

(7) 本會理事長參加電子商務信賴安全聯盟 專家演講 （101/07/12，聯合報大樓)。以瞭解資安服務中心及個資法現況與因應之道。

(8) 本會理事長參加2013中央政府總預算研習講座（101/07/19，08/09，08/16,08/23，立法院)。

(9) 本會理事長與中華民國大專教師會協會主要成員拜會教育部長（101/07/20，教育部)針對下列問題提出建言：

(a) 彈性薪資相關議題

(b) 教師法修法相關意見及建議

(c) 性別平等教育法修法相關意見及建議

(d) 大學法修法相關意見及建議

(e) 私校教職員社會保險年金相關議題

(f) 退休公教人員轉任私立大專院校相關議題

(g) 招收陸生之建議

(h) 大專教師升等制度相關意見及建議

(i) 十二年義務教育之議題

參加人員：中華民國大專教師會協會：

丁一倪理事長（台大，臺北市大專教師職業工會理事長）

唐麗英常務理事（交大，新竹市大專教師職業工會理事長）

黃維寫常務理事（華夏，華夏技術學院教師會理事長）

李威儀理事（交大）、徐光台理事(清華)

趙儒民理事(成大，成功大學教師會理事長)

李念晨理事（勤益)、虞孝成常務監事（交大)

黃敬仁教授(勤益，臺中市大專教師職業工會理事長)

楊澤泉教授 (成大，成功大學教師會理事)

教育部：蔣偉寧部長、陳德華常務次長、高教司何卓飛司長、訓委會楊玉惠常務委員、教研會張嘉育組主任教研會賴羿帆專員、人事處張佩華副處長

(10) 本會理事長應邀參加教育部「研商大學法施行細則部分條文修正事宜會議」(101/07/27，教育部)。

(11) 本會理事長參加「大專教授國政座談會」(101/08/25，中國國民黨中央黨部)。

7. 轉知提供 E-mail 之會友參加下列活動：

(1) 中央研究院近代史研究所學術討論會，本校朱浤源教授主講：**五色擦撞的火花**：臺灣光復初期力行民主與二二八事件(101/03/08，中央研究院近史所檔案館一樓中型會議室)。

(2) 本校醫學院孫安迪博士主講：**調節免疫 擊退感冒** (101/03/11，台北市議會 B1 大禮堂)。

(3) 吳長新 整合療法暨手法醫學 發表會 (101/04/14，台北國際會議中心 201 全廳)。

(4) 世新大學「市場邏輯與高等教育理念：人文社會科學的卓越神話」研討會 (2012/04/27，世新大學舍我樓 12 樓 S1204 會議室)。

(5) 第五屆海峽兩岸科普論壇 (101/05/11—15 日，福建省寧德師範學院)本會參加者計有：汪淮教授、丁一倪教授。

(6) 推介擬與福建省專案合作者參加第四屆海峽論壇 (101/06/16-19，廈門)。

(7) 臺北醫學大學林松洲教授主講：2012 年最新醫學文獻回顧:胺基酸的臨床應用 (2012/08/19，台北市愛國西路 9 號 B1 首席會議中心睿智廳)

8. 本會第五十六期會務通訊已於 101/04/11 出刊，感謝本會辦公室各組組長全體動員，使編印及寄發工作得以順利

9. 本會國內外旅遊由活動組關麗蘇組長一人包辦所有業務 (包括爭取教職員工本人參加者文康活動經費補助)， 並辦理歷次慶生會業務，本組今年已舉辦：

(1) 春季淡水三芝賞櫻一日遊 (101/03/07)。

(2) 宜蘭蘇澳碧涵軒帝雉生態館一日遊 (101/04/ 19)。

(3) 苗栗姜麻園客家大院賞桐花一日遊 (101/05/16)。

(4) 奧捷斯匈全覽十二日遊：城堡‧藝術‧美食‧文化遺產之旅 (101/06/25 出發)。

並將舉辦花蓮兆豐農場慕谷慕魚知性二日遊 (101/09/19-20)
在此特別感謝她的辛勞。

10. 本會檔案 e 化組杜雅慧組長完成部份會友 E-mail 通訊錄建檔，截至
目前為止，計有 73 位會友提供 E-mail 信箱，本會寄送會務通訊及
不定時寄送最新活動通知給提供 E-mail 的會友，敬請各位踴躍提供
E-mail 信箱，透過網路回答會友提出的問題，此外杜組長並完成完
成 57 期會務通訊中：陳福成主任教官之大作「春季淡水三芝賞櫻一
日遊」及「宜蘭蘇澳碧涵軒帝雉生態館一日遊」稿件之打字，謹在
此對杜組長表達誠摯的謝意。

11. 本會網站由黃組長負責管理及維護，並隨時維護本會電腦順利運作，
此外黃組長並製作本會 100 年度成果報告，謹致十二萬分的謝忱。

12. 會計組陳組長完成各項帳務工作，並兼代會員組工作，辦理會員入會，
隨時更新本會會員異動資料，且辦理歷次慶生會業務，謹在此對陳組
長表達誠摯的謝意。

13. 秘書組劉組長完成歷次理監事會場地借用、開會通知寄發及規劃辦理
「評古說今」活動。總務組鍾組長天天到辦公室值班，也在此一一表
達誠摯的謝意。

14. **本會會員動態**（會計組陳明珠組長代為報告）：
(1) 101 年 03 月至 101 年 05 月新加入會員計 3 名，目前會員總編號
為 660，扣除往生、停權及退會 (276 人)，現有實際會員數為
384 人（內含永久會員 325 人，常年會員 59 人）。
(2) 編號 201 況精華先生由常年會員轉入永久會員。
(3) 新加入常年會員 1 名，永久會員 2 名：

國立臺灣大學退休人員聯誼會 101 年 3 月迄今申請入會名單				
編號	原服務單位	姓名	性別	備註
658	醫學院	林進幾	男	常年會員
659	管理學院	陳明芬	女	永久會員
660	計算機中心	孫琇蓮	女	永久會員
共計		3 人		

(4) 本會會員醫學院微生物學科居小燕教授不幸於 101/07/14 病故，於
101/08/08 假台北市立第二殯儀館舉行公祭。

15. 本會會員電話或通訊地址如有變更，請儘速告知本會，以免失聯。

16. 本會會員提供 E-mail 者，如有沒有收到本會寄發之好康訊息，請儘速告
知本會，以便檢查電郵地址是否有誤。

叁、會員福利

本會福利委員會與海峽兩岸學術文化交流協會合作推出之「特約優惠卡」（

簡稱福利卡）優惠廠商大幅增加、優惠項目包羅食衣住行。目前憑福利卡
可享優惠之特約廠商，其門市數已逾500家。其服務據點遍及全台及上
海、廈門，中華航空服務據點則遍及全世界。目前正繼續推廣特約廠商中。
在下列特約商店消費，結帳前別忘了出示「特約優惠卡」：

餐飲

一、海霸王關係企業　須在三個工作天前先向海峽兩岸學術文化交流協會
　　預約，方能憑卡優惠（由於是專案特別優惠，必須透過總公司業務部
　　對消費者身分作雙重確認，造成您的不便，敬請鑒諒）
　　請勿將「特約優惠卡」借予他人使用，以免發生刑事責任。

（請 點擊店名）
台北北區旗艦店　、台北長安店(甲天下)　、台北本店–金牌火鍋
蘆洲店　、土城海山店
『城市商旅』（請點擊店名）
台北南東館 Taipei Nandong　、桃園航空館 Taoyuan Gateway
礁溪楓葉館 Jiaoxi Maple ...　、台中五權館 Taichung Wuquan
二、台北永康街知名冰品：芒果皇帝（請 點擊店名）
三、義式屋古拉爵新店家樂福店
四、加州風洋食館（Skylark）（新店家樂福店）
五、賢夫美食（港式點心）
六、Mr.Wish 天然水果茶（信陽店）
七、洋旗牛排餐廳（羅斯店）
八、愛斯威爾義法餐坊
九、漢威/翰威 餐飲(SUBWAY 大坪林店、七張店、萬芳店)
十、Friday's 餐廳
十一、御膳九日式御膳料理
十二、池春日式涮涮鍋
十三、臺北市公館宮綺火鍋
十四、臺北市公館瓦崎火烤兩吃
十五、台北花園大酒店
十六、拉堤極品咖啡（台北市博愛路80號）餐點、飲料憑福利卡九折。
十七、璞鈺典藏擂茶、素食
十八、鬥牛是二鍋成大店 憑福利卡95折，10人以上九折
十九、高雄市宮園日本料理
二十、高雄市鳳山區 New Joy 大喜歡乾麵 憑福利卡9折。

特約食品

一、黑橋牌企業股份有限公司

二、台東縣鹿野鄉永安農特產展售中心

特約糕餅

一、聖瑪莉全台門市

二、依莎貝爾、皇樓、御倉屋全台門市

三、台北市台中郭記糕餅店（手工鹹蛋糕）

特約服飾

百事特（儀大公司）全台門市

特約眼鏡

寶島眼鏡全台門市

住宿

一、海霸王關係企業『城市商旅』須在三個工作天前先向海峽兩岸學術文化交流協會預約，方能憑卡優惠　（由於是專案特別優惠，必須透過總公司業務部對消費者身分作雙重確認，造成您的不便，敬請鑒諒）請勿將「特約優惠卡」借予他人使用，以免發生刑事責任。

（請點擊店名即可進入該店介紹）

台北南西館 Taipei Nanxi　（無午、晚餐服務）

台北南東館 Taipei Nandong　、桃園航空館 Taoyuan Gateway

礁溪楓葉館 Jiaoxi Maple ...　、台中五權館 Taichung Wuquan

二、雲朗觀光飯店

中信系列

墾丁、高雄、新店、桃園、中壢

兆品系列

苗栗、嘉義、台中(本館及新館)

翰品系列

新莊、花蓮

中信楓悅酒店（廈門）

三、上海帝璟麗緻大酒店

四、台南大飯店

五、台北晶華酒店、捷絲旅（Just Sleep）、太魯閣晶英酒店（天祥晶華飯店）

六、華泰王子大飯店

特約一般生活商店

一、金興發生活百貨(台大店)

二、戶外玩家有限公司　野遊風戶外休閒用品館

特約量販型生活商店

一、好市多（COSTCO）

二、特力屋、HOLA 和樂家居館、HOLA CASA 名品傢俱館及 FREER 僑蒂絲
　　寢具館

特約 3C

一、燦坤（全台各門市）

二、良興電子資訊廣場

特約圖書文具

墊腳石圖書公司(許昌店)

特約藝術品

台灣手工業推廣中心

特約美容

媚登峰集團

1、長春藤身心健康管理中心

2、媚登峰

旅行

一、中華航空　（超低價，且適用華航世界各地航班，請多加利用）

二、復興航空

三、易飛網

四、台北衛星車隊

特約旅行社

東南旅行社、雄獅旅行社

特約休閒遊樂

綠世界生態農場

專案特約

一、大陸各項專利申請

二、中國人壽王經理特別給予專案優惠
三、中華電信手機用戶及公司行號電話用戶網內專案優惠
限時限量團購各種優惠票券及年節商品
詳情請上海峽兩岸學術文化交流協會網站（http://www.sacea.org.tw）查看。
各項優惠陸續洽談中，敬請期待！歡迎推介優良廠商加入特約商店行列乙！

肆、聯誼活動遊記

春季淡水三芝賞櫻--一日晃蕩悠悠遊　　　陳福成

　　人生何時能像一朵白雲，行止悠悠。沒有退休時，只能說說，偶爾想像，不知所以，不識白雲，因為未經實證檢驗。

　　這回安排淡水三芝賞櫻一日遊，感覺上最像白雲悠悠，大家不急不徐的，一日晃蕩悠遊，竟也穿梭了多種世界。左岸，十三行博物館、天元宮賞櫻、緣道觀音廟禮佛喝咖啡、紅毛城。漁人碼頭看黃昏暮景。忙的是遊覽車司機和僑華小姐，他們是該忙的，除了代表就業率，他們年輕要有正常的工作；而我們是退出事業舞台的人，該像一朵白雲，快樂悠遊。

　　有時快樂和客觀(社會、政情)環境有關，例如身處一九四九年的你絕對快樂不起來。但二０一二年，大選才剛結束，且代表安定、安心與繁榮的一方勝選。有了安定安心的定心丸，是台灣觀光產業的保證。

　　代表三月的那首歌「淡淡的三月天」，也表示這個時節有些冷、有點雨，才能喚醒杜鵑花魂早些來。果然，今天才三月七日，校園、野外的杜鵑花，有些已經開始向遊人撒嬌。

　　九點不到，我們先到八里左岸。非假日，又有些早，除了我們，就是微風、細雨、輕霧，及三三兩兩散步的人們，吸著未標價格而最有價值的空氣。這些年，八里左岸很紅，這和「左」字有關，人心好奇，潛藏著造反因子，大陸就是這種心理因子形成的動力，才使河山變色。但現在我們不是到左岸造反的，現在的「左」代表悠閒自在，也確實，整個八里真的改頭換面了，這裡的政府有在幹活，給他們鼓勵。

　　十三行博物館，很多人一來對「十三行」好奇，問著「為甚麼叫十三行？不叫十二行或十四行！」有的進去逛了一圈出來還找不到答案。本文先公告答案，滿清時代這裡住著十三家生意人，專經營兩岸貿易(把大陸貨運來北灣)，此後這裡就叫「十三行」。但「十三行博物館」展示的，是台灣更早的先民鐵器文化，大約是距今一千八百年前(漢末、三國)，到五百年前(明朝中葉)。我們在館內有意無意的閒逛，透過各種解說，也深刻感受到人類歷史的奇妙，及保存史前史的必要性。

　　午前一小段時間我們到達淡水北新路的天元宮，這裡也是賞櫻的好地方，佔地頗廣，我們並沒有時間逛完全部景點。尤其天氣不很配合，濃霧細雨飄

飄。還是看到許多美女與花爭艷，都說「人比花嬌」，其實花亦「無言說法」，曰「無聲勝有聲」，又曰「凡所有相皆虛妄」。外面天氣不佳，我們多數人便在宮內禮神拜神。天元宮奉祀主神是玉皇大天尊玄靈高上帝，正殿恭奉先天至聖無極聖祖、彌勒尊佛、三黃聖尊 (天地人三皇)、太白星君、南海觀世音菩薩孚佑帝君仙祖等神聖。

上述諸神中，「玉皇大天尊玄靈高上帝」是何方神聖?乃現任玉皇大帝關聖帝君也，即我國武聖關公關雲長(有關他的電影、電視正在夯)，在道教稱關聖帝君，在佛教稱伽藍菩薩，目前正輪值「玉皇大帝」之職。(註:按我國民間信仰及道教神論，玉皇大帝一職為輪值，並非永久由一神擔任，　欲知其可讀我另著「中國神譜」一書，文史哲出版社。)

午餐後，我們一行參訪也在淡水的緣道觀音廟。在此小憩，也因天氣不佳躲進室內喝咖啡聊是非。我觀察此處，似有一些意見(或問題)，這裡的餐廳有葷食，若按稱「廟」屬道教，便沒有問題。但開山祖稱「佛乘宗第二代祖師 緣道菩薩」，叫「菩薩」又叫「佛乘宗」，便是正宗佛教，怎能在道場內賣葷食?難道是日本佛教嗎?　這是我的疑問!

紅毛城，我們不知看了多少回!我一樣有意見，城上始終掛著英國國旗，殖民早已結束又無邦交，幹麻一直掛人家的國旗;而我們自己的國旗，則是「躺」著掛，為何不站立起來高掛?

還是漁人碼頭的黃昏氣氛好，晚餐前一小時多，大家在碼頭附近漫步想心事，一夥人從情人塔逛到情人橋，參觀五星級大飯店，打探睡一晚要多少錢!悠悠閒情無限好，人生最美的是晚霞，最自在的是黃昏，不錯!

回程的車上，除了歡唱，大家議論著四月去那裡?何處風光好?去看看奇珍異獸，吃吃美食!台大退聯會，我們愛你，也謝謝關姊，為台大 退休人員帶來這麼多快樂的活動，留下許多美好的回憶。(陳福成，2012 年 3 月 9 日)

詩寫淡水三芝一日遊

左岸賞春

春意微涼襲來　細細諦聽
左岸也有細雨微風
兩岸都讀不懂春天
真正懂得賞春的
是中間

我們是一群揚棄左右的魚兒
因為魚兒不靠左也不靠右
只在河裡游
我們到左岸賞春

但春天不在左也不在右
夜晚的星星也是

聽魚聲

在漁人碼頭
聽魚在牠們的世界中慶賀
這裡的漁人不捕魚了
他們
捕觀光客

人的寂寞深邃
如我們魚族悠游的深海
有時會像海嘯湧起的山峰
獨與孤都是無解的習題

但，魚說
讓我叼住你們的寂寞
拽走
藏於深海

天元宮賞櫻

看見一朵櫻花展示她的美麗
要等待幾個春天
花期苦短
不是你等不到她
就是她等不到你

終於相見
粉色、紅色・重瓣
走在伸展台上
豐盈之美
一朵搭著一朵
成群結隊從你眼前走過
好好看

風雨是外面的
八卦是屬人的

這瞬間的美
證實了天堂的存在

紅毛城

古城，殘牆
每塊磚瓦是一個嘆息
風雨始終沒停
經兩個世紀
紅毛轉世成美牛
欲再殖民

老樹一聲一聲抽泣
因為人們死硬說這正是古蹟
明明是米字旗的兄長
霸凌弱小
古城是醒的
而人
還在沉睡

小註：二○一二年三月間，「美牛」問題正衝擊著小島，美國牛蠻橫不講理，
向所有弱小衝撞，台灣經不起撞，只好叫美牛把我們吃了！

提筆如椽寫山海

筆，提起
叫春天來
喚醒櫻花盛開
也招生活寫在
彩蝶紛飛的彩虹世界裡
使每個詞句都生機盈舞

提起，筆
叫山川屹立
溪流嘩嘩
橫空出世又一幅
漁人捕魚
以及你的心聲
試圖對山與海進行永恒的論辯

一日春光十四行

仿佛，前世已經預約的
左岸春光或十三行的古人

而櫻花為誰，打開了暗香浮動的心房
花瓣上的各種顏色，是不同的心事
光陰的河流，帶走片片落英
為捕住瞬間的記憶
吸引滿山遍野一雙雙感傷的蝴蝶

心情是一朵朵飄在天空的雲
隨意紛飄　與眾神相遇
天元宮眾仙佛　觀音廟的菩薩
共成一場無言法會
櫻花、桃花、李花　色相嬌艷
心靈純淨　這樣的美景
全都寫入我們每個人的十四行故事裡

註：十三行是指八里十三行，而十四行是詩體的一種。

2012 3 7 淡水一日遊　邀請您觀賞 李克怡 的相簿

提供者李克怡

　　春季淡水三芝賞櫻一日遊：行程如下 0730-0800 台大校門口集合出發。0900-1030 十三行博物館：淡水河口南岸八里區，一側是蔚藍的淡水河域，一側是優美的觀音山，內有台灣史前鐵器時代文化。1100-1200 淡水天元宮：以櫻花聞名(日本吉野櫻)，由上百名志工親手栽種出來，台灣原生種櫻花有粉紅、白色等顏色，天元宮最獨特的自然奇景。1210-1300 淡水大珍市海鮮餐廳午餐。 1320-1430 淡水緣道觀音廟。1500-1620 淡水紅毛城：主樓是一座方形城堡，外觀以紅磚砌成，荷蘭人在建造時以軍事為主， 英國人改建時做為領事館使用，內有當年的保險箱和文件焚化爐、壁爐等設備，近來常維修，美崙美奐。 1630-1730 淡水漁人碼頭水區，完成於民國76年；民國95年最新遊輪式福客飯店進駐、福容愛之船，浪漫啟航，夜景非常燦爛美麗。1730-1830 淡水海宴海鮮餐廳晚餐。 1930 返回溫暖的家。

觀賞相簿

https://plus.google.com/photos/104756942535708722690/albums/5717789917382941761?authkey=CMfTiabon6HOvQE&banner=p
psrc=pwrd1#photos/104756942535708722690/albums/5717789917382941761

播放投影片

https://picasaweb.google.com/104756942535708722690/201237?authkey=Gv1sRgCMfTiabon6HOvQE&noredirect=1#sl
how/5717790364385127010

宜蘭蘇澳碧涵軒帝雉生態館一日遊　　　陳福成

虞美人-----過雪山隧道

地球開挖不得了，困難知多少，過度開發很傷風，小島不堪回首幾年中。
暫時利多到處開，只是風水改，問你能有幾多疑，恰似民意之水如亂流。

長相思-----三星田園風光、長埤湖

雲幾片，水一方，風景秀麗氣宜人。心兒淨，人相和，滿山綠意水更好，
瞬眼天籟歌。

菩薩蠻-----三星青蔥文化館

蔥花蔥白滿天霧，吉日一車開過去，一一試吃味，大包小包提。三星那顆蔥，
覓說文化館，打開市場難，還要再努力。

浪淘沙-----員山八甲漁場午餐(二帖)

漁場一池池，生意盈然，關姊用心大家安，半生辛苦都舍得，吾本貪歡。
獨自喝悶酒，很快闌珊，不如大家來同樂，絕不要人在天堂，錢在銀行。

香魚一尾尾，口水潺潺，配冰啤酒更是酣，老遠跑來所為何，並非貪玩。
人生如朝露，白雲蒼狗，把握機會拼經濟，漁場獲利我歡喜，利人利己。

一斛珠-----碧涵軒帝雉生態館(二帖)

本是皇家，沒落到住鐵皮屋，向人訴苦要化緣。聲聲高歌，美夢還是破。
羅衫亮麗秀餐可，清風明月無人管。
碧涵館中嬌無那，粗茶淡飯，笑向客人說。

鳥中之王，氣宇不凡臨瀕絕，個中因緣無人懂。一睜風來，是張漢欽功。
覚裳雨衣華彩色，視覺享受世界級。
可惜缺錢很無奈，裡看外看，台大人有福。

子夜歌----宜蘭餅發明館

賣蔥的叫文化館，售餅的稱發明館，進去看究竟。到底發明啥。
管他玩文字，有貨有希望，獲利意料中，生意一定紅。

烏夜啼----快樂的一天

一天過了真夯，也匆匆，若在長埤湖露營才瘋。烤香魚，喝啤酒，看星星，
自是人生歡樂如夢中。

小記：四月十九日的宜蘭一日遊，在歡樂氣氛中結束，沿途大家說笑唱歌，
享美食看美景，每個景點都給人不同的感覺思維。關姊、儷華、李醫師、
樓將軍、沈老師、江哥、光華、老吳、大吳…。都是這景中之美景，
我看到最美的一景，就是你。

中國文學對景物的書寫，向來形式多變，詞是歷史上次於詩的發達形式，
而李後主的詞更是中國文學「永恒不倒的君王」，但他在政治領域却是一個
「亡國之君」。人生成就和價值的兩極化，真是莫此為甚了。

這次的遊記我採用詞的形式，詞有固定譜調字數，不過是一種遊戲。
有興趣的朋友，可自行讀讀李後主(李煜，九三七-九七八年，南唐昇元元年-
宋太宗太平興國三年)最知名的幾款詞，本文所用之「虞美人」、「長相思」、
「菩薩蠻」、「浪淘沙」、「一斛珠」、「子夜歌」、「烏夜啼」等，都是文學上永
恒之名品。(台大退聯會理事兼書記陳福成，二０一二年四月二十二日，
草於台北蟾蜍山萬盛草堂)

伍、本會陳福成理事將編輯本會會史

各位如果有本會各期會務通訊請借給本會影印，以期完整周延。
請熱心會友共襄盛舉，來電與本會活動組關麗蘇組長聯繫。
02-23695692，02-33669690

陸、「評古說今」講稿

談正確的認知　　　　　　　　講述人：吳信義

一、時間：2012 年 4 月 23 日(星期一)10：00 至 11：00

二、地點：台大退聯會

三、講述內容：

1、無常的詮釋：

2、(1)　快樂 Joy：有得→被給予，偏重於外在的有形物質、是
　　　　客觀的、是短暫的、是外求的。

　　(2)　幸福 Happiness：無得→自足 (情與理融和的心靈狀態)
　　　　偏重於無形的精神層次、是主觀的、是長久的、是自求的。

3、對與錯的條件：受外在人、事、地、時、物的影響。非絕對，
　　非相對性，也非永久性。

4、理由 Reason　原因 Case 的不同：

5、人類的八大智慧：(美國哈佛大學心理學教授迦納博士(Dr. Howard
　　Gardner)提出的)：

　　(1)　語言、文字：如作家、記者、教師、律師、編輯。

　　(2)　邏輯、數學：科學家、數學家、工程師、會計師。

　　(3)　自然觀察：植物、動物、海洋、地質、園藝學家。

　　(4)　內省、頓悟：心理醫師、小說家、宗教家、諮商師。

　　(5)　人際關係：公關人員、政治領袖、校長、顧問。

　　(6)　空間、方向感：藝術家、設計師、建築師、空間規劃師。

　　(7)　音樂：聲樂家、歌手、作曲家、演奏家。

　　(8)　肢體動覺：運動員、模特兒、演員、舞蹈家。

小結：生活理念是平安即是福。知足即是富。功德即是壽。適情即是貴。
　　　歡迎好友來分享！

柒、活動照片

春季淡水三芝賞櫻一日遊（2012/03/07，　　春季淡水三芝賞櫻一日遊（2012/03/07，
攝於淡水紅毛城）　　　　　　　　　　　正中央為本會活動組關麗蘇組長

苗栗姜麻園客家大院賞桐花一日遊
（2012/05/16）

奧捷斯匈全覽十二日遊：城堡・藝術・美食・
文化遺產之旅（2012/06/26，攝於匈牙利英雄
廣場）

奧捷斯匈全覽十二日遊：城堡・藝術・美食・文化遺產之旅
（2012/07/05，攝於慕尼黑廣場）

舉辦系列演講會 陳福成主任教官 主講：「我們這個時代流行音樂」（二）
（2012/06/25，臺灣大學校總區行政大樓第二會議室）

陳福成主任教官（左）　黃存仁主任（右）

陳福成主任教官（左）　黃存仁主任（右）

與中華高齡學會共同主辦系列健康講座
吳邦新老師主講：史無前例保健理論與老年人
五大慢性病的防治方法　（2012/01/09，臺灣
大學體育館一樓文康中心交誼廳）。

與中華高齡學會共同主辦系列健康講座
蔣乃辛立法委員蒞臨致詞　（2012/01/09）

與中華高齡學會共同主辦系列健康講座 朱景雲博士主講：免疫力與健康長壽
（2012/03/13，臺灣大學體育館一樓文康中心交誼廳）

★敬請提供 E-mail 地址★
為響應「節能減碳」並快速傳達各項活動訊息，不要漏失好康活動，敬請提供
E-mail 地址，以利寄發電子郵件。請來電或傳真告知本會 E-mail 地址。

與中華高齡學學會共同主辦系列健康講座(2012/03/13，臺灣大學體育館一樓文康中心交誼廳)

本會理事長應邀參加第五屆海峽兩岸科普論壇並轉邀會友報名組團參加
論壇開幕式（2012/05/12，福建省寧德華爾道夫大酒店三樓多功能廳）

本會理事長與部份台灣與會代表應邀與福建省寧德師範學院師生座談
（2012/05/13，福建省寧德師範學院）

中國科協書記處書記兼機關黨委書記王春法教授(左1)、中國科協交流部邱愛軍調研員(右2)等一行八人參訪中研院近史所,並舉辦「兩岸科技史交流與合作座談會」,本會理事長及會員李學勇教授應邀參加(2012/05/24,中研院近史所)

本會會員李學勇教授(左)參加「兩岸科技史交流與合作座談會」(2012/05/24,中研院近史所)

本會理事長丁一倪教授應邀參加第四屆海峽論壇及海峽科技專家論壇(2012/06/16-19,廈門)第四屆海峽論壇大會(2012/06/17,廈門海峽會議中心)

海峽科技專家論壇開幕式(2012/06/17,廈門國際會議中心酒店國宴廳)

第11屆海峽兩岸科技與經濟論壇(2012/06/18,廈門翔鷺國際大酒店)

本會理事長丁一倪教授應邀參加第十屆6·18海峽兩岸人才交流合作大會及平潭人才特區建設研討會(2012/06/20-22,福州市)

(2012/06/21，福州海峽國際會展中心)　　(2012/06/21，福州海峽國際會展中心)

(2012/06/21，福建會堂六樓會議室)　　本會理事長參加 2013 中央政府總預算研習講座
王院長於開幕式中致辭 (2012/07/19，立法院)

本會理事長與中華民國大專教師會協會主要　　由右至左：新竹市大專教師職業工會理事
成員拜會教育部長 (2012/07/20，教育部)　　長唐麗英教授、教育部蔣偉寧部長、本會
理事長

臺北市大專教師職業工會提供各項服務　　請多加利用
http://www.sacea.org.tw/front/bin/ptlist.phtml?Category=5534

本團購訂單中折扣金額 請上 http://www.sacea.org.tw 查看

伊莎貝爾中秋月餅團購訂單　務請註明訂購人姓名及聯絡方式。

伊莎貝爾	月之皎潔	月之飛揚	月之吟詠	月之情懷	月之采影	月之芬菲	合計 A1
原價	1520	1360	1200	1100	900	800	
訂購數量							
折扣金額							

伊莎貝爾	月之霞光	月之輕柔	月之晶瑩	月之依戀	月之淡雅	星采酥	合計 A2
原價	770	660	630	530	520	400	
訂購數量							
折扣金額							

皇樓中秋月餅團購訂單　務請註明訂購人姓名及聯絡方式。

皇樓	祈年之月	皇極之月	永壽之月	承恩之月	頤和之月	乾清之月	合計 B1
原價	1580	1350	1130	920	860	780	
訂購數量							
折扣金額							

皇樓	祥開之月	咸安之月	凌閣之月	綜合蛋黃酥	綜合綠豆椪	皇樓鳳梨酥	合計 B2
原價	660	660	510	520	480	420	
訂購數量							
折扣金額							

國立臺灣大學退休人員聯誼會
101 年 5～9 月慶生會　出席回執

☐　本人可以出席 101 年 5～9 月慶生會

☐　本人無法出席 101 年 5～9 月慶生會

此致
國立臺灣大學退休人員聯誼會

出席者：　　　　　（簽名）

日期：　　年　　月　　日

請於 101 年 9 月 3 日前 FAX：02-23648970 或 E-mail:nturetiree@ntu.tw
或郵寄本會收

寄件人：

收件人：
10617
臺北市羅斯福路四段一號
國立臺灣大學望樂樓 2 樓
國立臺灣大學退休人員聯誼會

中華民國一〇一年十月三日出刊

會 務 通 訊

第 五十八 期

發行者：國立臺灣大學退休人員聯誼會
National Taiwan University Retiree Association
會　址：台北市羅斯福路四段一號國立臺灣大學望樂樓二樓
電　話：23695692　校內分機：33669690　Fax：23648970
E-mail：nturetiree@ntu.edu.tw

因檔案過大許多會友信箱容量不足，故分上、下 兩次寄出

壹、本會近期活動

一、臺大文康會慶祝85週年校慶暨100年度績優分會頒獎典禮　歡迎踴躍報名參加相關活動

臺大教職員工文康活動推行委員會慶祝85週年校慶暨100年度績優分會頒獎典禮將於101年11月8日（星期四）晚間6點，在教職員工文康活動中心舉辦。各分會參與晚會表演活動，請另填寫申請單，每分會以1-2個表演為主，請於10/15寄回。各分會若舉辦全校性運動競賽或配合學校協助大型活動，其經費請另專案申請。（請參看第9頁附件一）

有意參加者，請將報名表於10/15前寄回本會 或 E-mail：initing@ntu.edu.tw。

二、臺大紫錐花活動　歡迎踴躍報名參加

為扭轉社會對臺大師生參與社會公益冷漠的刻板印象，本校舉辦「臺大校內師生社團反毒宣誓與反毒電影首映會」，活動當天請發動本會會員踴躍參加，免得場面冷清，被新聞媒體笑臺大人對社會公益冷漠。（請參看第10、13頁附件二）。

時　間：101年10月15日（星期一）下午 2：00～5：00
地　點：本校第一學生活動中心大禮堂
本會將由陳福成理事組織30人以上合唱團，於活動當天上台領唱紫錐花活動主題曲：明天會更好。

有意出席，或擔任活動當天會場服務，或參加合唱團者，請向本會登記。

敬請填寫報名表（在第 13 頁）寄回，以利統計參加人數，以利準備便當。
如有任何問題，請與丁一倪教授聯絡 Email:initing@ntu.edu.tw，
0933092264

三、南投八卦山天空之橋、寶島時代村一日遊，歡迎踴躍報名參加

　　出發日期：101 年 10 月 17 日（星期三）（請參看第 14 頁附件三）
　　報名時間：即日起受理報名，歡迎本校在職教職員工、退休人員及外籍教師
　　　　　　　攜眷參加。
　　報名專線：星期一至星期四上午 0900-1130。
　　　　　　　23695692，33669690 活動組長：關麗蘇小姐

　　這次活動報名參加者十分踴躍，一車已滿，必須增開一車，第二車亦將額滿，
　　有意參加者，請從速報名參加，以免向隅。

四、臺大教職員工 2012 未婚聯誼包水餃活動

　　本會與教聯會及職聯會合辦之臺大教職員工 2012 未婚聯誼包水餃活動(2012/
　　10/20，食科所實驗教室)，請轉知本校未婚(適婚)同仁或其兒女眷屬踴躍報
　　名參加。(請參看 15-16 頁附件四)。

五、會員福利

　　1. 詳細內容請參看第 57 期會訊。池春日式涮涮鍋已倒店，請勿前往消費。
　　2. 本會隨時通知提供 E-mail 者新增福利及團購服務，無 E-mail 者請隨時
　　　 上網(http://www.sacea.org.tw)查看。
　　3. 待臺北市大專教師職業工會網站建構完成，將提供下列兩項線上福利服務：
　　　 (1) EZHOTEL 飯店訂房網為台灣飯店線上即時訂房網站。提供優惠供會員
　　　　　 國內飯店、民宿訂房，及購買各種特惠票券。
　　　 (2) 提供優惠供會員訂購長榮航空機票、各地長榮酒店訂房，及租用長榮
　　　　　 巴士。
　　4. 第一批福利卡將於年底到期，請於 11 月底前辦理續卡（續卡工本費新台
　　　 幣 150 元/卡）
　　　 福利卡續 卡地點: 本校望樂樓二樓　 退休人員聯誼會
　　　 專線：星期一至星期四上午 9:00～11:30
　　　　　　 23695692，33669690 活動組長： 關麗蘇小姐 （務請先電話預約）
　　5. 歡迎您　推介您用得著的優良廠商，作為特約商店。
　　　 我們的目標是讓您及您親友的福利，跨越兩岸、遍及世界。
　　　 華航機票、及海霸王關係企業住宿、餐飲均遠低於市價，請多加利用。
　　6. 如需申辦福利卡，請於 12 月 31 日前辦妥（本會理事長 12 月 31 日任期屆
　　　 滿）。嗣後申辦福利卡，須先加入臺北市大專教師職業工會為贊助會員，方

可申辦。

六、本會陳福成理事大作「最自在的是彩霞──臺大退休人員聯誼會」折扣優惠本校同仁

本會陳福成理事根據手邊現有退聯會資料編輯成書，並登錄 ISBN 編號，成為正式出版物，書名：最自在的是彩霞──臺大退休人員聯誼會。其內容請參看目錄（第 17-18 頁，附件五），本書每本定價新台幣 300 元，6 折優惠同仁，每本優惠價新台幣 180 元，需要者請向本會活動組關組長登記。

七、擬籌組社團保管本會基金

本會基金目前由理事長個人保管，明年 1 月 1 日起實施二代健保，將會增加理事長個人健保費如何因應？經本會第八屆第八次理監事聯席會議（101/09/26)決議：

1. 籌組社團保管，其會員及理監事與本會重疊。社團成立後，本會繼續存在。
2. 由本會歷任理事長擔任籌備委員。

八、101 年度「評古說今」歡迎踴躍報名參加

101 年度「評古說今」，請大家踴躍報任主講人或推薦主講人。
本活動由本會理事兼秘書組組長劉鵬佛教授負責規劃安排。
【報名專線】23695692，33669690 活動組長：關麗蘇小姐

九、本會各項活動請大家踴躍參與

(1) 本會會務通訊「旅遊園地」歡迎投稿。
(2) 本會會務通訊「老照片說故事」歡迎投稿。
(3) 「旅遊活動」請大家提供參攷行程。

本會各項活動期待您的熱誠參與，也期盼您能推薦更多退休同仁加入本會！
本會電話：33669690，23695692，傳真：23648970
E-mail：nturetiree@ntu.edu.tw

貳、會務報告

1. 本會今年已召開下列會議：
   (1) 第八屆第六次理監事聯席會議（101/03/26，本校校總區第二會議室）。
   (2) 第八屆第七次理監事聯席會議（101/06/25，本校校總區第二會議室）。
   (3) 第八屆第八次理監事聯席會議（101/09/26，本校校總區第二會議室）。
2. 舉辦慶生會：

(1) 101 年 1～4 月份慶生會 (101/04/24，本校體育館一樓文康中心交誼廳)。

(2) 101 年 5～9 月份慶生會 (101/09/04，本校體育館一樓文康中心交誼廳)。
　　關組長邀請多人表演吉他、歌唱舞曲，炒熱氣氛，為歷次慶生會最熱鬧的一次。

3. 舉辦.101 年度「評古說今」:

(1) 第一場由李學勇教授主講: **楓槭樹之區別** (101/01/10，臺灣大學校總區第四會議室)。

(2) 第二場　對　馬總統的國是建言座談會，由方祖達教授主持 (101/02/20，臺灣大學校總區望樂樓 2 樓本會辦公室)。

(3) 第三場由陳定中將軍 (前內政部役政司司長) 主講: **幸福人生與幽默人生**(101/ 03/26，臺灣大學校總區第二會議室)。

(4) 第四場由吳信義主任教官主講: **幸福人生**(101/04/23，臺灣大學校總區望樂樓 2 樓本會辦公室)。

(5) 第五場由陳福成主任教官主講: **我們這個時代流行音樂**(101/05/21，臺灣大學校總區望樂樓 2 樓本會辦公室)。

(6) 第六場由陳福成主任教官　主講:「我們這個時代流行音樂」(二)(101/06/25，臺灣大學校總區第二會議室)。

(7) 第七場由資訊組黃存仁組長　主講:「如何上網查看本會活動資訊」(101/07/23，臺灣大學校總區望樂樓 2 樓本會辦公室)。

(8) 第八場由陳定中將軍　主講:「健康快樂幸福之道」(101/08/13，臺灣大學校總區第四會議室)。

(9) 第九場由陳定中將軍　主講:「釣魚台及南海問題研究」(101/09/26，臺灣大學校總區第二會議室)。

4. **本會今年舉辦下列會員聯誼活動:**

(1) 春季淡水三芝賞櫻一日遊 (101/03/07)，共 42 人參加。

(2) 宜蘭蘇澳碧涵軒帝雉生態館一日遊 (101/04/ 19)。

(3) 苗栗姜麻園客家大院賞桐花一日遊 (101/05/16)。

(4) 奧捷斯洵全覽十二日遊: 城堡‧藝術‧美食‧文化遺產之旅 (101/06/25 出發)。

(5) 花蓮兆豐農場慕谷慕魚知性二日遊 (101/09/19-20)。

(6) 南投八卦山天空之橋、寶島時代村一日遊 (101/10/17)。

(7) 2012 荷蘭世界園藝博覽會知性之旅 (規劃中)。

5. **本會今年與中華高齡學學會共同主辦系列健康講座:**

(1) 第一場:吳邦新老師主講: 史無前例保健理論與老年人五大慢性病的防治方法 (101/01/09，臺灣大學體育館一樓文康中心交誼廳)。蔣乃辛立法委員親臨致詞。

(2) 第二場：盧慧明整骨師主講：老年走路無力　回春保健的方法（101/
　　02/14，臺灣大學體育館一樓文康中心交誼廳）

(3) 第三場：朱景雲博士主講：免疫力與健康長壽（101/03/13，臺灣大
　　學體育館一樓文康中心交誼廳）。

(4) 第四場：張念鎮教授主講：糖尿病與食療法（101/06/11，臺灣大學
　　體育館一樓文康中心交誼廳）。

(5) 第五場：董延齡醫師主講：在中西醫體制廈如何選擇正確的醫療？（101
　　/ 07/10，臺灣大學體育館一樓文康中心交誼廳）。

6. 參加相關活動

(1) 為擴大為會員提供服務能量，繼推出福利卡之後，已在兩岸建立管道
　　提供各項服務（包括產學合作、專業培訓、物流、金流等）。
　　在專業培訓方面，誠聘各種專業儲備師資（在台灣或大陸授課，不必
　　是大學老師，有專長就可以）。有意參加者，請向本會報名。

(2) 本校招募 101 學年度臺灣大學僑生愛心導師，已有多人報名參加。

(3) 本會理事長與海霸王關係企業城市商旅洽談會員福利事宜（2012/07/
　　31，台北南東館、南西館及桃園航空館）。

(4) 本會理事長參加「華文電子商務科技化與國際化計畫國際化人才培
　　訓課程」進階班（2012/08/08，台大集思會議中心柏拉圖廳）。

(5) 本會理事長參加「華文電子商務科技化與國際化計畫國際化人才培
　　訓課程」初階班（2012/08/14-15，台灣金融研訓院）。

(6) 本會理事長及陳國華教授參加「大專教授國政座談會」（101/08/25，
　　中國國民黨中央黨部）。

(7) 本會理事長參加 2012 智慧生活服務創新系列論壇（2012/08/ 29，
　　台大醫院國際會議中心）。

(8) 本會理事長參加 2012 兩岸電子商務研討會 跨境商機新紀元研討會
　　（2012/ 08/31，台大醫院國際會議中心）。

(9) 北京農業職業學院訪台團一行 14 人，由該院王曉華副院長擔任團長，
　　其團員包括：王振如教授、趙庶吏院長（國際教育學院）、黃彥芳院
　　長（繼續教育學院）、 王艷四副院長（繼續教育學院）、朱京燕主任
　　（經濟管理系）、楊永杰主任（現代服務管理系）、羅紅霞主任（食
　　品與生物工程系）、楊久仙主任（畜牧獸醫系）、趙晨霞主任（園藝
　　系）、張京生主任（教育研究督導室）、 張京和主任（畜牧獸醫系/
　　實驗動物技術專業）、夏振平（園藝系專業）、黃廣學教師（食品與生
　　物工程系）於 2012/09/03 到臺大參訪，由本會理事長及陳應琛校長
　　（美國加州管理科技大學）共同接待，並拜會本校生物資源暨農學

院徐源泰院長。

(10) 本會理事長應邀參加未婚聯誼活動協調會議（2012/09/13，臺大鹿鳴宴）。

(11) 本會理事長參加 2012 商業優化人才發展論壇（2012/09/18，張榮發基金會國際會議中心 10 樓）。

(12) 本會理事長教授與臺大學生會林韋翰會長洽談共同主辦臺大校內師生社團反毒宣誓與反毒電影首映會事宜（2012/09/19，臺大鹿鳴堂）。

(16) 本會理事長應邀參加樂齡大學開學典禮（2012/09/21，東南科技大學中正樓）。

(17) 本會理事長應邀參加兩岸農林科學之大學教育面面觀座談（2012/09/21，本校森林資源學系 2F 會議室）。會由羅漢強教授（本校森林資源學系）與王松良教授（福建農林大學作物科學院教授、福建農林大學海外學院副院長）共同主持。

(18) 本會理事長及路統信理事、陳國華教授、吳信義主任教官等多人參加 923 保釣遊行（2012/09/23）。

7. 轉知提供 E-mail 之會友參加下列活動：

(1) 兩岸農林科學之大學教育面面觀座談（2012/09/21，本校森林資源學系 2F 會議室）。

(2) 923 保釣遊行（2012/09/23）。

(3) 南投八卦山天空之橋、寶島時代村一日遊（101/10/17）。

(4) 本會與教聯會及職聯會合辦之臺大教職員工 2012 未婚聯誼包水餃活動（2012/10/20，食科所實驗教室）。

8. 本會第五十七期會務通訊已於 101/08/27 出刊，感謝本會辦公室各組組長全體動員，使編印及寄發工作得以順利完成。

9. 本會國內外旅遊由活動組關麗蘇組長一人包辦所有業務（包括爭取教職員工本人參加者文康活動經費補助），並辦理歷次慶生會業務，本組今年已舉辦：

(1) 春季淡水三芝賞櫻一日遊（101/03/07）。

(2) 宜蘭蘇澳碧涵軒帝雉生態館一日遊（101/04/19）。

(3) 苗栗姜麻園客家大院賞桐花一日遊（101/05/16）。

(4) 奧捷斯匈全覽十二日遊：城堡‧藝術‧美食‧文化遺產之旅（101/06/25 出發）。

(5) 花蓮兆豐農場慕谷慕魚知性二日遊（101/09/19-20）

並將舉辦南投八卦山天空之橋、寶島時代村一日遊（101/10/17），在此特別感謝她的辛勞。

10. 本會檔案 e 化組杜雅慧組長完成部份會友 E-mail 通訊錄建檔，截至目前為止，計有 85 位會友提供 E-mail 信箱，本會寄送彩色會務通訊

及不定時寄送最新活動通知給提供 E-mail 的會友，敬請各位踴躍提供 E-mail 信箱，透過網路回答會友提出的問題，此外杜組長並協助辦理慶生會，謹致十二萬分的謝忱。

11. 本會網站由黃組長負責管理及維護，並隨時維護本會電腦順利運作，此外黃組長送印 57 期會務通訊並送到本會辦公室，謹致十二萬分的謝忱。

12. 會計組陳組長完成各項帳務工作，並兼代會員組工作，辦理會員入會，隨時更新本會會員異動資料，且辦理歷次慶生會業務，謹在此對陳組長表達誠摯的謝意。

13. 秘書組劉組長完成歷次理監事會場地借用、開會通知寄發及規劃辦理「評古說今」活動。總務組鍾組長天天到辦公室值班，也在此一一表達誠摯的謝意。

14. **本會會員動態（會計組陳明珠組長代為報告）：**
    (1) 101 年 06 月至 101 年 08 月新加入會員計 1 名，目前會員總編號為 661，扣除往生、停權及退會（279 人），現有實際會員數為 382 人（內含永久會員 327 人，常年會員 55 人）。
    (2) 新加入永久會員 1 名：編號 661 吳賴雲教授（土木系）
    (3) 往生者計 3 名，本會謹致哀悼：
    編號 106 吳傳財先生
    編號 138 孫遹恕先生
    編號 455 居小燕女士

15. 本會會員電話或通訊地址如有變更，請儘速告知本會，以免失聯。

16. 本會會員提供 E-mail 者，如有沒有收到本會寄發之好康訊息，請儘速告知本會，以便檢查電郵地址是否有誤。

叁、本會陳福成理事將編輯本會會史

各位如果有本會各期會務通訊請借給本會影印，以期完整周延。
請熱心會友共襄盛舉，來電與本會活動組關麗蘇組長聯繫。
(02-23695692，02-33669690)

肆、活動照片

北京農業職業學院訪台團拜訪本校生農學院 (2012/09/03)
由右至左：徐源泰院長、王曉華團長　　　　前排：右3王曉華團長、右4丁一倪教授、左2
　　　　　　　　　　　　　　　　　　　　　陳應楝校長

慶生會(2012/09/04) 關麗蘇組長　　　　陳福成理事(彈吉他)、沙依仁監事會主席(後坐)

慶生會(2012/09/04)

慶生會(2012/09/04)　　　　　　　　　何憲武副理事長、關麗蘇組長

附件一

臺大教職員工文康活動推行委員會慶祝85週年校慶
暨100年度績優分會頒獎典禮

時間:101年11月8日（星期四）晚間6點

地點:教職員工文康活動中心

說明:

一、本年度校慶系列活動共分二部分:1.晚會:以分會成果動態表演2.頒獎: 頒發100年度績優分會,請各分會會員踴躍參加本次活動。

二、各分會參與晚會表演活動,請另填寫以下申請單,每分會以1-2個表演 為主,請於10/12寄回。

三、各分會若舉辦全校性運動競賽或配合學校協助大型活動,其經費請另專 案申請。

四、活動聯絡人:余育蘋 yuping@ntu.edu.tw　0933748345　33665959-221

五、各分會活動辦理申請表

所屬分會	表演名稱	人數	表演內容	經費預算/	備註

聯絡人:　　　　　　　電話:

附件二

臺大校內師生社團反毒宣誓與反毒電影首映會

一、紫錐花運動來由

　　教育部為響應聯合國「六二六國際反毒日」，發起「紫錐花活動」，「紫錐花」是北美菊科植物紫錐菊，早期北美印第安人用於治療蛇、蟲咬傷，具有「抗毒」功能，教育部取其「反毒」的意象，發動紫錐花反毒運動，去年教育部創辦紫錐廣告獎－反毒創意設計競賽，獲得廣大迴響；今年馬總統更宣示「紫錐花運動」為我國反毒運動永久性代稱，行政院陳院長也表示，反毒運動就是救國運動，教育部蔣部長說，未來每月第1天將訂為「紫錐花運動傳播日」，從校園宣導開始，希望讓反毒風潮從校園推向社會，從國內推向國際，鼓勵學校師生及社會人士參與反毒宣導工作，營造全民反毒風潮，並爭取讓紫錐花成為世界性反毒標誌。

二、反毒電影「毒禍－活著有明天」來源及簡介

　　一部敘述毒害的電影「毒禍－活著有明天」由普賢護法會理事長洪村騫出資買下版權，使本片能巡迴全臺放映，讓更多人能免費看到這部電影。

　　「毒禍－活著有明天」電影，係香港導演黎衡名拍攝，劇情以真人真事改編，由知名演員廖啟智、江美儀、林威、魯振順等人擔綱演出，敘述一個幸福家庭，因父親染上毒癮，導致兒子也成為毒梟，最後整個家庭因此破碎的故事。讓大家知道毒品為禍之烈，知所避忌。內容相當震撼人心，希望藉此讓世人了解毒品的可怕，以寓教於樂的方式，達到反毒的目的。

三、實施方案

指導單位：教育部
　　　　　臺北市教育局
主辦單位：國立臺灣大學
　　　　　臺北市大專教師職業工會
協辦單位：國立臺灣大學教師會、國立臺灣大學教授聯誼會、國立臺灣大學職工聯誼會、國立臺灣大學退休人員聯誼會、臺大逸仙學會、臺大畢卡索分會、臺大羽球社、臺大國際標準舞社、臺大阿根廷探戈社、臺大世界民族舞蹈社、繼續邀請中
舉辦日期：101年10月15日(星期一)下午 2：00～5：00
舉辦地點：國立台灣大學第一學生活動中心大禮堂

四、活動內容：

1. 邀請貴賓：立法院院長、教育委員會委員、教育部長、法務部長、臺北市內30所大專院校校長、臺北市長、臺北市議會林奕華議員、厲耿桂芳議員、潘懷宗議員、臺北市教育局局長、臺北市勞工局局長、普賢護法會理事長洪村壽（反毒電影提供人）、各縣市大專教師職業工會理事長等。

2. 舉辦臺北市內30所大專院校暨臺大校內師生社團反毒宣誓儀式

3. 贈送國立台灣大學「毒禍—活著有明天」 電影拷貝版，並授權作非營利使用。

4. 放映反毒電影「毒禍—活著有明天」（片長88分鐘）。

五、活動程序：（暫定）

1：00～1：50 工作人員布置會場 （12：30 在退聯會辦公室吃便當）

2：00～2：20 報到(簽名、發資料、事先報名參加者發給便當領取券)

2：20～3：00 開幕式

　　　　　　　貴賓致詞

3：00～3：15 簽名宣誓反毒

3：15～3：30 國立台灣大學退休人員聯誼會合唱團上台領唱

　　　　　　　紫錐花運動主題曲：明天會更好 （全體與會人員大合唱）

3：30～5：00 放映反毒電影「毒禍—活著有明天」（片長88分鐘）。

5：00　　　　憑便當領取券領取便當（盒餐）。

感謝　臺北市教育局提供紫錐花旗幟及紫錐花貼紙

敬請　本校師生踴躍報名參加

敬請　本校師生踴躍報名參加

臺大校內師生社團反毒宣誓與反毒電影首映會　報名表

姓　名			身　份	□ 本校學生 □ 本校教職員 （含退休人員）	便　當 （盒　餐）	□ 葷 □ 素 □ 不用餐
電　話			E-mail			
傳　真			手　機			
參加 項目	□ 參加活動		備　註			
	□ 代表社團宣誓		社團名稱			
	□ 擔任會場服務		備　註			
	□ 合唱團		節目名稱	明天會更好		

本表填妥　請於10月9日前，依下列任一方式繳交：

1. E-mail：initing@ntu.edu.tw
2. 本校軍訓室（農化二館二樓）郭先生　TEL：33662059
3. 本校退休人員聯誼會辦公室（望樂樓二樓）TEL：33669690，23695692
　　上班時間：週一至週五　上午9:30-11:00
4. 國立台灣大學教師會信箱（小小福旁　進修推廣部三樓307室門口右側）
　　上班日　上午7:40-晚上21:00
5. 本活動各主協辦單位。

【備註】

1. 報名前100名贈送烤生蠔一盤兌換券一張。
2. 學生參加會場服務者由臺北市大專教師職業工會發給精美服務証明書

附件三

國立臺灣大學退休人員聯誼會活動通知
南投八卦山天空之橋、寶島時代村一日遊
歡迎踴躍報名參加

出發日期：101 年 10 月 17 日（星期三）
出發時間：0730 準時出發(請預留於 7 時開始上車)
集合地點：台灣大學正門口(羅斯福路上)
代辦費用：每人新台幣 1,300 元(內含天空之橋、寶島時代村門票)。

0730 0950 高速公路、國道風光、車上活動時間(卡拉 ok 或打盹聊天)
1000-1100 南投南崗猴探井遊憩區、微笑天梯、天空之橋。
　　　　　位於南投市的天空之橋全長 204 公尺，屬於階梯式的吊橋有 262 階，號
　　　　　稱是全台最長的梯子吊橋，主體工程於 6 月初完成後，西可眺望彰化平
　　　　　原，北側連結八卦山，目前最夯的景觀，每天可吸引數以千計好奇民眾，
　　　　　早起八卦山民眾可以"迎晨曦走梯"入夜後有太陽能 LED 燈串聯成夜景
　　　　　充分讓遊客觀賞。
1130 1430 草屯寶島時代村、烏來嬤ㄟ灶腳午餐。
　　　　　草屯寶島時代村號稱亞洲最大的懷古回憶好時光建築，集吃喝玩樂一應
　　　　　具全，值得大家去觀光及懷舊之旅。
1450-1600 台中霧峰中興新村、霧峰林家花園。
　　　　　林家花園大地震地後重新整理美命美央。
1600-1730 北上高速公路、國道風光、車上活動時間。
1730-1830 桃園晚餐。
1830-2000 晚餐後返回溫暖的家，結束愉快的一日遊。
※ 因為微笑天空之橋，觀光之口眾多，排隊必須等候準時出發，要準備好防曬措施喔!
報名時間：即日起受理報名，歡迎本校在職教職員工、退休人員及外籍教師攜眷參加。
報名專線：星期一至星期四上午 0900-1130。
　　　　　23695692、33669690 活動組長：關麗蘇小姐
備註：費用包括午、晚餐、車賣、司機、導遊小姐小費、門票、礦泉水、旅遊平安保
　　　險(每人新台幣 200 萬元、醫療費 20 萬元；依規定 14 歲以下、75 歲以上、保
　　　險限額為新台幣 100 萬元、醫療費 10 萬元)

附件四

臺大教職員工 2012 未婚聯誼包水餃活動

一、主旨：為協助本校未婚(適婚)同仁或其兒女眷屬增進兩性交誼，並擴大社交
生活領域，特規劃系列交友聯誼活動，敬請符合 條件同仁踴躍參加。

二、活動主題：室內包水餃暨校內參觀活動

二、承辦單位：教聯會.職工會.退聯會合辦

三、活動日期：2012/10/20（星期六）上午 09:30-15:00

四、活動地點：食科所實驗教室。

五、參加對象：本校教職員工與眷屬

六、報名資格：

　　1.年齡：男性年滿 30 以上；女性年滿 28 以上；未婚。

　　2.學歷：大學以上

　　3.有正當工作

七、參加費用：每人 300 元(含名牌.食材與茶水)

八、活動行程：

時　　間	活　動　內　容
09:30-10:00	報到—食科所會議室
10:00-10:30	參加貴賓自我介紹—食科所會議室
10:30-13:00	包水餃＋製作鳳梨酥—食科所烘焙教室
13:00-14:00	享用成果美點
14:00-15:00	戶外活動暨參觀本校動物博物館
15:00-	期待再相會

九、報名方式：採現場報名(會員及其眷屬優先)，請填妥報名表並附當事人的身分
證影本(檢視後即還)報名費，於 9/25~10/9(假日除外)至女 89 宿舍輔導員辦
公室陳梅燕小姐處 繳交。聯絡方式：手機 0926282710；校內分機：68607；
e-mail：meillychen@ntu.edu.tw

十、備註：因場地空間較小，僅限 20 個名額(男女各半)，將依報名先後順序如是日
因故無法參加，費用不予退還。

　　　　　臺大教授聯誼會理事長　　　　游若篍　敬邀
　　　　　臺大職工聯誼會理事長　　　　劉中鍵　敬邀
　　　　　臺大退休人員聯誼會理事長　　丁一倪　敬邀

臺大教職員工 2012 年未婚聯誼包水餃活動報名表

姓名		出生年月日		
電話	手機	（O）		（H）
Email				
工作單位		職　稱		
簡歷 (如興趣.專長. 工作性質)				

介　紹　人 (報名者:非本校 教職員工)	姓　名	工作單位	職　稱	聯絡電話

費用：每人 300 元（含名牌、食材與茶水）

名額：20 人（依報名先後為序，男女各半）。

報名方式：採現場報名，請填妥報名表並攜帶當事人身分證影本(檢視後即還)

、報名費於 9/25（二）~10/9（二）上班時間繳交至女 8、9 宿舍

輔導員辦公室-陳梅燕小姐。聯絡方式:手機 0926282710;

校內分機:68607;

e-mail: meillychen@ntu.edu.tw

臺大教聯會理事長　　　　　　游若篍　敬邀

臺大職工聯誼會理事長　　　　劉中鍵　敬邀

臺大退休人員聯誼會理事長　　丁一倪　敬邀

附件五

本會陳福成理事大作「最自在的是彩霞———臺大退休人員聯誼會」

「最自在的是彩霞-----臺大退休人員聯誼會」目錄

最自在的是彩霞 —— 臺大退休人員聯誼會　目次

最自在的是彩霞
——臺大退休人員聯誼會

目次

自序一 本書製作的構成與種類說明

第一篇　臺大「退聯會」沿革與概況

第一章　「臺大退聯會」的誕生與結構　1
第二章　「退聯會」歷屆理監事成員組成　13
第三章　「退聯會」參加成員概況　19
第四章　退聯會的「紅卡」事業　41
第五章　退聯會文存　43

第二篇　地對「二〇一二大選前夜的初來看春暖復馬、家園慘後創新局　51

第六章　陳福成變與若桿沿稻科　51
第七章　「午餐乾坤」，論真承和通路　55
第八章　上海世博與污博會的歷史與沿革　69
第九章　臺大漢族流離館　89
第十章　創聯長養訊養生　95
第十一章　新社古慧史硯、昇和菇關等一日遊　106
第十二章　老照片說故事　110
第十三章　臺大藝草的共同科目大教室　117
第十四章　臺大山地農場鳶峰南埔二日遊　120
第十五章　文學院所有各學　125
第十六章　消失在校園的 TANK　127
第十七章　臺大實驗林　130
第十八章　經歷戰爭年代的稻域館館　135

第三篇　臺大校園巡禮　135

第十三篇　退聯會紀行詩文園　137

同胞煞群中的兩種終走入一歷史　137
第十三章　鈕子花市、賞鳥，十分瀑布一日遊　139
第十四章　菁頭一日遊，遊設武敢十四期參與『退聯會』之旅　141
第十五章　秋天大桃的花季，野記苗栗南庄采風　166
第十六章　春年淡水三芝賞櫻　168
第十七章　邱帥制父達慶政　178

肆、活動照片

花蓮兆豐農場慕谷慕魚知性二日遊（101/09/19）

★敬請提供 E-mail 地址★

為響應「節能減碳」並快速傳達各項活動訊息，不要漏失好康活動，敬請提供 E-mail 地址，以利寄發電子郵件。請來電或傳真告知本會 E-mail 地址。

臺北市大專教師職業工會提供各項服務　請多加利用
http://www.sacea.org.tw/front/bin/ptlist.phtml?Category=5534

花蓮兆豐農場兼谷養魚知性二日遊（101/09/19）

兩岸農林科學之大學教育面面觀座談（2012/09/21，本校森林資源學系 2F 會議室）。左圖由左至右：
羅漢強教授、王松良教授、汪淮教授；右圖由右至左：陳國華教授、官俊榮教授、陳梅燕教官

923 保釣遊行　　　　　　　　　　　由右至左：葉文輝先生、茅增蓁主任、陳國華教授

923 保釣遊行　羅漢強教授　　　　　　　由右至左：丁一倪教授、陳國華教授

葉文輝先生　　　　923 保釣遊行　　　　　　　本會監事褚建澤教授

923 保釣遊行，右圖　　由左至右：馬小康教授、丁一倪教授、楊建澤教授、吳信義主任教官、王化榛會長、陳國華教授

由右至左：吳信義主任教官、葉文輝先生、　　本會理事長應邀參加樂齡大學開學典禮
陳國華教授　　　　　　　　　　　　　　　　（2012/09/21）　講話者為東南科技大學
　　　　　　　　　　　　　　　　　　　　　　前校長陳應琮教授

臺大校內師生社團反毒宣誓與反毒電影首映會　報名表

姓　名			身　份	☐ 本校學生 ☐ 本校教職員 （含退休人員）	便　當 （盒　餐）	☐ 葷 ☐ 素 ☐ 不用餐
電　話			E-mail			
傳　真			手　機			
參加 項目	☐ 參加活動		備　註			
	☐ 代表社團宣誓		社團名稱			
	☐ 擔任會場服務		備　註			
	☐ 合唱團		節目名稱	明天會更好		

本表填妥　請於 10 月 9 日前，依下列任一方式繳交：
1. E-mail：initing@ntu.edu.tw
2. 本校軍訓室（農化二館二樓）郭先生　TEL：33662059
3. 本校退休人員聯誼會辦公室（望樂樓二樓）TEL：33669690，23695692
　　上班時間：週一至週五　上午 9:30-11:00
4. 國立台灣大學教師會信箱（小小福旁　進修推廣部三樓 307 室門口右側）
　　上班日　上午 7:40-晚上 21:00
5. 本活動各主協辦單位。

【備註】
1. 報名前 100 名贈送烤生蠔一盤兌換券一張。
2. 學生參加會場服務者由臺北市大專教師職業工會發給精美服務証明書

中華民國一〇一年十二月三日出刊

會 務 通 訊
第 五 十 九 期

發行者：國立臺灣大學退休人員聯誼會
National Taiwan University Retiree Association
會　址：台北市羅斯福路四段一號國立臺灣大學望樂樓二樓
電　話：23695692　校內分機：33669690　Fax：23648970
E-mail：nturetiree@ntu.edu.tw

壹、本會近期活動

一、本會101年度會員大會　敬請報名踴躍參加

時間：101年12月14日（星期五）上午9:00～10:20
地點：本校校總區行政大樓第一會議室 同時辦理本會第
九屆理、監事選舉，及10-12月份慶生會 本會第九屆
理、監事選舉辦法：

1. 候選人參考名單之產生：現任及候補理、監事（扣除聲明不再擔任者）
　＋自行報名參選者
2. 理事選票圈選15人，監事選票圈選5人。
3. 理事選票除參考名單外留15個空白格，監事選票除參考名單外留5個
　空白格。
4. 有意擔任本會第九屆理事或監事者請於12月10日前E-mail：
　initing@ntu.edu.tw 或傳真：（02）23648970（傳真後請來電本會02-
　23695692，02-33669690　確認是否收到）或將候選人登記表(在最後頁)
　送交本會辦公室人員，以便列入參考名單。

其他事項：

1. 務請寄回出席回條（在最後頁），以利統計人數、準備摸彩品及便當，
　未寄回回條者則請自備午餐
2. 有意辦理福利卡續卡者，請於開會當天繳交工本費150元。

二、敬請本會理監事提供摸彩品

摸彩品請於12月10日前，送交本會辦公室人員。

三、因應稅法新制之道 演講會 敬請踴躍報名參加

主講人：林嘉焜會計師（台灣超級厲害節稅達人）

時　間：101 年 12 月 14 日（星期五）上午:10：20～11：50

地　點：國立臺灣大學校總區行政大樓第一會議廳

林會計師譽滿全國，演講邀約不斷，其演講費由文康會補助 3,000 元，不足之數由理事長贊助，這是一個非常難得的機會，請勿錯過！本活動開放全校同仁報名參加，非本會員一律由本校活動報名系統報名，開放 140 名，不到三天即已全數額滿。

四、本會第八屆第九次理監事聯席會議討論如何因應政府將三砍退休人員待遇案

三砍退休人員待遇內容如下：

1. 取消年終慰問金

2. 降低月退休金所得替代率

　方案一：取消 18%

　方案二：(現領月退休金｜18%) 打 5～8 折　方案三：向

一般勞工看齊，月退休金以每月三萬為上限。

3. 退休軍公教人員不得參加最低保費之第六類健保　與會理、監事一致決議對支持削減退休軍公教人員退休金立法委員　提出罷免案，若馬主席背棄信賴保護原則一併提出罷免，並結合理　念相同團體共同連署。連署書在最後頁，請踴躍邀請理念相同團體　共同發起連署

五、中華民國大專院校退休同仁協會理事長未經理監事會決議，擅自以理監事會決議名義，提出損及退休軍公教人員權益訴求，發函給相關單位及立法委員，本會第八屆第九次理監事聯席會議，一致決議本會全體退出該會，以示抗議。

中華民國大專院校退休同仁協會理事長來電表示，是經理監事會議授權他撰文發函，臺大退聯會沒有邀他說明，就作出集體退會決議，有失公允。

六、本會與中華高齡學學會共同主辦系列健康講座　歡迎踴躍參加

第十場：劉國銳大師主講:高齡者保持耳聰目明之經絡按摩法

時間：101 年 12 月 11 日(二) 上午 9：00～11：00

地點：臺灣大學體育館一樓文康中心交誼廳

七、本會與教聯會及職聯會合辦之臺大教職員工 2012 冬季「關渡→八里」鐵馬行。請轉知本校未婚(適婚)同仁或其兒女眷屬踴躍報名參加。

活動日期：2012/12/29 星期六　09:00 關渡捷運站1號出口集合；13:00 八里
　　　　解散。　參加對象：本會、教聯會及職聯會會員和
眷屬，共限60人。

參加費用：每人500元（含保險費、八里至淡水船票、高級單車或協力車租金、
　　　　安全帽、礦泉水、雨衣［雨天增發］、芭達桑餐廳原住民風味午餐）。

報名日期：即日起至12/20（四）止。

報名方式：請將附件中報名表 E-mail meillychen@ntu.edu.tw　陳梅燕小姐。
詳情請看附件一。

八、會員福利

　　本刊隨奉臺北市大專教師職業工會特力屋限時優惠憑證、持特力屋限
　　時優惠憑證 至全國各地特力屋關係企業門市 12/06～12/12 可享折扣
　　優惠，勿失良機！

　　特力屋集團推出臺北市大專教師職業工會團購方案-2012年最後超低
　　大盤價（九陽全自動豆漿機、大同多媒體 LED 液晶顯示器），需要者
　　請於 12/14 前訂購。訂購單在本刊最後頁。　特力屋五月花衛生紙抗
　　漲專案-2012年最後超低大盤價，需要者請於
　　12/25 前訂購。訂購單在本刊最後頁。

　　親子伴讀優良刊物：（英語）精選世界童畫初及全套+劇本 下殺67折
　　需要者請於 12/11 中午前訂購。訂購單在本刊最後頁。

　　本會與海峽兩岸學術文化交流協會合作推出之「特約優惠卡」（簡稱福利卡）
　　優惠廠商大幅增加、優惠項目包羅食衣住行。目前憑福利卡可享優惠之特約
　　廠商，其門市數已逾 500 家。其服務據點遍及全台及上海、廈門，中華航空
　　服務據點則遍及全世界。目前正繼續推廣特約廠商中。在特約商店消費，結
　　帳前別忘了出示「特約優惠卡」。

　　1. 池春日式涮涮鍋已結束營業，請勿前往消費。
　　2. 本會隨時通知提供 E-mail 者新增福利及團購服務，無 E-mail 者請隨時
　　　　上網（http://www.sacea.org.tw ）查看。

　　本會福利優惠新增：

　　（1）海霸王關係企業

　　　　台北北區旗艦店、台北長安店(甲天下)、台北本店-金牌火鍋、蘆洲店、
　　　　土城海山店

　　　　『城市商旅』：台北南東館 Taipei Nandong、台北南西館 Taipei Nanxi
　　　　桃園航空館　Taoyuan Gateway、礁溪楓葉館 Jiaoxi
　　　　台中五權館　Taichung

　　（2）台北永康街知名冰品：芒果皇帝

3. 待臺北市大專教師職業工會網站建構完成，將提供 EZHOTEL 飯店訂房網（台灣飯店線上即時訂房網站） 線上福利服務：優惠會員 國內飯店、民宿訂房及購買各種特惠票券。

4. 第一批福利卡將於年底到期，請於 12 月 14 日會員大會時辦理續卡（續卡工本費新台幣 150 元/卡）。

5. 歡迎您 推介您用得着的優良廠商，作為特約商店。
   我們的目標是讓您及您親友的福利，跨越兩岸、遍及世界。
   華航機票、及海霸王關係企業住宿、餐飲均遠低於市價，請多加利用。

6. 如需申辦福利卡，請於 12 月 31 日前辦妥（本會理事長 12 月 31 日任期屆滿）。嗣後申辦福利卡，須先加入臺北市大專教師職業工會為贊助會員，方可申辦。

九、101 年度「評古說今」歡迎踴躍報名參加

101 年度「評古說今」，請大家踴躍報名擔任主講人或推薦主講人。

本活動由本會理事兼秘書組組長劉鵬佛教授負責規劃安排。

【報名專線】23695692，33669690 活動組長：關麗蘇小姐

十、本會各項活動請大家踴躍參與

(1) 本會會務通訊「旅遊園地」歡迎投稿。

(2) 本會會務通訊「老照片說故事」歡迎投稿。

(3) 「旅遊活動」請大家提供參攷行程。

本會各項活動期待您的熱誠參與，也期盼您能推薦更多退休同仁加入本會！

本會電話：33669690，23695692，傳真：23648970

E-mail：nturetiree@ntu.edu.tw

貳、會務報告

本會在各位理監事支持及辦公室全體工作同仁努力之下，榮獲文康會頒發 100 年度績優分會獎座及獎金新台幣一萬元。由勞苦功高的關麗蘇組長代表本會領獎。

1. 本會今年已召開下列會議：

(1) 第八屆第六次理監事聯席會議（101/03/26，本校校總區第二會議室）。

(2) 第八屆第七次理監事聯席會議（101/06/25，本校校總區第二會議室）。

(3) 第八屆第八次理監事聯席會議（101/09/26，本校校總區第二會議室）。

(4) 第八屆第九次理監事聯席會議（101/11/27，本校校總區第一會議室）。

2. 舉辦慶生會：
   (1) 101 年 1～4 月份慶生會 (101/04/24，本校體育館一樓文康中心交誼廳)。
   (2) 101 年 5～9 月份慶生會 (101/09/04，本校體育館一樓文康中心交誼廳)。 關組長邀請多人表演吉他、歌唱舞曲，炒熱氣氛，為歷次慶生會最熱鬧的一次。
   (3) 101 年 10～12 月份慶生會 (101/12/14，本校校總區第一會議室)。

3. 舉辦 101 年度「評古說今」：
   (1) 第一場由李學勇教授主講：楓槭樹之區別 (101/01/10，臺灣大學校總區第四會議室)。
   (2) 第二場 對 馬總統的國是建言座談會，由方祖達教授主持 (101/02/20，臺灣大學校總區望樂樓 2 樓本會辦公室)。
   (3) 第三場由陳定中將軍 (前內政部役政司司長) 主講：幸福人生與幽默人生 (101/03/26，臺灣大學校總區第二會議室)。
   (4) 第四場由吳信義主任教官主講：幸福人生 (101/04/23，臺灣大學校總區望樂樓 2 樓本會辦公室)。
   (5) 第五場由陳福成主任教官主講：我們這個時代流行音樂 (101/05/21，臺灣大學校總區望樂樓 2 樓本會辦公室)。
   (6) 第六場由陳福成主任教官 主講：「我們這個時代流行音樂」(二) (101/06/25，臺灣大學校總區第二會議室)。
   (7) 第七場由資訊組黃存仁組長 主講：「如何上網查看本會活動資訊」(101/07/23，臺灣大學校總區望樂樓 2 樓本會辦公室)。
   (8) 第八場由陳定中將軍 主講：「健康快樂幸福之道」(101/08/13，臺灣大學校總區第四會議室)。
   (9) 第九場由陳定中將軍 主講：「釣魚台及南海問題研究」(101/09/26，臺灣大學校總區第二會議室)。
   (10) 第十場由徐玉標教授 主講：「談易經研究」(101/10/31，臺灣大學校總區望樂樓 2 樓本會辦公室)。
   (11) 第十一場由方祖達教授 主講：「危機時代的中共新領導人」(101/11/27，臺灣大學校總區第一會議室)。

4. 本會今年舉辦下列會員聯誼活動：
   (1) 春季淡水三芝賞櫻一日遊 (101/03/07)，共 42 人參加。
   (2) 宜蘭蘇澳碧涵軒帝雉生態館一日遊 (101/04/19)。
   (3) 苗栗姜麻園客家大院賞桐花一日遊 (101/05/16)。 奧捷斯匈全覽十二日遊：城
   (4) 堡·藝術·美食·文化遺產之旅 (101/06/25 出發)。
   (5) 花蓮兆豐農場碁谷蒸魚知性二日遊 (101/09/19-20)。 南投八卦山天
   (6) 空之橋、寶島時代村一日遊 (101/10/17)。 這次活動報名參加者十分踴躍，一共 84 人參加，由於車位有限，謹向 向隅者致歉。

(7) 2012 荷蘭世界園藝博覽會知性之旅（規劃中）。

5. 本會今年與中華高齡學學會共同主辦系列健康講座：

    (1) 第一場：吳邦新老師主講：史無前例保健理論與老年人五大慢性病的防治方法（101/01/09，臺灣大學體育館一樓文康中心交誼廳）。蔣乃辛立法委員親臨致詞。

    (2) 第二場：盧慧明整骨師主講：老年走路無力　回春保健的方法（101/02/14，臺灣大學體育館一樓文康中心交誼廳）。

    (3) 第三場：朱嘉雲博士主講：免疫力與健康長壽（101/03/13，臺灣大學體育館一樓文康中心交誼廳）。

    (4) 第四場：張念鎮教授主講：糖尿病與食療法（101/06/11，臺灣大學體育館一樓文康中心交誼廳）。

    (5) 第五場：董延齡醫師主講：在中西醫體制度如何選擇正確的醫療？（101/ 07/10，臺灣大學體育館一樓文康中心交誼廳）。

    (6) 第六場：張念鎮主持：講者不知所云 姑隱其名（101/09/18，臺灣大學體育館一樓文康中心交誼廳）。 第七場：戴許美珠老師主講：如何動手動腳保健強

    (7) 身（101/10/09，臺灣大學體育館一樓文康中心交誼廳）。

    (8) 第八場：劉國銳大師主講：中華傳統醫學的經絡急救法（101/11/06，臺灣大學體育館一樓文康中心交誼廳）。

    (9) 第九場：張雁雯博士主講：瑞典自由基醫學（101/11/27，臺灣大學體育館一樓文康中心交誼廳）。

    (10) 第十場：劉國銳大師主講：高齡者保持耳聰目明之經絡按摩法（101/12/11，臺灣大學體育館一樓文康中心交誼廳）。

6. 辦理其他活動

    (1) 組織合唱團於臺北市大專院校反毒宣誓與反毒電影首映會中領唱紫錐花運動主題曲：明天會更好（101/10/15，本校第一學生活動中心大禮堂）。

    (2) 本會與教聯會及職聯會合辦：臺大教職員工 2012 未婚聯誼包水餃活動（101/10/20，食科所實驗教室）。

    (3) 組團於文康會 100 年度績優分會頒獎典禮中表演合唱及獨唱（101/11/08，教職員工文康活動中心）。

7. 參加相關活動

    (1) 本會理事長及陳美枝理事參加「與工會有約-『2012 市政建設走透透』」活動（101/09/07）。

    (2) 本會理事長應邀參加樂活大學開學典禮（101/09/21，東南科技大學中正樓）。

    (3) 本會理事長及陳美枝理事參加「團結組工會!保障權益逗陣來」講座課程（101/09/22，台北市中正區開封街一段 32 號 6 樓），學習如何捍衛會員權益。由林佳和教授（政治大學法律系）主講：工會運作與自身權益，恭賀本會陳美枝理事有獎徵答獲獎。 本會理事長及路統信理事、楊建澤

    (4) 監事、陳國華教授、吳信義主任教官等多人參加 923 保釣遊行（101/09/23）。

(5) 本會理事長推動「研究計畫經費核銷除罪連署案」(101/07/16～2012/
08/06) 獲得大專教師熱烈迴響，分別致函相關單位，並獲立法委員支
持連署提案修法除罪。不分藍綠立委分別連署提案修正會計法第99條：
(a)立法委員蔡正元等29人提案增訂會計法第99條之2 (1011/09/15)
(b)立法委員李應元等32人提案修正會計法第99條之1條文(101/10/
24) 本會理事長也邀約各大專教師相關組織，一起分別致函立法院
財政委員會全體委員。
本會理事長應邀參加「先總統蔣公誕辰百有二十六歲追思致敬」活動

(6) (101/10/28，中正紀念堂)。台下對大砍月退休金達伐之聲不絕於耳。
本會理事長參加「蘋果工會的組織與願景座談會」(101/10/29，臺大新
聞所)，學習捍衛會員權益技巧，如何不被雇主欺騙。

(7) 本會理事長參加 「大陸台商轉型大陸內需市場經營策略論壇(101/11/
07，台大醫院國際會議中心)。 本會理事長應邀參加未婚聯誼活動協

(8) 調會議 (101/11/23，臺大食科所
101A 會議室)。

(9) 本會理事長參加 「電子商務通國際、交易安全大躍進」華文電子商務
暨交易安全推動計畫成果發表即展示會 (101/11/19，台大醫院國際會

(10) 議中心)。 本會理事長應邀參加「台北市書畫美術人員工會二十週年
名家書畫暨
會員特展」開幕剪綵並致賀詞 (101/11/24，台北市議會一樓)。 本會

(11) 理事長應國立臺灣藝術大學藍姿寬副校長邀請與國立成功大學教 師會
理事長方一匡教授一起拜訪蔡正元立法委員，希望 「研究計畫 經費

(12) 核銷除罪連署案」能早日排入議程討論。(101/11/30，立法院鎮 江會
館)。 本會理事長應邀參加林嘉焜會計師演講會，其講題為：面對勞保
破產 危機與雙重國籍查稅應對之策 (101/11/30 ，臺北市忠孝東路4
段 550 號 12 樓)。

(13)

8. 轉知提供 E-mail 之會友參加下列活動：

(1) 臺北市大專院校反毒宣誓與反毒電影首映會 (101/10/15，本校第一學生活動中
心大禮堂)。 南投八卦山天空之橋、寶島時代村一日遊(101/10/17)。 本會與教職會

(2) 及職聯會合辦之臺大教職員工 2012未婚聯誼包水餃活動(101/10/20， 食科所實驗

(3) 教室)。

(4) 臺大教職員工文康活動推行委員會慶祝85週年校慶暨100年度績優分會頒獎典禮（101/11/08，教職員工文康活動中心）。

9. 本會第五十八期會務通訊已於101/10/03出刊，感謝本會辦公室各組組長全體動員，使編印及寄發工作得以順利完成。

10. 本會國內外旅遊（共6次，請參看第5頁）由活動組關麗蘇組長一人包辦所有業務（包括爭取教職員工本人參加者文康活動經費補助）、辦理歷次慶生會業務、一次演講會，並組織了兩場合唱團及完成各項向文康會報帳手續，在此特別感謝她的辛勞。

11. 本會檔案e化組杜雅慈組長完成部份會友E-mail通訊錄建檔，截至目前為止，計有91位會友提供E-mail信箱，本會寄送彩色會務通訊及不定時寄送最新活動通知給提供E-mail的會友，敬請各位踴躍提供E-mail信箱，透過網路回答會友提出的問題，此外組長並完成本會第59期會務通訊中本會陳福成理事兩篇大作：「台中霧峰林家的傳奇故事」及「後山兆豐墓谷墓魚兩日遊」打字，及協助辦理慶生會，謹致十二萬分的謝忱。

12. 本會網站由黃組長負責管理及維護，並隨時維護本會電腦順利運作，及將本會活動上傳到本會網站，此外黃組長負責送印本會會務通訊並將印好的會訊送到本會辦公室，謹致十二萬分的謝忱。

13. 會計組陳組長完成各項帳務工作，並兼代會員組工作，辦理會員入會，隨時更新本會會員異動資料，且辦理歷次慶生會業務，備極辛勞，謹在此對陳組長表達誠摯的謝意。

14. 秘書組劉組長完成歷次理監事會場地借用、開會通知寄發及規劃辦理「評古說今」活動。總務組鍾組長天天到辦公室值班，也在此一一表達誠摯的謝意。

15. 本會會員動態（會計組陳明珠組長代為報告）：
    (1) 101年09月至101年11月新加入會員計4名，目前會員總編號為665，扣除往生、停權及退會（280人），現有實際會員數為385人（內含永久會員330人，常年會員55人）。 新加入
    (2) 永久會員3名，常年會員計1名：

    編號 662 高閱生 秘書（總務處）   （永久會員）
    編號 663 陳志恆組長（教務處）   （永久會員）
    編號 664 顏從照 女士（水工所）   （永久會員）
    編號 665 李錫南 先生（文學院）   （常年會員）
    (3) 往生者計1名，本會謹致哀悼：
    編號 195 金長鑄先生

16. 本會會員電話或通訊地址如有變更，請儘速告知本會，以免失聯。

17. 本會會員提供E-mail者，如有沒有收到本會寄發之好康訊息，請儘速告知本會，以便檢查電郵地址是否有誤。

叁、遊記

一、關姊的畢業考：後山兆豐慕谷慕魚兩日遊　　　陳福成

「自在彩霞按時到，車上吱喳音蝐蝐；咖啡熱茶人亦香，關姊畢考成績好。」這是本校(臺大)退休人員聯誼會在第八任理事長丁一倪教授領導下，所辦最後一次的二日遊活動，活動組長關麗蘇小姐一再宣稱，這是她的「畢業考」，一上車的情景，這美麗熱情的風景，已為關姊的畢業考打了成績，榮獲滿分的第一名，應得「市長獎」。這當然也是辦公室同仁全體努力的成果，永遠成為校史的一部份。

這是此項活動要出發之際，參加同仁及眷屬在校門口等待、集合、上車那瞬間的情景，給人的感受。可見老朋友、老夫妻們對關小姐辦的旅遊不僅有期待，也有熱情，有暖流在心頭。

今(二○一二)年的九月似乎颱風多，好險台北地區平安過關，近日據聞也有颱風，還在那遙遠的地方。但這兩日遊(九月十九、二十)仍屬陰天，偶有細雨，是出遊的好天氣。早晨的台大校門口，一向頗有人氣，八時不到全車都到齊，一部大型遊覽車，四十多人，許多熟面孔、老朋友，導遊小姐開始介紹新朋友，高閩生(進修部總務組長退)、盧秀菊、鄭雪玫…。兩日花蓮之旅，我們走雪山隧道，先到蘇澳新站換乘莒光號到花蓮。遊覽車才一

上路，關姊和麗華分別報告旅遊細節，關姊特別分享她即將「畢業」的心情，引得大家陣陣掌聲；接著麗華逐一送上一杯溫熱的咖啡，車上充溢香氣，大家喝著咖啡聊八卦，八卦未聊完，熱茶又到了，這個活動的成功，導遊小姐的熱心、細心，亦有功焉！

九點五十分就到了蘇澳新站，花蓮火車十一點半開，有近二小時在車站附近散步，我數十年未乘台鐵，有些新鮮，大家在車站休息、購物、聊天。方教授號召大家來唱歌，一時，「龍的傳人」、「苦酒滿杯」、「秋禪」…一首首老歌響激整個車站。

信義學長提起此行有多位高齡老大哥，車站裡一時譁然，大家「比老」，經信義兄逐一查問比對，本書記列入記錄，鐘鼎文教官春秋九十一、李學勇教授九十、洪立教授九十、方祖達教授八十八、鄭展堂教授八十八。「五老」合計四百四十七歲。眾人驚呼，這個年紀還能參加旅遊，像一尾活龍，不知道自己到那年紀還能動否？確實，那是「天命」，人人有希望，個個沒把握，活在當下最重要，快樂自在的今天，勝過許多不確定、不知道的未來。當一朵「最自在的彩霞」吧！(註：順帶廣告，《最自在的彩霞》，是本書記特為退聯會編寫的一本書，已由文史哲出版社公開發行。)

東線鐵路美景無限，火車前行，極目望去，一邊是茫茫太平洋，一邊是青綠高山，雙雙對對在坐位上賞景、沉思或小憩。不到下午一點就到花蓮新城，二十年前我在此任花防部砲部副指揮官，見車站如見老友。換乘遊覽車到一處叫「滿庭芳太監雞」的餐廳午餐，位於新城鄉順安村北三樓，少不了是一桌東部後山的風味美食，最好吃的是土雞肉，口感十足，我和妻平時粗茶淡飯，少油少鹽少肉，遵守醫生的叮嚀，今天「解放」了！下午的時間，我們參觀位於奇萊山和能高山峽谷間的原住民部落，聽這裡的地陪

講銅山電廠、慕谷慕魚、太魯閣族人抗日的英雄故事，微風中有細雨濛濛，好像回到

當年台灣原住民馘下倭人的頭顱之情境。(『馘』，音ㄍㄨㄛˊ，戰爭時割下敵人的左耳或頭顱，以示戰功證據及神勇。)

倭國佔領台灣時，許多原住民發動強烈抵抗，以番刀對抗倭人的現代兵器。太魯閣曾在某夜，發動對倭人奇襲，一夜割下一百零九顆「倭人頭」；當然倭人不會善了，太魯閣險些滅族，但這是族人永恒的光輝。

銅山電廠的隧道有二十公里長，是傳統工具打出來的。地陪特別提到孫運璿、李國鼎、蔣經國等人對台灣東部電力發展的貢獻。確實，他們的清廉永為後人懷念，是歷代炎黃子孫的榜樣。他們手握大權而未腐敗，反之，我們也活生生的看到另一種人，如林益世、陳水扁，他們的貪污腐敗，永遠成為歷史的「負面教材」，一臭萬年。最近我聽人說笑，「豬永遠是豬，人未必都是人」，也確實，有的人連狗都不如。

「慕谷慕魚」，原先我以為要到花蓮吃一種魚的名稱。後經地陪解釋，是一個頭目的名字叫Magoumoli ，順者叫成慕谷慕魚，也成了觀光圖騰。到了都勇部落，見一看板寫著「馬路鼠猴」，原來是族語發音，意思是你好、歡迎，也成為一種賣點，真是創意無限。 在清水溪、木瓜溪瀧洞，有說不盡的故事，灣月峽谷有台灣九寨溝美名。但最珍

貴的，還是這裡未標價格又價值連城的空氣，好想帶些回台北用。 到了兆豐農場晚餐已七點多了，也許辛苦了一天，肚子也餓了，一桌美食祭五臟

諸神，每桌吃的碗盤朝天。正好何主秘今天生日，大家一併慶生。 晚上我和信義、高閩生、羅吉雲睡 「玫瑰園六二八房」，妻與另三位美女一房。

睡前有人說：「我會打呼，大家見諒」，我答「打雷也無所謂」，果然十點多一片安靜，全都睡著了，想必是累了。

第二天早餐後，八點多到十一點間約有兩小時自由遊園。兆豐農場很大，據聞有數百甲地，區分動、植物，成人小孩等數十玩樂區，兩小時自然是看不完。我們先乘小火車遊園一圈，剩下一點時間，信義兄夫婦和我與妻，就在附近散步，走到九曲湖賞錦鯉魚，涼亭裡聊天賞景，不遠處有儷影雙雙，與花園共構成一幅生命風景。

快樂的時光總匆匆，像是無憂的童年瞬間就過，烏溜溜的秀髮怎成了霜鬢冬雪。離開兆豐農場，我們到一家叫「添丁野菜園」(在鳳林鎮林榮里大雅街一號)午餐，也是一桌美食，土雞肉也好吃，烤竹雞很香，山豬肉也不錯。(註：據聞，目前台灣山區少有山豬，花東所謂的「山豬」，是平地豬種放養於山地。)大家正吃的不亦樂乎！突然一群人立於牆邊，把頭抬的高高，我以為大家欣賞絕世名畫，也好奇趨前看究竟，只見牆上一幅字：

這是一首打油詩，千萬別會錯意：
牽著老婆的手，好像左手摸右手，一點感覺也沒有；
牽著小姨子的手，後悔當初摸錯了；牽著同事的手，
後悔當初沒下手；牽著小情人的手，一股暖流往上
走，好像回到十八九；
牽著情人的手，好像水魚咬上手，要甩也甩不走。

　　我首先佩服這家店老闆很會做生意，把握人的好奇心、新鮮感，可以引來更多的客人。君不見那電視電影中，凡「小三」越生猛，收視率越高，而那講倫理道德的收視率可能就慘了。一群人又發現「寶山」，原來老闆把一些有趣詞句印成名片，放櫃台上任人取閱，另有兩種，因眾人喜愛，抄錄如下：

（人生）
出生一張紙，開始一輩子。
畢業一張紙，奮鬥一輩子。
婚姻一張紙，責任一輩子。
做官一張紙，爭鬥一輩子。
金錢一張紙，辛苦一輩子。
榮譽一張紙，虛名一輩子。
看病一張紙，痛苦一輩子。
悼詞一張紙，了結一輩子。
淡化這些紙，明白一輩子。
忘了這些紙，快樂一輩子。

（酒色財氣歌）
正面：酒是迷人的妙藥，色是刮骨
的鋼刀；
財是下山的猛虎，氣是惹禍的根源。
反面：無酒不成禮儀，無色路
斷人稀；無財社稷蕭條，無氣易
被人欺。

　　怪怪，這家餐廳快成了「鄉土文學館」，難怪我看今日並非假日，生意也算興隆，原來另有引人之處。午餐後就要打道北歸，從花蓮乘火車到蘇澳新站，再轉乘遊覽車回台北，晚上六
點在深坑舜德農莊享受美食晚宴，回到家才八點多，夢中仍憶起這美好的二日遊。回程的路上我們轉型成為「臺大採購團」，每個人儼然是採購團團長，大包小包，只恨遊覽車不像火車這麼大，尤其車上那位原住民少女的幽默行銷，獲得全車人的欣賞，生意特佳。沿途歌聲不斷，倒是我的一首「為著十萬元」台語歌，引起眾人興趣，休息間紛紛問起這首歌是多麼道地鄉土，也唱出古早時代部份不幸少女的心聲。
　　這首老台語歌因最近有一位台電工人彈吉他唱，才使老歌又流行。為滿足本會會友的需要，將這首歌的詞譜附於文後，供大家欣賞吟唱。但愉樂之餘，吾人仍要對古早時代經歷過這種苦難的婦女同胞，表示無限同情和
感同身受。早年可能因貧窮，才有母親把女兒推入火坑，賣了幾年還當貨物又賣給人當「小三」（可能也有因此脫離苦海的）。吾國先賢管仲說「衣食足知榮辱」，現在台灣雖不算世界級富國，至少也幾乎是人人「衣食足」，想必賣女兒的事不應再有，且

這是違法的事。

　　本文僅就這回二日遊經過，盡可能實記，深感關姊的「畢業成績」極佳，給她做一個難忘的畢業紀念。(二○一二年中秋前夕。草於台北公館蟾蜍山。萬盛草堂主人。臺大退聯會理事兼書記　陳福成誌)

二、台中霧峰林家的傳奇故事　　　　陳福成

　　(按：今(二○一二)年十月十七日，本會舉辦南投天空之橋、寶島時代村及霧峰林家花園一日遊。當日多人向我問起林家故事，未能說的清楚。正好我應某雜誌之請寫林家傳奇，以本文權充回答。)

　　霧峰林家是台灣五大家族之一（餘四大是：板橋林家、高雄陳家、基隆顏家、鹿港辜家）。五大家族各有其起家發展基地，霧峰林家自雍正時期第一代祖林石到大里杙庄(今台中市大里)墾拓，又在霧峰發達，數百年來開展出龐大事業，自然是對台中地區開發影響極大。

　　本文首先把霧峰林家從第一代開台祖，到第七代林祖密家族譜系，概略整理如附表，方便與文字陳述參照。

　　雍正三年(一七二五)，清廷依康熙時期對台灣的開放政策，進一步檢討台灣各社鹿場的閒曠之地，開放給漢人開拓。此後的數十年，興起的閩、粵移民熱潮，不絕於途，大海不能阻止人們拓展新天地的壯志。

林文察像　　　　　　林朝棟像　　　　林文欽著官服畫像

　　台中霧峰林家的開台祖林石，就是這波移民之一。林石，福建漳州府平和縣五寨坪社人。十歲喪父，二年後其母繼亡，林石上奉祖母，下撫弱弟，頗得鄰里稱道。乾隆十一年（一七四六），年才十八歲的林石與人結伴，渡台墾拓，不料祖母信到，又匆促返回故鄉。七年後，祖母莊氏卒，林石年二十五，毅然獨行，重新踏上開拓新天地之險途。

　　林石一到台灣，即深入揀東堡大里杙庄（今台中市大里地區），經數年努力開拓，田產漸富，乃在三十二歲之年迎娶小他十四歲的陳氏。乾隆二十二年（一七五七），林石回原籍平和省墓，後與其弟都來台開拓，先後成家，各治其業。乾隆五十一年（一七八六）十一月，爆發林爽文事件，為霧峰林家投下巨變。林爽文原籍平和（即林石同鄉），也是大里杙庄人，結天地會抗清，遂謀起事。林石為其族長，得知此事，力勸：「這是滅族事，胡可為？」勸之未果。

　　很快林爽文事件被大將軍福康安平定，林爽文等被補，林石亦受牽連被捕，審訊時福康安問林爽文曰：「汝不過一匹夫，竟敢謀大逆！豈無勸止之人嗎？」爽文答以：「眾人都想奉我為王，博取富貴；唯有族長林石力勸不可謀反。」於是福康安命釋放林石，並歸還抄沒入官的財產，給核六品軍功，於乾隆五十三年（一七八八）五月廿一日出獄。有關林石勸止林爽文與繫獄，在《欽定平定台灣紀略》和《霧峰林氏族譜》有相關紀錄。林石，生於雍正七年（一七二九）二月十四日，卒於乾隆五十三年（一七八八）五月廿一日，享年六十歲。其育有六子：長林遜、次林水、三林瀨、四林棣、五林大、六林陸。他們卒後，均葬於阿罩霧莊後山。

　　林爽文事件亦使林石諸子受到連累，長子林遜回故鄉死於莆坪；五子林大隨侍，死於府城。其他四子分居太平等處。

　　林遜有一子，長林瓊瑤，次林甲寅，事件過後，林遜之妻黃氏，帶二子至阿罩霧莊重新開拓田地，後來林瓊瑤事業無大的作為，事蹟不可考。林甲寅在大里杙經商得意，發了大財，並開拓黃竹坑（今台中太平草湖溪上游），成為一方大地主。林甲寅卒於道光十八年（一八三八）十二月，年僅五十七歲。林甲寅育有三子，長定邦、次奠國、三振祥，另有養子四吉。三子振祥青年早逝，霧峰林家的發展乃以定

邦、莫圍兩房為主，即一般所知的頂厝(莫圍)、下厝(定邦)。

　　大房祖林定邦和二房祖林莫圍在當時都已是台中地區一方大地主。定邦生有三子，文察、文明、文彩。三子文彩早亡，文明官至副將。

　　二房祖林莫圍，生有文鳳、文典、文欽三子。光緒初年，文典、文鳳先後逝世，頂厝由文欽領導，即林獻堂之父。以下略說這兩房的建功立業，及對台中地區的開發貢獻。　林文察事蹟較為常見，在《清史列傳》、《福建通志》、《清史稿》、《台灣通史》(

連橫)、《霧峰林氏族譜》及《林文察傳》均有記述。林文察奉旨內渡平定太平軍，殉難於漳州萬松關，清廷予諡「剛愍」。　長子林朝棟以世職襲騎都尉，援例納貲晉敘兵部郎中。光緒十年（一八八四），中法戰爭期間，法軍進犯台灣北部，林朝棟統領「棟字軍」，力戰法軍於獅球嶺、大武崙、月眉山陣地。

　　台灣建省後，林朝棟任「開山撫番」要職，整個台灣中部地區都是撫墾範圍。劉銘傳建省城於台灣府台灣縣橋仔圖（今台中市南區），由劉銘傳勘定基址，周圍約十一華里，先由林朝棟會同台灣縣黃承乙籌議，光緒十五年（一八八九)興工，至光緒十七年略成，因劉銘傳去任，城工遂終止。

　　一九０四年林朝棟病逝上海，年五十四歲。朝棟育有五子：長貲鍠（幼卒）、次貲銓(仲衡)、三貲鏗(季商)、四貲鏽(子佩)、五貲鑮（瑞騰)。由三子林季商承續林朝棟的軍政事業。　林季商，譜名貲鏗，號式周，又號祖密，他的春秋定位是撤銷日本國籍，加入中

華革命黨，國父孫中山先生任命為閩南軍司令，協助討袁護法。祖密並曾任大元師府武官、大本營參議、福建水利局長，可惜民國十四年被邪惡軍閥李厚基暗殺，年僅四十八歲。民國二十九年中央政府追念撫恤，並以其革命事蹟載入黨史，民國五十四年，中國國民黨旌揚義烈，特頒「忠烈永式」匾額。

內政部核發林季商恢復中華民國　　　　林祖密與家人在廈門鼓浪嶼宅園留影
國籍執照

孫文任林祖密為閩南軍司令任命狀　　　　　　林文欽銅像

　　霧峰二房祖林奠國之後，頂層系由三子林文欽領導。中法戰爭時，文欽亦有戰功，但文欽在林家發展史上最大不同，在光緒十九年(一八九三)考取恩科舉人，為頂層林家棄武從文之關鍵。其後，築「萊園」於霧峰山麓，孝養母親羅太夫人，成為台灣重要的私人園邸。日據時期，更成為台灣第一詩社「櫟社」及社會、文化運動的活動場所。在倭人異族統治期間，櫟社更以發揚我中華民族之民族氣節著稱，堪稱台灣詩壇的中流砥柱。　林文欽之子林獻堂，始終是當代台灣文化界聞人，他在宣統三年(一九一一)四月，邀梁任公(啟超)一行來台，住霧峰「萊園」多日，是文化界盛事。在倭人異族據台期間，他保存中華文化亦有功焉。戰後曾任省參議員、省府委員、　彰化銀行董事長、省文獻會主任委員、台灣省通志館館長。林獻堂在國史、在中華民族春秋史，　應有一定的定位，可惜他的晚年要受到一些「扣分」。

　　民國三十八年九月，林獻堂以療病為由離台赴日，次年竟以政治受難者身份，獲准永久居留日本。此後數年，不斷有丘念臺、蔡培火、何應欽親自到日本，及嚴家淦、張群等人以書信，力勸林獻堂回台，林都予以推辭未歸。最後一次民國四十四年十月六日、十一日、十四日，蔡培火又到日本一再勸說，林皆不答，蔡亦不悅。終於，林獻堂向蔡培火說出不歸的理由：

危邦不入，亂邦不居。曾受先聖人之教訓，豈敢忘之也。台灣省，危邦、亂邦也、豈可入乎，居乎。

　　蔡培火聞此，出乎意料之外，遂不敢再勸，匆匆辭去。民國四十五年九月，林獻堂病逝於日本。其靈骨由長子攀龍迎奉返台，葬於霧峰萊園林氏家塋。　春秋之筆，秉公論述，林獻堂先生對台灣文化貢獻至大，邀梁任公訪台對台灣文化界、對民族精神之鼓舞，均有功焉。但晚年之行誼，可以說他「遺棄」了台灣；與其先祖林季商申請撤銷日本國籍相較，林獻堂的春秋定位要受到大大扣分，乃至受到批判。

　　殊不知患難才見真性情、真人品，台灣當時確實「危邦」，但考驗忠孝節義就在這時候，不是嗎？

肆、活動照片

本會榮獲文康會頒發100年度績優分會獎座
由勞苦功高的關麗蘇組長(右)代表本會領獎
由趙永茂副校長(左)頒發獎座 (101/11/08)

得獎人合影　後排左四為趙永茂副校長、左五為
文康會主委江簡富教授、左六為關麗蘇組長
(101/11/08)

本會組團於文康會100年度績優分會頒獎典禮中
表演合唱及獨唱 (101/11/08)

本會於文康會100年度績優分會頒獎典禮中
表演獨唱 (101/11/08)

本會理事長與本會合唱團全體團員合影
(101/11/08)

本會合唱團於臺北市大專院校反毒宣誓與反毒
電影首映會中領唱紫錐花運動主題曲：明天會
更好(101/10/15，本校一活大禮堂)。

本會合唱團於臺北市大專院校反毒宣誓與反毒
電影首映會中領唱紫錐花運動主題曲：明天會
更好，由本會前理事長方祖達教授擔任指揮
（101/10/15本校一活大禮堂）。

花蓮兆豐農場茶谷茶魚知性二日遊（101/09/20）

南投八卦山天空之橋、寶島時代村一日遊
（101/10/17，寶島時代村）

本會與中華高齡學學會共同主辦系列健康講座
第六場：由張念鎮教授主持：（101/09/18，
文康中心交誼廳）。

本會與教聯會及職聯會合辦之臺大教職員工
2012未婚聯誼包水餃活動（101/10/20，食
科所）

舉辦第十場「評古說今」：由徐玉標教授主講：
「談易經研究」（101/10/31，本會辦公室）

附件一
國立台灣大學 2012 冬季「關渡 —＞八里」鐵馬迎風行
台大教授聯誼會、職工聯誼會、退休人員聯誼會合辦

一、主旨：提供本會會員和眷屬健身交誼、迎風賞景的機會。　二、活動日期：12 月 29 日(六)09:00 關渡捷運站 1 號口集合；13:30 八里解散。　三、參加對象：本會會員和眷屬，共限 60 人。

四、參加費用：500 元。包含保險、高級單車、船票（八里至淡水）、安全帽、
　　　　　　　礦泉水、雨衣（雨天增發）、原住民風味餐；捷運（自理）。

五、活動行程：

（一）09:00~09:20　報到、分組。
（二）09:30~10:00　走至關渡宮左側（約 15min）「好朋友店」租車。騎車關
（三）10:00~11:00　渡自然公園來回（關渡宮至士林焚化爐），有異狀者隨即
　　　　　　　　　　換車或調整，11 時前回租車店報到。騎車過關渡大橋沿
　　　　　　　　　　河左岸至八里遊客中心；12:10 還車。步行至芭達桑餐廳
（四）11:00~12:00　享原住民風味餐（觀海大道 111 號）。發八里至淡水渡船
（五）12:30~13:30　票；解散；自由行。
（六）13:30~

六、報名日期：即日起至 12 月 20 日(四)截止，請將報名表 e-mail：
　　　　　　　meillychen@ntu.edu.tw　陳梅燕小姐，依報名先後排序。

七、繳費：請於 12 月 20 日(四)下班前至　女 89 宿舍 (小椰林道上-新生大樓對
　　　　　交予陳梅燕小姐，逾期依序通知後補。　電話：分機 68700; 0926282710
八、注意事項：請著輕便衣物、休閒鞋或球鞋，並自備防曬用品、毛巾、風衣。

國立台灣大學 2012 冬季「關渡 —＞八里」鐵馬迎風聯誼活動報名表

姓　名	出生日期	身分證字號	服務單位	聯絡電話	葷素	婚姻狀態
					□葷 □素	□有 □無
					□葷 □素	□有 □無
					□葷 □素	□有 □無

★敬請提供 E-mail 地址★
為響應「節能減碳」並快速傳達各項活動訊息，不要漏失好康活動，敬請提供 E-mail 地址，以利寄發電子郵件。請來電或傳真告知本會 E-mail 地址。

附件二

行政院刪除軍公教退休人員年終慰問金之正當性何在？

鄭大平

1、現在我們是執政黨，擁有中央及立法之絕對優勢，在野黨以「亂槍打鳥」經常使用「假議題」製造陷阱，行政部門稍一不慎就萬劫不復，造成「父子騎驢」狀況，喪失民心。因此執政黨要監守立場，以前民進黨立委經常感嘆問政有如「狗吠火車」，行政部門如火車飛馳而過（不理你），他們一點辦法都沒有。

2、退休人員原可領取年終慰問金有 42 萬人，如改為月退 2 萬元可領（約 4 萬人），造成 38 萬人不能領取，也就是 38 萬戶（約 120 萬票）受影響，今年馬蔡只差 80 萬票，選舉時這些退休人員就算投廢票或不投票，國民黨別想贏得執政。

3、月退 2 萬元領年終慰問金（2 萬×1.5＝3 萬，3 萬元÷12 月＝2500 元），亦即每月為

22,500 元，則月退 2.2 萬元者還比月退 2 萬元者少，這是假平等，是　國父所說的平頭式平等，而非真平等（立足點的平等）；因月退多的原因與階級、年資、考績相關，假平等變成表現不好、無法晉升、無法留營服務者領較多。

4、軍人行業特殊與其他行業不同：24 小時服勤、要輪調外島、不能服役至 65 歲、無加班費；以中校軍官為例，僅能服役 24 年；而公務人員最高以 30 年資計算、教師則為 35 年資。相較之下，軍人較公教人員工時長、工作辛苦、無法照顧家庭。而勞工退休同樣包括退休金及勞保費，目前是勞保基金出問題，與我們的年終慰問金毫無關係。也造成現職人員想到未來退休時被冷落，士氣大落，失去戰力、向心力；更影響未來召募志願役意願。

5、84 年（公教）、85 年（軍）前退休人員領取是舊制退休金，是一群老邁、體弱多病且已無生產力、工作能力，是真正弱勢，也是對黨國最忠貞人員，停發將影響其生活，實在無法共體時艱；應對 84 年（公教）、85 年（軍）前退休人員照常發給。這些退役者領取舊制退俸實在是僅能糊口度日，還有甚多有病痛、年邁雙親、家屬殘疾等，怎可以假平等方式一刀切下？

6、以前「以黨領政」，現在「黨政協調」，行政部門怎能一人拍板定案，未召開院會討論，也未與國防部、教育部協調，或交研考會研究，或交中央黨部政會針對此問題研究；是違反行政程序，讓親者痛、仇者快。當年郝前院長名言：「朝令有錯，夕改又何妨？」，請三思，別失去政權，才悔不當初。亂下決心，還能稱「明快」、「睿智」嗎？

7、民進黨善於挑撥離間、共產黨精於階級對立，此事件吾輩發現馬主席、陳院長也不差。

8、經濟環境差，又是誰的決策讓油電雙漲？使得物價節節高昇，要共體時艱，也應由現職軍公教、國營事業、公股投資事業及其他單位（如：民意代表、健保局、各部會基金會、郵局、電信等）停發年終慰問金，因政策之計畫、執行是他們，請他們共體時艱。另退休人員月領本俸8與9成，而現職人員領取是全薪，換算年終慰問金絕對超過400億（以總統年終慰問金為例，可發給至少30位退休人員），而現職人員停發不影響其生活。

9、改革不是找弱勢，而是要公平正義，當年退休人員月領本俸8至9成是違反當時法規，後因財政困難僅補償15%，而我們也都共體時艱。如今又要找我們開刀，真是情何以為堪？

10、如40年來領取年終慰問金是違法的，則依法將歷任行政院長、相關部會承辦人移送法辦，因他們未將退休人員年終慰問金法制化，否則還我清白，恢復年終慰問金。目前又丟出明年不發，以後發，這是兒戲，我們不會上當。請迅速立法，退休人員年終慰問金明年照發，以後將1.5月年終慰問金平均加在月退俸上。

附件三
國民黨還能執政嗎？

希望能傳到所有立委手中或政府要員手中

現在家庭不是單一成員，有軍公教，有勞工，只是比例問題，

　　本人家裡的比例是一比四，一軍公教，四勞工，我家四勞工會反對那一位軍公教發年終慰問金嗎？

　　陳冲砍下軍公教的人頭，那四位勞工會感謝你馬英九嗎？會感謝你國民黨嗎？在野黨饒過馬總統嗎？答案是沒有。

　　相反這一批軍公教退休四十多萬人員及其相關周邊人員，我們以一比五相乘，近兩百萬人受到波及，這兩百萬人絕對應是個個有投票權（我們以五十歲退休而言，其父母、子女必二十歲以上），如果我們再回頭看馬總統贏蔡英文80萬張選票評估，民國105年，國民黨還能執政嗎？

　　足食、足兵、民信之！對人民要講信用，也就是信賴保護原則。當這三件事必去之時，孔子說<去食>，<去兵>。<信賴保護原則:民信>不可去，因<民無信

不立>。

軍公教退休人員年終慰問金，是一項行之近四十年的國家行為，依據法律學理，歐美先進國家早就把習慣亦列為是一種法律，俱備法律效果，四十年軍公教退休人員年終慰問金，早已進入<習慣法>之林，何況我國在解釋憲法及法律亦有 <慣例> 之引用？

民進黨這種無視習慣法，既不道德，也不合法律有不成文之特性，蠻橫成見；行政院陳冲無任何擔當，兩天之內就粗糙地砍下軍公教項上人頭祭旗，民進黨是虎，國民黨是倀，為虎作倀的結果，是讓國家對人民信賴保護原則流失，置國家於孔子說的 <民無信不立>的危機之上！ 國民黨砍了四十萬退休軍公教的頭事小，現職現役的軍公教亦唇亡齒寒！ 如果經濟不好，國家稅收減少，面對勞保破產就砍退休軍公教的退休所得，那還須選舉？阿貓阿狗都會，我們不須選舉，隨便找一個路人甲當總統即可！ 一個有能力的黨，不是打在拿掉一個族群得利或彌補哪一個族群失利，應該考量的是把那一個失利的族群提升，如果此時想到的，是把得利的一群砍掉，以突顯大家一致，這不是一個政黨應該有的正常思維邏輯。

親綠媒體大登 2035 年 國債將達多少兆負債，國家將破產。2035 年，距今尚有 23 年，國家經濟成本就是上上下下，也許五年後會復甦起飛，也許十年後，國債就大幅減少，因此現在就砍軍公教的頭，是否太早了一點？

真正如果兩黨為人民著想，為國家著想，應該是如何共同努力提升國家的競爭力，讓經濟得以復甦，而不是在那裡鬥來鬥去，誤了國家建設，到頭來把氣出在軍公教頭上，你們拉的大便，拉完就跑了，指著軍公教鼻子罵！要軍公教出來頂罪，公平嗎？這不是亡國之兆？是甚麼？

如果今天台灣經濟不振，掉到四小龍之外，怪世界整個大環境，不但是兩黨推拖之詞，更是非常阿Q的想法，我們以韓國、香港而言，去年韓國的 GDP 人均　2 萬

美金，香港今年更可能高達 35000 美金，新加坡今年則為 49000 美元，身處相同的國際環境，為何韓國、新加坡、香港能？我們不能？這是朝野惡鬥的結果，不是軍公教的錯！更不應由軍公教背起這個十字架！ 這批目前退休軍公教，在工作崗位的時間，應該是民國五十到八十年代左右，這三十年正是台灣經濟起飛的年代，由四十年代、五十年代建構基礎，到六十年到八十年代開花結果，因此，他們敢自豪地說，建設台灣我們有一份功勞！

台灣經濟衰退並不是這一批退休軍公教造成的，他們交下來的是一個美好的台灣，是一個欣欣向榮的台灣。

當社會瀰漫著，勞工工資不漲，而財團不停地炫富，動輒購進數億豪宅，出輒名

車，小老婆數個，而勞工想一屋難求，這時候在野黨見縫插針，遇洞灌水，分化社會，以軍公教收入製造對立，掀起一波階級鬥爭。

附件四

本會第九屆理事或監事候選人登記表

姓名：　　　　　　　　原服務單位：

本人登記為本會第九屆　□　理事
　　　　　　　　　　　　□　監事　候選人
　　謹致
國立臺灣大學退休人員聯誼會

　　　　　　　　　　　　　登記人：＿＿＿＿＿＿（簽名或蓋章）

中華民國一○一年十二月　　　日
....

本表填妥請FAX：02-23648970　或送交本會辦公室人員

附件五

出席國立臺灣大學退休人員聯誼會第九屆第一次會員大會
委託書

茲委託本會會員＿＿＿＿＿＿全權代理本人出席本會第九屆第一次會員大會

　　謹致
國立臺灣大學退休人員聯誼會

　　　　　　　　　　　　　委託人：＿＿＿＿＿＿（簽名或蓋章）

中華民國一○一年十二月　　　日

請將本委託書交給受託人，於大會當天向委託出席報到處報到，每一會員限接受一人委託。

國立臺灣大學退休人員聯誼會罷免馬英九連署書

連署人姓名：
住址：手
機：出　　　　　　電話：
生：民國　　年
E-mail：
....

本表填妥請 FAX：02 23648970　或送交本會辦公室人員
我們會遵守個資法規範，資料絕對保密，請放心連署。

年終慰問金發放 關中：應堅持已定政策

時間：**2012/12/5 14:56**　　　撰稿・編輯：劉品希　　　新聞引據：採訪

　　退休軍公教年終慰問金改革爭議未決，考試院院長關中今天（5日）接受媒體專訪時表示，民意代表有選舉壓力，因此希望維持發放年終慰問金，但對於黨內已溝通好的政策，政府就應該堅持下去，否則未來的改革將難以推動。

　　考試院院長關中5日接受媒體節目專訪時表示，退休軍公教年終慰問金的發放標準限縮至2大類是政府已經決定的政策，而國民黨立委提出的寬鬆版本是受到民意及選舉壓力，但他認為大家必須接受黨內決策，不能讓民眾覺得政府的政策變來變去，否則將影響到未來的改革。

　　關中表示，軍公教年終慰問金被批評缺乏法源依據，因此，他支持將發放原則法制化、回歸體制處理，由立法院通過相關預算。

　　關中指出，軍公教年終慰問金有其歷史背景，早期因公務員待遇低、退休金少，在經濟好轉後補償公務員；但現在政府財政困難，因此，當務之急是健全年金制度，讓軍公教獲得保障。

　　此外，關中也表示，考試院負責規劃公務人員退休相關制度，為了讓退休制度能夠永續經營，政府確定將朝「多繳、少拿、晚退」這3個原則規劃。他說，政府缺乏法源的福利太多，因此讓大家覺得不公平，這點「絕對可以檢討」；若能將公務員的福利拉低一點、勞工的福利增加一點，民眾的相對剝奪感就會減少，這將會是政府的德政。

國立臺灣大學退休人員聯誼會
第九屆第一次會員大會 出席回執

□ 本人可以出席第九屆第一次會員大會

□ 本人無法出席第九屆第一次會員大會

　　此致

國立臺灣大學退休人員聯誼會

　　　　　　出席者：　　　　（簽名）

　　　　　　日期：　　年　月　日

請於101年12月8日前FAX: 02 23648970 或 E-mail:initing@ntu.edu.tw 或
郵寄本會收

【會員大會開會通知回執】

寄件人：

　　　收件人：
　　　　　10617
　　　　　臺北市羅斯福路四段一號
　　　　　國立臺灣大學望樂樓2樓
　　　　　國立臺灣大學退休人員聯誼會

中華民國一〇二年五月一日出刊
會 務 通 訊
第 六 十 期
發行者：國立臺灣大學退休人員聯誼會
National Taiwan University Retiree Association
會　址：台北市羅斯福路四段一號國立臺灣大學望樂樓二樓
電　話：23695692 校內分機：33669690 Fax：23648970
E-mail：nturetiree@ntu.edu.tw

壹、本會近期活動及內容

一、**慶生會**：本會於 102 年5月7日下午13:30假小巨蛋體育館文康室舉行慶生會，歡迎壽星及會員踴躍參加。

二、**本會新任理監事及工作人員**
本會於去(101)年12月14日上午9時正假本校校總區第一會議室召開101年度會員大會，會中改選理監事，並於1月15日上午10時在第二會議室選舉正副理事長及監事主席，並安排各組工作，新任正、副理事長、監事主席、理監事名單如下：

國立台灣大學退休人員聯誼會第九屆理監事會組織成員：
理 事 長 陳福成　副理事長 何憲武　名譽理事長 宣家驊
理事：丁一倪 吳元俊 杜雅慧 楊建澤 陳美枝 路統信 劉鵬佛 陶錫珍
　　　王本源 黃存仁 鄭大平 鐘鼎文 林添丁
監事會主席 沙依仁
監事：方祖達 高閬生 劉秀美 梁乃匡

本會辦公室各組組長及工作分配如下：
秘書組組長 劉鵬佛　資訊組組長 黃存仁　會員組組長 陳志恆
會計組組長 陳明珠　總務組組長 鐘鼎文　檔案e化組組長 杜雅慧
活動組組長 關麗蘇　副組長 高閬生
會員權益與福利組組長 丁一倪　會員關懷組組長 陶錫珍 陳福成

三、102年第二次理監事聯席會議新任理監事及工作人員會議
本會於102年3月26日(星期二)上午10時正，假本校第四會議室召開第十屆第二次理監事聯席會議，會議概要如下：
(一)理事長陳福成報告：
1. 感謝本會會員選我擔任理事長，這是一種榮譽和承擔，我當儘力與大家共同打拼，維護本會能夠照常運作。只是，個人能力、學力均有不及，有不合眾望之處，還請大家見諒。

2. 本會各組多年來都按照組織章程，在各位組長的辛勞下有效地推動各項業務與活動，這是了不起的，因為我認為「志工無價」，是這個世界上最珍貴的情操，就是這種無私付出，為別人服務而不求分文收入，我們樂在其中，也能從中得到快樂，因為有這種特質，造就目前志工流行的原因。

3. 本會於本屆成立關懷組，組長由陶錫珍教授擔任，關懷組成立是針對本會較年長會員，使能夠對他們有較多關懷，並於必要時進行協助處裡要事。但是要進行深度關懷仍需一批人手(志工)，因此，本會仍在徵求志工(以本校退休人員為準)，意者請到本會向陶教授處登記，懇請會員大力支持。

4. 本會屬「聯誼」性組織，凡合乎聯誼性質，能增進健康交誼活動，在經費和人手能力所及範圍內，本會均支持贊同，如慶生會(含舞會)、茶會、卡拉OK歡唱、合唱團乃至於樂團。但任何活動還是要有人出面主持、聯繫、召集等，歡迎有興趣辦活動的會員能夠主動站出來，本會誠摯邀約並全力支持您。

5. 多年來本會的評古說今、旅遊、慶生會都辦得很好，深獲會員好評，各項會議召開也都能正常推動，這要感謝每一位組長，沒有您們我們就「收操」了，也希望本會所有會員，多多參與活動，給他們最大的鼓勵。

(二)副理事長何憲武教授報告：本會經費不足，希望今後本會舉辦旅遊活動時，會員少收一些費用，以增加會員向心力。

(三)監事主席沙依仁教授因病請假。

(四)秘書組組長劉鵬佛教授報告：秘書組主要工作是安排召開本會各項會議及聯絡理監事等相關事宜，另外每月舉辦一次評古說今座談活動，今年1月22日由劉鵬佛理事主講「略述12位華人諾貝爾獎得主」，參加人次計10人；2月26日由路統信理事主講「由中山記曆談釣魚台問題」，參加人次計7人；3月6日由本校註冊組洪泰雄主任主講「如何保持健康而不胖」，參加人次計20人；4月23日由本會理事杜雅慧小姐主講「回憶鄧麗君的歌唱人生」，參加人次計10人。

(五)活動組組長關麗蘇小姐報告：活動組主要的工作室舉辦國內外旅遊活動，今(102)年活動計有：3月6日舉辦桃園桃源仙谷旅遊活動，4月10日舉辦苗栗香格里拉旅遊活動，5月16日舉辦歐洲亞得里亞海文化、美食、跳島之旅國外旅遊活動，6月19日舉辦宜蘭香草菲菲尋香旅遊活動，歡迎會員踴躍參加。

(六)會員組組長陳志恆小姐報告：今年1~3月計有盧曼珍小姐邵依悌先生二位新會員加入，歡迎他們入會。

(七)財務組組長陳明珠小姐報告：本會財務一切正常。

(八)總務組組長鐘鼎文先生報告：本會總務工作一切正常，另外，除假日外

本人每日來辦公室上班。

(九) 會員權益及福利組丁一倪教授報告，如第五項。

(十) 會員關懷組長陶錫珍教授報告，如第六項。

五、會員福利

會員權益及福利組丁一倪組長報告

(一) 應邀參加「教育人員年金制度改革方案座談會」(2013/02/06，教育部5樓大禮堂)。會由教育部陳益興政務次長主持。
網頁位址請以瀏覽器連結觀看內容
http://tpu1688.blogspot.tw/2013/02/blog-post_3518.html
教育人員年金制度改革方案 (教育部 102年2月5日) 網頁位址請以瀏覽器連結觀看內容 http://tpu1688.blogspot.tw/2013/02/blog-post_15.html

(二) 參加最高法院就學理上「授權公務員」重大法律爭議言辭辯論準備庭旁聽 (2013/02/06，最高法院)。網頁位址請以瀏覽器連結觀看內容
http://tpu1688.blogspot.tw/2013/02/blog-post_8555.html

(三) 應邀參加國立台灣大學法律學院「人權與法理學研究中心」主辦之〈學術研究經費補助制度問題之檢討〉座談會暨記者會 (2013/03/08，臺灣大學法律學院「霖澤館」三樓1301「視聽教室」)
主持人：顏厥安 (台大法律系教授；人權與法理學中心主任)
引言人：吳茂昆 (國立東華大學校長；中央研究院院士 (物理))
許澤天 (成功大學法律系副教授)
徐育安 (台北大學法律系副教授)
謝世民 (中正大學哲學系教授；《政治與社會哲學評論》主編)
林從一 (台北醫學大學人文與社會科學院院長；台灣哲學會會長)
網頁位址請以瀏覽器連結觀看內容
http://tpu1688.blogspot.tw/2013/03/blog-post_10.html
http://tpu1688.blogspot.tw/2013/03/blog-post.html

(四) 參加最高法院就學理上「授權公務員」重大法律爭議言辭辯論庭旁聽 (2013/03/22，最高法院)。最高法院於2013/04/12上午宣判，合議庭認定，教授承接政府機關研究案，是依據科學技術基本法辦理採購事宜，不適用政府採購法，並非執行公務，因此教授不具授權公務員身分，不應成立貪污罪。這是臺北市大專教師職業工會與各界共同努力的結果。

(五) 應邀參加北區「人才培育白皮書專案計畫報告書專家及焦點團體座談會」

(2013/04/10，國家教育研究院臺北院區10樓國際會議廳)。人才培育白皮書專案計畫報告書請上網查看：http://203.71.239.143/其內容包括：十二年國教、技職教育、大學教育暨國際化及全球人才佈局等關今後教育政策及教育制度，如有意見，請儘速以書面提出，整理後向教育部及國家教育研究院教育制度與政策研究中心反映。

(六)臺北市大專教師職業工會已獲准成立全民健康保險投保單位為該會會員中無其他專任職務之兼任大專教師提供投保健保服務。依全民健康保險扣取及繳納補充保險費辦法第4條第三項第三款（三、專門職業及技術人員自行執業者、無一定僱主或自營作業而參加職業工會者之執行業務收入）免依第一項規定扣取補充保險費。歡迎有此需要者加入工會。

(七)新辦福利卡及續卡者請電關組長約好時間，來會領取。各項福利請隨時上網查看：http://www.sacea.org.tw

(八)2013海峽科技專家論壇歡迎推介南部專家報名參加
時間是6月15—17日，規劃住廈門翔鷺國際大酒店，代表在廈門會議期間食宿費用由主辦單位承擔。
活動日程為：
6月15日：晚上參加第五屆海峽論壇開幕式暨大型綜藝晚會（務必於15日16點前抵達廈門）
6月16日：上午遊覽鼓浪嶼，或參加第五屆海峽論壇大會，下午參加2013海峽科技專家論壇主會場活動
6月17日：可自由選擇參加活動，如參加分會場，或自由活動。若希望參加分會場，建議參加第1分會場，這樣同一酒店比較方便，其他分會場不在廈門翔鷺國際大酒店。
6月18日：散會。
有意參加者（限南部專家）請E-mail:initing@ntu.edu.tw

六、會員關懷

會員關懷組長陶錫珍教授報告，謝謝大家選我做關懷組的組長。

老人的陪伴看醫生關懷：

老人的關懷，就是有病時有人陪伴看醫生。但現在人口稀少子女忙碌，若一個退休同仁無親人照顧如何平安享受晚年。健康時不用煩惱，有病時如何。這就需要大家彼此幫忙，年輕的退休同仁幫年長的忙。健康的同仁幫體弱同仁的忙。當然天下無白吃的午餐。所以幫忙是要付一點經濟的報酬的(如一小時100元台幣)，不會很高，但也表一點謝意，不再欠人情。這是我的想法，執行方法要大家一起討論。因為這是第一次我的提議。執行時要一點愛心與熱心的。同時記點數如一小時記一點，這樣當此人年老時可以以點數打折付

給他所需要付的照顧費用且優先付請幫忙的人。這樣我們的台大退休會就是一個大家庭互相照顧互相愛護，如同兄弟姊妹一般。當然不是一個人的能力所做成的。需要許多熱心同仁一起參加。不為名利，純為愛心所做。先開始在會裡設一個專門接電話的人員。一方面收到需要的同仁電話，一方面派出可助人的同仁去幫忙。寫一個名冊哪些人報名可幫忙，哪些人需求幫忙。事成後再付錢。以一個郵政劃撥帳號收受專款專用。收支平衡。詳細辦法我們在下次理監事會中再討論。請大家提出好的意見。

相關大事若需要，會中要熱心關懷：
另外因為現代家庭都是小家庭，人口不多，若一旦有大事發生常常無法自理。有宗教信仰的可以找教會及牧師幫忙，無宗教信仰的如何辦理相關大事。所以退休會應有一些人在發生特殊事件後會盡快到同仁府上去關懷一下。看看能幫上甚麼忙。這需要一些人的熱心關懷。不論是結婚、娶媳或去天家。我初步想到每學院選一位熱心同仁，每區選一位熱心同仁。這樣就近去關懷同仁應該好些。

今年台北市重陽節敬老經費發放自65歲起：
有關台北市社會局對老人的福利也要時時更新。若有新消息會中應趕快告知。今年老人敬老由65歲算起。所以65歲以上老人台北市有敬老經費在重陽節發出。

養生村：
我去過林口長庚醫院附設的老人養生村，也看過木柵的公辦民營「兆如養護村」都辦的不錯。也許我們應該安排一次參觀老人養生村的活動。讓健康的老同仁先知道當一個人生活的時候會是如何生活。我們會優雅快樂的老去。不要擔心老年的生活。

慶生會：
另外三個月一次的慶生會也不錯，這是執行多年的退休會活動。也希望大家盡量參加，非當季壽星也可來參加，一起吃蛋糕唱唱歌。返老還童。快樂年年。

未婚聯誼：
還有就是年紀大了孩子未婚也是老人擔心的事。所以台北市民政局的賴小姐將台北市民政局舉辦未婚聯誼報名的報名資料寄來。隨信附上，需要的請參考報名，也請大家告訴大家。專屬網站網址：www.loveintaipei.com.tw

多辦一些健康保健的養生演講及短程健行：
多辦一些健康保健的養生演講，讓大家防範於先。也請醫學院的退休同仁熱心幫忙。每兩個月辦一次公車及步行可到的旅行景點（約三小時來回）。不要

太累。也不收錢。如此簡單的聯誼應該是大家喜歡的。年長的請偕同伴參加。

助人為快樂之本：

健康的老人不需要關懷，病的才需要。因此請大家發揮愛心伸出你那友誼的手，盡量在健康時間做一些助人的樂事。助人為快樂之本。謝謝大家。

貳、會務報告

本會在丁前理事長、各位理監事支持及辦公室全體同仁努力之下，榮獲文康會頒發101年度績優分會獎座及獎金新台幣一萬元。由勞苦功高的關麗蘇組長代表本會領獎。

一. 本會今年已召開下列會議：

(1) 第十屆第一次理監事聯席會議（102/01/15，本校校總區第二會議室）。

(2) 第十屆第二次理監事聯席會議（102/03/26，本校校總區第四會議室）。

二. 舉辦102年度「評古說今」：

(1) 第一場由劉鵬佛教授主講：「略述12位華人諾貝爾獎得主」（101/01/22，臺灣大學校總區望樂樓 2 樓本會辦公室）。

(2) 第二場由路統信理事主講「由中山記曆談釣魚台問題」（101/02/26，臺灣大學校總區望樂樓 2 樓本會辦公室）。

(3) 第三場由本校註冊組洪泰雄主任主講「如何保持健康而不胖」（101/ 03/06，臺灣大學校總區第二會議室）。

(4) 第四場由本會理事杜雅慧小姐主講「回憶鄧麗君的歌唱人生」（101/ 04/23，臺灣大學校總區望樂樓 2 樓本會辦公室）。

三. 本會今年已舉辦下列旅遊聯誼活動：

(1) 春季桃園桃源仙谷旅遊活動（102/03/06），共 42 人參加。

(2) 苗栗香格里拉旅遊活動（102/04/10），共 40 人參加。

(3) 歐洲亞得里亞海文化、美食、跳島之旅旅遊活動（102/05/16），歡迎會員踴躍參加。

(4) 宜蘭香草菲菲尋香旅遊活動（102/06/19），歡迎會員踴躍參加

四. 旅遊活動通知 宜蘭香草菲菲尋香導覽一日遊

活動日期：102 年 6 月 19 日（星期三）

出發時間：8:00 準時出發（7:30 開始上車）

集合地點：臺灣大學正門口（羅斯福路口）

代辦費用：每人新台幣 1,500 元（內含香草菲菲套裝導覽、DIY 體驗課程、花園自助午餐、梅花湖環湖船票、晚餐及保險費每人 45 元）。

行程時間：

08:00-09:00：高速公路，國道風光，車上活動時間 。
09:30-10:20：泰雅生活館
10:40 12:20：香草菲菲尋香導覽
香草菲菲位於宜蘭縣員山鄉。起源是因綠色博覽會的「芳菲館」而
聞名。輕輕觸碰一下身旁的芬香氣息細細分辨它們的差異。香草菲
菲裡有 1000 坪知識花園，上百種香草植物、灌木、喬木。花園緊
臨太陽湖、緩坡丘陵可遠眺蘭陽平原及龜山島美景。
12:20-13:30：午餐時間。
14:00-15:30：梅花湖為一天然蓄水池，湖面約 20 公頃，三面環山、湖形狀似一
朵五瓣花。湖中有一座吊橋，銜接環湖公路及湖心浮島，佇立島上
可俯瞰整個湖面，景觀迥異。
16:00-17:20：亞典蛋糕觀光工廠，內有蜂蜜蛋糕文化展示區。現場蛋糕烘培展示
區、DIY 區，可了解蜂蜜蛋糕的原由與生產過程，並可試吃蛋糕及
品嚐咖啡。
18:20-19:00：舜德農莊餐廳晚餐。
20:00-　　：返回台北。
報名時間：即日起受理報名，歡迎本校在職教職員工、退休人員及外籍教師攜眷
參加。
報名專線：星期一至星期四上午 9:00-11:30。23695692、33669690 活動組長：關
麗蘇小姐
備註：費用包含午、晚餐、車資、司機、導遊小姐小費、門票、礦泉水、旅遊平
安保險(每人新台幣 100 萬元、醫療費 10 萬元)。

五、臺北市政府民政局「愛你 1 生幸福臺北」未婚聯誼活動簡章

一、活動宗旨：
為增進市民結婚意願與機會，臺北市政府民政局舉辦「愛你 1 生幸福臺北」未婚聯誼活動，擴大未
婚男女交友生活圈及提供認識交流之管道。

二、主辦單位：
臺北市政府

三、承辦單位：
臺北市政府民政局

四、報名資格及參加人數：
凡於臺北市就業、就學或設籍於臺北市的 20-49 歲未婚男女皆可報名參加。每人限報一梯次，每梯
次參加人數限 80 人。若單一性別報名人數超過 2/3，即採後補方式等候。

五、報名方式：
可於活動網頁填列報名表後送出完成線上報名，或下載報名表填寫後傳真至 02-5556-7867（報名表
所有欄位均須詳細填寫）。活動小組於確認收到報名表後將以電話通知。請於接獲電話通知後務必
於 7 日內完成匯款並傳真匯款資料與身分證正、反面影本，逾期匯款視同放棄，由後補人員遞補。
（專屬網站網址：www.loveintaipei.com.tw）。

-7-

六、繳款方式：

1. 活動費用：每梯次$299元（每人限報一梯次）
2. 匯款帳號：玉山銀行南京東路分行（808）0026-440-036500
3. 戶名：壹零壹科技管理顧問股份有限公司
4. 匯款備註欄位：請註明活動名稱（愛你1生幸福臺北）、匯款人姓名、聯絡電話、參加梯次別。

七、活動內容：

第一、二梯次 浪漫舞愛	
● 報名日期：即日起至5/20	
● 活動時間：第一梯次 6/22(六) 10:30-16:30	
第二梯次 6/23(日) 10:30-16:30	
● 活動地點：陽明山	
● 建議服裝：本梯次行程有戶外活動，建議著輕便服裝、遮陽帽及休閒鞋。	
活動時間	活動內容
10:30-12:30	幸福出遊 ● 10:30 集合出發 ● 破冰遊戲
12:30-13:30	幸福午餐
13:30-15:30	● 團康遊戲 ● 浪漫舞愛 ● 愛的交流
15:30-16:30	幸福配對
16:30~	圓滿結束

第三、四梯次 茶香品愛	
● 報名日期：7/1-7/30	
● 活動日期：第三梯次 9/7(六) 10:30-16:30	
第四梯次 9/8(日) 10:30-16:30	
● 活動地點：貓空	
● 建議服裝：本梯次行程有戶外活動，建議著輕便服裝，如遮陽帽、長褲、休閒鞋。	
活動時間	活動內容
10:30-12:30	幸福出遊 ● 10:30 集合出發 ● 茶文化導覽+採茶遊
12:30-13:30	幸福午餐
13:30-15:30	● 團康遊戲 ● 茶香品愛 ● 愛的交流

15:30-16:30	幸福配對
16:30~	圓滿結束

八、注意事項：

1. 請確實填寫表格內容，如經查證有不實之處，活動小組有權利取消參與資格且恕不退費。

2. 為查證身分別，活動當天請出示身分證正本，若未攜帶者恕不能參與本次活動且恕不退費。

3. 本活動寫事先保險，恕不接受現場報名。

4. 若遇颱風、地震等天災或其他不可抗力因素致活動不克舉辦時，將另行擇期舉辦並通知報名者；如仍因故無法進行時，由民政局與承辦廠商議定後辦理，並於30日內全數退還報名費。

5. 若個人因素臨時無法參與者，於活動前10日告知即可退費(須扣除匯款手續費用)，逾期告知者恕不退費。

6. 如遇有特殊情事，民政局保留更改活動相關事項之權利。

7. 凡參與本活動身分別為「臺北市就業」者，須出示公司識別證或其他可供佐證資料；為「臺北市就學」者，須出示學生證。

九、若有相關事項需查詢，請洽(02)5559-2450 聯誼活動小組 曾小姐查詢。

臺北市政府民政局「愛你1生 幸福臺北」未婚聯誼活動報名表			
姓名(請填寫中文名字)		性別	□男　　□女
身分證統號		身高	公分
生日（西元）	年　　月　　日	體重	公斤
年齡	歲	是否為素食者	□否　　□是
婚姻	□未婚　　□離婚　　□喪偶		
聯絡電話	行動電話：　　　　　　　　家用電話： 公司電話：		
E-mail			
戶籍地址			
現居地址	□同上　□		
身分別	□設籍臺北市　□臺北市就業　□臺北市就學　（可複選）		
學歷	□高中以下　□專科　□大學　□碩士以上		
職業類別	□資訊/科技 □傳產製造 □工商業服務 □貿易/流通 □不動產相關 □醫藥/農牧 □民生消費 □媒體/出版 □軍公教 □其他		
服務單位		職務名稱	
報名場次	□第一梯次 06/22(六)浪漫舞愛　　□第二梯次 06/23(日)浪漫舞愛 □第三梯次 09/07(六)茶香品愛　　□第四梯次 09/08(日)茶香品愛		
備註事項			
身分證影本正面黏貼處		身分證影本反面黏貼處	
匯款收據影本黏貼處			

六、102 年度「評古說今」歡迎踴躍報名參加

　　102 年度「評古說今」，請大家踴躍報名擔任主講人或推薦主講人。 本活動由本會理事兼秘書組組長劉鵬佛教授負責規劃安排。

【報名專線】23695692，33669690 活動組長：關麗蘇小姐

七、本會各項活動請大家踴躍參與

(1) 本會會務通訊「旅遊園地」歡迎投稿。

(2) 本會會務通訊「老照片說故事」歡迎投稿。

(3) 「旅遊活動」請大家提供參考行程。

本會各項活動期待您的熱誠參與，也期盼您能推薦更多退休同仁加入本會！

本會電話：33669690，23695692，傳真：23648970 E-mail：

nturetiree@ntu.edu.tw

八. 敬請會員提供E-mail地址，針對有Email信箱的會員，會訊可改採Email寄發，為響應「節能減碳」減少紙張的使用，並快速傳達各項活動訊息，不漏失好活動訊息，敬請會員提供E-mail 地址，以利寄發電子郵件；目前已有Email信箱的會員，已達92人；擬徵詢使用Email信箱的會員，是否不再寄送紙本會訊，改採Email寄發，如能獲得您的同意。請以電話或 Email (Email:rene@ntu.edu.tw 黃存仁先生彙整)告知，本會將自下一期會訊改採Email寄發，感謝您的愛地球行動。

叁、評古說今

一、危機時代的中共新領導人　　　　　　　　　　集稿人：方祖達

一、中共面臨五大危機：（一）城鄉差距 （二）地區差距 （三）收入差距 （四）行業差距（五）潛在軍事衝突危機

二、城鄉差距；20世紀50 年代是1：1.8，40 年代是1：25，現在是1：3.3。收入差距；貧富差距是20 倍以上，美、德是7 倍，日是4.3 倍。行業差距；中國是1：15，日本1：1.62，美、德、韓是1：2.3 到3.2。中共有權力的人，才能聚取社會財富。超過5 千萬元的有27.31 萬人、超過一億以上的有3220人，使中國0.4% 人掌握70% 財富。美國5% 人口佔有60% 財富。

三、共和國的癌症是腐敗墮落：

各級官僚自上而下的嚴重腐敗，造成道德淪喪和民心背離的政權，信用危機，各地每年約有萬次反對示威發生。

四、潛在的軍事衝突危機：

美國怕中國的崛起，造成對其競爭，美國仍採用西太平洋的圍堵中國政策。

疆獨、藏獨及南海的衝突。

五、經濟危機正蓄勢待發：

沿海各省房地產泡沫化，地方財務及外國熱錢湧進，出口減緩，影響GDP。

六、要如何度過危機時代，培植及選出優秀的接班人

習近平和李克強已沒有像江澤民和胡錦濤當太平和安樂的好運在，今後十年是中共社會轉型的瓶頸期，他們二人夠聰明能幹夠運氣，還要有肯幹果敢的魄力，才能抵住著海橫流的英雄本色，否則不過是一個歷史過客。

七、習、李二位的崛起經過：
(一)　習近平之家世：
　　1953 年 6 月出生在陝西省富平縣，現年 61 歲，父親習仲勳是共產黨，曾任毛澤東的秘書，鄧小平的宣傳部長，文革時被關 8 年，勞改下放，從擔任周恩來的副總理一下掉下來任一工廠副廠長。母親齊心，18 歲嫁習仲勳，感情很好，這在當時的共黨高官再娶年輕美貌的是普遍的事，生了二女二男，弟名遠平。習家十分節儉，與當時同任過副總理的薄一波家過著奢華的生活完全不同。這也是習近平與薄熙來（次子）有著大不同的家教。習仲勳 8 年後重出，任廣東書記已認不出這二個小孩了。
　　1969 年 1 月，15 歲的習近平被下放到一千公里外的梁家和村，在此過了約 6 年半的農民生活，每天要挑糞堆肥，荷鋤耕田，和村民共建水壩，從早到晚辛苦勞動，還要背「反革命的兒子」罪名的包袱。
　　1973 年習近平到北京後變得非常堅強，會見了家人並且馬上買了高中的課本，以二年的時間苦讀，考上了清大，（據云是鄧小平特准其申請入學的）從此展開平步青雲的人生。

(二)習近平的學經歷：
　　習近平於 20 歲時加入共產黨，1975 年清大畢業後進入中央軍委會任秘書長辦公室的書記官，一年後隨耿飚出國參觀航母與空軍基地，29 歲到河北省正定擔任副書記。2000-2003 年擔任福建省副書記及省長，也重新進入清大人文社會學院取得法學博士。他是一位念舊重義的人，有恩報恩，這也是提拔他的江、曾看上他的原由。妻子彭麗媛是超級巨星，官拜少將，唱片一發售總是馬上銷售一空。當初是由母親齊心鼓勵習近平追她。女兒習明澤現在哈佛大學就讀。2003-2007 年任浙江省書記，2007 年 4 月-10 月任上海市委書記，2007 年 10 月任中央政治局常委，2008 年 3 月到 2012 年 11 月任國家副主席，今年 11 月中共 18 大已通過任總書記職位。

(三)中共總理李克強之家世：
　　李克強 1955 年 7 月出生於安徽定遠縣，其父李奉三參加革命，搞土改運動，1950 年任鳳陽副縣長後升任縣長，可惜英雄難過美人關與原配離婚（育有一子克平），而與年輕貌美的曹俊麗結婚，生了長女曉晴、次子克強、三子克明。李克強在洛陽外語學院畢業後與時任北京經濟院英語講師程紅戀愛，結婚。育有一女，目前亦在哈佛大學留學。
　　李克強少年聰明好學、天賦過人，文革時拜安徽國學李誠為師，學到十分豐富的文史國學。與習近平一樣到父親曾經革命的地方去插隊，藉到鄉鄰、鄉親、戰友及部下等關係而入黨，進而為仕途的第一步。他悟性很強，試以農民科學種田，推廣水稻良種，深得農民擁護和公社黨委賞識。1976 年入黨即被上級任命為大隊黨支部書記。1978 年 3 月到北京考入北大法律系，勤奮苦讀得到名師龔祥瑞（留英）的指導，專攻外國商法，繼而攻讀碩士、博士論文。其發表的論文漸成為正在實行的政策。
　　李的性格較軟聽話，言語謹慎，個性冷漠，不過他嗜書如命，惜時如金，工作有聲有色，創辦團校開新局，他被中央中組部副部長王熙華（胡耀邦助手）賞識，並認為他是黨內開明派。當時王亦認為習近平有大氣，對李克強的評價是

聰明有才氣需磨練。步入政壇快車道，1998年6月李被派任河南省副書記兼代省長，1992年胡錦濤上任後提拔他並培植他，在河南表現出色，提出東引西進的口號，工業化城鎮化又農業化，引進大批高等人才(吸引380名博士與1820名碩士)，2004年離開時，河南的人均(GDP)從1998的4976美元到7590美元，增加將近兩倍之多。2004年12月任遼寧省委書記，也表現優異，李在17大後從接班人變為總理接班人，先由溫家寶提名李任副總理，再由18大被推選為總理接班人。

八、中共中央委員會的委員及接班人之產生

鄧小平挑選接班人的標準有二，一是能推行經濟層面改革開放路線。二是能堅持中共一黨專政的政治體制。兩位當年農村人民公社的黨支部書記習近平與李克強在18大黨代表大會和另外五名政治局常委踏著紅毯走到台前成為中共新的領導人。他們是年在70歲以下的張德江、俞正聲、劉雲山、王岐山和張高麗。胡錦濤的裸退卸任軍委會主席，習讚他的高風亮節，使習近平正式登場就能集黨政軍權於一身，可按自己的政治思路開新局，對中國大陸未來五年乃至十年的發展有決定性的意義。

九、十八大後的發展與挑戰

全球政經領導者的角色升級是中國大陸邁向未來的首要挑戰，其次是走出美國霸權，承擔全球政經的穩定者角色。為滿足能源等原物料進口的安全需求，為了穩定內外市場，大陸將不得不介入中東、非洲甚至南美洲的地緣關係。
第三是中國大陸能否扮演好全球政經格局的傳承者角色及走向，也將深刻影響未來兩岸的政治互動及發展。

十、未來走向、全力集中、全面維穩

全世界都關注中共新一代政治局新委要扮演什麼樣的角色，習上台後，打擊貪腐是第一要務，言論管制也會稍寬，維穩是一定要的，對外強硬，對台也會更加積極並強勢，七位新常委中，俞、王、張在經濟建設多有著墨，可有改革步伐，公安武警、法院也有三位，故可加重維穩。

十一、外交挑戰(中美)與台灣何去何從

十年前美國對中國的崛起早已存有警戒之心，當時因發生「911」爆炸事件轉移目標，使中國在此安定中崛起，成為世界第二經濟大國，如今美國仍要維持其世界霸權，仍沿襲圍堵政策，大量印鈔來操縱世界經濟，用政治、軍事及外交壓迫威脅亞洲，此種霸權政策是否得逞？如果美方也能採用「2G」和平發展，則世界幸甚！
參考資料：習近平；矢板明夫著。黃怡筠譯。天下雜誌股份有限公司2012年出版。李克強：楊中美著。時報文化出版有限公司2013年三月出版。

二、從《中山記歷》談我國固有疆域釣魚島　　路統信理事

《中山記歷》是沈復(三白※1)《浮生六記》(※4)一書中的第五卷。1808年(嘉慶十三年)在中山記歷。冊封琉球國記略、海國記，詳實的記述了隨趙介山出使琉球的經過。此皆載諸史籍，古釣魚台(今之釣魚島)、黃麻嶼(黃尾嶼)、赤尾嶼等及附屬島嶼，歸屬中國，中山(※2)即今日琉球諸島，琉球國是中國藩屬，明、清歷代皆受我國冊封。史實鐵證如山，毫無疑議。
沈三白琉球之行，是在嘉慶四年(1799)，中山王尚穆逝世，世子尚哲早逝，世孫尚溫表清襲封。大清朝廷恩命翰林院修撰趙介山為正使率員前往琉球冊封，一行

有正、副史，隨員五人，及文武官兵水手雜役等共五百二十餘人，乘載兩船，於嘉慶五年五月朔日(夏至)起程，航海十二日抵達那霸港。十月二十五日揚帆返國。駐節琉球達半年之久。沈復將此行所見所聞，詳盡記述於書中。

據前台大社會科學院院長，台灣日本綜合研究所所長許介鱗教授："釣魚島及其附屬島嶼是中國固有領土，行政轄屬是台灣省、宜蘭縣、頭城鎮、大溪里"。中華郵政郵遞區號 290。釣魚島列嶼一直是屬於台灣的。

1879 年日本強佔琉球群島，滅琉球國中山王。當時琉球全國中無釣魚島。

在日本江戶時代，地理學者林子平所撰的《三國通覽圖說》是將赤尾山，黃尾山、釣魚島、彭佳山、花瓶嶼，畫入台灣北部雞籠(基隆)山園內。

中國最先發現、命名和利用釣魚島，對釣魚島實行了長期管轄。中外地圖標繪釣魚島屬於中國，釣魚釣是中國的固有領土。

1895 年 4 月 17 日，清朝在甲午戰爭中戰敗，被迫與日本簽署不平等的《馬關條約》割讓"台灣全島及所有附屬各島嶼"，釣魚島遂一併被割讓給日本。1900 年，日本將釣魚島改名為"尖閣列島"

依據《開羅宣言》、《波茨坦公告》和《日本投降書》，釣魚島作為台灣的附屬島嶼，已與台灣一併歸還中國。

20 世紀 50 年代美國擅自將釣魚島納入其托管範圍，70 年代，美國反將釣魚島"施政權"歸還"日本，美日勾結對釣魚島進行私相授受，嚴重侵犯了中國的領土主權，是非法的、是無效的，沒有也不能改變釣魚島屬於中國的事實。

長期以來，中國為維護釣魚島主權進到了堅決鬥爭。近年來日本不斷對釣魚島採取單方面舉措，特別是對釣魚島實施所謂"國有化"，這不僅嚴重損害了中日關係，也是對世界反法西斯戰爭勝利成果的否定和破壞。這是我們決不能容忍的。

附：
慈禧太后將釣魚島賞給盛宣懷為產業諭旨原文：

"皇太后慈諭大常來正卿盛宣懷，進藥丸甚有效驗。據奏原料藥材來自台灣海外釣魚台小島，靈藥產於海上，功效殊乎而上知悉該卿家世沒藥局，施診給藥救濟貧病，殊為嘉許，即將該釣魚台、黃尾嶼、赤嶼、三小島賞給盛宣懷為產業，供柔藥之用甚深体。

皇太后及皇上仁德普被之至意，欽此。

光緒十九年十月。

盛宣懷家族為近世上海第一豪門。其孫盛毓郵，2000 年 90 歲，盛四小姐是房孫邰祖丞(邰洵美的大兒子)，將珍藏諭旨公諸於世。

附：
※1 1800 年 5 月沈三白隨使琉球三國往返航線圖。
※2 三國為中山、北山、南山，中山國王城在首里。
※3 圖中，琉球海溝，為中國海疆與琉球之天然分界。
※4 採自：吳紹志註譯《浮生六記》一書。

圖中，琉球海溝，為中國海疆與琉球之天然分界

肆、活動照片

101年12月14日台大退休聯誼會會員大會留影

101年12月14日台大退休聯誼會會員大會留影

101年南投天梯旅遊活動相片

102年3月6日桃源仙谷旅遊合照留影

中華民國一〇二年八月十五日出刊
會 務 通 訊
第 六 十 一 期
發行者：國立臺灣大學退休人員聯誼會
National Taiwan University Retiree Association
會　址：台北市羅斯福路四段一號國立臺灣大學望樂樓二樓
電　話：23695692 校內分機：33669690 Fax：23648970
E-mail：nturetiree@ntu.edu.tw

壹、本會近期重要活動

一、慶生會：本會於102年9月17日（星期二）下午14:30假台大體育館一樓文康室舉行
慶生會，歡迎壽星們及會員踴躍參加。

二、平日遊：102年8月27日（星期二）下午14:00時在本會辦公室集合，由陶錫珍教
授、許秀錦秘書二人帶領，前往台北市館前路228和平紀念公園國立臺灣博物館
及228紀念館參觀，這是本會首次舉行半日遊活動，懇請各位會員多多支持踴躍
參加。

三、未婚單身聯誼活動：此項活動由本會主辦，台大教聯會、台大職員聯誼會協
辦，歡迎會員踴躍參加。
時間：10月19日（星期六）在台大文康中心舉辦「快樂單身派」，另有二次演講
活動，時間待定，此三次演講的主題為1.婚前。2.聯誼。3.婚後，歡迎會員引
導未婚子女踴躍參加。

四、9月11~12日舉辦台中武陵農場旅遊活動，時間為2013年9月11~12日（二日
遊），武陵農場園區規劃相當完善，擬參觀原野遊憩園區及高山植物生態園區、
七家灣遺址、原住民文化區、露營區、森林浴步道區、桃山瀑布，還有原住民
文物及編織技藝的泰雅生活館，以及栽種了數百棵水蜜桃樹滿圓粉紅色桃花的
雪山登山口，歡迎會員踴躍報名參加。
【報名專線】23695692，33669690 活動組長：關麗蘇小姐

五、本會第三次理監事聯席會議紀錄
本會於102年6月11日（星期二）上午9時至11時30分，假本校校總區第二會議室召
開第十屆第三次理監事聯席會議與評古說今座談會，會議概要如下：

(一)主席陳福成理事長致詞：
1. 首先恭喜方祖達教授公子於6月16日大婚，本人謹代表本會致送薄禮，恭喜方教授家有喜慶。
2. 接任本會理事長已有數月，經檢討本會尚有未盡事宜，應加以改進，本人提出一些想法，以活動屬性為原則：凡合乎會員聯誼的活動，才是我們要大力推展，希望大家同心協力，提出可行方案共同努力。

(二)秘書組組長劉鵬佛先生報告：秘書組工作主要是事前安排理監事會議，事後編輯出版會訊，主辦每月一次的評古說今座談會，5月份由本會陳福成理事長主講「日本問題的終極處裡」。6月11日由方祖達教授主講「下半身決定你的健康」。7月份由陳昌枬先生主講「從金縷曲兩首談張東蓀與吳季子二位先生的生平際遇」。

(三)鄭大平理事發言：建議對往生會員家庭致電關懷，對方一定會感懷。

(四)關懷組組長陶錫珍報告：招募志工組織關懷會員，應設立正副組長及志工，有了團隊人力，才容易做好會員關懷服務，內容如第六項。

(五)福利組組長丁一倪報告：內容如第七項。

(六)活動組組長關麗蘇報告：活動組主要的工作是舉辦國內外旅遊活動，今102年活動計有：5月16日舉辦歐洲克羅埃西亞及亞得里亞海文化旅遊活動，6月19日安排到宜蘭旅遊活動，9月11~12日計畫舉辦台中武陵農場旅遊活動，歡迎會員踴躍報名參加。

(七)會員組組長陳志恒小姐報告：今年4至6月計有李孟賢先生等九位退休人員申請加入，歡迎他們入會。
應力所　　李孟賢先生
動科系　　駱秋英小姐
人事室　　廖麗玲小姐
進修教務組　陳昌枬先生
總務處　　許秀錦小姐
物治系　　廖華芳小姐
海洋所　　劉倬騰先生
生機系　　張森富先生
動科系　　蘇和平先生

(八)財務組組長陳明珠小姐報告：本會財務一切正常。

(九)總務組組長鐘鼎文先生報告：本會總務仍如往昔一般，正常運作。

(十)e化檔案組組長杜雅慧小姐報告：打字完成方祖達教授「下半身決定你的健康」及本會理事長陳福成「我的一些想法」台大退聯會再拓展構思，共計2篇文章。

(十一)副理事長何憲武報告：本會正副理事長互相擁抱，由於我們的心臟問題相同，理應互相鼓勵，另外，贊成本會辦理短程半日遊健行活動。贊同陶錫珍教授提出方案，招募志工幫忙老人就醫，建議不必付錢，請吃便當即可。此外，當年本人任職主秘期間，曾建立本校聯合服務中心，亦由志工提供各項服務，獲得各方肯定，可提供陶教授推展會員關懷業務以為參考，因此，對於陶教授所提建議非常贊成。

(十二)路統信理事發言：何副理事長是台大志工創始人，對台大貢獻很大。

(十三)許秀錦小姐發言：本人願意協助陶錫珍教授辦理短程健行半日遊活動，地點可在台北市或市外近郊活動，到處走走。

六、會員關懷
關懷組長（陶錫珍教授）的建議：

一、每一個月辦一次郊遊活動。以來回三小時含車程為限。本會不收任何報名費或代辦費（例如保險費、車資、門票等），一切費用由參加者自理。

原因：退休同仁多已達65歲以上，有老人的悠遊卡，一個月可乘公車60次免費。可以坐公車免費到一些景點玩。休息1.5小時就回家，不受交通的影響，也不因個人體力的影響。想回家就坐公車回家了。許多景點老人免門票，所以也不用買票。有一群同仁有說有笑的一起郊遊應該是快樂的。當然自己要準備自己的水壺，藥，糖果餅乾等零食。
地點時間　由領隊的人(本會理監事及熱心會友)決定。集合地點：確定一地。夏天以室內參訪最好，如國立台灣博物館(襄陽路2號，近228公園)，美術館，花博，動物園，台大博物館等地。秋天再到郊外踏青，如碧潭，烏來，陽明山，植物園等地。由願擔任領隊的提出來。

領隊一個人一次以200元為車馬費。會裡支出。
（是否支付領隊車馬費，俟下次理監事會議討論）

二、建議若有退休會友看病需人陪伴，可向會裡申請一位陪看病人員幫忙一起到醫院，陪看醫生來回，並負責幫他取藥。會內不付錢，依據使用者付費的原理由使用者付費。

申請人要事先申請，會裡要找一位同仁或台大學生陪同去醫院。費用於協助人到申請者家開始，計算至送回到申請者家的時間，一小時以學校的工讀費為依據。若一小時 100 元，那麼 4 小時就付 400 元。由使用者付費。會內不收任何費用。若找不到陪病的同學就免做。不是有錢就可做好一切的。希望學務處能將清寒的學生願做此服務的名單告訴我們，這樣就可雙贏。請理事長先與學務處溝通。原則上女生陪女病人，男生陪男病人。

（本項建議俟下次理監事會議討論）

三、退休同仁每年選一定時間更新自己的遺囑。

原因：人生無常，有時想寫，手已經寫不出來，或想說，也發不出聲音。但在健康腦力清醒時寫出自己身後事的辦理，財產的分配等。或許因一些變化每年須更新一次。但是真到用時不用擔心。

有效遺書如何寫出？

「自書遺囑」為立遺囑的方式之一，係由立遺囑人親筆書寫，無需公證即有效力。
民法第 1190 條規定：「自書遺囑者，應自書遺囑全文，記明年、月、日並親自簽名。如有增、減、塗改，應註明增減、塗改之處所及字數，另行簽名」。
自書遺囑之增、減、塗改應嚴格遵守前述條文之規定，例如：註明「本行增加（刪減）○○二字」並於其旁副簽名。否則將不生增、減、塗改之效力。
詳情請參 https://eserver.dgpa.gov.tw/ezone/knowledge/questiondetail.aspx?qid=127

四、到了年紀太大的時候，有臨時狀況，如何放棄急救。不要受更大的折磨。

原因：有些人因為重病，或需要急救。但醫生說救活也是多活 30 分鐘。受罪不少，獲救完，變成植物人，那時如何辦。所以要生前辦好放棄急救，在健保卡上註記，到時間來了，不用再受折騰。子孫也不用照顧一個植物人的親人。不要給後代困擾。也給自己一平安的晚年。

如何申請放棄急救？
上網下載或至各大醫院索取「預立安寧緩和醫療暨維生醫療抉擇意願書」
http://www.tho.org.tw/xms/read_attach.php?id=1188
1. 一定為本人親自書寫，以表達疾病末期選擇不急救之意願。
2. 下載填寫完成意願人、二位見證人資料後，將第一聯正本寄至台灣安寧照顧協會，第二聯副本請行保留。
3. 寄出一個月後，即可至醫院批價掛號櫃檯進行與健保局電腦連線更新健保卡資料安寧意願，就可註記於健保 IC 卡上。

-4-

五、年紀大了要交幾個好朋友，沒事多彼此關懷。鄰居也要多交往，如此有事才不怕。

七、會員權益與福利

一、新增會員福利

1. **特約優惠商店**（憑福利卡折扣優惠）
   一之鄉（台北 八德店）台北市八德路三段 126 號 TEL：25794396
   皇家帝國（鴛鴦火鍋專賣店）台北市中華路一段 192 號　23149969
   食材高檔、吃到飽、啤酒無限暢飲（有人從新竹搭高鐵來吃，都覺得划算）
   深坑假日飯店(Holiday Inn) 新北市深坑區北深路三段 256 號 26628000
   我們與優良廠商簽的折扣優惠都是超低價，例如今年 6 月一倪憑福利卡
   買福州來回機票 6,400 元，某大學學務長搭乘同航班同艙等飛機到福州
   花了 7,900 元。因此，有卡會友別忘了，多加利用。

2. **提供免費保單健檢服務**
   據網路媒體報導政府正悄悄在醞釀問題保險公司退場機制，透過專業人士為您
   剖析真相，評估風險。
   保險公司退場機制
   http://www.libertytimes.com.tw/2013/new/jul/15/today-e6.htm

3. **異業結盟創新專案：幸福一生**（教您聰明花錢又擁有一桶金）
   賺錢的目的在花錢
   每天一睜開眼睛，我們都在花錢，有的人花在吃東西、有的人花在出國玩、有
   的人花在講電話、有的人花在買手機～ *但請問 6 年後花出去的錢還會剩下什*
   麼？
   同樣在花錢，每天花約 450 元，6 年後給您一桶金，您覺得好不好？
   如果是每天花約 860 元，6 年後給您兩桶金，是不是更好？
   誰說擁有一桶金(100 萬)很難？
   只要您聰明花對地方，6 年後一桶金不是夢
   這樣就滿足了嗎？好康還沒完呢！一定要讓您 *"賺"* 很大
   為倡導聰明花錢存桶金的理念，凡參加本專案可擁有：

   1、台北市大專教師職業工會贊助會員 1 年(賺 1000 元)

   2、6 年期海峽福利委員會特約優惠卡 2 張(賺 4200 元)

   ☆目前特約商店詳細資訊可上網查詢：

   http://www.sacea.org.tw/front/bin/ptlist.phtml?Category=1457

   3、　郵政禮券 3000 元(參加一桶金專案)；郵政禮券 7000 元(參加兩桶金專
   案)～最高讓您首年就賺 *12,200 元*～（不含使用特約優惠卡所享有的折扣優
   惠）

想更了解專案優惠的您,可以洽詢本專案聯繫人:丁小姐
(TEL:0910276411,MAIL:tpu168@gmail.com)
顧問 :王錦章經理 (聯繫電話:0936997967)

二、轉知提供 Email Facebook 本會網頁會友參加下列活動:
1.全國反毒嘉年華晚會 (2013/08/09, 台北小巨蛋)
本會報名參加者計有關麗蘇組長、丁一倪組長、李尚英會友、陳明珠會友。
臺北市大專教師職業工會提供 Apple IPad mini Wi-Fi 16GB 一台(市價
10,500 元) 作為大專學生摸彩活動獎品。
8 月 11 日下午 2:30 假工會辦公室公開抽獎,由劉家華律師見證。特獎由
李坤翼同學 (國立臺灣科技大學材料四) 抽中。
2.北醫名醫林松洲教授:2013 年最新各種疾病之自然療法系列免費健康講座
地點:台北市承德路一段 70-1 號 13 樓
(1)橄欖苦苷及植物性ω-3 不飽和脂肪酸之驚人的保健功效(2013/06/09)。
(2)自然療法在健康促進方面的應用-植物性ω-3 不飽和脂肪酸, 橄欖苦苷,
山桑子,山竹,石榴(2013/07/21)。
(3)自然療法在各種癌症防治方面的臨床應用(2013/08/11)。
3.大專教授國是論壇:系列國政座談會
(1)參訪核四廠、黃金博物館 (2013/06/26)
(2)趙守博賣政: 法治社會與勞工問題 (2013/06/29,斗六)
(3)經濟部卓士昭次長:我國參與區域經濟組織整合情形(2013/07/10,台
北)。
(4)內政部蕭家淇次長:內政現況與未來 (2013/07/27,台中)。
4.兩岸活動
(1)第 15 屆中國科協年會開幕式、大會特邀報告會、國際科學大師論壇及兩岸
四地工程教育圓桌論壇(2013/05/24~28,貴州省貴陽市)
(2)第五屆海峽論壇及 2013 海峽科技專家論壇(2013/06/15~18)
(3)2013 浙台青年菁英交流活動(2013/08/18~23,杭州、寧波)。
(4)推介濕地專家參加福建省科協第十三屆學術年會海峽兩岸專家講壇
(2013/09/24~26,泉州市)。

八、102 年度「評古說今」歡迎踴躍報名參加
102 年度「評古說今」,請大家踴躍報名擔任主講人或推薦主講人。本活動由
本會理事兼秘書組組長劉鵬佛教授負責規劃安排。
【報名專線】23695692,33669690 活動組長:關麗蘇小姐

九、本會各項活動請大家踴躍參與
(1) 本會會務通訊「旅遊園地」歡迎投稿。

(2) 本會會務通訊「老照片說故事」歡迎投稿。

(3) 「旅遊活動」請大家提供參考行程。

本會各項活動期待您的熱誠參與，也期盼您能推薦更多退休同仁加入本會！

本會電話：33669690，23695692，傳真：23648970 E-mail：nturetiree@ntu.edu.tw

十. 敬請會員提供E-mail地址，針對有Email信箱的會員，會訊可改採Email寄發，為響應「節能減碳」減少紙張的使用，並快速傳達各項活動訊息，不漏失好活動訊息，敬請會員提供E-mail 地址，以利寄發電子郵件；目前已有Email信箱的會員，已達92人，其中76人申請免郵寄紙本；擬徵詢已使用Email信箱的會員，是否不再寄送紙本會訊，改採Email寄發，如能獲得您的同意，請以電話或Email (Email:anitachen@ntu.edu.tw 會員組陳志恒組長彙整)告知，本會將自下一期會訊起改採Email寄發，感謝您的愛地球行動。

貳、理事長感言

我的一些想法~台大退聯會再拓展構思   理事長 陳福成

　　本會目前例行會務中，每年多次正式旅遊(一天或二天)、慶生會、會務通訊、會員聯繫、財務、秘書行政、福利、關懷、總務等。已有本會各組志工承辦，才使各項工作能順利推動。我謹代表本會向各組組長表達最高謝意。

　　但半年來，我觀察本會其他會員(各組長或從未到辦公室而打電話來的，我發現會員還有其他需求。例如：希望辦理一些健行、郊遊、歌唱、棋藝、橋牌，乃至年長會員關懷、就醫陪伴等；再或臨時組成參訪團、國外旅遊等。

以上各種現行會務以外的需求，以目前退聯會的組織及性質，尚難以滿足各方所須，這個問題因志工投入時間有限。但也不表示我們做不到。我以「銀髮族協會」為例說明(屬性、定位、規模均不同，不能比較，但他們的方法、精神可以學習。)

　　「台灣銀髮族協會」，除理監事外，也有幹事、秘書、智庫編制。另外成立有各種委員會，如社會服務、志工聯誼、會員發展、國際交流、公共關係、媒體文宣等。每個委員會都有一組人馬，以上都有正式編組，共同推動會務。

　　但比較非正式而很有彈性的，他們另也成立很多「俱樂部」，有旅遊、健行、自行車、攝影、園藝、合唱、舞蹈、棋藝、愛樂————。這些俱樂部都各有召集人，「物以類聚」本是一切生物的本能，該協會因而可以吸引許多人參與各種俱樂部，他們隸屬於協會下的團體，但完全不須要勞動協會幹部去再承擔額外的工作，俱樂部能運作下去，除了參加者，主要是有人負責招集聯繫，只要有人，隨時可以成立，不須再辦理任何行政程序。

　　「台大退聯會」的屬性是「聯誼」，銀髮協會功能較廣泛，但聯誼這部份類同，他們的方法我們可以學。針對本會會員其他需求(如郊遊、健行、參觀博物館、自行車、卡拉ok、合唱團、跳舞及各種舞、棋藝、橋牌、會員、關懷等)，都可以成立俱樂部，只要有人負責招集。

本文只是我個人一些想法，寫出來和大家交流，看是否有可行性。歡迎有想法的人，可以每週二上午到退聯會辦公室共商大計。

叁、評古說今

一、方祖達教授主講「下半身決定你的健康」

下半身決定你的健康　　　　　方祖達（台大名譽教授）

提要：

一. 上半身的疾病，大多來自下半身。下半身一冰涼，上半身就上火，坐斷健康，陰陽兩隔氣血不通。釋放足部壓力，從根源來排毒，春秋季上身涼爽下身要暖，清涼辣妹裝，健康落光光，環境體質制定自己的彈性養生，上病下療，如糖尿病，腳氣病足部健康是在保健臟腑。

二. 動動下半身，就可以帶來全身的改變。高血壓病灶的關隘在腳踝，赤足行走，吸收地氣好養陰。要想身體結實，先要腰部以下的好肌肉群。心臟供血不足，蹲下來解決，踢腿拍足，啟動經絡，健康利滾利，泡腳是最方便的養生方式，刷腳板給臉淡斑美白，荷爾蒙自體再造。

三. 人老腿先老，健身先健腳。馬力充足，才能健步如飛。掌溫暖膝，就能防治關節炎，腳趾操可增強小腦平衡力。泡腳膝蓋筆直，腰椎也不再"側彎"。乾洗腿一本萬利的健康投資。

四. 養好足六經，祛除70%疾病，腰腹雙寶，足少陰腎經，身體排毒必經之道。刺激腎經，不再虛胖，口腔潰瘍，給湧泉穴貼剁骨藥就好了。刺激湧泉雜症全消。最佳止痛開關—太溪穴。沿著腎經的循經路按摩，可促進腎經的氣血運行，還可刺激相聯的臟腑經絡，一舉兩得。

五. 固守腹部、五臟六腑安枕無憂。神奇的腹腦反應，鍛鍊腹部，雙腦更健康，腹腦是太極拳去刺激他的反應，可回想過去的許多記憶。第一步要"氣沉丹田"肚皮一鼓計上心來也。睡眠運動，天天存入健康帳戶，腹部肌肉結實，胸部自然挺拔，胸部豐挺，瑜珈有術，是年過35歲女性生育後所企求的（見文179頁）摩腹清肝火，是治療慢性疾病的捷徑。高纖蔬果當清腸簍。深呼吸（腹式）使體內新鮮空氣滋潤。

六. 腎為先天之本，還是人體最天然的精氣神，腎如人體的發電廠，男要強壯，女要美麗，都得自腎的條件，做強腎操梳頭功：鳴天鼓拍打腰眼，拍手功，按摩耳朵。保暖腰部等方法，防治腎虧，改善半夜頻尿，溫補食材，避免燒烤煎炸或添加物過多的食物，以運動和食材雙管齊下，使腎成為兩顆超級電池，人之陽暢旺，不僅健康有裡子，更能美麗有面子。

七. 上半身決定生活品質，下半身決定性福指數，嚴重缺水會血尿，滋潤生殖泌尿系統，男女都是水做的，下半身更要水的呵護，暖宮孕子，婦科疾病治本之道在於保暖，骨盆勤鍛鍊，歐巴桑變辣媽。枸杞子是生殖系統的最佳恩物，男女都受用的精氣補帖，植物種子如核桃、腰果、松籽等，是大自然賜給男人的保

命丸,也是鋅元素大本營。

舉題:

舉幾個保健示範例如次:

一. 心臟供血不足,蹲下來解決:下蹲可刺激心臟和腿部之間血液流通,增強心臟功能,先做半蹲,再練全蹲,每次做60下,如練太極拳起馬步。

二. 每日行走一小時,對老人十分有用。走姿要抬頭挺胸,快速、矯捷的步履可傳達出健康,正確步法是膝蓋自然彎曲,快但不急蹲,雙手自然擺動。

三. 手腳互動,健康倍效。人體有12條經絡,6條在足部,6條經過手指端踢腿拍足、會使12條經路,促進全身的血液循環。經絡疏通,老化自然延緩了。

四. 泡腳:人體的五臟六腑在腳上都有相應的反射區、泡腳促進氣血運行,有利於脾胃。四季泡腳、美容延壽。此法能治失眠。頭痛,保健康。每次20分鐘。泡完擦乾,順便揉捏一下腳心和腳趾頭,也可治香港腳的脫皮功。

五. 掌溫暖膝,就能防治關節炎,膝關節是承擔了全身的重擔,也是大腿和小腿之間的活動樞紐。不可受冷,應保暖,天冷應穿厚的長褲或戴上護膝。溫暖時應多晒日光浴,韓人多坐時,雙手放在膝蓋上保暖。爬山時可加護膝。

六. 腳趾操、延緩衰老細枝末節處開始:腳是人體第二心臟、古人大力提倡泡腳、散步、按摩腳部穴位的養生方式。靈活腳趾,增強小腦平衡力。腳趾發麻,小心心血管方面的疾病,趾甲蒼白則貧血,要選的合適的鞋。運動前先捏捏腳趾。

七. 乾洗腿一本萬利的健康投資:雙腿不著冷,健康行百年,年輕時冬天穿短褲,時髦穿高跟鞋,到老一點就開始腿冷。雙腿受寒,直接導致全身體溫下降,打亂各部位的正常生理機能。疏通經絡,乾洗瘦腿;先用雙手抱左側大腿,稍用力從大腿向下按摩一直到足踝,再向上按摩到腿根,換右做重複20次。老人常做此乾洗腿,半年後不必扶拐走路。

八. 按摩膀胱經,一切濕熱毒素放水流:是人體內最長的一條經絡,為主水液運化的功能是貯尿和排尿。人體內毒素大部份要彙聚於此膀胱經排出。膀胱經在大腿後側,若不通暢,很容易彙積毒素,時間久了,會生腫瘤。要常按摩,同膽經、胃經三合一排毒法最好躺在床上,由家人敲打按摩。

九. 腹腦是肚子內一個非常複雜的神經網路一稱為血清素,可傳達記憶。如成語:"滿腹經綸"。"酒囊飯袋"是故為人們思想的"第二大腦"。鍛鍊腹部,雙腦統馭更健康,科學家正在研究,找到的方法居然是太極拳。其法簡單,老少皆宜,其"氣沉丹田"即是使真氣灌注腹部,帶動臟腑運轉,將資訊通過神經網路與大腦交流。每一招一勢均以腰腹相關,聰明的人能急中生智就是腹腦使然。

十. 腹部肌肉結實,胸部自然更挺拔:胸腹相聯。腹肌結實自然襯托胸部,"做女人,挺好!"練腹肌則不必去豐胸了。女性朋友生了小孩後,臉上長斑,胸部下垂,據實是可一直堅持練習瑜珈,其中一段是練腹部肌肉的動作。

十一. 時常給腸胃洗澡:胃腸是消化及排泄器官。我們吃進去的食物經脾胃消化後的糟粕由腸道排出體外。以保持體內環境乾淨。若是從皮膚出來,就是避之

不及的痘痘，斑點，改善方法是不常去食不易消化的食物，常吃高纖蔬果當清腸餐。用榨汁機和攪拌機，每週做2-3次，這些蔬果汁就是最好的清腸胃的好食物。

時常按摩耳朵，補腎氣，除耳鳴。按摩面部，先將兩手搓熱，用手掌揉搓面部約一百下。再開始按摩耳朵。先閉上眼睛先捏耳屏，姆指和食指沿耳廓上下揉30次。雙手心壓耳朵，先閉上眼睛，先捏耳屏，姆指和食指沿耳廓上下揉30次。雙手心壓下耳朵，手指敲擊後腦，刺激穴位，促進氣血運行，補充腎氣。腎氣足，百病除。用拍手輕鬆去百病。拍打腰眼洽腎虧，每天打100次。

肆、本會活動相片

102-6-19宜蘭香草菲菲旅遊活動

102-4-10苗栗香格里拉

102-6-19宜蘭酒廠

102-5-7卡拉OK慶生會-吳信義教官與關麗蘇組長跳探戈

102-5-7卡拉OK慶生會

中華民國102年11月12日出刊

會務通訊 第62期

發行者：國立臺灣大學退休人員聯誼會
National Taiwan University Retiree Association
會　址：台北市羅斯福路4段1號國立臺灣大學望樂樓二樓
電　話：23695692；33669690　Fax：23648970
E-mail：nturetiree@ntu.edu.tw

壹、本會重要公告事項：

一、各位會員請注意：本會郵政劃撥會費，戶名和帳號號已更改如下：
戶名：陳福成　　　　帳號：17988862

二、誠徵表演者：
誠徵一個表演者(任何種類的表演，說、唱、打、吹、彈、講笑話等均可)，表演時間約10至15分鐘。於本會慶生會時做開場表演，唯一的條件要使在場所有人笑翻天、笑到從椅子上跌坐地上，能之者，本會備好禮答謝。意者於每週二上午，到退聯會辦公室向理事長陳福成報名，留下姓名、聯繫電話等。

貳、本會近期重要活動

一、年底會員大會贈送紀念帽
本會將於今年12月3日(星期二)上午9時正，假本校校總區第一會議室舉行今年年底會員大會，會議將由陳福成理事長主持，請各位會員踴躍參加。本會自民國86年成立迄今已有17年之久，為紀念本會成立17周年，凡本會會員參加年底會員大會者均贈送本會特製之紀念帽一頂，歡迎參加大會時領取。

二、未婚單身聯誼活動
本活動係由本會主辦，另邀請台大教聯會，職聯會協辦，歡迎會員及其子女踴躍參加。第一次活動已於10月4日舉辦由台大社會系教授孫中興主講「健全的兩性關係」共有一百餘人參加，演講兩性相處核心重點：「平等對待、共同努力」八字箴言。第二次是在10月19日(星期六)上午，假台大綜合體育館一樓文康室舉辦「快樂單身派」。由陳福成、陶錫珍、游若萩、楊華洲等共同辦理，共有31人參加（男12人，女19人）。第三次活動，將於11月24日(星期日)上午9時正，假本校文山農場舉辦烤肉聯誼活動。

三、**增設文康組**

本會近期成立文康組，由許秀錦女士出任組長，該組主要工作是辦理每月一次的半日遊活動，第一次活動已於8月27日（星期二）下午2時前往新公園省立博物館參觀恐龍展及地下金庫，該活動係由本會關懷組長陶錫珍教授主持，參加人士有前理事長丁一倪教授、陶錫珍教授、許秀錦女士、劉鵬佛先生等十餘人。第二次活動於10月22日（星期二）上午9時前往陽明山參觀草山行館、陽明書屋、竹子湖午餐，共計10人參加，由許秀錦女士主辦，參加人員有杜雅慧、陳明珠、陳昌枬、陳明芬等10人。

參、本會102年第四次理監事聯席會議紀錄

本會於102年9月10日上9時至11時30分，假校總區第二會議室召開今年第四次理監事聯席會議暨評古說今座談會。首先由本會會員組長陳志恒女士以「戲緣-國劇與我」為題，向大家報告一小時有關她參與國劇多年的心得，並配合有關相片，生動精彩，博得大家一致好評。其後開始理監事會議，內容概要如下：

一、**主席陳福成理事長報告：**

（一）近期來忙於收集本會會訊1-61期，準備將各期會訊，請資訊組黃存仁組長掃描後，整理成一大冊正式出版，本校圖書館將可典藏。各個會員可以償購，參考保存，很有歷史價值。

（二）修改本會組織章程，增加福利組、關懷組及文康組，福利組已請前理事長丁一倪教授負責，關懷組已請陶錫珍教授負責，尤其請許秀錦女士出任文康組長，辦理本會一月一次的半日遊及其他有關活動，以增加本會會員活動的多元性。

（三）本會各組工作均為志工性質，沒有任何津貼，請大家體諒！

二、**資訊組黃存仁組長報告：**

理事長剛才談到整理本會全部會訊以備出版專刊，我自多年前加入退聯會以來，幫忙整理編印40-61期會訊，因此再增加掃描1-40期以求完整出刊應無問題，但出版後放在網路上供人參考，需考慮不要違反個資法問題。

三、**秘書組劉鵬佛組長報告：**

秘書組工作主要是事先安排每三個月一次的理監事聯席會議，事後編輯出版會訊，並主辦每月一次評古說今座談會。本會關懷組長陶錫珍教授每週二均很忙碌，無法參加固定在週二舉行的理監事會議，而建議改期其他時間召開，但本會在週二召開理監事會議已行之十年以上，不易更改，亦經

　　理監事們的投票表決一致通過，會議召開的時間照舊在星期二暫不改變。另外，8月27日評古說今座談由本會陳福成理事長主講「和諧的兩性關係」，9月10日係由陳志恒組長主講「戲緣－國劇與我」，11月12日由陳定中將軍主講「原子彈與曼哈頓計劃的秘密」，希望各位理監事踴躍參加主講，使本會評古說今座談日新月異欣欣向榮。

四、會員組陳志恒組長報告：

　　今年9月有邱淑美女士(計資中心)、程婉青女士(人事室)二位退休同仁加入本會為永久會員，目前本會計有679名會員，有效會員385名，失效會員有二百餘名。

五、財務組陳明珠組長報告：

　　本會財務收支正常，但請大家多推薦新會員，以增加本會收入。

六、總務組鍾鼎文組長報告：我已入會17年，每天上午我均會來辦公室上班。

七、福利組丁一倪組長報告：(詳見附件四)

八、活動組關麗蘇組長報告：

　　本組於今年9月11-12日辦理「台中武陵農場二日遊」，由於天氣良好，參加會員踴躍，共有42人參加，先後參觀泰武館、武陵農場、富野渡假村、七家灣櫻花鉤吻鮭等景點，非常順利圓滿完成。另外將於11月6日(星期三)辦理「新竹名勝一日遊」，請大家熱烈參加共襄盛舉。

九、E化檔案組杜雅慧組長報告：

　　目前本會已有百餘位會員有email帳號，方便會員間相互聯繫。E化檔案組的工作，係建置會員email資料、會訊相關資料及會員投稿打字整理等事宜。

十、王本源理事發言：

　　本會自86年1月成立迄今已有17年之久，為慶祝17年會慶，凡本會會員參加年底會員大會者，建議贈送紀念帽以資鼓勵，紀念帽的款式可請理事長及各理監事共同研究。

十一、方祖達監事發言：

　　目前台北市百歲人瑞有667人，大安區有120人，本校已有102歲人瑞，聯合報已在9月10日報導，希望本會會員將來也有百歲人瑞，願大家共同努力向百歲邁進。

十二、本會計劃於民國103年（時間另訂），辦理「台大退休會員千歲宴」（年齡暫訂90歲以上），擬參加者可至退聯會辦公室向秘書組劉鵬佛組長登記。

肆、附件

一、理事長報告　　　陳福成

會議第61期「擴大本會業務看法」一文，再說明。

目前已經跨出第一步，第一次「老會員遠足」順利完成，未來其他活動均如這般就可以開動，不論歌唱、橋藝、旅行──只要有召集人，「俱樂部」就可以形成，這和「銀髮協會」的運作類似。

關於本會的新業務，配合教聯會、職聯會辦理「兩性成長未婚聯誼」業務，本會承辦人是許秀錦小姐。從8至11月有系列活動，相關訊息請看教聯會、職聯會網站，我們會訊也有報導。

《會務通訊》第1至61期已由本人整理完成，感謝歷任理事長給我的資料。計劃請黃存仁理事進行全部掃描，並由出版社正式出版，如此才有國家圖書館的預行編目。（自己掃描省了很多錢，因此我要代表本會全體同仁向存仁兄致最高敬意，謝謝他為本會省經費。）完整出版成書，才能保留辦公室歷年所有的組長，你們所完成的所有工作，完整的呈現。以及我們所有會員同仁，自本會成立以來所有參加活動者的紀錄，這些是我們退休人員的「夕陽美景」，也應完整呈現，忠實記錄。

為此，也希望各位組長每回在理監事會議能給秘書長書面資料，由他整合成開會資料。最後成為當期會訊的一部份，請大家一起來寫歷史，寫自己和退聯會的歷史。

按本會組織章則第八條，理事會下設秘書、會員、活動、服務、總務、會計等六組，各組置組長一人。目前各組為：秘書組劉鵬佛、會員組陳志恒、活動組關麗蘇、總務組鍾鼎文、會計組陳明珠，都運作良好，使本會會務順利推動完成。另有e化檔案組杜雅慧、資訊組黃存仁、福利組丁一倪教授、關懷組陶錫珍教授，及文康組許秀錦的兩性成長業務，均尚合組織章則，是否修訂組織章則，大家可先研究研究。

最近同仁在辦公室討論本會未來舉辦市內一日遊，導遊(本會志工)是否給付象徵性「車馬費」。我個人的看法是，所有本會志工所做都是「義工」性質(此處不論義工和志工的差異)，無論做甚麼！只要是本會範圍內服務，向來未發任何「補助」，所以我不贊同發「車馬費」(任何名目)，以符合我們當志工、義工的精神。但理監事會議若有不同決議，我尊重決議，並按決議執行之。

關懷組需要更多的志工，此事持續在《會訊》宣傳，請秘書組整理會訊資料時，記得此事。

二、　評古說今「戲緣－京劇與我」　　　陳志恒

　　民國46年，王振祖先生（著名乾旦票友，女兒王復蓉為著名青衣，外孫即著名藝人陶喆）在北投創辦了私立復興劇校。該校是台灣第一所正規的京劇學校，以傳統坐科方式傳承京劇藝術。台灣當時為了復興中華文化，將「京劇」稱為「國劇」，復興劇校的學生即以「復興中華傳統文化，發揚民族倫理道德」為班級排序論輩份。創校初期，財務非常拮据，王校長就請我的外公錢大鈞先生擔任劇校的董事長，幫忙募了許多款，讓不向學生收取學費的劇校，得以順利繼續辦下去。民國 57 年，該校由教育部接管改名為「國立復興劇藝實驗學校」（簡稱復興劇校）。

　　我唸的私立再興小學，朱秀榮校長熱愛國劇且愛票戲，多次以特別的方式－國劇義演，來進行募款。那時候其實我對國劇演出並沒有太大的感覺，只是偶而我會跟著外婆去國軍文藝活動中心看戲，偶而也跟著外公去台視公司看國劇節目錄影，覺得十分新鮮有趣而已。

　　小學畢業後，我直升再興中學，當時似因學校財務困難，故將初中部男、女生分校，女生部由天主教「孝女會」的修女來管理。校址位於內湖路，對面就是復興劇校。初中三年我都住校，宿舍正好就在馬路邊，三年來每天一大清早，當我們還沒起床時，就可以聽見劇校的學生們在「咦…啊…」練早晨喊嗓子。初中時我每天只忙著反覆上課、做功課、唸書、考試，似乎除了每天清晨聽到遠處有喊嗓聲，或是聽到對面隱隱約約傳來鑼鼓聲時，會有些許親切感之外，其他就沒有再對國劇有什麼接觸了。當時哪裡想得到，多年後我竟然和該校及京劇結下不解之緣呢！

　　高中時我唸北一女，除了參加由各班班長組成的「班聯會」之外，沒有參加其他社團。至於國劇，只有在假日裡和媽媽一同欣賞電視上的國劇節目。高三快畢業時，旅美多年的王復蓉回台在國軍文藝活動中心公演國劇，爸爸帶我去看。現場看戲的感覺不同於看電視，我們坐在樓上後段，距離舞台那麼遙遠，但是王復蓉那具有磁性及穿透力的嗓音，唱腔、唸白竟然聽得那麼清楚，而且舞台上所有演員的扮像、服裝，和各種道具，都是色彩鮮艷、光鮮亮麗，我愈精神，看得目瞪口呆！

　　大學聯考完畢等待放榜的日子裡，我不但喜歡看電視中的國劇節目，也開始在收音機裡尋找國劇節目，錄音下來慢慢欣賞。放榜了，我幸運地考上了台大中文系。新生訓練時，閻振興校長說台大有四等人，第一等是又會玩又會唸書的，第二等是不會玩只會唸書的，第三等是不會唸書但會玩的，最差的一等是既不會唸書又不會玩的。他說台大有無窮盡的寶藏，希望我們不要入寶山空手而回。他說的「玩」，指的是玩社團。

　　我如願加入了台大學生國劇社，從大一下學期起，我每年至少演出三場戲（因為我也擔任台大中文系國劇社的總幹事，也支援台大教職員國劇社的演出），這三年半可說是我這輩子最美好的一段回憶。我曾演過的戲及角色有：

《斷橋》小青、《四郎探母》盜令之鐵鏡公主、《樊江關》薛金蓮、《鐵弓緣》陳秀英、《秦香蓮》殺廟及闖宮之秦香蓮、全本《兒女英雄傳》十三妹何玉鳳、《紅娘》送信之紅娘、《紅樓二尤》觀戲及鬧酒之尤三姐、《金山寺》水門之小青、《霸王別姬》虞姬。

　　我加入國劇社就認識了幫我們吊嗓的吳明生（吳陸瑜）老師，他比我大6歲。他不笑的時候看起來還滿兇的，所以剛開始時我不大敢和他說話。過了半年我們漸漸熟了，有時他會問我如何才能把高中的國文唸好，尤其是一些文言文虛字的問題。我很好奇他為何會有興趣來研究這種枯燥的東西，原來是因為他從小唸陸光劇校，只有高中畢業的學歷，雖然他已經擔任陸光國劇隊的首席京胡琴師多年，在舞台上已經是個大紅人了，但他還是想考大學。一向雞婆愛幫助別人的我，看他如此上進，就想幫助他，但這文言文又不是三言兩語就可以說得清楚的，所以就和他約定，每週一次義務幫他補習國文。每次我們就坐在僑光堂的走廊椅子上補習。時間一久，我們變得無話不談。經過三年交往，我覺得他是個既孝順又顧家的好男人，而且非常謙虛上進，有毅力恒心地每天努力練琴。我的直覺是他終將成為一個了不起的人物，而我也相信自己會是一個可以好好照顧他，讓他沒有後顧之憂的好幫手，於是我在畢業的當年年底就嫁給了他。結婚16個月後，已當媽媽的我回校演出《金玉奴》。婚後3年台大40週年校慶時，我又回校演出全本《鳳還巢》之程雪娥。

　　很有趣，或許上天就是為了要成就這段姻緣，所以當初讓我迷上國劇，但等我們結婚並演完《鳳還巢》後，我對國劇的興趣竟變淡了，覺得唱戲好難好辛苦，還是唱歌比較輕鬆容易，所以我又恢復了高中時期的興趣，不再唱戲而愛唱歌了。這就是造化弄人，上天自有安排的，隨緣吧！

　　我從台大畢業、工作、結婚已經31年，而我的另一半吳明生（吳陸瑜）在國立臺灣戲曲學院（該校之前身即為復興劇校）教授京胡也已24年了，目前台灣36歲以下的年輕琴師，幾乎都是他的學生。24年來他非常努力地鑽研傳統梅派京胡琴藝（完全是1949年之前的傳統老北京味兒，而不是文革之後的樣板新味兒），深獲梅蘭芳最後一任琴師姜鳳山大師的肯定與讚賞，目前志恒最重要的任務，就是好好照顧他，並協助他繼續努力傳承與發揚正宗傳統的梅派京胡藝術。

三、 評古說今「歷屆諾貝爾的12位華人得主」　　　劉鵬佛

（一）美籍華裔得獎人

　（1）楊振寧（安徽合肥人）

　　生日：1922 年 9 月 22 日

　　學歷：中國西南聯合大學物理系畢業，受到吳大猷老師的特別指導。
　　　　　榮獲美國芝加哥大學博士（1948 年）

　　曾任：美國紐約大學教授及中國各大學教授

　　1957 年獲得諾貝爾物理獎（發現粒子弱相互作用與李政道合得）

　　1958 年當選中央研究院院士

　　2004 年楊振寧原配杜致禮逝世多年後，以 82 歲高齡迎娶 28 歲之翁
　　帆，傳為美談。

　（2）李政道（江蘇蘇州市人）

　　生日：1926 年 11 月 24 日

　　學歷：中國西南聯大物理系畢業，吳大猷特別指導他並推薦他赴美留
　　　　　學。
　　　　　榮獲美國芝加哥大學哲學博士（1950 年）

　　曾任：美國哥倫比亞大學物理系教授

　　1957 年獲得諾貝爾物理獎（發現粒子弱相互作用而與楊振寧一起得
　　獎）

　　1958 年當選中央研究院院士

　（3）丁肇中（山東日照縣人）

　　生日：1936 年 1 月 27 日

　　學歷：建國中學畢業
　　　　　成功大學機械工程系肄業
　　　　　榮獲美國密西根大學物理博士（1962 年）

　　曾任：美國麻省理工學院教授

　　1976 年獲得諾貝爾物理獎（發現 J 粒子而得獎）

　　1976 年當選中央研究院院士

　　2012 年北市文化局將其幼時居住之北市泰順街 33 巷 4 號列為歷史建
　　物。

　（4）李遠哲（台灣新竹市人）

　　生日：1936 年 11 月 12 日

　　學歷：新竹高中畢業
　　　　　台灣大學化學系學士
　　　　　清華大學原子科學所碩士
　　　　　美國加州大學柏克萊分校化學博士

　　1980 年當選中央研究院院士

　　1986 年獲得諾貝爾化學獎（以交叉分子束碰撞對化學動力學之研究而

得獎)

1994 至 2006 年在台擔任中央研究院院長,並主持行政院教育改革小組
工作,廣設大學、高中,推行教授治校,公立大學由教授直接選舉系主
任、院長及校長,並參與許多政治選舉工作及 921 大地震災後重建工
作。

(二) 中、美、法籍華裔得獎人:

(5) 達賴喇嘛 (青海湟中縣人)

1935 年 5 月 5 日生於青海省湟中縣農民家庭,法名是:吉尊降白阿旺
洛桑益喜丹增嘉措師松旺覺聰巴密白德青布,意即「聖主」之名,簡稱
丹增嘉措,乳名拉木登珠 (註八)。1940 年 2 月 22 日五歲時,在西藏
拉薩布達拉宮舉行坐床典禮,出任第十四世達賴喇嘛,前有 13 位達賴
喇嘛,第十三世達賴喇嘛土登嘉措,於 1933 年 10 月 30 日圓寂,1934
年分三路訪尋達賴轉世靈童。

1989 年獲得諾貝爾和平獎

曾任西藏政府政經領袖、現任西藏流亡政府精神領袖

(6) 朱棣文 (江蘇太倉縣人)

生日:1948 年 2 月 28 日

學歷:美國加州大學柏克萊分校物理學博士 (1976 年)

曾任:美國史丹福大學物理學和應用物理教授

1993 年當選美國國家科學院院士

1997 年獲得諾貝爾物理獎

2009 年出任美國歐巴馬總統之能源部長迄今

其父朱汝瑾麻省博士、中院士、劍橋博士,任教紐約大學理工學院。

(7) 崔琦 (河南寶豐縣人)

生日:1939 年 2 月 28 日

1951 年赴香港求學

學歷:美國芝加哥大學物理博士 (1967 年)

現職:美國普林斯頓大學電機系教授

1992 年當選中央研究院院士

1998 年獲得諾貝爾物理獎

(8) 高行健 (江蘇泰州縣人)

生日:1940 年 1 月 4 日

1962 年北京外語學院法語系畢業

1973 年加入中國共產黨

1975 年在北京「今日中國」雜誌社工作

1987 年移居法國巴黎

1989 年在法國宣佈退出中國共產黨

1997 年入法國籍

2000 年獲得諾貝爾文學獎

著作有「靈山」、「一個人的聖經」

2000 年受時任台北市文化局長龍應台之邀來台北當駐市作家

2001 年台灣高雄中山大學邀請當駐校藝術家並獲頒榮譽博士

(9)錢永健（浙江杭州市人）

生日：1952 年 2 月 1 日

留美化學博士、中央研究院院士

2008 年獲得諾貝爾化學獎

(10)高錕（江蘇金山縣人）

生日：1933 年 11 月 4 日

1953 年到英國唸書，獲得物理博士、中央研究院院士、曾任香港中文大學校長

2009 年獲得諾貝爾物理獎（發明光纖通訊技術而得獎，但罹患阿茲海默症，只能簡單言語）

(11)劉曉波（吉林長春市人）

生日：1955 年 12 月 28 日生於吉林

1986 年榮獲北京師範大學博士

1988 年被聘為北京師範大學中文系講師及作家

1989 年 6 月 6 日參與天安門事件，被捕監禁二年

2009 年 12 月參與零八憲章，被捕監禁十一年

2010 年獲得諾貝爾和平獎

(12)莫言（管謨業）（山東高密縣人）

生日：1955 年 2 月 17 日

2012 年獲得諾貝爾文學獎

曾獲有北京師大文學碩士，青島科大客座教授，現任中國作家協會副主席，歷年著作有紅高粱，豐乳肥臀等。

四、 會員權益與福利組報告   丁一倪

(一) 會員福利

1. 新增特約優惠商店（憑福利卡折扣優惠)六福村主題遊樂園門票特惠價 799 元/人（每卡可購 5 張）（原價 999 元/人）。

2. 繼續提供免費保單健檢服務
   據網路媒體報導政府正悄悄在醞釀問題保險公司退場機，透過專業人士為您剖析真相，評估風險。保險公司退場機制
   http://www.libertytimes.com.tw/2013/new/jul/15/today_e6.htm
   請洽詢本專案聯繫人：

丁小姐（TEL：0910276411，MAIL：tpu168@gmail.com）
顧問：王錦章經理（聯繫電話：0936997967）

3. 專為退休人員爭取的財富傳承專案優惠：
   最低月存不到 5,000 元，6 年期滿，不用再繳錢，年年領回 7,200 元，從自己開始領，領完兒子領，兒子領完孫子領，最後曾孫領。

	專案 1：	專案 2：	專案 3：
平均月存	不到 5,000 元	不到 10,000 元	不到 15,000 元
第 6 年期滿不用再繳錢	每年領回 7,200 元	每年領回 14,400 元	每年領回 21,600 元
到曾孫時最多再 領回	539,200 元	1,078,400 元	1,617,600 元
專案優惠	贈 6 年期海峽福利卡 1 張（價值 2,700 元）	贈郵政禮券 1,000 元 贈 6 年期海峽福利卡 2 張（價值 5,400 元）	贈郵政禮券 3,600 元 贈 6 年期海峽福利卡 2 張（價值 5,400 元）

PS：可以依您的需求為您量身規劃財富傳承方案，本專案優惠只到 2013 年 11 月 10 日止 專案聯絡人：丁小姐 0910276411 工會保險顧問：王錦章經理 0936997967

4. 律師顧問團繼續為有因報銷研究經費受到司法困擾的大專教授提供免費諮詢服務。本會律師顧問團由本會法律顧問李佳翰律師擔任召集人。李律師精通法理又有豐富的實務經驗。本會已於 2013/01/15 發函各大專院校告知此項訊息。若有需要請 E-mail：initing@ntu.edu.tw ，以便為需要者安排諮詢時間。

5. 免費學「頂尖大學課程」請上「ewant 育網」開放式線上教育平台，第一個真正為全球華人服務的開放式線上教育平台「ewant 育網」（http://www.ewant.org）終於上線了，初期提供了來自海峽兩岸五所交通大學的十幾門精彩課程，所有學習資源完全免費，請大家支持、並轉發此訊息或利用網路向您的親朋好友介紹。
   去年（2012 年），台灣的交通大學邀請了大陸的四所交通大學（包括上海交大、西安交大、西南交大及北京交大）共同發起一個全華文的開放式線上教育平台，為全球華人免費提供頂尖大學的精彩課程。此一構想立刻獲得各校的認同，並自今年（2013 年）起開始建構平台。經過半年多的積極規劃及工作，這個平台終於在 8 月底對外公開了，平台的名稱叫做 ewant 育網（http://www.ewant.org），預計在今年底前將會提供來自兩岸五校交大及部分台灣其他頂尖大學的十幾門課程（包括"中醫藥與中華傳統文化"、"統計簡單學"、"機

械設計概論"、"認識青年"及"計算機科學與程式設計概論"
等），現在就可以上網開始登記選修課程了，第一堂課將於 10 月 14
日正式在網上開始上課。明年（2014 年）「ewant 育網」將擴大邀
請大陸、台灣、港澳及歐美的其他大學參加，預計總共會提供約 70
門課程。這是第一個真正以全球華人為服務對象的開放教育平台，請
大家告訴大家，支持這個平台永續經營下去。記得要註冊及登記選修
至少一門課哦，不用付錢，也不怕被當啦！

(二) 轉知提供 Email 會友參加下列活動：

1. 異業結盟創新專案：幸福一生（教您聰明花錢又擁有一桶金)本專案最高
   讓您首年就賺 12,200 元（已結案）。

2. 團結力量大：存小錢、省保費、賺福利限時理財專案(已於 2013/09/24
   結案)。

3. 限時「輕鬆存百萬退休帳戶優惠專案」每年省約 3-4%優惠存款方案本專
   案係為因應政府推動「多層次老年經濟安全保障制度」中，第三層商年
   金部份，鼓勵大家自己存款養老，不要靠政府供養，拖垮國家經濟。特
   就這項不尊重信賴保護原則的亂改革，在調降月退金的大趨勢不會改變
   的情況下，為大專同仁及眷屬爭取到最優惠的限時專案。本專案另有贈
   品（最高價值達 20,000 元，已於 2013/10/21 結案）。

4. 北醫名醫林松洲教授：2013 年最新各種疾病之自然療法系列免費健康講
   座　地點：台北市承德路一段 70-1 號 13 樓自然療法在心血管疾病方面
   的臨床應用(2013/10/13 日)。

5. 大專教授國是論壇：系列國政座談會，行政院農業委員會陳保基主任委
   員主講：農業科技產業化(2013/ 10/14，台北)。

6. 兩岸活動
   (1) 第二屆冀港澳臺中華傳統醫藥文化發展大會(2013 /09/23~24，石
       家莊市中國大酒店)。主要議題：中華傳統醫藥的現實與未來，中
       華傳統養生保健文化的傳承與發展，中華傳統醫藥走向世界的途徑
       與方式，中醫藥產業的合作與開發，河北中醫藥產業的發展方略與
       建議，民間中醫發展的戰略、路徑及意義等。
   (2) 「中華民族團結與復興—兩岸關係的和平發展與前瞻」學術研討會議
       (2013/10/05，張榮發基金會 8F 國際會議中心)。
   (3) 著名福建書畫藝術家聯展及開幕式(2013/10/22 ～28，國立臺灣藝
       術大學教學研究大樓-國際展覽廳)。為推動海峽兩岸文化藝術交
       流，此次由海峽文化藝術經紀有限公司邀請，預計約有 30 位著名
       福建書畫藝術家赴杭州、香港、台灣、濟南、福州等地，進行聯展
       與書畫交流，並與國立臺灣藝術大學進行深度的文化交流。此次書

畫聯展共有近150件作品,期望透過大規模的展示,向臺灣大眾傳遞福建書畫全新的樣貌,並使藝術家有良好的互動與交流。主辦單位贈送參加開幕式者:福建當代書畫名家作品海內外巡迴展精品集一巨冊、大藝期刊創刊號一本、複製名家書法作品一幅及福州三寶之一天然角梳六件組一盒。

(4) 2013兩岸青年文學會議(2013/10/26~27,國家圖書館國際會議廳)。

7. 教育部徵詢對技術及職業教育法草案之意見

已於2013/10/15歸納各方對技術及職業教育法草案之建言,函覆主辦單位。

8. 二二八人權教育研習活動(2013/10/19~20,二二八國家紀念館;2013/11/2~3,臺北市中山堂光復廳)參與每一場次8小時課程之學員,各核發公務人員終身學習時數、教師研習時數及臺北市政府文化局研習證書。

9. 超特惠訂購2013年伊莎貝爾·皇樓中秋月餅禮盒(已於9/4結案)。我們的配額一推出就被搶訂一空,沒有訂到者,明年請早。

(三)轉知提供Email會友下列資訊:

1. 政府免費提供「輔具」:每個縣市都至少設有一個輔具中心。
2. 行政院函以有關發給按月支(兼)領月退休金(俸)人員102年年終慰問金其月退休金(俸)基準數額定為新臺幣2萬元以下,並檢附行政院函影本,提供各位參考。
3. 誠徵「監造工程師專員」

五、　本會活動相片

9月11-12日武陵農場雪山口大合照

9月11-12日武陵農場泰雅
生活館-梁乃匡教授夫婦

9月11-12日武陵農場泰雅
生活館-郭文夫教授夫婦

9月11-12日武陵農場泰雅
生活館-鍾鼎文組長夫婦

9月17日　慶生會-1

9月17日　慶生會-2

10月4日　健全兩性關係演講-1

10月4日　健全兩性關係演講-2

10月19日　未婚聯誼-1

10月19日　未婚聯誼-2

10月22日　陽明山草山行館

10月22日　陽明山陽明書屋

中華民國103年4月15日出刊
會務通訊　第63期

發行者：國立臺灣大學退休人員聯誼會
National Taiwan University Retiree Association
會　址：台北市羅斯福路4段1號國立臺灣大學望樂樓二樓
電　話：23695692；33669690　Fax：23648970
E-mail：nturetiree@ntu.edu.tw

壹、回顧這一個年的檢討並展望新年

陳福成

一、往昔又如雲的腳步走過，相信本會所有會員都有不同的收穫和人生體驗，也有感到不夠圓滿的地方。大家共同相互鼓勵，在新的這一年，不論本會會務或個人，都要有新的進展，交出讓自己滿意的成績。

二、本會102年會員大會已於12月3日上午，在第一會議室順利舉行完成。感謝所有參加會員、工作人員及歷屆理事長親自參與，給本會鼓舞，給我打氣。感謝主任秘書林達德教授，代表校長親臨致詞。

三、本次會員大會，參加者（簽到表為準、含代表簽，稱謂均略）有：周謙介、范信之、宣家驊、許銘成、吳普炎、陳美枝、鍾鼎文、鄭義峰、鄭大平、林鈺鈞、蕭添壽、翁仙啟、許碧霞、王鴻龍、許玉釧、蕭富美、沙依仁（代）、車化祥（代）、王忠、王本源、洪林寶祝、連興潮、潘明鳳、黃啟原、方祖達、阮志豐（代）、路統信、郭寶章、董元吉、況精華、劉天賜、郭王果錢、紀張素瑩、鄭展堂、林添丁、許再傳、黃秉安、許東明、嚴永玖、吳信義、楊建澤、呂芳蘭、吳鴻榜、林安狄、王明聰、林清碧、許文富、紀昭雄、林振乾、洪立、戴如松、李瑞妹、黃添枝、陳春花、孫琛、高秀、劉秀美、古天聲、翁文、許初枝、黃柯碧蓮、高來有、沈品瑤、陳茂盈、曾美倉、胡露金、吳元俊、徐蘭香、何鎧光、周羅通、葉雪娥、林秀玉、周瑞英、謝玉美、陳富美、陳新翼、張克振、陳梅燕（代）、李文斗、陳碧玲、吳連蘭、陳明珠、戴芬芝、何憲武、鍾和玲、許雪娥、李鴛鴦、盧文華、姜苑枝、安佐清、茅增榮、陳斐娜、陳素紅、王來伴、廖錦秀、翁月妹、臧麗君、曹振隆、李尚英、茹道泰、莊淑容、鄭丹楓、趙姬玉、丁一倪、張靜二、林碧蘭、林映月、林瑞鶴、羅吉雲、杜雅慧、王潤身、陳秀美、秦亞平、陶錫珍、劉珠嬋、黃淑琴、陳國華、魏素芬、林進歲、陳明芬、孫琇蓮、吳賴雲、高閭生、陳志恒、顏從照、呂理平、邵依弟、駱秋英、廖麗玲、陳昌枏、許秀錦、邱淑美、吳冰如、周麗真、王淑美、劉玉女、理事長陳福成。

以上參加會員大會共137人，以本會名冊所列有會員683人（到2013年12月3日為止），能到會的會員仍是少數，亦表示本會所有工作人員尚有很大的努力空間。希望未來一年能在大家共同努力下，讓更多會員出來聯誼。

四、本會章則第八條，順利在會員大會提案修訂，經全體參加會員表決全體同意通過，感謝全體會員支持。在新的年度（2014年），本會辦公室以全新的陣容推動會務，分別是：秘書組長劉鵬佛、會員組長陳志恒、活動組長關麗蘇、總務組長鍾鼎文、會計組長陳明珠、資訊組長黃存仁、檔案e化組長杜雅慧、福利組長丁一倪、關懷組長陶錫珍、文康組長許秀錦。

五、本會新修訂章則（如附件1）。

六、本會已正式成立「台大退聯會合唱團」，禮請本校卡啦ok大賽第一名的邱淑美小姐擔任教唱老師，會員組組長陳志恒小姐擔任幹事，方祖達教授任指揮，陳福成理事長為當然之團長（未來的理事長仍是）。目前團員有方教授、陳昌枏、關麗蘇、杜雅慧、何憲武、吳元俊、陶錫珍、劉鵬佛、周羅通、陳明珠、陳志恒、許秀錦、邱淑美、陳美枝、鍾鼎文、吳信義、楊長基、許雪娥等共19人，要參加的會員請向陳志恒小姐報名。

本會於102年12月24日第一次會議決議：每月第一、三週之星期四，上午10:00-11:30，每月練習兩次，地點暫訂在退聯會辦公室。

（註：4月17日暫停一次，5月份因故改為5月8日練唱）

七、「千歲宴」事，本會已於今（102）年12月24日第一次籌備會，103年2月18日召開第二次籌備會決議如下：

主辦：退聯會　協辦：教聯會、職工會。

一、參加對象：以上三會80歲以上之會員。
　　　　　　　千歲宴工作人員之80歲以上父母、岳父母。

二、地點：本校綜合體育館（小巨蛋）文康室。

三、時間：103年5月22日，上午9時至下午2時（10時起有表演節目）。

報名截止日：103年4月22日中午12時止。

現場另有量血壓服務。詳情由會員組長陳志恒小姐連繫。

八、本會之會訊編輯委員編組如下：

主編：陳福成　電腦編輯掃描：黃存仁
編輯委員：本屆理、監事及各組長

理事長	陳福成			
副理事長	何憲武			
理事	陳美枝	吳元俊	路統信	王本源
	林添丁	楊建澤	鄭大平	
理事兼組長	丁一倪	陶錫珍	劉鵬佛	鐘鼎文
	黃存仁	杜雅慧		
監事主席	沙依仁			
監事	方祖達	梁乃匡	高閬生	劉秀美
組長	關麗蘇	陳明珠	陳志恒	許秀錦

貳、本會103年第六次理監事聯席會議紀錄

本會於103年3月18日(二)上午9時正,假校總區第二會議室召開今年第六次理監事聯席會議,會後續辦評古說今座談會活動。由本會吳信義先生以「潛意識的力量~心想事成」為題(內容摘要如附件2第一項),與大家交換心得,搏得聽眾熱烈掌聲。理監事會議,內容概要如下:

一、活動組關麗蘇組長報告:

本組於103年3月12~13日辦理「台南地區名勝二日遊」,南元十鼓文化園區位置在仁德糖廠內,傳承鼓樂藝術、休閒娛樂、自然生態等,文化園區占地5公頃,我們全體在園區內參與練習打鼓20分鐘,大家都非常開心。楠西玄空法寺在曾文水庫附近,山川圍繞,鍾靈毓秀,景色宜人。並有法師志工引導介紹五葉松、奇石、樹化玉、鐘乳石、夜景等,各具特色,遠近馳名。本會近期活動相片請參看附件5。

二、會員組陳志恒組長報告:

新入會會員共計20人,名單如下:

102年11月份	吳冰如女士(永久會員)、周麗真女士(永久會員)
102年12月份	王淑美女士(永久會員)、劉玉女女士(一般會員)
103年1月份	林瑞菊女士(永久會員)、徐久忠先生(永久會員)
103年2月份	王秀祝女士(永久會員)、蘇瑞陽先生(永久會員) 林維紅女士(永久會員)、黃量傑先生(永久會員)

103年3月份	連雙喜先生（永久會員）、胡海國先生（永久會員） 何國傑先生（永久會員）、劉建強先生（永久會員） 盧國賢先生（永久會員）、蕭本源先生（永久會員） 蘇銘嘉先生（永久會員）、杜宸華先生（永久會員） 陳淑華女士（永久會員）、陳阿德先生（永久會員）

三、福利組丁一倪組長報告：

（一）2014海峽科技專家論壇（詳見附件3）

擬定6月15--16日在廈門舉行"兩岸科技社團對接交流會"，臺灣代表在廈門會議期間食宿由科協承擔，具體安排如下：

6月14日　　2014海峽科技專家論壇報到

6月15日上午　海峽論壇大會

　　　　　　（部分重要臺灣嘉賓參會，其餘代表安排廈門參觀）

6月15日下午　海峽科技專家論壇開幕式暨大會報告

　　　　（兩岸科技社團對接交流會全體代表及其它分會場部分代表）

6月16日上午　兩岸科技社團對接交流會及社團合作簽約；

6月16日下午　代表自由活動

6月17日上午　代表離會返回

報名資格：與下列科技社團（請參看附檔）相關之科技社團，每個學會或協會限2位負責人參加。

海峽兩岸學術文化交流協會　聯繫人：丁一倪教授0933-092264

（二）歡迎參加「前進緬甸計畫」（詳見附件4），緬甸戰事慎終追遠與學術研究兩大工程兩岸合作計畫草案（朱浤源），有意參加者請與丁一倪聯繫。

M: 0933092264
TEL:02-23969972;02-23910435
Email:initing@ntu.edu.tw
FAX:02-23511752

參、附件

附件1　　國立台灣大學退休人員聯誼會組織章程

85年12月28日成立大會通過
86年12月26日會員大會修正通過
87年12月22日會員大會修正通過
88年12月29日會員大會修正通過
93年12月 8 日會員大會修正通過
95年12月26日會員大會修正通過
102年12月3日會員大會修正通過

第一章 總則
第一條　國立台灣大學退休教職員工為加強聯誼，互助與服務，參與社
　　　　會公益活動，維護其權益，提供建言，供學校決策參考，特組
　　　　織「國立台灣大學退休人員聯誼會」，並為「國立台灣大學教
　　　　職員工文康推行委員會」之分會。（以下簡稱為「本會」）。

第二章 會員
第二條　國立台灣大學退休之教職員工得申請經理、監事會議通過為本
　　　　會會員。
　　　　會員須按會章繳納會費。
　　　　會員如欠繳會費，則暫停其權利，其欠費累計達一年者，次年
　　　　元月起以書面通知其補繳，連續三次通知而仍未繳交者，即停
　　　　止其會籍。
　　　　待其繳款後立即恢復其會籍。

第三章 會址
第三條　本會會址設於國立台灣大學。

第四章 理事會
第四條　本會設理事會，負責會務之規劃與執行。
第五條　理事會置理事十五人，候補理事五人，由會員大會選舉產生之，
　　　　任期二年，連選得連任。
第六條　理事會置理事長一人，綜理會務，對外代表本會，並置副理事
　　　　長一人，襄助理事長處理會務，理事長及副理事長由理事互選
　　　　產生之，連選得連任一次。
　　　　理事會得聘請名譽理事長一人，名譽理事、顧問若干人，其聘
　　　　期與理事、監事之任期同。
第七條　理事會之職掌如左：
　　　　一、舉辦各項聯誼性之旅遊、參觀、訪問活動。
　　　　二、舉辦各項醫療、保健、福利座談及講座。
　　　　三、維護退休教職員工之權益。
　　　　四、提供專業知識，參與學校及社會服務。

五、提供建言，供學校決策參考。

第八條　理事會下設秘書、會員、活動、總務、會計、資訊、檔案e化、福
　　　　利、關懷、文康等十組，各組置組長一人，工作人員若干人，由
　　　　理事長提名，經理事會通過聘任之。各組之工作項目如左：

一、秘書組：辦理會議、文書、會務通訊等相關事宜。

二、會員組：辦理會員入會、會籍管理、會員聯繫等相關事宜。

三、活動組：辦理旅遊、參觀、訪問、座談、講座等相關事宜。

四、總務組：辦理物品採購、保管等事務性相關事宜。

五、會計組：辦理財務等相關事宜。

六、資訊組：辦理各項資訊及會訊編輯等相關事宜。

七、檔案e化組：辦理檔案e化、資料編輯等相關事宜。

八、福利組：辦理會員福利等相關事宜。

九、關懷組：辦理會員關懷等相關事宜。

十、文康組：辦理會員文康活動等相關事宜。

第五章　監事會

第九條　本會設監事會，負責監督會務及財務之執行。

第十條　監事會置監事五人，候補監事二人，由會員大會選舉產生之，
　　　　任期二年，連選得連任。

第十一條　監事會置監事主席一人，由監事互選產生之，連選得連任一
　　　　　次。

第六章　會議

第十二條　本會會員大會每年召開一次，由理事長主持；會員大會為本會
　　　　　最高決策機構，議決本會重要事項，會員大會須會員四分之
　　　　　一以上之出席始得開議。議案採多數決。

第十三條　本會理事會議，監事會議每三個月各召開一次，必要時得召
　　　　　開臨時會議，理事會議監事會議，亦得合開聯席會議。

第七章　經費

第十四條　本會經費來源如下：

一、會員入會會費及年會費，金額暫定為入會費三百元，年
　　會費三百元。
　　永久會員於入會時，一次繳交三千元，其後終生不再繳
　　費，中途不得要求退費。

二、國立台灣大學補助。

三、會員之捐贈。

四、其他之收入。

第八章　附則

第十五條　本章程經會員大會通過後實行，並報請國立台灣大學備查，
　　　　　修正亦同。

附件2　評古說今

一、潛意識的力量(談古說今：專題講座)　主講人：吳信義

過去曾有十幾年的教學體驗，偶而應友人之邀，每年做一、二次的專題演講，蒐集過去相關筆記資料，加以整理，溫故知新，教學相長，當可勝任愉快。回味昔日上課舞臺，有回到當年四、五十歲年輕的感覺與心情。如今以七十之年，回首去看五十出頭的人，覺得他們很年輕，自己從未覺知已老(忘年)。

今2014.03.18上午，應臺大退休聯誼會之邀，在「談古說今」的範疇中，做一場引言。以「潛意識的力量~心想事成」為題，不以理論講解，而以實例來述說，以輕鬆的案例，普受歡迎，事後博得多位教授的讚譽與肯定，內心頗感安慰。承辦人劉組長鵬佛教授，要我簡述講授內容，略記如下，敬請指正。

所謂潛意識：「是指不為個人所覺知的心理狀態；而且他人也不能直接予以觀察。」它是左右人心的隱形力量。心理學家佛洛伊德(精神分析學)中首先提出潛意識的註解，是指潛藏在我們一般意識底下的一股神秘力量，是相對於意識的一種思想，又稱為右腦意識。他比喻為一座冰山，將浮出水面的少部分代表意識，而埋藏在水面下的大部分則是潛意識。潛能也就是人類原本具備卻忘了使用的能力，亦稱為潛力，它是存在，但卻未被開發利用的能力。這說來有兩個層面：1、思想意識的層面。2、另一個被壓抑在思想意識下的潛意識層面，一般人卻很少開發。

在人生(工作)上的成功，心態比頭腦聰明與否更為重要，您要成為幸福的人、富裕的人、成功的人就要充分利用您與生俱來的潛意識，常有正向思考的能量，啟動之後往往心想事成。比如經常思考一些美好的事情，會產生一種吸引好事情的磁場，這就是潛意識激發出來的力量。明瞭潛意識的威力無比，您要常在意念中透過宗教信仰瞑想、禱告、祈福、默念中反覆增強，您可以用在學習、治病、保健等等需求中，將可以得到事業/健康/財富/情感等信心的獲得與掌握。我很認同學歷只是銅牌；工作、能力、經驗是銀牌；人際關係(人脈)是金牌；而思維心態(意識)是王牌這句話。可見潛能的開發運用對人的一生多麼重要。您認同嗎？

寫於2014.03.19

二、歌聲喚起民族魂–抗戰歌曲中的 黃河大合唱 路統信

今年七月七日，是七七抗戰七十七周年紀念日。

1937 年 7 月 7 日，盧溝橋事變，點燃了全民抗戰的聖火，中華民族發出怒吼。歌聲喚起民族魂，抗戰歌曲激勵全國人民救亡的熱血奔騰，也在文藝救國中發揮了巨大力量。

● 《抗戰歌曲集》的出版

1997 年 7 月，是抗戰 60 周年。文化建設委員會由主委林澄枝企畫監修，聘請蕭鴻賓主編，完成了《抗戰歌曲集》巨構三大冊，收錄抗戰歌曲 1502 首，全書共 2294 面，以為紀念，深具意義。

林澄枝主委在第一冊卷首，序文《歌聲喚起民族魂》中寫道：
「六十年前的七七事變，燃起全民抗戰的聖火，中華民族發出了震天慽地的怒吼。

佔全世界人口五分之一的中華民族，是不可欺侮的！
文化是文藝的根株，文藝是文化的花朵。

一切文藝作品，都源於文化，反映了文化，宣揚了文化。中華民族的音樂，孕育在中華文化的土壤上，亦必為發揚中華文化而開花結果。一千五百餘首抗戰歌曲，曲曲都發出我中華民族億萬同胞的心聲，那永遠不向強暴侵略者屈服的怒吼，也呈現出我們中華民族五千年來文化的精神，並將為全人類作出偉大的貢獻。」

主編蕭鴻賓在編輯報告《心靈的饗宴》中寫道：「抗戰時期目睹日寇侵華暴行，記憶猶新，全國同胞奮勇抗日種種，歷歷在目！我們不可忘記慘痛歷史教訓，更不容歷史悲劇重演。……凡是有良知有血性的中國人，聽到或讀了抗戰歌曲，沒有不深受感動的。」

● 關於《黃河大合唱》大型合唱組曲

《黃河大合唱》是抗戰歌曲中最具影響力的大型連貫性大合唱作品。共有：黃河船夫曲、黃河頌、黃河之水天上來、黃水謠、河邊對口曲、黃河怨、保衛黃河、怒吼吧黃河等八個樂章，其中第七樂章《保衛黃河》旋律熱烈高昂，最為激動人心。

《保衛黃河》是一首輪唱曲，從二部至四部輪唱，全部都是用中國旋律寫的，每一句都強而有力的、充滿熱情的、激昂雄壯的唱出。在抗戰期間，風行全國，普遍演唱，家喻戶曉。

● 冼星海與光未然（作曲與作詞者）

　　《黃河大合唱》作曲者冼星海，是現代作曲家，音樂活動家。原籍廣東番禺，1905 年生於澳門，在新加坡受小學和中學教育。1926 年進入北京藝專音樂科；1928 年到上海國立音樂學院學習小提琴；1930 年以勤工儉學赴法國深造，隨名師學習小提琴及作曲理論，其後考入巴黎音樂學院，學習作曲和指揮。1935 年秋回國，在上海投身抗日救亡歌曲創作與活動。1937 年抗日戰爭爆發，參加上海救亡演劇隊二隊。8 月 13 日上海松滬戰役爆發，我國全面抗戰開始，目觀日軍種種暴行，非常痛恨，10 月到武漢在國府軍委會政治部三廳任職，負責音樂工作，推動抗日歌咏運動，創作大量抗戰歌曲，1938 年11 月到延安魯迅藝術學院任音樂系主任，1939 年創傑出的大型聲樂套曲多種。《黃河大合唱》即其中最具代表性的一部。1944 年底因病赴莫斯科就醫，次年（1945）病逝。

　　歌詞作者光未然，原名張光年，為當代詩人，文藝理家。1913 年生湖北光化。在大學求學期間即從事戲劇和文學活動。1936 年在武漢發表歌頌抗日志士的歌詞《五月的鮮花》，譜曲後即在抗日救亡活中廣泛流傳。1938 年出版《街頭劇創作集》，1939 年主持抗敵演劇第三隊。同年 3 月創作組詩《黃河大合唱》，經冼星海譜曲後全國各地普遍傳唱。1940 年轉赴重慶，從事抗日文藝活動，後曾一度出走緬甸，1945 年回到北京，去（2013）年光未然百年誕辰，北京文藝界舉行多項藝文活動紀念。

◎《黃河大合唱》光碟片放映內容

　　(1) 1955 年冼星海逝世 10 周年紀念音樂電影珍藏版。（歷史黑白片）

　　(2) 1995 年中央樂團演出實況版。

　　(3) 2009 年《黃河大合唱》誕生 70 周年，上海電視台製作中國首次跨
　　　　地域數萬人大合唱。

※ 跨地域是自黃河源頭青海，經甘肅、四川、寧夏、內蒙、陝西、山西、
　河南，到山東入海，計九個省區。

　放映時間約 2 小時 20 分鐘，因使用場地時間限制，是否能全部播出，視
　現場情形而定。

※ 中央樂團成立於 1956 年，是國家級專業音樂表演團體，設有交響樂隊、
　合唱隊、獨唱、獨奏小組、創作組，團員 400 餘人。其前身為建立於
1949 年的中央音樂學院音樂工作團。

附件3　　2014海峽科技專家論壇

擬定6月15--16日在廈門舉行，"兩岸科技社團對接交流會"，臺灣代表在廈門會議期間食宿由科協承擔，具體安排如下：

6月14日2014海峽科技專家論壇報到；

6月15日上午海峽論壇大會（部分重要臺灣嘉賓參會，其餘代表安排廈門參觀）

　　　　下午海峽科技專家論壇開幕式暨大會報告

　　　　（兩岸科技社團對接交流會全體代表及其它分會場部分代表）

6月16日上午兩岸科技社團對接交流會及社團合作簽約；下午代表自由活動

6月17日上午代表離會返回

報名資格

與下列科技社團相關之科技社團，每個學會或協會限2位負責人參加：

1、省自動化學會	11、省汽車工程學會	21、省畜牧獸醫學會
2、省海洋學會	12、省交通運輸協會	22、省醫學會
3、生態學會	13、省通信學會	23、省藥學會
4、省自然資源學會	14、省能源研究會	24、省中西醫結合學會
5、省動物學會	15、省紡織工程學會	25、省針灸學會
6、省植物學會	16、省印刷協會	26、省心理學會
7、省遺傳學會	17、省化工學會	27、省營養學會
8、省生物化學學會	18、省石油學會	28、省標準化協會
9、省電腦基礎教育學會	19、省互聯網協會	29、省高科技產業發展促進會
10、省機械工程學會	20、省種子協會	30、省口腔醫學會

海峽兩岸學術文化交流協會　活動聯繫人：丁一倪教授 0933-092264

2014海峽科技專家論壇 報名表

姓　名	性別	出生年月日	身份証統一編號	英文名(須與護照相同)	
服務單位	聯絡電話		手機及傳真	E-mail	
	(O) (H)		(M) FAX		
學會/協會			職稱		
飲食需求	台胞證號碼			備　註	
□葷 □素					

本表填妥請 E-mail：initing@mail2000.com.tw

附件4

歡迎參加「前進緬甸計畫」
緬甸戰事慎終追遠與學術研究兩大工程 兩岸合作計畫草案
朱浤源
前言

由於緬甸已經開放，而且也遵循民主化的道路，即將舉行全國性大選，可望近幾年之間，會有新的格局產生。但因軍人專政為時超過 60 年，已經成為統治架構中的主幹，因此，即使翁山蘇姬當選總統，由於是和平轉移，因此軍人實察權柄的局面，不會立即整個改變。這種結構，最方便我國商人以及技術人才的引入。如果得其門道，誠懇相助，並且有計畫有組織地切入。

一、緣起：安置十萬陣亡將士漂泊之幽靈於緬甸
1. 中國遠征軍的犧牲與貢獻
2. 參戰者與家屬及後人的心願
3. 大陸地區刻正興起的遠征軍歷史重建熱潮

大陸文史工作者近年的貢獻有口皆碑，特別是收集史料呈現史料以及親自為文介紹，章東磐、宴歡兩位先生所率領的「國家記憶」資料收集與展示團隊，以及所撰寫出版的《仁安羌解圍戰考》，章東磐的《父親的戰場》都做得可圈可點。

4. 海外已經熱烈響應

海外的響應目前以美國僑商劉偉民以及加拿大教授揭鈞貢獻最大。劉氏更興建佛塔于仁安羌，具體紀念其父劉放吾團長率領 113 團所創造的勝續，並安撫該團兩百多位陣亡戰士。

二：安置切入之法：興築各種宗教的公墓於緬甸
1. 臺灣地區的民間力量先行

（1）緬僑、慈善團體與臺商應積極投入協助

中華民國臺灣地區的商人與緬僑近年均有明顯大量移入的現象。而且緬甸方面，不論政府或人民，均表現正面而且熱烈歡迎的態度。但是，這兩大類由於屬於單打獨鬥型，亟需加以協助。其協助之法，重點在如何深入瞭解當地各方面的情況。因此，其重點仍在資訊的收集與當地社會協助的提供上面。

在此一關鍵時段，緬甸的留臺同學會的畢業校友們，他們既知當地，又瞭解中華民國，如果能夠善加組合，使其發揮杠桿的功能，則可產生高過目前數倍的正面作用。

（2）佛塔興築應結合僑教

　　至於僑教的人力，課程及教學內容、和方式，則留待各公私立大學，一般僑教由屏教大提案，佛教人才培養由佛教大學，以集體討論，並進行合作與分工。

　　振興僑教當中，尤其密支那的育誠中學最為重要。因為密支那是中緬邊界的戰略要地。大陸官方與人民，均積極投身期間，大量的人員與資金，已經有組織地進入該地。但是，由於以密支那為首府的克欽邦（省），絕大部分地區為其他地方軍所盤據，這支軍隊剛剛與政府均達成停火協議，詳細內容仍未達成共識，因此大部分地區仍然保留原狀。

　　這種原狀，竟然可以追溯到七十年前。易言之，在過去的七十年裡，克欽省的絕大部分地區，都仍然保留第二次世界大戰時的原狀。這一點，對於展開中華民國國軍參與二次世界大戰中-緬-印戰場（C-B-I Theatre, 1942-1945），在戰役之中，高達十萬的將士壯烈犧牲的追蹤研究極為有利。

　（3）學術界先做基礎研究
　2. 緬甸當地的民間同步配合
　3. 大陸地區的民間力量進一步奧援

三：臺北市大專教師職業工會參與下列活動：

1. 本會理事長丁一倪教授及本會綜合發展處丁雅寧執行長參加本會學術整合處朱浤源執行長主持之「前進緬甸研究計畫」第三次工作會議。
　（2014/ 03/03，臺灣師範大學綜合大樓）。

2. 本會理事長丁一倪教授參加本會學術整合處朱浤源執行長主持之「前進緬甸研究計畫」第四次工作會議。（2014/03/10，本會辦公室）。

3. 本會理事長丁一倪教授參加本會學術整合處朱浤源執行長主持之「前進緬甸研究計畫」第五次工作會議。（2014/03/17，本會辦公室）。

4. 本會學術整合處朱浤源執行長（臺灣大學政治系兼任教授、中研院近史所研究員）、簡明有理事（中華民國僑聯總會理事、緬甸中緬文經研究中心駐台代表、台北市雲南同鄉會理事、雲南省海外經濟合作促進會理事、雲南省海外聯誼會理事、雲南省僑聯顧問）、楊清漢總經理（緬甸密支那地富貴房地產開發有限公司，捐獻安置中國遠征軍十萬陣亡將士公墓用地）、本會理事長丁一倪教授、本會綜合發展處丁雅寧執行長（中國海峽兩岸學術文化交流協會理事長）一起拜訪國泰世華文化慈善基金會錢復董事長，洽談協助辦理「前進緬甸研究計畫」事宜。
　（2014/02/10，國泰世華文化慈善基金會）。

有意參加者 請與丁一倪教授聯繫 0933-092264

附件5 本會近期活動相片

102年12月3日會員大會，由陳楣成理事長主持

102 年 12 月 3 日會員大會

102年12月3日會員大會　　　　103.02.20 邱淑美老師指導合唱團練唱

寄件者：國立台灣大學退休人員聯誼會
10617 台北市羅斯福路 4 段 1 號
　　　國立台灣大學望樂樓二樓
電話：23695692 ；33669690

印刷品

103年3月12日台南十鼓文化園區合照

中華民國103年7月8日出刊
會務通訊　第64期
發行者：國立臺灣大學退休人員聯誼會
National Taiwan University Retiree Association
會　址：台北市羅斯福路4段1號國立臺灣大學望樂樓二樓
電　話：23695692；33669690　　Fax：23648970
E-mail：nturetiree@ntu.edu.tw

壹、會務報告

一、千歲宴聯誼活動

本會與教授聯誼會，職工聯誼會於今年5月22日上午9時至14時止，假台大體育館文康室辦理千歲宴活動，共有本校80歲以上之三會會員47人參加，加上工作人員20人，校長楊泮池教授親臨致詞並與大家合照，當天活動有大合唱，各種舞蹈表演及精緻的午餐，直至下午2時盡歡而散。

二、未婚聯誼活動

本會與教授聯誼會、職工聯誼會及本校人事室於今年6月21日上午9時至14時止，假台大大一女生宿舍多功能聯誼廳辦理第三次未婚聯誼活動，共有校內外年輕男女各16人共32人參加，會中除了每人三分鐘的男女個別互相介紹外，另有DIY的陶土製作等，非常受到歡迎，此活動由本會文康組組長許秀錦小姐負責，成果斐然。

三、旅遊活動

（一）4.17舉辦苗栗彰化一日遊，參觀苗栗花露休閒農場及彰化萬景藝苑。

（二）5.13-19舉辦日本南紀和歌山、奈良、京都溫泉名湯古都美食七日遊。

（三）6.18舉辦苗栗新竹一日遊，卓蘭採梨，參觀峨嵋十二寮及湖口老街。

四、

本會年底將出版《臺灣大學退休人員聯誼會會務通訊》合集，於會員大會（日期暫訂12月2日）時發給每一會員一本，未參加會員大會者亦可自行到退聯會辦公室簽名領取一本。預計印300本，贈完為止。

五、

有關王本源會員的網球場使用陳情案，本會已行文體育室參酌處理。

六、

8月26日（週二）將於本校體育館文康室辦理慶生會，這次活動擬擴大邀請全體會員來參加，上午9:00起報到，9:30活動正式開始，午餐後結束。有興趣者可傳真向本會報名參加（Fax：23648970）。

七、舉辦6月份理監事會議暨評古說今座談會

本會於6月17日上午8:30，假本校校總區第4會議室召開，先由本會路統信理事主講「黃河大合唱」有關資料，並放映「黃河大合唱」相關影片及歌曲，非常精彩。隨後於10:30開始理監事會議，會中理監事發言踴躍。

八、

秘書組組長劉鵬佛報告：剛才謝謝路統信理事安排放映的「黃河大合唱」影片，非常精彩，謝謝大家觀賞，事前我與路理事已看過三遍，才放心推薦給大家欣賞。以上「黃河大合唱」介紹係屬評古說今座談活動。但是今後評古說今活動改為一年四次，借用會議室慎重舉行，下次評古說

今座談會訂於 8 月 13 日（星期三）上午 9 時 30 分假本校校總區第 4 會議室舉行。主題擬討論兩岸服貿會議與反服貿的太陽花學運，主持人為本會理事長陳福成先生，引言人由本人提供資料說明。另外預告今年年底會員大會時間暫定為 12 月 2 日（星期二）上午 9 時假本校第一會議室舉行，請大家踴躍參加。

九、活動組組長關麗蘇報告：

(一)本組將於 7 月 16、17 日辦理台大梅峰農場二日遊，景點包括：埔里牛耳藝術渡假村、南投梅峰農場、廣興紙寮。

(二)本組將於 7 月 28 日辦理苗栗採果賞蘭一日遊。上午採葡萄，下午賞蘭。擬參加者可於 7 月 21 日起（9:30-11:30）打電話至本會報名。

(三)本組將於 9 月 17 日辦理台中清水一日遊，上午參訪天帝教天極行宮，中午全體吃素食，下午訪高美濕地、梧棲漁港，歡迎有興趣者報名參加。

十、會員組組長陳志恒報告(陳志恒提供資料)：

新入會會員共計 6 人，名單如下：

103 年 4 月份：劉聰桂先生（一般會員）、林意婷女士（永久會員）

103 年 5 月份：楊吉錠先生（永久會員）、陳慶餘先生（永久會員）

103 年 6 月份：劉平妹女士（永久會員）、陳月金女士（永久會員）

十一、福利組組長丁一倪報告(丁一倪教授提供資料)：

1. 海峽兩岸學術文化交流協會為慶祝完成世代交替，2014 年 7 月 15 日前申辦福利卡，特價優惠（可省 300 元）

憑卡可享食、衣、住、行、育、樂各項優惠，例如：華航、廈航 、寶島眼鏡、伊莎貝爾（皇樓）糕餅都有令人驚豔的折扣，憑卡也可以團購價購買不限張數各項折扣券，其他優惠請上網查看：

http://www.sacea.org.tw/front/bin/ptlist.phtml?Category=1457

臺大退聯會會員及親屬每卡只收製卡工本費新台幣 150 元/卡，非會員不優惠。

福利卡申請書可到退聯會辦公室或 E-mail：initing@ntu.edu.tw 索取。

2. 7 月 1 日健保新制上路，把人命省掉了，別讓子孫當醫療人球

台北市大專教師職業工會向保險業爭到特惠因應方案：

每天給小朋友 50～60 元零用錢，不如用同樣的 50～60 元給他們一個 2525 萬的安心照護帳戶～

舉例：如以 0 歲的小孫子為例，最低每天只要 50 元，繳費 10 年，總繳 18 萬，就可以送孫子一個安心照護帳戶，一旦發生 12 項特定傷病，擁有每年 25 萬安心照護金，最高給付上限 2525 萬。如果靠自己一點一滴省吃儉用存給一個孫子 2525 萬的安心照護金可能還有機會達成，但您如果是兒孫滿堂，想要疼惜每一個家中寶貝，那將會是您沉重的負擔。

工會贈送福利卡一張，並提供好禮 2 選一：巧連智月刊 3 期或 1000 元郵政禮券

如果想更了解本專案優惠，可以洽詢：

工會專案聯繫人：丁小姐 0910-276411　MAIL:tpu168@gmail.co

工會理財顧問：王錦章經理 0936-997967

3. 如何把錢變大，給子孫一輩子壓歲錢

台北市大專教師職業工會向保險業爭取到一個令人驚豔的特惠方案：

每天 160 元送給孫子一輩子每年 7200 元壓歲錢

舉例：以 0 歲的小孫子為例，每天只要 160 元，繳費 6 年總繳 34.7 萬，第 6 年起

每年由專戶替您給給孫子 7200 元壓歲錢，至孫子 110 歲時還可再領回 56.7 萬元。
工會贈送福利卡一張，並提供好禮 2 選一：巧連智月刊 3 期或 1000 元郵政禮券
如果想更了解本專案優惠，可以洽詢：
工會專案聯繫人：丁小姐 0910-276411　MAIL:tpu168@gmail.co
工會理財顧問：王錦章經理 0936-997967

4. 財富分配及早規劃，別讓子孫對簿公堂
台北市大專教師職業工會向保險業爭取到特惠因應方案：財富傳承計畫
善用每個人每年有 220 萬贈與稅的免稅額，將資產預先做分配規劃以避免大
家辛苦留下的資產，成為日後家庭的紛爭。
計畫一：300 萬帳戶
每年移轉存入約 50 萬，6 年約存入 304 萬，第 6 年起每年還可再領 63,000 元，
直到不想再領為止。
計畫二：600 萬帳戶
每年移轉存入約 101 萬，6 年約存入 605 萬，第 6 年起每年還可再領 126,000 元，
直到不想再領為止。
可依您的需求為您量身規劃您的財富傳承計畫
本專案為限時獨享優惠（專案優惠只到 7 月 30 日）
工會贈送策略聯盟海峽兩岸學術文化交流協會福利卡一張，並提供下列好禮：
計畫一：送 ASUS　ZenFone 5（A400CG 2G）1 台或 8000 元禮券
計畫二：送 Apple iPad AIR Wi-Fi 16GB 1 台或 18000 元禮券
如果想更了解本專案優惠，可以洽詢：
工會專案聯繫人：丁小姐 0910-276411　MAIL:tpu168@gmail.co
工會理財顧問：王錦章經理 0936-997967

5. 新增福利：憑福利卡可享「大板根森林溫泉渡假村」各項優惠
住宿及商品部分請上網查看 http://www.sacea.org.tw
入園門票：大人 200 元，兒童 100 元（不分平、假日皆同價，每張福利卡
限購四張）。
泡湯—露天 SPA：平日：大人 250 元，假日：大人 350 元（均不需另加一成
服務費，每張福利卡限購四張）。
平日：為周日至週四（不含國定假日）；假日：為週六及國定假日。

6. 台北市大專教師職業工會開辦健保業務
歡迎無專屬僱主之大專兼任教師到工會投保，可節省本人及直系親屬保費，
且執行業務所得免徵二代健保保費。
如果想更了解本專案優惠，可以洽詢：
工會專案聯繫人：丁小姐 0910-276411　MAIL:tpu168@gmail.co

7. 免費精彩課程教您：多保健少看病
因應近年國人對食物營養與安全性的重視，消費者意志抬頭，為了維護個人
飲食權益，國民需要充實自己的營養與食品安全知識。本校生技系蕭寧馨教
授為大家提供免費課程「食品營養與安全概論」，請撥冗上網用心聽課：
http://ocw.aca.ntu.edu.tw/ntu-ocw/index.php/ocw/cou/102S114

8. 教授研究經費不實核銷案
重罪可免　輕罪難逃　但已遭解聘、停聘或不續聘要件，請上網參看：
http://tpu1688.blogspot.tw/

為教授修法(會計法)除罪，在年輕世代反對聲浪日增。

9. 2014年"福建之旅"—文化尋根夏令營 歡迎踴躍報名參加

參加活動的營員實行落地接待。

時間：8月3日-8日（3日上午在廈門報到）

地點：廈門、泉州

活動主題：文化尋根。重點突出對中國傳統文化的學習體驗與瞭解。

對象：海外臺灣留學生（16歲-22歲）

活動行程：

第一天　（8月3日·星期日）
上午：酒店報到（具體待定）
下午：預備會　1、破冰活動（互相認識，感受集體大家庭的溫馨）。
　　　　　　　2、學唱夏令營營歌。
　　　　　　　3、分組、推薦營長、副營長並召開營長會議。

第二天（8月4日·星期一）
上午：開營儀式。而後參觀廈門華僑歷史博物館，參觀遊覽廈門大學（三個特色區）。
下午：欣賞中華傳統文化——書法、剪紙、木偶，並親手參與體驗這些活動。
晚上：準備閉營儀式節目。

第三天（8月5日·星期二）
上午：遊覽鼓浪嶼【環鼓浪嶼遊船，萬國建築、毓園、菽莊花園以及鋼琴博物館】。
下午：名師講堂，邀請知名的廈門歷史文化學者介紹中國歷史，側重閩台文化。
晚上：到白鷺洲公園進行【筼簹雅遊】，乘坐環保太陽能觀光船欣賞筼簹湖夜景，瞭解廈門的城市變化及生態保護。

第四天（8月6日·星期三）
上午：到集美參觀陳嘉庚紀念館、鰲園、陳嘉庚故居、歸來園，瞭解愛國華僑事蹟。
下午：欣賞漢服表演，傾聽專家對漢服的介紹，系統瞭解中華民族的傳統服飾文化——漢服。
晚上：準備閉營儀式節目。

第五天（8月7日·星期四）
上午：赴泉州，探訪泉州南少林，觀看少林寺武僧武術表演，部分營員體驗式學拳。
下午：參觀閩台緣博物館、泉州海上交通博物館，瞭解泉州"東方第一大港"的歷史和作為"海上絲綢之路"起點之一的泉州海上交通的發展變化。
晚上：準備閉營儀式節目和製作交流材料。

第六天（8月8日·星期五）
上午：廈門遊覽。參觀集旅遊、觀光和休閒娛樂于一體的海濱綠色長廊環島路，分組騎車漫遊沿路的書法廣場、音樂廣場，可漫步沙灘、木棧道，眺望金門列島；參觀中華非物質文化遺產漆線雕

，並動手製作。

下午：座談交流心得體會（以 ppt 形式為主）

晚上：晚宴及閉營式。

第七天（8月9日·星期六） 返程

名額有限，有意參加者請即報名

報名表請 E-mail: initing@ntu.edu.tw 向丁一倪教授索取。

有隨營員參加活動的家長（費用自理）請在《報名表》中註明，以便幫助聯繫住宿。

貳、 理事長的話

不小心搞大了－舉辦台大「千歲宴」經過實記　　　　　　　陳福成

　　韓國有一部電影，片名「不小心搞大了」，超好笑爆笑，娛樂效果十足。回顧我們這個千歲宴辦得這麼熱鬧漂亮，就像這部電影片名，不小心搞大了！

　　回顧去年（民102）冬，退聯會辦公室會員組組長陳志恒小姐買蛋糕給方祖達教授慶生，閒聊之際，說明年要給方教授慶祝九十大壽，辦公室同仁當然也準備要熱鬧一下，但數日後我卻另有一個想法。

　　目前退聯會所舉辦各項活動，以「青年老人」居多。（註：65到75歲叫青年老人、75到85歲叫中年老人、85歲以上叫高齡老人）。80歲以上長者較少回學校參加活動，行動不便或要人陪伴更極少回學校參加活動。我心中閃出這些問題。思索著即為長者會員慶生，若能也為這些少回學校的長者慶生，讓大家再一次到校園走走，台大校園有很多美景，都是他們人生最美的回憶，如此這般豈不更佳！

　　只是一個單純的想法，因為從未辦過類似活動，凡事起頭難，但此事從頭到尾也未碰到什麼難處，有如行雲流水，辦公室同仁竟不約而同的開始幹活了！

　　因緣際會中，去年教聯誼會主辦兩性聯誼（未婚活動），職工聯誼會和我們退聯會協辦，事後我感覺三個會合作辦事，不僅效果很好，而且培養出極佳的團隊精神，幾可「上山打虎、渡江北伐」！

　　我乃向教聯會理事長游若篍教授（食科所所長）及職工會秘書長楊華洲兄（教務處秘書）商議，由三會合辦「千歲宴」（仍是退聯會主辦），經三會夥伴在食科所討論決議，獲教聯、職工兩會夥伴大力支持。於是，千歲宴在三會共同努力下，熱熱鬧鬧的開幹了，三會夥伴也尊游教授為「千歲宴」工程的最高精神領導。

　　三會（教、職、退）夥伴經幾次討論，我們有了初步構想，尤其幾歲為基準，那些對象？如何辦等都在食科所會議室充份交換意見。春節前有了明確構想，也是共同的決議：

一、80歲以上（算到103年12月31日止，以身分證登記年齡為準），報名截止日是4月22日。

二、參加對象必須是本校退聯、職工和教授三個聯誼會的會員，除此以外，還有工作人員父母、岳父母，而80歲以上者，人數不多，在四月的會議也通過可以參加。

三、千歲宴時間訂在5月22日（星期四）上午九點開始報到，十點活動正式開始，下午兩點結束，因長者大多高齡，時間不宜拖太久。

四、地點就在本校「台大巨蛋」一樓文康室，過程中邀請本校國標舞社、肚皮舞現場表演；也邀請醫務室來為長者服務，如量量血壓、諮詢等。

五、邀請各級長官蒞臨，包括現任校長楊泮池教授、主秘林達德教授、文

康會主委江簡富教授；以及前任校長虞兆中、孫震教授、陳維昭教授、李嗣涔教授。

這個活動專為長者（80歲以上）舉辦，因此我們很注意中餐，魚不可帶刺，肉要煮爛等。這麼重要的活動，大家慢慢形成工作分組，按秀錦整理出來大致如下：（如附件一）

80歲以上的人，大概已較少出門，所以也少回學校，我想，台大校園是他們行走數十年的道場，校內許多景點是他們的回憶，尤其最珍貴的老朋友，他們一定很久沒見面聊天了。如何把他們找出來？要一番工夫。會員組組長陳志恒小姐按名冊逐一查詢年齡，一個個打電話，到截止日（4月22日）確定參加含陪伴者是46人。名單如下：（如附件二）

準備過程中，三會的工作人員分頭幹活，中間經過四次會議協調，大家都利用食科所會議室吃個便當午餐，商討一些細節，每次食科所所長游若篍教授（教聯會理事長），都親臨主持會議，指導大政方針，使這個活動更出色，大家更有信心。

約千歲宴之前二十天，我寫好長官邀請卡，親自到校辦公室找秘書蔡素女小姐，報告活動情形，各前校長經由她的聯繫，確定能否蒞臨！數日，她便告知校長楊泮池教授要親臨會場。

5月20日星期二上班日，九點多辦公室已熱鬧起來，明珠姊、雅慧、志恒、秀錦，做名牌、再確定名單、討論菜單、核對款項、臨時狀況處理（有長者臨時生病等）⋯⋯。千歲宴，是這一年多我接理事長以來，最來電，大夥幹得有勁的工程，深值誌之。

今天中午也是最後一次會議，宴前會，中午12點三個會原班人馬在食科所吃便當，領導游教授致詞後，我開始和所有工作夥伴確認。

（一）確認參加總人數（工作人員和會員、陪伴）。
（二）午餐處理方式，社團表演和其他分開。
（三）現場工作分配、照相，工作人員提前到。
（四）梅香擔任司儀，感謝她每次漂亮上場。
（五）校長楊泮池教授於十點半到達致詞。
（六）社團表演（肚皮舞、國標、有氧、退聯會合唱）排序。
（七）其他雜項。

因教務處秘書楊華洲先生當選本校職工會理事長，我也在今天的會議報告，公開向他道賀，也將找時間邀他餐聚，以示慶祝。

千歲宴當天盛況(103年5月22日) 台灣大學退休人員聯誼會第九屆理事長陳福成

連日下了兩天兩夜大雨，昨日我很擔心今天又是雨天，對長者出門很不方便，一定會降低出席率。意外的，今天大早竟然雨停了，老天爺給「千歲宴」的長者好大的面子，我心情爽快的在開宴的致詞第一句話說：「感謝老天爺，老天和我們是一國的⋯。」

上午8點40分，工作人員都到了文康室，開始佈置會場，燈光、音樂、桌椅，行政雜務有很多是計畫不出來的，臨時性的。九時開始報到，已有長者來了，我都站在門口迎接，看得出來，他們很開心，想必很久沒回學校了，看到老友也來了，也還是很興奮！我覺得能給人快樂，是人生中很美好的事！

蘇瑞陽和陳梅香是台大最佳的文康會節目搭擋主持人，他倆一唱一和又超吸睛的。「請台大退休人員聯誼會陳理事長致詞」，「大家好，韓國有一部電影片名叫不小心

搞大了…老天和我們是一國的…。其實我不知道怎麼辦！都是我們退聯會、教聯會和職工會有一群陣容堅強的幹部，他們以志工精神的投入…」

我致詞很簡短，喜歡把場子弄得輕鬆些，不要太正經，大家快樂高興最重要。我講完游教授和華洲兄也簡單致詞，接著有拉丁舞和有氧舞蹈表演，現場一片熱鬧。

大約十點半，校長楊泮池教授到達現場，宴會立即掀起熱烈掌聲，高喊「校長好」，校長也簡單致詞，大致說要如何把校園弄好、弄漂亮，接著和大家合照留念。

接下來是肚皮舞表演，校長也坐下來欣賞，並於表演完後與舞者合影，因另有要公，先行離去，自從去年六月校長上任，我和他這是第三次正式碰面，前兩次是退休茶會。

宴會過程中的空檔，也請各前屆理事長、高齡長者發表感言，包括創會的宣家驊將軍、第三屆理事長方祖達教授、鍾鼎文、李學勇等會員，都起來發簡短講話。會場一片熱絡，老友相見是人生最快樂的事。

上午節目的「壓箱」是我們退聯會的合唱團，由邱淑美教唱並主唱，方教授指揮，周羅通口琴伴奏，辦公室A組長和「台大之友」馬鳳姿都是團員。今天的演唱節目有「走天涯」、「最浪漫的事」和「綠島小夜曲」。

午餐是宴會的重點，所以事前大家針對菜色選擇，就完全考量長者的飲食需要。而且節目不要排太多，保留充裕時間讓長者慢慢用餐，邊吃邊和老友聊天也是快樂的事。午餐間的餘興節目是由台大之友馬鳳姿小姐，獻唱「煙花三月」，由周羅通口琴伴奏，獲得熱烈掌聲！

由於考量長者作息習慣、體力，不要時間太長。他們大概八點多出門，到中午已撐了四小時了，所以午餐到快一點時，我和游教授、華洲分別致謝詞，感謝大家參加盛會，祝福長者身體健康，常到校園散步走走。

任何活動大概都有例外或臨時狀況，如今天，已報名的未到，沒報名的來了或有「第三者」，怎麼辦？凡事大約是保留彈性，兼顧情理法，才能讓賓主各方快樂，今天的宴會主角如下兩張簽到表。（如附件三、四）

準備半年多的千歲宴，我們終於在三會的努力下，各方快樂的劃下句點。第二天(5月23日)，大家在「春花微笑」餐館慶功，慶祝我們有能力、也願意帶給別人快樂。

附註：志恒接任本會會員組長才一年，會員已突破700人，我代表本會感謝她的努力和付出。這次千歲宴她一個個打電話，百通以上。現場有長老告訴我「有一位小姐好有耐心！」我曰：「她乃本會陳志恒小姐也！」

向理監事會報告出版《臺灣大學退休人員聯誼會會務通訊》事宜　　陳福成

當我在去年（民102）元月一日接任臺大退聯會第九屆理事長，大家對弟有一個期許，除了正常推動會務外，把歷年來發行的《會務通訊》，「整一整」，我思考多時，以出版全集為較佳方式。

楊建澤教授（第四屆理事長）交給我一堆會訊時說：「陳理事長，把這件工作做好，你就功德無量了！」正好我對於文獻整理、出版等事務，可以算是我的強項，並不感到有壓力，何況，我和台大有極好的因「緣」，留住本會會員的許多記憶，我也有一份發自內心真誠的使命感。經多時努力，《會訊》全集終於出版，只先印30本在理監事會給每一會員，建議（討論、決議）：

一、再徵求每一屆代表性照片放書前，目前我找到（含本屆同仁照片），均如現

在理監事會上所呈現，以往歷屆照片，有的可在今年六月前交給辦公室同仁或給我。

二、本書於年底會員大會贈參加會員人手一冊，未參加會員可自行到辦公室領取一本。（每人限贈一本，需要多的必須自行向出版社價購。）

三、本書贈本校圖書館，台大人文庫若干。

四、本書因頁碼限制，已達七百多頁，部份文字較小，已放到最大，若再放大，要分兩冊，增加不便。

五、本人暫代序如後，未來擬請現任校長或歷屆理事長提序，將由本人親自向歷屆理事長報告，呈請定奪。

關於《臺大退聯會會訊》本書出版說明（代序）　　第九屆理事長　陳福成

臺灣大學退休人員聯誼會（以下本書簡稱「退聯會」），成立於民國85年12月28日，並經學校核備在案。首任理事長於民國86年1月1日開始，經宣家驊理事長（第一、二屆）、方祖達理事長（第三屆）、楊建澤理事長（第四屆）、沙依仁理事長（第五、六屆）、丁一倪理事長（第七、八屆），弟於民國102年1月1日接任第九屆理事長，成立至今(民國)已17年。

在歷任理事長率各屆副理事長、理監事、各組長，用心辛勤耕耘，不間斷經之營之，至今會員已達700人；多年來理監事和各組長以做志工的精神，為退休會員承辦各項活動，本人代表全體會員致上一份真誠的感謝。

所有退聯會各組長承辦、推動的各項工作，均彙整在每年發行四期的《會訊》中，並寄給所有會員。惟本《會訊》並非正式出版品，極易散失，各級圖書館亦不典藏，讓人有「歷史盡成灰」的感覺。

每一期會訊都代表本會會員走過的「腳印」，是我們人生的一部份，這個大時代、大歷史中的「小歷史」；但也是本會每個會員的「大歷史」，人生苦短，生命可貴，勿使我們走過的腳印、珍貴的史料，如灰煙散滅，故出版本書。再者，會訊是許多台大人退休後的共同回憶，吾人這份珍藏美的記憶，直到永久！

本書之能出版，首要感謝黃存仁理事完成全部會訊掃描工作，並感謝本會第九屆理監事、各組長多方配合，始竟其功，敬請全體會員批評指教，不勝馨香期盼。

（第九屆理事長陳福成　誌於臺大退聯會　2014年4月）

主編：陳福成
電腦編輯掃描：黃存仁
編輯委員：第九屆理監事及各組長

理事長	陳福成				
副理事長	何憲武				
理事	陳美枝	吳元俊	路統信	王本源	林添丁
	楊建澤	鄭大平			
理事兼組長	丁一倪	陶錫珍	劉鵬佛	鍾鼎文	黃存仁　杜雅慧
監事主席	沙依仁				
監事	方祖達	梁乃匡	高閩生	劉秀美	
組長	關麗蘇	陳明珠	陳志恒	許秀錦	

註：於2014年3月18日理監事會議通過。

附件一

臺大退休教職員工千歲宴聯誼活動
103.05.22 工作分配表

職務	姓名/聯絡電話	工作內容
主席	游若萩.陳福成	
總召集人	楊華洲	總籌劃、場地提供
籌畫組	楊華洲.陳梅燕.許秀錦	活動行程、節目安排
活動組	蘇瑞陽.陳梅香	主持人,主持現場活動 陳梅香擔任司儀
招待組	何憲武.陶錫珍.曾萬年 官俊榮.王佩華	現場接待
採購組	許秀錦.陳明珠	準備食材、茶水餐具、準備名牌、 海報看板
護理組	劉清美.侯月華	量血壓、老人臨時狀況
總務組	吳定遠.陳梅燕 葉文輝.吳元俊	照相、物品擺設、會場布置、攝影
新聞組	劉鵬佛.陳昌枏	聯絡秘書室新聞發佈
報名組	陳明珠.杜雅慧 陳志恆.關麗蘇	貴賓邀請卡、報名表、報名通知、 收取報名費、現場退費

附件二　　　　　千歲宴報名結果　(103.04.22製表)

序號	會員編號	原單位	身分	職稱	姓名	性別	會員種類	生年	年齡	攜伴
01	127	理學院動物系	教	教授	李學勇	1	一	12	90up	
02	103	圖書館	職	組員	柯環月	2	永	12	90up	
03	029	軍訓室	教	教官	鍾鼎文	1	永	13	90up	林桂英
04	378	園藝系	教	教授	洪 立	1	一	13	90up	
05	176	農學院園藝系	教	教授	方祖達	1	永	14	85up	方杜真丸
06	175	農學院生工系	教	教授	徐玉標	1	一	14	85up	張桂華
07	321	附設醫院	職	技士	劉人宏	1	永	15	85up	劉雅谷
08	154	醫學院	職	組員	洪林寶祝	2	永	15	85up	
09	188	農學院園藝系	教	教授	康有德	1	永	15	85up	
10	246	理學院化學系	職	技士	林添丁	1	永	15	85up	

11	085	總務處	工		翁仙啓	1	一	15	85up	
序號	會員編號	原單位	身分	職稱	姓名	性別	會員種類	生年	年齡	攜伴
12	158	醫學院	職	組員	連興潮	1	永	15	85up	連敏傑
13	033	軍訓室	教	教官	鄭義峰	1	一	15	85up	
14	044	總務處保管組	職	股長	林參	1	永	16	85up	
15	143	法學院	工		王忠	1	永	16	85up	張鳳嬌
16	202	農業陳列館	職	主任	劉天賜	1	永	16	85up	
17	240	理學院海洋所	職	技正	鄭展堂	1	一	17	85up	楊南萍
18	184	農學院	職	技正	路統信	1	永	17	85up	
19	231	圖書館	職	組員	紀張素瑩	2	一	18	85up	
20	121	文學院人類系	職	組員	周崇德	1	永	18	85up	
21	009	教務處課務組	職	主任	郭輔義	1	一	18	85up	蕭靜芳
22	239	附設醫院	職	組員	宋麗音	2	一	19	80up	
23	109	圖書館閱覽組	職	股長	王鴻龍	1	一	20	80up	
24	373	農學院農經系	教	教授	許文富	1	永	20	80up	
25	192	附設醫院	職	護士	曾廖日妹	2	一	20	80up	
26	294	附設醫院	職	組員	葉秀琴	2	永	21	80up	
27	166	工學院電機系	教	教授	楊維禎	1	一	21	80up	
28	594	軍訓室	教	教官	茹道泰	1	永	21	80up	曾海軍
29	499	農學院森林系	教	教授	汪淮	1	永	22	80up	
30	018	軍訓室	教	總教官	宣家驊	1	永	22	80up	
31	339	農學院農化系	教	教授	楊建澤	1	永	22	80up	蕭富美
32	667	電機系	職	技正	郡依俤	1	永	22	80up	
33	301	附設醫院	職	技佐	王瓊瑛	2	永	23	80up	王寶釵
34	144	法學院	工		王本源	1	一	23	80up	
35	082	總務處	工		蕭添壽	1	一	23	80up	

（附件三）　　103 05 22 千歲宴參加長者簽到表　　（合計49人）

會員編號	原單位	姓名		備註	簽到及簽收	陪伴者	陪伴者簽到
009	教務處課務組	郭輔義	先生	退300元．贈帽子		蕭靜芳	
018	軍訓室	宣家驊	先生	退300元	宣家驊		
029	軍訓室	鍾鼎文	先生	退300元	鐘鼎文	林桂英	林桂英
033	軍訓室	鄭義峰	先生	退300元	鄭義峰		
044	總務處保管組	林 參	先生	退300元．贈帽子	林參		
082	總務處	蕭添壽	先生	退300元	蕭添壽		
085	總務處	翁仙啓	先生	退300元	翁仙啟		
103	圖書館	柯環月	女士	退300元．贈帽子	柯環月		
109	圖書館閱覽組	王鴻龍	先生	退300元	王鴻龍		
121	文學院人類系	周崇德	先生	退300元．贈帽子	周崇德		
127	理學院動物系	李學勇	先生	退300元．贈帽子	李學勇		
143	法學院	王 忠	先生	退300元	王忠	張鳳嬌	張鳳嬌
144	法學院	王本源	先生	退300元	王本源		
154	醫學院	洪林寶祝	女士	退300元	洪林寶祝		
158	醫學院	連興潮	先生	退300元	連興潮	連偉	連偉
166	工學院電機系	楊維禎	先生	退300元．贈帽子	楊維禎		
175	農學院生工系	徐玉標	先生	退300元．贈帽子	徐玉標	張桂華	張桂華
176	農學院園藝系	方祖達	先生	退300元	方祖達	方杜真丸	方杜真丸
184	農學院	路統信	先生	退300元	路統信		
188	農學院園藝系	康有德	先生	退300元．贈帽子	康有德		

（附件四）　103 05 22 千歲宴參加長者簽到表　　　（合計49人）

會員編號	原單位	姓名		備註	簽到及簽收	陪伴者	陪伴者簽到
192	附設醫院	曾廖日妹	女士	給年費收據、帽子	曾廖日妹		
202	農業陳列館	劉天賜	先生	退300元	劉天賜		
231	圖書館	紀張素瑩	女士	退300元			
239	附設醫院	宋麗音	女士	給年費收據、帽子	宋麗音		
240	理學院海洋所	鄭展堂	先生	退300元	鄭展堂	楊南萍	楊南萍
		金志和		補交450元	金志和	陶秀華	陶秀華
246	理學院化學系	林添丁	先生	退300元	林添丁		
294	附設醫院	葉秀琴	女士	退300元、贈帽子	葉秀琴		
301	附設醫院	王瓊瑛	女士	退300元、贈帽子		王寶釵	
321	附設醫院	劉人宏	先生	退285元、贈帽子	劉人宏		
339	農學院農化系	楊建澤	先生	退300元	楊建澤	蕭富美	蕭富美
373	農學院農經系	許文富	先生	退300元	許文富		
378	農學院園藝系	洪立	先生	退300元	洪立		
499	農學院森林系	汪淮	先生	退300元、贈帽子	汪淮		
594	軍訓室	茹道泰	先生	退300元	茹道泰	曾海軍	曾海軍
667	電機系	郡依俤	先生	退300元	郡依俤		
	工作人員父母	吳開			吳開	張秀菊	張秀菊

247 理學院 許再傳　許再傳　張翰時

張秀娥 張秀娥

附件五　本會近期活動相片

103.3.12 台南十鼓文化園區合照

103.4.17 苗栗彰化一日遊 – 苗栗花露休閒農場

103.4.17 苗栗彰化一日遊 - 彰化萬景藝苑

103.5.15 日本伊勢神宮

103.5.16 日本信樂山 MIHO 美術館

103.5.18 日本東大寺

103.5.22 千歲宴盛況-校長與主辦單位

103.5.22 千歲宴盛況

103.5.22 千歲宴盛況

千歲宴-邱淑美及方祖達教授帶領合唱團表演

103.5.22 千歲宴大合照

寄件者：國立台灣大學退休人員聯誼會
10617 台北市羅斯福路 4 段 1 號
　　　國立台灣大學望樂樓二樓
電話：23695692；33669690

印刷品

103.6.18 苗栗新竹一日遊 —— 苗栗卓蘭採果

103.6.18 苗栗新竹一日遊 － 新竹峨嵋湖畔

附件一：《國立臺灣大學退休人員聯誼會會訊》編輯委員會

主編：陳福成

電腦編輯掃描：黃存仁

編輯委員：第九屆理監事會及各組長

理事長	陳福成
副理事長	何憲武
理事	陳美枝 吳元俊 路統信 王本源
	林添丁 楊建澤 鄭大平
理事兼組長	丁一倪 陶錫珍 劉鵬佛 鐘鼎文
	黃存仁 杜雅慧
監事主席	沙依仁
監事	方祖達 梁乃匡 高閩生 劉秀美
組長	關麗蘇 陳明珠 陳志恒 許秀錦

註：於二〇一四年三月十八日理監事會議通過。

附件二：國立臺灣大學退休人員聯誼會 歷屆理監事名錄

第一届 民國86年1月1日民國87年12月31日					
	理事長	宣家驊	副理事長	彭振剛	
	理事	李學勇	萬能	楊維楨	郭寶章	曾廣財
		王本源	陳汝淦	王鴻龍	劉祥銘	董元吉
		黃秀實	張丙龍	歐陽儒驥		
	監事主席	羅聯添				
	監事	周駿富	李常聲	蔣賢燦	鄧華	

第二届 民國88年1月1日民國89年12月31日					
	理事長	宣家驊	副理事長	方祖達	
	理事	李學勇	林參	楊維楨	郭寶章	曾廣財
		王本源	陳汝淦	王鴻龍	劉祥銘	鍾鼎文
		高萬成	車化祥	曾燕青	歐陽儒驥	
	監事主席	路統信				
	監事	周駿富	蔣賢燦	鄧華	吳琴萱	

第三届 民國90年1月1日民國91年12月31日					
	理事長	方祖達	副理事長	路統信	
	理事	李學勇	林參	黃秀實	郭寶章	曾廣財
		王本源	陳汝淦	王鴻龍	劉祥銘	鍾鼎文
		范信之	車化祥	曾燕青	吳銘塘	
	監事主席	宣家驊				
	監事	周駿富	蔣賢燦	鄧華	鄭義峰	

第四屆	民國92年1月1日民國93年12月31日				
	理事長	楊建澤	副理事長	宣家驊	
	理事	方祖達	李學勇	林參	沙依仁	林添丁
		謝美蓉	徐玉標	康有德	鍾鼎文	王本源
		車化祥	路統信	曾廣財		
	監事主席	蔣賢燦				
	監事	鄧華	蕭富美	翁文	張甘妹	

第五屆	民國94年1月1日民國95年12月31日				
	理事長	沙依仁	副理事長	許文富	
	理事	方祖達	宣家驊	李學勇	王本源	林添丁
		路統信	朱鈞	吳元俊	夏良玉	陳汝淦
		車化祥	謝美蓉	鍾鼎文	劉鵬佛	林徐蘭香
		范信之				
	監事主席	張甘妹				
	監事	楊建澤	蕭富美	陳雪嬌	劉秀美	

第六屆	民國96年1月1日民國97年12月31日				
	理事長	沙依仁	副理事長	許文富	
	理事	夏良玉	林添丁	何憲武	吳元俊	李學勇
		路統信	王本源	陳美枝	茅增榮	
		車化祥	鍾鼎文	謝美蓉	劉鵬佛	關麗蘇
		黃存仁	陳明珠			
	監事主席	張甘妹				
	監事	楊建澤	蕭富美	陳雪嬌	陳雪嬌	

第七屆（民國98年1月1日至99年12月31日）					
理事長	丁一倪				

副理事長	何憲武				
理　　事	許文富	夏良玉	謝美蓉	吳元俊	陳美枝
	路統信	林添丁	王本源		
理事兼組長	車化祥	劉鵬佛	陳明珠	黃存仁	鐘鼎文
組　　長	關麗蘇	杜雅慧			
監事主席	沙依仁				
監　　事	楊建澤	陳雪嬌	許雪娥	彭振剛	劉秀美

第八屆（民國100年1月1日至101年12月31日）					
理 事 長	丁一倪				
副理事長	何憲武				
理　　事	陳美枝	許文富	吳元俊	路統信	王本源
	謝美蓉	陳福成	林添丁		
理事兼組長	陳明珠	杜雅慧	黃存仁	劉鵬佛	鐘鼎文
組　　長	關麗蘇	呂淑員			
監事主席	沙依仁				
監　　事	楊建澤	陳雪嬌	方祖達	許雪娥	
候補理事	陶錫珍	鄭太平	梁乃匡		
候補監事	劉秀美	梁乃匡			

第九屆理、監事名單（民國102年1月1日至103年12月31日）					
理 事 長	陳福成				
副理事長	何憲武				
理　　事	陳美枝	吳元俊	路統信	王本源	林添丁
	楊建澤	鄭大平	許文富		
理事兼組長	丁一倪	陶錫珍	劉鵬佛	鐘鼎文	黃存仁
	杜雅慧				
組　　長	關麗蘇	陳明珠	陳志恒	許秀錦	
監事主席	沙依仁				
監　　事	方祖達	梁乃匡	高閏生	劉秀美	